华夏银行济南分行

在淄博成功举办银企发展洽谈会，与新开发企业签订合作协议，与淄博市政府签署全面合作协议。分行集中营销取得阶段性成果。

流动银行服务。将银行服务延伸到企业、社区、集市、会场等客流高密度区，为客户提供现场金融服务。

华夏银行济南分行成立于1996年12月，是总行在济南设立的一家省级区域性管辖分行，在济南、烟台、聊城建立了24家营业网点，22家提供24小时服务的自助银行，依托实体网点与电子网络，形成了“立足济南，辐射全省”的服务格局。截至2005年9月末，全行一般性存款余额突破200亿元，在全国华夏银行22家分行中名列前茅。

2004年，华夏银行济南分行提出“以人为本，客户立行，智慧经营，标准管理，亲情服务，文化竞争”的办行理念，发展速度明显加快，不良资产实现“双降”，各项经营评价指标全部趋好，在济南的市场份额不断上升。同时，领导班子团结协作，干事创业，带领全行员工通过一系列卓有成效的工作和大型宣传推介活动，使华夏银行的社会形象、美誉度得到明显提升，全行呈现出稳定、快速、健康发展的良好态势。

以“华夏丽人 车行天下”为主题的华夏丽人卡俱乐部会员联谊会。华夏丽人卡除具有金融功能外，还可以在全国4000多家特约商户享受超值的贵宾待遇，体现出银行卡与女性贵宾服务的完美融合。

分行赵琴波行长、纪委刘光军书记一行深入企业车间仔细了解生产流程，探讨企业发展战略等问题，进一步深化银企合作关系。

在泉城广场举行大型宣传活动，对客户的业务咨询有问必答，使客户满意而归，使华夏银行的优质服务远播。

2005年卷

山东金融年鉴

中国人民银行济南分行　编

中国财政经济出版社

图书在版编目(CIP)数据

山东金融年鉴. 2005年卷/中国人民银行济南分行 编.
- 北京: 中国财政经济出版社, 2005.10
ISBN 7-5005-8613-2

Ⅰ. 山… Ⅱ. 中… Ⅲ. 金融事业 - 山东省 -2005 - 年鉴 Ⅳ. F832.752-54

中国版本图书馆 CIP 数据核字(2005)第 109008 号

中国财政经济出版社出版

URL: http://www.cfeph.cn

E-mail: cfeph@cfeph.cn

社址: 北京市海淀区阜成路甲 28 号 邮政编码: 100036

发行处电话: 88190406 财经书店电话: 64033436

设计制作: 山东海天国际文化传播有限公司

(电话: 0531-82628288 82624966)

深圳市佳信达印务有限公司 各地新华书店经销

889×1194 毫米 16 开 50 印张 1960 千字

2005 年 11 月第 1 版 2005 年 11 月第 1 次印刷

印数: 1-3300 册 定价: 180.00 元

ISBN 7-5005-8613-2/F·7497

(图书出现印装问题, 本社负责调换)

《山东金融年鉴》编辑部

本卷特邀编委

（以姓氏笔划为序）

各市地工作站站长

济	南	董　昕	潍	坊	杨金柱	滨	州	李　虹
青	岛	邹蜀宁	济	宁	张　俊	德	州	曹黔然
淄	博	胡振兵	泰	安	张　良	聊	城	王银光
枣	庄	姜　红	威	海	邵明志	临	沂	王志远
东	营	张有福	日	照	厉平福	菏	泽	李庆锁
烟	台	郭德春	莱	芜	狄宪孔			

本卷金融统计资料供稿人员

郭忠军　刘　兵　潘海艳

本卷编校人员

马丽君　刘　茜　王　娜　张秀凤

一、本卷优秀稿件获奖名单

（一）人民银行系统

一等奖：菏泽、泰安、德州、潍坊

二等奖：营业管理部、烟台、东营、济宁、淄博、日照

三等奖：青岛、莱芜、威海、枣庄、临沂、滨州、聊城

（二）银监局、政策性银行、国有商行和股份制商行

一等奖：交通银行青岛分行、中国农业银行青岛市分行、兴业银行济南分行、深圳发展银行济南分行、中国银行业监督管理委员会山东监管局、交通银行济南分行

二等奖：中国光大银行济南分行、中国银行业监督管理委员会青岛监管局、上海浦东发展银行济南分行、中国民生银行济南分行、国家开发银行山东省分行、中国农业发展银行山东省分行、中信实业银行济南分行、山东省农村信用社联合社

三等奖：招商银行济南分行、中国光大银行青岛分行、恒丰银行、中国工商银行山东省分行、华夏银行济南分行、中信实业银行青岛分行、中国农业银行山东省分行、中国工商银行青岛市分行、中国建设银行山东省分行

（三）证券、保险、办事处及信托等机构

一等奖：中国东方资产管理公司青岛办事处、中国华融资产管理公司济南办事处、山东省国际信托投资公司

二等奖：中国人寿保险股份有限公司山东省分公司、中国平安人寿保险股份有限公司青岛分公司、中国人民财产保险股份有限公司山东省分公司

三等奖：中国长城资产管理公司济南办事处、英大国际信托投资公司、天同证券有限责任公司、中国太平洋财产保险股份有限公司山东分公司、中国平安财产保险股份有限公司青岛分公司

（四）其他参编机构（中小金融机构及金融院校）

一等奖：新加坡华侨银行青岛代表处、东亚银行有限公司青岛代表处、青岛国际银行

二等奖：英国渣打银行有限责任公司青岛代表处、中国银行（香港）有限公司青岛分行、日

本山口银行股份有限公司青岛分行

三等奖：山东省邮政储汇局、山东轻工业学院金融职业学院、中国海尔集团财务有限责任公司、中国重型汽车财务有限责任公司、中国银联济南分公司

二、《中国人民银行济南分行金融年鉴》(2004年卷) 综合考评获奖名单 (仅限考核人民银行系统)

一等奖：淄博、濮阳、商丘、南阳、威海、潍坊、济宁、周口、驻马店、东营、莱芜、日照

二等奖：焦作、滨州、聊城、枣庄、烟台、营业管理部、青岛、信阳、郑州、开封、新乡

三等奖：德州、菏泽、泰安、洛阳、许昌、安阳、平顶山、三门峡

编辑说明

一、《山东金融年鉴》是反映山东省金融事业改革和发展历程的大型历史性、资料性工具书，是系统了解山东省经济金融运行状况较为理想的媒介。它通过登载各种经济、金融数据和史实资料，全面系统地反映山东省金融改革和发展的全貌，为贯彻实施货币政策，加强金融监管，维护金融稳定，改善金融服务，推动金融改革和发展提供系统资料和基础数据。

二、本卷为《山东金融年鉴》创刊卷。今后将每年出版一卷。按年度系统地反映山东省金融事业的运行和发展状况。

三、《山东金融年鉴》创刊卷的内容，主要反映2004年山东省金融运行的状况及金融改革和发展的历程。在具体组稿、筛选和编纂工作中力求体现科学性、资料性、全面性和连续性。对山东省金融事业有影响的大事、情况，以及反映全省各金融机构业务发展的相关数据、文字和图片资料，我们均尽力收录并进行了精心编辑加工。

四、本卷年鉴采用条目式整体编排，适当考虑金融业务部门的单元组成。各金融机构的排列顺序，力求按一般惯例，不含名次高低之意。

五、本卷年鉴中，国民经济统计资料以统计局的口径为准；有关金融方面的数据资料主要是根据各金融机构“全科目”上报系统数据加工整理，由中国人民银行济南分行提供，在使用时请注意统计口径的差别和适用范围。

六、《山东金融年鉴》的编纂工作是在中国人民银行济南分行党委和山东省各银行业监管部门、政策性银行、国有商业银行、股份制商业银行、保险、证券、信托公司等省级管辖行和公司负责人共同组成的编委会的组织领导下进行的。工作中得到了山东省金融系统各单位的大力支持。各组稿、编纂人员为本书的出版付出了辛勤的劳动；广大摄影爱好者提供了大量的图片资料。在此表示衷心的感谢。

《山东金融年鉴》编辑部

2005 年 8 月

中国人民银行济南分行

中国人民银行济南分行
党委书记、行长
杨子强

中国人民银行济南分行
党委副书记、副行长
高士敏

中国人民银行济南分行
党委委员、郑州中支行长
计承江

中国人民银行济南分行
党委委员、副行长
李亚新

中国人民银行济南分行
党委委员、副行长
于华民

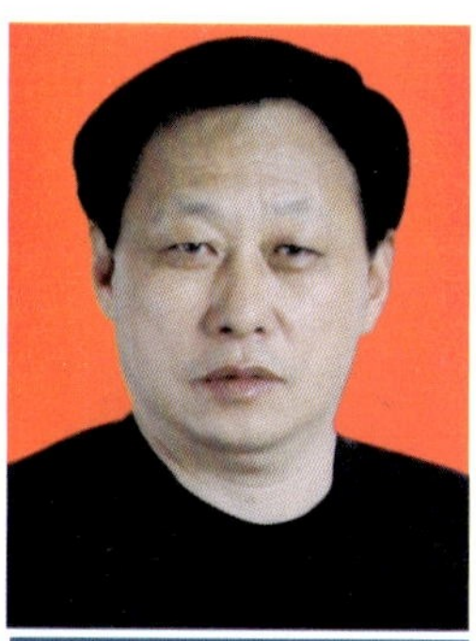

中国人民银行济南分行
党委委员、工会主任
肖辉光

中国人民银行济南分行
党委委员、副行长
王　敏

中国人民银行济南分行
党委委员、副行长
门晓波

中国人民银行济南分行
党委委员、纪委书记
李建文

2004 年 2 月 23 日，山东省金融工作座谈会在济南召开。山东省委书记、省人大常委会主任张高丽，省委副书记、省长韩寓群出席会议并讲话。

2004 年 2 月 25 日至 26 日，中国人民银行济南分行 2004 年工作会议在济南召开。

2004 年 3 月 25 日至 26 日，全国深化农村信用社改革试点省（市）工作座谈会在济南召开，会议由中国人民银行、中国银行业监督管理委员会联合召开，八个试点省（市）代表参加了会议。

2004 年 3 月 19 日，中国人民银行济南分行会同山东省发展计划委员会联合召开了山东省 2004 年度产业政策和信贷政策发布会，20 家驻鲁金融机构和有关企业负责人参加了会议。

2004年3月31日，由中国人民银行济南分行团委主办、营业管理部承办的人民银行济南分行“青年职工英语基本功竞赛”（济南赛区）在济南举行。

2004年4月30日上午，山东省金融学会、山东省钱币学会在济南泉城广场组织参加了山东省社会科学普及周大型现场义务咨询服务的金融宣传活动。

2004年7月28日，中国人民银行济南分行与潍坊市人民政府联合召开了“2004’潍坊银企合作促进会”。

2004年5月12日至14日，中国人民银行金融研究局在济南召开了“过热行业与宏观调控”座谈会。

2004年9月2日，中国人民银行济南分行与山东省经贸委在济南联合召开“山东省重点企业银企合作促进会”。

2004年7月1日，德州市政府和中国人民银行德州市中心支行隆重召开重点项目网上推介新闻发布会。

2004年6月6日，山东省农村信用社联合社正式挂牌成立。省联社的成立，标志着山东省农村信用社管理体制改革迈出了关键性的步伐，也标志着山东省农村信用合作金融事业进入了一个崭新的历史发展时期。

2004年10月14日至15日，中国人民银行济南分行与滨州市人民政府联合举办的“2004’诚信滨州论坛暨银企合作促进会”在滨州市召开。

2004年12月20日，山东省金融学会第六次会员代表大会在济南召开。

为有效加快山东省信贷征信体系建设步伐，2004年11月11日，中国人民银行济南分行召开了山东省借款企业资信评级专家委员会第一次会议。

中国银行业监督管理委员会

山东监管局

中国银行业监督管理委员会
山东监管局
党委书记、局长
王进诚

中国银行业监督管理委员会
山东监管局
党委副书记、副局长
李怀珍

中国银行业监督管理委员会
山东监管局
党委委员、纪委书记
郭宝珍

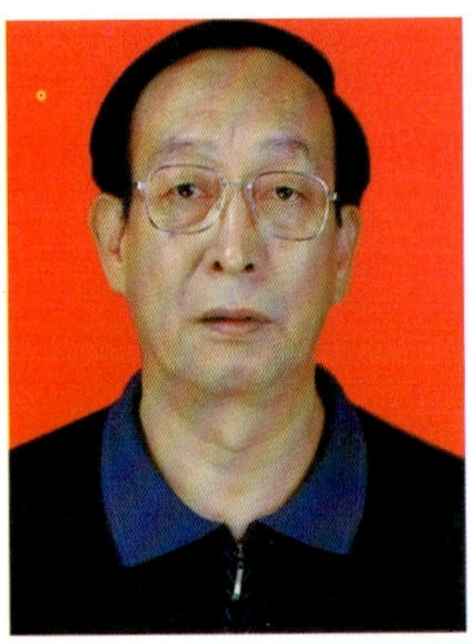

中国银行业监督管理委员会
山东监管局
党委委员、副局长
黄存明

中国银行业监督管理委员会
山东监管局
党委委员、副局长
王朝弟

中国银行业监督管理委员会
山东监管局
党委委员、副局长
王晓春

2004 年 12 月 11 日，银监会主席刘明康在山东调研，召集全省银行业金融机构主要负责人进行座谈。

2004 年 11 月 6 日，银监会党委书记、副主席阎海旺到山东考察指导工作，与省委书记张高丽、省委副书记、省长韩寓群亲切会面。

2004 年 8 月 9 日，山东省常委、常务副省长林廷生到山东银监局调研指导工作。

2004 年 3 月 15 日，由山东银监局承办的全国 8 省市深化农村信用社改革试点工作座谈会在济南召开。

2004 年 2 月 25 日，召开山东省银行业金融机构主要负责人会议。

2004年12月30日，山东银监局主办召开2005年山东银行业迎新春新年会，王进诚局长到会致辞。

王进诚局长在华灵纺织厂调研。

2004年11月4日，银监会全国“文明创建”推进工作座谈会在山东烟台召开。

现场检查工作正在紧张有序的进行。

2004年2月29日，山东银监局在济南市泉城广场开展《银行业监督管理法》、《商业银行法》大型宣传活动，图为山东银监局局长王进诚同志在宣传咨询活动中讲话。

2004年12月7日，山东银监局与省公安厅召开全省打击侵害银行业违法犯罪暨维护金融债权工作会议。

2004年5月11日—24日，山东银监局组织开展局机关副处长职位竞争选拔。

山东省邮政储汇局

山东省邮政储汇局局长　孙江涛

山东省邮政储汇局成立于1986年4月，作为山东省邮政局下属的金融业务专管局，负责全省邮政金融业务的经营管理。成立19年来，遵照国务院"发展邮政储蓄，为国民经济筹集资金"的指导精神，坚持"迅速、准确、安全、方便"的方针，以其"不怕繁琐、积少成多、不求大利、方便稳妥"的独特风格，在积聚社会闲散资金、支持国民经济发展的同时，为广大城乡居民提供了及时周到的金融零售服务。近年来，邮政金融业务品种不断丰富，业务规模不断扩大，服务手段不断完善，基础管理不断加强，技术水平不断提高。目前，山东邮政金融业务范围包括储蓄业务、汇兑业务和中间业务三大类。

邮储统一版本工程上线后，国家邮政局武士雄副局长亲自测试ATM取款机

2004年，山东邮政金融立足于支持国民经济建设和服务城乡居民，充分发挥邮政品牌和网络优势，保持了平稳健康的发展态势，经营管理水平不断提高，各项业务取得了较好的发展。截至2004年底，山东邮政储蓄存款余额达到948.52亿元，居全省金融系统第四位，余额市场占有率达到12.28%；累计开发电子汇票672.52万张，开发款额67.01亿元。同时，积极上划资金，支持国家邮政局储蓄资金自主运作。2004年国家邮政局先后向山东返还资金183.03亿元，积极用于支持地方经济建设。

山东省邮政储蓄统一版本工程上线仪式

山东省邮政储汇工作会议胜利召开

邮政储汇局参加"银行卡之春"活动

绿卡客户喜中"银联卡一刷 起亚远舰开回家"活动首期大奖

山东省农村信用社联合社

山东省农村信用社联合社理事长宋文瑄在省联社成立大会上讲话。

2004年6月6日，山东省农村信用社联合社挂牌成立。

山东银监局局长王进诚向山东省农村信用社联合社理事长宋文瑄颁发《金融许可证》。

2004年，全省农村信用社在省委、省政府的正确领导下，按照省联社提出的“稳健经营、稳步发展”的经营理念和“争创一流金融机构”的奋斗目标，坚持以深化改革为动力，以业务发展为主线，强化管理，改善服务，不断加大支农工作力度，在促进全省农业结构调整和增加农民收入的过程中，各项业务取得了历史性突破，存、贷款当年增加额和利润增长幅度均居全省各金融机构第一位。

各项存款大幅增长，信贷实力不断增强。一年来，全省农村信用社积极更新观念，牢固树立存款立社的思想，在加快网点改造、优化网点布局的基础上，不断创新业务品种，增加服务功能，大力推行规范化服务，有力地促进了存款工作的开展。截至2004年12月末，全省农村信用社各项存款余额达2460.83亿元，比年初增加 389.67 亿元，增长幅度达18.81%。各项存款余额和当年增加额居全省各金融机构第一位，进一步增强了农村信用社的信贷资金实力。

贷款投放大量增加，信贷支农重点突出。全省农村信用社根据省委、省政府确定的农村经济发展战略和工作部署，进一步确立为“三农”服务的经营方向，始终以支持粮食生产、支持农业和农村经济发展、支持农民增加收入作为业务经营的首要任务，努力增加支农贷款投入。一方面合理安排资金使用顺序，继续把农户作为支持的重点，不断扩大小额农户贷款的限额和发放范围，确保农户种植粮、棉、油等生产资金的需要。另一方面在全省范围内推行了农户贷款证、联户联保、信贷专柜等便民贷款措施，促进了贷款业务的大幅度增长。截至12月末，全省农村信用社累计发放各项贷款3405亿元，比上年多发放865.05亿元。其中发放农业贷款2093.65亿元，比上年多发放491.11亿元，增长30.65%，农业贷款余额占比达到65.72%，农户贷款面达到34.40%。全省农村信用社投放农业贷款占全省各金融机构农业贷款投放总额的90%以上，充分发挥了农村金融主力军的作用。

服务功能显著增强，经营效益大幅提高。全省农村信用社以科技为先导，在全国同行业率先建成省级计算机网络，实现全省储蓄存款通存通兑的基础上，开办了代理保险、代缴税款、代缴电话费、银证通等中间业务，发行了信通卡，并加入全国银联，不仅满足了城乡居民异地存取款的需求，而且为农民跨地区经营提供了结算上的方便。农村信用社存、贷款规模的有效扩大、服务功能的增强和信贷资产质量的逐步改善，使整体盈利水平显著提高，实现了经营状况的根本好转。2004年，全省农村信用社实现各项收入159.91亿元，比上年增加41.57亿元；在消化历史包袱43.23亿元的基础上，全年实现利润12.90 亿元，向国家上缴营业税和企业所得税5.34亿元。

方便快捷的自助银行服务

宽敞明亮的营业大厅

济南市商业银行
JINAN CITY COMMERCIAL BANK

在济南市委、市政府的正确领导和各级监管部门的监管指导下，济南市商业银行以科学发展观为指导,认真贯彻国家宏观调控政策，按照股东大会、董事会的决议，立足现实,着眼长远，扎扎实实地做了几件大事，为今后一段时期的发展奠定了坚实的基础。"三会一层"顺利换届，建立了独立董事和外部监事制度，董事会、监事会分别设立了四个专门委员会，修改了公司章程，制定了相关议事规则，初步搭建起职责明确、有效制衡的公司治理结构，公司治理质量进一步提升；成功实现了与澳大利亚联邦银行的战略合作，引进国际先进的经营理念、经验、技能和产品，与国际接轨的步伐进一步加快，对外合作实现新的突破；通过ISO9001国际质量认证，认证工作覆盖全部支行及总部各个部门，涵盖所有业务，管理质量实现新的提高；全面推行"一岗两制"，进行薪酬制度改革及总部部门竞聘，启动"三大人才工程"建设，全行的积极性进一步调动；加大创新力度，强化业务营销，实施金融进社区战略，全行市场竞争力进一步提高；制定了新的三年规划，以科学发展观统领全行的经营管理，确定了"三年三大步"的发展战略，制定了提升公司治理、强化全面风险管理等工作措施，全行发展思路进一步明确。截至2004年12月31日，全行总资产达到236.4亿元,本外币存款余额达到171.77亿元，各项贷款余额为168.7亿元，国际结算量1.63亿美元，不良贷款实现余额、占比双下降，占比为3.47%，全年货币交易量突破1550亿元；实现经营利润38203万元，实现账面利润10026万元，全年上缴各项税金9200万元，比上年增加2700万元，增长41.54%；全年累计发放贷款150亿元，积极支持了"三大"亮点建设，80%的贷款投向了中小企业，开元支行被省政府表彰为"全省服务民营经济先进单位"，获得了济南市"2133"工程工业投入先进单位及山东省"百家文明诚信企业"等十几项荣誉称号。

2005年济南市商业银行将以"把握机遇，深化合作，强化管理，开拓发展"为经营指导思想，大力提高管理水平，重点突出营销工作，做好与澳洲联邦银行的技能转移项目，实施人才强行战略，切实提升服务水平。全行上下将继续发扬与时俱进的时代精神，以饱满的热情、坚定的信心、战胜一切困难的勇气，完成新年度的各项经营目标，为客户提供更优质的金融服务，为地方经济建设做出新的更大的贡献！

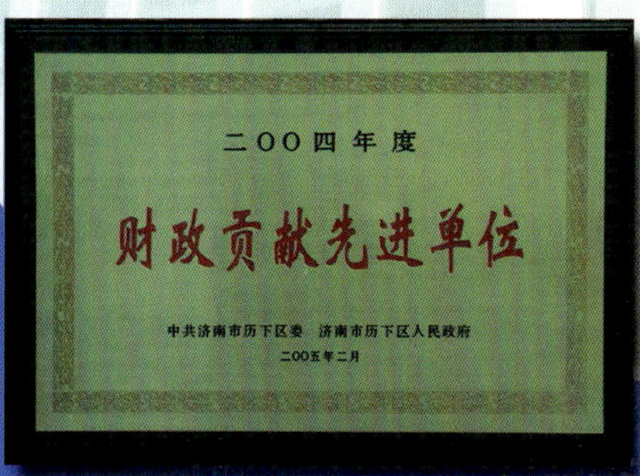

上海浦东发展银行济南分行

浦发银行济南分行 耿光新行长

2004年，上海浦东发展银行济南分行各项业务稳健发展，内部管理日臻完善，经营效益不断提高，总资产、存款、贷款均突破百亿元，初步形成了“机制领先、效益良好、经营稳健”的浦发特色，在齐鲁大地打响了浦发品牌，得到了社会各界一致认可。省政府称赞浦发银行济南分行“为建设‘大而强、富而美’的新山东做出了积极贡献，取得了物质文明和精神文明双丰收的佳绩”；济南市委、市政府授予该行“两个文明建设先进单位”、“支持地方经济发展先进单位”等荣誉称号。

浦发银行济南分行办公楼

耿光新行长陪同济南市委、市政府领导在重汽调研

浦发银行济南分行举办计算机知识竞赛，提高科技创新能力。

浦发银行济南分行多次邀请国内外知名专家学者做演讲培训，提高员工素质（图为张维迎教授报告会现场）

浦发银行济南分行开展丰富多彩的职工业余文化活动。

浦发银行济南分行向泉城人民宣传该行的特色产品，进行及时语路演。

浦发银行济南分行在注重自身发展的同时，不忘回报社会，图为该行希望工程捐赠仪式现场。

中国光大银行 青岛分行
CHINA EVERBRIGHT BANK QINGDAO BRANCH

中国光大银行青岛分行成立于 1994 年 11 月 28 日，是中国光大银行在山东地区的省级管辖行。现下辖 11 个支行，共有干部员工 350 余人。

建行十年来，该行认真贯彻党和国家的金融方针、政策和总行、中共青岛市委、市政府的部署与要求，坚持以人为本，以发展为主题，以效益为中心，以质量为基础，以规范化管理为手段，实施“精品银行”、“理财银行”战略，锐意改革，勇于创新，坚持依法合规稳健经营，积极探索中国特色股份制商业银行可持续发展的特色和规律，在努力为青岛乃至山东社会经济发展提供优质金融服务的同时，不断扩大自身的社会影响力，不断提高自身的综合竞争力。

截至 2004 年末，存款余额达 86.6 亿元，累计发放贷款 59.9 亿元，实现利润 1.27 亿元。成为一家在当地具有一定规模和竞争力的现代化股份制商业银行。曾被中共青岛市委、市政府授予“文明单位标兵”、“支持青岛市经济建设先进单位”，被总行授予“规范化管理先进单位”等称号。

9 月 1 日，光大集团董事长王明权来青岛分行视察

5 月 14 日，中国光大银行青岛分行邀请 VIP 客户的活动

中国光大银行青岛分行理财广场

中国光大银行青岛分行办公大楼

中国光大银行青岛分行与青岛团市委举行庆“六一”活动

莱芜市商业银行

山东银监局王进诚局长到该行视察调研工作

莱芜市商业银行成立揭牌仪式

团结奋进的领导集体

李敏实董事长在成立新闻发布会上讲话

独具人性化设计理念的总部营业大厅

莱芜市商业银行成立于 2005 年 7 月，前身是莱芜市城市信用社。经过归口管理 7 年来的锐意进取、拼搏创新，迅速实现了市场定位、发展思路、体制机制、经营管理等方面的重大调整和转变，存款市场份额跃居莱芜市金融系统第一位，有力地支持和推动了地方经济发展和社会进步。先后被授予“省级服务业先进单位”、“山东省企业文化建设示范单位”、“省级守合同重信用企业”和山东省首期“良好银行”；多次被市委、市政府授予“文明单位”、“招商引资暨工作实绩先进单位”；钢城支行营业部和团支部分别被团中央授予国家级“青年文明号”、“五四红旗团支部”荣誉称号；先后共有 8 个省、市、自治区的 40 多家金融机构前来考察调研。作为中国银监会按照新的市场准入标准批准成立的全国首家城市商业银行，莱芜市商业银行将继续把服务地方经济发展作为最根本的市场战略，把“以人为本”作为最核心的经营理念，把机制创新作为事业发展的关键，把企业文化作为永葆活力的动力之源，与全市人民和社会各界真诚相伴、共赢明天！

招商银行济南分行

在“文明山东 从我做起”启动仪式上，中共山东省委书记、省人大常委会主任张高丽视察招行摊位

招商银行济南分行于2000年10月19日正式成立，是招商银行总行设在济南的山东省省级管辖分行。该行现有员工437名，其中大专以上学历员工占70%以上。分行机关位于济南市历下区朝山街21号，分行下设9部1室，下辖1家二级分行、11家同城支行、17家离行式自助银行。

招商银行济南分行成立以来，恪守“因势而变，因您而变”的经营理念，弘扬“挑战、自省、奉献”的招银精神，以支持山东经济持续、快速、健康发展为己任，以实施“科技兴行”的发展战略为先导，以提供温馨、周到、方便、快捷的金融服务为根本，以创建齐鲁大地“科技领先、管理先进、服务一流、信誉卓著”的现代化商业银行为目标，在山东省委、省政府及有关部门的大力支持下，经过全行员工的共同努力，各项业务得到快速、健康发展。截至2004年底，资产总额已达155.7亿元；自营存款余额136.6亿元，新增37亿元，完成计划的108%；全折贷款余额153.9亿元，新增32.6亿元；实现利润2.45亿元，较上年增加1.16亿元，完成全年计划的174.3%，人均创利居全系统第二位；“一卡通”发卡量突破百万大关，达到105万张，全年POS交易笔数76.9万笔，一举跃居济南同业第一位；外汇交易量达到8.6亿美元，占当地交易总量的60%以上；国际结算量3.1亿美元，同比增加7600万美元，增长32%；资产质量良好，继续保持了不良率为“零”的记录，未发生案件和重大责任事故，顺利度过了第四个安全年。在当年总行的总结表彰中，该行共拿回七个奖项，其中包括银关通营销竞赛突出贡献奖、个人银行优质服务模范分行奖、费用管理先进奖、资产效益先进奖、节支增效竞赛先进奖、媒体宣传优秀行部最佳进取奖。尤其值得一提的是，在本次表彰份量最重的“经营管理综合考核优秀行”的评比中，该行荣获第二名。

中共山东省委副书记、济南市委书记姜大明到招行视察并指导工作

中共山东省委常委、烟台市委书记焉荣竹、副省长孙守璞、招商银行总行行长马蔚华参加招行烟台分行开业典礼

中信实业银行济南分行

中信实业银行是隶属于原中国国际信托投资公司（中信公司）的一家综合性、全国性、外向型的国有商业银行，创立于1987年，是我国改革开放中最早成立的新兴商业银行之一。2002年，中国国际信托投资公司更名为中国中信（集团）公司，组建了以中信实业银行为主体的中信控股有限公司。目前，中信实业银行是中信控股有限公司的全资金融子公司。

中信实业银行济南分行党委书记、行长　许卫东

中信实业银行济南分行成立于1994年5月，位于济南市泺源大街150号中信广场，自2004年1月1日起，升格为总行直属分行。现任行长许卫东，目前下辖10家营业网点（包括分行营业部和9家支行）。自成立以来，该行将“满足客户需求，建设精品银行”作为一贯追求的目标，坚持“以效益为目标，以客户为中心，以产品为导向，以科技为龙头”的经营理念，主动走进市场，自觉贴近百姓，大胆探索现代商业银行的经营管理之路；依靠完整的业务运作体系、遍布全球的代理行关系、先进的电子通讯设备、卓越的银行信誉和高素质的从业人员，竭诚为广大客户提供全方位的金融服务。10余年来，该行各项业务取得了长足发展，综合实力不断增强。截至2004年12月31日，该行合并人民币资产总额126.8亿元，合并人民币存款余额123.7亿元，合并人民币贷款余额100.53亿元，实现利润12765万元。该行连续三年被济南市政府评为“双文明先进单位”。

侯训义副行长陪同总行吴北英副行长视察济南分行

党委书记、行长许卫东在支行检查工作

济南中信与新汶矿业集团进行全面合作

中信实业银行济南分行一直以支持地方经济建设为己任，严格执行国家的信贷政策和产业政策，积极适应市场经济形势变化，不断更新观念、拓展思路，大胆探索产品创新和服务创新。近年来，该行相继推出了保兑仓业务、汽车金融营销网络业务、仓单质押授信业务、出口基金打包贷款、出口退税贷款、代理融通业务、出国金融服务、人民币和外汇理财业务、中信家家乐个人系列贷款等特色产品，深受客户欢迎和好评。

中国信达资产管理公司

济南办事处

主任： 朱金叶

班子成员共商改革发展大计

中国银联股份有限公司济南分公司

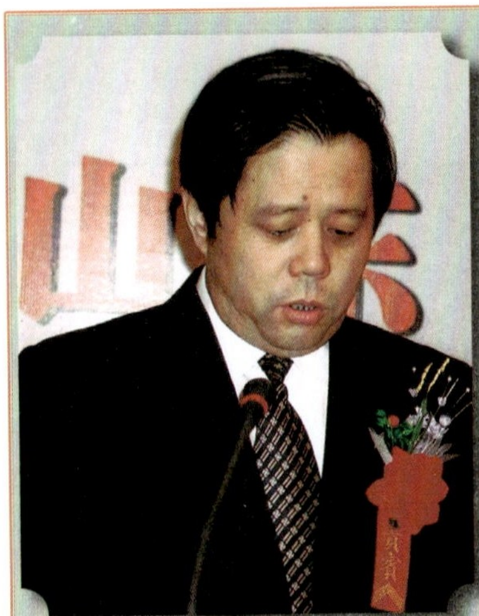

总经理　李金良

中国银联济南分公司总经理李金良，高级工程师，原就职于中国人民银行济南分行科技处，自2001年5月至2002年4月出任山东银行卡网络服务中心总经理，2002年3月至今任中国银联济南分公司总经理，长期从事银行卡工作，为山东省银行卡发展做出了突出贡献。

公司简介

中国银联股份有限公司济南分公司（简称中国银联济南分公司）经人民银行批准于2002年10月18日成立，为中国银联股份有限公司直属分公司。

中国银联济南分公司已完成网络中心的标准化改造，2002年7月，中国银联济南分公司实现了山东省16个地市的ATM、POS联网通用，成为全国第一个实现全省联网的省份。截止到2005年一季度末，山东省联网商户已超过6000家，POS机超过13000台，联网ATM超过4000台，受理环境大为改善，银行卡提供的各项服务功能不断完善，跨行交易由联网初期每天几万元发展到今天的近亿元，山东银行卡业务发展和联网通用取得了阶段性成果。

随着联网通用的不断深入和持卡人用卡意识的提高，山东省银行卡跨行交易快速增长，2004年，中国银联济南分公司ATM和POS总交易笔数4632万笔，同比增长164.7%，清算总额160亿元，增长106%。其中ATM交易3317万笔，交易金额61.3亿元，分别比2003年增长63%、47%；POS清算1415万笔，消费金额99.4亿元，分别比2003年增长108%、170%。

为了向持卡人提供更优质的服务，中国银联济南分公司联合各入网成员机构，坚持优化网络，提高运行质量，2004年中心主机系统运行稳定，各外围网络通讯设备均运行正常，主机可用度、网络可用度均为100%。系统成功率为98.98%，同城ATM交易成功率为88.71%，异地ATM交易成功率83.32%，同城POS交易成功率为88.06%，异地POS交易成功率为81.07%。

中国银联济南分公司本着"联合建设、联合经营、共同发展"的原则与各入网银行一道，改善山东银行卡受理环境，促进银行卡的联网通用，推动山东银行卡产业的快速发展。

银行卡新功能全接触

ATM跨行转账　ATM跨行转帐指持卡人利用ATM终端等设备进行跨行卡卡转帐，也可在POS终端上开发卡卡转账功能，以丰富POS终端的应用，特别是满足部分银行发行的贷记卡的还款问题。

中国银联济南分公司入网银行首批开通ATM跨行转帐的银行有：中信、兴业、浦发、光大、济南农信、泰安农信、潍坊商行、威海商行、临沂商行。

公共支付　公共支付是基于银联增值平台实现银联缴费通、文件批扣、实时代扣费、移动支付、支付网关、自助终端（POS）缴费、IC卡充值、售卡等业务。

柜面通　柜面通是指利用银联网络，开通机构利用他行银行柜面终端，完成跨行查询、存款、取款等交易，从而为持卡人提供更加方便、快捷的服务。

目前中国银联济南分公司入网银行开通"柜面通"业务的有10家银行，分别是：民生、临沂商行、潍坊商行、淄博商行、日照商行、深发展，浦发、恒丰、威海商行和中信，将来会有越来越多的银行开通"柜面通"业务。

移动支付　移动支付是指基于移动通信网络和银联跨行网络优势，使用户通过手机短消息拨号或编辑方式实现虚拟银行卡交易的一种新型电子支付应用。

目前，移动支付业务主要开通的功能包括查询业务、缴费业务，即将开展的有跨行转账业务、远程支付业务等。

省委书记吴官正亲莅中心视察工作

山东银行卡网络中心成立

山东银行卡十年

1、1994年，我省启动了“金卡工程”试点工作，山东省金卡工程领导小组办公室成立，金卡工程的启动基本属于中国银行卡产业的起点。

2、1998年，开通并运行了连接各商业银行的ATM跨行系统和面向各商户的POS系统，我省联网通用正式起步；

3、2001年，全面完成了银行卡业务处理标准化改造以及网络中心交换系统标准化改造。

4、2002年，在全国第一个实现全省银行卡的联网通用，提前完成了国务院提出的银行卡联网通用目标。

5、2002年3月26日，继承了金卡工程银行卡信息交换总中心和18个城市银行卡中心等基础设施的中国银联股份有限公司在上海成立，是年10月，中国银联济南分公司成立，标志着金卡工程的整体发展思路出现了根本性的转变，开始了市场化运作，公司化管理的模式。

6、银联主导全面实现“314工程”

2002年，银联完成了在当初看来还颇为艰巨的“314”目标。银行卡联网通用“314”目标，是指各国有独资商业银行、邮政储汇局要在2002年内实现系统内300个地市级以上城市各类银行卡的联网运行和跨地区使用，股份制商业银行要实现所有地市级以上分支机构的联网运行；在100个城市实现所在地各商业银行分支机构发行的各类银行卡的同城跨行通用；在40个城市推广普及全国统一的“银联”标志卡，实现各商业银行发行的“银联”标志卡在这些城市内和城市间的跨地区、跨银行通用。

7、山东银行卡业务发展和联网通用取得了阶段性成果，截止到2005年一季度末，山东省联网商户已超过6000家，POS机超过13000台，联网ATM超过4000台。

8、自2002年10月起，山东省银行卡发展驶入快车道。

银行卡之春已来临

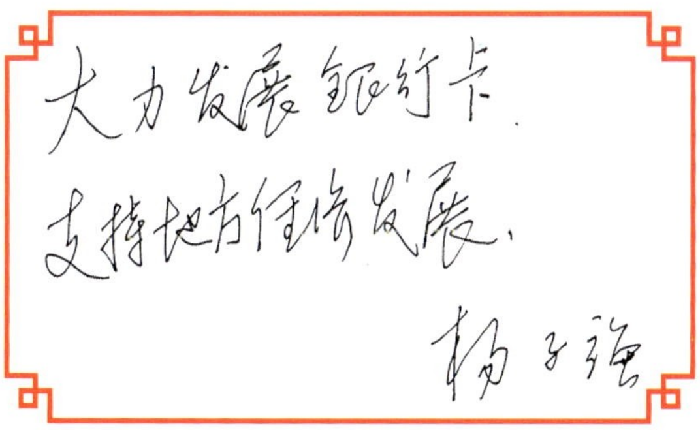

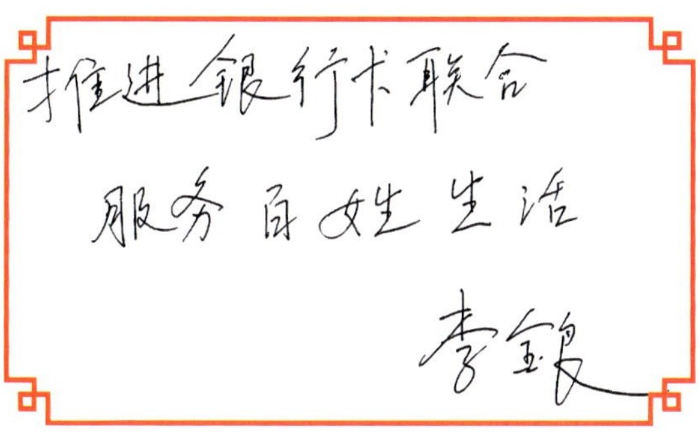

杨柳轻拂，泉水汹涌。为了实现心中的梦想和目标，您无暇顾及身边的美景，怀里揣着一张小小的银行卡上路。这张带着您体温的卡片，见证和记录着您人生的拼搏历程，与您一同品尝成功的甘甜。在您关爱和信任的目光下，银行卡的春天已经来临了！

回首过去，展望未来。银行卡作为一种先进的支付工具，在山东这片有着古老而又厚重的沃土上，沐浴着中国金融改革的春风，高歌猛进。

遥想山东省银行卡产业当年，不过是有限的人群的身份象征，而如今早已进入寻常百姓之家。这一切成就的取得离不开山东省政府、人民银行济南分行及社会各方面关注和扶持。1993年6月山东省金卡工程领导小组成立，标志着山东省银行卡联网通用工作正式启动。1998年8月，省长韩寓群主持山东金卡工程开通仪式，明确提出“引导百姓用卡，改善用卡环境”。2002年3月中国银联正式组建，同年7月，山东省在全国率先实现全省联网通用，12月，在全国率先开展覆盖全省的银行卡专业化服务工作。

联网通用，深入人心。几年来，银联济南分公司联合各发卡行，以优质服务为手段，为持卡人提供便捷、高效、全面的服务。现在手持一张银联卡可在全国各城市ATM机上提取现金，在各类商场、酒店、机场及其他场所刷卡消费。截至2005年5月，山东省联网商户已超过7000家，POS机超过14000台，联网ATM已达4000余台，受理环境大为改善，银行卡提供的各项服务功能不断完善，跨行交易由联网初期每天几万元发展到今天近亿元，山东银行卡业务发展和联网通用取得了阶段性成果。

志存高远，需只争朝夕。银行卡产业的成绩很大，但我们很清醒：面对WTO后保护期的即将结束，留给中国银行卡产业发展的时间不多了！2005年中国银行卡产业发展再次提速：先是中国人民银行宣布启动中国银行卡之春活动，央行将2005年定为“银行卡宣传年”，普及银行卡的使用和认知。紧跟的是国家九部门联合下发《关于促进银行卡产业发展的若干意见》，发展壮大银行卡产业刻不容缓！

银行卡之春已经来临。春天是播种希望的季节，让我们抓住机遇，迎接挑战，开拓进取，创建民族银行卡品牌，推动山东省银行卡业务全面繁荣。

中国光大银行济南分行

行 长 杜守俊

中国光大银行济南分行办公大楼

中国光大银行济南分行员工为“大地之爱．母亲水窖”捐款

中国光大银行济南分行举办业务技能比赛

中国光大银行济南分行开展业务宣传活动

中国光大银行济南分行分支机构一览表

名　称	地　址	邮　编
光大银行济南分行营业部	经七路 85 号	250001
光大银行济南市中支行	经六路大纬二路 82 号	250001
光大银行济南泉景支行	经十一路 45 号	250002
光大银行济南黑虎泉路支行	南门大街 2 号	250011
光大银行济南和平路支行	和平路 37-2 号	250014
光大银行济南舜耕支行	舜耕路 12 号	250014
光大银行济南泉城支行	泉城路 178 号	250011
光大银行济南槐荫支行	经七路 588 号	250021
光大银行济南千佛山支行	经十路 72 号	250014
光大银行济南解放路支行	解放路 113 号	250013
光大银行济南泺源支行	泺源大街 108 号	250011

中国人民银行聊城市中心支行

近年来，人行聊城市中心支行紧密结合辖区实际，积极创新工作思路，认真贯彻稳健的货币政策，稳步推进金融生态环境建设，切实维护金融稳定，着力提高金融服务水平，不断强化内部管理和干部队伍建设，充分履行了基层中央银行职责。2001 年至 2004 年连续四年被市委、市政府评为支持地方经济发展贡献一等奖，并荣获山东省“富民兴鲁”劳动奖状；中心支行机关被评为分行级“模范职工之家”，中心支行国库科和营业室分别被共青团中央和总行授予“青年文明号”荣誉称号等。

中国人民银行聊城市中心支行党委书记、行长　徐小林

行党委坚持科学决策，为在新形势下履行好基层央行职责奠定了坚实基础

积极开展优质文明服务活动，在社会上树立了良好形象

中国人民银行聊城市中心支行办公楼

中国人民银行滨州市中心支行

BINZHOU SHI ZHONGXIN ZHIHANG

团结务实的中心支行领导班子

中国人民银行滨州市中心支行党委书记、行长　李庆胜

注重加强基层央行文化建设，2005年8月，中心支行选送的董兰同志代表济南分行在总行组织的国库知识竞赛中荣获团体一等奖和唯一“优秀选手”称号。

丰富多彩的文体活动

人行滨州市中心支行重视金融生态环境建设，加强银企合作成绩显著。2002年以来，人民银行济南分行与滨州市政府连续四年成功举办了银企洽谈会，四届银企洽谈会共签订协议和合同贷款金额1064.3亿元，前三届洽谈会资金到位率达到了90%以上，第四届银企洽谈会项目资金正在逐步到位，银企的成功合作有力带动了滨州辖区信贷投入的快速增长和地方经济发展。

建设中的中国人民银行滨州市中心支行办公大楼

中国建设银行股份有限公司
山东省分行

济南地区机构

名称	地址	邮编
建行山东省分行	济南市泺源大街178号	250012
建行山东省分行营业部	济南市泺源大街178号	250012
建行济南珍珠泉支行	济南市共青团路3号	250012
建行济南泉城支行	济南市泺源大街6号	250014
建行济南铁道支行	济南市经二路144号	250001
建行济南舜耕支行	济南市济大路8号	250002
建行济南经七路支行	济南市经七路386号	250021
建行济南解放路支行	济南市解放路161号	250013
建行济南历下支行	济南市文化西路51号	250011
建行济南市中支行	济南市经四路76号	250001
建行济南高新支行	济南市解放路20号	250013
建行济南天桥支行	济南市济洛路127号	250031
建行济南槐荫支行	济南市经十路399号	250022
建行济南历城支行	济南市花园路90号	250100
建行章丘支行	章丘市汇泉路3号	250200
建行济南长清支行	济南市长清区灵岩路2288号	250300
建行济阳支行	济阳县经二路62号	251400
建行商河支行	商河县鑫源路13号	251600
建行平阴支行	平阴县榆山路55号	250400

单县农村信用联社

单县农村信用社下辖1处营业部，5处信用社，44处分社，8处储蓄所，现有干部职工527人。近年来，该社坚持“稳健经营、稳步发展”的经营理念，各项业务得到了蓬勃发展，实现了经济效益和社会效益的双丰收。2004年末，各项存款余额10.3亿元，贷款余额8.8亿元，盈余482万元，在2004年度全市信用联社综合考核中获得第一名。先后获得“市级文明单位”、“支持单县农村经济发展先进单位”等多项荣誉称号。

山东省单县农村信用联社党组书记、理事长　韩东华

蓬勃发展中的单县农村信用联社。图为单县联社办公楼

单县联社积极开展“保持共产党员先进性教育”活动，不断加大对“三农”和个体民营经济的信贷支持。图为联社主任李守林带领党员到街头宣传联社信贷政策。

2004年7月，单县联社存款突破十亿大关，到2005年5月，又突破十三亿元。图为联社党委书记、理事长韩东华和人民银行单县支行行长邵春生在街头宣传单县联社存款突破十亿元大关的情景。

近年来，全县信用社积极开展“送信息、送科技、送贷款”三下乡活动，拉近了信用社与农民之间的“鱼水关系”。图为信用社到乡镇农村送戏下乡演出的场面，受到了广大农民的欢迎。

单县农村信用社在全县金融系统率先突破10亿元存款大关。图为新闻发布会现场一角。

中国人民银行日照市中心支行

举办征信管理知识竞赛

中国人民银行日照市中心支行党委书记、行长张海清发布2004日照银企合作促进会成果

中国人民银行日照市中心支行下辖2个县支行，中支机关内设机构18个，其中职能科室12个，党群工作机构4个，直属单位2个。截止2004年12月底，全辖职工182人，其中中支机关111人，县支行71人。

2004年，人民银行日照市中心支行立足日照实际，牢固树立科学发展观，认真贯彻执行稳健的货币政策，深化金融改革，维护金融稳定，改善金融服务，有力地促进了全市经济持续快速健康发展。全市金融运行速度及质量显著提高，各项存贷款增量、增速、金融机构效益均创历史最高水平。

贯彻执行稳健货币政策成效显著。切实加强窗口指导，引导金融机构优化信贷结构，支持经济发展。年末，全市各项存款余额275.7亿元，比年初增加48.5亿元，同比多增3.73亿元，增长21.3%；各项贷款余额273.5亿元，比年初增加65.5亿元，同比多增20亿元，增长31.5%，存贷款增速分别居全省第二位和第一位。全市银行业经营效益大幅提高，实现当年结益3.3亿元，同比增盈3.5亿元。

"2004'日照银企合作促进会"取得丰硕成果。以诚信为主题，成功举办2004日照银企合作促进会，邀请驻鲁23家省级金融机构参加，共有178个项目达成合作意向，签约总额350亿元，其中贷款合同64个，金额27亿元。此项工作荣获2004年政府工作创新奖。

金融服务水平进一步提高。全年共清算资金660亿元，办理电子联行转汇1014亿元。办理各项预算收入74.5亿元，财政拨款30.8亿元，发行国债6010万元。回笼发行基金42.8亿元，投放发行基金33.5亿元。加强外汇管理与服务，办理出口收汇核销10.2亿美元，进口付汇核销6.2亿美元。

党建和干部队伍建设扎实推进。大力建设学习型领导班子，创建学习型组织，文明单位建设扎实推进。认真开展履行央行新职责主题思想教育活动。实行领导干部任前廉政培训和"五廉递进法"，广泛开展廉政学教活动，党风廉政和干部队伍建设切实加强。

中国人民银行日照市中心支行办公大楼

山东联行有限公司

山东联行有限公司成立于2005年初，以济南为中心面向山东省。该公司紧紧围绕“提升经营理念，塑造百年‘联行’”的宗旨，并以“为客户提供一流金融服务，为员工创造良好发展机遇”为企业追求，坚持以业务发展为主题，以提高经营效益为核心，以人才素质为基础，以规范经营为方针，建立了一支专业、高效、敬业的管理咨询团队。牢固树立依法理财观念，为不同的客户量身设计适合自身的个性金融理财服务及规划。内强素质，外树形象，该公司积极参加各项社会活动并取得良好的成效。不断开拓市场，以市场需求为导向，以客户需求为目标。

该公司下设个人贷款部、企业贷款部、风险审核部、人力资源部等。

业务开展情况：

突出联行特色，塑造理财品牌。

——个人贷款咨询服务：为个人提供房屋抵押贷款、二手房按揭贷款、公务员信用贷款、个人综合消费贷款等。

——金融咨询服务：为企业的发展提供奖金支持及政策咨询，税务代理、企业形象设计、增资、验资、票据承兑贴现、可行性研究分析、结算理财服务。

——企业贷款服务：为企业的可持续发展提供政策咨询，贷款服务。

——理财咨询服务：理财规划已经成为金融市场最主要的投资渠道，普遍被社会公众所接受。与单项投资咨询业务相比，金融规划提供的全方位服务更能使投资人恰当的表达自己的投资意志。

——人才建设：人才是立行之本，拥有高素质的人才，是提高服务质量的根本保证。为塑造高素质的员工队伍，该公司加强了员工的培训，提高经营管理水平。突出“以人为本”的思想，强化员工业务培训，按照服务客户的思想，突出了个人综合消费贷款，企业贷款等业务培训。

该公司在经营的基础上注意防范风险，今后将不断创新、锐意进取，用更优质的服务来回馈客户，回馈社会！同时，与各家专业银行建立更紧密地业务联系，积极借鉴国外银行的经营理念，打造好自己的金字招牌，努力把公司的理财业务做大做强。

目 录

第一部分

第二部分

第三部分

4

第四部分

5

第五部分

第六部分

7

第七部分

第八部分

9 第九部分

10 **第十部分**

11 第十一部分

第十二部分

15 第十五部分

第一部分

2004年经济金融形势与重要方针政策

2004年山东省经济金融运行态势

【经济概况】 2004年，山东省把宏观调控当作加快发展的重大历史机遇，充分发挥多年形成的产业、基础设施和资源优势，注重把握宏观调控的适时适度，抓紧推进经济结构的调整和优化升级，经济发展呈现出速度快、效益好、亮点多、后劲足、收入增、变化大的特点。全年实现地区生产总值15490.7亿元，按可比价格计算，比上年增长15.3%，同比提高1.6个百分点，为1995年以来增速最高的年份。其中，第一产业增加值1778.3亿元，增长6.9%；第二产业增加值8724.5亿元，增长19.2%；第三产业增加值4987.9亿元，增长12.3%。人均生产总值16925元（按现价汇率折算为2045美元），同比增长14.7%。

一、农林牧渔全面发展，农村经济出现新变化。2004年，山东省实现农林牧渔业总产值3453.2亿元，同比增长5.7%。其中，农业1902.5亿元，增长6.5%；林业60.5亿元，增长2.4%；畜牧业1010.8亿元，增长4.9%；渔业423.7亿元，增长3.8%。粮食生产再获丰收。2004年，山东省粮食总产3516.7万吨，增长2.4%。其中，夏粮总产1585万吨，增长1.3%；秋粮总产1931.7万吨，增长3.3%。棉花种植面积连年大幅增加，总产109.8万吨，增长25.2%。油料、蔬菜、水果产量全面增长。肉类产量696.5万吨，增长5.2%；禽蛋产量432.9万吨，增长1.9%；奶类产量188.7万吨，增长27.2%；水产品产量718.5万吨，增长1.7%。

农村生产生活条件继续改善。实现农机作业服务产值324.1亿元，同比增长4.9%。年末全省农机总动力8751.9万千瓦，增长5.0%。拖拉机197.2万台，增长7.7%。农村节水灌溉面积1830.6千公顷，增长2.4%。在村村通电的基础上，通汽车、电话和自来水的村数比重分别上升到98.7%、99.9%和59.7%。

二、工业适应市场能力提高，竞争力进一步增强。2004年，山东省新增规模以上工业企业4127个，为历年最多。全省规模以上工业实现增加值6498.3亿元，增长26.5%，增幅同比提高3.8个百分点。其中，国有控股工业增加值2290.8亿元，增长15.9%；集体工业增加值751.0亿元，增长17.8%；股份制和外商及港澳台商投资工业分别增长27.5%和29.0%。轻重工业协调发展，分别实现增加值2343.4亿元和4154.9亿元，增长27.0%和26.3%，轻重工业之比由上年的37:63变为36:64。

全省全年规模以上工业实现产品销售收入21055.1亿元，同比增长40.7%；实现利润1383.6亿元、利税2292.1亿元，分别增长48.7%和42.2%。非公有制工业占据半壁江山。规模以上非公有制工业实现增加值3312.7亿元，增长37.5%，占规模以上工业的51.0%；实现产品销售收入10759.7亿元，增长50.3%。其中，私营工业实现增加值1059.7亿元，增长48.4%，高于规模以上工业增幅21.9个百分点。

工业经济效益明显改善。总资产贡献率、资本增值保值率和成本费用利润率提高，反映工业经济效益整体水平的综合指数逐月上扬，达到185.8，同比提高22个百分点。工业产销衔接良好，产销率逐季提高，由年初的96.2%提高到98.1%，同比提高0.3个百分点。重点监测的120种主要工业品产量同比增长的有100种，占83.3%。

三、固定资产投资增速较快，投向优化重点突出。2004年，山东省规模以上固定资产投资完成7589.3亿元，增长37.7%。其中，第一产业投资249.7亿元，增长48.2%；第二产业投资4577.1亿元，增长42.0%；第三产业投资2762.5亿元，增长30.3%，其中房地产开发投资完成764.8亿元，同比增长32.0%。固定资产投资率为49.0%，同比提高6.1个百分点，达到历史最高水平。

重点行业投资增速加快。第一产业中的农林牧渔投资增长53.3%；第二产业中的石油、化工、机械、纺织行业投资快速增长，制造业投资增长48.8%，占全省规模以上投资的48.0%；第三产业中的科研和技术服务业、环境和公共设施管理业、仓储业投资分别增长56.9%、61.2%和1.6倍。

投资结构优化，效益提高。石油加工及炼焦、铁路运输、公共设施管理、航空运输、电器机械及器材制造业等加强行业的投资分别增长2.1倍、1.5倍、1.4倍、1.2倍和1.1倍；高新技术产业投资完成463.7亿元，增长51.4%，提高3.6个百分点；全年新开工项目3.8万个，其中1亿元以上的大项目1366个。每百元固定资产投资新增加的GDP由上年的35.4元上升到40.3元。

四、消费品市场持续走高。2004年，山东省实现社会消费品零售总额4483.4亿元，同比增长13.9%。城乡消费同步增长，农村市场转旺。其中，县及县以上城镇实现零售额3349.2亿元，增长14.6%，市场份额为74.7%；县以下农村实现零售额1134.3亿元，增长11.8%，市场份额为25.3%。

全省全年批发零售贸易业实现零售额3695.2亿元，增长13.6%，拉动零售总额增长11.3个百分点，市场份额为82.4%。消费热点转向汽车、住房、通信、休闲娱乐等领域，这四项消费占限额以上批零贸易业零售的比重达32.7%。餐饮市场增幅居各行业首位，实现零售额587.0亿元，增长18.1%，拉动零售总额增长2.3个百分点，市场份额为13.1%。大型商品交易市场交易活跃。年成交额一亿元以上的商品交易市场达316个，实现成交额2243.7亿元，增长9.5%。平均每个亿元市场实现成交额7.1亿元，增长6.0%。

价格水平趋于稳定。随着粮价回落和严控服务项目价格上涨措施的实施，居民消费价格总水平上涨势头得到控制，全年上升3.6%。其中，消费品价格上升3.9%，服务项目价格上升2.8%。分城乡看，城市上升2.8%，农村上升4.6%。若剔除食品价格上涨9.1%的影响，居民消费价格总水平仅上升1.3%。

五、对外贸易再上新台阶，外商投资实现新突破。2004年，山东省实现进出口总值607.8亿美元，增长36.1%。其中，出口358.7亿美元，增长35.0%；进口249.1亿美元，增长37.7%。全年实现贸易顺差109.6亿美元，增加24.7亿美元。对外贸易依存度由上年的29.9%提高到32.5%。出口产品结构进一步优化，机电产品出口增长50.9%，所占比重达到27.1%，首次超过传统的纺织服装产品，跃居首位。加工贸易进出口快速增长，占全省进出口的比重达到46.0%。

全年实际利用外商投资98.2亿美元，居全国前三位，增长32.4%，其中外商直接投资87.0亿美元，增长22.7%。吸收韩国投资居首位。新签外商直接投资项目5891个，增长11.1%。在山东省投资的世界500强公司新增17家，累计有113家世界500强在全省兴办企业262家。

六、财政实力提高幅度较大。2004年，山东省境内财政总收入2675.6亿元，同比增长26.1%，增幅同比高9.2个百分点，其中，地方财政一般预算收入828.4亿元，增长28.9%；地方财政支出1188.6亿元，增长17.6%。

七、城乡居民收入增加较大，消费能力随之提高。2004年，山东省城镇居民人均可支配收入9437.8元，同比增加1037.9元，为历年增加最多的年份；增长12.4%，同比提高2.1个百分点，为1997年以来增长最快的一年；城镇居民人均消费性支出增长10.0%，同比提高1.5个百分点，为2001年以来的最高增速。农民人均纯收入3507.4元，同比增加356.9元，增长11.3%，增幅同比提高4.6个百分点，增加额和增幅均为1997年以来最高水平；农民人均生活消费性支出增长12.0%，同比提高5.5个百分点，为1997年以来的最高增速。

【金融概况】 2004年，山东省金融运行态势良好，信贷投放适度增长，信贷结构不断优化，宏观调控取得阶段性成效。存贷比由上年末的84.2%降为81.2%，新增存贷比降低到71.1%，基本符合国家的调控要求。新增贷款重点支持了农业基础产业，并缓解了部分有市场、效益好的大中型工业企业及重点行业流动资金紧张的状况。

【存款情况】 截至2004年末，山东省金融机构各项人民币存款余额14514.3亿元，比年初增加2071.1亿元，同比少增119.4亿元；余额增长16.7%，同比下降4.7个百分点，存款存量和增量均居全国第六位。全年存款波动幅度较大。一季度，各项存款超速增长，当季增加152.6亿元，同比多增32.2亿元。4月份以后，受贷款收紧、企业资金紧张影响，存款增势明显放缓，4~9月份，仅增加672.9亿元，同比少增600.1亿元，为近年来最低水平。进入四季度，受加息效应及年末企业回笼货款增多等影响，存款明显回升。各项存款增加464.9亿元，分别比二、三两个季度多增36.8亿元和220.2亿元。

一、企业资金需求旺盛，货币资金总体呈现趋紧态势。2004年，山东省企业存款增加475.6亿元，同比少增186.9亿元，增长14%，同比下降10.2个百分点。从企业存款增量季度间分布看，一季度贷款快速增长，企业资金环境比较宽松，当季企业存款增加152.6亿元，占全年增量的32.1%。4月份以后，受调控政策影响，在信贷紧缩、原材料价格上涨及两项资金占用增多等因素综合作用下，企业货币资金状况趋紧。二、三季度新增企业存款144.1亿元，仅占全年增量的30.4%。四季度受企业投资需求减缓、货款回笼较多以及年末贷款集中投放等因素影响，企业存款增加178.7亿，占全年增量的37.6%。其中，12月份当月增加213.9亿元，同比多增69.5亿元，存款的稳定性不够。

企业存款总体少增，主要原因有：一是贷款从紧导致企业资金环境趋紧；二是投资高增长拉动，煤电油运供应紧张，原材料价格大幅上扬，存货增加占压资金；三是部分投资类产品市场需求发生变化，企业两项资金占用增加。1~11月份，全省规模以上工业企业两金占用达2351.6亿元，比年初增加413.3亿元，同比增长20.2%；四是部分行业投资过度，进一步挤压下游企业盈利空间，导致部分下游行业企业亏损加剧。1~11月份，全省规模以上工业企业亏损面为11.1%，亏损企业累计亏损59.5亿元，同比增长45.6%。其中，建材、石油和医药行业亏损企业亏损额同比分别增长81.4%、45.3%和161.7%。据对350户工业企业监测结果显示，亏损企业累计亏损19.2亿元，同比增长148.6%。

二、储蓄存款走势与企业资金松紧高度正相关，资金体外循环成为企业重要的资金来源。截至2004年末，山东省储蓄存款余额7721.5亿元，比年初增加951.1亿元，同比少增9亿元。从各季度储蓄增量占比看，一季度占55%；二季度占18%；三季度占7%，跌入低谷；四季度受加息影响，扭转持续下滑态势，占比上升到20%。在储蓄低增长的二、三季度，民间借贷和企业集资行为活跃，储蓄分流加大，很大程度上弥补了企业资金短缺状况。据对五市42户县域中小企业快速抽样调查，年内有集资行为的企业占47.6%，集资总额1.1亿元，相当于集资企业新增贷款额的1.4倍，其中70%为储蓄转化。济宁市70%的企业有民间借贷行为。

储蓄存款稳定性逐步改善。加息后的11、12两个月定期储蓄增加188.7亿元，占同期储蓄增量的93.8%。加息效应对储蓄期限结构的影响突出，对居民消费的抑制作用逐步显现，这有利于改善商业银行资产负债结构，但也反映了居民消费意愿不强。

【贷款情况】 截至2004年末，山东省金融机构各项人民币贷款余额11782.8亿元，比年初增加1473.1亿元，同比少增431.9亿元，居全国第5位，同比增长13.8%，下降8.5个百分点。当年贷款缓增，实际上是对上年贷款超常增长的修正，有利于抑制经济过热。

从全年贷款投放看，波动较大。一季度增加574.2亿元，占全年增量的39.4%；二季度增加286.9亿元，占19.3%；三季度增加351.3亿元，占23.7%；四季度增加260.8亿元，占17.6%，其中，12月份当月增加224.4亿元，占四季度新增量的86%，年末考核痕迹明显。

从贷款投向看，较好地满足了经济发展的合理资金需求。一是农业信贷投入不断增加。全省全年农业贷款增加235亿元，居全国第一，占全部贷款增加额的16%，同比提高2.9个百分点；二是企业流动资金环境好转。12月末，短期工业贷款比年初增加320亿元，同比多增27.3亿元，增长19.5%，高于全部贷款增速5.7个百分点；三是中长期贷款稳步增加，保证了重点项目资金需要。全省全年中长期贷款增加789.3亿元，增长27.7%，比全部银行贷款增幅高13.9个百分点；四是贷款区域集中现象有所缓解。中央银行采取的银企洽谈会等"窗口指导"手段成效明显，贷款区域分布趋于合理。半岛城市群8城市贷款比年初增加961.7亿元，占65.3%，同比下降1.9个百分点；五是消费信贷较快增长，促进了居民消费升温。12月末，全省消费信贷比年初增加242.9亿元，增长29.8%，增速居各类贷款首位。房贷成为亮点，比年初增加224.9亿元，同比多增3.8亿元，占全部消费贷款增量的92.6%。汽车消费信贷低迷，比年初净下降17.3亿元，同比多降58.3亿元。

【金融机构经营】 2004年，受投资拉动等因素影响，信贷资金基本处于卖方市场，许多银行执行贷款利率普遍高于基准利率，利率下浮现象基本消失，拓宽了商业银行盈利空间。全年全省金融机构盈利91.6亿元，同比增盈101.2亿元。其中，国有商业银行盈利50亿元，同比增盈80亿元；股份制商业银行盈利15.7亿元，同比增盈8.3亿元；城商行盈利4亿元，同比增盈1.1亿元；农信社盈利12.9亿元，同比增盈11.9亿元。不良贷款继续实现"双降"。11月末，全省银行机构（不含农村信用社）五级分类本外币不良贷款余额1390.3亿元，比年初减少391.1亿元，不良贷款占比14.3%，比年初下降5.3个百分点。全省农村信用社四级分类不良贷款余额292.5亿元，较年初减少145亿元，不良贷款占比14.9%，较年初降低10.3个百分点。若考虑票据置换因素，农信社不良贷款较年初实际减少31.7亿元，不良贷款占比较年初实际降低5.7个百分点。

【证券市场】 2004年，山东省证券市场稳步发育，上市工作取得较大进展。全省共有境内外上市公司90家，股票101只。其中，境内上市公司75家，股票86只；境外上市公司18家。证券公司3家，证券营业部139家，证券服务部38家。全年新增14家境外上市公司，融资127.7亿元，是上年的2.6倍。期货市场运行平稳，全省拥有期货经纪公司10家，期货营业部10家。全年期货交易额6786.5亿元，增长12.1%。

【保险业务】 2004年，山东省保险业务平稳健康发展。全省设立分支机构的保险公司共18家。全年保费收入317.2亿元，同比增长11.8%；其中，财产险保费收入74.4亿元，增长25.9%，人身险保费收入242.8亿元，增长8.0%。共支付各项赔款和给付65.7亿元，增长15.5%。其中，财产险业务赔款42.6亿元，增长22.5%，人身险业务支付赔款和给付23.1亿元，增长4.4%。

（调查统计处）

附表1-1　　山东省国民经济主要指标及占全国的比重

（2004年）

项　目	单　位	山　东	全　国	山东占全国比重（%）
一、人口与就业				
年底总人口	万人	9180	129988	7.1
从业人员	万人	5728.1	75200	7.6
二、土地面积	万平方公里	15.67	960	1.6
三、地区生产总值	亿元	15490.7	136875.9	11.3
第一产业	亿元	1778.3	20768.1	8.6
第二产业	亿元	8724.5	72387.2	12.1

续表

项　目	单 位	山　东	全　国	山东占全国比重（%）
第三产业	亿元	4987.9	43720.6	11.4
四、主要工农业产品产量				
粮　　食	万吨	3516.7	46947	10.6
棉　　花	万吨	109.8	632.4	17.4
油　　料	万吨	369.7	3065.9	12.1
肉　　类	万吨	696.5	7244.8	9.6
水产品	万吨	718.2	4901.8	14.7
烤　　烟	万吨	8.0	216.3	3.7
原　　油	万吨	2674.3	17500	15.3
原　　煤	万吨	14646.2	195600	7.5
发电量	亿千瓦时	1693.7	21870	7.7
水　　泥	万吨	12363.8	97000	12.7
布	亿米	66.2	420	15.8
家用电冰箱	万台	617.7	3033	20.4
家用洗衣机	万台	425.7	2349	18.1
彩色电视机	万台	764.1	7329	10.4
钢	万吨	1855.4	27280	6.8
房间空调器	万台	644.3	6646	9.7
化学纤维	万吨	74.8	1425	5.2
五、全社会固定资产投资额	亿元	7629.0	70072.7	10.9
六、运输、邮电				
货物周转量	亿吨公里	4783.1	69442	6.9
旅客周转量	亿人公里	748.0	16309	4.6
邮电业务总量	亿元	524.0	9791.2	5.4
七、财政				
地方财政收入	亿元	828.3	11693.4	7.1
地方财政支出	亿元	1189.4	20592.8	5.8
八、金融				
各项存款	亿元	14514.3	240525.1	6.0
各项贷款	亿元	11782.8	177363.5	6.6
九、外贸外经旅游				
进出口总额	亿美元	607.8	11547.9	5.3
进口总额	亿美元	249.1	5614.2	4.4
出口总额	亿美元	358.7	5933.7	6.0
实际利用外资	亿美元	98.2	640.7	15.3
旅游外汇收入	亿美元	5.7	257.4	2.2
十、社会消费品零售额	亿元	4483.4	53950	8.3

附表 1－2　　山东省历年地区生产总值　　单位：亿元

年份	地区生产总值	第一产业	第二产业			第三产业			人均地区生产总值（元）
				工业	建筑业		#交通运输仓储邮电通信业	#批发零售贸易餐饮业	
1952	43.41	28.55	7.87	7.38	0.49	6.99	1.01	2.72	91
1953	45.79	28.23	9.30	8.74	0.56	8.26	1.20	3.22	94
1954	52.98	32.48	10.98	10.38	0.60	9.52	1.31	3.92	106
1955	57.78	35.52	11.42	10.81	0.61	10.84	1.40	4.62	113
1956	63.13	35.67	16.34	14.98	1.36	11.12	1.44	4.53	121
1957	61.39	31.95	17.59	16.62	0.97	11.85	1.61	4.38	116
1958	72.97	33.94	23.73	21.29	2.44	15.30	3.28	4.88	135
1959	75.96	28.73	27.86	25.16	2.70	19.37	4.55	5.56	141
1960	71.37	20.61	31.07	28.11	2.96	19.69	5.38	4.68	135
1961	63.40	26.44	20.19	19.04	1.15	16.77	4.02	3.64	121
1962	64.38	30.42	16.91	15.90	1.01	17.05	3.89	3.93	120
1963	67.61	33.47	19.09	17.65	1.44	15.05	2.84	3.16	123
1964	71.66	33.05	23.43	21.74	1.69	15.18	3.25	2.64	128
1965	86.25	42.24	28.96	25.99	2.97	15.05	3.67	2.00	152
1966	97.58	46.99	34.44	31.34	3.10	16.15	3.98	2.67	169
1967	99.44	46.71	35.43	32.78	2.65	17.30	3.92	3.66	168
1968	99.34	44.46	37.43	34.72	2.71	17.45	3.77	3.77	165
1969	108.17	50.16	39.56	36.22	3.34	18.45	3.99	4.15	175
1970	126.31	52.23	53.71	50.16	3.55	20.37	4.84	4.69	199
1971	139.69	56.33	61.50	57.65	3.85	21.86	5.45	4.49	215
1972	146.52	59.11	63.22	58.57	4.65	24.19	6.07	4.51	221
1973	154.33	61.92	65.99	60.67	5.32	26.42	6.15	6.31	229
1974	130.81	59.19	47.44	42.70	4.74	24.18	5.15	4.60	191
1975	166.19	65.54	75.31	69.76	5.55	25.34	5.63	4.77	240
1976	179.58	68.88	84.70	78.23	6.47	26.00	6.27	4.40	242
1977	207.07	79.01	95.34	88.05	7.29	32.72	7.81	3.92	293
1978	225.45	75.06	119.35	108.53	10.82	31.04	8.27	3.29	316
1979	251.60	91.12	127.68	114.67	13.01	32.80	9.50	4.18	350
1980	292.13	106.43	146.11	130.55	15.56	39.59	10.07	6.39	402

续表

年份	地区生产总值	第一产业	第二产业	工业	建筑业	第三产业	#交通运输仓储邮电通信业	#批发零售贸易餐饮业	人均地区生产总值(元)
1981	346.57	132.21	155.41	138.09	17.32	58.95	13.18	16.56	472
1982	395.38	154.07	166.05	147.10	18.95	75.26	14.10	22.39	531
1983	459.83	185.57	178.75	159.15	19.60	95.51	17.12	32.07	611
1984	581.56	222.13	239.27	214.20	25.07	120.16	22.25	37.97	765
1985	680.46	235.96	293.07	259.42	33.65	151.43	28.22	46.14	887
1986	742.05	252.73	313.21	274.80	38.41	176.11	34.03	49.85	956
1987	892.29	287.31	384.57	341.31	43.26	220.41	47.45	60.58	1131
1988	1117.66	331.94	497.10	435.51	61.59	288.62	55.50	86.71	1395
1989	1293.94	359.14	579.65	513.97	65.68	355.15	66.55	108.51	1595
1990	1511.19	425.29	635.98	568.25	67.73	449.92	81.87	132.83	1815
1991	1810.54	521.85	745.90	663.90	82.00	542.79	98.97	161.00	2122
1992	2196.53	534.62	999.11	889.59	109.52	662.80	120.18	200.93	2556
1993	2779.49	596.63	1358.94	1204.58	154.36	823.92	141.35	234.84	3222
1994	3872.18	775.03	1900.46	1700.31	200.15	1196.69	214.36	325.90	4473
1995	5002.34	1010.13	2372.67	2113.34	259.33	1619.54	297.71	439.79	5758
1996	5960.42	1200.17	2810.72	2500.07	310.65	1949.53	364.71	528.40	6834
1997	6650.02	1195.00	3185.05	2830.05	355.00	2269.97	424.36	599.06	7590
1998	7162.20	1215.81	3457.03	3052.44	404.59	2489.36	442.20	665.33	8128
1999	7662.10	1221.00	3705.44	3251.77	453.67	2735.66	490.90	720.56	8673
2000	8542.44	1268.57	4244.40	3737.38	507.02	3029.47	553.17	785.68	9555
2001	9438.31	1359.49	4654.51	4092.24	562.27	3424.31	668.49	891.34	10465
2002	10552.06	1390.00	5309.54	4629.54	680.00	3852.52	667.75	1047.83	11645
2003	12435.93	1480.67	6656.85	5860.63	796.22	4298.41	724.62	1161.55	13661
2004	15490.73	1778.30	8724.52	7799.31	925.21	4987.91	990.65	1283.28	16925

注：本表按当年价格计算。

附表 1－3　　山东省历年主要金融指标　　单位：万元

年份	存款余额	#企业存款	#财政存款	#农业存款	#储蓄存款	贷款余额	#工业贷款	#农业贷款	#商业贷款	#基建贷款	#技改贷款
1952	27761	13282	10177	101	4201	15674	2786	3796	9092		
1953	37503	14033	16399	428	6643	44486	2584	6082	35820		
1954	37953	14230	12829	996	9898	92049	5722	8051	78276		
1955	66543	12862	38541	2255	12885	140448	6580	11898	121970		
1956	59508	17058	17275	6299	18876	162892	12195	34271	116426		
1957	66853	13671	21811	10970	20401	168720	10248	33183	125289		
1958	119815	30097	42900	12408	34410	349843	59095	56826	233922		
1959	174223	22237	94119	22061	35806	465430	117950	55414	292066		
1960	152412	26747	60237	29408	36020	539109	178222	78879	282008		
1961	154397	35419	65453	28048	25477	505425	119466	77270	308689		
1962	147935	41050	53695	15974	20691	414574	72815	75921	265838		
1963	155443	45826	56502	14924	25872	335573	39091	79662	216820		
1964	157531	46288	62306	18604	30271	336843	33558	82586	220699		
1965	173968	52426	65917	18600	37025	389927	41769	86353	261805		
1966	203942	51901	83799	25528	42714	467671	56561	91222	319888		
1967	249023	78115	92748	33202	44958	524989	82522	92431	350036		
1968	266821	85320	93774	40114	47613	573970	104699	92497	376774		
1969	271167	82682	105564	38148	44773	622424	143203	96513	382708		
1970	539978	97982	355104	41358	45534	669092	136735	97501	434856		
1971	564186	81566	374227	54081	54312	673315	172035	56895	444385		
1972	523844	81483	324625	54677	63059	709712	178014	58874	472824		
1973	617913	90537	397042	52709	77625	801467	181583	58446	555619		5819
1974	528596	111890	271985	60467	84254	833605	225297	63227	538531		6550
1975	722193	142258	417459	67018	95458	917553	235441	69972	607077		5063
1976	765045	160536	419241	76113	109155	1029329	282332	101031	639958		6008

续表

年份	存款余额	#企业存款	#财政存款	#农业存款	#储蓄存款	贷款余额	#工业贷款	#农业贷款	#商业贷款	#基建贷款	#技改贷款
1977	782107	123030	460033	66737	132307	1208633	323841	122037	754734		8021
1978	900037	130437	556357	68941	144302	1337139	352225	135620	839518		9776
1979	655921	219751	27280	106696	195573	1248830	376931	119144	735148		3355
1980	879427	312830	22597	151545	297520	1801830	456971	101552	1161848		29478
1981	1135778	403119	33461	150207	395513	2064250	515804	123506	1305492		51834
1982	1231364	356001	38951	141051	510980	2354235	533949	125550	1505177	1135	86526
1983	1554862	397019	52104	164557	730519	2650117	530720	144154	1742243	3916	110909
1984	2333485	725014	47686	219520	1001699	3666770	713687	291226	2088860	51276	164851
1985	2788151	799892	66522	190082	1301761	4464893	849353	290436	2496747	103677	212522
1986	3515824	972556	73213	215275	1755638	5549438	1189134	386722	2731161	135384	285757
1987	4702246	1201345	90726	247034	2427793	6678425	1464076	533772	2938915	203120	383431
1988	5913422	1416925	77620	263310	3282031	8031351	1821004	635129	3261651	285119	467099
1989	7246567	1544788	118179	276931	4291525	9413406	2279606	782795	3637710	352348	513105
1990	9340575	1976484	153542	335938	5754706	11667880	3023434	939869	4179923	499006	595666
1991	11636250	2845002	159394	404736	7216749	14280093	3570738	1130450	4737915	736741	868499
1992	14482703	3893897	114525	443904	8841510	17205544	4033468	1389718	5360085	916789	1124986
1993	18166260	4648492	159034	492086	11182415	20791075	4795134	1568072	6225867	1243646	1342356
1994	25225337	6194052	257887	521413	16003992	25204369	5434972	1118700	7388355	1477151	1718007
1995	34243843	8776853	263884	656439	21971982	31289040	6487091	1516858	8850079	1985458	2013439
1996	42938411	11317043	239414	829448	28177108	36802427	7658151	2474472	10289962	2250044	2531164
1997	49698489	13914367	246182	852300	32657331	44567197	9219803	3177039	11798956	2780310	2536443
1998	57554782	15010890	441380	883521	37353766	51067900	9795567	4189496	12097868	3879386	2522862
1999	65629934	17250542	584925	1084540	41098425	56798630	10391030	4435895	12657508	5563931	2522178
2000	74711987	20771967	764478	1351492	44667153	62090468	9938023	5281785	11249154	7315876	2678175
2001	85017294	23079030	1140353	1613431	50637936	70176588	11472037	7071209	12227300	8373434	2854302
2002	102477706	27371339	1318673	2050450	58057165	85365991	13466479	9073641	12561986	11343636	1111118
2003	124382360	33965555	1486500	2438209	67683453	104671108	16329927	11565081	12566663	13992866	1537491
2004	145142781	38730410	2258323	2715491	77214610	117828279	19255716	13401333	11660566	16834244	1946567

附表 1-4　　山东省历年地区生产总值构成　　单位：%

年份	地区生产总值	第一产业	第二产业	工业	建筑业	第三产业	#交通运输仓储邮电通信业	#批发零售贸易餐饮业
1952	100	65.8	18.1	17.0	1.1	16.1	2.3	6.3
1953	100	61.7	20.3	19.1	1.2	18.0	2.6	7.0
1954	100	61.3	20.7	19.6	1.1	18.0	2.5	7.4
1955	100	61.5	19.7	18.7	1.0	18.8	2.4	8.0
1956	100	56.5	25.9	23.7	2.2	17.6	2.3	7.2
1957	100	52.0	28.7	27.1	1.6	19.3	2.6	7.1
1958	100	46.5	32.5	29.2	3.3	21.0	4.5	6.7
1959	100	37.8	36.7	33.1	3.6	25.5	6.0	7.3
1960	100	28.9	43.5	39.4	4.1	27.6	7.5	6.6
1961	100	41.7	31.8	30.0	1.8	26.5	6.3	5.7
1962	100	47.2	26.3	24.7	1.6	26.5	6.0	6.1
1963	100	49.5	28.2	26.1	2.1	22.3	4.2	4.7
1964	100	46.1	32.7	30.3	2.4	21.2	4.5	3.7
1965	100	49.0	33.5	30.1	3.4	17.5	4.3	2.3
1966	100	48.1	35.3	32.1	3.2	16.6	4.1	2.7
1967	100	47.0	35.6	32.9	2.7	17.4	3.9	3.7
1968	100	44.7	37.7	35.0	2.7	17.6	3.8	3.8
1969	100	46.4	36.6	33.5	3.1	17.0	3.7	3.8
1970	100	41.4	42.5	39.7	2.8	16.1	3.8	3.7
1971	100	40.3	44.0	41.3	2.7	15.7	3.9	3.2
1972	100	40.3	43.2	40.0	3.2	16.5	4.1	3.1
1973	100	40.1	42.8	39.3	3.5	17.1	4.0	4.1
1974	100	45.2	36.3	32.7	3.6	18.5	3.9	3.5
1975	100	39.4	45.3	42.0	3.3	15.3	3.4	2.9
1976	100	38.3	47.2	43.6	3.6	14.5	3.5	2.5
1977	100	38.2	46.0	42.5	3.5	15.8	3.8	1.9

续表

年份	地区生产总值	第一产业	第二产业	工业	建筑业	第三产业	#交通运输仓储邮电通信业	#批发零售贸易餐饮业
1978	100	33.3	52.9	48.1	4.8	13.8	3.7	1.5
1979	100	36.2	50.8	45.6	5.2	13.0	3.8	1.7
1980	100	36.4	50.0	44.7	5.3	13.6	3.5	2.2
1981	100	38.2	44.8	39.8	5.0	17.0	3.8	4.8
1982	100	39.0	42.0	37.2	4.8	19.0	3.6	5.7
1983	100	40.3	38.9	34.6	4.3	20.8	3.7	7.0
1984	100	38.2	41.1	36.8	4.3	20.7	3.8	6.5
1985	100	34.7	43.0	38.1	4.9	22.3	4.2	6.8
1986	100	34.1	42.2	37.0	5.2	23.7	4.6	6.7
1987	100	32.2	43.1	38.3	4.8	24.7	5.3	6.8
1988	100	29.7	44.5	39.0	5.5	25.8	5.0	7.8
1989	100	27.8	44.8	39.7	5.1	27.4	5.1	8.4
1990	100	28.1	42.1	37.6	4.5	29.8	5.4	8.8
1991	100	28.8	41.2	36.7	4.5	30.0	5.5	8.9
1992	100	24.3	45.5	40.5	5.0	30.2	5.5	9.2
1993	100	21.5	48.9	43.3	5.6	29.6	5.1	8.5
1994	100	20.0	49.1	43.9	5.2	30.9	5.5	8.4
1995	100	20.2	47.4	42.2	5.2	32.4	6.0	8.8
1996	100	20.1	47.2	42.0	5.2	32.7	6.1	8.9
1997	100	18.0	47.9	42.6	5.3	34.1	6.4	9.0
1998	100	17.0	48.3	42.6	5.7	34.7	6.2	9.3
1999	100	15.9	48.4	42.5	5.9	35.7	6.4	9.4
2000	100	14.9	49.6	43.7	5.9	35.5	6.5	9.2
2001	100	14.4	49.3	43.4	5.9	36.3	7.1	9.4
2002	100	13.2	50.3	43.9	6.4	36.5	6.3	9.9
2003	100	11.9	53.5	47.1	6.4	34.6	5.8	9.3
2004	100	11.5	56.3	50.3	6.0	32.2	6.4	8.3

注：本表按当年价格计算。

附表 1-5　　山东省历年地区生产总值指数（一）

（以1952年为100）

年份	地区生产总值	第一产业	第二产业	工业	建筑业	第三产业	#交通运输仓储邮电通信业	#批发零售贸易餐饮业
1953	102.1	92.7	127.8	128.5	117.7	113.7	114.2	113.8
1954	116.4	104.7	148.5	150.0	124.3	131.0	120.4	139.5
1955	127.5	115.6	155.3	157.1	126.5	147.0	122.1	162.8
1956	142.5	116.1	236.5	234.4	279.7	151.7	131.7	159.5
1957	137.5	101.6	262.0	264.6	226.6	154.6	147.4	146.4
1958	163.2	107.7	349.5	334.7	572.4	199.4	300.3	162.9
1959	169.6	90.4	410.3	396.3	626.2	249.4	412.6	183.3
1960	149.2	63.6	394.7	375.3	682.6	251.4	483.6	153.1
1961	116.5	65.3	269.2	264.2	325.6	170.4	355.0	79.8
1962	113.5	69.7	214.8	213.2	236.4	184.4	349.0	97.3
1963	126.0	82.0	245.3	240.1	322.9	180.9	264.5	92.5
1964	140.4	84.7	311.5	307.1	379.1	193.0	306.6	83.0
1965	171.3	107.2	405.0	386.0	693.0	197.8	370.1	61.7
1966	199.2	122.4	499.8	485.2	725.6	213.4	403.4	83.8
1967	203.8	121.7	538.8	537.1	587.0	207.9	334.8	112.3
1968	201.8	112.3	565.2	563.4	608.1	209.6	321.7	115.7
1969	217.5	124.9	597.4	588.8	746.1	222.2	341.0	128.0
1970	251.6	129.3	753.3	748.4	833.4	260.9	454.9	150.8
1971	290.8	135.6	1004.9	1014.8	913.4	266.6	514.5	144.6
1972	315.2	139.7	1125.5	1132.5	1106.1	295.9	575.2	145.8
1973	332.5	146.1	1180.6	1180.1	1268.7	323.4	583.8	204.0
1974	280.0	139.8	854.8	840.2	1132.9	296.6	490.4	148.9
1975	361.8	154.6	1366.0	1374.6	1325.5	310.5	535.5	154.4
1976	380.6	162.0	1452.1	1450.2	1544.2	318.3	596.0	142.2
1977	423.6	185.7	1553.7	1544.5	1738.8	376.5	742.6	126.8
1978	466.4	174.6	1948.3	1907.5	2580.4	379.5	784.9	106.3

续表

年份	地区生产总值	第一产业	第二产业			第三产业	#交通运输仓储邮电通信业	#批发零售贸易餐饮业
				工业	建筑业			
1979	497.2	188.9	2071.0	2004.8	3060.4	395.1	888.5	133.0
1980	557.9	207.4	2319.5	2233.3	3586.8	469.8	928.5	200.4
1981	590.3	220.9	2393.7	2329.3	3382.4	524.8	910.9	389.2
1982	657.0	244.8	2527.7	2443.4	3774.8	667.5	971.0	524.6
1983	748.3	284.0	2719.8	2648.6	3823.9	825.7	1149.7	732.3
1984	878.5	336.0	3201.2	3090.9	4810.5	952.0	1368.1	794.5
1985	978.6	343.4	3793.4	3619.4	6200.7	1093.8	1582.9	880.3
1986	1040.3	341.3	4199.3	4035.6	6504.5	1189.0	1783.9	889.1
1987	1183.9	366.6	4917.4	4794.3	6764.7	1391.1	2326.2	1010.0
1988	1331.9	365.9	6033.6	5858.6	8537.1	1524.6	2277.3	1210.0
1989	1385.2	363.7	6462.0	6356.6	8101.7	1567.3	2279.6	1264.5
1990	1458.6	383.3	6927.3	6865.1	8028.8	1578.3	2227.2	1230.4
1991	1671.6	437.7	7897.1	7894.9	8478.4	1830.8	2588.0	1434.6
1992	1954.1	438.6	10155.7	10216.0	10225.0	2129.2	2994.3	1705.7
1993	2382.0	465.4	13263.3	13352.3	13261.8	2580.6	3434.5	1944.5
1994	2770.3	499.4	15584.4	15702.3	15396.9	3112.2	4135.1	2267.3
1995	3163.7	543.8	17937.6	18073.3	17768.0	3607.0	4904.2	2650.5
1996	3549.7	579.7	20466.8	20603.6	20344.4	4065.1	5625.1	3013.6
1997	3947.3	582.6	23127.5	23282.1	23009.5	4650.5	6362.0	3465.6
1998	4373.6	615.8	25902.8	26076.0	25770.6	5190.0	6979.1	3791.4
1999	4815.3	644.7	29062.9	29283.3	28708.4	5672.7	7774.7	4227.4
2000	5320.9	669.2	32666.7	32973.0	31550.5	6257.0	8645.5	4684.0
2001	5858.3	697.3	36358.0	36797.9	34484.7	6926.5	10374.6	5288.2
2002	6537.9	714.7	41739.0	42023.2	41140.2	7660.7	10416.1	6002.1
2003	7433.6	754.7	48834.6	49377.3	46611.8	8580.0	11645.2	6668.3
2004	8570.9	806.8	58210.8	59795.9	49082.2	9635.3	15534.7	7168.4

注：本表按可比价格计算。

附表 1-6　　山东省历年地区生产总值指数（二）

（以上年为100）

年份	地区生产总值	第一产业	第二产业	工业	建筑业	第三产业	#交通运输仓储邮电通信业	#批发零售贸易餐饮业
1953	102.1	92.7	127.8	128.5	117.7	113.7	114.2	113.8
1954	114.0	112.9	116.2	116.7	105.6	115.2	105.4	122.6
1955	109.5	110.4	104.6	104.7	101.8	112.2	101.4	116.7
1956	111.8	100.4	152.3	149.2	221.1	103.2	107.9	98.0
1957	96.5	87.5	110.8	112.9	81.0	101.9	111.9	91.8
1958	118.7	106.0	133.4	126.5	252.6	129.0	203.7	111.3
1959	103.9	83.9	117.4	118.4	109.4	125.1	137.4	112.5
1960	88.0	70.4	96.2	94.7	109.0	100.8	117.2	83.5
1961	78.1	102.6	68.2	70.4	47.7	67.8	73.4	52.1
1962	97.4	106.8	79.8	80.7	72.6	108.2	98.3	121.9
1963	111.0	117.6	114.2	112.6	136.6	98.1	75.8	95.1
1964	111.4	103.3	127.0	127.9	117.4	106.7	115.9	89.7
1965	122.0	126.6	130.0	125.7	182.8	102.5	120.7	74.3
1966	116.3	114.2	123.4	125.7	104.7	107.9	109.0	135.8
1967	102.3	99.4	107.8	110.7	80.9	97.4	83.0	134.0
1968	99.0	92.3	104.9	104.9	103.6	100.8	96.1	103.0
1969	107.8	111.2	105.7	104.5	122.7	106.0	106.0	110.6
1970	115.7	103.5	126.1	127.1	111.7	117.4	133.4	117.8
1971	115.6	104.9	133.4	135.6	109.6	102.2	113.1	95.9
1972	108.4	103.0	112.0	111.6	121.1	111.0	111.8	100.8
1973	105.5	104.6	104.9	104.2	114.7	109.3	101.5	139.9
1974	84.2	95.7	72.4	71.2	89.3	91.7	84.0	73.0
1975	129.2	110.6	159.8	163.6	117.0	104.7	109.2	103.7
1976	105.2	104.8	106.3	105.5	116.5	102.5	111.3	92.1
1977	111.3	114.6	107.0	106.5	112.6	118.3	124.6	89.2
1978	110.1	94.0	125.4	123.5	148.4	100.8	105.7	83.8

续表

年份	地区生产总值	第一产业	第二产业	工业	建筑业	第三产业	#交通运输仓储邮电通信业	#批发零售贸易餐饮业
1979	106.6	108.2	106.3	105.1	118.6	104.1	113.2	125.1
1980	112.2	109.8	112.0	111.4	117.2	118.9	104.5	150.7
1981	105.8	106.5	103.2	104.3	94.3	111.7	98.1	194.2
1982	111.3	110.8	105.6	104.9	111.6	127.2	106.6	134.8
1983	113.9	116.0	107.6	108.4	101.3	123.7	118.4	139.6
1984	117.4	118.3	117.7	116.7	125.8	115.3	119.0	108.5
1985	111.4	102.2	118.5	117.1	128.9	114.9	115.7	110.8
1986	106.3	99.4	110.7	111.5	104.9	108.7	112.7	101.0
1987	113.8	107.4	117.1	118.8	104.0	117.0	130.4	113.6
1988	112.5	99.8	122.7	122.2	126.2	109.6	97.9	119.8
1989	104.0	99.4	107.1	108.5	94.9	102.8	100.1	104.5
1990	105.3	105.4	107.2	108.0	99.1	100.7	97.7	97.3
1991	114.6	114.2	114.0	115.0	105.6	116.0	116.2	116.6
1992	116.9	100.2	128.6	129.4	120.6	116.3	115.7	118.9
1993	121.9	106.1	130.6	130.7	129.7	121.2	114.7	114.0
1994	116.3	107.3	117.5	117.6	116.1	120.6	120.4	116.6
1995	114.2	108.9	115.1	115.1	115.4	115.9	118.6	116.9
1996	112.2	106.6	114.1	114.0	114.5	112.7	114.7	113.7
1997	111.2	100.5	113.0	113.0	113.1	114.4	113.1	115.0
1998	110.8	105.7	112.0	112.0	112.0	111.6	109.7	109.4
1999	110.1	104.7	112.2	112.3	111.4	109.3	111.4	111.5
2000	110.5	103.8	112.4	112.6	109.9	110.3	111.2	110.8
2001	110.1	104.2	111.3	111.6	109.3	110.7	120.0	112.9
2002	111.6	102.5	114.8	114.2	119.3	110.6	100.4	113.5
2003	113.7	105.6	117.0	117.5	113.3	112.0	111.8	111.1
2004	115.3	106.9	119.2	121.1	105.3	112.3	133.4	107.5

注：本表按可比价格计算。

附表 1－7

山东省分地市主要金融指标

（2004 年）

单位：亿元

地区	存款余额	比上年增减	企业存款余额	比上年增减	储蓄存款余额	比上年增减	贷款余额	比上年增减	短期贷款余额	比上年增减	中长期贷款余额	比上年增减
济南	3038.64	17.6	1005.10	11.7	900.44	11.9	2905.19	12.2	1116.31	4.7	1289.14	13.4
青岛	2390.73	14.6	843.45	11.6	1171.15	14.0	1171.15	9.0	1049.40	－0.6	718.26	34.8
淄博	943.90	12.7	254.61	12.4	543.20	11.8	675.73	3.8	445.16	8.9	160.93	16.5
枣庄	309.32	16.6	70.66	13.0	195.56	15.3	243.81	13.6	127.12	1.5	75.85	31.7
东营	555.33	10.7	146.84	－0.4	328.27	12.4	252.05	12.0	78.81	8.6	82.08	35.0
烟台	1414.68	9.1	361.63	10.0	893.32	8.6	987.93	4.9	644.01	－1.3	274.53	17.7
潍坊	1055.36	14.5	228.23	15.5	696.22	12.8	743.90	12.4	529.92	7.7	134.87	20.4
济宁	778.89	14.9	167.50	13.1	488.10	11.8	543.76	9.4	348.89	4.3	130.57	23.9
泰安	536.83	17.4	122.79	27.7	338.57	14.4	372.39	14.2	246.78	13.1	83.19	28.8
威海	631.77	11.6	150.48	13.3	412.36	7.8	441.47	6.2	296.12	1.1	127.74	16.0
日照	270.47	17.9	70.14	17.8	153.39	15.0	246.41	25.2	143.09	19.8	62.72	36.4
莱芜	188.67	20.4	51.94	22.2	101.50	16.5	166.06	22.7	77.23	2.0	72.59	45.8
滨州	341.8	14.3	78.12	15.6	212.32	10.0	277.16	11.5	185.94	12.9	66.69	12.4
德州	493.03	11.4	94.10	5.8	327.75	9.5	423.78	12.7	295.20	9.2	101.54	28.3
聊城	462.42	11.2	71.55	4.4	320.70	10.9	320.70	11.1	275.74	9.5	68.60	24.7
临沂	784.10	14.8	129.76	13.4	500.67	12.9	600.09	13.1	600.09	17.7	109.53	22.3
菏泽	364.39	10.3	59.88	13.0	273.15	10.0	273.15	5.8	238.98	2.3	58.75	30.7

注：该表为本编辑部根据山东省人民银行各市中心支行报送的《金融主要统计指标》整理。

附表1-8 **山东省各市地区生产总值** 单位：亿元

地区	地区生产总值			第一产业增加值			第二产业增加值		
	2003年	2004年	2004年为2003年%	2003年	2004年	2004年为2003年%	2003年	2004年	2004年为2003年%
济南市	1365.33	1618.87	115.6	103.30	118.70	107.8	599.67	742.40	119.8
青岛市	1780.42	2163.80	116.8	147.51	161.80	102.7	937.21	1171.40	120.9
淄博市	1003.38	1230.96	117.0	49.30	54.06	107.9	611.92	796.90	120.9
枣庄市	383.24	503.31	117.2	46.74	54.49	106.0	216.11	308.82	122.9
东营市	696.08	891.85	117.2	35.63	40.74	108.5	553.18	720.21	117.8
烟台市	1316.00	1630.89	117.5	141.87	171.23	107.2	704.93	924.71	122.9
潍坊市	1030.00	1246.41	116.9	160.00	180.40	108.6	520.00	683.49	125.7
济宁市	882.61	1102.16	117.2	127.07	152.57	108.0	432.64	568.85	121.9
泰安市	604.07	732.11	116.4	80.87	93.85	107.1	304.50	386.14	120.9
威海市	836.02	1008.81	117.1	92.49	98.91	104.1	492.03	616.33	121.1
日照市	311.67	387.78	117.2	57.74	62.58	107.2	139.00	191.12	124.0
莱芜市	170.05	223.88	117.2	15.12	16.93	105.5	95.99	141.42	124.4
临沂市	834.61	1012.00	117.0	121.86	147.04	107.9	412.30	531.40	119.6
德州市	556.68	686.90	117.1	102.60	118.24	107.6	279.89	360.74	118.1
聊城市	454.19	572.69	117.0	100.50	116.32	105.9	228.55	314.56	124.3
滨州市	406.50	519.45	117.2	72.07	80.71	107.3	211.93	300.04	124.1
菏泽市	290.10	365.04	117.1	116.16	136.00	106.9	103.56	148.35	131.8

注：1. 本表绝对额按当年价格计算，速度按可比价格计算。

2. 本表基期为2003年年报数据，报告期为2004年季报数据。

续表 单位：亿元

地区	#工业增加值			第三产业增加值			人均地区生产总值(元)	
	2003年	2004年	2004年为2003年%	2003年	2004年	2004年为2003年%	2003年	2004年
济南市	494.54	617.00	122.0	662.36	757.77	113.0	23590	27610
青岛市	825.52	1024.08	121.0	695.70	830.60	114.2	23398	29808
淄博市	538.66	707.90	121.1	342.16	380.00	111.6	24319	29729
枣庄市	190.64	271.62	122.8	120.39	140.00	112.0	10558	13811
东营市	493.92	645.21	117.5	107.27	130.90	117.1	39528	50155
烟台市	639.19	839.71	123.5	469.20	534.95	112.2	20221	25059
潍坊市	470.00	618.49	127.1	350.00	382.52	107.3	12152	14678
济宁市	369.29	495.30	124.6	322.90	380.74	114.7	11063	13767
泰安市	253.40	322.50	120.9	218.70	252.12	113.7	11043	13341
威海市	455.53	568.51	121.1	251.50	293.57	114.4	33762	40677
日照市	113.65	158.12	125.2	114.93	134.08	113.6	11211	13875
莱芜市	84.11	127.42	127.0	58.94	65.53	109.3	13727	18042
临沂市	344.00	437.40	118.4	300.45	333.56	117.3	8266	9990
德州市	241.29	322.04	121.3	174.19	207.92	112.1	10218	12542
聊城市	195.43	266.94	123.4	125.14	141.81	114.2	8074	10134
滨州市	178.43	258.06	125.5	122.50	138.70	110.5	11123	14134
菏泽市	85.91	123.56	130.5	70.38	80.69	112.5	3337	4160

注：1. 本表绝对额按当年价格计算，速度按可比价格计算。

2. 本表基期为2003年年报数据，报告期为2004年季报数据。

附表 1－9 山东省分市地主要经济指标

（2004年）

地区	地区生产总值（亿元）	比上年增长（%）	固定资产投资总额（亿元）	比上年增长（%）	社会消费品零售总额（亿元）	比上年增长（%）	出口总额（亿美元）	比上年增长（%）	居民消费价格指数（%）
济南	1619.00	15.6	651.33	22.5	621.00	14.1	13.70	36.7	102.5
青岛	2163.8	16.8	1025.40	27.9	605.50	15.4	157.80	21.5	102.1
淄博	1230.96	17.0	530.95	31.1	299.82	15.0	14.51	30.5	102.9
枣庄	503.30	17.2	219.99	38.1	140.34	13.7	2.55	28.6	101.9
东营	891.85	17.2	450.60	24.9	117.10	22.2	6.06	26.7	103.2
烟台	1639.00	18.8	1085.05	32.0	440.42	16.9	44.95	25.9	102.4
潍坊	1246.40	16.9	825.10	37.3	405.20	15.1	21.30	23.1	102.7
济宁	1102.16	17.2	1102.16	29.9	293.80	17.8	8.25	35.4	102.3
泰安	732.10	16.4	357.19	27.2	224.18	17.2	3.05	50.8	103.5
威海	1008.81	17.1	530.49	30.1	238.14	15.2	34.49	26.7	101.8
日照	387.78	17.2	183.68	28.5	104.50	14.9	10.82	27.8	103.8
莱芜	223.88	17.2	103.60	25.9	67.10	17.0	67.10	55.2	103.4
临沂	1012.04	17.0	503.80	28.7	309.90	15.0	309.90	30.6	104.8
德州	686.90	17.1	429.66	24.6	187.21	15.2	4.55	15.2	103.8
聊城	572.69	17.0	572.69	24.9	127.32	20.6	3.64	36.3	101.7
滨州	519.45	17.2	310.00	36.1	117.87	21.2	117.87	22.5	101.7
菏泽	365.00	17.1	283.57	42.9	177.40	20.2	6.92	57.8	103.2

注：该表为本编辑部根据山东省人民银行各市中心支行报送的《国民经济主要统计指标》整理。

附表 1－10 山东省各市地区生产总值构成 单位：%

地区	地区生产总值		第一产业		第二产业		第三产业	
	2003年	2004年	2003年	2004年	2003年	2004年	2003年	2004年
济南市	100	100	7.6	7.3	43.9	45.9	48.5	46.8
青岛市	100	100	8.3	7.5	52.6	54.1	39.1	38.4
淄博市	100	100	4.9	4.4	61.0	64.7	34.1	30.9
枣庄市	100	100	12.2	10.8	56.4	61.4	31.4	27.8
东营市	100	100	5.1	4.6	79.5	80.7	15.4	14.7
烟台市	100	100	10.8	10.5	53.6	56.7	35.6	32.8
潍坊市	100	100	15.5	14.5	50.5	54.8	34.0	30.7
济宁市	100	100	14.4	13.8	49.0	51.6	36.6	34.6
泰安市	100	100	13.4	12.8	50.4	52.7	36.2	34.5
威海市	100	100	11.1	9.8	58.8	61.1	30.1	29.1
日照市	100	100	18.5	16.1	44.6	49.3	36.9	34.6
莱芜市	100	100	8.9	7.6	56.4	63.2	34.7	29.2
临沂市	100	100	14.6	14.5	49.4	52.5	36.0	33.0
德州市	100	100	18.4	17.2	50.3	52.5	31.3	30.3
聊城市	100	100	22.1	20.3	50.3	54.9	27.6	24.8
滨州市	100	100	17.7	15.5	52.2	57.8	30.1	26.7
菏泽市	100	100	40.0	37.3	35.7	40.6	24.3	22.1

注：1. 本表按当年价格计算。

2. 本表基期为2003年年报数据，报告期为2004年季报数据。

中国人民银行济南分行 2004 年辖内金融工作的指导思想和主要任务

2004 年是金融监管体制改革后的第一年。目前，加强和改善宏观调控是我国经济工作的一项重大任务。从国际形势看，由于美元贬值的压力仍然很大，国际上对人民币升值的预期难以根本缓解，外汇流入还会继续增加，外汇占款增加的压力仍然相当大。从国内情况看，我国目前正处在经济周期的发展阶段，经济增长的潜力很大。但也存在不少矛盾和问题，突出表现为部分行业盲目投资、低水平重复建设问题比较严重，煤电油运等能源、原材料供应全面紧张，物价水平上涨明显，就业压力大，农民收入增长缓慢。这些问题反映到金融领域，表现为货币信贷增长过快，金融风险仍比较严重。因此，当年金融宏观调控的难度非常大。从辖区情况看，山东省经济增长的动力很强，对货币信贷的需求十分旺盛，但是物价涨幅明显，低水平重复建设问题也很突出，特别是电解铝、小纺织、小水泥、钢铁、汽车等上得过多，企业两项资金占用居高不下。这些问题如果不能得到及时解决，势必影响经济增长的质量和效益，同时可能引发新的金融风险。为此，人行济南分行在努力支持山东省经济持续快速协调健康发展的同时，要着力加强和改善辖区货币信贷调控，增强科学性、预见性和有效性，防止通货膨胀和金融风险。

2004 年，人行济南分行工作总的指导思想是：**以邓小平理论和“三个代表”重要思想为指导，全面贯彻十六大、十六届三中全会精神，按照中央经济工作会议和总行工作会议的要求，认真履行《中国人民银行法》和新“三定”方案规定的各项职责，积极组织实施稳健的货币政策，树立科学发展观，切实加强和改善宏观调控；推进金融改革和创新，完善金融服务，防范化解系统性金融风险，维护金融稳定，防止通货膨胀，促进辖区经济平稳较快发展和社会全面进步。**重点做好以下几项工作：

一、继续贯彻稳健货币政策，加大信贷指导力度，促进辖区经济发展和经济结构调整。

2004 年，人行济南分行将继续坚持扩大内需的方针，认真贯彻执行稳健的货币政策，按照国家产业政策的要求，紧紧围绕山东省经济发展战略和经济结构调整，加强信贷政策指导，充分发挥市场配置资源的作用，促进货币信贷结构调整，保持货币供应量的适度增长，同时要注意防止通货膨胀。目前，辖区货币信贷调控的目标是，M1 和 M2 分别增长 17%左右，其中，山东省人民币存款增加 2200 亿元左右，贷款增加 1800 亿元左右；河南省人民币存款增加 1200 亿元左右，贷款增加 900 亿元左右。

（一）强化宏观调控职能，改善货币政策传导，促进经济结构调整和增长方式转变。当前，要探索建立健全经济金融宏观分析监测体系，逐步建立钢铁、汽车、电力、科技、农业、房地产与基础产业的信贷风险预警系统，强化形势分析和预测。要加强对辖区存贷款总量和结构变动趋势的监测分析，密切关注投资增长与消费增长的失衡、低水平重复建设和部分行业生产能力过剩等问题，通过深度分析，从宏观政策的角度向地方政府提出有说服力的政策建议。各级人行要建立货币信贷月报、季报和年报制度，定期向有关经济综合部门和商业银行发布分析报告。继续推广金融公共信息网络平台，以信息网络为载体，定期发布产业政策指引、重点产业目录等信息，以市场的手段推进银企合作，实现从开现场会向网上推介方式的转变。项目推介会要强化风险提示，加强政策指导，以强化金融环境建设为主导，为政府当好参谋，为商业银行降低成本、提高信贷资产质量、防范金融风险创造良好的环境。

贯彻执行货币政策要紧紧围绕结构调整这条主线。引导商业银行继续加大对重点项目的资金支持，确保重点项目特别是国家批准的煤电油运在建项目的资金及时到位。引导农业银行、农信社等机构加大对农村经济结构调整的信贷支持，支持农户发展种养业，支持龙头企业发展农产品深加工，支持订单农业和科技农业的发展。以扶持中小及民营企业发展为重点，推动县域经济发展，促进城乡经济协调发展。督促金融机构扩大消费信贷业务，重点规范发展住房按揭和汽车消费贷款。对服务业、旅游业、教育、文化和卫生等领域的发展，凡是实行产业化、投资主体明确、有偿还能力的，要给予信贷支持。继续加大对外经外贸和高新技术产业的信贷支持。认真落实下岗失业人员小额担保贷款和国家助学贷款的政策措施，促进经济社会全面协调发展。

（二）强化操作职能，发挥货币政策工具的调节引导作用。综合运用各种货币政策工具，控制基础货币的投放。人行各分支行要在政策规定的范围内，灵活操作货币政策工具，提高货币政策调控效果。经营性再贷款要重点向中小金融机构倾斜，发挥其在培育壮大中小企业群体、促进社会就业等方面的作用。支农再贷款要向种植业、养殖业和农业产业化水平高的地区倾斜，并把农业贷款、农户贷款增量作为增加再贷款的重要条件。加强对地区间季节性的资金余缺调剂。要加强对使用支农再贷款的农信社资金运作情况的监管，对债券资产占资产总额25%以上的，要逐步收回再贷款。继续执行收回再贷的规定，增强农信社利用自筹资金发放贷款的自觉性。再贴现要向法人金融机构倾斜，向背书次数多的票据和商业承兑汇票倾斜，推动票据市场健康发展。对承兑后即贴现的票据，以及对异地企业贴现的票据，不得办理再贴现；对钢铁、汽车、电解铝、水泥和产品积压的行业签发和持有的票据，严格控制办理再贴现。加强对贴现票据贸易真实性的审查，对大额票据的再贴现，要查验增值税发票原件，杜绝融资性票据。进一步规范头寸再贷款的投向管理，对国有和股份制商业银行分支机构发放头寸再贷款，经人行济南分行批准方可发放隔夜头寸再贷款，但不得展期。

（三）强化管理职能，确保各项政策规定落到实处。加强资金安全管理。严格紧急再贷款的审批和发放程序，落实收贷措施。做好金银专项贷款维权和清收工作。加强对政府专项借款使用情况的监测，并掌握还本付息情况。加强货币市场的管理，促进货币市场规范、健康发展。加强对银行间货币市场拆借业务的监测和风险提示，防范市场风险。严格金融机构的信用拆借限额管理和比例管理。拆出资金的机构不得占用人行资金。加强对同业拆借业务的备案管理，辖区所有网外同业拆借业务必须全部纳入电子备案系统。人行各中心支行要安排专人负责货币市场业务管理，切实落实融资备案管理AB制。推进利率市场化改革，进一步发挥利率杠杆的调控作用。督促、指导辖内法人金融机构和开办人民币业务的外资银行制定贷款利率浮动管理办法，并及时向人行报备。各级人行要监测贷款利率浮动情况，分析了解利率水平对当地资金流向、流量的影响。对进行利率改革试点的县（市）农信社联社，要跟踪监测存款利率浮动情况，加强指导。

（四）强化监督职能，提高货币政策的执行效果。要积极探索建立对货币政策执行情况的监督机制。对不能积极响应人行“窗口指导”措施的金融机构，实行警示制度；对给予风险提示而不采取措施导致出现风险的，要依照有关法定程序，追究金融机构有关人员的责任。加强对使用再贷款和货币市场业务的监督检查。对金融机构的同业拆借和债券交易业务，每年至少要组织1～2次大检查。人行济南分行将建立货币市场业务的违规违约举报制度，对举报事项，人行各中心支行要依法进行查处，并及时上报人行济南分行。一季度，要组织对辖内货币市场业务和再贴现管理等情况分别进行一次合规性检查。

二、防范化解系统性金融风险，推进金融改革，维护辖区金融稳定。

修改后的《中国人民银行法》从防范和化解系统性金融风险角度，赋予人行维护金融稳定的职能以及相应的法律手段。为此，人行济南分行必须深化对系统性金融风险的认识，增强防范化解系统性金融风险的责任感。

（一）加强监测分析，建立对系统性金融风险的预警机制。按照人行总行部署，探索建立对系统性金融风险的统计监测体系，加强对金融机构资本充足率、流动性和安全性的监控，重点加强对地方法人机构的风险监测。通过信贷登记、专题调研等途径，加强对信贷资金流向和流量的监测。对信贷投向较多行业的发展周期、发展前景、贷款使用情况、不良贷款比重增减变动趋势等，要重点调研，形成专题调研报告，及时反映潜在的风险状况，并告知商业银行和监管部门。加强对交叉性金融工具的风险分析，对风险隐患，及时跟踪监测。加强对跨市场风险的综合分析，研究货币市场、房地产市场、证券市场、保险市场的关联渠道，揭示个体市场的风险隐患及其向其他市场传播的途径和方式。要通过风险的分析监测，及时进行风险提示，督促有关方面采取措施进行化解。

（二）认真做好辖区金融稳定工作。在维护金融稳定过程中，对可能引发系统性风险的支付风险，一要及时提供流动性支持，二要督促商业银行尽快筹措资金解决，三要建议银行监管部门进行监督检查，防止风险扩散。要依法加强对运用中央银行最终支付手段的金融机构的监督检查，最大限度地防范金融机构套取中央银行资金的道德风险，确保中央银行的资金安全。各级人行在落实宏观调控措施的过程中，要密切关注宏观经济形势的变化，针对倾向性、苗头性问题，适时适度地进行调控，通过商业银行行长联席会议等途径，向商业银行及时通报系统性金融风险的苗头，督促其采取有效措施进行防范化解。

（三）积极推进金融改革，提高金融业竞争力。配合人行总行积极推进国有商业银行体制改革，加强对辖内各分支机构经营管理情况的分析监测，跟踪了解相关动态，正确引导舆论，保证改革平稳、有序进行。目前，辖区地方中小金融机构数量多、规模小、抗风险能力差，潜在的风险仍然很大。要加强对地方中小金融机构改革发展的调查研究，促进中小金融机构加快重组步伐，做强做大。人行各中心支行要严格按政策规定，搞好农信社改革试点的资金扶持和管理工作，同时加强对改革期间各种苗头性问题的监测，并及时向人行总行报告，确保改革期间的经济社会稳定；要积极配合银监局、省政府做好改革试点工作，认真测算扶持资金需要量，防范改革中发生支付问题，为加快改革创造条件。

三、认真搞好金融服务，全面提高辖区中央银行服务水平。

2004年，人行济南分行职责调整后，金融服务的地位和作用更加突出。加强宏观调控、防范与化解系统性金融风险等宏观性职责，需要金融服务为之提供及时全面的经济金融信息；同时，新增加的反洗钱、银行信贷征信管理等社会性职责，直接对金融服务水平提出了新的要求。做好新时期的金融服务工作，要抓好以下几个方面：

（一）增强金融服务的针对性，健全分析监测职能。金融统计要强化“为制定和执行货币政策、维护金融稳定服务”的理念，依托金融统计、经济和物价监测、信贷登记三大系统，进一步健全经济金融监测分析体系。拓展统计服务范围，将统计向资本市场、保险市场、外汇与黄金市场延伸。探索建立与三大监管部门统计信息沟通机制，提高信息共享水平。要坚持立足服务于商业银行的原则，健全信贷登记咨询系统的功能，积极推进个人征信系统建设。以建立高水平的金融公共基础设施、提高经济金融运行的质量和效率为目标，认真做好支付结算工作。货币发行要按照社会商品流通和交换的现金需要，加强资金流量的分析预测，抓好发行库的规范化、机械化和制度化管理，科学调拨发行基金。国库管理要强化为各级财政服务的理念，加强对财政入库情况的对比分析，扩大国库单一账户改革试点范围。各级人行要转变观念，大力强化分析监测意识。不仅货币信贷、金融统计要提高宏观分析水平，支付清算、会计、国库、货币发行等部门都要加强分析工作。会计、支付清算等部门要充分利用同城票据交换、支付清算、会计核算、账户管理等系统，加强对辖区资金流动的分析监测，重点监控违规违法支付结算信息，打击经济犯罪。货币发行要加强现金流通分析，为分析判断经济金融形势提供参考。国库管理要加强对财政资金的监测分析，提出改进资金管理的政策建议，为各级政府当好参谋。

（二）加快金融信息化建设，提高服务效率。要加快现代化支付系统在辖区的推广工作，重点做好在山东省各市地的试点运行。进一步推动银行卡扩大联网通用的覆盖面，力争年内全面推广普及“银联”标志卡，切实改善用卡环境，提高服务质量。继续完善银行结算账户管理信息系统，建立健全银行账户数据库，防范和打击偷逃税款、洗钱等违法犯罪活动。规范支付结算代理制度，积极推行银行本票和国内信用证，促进票据市场健康发展。结合现代化支付系统的推广，进一步推进会计集中核算体系建设。信贷登记咨询系统要加快企业和个人的信用数据库建设，及时发布企业和个人不良支付行为。继续完善项目推介、逃废债企业、信用企业三个信息发布平台，提高要素登记准确率和系统查询率。转变现金管理方式，开发应用现金管理网络信息系统，强化即时监测。完善国库会计核算系统2．0版的运行管理，推动财税库行的横向联网。在人行济南分行机关推广应用公文流转系统，提高办公自动化水平。加强科技培训，做好各类应用软件的推广、升级和维护工作。

（三）加强执法检查，实现金融服务由单纯服务型向服务与监督管理并重型的转变。监督管理是人行金融服务工作的有机组成部分。各级人行要正确理解金融服务的内涵，克服单纯服务不讲管理的片面做法，坚持在服务中监督，在监督中提高服务质量。要加强现金流通管理，减少现金体外循环。探索建立现代化的支付结算监督管理体系，设立专人专岗对银行结算账户的开立、使用行为进行动态监控，确保社会资金安全。认真落实《人民币银行结算账户管理办法》，规范各类账户的主体行为。进一步健全票据交换管理制度，规范同城票据清算，完善结算管理手段，杜绝无理退票、乱开乱用账户等违规行为，同时建立健全责任追究制度，严肃结算纪律，维护结算秩序。要加强对新兴支付结算工具，以及跨市场支付清算规则的研究，及时完善相关管理规定。加强对金融机构代理支库、乡镇金库和国库经收处的监督检查，进一步规范国库代理业务。认真落实反洗钱各项规定，加强异常交易监测报告工作，积极探索建立辖区反洗钱工作体系。年内，人行济南分行将分别就现金管理、账户管理、票据交换、信贷登记、代理国库等业务组织一次大检查。

（四）认真落实内控管理制度，为提高金融服务水平提供有力保障。各级人行要围绕防范各类案件风险，加强监督检查，防范道德风险。继续组织对会计联行、国库、货币发行等业务的安全大检查。继续认真落实安全生产目标责任制，加强安全保卫的科学化管理，逐步推行《安全保卫工作规范化管理系统》，确保发行库、货币押运、枪支弹药和机关安全。适应职责调整的要求，完善内审工作制度，真正将内控机制健全情况的分析和评价贯穿于各项审计工作中。年内，人行济南分行将对会计年终决算、经常项目进出口核销、大额支付系统等进行专项审计。建立健全事后监督机制，充分发挥事后监督中心的作用，加强对会计联行、国库和支付结算等业务的事后监督，确保各项业务和支付行为合规合法。

四、加强和改进外汇管理，促进外向型经济健康快速发展。

2004年，人行济南分行要切实转变“宽进严出”的管理模式，改变内外资区别对待的政策和“重公轻私”的管理观念，加强外汇管理，促进国际收支平衡，支持外向型经济发展。

（一）创新管理方式，推动贸易便利化。进一步简化核销手续，提高核销效率，扩大自动核销范围，为全面实现出口收汇核销总量监管创造条件。完善出口收汇核报系统的功能，积极推行电子化核销系统。健全加工贸易合同批次核销。继续推行外汇账户改革措施，加强对境内机构保留外汇收入限额的调研。进一步完善外汇账户管理信息系统，实现对外汇收支的实时监管。大力推广“外汇账户网上审批系统”。加强服务贸易外汇管理及个人外汇管理，满足企业和个人经常项目的合理用汇需求。

（二）建立外汇流入、流出全过程的监管机制。进一步完善外商直接投资的登记、备案和统计制度，利用中介机构，严格外资流入的真实性和合规性审核。加强外商投资企业资本金结汇管理。严格收汇入账或结汇的审核，防止无真实贸易背景的资金以贸易融资的形式流入境内。统一中、外资银行外债和外汇贷款管理。加强对个人外汇资金流入的监管。进一步扩大境外投资改革试点范围，提高审批效率。

（三）促进外汇管理方式的转变。加强对金融机构结售汇周转头寸和远期结售汇的管理。认真贯彻落实银行外币卡的有关管理规定和《外币兑换点管理暂行办法》。建立完善保险外汇统计分析制度。规范证券公司、信托投资公司、财务公司、金融租赁公司的外汇业务及有关账户管理。

（四）强化外汇管理的监测分析职能，为执行货币政策、反洗钱服务，防范国际短期流动资本的冲击。加强非现场监管工作，研究建立外汇管理的非现场监测指标体系，强化国际收支分析工作，同时健全信息反映和调研分析制度，提高外汇管理的监测分析水平。要强化监测分析为执行货币政策、支持外向型经济发展服务的理念，从外汇形势的角度反映经济运行态势和苗头性问题，提出改进宏观调控、促进外向型经济发展的政策措施。强化监测分析为反洗钱服务的理念，建立外汇收支异常信息监测指标体系，及时发现异常和违规收支活动的线索，加大对逃套汇、洗钱等外汇领域违规违法活动的监控力度。强化监测分析为防范化解系统性风险服务的理念，加强对国际资本特别是短期资本流动的监测，防范国际流动资本对我国资本市场的冲击。

（五）加大外汇检查和反洗钱工作力度，规范外汇市场秩序。做好外汇指定银行收汇、结汇业务专项检查的收尾和后续工作，开展专题调研和延伸检查，对违规问题进行处罚。根据非现场监测分析情况，组织力量对保险公司、证券公司和外资银行外汇业务合规情况进行专项检查。健全大额和可疑外汇资金交易报告制度。继续加大对外汇领域违法犯罪活动的打击力度，重点打击“地下钱庄”和逃骗汇行为。

五、切实加强班子队伍建设，为做好新时期各项工作提供强有力的保证。

开创新形势下辖区中央银行工作的新局面，班子队伍建设是关键。2004年，各级人行要高度重视班子队伍建设，把这项工作作为当前头等大事来抓，切实抓紧抓好。

（一）抓好各级领导班子建设。以学习邓小平理论和“三个代表”重要思想为重点，继续抓好各级党委（组）中心组理论学习制度，把学习贯彻“三个代表”重要思想新高潮的活动不断引向深入。坚持“立党为公，执政为民”，全面贯彻十六大及十六届三中全会精神，不断加强各级领导班子的思想、作风和组织建设。要从有利于履行中央银行新职责的要求出发，切实把识大局、讲宏观、懂政策、业务精、有创新精神的年轻干部选拔充实到各级领导岗位。要将选配好一把手作为一项政治任务来抓，把党性强、讲政治、讲纪律、业务精、会管理、有较强协调能力的中青年干部作为一把手后备干部进行培养。要把完善和加强中心支行领导班子建设作为当前组织部门的重中之重。

（二）加强干部队伍建设，提高干部队伍素质。各级行要按照“三定”方案的要求，对内设机构、人员配备、中层干部的竞聘展开工作。对中层干部要实行公开、公平竞争选拔。按照“人员要精干、结构要改善、素质要提高”的要求，做好各类人才的培养和使用工作，要重点就宏观经济金融分析技术、维护金融稳定、支付结算、事后监督等方面进行培训，同时采取专题讲座、电视电话会议等多种形式，对现有人员进行分类、分层次的专业委培和挂职培训。加强干部职工的思想政治教育。通过多种形式的教育和培训，逐步建立一支学习型、研究型、专家型、务实型和开拓型的干部人才队伍。

（三）加强党风廉政建设，提高反腐败工作水平。要认真学习领会中纪委第三次会议精神和胡锦涛总书记在中央纪委第三次会议上的讲话精神，发扬求真务实的作风。树立“为民、务实、清廉”的行风，提高干部职工廉洁自律意识。建立健全监督制约机制，积极推进政务公开，不断完善民主监督机制。各级行一把手要自觉接受党内外监督，认真落实党风廉政建设责任制，真正把“一岗双责”落到实处。各级纪检监察部门既要善于查处腐败分子，更要弘扬正气，推动行风建设和职业道德教育，塑造一个讲政治、讲纪律、讲团结的工作环境。

（四）强化文明单位创建活动，促进提高各项工作水平。各级行要认真学习贯彻《中国人民银行文明单位建设管理办法》，积极开展文明单位创建工作。创建工作要与转变机关作风结合起来，与创新工作思路、有效履行中央银行新职能结合起来，与提高干部队伍素质结合进来，真正推动各项工作再上一个新台阶。人行济南分行将制定下发辖区文明单位量化考核标准，同时拟于适当时机召开一次座谈会，掀起创建活动的新高潮。

（根据中国人民银行济南分行行长白世春同志在2004年工作会议上的讲话内容摘编）

第二部分

中央银行、银行监管局

中国人民银行济南分行

【综述】 2004年是人民银行全面履行新职能的第一年。一年来，中国人民银行济南分行（以下简称“人行济南分行”）在总行的正确领导下，以邓小平理论和“三个代表”重要思想为指导，紧紧围绕法律赋予的职责，团结协作，求真务实，开拓进取，圆满完成了全年工作任务，各项工作都取得了显著成绩。

一、以监测、分析、引导为着力点，认真贯彻执行货币信贷政策。2004年，人行济南分行一是将辖区货币信贷工作的职能定位于监测、分析和引导，建立了货币政策分析小组，按月对经济金融运行情况进行深入分析；二是组织开展了储蓄分流、投资结构、企业流动资金状况、过热行业信贷投入等专题调查，为人行总行决策和辖区调控提供了参考；三是加大了窗口指导力度，通过形势分析会、货币信贷政策通报会等形式，引导各金融机构正确理解和贯彻国家宏观调控政策，坚持有保有压、区别对待，合理控制货币信贷增长，严格控制过热行业的贷款投放，适当压缩固定资产投资的贷款投入，努力增加对煤电油运等经济发展薄弱环节的信贷支持。特别是针对企业流动资金紧张和中小企业贷款难问题，分别组织召开了全省重点企业流动资金和支持非公有制经济发展银企合作促进会，引导金融机构增加短期贷款和票据融资。同时，定期召开全省房地产季度联席会，引导金融机构加强风险控制，促进了全省房地产市场健康发展；四是加强货币市场监管。建立月度监测制度，及时对市场成员进行风险提示；五是加强对金融机构资金拆借业务的监督检查，有效规范了市场秩序；六是认真传导执行利率政策，督促有关金融机构及时将利率执行情况向人行备案，积极完善贷款定价机制；七是切实完善再贷款管理，加强资金余缺调剂，防范中央银行资金风险。

2004年，人行总行各项货币信贷政策在辖区得到了有效贯彻。全年山东省人民币各项存款增加2071亿元，同比少增119亿元；贷款增加1473亿元，同比少增422亿元。信贷结构进一步优化。短期贷款、农业贷款、消费信贷、中长期贷款分别增长12%、21%、30%和28%。农业贷款余额和增量连续5年居全国首位。全年该行有5篇金融运行分析报告得到山东省委张高丽书记和山东省人民政府韩寓群省长的批示。《金融时报》对该行引导金融机构增加企业流动资金贷款的做法给予了报道。当年，该行被山东省政府评为“全省支持民营经济先进单位”和“支持就业再就业先进单位”。

二、以管理和服务为主线，切实提高金融服务水平。2004年，人行济南分行一是完善了各项规章制度，努力堵塞管理漏洞，建立了规范化的事后监督工作机制；二是认真完成了对人行青岛市中支和78家支行全面审计、114位领导干部离任审计以及各类业务的专项审计；三是加强对四部法律的学习培训，在全辖组织开展了法律知识考试；四是对行政许可项目进行清理规范，建立查处分离制度，努力防范行政诉讼风险；五是认真开展安全生产大检查，各行安全意识不断增强；六是做好金融稳定工作。在全国率先建立了对高风险机构的监测指标体系和工作制度，按月对三类高风险机构进行监测，对国有商业银行和农信社改革进行跟踪监测；七是加强与省政府有关部门及各监管机构的协调，各方面就金融稳定协调机制的基本框架达成了共识；八是继续做好人民银行资产保全工作。

三、以外汇流入监管和改进服务为重点，进一步加强外汇管理。2004年，外管局山东省分局认真落实外管总局各项外汇管理政策措施，促进贸易和投资便利化。一是对加工贸易自动核销进行了探索，率先实行了进口付汇同步核报制度；二是加快逾期未核销清理进度，实行分阶段限时清理办法，总局在全国推广了这种做法；三是开发了外汇账户网上审批系统，实现了与账户系统的对接。经常项目管理在总局专业考核中获一等奖；四是开展了企业综合外汇管理业务IC卡系统试点工作；五是切实加强外汇资金流入监管，重点加强了外商投资企业资本金结汇监管、外债管理和短期资本异常流动监管；六是努力探索完善贸易融资外汇监管方式，实现了对预收货款和延期付款的实时动态监测；七是坚持非现场监管和现场核查相结合，努力提高国际收支申报质量，组织开发的外汇收支汇总软件在全国进行了推广；八是切实加大外汇检查力度，依法维护了外汇市场秩序。其中，在全国率先开展了外汇反洗钱专项检查，得到总局的肯定。参与查处的有关企业利用境外离岸中心造壳间接海外上市案，被总局用作全国离岸中心调查的示范案例。

四、以规范化管理为核心，努力防范内部管理风险。2004年，人行济南分行高度重视各类风险防范工作，牢固树立“安全第一”的指导思想，从规范化管理入手，狠抓了各项业务的制度建设，努力堵塞管理漏洞。一是制定了《规范化管理办法》和《突发事件应急预案》，力争最大限度地消除风险隐患；二是督促辖区各人行中支和分行各处室对风险点进行了全面排查，落实了整改措施；三是规范财务管理，全面推进财权与事权分离，对基本建设项目进行全过程跟踪监管，完善了集中采购管理办法和财务集中报账制度，受到了总行会计财务司的高度评价；四是建立健全了规范化的事后监督工作机制，强化了核算监督；五是认真做好内审工作，内审工作获总行“双先”评比全国第2名；六是完善了行政处罚办法，建立了查处分离制度；七是全面实施机关办公自动化系统，进一步规范了办公秩序，提高了办公效率。机要保密工作被中央保密委授予“保密工作先进集体”称号。

五、以建设学习型领导班子为载体，全面推动班子队伍和党风廉政建设。2004年，人行济南分行辖区各级行党委（组）一是高度重视学习型领导班子建设，认真制定并落实创建方案和学习计划，建立健全学习制度。班子成员在加强自身学习的同时，引导广大干部职工加强学习，广泛开展“学习型员工”、“学习型机关”等活动；二是进一步加强班子建设，对有关中支领导班子进行了补充调整。按时完成了分行机关内设机构调整及处科级干部的竞争上岗工作，各中支落实了“三定”方案；三是加强干部教育培训工作，先后举办了3期处级干部主体培训班，对134名处级干部进行了集中培训；四是继续加强党风廉政建设，认真开展以身边的事教育身边的人活动，组织编写了《典型案例教育读本》和《案件防范工作指南》；五是继续加大案件查防及信访举报力度。全辖受理信访举报同比下降35%，办结率达98%。

（刘　明）

【货币信贷管理】 2004年，人行济南分行货币信贷管理部门认真贯彻执行稳健的货币政策，加强和改进金融调控，加快推进金融企业改革，较好地完成了各项任务。

一、大力疏通货币政策传导机制，努力提高货币政策实施效果。

（一）加强调研分析，增强政策引导的针对性和有效性。2004年，针对各项金融调控出台频繁，经济金融运行中热点、难点问题较多的情况，该行对山东省的流动资金需求情况、中小企业流动资金供应、过热行业信贷调控、储蓄情况、企业融资方式、票据市场、资金缺口企业流动资金情况等进行了专题研究，每月、每季对商业银行的存贷款情况进行跟踪分析。

（二）发挥央行在货币政策传导中的“窗口指导”作用。2004年，该行一是建立了对金融机构贷款情况进行月度通报、季度例会、专题座谈及货币政策专家咨询会议等制度，以此引导商业银行正确判断形势，督促贷款增长波动剧烈的金融机构合理把握贷款投放节奏；二是及时向省委、省政府及经济综合部门通报金融情况和政策信息，向公众进行货币政策解读，合理引导社会预期。

（三）在结构优化中控制信贷总量。2004年，该行一是为促进全省区域经济协调发展，在滨州、德州、聊城、菏泽等欠发达地区举办了优质项目推介会；二是为配合省政府建设半岛制造业基地战略，在青岛等地举办了项目推介会；三是为缓解全省流动资金紧张状况，与省经贸委联合举办了重点企业流动资金项目推介会。全年在全省举办项目推介会11次，推介重点项目2082个，签订协议贷款923.5亿元，意向贷款680亿元。

二、促进信贷政策与产业政策配合，优化信贷结构。

（一）构筑金融信息网络载体，促进信贷政策与产业政策融合。2004年，山东省金融公共网络信息平台正式开通，各地市网络子平台也相继开通运行。该信息平台的开通为加强银企、银银信息沟通，支持经济发展，防范化解信贷风险提供了有效的信息服务载体。该行及时下发了该信息平台管理的《暂行规定》，确保了该系统的安全性、时效性和金融机构查询应用的积极性。

（二）引导金融机构加大对农业、县域和民营等经济的信贷投入。2004年，该行一是定期调查农业产业化龙头企业有关情况，及时调查银行对棉花收购的信贷支持情况，研究解决收购资金紧张的措施；二是分别就金融支持民营和县域经济发展事宜出台了《指导意见》，并配合省政府拟定《加快社会化中介组织服务体系建设促进民营经济发展的意见》，要求各金融机构推出适合民营经济特点的信贷服务品种，改善信贷管理。

（三）加大对下岗失业人员再就业和贫困大学生就学的信贷支持。2004年，该行一是加强政策引导，促进了全省小额担保贷款业务的发展；二是联合省教育厅、财政厅制订下发了要求金融机构开办生源地国家助学贷款业务，加快贷款发放进度，努力满足贫困大学生的贷款需求，防范其风险的《通知》。

（四）加强房地产信贷管理，促进该产业健康发展。2004年，该行一是建立了全省房地产季度联席会，定期分析市场形势，要求金融机构进一步加强房地产信贷业务的管理和风险控制；二是积极指导部分人行中支主动与各地政府综合经济部门协调配合，建立区域房地产信贷市场监测制度，并在济南、青岛、济宁等地初步建立起此项制度。

（五）引导金融机构加强对钢铁、电解铝、水泥等国家限制类行业的信贷管理。2004年，针对部分地区和行业投资过热的问题，该行引导金融机构加强信贷管理，严禁向高能耗、高污染等五小企业，以及低水平、盲目重复建设项目发放贷款，有力地防范了贷款风险。

三、加强管理，灵活货币政策工具操作。

（一）加强再贷款管理，发挥其调控作用。2004年，该行一是对全省2003年以来再贷款、再贴现管理情况进行了检查，并分别就再贷款和再贴现研究制订了《管理办法》，同时制订《再贷款现场检查操作规程》；二是针对支农再贷款管理中存在的风险隐患，创建了综合考核农信社新增贷款投向及实效的管理模式，继续落实支农再贷款3年清收一遍的政策；三是加大了再贷款操作的力度和频率，根据各地经济发展水平和产业结构状况，先后四次调整全省再贷款的区域分布结构，提高了投放的灵活性。

（二）强化存款准备金管理。2004年，该行一是建立了对辖区法人金融机构资产流动性和存款准备金缴存情况的定期监测制度，加强管理；二是为配合差别存款准备金率政策的实施，对辖内两家实行差别准备金率的城市商行建立了重点监测和分析制度；三是组织对全省法人金融机构2003年存款准备金的交存、动用情况及各级人行对准备金的管理情况进行了检查。

（三）加强对货币市场业务的监测、分析和管理，促进其规范健康发展。2004年，该行一是在全省建立起对银行间货币市场成员的月度监测、定期分析、风险提示和监督管理制度，特别对持债较多但操作方式单一的成员，及时引导其合理调整持债数量和结构；二是密切跟踪全国银行间市场运行状况、利率走势和风险状况；三是组织对全省金融机构资金拆借业务的合规性、资金运作的合理性以及网外拆借业务备案管理的及时性进行了全面调查。

（四）及时传导和贯彻国家利率政策，进一步推进利率市场化改革。2004年，针对利率市场化改革的步子较大，政策出台较为频繁的情况，该行一是加大政策宣讲力度，制订了法人金融机构《人民币贷款利率浮动管理办法》，督促其建立贷款利率浮动定价机制；二是建立了全省金融机构外币存贷款利率和人民币贷款利率执行情况的报送备案制度，并进行定期分析。

四、组织实施农信社改革试点资金支持方案与考核工作。

2004年，该行一是为使有关业务人员真正领会改革精神，先后3次组织人行中支资金支持考核工作组和农信社业务人员进行培训；二是为及时掌握改革进展情况的第一手资料，先后6次深入50多家农信社进行专题调查研究；三是针对工作中遇到的日常考核缺乏标准、难以操作等问题，在全国率先研究制订了《专项中央银行票据考核操作办法》，设计了对农信社改革成效进行考核验收的指标评价体系，得到了人行总行的高度评价。截至年末，全省已有133家农信社取得专项中央银行票据129.2亿元，只有威海环翠区一家农信社尚未取得专项票据。全年先后有8家省会人行中支到该行学习农信社资金改革工作经验。

（邵　宇）

【调查统计工作】　2004年，人行济南分行调查统计工作围绕为货币政策和宏观调控服务、为上级行服务、为领导决策服务，创新思路，规范管理，较好地完成了各项工作任务。

一、金融统计工作稳步开展，统计服务质量不断提高。

（一）不断扩展统计服务范围。2004年，该行一是与山东省证监局、保监局多次协商，初步建立了银行、证券、保险业统计季报制度；二是在充分征求金融机构意见的基础上，与省级金融机构签订了"山东省省级银行业金融机构金融统计数据共享协议"，扩大了共享范围；三是在定期提供常规性统计报表基础上，优化、整合各种数据资源，设计、编印了月度和季度金融统计快报、全国各省市信贷收支一览表及山东省主要经济指标一览表等，满足了不同层次的统计信息服务需求。

（二）加大统计调查分析力度。2004年，该行一是采取调查和检查相结合的方式，注意搜集证券回购、票据转让、贷款转让等发现的问题，形成了《统计制度执行情况及建议》报送人行总行；二是组织了邮政储汇系统现金统计业务专题调查，形成了《关于对邮储局现金业务统计的调查报告》报送人行总行；三是根据近两年商业银行存贷款季末、年末冲高，季初、年初下降的现象，组织了"商业银行存贷款数据异常变化的动因分析"；四是根据农信社统计软件推广应用中存在的实际问题，提出了解决有关问题的4条建议，被调统司采纳；五是组织了专题座谈会，形成了《金融统计信息系统升级改造需求报告》上报人行总行。

（三）组织开展山东省银行业及相关金融业经济普查，完成经济普查单位名录的报送工作。2004年，该行在时间紧、任务重的情况下，根据人行总行和山东省统计局的要求，全面安排对人行系统和省级银行业金融机构的单位名录报送工作，并与季报表中的机构数据进行核对把关，在较短时间内顺利完成了向人行总行和山东省统计局12837家单位名录的汇总报送工作。

（四）组织完成金融统计大检查工作。2004年，该行对部分市地进行了重点抽查。在汇总检查情况的基础上，针对商业银行采用常规会计操作手法、虚增虚减会计、信贷原始记录导致存贷款季末年末虚增、季初年初虚降达到完成存贷款考核任务目的的情况，向相关部门发出征询意见函，共同研究对此类问题的界定、对违规情况的处罚依据和处罚标准等相关问题，维护了统计大检查的严肃性。

（五）组织开展人行（山东省）系统金融统计工作评先表彰活动。2004年，为表彰先进、弘扬为金融统计事业勤奋工作、无私奉献的精神，推广先进集体和个人的工作经验，该行在组织全国先进集体和个人推荐表彰的同时，还组织了人行山东省系统省级金融统计先进集体和个人的表彰活动。全年评选并表彰总行级先进集体2个、先进个人3人，省级先进集体15个、先进个人19人。

二、狠抓制度性经济调查数据质量，加大分析力度。

（一）加强管理与指导，狠抓数据调查质量。2004年，该行一是本着相同行业、相近规模原则，及时补充有代表性的样本企业，保证了350户企业数据的可比性；二是督促各调查行亲自采集真实可靠的企业数据，并与上期数同期数反复比较，确认无误后上报，把错误隐患消灭在萌芽之中；三是统一企业上报资料内容与格式。企业景气问卷一律要求由企业负责人或财务负责人填写，问卷要有填报人的签名和企业公章，保证了报送企业月度原始财务报表的完整性；四是反复核查，严把上报数据质量关。坚持"逐月逐户逐项"检查制度，认真核查，发现错报、漏报数据及其他异常变化数据，及时向各中支询问调查，更正错误。

（二）积极创新工作思路，提升工作水平。2004年，在银行家问卷调查制度首次运行，问卷审核工作没有经验可循的情况下，该行两次组织业务人员进行座谈讨论，广泛征求被调查金融机构意见，探索建立了一套"共同参与、分工负责"的问卷审核工作组织管理办法：一是充分发挥各中支业务骨干的作用，共同参与问卷审核工作；二是明确审核任务分工和审核要求，保证审核质量；三是及时总结交流审核经验和审核过程中需要重点关注的问题，提高审核效率；四是最终把关负责，确保审核标准统一。此次问卷调查工作得到人行总行领导的肯定，并作为参考标准转发人行各分行和省会中支。

（三）依托监测网络开展调查分析。2004年，该行一是坚持景气、物价与银行家问卷季度调查的深度分析制度。全年先后组织开展了工业企业资金运行状况调查、山东省物价走势及对经济金融影响分析、银行家问卷季度分析等10余项调查分析活动，形成的调查分析报告在人行总行《金融统计与分析》、《参阅件》、《金融参考》、《济南金融》等刊物刊登；二是定期召开调查企业座谈会，就企业生产经营状况、资金需求状况等方面进行调查咨询，并及时向企业反馈有关宏观经济金融运行状况和货币信贷政策信息；三是建立信息反馈制度，提供调查数据资料信息服务。

（四）建立山东省储蓄问卷调查制度。2004年，为进一步健全经济金融监测体系，该行组织肥城、曲阜两个总行级城镇储户问卷调查城市召开座谈会，就建立山东省城镇储户问卷调查制度征求意见建议，并充分征求人行总行、国家统计局专家意见建议，拟定了山东省储蓄问卷调查制度建设实施方案和工作计划。全年完成了对全省108个城市经济状况的摸底调查工作，并召开了建立山东省城镇储户问卷调查制度工作会议，组织了调查制度培训，准备明年一季度正式实施该调查制度。

三、扩宽分析视角，改进分析方法，紧紧围绕国家宏观调控和实施货币政策开展分析工作。

（一）努力做好货币监测工作，及时反映月度经济金融运行特点。2004年，该行扩展了货币监测分析范围，缩短了分析时间，由单纯的金融形势分析扩展到对经济金融整体运行形势的全面分析，从对数据变化的简单描述扩展到对变化原因的深入分析，较好地发挥了货币监测工作的"晴雨表"作用。一是为保证分析报告在第一时间报送人行总行领导，提前向各中支下发分析提纲，根据当月的热点问题及时调度相关情况；二是为尽早获得经济数据，主动与山东省统计局、发改委、经贸委等综合经济部门建立了固定的数据和分析资料交流渠道，保证了在最快时间内形成货币监测分析报告。

（二）高度重视宏观分析工作，努力为中央银行宏观调控提供依据。2004年，针对国家宏观调控的客观需要，为提高宏观分析的科学性和前瞻性，该行在分析报告形成过程中，注重运用计量分析方法，通过图表动态走势和数据量化分析，揭示经济金融数据变化的规律和趋势，客观反映当前货币政策实施效果和宏观调控效应。全年共完成8篇大型宏观分析报告，特别加大了对经济金融数据变动比较大的月份的宏观分析，增强了宏观分析的敏感性和针对性。全年有3篇季度和年度分析报告在《济南金融》发表；起草对人行总行及山东省委省政府的形势分析材料9篇，其中，被省长批示的有2篇。

四、围绕经济金融热点问题开展专题调查，创新调研思路，提升调研成果的反馈效果。

（一）完成人行总行布置的专题调查任务。2004年，该行共承担并按时完成了人行总行部署的过热行业投资调查、城市建设贷款情况调查、水泥行业后续跟踪调查、电源点投资及贷款情况调查、企业流动资金状况调查等7项专题调查任务。其中，《山东河北安徽三省水泥行业后续跟踪调查》被《金融统计与分析》刊用；《对济南市城市建设贷款情况的调查》报济南市委市政府，引起了济南市政府的高度重视，专门召开会议研究相关问题。

（二）主动开展专题调查活动。2004年，该行组织开展了18项专题调查和快速调查，内容涉及信贷投放进度及投向、储蓄增长和储蓄分流、利率浮动效应等多个方面，形成的调查报告均得到了较好的反馈。18篇调查报告中，被《金融统计与分析》刊用3篇，被《金融研究》、《金融时报》和《中国金融》各刊用1篇，被人行总行办公厅采用3篇，并以《专报信息》形式报送国办和中办，其中，《近期民间借贷存在的问题不容忽视》被国务院领导批示。此外，《对当前利率浮动效应的分析》的调查被《金融时报》全文刊登；《对山东省民间投资增长情况的调查》被人行总行《金融统计与分析》刊用，并获得人行济南分行首届青年论坛一等奖；《对固定资产投资反弹情况的调查报告》被人行总行《金融统计与分析》和《中国金融》采用；《固定资产投资资金来源构成的调查》被《金融统计与分析》全文刊用。

（三）组织引导辖区中支广泛开展专题调查活动。2004年，针对人行改革后调统队伍人员变动大的现实，该行始终坚持以调研带队伍，按季下达专题调研要点，充分调动各中支结合辖内实际、开展调查研究的积极性。同时，发挥分行内部刊物《金融决策参考》的平台作用，及时编辑分行和中心支行的优秀调研成果，便于大家相互学习交流。截至11月底，共编发《金融决策参考》29期。全年各中支共有6篇调查报告和动态信息被《金融统计与分析》刊用。

五、完善内部管理，提高队伍素质，推动建设学习型队伍。

(一)切实加强制度管理，落实岗位职责。2004年，该行一是制订了《调统工作规范化管理办法》，修订并下发了《山东省省级银行业金融机构金融统计工作考核评比办法》和《人行系统金融统计工作考核评比办法》；二是进一步充实完善了《金融统计规范化管理指引》；三是为保证制度性经济调查数据的准确，制订并下发了制度性调查工作规程；四是对基础业务操作实行交叉复核和AB制。

(二)积极参加总行各类培训，努力提高调查统计工作水平。2004年，该行5月份参加了国民经济核算体系的培训，8月份参加了计量经济分析方法培训，9月份参加了企业景气调查培训，10月份参加了城镇储户问卷调查培训，11月份参加了企业商品交易价格调查培训。通过培训，提高了调查分析业务技能。

(三)加强对中支的业务指导和培训。2004年，该行一是组织举办了山东省各中支和骨干县行统计人员参加的金融统计培训班，邀请山东省统计局国民经济核算处和金融学院专家，系统讲授新国民经济核算系统和金融企业会计制度理论与实务；二是举办了制度性经济调查业务培训，就贯彻调查制度、如何进行企业财务指标分析、开展景气调查的方法等内容进行了详细讲解。

(四)组织达标竞赛活动，全面提高调查人员业务能力。2004年，该行针对中支内设机构调整后，制度性经济调查业务人员更换比较频繁的实际情况，组织了企业景气调查业务达标竞赛活动，对获得单项前六名的选手颁发奖状，对获得团体前六名的中支颁发奖牌，并对达到省级业务能手标准的15名参赛选手颁发省级业务能手证书。

六、加大协调管理力度，努力推进史志年鉴工作的开展。

2004年，《中国人民银行济南分行金融年鉴》(以下简称《年鉴》)和《山东省金融志》的编撰工作按照“夯实基础、保证质量，加强协调、把握进度”的指导思想，积极发挥主观能动作用，努力开展工作，取得了显著进展。

(一)积极协调催办，保证工作进度。由于2003年山东、河南、青岛等地银监局的成立，影响了《年鉴》工作的进程，为此，《年鉴》编辑部发了近百封催稿函件，打了不计其数的催稿电话，终于完成了《年鉴》(2003年卷)和(2004年卷)两卷共计380多万字、280多篇文章、480多篇表格、近200篇名录、240多幅图片的编辑、排版任务；完成了《年鉴》(2003年卷)5000多册的征订发行工作，完成了《年鉴》(2004年卷)的编辑工作。同时，启动和开展了《省金融志》的编辑和续修工作。

(二)召开工作会议，强化协调力度。2004年，针对《年鉴》是全国当时惟一的跨省区的专业性年度性史料工具书的状况，为加大协调力度，于元旦后，《年鉴》编辑部负责人专程去郑州与人行郑州中支及河南银监局进行工作协调，基本理顺了工作关系，保证了《年鉴》的正常编辑出版。同时，《年鉴》编辑部先后于8月18日至20日和10月26日至28日在山东省威海市和河南省南阳市分别召开了河南片和山东片首次《年鉴》工作会议，表彰先进，交流经验。联络感情，汲取合理化建议，进一步团结和凝聚了队伍，激发了工作积极性，为推动《年鉴》工作的开展起了积极的推动作用。

(三)强化内部管理，保证《年鉴》质量。2004年，《年鉴》编辑部根据历年的工作经验，进一步修订、补充和完善各项管理制度，形成了一整套行之有效的制度体系。同时，又根据情况制订了《〈年鉴〉防错、查错和纠错制度》，和各工作人员签订了质量保证书，并在工作中严格按照制度实行，保证了《年鉴》的编辑出版质量。在《年鉴》(2004年卷)印刷之前，及时发现了在《年鉴》制片工作中出现的重大失误，涉及到篇幅10%左右，立即发回出版社重新制片；避免了十几万元的资金损失和最少2个多月的时间损失。

(调统处)

【征信管理工作】 2004年是人民银行履行征信管理职能的第一年。人行济南分行按照“依法规范、大胆探索、巩固基础、突破创新”的总体思路，积极稳妥地加快推进征信管理工作，实现了“一个巩固、三个突破”。

一、加强系统运行管理，巩固各项基础工作。2004年，该行制定下发了《加强银行信贷登记咨询系统运行安全管理的意见》，提出了该项管理的重点内容和具体要求，在科技人员的支持下，对全省各城市分系统的软硬件环境进行了优化，提高了系统运行效率和安全稳定程度。按照依法行政的要求，进一步规范了贷款卡发放核准的行政许可程序，组织完成了2003年度贷款卡年审工作。提高了借款人基础信息质量。加大对金融机构信贷登记工作的核查力度。督促中心支行开展了非现场核查和信贷数据核对工作，每季度对全省信贷数据入库情况进行统计督察并通报。四季度部署各中心支行对本地金融机构进行了现场核查，进一步提高了系统信贷数据的完整性、准确性和及时性。编写了《银行信贷登记咨询系统业务指引》一书，为各中心支行、金融机构提供了业务操作规范和解决实际问题的方法。

二、组织开展企业资信评级试点工作，在征信市场发展和征信机构监管方面取得重要突破。2004年，该行对本省征信市场进行了深入的调查研究。在此基础上，根据总行要求，借鉴兄弟分行经验，制定了《借款企业资信评级试点工作管理办法》，提出了“行政引导、市场主导”的基本思路。从维护金融稳定和对辖区金融风险的整体判断出发，确定了试点阶段评级企业范围。以“企业自愿、商业银行推荐”的方式，提出评级企业名单，由评级机构与申请企业双方自主协商有关评级事宜。同时，采取积极有效的措施，稳步推进试点工作。一是充分发挥“企业和个人信用信息系统建设协调领导小组”的作用，多次召集各主要银行类金融机构、评级机构、试点城市人民银行参加的座谈会和协调会，对评级试点管理办法和有关工作部署进行研究讨论，取得了有关各方的共识、支持与配合；二是筹备成立了“企业资信评级专家委员会”，试点前，由该委员会对申请试点的评级机构进行综合评议，据此推荐了五家机构参与评级试点。试点结束后，由该委员会又对各机构评级结果的合理程度进行了评议；三是组织各评级机构讨论制定了《资信评级机构协调办公室管理办法》，统一规范参加试点的资信评级机构的行为，加强行业协作与自律。截至12月末，在四个试点市共完成83户企业的评级工作。经过试点，初步取得了开展企业资信评级工作的经验，建立了以专家委员会与评级机构协调办公室为主体、评议监督与行业自律相结合的评级机构管理机制。总行对此给予了充分肯定。

三、组织实施信贷征信业务知识培训工作，在人民银行征信管理职能宣传方面取得了突破。2004年，该行研究制定了征信业务知识培训工作方案，以各市级金融机构分管领导和部门负责人为对象，开展了征信与信用管理理论综合培训，以金融机构信贷登记工作人员为对象，开展了以企业和个人征信系统相关业务操作技能为主要内容的专项培训。11月29日至12月1日，在日照市举办了有来自全省各市级金融机构的分管领导、部门负责人共100多人参加的征信综合知识第1期培训班。同时，通过向省委、省政府提交汇报材料，在《金融时报》等报刊多次报道分行征信管理工作部署和成果，在省、市两个层面多次主持召开有政府部门、商业银行、企业等方面参加的座谈会、讨论会、讲座等形式，宣传人民银行征信管理职能，促进全国统一的企业和个人征信体系建设的落实。

四、信贷登记数据分析应用工作取得新突破。2004年，该行进一步完善了《山东省银行信贷登记咨询系统数据分析月报表》，按月编印、报送行领导及有关处室。针对经济运行中的热点问题，对钢铁、水泥、电解铝等重点行业贷款数据进行了持续监测，完成了山东省亿元以上贷款大户的分析和集团客户授信风险问题的调查，为分析经济金融形势、实施货币信贷政策提供了参考。举办了信贷登记数据分析培训班。对各中心支行相关人员进行了全面系统的分析程序和方法培训。中心支行按月编制报表，每季开展分析，形成了一批基于信贷登记系统数据的分析应用成果。

（刘云昭）

【会计财务工作】 2004年，人行济南分行会计财务部门认真落实职能调整后的新职责，努力强化制度建设和内部管理，全面完成了各项工作任务。

一、继续深入扎实地做好会计基础管理工作。

（一）加强制度建设，努力完善会计制度规范体系。2004年，该行一是先后制定下发了《会计登记簿设置与管理工作规范》，本着强化登记簿的实用效果、避免登记簿重复设置、简约、规范的原则，统一设计了会计登记簿的格式和填制要求，规范了会计登记簿的设置和使用；二是将重大会计事项审批、会计核算系统运行管理、会计人员加班控制等重要管理事项纳入坐班日志登记管理；三是强化了分管行长对会计主管坐班履行职责情况的监督检查。

（二）深化检查手段，进一步推进会计规范化管理。2004年，该行一是深入开展了对辖区全部中支和部分县级支行的会计联行检查，对检查发现的问题，提出针对性的管理措施，下发了整改通知书，责成限期整改；二是对有基本建设项目的全部中支进行了基本建设会计核算和会计档案管理专项检查；三是对分行机关、分行营业管理部及上半年预算执行进度较快的部分中支进行了财务预算执行情况专项检查。

（三）充分发挥会计反映职能，加大会计分析工作力度。2004年，该行一是加大了对再贴现、再贷款、清算头寸、基础货币投放与回笼等项目的会计分析力度；二是加强了对人员经费支出、公用经费支出、特殊经费支出、项目支出等内部支出结构和增长变动趋势的分析；三是研究了部分商业银行会计制度、会计科目，对商业银行报送的会计报表等资料及时进行了整理、归纳和初步分析；四是加强了会计调研工作，承担的中国金融会计学会重点课题《信息技术在金融会计管理中的应用问题研究》获该学会第五次学术交流会优秀课题一等奖。

二、全面加强财务预算与财务资金管理。

（一）加大财务工作创新力度，全面推进财权与事权分离。2004年，该行为进一步加强财务资金管理，节约费用开支，通过深入调研、召开专题座谈会等形式，对财权与事权分离工作进行了全面论证。在充分试点和总结经验的基础上，制定出台了《财权与事权分离工作指导意见》，优化了财务关系，创新了管理体制。

（二）进一步加强财务预算管理，促进费用开支规范化。2004年，该行一是通过拨付业务周转金、核批预算指标、审核费用单据等手段，强化了预算管理，规范了中支机关在内的所有报账单位的财务行为；二是坚持公开、公平、公正的原则，改进预算核批方法，提高指标分配的透明度，统筹兼顾，合理安排，为基层行解决了一些实际困难；三是提高法纪意识，强化科学理财观念，提高规范费用开支的自觉性，财务管理工作不断得到加强。

（三）全面清理人民银行账户，从源头上规范财务行为。2004年，该行组织辖区所有分支机构对在人行开立的银行账户进行了彻底清理，按要求向财政部驻山东省财政监察专员办事处办理了申报和备案，规范了银行账户的使用，促进了人行各项资金的合理、规范使用。

（四）对现行财务预算管理体制进行深入系统的调查研究。2004年，该行为进一步完善财务预算体制，对当前人行预算账户核算和费用开支结构等财务预算管理体制问题进行了调研，提出了进一步改进人行财务预算管理方式和优化费用开支结构的建议，并向人行总行提交了报告。

三、进一步加强固定资产与基本建设管理。

(一) 不断加强固定资产管理，切实提高固定资产的使用效率。2004年，该行一是对机关各项财产进行了清理登记；二是充分利用《固定资产管理系统》的数据资源，掌握辖区各行固定资产的配置和变动状况，提高了对固定资产合理配置和运用的能力。

(二) 贯彻全程跟踪监督的要求，强化基本建设管理。2004年，该行一是对辖区有基本建设项目的各中心支行进行了现场检查，落实了人行总行“对基本建设项目进行全过程跟踪监督管理”的要求，规范了基建会计账务和档案管理；二是起草下发了《进一步加强基本建设管理工作的通知》，健全了监督制约机制；三是对滨州、东营两家中支基本建设方案进行了审核、修改。

(三) 加大集中采购工作力度，提高财务资金使用效益。2004年，该行一是制定了《集中采购管理实施细则（试行)》，提高了集中采购工作的操作性；二是严格按照集中采购程序组织实施采购活动，通过招投标提高采购工作透明度，加强了对集中采购活动的全过程监督，提高了采购资金的使用效率，有效节约了资金。

四、深入开展两项清理工作。2004年，该行一是深入开展党政干部拖欠公款清理工作，认真组织全辖各级行深入开展了自查、核查和清收工作；二是深入开展用公款为个人购买的商业保险清理工作。各级行对违规用公款购买的商业保险进行了清退。按照人行总行的要求对各行为特岗人员购买的具体险种、购保资金额度进行了审核。

五、认真组织落实外汇存款准备金交存管理工作。2004年，该行一是对辖区内吸收外汇存款的金融机构进行了摸底调查；二是做好了外汇存款准备金制度施行前的各项准备工作；三是对人行青岛市中支向分行营业管理部划交青岛外资银行机构已交存的外汇存款准备金进行了专项布置；四是组织对青岛市5家外资银行机构核定了缴存款范围；五是对各行会计部门配合外汇存款准备金制度的相关工作提出了明确的工作要求；六是会同货币信贷部门，召开了外汇存款准备金业务联席会，深入宣传了外汇存款准备金业务。

六、切实做好日常管理工作。2004年，该行一是顺利完成2003年度会计年终决算工作；二是对成立以来机关财务账务和会计档案资料进行了全面检查和清理，并配合内审司完成了对本行会计财务工作的审计检查；三是对辖区各行采购金库门工作进行了统一规范；四是组织讨论并提出了《中国人民银行会计基本规范》修改建议；五是在全辖开展了全国会计先进集体和先进个人的推荐工作；六是按规定向财监办申请办理了全省各级行2004年的住房补贴和医疗保险支出。

（储稀梁）

【科技开发】 2004年，人行济南分行的科技开发工作较好地发挥了“服务、保障、支持、促进”作用，在利用科技手段行使中央银行新职能方面迈上了新的台阶。

一、建立完善规章制度，加强计算机安全管理。2004年，该行一是将近年来有关科技工作方面的规章制度整理汇编成《科技工作制度手册》下发山东省各中心支行执行，为科技工作的规范化管理奠定了基础；二是建立了个人计算机设备使用档案，方便了维护和管理；三是重新修订完善了《分行机关计算机机房管理制度》和《机房值班》等制度，并坚持不懈地抓好落实；四是组织了对山东省内16个中心支行的计算机安全检查，对发现的问题，逐一下发了整改通知书，消除了安全隐患；五是组织对内联网防病毒系统进行升级，及时下载安装系统漏洞补丁，成功抵御了“震荡波病毒”和“SQL SLAMMER”病毒对内联网的侵害，有效地保证了各重要业务系统的安全运行。

二、组织实施大额支付系统在山东省内推广的建设工作。2004年，该行一是在“五一”长假期间，组织完成了大额支付系统济南CCPC及营业管理部计算机机房到分行机房的顺利搬迁；二是组织了对支付系统新增直连方式参与者接口工程进展情况的抽查；三是根据人行总行的统一安排，组织完成了济南市支付系统生产线的换版升级工作；四是组织了人行会计集中核算系统在山东省内推广培训工作；五是组织实施人行内联网市县网改造。市县之间广域网带宽由原来的64Kbps提升到了2Mpbs，升级、扩容了地市节点的路由器并更换了县节点路由器和交换机，强化了以访问控制技术为基础的网络安全防御措施，完善了有区别的网络服务(QOS) 管理，优化了网络服务和性能，为现代化大额支付系统在山东省内的推广奠定了基础。

三、做好科技创新与技术支持和服务工作。2004年，该行不断探索技术创新和业务创新有机结合的路子，努力开发技术含量高、实用性强的应用系统。

(一) 完成了公文流转系统的开发及应用工作。该系统从6月份开始开发，9月份开始试运行，10月份正式运行；提高了公文流转效率和信息化水平，也标志着办公自动化系统总体建设框架五个子系统（电子邮件系统、公文传输系统、信息发布系统、电视会议系统和公文流转系统）的全面建成。

(二) 完成了《人行纪检监察信息管理系统》的优化完善和在辖内山东、河南34个中支的培训推广工作，提高了纪检工作的效率。

(三) 组织完成了“科技管理信息系统”开发应用。该系统能够对设备、运行、网络、软件、安全、维护、耗材、综合、日志等科技部门日常工作进行管理，实现了计算机设备购置、领用、发放、调拨、回收、报废、调剂过程的管理，科技部门通过此系统能够对IP地址、技术文档、软件项目等资源进行有效的管理，方便的形成各类管理报表和进行各种查询服务。

（四）科技部门根据有关需求，及时开发应用系统。该行科技部门配合机关党委开发了“知识考核系统”；配合征信管理处完成了信贷登记咨询系统“固定报表分析系统”和数据库的优化升级；配合国库处完成了“税、库、银横向联网系统”、“国债收款单管理系统”和“行库往来管理系统”的开发；配合资本项目处完成了《外汇资本账户网上审批系统》的开发和试运行；配合国际收支处完成了“外汇管理行政许可项目查询系统”的开发；配合人事处完成了人事信息管理系统数据集中工作；配合支付结算处完成了3城市“同城清算系统”的换版升级工作；配合统计研究处完成了“储蓄问卷调查系统”推广工作；配合干训部开通了内联网；配合保卫处完成了对山东16个中心支行发行库远程监控系统和运钞车GPS卫星定位系统。

四、加强网络管理和升级改造，提高网络运行质量和速度。2004年，该行一是组织完成了济南分行内联网升级扩容二期工程，使其运行质量有了大幅度提高；二是完成了“总行电子邮件系统”和“公文传输系统”升级工作，并对系统的公用通讯录多次进行升级优化；三是配合人行总行完成了“人民银行内联网入侵检测系统与漏洞扫描系统”在山东省内中支的推广应用工作；四是建立了基于入侵检测技术的安全监控系统和预警体系，结合内联网网管系统、防病毒系统、防火墙系统和非法拨号监控系统等现有安全防护措施，形成了内联网的纵深防御体系；五是完成了分行机关处室调整后的网络调整工作。

五、加强内部管理，做好技术支持的服务及指导工作。2004年，该行一是认真做好计算机日常维护工作，保证了全行计算机系统的安全正常运行；二是认真做好网络系统运行和维护工作，对出现的问题及时进行维修和排除，对中支出现的问题进行技术支持，全年没有因技术故障影响各种应用系统的正常运行；三是抓好年终决算技术支持保障工作；成立了年终决算应急维护小组，对有关业务处室参加年终决算的计算机和业务系统进行调查登记检查，确保了年终决算工作万无一失。

六、加强科技人才培养，着力培养学习型的科技人员队伍。2004年，该行一是在上半年选择了代表当今先进水平的软件开发工具，聘请了高级讲师为全省技术人员举办了为期两周的培训班，使其熟练掌握了该工具的应用；二是培训结束后，各中支科技人员利用掌握的“·Net”开发工具，开发了一批应用系统，收到了很好的效果；三是结合工会开展的劳动竞赛，组织了利用“·Net”开发工具编程的“科技专业技术竞赛”，进一步推动了科技人员学习Net软件开发工具的热情；四是举办了一期科技科长培训班，介绍了计算机安全及应用方面的新知识和发展动向；五是举办了多期网络技术培训班，提升了全省网络管理人员的技术水平。

七、积极促进山东省银行卡联网通用和银行卡宣传工作。2004年，该行把促进山东省银行卡联网通用工作、引导改善“银行卡联网通用受理环境”作为对银行卡监督管理的工作目标。一是针对南方部分城市出现的商家拒刷银行卡问题，及时与银联济南分公司进行沟通，针对山东省的情况，制定了相应的措施和应急方案；二是积极指导协调开展银行卡宣传工作。10月20日组织召开了“开展银行卡宣传活动工作会议”，各中支科技科长和济南银联有关负责人参加了会议，对开展银行卡宣传活动进行了布置，人行烟台、淄博等部分中支已开始了宣传活动，从而加强了社会各界对银行卡的充分了解，营造了有利于银行卡产业发展的外部环境。

（刘建平）

【内审工作】 2004年，人行济南分行内审部门以加强内部管理为目标，以风险控制为重点，强化制度建设，规范内审操作，加大培训力度，扩大信息交流，努力提高内审工作质量。

一、履行内审职责，发挥再监督作用。2004年，该行一是对全辖78家县（市）支行进行了全面审计；二是积极开展离任审计。辖区各级内审部门共对114位领导干部和82位主要业务部门负责人进行了离任审计；三是深入开展专项审计，做好审计试点工作。全年先后组织全辖开展了2003年度会计年终决算及会计国库业务专项审计、电子化设备管理专项审计和对外汇经常项目进出口收付汇核销业务的专项审计；四是认真做好内审调查。辖区各级内审部门开展审计调查60项；五是积极开展同级监督。辖区各级内审部门开展自定项目专项审计148项，专项核查56项。

二、加强内部管理，强化制度建设。2004年，该行一是对各项制度进行了重新修订，形成《规范化管理办法》，从工作职责、工作要求、操作规范、督促检查、考核及责任追究等方面对各部门、各个岗位的业务操作进行了具体规定；二是为进一步做好离任审计工作，修订了《离任审计实施办法》；三是为加强对人行各中支行长的管理，拟订了《行长离任交接制度》。

三、举办劳动竞赛，提升业务水平。2004年，该行组织开展了内审专业劳动竞赛，鲁豫两省33家人行中支64名选手参加了竞赛。通过竞赛，使内审人员业务技能和操作能力普遍得到提高，初步形成了“掌握业务知识，提高操作技能”的良好学习风气。

四、开展优秀项目评选，促进工作质量上水平。2004年，该行组织辖区开展了优秀内审项目评选活动，推动了各级内审部门整体工作水平的提高。一是在年初全辖内审工作会议上进行了部署，强调内审优秀项目评选是针对审计项目从立项、实施到成果转化的整个过程；二是明确要求辖区内审部门要按照该办法规范操作，提高审计质量，注重各种相关资料的收集和整理。

五、加大培训力度，提高整体素质。2004年，该行举办了内审业务培训班，对辖区内审科（处）长及业务骨干共108人进行了培训，培训面占全辖内审人员的24%。培训班聘请政府审计部门专家、大学教师讲授了政府经济责任审计的目的、意义、审计内容和方法及政府绩效审计的前沿理论，开阔了审计视角和工作思路。

六、加强信息交流，努力实现内审成果有效转化。2004年，该行一是利用内联网，将一些重要的文件、制度、办法和信息及时发布；二是将人行总行编发的《内审工作简报》及时转发全辖；三是全年编发内审工作参考18期，发布内审信息75篇，其中多篇信息被总行《内审工作简报》转发和被分行采用。年内，在内审司举办的内审理论与实务研讨活动中，该行全辖共有9篇论文获奖。此外，在中国内部审计协会召开的全国内部审计质量控制理论研讨暨经验交流会上，该行《审计项目质量控制研究》论文获得三等奖。

（王爱民）

【组织人事工作】 2004年，人行济南分行研究制定了《组织人事工作要点》，在加强各级领导班子建设和人才队伍建设、完善创新激励机制、规范内部管理等方面取得了明显成效。

一、以提高执政能力为目标，加强各级领导班子建设。2004年，该行组织力量对银监机构分设后缺职较多的部分中心支行领导班子进行了考察调整，上半年共选拔中心支行行长12人，副行级领导干部81人，对21人进行了异地交流任职，下半年考察调整中心支行一把手7人，其中，提拔中心支行行长3人，提拔主持工作的副行长2人，交流行长2人，进一步优化了领导班子结构。

为推动学习型领导班子建设，该行一是将学习型领导班子的建设情况作为考核中支领导班子的一项重要内容，初步建立了领导干部述学制度；二是自6月下旬开始，采取与地方省委党校、高校合作办学和脱产培训的方式，分别在济南、郑州市举办了首期处级干部党校主体培训班；三是对辖区33家中支领导班子工作情况进行了全面考核，并全程参加中支党委民主生活会，发现了一些苗头性问题，为分行党委的正确决策提供了翔实依据。

二、结合工作实际，切实加强人才队伍建设工作。2004年，该行一是学习宣传了全国人才工作会议精神，切实提高了对人才工作重要性的认识；二是派出考察组结合年度考核工作对人行各市中支副行级领导干部后备人选统一考察推荐，并据此建立了后备干部人才库，进行统一的培养锻炼；三是组织和协调分行机关各处室研究制定了干部教育培训计划，举办了宏观经济分析、金融稳定、反洗钱、征信管理等30多期新业务培训班，先后选派97名各级领导干部和优秀业务骨干参加了人行总行举办的各类培训班、研讨班，加大了干部教育培训力度；四是制定下发了《分行机关职工继续教育管理暂行办法》，规范了对干部职工参加继续教育的管理，鼓励职工通过自学提高学识水平。

三、完善激励机制，调动干部职工工作积极性。在完善竞争机制方面：该行一是调整规范了机关内设处、科级机构设置，采取公开竞争的方式选拔处级干部25人，科级领导干部22人，对25名科长职务进行了调整或续聘，并对符合任职条件的24人晋升为主任科员，40人晋升为副主任科员，3人晋升为科员；二是制定下发了《关于规范县（市）支行一把手任免前报送备案材料的通知》和《关于在中层领导职务选拔聘任工作中进一步严肃组织人事纪律有关事项的紧急通知》，指导辖区各分支行完成了中层干部竞争上岗及干部选配工作。

在创新分配机制方面：该行一是制定下发了《年度绩效考核及绩效工资管理暂行办法》，进一步完善了考核分配机制；二是采取民主推荐的方式，确定了分行机关3%奖励晋升工资人选；三是及时与人行郑州中支沟通，完成了工资管理职能移交和2004年工资总额计划的分解下达工作。

在尝试专家机制方面：该行一是在7月中旬专门召开评委会，对2004年度经济、会计、工程、政工系列的160份专业技术资格申报材料分别进行了评审推荐；二是组织开展了分行高层次专业技术人才队伍建设调研工作，为专家机制的建设做出了有益的理论探讨。

四、建章立制，规范内部管理，推进组织人事工作上水平。2004年，该行一是制定下发了《领导干部任免办法》、《2004～2008年领导班子建设规划纲要》和《关于加强县（市）支行“一把手”管理工作的意见》等10多个干部管理方面的制度，完善了干部选拔任用和管理工作；二是制定下发了《组织人事工作考核评比暂行办法》、《组织人事工作规范化管理办法》，完善了组织人事工作操作规程；三是按照一级档案标准对所管理的分行干部人事档案进行了集中整理，根据人行总行要求完成了人事信息系统的版本升级及系统普及工作；四是将学历、学位的认定权上收，由分行定期对各分支行上报的更改学历、学位申请进行审查批准，加强了对学历、学位的认定和管理工作。

五、认真完成了其他各项工作任务。2004年，该行一是认真做好保持共产党员先进性教育活动的准备工作；二是完成了2005年行员录用的考前准备及考务工作；三是加强了因公因私的护照管理，将个人手中持有的各类出入境护照按照干部管理权限收归各级组织人事部门集中保管；四是认真落实与“法轮功”邪教组织进行斗争的有关工作，进一步落实了教育转化工作责任。

（张中志）

【货币金银工作】 2004年，人行济南分行货币金银部门在进一步完善各项管理制度的同时，强化了发行队伍建设和发行库管理现代化建设。不仅圆满完成了各项工作任务，而且有3项工作被人行总行通报表彰。

一、以“保安全、保供应”为出发点和着力点，基础工作取得显著成效。2004年，该行一是积极开展发行基金调拨工作，确保了山东省现金总量供应和结构平衡，发行基金调拨量再创历史新高；二是积极组织开展了多渠道硬币回笼活动，提高了硬币使用效率和归行速度。同时通过多种形式积极争取人行总行的大力倾斜，一元以下小票的调入量占全国的五分之一，使小票供应紧张状况得到了有效缓解；三是进一步强化残损人民币复点销毁管理，确保了残损人民币销毁安全和全年计划的完成。分库和部分中心支库实现了大综发行基金出入库机械化操作。

二、规范化管理进一步深入。2004年，该行一是狠抓建章立制，彻底杜绝制度漏洞，先后组织制定了《银行业金融机构向人民币发行库存取现金管理办法》、《关于“301物资”办理站所在地中心支行代分行调运发行基金的规定》、《发行库检查办法实施细则》、《发行库达标升级考核办法实施细则》等四个管理办法，重新组织修订了发行库、残损币复点销毁等两个《管理办法实施细则》，形成了覆盖整个发行业务的制度体系；二是先后组织对各中心支库的全面检查一次，专项检查两次，杨子强行长专门对辖内两个中心支库进行了全面检查。有效地保证了各项制度的贯彻落实；三是落实“问责制”，强化内部管理。各级行都将岗位责任制和责任追究制落实到各个具体岗位和个人，形成了较为科学的管理机制。

三、人民币管理工作取得显著成效。2004年，该行一是完成了对《大额现金管理系统》的升级改造，并在强化现金管理的非现场检查方面进行了积极的探索；二是在全省范围组织开展了两次现金管理大检查，对发现的违规问题分别进行了行政处罚、提出了整改意见，各商业银行执行现金管理规定的自觉性有了明显提高；三是加大了对制假、贩假等违法犯罪行为的高压打击力度，进一步规范各商业银行的假币收缴和残损币兑换行为。

四、加强货币金银队伍建设。2004年，该行一是在全系统组织开展了以学习货币金银理论和规章制度为重点的劳动竞赛活动。全省共有6个中支获团体奖，70名个人获单项奖，10名成绩优异的个人被分行授予“岗位能手”称号；二是人行各中心支行积极组织开展创建“文明科室”、廉政教育、爱岗敬业等一系列活动，提高了队伍的综合素质；三是调研工作取得了新突破。全年共有5篇调研报告在公开刊物上发表，6期（条）信息被人行总行采用，初步形成了调研工作制度化管理。

（姜国强）

【支付结算工作】 2004年，人行济南分行支付结算部门加强支付系统建设，强化会计核算系统管理，扎实开展反洗钱工作，积极开展调查研究和业务培训，圆满完成了各项工作任务。

一、依法管理结算，维护支付结算秩序。

（一）组织开展人民币银行结算账户大检查。2004年，为确保《人民币银行结算账户管理办法》的贯彻落实，该行部署开展了辖区银行结算账户大检查。在商业银行全面自查基础上，对工、农、中、建等部分商业银行进行了重点抽查，抽查面为40%，累计抽查账户12.68万个，其中，基本账户5.22万个、其他账户7.46万个，开销户登记簿1360本。通过检查，明确了人民银行对银行结算账户的监督管理权，增强了商业银行执行银行结算账户管理办法的自觉性。

（二）完善并推广银行结算账户管理信息系统。2004年，该行针对账户管理信息系统存在的问题进行了补丁程序开发测试，在16家中支更新升级，并在济南市推广运行，完成了该系统在省内的全面推广。目前，全省各市地银行结算账户管理数据库累计入库单位银行结算账户57.82万个，其中，基本存款账户35.89万个，极大地规范了辖区银行结算账户开立、使用行为，提高了人民银行账户管理和商业银行账户服务水平。

（三）关注银行卡业务管理。2004年，该行一是及时转变工作思路，调查和掌握了银行卡业务开展情况和存在的问题，为下一步有针对性地加强管理奠定了基础；二是组织开展银行卡宣传活动，适时加强对中国银联济南、青岛分公司的信息报告管理，有效防范了银行卡业务风险。

（四）依法行政，规范银行汇票业务管理。2004年，行政许可法实施后，按照行政许可法律和规章的要求，该行及时规范了辖区银行汇票专用章的行政许可程序，上报了山东省50家金融机构银行汇票专用章的行政许可申请，有力地促进了银行汇票业务的发展。

（五）积极调解支付结算、清算纠纷。2004年，该行共接待企事业单位、公检法部门、银行界来人来电来函1560次，依法调解支付清算纠纷982起，严肃了结算纪律，维护了结算秩序。

二、加强支付系统建设，搞好清算服务。

（一）认真做好大额支付系统推广准备工作。2004年，该行一是组织审查并汇总编制了全省15919个银行机构代码，清理电子联行机构160个；二是组织了3期106人次的支付系统行名行号管理系统培训，并成功启用行名行号管理系统变更支付系统行名行号；三是对全省人行和商业银行会计结算部门负责人和业务骨干380人进行了支付系统知识培训；四是按照支付系统建设调整方案，对全省67个新增直接参与者及其连接方式进行了确认上报。

（二）组织恒丰银行济南分行顺利接入支付系统。2004年11月30日，该行在申报行名行号、督促设备安装、网络调试等基础上，组织恒丰银行济南分行成功接入大额支付系统，促进了恒丰银行业务的发展。

（三）排查并消除同城清算风险隐患。2004年，该行根据排查专业风险点和隐患的要求，对威海、泰安、潍坊和淄博市同城清算系统存在的风险隐患，提出了限期更换和改造系统的整改措施。威海、泰安、潍坊3市成功运行同城清算系统V2.0版；淄博制定了同城清算系统改造方案，并按进度完成了系统改造工作。

（四）准确组织特约联行资金清算。2004年，该行共处理特约联行汇划业务147936笔、488亿元，签发特约银行汇票73921笔、178亿元，清算汇差资金21420笔、702亿元，做到了安全无差错，为城乡信用社、城市商行等中小金融机构提供了高质量的不间断清算服务，较好地支持了地方经济的发展。

三、强化会计核算系统管理，防范会计联行风险。

（一）组织开展会计联行安全检查。2004年，该行一是对人行16家中支及部分县支行进行了全面检查，与近500家金融机构进行了面对面对账，核对账户1000多个，逐笔勾对发生额达36万笔，并逐行下达了整改通知书；二是按照人行总行要求，部署全省进行会计联行自查，组织了3个检查组对济宁、日照、聊城、德州4家人行中支和分行营业管理部进行了抽查。检查以风险环节和要害岗位为重点，对内部控制、会计核算、联行清算、票据交换等内容进行了详细核实，没有发现会计联行案件和重大会计差错。

（二）做好会计核算系统换版支持和2.6版集中核算系统推广工作。2004年，该行一是配合存款准备金考核改革，完成全省会计核算系统3个版本的全面换版；二是帮助分行营业管理部将会计集中核算系统成功升级为新的2.6版；三是制发了《会计集中核算系统切换及应急处理方案实施细则》，对各中支及其县支行的会计、科技、事后监督人员进行了2.6版系统操作培训；四是编制了基础数据盘、切换工作指南，为2.6版集中核算系统顺利推广和大额支付系统省内上线奠定了基础。

（三）做好系统日常运行指导工作。2004年，该行对同时运行的3个版本会计核算系统遇到的问题，与人行总行有关技术支持部门保持密切联系，及时研究解决方案，确保了辖区会计核算系统安全稳定运行。

四、扎实开展反洗钱工作。

（一）及时分析调查报告人民币可疑支付交易。2004年，该行一是对商业银行和人行报告的940笔可疑交易及时进行分析，全年累计报告可疑交易18期、可疑支付898笔、金额57840万元；二是对反洗钱局反馈的8份可疑交易协助调查函认真进行调查核实，并向人行总行报告协查结果。

（二）组织开展反洗钱专项检查。2004年，该行一是督促各级行成立反洗钱检查工作小组，制定检查计划；二是组织辖区商业银行按照检查方案进行自查；三是组成了118个检查组对工、农、中、建等10家商业银行反洗钱工作进行了现场检查（抽查面为48%），对违犯反洗钱规定的商业银行进行了处罚。通过检查，基本摸清了辖区商业银行反洗钱工作现状。

（三）开展反洗钱业务培训。2004年，该行组织了对建行全省会计主管、法律部门等人员的反洗钱基本知识与可疑交易报告培训，增强了反洗钱意识，提高了反洗钱人员对可疑交易的识别和分析能力。

五、积极开展调查研究，不断提高业务理论水平。2004年，该行一是组织开展支付结算业务调研活动，激发了辖区开展支付结算业务调研的积极性；二是按时完成重点调研课题《中国票据背书制度研究》和《支付系统风险研究》；三是积极配合人行总行做好调研工作。按时完成了《关于对城乡信用社开办银行承兑汇票业务调查的报告》、《关于定期借记、贷记业务情况的调研报告》、《关于银行卡业务的调查报告》、《关于储值卡普查和调研的报告》、《关于规范银行卡受理市场的意见和建议》、《关于完善小额支付系统业务需求的调研报告》、对《会计联行检查管理办法》及《会计联行检查内容指导意见》的修改意见、反洗钱业务培训情况及建议和"一个规定两个办法"的修改意见等10余项调研。

六、切实做好各项协助工作。2004年，该行一是参与人行总行《清算组织管理办法》、《票据印制管理办法》、《电子支付指引》、《人民币银行结算账户管理办法实施细则》等法规制度的起草及"金融稳定评估规划（FSAP）"中的中国支付体系自我评估工作；二是协助人行总行讨论并主笔制定了《中央银行会计集中核算系统切换及应急处理方案》；三是完成了对《中央银行会计集中事后监督系统业务需求书》的需求分析和讲解工作；四是完成了《中央银行会计集中核算系统与同城票据交换系统清算差额数据接口需求书》的讨论和审定工作。

（马　征）

【国库工作】 2004年，人行济南分行国库部门以确保资金安全为中心，夯实核算基础，完善内控制度，规范商业银行、信用社代理国库业务，加快国库电子化进程，强化国库收支统计和调研分析，做好了国债工作。

一、进一步提高服务水平，充分发挥国库执行促进作用。2004年，该行一是开发推广了"税库银横向联网系统"，并在滨州等10市正式运行；二是开发推广了《国库会计行库往来重要凭证管理》系统，培训推广了《国库综合业务报表》、《国债兑付业务管理》、《国库库存日报统计分析》系统，完善了国库核算手段，进一步提高了国库电子化水平；三是提高服务水平，推进国库单一账户制度改革。年末，试点单位扩大到17家一级预算单位和44家二级预算单位，共办理财政直接支付102笔，金额3780.50万元，授权支付1396笔，金额10085.82万元；四是树立"零差错"管理理念，组织日常国库会计核算工作。全年共办理预算支出947亿元，汇总全辖上划中央级收入605亿元，地方预算收入698亿元。

二、加强内控制度建设，健全国库风险防范制度体系。2004年，该行重点规范和完善了以下制度规定：一是制定了《山东省国库会计核算与管理补充规定》、《国库工作规范化管理办法》和《山东省税库银横向联网操作规范（试行)》，进一步规范了国库印、押、证的管理和会计档案的管理，严密了国库资金清算业务处理手续；二是对《国库会计事后监督办法》、《待缴库税款账户管理办法》、《关于商业银行、信用社代理国库业务审批工作规程》等办法提出可行性修改意见，为人行总行出台正式文件提供参考；三是编纂了国库对商业银行经收处监督管理的若干规定下发各地，为各级国库依法监管提供依据；四是重新制订下发了《主管行长国库业务监督检查办法》。

三、强化制度落实，确保国库资金安全。2004年，该行一是严格落实各项制度。先后加强了对关键岗位、关键环节的监督检查，严格执行国库对账制度，认真落实主管行长监督检查制度，贯彻实施人行总行《事后监督中心工作规程》和《国库会计事后监督办法》，顺利地完成了国库会计事后监督业务向事后监督中心的移交工作；二是加强监督检查，组织开展了一系列国库专项大检查，提高了各级国库的风险防范能力；三是深入代理国库和国库经收处检查、指导，加强对代理国库和国库经收处的管理。

四、加强国库调研分析，增强统计分析工作的实效性。2004年，该行一是开展统计收支检查，以此检查为契机，狠抓国库统计分析工作规范；二是深入实际开展专题调查研究，促进了国库干部调研能力和分析水平的进一步提高。全年开展了《国库综合业务报表》系统应用反馈、地方财政国库管理制度改革研究、当地重点税源企业税收变化情况及收入前景分析、出口退税政策调整对外贸出口及国库收支的影响等多篇专题调查研究；三是组织各级国库加大国库信息交流力度，努力做好《国库情况反映》工作。

五、认真做好国债发行、兑付管理工作，维护国债信誉。2004年，该行一是加强对商业银行发行国债的监督，规范商业银行发售国债行为；二是认真做好国债兑付管理工作。落实常年兑付网点，督促国债投资者到期国债的顺利兑付，加强以前年度到期应兑未兑实物国债的兑付工作，严格执行“先交券，后划款”的管理规定，全年兑付无记名国债本息524.9万元，无一差错；三是对国债收款单管理系统进行二次开发，进一步规范收款单兑付管理；四是顺利完成国债票样清点、送缴工作。组织人员对1981～1997年的国债票样逐张进行整理，共缴票样9132张。

（高兆新）

【安全保卫工作】 2004年，人行济南分行保卫工作突出发行库守卫、货币押运、枪支弹药、机关安全管理四项工作重点，落实领导责任制和安全目标责任制，加强制度化、规范化和现代化建设，确保了全年安全无事故。

一、强化各项制度的完善及落实工作。安全保卫规范化管理是山东省人民银行系统连续多年保持安全无事故的重要经验、基础和保障。2004年，该行一是全面分析安全保卫每个岗位、每项业务的风险点情况，提出了有针对性的防范和化解措施，明确了直接责任人、间接责任人、领导责任人，经反复研究论证修改后纳入《案件预防工作指南》；二是组织完成了保卫干部学习培训教材的编写工作，修订了规范化管理实施细则；三是加大检查督促力度，对全辖中心支行和有库支行进行了全面检查和突击检查，查找隐患，堵塞漏洞，并通过“回头看”式的检查，督促有关单位落实整改措施。

二、加大安全防范资金投入，不断提高安防科技含量和现代化水平。2004年，该行一是投资70余万元在全国率先为山东省各市地人行运钞车及火车押运装备了GPS卫星定位系统，提高了货币押运安全系数；二是投资80余万元在全国率先为山东省全辖中心支行安装了远程电视监控报警系统，加强了发行库安全管理；三是投资210余万元更新了运钞护卫车辆；四是提前完成人行总行技防建设规划。截至年底，辖内各中心支库、支库除立项新建发行库外，全部实行了封闭式管理，其进度走在全国前列。

三、加强领导，严密组织，严谨操作，密切银武协作，圆满完成货币押运任务。2004年，该行一是对每次货币押运工作都坚持事前制定方案、行前动员部署、途中严密组织、返回总结专报的程序，力求工作细致、组织严密；二是针对汛期、冰雪雨雾等复杂天气，及时提出了防范预案，并会同武警部队认真组织演练，提高了应对复杂情况和突发事件的能力。全年押运人员共押运货币101个火车皮、18.75余万件，押运销毁残损币1200吨，确保了安全无事故，为全省货币发行和销毁任务的圆满完成做出了重大贡献。

四、强化对枪支弹药的安全管理措施，确保枪弹安全。2004年，该行一是为各中心支行装备了武器寄存柜，实行24小时监控，严密了钥匙保管、交接手续和武器库门开启操作，确保了枪弹静态安全；二是加强对持枪人员政审，实行动态双人同行制度，严密交接手续，规范操作行为；三是会同工会举办了保卫专业射击竞赛和理论考试，提高了保卫干部理论水平和操作技能。

五、建立健全预警体系和处置突发事件应急机制。2004年，为有效预防、及时控制和消除安全保卫各种突发事件危害，该行组织修订了发行库守护、货币押运途中、消防、恐怖事件等应急处置预案制度，并配发了直观明了的操作程序图，建立了“应急指挥中心”，坚持24小时值班，为防范和化解突发事件打下了良好的基础。

六、认真履行协调职能，维护稳定、反洗钱、反恐、综合治理协调工作有序开展。2004年，该行一是建立健全了各项协调机制，积极投入“平安山东”建设，制定并实施了具体的操作办法，明确了职责分工及奖惩措施，建立完善了工作机制；二是组织调整了反洗钱工作领导小组，建立了领导小组联席会议、案件协查等制度，完善了大额和可疑支付交易报告接收及调查操作程序，组织开展了反洗钱培训和大额交易报告统计调查工作，初步建立起了反洗钱的工作框架和工作机制；三是积极配合公安机关开展专项斗争，密切配合驻勤武警部队，强化重点要害部位安全守护。

（路德国）

【离退休干部工作】 2004年，人行济南分行认真执行党和国家及总行关于离退休干部工作的方针政策，不断提高管理和服务水平。

一、创建与时俱进的老年政治环境，确保离退休人员本色不变。2004年，该行一是从落实老同志政治待遇的高度，结合其特点，采取多种形式开展“三个代表”重要思想等学习活动，以满足老同志的政治生活需求；二是注重组织建设工作，充分发挥离退休干部党支部的战斗堡垒作用。各中支离退休干部党支部换届期间，要求把那些群众威信高、责任心强、能够起模范带头作用又愿意为离退休干部服务的、年富力强的同志选进党支部班子；三是各单位坚持把离退休干部工作与金融改革发展稳定的大局结合起来，始终把离退休干部工作列入重要议事日程，并且纳入责任目标管理，做到年初有计划，每月有活动，年终有考核；四是积极探索新形势下加强和改进离退休干部思想政治工作的新方式、新方法，不断拓展思想政治工作的渠道，扩大覆盖面，增强时效性。

二、创建老少共融的老年人际环境。2004年，新一届党委成立以后，党委书记、行长杨子强非常重视离退休干部工作。在他的倡议下，该行一是以167号文件下发了《关于在分行机关和辖区在职职工中进一步开展尊敬爱护老同志的通知》，要求全体在职职工认真学习贯彻《老年人权益保障法》及离退休干部政策；二是在离退休干部中开展了“关心人行事业，支持党委部门工作”的座谈讨论；三是辖区各单位采取多种形式，进一步做好与离退休人员的交流沟通，如走访慰问、帮助解决实际困难等。

三、创建科学健康的老年文化环境和安逸殷实的老年生活环境，确保离退休人员健康。

（一）抓好老年文化建设，各项活动蓬勃开展。2004年，人行济南分行根据老同志的特点，组织开展了形式多样、生动活泼、健康有益的老年文体活动。一是组织了首届老年乒乓球比赛，并组队参加了人行总行的比赛，取得好成绩；二是举办了分行机关离退休人员春、秋两季运动会和重阳节登高活动；三是注重活动场所的建设，加大投入，购置必要器材，同时还开展了郊游、门球、考察、小秋收、老年运动会等活动。

（二）从生活上关心照顾老同志。2004年，该行重视离退休人员的生活待遇落实，除继续坚持已有的制度外，还在政策允许的范围内想方设法从优从快解决实际困难。一是专门下发文件，对有特殊困难的老同志进行调查摸底，帮助解决困难；二是各支行都坚持了每年一次的查体制度；保证各种费用不拖欠。

四、营造健康向上的舆论环境，突出老年宣传，加强调查研究，部门自身建设得到加强。2004年，人行济南分行一是坚持用正确的舆论引导人，用高尚的情操激励人，大力弘扬先进事迹，李定洲、赵玉林、杨延功、张传宝4位离退休人员受到了人行总行表彰；二是强化调查研究。围绕总行布置的课题，高标准、高质量地完成了对离退休人员队伍现状的调查，形成了《调查报告》，上报总行的工作信息量位列各分行第3位；三是紧紧围绕“政治合格，业务过硬，作风优良，管理科学，服务到位”的队伍建设目标，认真抓了离退休干部工作人员思想作风及制度建设。重新制定了《离退休干部工作规范化管理办法》，举办了离退休干部信息软件升级培训班，使离退休干部工作步入科学化、制度化、规范化的轨道。

（李乃杰）

【宣传工作】 2004年，人行济南分行党委宣传部门切实加强和改进宣传思想工作，取得了突出的成绩。

一、理论学习取得新成效。2004年，该行一是切实加强和改进中心组理论学习，大力宣传和推广各级行开展创建学习型领导班子活动的好经验，努力提高各级行党委（组）建设学习型领导班子的积极性，领导干部的政治理论素质和执政能力得到了进一步提高；二是按照总行党委的统一部署，在辖内组织开展了马克思主义发展史教育活动。全辖累计举办学习辅导报告会109次、培训班218期，收到干部职工提交的学习心得文章1.6万篇。11月下旬，该行对各中支选报的222篇员工优秀读书心得进行了评比表彰，评出了一、二、三等奖分别为25篇、50篇和76篇；三是起草下发了《关于深入学习贯彻十六届四中全会精神的通知》，在全辖兴起了学习、宣传和贯彻四中全会精神的热潮。

二、大力开展思想教育活动。2004年，该行一是针对职能调整后员工思想状况，在全辖部署开展了“履行央行新职责，解放思想创新工作，与时俱进提高服务”主题教育活动，引导员工统一思想，找准定位；二是为纪念邓小平诞生100周年举办了一系列活动，引导员工学习邓小平理论，坚定建设中国特色社会主义伟大事业的信心，增强做好本职工作的决心。

三、促进辖内文明单位创建工作健康发展。2004年，该行一是表彰了济宁、信阳等10个自1999年以来在双文明单位创建活动中做出突出成绩的党委宣传部门；二是组织检查组对辖内5个总行级、11个分行级和1个中支级精神文明建设先进单位进行了检查；三是召开全辖文明单位创建工作座谈会，听取各单位创建工作情况汇报，分析研究改进措施。

四、推动群众性思想政治工作的开展。在2004年6月上旬召开的中国金融政研会第七次现场理论研讨会上，人行烟台市中支和人行广饶县支行分别做了加强和改进思想政治工作的经验介绍，并荣获大会特别奖。11月下旬，该行组织对各中支选报的135篇宣传思想工作调研课题报告进行了评比表彰，评出了一、二、三等奖分别为17篇、29篇和69篇。

五、认真做好信息宣传工作。2004年，该行共编发《党建通讯》52期；被人行总行党委《宣传工作通讯》刊登信息稿件38件，用稿量列全国各大分行首位；4项重点教育活动和2项基础性创新工作被人行总行转发推广；在《金融时报》等省级以上新闻媒体发表党建、宣传思想工作稿件432篇。

六、加强宣传干部队伍建设。2004年，该行一是表彰了孙淑美等16名优秀宣传干部。于连昌被中国金融职工思想政治工作研究会表彰为“全国金融系统优秀思想政治工作者”；二是加大骨干培训力度。全年累计培训各类宣传思想工作骨干115人次。

（赵向东）

【纪检监察工作】 2004年，人行济南分行纪检监察部门真抓实干，标本兼治，辖区党风廉政建设和反腐败工作取得新的成效。

一、加强廉洁自律工作，领导干部从政行为进一步规范。2004年，针对辖区人行系统存在的突出问题，该行制定了专项清理具体方案，有计划、分步骤地进行监督检查和督促指导。一是对辖内各级行领导干部兼职问题、1999年4月以来超标准配备和使用小轿车问题、用公款大吃大喝问题、用公款为干部职工购买个人商业保险问题、领导干部拖欠公款和利用职权将公款借给亲友的问题及党员干部赌博问题进行了专项清理和纠正；二是针对“节日病”和年终考核，严明了各项纪律，各级行领导干部廉洁从政的自觉性进一步增强。

二、加强案件防范工作，积极查办违纪违法案件。2004年，该行一是全面推行易发案件风险点排查控制工作，完善各项内控制度和操作规程，建立规范化的事后监督机制，强化了核算监督；二是强化审计监督作用，开展了2003年度会计年终决算及会计、国库业务专项审计，完成了对人行19个中支行长离任审计和人行青岛市中支的全面审计；三是加强对案件防范工作联系点的指导，注重总结和推广案件防范工作经验；四是加强与司法机关协作，建立了联席会议制度，共同做好职务犯罪的预防工作。全年辖区人行系统新发生1起违法违纪案件，查结2起往年未结要案。

三、加强行业作风建设，切实纠正不正之风。2004年，该行一是把行风要求贯穿于思想教育、内部管理、业务工作等各个方面，通过规范金融服务、严肃工作纪律、提高工作效率、宣扬表彰先进等方式，努力营造争先创优的良好环境和氛围，不断提高服务水平和服务质量；二是大力开展民主评议行风工作，积极参与社会组织的行风评议活动，主动接受地方政府、金融机构、下级单位和社会各界的监督；三是采取专项治理等措施，狠刹铺张浪费、滥发钱物、私设“小金库”等不正之风。

四、加强规章制度建设，从源头上预防和治理腐败。2004年，该行从加强制度建设入手，将反腐败工作重点放在对权力的制约、资金的监控和干部任用的监督上，研究可能产生腐败的薄弱环节，建立切实可行的防范措施。如：建立了再贷款和再贴现管理等相应的制度和监督制约机制；完善了大宗物品采购和基建项目招投标制度；建立了干部选拔任用和用人失察失误责任追究制度等。通过制度约束和规范，避免了腐败现象和不正之风的出现。当年，各级行制度建设较往年明显增强，内部管理得到进一步强化。

五、加强县（市）支行监督管理机制改革，努力提高监督的有效性。2004年，该行选取济宁、信阳、日照、鹤壁市中支进行试点。一是成立以党委书记、行长任组长，其他党委成员任副组长的县（市）支行监督管理机制建设领导小组；二是通过竞聘、考选等形式选配了纪检监察审计组组长和工作人员，建立健全了纪检监察审计机构和工作人员；三是按照监督重心上移，监督形式下查一级的工作思路，制定了县（市）支行监督管理操作规范和详细的检查监督计划，对所辖县（市）支行贯彻落实党风廉政建设责任制情况，特别是会计、国库、货币信贷等业务岗位执行规章制度、履行职责情况持续性地进行检查监督。

六、加强宣传教育，筑牢拒腐防变的思想道德防线。2004年，该行一是加强对领导干部以权力观为重点的教育，使领导干部牢固树立正确的权力观；二是加强纪律教育，开展中央纪委第三次全会提出的“四大纪律、八项要求”等党纪条规的学习教育活动；三是通过观看录像、专题辅导、知识竞赛等形式开展宣传教育活动；四是组织开展违纪违法“成本”大讨论活动，引导广大干部职工算好“政治账”、“经济账”和“家庭账”，提高了广大干部职工的拒腐防变能力；五是收集了该行成立以来查处的15起违纪违法典型案例，编写了《典型案例教育读本》，做到警钟长鸣；六是组织开展反腐倡廉教育测试活动。

七、加强党风廉政建设责任制落实工作，党政齐抓共管的局面进一步发展。2004年，该行一是及时调整党风廉政建设责任制、反腐败抓源头、行业作风建设领导小组，制定下发了党风廉政建设责任制《实施细则》和《量化管理考核细则》；二是层层签订责任书，把党风廉政建设与业务工作紧密结合；三是按照“谁主管、谁负责”的原则，制定下发了《2004年党风廉政建设和反腐败工作实施意见》；四是分行党委组成工作组对34个中支的领导班子进行了全面考核；五是在辖区设立了党风廉政建设联系点、纠风和行风建设工作联系点以及效能监察工作联系点，发挥了联系点上下沟通、信息反馈的作用。

八、加强纪检监察工作信息管理系统建设，提高科技化程度和工作效率。2004年，该行开发了《纪检监察工作信息管理系统》软件，并及时向人行总行领导进行了汇报和演示。2月份，选取6个中支和20个县支行进行了试点运行，3月份，进行了跟踪指导，下半年在全辖推广应用。从运行的情况看，该系统基本涵盖了纪检监察工作的内容，提高了纪检监察工作的科技化程度和工作效率，较好地发挥了信息资源的共享和非现场监督检查的作用。

九、加强干部队伍自身建设，提高纪检监察工作能力和水平。2004年，该行一是针对辖区大多数纪委书记和监察室主任新到任的实际情况，举办了为期一周的纪检监察领导干部培训班，对全辖34个中支的纪委书记和监察室主任进行了专业培训；二是在全辖组织开展了“创学习型纪委、带知识型队伍”活动；三是深入开展了调查研究。全辖共完成调研报告80余篇，为上级行领导和有关业务部门提供了一批有价值的决策依据。全年编发《纪检监察工作信息》28期，刊发调研报告25篇，信息85条，被中央纪委、人行总行纪委等采用17篇（条），对实际工作起到较好的指导作用。

（王秀杰）

【工会工作】 2004年，人行济南分行各级工会按照党委要求，以调动职工工作积极性为重点，组织开展了一系列活动，使工会的“维护、参与、建设、教育”职能落到了实处，较好地发挥了党委和职工之间的桥梁和纽带作用。

一、围绕创建学习型职工队伍开展各种教育和竞赛活动。2004年，该行各级工会一是利用板报、宣传橱窗等多种形式，在职工中广泛宣传创建活动的意义；二是在全辖集中组织了“创建学习型组织，争做知识型员工”知识竞赛活动；三是组织开展了英语、法律、内审专业竞赛和保卫、科技、统计、征信、货币发行专业的劳动竞赛；四是挑选6位在竞赛中涌现出的优秀代表组成先进事迹报告团，进行了巡回报告，发挥了先进典型的带动作用。

二、民主管理工作不断推进。2004年，该行一是普遍推行了行务公开，对职工关心的基建项目、大宗物资采购、责任目标津贴分配、奖励晋级等重大事项公开接受群众的监督，“合理化建议”、“行长信箱”、座谈会等民主形式得到了坚持和发展；二是在各级党委的重视和各级工会的努力下，职工的意见和建议基本能够通过民主管理机制得到反映和解决。

三、不断加大“职工之家”建设力度。2004年，该行各级工会在建设“职工之家”中注意丰富内涵、提升档次。广饶、鄢陵等4个县支行创建高标准模范职工之家的试点工作取得了很好的示范效应。该行按照试点行的经验和标准，对辖区79家分行级模范职工之家进行了检查，对存在的问题，提出了限期整改意见。全辖共有11个单位被评为总行级模范职工之家，一个单位被推荐为全国金融模范职工之家。

四、深入开展了“送温暖”活动。2004年，该行各级工会一是在春节期间组织开展“送温暖”活动，各级行领导参加了慰问活动，走访慰问困难职工1498名，发放慰问金（含实物折款）94.1058万元；二是进一步健全了困难职工档案，对职工家中有困难、亲人去世、意外事故等情况的，做到及时登门慰问；三是组织了职工医疗保险实施情况的调查研究，为人行总行相关政策的出台提供了较好的参考意见。

五、组织开展了各种文体活动，活跃了职工的业余文化生活。2004年，该行各级工会以节假日为主线，组织开展了各种文体活动。一是在全辖组织了庆祝“七一”书画比赛；二是组织了“十一”国庆节文艺调演，并选送了泰安等市地的4个优秀节目参加人行总行的演出；三是组队参加了人行总行系统乒乓球比赛；四是对中支机关体育达标单位达标情况进行了验收；五是组织职工查体和进行职工体质测定。

六、女职工工作得到进一步加强。2004年，该行各级女工委一是深入开展了争创学习型女职工、“巾帼建功标兵”、“女职工文明示范岗”、“文明家庭”等劳动竞赛活动，全辖涌现出了2名总行级巾帼建功标兵，2个文明家庭和1个文明示范岗，还有1个单位被推荐为全国巾帼文明岗；二是在“三八”期间组织开展女职工风采展板活动；三是认真贯彻落实《人行女职工劳动保护实施办法》，组织开展了维权和奉献“爱心”活动，切实解决了女职工实际困难。

七、进一步强化工会工作的规范化建设，较好的完成了财务工作。2004年，该行各级工会不断加强内部管理，完善内控建设。一是分行工会认真制定了工会规范化管理办法，重新修订了工会专业考评标准；二是各级工会按规定及时、足额上解经费，组织召开了工会财务审查会议，对工会财务情况进行了现场检查评比，较好的发挥了工会经费服务职工、服务工会的作用。

（谭　滨）

【金融研究工作】 2004年，人行济南分行金融研究工作水平进一步提高。

一、紧紧围绕中心工作，加强金融理论和政策研究。

（一）完成了“贫困地区农村金融机构生存发展与非政府组织小额信贷”的课题。全面分析了贫困地区农信社的生存现状和生存能力，查找了影响其生存发展的因素，提出了要以农户信贷为基点、积极推进内部竞争，明确职能，强化监管与确立退出机制，因地制宜地推进改革与发展的建议。

（二）调查了山东省目前非政府组织小额信贷的情况，摸清了无棣、海阳和泰安的非政府组织小额信贷的现状，并就存在的实际问题提出了相应的建议；同时，完成了《山东省金融业的生态环境》、《做大做强山东金融业》、《区域经济与金融协调发展问题》等课题题纲的拟定工作。

（三）完成了《货币政策执行效果差异分析》的研究课题。分析了货币政策在山东传导的状况、差异以及相关问题，提出了建立灵活的区域货币政策传导模式、扩大和规范微观金融主体、整肃信用环境、优化货币供给机制等具有可操作性的政策建议。

（四）完成了《胶东半岛城市群的金融问题研究》的课题。对金融在城市群建设中要素支撑作用做了定性和定量分析，并提出了确立金融产业化及其规划、构建以济南和青岛为两极的金融中心和金融在支持经济增长点形成机制和扩散效应上发挥导向作用的政策建议。

（五）完成了《对固定资产投资"自筹资金和其他来源"问题的调查》的分析研究工作。对地方政府与企业都存在明显的投资冲动、投资过热随时都可能反弹的问题，建议要认真贯彻"有保有压"的政策要求，借宏观调控之机合理调整经济结构，促进经济永续发展。

二、进一步提高《济南金融》办刊质量。2004年，人行济南分行金融研究部门适应形势发展，及时调整《济南金融》的期刊定位。增强期刊的学术理论性，加大货币政策的宣传力度，增加对人行履行新职能的探讨，扩大刊物的覆盖面和影响力。一是加大宣传报道，发挥舆论导向作用。通过完善内容编排，准确及时地宣传党和国家的金融方针政策，发挥了期刊的导向作用；二是加强通联工作，扩大社会影响。加强与上级行刊物、新闻出版行政管理部门及各通联站的沟通联系，为期刊发展营造良好的环境；三是参与承办了人行研究系统期刊工作座谈会。作为4家期刊代表之一，在会上做了典型发言；四是建立新的通联站体系。将山东辖内的通联站由各中支办公室调整至调查统计科，并确定了新的通联站站长；五是召开了工作会议，为期刊的顺利发行奠定了基础；六是加强与山东省新闻出版局的联系；七是参加了山东省期刊协会第二届会员代表大会，《济南金融》再次当选为省期刊协会常务理事单位；八是继续与全国多家经济金融类期刊建立资料交换关系，并及时向《中国学术期刊》(光盘版)、《万方数据库》报送相关资料，扩大期刊的社会影响。

（战庆欣）

【山东省金融学会】 2004年，山东省金融学会遵循服务金融决策、指导金融实践的宗旨，坚持群众性和学术性有机结合的原则，坚持理论联系实际、求真务实的研究作风，与时俱进，开拓创新，在学会建设、金融科研和学术交流等方面都做了扎实有效的工作，为山东省经济、金融事业稳定健康发展做出了积极贡献。

一、加强学会组织建设，壮大金融科研队伍。2004年，该学会一是根据形势发展需要，明确学会工作的新思路、新方法，促进了各项工作的有序开展；二是组织召开了第六次会员代表大会，选举产生了山东省金融学会第六届理事会。新一届理事会成员来自于人民银行、监管机构、金融机构和政府经济综合部门的领导和大专院校的专家、学者，所有省内金融机构均已成为该学会的团体会员单位，理事结构更趋合理；三是指导各会员单位、各专业金融学会和市级金融学会开展工作，通过课题招标、成果评定、学术交流，相互之间建立了密切的业务沟通和联系。

二、开展学术研讨，促进金融科研水平的提高。2004年，该学会一是组织召开了利率市场化专题研讨会，就利率市场化的内涵、改革的关键和难点、新时期推进利率市场化改革的措施建议等深层次问题进行了热烈的研讨；二是组织召开了中行、建行股改上市问题专题研讨会，学术委员就各界普遍关心的改制目标、上市模式、股权结构安排、法人治理结构及公司整体框架的搭建等问题展开了讨论；三是组织召开了县域经济和县域金融协调发展问题专题研讨会，分析了县域经济金融发展的现状和趋势，探讨了县域经济发展对县域金融体制的要求，提出了改革和完善县域金融体制应结合区域经济发展实际，最大限度发挥金融资源对区域经济发展的配置作用的具体的对策建议；四是加强沟通联系，发挥联系经济管理部门、大专院校及其他学术团体的桥梁作用，推动全省金融科研工作再上新台阶。

三、积极参与社团活动，努力提升学会声誉。2004年，该学会一是注重加强与民政、社科联等学会管理机关及其他学会机构的联系，积极参加社团组织的各种活动，按时报送工作总结和工作规划，及时申报优秀科研成果；二是积极开展科普宣传活动。组织工行、建行等7家会员单位参加了省委宣传部、省社联主办的山东省社会科学普及周大型现场义务咨询服务活动，由于组织得力，效果明显，被省委宣传部、省社联评为先进学会，1人被评为先进个人，并通报表彰。

（战庆欣）

【山东省钱币学会】 2004年，山东省钱币学会工作取得新进展：一是于8月18日在济南召开了该学会的第三次会员代表大会，选举产生了学会第三届理事会理事、常务理事以及理事会领导成员，顺利完成了换届工作；二是经过努力基本完成了山东和晋冀鲁豫两套《革命根据地货币史》的资料收集任务，为这两套丛书的编撰打下基础。

（姜国强）

【后勤服务工作】 2004年，人行济南分行后勤服务部门全面推行规范化的管理与服务，较好地实现了后勤服务保障任务。

一、完善制度建设，提高管理与服务水平。2004年，人行济南分行后勤服务部门一是对以前的所有制度、办法进行了完善和补充；二是建立了各个岗位的管理制度和岗位责任制，对工作事项实施规范操作；三是建立了后勤办公制度，健全了物业公司的制度和规范；四是修订出台了机关《车辆管理使用暂行办法》、《医疗费包干使用管理办法》、《办公用品包干使用暂行办法》、《出入证件管理暂行办法》等，整理编写了《机关管理制度选编》；五是健全了资产管理制度，健全了固定资产管理组织，有效地防止了资产流失和浪费；六是不断完善行政管理制度，对分行办公大楼安全、用电安全、各种设备运行、出入证件、值班、消防、卫生、机关及宿舍食堂、设施设备维修、宿舍管理等进行了规范，创造了良好的安全环境。

二、加强财务管理、监督。2004年，人行济南分行后勤服务部门一是严格执行会计法则和财务制度，下发了《关于重申出差乘坐交通工具标准的通知》，加强了对费用报销的审核；二是建立了机关财务核算程序网络版账务处理；三是制订了《财务监督暂行办法》，对所属财务单位派驻财务总监并进行定期检查审计；四是规范了对移动通讯费用的管理，对由单位缴费的个人住宅电话进行了清理、过户，加强了对办公电话费用的控制；五是做好了提高公积金缴存积数和比例等工作。全年发生业务1.3万余笔，支出近亿元，未出差错。

三、做好日常服务工作管理。2004年，人行济南分行后勤服务部门一是建立了对临时性用工的日常考核和管理制度，与150个临时性用工签订了劳动用工合同，规范了管理；二是实行了会议、接待的事前审批和预决算审批制度，严格了会议及公务接待地点、范围和费用标准。全年承办总行会议11个，安排分行大型会议20个，接待来宾1500多人；三是完善了车辆管理使用的一系列制度，实现了对车辆变动、使用审批、维修、油料消耗、停车费、道路交通费、安全奖罚等有关事项的计算机程序化管理；四是完善文印制度和耗品的管理，提高了文件的时效性，降低了文印成本；五是规范了物业公司的服务行为，提高了物业服务水平；六是注重员工的业务和技能培训，分行培训中心的管理与服务水平全面提高，并获得分行“青年文明号”光荣称号。

四、全方位做好后勤工作。2004年，人行济南分行后勤服务部门一是按照与银监局的分设协议，全面落实了与后勤有关的分设事项；二是对分行机关的土地、房产进行了全面摸底，对机关的宿舍房源进行了清理，对集体宿舍进行了调整，收回了外单位人员租住的分行宿舍；三是对机关的固定资产、电子设备等进行了全面清查，完善了档案；四是银监局搬迁后，对机关的空闲办公用房进行了合理分配，做好了营业管理部搬入机关办公的有关工作；五是做好了机关办公大楼设施设备等保修期到期后的接收工作；六是实现了机关餐厅与宿舍食堂的账务分设，增加了机关早餐；七是建立了分行机关移动通讯智能网，节省了公务通讯和个人通讯电话费用。对银监局搬迁后近200部电话号码进行了处理，解决了300多部不在岔路街宿舍区职工及亲属的住宅电话与行内虚拟网电话联网，办理手机人智能网千余部；八是解决了机关餐厅就餐卡与宿舍食堂通用问题，方便了职工就餐；九是重新制作了分行干部职工工作证，更换了处级干部办公桌椅和各办公室饮用水；十是做好了日照培训中心收归分行管理和清产核资等工作。

（屈　波）

【金融大事记】　1月6日　人行济南分行印发《〈人行济南分行金融年鉴〉（2004年卷）编辑细则》（试行）的通知。

2月23日　人行济南分行白世春行长参加山东省金融工作座谈会，并就2003年全省金融工作和2004年的工作措施做了汇报发言。山东省政府林廷生常务副省长主持了会议，山东省委张高丽书记、省政府韩寓群省长出席会议并做重要讲话。各金融机构主要负责人参加了会议。

2月25日　人行济南分行举办了新银行法法律知识讲座。讲座由人行济南分行行长白世春主持，总行条法司司长陈小云主讲，分行行领导、各中心支行行长和办公室主任、分行机关全体干部参加了学习。

2月25日～26日　人行济南分行2004年工作会议在济南召开，分行党委书记、行长白世春在会上做了重要讲话。分行党委成员、分行机关各处室、辖内各中心支行、营业管理部主要负责同志参加会议。会议传达贯彻了全国银行、证券、保险工作会议和人行工作会议精神，回顾总结了2003年全辖人行工作，研究部署2004年的各项工作任务和措施。

2月28日～29日　外管局山东省分局在济南召开2004年工作会议，会议由人行济南分行副行长高士敏主持，分行行长、外管局山东省分局局长白世春做重要讲话。分行副行长、外管局山东省分局副局长门晓波传达了全国外汇管理工作会议精神，辖内各市分支局分管局长及外管科（处）长参加了会议。

3月1日　人行济南分行研究制定了《山东省农村信用社改革试点资金支持方案实施细则》。

3月4日　人行济南分行在济南金融干部培训中心举办了“内联网升级扩容二期工程技术培训班”。各中支网络科技人员参加了培训。

3月15日～27日　人行济南分行在济南金融干部培训中心举办了“NET软件开发工具”培训班。山东辖内各中支科技人员参加了培训。

3月19日　人行济南分行会同山东省发展计划委员会联合召开山东省产业政策与信贷政策发布会。会上，人行济南分行行长白世春和山东省发展计划委员会主任倪永康做了重要讲话。20家驻鲁金融机构和有关企业负责人参加了会议。

3月24日　外管局山东省分局外汇检查工作会议在潍坊召开，外管局山东省分局门晓波副局长做重要讲话。

4月9日～10日　人行济南分行（山东）国库工作会议在济南金融干部培训中心召开。分行副行长于华民参加会议并做重要讲话。会议学习传达了全国国库工作会议，总结回顾了2003年国库工作，并对2004年工作做了安排和部署。

辖内各中支、分行营业管理部国库科（处）长参加了会议。

4月12日　人行济南分行组织召开山东省一季度金融形势分析会。部分商业银行汇报本年度以来的信贷投放和业务经营情况，面临的问题及二季度的工作目标。白世春行长通报山东省一季度经济金融形势。山东省委常委、常务副省长林廷生出席会议，并做重要讲话，政策性银行、国有商业银行各山东省分行、股份制商业银行各省级管辖行以及山东省农联社筹备组负责人及山东省银监局有关部门负责人参加了会议。

4月13日　人行济南分行白世春行长参加山东省政府召开的经济形势分析会。

4月15日　人行济南分行白世春行长赴上海参加外汇交易中心成立十周年庆典暨中国货币市场论坛。

4月20日　山东省人民政府、人行济南分行联合召开了"突破菏泽银企合作项目洽谈会"。

5月11日　中共人行济南分行委员会转发总行党委决定：任命李建文为人行济南分行党委委员、人行济南分行纪委书记。

5月13日~14日　人行济南分行召开货币金银暨安全保卫工作会议。分行行长白世春参加了会议并做了重要讲话。会上，传达了总行货币金银工作会议和安全保卫暨社会治安综合治理表彰会精神。回顾了两年来山东省货币金银和保卫工作情况，并对2004年货币金银和保卫工作的主要任务和工作重点做了部署。王敏副行长主持了会议。(山东省)各中心支行分管行长、货币金银和保卫部门负责人及分行有关处室人员参加了会议。

5月14日　人行济南分行和聊城市政府邀请驻鲁各金融机构和有关企业，在聊城市召开山东省金融系统诚信聊城与银企合作发展座谈会。

5月15日　人行济南分行白世春行长参加了山东省农村信用社联合社创立大会暨首届社员大会第一次会议并讲话。

6月1日　人行济南分行制定了《银行业金融机构向人民币发行库存取现金管理办法（试行）的通知》。

6月6日~25日　人行济南分行组成了由分管行领导为组长、货币金银、内审、会计、人事、保卫部门负责人为成员的"货币发行业务现场检查领导小组"，并抽调中心支行部分业务骨干，组成6个检查组，对山东省17个中支的货币发行业务进行了一次全面的大检查。

6月8日　中共人行济南分行委员会转发总行党委决定：任命杨子强为人行济南分行党委书记，免去其人行郑州中支党委书记职务；免去白世春的人行济南分行党委书记职务。任命计承江为人行济南分行党委委员、人行郑州中支党委书记。

人行济南分行转发人行总行决定：任命杨子强为人行济南分行行长兼外管局山东省分局局长，免去其人行郑州中支行长、外管局河南省分局局长职务；免去白世春的人行济南分行行长、外管局山东省分局局长职务。

6月9日　外管局山东省分局制定了《进口付汇核销管理内控制度》。

人行济南分行召开山东省省级商业银行会计结算处长联席会议。会上通报了"全国支付结算工作会议"精神，安排了近期支付结算工作，部署了反洗钱专项检查和银行结算账户大检查的具体事项。各商业银行分别汇报了近期支付结算工作，并对人行的支付结算管理工作提供了建议。

6月11日　人行济南分行杨子强行长参加山东省政府召开的经济形势分析座谈会。

6月15日　人行济南分行印发《货币政策分析工作制度》的通知。

6月23日　人行济南分行召开货币信贷政策通报会。会议由分行王敏副行长主持，山东省经贸委副主任郑兴业、分行行长杨子强分别做了重要讲话。山东省监管局、各政策性银行、各国有独资商业银行、各股份制商业银行山东省省级管辖行、恒生银行、山东省农村信用联社有关部门负责人参加了会议。

6月29日　人行济南分行组织召开了山东省银行机构征信体系建设联席会议，王敏副行长到会讲话。会上通报了人行总行征信管理工作会议精神和银行信贷登记咨询系统运行现状，提出了山东省征信体系建设规划以及当前的主要工作任务和要求，听取了各银行机构的征信体系建设和人行征信管理工作的意见。国家开发银行、农业发展银行、工商银行、农业银行、中国银行、建设银行山东省分行，各股份商业银行山东省省级管辖行，各城市商业银行以及山东省农村信用联社等金融机构的主管领导或负责人参加了会议。

7月2日　人行济南分行印发《残损人民币销毁管理办法实施细则》。

7月7日~9日　人行济南分行在青岛召开了中心支行行长会议，传达贯彻了全国人民银行分支行行长会议精神，总结回顾了上半年的主要工作，研究部署了下半年各项工作任务和措施。行长杨子强在会上做了重要讲话。分行各级行领导，分行机关各处室、人行各中支、分行营业管理部主要负责同志参加了会议。

7月18日~20日　人行济南分行王敏副行长陪同国务院反假货币联席会议督导组，督促指导威海、烟台两市的"人民币反假宣传周活动"。

7月22日　人行济南分行印发《山东省省级银行业金融机构金融统计工作考核评比办法》的通知。

7月26日　人行济南分行杨子强行长陪同总行苏宁副行长在人行青岛中支调研。

7月27日~28日　人行济南分行召开了第一次征信管理工作会议暨银行信贷登记咨询系统数据分析培训班。王敏副行长到会并讲话。辖内各中支、分行营业管理部分管领导、调统部门负责人、信贷登记工作人员以及分行机关有关处室人员参加了会议。

7月28日 人行济南分行杨子强行长参加潍坊银企合作促进会并做重要讲话。

8月2日～4日 人行济南分行调查统计工作会议在济南召开。会议贯彻了总行调查统计工作会议精神，全面总结了2003年全省调查统计工作，并对下半年调查统计工作任务进行了研究安排。分行副行长李亚新到会并讲话。各中心支行、分行营业管理部分管行长、科（处）长及分行有关人员参加了会议。

8月16日 人行济南分行杨子强行长出席分行和德州市政府联合召开的德州促进公有制经济发展银企垦谈会，并做重要讲话。

8月17日 人行济南分行工会和科技处组织了科技专业技术竞赛。

8月20日 外管局山东省分局制定《境外承包工程外汇收支管理办法》。

8月25日～26日 人行济南分行杨子强行长出席新乡市政府与该行联合召开的河南省金企合作新乡洽谈会并做重要讲话。

9月6日 人行济南分行印发《人民币发行库检查办法实施细则》的通知。

人行济南分行印发《关于进一步加大金融支持力度促进民营经济发展的指导意见》的通知。

9月7日 人行济南分行印发《关于支持山东省县域经济加快发展的信贷指导意见》的通知。

9月21日～22日 外管局山东省分局杨子强局长、门晓波副局长参加外管局全国外汇形势分析座谈会。

9月22日 人行济南分行杨子强行长陪同人行总行副行长、外管局副局长郭树清一行到分行机关视察指导工作。

中共人行济南分行委员会印发《关于加强人民银行县（市）支行监督管理机制建设的试点方案》的通知。

9月23日 人行济南分行印发《发行库管理办法实施细则》的通知。

人行济南分行印发《人民币发行库达标升级办法实施细则》的通知。

9月24日 人行济南分行杨子强行长出席洛阳银企合作洽谈会。

9月27日～28日 人行济南分行召开山东省事后监督工作座谈会。

9月29日 中共人行济南分行委员会印发《杨子强、李建文同志在人民银行济南分行县（市）支行监督管理机制建设试点工作会议上的讲话的通知》。

10月13日 人行济南分行杨子强行长参加山东省政府全体（扩大）会议。

10月28日 人行济南分行杨子强行长陪同总行吴晓灵副行长参加中国重汽改革重组发展成果汇报和中国重汽改革重组发展研讨会。

10月30日 中共人行济南分行委员会印发《杨子强同志在济南分行纪检监察领导干部培训班上的讲话》的通知。

11月1日 人行济南分行印发《年度绩效考核及绩效工资管理暂行办法》的通知。

11月9日～10日 人行济南分行召开辖区中支行长座谈会，行长杨子强做了重要讲话。

11月18日 人行济南分行印发《主管行长国库业务监督检查办法》的通知。

12月6日 人行济南分行印发《农村信用社改革试点专项中央银行票据考核操作意见》的通知。

12月7日 人行济南分行印发《中央银行会计集中核算系统切换应急处理方案实施细则》的通知。

12月20日 人行济南分行杨子强行长出席山东省金融学会第六届会员代表大会并做重要讲话。

12月28日 人行济南分行印发《关于2004年度中心支行、分行营业部绩效考核情况的通报》。

12月29日 人行济南分行公布2004年度“金融统计信得过单位”评选通报。

（李　玲）

国家外汇管理局山东省分局

【综述】 2004年，国家外汇管理局山东省分局（以下简称“外管局山东省分局”）积极贯彻落实各项外汇管理政策措施，以加强外汇资金流入监管为重点，创新监管方式，优化外汇管理政策环境，便利对外贸易和投资活动，促进了全省涉外经济的健康稳定发展。

一、涉外收入、支出和顺差规模进一步扩大。2004年，山东省涉外收支累计590.98亿美元，同比增长38%，涉外收支总量占全省地区生产总值的35%左右，比上年提高了7个百分点。国际收支涉外收入累计369.61亿美元，增长37.63%，涉外支出221.37亿美元，增长38.20%；顺差148.24亿美元，增长37.83%。

二、资本与金融项目收支增长较快。2004年，山东省资本和金融项目收入51.87亿美元，同比增长66%；支出20.28亿美元，增长116.84%；顺差31.59亿美元，增长39.35%。利用外资大幅上升。截至年末，全省直接投资流入20.69亿美元，增长42.14%；流出1.82亿美元，增长

109.71%；净流入18.87亿美元，增长37.84%。

三、经常项目外汇收支平稳增长。2004年，山东省经常项目收支总量达到518.83亿美元，占国际收支总量的87.8%。其中，经常项目外汇收入317.74亿美元，同比增长34.33%；支出201.09亿美元，增长33.33%；顺差116.65亿美元，增长37.41%。据海关统计，全省贸易出口累计350亿美元，同比增长35%；进口累计250亿美元，增长40%。

四、银行结售汇顺差扩大。2004年，山东省银行结汇累计289.39亿美元，同比增长33.1%；售汇累计129.77亿美元，增长38.27%；结售汇顺差159.62亿美元，增长29.16%。当年贸易结汇收入、售汇支出和贸易结售汇顺差分别占结汇收入、售汇支出和结售汇顺差总额的86.05%、81.31%和90%。其中，贸易顺差的加大是结售汇顺差扩大的主要原因。

【山东省外汇市场、货币市场】 2004年，外管局山东省分局确保安全，积极引导，“两大市场”平稳运行。年内，该局一是完成了两大市场网络升级改造工作，及时排除技术故障，确保了网络畅通；二是认真做好市场统计分析工作，结合运行情况及时开展调查，促进市场健康发展；三是组织恒丰银行、日照商行等新入市会员进行培训，及时为其进行远程网络设备的配置调试，保证了会员及时交易。1～12月份，分行银行间人民币市场交易量16307.57亿元，山东省银行间外汇市场交易量折合美元10.02亿元。

【外汇检查】 2004年，外管局山东省分行依法查处外汇违法违规行为，维护外汇市场秩序。重点做了以下工作：

一、开展外汇反洗钱专项检查。2004年，为规范金融机构大额、可疑外汇资金交易报告行为，该局组织开展了对37家金融机构执行人行2003年1号令和3号令情况的专项检查，对违规问题依法进行了处罚。检查规范了金融机构业务操作，大额、可疑外汇资金交易报告率由不足70%提高到98%以上。

二、完善大额和异常外汇资金交易信息的分析处理机制，提高反洗钱工作水平。2004年，该局贯彻落实《金融机构大额和可疑外汇资金交易报告管理办法实施细则》，制定相关操作规程，健全外汇反洗钱工作机制，提高对大额和可疑外汇资金交易报告的筛选和分析水平，加大核查力度。

三、根据辖区不同种类大额外汇收支的异常变化情况，有针对性地开展专项检查。2004年，该局先后组织开展了对外贸公司、外商投资企业、房地产公司、海洋运输公司、国际承包工程公司和劳务公司外汇收支业务的专项检查，摸清了外汇收支异常变化的深层次原因，规范了企业外汇业务经营行为。

四、配合总局做好相关案件的处理工作。2004年，该局一是在“7.29”专案的取证和该公司违法违规认定方面做了大量的工作，取得了良好的社会舆论效应；二是加强部门协作，完成了外管总局交办的大额可疑人民币资金流向的专项调查分析，并及时专题上报总局。

五、加强与公安、海关等部门的联系，及时沟通涉汇案件信息，形成联合办案机制。2004年，该局督促指导有关分支局加大了对大案要案的查处力度。2003年12月至2004年11月末，山东省外汇检查共计立案99起，涉案金额7037.64万美元，已收缴罚没款121.3万元人民币，本期收缴率93.74%。

【资本项目外汇管理】 2004年，外管局山东省分局资本项目外汇管理部门不断适应新形势的需要，进一步完善内控制度建设，努力提高管理工作质量，严格执行各项法规政策，较好的完成了工作任务。

全年全省资本项目收入86.38亿美元，同比增加41.6%。其中，外商直接投资流入27.20亿美元，增长37.5%；直接外债和外债转贷款流入54.19亿美元，增加47.3%；境外股票上市募集外汇资金4.99亿美元，增加16%。资本项目外汇支出50.46亿美元，增长79.9%。其中，直接外债和外债转贷款还本付息49.75亿美元，增长80.6%；境外上市外资股公司支付境外发股费用1699万美元，减少20.3%；境外投资资金汇出3592万美元，增加238.9%；外方先行收回投资、清算减资、转股外方所得资金等汇出1771万美元，减少0.7%。当年全省资本项目外汇收支顺差35.92亿美元，增加9%。

全年全省资本项下结汇32.36亿美元，增加146.1%。其中，外商直接投资结汇23.92亿美元，增加234.1%；境外上市募集资金调回境内结汇2.13亿美元，减少19.0%；外债结汇5.76亿美元，增加80.6%；外债转贷款结汇5472万美元，增加215%。全年全省售汇16.84亿美元，增加60.7%。其中，外商投资企业外方清算、减资、转股所得资金及先行收回投资购汇589万美元，减少52.8%；购汇汇出境外投资资本金491万美元，减少9.7%；购汇偿还外债本息2.69亿美元，增加74.7%；购汇偿还外债转贷款本息2.74亿美元，增加52.2%；购汇偿还国内自营外汇贷款11.30亿美元，增加62.4%。当年全省资本项目外汇结售汇顺差15.52亿美元，增加481.3%。

一、不断适应新形式，加强信息调研工作。2004年，该局一是制定并下发了《关于完善资本项目监测月报制度的通知》，对重点监测月报的形式、内容进行了进一步规范，强化了对资本项目外汇动态的监管与信息反馈；二是制定并下发了《2004年资本项目外汇信息调研参考提纲》，要求各市中心支局积极对当前外债管理问题特别是外商投资企业股东贷款问题和控制短期外债问题、对胶东半岛韩资企业投资问题、对中外方之间股权转让问题，对外商投资验资询证问题、对人民币利润再投资及各种转增资本问题、境外投资问题、对新政策实施效果问题、对资本项目账户监管问题及对跨国公司和大型企业集团外汇资金运作问题等方面进行研究。

二、积极进行管理方式创新与改革，提高监管效率。2004年，该局一是初步试行了贸易融资统计监测制度。与外管局济宁市中支共同制订了《济宁市预收货款、延期付款统计监测管理试行办法》，从7月1日开始试行；二是试点进行资本金账户网上审批制度。与外管局东营市中支联合开发了《外商投资企业外汇登记及资本金账户网上审批系统》，利用人行与商业银行间现有网络，设立独立服务器；建立以网站浏览模式的外汇资本金账户监管体系，并在东营、济宁、枣庄市部分外汇指定银行试运行；三是对符合有关条件、近两年无重大违规的外汇指定银行，授权其自行办理资本金结汇业务。年内，批准建行、农行莱芜市分行自行办理资本金结汇业务；四是部分中心支局各自建立了管理制度，如外管局潍坊市中支建立了外汇政策执行情况回访制度。

三、加强内部管理，重新修改完善内控制度。2004年，该局一是对上年制定的资本项目外汇管理《岗位职责》、《业务审批制度》、《日常管理工作制度》、《统计监测制度》、《业务内控制度监督检查制度》五项内控制度进行了修改；二是通过严格执行操作规程、建立严格的内控制度和实行权限管理等措施，严把资本项目外汇业务登记和事前审核、审批关，从内部防范外汇风险；三是制定了《工作规范化管理办法》，进一步加强了资本项目外汇管理工作的规范化。

四、认真执行政策法规，进一步增强服务意识。2004年，该局一是进一步推动国有和国有控股大中型企业外债风险管理及结构调整工作，继续帮助企业做好债务置换工作；二是认真做好境外投资汇回利润保证金的退还工作，对于无法退还给企业的部分，及时上划外管总局指定账户；三是继续大力支持企业“走出去”。首先，加快了审批时间一般只要企业提供的材料齐全当天办理完毕业务。其次，针对企业和支局存在的上报材料不全、不规范等情况制定了统一的标准格式和目录下发给有关支局，一次完成上报材料。

五、日常工作情况。2004年，该局一是做好外商投资企业联合年检工作，全省共对12303家外商投资企业进行了外汇年检，参检率为95.92%；二是修改完善了《外汇收支情况表》的汇总程序，并在全国推广使用；三是做好境外投资企业联合年检工作，共对全省131家境外投资企业进行了年检，协议总投资3.29亿美元，中方投资总额2.53亿美元，实际投资1.64亿美元；四是对部分市地被授权自行办理资本金结汇业务的银行进行检查，并对全省检查情况进行通报；五是完成了对全省2003年度外债管理业务的有关情况的全面检查；六是落实中国进出口银行政府转贷款购汇还贷问题，将涉及山东省的6个项目的情况上报外管总局资本司，并有效解决了进出口行在山东省的政府转贷款购汇还贷问题；七是做好外资外汇登记和验资询证工作，加大对验资询证资料的审核认定工作力度，严密防范虚假验资行为发生；八是对辖内外商投资企业外方股东贷款有关情况进行了调查。

【经常项目外汇管理】 2004年，外管局山东省分局经常项目外汇管理部门围绕着“制度到位，监管到位，服务到位”的工作目标开展工作，取得了一定成绩。全省开立经常项目外汇账户18608个，新增4803户，核定账户限额46.1亿美元，账户余额9.36亿美元。新增资本项目外汇账户3197个，账户余额3.05亿美元。

一、强化服务，转变模式，做好进出口核销监管工作。2004年，该局办理进出口核销业务约151.75万笔，金额达504.19亿美元，同比增长39.46%。一是完善出口收汇分类核销办法，扩大自动核销企业范围，新批27家出口收汇“自动核销”企业；二是在全国率先试行货到汇款项下进口付汇同步核报制度，该制度已于9月1日起在全国推广实施；三是做好全省1.5万家进出口企业的季度考评和年度考核工作；四是针对加工贸易业务自动核销难的问题，制定可行的操作方案，保证了该项业务的开展；五是强化重要空白凭证管理，针对外省企业倒卖核销单问题，对全省1.5万家企业已发未用的核销单逐单进行核查；六是针对银行出具“出口收汇核销专用联”不规范的问题组织了专项检查；七是采取分阶段限时清理措施，集中清理逾期未核销业务。截至年末，共清理逾期30亿多美元。

二、严格要求，优化监管手段，推进外汇账户管理改革。2004年，该局一是本着“灵活调度，适度满足，支持发展”的原则，及时对账户限额进行重新核定；二是对1.8万个账户的外汇收支数据进行了全面核对，及时清除了错误信息，保证了账户收、支、余准确无误；三是改进“外汇账户网上审批系统”功能，强化了网上审批业务风险控制环节，实现了监管向银行前台的延伸；四是坚持外汇账户季度分析制度，做到了对账户资金流量和存量的及时分析。

三、落实政策，规范管理，提高非贸易外汇监管水平。2004年，该局一是认真执行外管总局关于居民、非居民、外币旅行支票、跨国公司非贸易售付汇等8项调整政策，简化手续，及时满足企业及居民个人用汇需要；二是针对境外承包工程业务监管难的问题，深入7个地市15个大型企业进行实地调查，并召集企业、银行、外管局三方会议，经全面分析，制定了对外承包工程外汇业务管理《办法》及《操作规程》上报外管总局，填补了监管空白；三是针对近年来非贸易资金流入持续增加的现状，对自2001年以来的资金流进行了纵向和横向对比，及时监管预警；四是先后组织了济南商行、交行和光大等三家银行因私购汇业务培训，进行了网点验收。

四、把握尺度，监管到位，促进保险外汇市场发展。2004年，该局一是严把市场准入关，严格审核程序，新批7

家保险机构经营外汇业务。截至12月末，全省共核准30家保险机构经营外汇业务；二是对保险外汇监管风险点进行评估，帮助外管总局起草了《保险业务外汇管理内控制度》；三是就外汇保险小额保费的标准、手续，跨境外汇保险、境内外汇再保险等问题深入调研，提出了解决方案，杜绝监管盲区；四是组织开展保险外汇合规性检查，对违规行为要求相关机构限期整改，进一步规范了保险外汇经营行为。

五、合理布置，扎实工作，全面贯彻总局各项政策调整。2004年，该局一是积极利用媒体、宣传手册等多种方式进行广泛政策宣传；二是组织外管局、银行、保险公司及企业政策法规培训班15期，培训人员近1700人次；三是继续推行现场办公、企业——外管局联系手册等制度，就政策实施中的难点、疑点重点予以解答，配合实施节假日预约服务制度等多项新措施加快政策落实；四是密切跟踪政策执行效果，组织大型银企座谈会11次，派出调查小组深入市地广泛听取意见，对发现的问题及时反馈，确保各项政策贯彻落实到位。

六、夯实制度基础，强化制约机制，进一步规范内部管理。2004年，该局一是加强风险点管理，对差额核销、差额备查、超比例佣金审核等风险点进行了排查，指定专人负责，明确了责任；二是落实内部检查制度，做到了每项业务双人办理，交叉复核，做到了分管处长月度检查，处长季度检查，发现问题及时纠正；三是对36大类100多种业务操作规程重新进行了修订和完善，做到了有章可循。

七、突出调研为决策服务，促进经常项目外汇监管上水平。2004年，围绕规范业务开展、提升监管水平，密切关注工作中出现的新情况、新问题，该局先后组织对个人特殊贸易方式、出口换汇成本、预收货款预付货款、非居民个人外汇收支、贸易融资监管、外汇账户政策执行情况、保险外汇监管、境外加工贸易出口转销外汇收支监管、非贸易外汇资金流入、加工贸易监管进行调研等10个课题进行了专题调研，全年编发《经常项目信息与调研》90期，上报各类信息调研材料200多篇，被外管总局各类刊物采用57篇。

【国际收支统计】 2004年，外管局山东省分局提高国际收支申报质量，强化国际收支分析。当年收支申报率均达到100%，数据质量稳步提高。

一、增强金融机构申报意识，规范统计申报行为。2004年，该局一是利用核查软件每日对申报数据进行非现场核查，及时发现和纠正错误信息；二是落实责任，对发现的问题按月考核通报，限期整改；三是组织编写了《国际收支申报实用手册》，将外管总局下发的上百个文件进行统一梳理、归类，方便了柜台人员查阅和掌握有关规定。

二、强化现场核查效果。2004年，该局一是采取非现场核查和现场核查相结合、电子核查与纸质核查相结合的方法，提高核查效率；二是督促各分支局按季度根据非现场核查发现的问题，有重点有选择地开展现场核查工作；三是重点组织了对工商银行系统34个分支机构和部分股份制商业银行的现场核查，对问题较多的银行进行处罚，起到了很好的警示作用。

三、整合内部统计资源，实现国际收支数据利用共享。2004年，该局一是在工作中注意将外汇管理业务统计系统的数据与国际收支申报统计系统的数据进行关联，验证国际收支统计申报信息的准确性；二是制定了《国际收支数据共享制度》，实现了统计资源的共享。

四、加强国际收支分析。2004年，该局一是建立了国际收支月度分析制度，利用趋势分析与样本分析相结合、整体分析与具体分析相结合的方法，提高分析工作层次；二是加强出口换汇成本分析，为决策提供数据信息支持。当年，国际收支分析成为局领导重点关注的工作之一，同时还列为全省经济金融形势分析会的重要内容之一。

（外管局山东省分局）

中国银行业监督管理委员会山东监管局

【第一负责人简介】 王进诚，男，1952年9月出生，山东即墨人，高级经济师、硕士生导师。1994年7月取得天津大学管理学院管理工程专业硕士学位。长期在人民银行山东省分行及济南分行、山东银监局从事金融监管、货币政策和金融研究及管理工作。现任山东银监局党委书记、局长。先后主编出版学术著作6部，在国家级以上刊物发表理论研究文章十余篇，主持、承担（完成）省部级及省金融学会重点科研项目二十多项，多次荣获国家级、省部级奖项。

【综述】 2004年，中国银行业监督管理委员会山东监管局（以下简称“山东银监局”）认真落实“四四六”的监管新理念①，确立并坚持“一二三四”的总体工作思路②，以提高风险监管能力为核心，认真贯彻落实国家宏观调控政策，稳步推进银行业深化改革，积极开展监管运行机制、监管方式和手段创新，努力防范和化解辖区金融风险，不断提高依法监管、依法行政水平，各项工作取得较好成效。

一、全面积极准确贯彻宏观调控政策。2004年，山东银监局一是加快政策传导，强化调查研究和窗口指导；二是合理把握监管力度与节奏；三是积极推动贷款方式创新。指导金融机构探索了三种新的信贷运作方式：对新的大型项目实行银团贷款，指导四家国有银行分别牵头一个项目，防止商业银行间无序竞争、风险加大。对处于风险边缘的"亚健康"企业实行"俱乐部"贷款，由各贷款银行联合管理，支持企业发展，增强对企业的约束。对出现风险的企业，实行"债权团"管理；三是注重解决中小、民营企业融资难问题。把缓解其资金困难的着力点放在发挥中小银行的作用上。

二、坚持把降低不良贷款作为化解金融风险的主攻方向，资产质量显著改善。2004年，山东银监局一是实行双向考核。对商业银行双降工作实行监测考核，同时将监管对象的年度双降目标完成情况纳入对各监管处、分局的监管绩效考核，调动了商业银行和监管人员两个方面的积极性，形成了工作合力；二是在真实性的基础上增强拨备的刚性约束。按照提高五级分类的真实性、准确性要求，实行"按月监测、按季考核"的办法，督促商业银行足额拨备，提高拨备覆盖率；三是对不良贷款不降反升、新增不良贷款余额较多的机构实施特别监管，采取约见谈话、定期汇报、限制市场准入、跟踪监控等强化措施，加大监管压力，促进不良贷款压降工作。

三、推动农信社深化改革工作取得阶段性成果。2004年，山东银监局着力抓好改革的具体组织实施工作，推动全省农信社顺利完成了清产核资、票据发行、增资扩股等基础工作。一是按照股权结构多样化、投资主体多元化的要求，新增扩股金78亿元，股金增幅达84%，农信社的抗风险能力明显增强；二是将国家税收优惠政策落实到位；三是拨补保值储蓄贴补利息4.89亿元。当年成立了省联社和14个市办事处，两家农村合作银行正式开业，另有一家获准筹建。同时，一级法人社的改革工作也全面展开，批准筹建一级法人社30家。

四、实施适时分类监管，中小金融机构内控和抵御风险的能力有所增强。2004年，山东银监局一是把健全地方法人机构的公司治理作为加强内控、加强风险管理的根本措施。全年完成了7家城商行和3家城信社的董事会、监事会换届工作；二是试行分类监管，重点防范。对地方性法人机构进行风险评级，并依据风险评级结果，对城商行、城信社和农信社实施分类监管；三是加大对地方法人机构的检查力度，对23家中小金融机构进行了现场检查，检查中发现了一些案件线索，及时处理了重大违规问题；四是与各级政府充分沟通协调，形成支持合力。定期向政府通报监管情况，及时向政府反馈现场检查结果，充分发挥地方政府在中小金融机构增资扩股、规范法人治理、防范金融风险和案件查处等方面的作用。协调地方政府置换城商行、城信社不良资产，极大地改善了部分机构的经营状况。

五、落实责任，强化措施，审慎监管工作成效明显。2004年，山东银监局一是现场检查成效显著。全年开展了31个现场检查项目，共查出违规业务金额335.14亿元；二是非现场监管的作用进一步发挥。全年共对各类金融机构下达《非现场监管意见书》14份、《监管提示》30份、《关注事项》38份，提出有针对性的监管建议100余条，引起了被监管单位的高度重视，消除了风险隐患；三是市场准入质量有所提高。在机构管理方面，按照"资本约束、双人配备、合理布局、滚动监管"的原则，共批准新设机构9家，机构迁址263家，撤并机构452家。在高管人员任职资格管理方面，重点加强了绩效考核与动态管理，进一步完善了高管人员年度考核机制，建立了不良记录和"黑名单"制度，严格审查聘任期内恶意跳槽的高管人员。

六、监管新机制起步良好，运行效果初步显现。2004年，山东银监局按照制衡与激励相容的原则，探索建立了"管检交叉、查处分离、跟踪问责、科学考绩"的监管运行新机制。其中，"管检交叉"就是日常管理权和现场检查权适当分离和交叉；"查处分离"就是由政策法规部门统一负责行政处罚，检查部门只对检查事实负责；"跟踪问责"就是监察部门对监管工作进行全程监督；"科学考绩"就是建立全面完整的科学体系，实施年底考核，重点考核进步度。新机制试行一年来，总体效果初步显现：一是实现了一体化运作，现场检查的人员在全系统抽调，较好地解决了监管力量不足的问题；二是提高了现场检查质量；三是保证了执法的统一公正，较好地解决了以往行政处罚的随意性和尺度不统一的问题；四是防范了监管工作中的道德风险。

七、加强班子队伍建设，监管能力逐渐增强。2004年，山东银监局一是加强领导班子建设。坚持中心组学习制度，加强班子作风建设，对10个分局的领导班子进行了调整充实，建立了后备干部队伍；二是全面实施"121"人才成长工程。即：计划用3年时间，培养选拔100名左右业务全面、监管法规熟悉、组织管理能力强的现场检查主查人，200名左右精通信贷资金、财务会计、网络银行、国际结算等一项或多项银行业务、具有较强检查能力的专项检查人员，100名左右金融理论功底扎实、法律政策水平高、开拓创新意识强的金融风险分析和非现场监管人员；三是创新干部竞聘机制，进行机关副处长职位竞争选拔，实现了党委"用好的机制选拔优秀人才"的预期目标。

八、完善内部管理，落实各项支持，党建工作和基础工作得到加强。

（一）落实各项支持保障措施。2004年，山东银监局一是加快制度清理，统一规范业务操作规程；二是初步建立过渡时期的监管统计体系，规范清理了监管报表种类，实行了统计工作归口管理；三是开展了国家宏观调控在银行业实施效应、企业流动资金状况、新增不良贷款成因等专题调研，向银监会、省委省政府报送专题报告、监管要情等综合调研信息近200期；四是基本建立了局机关财务管理系统，构建起及时、准确、高效、透明的财务核算平台。

（二）以求真务实的精神推进党风廉政建设。2004年，山东银监局将党风廉政建设融入到新的监管运行机制中，以机制促落实，促进了监管质量的提高。10月份，银监会纪委对山东银监局党风廉政建设和执行“约法三章”[3]进行了检查，给予较高的评价，认为该局运用新的监管机制实现科学配置权力、规范制约权力，从根本上加强了党风廉政建设。

（三）积极推动文明创建工作。2004年，山东银监局把创建文明单位、争做文明员工作为精神文明建设的重点，通过文明创建为履行好监管职责提供重要保障和动力，被银监会确定为双文明建设试点单位。共青团、工会和女工委积极围绕中心工作，组织了机关运动会、各类球赛等丰富多样的文体活动，开展了创建青年文明号、举办青年论坛等学习实践活动，陶冶了员工情操，增强了团队精神。

（朱 贺）

【政策法规工作】 2004年，山东银监局紧紧围绕政策研究、法律服务和综合协调三个中心工作，积极履行监管政策协调、综合业务研究、行政处罚审查、法规制度建设、银行案件分析、同业协会管理、银行债权维护和法律事务咨询等八项主要职责，初步开拓了政策法规工作的新局面。

一、法规制度建设工作。2004年，山东银监局一是制定完成了《查处分离操作规程》、《行政处罚委员会章程》等多项制度办法；二是积极参与银监会的法规制度建设工作，参与了《监管强制措施实施办法》、《银行业突发事件处置制度》等20多个办法的起草和讨论工作；三是对《行政处罚办法》、《金融机构撤销条例》等10多个法律法规向银监会提出修改完善建议；四是积极配合银监会政策法规部进行制度评价活动，完成对银监会57个文件评价工作。

二、行政处罚审核工作。2004年，山东银监局按照监管运行新机制的要求，积极履行法律审核职责，通过参与现场检查材料的讨论，认真做好处罚项目的审核、提供法律意见、下发告知书和处罚决定书等工作。各项执法工作做到了程序规范、处罚适度、合法有效，促进了银行业金融机构依法经营。

三、法律事务及咨询宣传工作。2004年，山东银监局一是组织金融机构开展了“三法学习宣传月”活动；二是组织驻济22家金融机构召开了第一届银行业金融机构法律事务工作联席会议，明确了该联席会议的意义和职责，为银行业形成合力共同维护业内安全奠定了基础；三是积极做好法律咨询和服务工作，为各专业监管处室、各市分局以及银行业金融机构提供法律服务。

四、政策调研分析工作 。2004年，山东银监局法律事务部门承担主要调研课题16项。其中，《国家宏观调控政策在山东银行业实施效应的分析》调研报告2篇，被银监会监管工作信息专刊编发；针对该省户籍制度改革对个人消费贷款风险的影响形成的调研报告经银监会专刊编发，被中央办公厅采用；《认真贯彻实施〈许可法〉进一步提高银行监管执法水平》在银监会网站要闻导读栏目刊发。

五、案件防范与维权工作 。2004年，山东银监局一是成立了“打击侵害银行业违法犯罪工作联合办公室”，建立起了打击防范金融犯罪的联合机制，履行金融案件统计、分析和通报，协调查处跨行、跨地区重大金融案件等项职责。全年依法查处了多起案件，取得了打击银行业犯罪与防范金融风险，维护银行业稳定的双赢；二是按照银监会有关债权管理的部署，从人行济南分行接手山东省金融债权管理工作，本着边工作边建设的原则，草拟了该省《金融债权管理行长联席会制度》和《改制企业落实金融债权操作规程》，成立了金融债权管理办公室，完成了债权管理的框架制度设计，在委托银行业协会做好打击逃废债工作的同时，确保了企业金融债权确认工作的正常开展。

六、监管政策的综合协调工作。2004年，山东银监局一是配合政府做好宏观调控工作。在全省清理固定资产投资项目中，承担全省15850多个投资项目的信贷政策审核工作，历时3个多月，与省政府其他部门一起确定了不符合信贷、环保、土地等政策的项目453个（其中不符合信贷政策的项目209个），并上报国务院及其相关部门；二是与相关部门建立起正常联系机制，在助学贷款、打击色情网站、违规电站清理、平安山东建设等工作中，与省发改委、经贸委等多个部门建立了联合机制。

（王立春）

【政策性银行监管】 2004年，山东银监局更新监管理念，改进监管方式，创新监管手段，加大监管力度，有效促进了辖区政策性银行的持续、稳定、健康发展。

一、更新理念，理清思路，夯实监管工作基础。2004年，山东银监局一是提出了转变观念、创新方法、打实基础、依法监管、提高水平的工作思路；二是按照监管责任制的要求实行了岗位责任制，制定了一整套内部管理规章制度，促进了监管工作的制度化、规范化；三是对监管档案实行规范化管理，为监管工作开展提供信息支持。

二、创新方式，完善手段，提高监管工作水平。2004年，山东银监局一是建立月度分析和季度例会制度，对政策性银行的业务经营进行分析，通报其运行情况和监管部门的监管政策，针对存在问题和风险隐患，提出监管意见和整改建议督促整改；二是对开行山东省分行实施“派驻监管组”制度。通过监督管理谈话、业务信息系统查询、大额贷款和不良贷款专项监测等形式，推动了监管关口前移，实现了实时实地监管。

三、组织现场检查，查找风险隐患。2004年，山东银监局一是以落实宏观调控为中心，加大专项检查工作力度。对开行山东省分行部分行业贷款情况、在建和拟建项目固定资产贷款情况进行了检查；二是以风险监管为核心，加强全面序时检查。对开行山东省分行贷款五级分类实施情况和农发行山东省分行经营管理情况进行了全面检查。现场检查工作的有效开展，规范了两家政策性银行的经营，提高了其风险意识和管理水平。

四、强化非现场监管，提高风险预警能力。2004年，山东银监局一是规范基础资料报送工作，明确了资料报送的种类、形式和时间要求，要求两家政策性银行对资料报送实行归口管理；二是完善非现场监管监测指标分析体系，建立了大额授信监测制度和不良贷款、新发放贷款台账，进行持续动态跟踪监测；三是落实非现场监管目标责任，强化内部监督制约机制；四是将非现场监管与月度分析、季度通报制度紧密结合起来，对非现场监管中发现的问题及时进行风险预警；五是强化非现场监管对现场检查的指导作用，科学合理确定现场检查项目，加强了现场检查与非现场监管的协调配合。

五、规范市场准入，加强高管人员任职资格管理。2004年，山东银监局一是对行政许可事项和工作程序进行了全面的清理，制定了政策性银行行政许可事项操作规程；二是规范市场准入管理，完成1家机构的变更和3家机构的换证工作；三是严把高管人员任职资格准入关，核准4名高管人员的任职资格；四是组织对137名高管人员2003年度经营业绩进行了全面考核，并将考核结论向其上级行进行了综合反映。

六、有针对性地开展调研，促进监管工作的开展。2004年，山东银监局一是对政策性银行新开业务进行了调研，摸清了两行的业务开办情况；二是对开行山东省分行城建贷款和中小企业贷款进行了调研，针对存在问题和风险隐患提出了监管措施；三是对山东省粮棉油收购情况进行了调研，加强分析预测和窗口指导；四是对个别地市棉花企业逃废银行债务情况进行了调查落实，向银监会、省政府进行了专题反映。

（陈国卫）

【国有独资商业银行监管】 2004年，山东银监局不断加大监管力度，狠抓不良贷款双降和内控监管，促进国有商业银行稳健经营，取得了明显成效。

一、召开年度审慎监管会议。2004年，山东银监局分别召开了工行、农行和建行山东省分行的审慎监管会议，就被监管对象存在的风险问题，与其管理层面对面地交换了意见，提出了建议和要求，促进了国有商业银行的稳健经营。

二、加强监管制度建设。2004年，山东银监局一是围绕规范监管操作，制定了《国有及股份制商业银行市场准入操作规程》和《商业银行非现场监管操作规程》，对各类行政许可事项的审批权限、时限以及受理环节做了具体界定，对非现场监管涉及的各岗位及环节的权责和操作要求进行了充分的细化；二是围绕加强内控监管，制定了《商业银行分支机构内控质量评价办法》；三是为节约监管成本，制定了《国有银行重点监管办法（试行）》，规定了重点监管机构、地区、客户的确定条件、监管方法和应采取的措施。

三、加大非现场监管力度。2004年，山东银监局一是通过约见高级管理人员谈话、持续跟踪监督、实施重点监管等手段，狠抓不良贷款真实性；二是对部分机构授信向大集团客户集中趋势明显、票据业务发展异常等情况，及时发送风险提示书，促其进一步增强风险防范意识；三是改进非现场监管方式方法。在全面监管的同时，对集团客户贷款和大户不良贷款进行了重点监测，对5家机构进行了重点监管，促使1家机构的隐性不良贷款全部真实反映，1家机构清收不良贷款4216万元，4家出现不良贷款的客户有3家贷款较实施重点监测前风险有所化解。

四、认真组织开展现场检查。2004年，根据银监会统一部署，山东银监局先后组织开展了对重点行业和在建拟建固定资产项目贷款检查、内控和票据业务检查，对农行部分二级分行汽车消费贷款的检查，组织对2003年特别监管机构不良贷款压降真实性的检查和对4家国有商业银行二级分行的全面检查。全年累计检查支行级以上机构232个，涉及违规机构104个，违规金额169.19亿元，提出整改意见69条，建议处理责任人89人。

五、突出了内控监管。2004年，山东银监局一是在组织对部分国有商业银行分支机构开展全面检查的基础上，进行了内控质量试评价；二是组织召开了部分商业银行内控座谈会，国有商业银行参加了经验交流，促进了其内控意识的进一步增强；三是对现场检查发现的问题均认真分析了深层原因，有针对性地提出整改意见，向其各省分行进行了通报。

六、积极探索风险监管的新模式。2004年，山东银监局一是针对两家大型集团企业受宏观调控影响先后出现资金链条面临断裂、多家银行贷款存在巨大风险的问题，协调促成了债权行贷款俱乐部，建立了银行间对强势企业的协商合作机制，前移了风险监管关口，有效地防范了资金链条的断裂而可能形成的贷款风险；二是对于某集团企业因突发事件经营陷于困境使贷款面临巨大风险的问题，在跟踪关注事态发展的同时，组织对贷款情况进行了全面核查，督促有关债权行成立了银行债权委员会，制定了风险化解方案，在一定程度上缓解了贷款风险。

七、进一步规范了市场准入工作。2004年，山东银监局一是减少法外设限，简化程序，积极利用政策支持国有商业银行机构、体制改革；二是为进一步规范市场准入业务操作，对分局有关部门负责人、监管人员及国有商业银行有关人员40余人进行了培训；三是对高级管理人员管理坚持与日常监管和现场检查紧密结合，严把了准入关。全年核准高级管理人员任职资格50余人。

八、针对性地开展调查研究。2004年，山东银监局围绕国有商业银行机构扁平化和业务垂直化改革、信用等级评定情况、内部审计的作用以及授信业务管理等四个方面进行了重点调研，摸清了存在的问题和缺陷，为指导来年针对性地采取监管措施奠定了基础。

（张清林）

【股份制商业银行监管】 2004年，山东银监局围绕全面提高监管水平，加强风险管理，落实"双降"要求，促进股份制商业银行机构健康全面发展的总体思路，开展各项监管工作。

一、落实银监会有关制度办法，参与制定部门监管指导意见。2004年，山东银监局一是认真学习各项政策及监管规章、办法、制度并将之融入日常监管工作中；二是注意将有关政策、法规及时传导至股份制商业银行，督导其配合国家宏观调控，提高经营管理和风险控制水平；三是积极参与监管制度体系的建设，牵头起草、拟定了7项监管制度。

二、以分类监管原则推进机构准入工作，通过机构资源的合理配置，推进股份制商业银行发展。2004年，山东银监局一是根据辖内股份制商业银行经营管理水平和风险控制能力的差异，对其机构准入实施分类监管；二是针对股份制商业银行网点较少的情况，鼓励股份制商业银行设立离行式24小时自助银行服务。全年共批准2家分行开业，设立同城支行4家，设立离行式24小时自助银行服务28家；批准18家支行以下机构升格为分行，批准撤销2家支行。

三、严格高级管理人员任职资格审核，加强动态管理。2004年，山东银监局在规范高级管理人员任职资格审核的同时，进一步加强对其行为的动态管理。一是严把高级管理人员准入关；二是强化对高级管理人员任职期间的考核，对其个人品行、依法合规经营状况和经营业绩等方面进行全面考核和评价，增强高级管理人员的经营责任感和依法合规经营理念。

四、丰富非现场监管手段，提高非现场监管水平。2004年，山东银监局一是根据非现场监管发现的问题，对监管对象在经营发展、风险控制存在的问题，尤其是潜在风险进行了预警和跟踪；二是起草了《非现场监管信息报送制度》，完善了《股份制商业银行非现场监管规程》；三是对济南9家股份制商业银行从内部控制及管理状况、资产质量、盈利性、流动性等4个方面进行了风险评级；四是督促股份制商业银行切实做好贷款五级分类管理，严格执行审慎的贷款准备金制度；五是加强对辖内金融机构拨备提取的监测。

五、依据年初制定的目标，狠抓不良贷款"双降"工作。2004年，山东银监局一是建立不良贷款监测的长效机制；二是督促商业银行创新不良贷款处置方式，加大不良资产清收力度；三是切实加强对贷款质量的监测力度。

六、贯彻落实银监会的现场检查部署和山东银监局年初的现场检查工作计划，组织实施现场检查。2004年，山东银监局一是对深发行济南分行开展了序时现场检查；二是立项并组织人员参加对交行、民生济南分行的全面序时现场检查；三是根据银监会的统一部署，开展了对中信济南分行部分行业贷款和交行济南分行固定资产在建、拟建项目贷款情况的专项现场检查。

（朱　锋）

【城市商业银行、城市信用社监管】 2004年，山东银监局结合实际，勇于实践，大胆创新，积极审慎地开展了对城市商业银行和城市信用社的监管工作，取得了明显成效。

一、制定监管工作规划，实施目标监管。2004年，山东银监局根据辖内实际，制定了切实可行的监管工作计划和3年工作规划，分别确定了各城商行和城信社的改革和发展目标，并通报地方政府，共同督促落实。

二、风险处置工作取得明显成果。2004年，山东银监局推动多个地方政府采取置换剥离、注资核销或出资弥补的方式减少城商行不良贷款共16.46亿元。

三、启动风险预警机制。2004年，山东银监局分析预测城商行、城信社总体风险趋势，关注非信贷类资产的风险，提高资产质量与拨备覆盖率，对行社非信贷类资产风险及与证券公司等相关业务进行了风险预警。

四、深入开展现场检查。2004年，山东银监局对临沂市商行、泰安市城信社、枣庄市城信社进行了全面检查，对济南市商行进行了票据业务专项检查，对德州市城信社组建城商行的工作进行了专项检查验收，对烟台市商行进行了后续检查，并组织各银监分局开展了盈亏真实性、票据业务以及贷款五级分类的专项检查，有效规范了行社的经营行为。

五、推进贷款风险分类。2004年，山东银监局一是在辖内行社全面推广贷款五级风险分类，强化不良贷款监管；二是组织3期贷款"五级分类"专题培训班，培训监管人员和银行经营人员327人次，提高贷款分类准确性。

六、积极应对突发性风险，预防风险隐患。2004年，山东银监局平稳解决山东九九有限公司涉及的部分城信社和城商行风险问题，积极引导行社应对宏观调控影响，妥善处理了对某些企业集团的授信集中风险。

七、完善公司治理结构。4家城商行和3家城信社完成了董事会、监事会的换届工作。济南、威海市商行等建立了独立董事制度和外部监事制度，调整充实了枣庄、东营市城信社高级管理人员。

八、引进境外战略投资者工作取得重大突破。2004年

11月4日，济南市商行吸收澳大利亚联邦银行参股申请获得批准，成为我国第4家成功引进国际战略投资者的城商行。

九、顺利完成了组建城商行工作。经验收合格，2004年12月6日，山东银监局批准德州市城信社组建为德州市商行，该行是中国银监会成立以来首批组建的城商行。年内，东营、莱芜市城信社也完成了筹建城商行的准备工作。

十、资本联合取得实质性进展。2004年，山东银监局批准济南市商行向德州市商行投资入股3900万元，使辖内城商行走出了资本联合的第一步，开创了我国城市中小银行资本合作的先河。

（谭 冰 王辉民）

【农村合作金融机构监管】 2004年，山东银监局以风险监管为核心，以内部控制和法人治理监管为重点，积极改进和加强现场检查、非现场监管，努力提高监管工作效率和质量，全面推进农信社改革试点工作，有力地促进了辖内农信社的稳定、健康发展。

一、以风险性、合规性为重点，有的放矢地开展现场检查。2004年，山东银监局一是先后组织开展了非信贷资产、国家限制类行业贷款、以国有划拨土地设定抵押贷款、债券投资、银行卡业务和票据业务等现场检查工作；二是完成了辖内C级和C－级联社及部分B级联社序时性现场检查工作；三是针对部分农信社贷款集中度高、不良贷款反弹、关系人及关联企业授信管理不严等突出问题，组织开展了专项调查，并及时做出了风险提示；四是狠抓了农信社案件的防范与查处。

二、非现场监管更加深入，预警作用明显增强。2004年，山东银监局一是全面推行了风险综合评价与预警指标体系，组织对农信社2003年底的风险状况进行了综合评级，并根据评级结果，制定了有针对性的监管措施，初步改变了过去监管方式雷同、措施效果不佳的状况；二是设计推广了《农村合作金融机构运行监测指标系统》，加强了对农信社风险变化情况的跟踪监测；三是针对发现的不良贷款不降反升、票据业务增长过快、大额贷款增加、存款大幅下降等异常变化情况，分别向13家分局发出22份监管意见书，督促其及时采取有力措施，有效防范了风险的积聚和蔓延。

三、强化对高管人员的动态监管。2004年，山东银监局一是推行高管人员综合能力测试制度，实现以学历、从业年限等资格审核为主向以理论知识、经营管理等综合能力审查为主的转变，促进了农信社高级管理人员整体素质的提高；二是加强对高管人员勤勉尽责情况的监管，组织对高管人员2003年度经营业绩进行了考核评价，取消不称职人员的任职资格，起到了较好的警示和促进作用。

四、进一步规范行政审批行为，依法行政水平和效率明显提高。2004年，山东银监局制定下发《组建农村合作银行操作规程》、《实行统一法人制操作规程》等指导性文件，为机构改制工作的有效、顺利开展奠定了坚实的制度基础。全年分别对21家新增机构、13家合并减少机构以及275家终止机构进行了审查或审批，在规范行政审批行为的同时，促进了依法行政水平和效率的提高。

五、防范化解金融风险。针对农信社风险状况，2004年，山东银监局一是狠抓不良贷款“双降”工作，健全完善了大额贷款、不良贷款监测台账，实行了责任目标管理和“双向”问责制度，有效提高了新增贷款的质量；二是加强对农信社流动性风险的监控，明确提出合理控制业务增长速度的要求，按季度分析、预测支付缺口情况，并及时采取措施督促整改，维护了辖区农信社的支付稳定；三是高风险状况明显改善。全省高风险农信社和资不抵债金额较年初大幅减少。

（王会锋）

【邮政储蓄监管】 2004年，山东银监局把“发展、稳定、创新和服务”作为对邮政储蓄机构监管的基本思路，创新监管方法，圆满完成了各项监管任务。

一、抓内控，促整改，切实加强和引导邮政储蓄机构内控管理监督建设。2004年，山东银监局一是对省邮政局下发了对邮政储蓄业务监管的《通报》，要求其进一步强化内部管理，注重通过制度建设和完善监督机制防范风险；二是针对内控制度制订与执行情况的现状，对省邮政储汇局下发了《监管提示》，要求其完善内控制度；三是根据对辖内邮政储蓄机构2003年度经营及管理的现场检查情况，对其下发了整改通报。

二、抓防范、重检查，突出现场检查工作的计划性、连续性和全面性。2004年，山东银监局一是组织全辖分支机构开展了对省内邮政储蓄机构2003年度经营及管理情况的序时现场检查及省局直接组织实施的某县邮政储蓄经营管理情况的专项检查；二是对某县邮政储蓄的专项检查则突出了抓重点、严查处、提高现场检查威慑力的特点，查出诸多违规问题。

三、抓调研、要实效，增强监管工作的主动性。2004年，山东银监局一是会同临沂分局对两个储蓄资金调拨管理的操作过程进行了跟踪检查，总结出《对县级邮政储蓄资金调拨管理的方法与技巧》；二是在非现场监测中，组织了对14个市级邮政储汇局“储蓄应收款”科目资金构成及增减变化情况的专项调查，对10亿元“储蓄应收款”的成因及可能存在的风险进行了认真分析，提出化解措施和监管建议，同时指导各分局开展调查研究，受到良好效果。

四、抓素质、严要求，全面提升邮政金融业务负责人和从业人员的专业素质。2004年，山东银监局一是确定了对邮政储蓄负责人和从业人员的培训计划；二是会同省邮政储汇局在日照市举办了全省第一期邮政储汇局局长培训班，对促进邮政储蓄业的健康发展起到积极的作用；三是积极指导滨州、聊城等分局通过多种形式加强对邮储从业人员的培训，从而提高了邮政储蓄从业人员的整体素质。

（王　涛）

【资产管理公司监管】　2004年，山东银监局不断改进创新监管手段和方式，强化了对资产管理公司的监管。

一、注重监管实效，积极探索现场检查的有效方法。2004年，山东银监局一是扩大范围，突出重点，开展对长城济南办事处的现场检查；二是立足整改，巩固现场检查成果，做好对信达济南办事处的后续检查工作。

二、完善监管手段，实施对重点项目的适时监控。2004年，山东银监局对每家资产管理公司办事处各选择了有代表性的两个项目进行持续监管，专项提出监管要求，并根据项目处置的进展情况，多次派员列席这些项目的招标谈判过程，参加项目推介活动和有关会议，约见有关人员谈话，进行实地调查，适时掌握这些项目处置过程中的风险状况和存在的困难，督促各办事处在资产处置过程中严格执行各项金融法规和规章。

三、深入开展调查研究，努力提高监管工作的前瞻性。2004年，山东银监局一是开展对债转股情况调研，调研报告得到了有关部门的高度重视，林廷升副省长批示印发各有关企业和资产管理公司办事处；二是组织对全省不良贷款状况和处置情况进行调研，努力探索加快和规范不良资产处置的有效方法和手段；三是开展对银行自办实体调查，督促加快处置步伐。

四、积极开拓创新，推动山东债权资产交易市场的建设。2004年，山东银监局为解决金融不良资产处置各自为政、交易信息传递渠道不畅通、信息披露不充分等问题，积极探索推进债权资产交易市场的建设，初步制定了《建立会员制区域性不良资产交易市场的实施方案》，起草了《会员管理办法》、《市场交易规则》、《市场理事会章程》和《市场收费管理办法》等制度办法。不良资产交易市场的建立，将有利于通过市场化手段加快处置银行业不良资产。

五、精心组织，完成代银监会草拟《金融资产管理公司资产收购、管理和处置尽职工作指引》工作。2004年，山东银监局按照银监会的部署，就规范金融资产管理公司的收购管理和处置行为，促进其进一步明确各业务岗位等进行了反复的论证和探讨，形成《金融资产管理公司资产收购、管理和处置尽职工作指引（讨论稿）》并上报银监会。

六、做好非现场监管和各项日常监管。2004年，山东银监局一是加强非现场监管。在做好非现场监管报告的基础上，重点做好月度监测分析，及时向各资产管理公司办事处发出监管提示；二是严格市场准入。加强了对办事处开展新业务的监管，督促办事处加强内控制度建设；三是对各办事处2003年的经营情况进行了通报，指出其存在的问题，提出监管要求。

（王　涛）

【非银行金融机构监管】　2004年，山东银监局以促进非银行金融机构提高经营管理水平、防范化解经营风险为目标，以改善资产质量、加强法人治理结构和内控建设为重点，全面落实监管责任，不断创新监管手段，切实提高了非银行金融机构风险控制能力和市场竞争能力。

一、转变监管理念，创新监管制度，强化信托公司监管工作。2004年，山东银监局一是加强对高管人员的持续性监管，对现任高管人员的行为绩效实行动态管理和诚信考核，并记入档案；二是坚持区别对待，分类监管。根据风险评级结果，实施分类监管，确定了不同的现场检查频率和范围；三是树立寓服务于监管之中的新理念，注重增强服务意识，帮其规避各类风险；四是正确处理监管与推动信托公司发展和创新的关系。鼓励辖内两家信托公司开发既能促进公司业务发展、又能规避风险的业务品种，全面提升机构综合竞争力。

二、加大创新力度，完善监管制度。2004年，山东银监局围绕“以新思路、新机制、新举措，开创银行监管工作新局面”的总体要求，积极转变监管理念，不断创新监管制度，强化监管措施，先后建立了月度分析会、季度监管提示、书面质询和高管人员约见谈话、监管走访、资产五级分类等项制度，为提高监管水平打下了良好基础。

三、以风险防范为中心，加大内控监管力度。2004年，山东银监局依据有关法律法规和审慎监管的要求，率先制定了信托投资公司《前中后台职责分离指引》和《自营业务与信托业务分离指引》两个制度，对规范信托投资公司经营行为起到了较好效果。

四、加强财务公司监管，指导重汽财务公司规范重组。2004年，山东银监局一是督促和协助重汽财务公司搞好债务重组工作。10月28日，重汽财务公司正式恢复营业；二是指导和督促重汽财务公司规范公司治理结构，先后对公司业务管理和内部控制方面的近二十项规章制度提出修改和完善意见；三是从严监管，确保重汽财务公司规范经营。

五、切实加强和改进非现场监管工作，充分发挥非现场监管的基础性作用。2004年，山东银监局一是签订《非现场监管目标管理责任书》，实行目标责任考核；二是加强对重要数据的连续性监测，通过完善非银行金融机构不良贷款和不良投资台账，做到适时监控；三是加强风险综合评价、分析。分别拟定了以资本充足率为核心的信托投资公司和企业集团财务公司两个《风险评价体系》，及时掌握风险点，实施有效监测；四是建立业务活动情况即时监管平台，随时掌握公司业务运作情况，提出切实有效的监管指导意见。

（刘　新）

【统计信息工作】　2004年，山东银监局认真贯彻银监会关于过渡时期统计工作的总体部署和要求，做好统计工作，开展统计分析，较好发挥了监管统计的各项职能。

一、着力构建过渡时期监管统计体系，不断完善信息服务功能。2004年，山东银监局一是建立数据库和信息平台，将汇总的统计报表及时挂到内部网站，实现了系统内报表数据的网上随时查询；二是落实大额授信和违约客户统计制度，与人行协商，实现了信贷登记咨询系统的共享；三是制定《银行业监管统计管理暂行办法》，完善各项统计制度、操作规程和工作规范，定期向社会公众披露银行业主要金融机构信息；四是加强统计业务培训，提高了统计人员的业务水平；五是强化内部管理，制定了岗位职责、工作规范和统计制度操作规范，对所有统计报表报送机构建立了差错登记和定期通报制度，报表质量明显提高。

二、积极开展统计分析，深入调查研究，发挥信息咨询功能。2004年，山东银监局一是密切监测全省信贷运行情况，重点开展统计分析。其中，统计信息处编撰的《2003年山东银行机构运行及风险情况分析》在统计部《统计研究报告》第6期转发；二是结合热点和焦点问题，深入开展调查研究，形成专题分析材料。其中，形成的关于"对影响货币信贷变化成因"的调查报告得到了刘明康主席的重要批示，有关情况被银监会在向国务院的汇报材料中予以引用；三是加强统计分析制度建设，3月初步建立了分析考核制度。9月份邀请银监会刘成相主任作专题讲座，提高了分析人员的专业水平。

三、重点搞好网络系统建设，初步建立科技支持体系。2004年，山东银监局一是做好计算机机房建设工作，组建山东银监局辖内机关局域网，局域网建设在全国处于领先位置；二是加强技术支持，加强应用系统的建设与推广，促进无纸化、网络化办公早日实现。作为银监会"办公自动化和公文传输"系统的全国试点单位，做好了应用程序的推广工作；三是制定了一系列制度，对信息化项目、计算机设备、网络系统、计算机安全、计算机软件、机房的管理等进行统一规范；四是加强计算机安全管理，落实计算机安全责任制，建立健全了计算机安全保障体系。

（吕苏越）

【金融大事记】　1月7日~17日　山东银监局机关分批搬迁至济南市经二路146号。

1月31日　山东银监局召集辖内金融机构负责人学习贯彻《银行业监督管理法》座谈会。山东省人大常委会副主任黄可华出席会议并做重要讲话。

2月25日　山东银监局召开山东省银行业金融机构主要负责人会议。总结2003年山东银行业工作情况，传达全国银行证券保险会议和银监会工作会议、全省金融工作座谈会精神，通报该局2004年监管目标、任务和要求。

2月29日　山东银监局组织开展《银行业监督管理法》和《商业银行法》大型宣传咨询活动。山东省人大常委会副主任黄可华出席。

3月9日　山东银监局召开部分银行业金融机构负责人座谈会，讨论全省银行业金融机构不良贷款集中处置的思路和措施。

3月18日~19日　山东银监局召开山东省城商行、城信社工作座谈会。

3月25日~26日　全国深化农信社改革试点工作座谈会在济南召开。银监会李伟副主席做重要讲话，并到淄博、德州农信社进行调研。

3月　山东银监局获得由银监会团委组织的青年干部《银行业监督管理法》知识竞赛"先进组织单位奖"，14位同志获个人优胜奖，个人优胜奖获奖人数及团体总成绩均位居银监会系统第2名。

4月7日~10日　全国非银行金融机构监管工作会议和全国信托投资公司工作会议在济南召开。

4月11日~26日　山东银监局对烟台市商行非信贷资产、信贷资产、表外资产进行现场检查。

4月15日~16日　山东银监局召开全省合作金融监管工作会议。

4月15日~5月31日　山东银监局对深发行济南分行进行序时性现场检查。

4月19日~30日　山东银监局对信托投资公司投资股市、债市及其他敏感性行业项目进行现场检查。

4月26日~5月31日　山东银监局对农信社潍坊联社、章丘联社非信贷资产业务进行现场检查。

4月27日　山东银监局召开部分商业银行内控建设座谈会。

山东银监局召开银行业金融机构监督员会议，聘请了首批27名来自金融机构的党风廉政监督员。

5月11日　山东银监局与省公安厅联合成立"打击侵害银行业违法犯罪联合办公室"。

5月17日~20日　山东银监局王进诚局长分别到建行、农行、开行和工行山东省分行就当前银行业信贷运行状况和贷款风险管理情况进行调研。

5月21日~23日　山东银监局王进诚局长到聊城就银行系统信贷风险管理情况和企业资金情况进行调研。

5月25日　山东银监局召开4家国有商业银行"落实宏观经济政策 加强贷款风险管理"座谈会。

5月23日~31日　山东银监局对泰安城信社进行专项检查。

6月3日　山东银监局组织辖内各银行业金融机构参加银监会召开的贯彻落实国家宏观调控政策电视电话会议，对贯彻会议精神做了安排。

山东银监局印发《国有商业银行重点监管办法（试行)》。

6月22日　山东银监局在银监会2004年年中工作会议上就其监管运行新机制做典型经验介绍。

6月28日　山东银监局印发《银行“影子考核”监测办法》。

6月29日　山东银监局印发《非现场监管操作规程(试行)》。

7月2日~3日　山东银监局对济南市190家银行业金融机构的许可证公示情况进行抽查，抽查面达64%。

7月7日　山东银监局召开全省银行业金融机构年中工作会议，传达、学习黄菊副总理在银监会2004年年中工作会议上的重要讲话，总结上半年工作，安排部署下半年工作。

7月8日~8月20日　山东银监局对长城济南办事处进行全面现场检查。

7月15日~9月10日　山东银监局对国有商业银行的内控、商业汇票及“三项业务”进行后续检查。

8月9日　山东省委常委、常务副省长林廷生到山东银监局调研。

8月10日　山东银监局牵头召开山东省银行、证券、保险监管机构第二次联席会议。

8月12日~9月3日　山东银监局对农发行山东省分行进行全面现场检查。

8月13日~27日　山东银监局对济南市商行票据业务进行现场检查。

8月17日　山东银监局印发《辖内国有商业银行、股份制商业银行市场准入操作规程》。

8月26日　山东银监局指导银行业协会组织银团贷款牵头项目座谈会。

9月1日　山东银监局内部网站正式开通。

9月6日　山东省人大副主任黄可华到山东银监局指导调研工作。

9月12日　山东银监局对枣庄市城信社的进行全面现场检查。

9月20日~11月中旬　山东银监局对民生济南分行和交行济南分行进行全面现场检查。

10月9日~29日　山东银监局对德州市商行组建情况进行检查验收。

10月25日~11月26日　山东银监局对临沂市商行进行全面现场检查。

11月4日　银监会全国“文明创建”推进工作座谈会在烟台召开，银监会党委书记、副主席阎海旺到会做重要讲话。

11月5日~8日　银监会党委书记、副主席阎海旺到山东银监局考察指导工作。

11月8日　银监会人事部郭利根部长代表银监会党委宣布了山东银监局班子新任成员的任命决定，任命王朝弟、王晓春为山东银监局党委委员、副局长，任职时间为2004年10月27日。

11月21日~12月3日　山东银监局对信达济南办事处进行现场检查。

12月7日　山东银监局与省公安厅联合召开“全省打击侵害银行业违法犯罪及维护金融债权工作会议”。

德州市商行正式挂牌营业，成为中国银监会成立以来首批组建的城市商业银行。

12月10日~12日　银监会主席刘明康到山东银监局检查指导工作。

（人事处）

注释：

①“四四六”的监管新理念：银监会成立后明确了“四四六”的监管新理念，作为全系统监管工作的基本原则。第一个“四”是指树立四个监管理念，即管法人、管内控、管风险和提高透明度；第二个“四”是指明确四项监管目标，即保护存款人利益、增进市场信心、增加社会公众对银行的了解和减少金融犯罪；“六”是指银行业监管的六条良好标准，分别是促进金融稳定和创新共同发展、提升银行业整体竞争力、监管设限科学合理、维护公平竞争、实施严格的问责制度、高效节俭使用监管资源。

②“一二三四”的工作思路：一个中心，就是以风险监管为中心；两项管理，即现场检查项目责任管理和非现场监管目标责任管理；三项措施，即管检交叉、查处分离、跟踪问责；四项支持，即省市上下联动的管理体制支持、监管统计信息网络支持、“121”人才成长计划的人才支持和“严格、规范、审慎、诚信、创新”的监管文化支持。

③“约法三章”：银监会在组建之初，制定了银监会系统领导干部和工作人员“约法三章”的规定。规定要求，不得超越职权，干预被监管单位授信（含贷款、担保、承兑、贴现等）、资产处置、项目投资等业务活动；不得违反规定插手被监管单位人事安排及建设工程、物资采购招投标等事务；不得接受被监管单位公款支付的高消费娱乐（健身）活动、宴请、旅游度假和现金、有价证券、支付凭证、贵重礼品。同时，在系统内部要求做到，不准搞“公关”、不准请客送礼、不准违反规定迎送。

中国银行业监督管理委员会青岛监管局

【第一负责人简介】 吴跃，1961年11月生，浙江丽水市人，高级经济师，曾供职于中国人民银行、中国银行业监督管理委员会，现任中国银行业监督管理委员会青岛监管局局长。曾主编了《商业银行稽核理论与实践》等多部书籍，并在《金融研究》等报刊上发表理论文章十多篇。

【综述】 2004年，中国银行业监督管理委员会青岛监管局（以下简称“青岛银监局”）坚持“管法人、管内控、管风险、提高透明度”的监管理念，不断创新监管机制，积极强化监管措施，大力指导和督促银行业加强和改进风险管理，确保其稳健、高效和安全运行。

截至年末，青岛辖区银行业本外币各项存款余额2390.70亿元，比年初增加350.20亿元；本外币各项贷款余额2012.80亿元，增加291.35亿元，实现了突破性增长。银行业（不含农信社）五级分类不良贷款余额比年初减少118亿元（若剔除中行、建行、交行等机构政策性剥离、划转、核销不良贷款的因素，不良贷款余额实际减少2.2亿元），不良贷款率下降7.92个百分点，其中，国有独资商行、股份制商行、城市商行分别比年初下降10.13、2.23和7.14个百分点。农信社按四级分类不良贷款余额比年初减少3.94亿元；不良贷款率下降4.90个百分点。银行业全年共实现账面利润32.35亿元，比上年末增加38.5亿元；其中，国有商行增加32.8亿元，股份制商行增加3.8亿元，城市商行增加0.64亿元，农信社增加0.5亿元。

一、认真组织贯彻落实国家宏观调控政策。

（一）加强经济金融变化的跟踪监测与分析，及时进行“窗口指导”和风险提示。2004年，青岛银监局一是建立了银行业月度经济金融形势分析会议制度，通过定期分析研究，把握银行业的运行及风险状况，引导银行业正确理解和执行宏观调控政策；二是对一些风险集中度高的行业和领域贷款以及潜在风险较大的新产品、新业务，及时进行“窗口指导”和风险提示；三是对贷款集中、大额授信风险及关联交易、过度投资行业、清理整顿项目中的贷款风险提前采取管控措施，从源头上加强风险控制。

（二）完成了对在建和拟建项目固定资产贷款清理情况检查。2004年，青岛银监局围绕贯彻落实国家宏观调控政策，对钢铁、汽车、电解铝、水泥和房地产五大行业贷款开展了检查，并对贷款投向国家限制类企业、未经批准的开发区和工业园等问题，及时进行了通报，提出了限期整改意见。

（三）会同政府有关部门开展了汽车消费信贷专项治理活动。2004年，青岛银监局针对汽车消费信贷业务中存在的借款人恶意逃废银行债务、汽车经销商通过合同骗取银行贷款等问题，于5月份会同工商、公安、法院等部门在全市集中开展了专项治理活动。截至年末，汽车消费信贷不良贷款余额和占比较治理前分别减少0.6亿元，下降3.9个百分点。

二、积极落实和完善风险管理和持续监管的各项措施。2004年，青岛银监局一是加大对银行业资本充足水平和损失拨备情况的监管力度。当年银行业新提各类损失准备金25.1亿元，增强了抵御风险能力；二是积极做好青岛国际银行的重组和增资工作，使其步入良性发展轨道；三是在督促青岛海协信托投资公司完善有效公司治理、防范和控制关联交易、加强内控制度建设的基础上，适时加大了对其集合信托资金业务的监管力度；四是针对部分股份制商行推出的人民币理财产品多、发行频率快且承诺最低收益、风险提示不充分的情况，加强了跟踪检查；五是积极协助地方政府稳步做好胶州城信社的市场退出工作。

三、认真开展现场检查工作。2004年，青岛银监局完成了对国有商行贷款五级分类、非信贷资产和表外业务的后续检查；组织了对国有商行票据业务、内控情况的检查；完成了对农发行青岛市分行的全面现场检查；开展了对招行青岛分行贷款质量五级分类和对中信青岛分行及所属支行内控制度建设与执行情况的现场检查；开展了对深发青岛分行的后续检查；开展了对中行山东省分行和东资青岛办事处部分资产剥离处置情况的核查以及对青岛市商行公司治理、内部控制、贷款五级分类和票据业务的现场检查；对青岛海协信托投资公司内控管理进行了跟踪检查；完成了对海尔集团财务公司以贷款质量五级分类为主要内容的现场检查；完成了对汇丰青岛分行、韩国中小企业银行青岛分行的全面检查以及对邮政储蓄机构新增资金调拨和内部控制情况的专项检查。

四、以抓不良资产“双降”为重点，切实加强和改进非现场监管工作。2004年，青岛银监局认真落实银监会制订的《国有商行不良资产监测和考核暂行办法》，将非现场监测的范围延伸到非信贷类资产和表外业务。一是对不良资产余额大，占比高和不降反升、非信贷资产预计损失大、表外业务管理问题多的银行机构给予重点监测，实施分类监管；二是对不良贷款余额较大的客户贷款进行了逐笔适时监控；三是建立了大额授信和重大违约事项统计制度，按月汇总和上报1亿元以上大额客户授信情况和房地产、汽车零售贷款违约情况；四是加强了银行贷款集中度风险的监测与分析；五是完成了对7家股份制商行2003年度经营管理和风险状况的评级；六是建立了监管台账制度；七是充分发挥非现场监管工作的预警功能，对发现的一些苗头性、倾向性风险隐患，及时进行反馈、提示和建议。

五、大力支持银行机构的业务创新。2004年，青岛银监局本着“以创新促发展”的原则，积极支持符合法律法规、内控制度建设和风险管理措施到位的银行机构进行产品和服务创新。年内，一是支持市商行开办代客外汇买卖业务；二是批准市农信社开办代理证券业务和部分县级农信社开办银行承兑汇票业务、外汇业务；三是审核同意了汇丰青岛分行办理非外资企业人民币业务和山口青岛分行办理部分人民币业务。

六、积极推进银行业的改革。2004年，青岛银监局一是继续加强对中行山东省分行和建行青岛市分行股份制改革工作的调研，密切关注和跟踪监控其改革进程，特别是不良资产处置、机制转换、人员下岗分流等敏感性问题，支持其做好机构设置、变更和高级管理人员调整工作，督促其制订并适时调整风险处置预案，确保改革稳步推进；二是积极落实农信社各项改革措施。截至年底，4家农村合作银行、4家一级法人县（市）联社的前期筹备工作已基本完成。

【银行行政管理】　2004年，青岛银监局在日常监管工作中，不断简化审批程序，增加监管工作透明度，提高服务质量，努力提高依法行政水平，金融监管整体效能明显提高。

一、提高机构准入、变更和退出的审批工作效率。2004年，青岛银监局支持了恒丰青岛分行开业、华夏青岛支行和进出口银行青岛代表处升格为分行，支持青岛国际银行设立城阳支行。全年共批准新设、升格支行49个，储蓄所升格分理处93个，迁址更名41个，撤销低效网点100个，批准或备案同意开办自助银行服务网点30个。

二、加强银行机构高级管理人员任职资格管理。2004年，青岛银监局对银行机构拟任的高管人员，在考试合格的基础上，实行任前谈话，对其专业知识、管理能力、业务能力等进行全面考察，严把市场准入关，全年共核准备案高管人员任职资格83名，取消3名，并加强对其任职后的行为监管。

三、发挥同业公会的作用。2004年，青岛银监局加强对市银行同业公会的指导与监督，选举产生了新一届理事会，修改了公会章程，指导其制订了《银行营业网点服务规范指引》、《维护银行债权自律公约》和《银团贷款管理指引》等公约和办法，较好地发挥了其在行业自律、维权、协调、交流和辅助监管等方面的作用。2004年度青岛市银行同业公会被山东省民间组织管理局评为山东省先进社团组织。

【政策性银行监管】　2004年，青岛银监局加强对政策性银行的监管，其主要工作：

一、做好市场准入管理工作。2004年，青岛银监局在银监会于3月批准中国进出口银行筹建青岛分行后，一是积极督促进出口行做好筹建工作；二是于5月份重点围绕着拟任高管人员的资格、内控制度及业务准入、营业场所的验收等三方面对进出口行青岛分行的开业申请进行了审核；三是于8月份对进出口行青岛分行开业后的经营情况进行了回访。

二、认真开展现场检查工作。2004年，青岛银监局一是于8月至9月，根据银监会办公厅的要求对农发行青岛市分行本部、分行营业部和平度市支行进行了全面现场检查；二是根据银监会通知，在开行青岛代表处自查的基础上，对其管理的截至2004年3月末在建、拟建项目已发放或已承诺发放的固定资产贷款进行了现场检查；三是受山东银监局委托，对开行青岛代表处管理的截至2003年末已发放的项目贷款的贷款质量五级分类实施情况进行了现场检查。

三、切实加强非现场监管工作。2004年，青岛银监局一是狠抓非现场监管报告的质量，不断完善报告的内容，提高该项工作的深度和广度；二是建立与政策性银行的交流沟通机制，及时了解和解决其在体制变革、业务经营等方面遇到的问题和困难。

四、认真做好日常监管工作。2004年，青岛银监局一是派人参加了银监会组织的农发行《条例》的起草工作。通过调研，形成了《农发行贷款五级分类中存在的问题及建议》等报告；二是对农发行青岛市分行2003年度的监管情况进行了全面的总结，并通报了在监管中发现的问题，提出了加强内部控制、提高风险管理等有针对性的监管建议。

【国有独资商业银行监管】　2004年，青岛银监局对工、农、中、建四家国有独资商业银行的监管工作主要体现在以下几方面：

一、加强机构管理。2004年，青岛银监局一方面严格执行市场准入管理的有关规定，认真做好机构准入、变更、撤并的审批工作，另一方面，积极支持和引导国有商行以提高经营效益为目标，稳步推进机构改革，实行扁平化管理，优化机构布局，撤销低效益机构。全年共审查批准工行青岛市分行机构升格5个，迁址11个，撤销24个；农行青岛市分行机构升格7个，迁址更名8个，撤销34个，设立自助银行服务网点2个；中行山东省分行机构升格支行12个，升格分理处16个，撤销7个，迁址2个；建行青岛市分行直管分理处升格为支行10个，储蓄所升格分理处4个，撤销30个，迁址7个。

二、加强对高级管理人员的管理。2004年，青岛银监局坚持资格与行为并重的原则，进一步完善对国有商行高管人员任职资格审查审核规程，防范其道德和决策风险。全年共核准其高管人员任职资格24人，其中，工、农、中、建各行分别为3人、8人、12人和1人。

三、突出监管重点，扎实开展现场检查工作。2004年，青岛银监局一是先后完成了对工行、农行、建行青岛市分行和中行山东省分行钢铁、汽车、电解铝、水泥和房地产五大行业的贷款情况检查、在建和拟建固定资产项目贷款清理情况的检查和内部控制的现场检查；二是开展了对工行、农行青岛市分行商业票据业务的现场检查和贷款质量五级分类及新发放贷款、非信贷资产和表外业务等三项业务的后续检查；三是完成了对中行山东省分行、建行青岛市分行固定资产贷款、票据业务及公积金存款利率执行情况等现场检查。

四、改进监管方式，增强非现场监管效能。2004年，青岛银监局一是建立不良贷款、非信贷资产和表外业务并行的非现场监管体系，全面掌握监管对象的经营管理状况，对发现的问题及时督促其采取整改措施；二是以强化不良贷款监测为主要方式，狠抓不良贷款“双降”。截至年末，农行青岛市分行不良贷款余额和比率分别比年初减少4.36亿元和下降3.62个百分点；三是加大对重点机构、重点地区、重点行业、重点业务、重点风险和重点客户不良贷款的监测力度，对监管对象违规问题建立监管台账，实行动态管理；四是密切关注金融市场风险苗头，及时做出风险预警和“窗口规劝”，督促监管对象加强风险防范意识。

五、加强现场检查与非现场监管工作的有机结合。2004年，青岛银监局一是建立了从报表分析、质询预警到现场检查的有机整体，从而使非现场监管和现场检查紧密结合起来，提高了监管效率；二是按照银监会的规定，建立了对国有商行不良资产进行按月监测分析和按季考核的制度；三是制订了强化持续监管的措施，对发现的违规问题和重大风险建立持续监管名单，对其整改情况进行跟踪监测直至问题解决。

【股份制商业银行监管】 2004年，青岛银监局加强对股份制商业银行监管，主要做了以下几项工作：

一、树立监管新理念，努力提升监管水平和质量。2004年，青岛银监局一是对股份制商行2003年度经营管理和风险情况进行了试评级；二是充分利用检查成果，有针对性的提出监管意见，引起各股份制商行的高度重视；三是先后对股份制商行代理异地信托业务、异地贷款占比过高以及关联交易等问题约见高管人员进行风险警示，督促其重视并有效防范业务风险。

二、多策并举，力促不良贷款“双下降”。2004年，青岛银监局一是实行一行一策，对高风险股份制商行进行重点监管，及时提出指导意见；二是督促股份制商行认真执行信贷管理制度，落实新增不良贷款责任追究制度；三是鼓励股份制商行创新不良贷款处置手段，通过资产重组、拍卖、打包出售等手段，最大限度地化解贷款风险。全年股份制商行通过打包出售处置不良贷款7.76亿元，核销不良贷款4.82亿元；四是要求股份制商行足额提取呆账准备，增强抵御风险能力。对未按要求充足拨备的股份制商行，要求其制订计划分步实施，逐步提足。年底，全辖股份制商行不良贷款余额和比率分别比年初减少7.79亿元和下降2.23个百分点，总体实现了“双降”目标。

三、强化机构管理，不断优化网点布局。2004年，青岛银监局对股份制商行一是严把机构准入关。对机构的筹建或迁址论证，都要求在综合分析预测区域经济和网点业务发展前景的基础上进行，避免了机构的重复设置和新增低产机构等问题的发生；二是督促股份制商行调整现有网点，并做好其新设及升格机构的回访工作，全面了解和掌握其开业后的经营管理情况，并对存在的问题提出了整改意见，促进其规范发展。

四、以人为本，严格监管高级管理人员。2004年，青岛银监局一是严格执行“三核”制度，即对高管人员实行任前考察谈话和考试审核、任中年度考核和任后督促离任稽核；二是对异地来青的拟任高管人员，无论以前职务高低，均要征求当地监管部门的意见。全年共核准高管人员任职资格30人，备案同意3人。

五、加强现场检查，督促股份制商行合规稳健运行。2004年，青岛银监局一是区别对待，有保有压，重点加强钢铁、水泥、电解铝、水泥和房地产等五类行业贷款的检查和对固定资产贷款清理检查，有效防范和化解了信贷风险；二是对3家股份制商行分支机构内控制度执行以及贷款质量五级分类等情况进行了专项检查，针对存在的问题提出了限期整改意见，并通过后续检查督促落实。

【青岛市商业银行监管】 2004年，青岛银监局加大对青岛市商业银行的监管力度，促使其经营管理水平进一步提高，抵御风险能力明显增强，不良贷款率比年初下降了7.42个百分点，财务状况明显好转，全年账面盈利9217万元。

一、从完善公司治理和强化资本约束入手，切实加强监管。2004年，青岛银监局一是要求市商行根据有关规定，对《章程》进行了修改，进一步明确股东大会、董事会、监事会和高级管理层的职责，设立相关的专业委员会，建立完善了董事会议事规则，为董事会发挥作用提供了制度保障；二是根据银监会统一部署，督促和指导该行根据有关规定，做好2003年度报告的编制工作；三是针对现场检查中发现的公司治理方面的问题，及时下发通报，要求限期整改；四是要求该行按照有关规定制订资本补充和资本充足率分年度达标规划，同时对其资本充足状况进行了持续监测。

二、以提高资产质量为核心，全面强化风险监管。2004年，青岛银监局加强与政府有关部门的联系与沟通，及时掌握市商行不良资产置换与清收工作进度，并加大指导力度；

支持其顺利完成了3.2亿元不良资产置换工作。截至年末，该行不良贷款余额比年初减少2.4亿元，不良贷款占比下降了5.66个百分点；同时要求该行按照审慎经营原则足额计提贷款损失准备。

三、充分发挥现场检查和非现场监管的预警作用。2004年，青岛银监局对市商行加大了现场检查和非现场监管的力度，一是对其业务经营情况进行了全面检查，提出了整改意见，并对其整改情况进行了跟踪监管；二是规范和统一了非现场监管的报告格式，对非现场监测中发现的问题，及时采取了有针对性的措施。

四、把好市场准入关。2004年，青岛银监局在对市商行坚持审慎监管标准的前提下，一是积极引导其对机构布局的合理调整，对该行总部和3家支行迁址筹建申请进行了批复和验收，促进其稳健发展；二是在业务准入方面，批复同意该行开办代客外汇买卖业务；三是核准高管人员任职资格11人，备案同意11人。

【农村信用社监管】 2004年，青岛银监局在推进农村信用社改革试点和加强其监管方面，主要做了以下工作：

一、加强同地方政府的联系与沟通，积极争取政策扶持。2004年，青岛银监局积极与市政府及职能部门沟通，并及时将政府的意见转达给各农信社，增强工作的主动性和前瞻性，使改革试点工作从动员、制订增资扩股计划、专项票据发行直至产权制度改革的全过程能够稳步进行。

二、制订相关的制度和办法，确保改革试点工作依法合规进行。2004年，青岛银监局一是结合实际情况，先后制订了农信社《改革试点工作实施意见》、《以县（市）为单位统一法人工作的指导意见》和《支付风险预案》等制度，对改革试点工作从程序上严格把关，确保合法合规；二是创新思路，与市农信社共同研究制订了产权制度改革过程中的法律文本10个，同时规范了操作程序，提高了工作效率。截至年底，1家合作银行的开业申请已正式上报，另外3家合作银行的筹备工作也已基本就绪；批准1家县农信社开始筹建一级法人，并对另外3家一级法人的申请材料进行了审核。

三、加大现场检查力度，切实防范金融风险。2004年，青岛银监局根据银监会统一部署，在做好农信社改革试点工作的同时，先后对8家农信社进行了非信贷类资产、部分行业贷款、票据业务等进行了专项检查。针对发现的问题，责成农信社严格按照规定，加强信贷、会计管理和内部控制，规范抵贷资产的接收、管理和处置变现程序，逐步降低信贷资产的风险集中度。

四、发挥非现场监管的预警作用。2004年，青岛银监局一是通过非现场监管分析，发现3家农信社存贷款比例超出规定的要求，致使备付金比例过低，造成支付风险隐患，立即发出质询书，督促其清除风险隐患；二是为确保银监会推广的非现场监管系统顺利运行，会同市农信社对新系统的数据采集、汇总、上报进行了多次测试，并针对农信社会计报表科目的特殊性开发了“非现场监管数据转换程序”，保证了非现场监管数据的及时、准确上报。

五、优化网点布局，合理配置资源。2004年，青岛银监局指导农信社通过机构调整，对人、财、物资源进行了整合，更好地适应了为“三农”服务的需要。全年共批准农信社新设网点3处、升格3处、撤销23处、迁址更名18处、变更隶属关系2处、新设24小时自助银行点3处、ATM18台。

六、加强高级管理人员的日常监管。2004年，青岛银监局一是制订实施了对在日常监管中发现的问题，及时约见高管人员进行风险提示的谈话制度；二是严把高管人员准入关，否决了1名高管人员的任职资格。

七、积极支持业务创新。2004年，青岛银监局审核批准了部分农信社开办银行承兑汇票、代理农村养老保险基金购买债券等业务，扩大了农信社的经营范围。

【外资银行监管】 2004年，青岛银监局加大对外资银行监管的力度，主要做了以下几方面工作：

一、加强外资银行市场准入监管，全面提升监管水平。2004年，青岛银监局一是在机构准入方面，批复同意青岛国际银行设立城阳支行，对汇丰青岛分行设置自动取款机设备进行了备案回复；二是在业务准入方面，对汇丰青岛分行办理非外商投资企业人民币业务及山口青岛分行办理部分人民币业务的筹备情况进行了验收；三是核准高管人员任职资格6人，备案同意2人。

二、进一步完善非现场监管工作。2004年，青岛银监局一是对外资银行非现场监测分析系统进行了升级，规范了报告格式；二是对非现场监测中发现的问题，及时约见有关负责人谈话，要求其整改。

三、积极创新监管手段，提高监管效果。2004年，青岛银监局一是先后对中银（香港）青岛分行营业场所装修、大额贷款管理以及青岛国际银行新业务系统的运行等情况进行了走访；二是召开了年度外资银行负责人座谈会，建立了外资银行负责人联席会议制度；三是建立了外资银行分类监管制度；四是充分发挥外部审计师的作用，通过审前谈话、审后评估、召开三方会议等方式，促使外部审计师对外资银行的审计质量不断提高。

四、努力提高外资银行的资产质量。2004年，青岛银监局利用青岛国际银行重组增资的契机，提出了股东在分配利润前必须提足贷款损失准备的监管要求，促使该行提取了部分专项贷款损失准备，核销了部分不良资产。截至12月末，该行不良资产余额和不良资产占比分别比年初减少146万美元和下降7.5个百分点。

【非银行金融机构监管】 2004年，青岛银监局对非银行金融机构的监管主要体现在以下几方面：

一、青岛海协信托投资公司监管。2004年，青岛银监局在对海协信托的监管中，一是将公司治理作为重点，通过下发监管通报、约见高管人员谈话等方式，要求其完善公司治理架构和议事规则，理顺股东大会、董事会、监事会及高级管理层之间的关系；二是要求其采取措施，降低不良资产余额及比率，全面实施资产质量五级分类，并对其分类执行情况进行了检查、督导和评价；三是要求其按照审慎经营原则，足额计提贷款损失准备或制订损失准备计提计划；四是要求其对证券投资业务的市场价值定期进行评估，对面临的市场风险进行监测和控制，必要时计提投资减值准备；五是要求其制订流动性应急预案，防范流动性风险；六是要求其建立和完善内部控制制度，并加强对执行情况的检查，控制操作风险；七是根据贯穿资金信托业务流程的5个主要环节，向海协信托负责人提出了关于加强集合信托资金业务管理的要求，将监管前移；八是为防止信托业务风险转嫁给银行，拟定了要求各商业银行将与信托投资公司的业务关系严格界定在资金收付代理的范围之内的《建议》；九是通过新闻媒体向社会公众普及信托知识，提高其识别信托产品风险的能力。

二、青岛市邮政储蓄机构监管。2004年，青岛银监局一是对银监会制订的邮政储蓄网点管理及统一和规范邮政储蓄机构市场准入操作规程的两个《指导意见》提出了修改建议；二是审核了邮政储蓄机构10处更名和4处迁址手续；三是对市和市经济技术开发区的邮政储汇分局新增资金调拨管理及内控制度有效性情况进行了现场检查，并针对存在的问题，及时提出了整改意见；四是按照银监会印发的报告格式，设计了邮政储蓄机构的非现场监管数据、业务收入和资金划拨情况等三个《统计表》，重新规范对邮政储蓄机构的非现场监管工作；五是建立了与邮政储蓄机构的交流沟通机制，及时了解和解决其在体制改革、业务经营等方面遇到的问题和困难；六是对邮政储蓄机构的业务经营和新增资金管理的风险情况进行了调研，形成了调查报告；七是组织了对个别地区出现的邮政代办员违规揽储引发集体诉讼问题的调查。

三、东资青岛办事处监管。2004年，青岛银监局在东资青岛办事处监管方面一是采取问卷的方式对其内控建设、资产接收和处置等业务进行了摸底调查，掌握了情况；二是积极与政府有关部门联系，了解国家相关政策并根据全国资产处置的先进经验及成功做法，整理了《资产处置指引》，为其资产处置提供了参考；三是对其重点项目的资产接收和处置情况进行了现场检查；四是对其接收、处置中行自办经济实体、中行出资购买上市公司的法人股股份、中行出资联合办公司形成的投资资产及其接收的债权转为股权所形成的对外投资资产等情况进行了现场调研。

【内部管理与队伍建设】 2004年，青岛银监局在加强内部管理和队伍建设方面主要做了以下工作：

一、内部管理工作。2004年，青岛银监局一是建立健全工作制度，不断规范办公程序，保证各项工作有章可循；二是加强调研信息与宣传工作。全年共编发信息简报164篇，被银监会和市委、市政府采用50多篇，形成调研报告23篇，其中有8篇报告被银监会全文转发；三是制订并印发了《银行业金融机构对外金融宣传管理暂行规定》，加强了归口管理和指导；四是认真组织开展银行“三法”学习与宣传活动；五是切实做好监管统计工作，制订并印发了《监管统计考核办法》，建立了监管统计联络员制度，推行了资本充足率统计制度；六是制订了《统计信息披露暂行办法》和《计算机安全与管理制度》；七是规范财务会计管理，严格执行财务开支审批程序。

二、党建工作。2004年，青岛银监局一是落实局党委中心组集中学习制度，通过参观中共青岛地方支部旧址纪念馆、参观学习海尔集团先进的企业管理经验等方式，丰富了学习内容；二是组织召开了党员领导干部民主生活会；三是完成了局机关各党支部的建立工作，制订了《民主评议基层党组织和党员实施细则》；四是建立了思想政治工作信息联络员制度；五是坚持和完善了局长接待日制度，增强了思想政治工作的主动性与针对性；六是制订了《创建文明单位指导意见》、《创建活动实施方案》以及《文明单位考评办法》等制度，保证了创建工作规范、有序和深入开展；七是加强党风廉政建设，成立了反腐倡廉工作领导小组，层层签订了党风廉政建设责任书。

三、干部队伍建设。2004年，青岛银监局一是建立了全局处以上干部廉政档案；二是制订了《干部履职回避制度》，对符合履职回避条件的包括局领导在内的5名干部进行了岗位轮换；三是向社会公布了监督举报电话；四是做好了中层干部的调整充实工作，坚持公开、公平、公正和德才兼备、群众公认、任人唯贤、注重实绩的原则，提拔任命了7名正处级、6名副处级中层干部；五是落实干部培训计划，通过邀请专家授课、举办专题讲座、集中收看银监会业务培训讲座等形式加强干部培训。

【金融大事记】 1月12日 青岛银监局组织银行机构有关部门负责人参加全国人大财经委刘洪委员主持召开的《破产法》修订案草案座谈会。

2月10日 青岛银监局王占峰副局长会见韩国友利银行国际业务部部长。

2月11日 青岛银监局吴跃局长参加青岛国际银行重组增资新闻发布会。

2月16日 青岛银监局陈裕恒纪委书记参加全市深化农信社改革会议，提出了对农信社改革的要求。

2月20日 青岛银监局组织召开2004年工作会议。

2月26日 青岛银监局对中国进出口银行筹建青岛分

行的申请进行初审并上报银监会，4月19日转发了银监会办公厅的批复。

3月4日　青岛银监局王占峰副局长会见汇丰银行中国区总裁。

3月11日　青岛银监局转发银监会办公厅《关于筹建恒丰银行青岛分行的批复》。5月，批复同意其开业并对拟任行长、副行长进行任前谈话。

3月12日　青岛银监局陈裕恒纪委书记到青岛市区农信社就其改革事宜进行调研。

3月　银监会在青岛召开全国中小商业银行监管工作会议，唐双宁副主席出席会议并讲话。

4月12日　青岛银监局转发银监会办公厅《关于华夏银行青岛支行升格为分行的批复》。

5月16日　青岛银监局协调指导该市银行同业公会召开第四届理事会第一次会议，选举产生了第四届理事会理事长、副理事长。

5月23日～24日　银监会在青岛召开“外资银行风险监管流程”研讨会。

6月8日　青岛银监局吴跃局长对中行山东省分行、建行青岛市分行股份制改革情况进行调研。

6月15日　青岛银监局批复青岛国际银行筹建城阳支行。

6月29日　青岛银监局王占峰副局长会见东亚银行中国业务总部主管。

8月3日～6日　银监会团委在青岛召开“银监会团委成立暨团干部培训工作会议”，银监会党委委员、金融工会主席何界生出席会议并讲话。

8月　青岛银监局组织该市银行同业公会对4家国有商业银行的住房公积金沉淀资金利率执行情况调查。

9月9日　青岛银监局吴跃局长、刘志勇副局长向中央金融巡视组刘洪副组长一行汇报该局自建立以来对建行青岛市分行的监管工作。

9月17日　青岛银监局吴跃局长会见青岛国际银行董事长。

10月10日　青岛银监局与人行青岛市中支对6家农信社增资扩股计划共同审核后，函告山东银监局。

10月26日　青岛银监局刘志勇副局长会见韩国新韩银行资金部部长。

11月17日　青岛银监局陈裕恒纪委书记参加青岛市农村金融体制改革领导小组办公室会议，研究4家农信社组建农村合作银行工作。

12月1日　青岛银监局刘志勇副局长与中行总行绩效考核小组就中行山东省分行年度经营情况及领导班子建设情况交换意见。

12月21日　青岛银监局刘志勇副局长会见日本东京三菱银行中国部部长。

12月31日　山东省委副书记、青岛市委书记杜世成，青岛市委副书记、市长夏耕走访慰问青岛银监局全体干部职工，并听取吴跃局长汇报。

（刘淑芳　冯业伟）

第三部分

政策性银行

国家开发银行山东省分行

【第一负责人简介】 于泽水，男，中共党员，硕士研究生，高级经济师，现任国家开发银行山东省分行党委书记、行长。2004年7月，被中国金融职工思想政治工作研究会评为“金融系统优秀思想政治工作者”。

【综述】 2004年，国家开发银行山东省分行（以下简称“开行山东省分行”）树立和落实科学发展观，高举开发性金融旗帜，坚持以管理资产为中心，积极支持山东省重大项目建设，继续巩固和保持了良好的经营业绩。

一、严格执行国家宏观调控政策，积极开展项目清理和管理资产业务。2004年，该行一是对2003年以前承诺的项目进行了全面清理，确定了以维护信誉、确保资产质量和业务发展为基本原则和出发点，以城建项目以及石化、港口和电信类等借款合同迟迟不能签订的项目为清理重点；二是对在建和拟建项目固定资产贷款进行了全面自查；三是积极开展管理资产业务，制订了2004~2006年业务发展计划。全年累计签订表外贷款协议项目28个，协议金额53.5亿元，表外贷款余额47.4亿元，完成总行计划的125%。通过管理资产业务，减轻了规模约束压力，同时引导更多的资金投向城市基础设施建设领域。

二、努力实践开发性金融理论，重点解决社会经济发展的融资瓶颈问题。2004年，该行加大与地方政府的沟通协调，积极关注小城镇建设、中小企业融资、三农等地方经济发展的热点问题和难点问题。一是在荣成、文登、乳山、高密、栖霞开展了小城镇建设贷款试点工作，发放贷款6.5亿元；二是继续在烟台推进中小企业贷款试点工作，向20个中小企业项目发放贷款2.7亿元；三是在潍坊开展了农业产业化项目贷款试点工作，发放该项目贷款3.6亿元。全年共向社会瓶颈领域发放贷款16亿元，占人民币中长期贷款计划的14.32%，其中，开行总行专项规模8.04亿元，山东省分行安排7.76亿元。年末贷款余额达到16.3亿元，占人民币贷款余额的3.0%。通过上述试点工作，不仅加快了地方城镇化进程，对促进社会稳定、缓解经济发展瓶颈起到了一定的推动作用。

三、以有效发放为重点，进一步加大项目开发评审力度。2004年，该行把项目开发作为扩大市场份额的重要工作切实抓紧抓好。一是继续做好开行总行与山东省政府《开发性金融合作协议》项目的跟踪和培育工作；二是参加人行济南分行与各市政府召开的项目推介会，筛选了一批优质项目；三是加强总分行联动，积极探索项目开发评审的新模式；四是积极推进信用评审工作。全年共完成6家城镇类客户和18家一般客户的信用评审工作，被评为优、良的客户8个，优良率达到34.8%，较全系统平均水平高出16.9个百分点。全年新增项目开发486.68亿元，计划完成率239.75%；新增评审承诺项目183.78亿元，计划完成率204.2%；年末项目储备库余额472.51亿元，其中煤电油运领域占91.63%。

四、全面落实责任制，切实抓好难点项目本息回收和化解工作。2004年，该行对重点难点项目进行了专题研究，通过采取本息回收责任制、依法收贷等措施，超额完成了开行总行下达的本息回收计划。全年累计回收贷款本息113.71亿元，贷款本息当期回收率为99.99%，同比下降0.4个百分点，累计回收率为99.61%，同比提高0.34个百分点，共化解不良贷款1.74亿元。

五、认真组织开发性金融理论的学习与宣介。2004年，该行一是制定了详细的理论学习计划；二是利用向省领导汇报工作、参加省有关会议等场合进行宣介；三是与地方政府签订了《开发性金融合作协议》，并先后在潍坊、烟台等11个地级市以及新泰、肥城等9个县级市进行集中宣介；四是通过发送宣介信的形式宣传；五是通过新闻媒体宣介开发性金融在山东的成功实践，先后在《大众日报》、《中国改革报》、《银行家》杂志做了8期宣介。

六、强化内部管理，努力提高经营管理水平。2004年，该行一是制订印发了《客户重大事项报告工作管理办法（暂行）》、《客户风险监控管理办法（试行）》等规章制度，同时加强了对各类信用风险点的动态监控，建立了城镇类客户贷后信用建设台账，并完成了106家客户信用评审年度复评工作；二是全面完成了信贷档案的整理归档工作；三是积极落实稽核整改意见；四是继续抓好纪检监察工作，不断健全监督制约机制。

【计划资金管理】 2004年，开行山东省分行进一步加强计划资金管理，主要做了如下工作：

一、贷款发放计划管理。2004年，该行按照“有保有压、区别对待”的原则，努力发挥开发性金融的作用，不断拓展发展潜力和空间。全年共汇总上报了两批项目贷款发放计划，累计签订人民币借款合同125个，合同金额225.04亿元，其中，中长期借款合同86个，合同金额199.14亿元（含中小企业借款合同20个，合同金额合计2.7亿元）；建设项目短期借款合同17个，合同金额21.6亿元；抗“禽流感”短期应急借款合同2个，合同金额1.6亿元。累计签订外汇借款合同1个，合同金额6.61亿元。累计发放人民币贷款145.26亿元，其中，中长期贷款121.16亿元（含中小企业贷款2.7亿元），计划完成率100%；发放短期贷款24.1亿元，计划完成率121%；发放外币贷款（折合人民币）6.61亿元。贷款发放主要集中在公路、铁路、电力、石化、电信和公共设施管理等六大行业，贷款余额598.82亿元，中长期贷款余额占山东省金融机构中长期贷款总量（不含个人消费贷款）的22%。

二、贷款回收计划管理。2004年，该行组织各部门针对每个项目和所在地区、行业的情况和特点，对全年和各季度贷款本息回收情况进行预测，据此下达了贷款本息回收计划，并按季对回收进度进行统一调度和分析，狠抓“贷款回收责任制”和“收贷挂钩”项目的落实。同时，密切监控不良资产变化情况，及时向开行总行、人行济南分行和山东银监局反馈收贷收息和资产质量信息。全年累计收回贷款本息113.70亿元，当期和累计回收率均为99.99%，累计回收率为1999年以来最好水平。

三、资金计划管理。2004年，该行按照“资金管理前移”的工作思路，以强化资金头寸管理为核心，加强信息沟通和科学预测，注重部门间协调和配合，加强对资金流量、资金缺口、日期分布和走势变化等情况预测。合理制定资金拆借金额和期限搭配方案，统筹兼顾，灵活调度，形成了稳健有效的资金运行机制。

2004年，该行一是勤查询、勤调度、勤分析，对资金进行动态监控。随时掌握合同签订、贷款发放、本息回收、存款收付等信息，了解项目用款动态和用款需求。按周、月、季编报资金需求预测上报开行总行，保障项目资金的拨付进度和及时到位；二是减少无效低效资金头寸占用，及时拆放开行总行。全年共办理资金收付业务1368笔，收付资金金额268亿元；办理系统内拆借资金业务236笔，拆借金额256亿元，实现拆借资金利息收入1202万元；三是积极筹措资金，支持短期贷款业务。全年共用存款资金发放短期贷款24.1亿元，顺利完成贷款发放任务；四是严格按照人行和开行总行有关规定进行利率管理。截至年底，该行优惠利率贷款余额262.91亿元，优惠面为44.46%，较年初增加2.69%；五是定期分析测算增存量贷款降息需求和对损益的影响，并对影响财务收支计划执行因素进行分析、对资金成本进行测算。

【信贷项目及管理】 2004年，开行山东省分行坚持“以客户为中心，以合同管理为基础，以风险控制为主线，以分级管理为机制”的信贷管理原则，进一步加强信贷管理，调整优化信贷结构，努力提高资产质量。

一、强化信贷基础管理工作。2004年，该行一是继续推行信贷风险管理监测系统和《信贷管理手册》，实现了信贷管理操作规范化；二是完成了信贷管理、基础数据库、抵质押管理。人行信贷登记咨询、优惠利率管理和柜台前移等系统的日常维护工作；三是加强风险控制，进一步完善信贷风险管理委员会议事制度；四是抓好借款合同的签订工作；五是抓好基础性工作，重点加强了对信贷档案、管理日志、台账系统等环节的管理。

二、做好资产质量分类工作。2004年，该行按季度及时完成了资产质量分类工作。通过资产质量3年滚动预测，明确资产质量变化趋势，及时掌握贷款项目资产质量变化情况，在此基础上，进一步加强信贷风险控制和管理，不断提高信贷资产质量管理水平。截至年末，该行贷款余额598.82亿元（含外汇贷款折合人民币7.50亿元）。其中，一类（正常类）贷款余额440.85亿元，比年初增加17.14亿元，占贷款总额的73.62%，比年初降低6.30个百分点；二类（关注类）贷款余额151.42亿元，比年初增加46.60亿元，占贷款总额的25.29%，比年初提高5.52个百分点；三类（次级类）贷款余额6.55亿元，比年初增加5.40亿元，占贷款总额的1.09%，比年初增加0.88个百分点；无四类（可疑类）和五类（损失类）贷款项目。

三、严格落实贷后管理制度。2004年，该行把贷后管理作为信贷工作的重点，结合外部检查和审计，定期自查，严格考核，形成了领导高度重视、经营管理处协调监督、客户处一线操作、考核部门严格考核的贷后管理体系，极大降低了信贷风险。

四、加强信用管理工作。2004年，该行紧紧围绕信用建设和风险控制主线，以完善信用结构、控制信用风险为重点，建立健全各项规章制度。一是以开发性金融合作协议为依托，努力推进省级信用平台建设，先后同潍坊、淄博等17个城市签订了《开发性金融合作协议》，并与山东省发改委联合召开了“城建项目管理联席会议”；二是圆满完成了小城镇建设、中小企业贷款和农业产业化等试点工作；三是先后制订印发了《信用管理处岗位职责》、《信用评审审议小组工作规程》等规章制度；四是坚持管理前移，加强对新客户的信用风险控制。

【项目开发工作】 2004年，开行山东省分行进一步加强与本省各级政府、行业主管部门和客户的联系与沟通，项目开发评审工作取得了良好成效。全年累计新增开发入库项目33个，申请开行贷款486.7亿元，计划完成率239.9%；评审承诺项目27个，承诺贷款184亿元，计划完成率204%；总行储备库中分行项目18个，申请开行贷款472.5亿元，其中，近期项目12个，申请开行贷款292.5亿元；中远期项目6个，申请开行贷款180亿元。

一、加强制度建设。2004年，该行一是建立三级责任人制度，对重大项目签订责任状。定期召开项目开发专题会议，制订重点项目开发计划；二是成立相应项目评审工作组，对具体项目评审计划、开展等情况进行协调指导；三是制定《贷款委员会工作制度》，定期召开贷款委员会会议，进行集体审议决策，有效控制信贷风险。

二、加强与各级政府的合作。2004年，该行先后与淄博等7个地级政府和龙口等13个县级政府签订了《开发性金融合作协议》，重点支持城市供水、供热、垃圾处理、污水处理、城区道路建设等重点项目建设。山东省政府将《山东省开发性金融"十一五"规划》列入该省"十一五"重点专项规划目录。

三、积极扶持社会瓶颈领域项目。2004年，该行一是与滨州、烟台等9个地级市政府类客户制定了应急短期贷款预案；二是推动解决农业产业化龙头企业的融资瓶颈问题，促进农业产业化发展。对山东得利斯、山东尽美食品有限公司、潍坊佳潍可食品有限公司等5个农业产业化试点项目评审承诺贷款5亿元；对农业灾害应急抗"禽流感"贷款的山东凤祥（集团）有限责任公司等3个项目承诺并发放贷款1.6亿元。

四、广泛开展行业调研。2004年，该行组织完成了山东省煤炭行业、煤电油运能源瓶颈行业、临沭县小城镇建设及山东省重点城市规划等调研工作。

【金融债权维护】 2004年，开行山东省分行不断探索债权管理的新方法，较好地完成了依法收贷、贷款回收及日常合同管理等债权工作。

一、加强制度建设。2004年，该行一是完善了内部规章制度，落实了岗位责任制；二是组织经营管理处法律岗和资产保全岗协助信贷部门进行债权管理的组织与实施，较好地完成了金融债权维护工作；三是构筑了科学有效的监控体系，加强对企业变更行为的日常监控，按季上报专题报告，掌握借款企业变更动向，有效地维护金融债权。

二、做好贷款回收工作。2004年，该行对造纸、化肥等高风险行业以及重点难点项目进行了专题研究，根据行业特点和项目情况，制定了具体的回收措施，通过采取总分行联动、落实责任制、依法收贷等措施，完成了开行总行下达的本息回收计划。截至年末，中长期贷款欠本欠息项目1个，与年初持平，拖欠本息金额90.41万元，比年初减少2609.15万元。

三、加强依法收贷工作。2004年，该行共对3家借款企业的3个项目实行了依法收贷措施，累计回收贷款本息9852.3万元，其中，诉讼警告项目2个，回收贷款本息9582.3万元；诉讼项目1个，回收逾期贷款利息270万元，并已由法院裁定终结执行，申领了债权凭证并办理了贷款核销手续。2004年，该行整体资产质量状况继续保持相对稳定，不良资产额9.6亿元，不良资产率为1.54%，较年初上升0.67个百分点。

【筹资工作】 2004年，开行山东省分行认真研究开展存款业务的方式和途径，积极吸收与贷款项目有关的下游存款，努力降低筹资成本，提高资金的运营效益，存款业务取得了良好进展。截至年底，各项存款余额33.57亿元，同比增加8.71亿元，日均存款18.61亿元，同比增加2.09亿元。

一、贷转存资金及项目其他资金管理与项目监管紧密结合。2004年，为进一步加强对项目建设资金的监督管理，该行对开行总行评审通过的承贷项目，要求项目企业的资本金和自筹资金存入该行，并密切监督企业资金落实情况。

二、开展优质金融服务，积极推行柜台前移。2004年，该行柜台前移的推行有效克服了开行支付、结算手段不足的制约，建立起了自己的远程支付系统，方便了项目资金支付，对与客户建立长期的银企合作关系起到了积极作用。

三、努力吸收与贷款项目有关的其他存款。2004年，该行把吸收存款工作重点放在公路、电力、城建等大行业上，利用政策性银行的优势，加强项目资金的监管，努力扩大项目资金沉淀，并通过资金监管，追踪资金走向，吸收贷款项目下游存款。

【会计与财务管理】 2004年，开行山东省分行通过加强制度建设，完善会计基础工作、会计电算化安全控制体系等措施，进一步规范了会计与财务管理工作。

一、加强制度建设。2004年，该行一是建立了完善的岗位责任制；二是制订了费用、固定资产、业务招待费、财务经费等管理系统以及大额支付系统操作规程、反洗钱工作暂行办法、重要空白凭证管理办法、印章使用管理规定等制度；三是对各项业务的操作程序、标准、要求等做了明确规定，保证了业务处理的准确性。

二、实行会计工作达标管理。2004年，该行一是制订了会计工作达标实施意见；二是加强与各部门的沟通和联系，对相关的业务资料和数据及时核对，确保报表数据的一致性、真实性。

三、规范会计电算化安全控制体系。2004年，该行制订了计算机安全操作管理办法，明确了责任，严格操作权限分配，加强对操作人员的口令、密码及密押卡等的管理，防范了计算机风险，保证了数据、资料的完整、准确。

四、强化稽核监督检查。2004年，该行在会计业务处理过程中，做到事前、事中、事后三个阶段的监督检查。另外，该行对每年的财会决算报告实行财会主办审核、内部稽核复审、外部会计公司（普华）审计的三方"集中联审"制度，采用决算、稽核、审计同步进行的做法，确保了决算数据的真实、准确、完整。

【电子化建设】 2004年，开行山东省分行不断加强计算机应用、创新、技术培训、安全管理与监督，充分发挥计算机的作用，提高了工作效率。

一、确保计算机安全生产。2004年，该行在计算机基础设施的建设、升级、维护和运行过程中，始终贯彻安全运行的指导思想，认真做好各类计算机数据库系统的技术保障和安全备份。同时，对网络和计算机的安全进行了多次安全检查，确保无安全隐患。

二、做好计算机应用系统的维护。目前，该行正在使用的计算机系统包括办公自动化系统、柜台前移系统、信贷管理与风险监控系统等11个内部应用系统，以及与人行联合使用的信贷登记咨询系统、同城交换系统、大额支付系统等多套应用程序。与开行总行密切配合，做好核心系统上线的各项准备工作，并于10月顺利实现了核心业务系统的试运行。

三、加强网络建设。2004年，该行根据自身设备现状及开行总行"两网合一"的需要，对计算机统一命名并安装了防病毒软件，及时对系统进行升级。同时对会议室进行了光线、网络、音响等改造，使之符合视频会议要求，在较短时间顺利开通了总分行视频会议系统。

【监察保卫工作】 2004年，开行山东省分行深入开展党风廉政建设和反腐败工作，加强思想道德和纪律教育，加大从源头预防和治理腐败的力度，进一步强化监督制约，促进依法合规经营，全行无违纪、违法、违规行为发生，无待查待办案件。

一、认真落实廉洁自律规定。2004年，该行一是制定印发了党风廉政建设和反腐败工作《实施意见》和《分解意见》，把责任、任务和措施具体落实到了各个部门、岗位和个人；二是以权力观教育为重点，加强理想信念教育，把自律与他律、教育与管理结合起来；三是认真组织开展了学习贯彻"一书两条例"活动。

二、以权力制约为核心，加大反腐败斗争的源头治理。2004年，该行一是严格按程序实行评审、审查和决策，确保信用和债项评审资料的客观、真实、准确；二是制定了《济南市城市建设项目投资效益评价管理方法》和《济南市重点建设工程审计实施意见》，构建对贷款项目的联合监管体系，防范信贷风险；三是严格执行《党政领导干部选拔任用工作条例》和《深化干部人事制度改革纲要》等法规制度；四是严格按照处级岗位竞争上岗、处级干部聘任制以及任前公示制度，完成了5名处级干部的竞争上岗和聘任工作。

三、强化党内外全方位监督，抓好廉政风险防范监控。2004年，该行一是保持社会监督渠道畅通，认真执行《党风廉政建设征求意见函》制度；二是落实领导干部述职述廉制度，并将述职述廉报告经组织审定后存入个人廉政档案；三是坚持实施党风廉政建设量化考核制度，落实党风廉政建设责任制；四是强化提高对重要岗位廉政风险防范与监控的水平。

四、安全保卫工作。2004年，该行严格落实"三防一保"制度，重点加强对财会处、营业部、计算机房、机要室、档案室等重点部位的监控，业务操作严格执行有关制度及规定，杜绝失泄密事件和违规事件的发生。

【金融大事记】 9月9日~10日 开行山东省分行与山东省发展和改革委员会在威海市联合召开了"山东省开行城建项目管理联席会议"。对深化该行与各级政府的合作、推进山东省城镇化建设起到了积极的推动作用。

10月17日~19日 开行山东省分行被中华全国总工会、中央文明办等9部委联合授予全国"创建学习型组织，争做知识型职工"活动示范单位。

12月18日~20日 由中国金融工会召开的全国金融系统"创建学习型组织，争做知识型职工"活动现场推进会在开行山东省分行举行。会议由中国金融工会副主席王敬东主持，开行总行纪委书记、工会主任李昌富，山东省副省长张昭福分别致辞，中国金融工会主席何界生做了重要讲话。

（宫中华　李际洲）

中国农业发展银行山东省分行

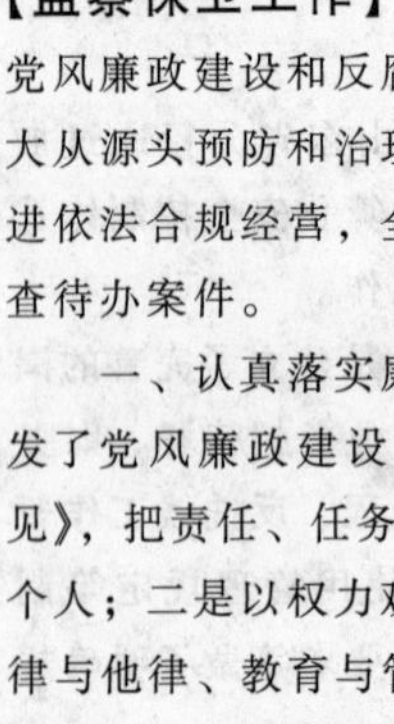

【第一负责人简介】 谢计达，男，汉族，江苏睢宁人，1944年10月生，1968年9月参加工作，1976年1月加入中国共产党，研究生，高级工程师。1968年9月至1978年9月，历任山东省泗水县农机修造厂技术员、副厂长、厂长；1980年8月，任中共泗水县委常委，泗水县经委主任、党委书记；1980年12月，任中共泗水县委常委、泗水县政府副县长；1985年6月，任济宁市经委主任、党组书记；1988年1月，任济宁市人民政府副市长、党组成员；1995年12月，任中国农业发展银行山东省分行党组成员、副行长；1998年9月，任中国农业发展银行山东省分行党组副书记、副行长；1999年12月，任中国农业发展银行山东省分行党委书记、行长。2003年4月，当选政协山东省第九届委员会常委。

【综述】 2004年，中国农业发展银行山东省分行（以下简称“农发行山东省分行”）把握粮棉市场全面放开的形势，积极支持粮食流通体制改革和粮棉购销，强化贷款风险防范，提升内部管理水平，圆满完成全年各项工作任务，连续6年被农发总行考评为一类行。

一、基本业务情况。截至2004年底，该行各项贷款余额400.77亿元（不含青岛，下同），比年初增加0.5亿元；各项存款10.67亿元，比年初增加1.67亿元；专项存款13.89亿元，比年初增加6亿元。全年累计发放粮棉油收购贷款94.8亿元，支持企业收购粮食48.3亿公斤，棉花323.1万担，棉籽148.6万担，油脂0.5亿公斤。

二、主要工作开展情况。

（一）认真贯彻落实国务院第57次常务会议精神，促进农发行改革发展。2004年，该行一是坚持做好粮棉油贷款供应和封闭运行管理，适当调整业务范围；二是严格区分政策性业务与商业性业务；三是深化改革，按照现代银行要求加强内部管理，提高效益。8月27日至29日，农发总行新任党委书记、行长郑晖来山东调研，检查指导工作，对农发行的改革和发展提出了总体思路和规划，并确定山东枣庄市分行为全国农发行综合改革试点单位。年末，综合改革试点工作取得成效。

（二）积极支持粮棉购销。2004年，该行一是针对夏粮收购初期由于企业慎购、农民惜售等原因造成的收购进度较慢问题，采取了一系列积极有力的措施，为夏粮收购工作提供了可靠的资金保障。同时，搞好政府调控贷款和其他贷款供应，满足了多样化的信贷需求；二是在全省棉花产量大幅增加、价格暴涨暴落、资金供应压力加大的情况下，切实做好资金供应管理工作，防止出现农民卖棉难等问题。促销收贷工作居全国前列，呈现出贷款对象稳步扩展、贷款额度明显增加、收贷进度均衡合理的良好势头；三是积极拓展粮棉油龙头企业和加工企业贷款业务，及时筛选项目，积极组织实施，继续支持粮食购销与加工企业联营业务的开展；四是做好财政补贴资金管理和监督拨付工作。加强与财政、粮食主管部门的工作协调、联系和沟通，促进了各项财政补贴政策的落实。

（三）努力防范化解贷款风险。2004年，该行一是认真开展全省粮棉财务挂账工作，减轻企业负担；二是在企业面临自身改革的情况下，库存监管压力加大。各级行采取了多种行之有效的监管措施，有效遏制了企业挤占挪用收购资金的势头；三是规范企业改革改制，制止和纠正企业逃废债。继续坚持资产保全工作“三项制度”，保全信贷资产。

（四）不断提升内部管理水平。2004年，该行一是以落实基本制度为核心，狠抓落实，扎实开展工作，取得明显成效。据初步验收考评，全省三级行基本达到了规范化管理的要求；二是加强基建和固定资产管理，严格执行财务收支报审制和财务公开制度，防止了违规问题的发生。同时，适时制定和完善相关核算办法和管理规定，保证了核算工作的顺利进行；三是积极开展对监事会和山东银监局检查发现问题的整改工作；四是加强技术保障和安全保卫工作，为业务正常经营和发展提供了良好的环境和保障。

【各项指标完成情况】 2004年，农发行山东省分行在粮改政策变化、财政补贴资金来源减少以及棉花市场剧烈波动的情况下，不断加强经营管理，各项指标均达到或超过总行下达的任务。新发放粮棉油购销贷款物资保证率为100%；贷款收回率102.69%；贷款利息收回率82.18%，其中，粮油储备100.51%，粮油购销89.28%，棉花56.42%；棉花三项不合理占用贷款下降885万元，超过总行计划66万元；粮油超期结算资金下降44万元；粮油企业1998年5月31日前其他不合理占用贷款比年初下降762万元，超过总行计划445万元；信贷资金运用率98.01%，超过总行计划3.01百分点。全农发行山东省分行亏损3.93亿元，比总行核定计划少亏0.31亿元。

【粮油信贷管理】 2004年是山东省粮食市场全面放开的第一年，农发行山东省分行一是多次与省发改委、粮食局等有关部门协调，向省政府提出合理化建议；二是起草下发了《关于做好夏季粮油收购资金供应与管理工作的意见》和《关于〈农发行粮食流转贷款管理暂行办法〉的实施意见》等文件；三是采取措施，为夏秋粮食收购工作提供了可靠的资金保障；四是组织开展企业信用评级工作，完善了仓单管理办法，要求各级行严格各项封闭管理制度，起到了较好的风险防范作用。

一、做好储备粮油信贷管理工作。2004年，该行积极适应总行储备粮油信贷管理政策变化，研究制定管理意见，积极支持中储粮搞活轮换经营。全年累计投放中央储备粮轮换贷款11.68亿元，轮入中央储备粮8.61亿公斤，完成全年轮换计划的87%。据初步统计，本年度中储粮直属企业已实现轮换盈利2000多万元。同时积极支持各级地方政府增储计划的实施，全年累计投放地方储备粮贷款16.25亿元，支持省政府增加省级储备粮2.5亿公斤，支持市县级政府增加地方储备粮7.31亿公斤。为防范贷款风险，还建立起轮换风险准备金943万元，加大了对储备粮油贷款的检查力度，完成了第三和第四批中储粮超成本贷款清收和资金清算任务。

二、抓住年初市场粮价较高的有利时机，积极督促企业搞好新老粮食销售。2004年，全省累计销售保护价粮食29.5亿公斤，实现销售收入40.3亿元。截至年末，全省剩余保护价库存11.9亿公斤，占用贷款14.4亿元，较年初分别减少29.6亿公斤、33.2亿元，释放了贷款风险。

【棉花信贷管理】 2004年，棉花市场出现了大幅度波动，针对复杂的市场形势和国家宏观调控政策，农发行山东省分行狠抓促销收贷工作，要求基层行逐企业制定收贷计划，按旬分等级调度购销情况，并对各行收贷进度予以通报。同时到棉花库存量多、收贷收息难度大的行重点督导，对促销收贷起到了较好作用。截至年末，上年度棉花投放的16.6亿元贷款已收回16.3亿元，加上银行承兑汇票1215万元，收贷比例达99.2%，高于全国平均水平12.2个百分点，位于全国棉花主产省前列。

面对信贷资金投放压力加大的问题，该行一是确立了"防范信贷风险，加大支持企业力度"的工作思路，促进棉花信贷业务持续发展；二是调整贷款结构，实施优质客户战略。在贷款地区结构上，重点向信贷管理基础较好、近年来新增贷款本息当年收清、外部环境较好的地区倾斜，全省棉花产区已没有贷款空白点。在贷款客户结构上，重点支持了一批经营量大、调控能力强、经营机制活、资产负债率低、经营效益好的优质客户；三是严格信贷准入制度，均衡分布贷款期限。有91家企业取得贷款资格，同比增加35家，增幅62.5%，其中，新开户企业27家。棉花贷款对象已实现了从支持供销社系统棉花行业向整个棉花产业的转变，贷款范围从支持单一流通环节转变为支持棉花产业一体化，形成了一个完整的棉花产业信贷支持链条。截至年底，全省累计投放新棉贷款16.4亿元，增加1.2亿元；支持企业购销棉花295.2万担，增加38.6万担。其中，收购贷款12.6亿元，增加2.5亿元；收购棉花235.8万担，增加21.1万担。销售收购棉花43.7万担，收回贷款2.3亿元，销售比例与收贷比例分别达到18.5%和18.6%，提高了6.3和2.6个百分点，呈现出贷款对象稳步扩展、贷款额度明显增加、收贷进度均衡合理的良好势头。

【财政补贴管理】 2004年，农发行山东省分行积极参与粮改进程和粮食补贴方式的调整，提高财政补贴资金管理水平。一是认真做好对种粮农民直补工作。采取措施及时调度资金，并多次启用总行资金调拨紧急通道，确保"五一"前后向粮农兑付的资金供应不断档。同时，各县（市、区）乡镇财政所分别在就近当地指定金融机构开设了直补农民资金专户，并建立了直补粮农资金到位情况日报制度，专项统计资金拨付情况。截至年末，累计下拨直补粮农资金7.51亿元，累计兑付种粮农民7.35亿元，拨付直补经费1327万元；二是针对全面推行对种粮农民的直接补贴、粮食风险基金使用范围发生重大调整等情况，加强粮食风险基金来源和运用情况的测算分析，督促全年节余粮食风险基金的合理拨付使用。截至年末，全省累计拨付企业上年专户节余粮食风险基金近2亿元，占上年末专户余额的45%；三是加强与财政、粮食主管部门的沟通与协调，随时掌握财政补贴政策变化情况，加强系统指导，及时调整工作思路，力促补贴资金到位。

【新贷款业务】 2004年下半年，中国银监会先后批准农发行开办粮食加工企业收购资金贷款、粮棉油产业化龙头企业贷款和其他粮食企业贷款等一系列商业性信贷业务。为了积极稳妥地开展新业务，农发行山东省分行一是制订下发一系列文件，完善了贷款审查委员会、贷审办工作办法，明确了商业性贷款上报、审查、审批工作程序，规范了商业性贷款操作管理制度；二是按照"抓住机遇，加快发展"的思路，要求下级行及时筛选上报项目，并提高工作效率，积极组织实施。当年审批11个项目、6.03亿元贷款，其中，已批复呈报行实施8个项目、4.98亿元。在认真做好拓展业务的同时，还积极支持了联营业务的开展。全年累计支持联营加工企业3个，购销企业13个，发放联营业务贷款1.4亿元，支持购销企业累计向加工企业提供粮食0.9亿公斤，购销企业联营业务收入1.2亿元，实现利润225万元；加工企业联营业务收入2亿元，实现利润1463万元，累计收回联营业务贷款1.2亿元，利息231万元。

一、棉花方面，对新开办的延伸支持棉纱、棉油深加工业务，该行按照先试点、成熟后再全面推开的原则，选择了1家棉纺织深加工试点企业和2家棉油深加工试点企业。对全省棉花产业化龙头企业摸底排查，将11家收购纺织一体的棉花企业纳入贷款范围，年末，已对8家企业投放贷款2.6亿元。

二、保险代理业务稳步推进。2004年，该行一是举办保险代理业务培训会，学习保险基础知识；二是组织开展了对开户企业及其保险情况的摸底调查工作，掌握辖内客户资源情况；三是制订下发《保险代理操作规程》，组织人员进行保险代理资格上岗考试，8月初与太平洋产险济南分公司正式签约了全面业务合作协议书。截至年末，全省39个农发行分支机构取得《保险兼业代理许可证》，已有23人取得保险代理从业资格，7个市分行已与同级太保公司签署合作协议，其余9个市的合作协议即将签署。各级行共代理太平洋产险保险业务67笔，涉及保险金额6839万元。

【风险管理】 2004年，农发行山东省分行不断强化风险意识，坚持封闭管理与风险管理相结合，以规范业务操作为基础，努力维护信贷资金安全，进一步改善了信贷资产结构。

一、认真开展全省粮棉财务挂账工作，减轻了企业负担。2004年，该行一是积极参与全省粮食清理挂账审计工作，多次参加工作方案的研究制订，并与有关部门沟通工作进展情况，指导基层积极开展工作；二是承担了省棉花财务挂账小组的日常具体工作，安排专人负责，确保数据准确及时统计上报。对财务挂账金额较大、分解落实相对困难的济宁、聊城、菏泽等地重点指导，使中央挂账金额得以全面反映；三是加强沟通协调，使省级地方政策性挂账贷款利息补贴于12月21日足额到位并及时拨付。

二、加强企业库存监管，制止和纠正挤占挪用。2004年，该行一是通过多次下发文件、召开会议，专题部署库存监管事宜；二是开展全省粮食企业库存情况大检查，对辖内所有企业的库存粮食进行了彻底清查，查出部分企业弄虚作假问题；三是在聊城市粮食购销企业集中挤占挪用收购资金问题发生后，积极向省政府反映，多次深入该市督导问题的清理、清查和清收工作，使问题得到了圆满解决。

三、规范企业改革改制，制止和纠正企业逃废债。2004年，该行一是制定下发了《关于规范粮食企业改制破产落实贷款债务的指导意见》；二是继续对企业有效资产办理抵押。截至年末，全省棉花企业已确权有效资产12.7亿元，已抵押9.7亿元，占76%，对应抵押贷款余额6.2亿元，占应办抵押贷款的96%；三是支持基层行依法维护债权。滨州市分行营业部起诉滨城区第四油棉厂擅自处理贷款抵押物案件发生后，该行始终密切关注、参与案件诉讼和法庭审理，省高级人民法院做出了农发行胜诉的终审判决；四是积极整理申报呆账贷款核销资料，目前总行已批复该行核销呆账贷款7笔，本金7158万元。

【规范化管理】 2004年，农发行山东省分行继续把实施规范化管理作为夯实收购资金封闭管理基础、提高经营管理水平的重要措施，精心组织，狠抓落实，取得了明显成效。一是认真学习总行下发的《省级分行规范化管理考核暂行办法及考核暂行标准》，制订了落实考核标准的具体实施意见；二是研究下发了《关于切实加强规范化管理工作的通知》，先后进行了两次自查工作；三是研究制定了《市级分行规范化管理考核暂行办法和考核暂行标准》和县支行规范化考核的贯彻实施意见，要求各级行对照标准进行严格排查，切实抓好新办法的贯彻落实。年底，该行规范化管理工作顺利通过了总行验收。

【财务管理】 2004年，农发行山东省分行一是严格落实各项内部管理制度，规范业务操作，堵塞内部管理漏洞；二是严格执行财务收支报审制和财务公开制度，进一步规范大宗物品及固定资产采购行为，并建立了集中采购评审成员库；三是组织了全省信贷财会业务大检查，全省全年共开展会计检查辅导460次；四是做好账务核算工作，加强固定资产和基建管理；五是做好了上年度会计决算汇审和本年度决算部署工作，真实、准确地核算反映全行经营状况和财务成果；六是加强了经营管理，努力改善财务状况。

【稽核管理】 2004年，农发行山东省分行一是对9个市分行及其营业部、15个市分行辖内的62个营业机构2003年1月至2004年稽核日前的资产负债损益情况进行了全面稽核，耗时6个月，累计投入工作日3164个；二是积极开展了对上年会计决算及指标完成真实性、任期经济责任、养老保险等常规性专项稽核，进行了呆账贷款认定及核销稽核；三是配合监事会、山东银监局和总行稽核组做好检查工作，对有关问题进行了彻底整改，并向有关部门提交了整改报告；四是积极配合银监局的非现场监管工作。

【电子化建设】 2004年，农发行山东省分行一是坚持开发和推广并重、技术服务于业务的原则，开发完成了"总行机关资产管理系统"、"车辆管理系统"、"流转贷款风险监控系统"，更新了"固定资产管理系统"和"人力资源系统"，加强了电子化建设，提高了工作效率；二是完成了程控交换机的系统升级，组建了远程教育网；三是增加了对银监局报送统计报表，完成了上年度县级经济情况和农发行主要贷款指标调查工作；四是做好综合业务会计应用系统上线准备工作。成立了数据移植督导小组，认真做好数据模拟迁移工作。在总行规定的时间内，山东省117个核算网点全部顺利完成了数据导出、上传、平衡检查、补录维护等各环节工作，为系统数据的正式迁移打下了坚实的基础。

【安全保卫】 2004年，农发行山东省分行一是成立了安全保卫、社会治安综合治理、消防工作领导小组，签订了安全保卫工作目标管理责任书；二是抓好安全防范设施建设，增强防范能力，加强了新建办公、营业场所安全防范设施建设图纸及有关设备的审查；三是完成了新建营业网点以及省行办公大楼电视监控系统的安装、设计和改造工作；四是成立了安全领导小组，及时化解不稳定因素，实现了无抢劫、无盗窃、无诈骗的三无目标。

【党建工作】 2004年，农发行山东省分行一是认真开展反腐倡廉集中教育活动。组成学习教育督导组，深入部分市分行进行检查督导，先后印发6期《纪检监察工作信息》；二是认真抓好领导干部廉洁自律工作，开展了专项清理活动，继续实行领导干部异地交流、任期经济责任稽核、任前谈话和礼品礼金登记上交等制度；三是认真做好信访举报工作。全年共立案查处违纪违规案件1件；受理各类信访举报17件（含总行转办12件），办结率为100%；四是继续抓好纠正行业不正之风工作，发放征求意见表和行风评议表，主动接受社会监督；五是制定印发了《效能监察实施办法》，扎实开展了执法监察、效能监察和各类专项治理、清理工作。

【精神文明建设】 2004年，农发行山东省分行一是积极开展了"文明单位"、"青年文明号"、"青年岗位能手"等创建活动和评选表彰工作；二是认真做好女职工工作。分行女职工委员会受到中华全国总工会表彰，获得"全国先进女职工集体"荣誉称号；三是组织开展"三个代表和青年成长”大讨论活动，并协助总行圆满完成了“农发行青年发展状况调查”和征文工作；四是开展了多项捐款和救助困难职工活动；五是成功举办了第二届职工乒乓球、书法、绘画等比赛，丰富了职工文化生活。工会被省财贸金融工会委员会授予“工会工作先进单位”称号。

【金融大事记】 3月5日 山东省农发行行长会议在济南召开。会议总结上年工作和建行以来的基本经验，研究部署了2004年工作。

3月10日～31日 农发总行监事会以专职监事谭春林一行13人组成检查组，对农发行山东省分行上年度财务状况和经营管理状况进行了现场检查。

5月18日 农发行山东省分行印发《财务管理制度建设管理办法》（试行）（鲁农发行办［2004］14号文）。

5月19日～23日 山东省政府组织省粮食局、省财政厅、省审计厅、省监察厅、省农发行五部门，组成联合检查组，对聊城市部分粮食企业挤占挪用收购资金问题进行检查处理。

6月25日 农发行山东省分行召开全省夏粮收购资金供应与管理工作调度会议。

7月29日 全省农发行年中市分行行长会议在济南召开。总结上半年工作，研究部署下半年的工作。

8月27日～29日 农发总行党委书记、行长郑晖来山东调研、指导工作。召开了山东省分行座谈会和棉花信贷管理工作座谈会，并深入到山东省枣庄市粮食企业了解、检查夏粮收购情况。

9月24日 农发总行下发《关于李玉等4名同志职务任免的通知》（党字［2004］76号文）：任命李玉为农发行山东省分行党委副书记、纪委书记；任命李德辉为农发行山东省分行党委委员、副行长；任命石寿江为农发行山东省分行营业部党委书记、总经理；免去柳翠茹兼任的农发行山东省分行营业部党委书记、总经理职务。

10月20日 全省农发行市分行党委书记、行长会议在济南召开。

11月5日 农发行山东省分行印发《贷款延伸支持棉花加工管理实施意见（试行）》（鲁农发银发［2004］195号文）。

11月11日 农发总行下发农发银复［2004］37号文，确定山东省枣庄市分行为农发行综合改革试点单位。

12月27日 农发行山东省分行印发《保险代理操作规程（试行）》（鲁农发银发［2004］238号文）。

（段玉华 辛俊峰 徐廷进）

第四部分

国有商业银行

中国工商银行山东省分行

【第一负责人简介】 杜宝起，男，1950年5月出生，汉族，中共党员，大学本科学历，高级经济师。1968年8月参加工作，1994年8月，任中国工商银行山东省分行副行长、党组（委）成员；2000年3月，任中国工商银行山东省分行副行长、党委副书记，主持全面工作；2001年7月至今，任中国工商银行山东省分行行长、党委书记。

【综述】 2004年，中国工商银行山东省分行（以下简称“工行山东省分行”）认真贯彻落实国家宏观调控政策，牢固树立科学发展观，围绕“转变、调整、完善、强化、提升”十字方针，积极推进经营模式和增长方式战略转型，各项工作继续保持了持续健康快速发展的良好势头。

一、合理把握信贷投向投量，积极支持经济发展。2004年，该行注意处理好维护金融安全、支持经济建设与加快自身发展之间的关系，按照“控制总量、调整结构、区别对待、有进有退”的原则，保持贷款的平稳均衡投放，防止大起大落，在积极支持山东经济发展的同时，信贷市场份额进一步扩大。年末，人民币贷款余额（不含票据融资）1785.91亿元，较年初增加280.16亿元，同比多增42.12亿元。其中，项目贷款增加132.33亿元，多增23.84亿元；住房贷款增加133.42亿元，多增40.66亿元；流动资金贷款增加1.91亿元，个人消费贷款增加12.49亿元。中小企业贷款试点全面推开，为全省经济协调快速发展提供了有力支持。

二、积极主动竞争市场，业务发展质量效益继续向好。2004年，该行清收处置不良贷款63.94亿元，本外币五级分类后三项不良贷款较年初下降14.16亿元和2.68个百分点，不良贷款余额及占比实现“双降”。各项存款继续保持增长，年末，人民币各项存款（含同业）余额2104.30亿元，较年初增加108.18亿元。中间业务和新兴业务快速发展，多元化增值型的内涵增长模式正逐步建立。全年实现中间业务收入7.58亿元，同比增加3.93亿元，增幅108%。资产质量的持续向好及各项业务的快速发展，为经营效益的快速增加奠定了坚实基础。年末，全行实现经营利润40.65亿元，同比增加10.54亿元。16个二级分行（省行营业部）全部实现经营盈利。在工行系统一级分行行长经营绩效考核中，山东分行排名第5位，全省有10个市分行进入全国二级分行经营30强。

三、不断加大改革创新力度，经营活力和竞争实力进一步增强。2004年，该行全面推广会计业务流程再造，成功实施网点撤并和账务上收改革，网点综合化改造进一步加快，减员增效效果明显。在136个网点实施了个人理财中心核心竞争力项目。加强银行卡统一管理，完成了集中制卡、集中账务、集中授权。推进票据融资业务统一归口管理，构建起了新的票据营销体系。科技创新不断推进，投产了住房贷款网上审查审批系统、一体化电话银行系统、集中式银证平台系统等一大批新的应用系统和新的功能版本，成功开发短信银行、电子回单箱等新产品，以及全省集中式电话和网上代缴联通、移动、网通话费业务，建立了集约化的科技管理体系，进一步巩固了技术领先优势，丰富了营销服务手段。

四、切实提高风险防范和内部管理水平，业务经营环境明显优化。2004年，该行从授信、审查、审批等多方面入手，进一步完善相关制度，强化信贷风险管理，有效防范和化解了各类信贷风险。一是成立了5个区域性贷后监督检查中心，构筑了“二级分行—区域中心—省行中心”的贷后监督体系；二是实施票据融资业务管理体制改革，完善了票据风险监测防控体系；三是定期组织开展新增贷款“回头看”检查，有效控制了信贷风险。全年新增项目贷款的100%、流动资金贷款的98.54%投向了AA-级及以上客户。年末，AA-级以上客户贷款余额占比较年初上升1.74个百分点；A-级至BBB-级客户贷款余额占比下降0.9个百分点；BB级以下客户贷款余额占比下降3.6个百分点；四是进一步加强内控建设。加快推进稽核体制改革，充分发挥区域性稽核中心作用，加大监督检查力度，完成了年终会计决算、贷后管理、中间业务收入等十多项常规和专项稽核；五是结合业务流程再造，加强了全功能银行系统管理，完善预警监控系统功能，强化了对操作性风险的硬控制；六是深入推进“扫雷工程”，严格落实防范案件责任制，加大查防案件工作力度；七是外部审计工作圆满完成，安永会计师事务所向该行出具了无保留意见的审计报告书；八是扎实推进“三防一保”工作，强化基础设施建设和员工安全防范意识，连续3年实现防范抢劫、盗窃、涉枪案件成功率100%、员工零伤亡，确保安全运营无事故。

五、着力加强党的建设和队伍建设，发展基础更加牢固。2004年，该行一是切实落实加强党的执政能力建设各项要求；二是严格落实党风廉政建设责任制和领导干部廉洁自律各项措施；三是高度重视员工教育培训；四是充分发挥党、团、工会和女工组织职能作用，开展各类劳动竞赛活动，总结推广先进经验，营造出加快发展的良好氛围。

【办公室工作】 2004年，工行山东省分行办公室工作牢固树立为领导、为部门、为基层、为员工和为经营等五项服务的宗旨，围绕加快发展这一全行工作中心，充分发挥辅助决策、督促检查、综合管理、营销宣传、联络协调、维护稳定的六项基本职能，为全行改革发展做出了应有贡献，被省委评为密码保密工作先进单位，档案中心通过省一级标准验收，办公自动化系统推广工作获总行优秀组织奖，秘书科被授予省行级“青年文明号”荣誉称号、被人行济南分行授予《金融年鉴》组稿一等奖，还有多名同志受到通报表彰。

一、强化参谋助手职能，服务改革发展大局。2004年，该行办公室一是进一步加强对全行重点工作和全局性问题的调研力度，结合实际主动寻找课题，掌握大量第一手资料，为领导决策提供了有益参考；二是不断深化和细化督查工作，促进了各项决策部署的贯彻落实。

二、扎扎实实做好服务，促进业务加快发展。2004年，该行不断加大宣传和信息工作力度，按照“宣传工作成绩、树立企业形象、大力开展市场营销、推动各项业务发展”的要求，提前制定综合宣传方案，加强档案信息的综合开发利用，更好地服务了经营管理工作。

三、做好公文、保密和稳定工作，维护全行工作有序运转。2004年，该行一是继续推进办公自动化建设，组织完成了电子公文处理系统商密版的推广和普密版物理隔离工作，提高了工作效率和信息安全度；二是适应保密工作新形势，进一步扩大保密工作范围，加强对商业秘密和计算机涉密网络信息的管理，严格落实保密责任制，全年未发生失泄密事故。

【计划财务工作】 2004年，工行山东省分行计划财务工作围绕全行经营目标，不断强化预算控制，改革绩效考评机制，推进业绩价值管理，提高资源配置效率，有效促进了全行经营模式和收益增长方式的转变。

一、强化经营绩效考评的导向和激励作用，推动全行经营模式和收益增长方式的根本转变。2004年，该行一是以综合经营预算为目标，重新制定了《二级分行行长经营绩效考评办法》，完善了预算和考评的互动机制；二是在全面客观评估各行区域环境、信贷管理水平等因素的基础上，制定了业务管理分类指导意见，指导各行有计划、有重点地开展业务；三是在上述基础上，配套改进信贷计划管理办法，规范利率管理工作程序，调整内部资金价格，保障业务管理分类指导的顺利实施。

二、加强财务管理，完善部门成本核算制度，提高产出效率。2004年，该行按照“规范化、标准化、程序化”管理要求，进一步改进营业费用管理模式，同时实行严格的授权管理和事前论证制度，强化了支出行为控制，压降了收入成本比，提高了产出效率。

三、加强固定资产管理，规范集中采购行为。2004年，该行一是合理控制基建投资规模，严格工程预决算审批，积极处置闲置固定资产，组织了土地和房屋类固定资产清查，为股份制改革做好了充分准备；二是组织修订了计划财务内控制度规范，认真开展财务检查，加强财务监督，保障了全行依法合规经营；三是按照总行绩效价值管理的要求，投产了财务归集还原系统和业绩价值管理系统，稳步推进业绩价值管理；四是定期、不定期分析存贷款、资金营运、计划进度等方面情况，及时发现掌握计划执行中的问题，提出解决方案和措施，促进了全行持续稳健发展。

【公司业务】 2004年，工行山东省分行公司业务围绕全行业务发展目标，突出工作重点，强化市场营销，实现了优质客户市场份额的稳定增长以及公司业务的稳健发展。

一、贷款营销工作保持了持续健康快速发展的良好势头，优质市场份额持续扩大。2004年，该行项目贷款投放创历史最好水平，基础设施类贷款增长较快，适度控制了一般加工企业项目贷款和流动资金贷款，贷款投向更加合理，贷款的品种、行业、客户和区域结构不断优化。

二、加强对收息工作的指导和督促。2004年，该行加大表外息清收力度，超额完成全年收息率及表外清收计划加大营销力度；二是按照信贷结构调整要求，对目前经营状况尚可，但缺乏发展潜力及存在较大隐性风险的企业加快实施贷款退出，超额完成全年贷款退出和收回再贷计划，保证了贷款的流动性和安全性。

三、加强内部管理，确保各项业务健康发展。2004年，该行一是进一步明确了各专业的工作职责和业务分工，规范了业务流程，严格执行内部控制规范，使部室内部各专业之间，部室之间及上下级行之间的业务操作进一步制度化和规范化。同时，不断完善部务会和审贷会制度，提高了决策的科学性。

【机构业务】 2004年，工行山东省分行坚持以客户为中心，以市场为导向，以效益为目标，与时俱进，锐意进取，积极实施集存、贷、中间业务为一体的整体营销，机构业务工作得到较快发展。

一、积极实施网络化营销。2004年，该行组建成立了专门服务重点客户的“客户经理服务网络小组”，实行网络化服务与营销，取得良好效果。同时不断规范对保险公司市场的统一营销，最大限度地挖掘保险市场。建立了银行保险业务营销和管理体系，进一步理顺了关系，推动了该项业务健康有序发展。

二、积极完善存款考核激励机制，加强存款监测与分析。2004年，该行一是为激发员工揽存积极性，制定了对公存款、同业存放考核办法，突出了竞争和效益两大主题，增强了全行员工营销积极性，促进了市场占比及经营效益的提高；二是建立了重点机构、同业系统客户存款增长情况的监测分析制度，保证了重点客户存款的稳定增加；三是加强风险防范与控制，保证了机构业务工作的正常开展；四是积极组织业务培训，开展多种形式的讲座，进一步提高人员素质，为全行机构业务的加快发展奠定基础。

【资金营运工作】 2004年，工行山东省分行资金营运工作以确保全行对外支付、增加资金营运效益、扩大票据融通收益为目标，加强资金预测预报，强化资金调度管理，加快新兴业务推广步伐，努力压缩资产占用，主动扩大资金来源，全行备付头寸始终保持稳定额度，为业务经营提供了稳定的资金环境。

一、大力实施票据管理体制改革，推动票据业务规范稳健发展。2004年，该行一是针对全行资金头寸紧张、贷款规模较大的状况，票据业务营销积极贯彻快进快出，加速周转，降低余额，减少资金占用的指导思想，有效提高了票据融资单位收益率；二是认真贯彻总行票据管理体制改革要求，全面推进以机构准入为核心的票据融资业务统一归口管理，基本完成了票据营销体系的重新构建。

二、债券业务不断创新发展。2004年，该行一是先后成功开办了债券柜台交易、代销电子记账式国债等新兴业务；二是按照总行统一部署，组织投产了国债集中管理系统、票据业务管理二期工程、资金调拨邮件（二期）、资金集中配置系统一期版本等多个业务管理系统；三是建立了资金营运情况定期通报制度，有效规范和促进了业务发展。

【信贷管理工作】 2004年，工行山东省分行信贷管理工作以风险控制为核心，进一步强化管理手段，切实保障新增贷款质量，努力抑制存量贷款劣变，各项工作迈上了一个新台阶。

一、全面加强信贷风险控制，加快推进信贷结构调整。2004年，该行按照总行要求，进一步加强对公司客户正常贷款的管理分析，及时发出预警提示。一是在将贷款质量纳入行长绩效考核的基础上，制定了严格的《公司客户贷款质量和贷款退出考评办法》，对贷款质量及贷款退出制定明确的管理目标，有效控制了贷款劣变；二是根据宏观经济形势变化，及时研究制定有关信贷投放意见，引导全行抓住机遇，推进信贷结构调整向纵深发展。

二、进一步规范审查审批流程，严格把握新增贷款进入关口。2004年，该行一是在规范授信及信贷业务审查审批流程的基础上，重点加强了对关联风险的防范，严防企业多头、过度融资；二是加大了对土地占用、项目审批、环保等要点的审查，密切关注国家宏观调控政策动向，严格防范政策风险；三是坚持定量与定性风险分析相结合的原则，努力提高对财务报表的审查水平，细化财务分析要点，增强异变情况分析深度，不断提高识别虚假报表的能力；四是加强贷款用途及还款能力审查，规范贷款期限管理，为实现新增贷款质量的持续向好奠定了坚实基础。

三、全面加强贷后管理。2004年，该行在组建省行贷后监督检查中心的基础上，成立了济南、烟台、济宁、淄博、临沂五个区域贷后监督中心，初步构筑起“二级分行—区域中心—省行中心”贷后监督的三道防线，进一步增强了贷后监督检查的独立性和权威性。

【住房金融业务】 2004年，工行山东省分行住房金融业务坚持“同业争占比，系统争位次，发展争速度、经营争效益”的指导思想，扎实有效开展工作，为全行信贷结构调整和综合效益提高做出了积极贡献。

2004年，该行一是在全面分析山东房地产市场及国家房地产金融新政策的基础上，出台了一系列鼓励住房金融业务发展的政策措施，进一步完善了专业化营销和管理体系，开创了住房开发贷款超前投放，个人住房贷款均衡增长的良好局面；二是坚持业务发展与风险防范相结合原则，积极打造住房信贷精品业务，实现了“两手抓，两手硬”；三是利用“以训代会”、“系统培训”、“外出学习”等不同形式，对住房金融专业从业人员开展了各类培训，收到了较好效果。

【资产风险管理】 2004年，工行山东省分行资产风险管理工作积极调整思路，有效拓宽了不良资产清收处置渠道，在多个方面实现了新突破。

一、全力以赴做好不良资产清收处置工作。2004年，该行一是组合运用以物抵债、诉讼了断、公开拍卖等各种方式和手段，促进不良资产尽快变现和最大化受偿，为打包处置做了充分准备；二是在对不良贷款进行全面调查分析的基础上，逐户编制清收处置预案，全面促进银政合作整体处置不良贷款工作；三是根据不良资产清收处置工作的阶段性特点，采取不良资产包内与包外处置并举，整体打包处置与传统方式处置并重的方式，加快不良贷款的清收处置。

二、大力加强资产风险基础管理和制度建设。2004年，该行建立了《账面五级分类不良贷款手工台账》和《低信用等级客户正常贷款手工台账》，设立了清收处置预案库、呆账核销项目储备库和以物抵贷项目储备库，逐步充实不良资产基本信息库，细化了管理措施，夯实了管理基础。

三、进一步完善不良贷款监测管理体系。2004年，该行一是深化和细化了不良贷款分析报告制度，实现了风险监测工作向前、向下和向外“三个延伸”；二是建立了考核通报制度，完成了信贷资产、非信贷资产和表外业务资产质量分析工作；三是加强债权管理，维护全行合法权益；四是按照精细化、规范化、科学化要求，完善业务流程，严格内控管理，规范处置操作规程，有效防范了清收处置过程中可能存在的风险。

【会计结算业务】 2004年，工行山东省分行会计结算业务围绕全行总体目标，强化内部控制，深化管理体系改革，较好地完成了各项工作任务。

一、加快结算产品创新与发展。2004年，该行认真组织结算产品分析和市场调查，有针对性地制定具体措施，推出了短信银行、电子回单箱等结算中间业务新产品。以现金管理服务为龙头，同时加强日常结算工作管理，确保各项结算工作顺利开展。

二、强化内部管理和控制。2004年，该行一是狠抓会计制度的建设，制定了外汇、个人金融、现金出纳等业务核算办法，加大对基层行业务核算与管理工作的规范力度，增强了规章制度的权威性；二是实施了以总会计委派制等为重要内容的会计业务流程再造改革，进一步健全检查监督体系，确保职能落实到位；三是加大检查力度，组织了两次核算业务大检查和多次现金出纳检查和专项检查，及时发现和纠正了执行规章制度中存在的问题；四是修订了《会计结算工作考核办法》，强化了对该项工作的管理考核。

三、开展了会计业务流程再造。2004年，该行一是全面推行网点综合化和柜员综合制改革，进一步提高了网点综合竞争力；二是顺利完成了网点撤并和账务上收工作。

【个人金融业务】 2004年，工行山东省分行个人金融业务坚持以市场为导向、以客户为中心、以控制风险为前提，加大业务资源整合和创新力度，加强重点品牌推广和营销，实现了稳步发展。

一、以存款工作为重点，积极竞争优质客户。2004年，该行认真分析储蓄形势，深入基层开展工作指导，采取切实有效措施促进储蓄存款稳定增长。一是加强对重点行的指导，改进考核激励机制，加大对日均存款考核力度，促进储蓄存款增长方式转变；二是加大对优质客户竞争力度。截至年末，实施个人理财中心核心竞争力项目的网点达136家。

二、加快中间业务市场开拓，实现中间业务快速发展。2004年，该行根据中间业务发展规划和个人金融业务市场实际，重点营销代理保险、牡丹灵通卡·e时代、个人结算、代理基金等业务，不断提高产品的市场占有率，进一步拓宽了收入渠道。

三、切实加强基础管理，保证个人消费贷款业务健康发展。2004年，该行一是推行个人消费贷款前后台业务流程分离，严格划分前后台岗位职责，切实加强个人消费贷款管理；二是实施了动态监测制度，加大违约贷款清收力度，大力压缩不良贷款，促进业务规范发展。截至年末，全行个人消费贷款不良率仅为0.13%，继续保持在较低水平。

【银行卡业务】 2004年，工行山东省分行银行卡业务以规模、质量、效益为中心，大力开拓市场，提升服务水平，规范业务管理，较好完成各项工作任务。

一、采取有力措施，确保经营目标均衡实现。2004年，该行加强对基层行的现场督导，适时调整考核办法，并实施重点帮促，狠抓任务目标落实，实现市场、效益和质量的协调发展。全年实现总收入1.18亿元，中间业务收入0.62亿元，信用卡发卡量达到33.67亿张。

二、加大工作力度，促进银行卡业务快速发展。2004年，该行一是抓住消费热点，巧借时势做好营销活动。实现银行卡业务协调发展；二是在膨胀业务规模的同时，进一步强化风险意识，切实加强对不良透支的监控追透力度，牢牢控制业务风险；三是根据总行制卡集中工作的统一部署，精心组织，周密实施，圆满完成银行卡的制卡、账务和授权三集中工作。

三、加强客户服务，提升银行卡品牌形象。2004年，该行制定了《2004年银行卡客户服务工作指导意见》，指导各行规范服务标准，建立客户分级管理体系，对重点客户进行重点服务。开通了银行卡短信银行业务，进一步提高了服务水平。

【电子银行业务】 2004年，工行山东省分行电子银行业务以产品功能完善和市场营销为主线，重点推广集团理财、收费站、贵宾室、代缴费等特色业务，积极实施主题营销战略，大力提升电子银行产品知名度，实现了电子银行业务快速发展。

一、业务品种不断完善，服务功能不断提升。2004年，该行一是首家投产一体化电话银行独立省版本，提升了电话银行同业竞争力；二是增加了网上国债、网上信用证、手机支付等新产品和新功能，实现了电子银行业务对网上、电话、手机三种渠道的全面覆盖；三是投产了集中式银证平台系统，对银证转账和银证通业务功能进行了全面优化；四是积极拓展网上代缴费品种和覆盖范围，收费站、贵宾室、代理行、B2C、外汇买卖等特色业务在全省迅速推广。

二、市场拓展力度加强，主题营销效果明显。2004年，该行一是抓住有利时机，在全省范围内开展了“工商银行银证通 百日有奖大行动”、企业电子银行营销竞赛、“工行‘金融@家’，开户送礼、证书免年费、交易有奖”个人网上银行促销、与“三联家电网上商城SHOP365”等网站开展B2C在线支付联合促销、“金融@家”客户证书专项营销等活动，实现了各项产品的较快发展；二是加大媒体广告宣传力度，通过电视、电台、报刊、网络等渠道广泛宣传电子银行业务，大大提高了该行电子银行知名度，促进了业务规模的膨胀和效益的提升。

三、组织机构日益健全，业务操作更加规范。2004年，该行一是规范业务流程，简化电子银行开户手续，极大地方便了客户办理业务；二是狠抓风险防范，强化制度管理，加强业务检查，规范了基层行业务操作，提高了业务管理水平。

【管理信息工作】 2004年，工行山东省分行管理信息工作本着为行领导经营决策服务，为全行改革和业务发展服务的宗旨，充分发挥了“及时反映、经营监测、决策咨询、业务引导、信息发布”的职能作用。

一、加强统计制度的制定和落实，积极为全行业务发展提供数据信息支持。2004年，该行共上报总行、人行济南分行、山东银监局、统计局等部门报表780次，提供各种书面分析表4600余份，上网发布各种数据信息450余次，统计报表工作实现了无差错。同时建立了大机数据质量定期报告和通报制度，积极组织力量进行数据核对工作，提高数据质量。配合总行实现资产负债、损益表由CS2002系统隔日大机取数自动生成，取消逐级汇总上报，有效提高了报表的及时性、准确性。

二、大力推进统计改革，顺利完成了管理信息统计系统(SIS)在全行的投产应用。2004年，该行一是全面做好数据仓库三大系统的投产、应用工作，有效发挥了对各级行业务发展的服务作用，实现了省行“网讯”改版升级，提高了信息整体质量；二是充分结合专业数据、信息优势，积极规划和组织业务调研分析活动，全年完成月度、季度分析24篇，专题分析8篇，受到总行领导的表扬。

【信贷评估工作】 2004年，工行山东省分行信贷评估工作以充分揭示和防范信贷风险为目标，坚持独立、客观、公正的评估评级理念，按照各项规章制度，认真履行工作职责，在防范信贷资产风险、提高信贷资产质量方面发挥了重要作用。

一、严格资信业务管理。2004年，该行一是积极做好客户信用等级评定工作；二是积极清理待处理未评级客户；三是努力做好行业分析，为信贷决策提供依据。

二、大力提高评级评估管理水平。2004年，该行一是制定了《客户信用评级管理规定（试行）》和《客户评级质量考核办法（试行）》，进一步规范了客户评级工作；二是组织完成了全省项目评估业务检查和信用评级业务检查；三是对部分市分行组织开展贷款评估后评价，对存在的问题及时提出了建议，促进了全行信贷评估工作水平的不断提高。

【国际业务】 2004年，工行山东省分行国际业务工作加强基础管理，强化市场营销，加快产品创新，取得较好经营成果，保持了健康快速发展的良好势头。

一、积极争揽外汇对公存款。2004年，该行针对外汇资源有限、市场竞争激烈的形势，充分发挥本外币一体化经营优势，将外汇代客理财作为争揽外汇存款的重要手段，切实加强对省内重点进出口客户的营销力度，积极争揽外汇存款，实现了外汇存款的持续稳定增长。

二、大力开拓优质外汇贷款市场。2004年，该行一是将信贷投放继续向优质客户资源丰富、项目资源充裕、优势产业集中、经营管理规范的分行倾斜，拉动了各项外汇业务的较快增长；二是严把贷款投向，调整外汇信贷结构，新增贷款全部投向了AA-级及以上企业。

三、加快发展外汇中间业务。2004年，该行积极营销国际结算、结售汇、代客理财与风险管理业务、个人外汇买卖等外汇中间业务，较好地完成了外汇利润计划。

【投资银行业务】 2004年，工行山东省分行投资银行业务解放思想、更新观念、完善机制，扎实工作，取得显著成效。

一、做好分类指导和典型引路工作。2004年，该行对下属各行的中间业务发展进行分类管理和指导，使各行充分发挥自身优势，明确发展重点。

二、继续强化中间业务收费和收入管理。2004年，该行一是认真贯彻执行总行中间业务收费《标准》和《减免管理办法》，彻底解决了中间业务收费标准不统一、不明确，操作执行缺乏制度约束的问题；二是加强了对中间业务收入及收费情况的分析，通过加强中间业务收费和减免管理，进一步挖掘了中间业务的收入潜力。

三、进一步加大投资银行业务拓展力度，在规模扩张和品牌建设方面取得了一定成绩。2004年，该行大力推动全行发展各类企业财务顾问业务，促使该项业务健康、快速发展。该行当年与300余户客户签订了常年财务顾问协议，与30余户客户签订了专项财务顾问协议，有针对性地提供改制、并购、重组、融资等专项顾问服务。特别是在企业改制业务领域，做成了一批具有一定市场影响力的重大项目。

【稽核监督工作】 2004年，工行山东省分行以风险防范为导向，以效益、质量、内控管理为重点，大力拓展稽核领域，改进稽核方法，快节奏、高效率地开展工作，较好地发挥了稽核的服务、保障作用。

一、进一步加大稽核监督力度。2004年，该行一是组织了年终会计决算专项稽核、各项离任稽核两项常规稽核以及贷后管理、中间业务收入、个人消费贷款等九项专项稽核；二是进一步完善制度，修订印发了《内部控制规范》，为内部决策、专业管理、业务操作等提供了更加规范的标准和依据；三是精心组织内控管理检查工作。通过定期检查与不定期检查相结合的方式，分阶段、分层次对400多个营业机构进行了内控管理情况专项检查，及时纠正解决了其中存在的一些问题，推动了各项业务的安全运营和稳健发展。

二、继续稳步推进稽核体制改革。2004年，该行一是继济南、济宁、临沂之后，顺利完成了淄博稽核监督中心的组建工作；二是制定实施了《稽核工作考评办法》和《总稽核年度工作考评实施细则（试行）》，保障了该项工作的正常开展。

【法律事务工作】 2004年，工行山东省分行坚持依法合规经营，运用法律手段清收和转化不良贷款，努力防范化解金融风险，有力地保障各项业务的健康发展。

一、进一步完善和加强转授权管理工作。2004年，该行一是根据总行转授权工作有关规定，将二级分行划分不同类别，分别转授不同的审批权限，并在此基础上，完成了2005年转授权调整和特别转授权工作；二是进一步修订完善了转授权工作内控制度；三是在全行范围内对转授权及其执行情况进行检查。

二、积极参与业务开拓，为业务部门提供强有力的法律支持。2004年，该行相关部门一是运用法律知识为金融新产品的开发与设计保驾护航；二是积极为业务部门提供法律审查服务，及时发现和指出业务部门业务发展中存在的问题，并与其共同研究制定合法可行的解决方案，有效规避市场风险；三是继续加强案件管理工作，维护该行权益。

【信息科技工作】 2004年，工行山东省分行按照“安全、创新、服务”的总体发展思路，紧紧围绕“确保计算机系统安全生产”这一中心任务，不断加强科技体系建设，完善科技管理手段，加快新系统开发和应用推广进度，确保了生产系统的高效、稳定运行，支持了全行各项业务的发展。

一、规范生产管理，定期分析和改进生产运行中出现的问题。2004年，该行安全生产运行率达到99.99%，网络安全运行率99.99%，操作安全率100%，无生产责任事故发生。其做法：一是继续加强系统维护管理和安全系统建设，完成了NOVA V1.1—1.4版本及相应补丁等100多个版本的投产工作，投产了分行数据平台统计报表系统，实现了防病毒服务器版本的全面升级；二是全面实施辖内网络改造工程，完成了省行至各市分行广域网线路的升级工作，对二级分行局域网进行了进一步调整、规范。

二、加快应用产品开发与创新，支持业务发展。2004年，该行一是承担了跨行支付、代理保险、代理财政支付等多个项目的开发任务，完成了移动、联通、网通代收版本的开发和推广，以及电费、国税和地税代收版本的投产工作；二是积极做好新产品业务的开发和系统整合，在全省投产推广了金融消息平台的技术改造以及个人住房贷款审查审批系统，并完成了集中式银彩通系统、集中式银企转账系统的开发工作；三是成功实施和完成了一体化电话银行客户服务中心的建设工作。

【人力资源工作】 2004年，工行山东省分行围绕班子建设和队伍建设两项重点，开展大规模的员工教育培训，同时继续深化干部制度和劳动用工制度改革，强化完善干部能上能下、员工能进能出的用人机制，平稳推行劳动合同续签、临时用工的规范整顿工作，为全行的改革发展提供了有力的组织保障和人力资源支持。

一、进一步加强领导班子及干部队伍建设。2004年，该行一是通过各种方式，对部分二级分行的领导班子进行了调整充实，领导干部的年龄、学历和专业结构进一步优化；二是继续加强领导干部队伍素质建设和人才工作，对新提任领导干部实行了以思想政治、党风廉政、领导艺术和水平的任前培训制度，取得了较好的效果。

二、切实抓好教育培训工作，推动学习型银行建设步伐。2004年，该行共举办各类培训班2091期，培训员工近6万人（次），人均培训11天。同时进一步压缩机构总量规模，调整机构区域布局，在单一业务功能储蓄所数量下降的同时，支行、分理处等具有综合业务功能的网点数量明显增加，机构规模和结构得到进一步改善与调整。

【党务工作】 2004年，工行山东省分行不断探索围绕效益抓党务、抓好党务促发展的新思路新方法，为全行加快发展提供了有力的精神动力和思想保证。

一、加强政治理论学习的组织管理，做好思想宣传工作。2004年，该行围绕学习贯彻十六届三中、四中全会精神、科学发展观，组织举办了4期党委中心组（扩大）读书班，在全行员工中深入开展了“树立科学发展观、弘扬求真务实精神”主题教育活动。

二、围绕中心、突出重点。2004年，该行积极开展共青团工作，继续加强“青年文明号”建设，促进了全行工作的开展。

【工会工作】 2004年，工行山东省分行工会工作坚持贴近实际、服务全行的基本指导思想，始终围绕全行经营发展战略，有针对性地确定工作目标和措施，统筹协调，注重实效，工会工作质量和效果都有了进一步提高。

一、充分发挥职代会职能作用，深入推动行务公开。2004年，该行一是在实现二级分行及其以下机构职代会建会率100%目标的基础上，根据业务发展需要适时召开职代会；二是按照党委统一领导，党政共同负责，纪检、监察、工会协调监督，职能部门各负其责、具体承办，员工广泛参与的机制要求，进一步理顺了行务公开的形式和渠道，拓展行务公开的内容；三是开展了合理化建议活动，广泛听取员工对业务发展和经营管理的意见建议，进一步调动了全行员工参与全行事务的积极性。职代会在全行员工中的影响力进一步增强。

二、深入开展全员劳动竞赛、技术练兵活动。2004年，该行一是根据业务发展需要，在全行开展了首季开门红劳动竞赛活动以及个人网上银行营销、牡丹卡业务营销等一系列专题竞赛活动，充分调动员工积极性，促进了各项业务快速发展；二是组织开展了“打造服务品牌，树立服务形象”为主要内容的“优质文明服务月”活动、“山东省实施《工会法》法制教育宣传活动”、“学习新时期金牌工人许振超”等主题教育活动。

【纪检监察工作】 2004年，工行山东省分行纪检监察工作深入贯彻党风廉政建设责任制，狠抓案件防范工作责任制落实，加大从源头上预防案件的工作力度，全行党风廉政和案件防范工作取得新成效。一是认真贯彻党风廉政建设责任制，狠抓“四大纪律八项要求”和领导干部廉洁自律的各项规定的落实，坚持领导干部重大事项报告制度、个人收入申报制度和党内民主生活制度，领导干部廉洁从政的自觉性有了进一步的提高；二是继续完善查防案件工作机制。深入开展了两个周期的“扫雷工程”，实现了“扫雷工程”由网点向机关、由操作人员向管理人员的延伸，扩大了覆盖面，提高了防范效果；三是积极开展执法监察。组织开展了对不良贷款处置、个人住房按揭贷款、人力费用指标分配情况、2003年以来各级管理人员执行廉洁自律规定情况的执法监察取得了较好的效果。

【安全保卫工作】 2004年，工行山东省分行安全保卫工作以“三防一保”为重心，突出抓好制度完善和基础防范设施建设，积极开展思想教育和案件预防工作，连续3年实现防范抢劫、盗窃、涉枪案件成功率100%、员工零伤亡目标。

一、进一步完善制度建设。2004年，该行以国务院、总行相继发布的一系列保卫法规、制度为契机，积极组织修订了《保卫工作内部控制规范》，起草印发了《刑事、重大治安案件及突发事件预防和处置细则》、《火灾事故预防和处置细则》、《灾害事故预防和处置细则》，保卫工作规范化建设水平进一步提高。

二、大力加强基础防范设施建设，各项安全管理指标稳步向好。截至2004年末，该行现金营业网点中，已有99.9%安装了柜台防弹玻璃，营业网点、金库保安监控安装使用率以及报警与“110”联网率分别达到100%，防弹专用运钞车占比达到97.37%。积极落实“减库、减人、减枪”保卫工作方针，加快推进守押社会化改革。年末，全行金库数量较上年减少6个，守押人员减少35人，军用枪全部按要求换装为防暴枪，换装后防暴枪支总数减少96支。

【干校工作】 2004年，工行山东省分行干校积极适应全行培训任务不断增加的实际，深挖内部潜力，合理安排培训班次，保持了发展的良好态势。全年共举办各类培训班86期，培训学员约5400多人次，办班期数、培训人数和培训天数创造了学校历史新记录。

一、大力推动培训项目开发。2004年，该行在原有培训项目开发工作的基础上，对原有课题小组进行了重新整合，建立了9个以教学骨干为主、全部教师参加的培训项目管理小组，赋予项目小组培训项目需求调查、培训策划、组织实施、效果评估等新任务，加强了与省行部室和各专业的联系，增进了对业务发展状况的了解和掌握，激发了专职教师的工作、学习热情，促进了专业知识学习和项目开发能力的提高。

二、重视抓好教职工思想教育，努力提高员工政治素质。2004年，该行开展了“树立科学发展观、弘扬求真务实精神”以及以爱党为主题的学习教育活动，教职工思想政治素质进一步提高。同时，通过组织集体学习、知识问答、制作宣传栏等多种形式，在全校营造良好的学习气氛，增强学习效果，有力促进了教育活动的开展。

【金融大事记】 1月12日~21日 工行山东省分行在全省组织开展题为“吉祥牡丹 完美风暴—用牡丹卡，中千里马，再添数码激情”的牡丹卡消费促销活动。

2月3日~4日 2004年全省工行行长会议在济南召开。

2月23日 工行山东省分行行长杜宝起参加山东省金融工作座谈会，并代表国有商业银行发言。

2月24日 山东银监局在工行山东省分行16楼行务会议室召开高级管理人员2003年度考核暨年度审慎会议。

3月2日 工行山东省分行行长杜宝起，副行长孙东奎、夏卫阳、李明，总稽核张东奎参加安永审计见面会，与工行总行稽核监督局吴醒总经理，安永会计师事务所合伙人杨振辉先生进行了亲切友好的交谈。

3月5日~6日 工行山东省分行首季开门红工作现场会议在济宁召开。

3月24日 工行山东省分行、三一重工股份有限公司、湖南中发资产管理有限公司、太平保险济南分公司汽车消费信贷业务合作协议在银工大厦2楼签字大厅隆重举行。

4月15日~16日 工行山东省分行在邹平召开市分行行长工作会议暨首季开门红总结表彰会议。

4月29日~30日 工行总行姜建清行长一行到山东省分行调研指导工作。山东省委书记张高丽会见了姜行长一行。

5月22日 工行山东省分行顺利完成银行卡制卡集中工作。

全省成功投产NOVA1.2版本，该版本包含保证金管理系统、凭证式国债集中管理系统、银行卡集中、外汇买卖集中平盘及远期结售汇系统等近30个项目。

6月15日 山东省委副书记、济南市委书记姜大明来工行山东省分行视察工作。

6月22日 工行山东省分行在泰山会议中心隆重举行国际业务重点客户联谊会，特别邀请了2003年进出口总额5000万美元以上的50家企业的董事长（总经理）和财务部（国贸部）经理共90多人参加。

6月24日 工行日照市分行与日照港（集团）有限公司全面合作协议签字仪式在日照碧波大酒店隆重举行。工行山东省分行行长杜宝起、副行长孙建勇出席了签字仪式。

6月25日 工行山东省分行举办业务推介会，向人民解放军济南军区联勤部推介《军队业务金融服务方案》和《军队业务产品推介方案》，获得了军队领导的肯定与好评。

6月30日　安永会计师事务所对工行山东省分行的外部审计顺利完成。

7月9日　工行山东省分行与济南军区（战区）联勤部财务部金融业务合作暨应急资金保障协议签字仪式在银工大厦2楼签字厅隆重举行。

7月22日　山东省城市金融学会第三次代表大会在泰安召开。工行山东省分行行长杜宝起当选为新一届会长。

7月23日　济南、淄博、临沂、济宁、烟台等5个贷后监督检查中心成立。

8月21日　工行山东省分行成功投产NOVA1.3版本，该版本包含会计要素管理系统、保证金管理（二期）、人行交换提回票据集中处理——手工模式等数十个项目。

10月19日　工行山东省分行行长杜宝起在山东大厦会见来访的美国卡特彼勒公司副总裁瑞拉文先生一行。

10月28日　工行山东省分行在济南召开全省市分行行长工作会议。

10月　工行山东省分行成功投产预警监控系统二期，进一步完善了系统功能。

11月8日　工行山东省分行行长杜宝起出席菏泽市单县龙基生物发电工程奠基仪式。

11月8日　工行总行任命夏卫阳为江苏省分行党委委员、副行长，不再担任山东省分行党委委员、副行长职务。

11月13日　工行山东省分行成功投产NOVA1.4版本，该版本包含现金管理系统、开放式基金代理销售及核算系统、资金集中配置、无折灵通卡项目等数十个项目。

11月27日　全省工行一体化电话银行系统在工行山东省分行营业部顺利投产，成为全国第一家投产独立省版本的一级分行。

11月27日　全省工行集中式银证平台系统成功投产。

12月11日　工行山东省分行行长杜宝起、副行长孙建勇在山东大厦参加山东银监局工作汇报会，并向中国银监会刘明康主席作工作汇报。

12月13日　栾建胜被聘任为工行山东省分行副行长。

12月13日　张东奎被任命为中国金融工会工行山东省分行工作委员会主任（副行级），免去其工行山东省分行总稽核职务。

12月15日～18日　工行监事会主席王为强来山东省分行视察指导工作，并到潍坊、威海、烟台等地调研参观了南山集团、荣成华泰汽车有限公司、烟台张裕集团有限公司等企业。

（冯建军　邢新华　张任波）

中国工商银行青岛市分行

【综述】　2004年末，中国工商银行青岛市分行（以下简称“工行青岛市分行”）本外币各项存款余额360.55亿元，较年初增加37.28亿元；其中，人民币各项存款余额344.98亿元，增加40.90亿元，各项外币存款余额减少4381万美元；本外币各项贷款余额334.13亿元，较年初增加14.31亿元；其中，人民币各项贷款余额增加20.43亿元；各项外币贷款余额减少7402万美元；实现本外币经营利润36431万元，同比增加1.28亿元；实现中间业务收入8186万元（不含汇兑收益），增长47.42%；本外币五级分类后三类不良贷款余额比年初减少4.1亿元；占比下降2.71个百分点，实现了余额和占比“双下降”。

【机构设置情况】　截至2004年末，工行青岛市分行共辖各类营业网点155个；其中，分行本部1个（19个部室），支行级营业机构18个，分理处46个，储蓄所90个；另有8个直属单位；正式在岗职工3002人，离退休人员928人。

【工商信贷】　2004年，工行青岛市分行努力开拓优质公司信贷市场，累计发放公司客户贷款80.42亿元，其中，投向AA-（含）级以上企业68.87亿元，占85.64%，比年初提高7.1个百分点。

2004年，该行一是进一步加大对青岛市重大项目的跟踪营销力度，共获得总行219亿元的贷款承诺函，为业务发展储备了雄厚的项目资源；二是继续努力打造住房信贷“精品业务”工程，住房贷款的增量、质量和效益均有了新的发展。全年共审批发放住房开发贷款13.2亿元、个人住房贷款28.08亿元；年末，住房开发贷款余额较年初增加6.29亿元，个人住房贷款余额增加12.39亿元；实现了个人住房贷款的存量、增量、累放、累收四项主要业务指标的全市同业占比第一，并成为青岛市首家个人住房贷款余额突破60亿元的商业银行；三是稳步发展消费信贷业务，合理配置品种结构，从严控制贷款条件，提高了消费信贷的经营管理水平，年末，有9家支行的消费信贷不良率保持为零，5家支行控制在1.5%以内。

【存款业务】　2004年，工行青岛市分行通过推行积极的存款战略，实现了储蓄存款的持续稳定增长。一是根据居民需求，陆续发售了5期“汇财通”，有效抑制了外币储蓄存款的持续下滑局势。全年共建成理财中心18处，实现理财中心新增储蓄存款5.65亿元，占全分行增量的25.04%；二是通过开设“理财金账户”绿色通道等措施，积极竞争优质客户，全年新发展理财金账户客户6855户，完成总行计划的137.1%；三是推出“牡丹灵通卡e时代”品牌，累计发放该卡7.3万张；四是在对公和同业存款方面，加强了对重点系统客户的金融服务，优质公司客户人民币存款余额较年初增长8.1亿元；五是加大了与金融同业的业务合作，确立了在青岛市同业支付结算代理市场的优势；六是大力发展代理保险业务，全年累计归集资金超过15亿元；七是加强银证合作，实现转账金额3.3亿元。

【国际业务】 2004年，工行青岛市分行加快外汇业务创新步伐，抢占国际业务发展先机。全年累计完成国际结算量18.07亿美元，同比增长10.92%。一是积极营销远期外汇买卖业务，办理远期结售汇业务174万美元；二是加大对金融同业的营销力度，累计办理同业清算19392万美元；三是与青岛市商行签订了全面合作协议。

【银行卡业务】 2004年，工行青岛市分行牡丹卡业务实现了质量型增长和效益型发展。年末，实现牡丹卡有效卡58482张，其中，牡丹准贷记卡38268张，牡丹贷记卡20214张。牡丹卡消费额为8.9亿元。

【电子化建设】 2004年，工行青岛市分行加大科技创新开发管理力度，实现了银保、银证、银税、银财、银警等领域的广泛合作。一是组织完成了NOVA V1.2、NOVA V1.3、NOVA V1.4、凭证管理系统、人民币账户管理系统等重大科技项目的投产工作；二是根据信息化建设的需要，制定了加强计算机病毒防治、加强NOTES办公系统规范使用等管理办法；针对部分行ATM安全隐患问题，及时实施了ATM安全隐患防范技术改造工程和软件升级工作方案；三是加强产品整合，强势打造“金融@家”电子银行品牌，新增“金融@家”个人网上银行客户47675户，全年实现电子银行总交易额1248亿元，分别是上年的2.3倍和1.53倍，占据了全市同业80%以上的市场份额。

【内部管理】 2004年，工行青岛市分行积极贯彻总行信贷政策，围绕防范和控制信贷风险这一核心，认真把关新增贷款，强化信贷结构调整，全面整治贷后管理，全年实现存量A+级（含）以下企业退出5.34亿元。

2004年，该行一是加快业务流程再造，对前台业务操作流程和内部凭证传递环节进行了重新梳理和优化，组建了业务处理、现金营运和监督等三大中心；二是加快机构网点调整步伐，全年共撤销低效网点22个，实现机构迁址9家、储蓄所升格分理处5个、分理处升格二级支行7个；三是业务核算的差错率明显下降，案件防范工作进一步加强；四是进一步发挥稽核监督的职能作用，突出业务发展、风险控制、内部管理重点，严厉查处各类违规违纪行为，促进了内控整体水平的提高；五是认真做好“三防一保”，全面完成了守押社会化改革和全部营业网点安全设施达标任务，实现了安全营运。

【金融大事记】 1月5日~14日 工行青岛市分行代表团赴日本、韩国进行了为期8天的业务营销活动。

3月8日和4月8日 工行青岛市分行先后推出2期共900万美元“汇盈宝”个人可终止理财产品，实现当期收益1.3万美元。

3月8日~31日 青岛市银监局检查组对工行青岛市分行2003年钢铁、电解铝、水泥、房地产、汽车五大行业的信贷资金流向、消费贷款及不良贷款情况进行现场检查。

3月18日 工行总行张福荣副行长在青岛主持召开了现金管理业务研讨会，总行有关部室和12家海内外分行的业务负责人参加了会议。

3月25日 工行青岛市分行个人住房贷款余额突破60亿元，实现了新增、累放、存量全辖同业第一的好成绩，稳居全市银行同业首位。

3月28日 工行青岛市分行作为全国第一批试点行，成功投产了凭证管理系统。

3月29日~30日 工行青岛市分行“金融@家”个人网上银行和电话银行分别投产了在线代理缴纳固定电话费和小灵通话费项目。

3月31日 工行青岛市分行与青岛海悦集团有限公司签订了青岛海景（国际）大酒店项目财务顾问协议，并于4月15日收取了第一笔财务顾问费5万元，实现了该行公司业务投资银行收入零的突破。

4月28日 工行总行姜建清行长率有关部门负责人来青召开“信贷市场与信贷管理座谈会”。

5月17日 《济南住房公积金管理中心山东电力集团分中心委托工行青岛市分行办理个人住房公积金贷款合作协议》签订，工行青岛市分行率先开拓了驻青商业银行全面代理系统、单位委托公积金存贷款业务的新领域。

5月23日 工行青岛市分行顺利投产全功能银行系统NOVA1.2版本。

6月3日~4日 工行青岛市分行借APEC外长会议暨中小企业发展论坛在青举办之际，到会进行电子银行产品营销推介，并在《青岛晚报》和总行门户网站开展了宣传报道。

6月16日~18日 中国银监会驻工行监事会王为强主席一行到工行青岛市分行进行工作调研。

6月24日 工行青岛市分行成功承办了工行总行业务中心建设与规划研讨会。来自总行会计结算部、人事部以及

11家分行会计结算部、业务处理中心、事后监督中心等部门共20余位代表出席了研讨会。

6月25日　工行青岛市分行向中国石油化工集团公司发放流动资金贷款5亿元，这是该行迄今为止发放金额最大的单笔流动资金贷款。

6月26日～27日　工行青岛市分行参加了由市银行同业公会、市财办和《青岛晚报》等多家单位联合主办的首届“2004’青岛市民理财文化节”。

7月23日～24日　工行青岛市分行召开支行行长工作会议。

8月10日　工行青岛市分行开始对牡丹灵通卡新发卡开始收取10元年费，换卡收取5元工本费，个人账户挂失手续费也由10元调整到20元。

工行青岛市分行与市外债管理办公室联合举办了外债风险管理研讨会。

8月22日　工行青岛市分行顺利投产全功能银行系统NOVA1.3版本。

9月9日　工行青岛市分行将全部军用枪支交市公安局销毁，后又将完成守押改革任务的支行防暴枪收回封存，实现了在用枪支为零的目标。

9月17日　人行青岛中支、青岛市发改委、经贸委联合主持召开了“共建青岛制造业基地，银企合作促进会”。

9月18日　工行青岛市分行正式投产“银行卡透支台账及风险管理系统”，标志着沿用了近十年的手工建立透支催收台账的管理方式正式退出了银行卡风险管理舞台。

9月30日　工行青岛市分行多媒体自助缴费系统正式投产。

10月29日　工行青岛市分行为淄博市城市资产运营有限公司和滨州经济开发投资公司分别发放低风险项目贷款共计7亿元，全年累计发放8亿元。该笔贷款是该行建行以来发放的最大一笔低风险项目贷款。

11月13日～14日　工行青岛市分行成功投产了资金交易系统V2.0版本和资金集中配置系统（模拟版本）。

11月17日～18日　工行总行李晓鹏副行长在青岛出席中国石化青岛炼油化工有限责任公司揭牌成立仪式期间到青岛市分行进行了工作调研。

12月9日～10日　工行总行工会王铁京副主任一行3人到青岛市分行进行工作调研。

（王　青　胡　强）

中国农业银行山东省分行

【第一负责人简介】　姜尚君，中共党员，汉族，1954年7月出生，现任中国农业银行山东省分行党委书记、行长。1995年2月至1998年6月，任中国农业银行总务部总经理；1998年6月至2000年2月，任中国农业银行信贷三部总经理；2000年2月至2001年1月，任中国农业银行甘肃省分行党委书记、行长；2001年1月至今，任中国农业银行山东省分行党委书记、行长。

【综述】　2004年，中国农业银行山东省分行（以下简称“农行山东省分行”）积极推进经营模式的改革与创新，实现了各项业务的健康、快速发展。截至年末，全辖（不含青岛）各项存款余额1824.7亿元，较年初增加238亿元，增量市场份额连续4年保持在当地的4家国有商业银行的首位；各项贷款余额1419.6亿元，增加161亿元，80%以上贷款投向支柱产业、行业和重点客户；不良资产实现余额、占比“双下降”，五级分类不良贷款下降6亿元，占比下降3.9个百分点。实现经营利润23亿元，同比增盈9亿元。综合考评在全国农行系统内排名第6，较上年前移1位。

一、深入实施“四重战略”，大力支持全省经济发展。2004年，该行一是积极拓展重点行业，加大了对农业产业化扶持力度，向电力、电信、农产品加工、黑色金属冶炼加工、纺织等10大重点行业投放贷款225亿元；二是创新营销模式，年末，全行直销客户达到1325家，直销客户存、贷款余额分别达到159.8亿元和366.2亿元；三是积极以重点产品服务全省经济发展，推广营销了汇利丰、利率掉期、福费廷、西联汇款等外汇产品，全年完成国际结算量51亿美元，同比增加16亿美元；四是大力实施科技创新工程，重点研发推广了无线自助缴费机、转账电话系统等36个项目和产品，新发展网上银行个人注册客户6664个，企业注册客户707个，实现网银交易金额451亿元。

二、深化各项机制改革，实现经营效益最大化。2004年，该行一是完善业务经营考评机制，按照等级行分类原则，优化费用资源和信贷资源的配置；二是推行城区扁平化管理和会计集中核算改革，统一和规范了城区直管网点的业务经营考核评价体系；三是稳妥调整机构和人员配置，年内，共有10个分理处升格为支行，17个储蓄所升格为分理处，低效网点撤并139个，迁址56个。

三、强化内部控制管理，保障业务健康持续发展。2004年，该行一是建立了贷后风险预警机制，加快潜在风险客户退出步伐，共退出潜在风险贷款15亿元；二是推广成本控制效益分析系统，切实加强成本管理，全年处置闲置固定资产2940万元。认真组织大宗物品集中采购，全年累计采购大宗物品1.51亿元，节约资金3470万元；三是做好基础制度建设和管理工作，在1570个营业机构中推行了会计主管委派制，占全部营业机构的78.4%。

四、创新清收盘活方法，促进不良贷款"双降"。2004年，该行一是建立了以市分行为主体的分账经营模式，成立了15个市分行资产经营部，配备专职人员904人，初步实现了对不良资产的系统化管理、专业化清收、集约化经营和市场化运作；二是积极发挥依法清收的作用，加大胜诉案件执行力度。全年，共执行收回3.8亿元；三是加快了抵债资产处置变现步伐，组织了济南、淄博和烟台专场拍卖会，共处置抵债资产6.4亿元，变现收入2.3亿元。

五、加强精神文明建设，为加快发展提供内在动力。2004年，该行一是积极推行干部交流任职，加强领导班子建设；二是开展员工培训。全年举办各类培训班367期，培训15475人次，提高了员工素质；三是加强企业文化建设，认真落实职代会制度和行务公开制度，进一步提高了民主管理和监督的水平。

【资产负债管理】 2004年，农行山东省分行以加快有效发展为宗旨，以结构调整为主线，强化资产负债综合管理，促进了全行业务经营健康、快速发展。

一、认真落实宏观调控政策，进一步优化信贷资源配置。2004年，该行制定实施了《贷款计划管理办法》，明确了"保重点、促引导、控自主"的政策。年末，重点、引导类贷款增量占各项贷款的75%；自主类贷款得到有效控制，较年初增加36.73亿元，同比少增29.86亿元。同时，进一步加大存量贷款收回再贷计划管理力度，潜在风险客户退出、货币清收本金、呆账核销腾出的规模均重新配置到优良客户，加快了存量结构调整的步伐。

二、以绩效考评和等级行管理为核心，深化激励约束机制改革。2004年，该行进一步完善了业务经营考评办法，考评的激励约束作用更加明显，全行"以业绩论英雄，凭效益挣工资"的经营氛围更加浓厚。同时，继续对各市分行实行等级行管理，在政策上实行区别对待，择优扶持，有效地调动了各行加快有效发展的积极性。

三、加大创新力度，强化市场化运作，提高了资金营运效益。2004年，该行一是实行了二级准备金制度，进一步推进差别利率管理，试发行了系统内票据，对新增借款实行浮息制，充分调动了各行组织资金的积极性；二是首次将非生息资产计划纳入资金营运计划管理，较好地控制了非生息资产的增长；三是大力压缩不合理资金占用，保证了全年备付率以及库存现金占用持续保持了较低水平；四是圆满完成了国债管理任务，累计上划国债发行资金12.74亿元，下拨国债兑付资金16.70亿元；五是成立了票据业务中心，累计办理票据回购82.44亿元，完成净收益1515万元，同时积极发展债市通业务，全年债市通业务实现累计交易量60.2亿元，同比增加50.5亿元，超额完成了总行下达的计划。

【公司业务】 2004年，农行山东省分行顺应国家宏观调控形势，深入落实"四重策略"，加大营销力度，完善营销机制，公司业务继续保持了健康发展态势。截至年末，公司客户人民币存款余额480.12亿元，较年初增加74.33亿元；贷款余额948.91亿元，较年初增加116.27亿元。

一、突出重点产业、行业，膨胀高端客户群体。2004年，该行一是搞好产业、行业分析，进一步加大对重点产业、行业的拓展力度。年初，筛选确定了251家重点营销客户，逐户明确营销目标，制定营销方案，明确营销责任；二是整合营销资源，实施差异化营销。为重点客户优先提供信贷服务，先后为77家重点客户进行了公开统一授信，实施信贷"绿色通道"，及时满足其信用需求；二是以重点项目为突破口，实施带动营销策略。年末，共营销重点项目29个；三是发挥系统优势，带动外汇业务的快速发展。年末，公司客户外币存款余额1.55亿美元，较年初增加5314万美元。

二、实施重点产品带动策略，进一步提升营销层次。2004年，该行一是继续加大对成熟产品的营销力度，积极拓展网上银行业务，已拓展1592家公司类网上银行客户，全年通过网上银行办理企业账户转账30.4万笔，交易金额371亿元；大力营销"债市通"业务，通过上门演示，开户企业达24户，累计交易量60.2亿元；二是积极搞好现金管理的上线与维护，重点营销了兖矿集团、山东移动、山东网通、山东烟草、润华集团等重点客户，首开省级移动通讯客户现金管理业务之先河，受到了农总行领导的肯定；三是加大金融产品创新力度，成功为中华发电项目进行了再融资，填补了在优质电源项目领域的空白；与开行就19个城市基础设施建设项目达成了15.7亿元的联合贷款协议；以无担保方式在第一时间为鲁泰纺织出具了担保函。

三、强化基础管理，提高营销质量。2004年，该行一是切实加强公司业务监管，对存款3000万元、贷款1亿元以上和当月存贷款增减前10名的客户进行跟踪监测，动态监管，建立重点客户定期评价制度，按季对直销客户的经营情况进行分析评价。同时，加强贷后管理，组织对直销客户信贷业务的现场检查，切实提高营销管理质量和风险控制水平；二是继续加强对系统业务的服务与指导，协调解决经营行营销中的困难和问题；三是进一步加强客户经理队伍建设。积极推行客户经理竞聘上岗，加大客户经理的培训力度，进一步提高了客户经理的综合素质和展业技能。

【个人业务】 2004年，农行山东省分行个人业务进一步强化“以市场为导向、以客户为中心、以效益为目标”的经营理念，狠抓各项措施落实，主要工作指标取得明显进展。

一、加大优质个人客户拓展力度，优化客户结构。2004年，该行一是进一步细化客户目标群体。在对VIP客户实施优先、优惠、优质的“三优”服务基础上，进一步明确了营销目标；二是积极做好服务半径内优质个人客户的筛选、拓展和维护工作，进行了大规模的摸底调查、建档和回访，有针对性地营销个人金融产品；三是开展了个人理财业务试点工作，选定理财网点，配备理财人员，探索个人理财业务的具体运作流程。

二、突出重点，强化措施，确保储蓄存款稳定增长。2004年，该行一是积极开展“迎新春”优质服务竞赛活动，促进储蓄存款快速增长。一季度，全行人民币储蓄存款增加73.09亿元；二是继续开展“储蓄存款上台阶”活动，年初制定并实施了“二五四工程”，即当年新增储蓄余额过百亿元市分行2个，新增储蓄增量过亿元的支行50个，新增储蓄余额过亿元网点40个。年末，共增加存款71.85亿元，其中，储蓄存款余额过亿元的营业网点新增43个，完成目标计划的107.5%；三是抢抓储蓄存款源头，加大重点产品营销力度。以系统行业和优势行业为重点，积极拓展代发工资业务，当年新增代发客户6236家，代发工资额累计留存116.76亿元。

三、明确重点，加强管理，确保个贷业务稳健发展。2004年，该行一是积极调整汽车贷款结构，进一步明确了高端个人客户范围和贷款额度，完善了个人贷款信用评分体系；二是开展“基础管理规范年”活动，加大检查监测力度，及时纠改问题，强化基础管理；三是实行个贷业务“红黄牌”制度，先后向13个市分行下达了不良贷款清收督导函，并于3月和6月分两批暂停了部分支行的汽车消费贷款审批权，严防贷款风险。

四、加大营销力度，积极做好个人中间业务。2004年，该行一是加强开放式基金营销。继续实行基金营销一把手负责制，召开全行基金营销会议，并增设816个代销网点，全年共代销大成精选、长盛成长价值、长信利息收益、长信银利精选、长盛动态精选、景顺长城、天同保本等7只基金，总额85206万元；二是做好国债代销工作。全年代销6期凭证式国债，金额12.74亿元，并顺利完成了记账式国债柜台交易业务的上线工作，当年发行记账式国债5816万元。

【信贷管理】 2004年，农行山东省分行信贷管理工作认真履行风险监控、信贷审查、信贷管理三大职责，较好地完成了全年任务。

一、加大结构调整力度，促进了全行信贷业务的有效发展。2004年，该行一是积极引导有效信贷投放，落实国家宏观调控政策。进一步加大了行业信贷准入管理的力度，制定下发了《信贷行业准入指导意见》，引导全行信贷资源向有效市场投入；二是强化区域信贷资源配置，对信贷管理水平高、区域经济较为发达的重点区域行适当进行倾斜，继续实施对支行的“穿透式”信贷转授权管理；三是严格客户准入，做好信用评级管理工作，研究落实差异化服务措施，为优良客户提供更为便捷的金融服务；四是制定下发了《潜在风险客户信贷退出考核办法（暂行）》，加大对低效客户退出工作的监测考核力度。年末，全行共退出低效客户贷款26.8亿元。

二、把好贷款审查关，进一步提高了贷款审查的质量和效率。2004年，该行一是狠抓信贷审查的规范化管理，保障业务运作质量。组织编写了《贷款审查要点指引》，明确细化信贷审查内容；二是着力抓好信贷审查队伍建设。建立和完善了审查人员资格认定制度，严格信贷审查人员的准入条件。

三、统一部署，全面实施了贷后管理工程。2004年，该行一是研究制定了《贷后管理工程三年规划》，按照循序渐进，分步实施的原则，落实了贷后管理工程分阶段任务及工作措施；二是制定下发了《信贷风险经理管理实施细则（试行）》，对风险经理的岗位职责、任职条件、人员配备、业绩考评等做了明确规定；三是按照分层次管理原则，建立和完善风险监控预警机制。筛选了部分信用额度大、监控难度高的跨地区集团性客户作为省行首批贷后管理重点客户，并逐户落实了管理行、主办行、协办行的管户经理（组）和风险经理。

四、强化内控管理，信贷风险管理水平得到进一步提升。2004年，该行一是完善风险管理制度体系，强化薄弱环节管理。按照审慎经营原则，加强对集团性客户的监管；二是加强贷款风险分类管理，真实反映信贷资产质量。通过定性和定量相结合，进一步增强了风险分类的准确性；三是强化检查监督，夯实信贷业务运行基础。组织了对2000年至2003年新增贷款中形成的不良贷款专项检查。

五、突出重点，扎实推进信贷基础管理。2004年，该行一是规范了CMS管理，建立了信贷管理系统数据质量考评机制，全面完成了系统升级与数据整理工作；二是深入开展业务调研，指导专业工作。先后组织了贷款担保、授信管理、贷后管理制度落实情况等专项调研活动；三是进一步规范省行信贷业务档案管理。年内，共整理各类信贷档案400余户、680卷。

【机构业务】 2004年，农行山东省分行机构业务工作认真贯彻年初工作会议及营销大会精神，深入实施“四重策略”，大力推进营销机制改革，强化市场营销，机构业务实现高效发展。截至年末，全行机构业务一般存款200.5亿元，较年初增加43.03亿元，增量份额跃居省内4家国有商业银行首位。其中，同业存款43.11亿元，较年初增加5.07亿元；实现中间业务收入7215万元，机构客户贷款小额

68.32亿元，较年初增加9682万元。

一、分类施策，综合营销。2004年，该行一是以财政为龙头，大力深化与行政机关的合作，新拓展省民政厅、司法厅等重点客户；二是强化综合营销，有力推动与事业法人的合作，成功实现了对山东大学、山东财政学院的营销介入；三是加快产品创新，积极拓展优质合作项目。以金穗齐鲁旅游卡、福彩资金归集及“银税库一体化”等重点产品的创新、营销为突破，实现了对高端市场的冲击。

二、精细管理，完善激励机制，全面提升保险代理运行效能。截至年末，该行实现保险代理保费收入19.16亿元，手续费收入6604万元，均列省内4家国有商业银行首位，居全国系统内第2位，全年获得总行表彰奖励16次。其做法，一是积极争取政策倾斜，将保险代理纳入全行综合考评，有效增强了业务发展动力；二是完善代理手段、建立评价机制，提高对市场的掌控能力。在省内率先与太保产险开通产险“银保通”；三是紧密依托自身资源，加快产险代理的发展速度。年末，实现产险保费收入3.89亿元，手续费收入2487万元，同比增加530万元，居全国农行首位。

三、强化优势互补，突出合作重点，金融同业合作稳步推进。截至年末，该行同业存款余额43.11亿元，较年初增加5.07亿元。其做法，一是深化银行同业合作。密切关注全省农信社管理体制改革，积极开展前期介入，巩固了对农信社市场的优势；强化股份制商行拓展，与光大、兴业等股份制商行达成了初步合作意向；二是实施重点产品带动，拓宽银证合作领域。以银证通等产品为切入点，巩固扩大银证合作客户群体，年末，银证通合作券商达13家，客户达1.78万户，累计交易量5.39亿元，同比多增2.76亿元，留存资金3186万元；三是以代理业务为重点，加大了期货业市场公关，积极营销“银期转账”等产品，与鲁能金穗期货公司达成合作意向。

四、全力推进营销机制建设，提升对重点客户的营销层次。2004年，该行一是推进市分行营销机制建设，年末，市分行直销客户新增存款14.6亿元；二是积极推进省行机构业务直销平台建设。对直销范围、价值评价、考核模式、资源配置方式等重点环节进行大胆探索，初步筛选直销客户15家，配备直销客户经理5名，省行直销平台搭建初步到位；三是健全营销管理机制，对财政、社保等八大重点系统，实施了到支行的穿透式直接调度，年末，八大系统存款达130.7亿元，新增28.9亿元。

【风险资产管理】 2004年，农行山东省分行风险资产管理工作坚持以清收盘活为主线，切实转变工作作风，不断强化督导服务，较好地完成了全年任务。

一、深化分账经营改革，提升不良资产经营管理层次。2004年，该行在枣庄、济宁、日照三行开展了以市分行为主体的分账经营试点，制定了《不良资产分账经营实施办法》和账务划转、会计核算、CMS划转等三个操作规程，并在各市分行进行了全面推广，初步实现了对不良资产的系统化管理、专业化清收和集约化经营。

二、完善政策措施，狠抓不良贷款清收盘活。2004年，该行一是明确责任，着力抓好大户清收。继续实行行级领导挂包不良贷款大户清收制度，抓好依法清收；二是创新清收方式，努力拓宽渠道。继续实行面向全体员工的专项奖励政策，积极动员社会力量清收，深入推广委托清收、招标清收、代位清收等清收新方式；三是积极探索利用清核挂钩及减免表外息政策推动清收工作。在政策制度允许的范围内，将不良贷款的清收与损失核销工作结合起来运作，促进了清收工作的开展；四是完善机制，加大考核奖励力度。拿出专项效益工资指标，对可疑、损失类贷款本息清收和抵债资产处置变现实行考核奖励。

三、强化管理，加快非信贷不良资产清收处置。2004年，该行一是按照“谁管理、谁负责”的原则，明确部门分工，落实工作责任。同时加强部门之间的协作、配合，初步形成了非信贷资产管理体制；二是建立了非信贷资产的分级分析报告制度，按月形成监测报表，按季形成分析报告；三是进一步加强了抵债资产管理，全年共接收抵债资产8269万元，全部为法院裁决接收。

【银行卡业务】 2004年，农行山东省分行银行卡业务围绕着提高产品效益和运行质量两项任务，不断加强银行卡营销体系建设，积极改善用卡环境，实现了由数量扩张型向质量效益型的转变，综合效益明显提高。年末，金穗卡发卡总量达到782万张，累计消费额达到207亿元。

一、进一步理顺银行卡业务经营管理体制与机制，强化营销体系建设，实现了银行卡业务有效发展。2004年，该行一是加大对银行卡业务，重点是银行卡效益的考核力度；二是加强银行卡营销队伍建设，初步建立了按产品分层次的银行卡营销体系。制定了产品经理考核办法，实施对公司、机构类客户资产、负债、中间业务的全面营销，有效提高了营销效率。

二、加大银行卡产品应用创新力度。2004年，该行一是开发推广了“金穗阳光100物业管理卡”；二是与省旅游局联合开发推出了金穗齐鲁旅游卡；三是继续扩大IC智能卡的发放范围，以临沂市分行“金穗社保卡”和淄博市分行“医保卡”项目营销为突破，对社会参保单位展开了对公业务、代收代付业务、理财业务的全面营销。全年，银行卡代收代付交易额达到1420亿元。

三、加强受理渠道建设，进一步改善用卡环境。2004年，该行一是继续加大ATM投入力度，提高ATM使用率。开发、应用了ATM实时监控系统，制定下发了《ATM自助设备管理办法》；二是开展了“银行卡质量效益年”活动。完成了ABIS系统7×24小时营业改造，延长了用卡时间；

三是规范了银行卡相关业务操作，加大对柜员业务操作培训力度，降低了操作风险；四是优化业务系统，加强运行监控，提高系统稳定性。

四、狠抓基础管理，规范业务经营，切实防范业务风险。2004年，该行下发了银行卡自律监管意见，要求各行定期开展对银行卡业务的自律监管检查；对典型银行卡案例进行分析，查找业务管理环节中的隐患，进一步防范和化解业务风险。

【国际业务】 2004年，农行山东省分行以加快外汇业务有效发展为主题，强化外汇产品创新与推广，促进了全行外汇业务的全面、快速发展。截至年末，全行累计完成国际结算业务量51.38亿美元，同比增长45%；完成结售汇37.23亿美元，同比增长31%。

一、积极推动外汇业务普及。2004年，该行一是成立了普及外汇业务领导小组，提出了“总体推动、突出重点、部门协作、分步实施”的四项原则，从外汇客户普及、机构功能普及、从业人员普及以及技术设备普及等方面加快外汇业务普及步伐；二是合理增加外汇经办网点，完善网点服务功能。年末，外汇业务经办网点达到856个，二级分行普及率100%。

二、以重点产品为主线，加大外汇产品的推广、整合和宣传营销力度。2004年，该行一是加快新产品推广和应用步伐。在做好传统结算产品的同时，继续加大西联汇款和个人实盘外汇买卖的推广力度，重点分支机构覆盖率达到100%；二是继续加大外汇产品整合、宣传力度，全面梳理了各项业务品种，建立了比较明晰的外汇产品框架；三是加强产品知识培训和普及。在加大国际结算、贸易融资、外汇清算等传统外汇产品普及力度的同时，强化了西联汇款、个人实盘、福费廷、代客理财、出口保理、国际信息咨询等新产品的培训力度，全年共举办外汇交易、远期结售汇等培训班4期。

三、积极探索外汇产品经理营销新机制。2004年，该行制定了外汇产品经理工作规则，进一步完善了产品经理和客户经理联动营销方式，加大了产品经理对外向型客户营销的支持力度。

【财务会计工作】 2004年，农行山东省分行财务会计工作以推进基础管理工程为重点，深化财会运作机制改革，狠抓财会工作规范化管理，优化财务及固定资产资源配置，加快支付结算信息化建设，促进了全行财务会计管理水平的提高。

一、全面启动基础管理工程，促进了会计水平提高。2004年，该行一是加强制度和系统平台建设。完善了系统操作和管理制度体系，加大了对违规操作行为的整改和处罚力度；二是强化内控制度落实。加强了对内部控制风险点的管理以及对各级行会计基础工作的量化考核；三是积极推进支付结算信息化建设。完成了全省977个联行机构的新系统推广应用，并顺利停用了全国电子汇兑、实时汇兑和老银行汇票系统；四是成功推行了基层营业机构会计主管委派制。通过公开竞聘、严格考核，选拔了一批综合素质过硬的会计人员充实到会计主管岗位。

二、完善财务运作机制，促进全行盈利水平稳步提升。2004年，该行一是完善了利润管理和考核机制。继续实行经营利润和消化包袱双线考核，加大奖惩力度；二是优化费用资源配置。密切了费用配置与综合考评和经营利润的挂钩程度，将经营费用主要与综合考评结果挂钩，增效费用按照各行当年经营利润较上年增盈减亏额分配；三是加强财务授权管理。严格无形资产、其他资产和待处理案件损失的授权管理制度，加大了审查审批力度。

三、加强固定资产集约化管理，优化固定资产配置。2004年，该行突出固定资产投资重点，加大固定资产清理和闲置资产处置力度。一是将闲置资产处置工作纳入年度考核，督促各级行加快处置闲置资产；二是对部分长期未落实的基建项目，取消基建立项，上收固定资产指标1081万元；三是加强竣工决算审计工作管理，完成了147个网点装修项目的审计工作，审减额892万元，审减率21.9%；四是加强集中采购工作的组织管理，累计采购金额1.51亿元，节约资金约3470万元。

四、狠抓管理模式创新，推进财会工作精细化管理。2004年，该行全面实施成本控制效益分析系统。建立了二级分行“一本账”的集中核算体系，为管理的扁平化提供了核算平台。

五、加强了财会队伍建设，提高财会人员综合素质。2004年，该行进一步落实柜员持证上岗制度，提高一线柜员的操作技能。组织了对全省1182名新增柜员、财会监管员、监督员的上岗考试，对全省12289名柜员考试结果进行了复审，颁发了上岗资格证书。同时，加大岗位培训力度，举办了ABIS内控制度、联行业务新系统和税法实务培训班，累计培训各级行财会人员680余人次。

【房地产信贷】 2004年，农行山东省分行房地产信贷部门认真贯彻落实国家宏观调控政策，着重加强业务营销管理体系和风险监控防范体系建设，促进了业务稳步、健康发展。年末，全行房地产各项贷款余额130.54亿元，较年初增加23.47亿元，占全行人民币贷款余额的9.33%。其中，个人住房贷款余额93.12亿元，增加16.89亿元；房地产企业贷款余额32.58亿元，增加4.03亿元；委托性住房贷款余额4.85亿元，增加2.55亿元。委托性住房存款余额5.42亿元，增加0.73亿元。

一、加大市场营销力度，积极拓展房地产优质客户和优质项目。2004年，该行正确把握市场动态，加大客户拓展力度，成功营销优质房地产项目22个，累计投放贷款7.14亿元，有力促进了房地产信贷业务的有效发展。

二、加强业务营销管理体系建设，大力发展个人住房信贷业务。2004年，该行进一步规范业务营销管理体系，积极做好“金钥匙”住房贷款品牌营销及“金穗物业管理卡”等新产品创新推广工作，促进了个人住房贷款业务的稳步健康发展。年末，全行累计投放个人住房贷款38.51亿元，净投放16.89亿元；余额占全行人民币贷款余额的6.66%，较年初提高了0.51个百分点。

三、强化基础管理，保障房地产信贷业务规范、稳健发展。2004年，该行加强了房地产信贷业务贷后管理和自律监督检查力度，完善激励考核机制，落实各项规章制度，房地产信贷资产质量保持较高水平。年末，自营性房地产贷款不良率为1.77%，其中，个人住房贷款不良率0.37%。

【农业信贷】 2004年，农行山东省分行坚持“以市场为导向，以客户为中心，以效益为目标”的经营理念，狠抓重点客户营销，加强贷后管理，农业信贷业务取得了较好成效。

一、涉农贷款总量下降，新增贷款投放重点突出。截至年末，全行涉农贷款余额499.8亿元，较年初减少8.3亿元，占全行各项贷款总额的35%。其中，农业产业化龙头企业贷款增加21.9亿元，原专项贷款减少3.4亿元，其他涉农贷款余额减少30.4亿元。新增涉农贷款主要集中在重点客户和行业中。

二、农业客户存款增长趋于稳定。2004年，该行加大对重点客户、重点产品的营销工作力度。年末，农业客户存款余额20.5亿元，较年初增加3亿元，增长18%。

三、产品营销取得良好进展，国际业务产品有了新的突破。2004年，各级行以产品创新推广为突破，以客户需求为导向，强化产品带动营销意识；积极向客户推介网上银行、债市通等金融新产品，53家重点龙头企业在农行办理国际结算4.4亿美元，国际业务市场份额达到45%。

四、信贷扶贫工作运行平稳。2004年，该行按照扶贫贷款“放得出、收得回、有效益”的原则，抓好扶贫贴息贷款发放与管理。认真探索贴息贷款与其他贷款的结合方式，全年共安排发放扶贫贴息贷款2.10亿元。

五、低效客户退出工作进展顺利。截至年末，全行共退出低效农业客户105户，退出贷款1.39亿元。

【审计工作】 2004年，农行山东省分行以提高审计质量为核心，突出对重点业务、重点环节的审计，强化关键风险点的控制，为全行加快有效发展提供了有力保障。一年来，共完成审计项目185个，审计营业机构1541个，参加审计5120人次，发现问题27504笔，纠改24282笔，纠改率为88.29%，提出整改意见6244条，被采纳5835条，采纳率93.45%，对2747人次进行了经济处罚，建议对163人次进行了纪律处分及其他处理。

一、围绕业务经营中心，抓好对重点内容、重点环节的审计。2004年，该行一是开展了对2003年经营指标真实性、新增贷款，银行承兑汇票、信用证以及贷款风险分类和2000年以来新发放贷款的审计；二是积极配合总行审计局、总行审计特派办、山东银监局对该行的检查指导工作，并参与了总行各项审计活动。

二、全面开展内部控制综合评价工作。2004年，该行一是做好对2003年度内部控制综合评价的汇总及后期整改工作；二是组织开展了对支行级单位和市分行内部控制综合评价和自律监管检查。

三、加强审计基础化管理，提高工作质量和效率。2004年，该行完成了全系统审计人员的资格认定工作，举办了审计培训班，开展了整肃行风行纪活动。

【金融科技】 2004年，农行山东省分行科技工作紧紧围绕全行工作重点，强化内部管理，提高服务意识，保障了综合业务、国际业务、信贷管理等三大系统数据中心及大前置系统的平稳运行，在新产品开发、制度建设、办公自动化、辅助业务管理等方面也取得了显著成绩。

一、建设完善信息安全保障体系。2004年，该行一是设立了计算机数据中心，确保生产平稳运行；二是组织召开信息安全保障工作会议，会上，与计算机数据中心及各行签订了《生产系统安全生产责任状》，明确了防范生产系统重大事故的责任主体；三是完善了信息安全保障制度，加强制度落实。

二、认真完成应用软件开发与推广工作，确保了一批项目按期投产。2004年，该行一是在新产品研发方面，完成了无线自助缴费机、短信银行、95599电话银行、转账电话、“汇利丰”个人外汇理财系统等15个项目的开发；二是在金融产品推广方面，完成了太平人寿银保通系统、总行柜面业务安全认证系统、跨中心汇兑系统和漫游汇款系统、个人记账式国债柜台交易等21个项目的开发推广工作；三是在辅助管理系统开发方面，完成了会计集中核算系统二期工程、银行卡综合分析、柜面通知管理等系统的开发，并整合了业务报表，满足各业务部门的报表要求。

三、做好数据上收的各项准备工作。2004年，该行一是做好代理业务的梳理工作。通过对代理业务系统进行分析整理，制定了工作计划，在总行金融服务平台定版之后，将实施代理业务系统省域集中工程；二是论证辅助管理系统数据提取模式，提出了构建综合管理信息平台的设想，采用“基础数据+实时流水”的方式，为辅助管理等系统提供数据源；三是参与了总行数据上收工程建设。

四、大力推广办公自动化系统，提高机关办公自动化水平。2004年，该行一是开通了综合办公信息系统，顺利实现了公文的网上流转；二是在全行推广了设备信息管理系统（DIMS），提高了全行电子设备管理水平；三是在各部室完成了统计数据在线分析、来信来访管理等应用系统的推广工作，并正式开通了省行机关内部网站。

【人力资源管理】 2004 年，农行山东省分行以深化改革、加快创新为主题，切实做好人力资源的规划和开发工作。

一、积极探索和实施省行本部人力资源管理综合改革。2004 年，该行以岗位分类分级和全员竞聘上岗为重点，率先实施了人力资源管理综合改革，初步建立了适应现代商业银行经营管理要求的人力资源管理体系和内部组织架构。

二、抓好各级领导班子建设，增强班子战斗力。2004 年，该行一是积极推行干部交流任职制度，对 10 名市分行“一把手”、省行机关处长进行纵、横向交流任职，积累了工作经验；二是搞好对后备干部的选拔使用，形成了梯次化的知识、年龄结构，为班子注入了新的生机和活力。

三、加强网点和员工管理，完善考核机制。2004 年，该行一是撤销低效网点 123 个，在 57 个支行流动员工 155 人，对 2007 名储蓄合同工实行了用工代理，为 312 人办理了自谋职业手续，全年减员 1037 人；二是统一和规范了扁平化范围内城区直管网点的业务经营考核评价体系，建立了市分行直接对扁平范围内员工实施“穿透式”考核的末端分配机制，较好地调动了扁平化范围内营业机构和员工个人的经营积极性。

四、全面加强系统党建。2004 年，该行开展了对全省农行领导班子建设、党组织建设、党建基础工作等情况调查摸底工作，共发放调查问卷 6672 份，收回 6334 份。同时，开展了党员清理工作，共清理挂靠党员 33 人、辞职辞退未转组织关系党员 29 人。

【纪检监察】 2004 年，农行山东省分行纪检监察部门认真履行职能，积极开展工作，较好地完成了任务。

一、狠抓党风廉政建设责任制落实。2004 年，该行一是对反腐倡廉的职责、任务进行了细化分解，层层签订了《党风廉政建设责任书》，强化了齐抓共管的工作机制；二是健全制度，狠抓落实。重点加强了谈话、督导办案、述廉、廉政档案等四个方面的制度建设；三是加强监督，开展专项检查。各级行共组成检查组 140 个，对 2003 年以来落实党风廉政责任制和县级支行以上领导班子及成员廉洁从业情况进行了自查和重点抽查。

二、从严治行，查防并举，严肃查处违规违纪行为。2004 年，该行一是制定内控要点，明确案防重点。制定了《营业机构内部控制要点》，明确了各类岗位职责、授权权限、操作要求以及岗位风险点和违规处罚规定等内容；二是从严执纪，加大案件查处力度，最大限度的挽回资金损失，确保查处案件做到“五个到位”，即：剖析案发原因到位、吸取教训到位、整改措施落实到位、堵塞漏洞和隐患到位、追究责任到位。

三、突出重点、注重实效，扎实开展整肃行风行纪活动。2004 年，该行根据总行党委的部署，在全省农行系统集中开展了整肃行风行纪活动。各级行纪检监察部门牵头，按照规定内容和步骤，有针对性地解决了干部员工在思想作风、经营作风和工作作风中存在的问题。

【安全保卫】 2004 年，农行山东省分行保卫工作认真贯彻“预防为主”的方针和“谁主管、谁负责”的原则，以防范抢劫、诈骗、涉枪案件为重点，抓规范、抓落实、抓自律、抓薄弱环节，圆满地完成了各项工作任务。全年没有发生任何已遂刑事案件；成功堵截刑事案件 12 起，避免资金损失和风险 713.2 万元，现场抓获犯罪嫌疑人 6 名，为全行经营管理和改革发展营造了良好的内部治安环境。

2004 年，该行一是完善了安全责任制，加强了机关要害部位的安全管理；坚持和完善了安全员制度；二是以防范诈骗和抢劫案件为重点，在注重抓好常规治安形势、安全制度和防范知识等方面教育的同时，重点对综合柜员、客户经理、国际结算人员开展了防诈骗培训工作；三是积极稳妥地开展反洗钱工作，建立了反洗钱联络员制度，形成了较完整的反洗钱组织体系；对各行执行“了解客户”制度情况进行了专项调查，对执行金融机构《反洗钱规定》和《大额和可疑外汇资金交易报告管理办法》情况进行了自查；四是严格了枪支管理。督导各行对持管枪人员进行了考核登记与调整，并定期组织开展法制教育、思想道德教育和规章制度教育，不断提高保卫队伍的整体素质；五是认真抓好安全设施建设。配合省行大宗物品集中采购中心进行了柜员电视监控、ATM 机监控公开招标，同时下发了《关于切实加强安全设施建设的通知》，要求各行营业网点未安装柜员电视监控的年底前全部安装到位。

【精神文明建设】 2004 年，农行山东省分行在精神文明建设方面主要做了以下工作：

一、采取多种形式，搞好学习。2004 年，该行一是将集中学习和基层调研相结合，搞好党委中心组理论学习，坚持做到“领导干部带头学、机关部门分组学、重要岗位重点学”，各级行领导干部撰写学习心得体会共计 5627 篇；二是通过讲座、报告会、演讲比赛、知识竞赛等多种形式，不断加强对广大员工党的十六大精神和“三个代表”重要思想教育；三是大力加强职业培训，通过开展创建学习型组织、争做知识型职工活动，促使员工形成终身学习的良好氛围。

二、开展精神文明创建活动。2004 年，该行一是下发了《2004 年精神文明建设意见》和全系统政治学习要点；二是开展了“爱岗敬业、遵纪守法、诚实守信、优质高效”为重点的职业道德教育和以《公民道德建设实施纲要》为重点的公民道德观教育；三是在全系统开展了规范化服务达标抽查，并圆满完成总行级以上文明建设先进单位的考核复查工作。

三、开展各项劳动竞赛，进一步提高广大员工的积极性。2004年，该行一是做好各类先进的评选和推荐工作。共评出各类先进单位（集体）360个，先进个人737名，同时向上级推荐表彰了93个各类先进单位（集体）和47名先进个人；二是组织了全省农行柜台业务技术比赛，参加了总行举办的全国农行柜台业务技术比赛，获得了团体第三的优异成绩；组织开展了全省农行金融产品设计大赛，参加总行决赛分别获得二等奖和三等奖，并获得优秀组织奖。

四、不断强化民主管理。2004年，该行一是不断加强工会建设，有5个市分行建立了职代会制度；二是大力推行行务公开制度，通过建立行长接待日，定期召开干群对话会、研讨会，重大节日召开茶话会等形式，广泛认真地听取职工群众的意见和建议，提高了领导决策的科学性。

五、组织团员青年为业务发展建功立业。2004年，该行团员青年共成立清收盘活小组105个，市场拓展小组115个，新产品开发小组57个，青年员工在业务发展中发挥了先锋队和生力军作用。

【金融大事记】 1月 农行山东省分行正式开通机关综合办公信息系统，顺利实现了公文的网上流转。

2月1日 根据农总行的统一部署，农行山东省分行市场调节价银行卡服务价格标准开始实施。

2月 农总行“银银通”系统在农行东营市分行成功进行了全国首家试点。

3月 农行保险代理业务研讨会在泰安召开。

3月22日 全省农行纪检监察暨整肃行风行纪活动工作会议在济南召开。

3月～8月 农行山东省分行在全行集中开展整肃行风行纪活动。

4月 农行山东省分行成功营销山东中华发电再融资项目。

农行山东省分行成功推广设备信息管理系统（DIMS）。

5月 农行山东省分行全面推行以市分行为主体的不良资产分账经营机制改革。

5月15日～19日 农行山东省分行参加总行第二届柜台业务技术比赛，夺得了团体第3名。

5月18日 山东银监局王进诚局长一行来农行山东省分行座谈银行业信贷运行状况和贷款风险管理情况。

5月27日～29日 农总行整肃行风行纪检查组监察部周汝富副主任一行对农行滨州市分行、邹平县支行以及省行机关开展整肃行风行纪活动情况进行了检查。

5月28日 农行山东省分行营业部首批76个试点机构全面完成了跨中心汇兑、新银行汇票、漫游汇款的推广和试运行工作。

5月28日～30日 农行山东省分行现金管理平台跨中心业务正式上线运行。

6月14日 农行山东省分行与中国铁通集团有限责任公司山东分公司签署业务合作协议。

农行山东省分行成功实施了电话银行7×24小时营业改造。

6月19日 农行山东省分行贷记卡系统正式投产。

6月23日 农行山东省分行第一期个人外汇理财产品“汇利丰”恒利得型投产，并于6月24日正式对外销售。

6月24日 云南省财政监察专员办事处对农行山东省分行2003年度会计信息质量进行检查。

6月 农行山东省分行全面启用了财务会计报告系统（FARS）。

农行山东省分行机关正式开通了内部网站。

7月2日 山东移动通信有限责任公司现金管理系统正式上线。

8月18日 农行山东省分行网上银行B2C功能正式开通。

农行山东省分行成功完成了全省977个联行机构的新系统推广应用工作，全国电子汇兑、实时汇兑和老银行汇票系统顺利停用。

9月 农行山东省分行在济南和潍坊召开“迎中秋银企恳谈会”，邀请68家客户代表就宏观调控形势下银企合作的问题进行了交流和探讨。

农行山东省分行参加竞标，争得了华泰集团国际结算业务主办行资格。

农行山东省分行完成福彩资金归集新程序开发联调。

9月22日 农行山东省分行与省旅游局举行新闻发布会，联合推出全国首张可跨省使用的金穗旅游卡产品——“金穗齐鲁旅游联名卡”。

9月24日 农行山东省分行与开行山东省分行在19个城市基础设施建设项目上达成了15.7亿元的联合贷款协议，发放贷款11.7亿元。

10月 农行山东省分行参加山东大众报业集团主办行公开竞标，在9家竞标银行中独占鳌头，争得了主办行资格。

10月9日～14日 农行山东省分行组织了全省电子银行产品路演活动，对16个分行的员工进行了电子银行产品基础知识普及。

10月13日 农行山东省分行顺利发行第2期“汇利丰”个人外汇理财产品。

10月27日 农行山东省分行电话银行新开发的“存折挂失、存折账号与金穗卡卡号互查、基金净值查询和外汇牌价查询”等四项24小时服务功能顺利投产。

11 月 10 日　农行山东省分行 95599 电话银行成功开通了个人“同名账户转账”功能。

11 月 21 日　农行山东省分行顺利完成了 PC SWIFT 系统向 SWIFT MIPS 系统的升级工作。

12 月 7 日 ~ 8 日　在北京举办的全国农行系统金融新产品设计大赛中，农行山东分行推荐的“一行通”、“金 e 顺·逍遥行”两个产品，分别获得二等奖和三等奖，并获得“优秀组织奖”。

12 月 13 日　农行山东省分行成功开通网上银行代缴移动话费业务，实现了总行网上银行与山东分行中间业务的有效对接。

12 月 18 日　农行山东省分行发行首张双币种金穗贷记卡。

12 月 31 日　山东省副省长孙守璞到农行山东省分行视察工作。

（郑家圣　赵崇民　刘晓杰）

中国农业银行青岛市分行

【第一负责人简介】　刁钦义，男，汉族，1955 年 3 月生，山东龙口人，1976 年 3 月加入中国共产党，烟台大学法律专业，大学学历，高级经济师。现任中国农业银行青岛市分行党委书记、行长。1987 年 8 月 ~ 1990 年 5 月任农行龙口市支行副行长；1990 年 5 月 ~ 1995 年 5 月任农行龙口市支行行长；1995 年 5 月 ~ 1997 年 1 月任农行山东省分行综合计划处副处长；1997 年 1 月 ~ 1998 年 12 月任农行山东省分行资金组织部总经理；1998 年 12 月 ~ 1999 年 12 月任农行山东省分行营业部常务副总经理；1999 年 12 月 ~ 2003 年 11 月任农行山东省分行党委委员、副行长；2003 年 11 月至今任农行青岛市分行党委书记、行长。

【综述】　2004 年，中国农业银行青岛市分行（以下简称“农行青岛市分行”）以发展为主题，以改革为动力，以管理为保障，坚持“服务客户、成就员工、回报社会”的经营理念，锐意进取，开拓创新，主要经营指标再创历史新高，“两个文明”建设取得了双丰收。截至年末，本外币各项存款余额 387.97 亿元，比年初（下同）增加 75.18 亿元，同比多增 22 亿元，存款总量、增量均居全市同业首位；本外币各项贷款余额 268.61 亿元，增加 36.61 亿元，同比多增 3 亿元；中间业务收入 9479 万元，同比增加 3827 万元；实现经营利润 5.5 亿元，同比增盈 1.7 亿元，人均创利 13.8 万元，同比增加 5.3 万元。顺利通过了 ISO9000 质量管理体系认证公司的年度监督审核，继续保持“省级文明单位”称号。

【存款业务】　2004 年，农行青岛市分行坚持做大做强存款业务，强化重点客户营销，年内新拓展了浦项钢铁、丽东化工等一批世界 500 强在青投资企业和重点企事业单位，扩大了存款来源。在青岛利群集团、青岛双星集团和青岛长青集团推广应用现金管理平台系统，提高了资金归集度。与农村信用社、浦发展、恒丰银行等金融机构签订全面合作协议，扩大了同业存款。开展了“迎新春”优质服务存款竞赛活动，推行规范化、差异化、个性化服务，推动存款持续增长。截至年末，对公存款余额 160 亿元，增加 41.88 亿元；储蓄存款余额 227.94 亿元，增加 33.3 亿元。

【贷款业务】　2004 年，农行青岛市分行实施“四重”策略，突出支持重点区域、重点行业、重点客户、重点项目。对家电电子产业群新增贷款 6 亿元，对胜利石油、齐鲁石化、丽东化工为重点的石化产业群新增贷款 6.6 亿元，对中国海洋大学、石油大学、青岛大学、山东科技大学等高校新增贷款 3.3 亿元。加大信贷支农力度，与青岛市九联、万福等 7 家国家级农业产业化龙头企业建立了合作关系，新增贷款 3.7 亿元，比上年同期多增 1.3 亿元，年末，全行涉农贷款余额 45.8 亿元。开办了以住房按揭贷款为重点的“金钥匙”个人消费贷款，全年累计发放个人贷款 12.4 亿元，余额达 42 亿元。成立了票据中心，全年办理贴现、转贴现（买断）32.3 亿元，余额 16.24 亿元，增加 10.5 亿元。

【中间业务】　2004 年，农行青岛市分行在中间业务方面的工作主要是：

一、国际结算业务。2004 年，该行坚持本外币一体化经营，强化对外商投资企业、上市公司和自营进出口企业的营销，全年实现国际结算量 43.6 亿美元，同比增加 13 亿美元，增幅达 42.48%；实现结算收入 369.4 万美元，同比增加 87 万美元。市场占有率保持全市同业第 2 位。

二、银行卡业务。2004 年，该行与驻青重点高校建立合作关系，校园卡业务市场占有率达 90%。推出了贷记卡、金穗齐鲁旅游卡和中国青年卡等新的卡产品。在全市同业率先推出了移动 POS，发展国际卡收单商户 110 家。银行卡发卡量 174 万张，卡消费 9.4 亿元，银行卡中间业务收入达 4087 万元，比上年增加 1939 万元，主要业务指标居全市同业首位。

三、代收付业务。2004年，该行整合代收付项目，开发统一发票系统，并推广应用发票打印机，增加自助缴费、电话缴费、网上缴费等多种渠道，代收付业务实现交易899万笔，网络代收付金额达9.9亿元。

四、理财业务。2004年，该行与中国人民保险公司、新华人寿公司合作开发了"银保通"柜台实时出单系统，全年银证转账客户新增1.3万户，同比多增4倍。推出4期"汇利丰"外汇理财产品，共销售2760万美元，代理保费收入1.8亿元，代理发行8期国债6.4亿元，代理销售6只开放式基金1.75亿元。发行鲁能仲盛麦岛片改造项目信托计划人民币理财产品，募集资金1.65亿元。为海信集团办理外汇理财业务3000万美元。

【电子化建设】 2004年，农行青岛市分行实施"科技先导"发展战略，加快产品开发，全年共完成开发和推广应用项目40余项，构建了集自助银行、电话银行、网上银行为一体的电子银行服务体系。截至年底，共建成13个自助银行，4个金融超市，安装运行移动POS、ATM、自助服务终端356台，存款机13台，发票打印机25台。网上银行签约企业客户达685家，个人客户1585个，交易量155亿元；年内ATM交易1155万笔；"95599"电话银行受理客户电话243万次。

【精神文明建设】 2004年，农行青岛市分行坚持以人为本，推进人才培养工程，制订并实施了3年培训规划，全年举办培训班257期8699人次。以整肃行风行纪活动为契机，进一步推动党风廉政建设和行业作风建设，倡导"诚信、创新、稳健、规范"企业精神，树立"同业看发展追求高效、系统比先进实现更好"竞争理念，开展"单位学海尔、个人学许振超"、建设党员示范岗、争创服务品牌等活动，努力打造适合现代商业银行要求的团队。

【金融大事记】 1月1日　农行青岛市分行贷款风险五级分类制度正式运行。

3月1日　农行青岛市分行行长刁钦义陪同农行总行副行长张云、公司业务部总经理郑逊拜会中国石化股份有限公司副总裁张家仁。

3月2日　农行青岛市分行机关副处以上干部、各支行领导班子成员参加总行整肃行风行纪电视电话会议。分行党委书记、行长刁钦义就开展整肃行风行纪活动进行了部署和安排。

3月24日　农行青岛市市南区支行、市南区第三支行获总行"百家先进支行"称号，杨一宁、王玲玲获总行"百名优秀支行行长"称号。

3月　农行青岛市分行新增基金代销网点86家，代销网点总数达到166家。

4月1日　农行总行副行长张云来农行青岛市分行视察工作。

4月7日　农行青岛市分行在2003年度总行银行卡业务综合考评中荣获一等奖、市场优胜奖，并首次进入AAA级分行行列。

4月19日　农行青岛市分行在辖内全部外汇业务经营机构开办个人外汇结构性存款业务。

4月27日　农行青岛市市南支行、城阳支行、开发区支行、即墨支行荣获总行"学习贯彻'三个代表'重要思想先进单位"称号。

5月17日　农行青岛市分行与恒丰银行青岛分行签订《全面业务合作协议》、《人民币汇票业务合作协议》、《现金领缴委托代理业务合作协议》。

5月25日　农行总行任命王志胜为农行山东省分行副行长，暂时继续在青岛分行工作。

6月24日　农行总行任命黄健同志为农行青岛市分行副行长。

6月　农行市南区支行市府分理处、高科园支行沙子口分理处、平度支行大泽山分理处荣获总行"青岛文明号'三连冠'"荣誉称号；高科园支行浮山后分理处、李沧支行营业部荣获总行"青岛文明号'三连冠'"荣誉称号；李沧支行郑州路分理处王卫婷获总行"2003年度青年岗位能手"。

7月22日　农行青岛市分行在全行推广"现金管理平台"新业务。

8月24日～26日　农行青岛市分行顺利通过BSI认证公司的质量管理体系年度审核。

9月8日～30日　农行青岛市分行组织对全辖16个支行、分行营业部贷款风险分类及2000年以来新发放贷款进行全面审计。

10月21日～22日　农行总行在农行青岛市分行召开整肃行风行纪活动开展情况汇报会。

10月27日　农行现金管理系统首次在利群集团上线运行，标志着现金管理业务营销推广实现突破。

11月3日～4日　农行总行在农行青岛市分行召开财务工作调研会，总行副行长罗熹参加。

11月9日　农行青岛市分行副行长王志胜离青，正式到山东省分行赴任。

12月16日　财政部和农行总行在农行青岛市分行召开财政授权支付业务座谈会。

12月18日　作为总行第二批贷记卡发卡行，农行青岛市分行开始发行贷记卡。

12月22日　农行青岛市分行分别与山东科技大学、石油大学（华东）签订了"校园一卡通"业务合作协议。

（祝　敏　张伟英）

中国银行山东省分行

【第一负责人简介】 王建宏，男，1963年1月出生，山东潍坊昌邑人，汉族，大学学历，中共党员，高级经济师。1986年7月毕业于山东大学经济系。1986年7月～1988年8月，任国家劳动人事部工资改革办公室干部。1988年8月到中国银行山东省分行，历任科员、副主任科员、主任科员、办公室副主任、主任、行长助理、副行长。2004年9月，任行长、党委书记。

【综述】 2004年，中国银行山东省分行（以下简称“中行山东省分行”）以“把握经济走势，准确判断市场，抢抓政策机遇，寻求良性发展，做大负债业务，做强中间业务，做好资产业务，确保账面盈利”为目标，各项工作取得了新的成果。全辖实现营业利润20.72亿元，同比增加4.68亿元，完成总行计划的103%；资产总额1358.3亿元，增加128.7亿元，增长10.5%。

一、扎实做好前期工作。2004年，该行一是做好财务重组工作，完成了授信类不良资产的划转核销工作和资产及土地评估、法律尽职调查工作；二是进行股改前的内部梳理，重新修订了针对各市地分行、省行各部门和员工的考核办法，制定了《市地分行分等级管理暂行办法》，推行了公司客户经理制等。

二、稳健经营，促进业务健康发展。2004年，该行在业务发展方面，采取“点刹车”方式，将国家经济金融政策调整给业务发展带来的影响降到最低，同时，不断开拓新的利润增长点，实现了各项业务的健康平稳运行。

（一）整体资金实力有所增强。2004年，该行依托“网上银行”、“企业银行”、“报关即时通”等科技手段，大力拓展无贷户和中小客户存款市场。年末，各项人民币一般性存款1024.4亿元，新增97.5亿元；各项外汇存款23.7亿美元，新增2741万美元；外汇金融机构存款2亿美元，新增0.60亿美元。

（二）信贷投放比较适度，结构继续得到改善。该行全年新增人民币贷款129.4亿元，外汇贷款2.2亿美元，煤、电、交通、电信等行业贷款比重达19.8%，比年初上升7.2个百分点；零售贷款稳定增长，全年新增25.6亿元。按照“五级分类”口径，该行本外币不良率为5.4%；本外币收息率为96.7%。

（三）中间业务增势良好。2004年，该行实现中间业务净收入5.6亿元，同比多增1.4亿元，增长35%；国际结算业务完成211.2亿美元，市场份额（剔除来料加工因素）达40.3%。长城国际卡、信用卡、借记卡分别新增1.7万张、5.9万张和112.7万张，直消额24.8亿元，代理外卡交易额3.2亿元，均实现了明显增长；叙做对公代客外汇买卖16.5亿美元，对私外汇买卖59.7亿美元；办理票据业务460亿元，实现收益3.5亿元；代理进出口银行、国家开发银行贷款分别新增10.8亿元和7.1亿元；代售保险3.9亿元，代销基金11只、累计金额4.2亿元。

三、不断提升业务管理水平。2004年，该行一是授信审批集中化，上收了部分行贷款审批权，制定了《集团客户与关联客户授信风险管理实施细则》、《大额授信风险监控实施方案》等办法，初步建立了防止集中性授信风险和交易结构风险的管理机制；二是建立起应对突发事件预警机制。制定了《危机处理预案》，落实了安全保卫“三个规范”，推广了节假日风险监控、网点事中复核监督制度；三是经营资源配置有所优化。改进了分部门核算办法，逐步推行分产品预算，多方处置和盘活闲置资产，对辖内网点布局实施战略调整，促使经营环境欠佳的低产低效网点尽快向经营环境较好的地区转移；四是信息科技建设取得重要成就。综合业务系统顺利并入华北信息中心；“ATM对账系统”在总行中标，率先在全系统小机行推广上机；推广了MERVA系统；完成了跨地市个人通存通兑收费、开放式基金代销系统、密码支付器联机交易等系统的上线工作；开发了对接式“银保通”系统；增加了自助设备代缴费功能；银行卡中台建设系统正式上机运行，借记卡CVV系统成功上机。

四、党建和精神文明建设得到加强。2004年，该行一是制定了《关于在各市分行、直属支行推行公开选拔领导干部的意见》和贯彻总行《关于进一步加强对高级管理人员教育监督的若干要求和措施》的实施细则；二是开展了为期2个月的作风整顿活动；三是认真落实党风廉政建设责任制，出台了《关于建立领导干部述职述廉制度的实施意见》和《关于建立领导干部谈话制度的意见》；四是积极开展“企业文化推广年”活动，全方位开展教育培训，全行举办各类专业培训班341期，累计参训员工1.7万人次。

【计划资金管理】 2004年，中行山东省分行突出业务发展和管理两大中心任务，从管理、营销、操作三个方面提升竞争能力。

一、主要指标完成情况。2004年，全辖人民币存款新增97.5亿元，完成总行计划48.8%；各项贷款新增130.5亿元；外汇各项存款新增2741万美元；外汇各项贷款新增2.2亿美元。

（一）外汇资金业务量快速增长。2004年，全辖对公外汇同比增长41.7%；对私外汇资金业务交易量增长298.6%；当年到账收益371.6万美元，增长138.3%，完成总行下达年收益计划的291.6%，实现了外汇资金业务的历史性突破。

（二）票据业务继续保持健康发展势头。2004年，该行票据业务量460亿元，实现业务收益3.5亿元，按分产品核算口径，票据业务平均利息率5.63%，在总行票据业务交易量、利息收入和利差收益三项排名中均位居前列。

二、明确业务定位，改善营销手段，落实激励机制，实现外汇资金业务和票据业务规模、效益双提升。

（一）突出外汇资金品牌优势，实施差异化营销。2004年，该行一是针对重点地区和能源、交通、涉外进出口企业等重点行业、客户，进行差异化营销、项目跟踪、贴身服务、方案设计等一揽子营销服务，在原有客户群基础上，先后与泰安抽水蓄能、中华电力等大客户建立了业务关系，当年代客资金管理收益达110万美元，客户投资收益800万美元，争揽外汇存款4556万美元，促进了存贷款、结算业务的发展；二是强化"中银理财"品牌优势，改善外汇资金产品的技术和服务。先后推出"期权宝"、"两得宝"、"汇聚宝"等个人理财产品，其中，"汇聚宝"业务实现收益213万美元。

（二）票据业务完成职能转变，经营效益显著提高。2004年，该行一是在票据业务经营中灵活运用利率和资金等杠杆调整业务发展导向，对分支行采取"利率浮动下的总量控制"的管理办法，优化资源配置，在总行总量增长调控范围内，安排高收益的票据融资；二是积极拓宽融出渠道，努力节约资金成本。当年，以低于总行票据转让利率的价格向同业金融机构转出票据10亿元，与总行同期借款利率相比，节约资金成本95万元。年末，配合全行资产负债管理需要，利用总行票据转让优惠利率，加大票据融出力度，一个月的时间内向总行融出票据26亿元，有效缓解了资金压力。

三、充分发挥综合管理职能，管理效果较为理想。

（一）流动性风险得到有效控制，增量资产收益率明显提高。2004年，该行一是完成了全行3年战略规划目标和1年管理目标的制定和分解，出台了《市分行管理目标考核办法》；二是加强头寸预测，做好资金流动性管理。针对宏观调控等因素导致的存款增长乏力，贷款需求持续增加的状况，及时向总行借款130亿元，同时适当降低备付水平，全年日均备付基本保持在3.7%左右；三是完善利率管理，及时提报了人民币升息、升值、美元升息、外币联行改革、提高准备金率等对中行业务影响等分析材料，修订了《本币利率汇编》、《人民币贷款利率管理规定》及《人民币贷款利率浮动授权管理办法》，调整了辖内人民币资金拆借利率和外汇贷款利率授权；四是加强产品管理和服务价格管理，提高中间业务收入水平。及时修订了中间业务收费标准，截至11月末，中间业务净收入5.32亿元，增幅36.71%，中间业务收入占比达13.86%，同比提高了0.35个百分点。

（二）深化流程再造，加强风险控制。2004年，该行一是不断完善各项规章制度，编制了《2004年各项资金计划业务规章制度和操作流程汇编》；二是向全辖发送了《关于对辖属分支行征求资金计划相关业务建议和意见的答复》，解答疑难问题；三是投产了新银通X－FUND资金管理系统，并完善了风险监控功能；四是全面展开了外汇资金业务、票据业务和统计工作的自查、抽查工作，检查面达100%，对发现的问题及时整改，逐项落实；五是修订了《票据业务流程整合实施方案》，为今后票据业务发展奠定了基础。

（三）努力提高统计工作质量，提供准确、全面、及时的信息服务。2004年，该行一是圆满完成了1998～2000年统计历史资料的汇编工作；二是完成经济普查的第一期上报工作；三是编制了金融统计指标体系方案，并作为总行2005年统计会议材料。在人行青岛市分行统计工作考评中，该行位居4家国有商业银行之首，并作为金融系统惟一的代表，被人行推荐参加了市人大对统计局的年度评定会并做了发言。

（四）加强系统内对口业务培训，培养专业人才。2004年，为配合中间业务的发展，该行举办了全辖资金业务新产品培训班，普及了个人理财业务基本知识，在辖内各地进行了理财产品培训，累计授课20余次。此外，还就外汇资金、票据、统计等业务举办培训班。

【零售业务】 2004年，中行山东省分行零售业务以"全面推进战略转型、加速培育核心竞争力"为指导思想，积极稳妥地开展工作。

一、主要业务开展情况：

（一）储蓄存款业务。截至年末，该行人民币储蓄存款余额556.36亿元，完成计划的63.22%。市场份额占4家国有商业银行的13.52%，占全部金融机构的7.21%。外币储蓄存款余额16.25亿美元，较年初减少1.83亿美元，市场份额占4家国有商业银行的62.59%，占全部金融机构的52.55%。借记卡发行536.64万张，较年初新增112.69万张，直消额达17.22亿元，同比多增5.63亿元。发行2004年凭证式国债12.9亿元，同比多发行1.6亿元，创历史同期最高水平。

（二）零售贷款业务。截至年末，该行零售贷款余额124.46亿元，较年初新增23.62亿元，完成总行计划的73.82%。其中，住房和汽车贷款112.49亿元，占零售贷款总额的90.39%。零售贷款余额分别占全省金融机构和四大国有商业银行的10.36%和11.97%，较上年同期分别下降0.48%和0.37%。贷款质量方面，不良贷款余额（按五级分类口径）为28726万元，不良率为2.35%。

（三）个人代理业务。2004年，该行一是代销泰信天天收益、海富通收益增长、嘉实服务增值、招商先锋、大成蓝筹、湘财荷银、华夏大盘精选、易方达积极成长、国泰金象保本增值、海富通货币市场、中银中国等11只基金，累计金额4.25亿元，同比增加2.39亿元，是上年的2倍多；二是代售平安保险2.98亿元，同比增加1.25亿元，获总行与平安保险公司联合举办的一季度业务竞赛活动全国第一和全年代售计划达成率全国第一的优良成绩，受到总行通报表彰；三是个人实盘外汇买卖交易56.62亿美元，同比增加38.96亿美元。成功推出9期“汇聚宝”外汇理财新产品，累计代销额3.01亿美元。全年，实现手续费收入3119万元，其中，代销业务收入1352万元，汇聚宝业务收入1767万元。

二、主要工作措施：

（一）积极采取揽存促存措施，大力发展储蓄基础业务。2004年，该行一是在全辖组织开展了“储蓄存款开门红”竞赛活动，储蓄存款大幅增长，人民币储蓄存款新增41.4亿元，同比多增6.7亿元，创历年同期最高水平；二是加强ATM及自助银行管理，对辖内ATM及自助银行设备进行了深入调研，较全面地掌握了其数量、型号及布局，并据实需要更换了4台ATM设备，先后下发了关于借记卡业务7个文件及管理办法，提出了增加“ATM吞卡需求功能”，对不完善的提示语进行了更正，规范了借记卡操作流程，加强了风险防范。

（二）加强零售贷款基础管理，做好不良资产处置工作。2004年，该行一是加强检查监督，防范风险，对新发放的零售贷款进行了全面的评价工作；二是加强动态管理，捕捉市场信息。根据零售贷款市场风险加大的现状，对全辖零售贷款政策进行了调整，实行了重点区域、重点客户、重点业务品种发展策略，并适度提高了贷款条件；三是加强零售贷款尽职调查，出台了零售贷款新政策、新规定，强化了对零售贷款的风险控制。严格控制二级分行、直属支行的直接投放，上收了部分贷款权限。规范了省行零售贷款中心的运作，完善了授信风险决策机制；四是狠抓清收。针对货车不良贷款逐步攀升情况，重点对青岛地区加强监控，对直属支行下达了专项清收计划，深入企业落实还款方案、进度，实现清收近2000万元；针对汽车消费贷款履约保证保险赔付出现的问题，及时下发了《紧急通知》，督促各行抓住时机尽快与当地保险公司沟通，争取尽快赔付，实现保险赔付1455万元。

（三）代理业务健康发展，步入良性发展轨道。2004年，该行一是大力发展代理业务。继续以青岛、济南、烟台、威海、潍坊、淄博、东营等经济发达地区为龙头，带动西部欠发达地区代理业务的健康发展；二是适时推出代理业务新产品。成功推出“两得宝”和“期权宝”投资新产品、外汇理财新产品“汇聚宝”业务，推销平安保险“聚宝盆”新产品，超额完成了代售计划；三是齐抓共管，实现与合作单位互惠互利。与平安保险联合开展了“金猴迎春开门红”代销保险业务竞赛活动，协助总行代理平安集中代发薪工作、推广对接式银保通业务，和人寿保险公司开展了业务推介活动，与多家基金公司共同研究产品、代销基金的有效途径等；四是激励到位，代理业务步入良性发展轨道。截至11月末，有91%的市分行和71%的直属支行提前超额完成全年代售保险计划，4家市分行和6家直属支行提前完成全年代销基金业务；五是加快代理业务电子化建设进程，与平安保险公司联合开发了对接式银保通业务电脑程序，组织行内相关部门联合开发了汇聚宝业务操作程序和外汇实盘买卖业务24小时服务系统，完成了开放式基金代销系统的测试、验收、培训、推广工作。

（四）加强两个中心和零售业务客户经理队伍建设，为大力发展理财业务奠定基础。2004年，该行在理财中心建设方面，一是进一步修改完善个人理财业务3年发展规划；二是设立了财富管理科；三是为建立理财客户经理队伍，将优秀人员选拔到理财岗位，制定了《零售业务理财客户经理选聘指导意见》；四是加强对总行统抓的4家示范性“财富管理中心”建设工作的督导，并已完成选址、招标立项等前期工作。同时，按照总行的统一部署，重新搭建了零售贷款中心，设置了尽职调查、贷款审批、放款、档案管理和催收保全五个科室。

（五）整章建制，加强风险管理。2004年，该行一是围绕借记卡业务风险防范、外汇结汇、ATM管理、境内机构个人光票托收业务、结售汇、外币兑换等，相继制定下发了8个制度办法，使新业务的开展有章可循，并加强了业务风险防范；二是进一步完善授信风险决策机制，组建省行零售业务授信风险评审委员会，制定了《委员会章程》、《实施方案》及相关授信呈报、审批表格；针对房屋按揭贷款、二手房按揭贷款、汽车经销商准入、汽车贷款、小企业法人贷款、零售贷款中心组建与运营等，制定管理办法、实施细则、业务流程等近20个，进一步规范了业务操作；三是中间业务制度建设方面，围绕个人实盘外汇买卖、汇聚宝、银保通、开放式基金代销、柜台交易等中间业务，制定相关管理办法和操作规程近十个，有效地规范各项代理业务的发展。

（六）加强零售信贷业务队伍培训，不断提高整体素质。2004年，该行一是举办了全辖零售业务部主任及业务骨干储蓄存款管理培训班；二是举办了14期代销基金及系统推广上机、汇聚宝业务、银保通业务、旅行支票业务以及个人理财柜员等中间代理业务培训；三是举办了9期贷款中心招聘人员、直属支行人员、分理处主任零售贷款业务培训；四是组织了全辖理财人员、稽核人员零售贷款业务培训。

【信贷业务】 2004年，中行山东省分行适时调整信贷授信投向和投放节奏，使授信投放在确保质量的前提下实现健康持续的发展。年末，授信客户达到4080家公司，授信余额879亿元。其中，贴现客户820家，余额83亿元；公司贷款客户3113家，贷款余额757亿元；累计发放公司贷款764亿元，同比增加33亿元，其中，人民币贷款569亿元，少投放27亿元；外汇贷款23.5亿美元，多投放8.4亿美元。

一、优化客户结构。2004年，该行坚持以客户为中心、以市场为导向，以效益为目标，以增量调整优化存量，发展重点的经营理念，发挥优势、"抓大放小"、"择优弃劣"的原则，促进客户结构的调整优化。一是严格客户准入，重新制定了《授信客户准入与退出管理实施细则》，扩大A、B级客户比重，逐步压缩C级客户，除贸易融资和全额质押业务，其他信贷业务尽快从D级客户中退出；二是在信贷资金相对紧张的情况下，重点保证优质基本客户和重点客户的资金需求，把有限的信贷资金向大客户和优质客户集中，将90%的信贷资金投向35%的优质大客户。其中，前10名大客户贷款余额达150亿元，占全部授信的15%。

二、加强授信资产的五级分类管理工作。2004年，该行一是上收贷款分类的认定权限；二是加强五级分类工作培训和管理，教育各级信贷人员牢固树立信贷资产质量是银行生命的意识，在贷款质量管理方面尽快实现从一逾两呆向五级分类管理模式转变。

【国际贸易结算】 2004年，中行山东省分行国际结算业务量达211.2亿美元，同比增长33.13%。其中，出口结算146.5亿美元，进口业务64.7亿美元；实现业务收入人民币5.77亿元，同比上升40.23%；国际结算业务市场份额为40.30%。其中，出口业务市场份额为47.50%，进口业务市场份额为30.20%。福费廷、保函、保理及国内信用证业务发展势头良好，全年共办理福费廷业务4087万美元，同比增长48.62%；办理人民币保函业务10.74亿元，同比下降10.50%，外币保函业务1.22亿美元，同比增长131%；国际保理业务1.89亿美元，同比下降6.10%，国内保理业务1.77亿元，同比下降24.10%；国内信用证开证28.36亿元，同比增长56.90%。主要工作开展情况：

一、完善规章制度、规范业务流程及操作。2004年，该行稳步推进结算业务流程整合工作。一是将原有的6个业务科室合并为3个，基本建立起前中后台分离的组织架构；二是在前台设立了1个查询咨询中心和5个营销小组，分客户进行产品营销、授信发起及后期管理，中台由授信管理和综合管理两个功能模块组成，后台按业务特征和流程分为信用证通知、出口单证、进口业务、保函保理、账务处理、收汇考核及函电交涉、监控申报7个小组，负责所有具体业务的操作。

二、加强各项风险管理和内部控制。2004年，该行一是适时降低了辖内分支机构部分结算业务操作权限，加大了对结算业务操作性风险的监控，同时，针对部分辖内行出现的国内信用证垫款现象，对全辖进行了风险提示，进一步加强了风险防范；二是为强化贸易融资授信风险的管理，在国际结算部门成立了授信管理科，实现了对贸易融资授信风险的集中识别和管理，制定了《国际结算授信业务操作风险控制管理办法》，开发了《出口商业发票贴现项下代寄单据管理系统》和"打包放款和出口商业发票贴现电子台账"，确保打包贷款和出口商业发票贴现业务贸易背景的真实性。

三、积极开拓结算市场和客户营销。2004年，该行一是将辖内2003年国际结算量排名前20%的客户确定为高端客户，作为营销服务和维护的重点，并要求各行按月分析和上报高端客户的业务情况；二是继续重点攻关全省进出口1000强中没有在中行叙作业务或业务占比较小的优质企业；三是专门走访济南等地的一些股份制和城市商业银行，积极争揽其国际结算方面的代理业务。

四、积极开展产品创新与推广。2004年，该行一是先后推出了两项贸易融资新产品——"出口银保通"与"进口一路通"，并制定了操作流程；及时推出了"韩汇通"业务，在青岛、威海等韩国人居住集中的地区进行了大规模的宣传和推广；二是努力创建结算品牌。针对推出的新产品和"保函"、"保理"、"国内信用证"等特色产品，印制了业务宣传手册，开展了一系列的宣传活动，12月下旬，全辖国际结算业务量已突破200亿美元。

【非国际贸易结算】 2004年，中行山东省分行注重营销、强化服务、加大科学管理力度，积极开拓各项工作，特别是重视对汇出汇款业务的宣传和争揽工作，加快汇款速度，促进了非贸易结算业务的快速增长。全年共办理汇出汇款16.30亿美元，同比增加4.65亿美元，增长39.87%；汇入汇款12.19亿美元，与上年基本持平；光票托收2062.5万美元，买入票据251.05万美元；代售旅行支票82.87万美元。

【企业存款】 2004年，中行山东省分行人民币企业存款余额501.35亿元（人行口径），比年初增加57.36亿元，增长12.92%，同比少增74.88亿元，完成计划的51.21%，在四大国有商业银行中，市场份额占有率为15.65%，比年初下降了0.2个百分点；在全部金融机构中，市场占有率为7.38%，下降了0.45个百分点。外汇存款增势良好，年末，外汇企业存款余额6.9亿美元，较年初增加1.54亿美元，增长28.63%，同比多增1.72亿美元，是年计划的5.14倍。在四大国有商业银行中，外汇存款市场占有率为42.84%，下降了2.15个百分点。

【银行卡业务】 2004年，中行山东省分行长城人民币准贷记卡累计发卡26.6万张，长城国际卡有效卡4.2万张；人民币卡年累计直消额24.8亿元，代理外卡年累计交易额3.24亿元。全年实现银行卡收益4002万元，同比增长70%。

主要工作措施：一是开展了"长城卡香港消费打折"、"长城卡奥运主题"、"办长城国际卡，开心韩国游"等营销活动；二是加大攻关力度，拓展了出入境管理、外办、高校科研院所等国际卡外销渠道，从源头抓住因私出境和因公出国团组信息，采取信函、电话直销、上门推介等方式营销国际卡产品，拓宽外部分销渠道，发展了卡户市场；三是倡导“全员发卡”，开展了“长城卡展业”内部促销活动，重新修订了《考核奖励加分办法》，通过消费抽奖形式激励员工用卡消费；四是实施了“外卡收单市场拓展计划”，大力发展外卡商户，同时加大人民币商户向外卡商户转换力度，截至5月末，共转换170余家；五是增加收益渠道，针对不同时期，因地制宜地组织各板块的刷卡促销活动，刺激用卡消费，增加人民币卡直销额和结算手续费收入；六是对《长城人民币准贷记卡资信评估与授信额度管理实施细则》进行了修改，增加、完善了透支管理规范。全年共追回国际卡逾期透支款320余户、30余万美元；长城人民币准贷记卡60天以上透支款410余笔、52万元。国际卡拖欠账款比率由年初的4.5%下降到1.2%；长城人民币准贷记卡高风险资产比率由年初的50%下降到7%，资产损失率、利息实收率均控制在指标之内。

【稽核工作】 2004年，中行山东省分行稽核工作围绕“良好公司治理机制、现代化内审准则以及股改上市”的要求，强化规范化、科学化管理，圆满完成各项稽核工作任务。全年共进行各项稽核检查71次，其中，常规稽核15次，专项稽核56次，共查出问题3511条，提出建议997条，形成报告208份，涉及违规金额11.82亿元。

主要工作：一是开展了对济南、烟台等8家分支行的解剖式常规稽核，稽核覆盖面达到81.25%，超额完成总行规定的覆盖面达到67%的要求；二是对全辖二级分行本部、直属支行在2002、2003两年间授信业务进行了专项稽核，同时延伸检查了44.89%的县支行，公司授信余额检查比例为76.3%、不良零售贷款余额的检查比例为100%、正常零售贷款笔数的检查比例为35.31%，并对表内外各类授信的合规性、真实性、按期收回情况等进行了检查；三是会同有关部门完成授信类认定项目约1700户、10145笔，同时组织协调全辖完成了股改资产尽职调查工作；四是对2003年年终经营数据的真实性进行了非现场稽核，对全辖及省行本部2003年度稽核检查发现问题的整改落实情况进行了后续稽核；五是制定了《稽核项目公开竞聘竞标管理办法（试行）》和《稽核项目管理与评价办法（试行）》；六是为提高稽核人员素质，邀请业务处室的专家，对各项新业务相关规定及操作流程进行了培训学习。

【财务与会计】 2004年，中行山东省分行财务与会计工作紧紧围绕股份制改革，在制度建设、财务重组、不良资产处置、股改建账等方面做了大量工作，为顺利实现股改上市打下基础。

一、建立健全财务与会计规章制度。2004年，该行不断加强会计管理功能，制定了《费用分配管理办法（2004年版）》、《分产品核算操作规程（试行）》、《营业机构及营业网点内、外部装修标准规范》、《闲置固定资产处置实施细则（2004年版）》、《防反假币及假币管理工作实施细则（试行）》、《出纳错款管理办法（试行）》、《金库门禁系统使用管理规定（试行）》、《现金调拨业务联系密码及使用规定》等规章制度。

二、财务重组工作取得进展。2004年，该行围绕股份制改革，实行了新的《金融企业会计制度》，对会计、信贷、消费信贷、银行卡等电脑系统进行了改造。全年，集中处置信贷不良资产239.84亿元、非信贷不良资产24.30亿元，两项合计264.14亿元。

三、加强财务和费用资源管理。2004年，该行根据业务发展现状，推行费用资源的配置与经济效益挂钩、与业务发展挂钩的分配机制，有效调动了全辖增加收入的积极性，成本收入比达到42.91%，促进了低成本、高收益的中间业务和存、贷款业务的全面发展。同时，加强了财务分析，及时为领导决策提供支持平台，实现了营业利润的可持续发展。全年实现账面利润31.08亿元（其中“贷款损失准备回拨”增加账面利润45.31亿元），营业利润20.72亿元，同比增加4.68亿元，增幅29.18%，完成总行计划的103.02%。

四、加强固定资产管理工作，提高资金使用效率。2004年，该行相继出台了与闲置资产处置挂钩的量化考核办法和闲置固定资产处置实施细则，减少了全辖非生息资产资金占用，提高了资金使用效率。同时，按照总行《固定资产调账工作指引》的方法和原则，实现了固定资产账务与国际财务准则的接轨，为财务重组上市工作奠定了基础。

五、加强采购评审管理工作，建立规范的采购程序运行机制。2004年，该行进一步完善了采购评审规章制度，通过采购方案预审，选择招标代理机构，对评审项目进行后评价等工作逐步规范采购评审工作，遵循公开、公平、公正和效益优先的原则，严格遵守采购评审程序，避免了违法、违纪和违规行为，充分发挥了资金使用效益。

六、加强出纳业务管理，确保安全营运。2004年，该行一是根据人行济南分行要求，成立了现金管理中心，负责青岛地区的人民币现金出入库业务，并进行了业务流程整合，做到防范风险，提高效率，服务基层；二是积极配合保卫部门做好“三防一保”，杜绝有章不循、违规违纪行为，促进了出纳业务健康发展；三是加大防范假钞的力度，积极探索高科技反假手段，增强快速反应能力和信息沟通，提高了现钞反假能力和水平。

【调研信息】 2004年，中行山东省分行调研信息工作以股份制改革为主线，竭诚为领导决策和业务发展服务。

一、调研工作。2004年，该行一是配合股份制改造，组织人员开展调研并编写了《中行地位：历史积淀的特殊性》、《中行战略：未来五年的主战场》，《中行业务流程整合》等宣讲材料；二是针对国家宏观调控的热点行业和重点授信行业，开展了对全省煤炭和水泥两大行业的调研，为领导和相关业务部门提供了决策依据；三是完成了《山东省外向型民营企业发展现状与金融服务需求研究》和《山东中行服务战略研究》两个调研报告。

二、信息工作。2004 年，该行一是编发《财经信息参考》47 期、《领导参阅》40 期、《探讨与交流》10 期；二是及时转发总行每日的《国际金融快讯》、每周的《金融市场分析周报》和《焦点分析》、每月的《金融市场分析月报》以及不定期的《中银行业研究报告》、《中银调研》、《银行业务专题调研报告》等信息产品 400 多期，较好地发挥了信息工作对领导决策和业务发展的支持保障作用；三是编印了《银行业务发展与实务研究 ——2003 年全省调研成果汇编》，收集各类优秀论文 41 篇，约 60 万字。

【电子化建设】 2004 年，中行山东省分行电子化建设工作按照“确保安全、稳步上收、强化服务、突出创新”的工作思路，以安全生产为根本，以综合系统上收为重点，加快新产品开发和推广，进一步提升科技实力和创新能力。

一、认真贯彻落实总行关于防病毒和网络安全的各项规定措施。2004 年，该行一是按照总行《关于加强信息系统安全生产的通知》要求，重点排查了省行机房的安全隐患；二是组织了全辖计算机安全检查；三是加大了对办公自动化的支持力度，在省行实施了电脑协管员制度；四是为适应数据集中上收的需要，建立了客户服务中心，加强了与总行信息中心的交流；五是举办了数据库、硬件设备、网络技术等多期培训班；六是加大网络管理力度，为全辖 16 家市分行配置了主干路由器备机，杜绝了市分行的网络安全隐患。

二、完成了全辖 MERVA 系统和收付清算上收总行信息中心工作。2004 年，该行一是投产推广了开放式基金、欧元贷记卡、汇聚宝等新业务品种；二是推出了跨地市个人通存通兑收费、取消了省内联行，支付密码器与综合业务系统进行了实时连接；三是先后完成了外汇账户交互平台、汇出汇款、保理 V3.0、缺口分析补充采集、支付密码、电子联行、人事档案管理、商业发票贴现、大额授信查询、项目库管理、人民币银行结算账户管理、信贷登记咨询、安全保卫信息管理、零售中心授信档案管理等十几个系统的推广工作。

三、加大设备投入，加快营业网点和办公自动化建设。2004 年，该行一是将省、市分行本部营业柜台、部分县支行柜台的窗口设备全部更换成液晶终端；二是更换了全辖办公自动化的陈旧设备，提高了办公效率；三是将市分行的 NOTES 服务器升格，确保了系统的稳定；四是完成了 VPN 接入试点工作，为下一步 8 小时以外办公开辟了一条通道；五是进一步完善了移动 GPRS 通信在中行 ATM 联网试点工作，为青岛市 ATM 网络结构改造提供了宝贵的经验。

【队伍建设和内部管理】 2004 年，中行山东省分行在队伍建设和内部管理方面，着重开展了党员“创先争优”活动和培训，提高了党员素质。

一、组织建设。2004 年，该行一是开展了“创先争优”和党员领导干部民主评议活动，共评选出先进基层党组织 6 个、优秀共产党员 11 名、优秀党务工作者 11 名；二是为确保民主生活会质量，制定了《对二级分行民主生活会质量考评办法》；三是为提高党员素质，下发了《关于加强和改进党员管理工作的指导意见》，组织了 3 期副科以上党员领导干部培训班，培训党员 200 人次，选派了 14 名局处级党员领导干部参加了总行党校培训。

二、班子队伍建设。2004 年，该行成立了由党委成员及有关部门负责人参加的 8 个考察小组，对各级领导班子及后备干部队伍进行了一次全面考察，建立了共 94 人的后备干部队伍，调整充实了 17 个分、支行班子，调整提拔处级干部及直属支行行级干部计 59 人次。

三、健全内部管理制度。2004 年，该行一是修订了《员工考勤内部管理办法》、《员工绩效考核办法》；二是加强班子自身建设，制定了《2004 年党建工作要点》、《2004 年党风廉政建设责任制落实方案》，开展了“机关作风整顿”活动；三是成立了青年业务研究小组；四是重视企业文化建设，向员工推荐优秀书籍，组织学习。

【纪检监察】 2004 年，中行山东省分行加大廉洁宣传教育和监督检查的力度，认真落实党风廉政建设和防范案件工作责任制，积极营造遵纪守法、依法合规经营的良好氛围，避免大要案的发生，促进各项改革任务的顺利完成。

一、认真开展专项治理回头看活动，努力做好案件防范工作。2004 年，该行开展了违章操作专项治理回头看活动，重点对上年在会计、结算、出纳、储蓄和安全保卫部位查出问题的整改落实情况进行跟踪检查，对有关业务职能部门履行监管职能的情况进行评价，并对莱芜、泰安等 9 个分支行进行了抽查。同时，注重总结和推广在案件防范工作方面突出的分支机构，推广了平度支行利用监控录像加强日常监督检查，泰安、菏泽分行事后监督大集中和东营垦利支行加强风险监控的做法，收到了较好的效果。

二、加强政治学习和职业道德教育。2004 年，该行一是组织员工认真学习《警钟长鸣》，并与检察院、法院联合进行法制教育，开展案例分析活动，提高员工法律意识，增强法纪观念；二是针对股份制改革中员工的思想状况，定期召开案件分析会，对重点岗位、重点人员思想状况进行分析摸底；三是及时转发了总行《关于加强基层机构负责人和重要岗位员工 8 小时之外监督管理工作的通知》，加强对员工 8 小时以外行为监督管理；四是充分利用《监察简报》进行多种形式的宣传教育。

【安全保卫】 2004年，中行山东省分行继续推行安全目标管理责任制，有效遏制了案件和事故的发生，保证了国家财产和员工人身安全。

一、继续推行安全目标管理责任制，案件防查工作成效显著。2004年，该行按照“谁主管，谁负责，一把手负总责”的原则，自上而下层层签订了《安全管理目标责任书》，使各级领导进一步提高了对安全保卫工作重要性的认识。年内，全辖防范、堵截各类案件21起，其中，成功防范抢劫未遂案件2起，发现并堵截涉嫌金融诈骗性质的案件19起，涉及资金人民币3724.47万元、美元1.48万元、港币1800万元；防案过程中协助公安机关抓获作案嫌疑人14名。

二、全力推行安全保卫“三个规范”工作，强化全员的安全防范意识。2004年，该行按照“风险防范关口前移”的工作思路，在全辖范围内推广实施了安全保卫“三个规范”工作，即守库押运、枪支弹药和营业网点的安全管理规范；严格执行枪弹分存，定期检查、维护，有效地防止了涉枪案件、事故的发生。同时，认真做好守库押运工作，全年执行短途押运任务160余次，长途押运任务30余次，均圆满完成了任务。

三、加大安全督查工作力度，加快物防技防设施建设步伐。2004年，该行共组成19个检查组对全辖16个市分行、14个直属支行的基层营业网点进行明查暗访，促进了全员执行安全管理规章制度的自觉性，确保了安全管理规章制度的有效落实。同时，该行继续加大了对全辖技防、物防设施的投入，全年共投入资金700余万元，完成了全辖32座金库封闭式管理改造工程项目，达到总行的要求。同时，对全辖764套柜员监控设备进行了调试和工程项目的竣工验收，合格率达到100%。

【金融大事记】 1月18日 中行山东省分行在青岛丽晶大酒店举行全辖分、支行行长会议。传达贯彻总行2004年工作会议精神，总结2003年工作，部署2004年工作任务，行领导还与各市分行、直属支行“一把手”签订了安全保卫工作目标管理责任书和党风廉政建设责任书。

7月29日～30日 中行山东省分行分别在潍坊、淄博分行召开了“安全保卫工作‘三个规范’推广现场会”。

8月19日 中行总行股改处置组来中行山东省分行听取非授信资产处置和存在问题情况汇报。

8月25日 中行山东省分行刘珍贵行长向山东省副省长林廷生及青岛市政府、青岛银监局、人行青岛中支的主要领导通报中国银行股份有限公司成立有关事宜。

11月10日 中行山东省分行王建宏行长在济南新闻大厦会见山东鲁信投资控股有限公司赵奎董事长，与其签署了《银企合作协议》。

11月12日 中行山东省分行王建宏行长与中行总行奥运工作小组人员，拜访青岛市奥帆委主席、青岛市副市长臧爱民及秘书长孙立杰等人。

（张志刚 王向红 张兴民 刘定海）

中国建设银行山东省分行

【第一负责人简介】 王军，男，汉族，江苏常州人，中共党员，高级经济师，经济学硕士，1996年7月毕业于东北财经大学投资经济（在职）专业。历任中国建设银行大连市分行副行长、行长，现任中国建设银行山东省分行党委书记、行长。兼任山东金融学会副会长，山东省银行业协会副会长。

【综述】 2004年，中国建设银行山东省分行（以下简称“建行山东省分行”）按照年初确定的的总体思路，以股份制改造为主线，实施精细化管理，各项工作取得了全面进步。截至年末，辖内（不含青岛）全口径存款余额1583亿元，新增195亿元；各项贷款余额1162亿元，新增176亿元；贷款利息实收率94.83%，同比提高6.9个百分点；现金回收存量不良资产7.92亿元，消化各类历史包袱70.79亿元；实现中间业务收入3.78亿元，同比增长53%；实现经营利润27.32亿元，同比增长26.92%；实现经济增加值5.31亿元，同比增长100.01%；撤并营业机构167个，机构网点升格124个，综合性机构占比达到85%。

【计划财务】 2004年，建行山东省分行按照“加快建立符合现代商业银行要求的全面财务管理体系”的方针，努力规范各项管理环节。

一、积极建立科学有效的财务资源配置机制。2004年，该行一是继续完善以经济增加值为核心的绩效评价机制。出台了年度绩效考评和绩效人力费用分配办法，同时成立了量化考核督导组，积极推动支行层面个人收入量化考核分配机制的建立和部门绩效考核工作的研究；二是继续完善“资本约束、计划指导、资金调控”的间接调控机制，构建较为合理的产品评价体系。

二、规范财务管理、细化成本控制。2004年，该行一是按照“注重基础、突出重点、综合考核、过程与结果并重”的原则，制订计划财务基础管理工作考核等办法；二是建立了财务审批单制度，在防范控制风险的前提下对各行适当转授权；三是认真整改银监会、南京审计分部、监事会以及中介机构在检查与审计中发现的问题；四是认真开展财务、票据、利率等检查；五是实施费用定额管理，加大财务集中管理，加强资金流动性管理。

三、积极有序地推进利率市场化改革和服务收费改革。2004年，该行一是确定了以信用评级为利率浮动参考指标的转授权体系，从不同角度分析全行利率结构、变化情况，利率管理能力进一步加强；二是成立了服务价格推进领导小组，健全价格体系，制订应急预案，妥善解决客户投诉、媒体负面报道等突发事件，强化综合定价议价能力，提高服务质量和竞争意识，促进中间业务收入快速增长。

四、加强对票据贴现业务的政策指引，适时适度促进业务发展。2004年，全行完成贴现余额161亿元，同比增加82亿元，累计实现业务量385亿元，新增175亿元。业务量、余额均居全国建行系统内首位，新增额居系统内第2位。利息收入5.8亿元，增加3.3亿元，居系统内第1位。

【个人银行业务】 2004年，建行山东省分行坚持以价值创造为核心，以个人存款业务的稳步增存为基础，细化管理，分类指导，加强营销，不断创新，个人银行业务获得了持续快速发展。截至年末，个人存款余额710.97亿元，新增83.5亿元；网均单产8744万元；个人外币存款新增9543万美元，在全国建行系统中列第1位，为当地四大商业银行中惟一实现正增长的银行。

一、强化服务，细化管理。2004年，该行一是正确处理网点撤并与精品网点塑造、业务发展的关系，通过个人客户经理"一对一"营销、前台员工的优质高效服务，市场份额进一步提高。截至年末，个人存款在当地四大国有商行新增占比中达到32.38%，亿元网点达到219个；二是个人银行业务快速成长，个人理财中心达到6家，基本形成了人工理财、智能理财和自助理财"三位一体"的服务体系；三是基金成长为新的利润增长点，全年发行5.1亿元基金8支，增加了电子凭证国债、记账式国债发行，代理发行23.4亿元，兑付14.58亿元，实现收益1770万元。

二、上下联动，打造品牌。2004年，该行根据个人存款、个人消费贷款、借记卡、速汇通等个人银行产品不同的销售渠道及销售旺季特点，推出差异化、品牌化营销，适时开展了"抓旺季，争份额，促发展，创佳绩"为主题的竞赛活动、"春回大地，相伴建行"活动、"建行伴您高飞"教育市场营销活动、"金色十月"及"你为祖国添光彩，建行为你来理财"等一系列旺季营销活动；推出了6期"汇得盈"，打造了"汇得盈"外汇理财品牌，个人外汇存款实现了跨越式增长。

三、加强创新，增强市场竞争力。2004年，该行推出了个人高端客户授信、电子记账式国债、"汇得盈"外汇理财、汽车团购等产品；完成了"速汇通"3期优化，实现汇款资金的即时到账，国债通买，个人通知存款优化；开通了内地和港澳之间的银行卡异地通用；完成了总行个人信贷系统、ATM功能拓展和设备监控上线推广；实现了记账式国债柜台交易业务；完善个人银行业务产品线，丰富了个银业务的内涵、增强了市场竞争力。

四、细分客户，差别服务，优化结构。2004年，该行不断深化客户细分工作，以理财为主线，针对不同的客户群体实施差别化服务。一是筛选、发展VIP客户，为其拓展增值服务，提高了高端客户的忠诚度；二是与济南国际机场联合，向"乐当家"VIP客户推出了易登机服务、专用安检、贵宾客户休息厅等增值服务；三是制订了"成立VIP俱乐部、拓展合作单位的方案"，对VIP客户提供超值服务；四是进一步细分大众富裕客户，开展了龙卡消费抽奖"韩国游、泰国游"、龙卡消费积分奖励等活动，推出汇得盈、速汇通、基金、记账式柜台交易、借记卡等个人理财套餐服务。

【公司业务】 2004年，建行山东省分行以市场为导向，以客户为中心，强化营销、优化结构、提高质量、夯实基础，公司业务取得了长足的发展。截至年末，企业存款余额756.90亿元，新增115.51亿元，增幅18.01%；公司业务贷款余额870.43亿元，新增92.46亿元，增幅18.26%，同比多增2.17亿元；不良率3.83%（一逾两呆口径）；银行承兑汇票余额169.14亿元；实现利息收入40.09亿元，增幅12.08%，同比多增4.32亿元。

一、企业存款平稳快速增长，资金实力日益壮大。2004年，该行一是大力开展"旺季营销活动"，仅一季度企业存款就新增60亿元，超额完成了总行下达45亿元的计划；二是完善大额存款变动报备、跟踪和分析制度，进一步加强了存款管理；三是发送对公账户信息，促进了各行的存款考核；四是拓展优质客户市场，提高了集团客户的贡献度。

二、信贷结构进一步优化，资产质量不断提高。2004年，该行按照"有保有控，有进有退"的原则，把握信贷投向，做好执行国家宏观调控政策和信贷结构调整的有机结合，保证了贷款投放质量。一是非贴现贷款主要投向电力、煤炭、钢铁、教育、公路等优势行业和信用等级在AA级以上的总行、省行重点客户；二是重点发展风险小、流动性较强的贴现业务；三是加大了对A级以上信用等级企业的投放力度；四是加强存量客户和新开发客户的额度授信工作。

三、上下联动强力营销，市场竞争能力进一步提升。2004年，该行一是在全省16个地市召开了较大规模的银企座谈会，与32户企业现场签订了76亿元贷款合同，与85家企业签订了贷款意向性协议金额188亿元；二是利用元旦、春节有利时机，开展了旺季营销活动，取得了较好的效果。企业存款突破700亿元；三是在全省开展了"优质客户营销百日竞赛活动”，有效的改变了非贴现贷款增长乏力的局面。

四、积极开拓，加强公司产品和服务的创新能力。2004年，该行一是加大新业务研发力度，对项目融资、可转换债券、国内信用证、银团贷款等新业务做了详细调研和实地操作；二是制订了银团贷款的工作办法；三是设立了中小客户服务中心，加强对中小客户市场的研究和开拓。

【中间业务】 2004年，建行山东省分行强化营销和创新，促进了中间业务和机构业务的规范、持续、快速发展。全年实现中间业务收入3.78亿元，同比增长1.30亿元。

一、加强对预算单位账户和中小商业银行、非银行金融机构的营销。2004年，该行预算单位账户营销取得了丰硕成果，军队单位营销工作取得了明显成效，取得了济南市政府资金结算中心、济南市商行代理行资格、铁路、石油系统养老金统筹代发业务；成功与济南邮政局签订邮资优惠合作协议、与济南市海关、广电局达成合作意向；争办到再就业政府担保基金，与亚光、西王、新郎、得力斯、美华等企业签订境外上市合作协议。

二、加大业务创新力度，增强产品的竞争力。2004年，该行一是信托业务创新取得双突破。与山东（鲁信）产权交易中心开发推出信托计划转让业务，实现信托计划转让交易100多万元；与英大信托联合，通过发售信托计划，为授信客户日照土地储备中心融资3000万元；二是积极探索股权融资业务。为客户编写商业计划书，协助客户引进海外战略投资者；组织进行银行承兑汇票代保管项下的委托贷款业务创新试点；组织开发了“银彩转账”、电子报税网络系统；会同建银国际金融有限公司与山东滨州亚光毛巾有限公司签署境外上市合作协议。

三、保险代理业务稳步发展。2004年，该行一是与多家寿险公司联合，推出了业务竞赛活动，促进了代理保险业务的发展；二是完成了保险代理业务“银保通”系统续期开发和新华保险公司的接口开发及全面上线工作。

【房地产金融业务】 2004年，建行山东省分行大力发展个人住房贷款和委托性住房金融业务，适度调控房地产、建筑业等公司类信贷业务，引导各行调整贷款投向，加大对符合国家宏观调控方向的优质项目的营销力度，实现了全行房地产金融业务持续健康发展。全行个人住房贷款增长26.6亿元，房地产和建筑业公司类贷款减少12.08亿元，公积金个贷新增10.82亿元。

一、在全省主要城市建立了13家房地产金融超市，构建了全新的中间业务交易平台。2004年，淄博、枣庄、泰安、济宁、威海、省行营业部、济南经七路、济南历城等8家房地产金融超市首先开业，烟台、德州、潍坊、临沂、聊城等5个行的房地产金融超市也相继开业，取得了良好的社会效应，“要住房，到建行”的营销口号更加深入人心。

二、实施个人住房贷款标准化，规范服务操作。2004年，该行根据总行关于个人住房贷款业务标准化的精神，制订下发了《个人住房贷款业务操作规程（试行）》等一系列制度文件，并举办了培训班，具体部署有关事项。

三、积极拓展市场，丰富营销成果。2004年，该行引入信贷部门联动整体营销观念，积极拓展市场，加大营销力度。一是上下联动，成功营销山东浙江投资企业商会及其成员单位，与其签订了全面合作协议，并制订相关指导意见，加强了全行整体营销和区域联动营销能力；二是进一步加强行际间协作，重点推进房地产业和建筑业重点客户和集团客户的营销工作，成功完成了济南土地储备中心和中铁十四局等大客户的综合授信工作；三是开展“优质客户拓展百日竞赛活动”，利用山东“住交会”这一平台，做好了房地产项目融资论坛的各项工作，实现了网络化营销的目的。

四、积极做好政策性住房金融业务的并账工作。2004年，该行根据总行的要求，将全行政策性住房金融业务并入大账，实行统一核算和管理。一是顺利完成了委托性住房金融业务接口程序开发和数据转换上线工作；二是成功实现了对济南地区公积金业务系统转换升级，并对德州、菏泽、莱芜、日照等符合上线条件的各二级分行营业机构成功实施了全面上线。

【信用卡与电子银行业务】 2004年，建行山东省分行加大创新力度，完善服务功能，强化宣传营销，着力打造龙卡贷记卡和“e路通”品牌。截至年末，新增龙卡贷记卡6.6万张，实现信用卡消费额6.9亿元，发展网银个人客户26.15万户、企业客户3019户，call center签约客户23.3万户。

一、积极落实各项政策措施，为业务快速发展奠定基础。2004年，该行一是实行业务买单制，强化考核激励措施；二是明确制订了省行各前台经营部门（公司、机构、房地产、国际业务）和各二级分行的双线营销任务目标，确定了企业网银重要客户名单800户，实施差别化买单奖励价格。

二、加大创新力度，完善服务功能。2004年，该行一是适应市场需要，不断完善电子银行服务体系；二是完善产品功能和服务，不断提升信用卡的产品竞争力。实现了龙卡贷记卡约定账户还款、ATM修改密码功能；推出了贷记卡境内消费交易可选择使用密码功能及龙卡商务卡新产品；完成了转账POS项目开发和试运行工作，并逐步在全省推广。

三、加大营销宣传力度，扩大品牌影响力。2004年，该行一是加强宣传营销，着力打造龙卡贷记卡和“e路通”品牌。率先实现了在医疗卫生系统刷卡消费；与山东大学联合开展了以“信用成就未来 建行伴你辉煌”为主题的大型现场营销活动；二是以市场为导向，开展了“龙卡五月花，真情礼到家”抽奖活动、“让优质客户拥有龙卡贷记卡”发卡营销活动、“龙卡积分换礼”消费积分奖励活动、“金秋送爽网银相伴”电子银行系列营销活动、“把史瑞克刷回家”睡眠卡激活等营销活动，取得了良好效果。

四、积极开展服务质量竞赛活动，不断提升服务水平。2004年，该行一是结合服务质量竞赛活动的开展，对各行在业务操作上的问题进行及时改进；二是强化柜面人员主动营销意识，根据龙卡贷记卡产品特点进行有针对性的营销推广；三是结合“规范服务年”活动的开展，专门制订了95533客户服务“创佳绩、树品牌、做贡献”争先创优活动实施方案；四是建立了典型服务的点评分析制度，组织评选了“客服之星”。

【国际金融业务】 2004年，建行山东省分行强化市场营销和产品创新，不断提高国际业务市场份额，加强基础管理和风险控制，进一步提高资产质量，主要业务指标稳定增长，贸易融资业务风险得到有效控制。国际结算、即期结售汇分别完成57.47亿美元和32.05亿美元，表内贸易融资业务新增2.65亿元。

一、加强基础管理，规范业务操作，防范风险。2004年，该行一是配合外管局组织了对济南地区资本金结汇业务检查，对全行外币资金交易业务的规章制度、操作流程、内部控制等方面进行了多次认真深入的自查，有效防范了业务风险；二是贸易融资资产质量明显提高，不良率显著下降。截至年末，全行贸易融资不良资产（五级分类口径）586万元，较年初下降了186万元，降幅24.1%。

二、积极进行结构调整，不断加大市场拓展力度，努力提高国际业务市场份额。2004年，该行一是加强了省市行、部门间和海内外三方联动，发挥全行整体优势，成功营销了一批实力强、质量优、潜力大的拟境外上市客户；二是充分发挥经验优势，积极营销境外筹资转贷业务，与金融同业外汇业务合作力度不断加强。

三、积极进行产品创新，提高国际业务核心竞争力。2004年，该行一是推出了信用证海外代付业务；二是国际保理业务实现零的突破，成为建行系统惟一一家开办国际保理业务的分行；三是创新办理出口托收项下无追索权的福费廷业务和个人外汇理财产品，个人外币存款新增9543万美元，居系统内第1名；四是个人实盘外汇买卖交易系统成功上线试运行；五是建立了国际结算业务同业通报制度。

【会计结算】 2004，建行山东省分行以加强基础建设、防范会计风险、提高会计信息质量为重点，不断健全会计制度，完善会计职能，加快系统建设和产品创新，各项工作全面进步。

一、稳步推行会计制度改革，圆满完成了重组分立建账工作。2004年，该行按照建行总行总体部署，积极推行会计制度改革。一是把全面贯彻执行新《金融企业会计制度》作为会计工作的一项核心内容，及时下发新制度执行后会计核算调整的有关规定，并做好制度培训和系统优化改造工作；二是针对政策性住房金融业务核算模式不一的问题，完成了转换程序的编写和测试等工作及政策性住房金融业务的并账工作。

二、强化柜面服务职能，全国大赛勇夺桂冠。2004年，该行围绕“规范服务年”和总行“文明、规范、优质、高效”服务质量百日竞赛活动的实施，开展了问卷调查、网上答题、征文评选以及柜面服务暗访等一系列工作；完成了竞赛活动大量繁重的前期筹备和现场组织工作；在柜面服务知识竞赛中，摘得团体第1名的桂冠，同时获得个人全能第1名等6个单项奖和竞赛组织奖。

三、加强报表编审与账户管理，全面提高信息质量。2004年，该行一是注重会计报表的编报及审查，密切关注总账系统日传数据，发现问题及时分析核对，确保会计科目的使用及报表编制准确无误；二是制订了“报表管理考核实施细则”，深化对其的考核管理；三是强化账户管理，规范账户的开立和使用。

四、加强中心金库建设，推行现金出纳改革。2004年，该行按照业务发展模式以及DCC上线后出纳业务的涵盖范围和管理重心，在全省10个二级分行推行了现金集中清分，以“安全、高效、快捷”为目标，通过核算网络传递现金、单证调拨信息，由集中调拨行集中运送现金或单证，从而达到节约解款成本、减少现金单证运送风险和解决前台人员离岗办业务的目的。

【资产保全】 2004年，建行山东省分行以坚持市场化方式处置不良资产，进一步加大现金回收和批量处置力度，全力推进“降不良、防案件、抓管理、促发展”攻坚战向纵深发展，取得了较好成绩。

一、抓好各项常规资产保全工作。2004年，该行一坚持“早收、快收、多收”，不断完善组织体系，进一步发挥和挖掘减免息、法律诉讼等手段的潜力，加大现金回收力度，取得显著成绩；二是全行动员，组织呆账核销申报，全年共完成呆账核销16693万元，抵债资产存量降到了自1998年以来的最低点，消化了5722.4万元的历史包袱，大大减少了低效无效的资金占用；三是加大重大项目的操作力度，积累了宝贵经验。

二、抓好阶段性中心工作。2004年，该行一是完成了可疑类贷款剥离工作。配合资产管理公司完成了尽职调查，账务处理、资料移交、协议签订、债权维护、债权转让公告等工作，得到了总行及买方的高度评价；二是完成了损失类资产消包后续工作和划转。建立了已核销呆账管理台账，对2003年核销呆账涉及项目和实物资产进行了核对清理，累计签署20272份已核销债权转让协议，涉及金额70亿元；

三是在抵债资产处置方面取得新突破。配合总行筹划抵债资产国际招标活动，及时组织项目协调会，确立了项目负责人和业务联系人，顺利完成了信息描述和披露、项目考察、尽职调查、档案资料验证封存等各阶段工作。

【信贷审批】 2004 年，建行山东省分行牢固树立“风险控制优先”的理念，积极完善信贷审批体制，强化基础管理，有效强化了省分行的资源配置功能，加大了信贷结构的调整力度，优化了信贷资源的配置。

一、合理调配审批力量，优化信贷审批流程。2004 年，该行一是在一级分行作为审批主体的情况下，针对省分行审批业务量激增的现状，合理调配审批资源，确保了各项信贷业务发展的健康发展。全年累计召开贷款审批会议 283 次，审议项目 2292 笔，涉及金额 1103.42 亿元；会签审议项目 289 笔，涉及金额 74.12 亿元；二是以国家宏观产业政策为指针，既严格信贷审批标准，又本着兼顾历史、实事求是的原则，加大信贷结构的调整力度；三是采取灵活多样的审批方式，实施“先评级、后授信、再单笔支用”的审批流程，对重点营销客户及重要客户采取“直通车”式的即时审批。

二、稳步推进信贷审批垂直管理体制改革，强化贷款审批人队伍建设。2004 年，该行一是以贷款审批人派驻为手段，构筑信用风险防范的长效机制；二是以个贷电子审批系统的上线运行为契机，在有效防范信用风险的前提下，强化个人零售贷款的集中审批，切实提升审批效率及技术含量；三是以完善贷款审批人选拔机制为手段，同时强化信贷审批人员培训，切实提升其全方位把握风险的能力。

【信息技术】 2004 年，建行山东省分行以安全运行为中心，以规范管理、加强创新、提高运行效率和质量为重点，积极推进电子化建设和信息技术队伍建设，为业务发展提供了有力保障。

一、强化规范化管理，管理水平全面提升。2004 年，该行一是建立了设备质量性能跟踪管理流程，制订了安全月报制度，开展了风险排查活动，完善了各项应急预案；二是完善信息安全组织建设，加强安全监督检查；三是组织了首次金融科技进步奖的评奖工作；四是积极探索实行项目经理制，在“DCC 推广”项目中实施了项目经理承包负责制。

二、加强风险防范措施，整体提高运行与服务质量。2004 年是该行提出的“安全运行年”，全年，该行用于核心业务处理的主机和主干网络设备在正常营业时间的无故障运行率达到了 99.92%。

三、积极创新，保质保量完成开发任务。2004 年，该行顺利开发了协同应用平台和代收费服务渠道整合、人力资源考核与评价系统、人力资源辅助管理系统、利率费率优化、银保通等项目，完成了 ATM 功能拓展、公积金数据集中、个贷系统等系统的推广，满足了管理和业务发展的需要。

【内部管理】 2004 年，建行山东省分行结合“降不良，防案件，抓管理，促发展”攻坚活动，深入开展反腐倡廉工作。

一、认真贯彻落实党风廉政建设责任制。2004 年，该行一是重新签订了《党风廉政建设责任书》，继续坚持对新聘任干部的“任前送廉谈话制度”；二是将中国共产党《党内监督条例（试行）》、《纪律处分条例》和《党员权利保障条例》印成小册子下发各行，做到党员人手一册，认真贯彻执行；三是在全行特别是党员干部中开展了反赌禁赌行为排查。

二、深入开展案件防查工作。2004 年，该行一是组织员工观看了自行拍摄的警示片《忏悔与警示》开展了案防警示教育活动；二是开展了员工尤其是重要岗位员工行为的排查活动；三是开展了业务风险专项排查治理活动；四是借助信访渠道，严肃查处违规违纪案件；五是建立和完善责任认定和处罚机制，进一步加大造成资产风险和损失的责任追究力度。

三、不断创新内控管理新模式。2004 年，该行在聊城、东营、威海等分行进行了基层营业网点风险监督员制度试点工作，在淄博、枣庄、泰安等分行进行了违规行为积分管理办法试点工作。

【精神文明建设】 2004 年，建行山东省分行强化精神文明建设力度，紧紧围绕股份制改造主线，大力弘扬求真务实的作风，为改革与发展提供了强有力的精神动力和文化支持。

一、加强思想政治工作。2004 年，该行下发了《关于加强股份制改造时期宣传思想和家园文化建设工作的意见》，成立了“股改期间思想政治工作领导小组”，组织开展了股改期间员工思想状况暨基层行思想政治工作调查活动，深入开展了股份制改造政策、理论和相关知识的学习活动。

二、广泛开展企业文化建设。2004 年，该行一是编发了《家园文化知识读本》，建立健全了家园文化“示范点”网络，举办了家园文化建设骨干培训班；二是开展了“服务理念和服务文化故事”征集活动，参加了总行组织的“家园杯”营销策划竞赛活动，并有 5 件作品受到了表彰；三是组织举办了“客户在我心中”演讲暨普通话比赛，组成了“弘扬建行精神，争做优秀员工”先进事迹报告团，在全省进行了巡回报告；四是在青年员工中举办了“青春建行”服务之星风采大赛、“新起点 新跨越 新形象”知识竞赛、“团干追踪”等一系列丰富多彩的主题活动。

三、开展“规范服务年”活动，全面提升服务水平。2004 年，该行一是制订下发了《“规范服务年”活动实施意见》和《文明规范服务规章制度汇编》，开展了“规范服务年，我们怎么办”大讨论；二是起草下发了《关于进一步加强文明规范服务工作的通知》，并对德州行规范服务工作经验进行了总结、推广；三是开展了柜面服务明查暗访活动，针对发现的问题，提出了整改意见；四是召开了全行服务工作推进暨服务文化研讨会。

【安全保卫】 2004年，建行山东省分行不断探索安全保卫工作新思路、新方法，以创建“平安建行”为目标，在加强内部安全管理和治安防范，强化安全生产与案件查防工作等方面做了大量工作，为全行的改革和发展提供了安全保障。

一、大力开展“平安建行”建设活动，案件防查取得显著成效。2004年，该行根据社会治安形势的新特点，着重加强了抢劫、伪造银行卡、盗窃储户资金等案件的防查力度。一是要求大营业网点必须配备保安和导储员；二是通过悬挂、张贴安全警示标识，提醒客户注意自身安全防范、增强密码等信息保护意识；三是为4000多个营业窗口全部配备了“密码防窥器”，并严格了一米线制度；四是为400多台ATM安装了电视监控；五是进一步严格守押人员“六条禁令”和枪支管理。全年成功堵截各类案件15起，避免资金损失4185.53万元。

二、全面加强安全生产监督和管理。2004年，该行一是成立了应急处置工作领导小组，制订了各项应急预案；二是组织员工进行消防知识培训和演练，加强了安全生产知识的宣传普及；三是开展了多种专项检查，消除了一批安全薄弱环节；四是实行了“谁检查，谁负责”的检查责任制，加大了责任追究和处罚力度；五是对整改情况“回头看”，提高了检查的效果；六是强化安防设施建设与管理，积极推行远程集中监控，枣庄、淄博、威海等行的试点网络监控也已经上线运行。

三、积极引导，稳妥推进守押体制改革。2004年，该行本着“积极、稳妥、安全、经济”的原则，加强了将守押任务对外移交过程的管理。枣庄、德州、潍坊三个市分行和聊城部分县支行相继把中心金库、分金库的守押任务推向社会，并对移交后保安公司的守押情况进行了突击检查。

【金融大事记】 1月5日 建行山东省分行ISO9001质量管理体系暨总行内控管理体系双贯标工程正式启动。

4月8日 建行山东省分行召开了95533客户服务系统全省开通新闻发布会，正式对全省客户推出95533客户服务系统。

5月 建行山东省分行管理信息平台（一期）完成全省推广，信息管理在全国建行系统处于领先地位。

6月30日 建行山东省分行以分行为主会场，以15个二级分行的为分会场，召开银企座谈会。会上，该行与全省32户企业现场签订了76亿元贷款合同，与85家企业签订了188亿元贷款意向性协议。

6月 建行山东省分行首创推出“乐得家”房地产金融超市。

7月12日 建银国际金融有限公司、建行山东省分行与滨州亚光毛巾有限公司签署了企业境外上市合作协议。

7月28日 “银保通”在全省建行所有网点全面开通。

9月13日 建行总行党委委员、纪委书记辛树森来建行山东省分行视察，参加民主生活会。

11月2日 建行山东省分行为日照昌华海产食品有限公司办理出口保理项下业务，成为全国首家成功办理国际保理业务的分行。

11月25日 建行山东省分行个人外汇买卖业务系统顺利上线。

（窦永密 王倩倩）

中国建设银行青岛市分行

【第一负责人简介】 郭周祥，1946年12月出生，中共党员，1964年9月参加工作，历任中国建设银行内蒙古呼和浩特市支行党组书记、行长，建行山东省分行党组副书记、副行长，建行海南省分行党组书记、行长，1999年5月至今任建行青岛市分行党委书记（正厅）、行长，先后荣获青岛市劳动模范、山东省劳动模范及全国金融系统劳动模范等称号。

【综述】 2004年，中国建设银行股份有限公司青岛分行（以下简称“建行青岛分行”）顺利实现了股份制改造，各项业务取得了较快发展。截至年末，本外币各项存款余额311亿元，比年初增加26亿元，同比多增9.6亿元，增幅10%；本外币各项贷款余额249亿元，比年初增加11亿元；资产质量大幅度提高，按五级分类口径，不良贷款余额为5.9亿元，比年初下降5835万元，不良贷款率2.39%，比年初下降1.21个百分点。全年实现经济增加值1.92亿元，实现经营利润6.44亿元，同比增加1.72亿元，增长36%。主要财务指标进一步提高，总资产回报率达2.17%，贷款收益率达5.26%，同比提高0.6和0.1个百分点，成本收入比为

35.4%，同比下降12个百分点。贷款利息实收率为99.3%，同比提高7.9个百分点。

【公司业务】 2004年，建行青岛分行大力开展公司客户营销活动。一是集中力量加大了对青岛大炼油项目、黄岛电厂、国家石油储备库等一批国家重点建设项目的金融服务，发展了一批总行级优质客户；二是积极营销优质中小企业及民营企业，在成功争取了一批优质民营企业和拟上市公司的基础上，认真筛选青岛市民营企业50强和十佳企业中的优质客户，建立了优质客户储备库，增强了公司业务的发展后劲；三是继续向重要客户提供个性化金融服务。利用网银账户归集等功能帮助海信集团等20多家集团性公司实现了异地分支机构财务资金“收支两条线管理”，提高了资金管理效率；四是票据业务快速发展，全年累计办理贴现业务63.6亿元，票据贴现余额24.6亿元，直贴量占青岛同业市场第一，且无一垫款发生；五是与多家集团公司签订财务顾问协议书，在投融资、资产管理、债务管理、项目融资、造价咨询等方面为其提供政策咨询、方案设计和协助实施等金融服务，实现了财务顾问业务新突破。

【个人业务】 2004年，建行青岛分行个人银行业务的战略性地位进一步提升，全行个人存款余额130亿元，比年初新增12.3亿元，其中，网点存款单产1.2亿元，比年初提高4579万元；个人消费贷款比年初新增1.4亿元，新增额在青岛市同业中名列第一。

2004年，该行一是针对不同的目标客户群体和市场热点，积极开展元旦、春节、“五一”黄金周、金色十月等旺季营销和教育收费、家庭理财等一系列主题营销活动，提高了个人金融产品的知名度，促进了个人存款的稳定增长；二是抓住公积金结息支取的时机，适时组织了公积金转存营销竞赛活动；三是通过开展“发展优质客户 ，贡献理财计策”竞赛活动，在全市首家推出“绿色银行”投资理财产品，推出青岛市第一个外汇结构性理财产品“汇得盈”，募集外汇资金3000万美元；四是通过举行联谊活动等，进一步拓宽了VIP客户服务的内涵，年末，VIP客户共有2838户，存款余额达4.5亿元；五是进一步加强了个人金融产品创新，推出了电子凭证国债和记账式国债柜台交易业务，开辟了代销国债、代销基金等新的分销渠道，增加了业务收益。

【房地产信贷业务】 2004年，建行青岛分行认真贯彻和落实国家房地产金融政策，不断提高金融产品和服务质量，在风险可控的前提下，加大个人住房贷款营销力度，全力打造“乐得家”特色业务和优势品牌。年末，个人住房贷款余额54.3亿元，比年初新增14亿元，分别位列青岛市同业第1位和建行系统第6名，且新发放贷款没有产生不良。

2004年，该行一是利用房地产开发类贷款和个人住房贷款的上下游联动关系，为个人住房贷款储备优质楼盘，保持房地产金融业务的良性运转；二是进一步加快个人住房贷款标准化工作进程，严防“假个贷”的发生，确保了个人住房贷款的高质量；三是抓住住房公积金管理体制调整的机遇，加强对住房资金管理中心的营销提供周到、细致的金融服务，保持了以公积金业务为核心的委托性住房金融业务的市场领先地位。

【中间业务】 2004年，建行青岛分行实现中间业务收入9003万元，同比增加2424万元，再创历史最高水平。中间业务收入占营业净收入的比重为7.92%，同比上升0.07个百分比。

2004年，该行制定了中间业务联系制度和问责制度，进一步推动了全行联动、整体营销机制的形成。一是积极推进服务收费工作，加强与信托、保险、证券业务合作新领域，与多家信托公司及保险公司签订了全面合作协议；二是国际业务发展不断提速，全年累计完成国际结算量25.7亿美元，同比增长18.7%；三是加大新产品的开发推广力度，全年组织发行7期外汇结构性理财产品“汇得盈”，促进了外汇业务的持续发展；四是信用卡用卡环境不断优化，先后开展了“个人住房贷款客户交叉营销活动”、“潇洒刷龙卡，真情送健康”、“双币种贷记卡，走进校园”“双节刷卡送保险”等系列营销活动和“优质公司客户和代发工资客户”发卡营销竞赛活动，提高了贷记卡账户活动率和消费额；五是电子银行业务实现超常规发展，先后为海尔、青啤、青钢、市劳动与社会保障局、铁路结算中心等30余家重要客户开通网上银行，网银重点客户的开通率达到80%，进一步提升了“e路通”品牌在社会上知名度和影响力。

【金融产品创新】 2004年，建行青岛分行进一步加大科技投入，成功实现数据集中系统（DCC系统）切换上线并顺利投入运行，科技水平得到较大提高，业务产品和服务品种不断创新。一是顺利完成了“速汇通”实时到账、个人信贷系统上线、个人通知存款优化等新系统，首次推出了电子凭证国债和记账式国债柜台交易业务；二是积极做好网银三期项目的推广、贷记卡ATM异地改密、网上银行3.0版本、手机银行的开发和优化等项目，相继推出了“定汇盈”、“百易安”、国内保理业务、买方付息票据贴现、远期结售汇、外汇资金类衍生产品、“95533专家理财”等新的产品和服务方式，保障了各项业务的发展。

【内部管理和队伍建设】 2004年，建行青岛分行以各级领导干部为重点，抓好各级中心组理论学习。一是开展了“单位学海尔，个人学许振超”活动和为期3个月的作风建设活动；二是在新升格的直管支行和直管分理处成立了党支部或联合支部，党建工作得到加强；三是围绕人事与激励约束机制改革，扎实细致开展思想政治教育，特别是在推进“三定”改革、中层干部“年薪制”、机构撤并、人员分流过程中，充分发挥职工代表大会的作用，推行行务公开制度，坚持行长每季度调研制度和重点联系行制度，做好“一人一事”的思想疏导工作；四是通过行长接待日、行长信箱等与职工直接沟通的“绿色通道”，加强思想政治工作，得到上级的肯定，被评为山东省思想政治工作优秀企业；五是围绕建国55周年和建行50周年，大力推进企业文化建设，组织了“比贡献，求发展，迎行庆百日劳动竞赛”等活动。

【金融大事记】 1月13日　建行青岛分行与国家开发银行、黄岛国家石油储备基地有限责任公司签订了代理贷款资金结算协议。

3月1日～3月31日　在短短的一个月时间里，建行青岛分行顺利完成了过去十几年都未能完成的75处房地办证工作，两证齐全的房产账面原值4.9亿元，办证率达92%，超额完成了总行制定的工作任务。

3月28日　建行青岛分行为青岛海林环保科技有限公司发放了该行第一笔BOT项目固定资产贷款4620万元，实现了该业务产品零的突破。

4月3日　建行青岛分行网上银行系统3.0版成功上线。

4月20日　建行青岛分行正式在全辖推广实施风险管理基础平台工程。

5月26日　青岛铁道结算中心首次通过建行青岛分行网上银行成功上划路局轧差清算资金7700余万元。

6月17日　建行青岛分行辖属市南三支行成功办理了青岛市分行第一笔“百易安”个人交易资金托管业务，托管交易资金29万元，实现了分行“百易安”交易资金托管业务零的突破。

7月8日　建行青岛分行举行龙卡商务卡新闻发布会。会上，该行与市南区政府、市国税局、海尔集团、香格里拉大酒店、四方机车车辆厂、天泰集团、太平人寿青岛分公司、青岛建设集团等8家单位签订了龙卡商务卡合作协议。

建行青岛分行与青岛流亭机场有限公司举行了机场贵宾服务签字仪式。

7月19日　建行青岛分行辖属高科园支行与天泰集团公司签订全面财务顾问协议书，一次性支付财务顾问费19万元，实现了该项业务零的突破。

9月2日　建行青岛分行全口径存款突破300亿元（人民币）大关，较年初增长15.2亿元，存款业务实现了历史性突破。

9月26日　建行青岛分行DCC系统成功切换上线。

10月18日　由中石化、山东省国投和青岛市国托共同出资设立的中石化青岛炼油化工有限责任公司（大炼油项目）正式注册，公司总投资120亿元，一期注册资金8亿元人民币于当日汇入建行青岛分行。

12月30日　建行青岛分行自营性个人住房贷款余额54.3亿元，比年初新增13.4亿元，新增额超过工行，位居青岛市场份额第一。

（李成东）

第五部分

股份制商业银行与外资、合资银行

交通银行济南分行

【第一负责人简介】 樊力，男，汉族，生于1959年，河南省郑州市人，中共党员，大学学历，高级经济师。1988年调入交通银行郑州分行工作，历任办公室副主任、主任、支行行长、分行党委委员、副行长。2002年调任交通银行济南分行党委副书记、副行长。2003年8月至今，任交通银行济南分行党委书记、行长。

【综述】 交通银行济南分行（以下简称“交行济南分行”）于2004年10月份由直属行改为省分行，管辖淄博、潍坊、烟台、威海、济宁、泰安6家分行。

2004年，交行济南分行坚持“围绕一个目标，构建六个体系”的工作方针，自我加压，奋力拼搏，提前完成了第一个3年规划开局年预定的各项目标任务，实现了历史新跨越。截至年末，全辖资产总规模达339.73亿元，同比增加73.21亿元，增长27.47%；人民币各项存款余额307.19亿元，净增69.07亿元，增长29.01%；本外币贷款余额195.48亿元，净增24.18亿元，增长12.37%，不良贷款占比较年初下降11.98个百分点；全辖完成拨备后利润2.8亿元。济南分行本部资产规模达116.49亿元，增长44%；人民币存款余额109.17亿元，净增35.11亿元，增长47.4%；人民币各项贷款余额59.3亿元，剔除不良贷款集中处置因素，净增16.01亿元，增长30.02%，不良贷款占比较年初下降11.02个百分点；实现账面利润1.05亿元，增长88.54%。

【计划资金管理】 2004年，交行济南分行在规模做大、实力做强的工作方针下，积极加强计划资金管理。

一、以深化内部改革为动力，建立和完善各项管理考核机制。2004年，该行依据3年规划主体发展指标要求，对全员积分计奖考核办法和年度目标考核方案进行了重新修订，对考核内容进行了细化和量化，健全了各项管理制度。

二、加强资金营运管理，提高资金使用效益。2004年，该行一是坚持资产负债例会制度，及时探讨业务发展中存在的问题；二是建立资产负债管理分析系统，分析全行的盈利能力，为基础管理决策提供支持；三是加强流动性日常监测，建立了头寸资金变动上报制度，提高了资金运营管理的前瞻性，保证了头寸匡算工作质量，使日均备付率控制在5%左右，符合监管部门的要求；四是在确保支付的前提下，积极调拨资金，委托总行在公开市场上开展债券回购业务，有力支持了利润计划的完成；五是加强统计管理工作，提高统计质量，全年多次在银监系统、人行、总行、统计局的统计工作评比中获奖。

【授信业务】 2004年，交行济南分行加强授信业务基础管理，防范授信风险，调整优化结构，信贷业务呈稳健发展的良好趋势，新增贷款重点投向了省市重点项目和支柱产业。

2004年，该行一是制定了《信贷投向指导意见》，明确了业务发展方向及行业和客户结构调整目标，提高了业务人员分析管理能力；二是先后制定下发了《信贷人员工作质量考核暂行办法》、《异地授信客户管理办法》等文件，进一步加强了内控机制的建设；三是聘请专家学者，对全体授信条线管理人员进行了有关项目贷款评估、世行项目流程、国际业务结算等内容的培训。

【公司业务】 2004年，交行济南分行公司业务的发展达到了历史最好水平。截至年底，全辖人民币对公存款余额221.67亿元，同比增加57.15亿元，增长34.74%；分行本部人民币对公存款91.2亿元，净增31.13亿元，增长51.82%。

一、制定指导意见，明确业务重点。2004年，该行一是分别制定了有关公司业务、中间业务和资产业务的《指导意见》；二是在客户群的建设方面继续贯彻“实施一批、推进一批、储备一批”的梯度原则；三是制定实施了《“百日百亿”劳动竞赛考核方案》，对竞赛营业单位的考核进行了明确规定，保持了存款增长的稳定性；四是继续推行目标重点客户营销承包责任制度、客户营销方案工作制度等系列营销组织制度，充分发挥团队作战优势。

二、完善公司业务管理平台，加强营销队伍建设。2004年，该行对客户经理管理办法、营销人员选拔、晋级、淘汰管理办法进行了再补充和再完善，并在全辖推行；允许营销人员在条件具备的情况下“跳级”晋升，鼓励其尽快提高自身素养；同时，进一步落实“营销人员帮带制”，做好总行客户经理多媒体课程培训和世行项目推广工作，稳步提升营销人员的市场感觉和信贷素养。

三、细分市场，优选目标客户群体。2004年，该行公司客户营销以大企业、大集团作为发展支撑，以中小企业作为发展基础，围绕六大公用垄断系统，重点加强了对科、教、文、卫等事业单位的营销，进一步密切了同股东单位的合作关系。

四、积极拓展同机构客户业务合作的空间。2004年，该行一是利用推出“银证通”、“银保通”的有利时机，积极营销已建立合作关系的证券、保险公司，公、私业务联合拉动，快速扩大市场份额；二是与期货经纪公司签订了保证金封闭运行协议，稳定和扩大业务合作范围；三是对保险投资领域委托资金管理和邮政储蓄等要素市场的行业存款进行了积极营销，取得了新的突破。

【私人金融业务】 2004年，交行济南分行认真做好网点布局、产品整合创新等各项基础工作，重点发展太平洋卡与理财两项主要业务，促进了私金业务持续稳健发展，私金存款全年增长11.93亿元。

一、加大产品创新力度，积极发展理财业务。2004年，该行一是先后推出了“银证通”、“太平洋知心爱人婚庆卡”和“银保通”等新产品，丰富了太平洋卡的品种；二是设立了5家黄金理财室，建立理财人员队伍；三是利用CAS和WMS系统，全力提升客户管理水平，强化对高端客户的“一对一”服务手段，并在全省范围内发行了总行级和省分行级VIP卡，逐步形成了对高端客户市场的强劲竞争力。

二、加强营销宣传，提高市场形象。2004年，该行一是组织了以“交银理财—让您生活更美好”为主题的私金业务月度宣传活动；二是积极发挥新闻媒体及电子渠道的宣传作用，全面介绍私金业务；三是创新营销宣传手段，推出了流动宣传大棚车，成立了社区宣传小分队，收到了良好效果；四是组织了“春节七大商场消费抽奖”、“网银交易大赛”等多种促销活动，推动了太平洋卡业务的发展；五是通过大力宣传，形成了“交银理财”和太平洋卡全国通、环球通、网上通、跨行通、外汇宝和圆梦宝等市场品牌。

三、完善组织架构调整，加强营销制度建设。2004年，该行将客户服务中心与太平洋卡中心进行分离，成立了专门负责银行卡市场营销、会计核算等职能的太平洋卡中心。同时，制定了有关客户经理、代发工资、理财人员的一系列考核办法，优化了银行卡业务处理流程，收到良好效果。

四、完善内控制度，加强风险控制。2004年，该行先后制订了“太平洋卡”《业务操作暂行规程》、《风险防范要点》等指导性文件；在特色产品推出时，做到了培训先行，制度先行，保障了私金业务的健康发展。

【国际业务】 2004年，交行济南分行国际业务达到了自建行以来最快的发展速度，市场占比和排名得到了大幅提升。截至年末，外币存款余额达3789万美元，较年初增加1282万美元，增幅51.1%。外汇存款的快速增长彻底扭转了该行近年来外汇资金紧张的局面，全年资金充足，累计拆出1亿美元，获得利息收入7万多美元。

2004年，该行一是牢固树立本外币一体经营的思想，建立了有效的营销体制和考核激励机制，形成了一整套覆盖各个业务环节的内控管理制度和操作流程，以及针对不同层面的培训、检查、监督制度；二是分行本部14家直属支行全部开办国际业务，有效地扩大了客户资源，通过加大分支行联动营销力度，稳定、发展了一批公司外汇业务基础客户；三是在巩固外汇宝等常规业务发展的同时，推出了得利宝、外汇宝项下质押贷款、居民个人因私供汇等新业务，为个人外汇业务的发展提供了新的增长点；四是举办了国际业务营销月、外汇宝优惠促销、理财讲座以及外汇对公存款竞赛等活动，促进了外汇业务的快速发展。

【中间业务】 2004年，交行济南分行实现中间业务收入2097万元，完成全年计划的120.52%，增幅为55.26%。其中，银行卡业务、国际业务和担保及承诺业务收入额达1990万元，占中间业务总收入的95%。

2004年，该行一是制定下发了《中间业务发展指导意见》，引导各分支行加快开拓中间业务，提高收益水平，优化收入结构；二是积极拓展代理保险市场，与各家保险公司全面开展银保合作；三是整合代缴费业务，增加手续费收入，扩大社会影响；四是不断丰富缴费业务品种，增加手续费收入；五是积极树立基金业务品牌，巩固和扩大基金代销市场份额，全年新托管并代销了8只基金，销售额达4971万元。

【电子化建设】 2004年，交行济南分行在强化计算机安全管理的同时，不断加大技术开发力度，积极创新业务品种，有力促进了业务发展。

一、加强计算机安全管理。2004年，该行一是先后完成了新机房的改造、HP SuperDome和HP 8420及EMC CX700磁盘阵列的装机调试等工作，保证了核心系统安全运行和新系统的顺利上线；二是顺利完成辖属行技术交接，进行了计算机安全检查，同时，制定了有关中心机房、网络和自助设备的《管理办法》，进一步落实了计算机安全管理职责；三是完成了本部32个网点的线路升级和全辖骨干网的建设，使网络带宽提高到了原来的8倍。

二、加强系统建设，提高工作效率。2004年，该行一是顺利完成了对公数据大集中上线工作；二是开发了全辖决策支持系统，为经营决策提供及时准确的数据支持；三是完成了全辖网络视频会议系统的安装调试；四是完成了办公自动化系统的上线工作，提高了工作效率。

三、加大新产品研发和推广力度。2004年，该行先后推出了婚庆卡、数字电视和ATM代收费，外汇宝项下质押贷款，得利宝等业务新品种；开办了交银理财、居民个人因私购汇等业务；开发了银证通、银信通、外卡收单和自助设备自动对账等系统。全年自行开发了18个项目，推广应用了28个项目，丰富了业务品种，完善了服务手段，为业务发展提供了强有力的技术支撑。

四、强化电子化服务渠道建设。2004年，该行加快了单体ATM和自助银行的投放力度，不断完善电话银行、网上银行、手机银行和自助银行的服务功能，积极引导客户使用电子渠道办理业务，减轻了前台压力，提高了电子渠道的收益水平。

【风险管理】 2004年，交行济南分行加强了对存量不良资产的清收压缩和管理，对全行信贷类和非信贷类资产进行风险监控，取得了较好的成绩。全年除打包集中处置外，不良资产累计减少5.68亿元。

2004年，该行一是圆满完成了不良贷款集中处置工作，并顺利完成了与信达资产管理公司之间的债权交接；二是成功上线了风险监控系统，将全行信贷资产和非信贷资产全部纳入监控范围，并进行了风险分类；三是调整设置了风险监控、评估检查和资产保全等相关科室或岗位，为开展工作创造了有利条件。

【稽核工作】 2004年，交行济南分行继续加强内部控制，防范经营风险，认真做好稽核监督工作。

一、加大稽核监督力度。2004年，该行一是加大了对新增、异地授信客户及个人贷款业务的检查力度，并配合总行和监管部门适时开展了贷款五级分类真实性专项稽核、异地授信客户专项稽核等多项检查，确保了信贷管理工作的健康发展；二是对4家新升格支行进行了内部控制专项稽核；三是开展了账务中心内控制度、现金出纳柜台制度执行情况、基层营业机构内控情况等专项稽核，并严格执行高级管理人员的离任审计；四是对上年计算机安全应用、个人消费贷款和现金管理的稽核进行了后续稽核，确保落实整改工作。

二、完善内控建设管理体系。2004年，该行一是成立了内控管理委员会；二是制定了《内控建设三位一体管理处罚暂行办法》，明确了执行、管理、监督三层工作职责；三是在全辖范围内开展了历时3个月的各业务条线内部控制大检查，为在全辖开展麻雀解剖式的深度稽核确定了重点范围。

【纪检监察】 2004年，交行济南分行强化纪委建设，加强制度落实和监督措施，扎扎实实做好案件查处和教育防范工作。

一、加强纪委建设。2004年，该行对纪委领导班子进行了重新调整，并制定下发了《关于进一步加强纪委建设的意见》和《关于深入学习党的十四届四中全会和中央纪委第四次全会精神实施意见》，重点对建立健全惩治和预防腐败体系、纪委自身建设等五个方面提出了新的要求。

二、加强制度落实和监督措施。2004年，该行一是组织党员干部认真学习《党内监督条例》和《纪律处分条例》，并积极开展了以“爱行爱岗、自信自强、无私奉献”为主题的多种形式的教育活动；二是规范执行领导干部述廉述职制度，确定述廉重点，行领导班子于10月份率先向全行处级干部述廉；三是成立“财务监督委员会”，加强对营业单位财务管理和费用开支的监督，并对上年度的财务管理进行了全面检查。

三、认真做好案件查处和教育防范工作。2004年，该行一是通过发布和刊登交行系统内发生的各类典型案件，对干部员工进行案件风险和防范教育；二是召集有关业务条线管理部门和监督部门座谈调研，分析查找业务风险点，并提出整改意见；三是制定下发了《关于进一步做好反腐败抓源头工作实施意见》，并协助稽核部门建立了三位一体内部控制及追究制度。

四、抓好党风廉政建设责任制工作。2004年，该行一是重新调整了党风廉政建设组织结构，明确了分工和责任；二是行党委与基层负责人签订责任书，逐级落实了党风廉政建设责任制；三是对营业单位开展了党风廉政建设责任制执行情况检查，并通过开展执法监察、干部述廉等活动，将责任制检查工作贯穿于全行目标考核中。

五、发挥监督职能，认真开展规范化管理工作。2004年，该行一是开展了规范化管理教育活动，达到了预期效果；二是坚持每月定期对全行营业网点进行规范化管理督导检查，查看监控录像，并于每月编发《行风行纪督导通报》。

【安全保卫】 2004年，交行济南分行切实加强安全防范教育，狠抓技防设施建设，加大检查力度，全年无事故发生。一是全面落实安全保卫及消防安全责任制，与员工签定责任书，将安全保卫责任制纳入经营目标管理考核，与经济利益挂钩；二是加强员工的安全防范教育，并坚持重大节日教育和典型案件教育；三是狠抓技防设施建设，分行本部17个营业场所和27个自助银行实现了数字远程监控，“110”报警全部联网，部分网点安装了催泪设施；四是对网点负责人进行了2期数字远程监控培训班；五是制定落实了技防巡修制度，每月对所有网点技防设施进行一次全面巡检；六是对营业网点、运钞车、金库等坚持每季两次全面大检查，对重点部位每月进行一次检查，发现问题立即整改；七是制定实施了安全保卫工作《管理暂行办法》、《检查考核管理暂行办法》等，并统一印制了检查登记簿。

【金融大事记】 1月18日 交行济南分行在山东大学体育馆举办全行员工及家属春节联欢晚会，庆祝建行15周年。

2月8日 交行济南分行2003年总结表彰大会暨2004年工作会议在南郊宾馆举行。樊力行长做了主题报告。

4月4日 交行济南分行开展为期近一年的“真情回报社会活动”大型宣传活动。

4月14日～15日 交行总行李军副行长率计划部、公司部负责人来济南分行进行工作调研，并深入营业一线文东支行、历下支行、营业部和机关处室慰问员工。

6月10日　交行济南经二路支行、西首支行、中山公园支行、英雄山支行经监管部门批准正式开业。

8月17日　交行济南和平路支行、黄台支行、历山路支行经监管部门批准正式开业。

9月21日　经交银发［2004］32号文件批准，交行济南分行正式由直属行改为省分行。

11月12日　交行济南山大南路支行经监管部门批准正式开业。

11月27日　交行济南分行在南郊宾馆举办全省交行系统"交行在我心中"演讲比赛。

11月29日　山东省委书记张高丽会见了交行济南分行行长樊力，并专门听取了该行的工作汇报。

12月1日　交行济南分行在全省7家分行范围内共同开展"交银理财，送福进万家"广场宣传活动。

12月2日　交行济南制锦市支行、经四纬一路支行、经十路支行经监管部门批准正式开业。

12月8日　交行总行董事会秘书张冀湘在济南拜访股东单位并视察济南分行。

12月29日　济南市委常委、副市长王义才、金融办主任胡培芝、人行济南分行营业管理部副主任刘福毅等领导到交行济南分行视察工作。

12月31日　山东省政府副省长孙守璞、省政府副秘书长韩金峰、人行济南分行行长杨子强、省银监局局长王进诚、省政府秘书二处副处长卢杰到交行济南分行视察工作。

（白　凌）

交通银行青岛分行

【第一负责人简介】　陆涛，男，1965年5月出生，江苏常熟人，中共党员，大学学历，硕士学位，高级经济师。1988年7月进入交通银行青岛分行工作，历任信贷一部副主任科员，信贷业务部工业信贷科副科长、科长，台东办事处信贷一科科长，四方办事处副主任，开发区支行副行长（主持工作）、行长；1998年9月，任交通银行青岛分行副行长、党委委员；2005年3月，任交通银行青岛分行行长、党委书记。

【综述】　交通银行青岛分行（以下简称"交行青岛分行"）成立于1988年2月，是交通银行7个直属分行之一，在青岛市内设22个支行58个营业网点。

2004年，交行青岛分行按照各级人民银行和交总行的要求，抓住机遇，积极工作，各项业务得到持续、稳健发展。截至年末，各项人民币存款余额达165.5亿元，比年初增加28.02亿元，增幅20.45%，其中，储蓄存款余额54.75亿元，增加11.85亿元，增幅27.62%。人民币贷款余额144.25亿元，比年初增加25.92亿元，增幅21.91%。外汇存贷款余额分别为1.03亿美元和1.39亿美元，分别比年初增加38万美元和7357万美元。完成国际结算量26.1亿美元，比上年增加10亿美元。太平洋卡发卡总量达121万张，卡存款11.57亿元，卡消费2.8亿元。不良资产占比3.31%，比年初下降6.12个百分点。全年实现账面利润3.07亿元。

【公司业务】　2004年，交行青岛分行突出重点，保持对公业务优势地位。一是把营销工作的重心放到基础设施产业项目、世界500强投资项目、优质传统企业集团、优质纯存款客户上，并在营销过程中实施总分行联动、海内外分行联动、本外币联动、对公对私联动，极大地提高了市场竞争力。截至年末，优质客户占比70%，比年初提高了10个百分点；二是加强劣势行业、风险资产的减持、退出工作，优化客户结构和资产结构，并组成专门工作小组，深入经营单位逐户调度，定出降险措施和回报补偿，追求风险——收益的最佳配置。截至年末，累计减持退出贷款6780万元，超计划900万元，完成降险措施30余项。

【私金业务】　2004年，交行青岛分行着力抓公私业务联动和VIP客户发展工作，私金业务工作局面有了一定的改善。

一、抓公私业务联动。2004年，该行一是组成营销调度小组，到支行逐户排查，每个对公客户约定私金业务回报率计划，每月调度推进；二是对客户经理提出基本的储蓄存款要求，纳入绩效考核；三是实施"私金业务在企业"活动，针对客户的不同情况，设计了相应的理财方案，通过代发代扣、使用贷记卡代替周转金等方式密切银企关系，带动私金业务发展。

二、抓VIP客户发展。2004年，该行瞄准全市高端个人客户市场，发挥各种分销渠道作用，着力营销VIP客户，通过定向营销和为客户提供优质服务，提高了客户忠诚度和贡献度。

三、抓个贷业务发展。2004年，该行强化了风险审查职能、理顺了业务管理流程，工作中注意结合房地产开发企业贷款整体运作，实行流动资金贷款和个人按揭贷款封闭运作，有效地规避了风险，促进了业务发展。截至年末，个人贷款余额8.05亿元，比年初增加3.3亿元，增幅70%，完成交总行计划的110%。

四、加大网点营销力度。2004年，该行一是加大了网点的迁、并、转力度，努力推进CI工程建设，完善营业环境；二是加强客户服务中心建设，努力提高网点服务质量；三是科学制定网点营销计划，加大考核力度，对8个发展潜力较大的网点实施由分行直管的办法，提高了网点的营销水平。

【中间业务】 2004年，交行青岛分行以优质外资企业为目标，以国际结算业务为重点，抓好中间业务。截至年末，实现中间业务收入5046万元，增幅27.4%。一是把优质“三资”企业作为国际业务营销的重点，凭借总行的重视、优质的产品以及海内外分行联动的作用，业务有了长足发展。截至年末，当地同业的市场份额为9%，排名由原来的第6位上升到第3位。13个中心支行中，5000万美元以上的结算行11家，其中过亿美元的结算行8家；二是做好进出口银行和国家开发银行的代理贷款业务。截至年末，委托贷款余额17.35亿元，取得相应手续费收入201万元；三是加大宣传营销力度，抓好个人外汇买卖业务，“交行外汇宝，为您聚财宝”被青岛市政府评为服务业“知名品牌”。

【内部管理】 2004年，交行青岛分行在内部管理方面主要做了以下工作：

一、严格授信过程管理。2004年，该行一是在认真推广“世界银行援助交通银行信贷流程改进”项目的基础上，出台了《信贷管理实施细则》，把世行项目的管理要求分解到信贷管理的每个环节之中；二是在授信审查过程中，贷审委员充分讨论授信方案，合理确定信贷投向、投量，规避授信风险。

二、加强基层营业网点内控建设。2004年，该行一是力抓以“一线双人双岗，单人临柜业务落实后续监督”为主要内容的基层营业网点劳动组合，落实了岗位制约和操作流程控制；二是建立了基层营业网点内部主管坐班制度，专司内部管理，落实了以全过程授权、现金管理等8个方面的高风险点为主要内容的内控责任制；三是实行了集中检查辅导制度，集中管理，分片包干，通过检查内控、制度、流程、整改，按月讲评考核兑现；四是每周到网点调研、检查内控建设，帮助解决实际问题，对好的典型及时宣传推广，对发现的问题进行严肃处理。

【企业文化建设】 2004年，交行青岛分行在企业文化建设方面做了以下工作：一是组织全行干部职工学习党的理论政策，传达贯彻总行党委的意见和决定，从思想上和党中央、总行党委保持一致；二是积极开展职业道德教育活动，组织员工参观学习，听取宣讲报告，提高其遵纪守法、爱岗敬业的积极性；三是开展规范化管理活动，不断实施服务监督，改进机关服务；四是加强基层党组织建设，开展了“创先争优”活动；五是实施岗位培训和持证上岗制度，大力推行干部竞聘制度，建立了优胜劣汰的用人机制；六是改革员工的收入和福利政策，提高其总体收入水平；七是积极开展丰富多彩的文体活动，满足员工的精神需求。

【金融大事记】 5月25日 交行青岛分行ATM全部开通外卡取现功能，在当地同业居于领先水平。

6月26日 交行青岛分行和华安基金公司联合召开的基金论坛亮相“青岛市民理财节”。

7月2日 交行青岛分行召开中层干部会议，系统学习蒋超良董事长、张建国行长在行务会议上的讲话，传达股东大会会议精神和天津座谈会精神。

7月26日 交行青岛分行召开全辖工作会议，进一步贯彻总行会议精神，部署下半年工作。

8月15日 交行青岛分行累计完成国际结算16.74亿美元，已超去年全年国际结算总量，在当地市场排名由原来的第4位上升到第3位。

8月23日 交行青岛分行储蓄存款余额达到50.02亿，首次突破50亿大关，较年初增长7.13亿，系统内余额排名、增量排名均创出该行历史最好成绩。

8月28日 交行青岛分行东部个人外汇交易大厅开始投入使用。

9月14日 交行青岛分行成立主题教育活动领导小组，由党委书记、行长江志学同志任组长，党委副书记、副行长倪存新同志任副组长，统一领导本行的教育活动。

9月18日 交行青岛分行举办重点客户国际结算产品推介会。

10月8日 根据交通银行总行决定，交行青岛分行由管辖分行变为直属分行，济南分行改为管辖分行。交行青岛分行在济南与济南分行进行了交接。

10月28日 交行青岛分行推出“外汇宝两全贷款业务”。

10月30日 交行青岛分行外汇存款月月增竞赛活动在系统内获第1名，获总行评比一等奖。

12月12日 交行青岛分行携手青岛外商投资企业协会韩国投资企业分会推出了“太平洋青岛韩国投资企业分会认同卡”。

12月23日 交行总行监事长崔雷平、组织部长孟庆宏一行到交行青岛分行宣布：“江志学同志因年龄原因不再担任党委书记、行长职务；陆涛同志任党委副书记（主持工作）。”

12月30日 由青岛市政府主办、青岛市文化局和广播电视局承办、交行青岛分行协办的“青岛市2005年新年音乐会”在青岛市人民会堂举行，市长夏耕及交行青岛分行陆涛、徐建民等出席。

12月31日 青岛市委副书记、常务副市长崔锡柱一行来交行青岛分行走访，看望正在进行年终决算工作的员工。

（于海龙）

中信实业银行青岛分行

【第一负责人简介】 孙洲，男，汉族，生于1954年，山东龙口人，1985年入党，厦门大学经济学院货币银行学专业研究生毕业，经济学硕士，高级经济师。1975年9月～1978年2月，福州内燃机配件厂团总支书记；1982年1月～1993年11月，先后任人行福建省分行办公室秘书、副主任，人行厦门分行副行长兼外管局厦门分局副局长；1993年11月～2001年12月，历任厦门国际银行副总经理、厦门国际财务有限（香港）公司副总经理、澳门国际银行董事兼副总经理；2002年1月～2004年9月，任中信实业银行福州分行副行长；2004年9月至今，任中信实业银行青岛分行党委书记、行长。

【综述】 中信实业银行青岛分行（以下简称"中信青岛分行"）是中信实业银行设在山东的一级管辖行，成立于1991年12月；截至2004年底，拥有43家分支机构，1122名员工；全辖资产总量232亿元，各项存款余额206.47亿元；各项存款日均余额184.51亿元。

【经营计划管理】 2004年，中信青岛分行在经营计划管理方面：一是认真制定补充规定，并组织各行贯彻执行；二是编制年度经营计划，上报总行批准后执行；三是结合各机构上报情况及各自的发展潜力，核定经营计划，并下达各行遵照执行；四是加大经营计划执行情况的分析考核和过程监控，在工资奖金分配上加大与年度经营计划执行情况的挂钩程度；五是及时传达贯彻人行、总行的利率政策制度，制定实施细则，提高了利率管理水平。

【资金管理】 2004年，中信青岛分行资金资本市场业务稳步发展，开办了个人外汇和人民币理财等新业务。截至年底，全辖共销售个人理财产品8.79亿元，开放式基金2.52亿元，代客外汇买卖2187万美元。

一、资金管理。2004年，该行一是制定了各项资金管理制度，加强了对利率汇率的走势分析，严格控制市场风险和操作风险；二是在辖内资金市场上继续实行鼓励分支行上存的政策，在总行资金拆借利率的基础上，对分支行上存利率进行贴补，鼓励分支行扩大资金来源，同时，对资金下划利率进行了调整，促进了资金的合理流动；三是重新核定了分支行联行汇差额度，对超额度的资金占用实行惩罚利率，确保了机构联行资金的清算效率；四是根据分支行业务规模和所辖网点的不同，分别核定了不同的超额备付金比例，压缩人行存款和库存现金总量，提高了资金使用效率。

二、业务发展。2004年，该行一是在业务开拓方面，不断推出最新的资金资本产品，所代销的开放式基金收益在同类基金中位居前列；二是利用远期外汇买卖、调期、期权和一些组合产品，为客户实现保值增值服务；三是定期对员工进行职业道德、产品创新等方面的培训和考核，为持续发展奠定了坚实的基础。

【储蓄业务】 截至2004年底，中信青岛分行全辖合并储蓄存款余额43.62亿元，比年初增加5.49亿元。其中，人民币储蓄存款余额37.52亿元，增加5.49亿元。该行储蓄业务总的指导方针是：一是依托"理财宝"、"出国金融服务中心"等优质产品，整合和丰富储蓄业务的功能，通过细分客户，稳定和吸引中高端客户，优化了客户结构；二是依托公司业务、零售资产业务、代理业务等中间业务与负债业务的联动，拉动储蓄业务的快速增长。

【信贷管理】 2004年，中信青岛分行一是拟定了《授信业务指导意见》，有步骤地开展系统营销活动，发挥产品经理职能，完善贷后管理；二是继续推进公司业务结构调整。合理压缩银行承兑汇票比例，优化授信客户地区分布，有效控制异地授信风险；三是对集团客户统一授信，防范多头授信、过度授信；四是加强汽车金融业务和土地储备中心贷款的管理，规范存货质押业务；五是组织了汽车金融检查工作；六是对异地分行进行公司业务内控检查及整改工作，全面规范贷后管理工作；七是进一步精简、规范了报表，进行了五级分类数据报送系统的培训，并制定实施细则，提高了五级分类的可操作性，进一步加强了不良贷款责任认定及刚性划转工作；八是完善放款操作工作环节，进一步提高审核质量，并认真做好公司业务的调研和评价，九是做好了年末风险资产限额管理工作；十是大力开展网上银行的宣传推广工作。

【会计管理及结算工作】 2004年，中信青岛分行在会计及结算方面重点做了以下工作：

一、加强对委派会计经理的管理。2004年，该行一是对全行委派会计经理进行了会计授权业务培训，同时明确了585项会计一般事项和特殊事项交易授权内容，要求各行委派会计经理持卡现场审查授权，并进行登记、核对；二是对同城支行的委派会计经理实行了季度报告和年度述职制度；三是制定下发了委派会计经理《例会制度》和《考核办法》，奖优罚劣，末位淘汰。

二、认真开展支付结算管理工作。2004年，该行一是加强了同城票据交换管理和银行结算账户管理，及时清算结算资金，推进实时汇兑，加速了企业资金的周转；二是组织了全行支付结算管理和大额现金支付登记报备的自查工作，及时整改结算工作中存在的问题，积极配合人行的结算检查；三是完善了反洗钱组织管理和报告制度，定期组织本外币大额和可疑支付交易数据的搜集、汇总和报告；四是积极开展反洗钱培训，组织反洗钱工作自查并全力配合人行、外管局的检查，督促各行认真整改检查中发现的问题。

三、加大会计业务检查力度。2004年，该行一是抽调会计业务骨干34人次，并分别对烟台分行、淄博、济宁支行所辖全部营业网点的会计内控和制度执行情况进行了全面检查，对发现的问题进行了通报；二是对同城8家支行进行了专项查库，并将查库情况进行了通报；三是对分行营业部大库的库存现金、柜员现金尾箱、重要空白凭证等进行了查库，确保了账款相符。

四、规范各项财务工作。2004年，该行一是制定下发了《会计管理补充规定》和《为客户上门收款、送款业务管理办法》，对业务部门领用重要空白凭证和授信业务会计核算进行了统一规范，并要求各行严密款项和票据交接手续，加强安全管理；二是对同城票据交换业务资金清算会计核算程序进行了调整；三是建立了《银企对账办法实施细则》、《会计人员达标上岗暂行办法》等，修改完善了《会计工作检查辅导条例》等一系列制度，为强化会计管理工作、防范会计操作风险打下了良好基础。

【国际业务】 2004年，中信青岛分行国际业务保持了较高的增长速度。

一、完善内控制度建设，保证国际结算业务稳健发展。2004年，该行一是继续建立健全各项规章制度，完善授信流程；二是在继续推行客户经理制的基础上，将岗位责任细分，进一步提高国际结算业务的服务质量；三是对客户结构进行了战略性调整，形成了“以中为主，大小辅主”的客户经营战略；四是完成了国际业务上机，实现了业务流程的标准化、风险控制的自动化和业务监控的实时化。

二、坚持以客户为中心，通过分类营销、本外币联动赢得市场优势。2004年，该行一是积极改变营销战略，将客户群体结构重心逐渐向工贸企业转移，从根本上防范了业务风险；二是在营销过程中，认真分析客户的不同需求，力争以差异市场营销策略吸引住客户；三是通过采取人民币、外币联合营销的方法，灵活安排国际结算产品，为进出口企业提供全功能服务，赢得了客户的信任。

三、将服务与创新作为国际结算业务发展的不竭动力。2004年，该行一是推出了国内信用证、海外代付等业务，全方位、多层次、多角度为客户提供金融服务，实现了银行与客户的“双赢”；二是对内进一步理顺“拿单、审单、送单”的“一条龙服务”，在提高工作效率的同时创立了中信的国际业务服务品牌；三是对外与70多个国家、600多家银行确立了代理行关系，建立了自己的多种货币清算账户，缩短了出口收汇时间，用出色的服务赢得了企业的信任。

四、重视人才培养。2004年，该行一是多次举行案例分析研讨会，并组织各分支行国际业务人员参加代理行举办的国内外培训；二是形成了“每周学习制度”，将国际业务出现的新情况及时进行通报、学习；三是注重加强员工的职业道德和金融外汇政策的培训和考核，收到了良好的效果。截至年末，共有22名员工通过了CDCS考试（国际商会跟单信用证专家资格考试），占国际业务从业人员总数约33%。

【财务管理】 2004年，中信青岛分行继续加强财务管理，全员的成本和风险意识大大加强，财务管理工作逐步走上了制度化轨道。一是认真制定财务管理办法，组织贯彻执行；二是加强了年度财务收支计划执行情况的考核分析，定期调查分析各行的收人、成本及效益情况，及时总结经验并解决发现的问题；三是进一步细分辖内各机构的费用开支，使费用向业务一线倾斜，提高了资源使用效率；四是通过出售、出租闲置房产等手段，积极调整存量固定资产，严格控制新增固定资产；五是制定奖金计提及发放办法，并根据情况适时调整；七是组织开发并完善了财务管理信息系统，为有关决策提供可靠的依据。

【电子化建设】 2004年，中信青岛分行的电子化建设紧紧围绕全行中心工作，积极配合业务部门，做好了各项开发、维护和推广工作。

一、加强计算机安全管理，防范金融风险。2004年，该行一是对所辖43个网点进行了计算机安全普查，对于检查发现的问题，提出整改措施并立即实施；二是协助辖内各行制定出切实可行的计算机安全管理实施细则；三是于10月份对数据中心磁带异地备份的操作流程进行了规范和重新选点，使有效性、安全性得到了加强；四是举办了各分支行计算机安全管理员培训班，提高了从业人员的素质；五是配备专职人员负责各网点的计算机安全维护，每季到各网点巡检维护一次，发现问题就地解决。

二、积极进行项目开发。2004年，该行一是为自助服务终端系统开发了移动代收费系统等，修改了电费查询程序，增加了欠费提示功能，并修改完善了统计程序；二是完成了通用管理信息的开发和推广应用；三是开发运行了代理商检局收费系统；四是开发了青岛市“财、税、库、行”横向联网系统。

三、完善网络建设。2004年，该行一是实行全辖各网点通过21条DDN线路与分行主机的联接，保证业务持续进行；二是与总行采用2M DDN作为主干，与行外的其他单位的网络通讯采用DDN线路；三是与互联网的连接采用ADSL，与办公网、生产网实行物理隔离。

【纪检监察工作】 2004年，中信青岛分行努力抓好党风廉政建设和反腐败工作，较好地保证了中心工作的开展。一是分行党委及时对基层党支部进行了调整，并对加强党支部建设提出了明确要求。全年全辖共发展党员10名；二是加大了案件查办力度，及时成立了由分行领导挂帅，相关部门领导参加的办案工作小组，使得相关责任人得到了及时处理，同时，加大了信访工作的查处力度，对于一些查实问题的相关责任人给予了相应的处理；三是积极开展专项治理活动，通过学习、教育和检查，提高了员工的业务、道德素质和遵章守纪的自觉性。

【保卫工作】 2004年，中信青岛分行努力抓好安全工作目标责任制的落实，认真做好“三防一保”工作，取得了显著的成绩。

一、把防范“四类案件”工作落到实处。2004年，该行一是把防范抢劫、盗窃、诈骗和涉枪案件作为全年目标责任制主要内容之一，规定凡在“三防一保”工作方面出现事故的，实行一票否决，并辅以经济处罚；二是加大了安全检查工作力度，实行“谁主管，谁签字，谁负责”的制度，形成了全行抓安全防风险的氛围。由公安市局、分局和驻地派出所组成的三级联合检查组，和人行、总行和兄弟行组成的联合检查组对该行安保工作进行了全面检查后，均做出了高度评价。

二、完善技防、物防设施建设，堵塞安全漏洞。2004年，该行对全省9个存在安全隐患的营业网点分别下达了《限期整改通知书》。截至10月，全辖55个营业网点的安防设施全部达到规范要求。同时，对64%以上的营业网点监控及报警系统进行了数字化改造，增大了技防的技术含量，得到了省、市公安机关的表扬。

三、认真开展风险意识教育和遵纪守法教育。2004年，该行一是及时将有关“四类案件”的通报转发各单位；二是坚持重大节假日进行以“防盗、防抢、防诈骗”为重点的安全教育；三是定期进行应急预案的演练；四是对业务一线人员进行辨伪识假的培训；五是经常到分支机构调查研究、宣讲、剖析案例，警示员工增强自我约束力，收到了较好效果。

【精神文明建设】 2004年，中信青岛分行注重加强精神文明建设。一是认真抓执政能力、科学发展观的学习，提高了各级领导干部和广大员工的政治理论水平；二是认真开展了企业文化大讨论，使企业文化建设向纵深发展；三是加强“十字”行风创建活动，把“严格、规范、谨慎、诚信、创新”变成为客户服务、加强内控、科学发展的实际行动；四是积极开展青年文明号、青年岗位能手、先进集体、先进个人创建活动，进一步促进行纪行风的根本好转。

【金融大事记】 4月29日 中信集团公司孔丹总经理、中信控股公司杨明辉副总裁等一行来中信青岛分行检查指导工作。

7月19日 中信实业银行窦建中行长代表总行党委宣布了对青岛分行领导班子的调整：由孙洲主持青岛分行工作；赵殿贵不再担任青岛分行行长、党组书记职务，改任总行专员，负责青岛分行全辖的不良资产清收工作。

7月30日～31日 中信青岛分行荣获2002～2004年储蓄业务突出贡献奖，自助服务终端业务荣获总行创新业务三等奖。

8月 中信实业银行委派许京为青岛分行行长助理兼风险主管，委派汤小平为青岛分行财务总监。

11月3日 中信集团王军董事长来中信青岛分行视察。

（周海红 田 鹏）

中信实业银行济南分行

【第一负责人简介】 许卫东，男，汉族，1952年出生，山东荣成人，大学学历，高级经济师。1974年7月入党，1968年12月参加工作。历任济南市人民银行信贷员、计划科副科长；济南市工商银行工商信贷科副科长，历下区支行行长、党委书记，副行长。1999年12月至今，任中信实业银行济南分行行长。

【综述】 2004年，中信实业银行济南分行（以下简称“中信济南分行”）经营规模迈上了一个新的台阶，实现了业务的持续、稳定、协调发展。截至年底，存款余额本外币合计123.7亿元，比年初增加29.88亿元，增长31.84%；贷款余额本外币合计100.53亿元，增加11.03亿元，增长12.32%；实现利润12765万元，同比增加6265万元，增幅

96.4%。

此外，该行还获得了“平安济南建设先进基层单位”、“支持对外经贸发展工作先进单位”等十余项先进荣誉，并连续3年被评为济南市“双文明建设先进单位”。

【经营计划管理】 2004年，中信济南分行经营计划管理以指导为主，指令为辅，发挥支行的自主性和能动性，为其提供积极营销的技术平台。一是采用综合考评，即以各考核期支行业绩平均值为动态标准，人均指标为修正，以此考评主要经营指标日均存款的得分水平，对于不考虑存量的指标建立统一平台，考核年内绝对量的增长；二是及时调整思路，细化测算财务核算对业务发展的支撑能力，大力实施激励机制，保证营销的力度和业务投入。

【资金管理】 2004年，中信济南分行充分利用票据融资和资金管理功能，合理使用和调度资金，积极进行资产负债结构调整。存款规模大幅增加，资金来源比较充足，上存总行资金平均规模达12亿元以上。

2004年，该行一是加大了传统贴现业务品种的营销，不断寻找和巩固票据资源；二是积极扩大营销视野，开发出了适销对路的业务产品——买方付息票据贴现业务；三是大力开展贴现与转贴现业务，弥补资金运用的空档，扩大了资产业务规模，调整了不良贷款比例，资产结构更加合理；四是充分调动各方面的营销活力组织基金发售，完成了总行下达任务的3倍；五是逐步推广外汇理财宝业务，发售人民币理财产品。

【公司业务】 2004年，中信济南分行将授信客户结构调整作为经营工作的重要主题之一。一是根据业务风险和收益水平，将授信客户划分为“高质高效、高质低效、低质高效、低质低效”四种类型，并制定了“进优退劣，优质增效”的工作方针；二是加大了结构调整的力度，多次召开专题会议，逐个支行、逐个客户、逐笔业务进行分析，确定方案，并组成联合工作小组，与各支行紧密配合，重点抓落实。全年共退出低质低效客户129户，收回授信金额11亿元，新增优质客户180户，增加优质授信金额30亿元，优质客户占比达85%。

【零售业务】 2004年，中信济南分行高度重视零售业务的发展。一是统一思想，提高认识，引导各支行将零售业务作为一项重要工作来抓；二是加大新产品的宣传营销力度，依托新产品带动综合业务的发展；三是依托科技，加大对现有各类零售产品的深度开发；四是在全行范围内开展了“储蓄百日竞赛”活动，利用中秋节、国庆节、元旦期间发展业务的有利时机，大力发展储蓄业务；五是积极取得济南市公积金管理中心的支持，成功开办了住房公积金贷款业务；六是围绕中信家家乐、理财产品、中信卡等重点产品，通过多种形式开展宣传营销，依靠良好的企业形象和服务意识带动相关业务的发展；七是精心组织人民币理财产品和外汇理财产品等创新产品的发售工作，积极推动贵宾理财业务的开展。

【国际业务】 2004年，中信济南分行按照年初制定的国际业务工作指导意见，坚持服务、营销、管理三位一体的工作思路，加强市场开拓，强化经营管理，不断调整和完善客户结构、产品结构和营销手段。全年国际业务结算量2.13亿美元，同比增加0.31亿美元，市场份额保持同业领先优势。

【效益管理】 2004年，中信济南分行加强了对效益的集约化管理。一是加强支行管理，进一步突出效益指标。年末全行10家机构中，存款15亿元以上的达到3家，10亿～15亿元的达到2家，7亿～10亿元的达到4家，10家机构实现利润均超过1000万元；二是积极拓宽盈利渠道，通过资产业务与非资产业务的联动营销，带动中间业务收入增长，当年国际业务结算量在全市处于领先地位；三是加强票据市场的规范运作，开发了“买方付息承兑汇票贴现业务”、“已保兑商票的贴现业务”等新的业务品种；四是积极调整低收益的业务品种，采取卖断形式降低贴现贷款余额，转而增加利率较高的企业贷款，同时合理增加中长期贷款，使其余额由年初的16.4亿元增加到年末的28.1亿元，有效提高了收益水平。

【内控建设】 2004年，中信济南分行始终将内控制度建设作为重要工作来抓。一是建立健全了相互协调、相互制约的管理组织，完善了内控委员会、资产负债管理委员会、风险管理委员会等组织；二是进一步明确和加强了信贷业务部、信用审查部等部门的业务职能，使授信管理体系更加规范，风险控制更加有效；三是不断修订和完善内控制度及办法、规章，在制度上使各级权利得到有效制约；四是加大了检查力度，保证内控制度落实到位。

【会计管理】 2004年，中信济南分行升格为总行直属分行后，在会计管理方面主要做了以下工作：

一、加强制度建设，提高管理水平。2004年，该行一是研究制定了“辖内平盘管理办法”、“辖内往来资金管理办法”等多项业务操作办法，在较短时间内与总行衔接理顺了关系；二是落实“支行营业部经理委派制”，保证了会计管理的相对独立性，有效提高了支行的经营管理水平；三是组织支行营业部经理进行了述职测评工作，总结工作经验，选聘了 13 名营业部经理走向管理岗位。

二、加强会计出纳检查工作。2004 年，该行一是按照《会计达标考核办法》，组织了全辖会计出纳大检查工作，对检查出的问题当场落实，限期整改；二是实行“突击查库通知”，对全辖各机构库存现金、空白重要凭证、会计重要岗位等方面进行了专项检查。

三、加强对会计人员的管理。2004 年，该行一是有重点地选择会计机构与相关业务进行辅导帮助，并召开营业部经理研讨会，对检查中发现的问题进行分析，提高了支行的核算质量和管理水平；二是实行《会计人员调离及岗位轮换备案制度》，各支行所有会计人员岗位变动报分行登记备案；三是以支行为单位设置《密押员登记簿》，对汇票密押员、本票密押员、电子汇划密押员实行登记管理。

【财务管理】 2004 年，中信济南分行一是通过严格组织程序、建立定期财务会议审批制度、集体决策财务支出等措施，避免了随意性支出，提高了决策的科学性；二是制定了《财务管理委员会工作制度》，明确分行资本性支出及全行性费用支出的审批流程，实现了预算管理及控制；三是建立经费业务定期检查、即时反馈、逐笔复查的管理方式，逐步纳入考评，有效地强化了支行的经费操作和费用均衡合理列支。

【电子化建设】 2004 年，中信济南分行一是开发完成了人力资源管理及绩效评价系统，以风险控制、产品收益、客户细分为目标，不断提升运营能力；二是开发了“承兑汇票管理信息系统”，建立了票据金额、保证金余额前后台核对系统；三是开发了银行卡跨行“柜面通”业务，并与省内 4 家股份制银行、6 家地方商业银行连通办理跨行存取款业务；四是完成了银行卡 ATM 跨行转账系统，建立了个人大客户信息管理及短信营销平台及银行卡对账处理系统；五是精心组织了三代系统上线准备工作；六是开通了个人网银业务、中信 STAR—万事达信用卡及贷记卡自动还款功能；七是推广完善了信贷五级分类系统及大额授信客户报送系统；八是完成了人行现代化支付系统升级换代；九是建立了基于 CDMA 的无线网络，实现了移动办公、移动发卡及无线备份。

【安保工作】 2004 年，中信济南分行在业务发展的同时，对安保工作常抓不懈，逐步建立了“三防一保”的长效工作机制。一是建立了自上而下的安保领导机制，明确了各个岗位的职责，并层层落实工作责任制；二是夯实物质基础，提高安保科技含量，将人防、技防、物防工作有机地结合起来；三是提高全行员工的普法教育质量，将员工的职业道德风险防范纳入安保工作体系中，提高防范工作的前瞻性；四是加强警员的政治素质和专业技能训练，全力提高金融护卫团队的综合素质；五是建立检查落实机制，完善安保防范体系；六是建立信息交流制度，做好阶段性、区域性防范工作。当年，该行被济南市综治委、人事局联合授予“平安济南建设先进基层单位”称号，成为全市所有金融机构中获此殊荣的两家银行之一。

【党建工作】 2004 年，中信济南分行把政治理论学习与活动开展有机的结合起来。一是认真学习“三个代表”重要思想及《干部廉洁自律手册》等内容，并通过组织讨论，加深理解；二是组织员工参观了“血染的丰碑——上饶集中营革命史教育展”，增强其爱国主义情怀；三是以党建带团建，深入开展争创“号、手”的活动，涌现出了历下支行等 3 个总行级青年号和 5 名岗位能手。当年有 1 名同志获得济南市直机关优秀党务工作者称号，两名同志获得济南市直机关优秀党员称号；四是把“先进文化的前进方向”作为企业文化创建的目标指向和衡量标准，并积极实施“送书工程”，撰写读后感发送给广大员工学习，编写形成了《企业文化手册》。

【金融大事记】 2 月 28 日 中信济南分行与山东省邮政局举行全面合作签约仪式。

3 月 30 日 中信总行吴北英副行长来济参加重汽与沃尔沃合作签约仪式，并视察中信济南分行。

6 月 25 日 中信济南分行与新汶矿业集团在中信广场举行签约仪式，开始进行全面合作。

10 月 10 日 ~ 14 日 中信实业银行分行行长会议在济南举行，总行窦建中行长来济参加会议。

（郝文刚）

中国光大银行青岛分行

【第一负责人简介】 潘明忠，男，1969 年生于江苏扬州，中共党员。1991 年、1994 年分别获中国人民大学党史系、法学院学士、硕士学位；2002 年至今，在香港长江商学院攻读 EMBA。1994 年至 1996 年 6 月，任中国人民大学人事处副科长、科长；1996 年至 2001 年 4 月，历任中国光大银行总行人教部行员、处长、总经理助理、副总经理；2001 年

4月至2004年2月，任中国光大银行青岛分行党委委员、纪委书记、副行长；2004年8月至今，任中国光大银行青岛分行党委副书记，主持党委工作。2004年被青岛市政府和人行青岛市中支聘为“金融形势分析专家”。

【综述】 2004年，中国光大银行青岛分行（以下简称“光大青岛分行”）以做“岛城服务最佳的理财银行”为目标，着手建立长效风险管理机制，不断完善激励考核体系，有效实现了业务结构的调整、增长方式的转变以及盈利空间的全方位拓展。

截至年底，该行各项存款余额86.6亿元，较年初增长1亿元；各项本外币贷款余额59.9亿元，减少5.26亿元，下降8.07%；全年累计发放各类贷款本外币金额64.4亿元，收回各类贷款金额69.66亿元，其中，贴现贷款金额1.39亿元，全年累计办理贴现12亿元。在消化1.56亿元历史包袱后，实现拨备收费前利润1.27亿元。

【计划资金与财务管理】 2004年，光大青岛分行在资金与财务管理方面以提高经济效益为核心，加强费用与利率管理，优化费用资源的配置，积极开展经营状况分析，为决策提供科学依据。

2004年，该行一是对各经营单位采用了“费用预拨、动态管理”的分配方式，对于固定资产、人员费用以及变动费用中相对固化部分都由大额支出审批委员会、招标委员会、大行政后勤统一支出，费用报销实行了“一枝笔”签字和集中报账制；二是于6月份上线了管理会计系统，统一了全行的财务核算、固定资产管理、工资核算流程；三是严格资产负债比例管理，运用利率和内部资金定价杠杆，做到了资金的“自求平衡、灵活定价”，降低了资金筹集成本。全行全年存款平均利率1.38%，同比下降了0.02个百分点，贷款平均利率5.07%，提高了0.79个百分点；四是努力开发多种融资渠道，保证了信贷业务的稳定发展，同时，完善了以存贷比来确定支行融资利率的方法，促进了支行业务合理发展。全年累计向人行办理再贴现业务2570万元，累计向商业银行办理转贴现业务9.7亿元。

【公司业务】 2004年，光大青岛分行积极探索以管理促营销，寓管理于服务之中的管理模式，全面推进了公司业务的稳健发展。一是适应转型需要，推动全行对公业务走向产品主导的营销模式；二是制订下发了《关于全面加快公司业务发展的决定》等文件，对全行的经营工作进行了全程跟踪与指导；三是强化服务意识，提升督导职能，促进对公业务有序开展；四是加强对客户经理队伍建设，举办了12期、近800人次参加的国际业务和网上银行业务的培训；五是对全行所有对公产品进行了分类组合，共整理出6大类40余项对公产品，填补了空白，拓展了对公业务的营销空间；六是加强对外宣传。与青岛市国资委密切合作，成功举办了10期“财智对话—光大中外名家系列讲座”活动，并先后参加了即墨、聊城、济南和青岛等地区的银企洽谈会，共筛选项目2000余个，接触1000余户企业，达成8个合作意向。

【对私业务】 2004年，光大青岛分行通过宣传与营销，实现了私人业务各项经营指标的跨越式增长。截至年末，储蓄存款余额20.1亿元，增长9.01亿元，增幅81.24%，占全行各项存款之比为23.20%；阳光卡累计发卡量37.72万张，比年初增加5.46万张；个贷余额5.28亿元，增长49.59%；新投入使用自助设备17台，设备开机率达到96%，位居该市商业银行前列。

该行的具体措施：一是坚持以产品创新带动业务增长，全年共推出阳光理财A计划13期，B计划6期，为私人业务可持续发展打下了基础；二是坚持一手抓营销，一手抓宣传，以高质量的策划和投入，全力打造“岛城服务最佳的理财银行”的品牌形象；三是强化个贷业务督导，完善个贷制度建设，防范风险，保证业务规范、稳健发展。

【信贷业务】 2004年，光大青岛分行信贷业务方面的主要工作：一是大力调整优化信贷资产结构。全行支持类行业和一般类行业企业贷款占比82.92%，大型、特大型企业贷款占比68%；二是完善和深化信贷制度建设，同时积极做好对总行、人行和银监局的各种金融信息调查及有关数据、报表的上报工作，进一步理顺了不良贷款预警监控体系、贷款五级分类管理体系等系统，并加强了信贷档案集中管理；三是完善了信用审查和授信项目推荐工作流程，提高了审查、审批效率；四是加强贷款风险分类管理，认真对信贷资产进行分类认定；五是加强授信后管理工作，加大现场检查和非现场动态监控力度，强化风险预警提示，严格防范和化解潜在风险。

【国际业务】 2004年，光大青岛分行国际业务量和收益均创历史新高。全年完成国际结算业务量12.82亿美元，同比增幅43.56%；办理结售汇业务4.44亿美元，增幅32%。完成国际结算非利息净收入0.11亿元，增长28.28%。办理贸易融资业务1.03亿美元，增长144.8%。其主要措施：一是明确发展战略，制定工作目标；二是加强分支行联动，积极配合各分支机构进行业务营销；三是严格执行业务规章制度及操作规程，加强业务培训；四是重视做好国际收支申报、外汇反洗钱等工作。

【会计结算】 2004年，光大青岛分行正式成立了会计结算部，开展的主要工作，一是制定和完善各项规章制度，加强各业务环节约束机制，防范化解操作风险；二是树立为一线服务的观念，全力支持业务发展；三是加强会计监督督导；四是认真组织业务培训和技能考核，提高员工业务水平和服务能力；五是认真开展事后监督工作，把好会计结算业务最后一道关；六是精心组织、周密安排，确保核心系统顺利上线；七是高度重视、明确分工，准确及时地完成了年终决算工作。

【电子化建设】 2004年，光大青岛分行的电子化建设取得新成绩：一是核心系统对公部分于9月份上线，提高了业务服务水平；二是完成了OA办公自动化系统上线，加快了总行与分行、分行内部的公文流转速度；三是于9月份上线了CECM系统；四是于6月份上线了管理会计系统；五是将人行支付密码核验系统与该行的核心系统进行整合，提高了前台操作效率；六是新开通了包括人行、各支行、街区信息亭、离行自助银行等20余条光纤专线，提高了主要业务的网络质量，同时为全辖各机构、重点离行自助设备实现远程实时监控提供了网络条件。

【资产保全工作】 2004年，光大青岛分行在资产保全工作方面加大措施，超额完成了不良资产清收、低债资产变现等任务。全年共消化不良资产3.27亿元，其中，清收各类不良资产本息1.19亿元，累计变现抵债资产1.29亿元；总行批准核销6户13笔，金额0.79亿元。

【保卫工作】 2004年，光大青岛分行以基层分散单位为重点，加强基础设施建设，大力维护金融安全，被评为该市社会治安综合治理先进单位。

2004年，该行一是成立了“三防一保”和“社会治安综合治理”领导小组，由分行主要负责人担任组长；二是加强普法教育，提高员工安全保卫意识；三是结合金融机构安全检查整改工作，对原有的规章制度进行了修订；四是行领导与所属分支机构签订了责任书，落实安全责任制；五是加大了检查与培训力度；六是投入资金，加强技术防范设施建设。

【精神文明建设】 2004年，光大青岛分行以“三杯”竞赛为主要载体，以理财产品与服务创新为主要内容，积极开展精神文明创建活动。一是加强思想道德教育，组织干部员工学习“三个代表”重要思想以及新颁布的《商业银行法》、《监管法》等，有计划地开展“爱岗敬业、遵纪守法”和以“热爱光大、为光大事业多作贡献”为主题的宣传教育活动；二是积极参加在全市开展的“让城市更美好，让生活更美好——城市精神践行活动”等活动；三是强化品牌经济理念，先后推出了阳光理财A、B等计划、信托计划和基金销售等产品，在社会上逐步形成“买信托、到光大”，“想理财、找光大”的品牌效应；四是全年累计发宣传稿336篇，被总行评为宣传工作先进单位；五是积极组织干部员工参加扶贫济困捐款、无偿献血、党员奉献日等多种形式的活动。

【金融大事记】 1月5日 光大青岛分行协办了奥地利维也纳之声交响乐团到青岛访问演出的新年音乐会，组织220名大客户观看了演出。

1月10日 光大青岛分行在海天大酒店召开股东座谈会，青岛国信、澳柯玛、青岛钢铁、济南轻骑等17家股东代表参加了座谈会。会上潘明忠副行长通报了该行2003年度经营情况，并征求了股东的意见。

2月6日 光大青岛分行召开2003年度总结表彰大会。该行全体干部员工参加了大会。

2月11日~12日 光大总行李子卿副行长率考核组到青岛分行对领导班子进行年度考核。

3月4日~12日 光大总行稽核检查组对青岛分行2003年经营情况真实性进行了全面稽核。

3月5日 光大青岛分行增设会计结算部、监察保卫部、公司业务一部至五部，其中公司业务五部与保全部合署办公。

3月8日 青岛银监局检查组来光大青岛分行检查控制性行业贷款情况。

3月15日 人行青岛市中支来光大青岛分行检查信贷工作情况。

3月25日 光大青岛分行与市政府经委联合举办的“财智对话—光大中外名家论坛”在香格里拉大饭店举行。

4月14日~24日 光大总行纪检监察、车改、新迁机构工作小组来青岛分行检查指导工作。

4月25日 光大青岛分行被青岛市国税局、地税局联合评为“青岛市第一批A级纳税信用单位”，在《青岛早报》组织开展的“读者海选诚信单位评选活动”中被评为“十佳诚信银行”。

4月30日 光大银行香港东路支行被青岛市政府授予2003年度该市“银行业十佳单位”称号；光大青岛分行营业部荣获“新风杯”集体荣誉称号，营业部孙亚南被评为“新风杯”先进个人。

5月19日~20日 光大总行副行长李杰等一行3人到青岛分行对费用管理与中间业务发展情况进行调研，并视察了麦岛路、山东路、东海路等6家支行。

7月25日 光大总行信管检查组对青岛分行的信贷情况进行了为期半个月的检查指导。

8月12日 光大总行光银党任［2004］26号文件任命潘明忠为青岛分行党委副书记。

8月18日 光大青岛分行综合办公（OA）系统正式上线。

9月9日 光大青岛分行召开了由山东地区青岛国信公

司、澳柯玛集团、青钢集团、青岛企业发展投资公司等16家股东、30余名股东代表参加的“中秋联谊暨增资扩股会”。

9月10日　光大青岛分行在香格里拉大饭店举办了“投资中国光大银行推介会”，青岛有投资意向的新投资者和现有大客户共60余家企业代表100余人参加。总行李杰副行长出席了推介会。

9月28日　光大青岛分行会计业务核心系统正式上线。

11月28日　光大青岛分行为庆祝分行成立十周年，在青岛香格里拉大饭店举行股东及大客户招待酒会，在青岛大学剧院成功举办了“阳光·赢”的大型文艺晚会，并出版了行庆十周年光盘及宣传画册。

（王国军）

中国光大银行济南分行

【第一负责人简介】　王少平，男，研究生，中共党员，高级经济师。1972年12月至1977年3月，任青岛警备区战士；1977年3月至1987年4月，任人行济南市支行计划科科员、副科长；1987年4月至1987年12月，任人行济南市分行计划处副处长；1987年12月至1988年9月，任人行济南市历城支行副行长；1988年9月至1998年12月，任人行济南市分行计划处处长、副行长；1998年12月至1999年10月，任人行济南分行营业管理部副主任；1999年10月至2001年5月，任光大银行济南管理部主任；2001年5月至今，任光大银行济南分行行长。

【综述】　2004年，中国光大银行济南分行（以下简称“光大济南分行”）坚持在发展中调整，在调整中提高，规范管理，调整结构，防范风险，塑造形象，各项工作呈现快速发展态势，取得了显著经营成果。截至年末，全行本外币存款余额99.6亿元，比年初增加8.7亿元；贷款余额55.16亿元，不良贷款余额和不良贷款率分别较年初下降1.57亿元和2.7个百分点；全年现金清收1.01亿元；实现利润1.24亿元，比上年增加1.1倍，实现人均效益50万元。

【经营管理】　2004年，光大济南分行根据环境变化和发展的需要，继续把结构调整作为促进发展的重头戏，基本实现了在发展中做调整，在调整中谋发展的目标。

一、积极调整存款结构。2004年，该行一是坚持“大客户、大合作”发展战略，不断扩大存款规模，把稳定、开发大客户作为客户结构调整的核心，同时，注重开发重点行业的优质中、小型客户，对业务发展起到一定的稳定和助推作用；二是提高储蓄存款占比，增强存款的稳定性，通过个贷业务批发做，吸收储蓄存款1.35亿元，通过大力推广个人外汇理财业务，吸收外汇存款459万美元，对改善存款结构起到了促进作用。

二、积极优化信贷结构。2004年，该行全面清理存量信贷资产，区别对待，有保有压，有进有退。着力于抓大户、优质客户的营销，不断优化资产结构，有效降低了不良贷款的比例。此外，进一步加大对风险资产的控制和压缩力度，为下一步发展奠定了良好基础。

三、逐步调整中间业务结构。2004年，该行在国际业务方面，以发展为主题，规范业务操作，着力结构调整，加强营销支持，壮大客户群体。同时加大新品拓展力度，全年叙做保理、国内信用证、叙做福费廷等业务较上年都有大幅增加。各项中间业务品种的结构更加合理，发展更加趋于多元化，中间业务收入显著提高。

【信贷管理】　2004年，光大济南分行强化信贷风险管理，确保信贷资产的安全。一是对存量信贷资产区别对待，调整支持力度，对于政策限制发展或自身经营出现重大不利的企业坚决退出，将有限的信贷资产置换到对经济发展贡献更大的领域内，避免资金大进大出造成的损失；二是加强贷前审查，严格授信条件，确保新增贷款的质量；三是建立完善全面风险监管体系，加强集团客户授信管理，高度关注关联交易、关联担保和依靠资金运作迅速扩张的企业，密切关注企业资金链的运转情况，增加贷后检查的频率，进一步完善了风险预警机制，对检查中暴露预警信号的企业，做到早发现、早行动、早解决；四是注意正确处理好防范风险和化解风险的关系问题，坚持原则性和灵活性的统一，有效确保了信贷业务的健康发展。

【资产保全】　2004年，光大济南分行运用多种措施，扩大资产保全清收战果。一是将清收工作的软约束变为硬指标，将传统的清收方式转变到依托法律武器上来，将单一的收贷收息转变到运用资产重组等综合手段上，使信贷资产盘活工作进入新的境界；二是围绕压缩逾期贷款的中心目标，狠抓现金清收，全面铺开，重点突破；三是积极清理积压案件，加大依法诉讼力度，同时加大案件的执行力度，对于积压已久的案件，广泛发动全行力量进行清收，多方联系其相关单位，共同协助清收；四是强化抵债资产的管理，严把抵债资产入口关，扭转了抵债资产不断上升的局面，同时，不断规范和完善以物抵债的管理变现系统，促使其得以合法、公正、有序地进行；五是积极做好了不良贷款核销工作。全年共核销不良贷款18笔，计1.1亿元。

【宣传营销】 2004年，光大济南分行认真分析和把握市场资金运动规律，采取灵活、多元和有效的策略措施，全面做好稳存增存工作。一是调整营销工作思路，转变过多依赖资产推动负债的工作思路，加强对无贷户的营销力度，特别是加大了对政府机关、团体、事业法人、学校、医院等单位存款和储蓄业务的营销，逐步扩大无贷户和资产敏感性低的负债业务规模；二是通过对现有大户提供理财服务、中间业务、扩大合作领域等多种方式，进一步密切与客户的合作关系，促进营销工作不断向纵深发展；三是注重整合产品优势，深化产品创新，变单一产品营销，为多品种营销，多组合营销，收到了较好的成效；四是在继续加大对特色产品网上一柜通、全程通汽车金融网等业务产品宣传力度的基础上，重点围绕基金代销和阳光理财新品—A计划、B计划展开了一系列全方位的宣传营销工作。以支行为单位在大型社区、大专院校、商场、超市等组织系列户外宣传活动，此外，广泛利用报纸、电视、广播等多种媒体，开设专栏推介理财产品，刊登理财知识讲座，极大地提升了该行理财产品的知名度。全年共销售B计划达2.55亿元，实现了经济效益和社会效益的双丰收。

【内部管理】 2004年，光大济南分行坚持依法合规经营，确保各项业务健康稳定发展。一是在进一步完善各类规章制度的基础上，切实抓好贯彻落实工作；二是通过教育引导，帮助员工把依法经营、按章办事作为指导日常工作的基本原则和自觉行动；三是加大稽核检查力度，做到常规检查和专项检查相结合，现场稽核和非现场稽核相结合，全面检查和重点抽查相结合，保证了各项业务的稳健发展。

【保卫工作】 2004年，光大济南分行认真抓好安全保卫工作，严格落实安保责任制，加强安保培训和监督检查，不断提高全行员工的安保意识和防范能力。全年未发生任何案件和责任事故。由于安全保卫工作成绩突出，该行被济南市公安局授予集体三等功，并有多名安全保卫干部受到嘉奖。

【职工教育】 2004年，光大济南分行注重加强思想教育和业务培训，全面提高员工的综合素质。一是定期组织员工学习国家的路线、方针、政策和党的基础知识，提高理论修养和政策水平；二是加强员工的职业道德和法制教育，引导其树立正确的人生观、价值观，从而有效地防范了各类道德风险的发生；三是加强对干部的廉政教育，不断提高全体党员干部的党性修养；四是定期邀请专家、教授对全行客户经理和有关业务人员进行业务技能培训，提高其实践能力和综合素质。

【金融大事记】 2月 光大济南分行正式发行个人外汇结构性理财产品—A计划。

3月 光大银行济南泺源支行成立，至此光大济南分行在济南地区的营业网点增加到11家。

光大济南分行员工肖甜甜被评为总行“十佳服务标兵”。

4月 光大济南分行与山东省交通厅签订代收汽车购置附加费协议。

光大济南分行被授予2003年度“省直文明单位”称号。

5月 光大济南分行储蓄日均存款突破8亿元，提前221天完成全年计划。

7月 光大银行济南和平路支行获省级“青年文明号”荣誉称号。

8月 光大济南分行与公积金管理中心正式签约，取得公积金贷款代理行资格。

经国家外汇管理局批准，光大济南分行正式开办境内居民个人售汇业务。

光大济南分行正式对外发行阳光信用卡。

9月 光大济南分行正式开通总对总银证通业务。

光大济南分行首家公开发行人民币理财产品——B计划，到年底共发行2.55亿元。

光大济南分行信贷风险管理建设项目（CECM项目）一期正式上线。

光大济南分行与联合国工业组织、山东省环保局签署EST项目合作协议，标志着EST项目合作进入一个新的阶段。

经山东银监局核准，张建国同志担任光大济南分行副行长。

10月 中国光大银行新一代核心业务系统正式上线，为提升光大济南分行管理水平搭建了先进的管理平台。

光大银行济南舜耕支行被授予省直机关第三届“青年文明号创新创效示范单位”。

11月 光大济南分行举行为期1个月的阳光理财新产品宣传月活动，极大地提高了各类理财产品的知名度。

光大济南分行姚玮同志被授予省直机关“优秀青年岗位能手”荣誉称号。

（陆德军 王 楠）

华夏银行济南分行

【第一负责人简介】 赵琴波，男，生于1956年，中共党员，研究生学历，高级经济师。历任人行青岛市分行储蓄所主任、副科长、副处长、办公室主任，外管局青岛分局副处长、处长，华夏银行青岛支行党组书记、行长，华夏银行青岛分行党委书记、行长；2004年6月至今，任华夏银行济南分行党委书记、行长。

【综述】 2004年，华夏银行济南分行（以下简称“华夏济南分行”）进一步转变思路，在发展中逐步解决问题，保持了队伍稳定和业务增长，较好地完成了总行下达的主要经营指标。截至年末，全行实现考核利润比上年增长34%；五级分类不良资产率为4.31%，较年初下降0.44个百分点，实现了不良资产“双降”；一般性存款余额增长27%；储蓄存款余额增长39%；完成国际结算量增长28%；卡消费增长118%。

【业务发展特点】 2004年，华夏济南分行业务发展有三个突出特点：

一、业务结构进一步优化。2004年，该行一是在资产结构调整方面，退出了部分综合收益低、风险相对较大的淘汰型、调整型客户，加大了对发展型、巩固型客户的支持力度，全年新增授信客户97%以上为AA级客户，其中AAA级客户占比达53%，同时，加强了信贷业务过程管理，试行了风险提示制度，增强了风险防范能力；二是加大在负债结构方面的调整、挖潜力度，对合作良好的优质客户，进一步扩大合作领域，对无贷户加大了营销攻关力度。

二、经营效益显著提高。2004年，该行通过提高新增业务的综合收益标准，把有限的资源运用到收益相对较高的优质客户上，全行信贷经营综合收益明显提高。全年贷款平均利率比上年提高0.25个百分点，一般性存款平均付息率同比降低0.14个百分点，盈利能力进一步增强。

三、不良资产清收管理成效明显。2004年，该行一是制定了不良资产清收管理和奖励办法，建立了不良资产清收档案；二是有选择地将集团及关联客户贷款集中到分行管理，落实管理、化解和清收责任；三是对已经形成的大户不良资产，逐一落实清收责任人和奖惩措施。

【计划财务】 2004年，华夏济南分行进一步完善考核机制，强化、细化财务管理，推动票据业务稳步发展，财务效益大幅度提高，各项资产保持了较好流动性。

一、建立和完善分配激励约束机制。2004年，该行制定和完善了《综合考核办法》，实行“计划完成率和动态排名”相结合，调动了各支行的工作积极性，为完成各项经营指标发挥了积极作用。

二、加强财务管理，综合费用率得到有效控制。2004年，该行一是调整了费用支出结构，减少公共费用支出，增加了业务发展费用支出；二是在费用开支上实行“事前控制，预算管理”，严格执行财务管理制度，完善财务审批程序，杜绝了不合理费用支出的发生。

三、大力发展票据贴现业务，资金营运工作成效明显。2004年，该行一是参与了全国货币市场业务，合理调剂资金余缺；二是出台《票据贴现业务专项奖励办法》，明确了成本及利润测算原则，合理进行票据定价，调动了全行发展票据业务的积极性。全年票据贴现业务利息收入增幅远大于业务量增幅，票据转出量增幅大于贴入量增幅，对全行资产结构调整和利润计划的完成起到了积极作用。

【公司业务】 2004年，华夏济南分行公司业务保持了较快的增长速度，全行的存款结构、客户结构进一步优化，负债成本进一步降低。

一、积极创造促进发展的良好外部环境。2004年，该行重点加强了与济南、烟台、聊城、潍坊等经济发达地区和政府部门、人行、银监局等有关方面的联系和沟通，为各项工作的开展创造了有利的外部环境。

二、增加大中型客户群体，改善客户结构。2004年，该行坚持以客户为中心，实行存贷款、本外币、公司个人业务的多方联动，深化合作关系，提高综合回报率，大力开发了交通、煤炭、水利等行业客户，加大了对化工、轻工、建筑等行业的信贷支持力度，大中型客户群体明显增加，占比结构合理。

三、坚持推行整体营销，初步建立了整体营销组织架构。2004年，该行一是成立了公司业务部，全面负责分行层面资产、负债营销、产品创新及组织推动工作，积极开展区域集中营销，增大业务辐射面；二是出台了《整体营销业务流程》、《关于加强重点客户服务管理的通知》等文件，细化了信息搜集、目标确定、服务方案等方面的基本规定，增强了客户服务能力。

【个人业务】 2004年，华夏济南分行积极开展储蓄网点达标和“礼在华夏”竞赛活动，加快了新产品的开发及营销力度，促进了个人金融业务的健康发展。

一、开展网点达标和储蓄业务竞赛活动，推动储蓄业务稳步发展。2004年，该行一是制定了《网点达标实施意见》，并于9月份召开现场会总结推广了聊城支行"网点创高产"的达标经验；二是组织开展了"迎行庆、比贡献"百日增储竞赛活动；三是大力实施资产负债捆绑营销、公司个人业务联动营销、批发零售交叉营销等多种组合营销，推动业务发展。年末全行储蓄存款过亿的营业网点达13个，占网点总数的54%，网点平均单产达9887万元，超过了全国华夏银行系统的平均水平。

二、开展多样化营销活动，实施品牌营销。2004年，该行一是利用消费旺季和节假日，组织开展了刷卡有奖、丽人卡送大礼等营销活动；二是通过成立丽人卡俱乐部对丽人卡商户进行了整合；三是针对房贷业务营销推出了"华夏康居宝"个贷系列产品；四是组织开展了"自助贷款春季营销活动"和"迎行庆、华夏康居宝个贷百日营销活动"，有效地促进了业务发展。

三、进一步丰富产品功能，促进中间业务发展。2004年，该行华夏卡增加了卡折合一功能，代收电费、煤气费项目实现了签约和柜台、网上银行、电话银行、批量扣款等多渠道、多功能缴费方式。同时，开始起步了发售人民币理财产品、代理基金业务。

【会计工作】 2004年，华夏济南分行会计工作以深入贯彻规范化管理为指导方针，以加大会计检查指导力度和提高前台服务质量为重点，不断完善管理体系，有力促进了会计工作水平的提高。

一、扎实开展会计达标升级工作，不断提高会计基础规范化管理水平。2004年，该行一是组织所辖单位认真学习会计达标升级考核鉴定标准，制定达标升级规划；二是加大检查验收力度；三是强化规范化管理，为2005年实行会计专业ISO9000认证打下坚实基础。当年被华夏总行评定会计等级一级行1家，二级行2家，三级行2家，符合评级条件的单位全部取得了等级行称号。

二、加强会计管理水平。2004年，该行一是修订完善了《会计工作考核办法》，从规范化管理、服务质量等五个方面加强了对支行的管理与考核；二是制定了《前台基本人员配备方案》，按各单位业务量核定前台人员配备数量，薪酬分配体现按劳取酬、多劳多得；三是制定了《会计科长委派制管理办法》，对会计科长上岗条件与任职资格、岗位职责等方面做出了明确规定，并在同城支行实行会计科长竞聘上岗。

三、强化内控，规范管理，增强抵御会计业务风险能力。2004年，该行一是定期巡查所辖支行的会计基础工作，及时纠正违规操作；二是实行会计工作月调度会制度，传达贯彻上级行有关工作安排，加强了分支行的沟通和交流；三是制定和修订了一系列会计核算办法，提高了核算质量和水平；四是加强重要空白凭证、重要印章及重要物品的管理；五是加强了现金出纳业务管理，重点加大了反洗钱和人民币结算账户管理及现金管理。

四、丰富业务品种，推进电子化进程，提高会计工作效率和水平。2004年，该行一是在同城范围实行了对公通存通兑，推出了本票业务；二是推行集中会计监督系统，完善事后监督机制；三是积极推行综合柜员制，提高了服务效率。

五、增强服务意识，加强考核与培训，推动会计队伍整体素质的提高。2004年，该行一是针对会计工作服务情况进行定期、不定期检查，定期通报；二是聘请专家对前台人员和大堂经理进行礼仪培训，规范其服务语言和服务行为；三是制订了《大堂经理坐班制度》、《前台服务规范》，对各单位大堂经理及前台服务环境、服务用语、服务效率等制定了详细的规范和标准，有力促进了服务质量的提高；四是组织进行了会计专业持证上岗考试工作；五是举办了第五届业务技术比赛，在全行掀起了苦练技能、爱岗敬业的高潮。该行选手在华夏总行技术比赛中取得了个人汉字录入第1名和第5名、散把单指点钞第4名和全能项目第3名、团体总分第2名的好成绩；六是开展了全国通存通兑业务、本票业务等新业务核算办法和操作流程的学习，保障了相关业务的顺利开展。

【国际业务】 2004年，华夏济南分行依靠进口开证和信用证项下出口押汇等贸易融资的支持，全面加快外汇业务发展，全年国际结算量比上年增长47%。

一、把握有利时机，提供个性化服务，做好风险防范。2004年，该行一是抓住一季度进口需求旺盛的时机，大力发展进口业务。全年办理进口贸易结算同比增长52%；二是制订了"个性化服务方案"，开展分支行联动营销，对全行主要结算客户实行"盯紧需求，贴身服务"，取得了较好的效果；三是强化内部管理，避免信贷准入风险，并确立了"不以风险换结算"的风险防范意识，全行防风险能力得到了提高。

二、加强业务指导及系统培训，提高外汇业务人员素质。2004年，该行一是对同城支行的反洗钱、结售汇、国际收支申报等业务操作进行了现场和非现场检查，并对存在的问题进行了通报和整改；二是制订了《前台业务操作要点》、《规范外汇报表报送的通知》等一系列文件，规范了操作流程；三是对各支行有关人员进行了为期3个月的系统培训，提高其业务素质；四是开展了以统一操作标准、提高员工素质为目的的学习活动；五是在总行"国际结算十大能手"评比活动中取得优异成绩，分支行共有4人获得了"国际结算十大能手"称号。

【安全保卫】 2004年，华夏济南分行继续实施安全保卫达标升级工作，狠抓安全教育、物防技防和安全检查等重点工作，全年无案件事故发生，被华夏银行总行评为"安全保卫达标考核突出单位”。

一、继续抓好安全保卫达标考核工作。2004年，该行一是制定了详细的考核实施意见，明确目标和要求；二是严格考核制度，做到平时考核与月考核、季度考核、年终考核相结合，使考核工作贯穿于安全保卫工作的始终；三是实行保卫干部月度例会制度。

二、积极开展员工安全防范教育。2004年，该行一是确定每月最后一周周五为安全教育培训日，对推动安全保卫工作的规范化、制度化起到良好效果；二是组织开展学习金融系统成功防范案件案例活动，认真进行安全形势教育，定期编发《安全保卫专刊》，大力宣传金融政策法规、安全保卫规章制度以及典型案例，并及时通报全行安全保卫工作情况；三是积极开展防抢劫防火方案预案的演练，提高前台员工防抢劫和消防技能。

三、落实安全保卫责任制，加大监督检查力度，提高综合防范能力。2004年，该行一是进一步完善安全保卫责任制，与单位责任人签订《安全保卫责任书》，将责任落到实处；二是严格落实节假日前集中组织检查和日常安全检查制度，坚持分行检查和支行自查相结合，做到及时发现，尽早处置，将案件事故消灭在萌芽状态。

【科技工作】 2004年，华夏济南分行科技工作坚持以保障全行业务发展为目标，不断完善运行管理和应急维护机制，确保计算机系统稳定运行，较好地完成了各项工作任务。

一、坚持运行维护与技术服务工作为重点，确保稳定运行。2004年，该行一是建立健全了技术人员联系行、科技服务满意度调查、服务承诺等制度，了解业务或客户需求，切实提高系统运行的质量，同时加强了对异地支行的技术支持力度，保证了各项业务系统的正常运行和年终决算的顺利完成；二是组织开展全行计算机基础知识培训，提高员工的相关知识水平，保障电子设备的正常运行。

二、大力开展新产品、新系统的开发。2004年，该行一是及时做好了“签约关系提示”的处理程序、信息发布系统等程序的优化完善；二是建立完善各类考核系统；三是开发了华夏卡卡折合一系统，经华夏银行总行验收通过并在济南、聊城、烟台上线运行；四是通过系统程序开发将聊城支行95577和网银业务集中到济南处理，有力支持了聊城支行卡业务发展，并节省了建设资金；五是完成了分支行OA办公自动化系统，实现了公文网上传输；六是开发了利用客户电话95577福彩投注系统，成为驻济南地区股份制银行中首家开办此项业务的银行。

三、认真完成华夏总行推广项目和系统升级工作。2004年，该行保质保量地完成了总行网络版国债系统、华夏卡24小时不停顿营业系统、网上自助签约系统等的推广实施工作，并按要求组织进行了会计报表、信贷管理、综合业务三大系统的多次程序优化升级工作。

【企业文化建设】 2004年，华夏济南分行高度重视企业文化建设，提出以人为本和文化竞争的办行理念，营造积极向上的企业文化氛围。一是组织参加“华夏爱岗敬业”报告团演讲活动，被华夏总行评为优秀组织单位，并有1人参加了总行事迹巡回演讲报告团；二是在华夏总行技术比赛中，取得了汉字录入第1名、团体第2名的好成绩；三是连续4年被山东省直机关工委授予“文明机关”称号；四是以八周年行庆为契机，开展系列宣传活动，编发刊登稿件120多篇，组织了“迎行庆　登泰山　勇攀发展新高峰”登山活动、新华夏高峰论坛EMBA课程班培训和8周年行庆文艺汇演，答谢了社会各界和客户，增强了企业凝聚力。

【金融大事记】 1月15日　华夏济南分行同城第11家支行——经十路支行经山东银监局批准开业。

2月7日~8日　华夏济南分行召开2003年度总结表彰暨2004年工作会议。

2月　华夏济南分行被全国银行间同业拆借中心评为2003年度“优秀交易成员”和“全国银行间市场交易量100强”。

3月　华夏济南分行在华夏卡代缴代扣业务功能的基础上，开通了现金代收固定话费业务。

华夏济南分行被济南市政府评为2003年“支持地方经济建设先进单位”。这是该行连续3年获此荣誉称号。

4月4日~10日　华夏济南分行举行“第二届篮球比赛”，共14个代表队参加了比赛。

4月24日　由华夏济南分行冠名的华夏银行慈善义演——“约翰·施特劳斯皇家乐团维也纳之光”音乐会在济南珍珠泉宾馆人民会堂举行。

4月　华夏烟台支行荣获2002~2003年度烟台市文明单位。

5月29日　华夏济南分行举办知识竞赛，所辖支行共13家代表队参加了比赛。

5月　华夏济南分行华夏卡卡折合一业务系统正式上线试运行。

华夏烟台支行员工梁洁、张华被共青团烟台市委命名为2003年度青年岗位能手暨新长征突击手。

6月19日　华夏银行济南分行成功举办“第五届技术比赛”，所辖13个支行代表队参加了比赛。

6月　华夏烟台支行积极参加烟台市组织的“慈心一日捐活动”，共募集捐款2.92万元。

华夏银行聘任赵琴波为华夏济南分行党委书记、行长。

7月15日　华夏济南分行办公自动化系统成功开通。

7月　华夏济南分行在全体党员中开展“保持党员先进性”宣传教育月活动。

9月16日　华夏济南分行"携手希望工程"正式启动。该行与团省委合作共同在同城11家营业机构设置捐款箱，将募集款项作为救助贫困地区失学儿童的专项资金。

10月14日～15日　华夏济南分行参加由人行济南分行、滨州市人民政府联合举办的"2004诚信滨州论坛暨银企合作促进会"。会上共签订贷款意向书（协议书）25份，信贷金额9.2亿元。

10月15日　华夏济南分行在淄博举办银企发展洽谈会签署全面合作协议。会上与新开发的17家优质客户达成合作意向，涉及金额14.6亿元。

10月8日～12月30日　华夏济南分行举办网络银行"网银之星，秋冬送情"有奖竞赛活动。

10月　华夏济南分行开通95577电话投注"齐鲁风采"电脑福利彩票业务，成为全市首家开通该项业务的银行。

11月13日　华夏济南分行举行"迎行庆，登泰山，勇攀发展新高峰"——登山比赛活动，15个代表队的75名选手参加了比赛。

11月21日　华夏济南分行举行"新华夏"高峰论坛（EMBA课程班）开班仪式。省委、省政府、山东银监局、人行及该行优质客户代表、分支行干部员工近700人参加了论坛。

11月　华夏济南分行保卫处被济南市公安局记集体三等功。

12月5日　华夏济南分行举办"新华夏，新跨越——八周年行庆文艺汇演"。

12月8日　华夏银行吴建行长一行6人到济南分行视察工作。

12月17日　华夏银行刘海燕董事长到济南分行视察工作。

12月17日～18日　华夏济南分行在山东会堂成功举办华夏银行之夜《秘境之旅》大型绿色歌舞晚会。

12月22日　华夏济南分行客户服务中心开通24小时人工服务。

12月　华夏济南分行档案室在2004年度省直和中央驻鲁档案管理考核中被评为省一级档案室。

（张继林　陈惠清）

上海浦东发展银行济南分行

【第一负责人简介】　耿光新，男，汉族，生于1961年7月，山东泰安人，1984年加入中国共产党，硕士研究生，高级经济师。1978年9月至1984年7月，在人行莒县支行任会计员、信贷员、股长；1984年7月至1989年12月，先后在人行、工行临沂地区人事、计划科任科员、副科长、科长；1989年12月至2000年8月，在工行日照市分行任副行长、党委副书记、行长、党委书记；2000年8月至今，任上海浦东发展银行济南分行行长。

【综述】　2004年，上海浦东发展银行济南分行（以下简称"浦发济南分行"）贯彻"效益立行、机制兴行、勤俭办行、从严治行"的经营方针，以科学的发展观为指引，努力扩大市场份额，实现了规模、质量、效益的有机统一。截至年底，全行实现账面利润1.8亿元，同比增长88%，人均85万元，居济南同业前列；各项存款余额102亿元，日均82亿元，比年初增加20亿元；贷款余额124亿元，增加23亿元；贷款优良率、贷款利息回收率保持优良，计提呆账准备金1.68亿元，抗风险能力进一步增强。全年新开1家支行、5个自助银行，另有1家支行正在筹建。

【工作特点】　2004年，浦发济南分行的工作呈现三个特点：

一、进一步夯实了发展基础。截至2004年底，该行从规模、质量和效益上都有了质的提高。一是规模扩大，资产总量达135亿元，存、贷款余额均突破百亿元大关；二是资产质量继续保持了较高的水平，不良资产率控制在5‰以下。

二、进一步优化了发展结构。2004年，该行一是进一步完善了公司金融、个人金融、会计、科技条线的管理模式，完成了稽核条线的管理，进一步理顺了人事、资金财务、信贷管理等条线的管理模式，组织结构得到优化；二是在发展模式上，由单纯的资产拉动型向资产负债平衡发展模式迈进，全行风险资产权重进一步降低，资产结构得到优化；三是年末全行A级以上的信贷客户占全部客户的35%，比年初提高11个百分点，客户结构进一步优化；四是大力提高全行上下营销纯负债业务的积极性，资金自求平衡能力进一步增强；五是在保持公金业务稳步发展的同时，个金、外汇、机构金融等业务发展速度明显加快，业务结构得到进一步优化。

三、进一步锻炼干部队伍。2004年，该行注重对风险的把控，使干部员工加深了对风险的认识，增长了风险管理的经验，对化解风险有了更多的办法和措施，队伍素质进一步提高。

【业务发展】 2004年，浦发济南分行发展模式由数量主导型向质量效益型转变，存款、贷款、利润保持了较好的发展势头。

一、市场营销机制建设。2004年，该行一是进一步修改完善客户经理制，从制度上保障业务发展；二是做好营销的联动工作，从整体上推进业务协调发展；三是转变营销方式，实现了由个体营销逐步向团队营销和建立区域营销中心的方向转变。

二、优化资产结构。2004年，该行从以下几个角度进行了信贷结构调整：一是进行授信客户的行业调整。截至年末，全行AA级以上的优质客户授信余额占全部授信余额的24%，比年初增加7个百分点；二是进行信贷品种结构的调整，适当压缩票据业务量。年末承兑汇票余额下降8亿元；三是进行授信方式的调整，逐步提高抵（质）押贷款比重，减少信用贷款比例，对续做业务客户逐步提高授信条件，减小贷款风险。年末抵（质）押贷款占全部贷款的比例达17%，有效降低了信贷风险。

三、优化业务结构。2004年，该行注重各项业务的平衡发展初步实现了三大转变：一是业务开拓由资产拉动型向资产负债均衡型转变；二是业务类型由以公金为主向公金、个金并重转变；三是营销方式由个体营销为主向团队营销为主转变。

【内部管理】 2004年，浦发济南分行实施“全面提升”战略，强化质量意识，实现了良好的经营效益。

一、进一步优化管理层次。2004年，该行逐步建立起“以市场为导向、以客户为中心”的组织结构，将全行职能部门按性质分为三类，分别考核，并在三类部门之上设立专业管理委员会负责协调，提高决策效率。

二、进一步完善风险管理机制。2004年，该行一是在信贷风险防范方面，通过把好三关，严格手续，确保关注类资产到期安全收回，提高存量资产的质量，同时抓住市场资金紧张的机遇，积极营销优质资产客户，优化资产结构，提高了增量资产的质量；二是在利率风险防范方面建立了利率指导机制，随时关注利率市场变化，出台相应的对策，通过资金市场上的运作，解决可能出现的短期流动性问题。

三、提升财务管理水平。2004年，该行一是按照强化预算执行、硬化预算约束的预算管理原则，适时监控预算的执行情况，定期进行分析总结，并提出改进意见，切实发挥预算对业务发展的指导作用；二是修改完善了综合营销考核办法，充分发挥考核机制对业务发展的导向作用，并通过经济资本概念的引入，引导各项业务平衡发展。

四、全面提高会计管理水平。2004年，该行将会计结算风险防范的重点放在了前台操作和事中监督。一是根据《会计岗位的细分》对柜员岗位资格进行认定；二是通过岗位培训和资格考试，使会计柜员能够熟练掌握业务知识、操作规范、业务流程等。全年会计差错率明显降低，并成功查堵一笔800万元的“克隆”承兑汇票。

【科技创新】 2004年，浦发济南分行坚持以创建“创新型组织”为先导，加大科技投入，完善科技平台，进一步提高了创新能力。

一、提高科技创新能力。2004年，该行在推广和完善新一代业务系统的基础上，科技条线与业务部门一道梳理业务流程，在管理、业务和服务等方面进行了创新，先后开发开通了代收联通话费、柜面通、外汇宝等系统，为全行实行现代化管理提供了必需的技术支撑。

二、提高业务创新能力。2004年，该行一是积极开拓个人中间业务新产品，推广了银证通、外汇宝、个人外汇买卖、代销开放式基金业务，提高了个人金融在业务发展中的比重和整体负债业务的稳定性；二是加大培训力度，并引进理财规划师，逐步建立起了理财专家队伍，对逐步完善个人银行服务的基本职能发挥了积极作用。

三、建立创新激励机制。2004年，该行一是将创新列入全行经营管理的考核体系，列入各单位和全行员工的日常考核，作为工效挂钩的依据之一；二是实行“柔性管理”，除了物质激励外，还特别注重对员工的精神激励，从而在全行形成了人人想创新、人人讲创新、人人在创新的良好氛围。

【企业文化建设】 2004年，浦发济南分行将“笃守诚信、创造卓越”的浦发理念融入经营管理实践中，逐步形成了适应自身发展、富有特色的优秀企业文化。

一、在全行营造“以人为本”的氛围。2004年，该行一是推荐部分业务骨干在职深造，对评为“杰出”和做出突出贡献的员工，优先安排国外、国内高等院校的培训，并与省内知名学校建立了人才培养合作关系；二是有计划、有步骤地落实员工发展计划，鼓励优秀人才脱颖而出；三是因地制宜地推出多种方式的带薪休假制度，员工利用休假时间学习充电，放松身心，进一步提高了工作效率。

二、全面推进后备干部队伍建设。2004年，该行一是根据员工意愿和单位发展需要，建立以个性化职业生涯设计与本行中长期发展规划相适应的后备人才培养计划；二是全年有50多位员工进行了岗位交流；三是进一步完善竞争上岗机制，人才评价和任用体系更加科学、公开，为优秀人才的脱颖而出创造了条件。

三、进一步提高全行的服务水平。2004年，该行一是开展了评选“浦发之光”——优质服务单位，争做“浦发之星”——优秀服务个人活动，经过问卷调查、客户投票等方法塑造良好的服务品牌形象；二是做好年度VIP客户的筛选、VIP客户接待室、东方e站的建设工作，定期开展VIP客户联谊活动，编发好各类资讯性服务信息，进一步提高服务档次；三是抓好服务培训工作，先后举办了礼仪、着装、淡妆等培训，举办了职业形象展示大赛等活动，多层次、多角度地提高了服务水平；四是进一步细化、强化对服务的检查标准，使员工有章可循，并在前台安装了服务评价系统，使客户可以对柜台服务质量进行评价；五是组织党员干部捐助希望工程，发动全行员工参加“慈心一日捐”等活动。当年，该行被济南市政府授予“两个文明建设先进单位”和“服务地方经济建设先进单位”等荣誉称号。

【金融大事记】 1月5日 浦发济南分行在英大国际俱乐部召开中层干部会议。会议通报了2003年度的经营情况，研究部署了2004年的营销管理工作，并对个人金融业务的发展进行了专题研讨。耿光新行长做了总结讲话。

1月18日 浦发济南分行召开全行员工大会，总结表彰了2003年度杰出员工22人，并举办了迎春联欢会。

2月14日 浦发济南分行在四季村宾馆召开2004年度工作会议，传达贯彻了浦发总行的工作会议精神，研究部署了工作任务，鞠维萍副行长和刘华副行长分别就营销管理工作进行了部署，耿光新行长做了总结讲话。

3月21日 浦发济南分行在中豪大酒店举办了营销考核及客户经理管理办法的培训。

3月24日 浦发济南分行被济南市政府授予“2003年度支持地方经济发展先进单位”荣誉称号。

5月28日 浦发济南分行对舜耕支行进行验收。

6月10日 浦发济南分行开通外汇宝业务。

6月26日 浦发济南分行党员干部向商河传播希望小学捐助1万多元的学习用品，并与10多名贫困学生结了对子。

6月30日 山东省银监局批准浦发银行济南和平路支行开业。

7月5日 浦发济南分行与山东大学举行合作签约仪式，山东大学副校长、研究生院院长王琪珑教授和分行耿光新行长分别讲话。

7月10日 浦发济南分行在中豪大酒店召开半年工作会议，耿光新行长做重要讲话。

8月5日 济南市住房公积金管理中心与浦发济南分行正式签订合作协议，并在该行开立公积金贷款业务专用账户，至此，该行正式取得住房公积金贷款业务的开办资格。

8月8日 浦发济南分行第1家24小时离行式自助服务网点——中联花园24小时离行式自助银行正式开业。

8月12日 浦发济南分行“柜面通”业务上线成功，是总行范围内第2家、济南第7家开通银联“柜面通”业务的分行。

8月24日 浦发济南分行召开会计条线“落实规范，尽职尽责”动员大会，耿光新行长、刘华副行长出席会议并讲话，会议还对分行首届技术比武优胜单位和个人进行了表彰。

9月3日 浦发济南分行在成立3周年之际，特举办首届“浦发之星”职业形象大赛。

9月6日 浦发济南分行正式推出“浦发感恩，敬师献礼月”活动，为教师度身定制了一份“园丁服务计划”。

9月10日 浦发济南分行与济南科技书店举行“东方泉城科技书店联名卡”首发仪式。此为该行的第1张联名卡。

9月18日 济南市市长鲍志强接见浦发济南分行领导并听取了工作汇报。

9月26日 浦发济南分行举办职工保龄球、游泳健身比赛。

9月28日 浦发济南分行刷卡有奖活动正式开始。

9月29日 浦发总行商洪波副行长到浦发济南分行宣布人事任命，鞠维萍调任浦发银行青岛分行副行长。

10月14日～15日 浦发济南分行耿光新行长出席滨州银企洽谈会，会上，该行和魏桥股份签署了综合授信协议。

10月17日 浦发济南分行举办第二届法律知识竞赛，营业部代表队荣获一等奖。

10月19日 浦发济南分行耿光新行长出席淄博银企洽谈会，会上，该行和万杰高科签署了综合授信协议。

10月26日 浦发济南分行营业部被共青团山东省直工委授予“青年文明号”称号，杨宁被评为“青年岗位能手”。

11月13日 浦发济南分行在浦发总行第四届技术大比武中取得了个人单项第6名、团体总分第9名的好成绩。

12月30日 浦发总行研究决定，聘任孔建为浦发济南分行行长助理。

（张玉军 任倩倩）

招商银行济南分行

【第一负责人简介】 王庆彬，男，1956年12月出生，山东邹平人，中共党员，研究生学历，高级经济师。历任中国建设银行济南市分行行长、中国建设银行山东省分行副行长。2000年至今，任招商银行济南分行行长，期间连续3年被招商银行总行评为优秀行长。

【综述】 2004年，招商银行济南分行（以下简称“招行济南分行”）转变思路，调整策略，精心运作，规范管理，各项工作取得新的突破。截至年底，全行全折自营性存款136.6亿元，新增37亿元，完成全年计划的108%；在当地的市场份额为4.4%，比年初提高0.5个百分点；实现账面利润2.45亿元，同比增加1.16亿元，完成全年计划的174.3%，在当地15家商业银行中居第4位。资产质量连续保持不良率为“零”，未发生案件和重大责任事故。在当年招行总行的总结表彰中，该行共获“经营管理综合考核优秀行”、“银关通营销竞赛突出贡献奖”等7个奖项。

【信贷业务】 2004年，招行济南分行信贷工作坚持“质量是发展的第一主题”的经营理念，加快了业务发展。截至年末，全行自营性贷款全折人民币153.9亿元，较年初增加32.6亿元；对公资产不良率连续4年保持为零，利息回收率100%。

2004年，该行一是在优先支持电力、煤炭、交通等基础产业的同时，对发展前景好、抗风险能力强的中小型企业发放贷款、办理承兑16.6亿元，有力支持了地方经济发展。全年一般贷款新增29.5亿元，共实现信贷投放（含承兑、贴现）316亿元；二是制订了《信贷政策实施意见》，对钢铁、水泥、房地产等国家明令禁止的项目，以及低水平重复建设、投资过热的限制性行业，坚决不予贷款，对前景不看好的企业适时退出。全年陆续收回风险较大贷款4亿多元；三是定期对风险资产进行评价，以集团客户、异地项目、国家控制性行业和即将到期贷款为重点，有针对性地进行预警分析，努力做到早发现、早处置、早转化；四是建立了每季度一次的信贷资产质量分析会制度，保证了信贷信息的上下畅通与共享。

【网上银行业务】 2004年，招行济南分行网络优势进一步发挥，网上银行业务大幅提高。

一、网上企业银行。2004年，该行不断推出新的网上银行业务，其中，以网上报关为特征的“银关通”业务一经推出就初显锋芒，全年共签约客户40余户，累计支付763笔，税费总额1.6亿元。截至年末，该行企业银行开户总数已达736家，当年新增185家，交易笔数4.66万笔、金额179.59亿元。

二、个人网上银行。2004年，该行个人网上银行业务取得了长足的进展。一是网上个人银行的大众版因其操作简单、安全方便等特点，受到客户喜爱，全年登陆“一网通”个人银行大众版的客户近5万户；二是网上个人银行专业版也凭借其安全可靠、功能强大、方便快捷等特点，成为中高端客户的主要选择。截至年末，网上个人银行专业版的开户数达2.88万户，新增7072户。

【个人银行业务】 2004年，招行济南分行个人银行业务迅速发展，截至年底，累计发行各种理财产品超过人民币5亿元，POS消费金额达3.86亿元。全折储蓄存款余额27.8亿元，位居股份制银行之首；外币储蓄存款余额3665万美元，仅次于中国银行列第2位。一卡通发卡量达106万张，信用卡发卡突破3万张，完成总行年度新增计划的126%，获得招行总行信用卡最佳营销组织奖。

2004年，该行一是“亿元工程”（即每个支行每年新增个人储蓄存款一个亿）取得了初步成效，有一半的行部已完成或接近完成工程目标；二是机构建设取得突破性进展，经三路支行与烟台分行顺利开业，同时有7家新的自助银行投入运营，截至年底，机构网点总数已达29家，服务网络更趋合理；三是“一卡通”推广和功能开发有了新突破，全年新增代发单位320个，年累计代发额18.7亿元，同时，通过开发“一卡通”代缴数字电视费、代收行政事业费等功能，新增代缴费客户3.2万户；四是POS刷卡消费取得历史性突破，全年POS交易笔数76.9万笔，跃居济南市15家商业银行第1位。

【国际业务】 2004年，招行济南分行国际业务努力克服了重点客户业务萎缩、市场竞争加剧等不利因素，大力拓展新的市场，取得了较好成绩。截至年底，该行完成国际结算3.1亿美元，同比增长31%，完成总行计划的124%；实现国际业务收益62万美元，增长20%，完成总行计划的115%。

2004年，该行一是上下联动，形成合力，调动了各行发展国际业务的主动性和积极性；二是不断推出银关通、福费廷、国际保理、贸易融资等新业务，发展新客户40余户，新增交易2亿多美元，带来相关存款4.3亿元；三是规范业务管理，确保安全运行，在连续3年处理业务笔数平均增长48%情况下，未发生重大操作事故和信用证垫款，继续保持了不良资产零纪录。

【会计与财务管理】 2004年，招行济南分行会计与财务管理方面主要做了以下工作：

一、努力提高效益。2004年，该行一是坚持抓好贷款利息收入；二是大力开展贴现业务，全年累计办理票据直贴、转贴178亿元，累计实现贴现利息收入2.06亿元，同比增加7200万元，占营业收入的26%；三是全年实现中间业务收入1700万元，增加520万元，增长44%；四是加强财务管理，严格控制费用支出，在全年营业收入增加一倍的情况下，公杂费、印刷费等多项开支都有不同程度的下降。

二、认真做好会计工作。2004年，该行一是积极做好SAP系统的推广应用工作，努力提高财务核算水平；二是认真完成了招行总行“利润报告系统”试点工作；三是加强教育，精心指导，不断强化员工风险防范意识；四是完善制度，理顺流程，提高柜台操作的规范化程度；五是落实风险监督员制度，积极开展“榜样支行”评选活动；六是加强检查与培训，不断提高会计人员业务素质；七是加大考核力度，严格奖惩措施；八是积极推动预算管理，不断完善预算控制。

【金融大事记】 2月27日 招行济南分行召开工作会议，传达了总行会议精神，总结表彰了2003年度先进单位先进个人，部署了2004年度工作。

4月1日～6月30日 招行济南分行开展“你打电话我缴费”抽奖活动。

6月10日 人行济南分行行长杨子强来招行济南分行检查指导工作，并听取了该行领导的工作汇报。

6月15日 山东省委常委、济南市委书记姜大明来招行济南分行考察调研，对该行的工作给予了充分肯定。

7月9日 招行总行副行长陈伟来济南分行检查指导工作，听取了分行领导的工作汇报。

7月14日 招行济南分行在舜耕山庄召开“银关通”新闻发布会，省市20多家媒体到会，并给予了报道。

7月15日 招行济南分行在舜耕山庄组织召开“一卡通”金卡新闻发布会及首发仪式。

7月18日 招行济南分行在索菲特大酒店召开“迎行庆百日赛”动员大会。

7月26日 招行济南分行业务技能大比武拉开序幕。

8月10日 招行总行副行长李浩来济南分行检查指导工作，并听取了分行领导的工作汇报。

8月13日 招行济南分行在南郊宾馆召开“特色17”新闻发布会，省市20多家媒体到场并给予报道。

10月19日 招行济南分行经三路支行开业。

招行济南分行举行高赛尔金条开卖仪式，这是济南地区首家银行代售实物金条，省市20多家媒体给予了报道。

11月1日 招行烟台分行开业。山东省委常委、烟台市委书记焉荣竹、山东省副省长孙守璞、烟台市市长周齐、招行总行行长马蔚华、招行总行行长助理、北京分行行长尹风兰等领导出席了开业典礼。

12月22日 招行济南分行举办“管理国际化”读书演讲比赛，20多名选手参加了比赛，6名选手获奖。

12月30日 招行济南分行各项业务取得新突破。自营存款新增37元，余额达到136.6亿元；全折贷款新增32.6亿，余额达到153.9亿元；实现利润2.45亿元，人均利润居全系统第2位；“一卡通“发卡量突破百万大关，达到105万张，全年POS交易笔数76.9万笔，一举跃居济南同业第1位。

（冯新华）

兴业银行济南分行

【综述】 2004年，兴业银行济南分行（以下简称“兴业济南分行”）紧紧围绕总行“建设一流银行，打造百年兴业”的战略目标，扎实推进两个战略转型和网络多元化营销，各项业务继续保持健康快速发展，全面完成了各项经营计划。

一、存款市场占有率不断提高。截至2004年末，该行本外币存款余额135.05亿元，比年初增长48%，其中，一般性存款116.25亿元，增长48%，剔除协议存款因素，一般性存款增长25.94亿元，完成总行计划的131.7%，存款市场占有率达3.9%，位居10家股份制商业银行前列。

二、资产规模不断扩大。截至2004年底，该行资产总额达158.93亿元，比年初增长34%，贷款余额103.27亿元，表外银承余额48.22亿元，继续保持不良资产为零，利息实收率为100%，各项资产指标均达到总行控制要求。

三、公司业务继续保持优势。截至2004年末，该行企业存款76.1亿元，市场占有率达到7.7%，位居股份制商业银行前茅。

四、外汇业务取得突破性发展。截至2004年末，该行外汇存款余额1718.51万美元，外汇贷款1236万美元，国际结算量达3.42亿美元，完成总行全年任务的171.09%，名列股份制商业银行前茅。

五、同业存款持续快速增长。截至2004年末，该行本外币全口径同业存款余额29.33亿元，较年初增加15.66亿元，完成总行全年任务的169.17%，稳居当地商业银行前3位。

六、个人业务发展良好。截至2004年末，该行人民币储蓄存款余额4.01亿元，比年初新增1.9亿元，计划完成率为83%；外币储蓄存款余额127万美元（含美元理财产品76万美元），新增30万美元；个贷余额1.25亿元，新增1834万元，个贷累计发放5272万元，累计回收3468万元，不良率为零；银行卡发卡量达到8.36万张，比年初新增4.99万张，计划完成率为166%。

七、网上银行业务发展迅速。截至2004年底，该行新增网上银行开户175户，计划完成率为175%；12月交易笔数占比达到45%，列总行第一。

八、中间业务收入持续增长。截至2004年末，该行实现中间业务收入1411万元，比上年增加504万元，完成总行计划的116%，提足呆账准备金后，实现利润1.6亿元，完成总行计划的165%。

【资产负债管理】 2004年，兴业济南分行进一步优化资源配置，调整业务结构，努力提高资产负债管理水平。

一、改革完善经营管理组织架构，资源配置更加优化。2004年，该行一是扎实推进网络多元化营销，明确深化银企合作标准，优化资源配置，经营管理质量明显提高；二是改革行内资金市场，调整资金价格，引导经营单位加大负债业务、中间业务的拓展力度；三是明确营销组织架构和政策，大力发展纯负债业务，实施行业经理和产品经理制度，加强窗口指导和窗口营销，国际业务和中间业务取得较大发展。

二、扎实推进业务结构调整，增长模式更加科学。2004年，该行一是盈利模式逐步优化，利润增长66%，远远高于资产总额34%的增长速度，资产利润率达到1.18%，人均创利81万元，中间业务收入占比达3.7%，比上年增长1个百分点，其中，国际结算收入占比41.38%，超过银行承兑汇票手续费收入，成为中间业务主要收入来源；二是存款增长模式逐步优化，一般性存款增长48%，远远高于同期贷款增长7%的速度，票据保证金存款占比较年初下降5%；三是客户结构进一步优化，本外币公司存款客户数3433个，比上年增加1698个，与省内大型企业合作163家，占比达到50%以上，中型客户拓展和无贷户营销取得良好成效，新拓展资产规模3000万以上中型客户60户，新增500万以上无贷户存款10亿元；四是产品结构进一步优化，同时创新了控货融资、择期外汇买卖、国内信用证、保兑仓、国内保理、动产质押等一系列新产品、新业务，通过海外代付形式进行的外汇支付达2127万美元，代理发行集合资金信托计划累计1.34亿元，实现了在总行系统内第一笔通过单项资金信托方式为企业提供理财服务的新模式，并为淄博矿业集团有限公司成功设计了一揽子综合资金运用方案，填补了总行系统内相关业务模式的空白。

三、提高资产负债管理水平，资金运用更加合理。2004年，该行继续强调流动性管理，控制表外资产的增长，加大主动负债力度，逐步优化资产负债结构，调整票据贴现策略，积极开展资产转让业务，利用短期资金办理拆借业务，提高资金收益，全年累计实现利息收入3776万元。在银根趋紧的环境下，年末存贷比达73%，资金备付率3.46%，流动性比例27.79%，中长期贷款比例90.27%，均控制在合理水平。

【风险管理】 2004年，兴业济南分行驾驭市场能力和风险管理水平不断提高，资产质量继续保持零不良。

一、准确把握市场风险，科学决策市场准入与退出。2004年，该行一是加强行业导向水平，准确把握重点行业、企业风险，坚决限制、退出盲目投资、低水平重复建设、不符合国家产业政策和市场准入条件的行业和项目，优化调整信贷结构；二是加强贷后“双线”跟踪检查和客户回访力度，深入了解授信企业的经营状况和国家宏观调控对企业及其上下游企业的影响，适时的退出潜在风险大的市场领域。全年共对22户授信企业采取到期退出或要求企业提前还贷等方式，减少各类信用业务敞口余额达6.89亿元，确保了整体信贷资产的安全运行。

二、加强风险控制制度建设，不断提高信审质量和效率。2004年，该行分别制定下发了有关主办客户经理、尽职调查、异地授信业务的《管理办法》，进一步完善了风险控制体系。同时，再造信贷审批流程，对放款流程进行了优化和简化，通过分类审查和“绿色通道”，保证重点项目的审查审批时效，充分提高了信贷资源的利用效率。

三、全面落实银行监管法规制度，继续保持依法审慎合规经营。2004年，该行一是认真学习贯彻《商业银行法》和山东银监局各项监管要求，规范授信行为、业务拓展和创新模式，建立了风险防范和促进发展的长效机制；二是加强内控管理，强化自律行为，建立了外部检查与自查相结合的检查督促机制，对风险管理、市场拓展等业务进行了检查，未发现违法违规现象。

【市场拓展】 2004年，兴业济南分行市场营销组织管理体系进一步完善，各业务板块继续保持快速发展。

一、公司业务继续保持领先优势。2004年，该行一是公司业务实施准事业部制管理，着手推行行业经理、产品经理制度，实行经营单位营销月例会制度，进一步完善了营销评审委员会制度和《市场营销组织管理办法》，理顺了营销考核管理平台；二是开展了“双月营销”和“百户营销”活动，以及“财智星”、“贸易直达星”、“在线兴业星”推广活动，取得了良好的效果。仅“双月营销”活动就新增100万元以上纯负债客户200多户，新增无贷户存款近6亿元；三是纯负债业务实现重点突破，与财政、水利、监狱等系统形成规模合作，与省、市两级财政关系也有了进一步扩展；四是在巩固深化与大型客户合作的基础上，初步形成了一批优质的中型客户群体，全年新增资产规模3000万以上的中型客户60户。

二、外汇业务实现突破性发展。2004年，该行大力发展以国际结算和代理业务为重点的外汇中间业务，重点营销具有进出口经营权的内资生产型企业和中型三资企业，国际结算量达3.42亿美元，完成总行任务的171.09%。同时，外汇业务结构逐步优化，表现在外汇存贷款结构合理，进出口业务比例基本平衡，汇兑收益实现最大化，外汇业务客户数量和质量都有较大幅度提高。全年共新拓展客户36家，新增比例达到68%，国际结算量超过500万美元的客户达到16户，12家经营单位全部开办国际业务，且国际结算量均超过 300 万美元。

三、同业业务呈现强劲的发展态势。

（一）同业资金来源多元化。2004 年，该行同业业务坚持以负债业务为主，资产中间业务为辅，大力拓展信用社、城市商业银行等中小金融机构客户，截至年底，中小金融机构类人民币存款余额 24.37 亿元，占全口径人民币同业存款的 84.75%，较年初新增 17.45 亿元，余额及新增额均居分行同业存款首位；券商类存款保持稳中有升，年底人民币存款余额 4.20 亿元，占全口径人民币同业存款的 14.62%，较年初新增 1.65 亿元。

（二）同业业务产品创新和营销推广能力进一步加强。2004 年，该行一是积极调整票据转贴现业务策略，探讨商业承兑汇票双向卖断式转贴现业务操作方式和渠道，累计完成转入贴现业务 34.74 亿元，完成全年计划的 173.69%，实现转入贴现模拟利润 247.22 万元，完成全年任务的 164.81%；二是积极开展信贷资产转让业务，确立了低风险全额保证或质押类信贷资产转入业务在当地市场的领先地位，累计实现信贷资产卖断式转出 7.45 亿元，转入 19.07 亿元，吸收同业存款余额 11.58 亿元；三是信托理财业务专业品牌初步确立，先后代理发行了公路局、热电等贷款项目的集合资金信托计划，累计金额 1.34 亿元；四是先后为多家企业设计了理财方案；五是代理基金产品业务发展势头良好，累计代理销售 12 支开放式基金 2022 万元，其中，兴业可转债混合型基金的销售工作获得总行阶段性"分行销售奖"和"最快完成计划奖"两个第 3 名。

四、个人业务不断提高。2004 年，该行一是进行了个人业务组织架构建设，成立了个贷、银行卡、理财三大中心；二是"兴业旅游卡"品牌初步树立，卡内存款新增 5086 万元，发卡量突破 3 万张；三是针对个人高端客户，推出"万汇通"外币理财、"万利宝"人民币理财产品，带动人民币储蓄存款新增 3604 万元，外币存款新增 76 万美元，新增万元以上客户 1300 多个；四是先后制定了"集资建房和集体购房"个人住房贷款、出国留学贷款、个体工商户贷款的《管理办法》，以及《分行个人二手房（商用房）贷款实施细则》，正式开办个人住房公积金贷款业务；五是渠道建设实现突破，柜面通业务得到了总行批复，自助银行发展规划正式实施。

【会计结算】 2004 年，兴业济南分行以会计基础工作等级管理为主线，紧紧围绕会计达标升级，提高核算质量，防范会计风险，优化延伸前台服务渠道。

一、加强检查辅导工作，防范会计结算风险。2004 年，该行一是进一步完善了《会计责任追究制度》和《内部会计控制要点》等规章制度，修订完善了事后监督考核办法；二是加强了系统内、外各往来账务、存放系统内各种款项、存放中央银行及银行同业等账务的监督与检查，对库存现金、空白重要凭证等情况进行了全面检查，组织各机构对账户管理、印鉴管理、抵质押物品的保管进行了交叉检查。全年共组织常规检查 24 次，专项检查 4 次，检查覆盖面达到 100%。全年事后监督传票业务量 59.7 万笔，差错率万分之一点一，比上年下降 20%。全年发送大额支付往账 1.76 万笔，接收来账 1.26 万笔，累计金额达 630 多亿元，同城电联行业务累计提入 5193 笔，共计 151 亿元，提出 2362 笔，共计 109 亿元，无差错事故发生。该行在监管部门对现金管理、大额和外汇反洗钱规章制度执行情况的检查中未发现违规现象，在反假货币检查中名列前茅。

二、加强对会计人员的管理。2004 年，该行一是每月组织会计主管会议，加强法规学习和思想教育；二是先后组织各类会计培训 10 次，参训人员达 312 人次；三是组织了第三届业务技术比赛，调动了柜员岗位练兵的积极性，在总行组织的岗位资格考试中，通过率达 100%；四是出台了前台客户关系维护办法，组织对 150 户黄金客户、332 户网银客户进行了回访，建立了与经营单位沟通机制，为经营单位解决结算问题 89 条，全年共收到客户表扬 250 次，咨询、意见及建议 1322 条，客户投诉下降到 5 次。

【信息科技】 2004 年，兴业济南分行信息科技工作立足安全生产，积极支持业务发展。

一、加强业务支撑系统的维护、升级工作。2004 年，该行一是重点加强综合业务系统前置机及备用机、档案机及备用机、ATM 前置机、金卡业务前置机等的运行管理，加强了对中心机房路由器、营业网点路由器、交换机、通讯线路、网络防火墙等网络设备的维护管理；二是对中心机房进行了 24 小时监控报警系统建设改造；三是对网络防火墙进行了选型安装调试，加装了病毒日志服务器，实现生产网、办公网、外联网的分离，保障了网络信息的安全。

二、做好各类辅助系统的开发、推广工作。2004 年，该行一是开发了客户经理营销考核系统和现场发卡系统程序，开发上线了柜面通业务系统、银行卡抽奖系统和住房公积金系统；二是先后组织了网上银行"双月营销"活动、个人网银交易抽奖活动，参加了网上银行大联展活动，为集团用户量身定制了网银结算方案，并成功推广 2 家。

【人力资源】 2004 年，兴业济南分行进一步深化"以业绩论英雄，以业绩论职位"的人力资源管理体制，积极推进干部队伍的革命化、年轻化、知识化、专业化。一是通过岗位、网络、案例培训，引进专家等措施，提高员工的综合素质；二是建立了后备人才库和科学的干部培养管理机制，试行"末位淘汰制"和临时工制度；三是树立人才意识，积极引进培养德才兼备的干部，全年引进人才 19 名。目前共有员工 203 人，其中，本科以上学历员工占 78%，35 岁以下员工占80%，具备中级职称的员工有107人。

【企业文化】 2004年，兴业济南分行在业务发展的同时，注重加强党建和纪检工作。一是通过加强和改进中心组学习制度，提高了领导干部的政治素质和理论水平；二是对党支部设置进行了调整，配齐、配强了支部委员；三是认真抓好“三会一课”、民主生活会、党员目标管理等制度的落实，定期检查，严格监督；四是组织各种纪念活动和有益党员身心健康的文体活动，增强党的活力；五是重视在业务骨干和一线员工中发展党员，全年有7名同志光荣入党；六是进一步增强党风廉政建设和反腐败工作的自觉性、主动性，保障了各项工作顺利开展；七是先后组织了素质拓展训练、登山比赛、书法摄影比赛、运动会等活动，丰富了员工的业余生活，增强了团队协作精神；八是坚持做好“送温暖”工作，为员工解决实际困难，进行了车辆改革，提高了公积金比例，并着手解决员工住房问题。

【金融大事记】 1月5日 兴业济南分行与英大信托联合推出的2500万元优质信贷资产转让集合资金信托计划正式开始预约发售，19日信托计划顺利完成发售计划并正式成立。

1月 兴业济南分行全体员工积极捐助营业部患病员工家属，截至1月18日捐款额达6.16万元。

2月16日 兴业济南分行各营业网点开始代理发行海富通基金和中信基金。

2月17日 兴业济南分行召开2004年工作会议，传达学习总行高建平董事长重要讲话和李仁杰行长的工作报告精神，明确经营管理策略，部署具体工作措施，分行行长卓新章做了题为《把握市场 追求领先 求真务实地推进各项业务健康持续发展》的工作报告。会议对分行2003年优秀单位和优秀行员、先进分子进行了通报表彰。

3月19日 兴业银行行长李仁杰到兴业济南分行视察工作。

3月30日 兴业济南分行参加临沂市政府组织召开的临沂市重点项目工作暨第二届民营企业银企合作项目推介会，现场与15家企业开展了业务洽谈，达成意向合作金额3亿元。

4月8日 兴业银行济南高新支行、市中支行参加高新开发区举办的高新企业推介会，现场与10余家企业进行业务洽谈，形成意向合作金额1.5亿元，同时与力诺瑞特新能源、鲁能集成电子、正昊化纤等客户就深化业务合作事宜进行交流。

4月15日 兴业济南分行代理销售兴业可转债混合型开放式基金达400万元，销售业绩居系统内第四名，省外分行第2名。

4月28日 兴业济南分行分别与山东省中国旅行社、山东中铁国际旅行社和齐鲁旅游有限公司签署联名卡发卡协议，联合发行兴业旅游联名卡。

4月29日 兴业济南分行在山东大厦举办“兴业财智星闪耀神州”济南推介会，行长卓新章出席会议并致辞，会议邀请鲁能集团、魏桥纺织、兖矿集团等80多家重点客户和各新闻媒体共150余人参加，鲁能集团、魏桥纺织、万杰高科3家企业与该行现场签约成为首批“财智星”客户。

5月13日 兴业济南分行参加由人行济南分行和聊城市人民政府联合举办的2004年“诚信聊城”银企合作发展座谈会，现场与50余家企业进行了业务接洽，与鲁西化工、临清运河热电等3家企业签订业务合作协议，合作金额2亿元；与东方内燃机、临清银河纸业等10家企业达成合作意向，意向合作金额6.6亿元。

5月14日 兴业济南分行与苏宁电器济南分店签订联名卡业务合作协议，双方联合发行“兴业——苏宁电器”联名卡。

6月3日 山东银监局正式批复同意兴业济南分行筹建趵突泉支行。

6月26日～27日 兴业银行济南泉城支行在苏宁电器济南店组织开展了“兴业——苏宁电器”联名卡现场发卡活动，该行自主开发的现场发卡系统正式投入试运行，现场发放有效卡130余张。

7月3日～4日 兴业济南分行在山东省体育馆举办了首届员工运动会，共有全体员工及部分员工家属约350余人参加。

7月13日 福建省委组织部副部长陈向先一行到兴业济南分行视察工作。

7月31日 兴业济南分行举办第三届业务技术比赛，辖属6家营业机构分别组队参加了比赛。

8月2日 兴业济南分行顺利通过济南市住房公积金管理中心的检查验收并与该中心签订委托贷款协议，正式取得开办住房公积金贷款业务资格。

9月2日 兴业济南分行副行长张晓莉参加山东省经贸委与人行济南分行联合召开的2004年山东省重点企业银企合作促进会，现场与胜通集团、青岛黄海橡胶签订业务合作协议。

9月9日 兴业银行党委副书记、首席监事黄广通到兴业济南分行视察工作。

9月11日 兴业济南分行与中国、中铁、齐鲁三家旅行社在泉城广场联合组织开展“兴业旅游卡”路演推介活动，以有奖问答、接受现场咨询等方式向市民宣传旅游卡各项服务功能，《济南时报》、《山东商报》、济南电视台等媒体进行了现场报道。

10月23日 兴业济南分行组织开展第二期综合素质拓展训练活动，来自各单位（部门）的22名员工赴济南新体验户外训练公司参加了为期1天的训练活动。

11月29日　兴业济南分行组织开办商务礼仪及营销技能讲座，邀请专家讲授人际沟通技能及社交礼仪，该行全体客户经理、柜员及相关管理人员共120余人参加了此次讲座。

11月30日　兴业济南分行联合英大信托发行银信合作稳健型资金信托计划。

12月16日　兴业济南分行代理发行的山东省国际信托投资公司5000万元信贷资产转让集合资金信托计划开始正式发售。

12月29日　济南市副市长王以才等领导一行在人行济南分行营业管理部主任刘克俭的陪同下到兴业济南分行视察慰问工作。

（沈　健）

中国民生银行济南分行

【第一负责人简介】　陈国强，男，汉族，1958年生于武汉，中共党员，美国哥伦比亚大学国际关系学院经济管理学硕士。曾任中国人民银行智力引进开发办公室主任、国际司中央处处长、大连分行副行长职务。1996年进入中国民生银行，历任国际业务部总经理、北京管理部副总经理等职务；自2002年至今，任中国民生银行济南分行行长。

【综述】　2004年，中国民生银行济南分行（以下简称"民生济南分行"）规范经营抓管理，一心一意谋发展，积极支持地方经济建设，全面完成了各项业务指标。截至年末，资产规模达120亿元，贷款余额80.3亿元，实现考核利润4906万元，不良资产率继续保持为"零"。

【存款业务】　2004年，民生济南分行以对公业务为支撑，带动国际业务、中间业务等全面发展，存款余额持续稳健增长。截至年末，各项存款余额106亿元，比年初增长近一倍，当年新增量居济南各家商业银行之首，其中，储蓄存款8亿元，增长近两倍，在当地股份制商业银行中增幅最大。

一、对公业务发展势头良好。2004年，该行一是以"破百亿，奔小康"工作为主线，积极进行产品创新，不断提升服务质效，大力拓展筹资渠道，培育了一批优质客户群体，特别是对鲁能系统、公路系统的行业营销初见成效；二是重视外汇资产业务对其他业务的拉动作用，充分运用远期信用证、本外币一票通等新产品，带动中间业务收入和外汇存款增长；三是紧跟同业市场变化，在严把政策和经营风险的前提下，大胆创新，积极营销，同业存款大幅增加。

二、零售业务再上新台阶。2004年，该行一是积极开展了民生幸运抽奖、有奖征文、增设贵宾服务窗口以及节假日大型宣传营销等活动，通过贵宾体验、代发工资、本外币理财等业务，吸引了一大批优质个人客户；二是进一步加大了电子化建设步伐，在济南各大院校、繁华商业区和大型成熟社区设立自助银行。年内新增12个自助银行网点，在当地银行中名列前茅，跨行交易量在系统内上升到第10位；三是联手深发济南分行、淄博城市商业银行等9家银行，开通了银行卡"柜面通"，有效延伸了业务辐射领域。

【信贷业务】　2004年，民生济南分行坚持风险防范与业务发展的协调统一，不断完善授信操作流程，优化贷款投向，逐步建立授信风险管理体系。

一、进一步完善风险控制制度建设和授信检查工作。2004年，该行成立了放款中心，实施档案集中管理，完善了分行对支行的转授责体系，严格控制信用风险，重点落实了贷前调查、贷款审查及贷后检查职责。在对授信业务自查的基础上，配合山东银监局的全面检查，集中进行整改，初步形成了授信风险控制体系，营造了良好的授信文化。

二、做好授信业务审批工作，切实提高风险控制水平。2004年，该行从优质客户资源入手，从上报授信项目上把关，严格审查各类信用资产放款条件和手续，尤其重视票据业务贸易背景真实性和连贯性的审核，同时加强了贷后管理，有效化解潜在风险贷款。

【内部管理】　2004年，民生济南分行不断强化内部管理，坚持依法经营、按章办事，为业务健康发展奠定了良好基础。

一、加强柜台管理，严防操作风险。2004年，该行建立了严格的会计人员考核办法，通过规范业务操作流程、加强检查辅导工作、定期进行业务培训、适时调配人员等措施，进一步提高了会计队伍的整体素质，有效防范了柜台操作风险。全年业务量较上年增长了80%，差错率由万分之五降到万分之一点二左右；成功堵截12起假印鉴支付，金额2180万元；识破一起银承诈骗案，金额2万元；制止2起假借民生银行名义诈骗案及多起假身份证案。

二、继续强化内控制度建设。2004年，该行采取了一系列有效措施加强内部管理：一是强化全员的风险意识，增强依法经营、按章办事的自觉性；二是根据市场变化，不断完善各项规章制度，明确内控委员会的工作职责，细化了一批业务操作流程；三是签订安全经营责任状，明确责任人，建立日常检查制度，构建量化考核体系，大大减少了业务的差错率；四是完成了分行自查、总行检查及山东银监局重点检查的全面业务检查，积极借助外审力量促进内控机制建设，努力提升经营管理水平，年内未出现重大安全事故。

三、抓紧抓细抓实，保证经营安全。2004年，该行牢固树立安全经营是最大效益的观念，推行了会计风险例会、授信风险例会和三防一保例会，将风险管理责任落到实处，保证了各项业务的顺利发展。

【职工教育】 2004年，民生济南分行提倡思想政治工作下基层，寓教于乐。一是组织中层干部深入新汶煤矿，进行“体验矿工生活，珍惜民生职业”的活动；二是组织党员干部参观监狱，强化遵纪守法、勤政廉洁观念；三是组织员工观看反腐倡廉录像，学习违规违纪行为处分条例、办法等资料；四是组织“迎七一·奔小康”主题演讲比赛和新产品运用演讲比赛，弘扬健康向上、锐意进取的企业文化主旋律；五是组织足球队、网球队等8个文体活动队，大力开展丰富多彩的文体活动，增强了企业的凝聚力与战斗力。

【金融大事记】 2月8日 民生济南分行领导班子带领全体中层干部赴新汶煤矿井下参观体验矿工生活，进行爱岗敬业教育。

3月12日 民生银行总行行长顾问魏盛鸿到济南分行检查指导工作，现场考察“破百亿、奔小康”一号工程进展实施情况。

民生济南分行组织“品质楼盘·诚信宣言”大型新闻发布会，联合省市数10家实力雄厚的房产开发商发出“诚信宣言”，10余家新闻媒体进行了宣传报道。

5月8日~10日 民生银行总行行长董文标一行视察济南分行。期间，董行长参加了分行中层以上干部座谈会并发表重要讲话，视察了历山路、解放路支行，还应邀拜访了山航集团、山东黄金集团等大型企业。

5月20日 民生银行济南泉城路支行宋涛获得银监会系统“百名优秀青年”荣誉称号，民生银行总行董事长经叔平致信祝贺。

7月1日 民生济南分行组织全行青年员工开展了“迎七一·奔小康”歌咏演讲比赛。民生银行总行工会主席曹虹冰女士到场讲话并任评委，为获奖者颁发证书。

7月5日 经山东银监局批准，民生济南分行在山东师范大学、济南大学、长途汽车总站等3处设立的自助银行开业。

7月22日 民生济南分行与鲁能商贸有限公司联合推出“民生——鲁能商贸联名卡”。

8月6日~9月30日 民生济南分行举办“‘民生银行杯’观秦俑风采，颂华夏文明”有奖征文活动，向全市中小学生发出“告别储钱罐，争当理财小行家”的倡议。

9月3日~5日 民生银行总行行长助理梁玉堂到济南分行检查工作。

9月20日~10月31日 山东银监局一行20余人进驻民生济南分行进行全面业务检查。

11月中旬 民生济南分行与齐鲁医院联合推出“民生银行VIP绿色健康通道”业务，进一步丰富了贵宾客户服务内容。

11月10日 经山东银监局批准，民生银行济南高新支行正式开业。至此，民生银行在济南已设立7家分支机构。

11月15日 民生济南分行提前实现“破百亿、奔小康”一号工程的目标，总行董文标行长致信祝贺。当晚，在山东大厦举办建行3周年庆典晚会，人行济南分行副行长王敏、民生银行总行公司部总经理冯剑松及各界人士到会祝贺。

12月8日 民生银行总行财务总监吴透红一行3人到济南分行调研工作。

（何方平　薛　亮）

深圳发展银行济南分行

【第一负责人简介】 刘峰，男，汉族，1960年生，货币银行学研究生。1981年参加工作，历任中行江西分行国际贸易处科长、深圳发展银行国际业务部副总经理、深圳发展银行珠海支行行长。2003年10月至今，任深圳发展银行济南分行行长。

【综述】 深圳发展银行济南分行（以下简称“深发济南分行”）下辖1个营业部和4个支行，全行员工185人，其中，大中专以上学历184人，占99.5%，中级以上职称员工73人，占39.5%。

2004年，深发济南分行坚持“规范经营立行，资产质量立行，人才素质立行，经济效益立行”的方针，各项业务全面发展。截至年底，各项存款余额52.38亿元，各项贷款余额34.8亿元，全年票据贴现交易量119亿元，完成国际结算量10021万美元，借记卡累计发卡量19.52万张，贷记卡累计发卡量6856张，实现考核利润4462万元。

【存款业务】 2004年，深发济南分行遵循市场规律，强化存款管理，通过理顺营销体制，提升营销层次，全面提高服务意识和水平，资金实力进一步增强。

一、积极开展市场营销，公司业务稳步发展。

（一）加强管理，完善市场营销机制。2004年，该行一是建立了市场拓展部门与风险管理部的内部沟通机制，定期召开沟通会，增加市场人员和信贷人员的沟通理解，强化了市场开拓的有序性和指导性；二是出台了《市场定位及相关信贷政策指引》，防止了盲目性；三是编撰了《市场资讯》，与省、市政府有关部门及各行业、同业、媒体等建立起了横向信息沟通机制；四是组建起了以团队为核心的经营平台，构建群策群力、优势互补、经营管理联动、前后台一体化的团队营销格局，加强了营销力量；五是在考核办法上，建立业绩导向型机制，在分配机制上向市场倾斜，促进了市场人员能动性的发挥。

（二）突出营销重点，不断壮大客户群体。2004年，该行大力实施品牌客户战略，在授信政策和定价政策上实行差异化服务，成功开拓维护了山东电力、济钢、莱钢等一批品牌客户。在此基础上，筛选行业地位突出、经济实力雄厚、抗风险能力较强的客户实行主动营销，对其上下游企业和流通链展开延伸业务，全面推进各项业务的发展。全年新开发了山东高速、路桥集团、烟台万华等企业，对扩大市场份额、稳定利润来源起到了关键作用。

（三）依靠营销方式创新，加快业务拓展步伐。2004年，该行一是以“1+N”产业链产品的营销平台，以浮动递增保证金比率的方式，开拓了山东格力提单质押信贷业务品种；二是成立了货押中心，在认真分析的基础上，对于具有真实贸易背景的物流或生产领域企业积极拓展了动产及货权质押业务，成功介入了山东华良粮油、山东华鲁集团两个公司的大豆货押授信等业务，扩大了业务领域；三是积极宣传CPS票据业务、离岸业务、出口退税和进出口押汇等业务优势，增强了产品的吸引力。

二、积极开展促销活动，大力拓展零售业务。2004年，该行一是举办了“发展杯”劳动竞赛，加大零售业务营销力度，促使储蓄存款稳步增长。截至年底，储蓄存款余额3.73亿元，比年初增加1.47亿元；二是组织了大规模的“金融服务进社区”活动，全行人员利用周六、周日时间，深入社区，现场接受咨询并办理业务，实现了与客户的零距离对话，取得良好的效果；三是抓住发展网银业务的有利时机积极营销，取得较快进展。截至年末，新增网银500多户；四是积极培育信用卡市场，不断完善用卡环境。通过与“三联”联合举办“刷电器家庭卡，送五重大礼”联名卡促销活动，共办理有效卡6500张，激活睡眠卡1500张，刷卡金额达1000万元，并与山东商报联合推出了商报“读报卡”，同时积极开发特惠商户，完善用卡环境，全年新开发特惠商户已达100余家。

三、国际业务实现快速增长。2004年，该行在国际业务方面一是加大了对高效益、高回报、有影响的优质客户的分析，及早研究制订拓展方案并密切跟踪，一旦时机成熟便马上介入；二是将为客户服务的链条贯穿于企业的生产经营的诸多环节，全方位为客户提供多层次、综合性的服务；三是在市场营销上实施“大客户”带动战略，以授信客户为重点，有针对性地开展营销活动。全年累计完成国际结算10021万美元，同比增长91%。

四、稳步开展票据业务。2004年，该行根据市场的需要和风险控制的基本要求，结合“CPS”等特色业务品种，为客户度身定做具体业务品种，保持了票据的竞争力，同时，加强了对贴现票据业务的管理，适当提高票据业务的收益率，加强流动性管理，保持合理的持票规模。全年累计实现票据贴现交易量119亿元，实现贴现利息（含转贴）收入8505万元。

【信贷业务】 2004年，深发济南分行不断加强信贷客户结构调整、风险管理和集约化经营，建立健全信贷管理制度体系，保持了各项业务的快速发展。

一、加强风险管理，提高信贷资产质量。2004年，该行在风险管理上主要抓好四个环节。一是调查环节。选派优秀客户经理作为独立评审员对项目进行贷前调查，切实把好介入关口，同时加大调研力度，出台了棉花和化肥两个《行业信贷投向参考》等，指导市场营销；二是审查环节。明确了审查人员的责任，同时增加了授信审查附表，从主要产品、市场份额、财务分析等各方面，进行全面深入的调查与分析，提高了风险判断的准确性；三是出账环节。建立了放款中心，集中进行会计审核、档案管理和信贷信息系统的管理维护，并重新设计了出账流程，减少了出账审批环节，实行限时服务，确保业务高效运转，同时，注意提高信贷资产的综合收益率，出账前认真匡算审查综合收益，确定出账收益标准；四是贷后检查环节。通过内部自查和配合总行稽核部复查、总行信贷检查、银监局检查及鹏城、安永会计师事务所审计工作，补充完善了各种资料，使贷后管理、信贷综合管理等各方面得到提高，同时加强了责任处罚力度，对检查中发现失职行为的责任人及有关领导进行了通报和处罚。

二、贯彻国家宏观经济政策，调整信贷结构，优化资产效益。2004年，该行一是积极调整信贷行业结构，对国家限制的钢铁、水泥、电解铝、房地产等一些过热行业采取了审慎支持、严格介入的措施，集中资金主要支持了交通、能源、电力等优势行业；二是着力调整客户结构，将客户进行分类排队，对不同行业设定了进入的起点门槛，有目标、有重点地选择拓展客户，同时对现有客户不断进行梳理、调整，重点对低效客户和高风险客户实施退出战略。全年共降低或转化风险33户，涉及授信5.05亿元；三是改善资金流动性，适时调整贷款期限结构，压缩中长期贷款比例，二季度以来暂停了中长期贷款的受理，提高了信贷资产质量。

【内部管理】 2004年，深发济南分行从强化内部管理入手，理顺组织架构，明确部门职责，整合市场资源，逐步形成与现代企业制度接轨、具有自身特色的现代化商业银行的体制和机制。

一、加强内控建设，健全组织体系，提高管理水平。

（一）厘定部门职责，强化岗位责任制。2004年，该行明确划分了经营职能与管理职能。一是公司银行部成为市场营销的组织和管理机构，指导全行营销业务的开展；二是成立了零售银行部，加强了对零售业务的市场调研和业务指导；三是将国际业务部的经营职能进行了剥离，突出了管理职责；四是建立了独立的稽核部门；五是重新明确了岗位职责，加强了考核力度。

（二）完善内控制度，强化制约机制。2004年，该行成立了内部控制和财务管理两个委员会，规范了信贷审查委员会的日常运作，建立有效的授信决策机构。同时按照决策、执行、监督三大系统相互协调制约的原则，不断完善各项规章制度，力争在源头上杜绝各类风险。

（三）强化监督检查体系。2004年，该行成立了独立的稽核部门，按规定配备了专职稽核人员，加强了对内控制度建立健全情况、重要业务活动情况以及案件易发部门的稽核监督，提高了全行的风险管理能力和经营管理水平。

二、加强科技办公建设，增强产品创新功能。2004年，该行一是对机房重新进行了改造；二是顺利开通了OA办公自动化系统；三是不断创新金融产品，开展了金卫士、柜面通、离岸等业务，极大地提高了产品竞争力。

三、加强安全保卫工作。2004年，该行把严防大案、要案的发生作为内控工作的重中之重，落实了技术防范措施，建立了安全保卫责任制，坚持定期和不定期对各营业网点的安全保卫情况进行检查，密切关注和防范票据电子化和网络化风险，开展防抢、防骗、防火的演习，增强了全体员工的风险防范意识，为业务安全发展提供了保证。

【职工教育】 2004年，深发济南分行坚持思想先行、教育为主的原则，不断提高行员素质和服务水平。

一、实施人才立行工程，提高员工的素质。2004年，该行一是制定了学习制度，按年度培训计划开展各类培训；二是建立分行内部网站，设置了政策法规、调查研究、企业文化等板块，以充分发挥网站的信息交流、资源共享的功效；三是积极组织员工参加自学考试、网络等远程教育；四是先后开展了法规、业务、服务方面的群众性读书活动，切实提高职工的政治思想素质和遵纪守法观念；五是通过不定期举行各类知识竞赛、业务技能达标、开展经常性的技术比武等活动来提高员工的业务操作技能和执行政策的能力。

二、积极推进企业文化建设，精神文明建设结硕果。2004年，该行一是先后举办了乒乓球比赛、首届青年歌手大赛和保龄球比赛；二是组织党员到孔繁森纪念馆参观；三是于10月份组织了全行性的户外活动。通过一系列活动，增强了干部员工的团队精神，营造了团结一致、齐心协力的企业文化氛围。当年，分行营业部获“市级青年文明号”称号，分行工会被评为“全省财贸金融系统2004年度工会工作先进单位”。

【金融大事记】 1月17日 深发济南分行召开2004年全行工作会议暨春节联欢晚会。

4月19日~5月21日 山东银监局对深发济南分行进行历时一个半月的现场检查。

4月23日 深发银行总行何如行长来济南调研。

5月12日 深发银行总行任命邢巍为深发济南分行副行长。

6月~7月 深发济南分行举办首届“发展杯”劳动竞赛。

7月23日 山东银监局李怀珍副局长来深发济南分行调研。

8月~9月 深发济南分行与“三联”联合举办“刷电器家庭卡，送五重大礼”联名卡促销活动。

9月~12月 深发济南分行举行大型“金融服务进社区”活动和网银推广活动。

9月22日 深发济南分行存款突破50亿元。

10月28日 深发济南分行办公自动化正式上线。

（刘 峰 王存华）

恒丰银行

【综述】 2004年，恒丰银行在国家宏观调控的格局中积极作为，实现了历史新跨越。截至年末，全行总资产

272亿元，同比增长35%；各项存款余额191亿元，增长42%；各项贷款余额128.58亿元，增长35.35%；不良资产率较年初下降1.21个百分点，控制在3.49%以下；备付金比率14.31%，资产流动性比率111.57%，资本充足率13.2%。

此外，该行还获得了山东省国税局和地税局联合评选的全省100家“诚实纳税企业”、以及烟台国税和地税联合颁发的“烟台十大A级信用等级单位”荣誉称号。

【信贷业务】　2004年，恒丰银行积极调整信贷资产结构，资产质量得到进一步优化。该行一是坚持有进有退的原则，加大电力、石油、电信等能源和基础设施建设以及黄金、教育等行业、优质中小客户的贷款投入，努力满足其融资需求。全年向交通运输、水利环境、公共设施增加贷款5亿元，向黄金、电力、教育和优质民营企业增加贷款4亿元；二是票据业务坚持真实贸易背景、坚持与大银行合作、坚持与全国范围内的优质客户合作，加速了全行信贷资产结构的短期化调整，增强了抵御利率风险的能力。

【国际业务】　2004年，恒丰银行全面开办各项外汇存款、国际结算、结售汇业务，国际业务运作规模不断扩大。一是引进并安装了SWIFT系统；二是与花旗银行纽约、渣打银行香港、中国银行东京分行、德累斯登银行法兰克福建立了境外账户行关系；三是与12家外资银行交换了控制文件，建立了代理行关系。

【银行卡业务】　2004年，恒丰银行发卡量持续增加，年末较年初增长149.29%。同时，分别与“龙腾科技”、“广电运通”等设备供应商积极开展了ATM三方合作，已经在烟台、青岛、济南等地批量布放。全年POS消费、ATM取现、特约商户发展等业务均呈良性发展。

【中间业务】　2004年，恒丰银行中间业务的比重和经营收益有了新的提高。一是积极扩大开办代发工资、代收公共事业费、代收电讯费用等业务，同时，新研发的“恒裕理财”系列产品已经中国银监会批准；二是债券结算代理业务以及债券投资在国债市场利率大幅度下跌的情况下仍保持了较好的收益。

【内控建设】　2004年，恒丰银行大力营造以风险控制为主要内容的管理文化，构建完善的风险管理体系，全行风险管理能力和资产质量进一步提高，不良贷款余额和不良率继续保持“双降”态势。一是成立了风险管理委员会和风险控制部，设立了独立评审的专家贷款审查委员会，风险管理框架初步形成；二是全面修订了风险管理制度和内部操作规程，建立了以五级分类为标准的信贷资产管理目标责任考核体系和相配套的绩效考核办法，实行了不良贷款打包承包化解办法，风险管理的刚性约束进一步增强；三是出台了对异地分行的授权管理办法和集团客户授信管理办法。

【信息科技】　2004年，恒丰银行加快了电子化建设步伐。一是不断优化核心综合业务系统，进一步升级信贷管理系统，完善票据管理系统；二是全面开通了国际业务系统；三是银税联网业务系统顺利上线；四是完成了ATM自助设备和银行卡系统升级改造和“柜面通”业务系统的开发测试；五是中间业务系统投入运行；六是积极创建个人征信系统。

【政工建设】　2004年，恒丰银行一是创新政工建设考核新机制，推出了百分制考核检查，约束机制和评价指标实现了量化提升管理；二是以各部门、各经营单位的“一把手”培训为重点，促进干部队伍综合素质的提高；三是注重党风廉政建设，从总行到基层普遍加强了制度建设和考核落实；四是安全保卫、综合治理、内部稳定保持良好，政工建设不断赢得新荣誉。截至年末，已获得“山东省文明单位”、“省级优秀思想政治工作优秀企业”等地市级以上各种荣誉称号近100项。

【金融大事记】　2月20日　中国银监会批准恒丰银行筹建青岛分行。

5月10日　青岛银监局批复同意恒丰银行青岛分行开业。

6月1日　中国银监会批准筹建恒丰银行济南分行。

7月14日　外管局山东省分局批复同意恒丰银行结售汇业务的登记备案，该行可进行结汇、售汇业务。

7月22日　人行批准恒丰银行为银行间债券市场15家做市商之一。

8月6日　山东银监局批复同意恒丰银行济南分行开业。

（吕雅君　单筱强）

中国银行（香港）有限公司青岛分行

【第一负责人简介】 江滔，国际金融专业毕业，2000年6月获香港公开大学工商管理深造证书，有20多年的银行工作经验，熟悉经营管理、国际结算、贸易融资、信贷等各项业务，曾经先后在中国银行、香港中银集团、中银香港驻内地分行任职。现任中银香港青岛分行行长。

【综述】 中国银行（香港）有限公司（简称“中银香港”）成立于2001年10月1日，是一家在香港注册的持牌银行，其控股公司为中银香港（控股）有限公司。中银香港合并了原中银集团香港12行中10家银行的业务，同时持有香港注册的南洋商业银行、集友银行和中银信用卡（国际）有限公司的股份权益，使之成为中银香港的附属机构。

中银香港是香港的主要商业银行集团之一，通过在港的近300家分行、450多部自动柜员机和其他服务及销售渠道，向零售客户和企业客户提供全面的金融产品和服务，包括人民币兑换（手续费全免）、港元/外币存款、外币兑换、外汇买卖、证券投资、基金买卖、保险、“智达网上银行”及“智达电话银行”等。中银香港是香港三家发钞银行之一，也是香港银行公会的轮任主席银行之一。此外，中银香港在中国内地设有14家分支行，为其在香港及中国内地的客户提供多元化的跨境银行服务。

中国银行（香港）有限公司青岛分行（以下简称“中银香港青岛分行”）成立于1994年11月18日，其前身为香港宝生银行青岛分行，于2002年5月1日更名。

【业务情况】 2004年，中银香港青岛分行加强了与总行、母行中国银行的整体联动，通过业务相互转介，为客户提供跨境多样化的产品及服务，向中港两地客户提供一站式金融服务效果显著，各项业务快速发展，尤其在现钞业务、企业贷款业务等方面有很大的突破。该行扩大了资产规模，存款、贷款、盈利均为开行以来的最好水平，其他中间业务也有良好的发展。

（荀孟军　孙　蕾）

日本山口银行股份有限公司青岛分行

【第一负责人简介】 浦野洋一，1957年生人，1980年毕业于日本横滨国立大学经济系，1986年曾在美国西雅图州立华盛顿大学接受夏季进修。1980年4月入山口银行工作，先后在北九州分行、业务开发部、西新川分行、人事部、国际部任职；2000年6月，任山口银行青岛分行副行长；2003年9月，任山口银行青岛分行行长。

【综述】 日本山口银行股份有限公司（以下简称“山口银行”）位于日本山口县下关市，是一家经营稳妥的日本地方银行。除了在青岛、大连和韩国的釜山设有分行之外，在香港还设有代表处。

山口银行青岛代表处设立于1985年11月，山口银行青岛分行于1992年升格成立，是山东省内惟一一家日本的银行。该行的主要客户为山东省内的日资企业和部分韩资企业。

【职工建设】 2004年，山口银行青岛分行基于“企业由人”（企业的业绩取决于人才）的思路，将人才培养作为重要经营目标。一是努力培养能与他人合作完成使命、具有自立型职业意识的行员；二是以职场教育OJT（On the Job Training）为行员培训的基本，通过工作和日常接触进行具体指导；三是引入了目标面试制度，培养自立能力和责任感强的人才；四是积极派员参加外部进修，特别是选派工作态度好、业绩突出的员工去日本进修。

【金融大事记】 3月　山口银行和青岛市人民政府签署了经济交流合作协议，通过相互合作，支持吸引日本企业到青岛投资和青岛企业到日本投资以及日中企业之间的合作。这是日本地方银行首次签署的协议。

9月　山口银行青岛分行开始办理人民币业务，成为青岛市第2家开办人民币业务的外资银行，同时也是第1家开办人民币业务的日本地方银行。

（山口银行青岛分行）

青岛国际银行

【第一负责人简介】 郑圣在，男，1948 年 2 月 5 日出生，祖籍汉城特别市东大门区踏十里洞 48－6 号。1971 年 2 月毕业于汉城大学文理科大学，专业中语中文学科。1974 年 10 月进入韩一银行，历任国际营业部代理、L.A. 支店代理、国际金融部次长等职；1993 年 7 月至 2000 年 2 月，历任韩汇银行上海代表处首席代表、上海分行行长、外币资金部部长；2000 年 11 月，任韩亚银行上海分行行长；2004 年 1 月 29 日至今，任青岛国际银行常务董事兼行长。

【综述】 青岛国际银行是中国第一家中韩合资银行，也是目前中国北方惟一一家中外合资银行。于 1996 年 6 月 26 日获准在青岛开业，注册资金 4 亿人民币。主要经营对境外机构的外汇业务，对外商投资企业，外国驻华机构，香港、澳门、台湾在内地代表机构，外国人及香港、澳门、台湾同胞的外汇业务和人民币业务。业务范围包括：吸收公众存款；发放短期、中期和长期贷款；办理票据承兑与贴现；买卖政府债券、金融债券，买卖股票以外的其他外币有价证券；提供信用证服务及担保；办理国内外结算；买卖、代理买卖外汇；从事外币兑换；从事同业拆借；从事银行卡业务；提供保管箱服务；提供资信调查和咨询服务；经中国银行业监督管理委员会批准的其他业务。在下列范围内经营对非外商投资企业的外汇业务：外汇贷款项下转存款，出口结算，贷款项下的进口结算及汇入汇款。在下列范围内经营对非外商投资企业的人民币业务：对获得该行外汇贷款的非外商投资企业的担保、配套人民币贷款及其转存款。

【经营业绩】 青岛国际银行自开业以来，一直坚持稳健经营、稳中有进的经营方针，连续 9 年盈利，累计实现净利 534 万美元。2004 年 1 月 29 日，韩国韩亚银行受让韩国第一银行在青岛国际银行的全部股权，随后增资 1611 万美元，使青岛国际银行的实收资本达到 3 亿元人民币等值的美元。截至 2004 年末，该行总资产 13219 万美元，比年初增加 175%。各项贷款（含押汇、贴现）余额 8145 万美元，比年初增加 145%；各项存款余额 2238 万美元。

【中间业务】 2004 年，青岛国际银行在大力发展资产业务的同时，战略重点开始向成本低、风险小、资金占用少、周转快的中间业务转移。进一步完善了青岛辖区内的流动银行服务，做到门到门的“一站式”服务，尤其是开业以来第一家分支机构城阳支行的开业，使得国际银行的服务得到了延伸。同时，在自身已拥有 75 家代理行基础上，充分、灵活利用两个母行庞大的海外代理行网络，提供高效国际结算业务服务，在对韩贸易结算方面具有独特的地理和速度优势。全年国际结算业务量超过 11 亿美元，比上年增长 49%。

【风险管理】 2004 年，青岛国际银行继上年对部分问题贷款进行处理后，又动用盈余公积冲销了部分不良贷款，年末按照五级分类不良贷款比例为 1.43%，贷款质量得到很大改善。

【员工队伍建设】 2004 年，青岛国际银行坚持以人为本，重用人才。截至年末，拥有职工 32 人。其中，拥有研究生学历的员工 5 人，本科学历 18 人，大专学历 5 人。所有业务人员都至少精通一门外语。

【金融大事记】 1 月 29 日 韩亚银行受让韩国第一银行在青岛国际银行 50% 的股份，并增加实收资本至 3 亿元人民币等值的美元，出资后，韩亚银行在青岛国际银行的股权比例达到 72.31%，中国工商银行在青岛国际银行的股权比例为 27.69%。

10 月 28 日 青岛国际银行开业以来的第一个分支机构——青岛国际银行青岛城阳支行正式对外营业。

11 月 青岛国际银行正式申请办理人民币业务。

（郑圣在 孙锡友）

香港上海汇丰银行有限公司青岛分行

【综述】 香港上海汇丰银行有限公司（以下简称“汇丰”）于 1865 年在香港和上海成立，是汇丰集团的创始成员和集团在亚太地区的旗舰，是香港特别行政区内最大的银行及三大发钞银行之一。随着经济的蓬勃发展，汇丰在内地的网络迅速扩大，目前在内地主要城市拥有10家分行，4家支行和两家代表处，其规模及业务范围在外资银行中处领先地位。2000年5月，中国业务总部从香港特别行政区迁至上海浦东。随着内地金融改革的不断深入，汇丰已成功入股上海银行、交通银行、平安保险。

汇丰青岛分行于1993年开业，其前身是成立于1992年的汇丰青岛代表处。该行秉承集团一贯宗旨，以客为本，结合内地市场特点，长期为客户提供优质服务。

【经营管理】 汇丰青岛分行经营范围为对内外资企业及国内外个人的全面外汇业务及对外资企业、国内企业及外籍个人的人民币业务。开办的业务种类主要包括：外汇存、贷款，汇款，外汇担保业务，资信调查，国际结算，办理结、售、付汇业务，外币信用卡清算，电子银行服务，出口信用证项下买断业务及保理业务等。

汇丰青岛分行立足青岛辐射山东，以汇丰的品牌和优质服务，发展潜力客户群体，在已有的业务规模上进一步增加人民币存、贷款业务（目前人民币业务还仅限于济南和青岛两地）。同时，结合山东半岛作为全国出口基地的特点，进一步拓展国际贸易融资产品，开发了进口买断业务等适合市场和客户特点的贸易产品。

【金融大事记】 7月 汇丰青岛分行正式向本地企业提供人民币业务，成为山东省惟一一家可以对所有企业全面开办人民币业务的外资银行。

（程 虹）

东亚银行有限公司青岛代表处

【第一负责人简介】 张青松，男，生于1971年8月，毕业于东北财经大学，工商管理硕士（MBA）。1993年12月至2003年9月，于东亚银行大连分行历任外汇交易员、市场部职员、市场部经理；2003年9月至今，任东亚银行青岛代表处首席代表。

【综述】 东亚银行有限公司青岛代表处（以下简称“东亚青岛代表处”）是经中国人民银行批准，由香港东亚银行有限公司在青岛设立的常驻代表机构，现有从业人员包括首席代表在内共5人。代表处的营业范围为咨询、联络、市场调查等非盈利性工作。

【经营管理】 东亚青岛代表处与山东省各主要国有及外商投资企业保持联系，无偿为有需求的企业提供各项银行业务的咨询，在代表处的业务范围内尽力为当地企业的发展提供帮助。另外，该代表处一直与当地政府部门保持良好关系，随时关注青岛的项目建设，愿为青岛的城市发展出一份力。

【金融大事记】 6月 东亚银行有限公司中国业务总部主管、总经理余学强先生专程拜会青岛市政府、青岛银监局有关领导。

12月 中国银监会青岛银监局对东亚青岛代表处进行了现场调查，并对各项工作表示认可。

（张青松 傅皎雪）

新加坡华侨银行青岛代表处

【第一负责人简介】 刘德凤，女，1965年生于中国，天津外国语学院文学学士。1989年9月至1993年10月，工作于中国银行天津分行国际业务部；1993年至2003年4月，任法国巴黎银行天津分行客户服务部经理；2003年4月至今，任新加坡华侨银行青岛代表处首席代表。

【综述】 华侨银行创办于1932年，是一家以新加坡为基地的金融服务集团，提供包括消费者、企业和国际银行服务、投资管理、环球国库、股票经纪和电子金融在内的广泛的金融服务。该行拥有总资产840亿新元。除香港、台北分行外，还在中国大陆设立了上海、天津、厦门和成都4家分行，以及北京和青岛两家代表处。

新加坡华侨银行青岛代表处（简称“华银青岛代表处”）成立于1997年6月，是山东省惟一的新加坡金融机构，该代表处对促进山东省及新加坡两地的经贸合作有一定的贡献。

【经营管理】 华银青岛代表处自开业以来，通过多种渠道，介绍新加坡及东南亚地区的公司与国内企业建立联系，帮助华侨银行总行及分行与山东省内各企业进行接触和交流，促进了外资的引进和国际交流。

（刘德凤　宗天慧）

英国渣打银行有限责任公司青岛代表处

【综述】 英国渣打银行有限责任公司（以下简称“渣打银行”）成立于1853年，在全球56个国家设有600间分支机构，业务集中于亚洲、非洲、中东及拉丁美洲等新兴市场。主要业务范围包括零售银行服务如按揭、信用卡及个人贷款等，商业银行服务包括现金管理、贸易融资、资金及托管服务。

渣打银行青岛代表处自1993年12月成立以来，主要从事与银行业务有关的联络、咨询活动，属于非营业性金融机构。

【经营管理】 2004年，渣打银行青岛代表处严格遵照人民银行和银监局的有关规定，充分发挥各项工作职能，较好地发挥了沟通与联系的桥梁作用。一是加大市场调研工作力度，通过搜集整理各项经济信息，介绍当地市场，为银行决策提供依据；二是坚持以客户为中心，与当地企业及金融机构保持良好的关系，通过渣打银行全球网络为其业务发展提供帮助；三是积极配合省市各级政府，支持当地的招商引资工作，积极参与各种经贸洽谈和招商活动，向总行及海外客户推介当地的投资项目和环境；四是及时组织员工学习代表机构管理办法、银监局和银行内部的规章制度，并经常组织内部进行反洗钱及其他各类培训，提高了员工的职业素质。

（高　慧　郭　魏）

第六部分

非银行金融业

一、证券公司

天同证券有限责任公司

【综述】 天同证券有限责任公司（以下简称“天同证券”）前身是山东证券公司，于1991年5月成立。2001年7月更名为天同证券有限责任公司，注册资本金增至20.36亿元，并被划定为综合类证券公司。2003年10月，天同证券再次增资扩股，注册资本金达24.48亿元。目前，公司拥有营业网点77家，形成了覆盖山东，遍布北京、上海、深圳等全国大中城市的经营网络；共有员工1652人，其中，博士12名，硕士135名，本科以上学历者占55.08%。

公司经营范围：证券（含境内上市外资股）的代理买卖；代理证券的还本付息、分红派息；证券代保管、鉴证；代理登记开户；证券的自营买卖；证券（含境内上市外资股）的承销（含主承销）；证券投资咨询（含财务顾问）；受托投资管理；中国证监会批准的其他业务。

2004年，天同证券本着“立足山东、面向全国”的经营思路，坚持“依法稳健经营、改革创新发展”的经营理念，深化改革，加强管理，业务领域迅速扩大，各项主要经营指标均进入国内券商前列。截至年底，公司资产总额60.42亿元。同时，公司制定了“集团化、国际化、多元化、科学化”的发展战略，着力提高公司的核心竞争力，增强盈利能力，促进国民经济发展。

【业务经营情况】 2004年，天同证券努力拓展市场，严格控制费用，维持了各项主营业务的健康发展。全年共实现综合交易量35857.47亿元，券商排名第8位。其中，股票基金交易量1462.98亿元，市场占有率为1.71%；债券业务实现交易量2385.74亿元，创公司历史最高水平。

天同证券投行业务克服了证券市场持续低迷、保荐制度转型等困难，全年实现收入4006万元，利润3295万元。作为主承销商，承销了涪陵电力、滨州活塞、苏宁电器、浙江美欣达4家企业的首次发行，并成功推荐其上市，此外还承销了1家再融资项目；作为分销商，参与了3家IPO项目、3家再融资项目和2家可转债项目的分销，实现分销收入50万元；作为中国重汽的财务顾问，实现收入100万元。

2004年，公司有2家营业部进入上证所百强营业部行列，塑造了良好的企业形象，提升了天同品牌。一是经纪业务结构性调整工作基本到位，并进一步优化网点布局；二是将风险控制作为工作的重中之重，各分支机构风险控制意识明显增强；三是大力发展网上交易，非现场交易比重大大提高。网上交易量达39%以上，非现场交易比重（加电话委托）已超过了50%；四是对场外客户服务的主要服务手段网站进行了优化，烟台、临沂、武汉等各分支机构也建立了各自的场外服务专业队伍。

【内部制度建设】 2004年，天同证券对多项内部制度进行了修订完善，主要有：一是抓好重点业务、重点部门、重点环节的制度建设；二是抓制度细化，对业务流程包括决策流程实行标准化、规范化建设，提高制度的可操作性。目前，公司已基本建立了“深、严、细、实”的新制度体系，促进了公司规范、健康发展。

【增资扩股工作】 山东证券公司于1997年6月吸收合并烟台证券、潍坊证券、山东省国债服务中心，增资改制为有限责任公司，注册资本增至5.08亿元；2001年7月11日，经中国证监会核准，该公司吸收合并厦门国际信托证券总部，并进一步增资扩股，注册资本金增至20.36亿元，名称变更为“天同证券有限责任公司”；2003年10月，天同证券再次增资扩股，注册资本金达到24.48亿元。目前，天同证券正积极进行战略重组，并进一步增资扩股。

【内部改革】 2004年，天同证券根据证券市场发展特点，适时推进各项改革，并积极进行业务创新。一是进一步细分市场，进行产品创新；二是适应业务需要，积极推进组织创新。公司经纪业务全面实行了区域集中形式的扁平化管理，投行业务也正积极探索实行事业部制。

【企业文化建设】 2004年，天同证券重视企业文化建设，积极倡导“以人为本”的经营理念，塑造“允公允能、同心同德”的企业文化精神。一是重视学习型组织的建设，倡导“在工作中学习、在学习中工作”；二是通过丰富多彩的企业文化建设活动，激励员工的积极主动性，进一步增强凝聚力和向心力。

（李继干）

二、保险公司

中国人民财产保险股份有限公司山东省分公司

【第一负责人简介】 荀守中，1949年5月生，大学本科学历，高级经济师。1969年2月入伍，1987年转业至中国人民保险山东省分公司，相继任系统工会主任科员、机关党委副书记、办公室主任，人保滨州市分公司、济南市分公司总经理，人保山东省分公司副总经理。现任中国人民财产保险股份有限公司山东省分公司党委书记、总经理。

【综述】 2004年，中国人民财产保险股份有限公司山东省分公司（以下简称“人保财险山东省分公司”）紧紧围绕“一个目标、两项重点”，加快发展，强化管控，扎实工作，取得了良好的经营业绩。

截至年底，该公司一是保费收入快速增长。全省保费收入突破40亿元大关，达到40.79亿元，完成总公司下达计划的113.31%，同比增收4.34亿元，增长11.93%，高于全国系统平均增速4.43个百分点；二是经营效益达到预期。全省实现香港口径报表利润2.01亿元，完成年度计划的103.92%。15个市分公司完成全年净利润计划，总资产43.08亿元，比年初增加10.78亿元，固定资产占比19.17%，比年初下降8.04个百分点；三是应收保费占比实现预期。全省应收保费余额5823万元，占总保费的比重为1.43%；四是理赔速度加快。全年共支付赔款26.94亿元，增加36.2%，结案率80.12%；五是车贷清收效果明显。全省车贷险有效保单43587件，未了责任29.48亿元，比年初分别减少21795件、9.21亿元；逾期台数8276台，逾期金额2.35亿元，比年初分别减少5324台、5327万元。其中，人保济宁市分公司实现零逾期，泰安、威海等10个市分公司的逾期金额率控制在5%以内。

【经营管理】 2004年，人保财险山东省分公司在经营管理方面做了以下工作：

一、调整与发展并举，推进业务稳步增长。2004年，该公司一是成立业务结构调整领导小组，制定调整意见，加大调整考核力度；二是推行车险业务监控制度，重点关注车险盈利状况；三是实行非车险业务分析月例会制度，及时分析问题、部署对策；四是加强与中介机构的联系沟通，加强个人代理营销制建设，努力拓展市场；五是组建营销讲师团，加大营销人员培训力度，营销队伍素质和技能得到提高。

二、全面加强风险管控。2004年，该公司一是组织两轮检查，严格标准，逐项整改解决各类问题。其中，人保泰安市分公司顺利通过总公司的检查验收；二是实行全省“大灾共保”，积极利用商业分保分散风险；三是针对应收保费过大的实际，认真开展存量清收和增量控制工作；四是加强成本费用预算管理，在总量内调整结构，提高费用的使用效率；五是开展“数据质量年”活动，对经营数据进行逐单、逐案的拉网式清查，使数据质量有了较大提高。

三、加强理赔管理，着力提高结案率。2004年，该公司一是制定了《关于加快理赔速度提高结案率的意见》，明确目标、落实责任；二是以总公司配备查勘理赔车辆为契机，合理配置资源，提高理赔中心运行效率和质量；三是全面组织未决赔案数据清理；四是加大95518专线的调度力度，突出做好车险理赔，提高第一现场查勘率，试行集中定损模式，推行招标修理，理赔速度明显加快。

四、推行集中清收模式，扎实做好车贷清欠。2004年，该公司充分借助公安、法院等外部力量，加强车辆跟踪监控。同时，全面推行集中清收模式，成立了专门的清收机构，制定清收工作考核办法，并建立起了一支专业化的清收队伍。

五、加强督导检查，狠抓各项工作落实。2004年，该公司一是组织人员分片包点开展挂钩督导工作，重点检查政策措施的落实情况；二是强化审计监督和效能监察，内查内纠力度不断加大；三是组织业务质量大检查，为提升管理水平打下基础。

【内部管理】 2004年，人保财险山东省分公司加强内部管理，主要工作有：

一、加强员工队伍建设。2004年，该公司一是深入学习十六届三中、四中全会精神，并开展“求真务实”教育专题讨论活动，强化“效益第一”意识；二是针对业务经营中的结构性矛盾，加强宣传教育和思想引导；三是强化利润考核，加大费用、薪酬与利润的挂钩力度。围绕业务结构调整，实施费用奖励和差异化的费用率、手续费率政策，鼓励发展效益好的险种；四是开展了争创“三十佳公司”、“数风流人物”竞赛、营销擂台赛、分散性产品组合竞赛等一系列活动，激发争先创优、加快发展的主动性；五是开展岗位练兵活动，在人保总公司组织的标书设计大赛中，荣获第3名。

二、稳步推进各项改革，加快经营机制转换步伐。2004年，该公司根据总公司统一部署，广泛动员、精心组织，如期完成薪酬制度改革、业绩合同签订及展业人员层级划分工作。同时，结合自身实际，努力化解改革中出现的矛盾，保持了大局的稳定。

【公司大事记】 1月29日 人保济南市分公司与华电国际电力股份有限公司签订企业财产保险合同，保险金额为302亿元人民币。

3月30日~4月1日 在人保总公司举办的全国系统“保险建议书大赛”决赛中，人保财险山东省分公司代表队荣获二等奖，并获得团体总分第3名。

6月 人保莱芜市分公司承保了莱钢银山型钢有限公司的企财险，保险金额为12亿元人民币。

6月18日 山东同大纺织机械厂发生火灾，造成巨额财产损失，人保财险潍坊分公司赔付532.5万元。

6月22日 山东电力德州供电公司因雷击和暴风雨造成企业财产损失，人保财险济南分公司赔付268.5万元。

6月23日 东营海洋石油开发公司因暴风，造成海上钻井设备巨大损失，人保财险东营分公司赔付399.7万元。

6月24日 滕州市金州玻璃有限公司因暴风雨造成企业财产损失，人保财险公司赔付204.3万元。

7月8日 人保总公司宣布对人保财险山东省分公司领导班子的调整：聘任荀守中为公司总经理，李科、王树国、林健为公司副总经理。

7月20日 人保威海市分公司为成山轮胎股份有限公司的企财险进行了承保，保险金额为10.4亿人民币。

7月29日 临沂灯具城发生特大火灾，造成巨额财产损失，人保财险临沂分公司赔付446.7万元。

9月15日 人保财险山东省分公司在泉城广场举行“理赔查勘车启动仪式”，特邀请省政府、省人大、济南市政府有关领导参加。印有“PICC”标识的77辆理赔查勘车在全省系统投入使用，大大提高了人保财险的服务水平。

12月3日~14日 人保财险山东省分公司组织全省16个市分公司总经理和省公司机关部门负责人，分赴广东、广西及河北、山西进行学习考察。

（孙念聚）

中国人寿保险股份有限公司山东省分公司

【第一负责人简介】 宋金平，男，汉族，1951年2月生，中共党员，大学毕业，高级经济师，现任中国人寿保险股份有限公司山东省分公司党委书记、总经理，山东省保险行业协会副理事长、山东省保险学会会长。

【综述】 2004年，中国人寿保险股份有限公司山东省分公司（以下简称“人寿山东分公司”）共实现保费收入101.31亿元（不含集团），同比增长18.08%；全省新单保费收入实现59.54亿元，同比增长11.18%，其中，期交业务14.46亿元，同比增长23.54%；风险型业务及投资型业务管理费收入实现44.05亿元；全省短险业务实现4.48亿元，同比增长8.81%；公司总资产达239.02亿元，比上年增加75.02亿元；市场份额达57.51%（含集团），比上年提高2.17个百分点（以上数字未经审计）。

目前，该公司拥有5万多人的专业销售服务队伍、800个遍布城乡的分支机构和100多个主导市场的保险产品，可以针对企业、家庭和个人等不同客户群体的需要，提供全方位、多层次、专业化的保险服务。已累计为山东省（不含青岛）2843万人次承担3664亿元的保险责任，对安定人民生活、保持社会稳定和促进经济发展发挥了重要作用。

【指导思想】 2004年，人寿山东分公司坚持差异化经营和全面协调、整体推进的发展措施，提高发展质量、增强发展后劲。年初，出台了各季度业务集中促销方案和指导意见，明确了全年和阶段性总量增长、结构调整目标及实现目标的方法、途径和保障措施。各级公司为保证全年目标的完成，加大高佣金、高费用、高效益业务的激励措施，推动业务结构调整和增长方式转变。

在克服分红水平低、银行加息等诸多不利因素的情况下，全省寿险新单和业务总量始终保持了增长势头，形成了首年风险型保费和首年期交保费同比增长明显高于业务总量增长，各月度均衡发展能力和创费能力持续增强的良好态势。

【三大渠道建设】 2004年，人寿山东分公司统筹个人代理、团险销售、中介代理三大渠道，明确发展定位，发挥各自优势，确定了个人代理销售渠道重点承担业务结构调整、中介和团体寿险渠道重点承担总量增长任务的发展策略。三大渠道以打好三场攻坚战（个人代理转化低业绩人群、中介代理转化低业绩网点、团险销售开拓补充养老和补充医疗）为着力点，推动"成功创富"和532经营策略的贯彻落实。个人代理渠道重点承担的首年期交业务比上年增长32%，月人均首年佣金比上年增加100多元；中介渠道完成寿险新单28.41亿元，比上年增长41.68%，代理网点的举绩率、月均产能大幅提升，全省500万元以上的网点达63个，千万元的网点达18个；团体寿险保费比上年增长79.43%，百万元以上的大单业务达98件，500万元以上的11件。

【区域城乡市场】 2004年，人寿山东分公司统筹区域和城乡市场，实施"促强扶弱"，推动县域公司持续健康发展。各级公司深化执行方案和激励措施，针对强、中、弱不同情况因势利导，全面开展差异化经营，推进经济强县域公司做大做强、经济中等县域公司努力赶超、经济弱县域公司跨越发展。全省107个县域公司全年实现保费收入62.78亿元，比上年增长32.85%，业务总量占比比上年提高5.36个百分点。经济强、中、弱县域公司业务总量分别增长25.65%、31.79%和52.26%，增幅均高于全省平均水平。有5个中等经济县域公司进入业务强县，有20个经济弱县域公司跳出30弱。

【经营管理】 2004年，人寿山东分公司在实现全省财务、业务数据集中管理运营的基础上，进一步加强管理。一是完善了"银保通"的服务功能；二是深化细化理赔"一站式"服务和客户回访制度，并完成了股份公司数据清理工作；三是建立健全了重大疑难案件审批和重大诉讼案件通报制度；四是进一步完善财务管理、报表体系和资金监控制度；五是加强自查自纠，推进内控机制建设；六是开展营销员保证金、养老金执行情况的专项审计、空白单证、资金管理的后续审计和经理任期内责任审计、离任审计，加大了纪检监察和稽核审计的责任追究力度；七是按照总公司要求启动了404项目的试点工作。

【宣传公关】 2004年，人寿山东分公司统筹内外资源，强化市场宣传，改善发展环境。进一步加强和密切了与各主导媒体的合作关系，建立健全了危机公关处理机制和信息披露机制。该公司与12家省级主导媒体签订了合作协议，统一组织运作了《励炼八年铸就百亿钢》、《鹰击长空凭锐眼》、《响应省委号召实施促强扶弱》、《聚焦企业年金 惠泽职工养老 助推持续发展》和《积极贯彻省委省政府决策为建立企业年金制度提供服务创造贡献》等一系列大型宣传活动。此外，在红利派发、利率调整期间，主动协调公关，有效化解了不利影响。

【班子建设】 2004年，人寿山东分公司加强领导班子建设，着力提高各级领导想干事、会干事、干成事的能力和水平。一是组织开发了"学习实践科学发展观"、"培养职业经理人"等专题课程，对650余名市县两级公司领导成员和销售管理骨干进行强化培训；二是组织各级领导班子和党员干部深入学习；三是健全和完善后备干部管理机制；四是顺利完成了人力资源制度改革，重组了省、市、县三级公司的组织架构和岗位设置，调整配置了岗位人员。

【公司大事记】 2月20日～22日 人寿山东分公司2004年工作会议在济南舜耕山庄举行，宋金平总经理做了工作报告，总结上年工作，部署全年工作任务。

3月8日 经济南保监办批准，人寿山东分公司新设立了济南市分公司无影山等7家营销服务部、潍坊分公司和平路等9家营销服务部。

3月18日～21日 全省系统纪检监察工作会议在济南珍珠泉宾馆召开。人寿山东分公司党委书记、总经理宋金平同志代表省公司党委作了重要讲话。

3月23日 人寿山东分公司下发《关于实施促强扶弱推进县域公司全面协调可持续发展的意见》，大力拓展县域保险市场。

3月26日～28日 2004年全省系统个人保险业务销售精英表彰暨齐鲁销售精英俱乐部年会在济南舜耕山庄召开。

3月底 人寿山东分公司全面完成了2003年度的决算工作，被总公司授予分类分级绩效考核甲类3A级标准。

4月5日 人寿山东分公司印发《标准化营销服务部建设方案》，并决定2004年在全省系统全面开展积极创建标准化营销服务部活动。

4月25日～5月6日 人寿山东分公司在济南举办了二期推进县域公司加快发展暨全省系统职业经理人研讨培训班，培训市、县公司管理干部650余名。

8月13日～15日 全省总经理工作会议在济南南郊宾馆召开，人寿山东分公司宋金平总经理做了重要讲话。

10月10日 人寿山东分公司下发《关于加强和推进农村营销服务部建设的意见》，着力开拓农村保险市场。

10月26日 人寿山东分公司制定下发了《劳动合同管理实施细则》，开始重新签订劳动合同工作，标志着公司员工由国企职工转换为股份制企业员工。

11月　人寿山东分公司开始在全省推广使用邮保通业务处理系统。

12月10日～24日　第一期成功创富特训营（主管系列）在济南市东郊饭店举办。

12月15日～16日　全省系统个险销售研讨班在济南举办，研讨2005年一季度销售策略，推出了“万家安鑫”保单组合销售计划。

（齐登宝）

中国太平洋财产保险股份有限公司山东分公司

【第一负责人简介】　臧炜，男，1963年12月出生，中共党员，研究生学历，高级经济师。1982年至1990年，供职于潍坊市果品公司第一经营部。1990年9月，任交通银行潍坊分行信贷部副主任，后调入保险部，历任副主任、主任。1994年2月至2000年11月，历任太平洋保险公司潍坊分公司总经理助理、党委委员、副总经理、党委副书记（主持工作）。2001年8月，任太平洋财产保险股份有限公司济南分公司副总经理、党委委员。2002年9月至2004年12月28日，任中国太平洋财产保险股份有限公司济南分公司党委书记、总经理。2004年12月28日至今，任中国太平洋财产保险股份有限公司山东分公司党委书记、总经理。

【综述】　2004年，中国太平洋财产保险股份有限公司山东分公司（以下简称“太保产险山东分公司”）学习贯彻集团公司、总公司会议精神，确立了“继续深入贯彻既定的经营理念，突出效益为先，规范基础管理，强化执行能力，加快发展步伐”的指导思想，总体经营工作继续呈现健康发展态势。

【业务经营】　截至2004年底，太保产险山东分公司实现保费收入9.08亿元，增加14671万元，增长19.27%；支付赔款43365万元，综合赔付率47.76%，下降19.72个百分点，圆满完成了总公司下达的保费计划和利润计划指标。

【内部管理】　2004年，太保产险山东分公司继续夯实集中规范化管理，主要做了以下几项工作：

一、集中管理体制落实到位。2004年，该公司以抓好集中管理和走集约式经营之路为目标，着力抓好业务推动体系、关键业绩指标（KPI）考核体系、财务垂直管理体系、“双核”集中管理体系、集中稽核管理体制等五大集中管理体系的落实，基本健全完善了管辖职能，初步搭建起集中管理体制。

二、全面加强队伍建设。2004年，该公司一是坚持把领导班子建设作为党委的核心工作，加大管理调整力度，各级纪检监察、群团工会工作组织体系的工作规则和职能作用发挥明显；二是继续完善全员劳动合同制度，深化人力资源管理，有利地促进了各项工作的开展。

【公司大事记】　1月2日　山东泉林集团热电有限公司发生火灾，太保产险山东分公司投保的财产保险标的受损，公司共支付赔款111万元，整个理赔工作至4月27日全部结束。

1月5日～6日　太保产险山东分公司组织召开年度工作会议，确立了指导思想，将“深化改革，加快发展，全力把各项工作推入良性发展轨道”作为全年主要任务。

1月　太保产险山东分公司年度专项理赔整治活动实施方案正式下发执行。通过一年的治理整顿，理赔质量得到较大幅度提高，理赔工作“提速”成效明显。

2月10日　太保产险山东分公司员工培训中心正式启用，标志着教育培训工作跨入新台阶。全年共举办了各类干部员工培训班15期，培训干部员工1000多人次。

3月　太保产险山东分公司成立电子商务部，正式启动网络销售保单。

5月1日　新《道路交通安全法》正式实施，太保产险山东分公司与山东省公安厅联合在齐鲁晚报举办有奖答题活动。

5月1日～3日　太保产险山东分公司为首届泉城香车大巡游活动提供了财产保险和人身意外伤害保险服务。

5月　太保产险山东分公司成立销售管理中心，负责全辖的销售管理与组织推动工作。

6月　太保产险山东分公司“银保通”系统正式上线，标志着银保合作跨上新台阶。

9月　太保产险山东分公司作为主承保人，参与承保北京地铁四、五、十号线建筑工程一切险，保险金额达到200个亿。

10月　太保产险山东分公司销售团队改革方案开始在

济南地区进行试点，12月试点顺利成功，并按照新方案开始运作，为在全辖深化销售团队改革，提高团队效能积累了经验。

太保产险山东分公司组织开展非车险销售“一对一”擂台赛，有效拉动了非车险在保费总量中的占比，业务结构日趋合理。

12月28日　经保险监管机关批准，工商管理部门注册，“中国太平洋财产保险股份有限公司济南分公司”正式更名为“中国太平洋财产保险股份有限公司山东分公司”。

（丁树勇）

中国平安财产保险股份有限公司青岛分公司

【综述】　中国平安财产保险股份有限公司青岛分公司（以下简称“平安产险青岛分公司”）成立于1993年，业务管辖青岛、淄博、烟台、威海、潍坊、日照、临沂等7个地市，目前全辖设有59个对外营业机构。2004年，该公司累计实现保费收入42642.85万元，同比增长30.65%；为社会承担经济风险责任1205.72亿元，为社会提供经济补偿24788.56万元。

【专业管理】　2004年，平安产险青岛分公司在专业管理方面主要做了以下工作：

一、车险方面。2004年，该公司一是推行查勘定损集中管理模式，建立了“以三级机构为中心，以95512为统一调配”的快速反应查勘体系；二是开展车险理赔品质审计和查勘定损量化考核工作，对查勘定损人员进行有效监督；三是对全辖各三级机构车险基础服务实行“五个统一”（即7天24小时统一接报案、统一查勘服务、统一救援服务、统一理赔办理服务和车险服务统一首问责任制）的执行情况进行了暗查，有效促进了车险理赔工作规范的执行。

二、财产险方面。2004年，该公司一是加强财产险理赔权限管控，理顺理赔流程，推出“小额快速理赔通道”，提高立案及时率和结案率；二是增强风险防范意识，加强对承保前的现场查勘工作；三是积极做好承保客户的防灾防损工作。

三、其他方面。2004年，该公司积极发挥稽核监察的重要职能，严格贯彻“红、黄、蓝”牌处罚制度，定期开展“规范经营大排查”和“法规+1”学习活动，强化对事前、事中、事后的风险监控，确保合规经营。

【优质服务】　2004年，平安产险青岛分公司提高服务质量和水平，以各种方式为客户提供全方位、立体化的服务。一是建成了以95512电话热线和PA18互联网为核心，依托门店服务中心和专业业务员队伍的3A（Anytime、Anywhere、Anyway）服务模式。客户服务专线95512可以为客户提供7×24小时服务，受理各类业务报案、产险业务咨询、查勘调度、事故救援、客户投诉、电话销售、电话回访等业务；二是成功举办首届客户服务节，开展了“幸运连环大抽奖”、“重点客户拜访”、“车险‘五个统一’大推行”、“服务质量省内行”等活动，并荣获平安总公司首届客服节“最佳组织机构奖”。

【企业文化和诚信建设】　2004年，平安产险青岛分公司重视企业文化和诚信建设，并积极参加公益活动。一是开展强化执行平安礼仪活动，将平安精神、经营理念和平安礼仪等融入到员工的日常思维和行动中；二是开展“诚信日”活动，在“3·15国际消费者权益日”组织进行诚信承诺宣誓和“保险销售人员诚信服务承诺签名”活动；三是举行“迎六一、赠图书、献爱心”团日活动，向残疾儿童赠送新版儿童读物186册。

2004年，该公司被《青岛早报》读者评为“十佳诚信保险公司”，所辖四方支公司被青岛市政府授予“保险业十佳单位”荣誉称号；所辖威海中心支公司被威海市政府授予“2004年先进单位”荣誉称号；被集团监察部通报表扬为“廉政宣讲活动表现突出机构”，被总公司授予“首届客服节最佳组织机构奖”、“再保工作先进单位”、“会计基础工作基本达标单位”、“意外险和健康险两核工作先进单位”、“人力资源管理工作先进集体”等荣誉称号。

（刘　超）

中国平安人寿保险股份有限公司青岛分公司

【第一负责人简介】 韩光，男，辽宁省锦西市人，1968年10月15日生，中共党员，1992年毕业于南京河海大学工业企业管理专业。1996年10月加入中国平安保险股份有限公司南京分公司（寿险）；2000年7月至2001年9月，担任南京分公司营销部和培训部负责人；2001年10月至2002年7月，担任无锡支公司总经理；2002年7月至2003年3月，在集团改革发展中心和董事长办公室任职；2003年3月至2004年9月，担任青岛寿险营销负责人；2004年9月，被任命为平安人寿青岛分公司总经理，主持工作。

【综述】 中国平安人寿保险股份有限公司青岛分公司（以下简称“平安人寿青岛分公司”）是中国平安人寿保险股份有限公司（以下简称“平安人寿”）在山东省境内设立的省级分支机构，下辖烟台、威海、东营、滨州、淄博、潍坊、日照、临沂、泰安、济宁、枣庄等11个地市级分支机构。

公司自成立以来，在平安“建设国际一流综合金融服务集团”目标的指引下，积极进取，开拓创新，风险管控能力和业务管理水平不断提高，销售业绩持续攀升。目前，公司拥有完整的产品体系，同时重视人才的引进和培养，提高员工的综合素质，建设了一支业务精湛的专业队伍。

该公司以“诚信第一、效率第一、客户至上、服务至上”为宗旨，视企业的信誉为生命线，力求全方位满足客户需求。公司连续4年被青岛市政府评为“支持青岛市经济建设先进单位”；2004年3月，荣获青岛市消费者协会和青岛早报联合授予的“诚信保险公司”称号。此外，在盖洛普（世界著名企业咨询公司）对中国的人寿保险品牌第一认知（知名度）和保险公司偏好（美誉度）两项调查中，该公司无论在同业还是在系统内均名列第一。

【内部改革】 2004年，平安人寿青岛分公司深化内部管理体制改革，适时调整组织架构。一是将“客户至上、服务至上”、“回馈社会、建设国家”的平安企业文化落实到工作实践中，在基础管理上狠下工夫；二是组织客户服务、理赔、续期收费等后援服务部门探索更高效的业务流程，为客户提供更及时周到的服务；三是于1月起正式启动三级机构柜面改造项目。目前，一个覆盖面广、设施完备、人员齐整的柜面服务网络已初具规模。

【办公自动化】 从1999年开始，平安人寿建立内部信息网，并逐步网络化公司内所有的应用软件。一是通过Intranet、Internet和内部信息网（PAWEB），使员工及合作伙伴分享、交流公司信息，查看各类文件；二是建立邮件系统（Exchange），方便员工对内、对外交流；三是建立集团文件处理系统（EOA），使各种审批通过网络处理，提高审批时效，加大透明度和管理规范；四是使用VPN（virtual private network），使员工实现移动办公。

【客户服务工作】 2004年，平安人寿青岛分公司在售后服务方面开展了大量工作。通过完善服务手段，扩大服务渠道，努力打造标准化服务品牌。首先围绕客服柜面改造工程，大力推进客服、业服中心的改造工作，提高柜面专业化技能和服务水平，简化作业流程，最大的方便于客户，倡导人性化温馨服务。

2004年5月至10月期间，该公司还成功开展了第九届客户服务节，推进了客户分层次服务进程，优化了外勤服务品质，同时对于改善外部监管、媒体关系，营造宽松的外部经营环境均起到了积极作用。

【员工培训】 平安人寿青岛分公司将员工职涯规划的实施、内勤管理平台的提升、干部队伍的梯队建设作为员工培训的一项重要课题。在2003年启动“内勤员工系列培训计划”的基础上，该公司积极拓展培训新方式和新渠道，使2004年的系列培训更贴合实际。

【公益活动】 2004年，平安人寿青岛分公司开展了一系列公益活动：一是创建平安血液银行，组织近500名员工开展义务献血活动；二是将连续3年在青岛市各中小学开展以“关注少儿健康、创建平安校园”为主题的“中国少年儿童平安行动”；三是向辖区内所有造血干细胞捐献者赠送平安保险；四是组织员工捐款捐物，并开展平安希望小学夏令营活动。

【公司大事记】 1月 平安人寿青岛分公司全面启动三

级机构柜面改造项目。

2月 平安人寿青岛分公司成立VIP客户俱乐部，利用系统资源管理以及个性化服务措施，使平安个性化服务深入人心。

4月1日 平安人寿青岛分公司影像扫描系统上线。业务系统与影像系统可同步处理业务数据和单证影像，实现了保险单证的电子化管理。

5月25日 平安智富人生终身保险（万能型）问世，“智富人生”分为“安心保”、“随心保”两款，并开发了少儿成长储备金计划、品质人生保障计划、尊贵人生增值计划、养老金累积计划四个产品组合。

5月27日 平安人寿青岛分公司迎来十周年司庆。

6月1日 平安人寿第九届客户服务节拉开帷幕，本次活动主题“服务客户，回馈社会”。遍及山东12个地市，58个市县的200万客户从中受益。

9月8日 平安人寿青岛分公司成功承办山东省首届企业年金论坛。

9月10日 韩光同志被任命为平安人寿青岛分公司总经理，主持工作。

12月 平安人寿通俗化条款问世，其中，涉及“平安鸿祥两全保险（分红型）”等61个产品。

（牛怡婷）

三、金融信托投资公司及财务公司

山东省国际信托投资有限公司

【第一负责人简介】 朱崇利，男，汉族，1948年10月30日生，山东临沂人，大学文化，高级经济师。1968年3月至1975年3月在部队工作；1975年4月至1978年9月，任临沂县汤河乡干部；1982年7月至1986年6月，任山东省计委投资处主任科员；1986年7月至1987年12月，任山东省引黄济青工程指挥部副处长；1987年12月至1994年9月，任山东省计委投资处副处长、处长；1994年9月至1998年10月，任山东省国际信托投资公司党组成员、董事、副总经理，期间担任过深圳东华实业总公司副总经理；1998年10月至2002年2月，任山东省国际信托投资公司党组副书记、董事、副总经理；2002年2月至今，任山东省鲁信投资有限公司党组副书记、董事、副总经理，并从2002年6月起，任山东省国际信托投资有限公司董事长。

【综述】 山东省国际信托投资有限公司（以下简称“省国托”）是于1988年2月经人行和山东省人民政府批准设立的非银行金融机构。2002年6月25日，重新登记申请获得人行批准，换领了《信托机构法人许可证》；2002年8月1日，完成了增资改制和重新登记工作，注册资本12.8亿元(其中美元1500万元)。自成立以来，省国托充分发挥金融与投资双重职能，现已发展成为以管理省基建基金，开展资金信托、财产信托、投资银行、融资租赁、资产管理为主要业务的大型公司。

【基金管理】 省国托成立以来，受山东省政府委托管理省基建基金，确保其保值增值。2004年，省基建基金实现各项收入13亿元，有力地保障了省重点项目的用款需求。截至年底，省基建基金总资产119.43亿元，净资产118.18亿元，累计实现滚动增值56.34亿元（其中2004年实现增值2.8亿元），支持全省重点工程项目900多个，直接带动重点工程完成投资600多亿元，涉及能源、交通、电子、通讯、原材料、轻纺、化工等领域，为山东省经济建设做出了重要贡献。

2004年，省国托一是与日照木浆正式签署《股权转让协议》，省基建基金比原始投资实现增值53.6%；二是山东核电、青岛大炼油项目取得实质性进展，前期工程已全面展开；三是完成了山东大宇汽车发动机公司股权转让工作。

【信托业务】 2004年，省国托积极实践“受人之托，代人理财”、“千金一诺，至信国托”的理念，大力发展信托主业。全年办理单一资金信托（委托）业务40笔，累计金额达26亿元；集合资金信托计划融资56274万元。其中，招行济南分行信贷资产转让项目信托计划募集资金3000万元；流动资金贷款系列信托计划募集资金5245万元；鲁信花园贷款系列信托计划募集资金18168万元；滨州城市基础设施建设资金信托计划募集资金12692万元；山东如意科技集团氨纶项目贷款资金信托计划9769万元；兴业济南分行信贷资产转让项目资金信托计划5000万元；日照阳光水泥公司股权投资资金信托计划2400万元。

目前，该公司信托产品涵盖产业市场、货币市场、资本市场等领域，为投资人提供了优质的金融服务，充分体现了其在实业和资本领域卓越的理财实力。

【投资银行】 2004年，省国托一是以培养优质客户为中心，采取财务顾问、项目融资、并购策划等方式，积极开展国有企业职工持股改制业务，向客户提供了全方位金融服务；二是开展融资租赁业务，完成了阳谷电缆集团2400万元铜管生产线售后回租项目，年收益率达9.5%；三是参与了省内一家上市公司的资产重组工作，签署了股权转让协议，较好地完成了省政府交给的任务。

【实业投资】 2004年，省国托下属的两公司在房地产投资及财产信托方面做了以下工作：一是山东鲁信城市开发有限公司积极参与临沂市土地拍卖，努力储备优势项目资源。通过竞拍获得了临沂市三官庙509.12亩土地的使用权；二是山东朝阳房地产公司积极开发滨州现代城项目。一期商埠1、2、5号楼已经封顶；二期住宅商品房已售出220多套，取得了较好的投资回报。

【证券投资基金】 2004年，省国托积极开展证券投资基金业务，发起设立了泰信、富国、宝盈等3家基金管理公司。根据中国证监会“1+1”政策，该公司成功转让了宝盈基金管理公司股权。

泰信基金管理有限公司是实施"好人举手"自律承诺制度后，第一家由信托投资公司为主发起设立并相对控股的证券投资基金管理公司。目前，已成功发行了天天收益和先行策略2只基金。

【国际金融】 作为山东省政府的对外融资窗口，省国托积极开展国际金融业务，与国际上100多家金融机构建立了良好的业务合作关系。自1993年以来，该公司累计融进中长期及短期外汇资金65亿美元，支持全省1000多个建设项目，有力地支持了全省经济发展。这些外汇资金已于1999年底前全部按期偿还，是全国第一家按期偿还全部外债的信托投资公司。人行对此给予充分肯定和高度评价，并以"参阅件"上报国务院并向全国转发。

随着重新登记工作的完成，2004年，省国托积极研究金融政策，与境外金融机构协商开展新的国际金融业务。

【内部管理和队伍建设】 2004年，省国托加强内部管理，主要做了以下工作：一是建立了较为完善的法人治理结构，形成了一整套科学有效的管理体制，保证了公司的正常运营和健康发展；二是采取各种措施，积极建设先进企业文化，不断增强员工的凝聚力和向心力；三是积极实施"人才兴企"战略，创建学习型企业，培养了一支熟悉经营管理、投资运作、信托产品设计以及法律、风险控制等知识的信托经理人队伍；四是重视风险防范工作。坚持合法合规经营、按照业务流程规则操作、科学评估、监控反馈等原则，不断完善业务风险防范机制，对资金信托、财产信托、贷款、投资等业务采取环节控制的策略，把风险分解到人，从细微之处控制风险，促进了公司业务的全面发展。

（宋　磊）

英大国际信托投资有限责任公司

【第一负责人简介】 盖永光，男，1960年1月出生，汉族，山东莱阳人，中共党员，硕士研究生，高级工程师。1982年7月毕业后，在山东电力试验研究所工作；1994年6月，任山东中实电力科技总公司常务副总经理；1996年7月，任山东电力试验研究所副所长、党委委员；1996年12月，任山东电力科学研究院副院长、党委委员；1997年12月，任山东电力物资公司副总经理、党委委员，兼山东电力国际经贸公司总经理；1998年3月，任山东电力科学研究院党委副书记、党委书记；1999年4月，任山东电力研究院副院长；1999年12月，任英大国际信托投资公司副总经理；2003年3月至今，任英大国际信托投资公司总经理。

【综述】 英大国际信托投资有限责任公司（以下简称"英大信托"）成立于1987年5月，注册资本5亿元人民币。2003年11月26日，经中国银监会山东监管局核准，获得《中华人民共和国金融许可证》。

2004年，英大信托坚持市场化改革与拓展业务市场并重，创新管理，提高效益，各项工作取得了新的成绩。截至年底，公司资产总规模达到311.4亿元，其中，信托类资产45.1亿元，委托代理类资产260.25亿元，自有资产6.1亿元；全年实际实现收入8941万元，实现利润5630万元。

【信托业务】 2004年，英大信托秉承"诚信为本，依法理财，追求卓越，服务真诚"的宗旨，按照《信托法》等有关法规，为个人、企业和机构提供优质的理财服务。

一、资金信托业务。2004年，该公司紧紧围绕客户需求，在继续开拓省内电力市场的同时，进一步向钢铁、城市基础设施建设、房地产等领域拓展，为客户提供个性化信托服务方案，为后续业务拓展奠定了基础。一是继续推出电力建设贷款信托计划，并新推出开发区建设贷款信托计划；二是继续开拓股权信托业务，对山东省属国企改革试点企业进行跟踪服务，为济南、东营、威海等地的多家企业规范完成了职工持股；三是为国家电力企业年金管理监督委员会设计了年金运作方案，并完成了两亿元社保资金的运作。

二、委托代理业务。2004年，该公司一是按照代理方式对山东省农网改造资金进行管理；二是应山东电力集团公司委托，发放县城电网改造委贷资金；三是发放电源建设、城市设施、公路建设、商业贸易、信息科技等行业贷款，为山东经济建设和发展做出了贡献。

【投资银行业务】 2004年，英大信托一是在加强政策研究和金融信息处理的基础上，积极参与多家公司的发起、设立、重组和购并，完善了公司的投融资渠道，建立了适合自身特点的资本运营框架；二是制定合理的债券分销方案，组织完成了5000万元华电债的销售工作；三是重视对信托业务和投行业务结合模式的研究，先后在多个项目上进行了实践。

【资产盘活工作】 2004年，英大信托按照“抓大保小，以大项目为核心”的工作思路，一是引入风险代理的清收机制，通过中介机构推动一些疑难案件的诉讼、保全和强制执行工作；二是充分调动职工参与清收盘活不良资产的积极性，利用多种信息渠道，广泛收集债务单位财产信息，努力加快清理速度。

【内部管理】 2004年，英大信托通过建立健全法人治理结构，加快管理机制改革，规范内部业务流程，加强内部稽核审计工作力度，形成了科学完善的决策、执行、监督和约束机制。

一、加快用人和分配激励机制改革。2004年，该公司进行了全面的优化组合、岗位竞聘和与之配套的薪酬改革工作，制定并实施了岗位年薪考核管理办法，加大季度考核兑现比重，较好地调动了职工的工作积极性和主动性。

二、健全内控机制。2004年，该公司一是进一步完善了内控机制，使内控制度覆盖了经营管理和业务运作的全流程；二是落实前中后台相互制约机制，保证了机构职能之间的相互监督；三是在部门设置、人员配备、业务核算、信息管理等各环节上进行分离，落实了自营业务和信托业务分离机制；四是强化了内审职能和力度，基本达到了规范经营、防范风险、提高效益的目的。

【公司大事记】 1月13日 英大信托六届六次董事会召开。

3月8日 英大信托2004年股东会年会暨六届七次董事会召开。

3月28日 英大信托2004年工作会议召开。

8月14日 英大信托2004年年中工作会议召开。

10月21日～23日 由英大信托作为副会长单位承办的“中国会计学会信托投资分会第三届理事会第二次全体会议暨经验交流会”在济南召开。

11月22日～23日 中国信托业协会首届会员大会在北京召开，英大信托被选举成为16家理事单位之一。

（盖永光 王迎新）

中国重汽财务有限公司

【综述】 中国重汽财务有限公司（以下简称“重汽财务公司”）是经人行批准于1987年9月成立的非银行金融机构，由原中国重型汽车集团公司（以下简称“原重汽集团”）23家成员单位出资组成，总股本79160万元，是全国最早成立的企业集团财务公司之一。公司成立十几年来，积极开拓业务，为原重汽集团的生产经营做出了积极的贡献。

2000年，国务院决定对原重汽集团进行分立重组，并对下放山东部分实施了分立重组破产和重汽财务公司债务重组。2004年6月，债务重组工作结束；10月28日，经中国银监会批准恢复正常营业，中国重汽财务有限公司宣告成立。

重组后的重汽财务公司，由42家股东组成，注册资本5亿元人民币（其中外汇资本金500万美元），中国重汽占58.55%的股份，并在重庆市设有一个分公司。

【业务开展】 2004年，重汽财务公司遵循“股东至上、服务第一、依托重汽、全面发展”的经营宗旨，一是充分发挥企业集团财务公司的功能，积极开展业务，为企业做好金融服务；二是规范操作，依法经营，提高风险防范意识；三是积极开拓新领域和新业务；四是积极为客户着想，为股东服务，真正体现“亲人”服务的经营理念。

公司主要经营范围：一是对成员单位办理委托贷款及投资、票据承兑及贴现、内部转账结算、贷款及融资租赁、代理发行企业债券及担保、财务和融资顾问、信用鉴证及相关的咨询、代理等业务；二是开展同业拆借；三是发行财务公司债券，办理成员单位产品的消费信贷、买方信贷及融资租赁等业务；四是经中国银监会批准的其他业务。

（刘其贵）

海尔集团财务有限责任公司

【综述】 2004年，海尔集团财务有限责任公司（以下简称“海尔财务公司”）以集团“大市场、大客户、大定单”的发展战略为指导方针，通过完善对内的服务品质，加强外部社会金融资源网络建设，形成了以集约化金融服务、集团化金融管理、链条化金融支持三位一体的财务公司发展模式。

【经营发展】 2004年，海尔财务公司本外币资金结算规模逾900亿元人民币，结算业务量突破25万笔，同比增长50%；累计发放本外币贷款11亿元，办理票据贴现57亿元，投资金融债券2亿元，向金融同业拆出规模累计38亿元；全年实现营业收入1.5亿元，利润总额突破1亿元，超额完成预算的25%，收入利润率达60%，资本收益率17.5%。

截至年底，该公司总资产规模达34亿元，资本总额6.39亿元，资本充足率达29%，资金流动比率为123%，存贷比79.5%，无不良资产及不良资产隐患。

【集约化金融服务】 2004年，海尔财务公司主要做了以下工作：

一、开展信贷融资业务。2004年，该公司运用“司库型”集团资金管理模式，为集团产业发展提供了强有力的资金支持。全年通过信贷融资业务实现营业收入1.3亿元，占全年收入总额的88%，信用型信贷服务得到充分发展；现汇资金的及时供给也满足了集团原材料采购的现汇付款需求。

二、开展保函等中间业务。2004年，该公司一是着力开发专业化金融产品，创立了“物流银行”模式；二是走到市场终端了解保兑仓业务流程及风险控制点，并与法律部门和金融专家进行沟通，促进集团产品的销售；三是在最短的时间内为各地营销公司提供最及时的服务，保证操作风险降到最低；四是为配合各地工贸公司与经销商和银行三方保兑仓业务的进行，开展了对此项业务的履约保函业务，同时针对三方业务实施“物流银行”，在商行至少需要一周才能完成的工作，财务公司保证在24小时之内完成。自开展此业务后，累计为各地营销公司提供担保近2.5亿元，有力地推动了集团产品特别是空调产品的销售，支持了市场终端以及集团“大客户”“大定单”目标的实现。

【集团化金融管理】 2004年10月份，海尔集团根据国家外管局《关于在部分地区和企业进行跨国公司经常项目外汇管理改革试点的通知》及《关于跨国公司非贸易售付汇管理有关问题的通知》等文件，成功申请了集团内部外汇资金的集合管理试点项目，成为国内首批两家实行该试点项目的集团之一。该试点项目由海尔集团授权海尔财务公司作为金融载体，内部以财务公司作为集团统一外汇账户，外部依托外汇专业银行，开展集团内部的外汇资金对外统一收付业务，实行集团外汇资金的集合集约管理，节约了集团进出口收支两条线管理每年产生的大额汇兑成本。同时，通过实现集团内部外汇资金的自给自足，成功规避了集团敞口的外币资产的汇率波动风险。

【产业链条化金融支持】 2004年，海尔财务公司深入了解产业运作各环节中物流与资金流的运行轨迹，充分挖掘成员单位深层次的金融需求，积极借力广泛的外部金融合作网络，适时为成员单位提供最佳的个性化金融服务方案，成长为集团产业的综合金融服务商。同时开展消费信贷业务，以“一票到底”的服务与青岛海尔房地产有限公司共同建立海尔房地产项目，全年共完成了总金额128万元的个人住房贷款的发放工作。

【信用评价和风险管理】 2004年，海尔财务公司一是借助财务报表对偿债能力、盈利能力、发展能力及流动性等财务指标进行分析；二是在财务指标分析的基础上，结合集团的“星级评定”，汇集来自成员单位及标杆单位的最前端信息，对成员单位负责的经营能力、定单获取能力、市场份额和产品研发能力等非财务指标进行综合量化分析，真实、全面地反映其资产质量；三是建立了特色的“信贷资产五级分类+海尔星级考核体系”的信用评价和风险管理模式，实现了资产质量分类的“预警”机制。

【公司大事记】 10月15日 外管局青岛市分局《关于海尔集团实行经常项目外汇资金集合管理的批复》（青汇复[2004]26号）同意由海尔集团授权海尔集团财务有限责任公司启动集团外汇资金集合管理试点项目。

12月31日 海尔财务公司全年实现营业收入1.5亿元，利润总额突破1亿元。

（赵丽丽）

四、邮政储汇局

山东省邮政储汇局

【第一负责人简介】 孙江涛，山东金乡人，1967年生，中共党员。毕业于山东经济学院财政金融系，经济学学士，高级会计师。1989年7月至1998年12月，在山东省邮电管理局计划建设处从事基建财务管理工作；1999年1月至2000年3月，在山东省邮政局计划财务处从事财务管理工作；2000年3月任省邮政局账务管理中心主任（副处级）；2000年7月任省邮政局工程建设处副处长；2001年8月任泰安市邮政局副局长、党委委员、纪委书记；2003年11月任山东省邮政储汇局副局长；2004年2月任省邮政储汇局局长、局党委副书记。

【综述】 2004年，山东邮政金融以支持经济建设，服务城乡居民为己任，充分发挥邮政品牌和网络优势，经营管理水平不断提高，各项业务取得了较好的发展。

截至年底，山东邮政储蓄存款余额948.52亿元，较上年底净增124.49亿元，居全省金融系统第4位，余额市场占有率达到12.28%。累计开发电子汇票672.52万笔，开发款额67.01亿元；兑付汇款907.35万笔，兑付款额89.36亿元。中间业务代理量达到92.51亿元。代理保险业务代收保费达到23.70亿元。同时积极上划资金，支持国家邮政局储蓄资金自主运作。2004年，国家邮政局先后向山东返还资金183.03亿元，用于支持地方经济建设。

【内部管理】 2004年，山东省邮政储汇局以防范邮政金融风险和邮政储汇案件为重点，以抓控制、强管理为手段，加大稽查力度，规范资金管理，确保邮政金融业务依法合规经营和健康发展。一是制定下发了《邮政金融风险评价标准(试行)》、《邮政储蓄防范“空存实取”管理办法》、《邮政储汇资金临时存款账户管理办法》等十几个规章制度，健全完善了内控及风险防范制度；二是做好金融法律法规的贯彻落实，职工金融法律知识水平大大提高，部门依法合规经营意识不断增强；三是加大对储汇业务稽查力度，先后开展内控和风险防范大检查、专项检查、抽查等形式检查10多次；四是在储汇资金管理中，坚持“以防范资金风险为目的，以完善结算手段为目标，以优质服务为宗旨”的指导思想，通过严格管理、规范要求，在加强资金管理、控制资金风险、降低资金成本、提高资金效益方面取得显著成效。

【电子化建设】 2004年12月12日，山东邮政储蓄统一版本工程成功切换上线。目前，该系统运行稳定、交易正常，创造了全国各省邮储数据集中速度和质量的先例，进一步优化了山东省邮政储蓄系统的网络结构，增强了系统的市场应变能力和业务服务能力，提高了邮政储蓄的风险管理水平。

【新兴业务】 2004年，山东省邮政储汇局高度重视绿卡长效业务的发展，着力打造邮储银行卡品牌形象。一是通过组织“爱我邮政 刷我绿卡”活动，全力启动内部卡消费；二是开展“回函邮简抽奖”、“邮政绿卡行天下 猴票珍邮带回家”等一系列活动，力促外部用户使用绿卡。全省绿卡业务得以有效启动，在增加有效发卡量、更换和发放银联标识卡、激活卡消费市场、发展特约商户等方面获得了长足的进步。

此外，该局还大力开拓邮政国际汇兑市场，积极开展业务促销活动，着力突出西联汇款业务主线，带动银邮汇款和邮政国际电子汇兑业务的发展，实现了国际汇兑业务的全面发展。

【网点建设】 2004年，山东省邮政储汇局加大邮政金融网点建设力度，促进了各项业务的发展。截至年底，全省邮政储蓄网点达2713个，彻底消灭了邮政储蓄非联网网点，联网率达到100%；邮政汇兑为2815个，联网网点达到2620个，联网率达到93.07%；新增西联网点1239处。

（梁　骞）

五、办事处

中国信达资产管理公司济南办事处

【综述】 中国信达资产管理公司（以下简称“信达公司”）是经国务院决定设立的，管理、处置和收购国有银行不良资产的国有独资非银行金融机构，于 1999 年 4 月 20 日在北京正式成立，注册资本 100 亿元人民币。中国信达资产管理公司济南办事处（以下简称“信达济南办”）是信达公司的分支机构，成立于 1999 年 9 月。

2004 年，信达济南办坚持“千方百计提高资产回收率，千方百计降低处置成本”的经营方针，人均处置金额和户数、人均回收现金、处置回收率、处置费用率四项主要指标连续 4 年保持全系统和省内同业的先进水平。全年累计政策性接收和商业化收购建行、开行、中行、交行金融不良资产 746.8 亿元（含接收本金、应收利息、表外划转利息），涉及企业近 2.4 万户。截至年底，未处置债权本金合计 318.6 亿元。其中，政策性债权本金 113.3 亿元，商业化资产和委托资产本金 205.39 亿元（包括中行可疑类债权本金 106.32 亿元，交行可疑类债权本金 52.04 亿元，银建国际委托债权本金 47.03 亿元）。政策性债权资产累计处置 138.37 亿元，债权处置率 55.37%；累计回收现金 35.17 亿元，现金回收率 31.21%；累计支出三项费用 13490.1 万元，按债权回收计算的现金费用率 3.83%。

【主要经营指标】 截至 2004 年底，信达济南办累计回收现金 73539 万元（不含办事处签约中间业务收入），其中，规模内购入贷款回收现金 60992.75 万元（不含政策债转股回收现金，下同），收购交行不良资产回收现金 4777.14 万元。三项承包费用支出 2196 万元，比预算减少支出 266 万元。交行资产处置支出费用 137 万元，现金费用率 2.87%，低于核定现金费用率 1.13 个百分点。处置规模内资产 131199 万元，处置银建委托资产 80441 万元。实现中间业务收入 180 万元。新接收商业化收购和委托中、建、交行等资产 279.92 亿元。下属龙信公司资产总额达 1.15 亿元，实收资本权益率 117.32%，对外投资实现了保值增值的经营目标。

【不良资产的接收】 2004 年，信达济南办针对不良资产接收工作批次多、任务重等特点，专门成立接收机构，通过统筹安排，按照时间进度要求，动员全体员工，按时完成了接收工作。全年共接收建行打包贷款，建行、交行、中行可疑类贷款 4 批 279.92 亿元。

【不良资产的处置】 2004 年，信达济南办在不良资产处置方面做了以下工作：

一、深入开展招商工作。2004 年，该办充分利用山东省债权资产交易市场的平台优势，委托债权市场联合其会员单位统一招商宣传。全年共在省内有影响报纸刊登招商公告 29 次，各项目部的待处置项目全部招商一遍，节约了费用，取得良好的效果。

二、通过社会化、公开化处置提升资产价值。2004 年，该办重点对既无法重组又诉讼无效的项目进行市场化拍卖转让，促使很多几近颗粒无收的项目实现了回收最大化。全年共拍卖资产项目 86 个，涉及债权总额 134353.23 万元。其中，拍卖成交 72 个项目，回收现金 12919.57 万元；转让项目的成交价格平均比按最高报价确定的底价高近 9.5%。

三、加快实物资产的处置变现。2004 年，该办一是抓住经济回升，房地产等实物资产易于变现的有利时机，对多年处置无望、加快贬值的实物资产项目加快处置。全年实物处置回收现金 2330 万元，泰安华侨大厦、喜加利大酒店等一批老大难项目得到处置；二是对库存的服装、管件等抵债物资全部进行了处置清理，退掉仓库，节省了保管费用。

【债转股股权管理】 2004 年，信达济南办加强债转股股权管理，主要工作有：

一、积极行使股东监督权，维护公司股东权益。2004 年，该办一是严格执行股权管理内部决策程序，协调股东代表、外派董监事认真履行有关职责，维护股东权益。全年共召开股权管理委员会会议 21 次，共审议企业议案 150 多项；二是对公司提交的决议案进行认真研究，保障了决策的及时性、有效性。全年股东代表、外派董监事参加股东会、董事会、监事会 23 次，缓议有问题议案 4 项，否决企业不合理议案 7 项，有力地促进了控股和参股公司的内部管理。

二、加强对债转股企业年度决算审计的管理。2004 年，该办通过与债转股公司协商，争取到了对 9 家企业提名年度决算审计机构的权利。在审计过程中，进行跟踪调查了解情况，对于发现的财务问题及时要求其进行纠正，并通过股东会、董事会、监事会决议的形式要求公司规范关联交易、投资、担保等重大事项的决策程序，切实加强控制和管理。

三、加强对债转股企业重大投资项目的管理。2004年，该办一是对山东东岳能源有限公司提出的总投资30亿元氧化铝、焦碳及煤炭项目，要求公司严格控制投资规模，按一期年产氧化铝15万吨实施并配套建设相应规模的电厂、焦化厂，年度投资计划控制在5亿元以内；二是对山东鲁泰煤业有限公司部分投资项目与主业关联度较小等问题，要求公司对投资项目将资金用于优先发展与公司主业有关、盈利能力强的项目。

【中间业务】 2004年，信达济南办着力开拓中间业务，工作有了显著成效。

一、新开展了企业债权受托追偿业务。2004年，该办在对受托处置资产项目进行大量调查分析的基础上，成功处置了2个受托项目，涉及资产总额25951.71万元，取得中间业务收入180万元。其中，通过与中石化股份公司、淄博市政府谈判，山东骏兴集团有限公司、天龙纺织有限公司借款追偿项目获得了较圆满的解决，取得中间业务收入160万元；通过协助山东省政府驻京办收购中纺置业股份公司的股份，取得中间业务收入20万元。

二、积极开展城商行不良资产的商业化收购、处置工作，拓展业务发展空间。2004年6月3日，该办与山东银监局联合举办了全省城商行市场化处置不良资产工作座谈会。与省内几家城商行洽谈有关项目的购买或委托处置事宜，并与威海市、烟台市商行初步达成以“买断回购”方式合作处置其不良资产的方案。其中，与威海市商行合作处置不良资产的方案已报总公司待批。

三、大力拓展投资银行业务。2004年，该办一是配合总公司完成了对泰山玻纤上市辅导及验收工作，并积极促进泰山玻纤与邢台玻纤厂的合作；二是成功操作了中国蓝星集团与东大化工的战略合作，为提升公司股权退出价值创造了条件。

【债权资产交易市场发展】 2004年，信达济南办开办的山东省债权资产交易市场引起了监管部门的重视，中国银监会前来调研，山东省银监局领导从建立商业银行风险处置长效机制角度做出重要批示，要求在山东积极推动区域性金融不良资产交易市场建设。10月份以来，该办与银监局有关处室密切配合，起草完成了《关于建立区域性金融不良资产交易市场的实施意见》等若干文件，明确了银监局推动、各家金融单位参加、银行业协会负责协调、信达济南办主办的工作思路，使省债权资产交易市场的建设大大向前推进了一步。

【内部管理与队伍建设】 2004年，信达济南办加强内部管理和员工队伍建设，主要做了以下工作：一是抓好政治理论学习，党员带头深入贯彻落实党的十六届四中全会精神，坚持依法合规处置资产，确保金融安全；二是落实党风廉政建设责任制，深入开展职业道德和遵章守纪教育活动，提高员工道德素质，增强防范经营风险和道德风险的能力；三是抓好“健身、暖心、读书”三项工程，增强员工的凝聚力。通过举办职工运动会、组织职工家属联谊会、鼓励员工参加各项执业资格考试等活动，丰富员工的业余生活，对提高工作效率起到了良好的推动作用。

【金融大事记】 3月29日 信达济南办就淄博商行委托的齐鲁石化等3家单位债权债务诉讼案件与淄博市政府进行协商，达成和解，使该委托项目得以顺利处置，取得中间业务收入160万元。

4月12日 信达济南办召开2004年工作会议，朱金叶主任做题为《适应新形势 落实新要求 再接再厉 努力拼搏 全面完成3年承包和2004年各项任务》的工作报告，与各项目部及业务部门负责人签订目标责任状。赵宗仁副主任公布“竞聘上岗、优化组合”结果，李月瑾副主任宣读《关于表彰2003年度先进集体、先进工作者的决定》。

5月18日 信达公司党委委员、纪委书记、工会主任刘亚晶代表公司党委和工会，向信达济南办颁授全国金融“五一劳动奖状”荣誉证书和奖金。

5月26日 信达济南办与淄博矿业集团康业投资有限公司签署股权转让协议，向其转让该办受托建行持有的山东东华能源有限责任公司2076万元股权。

9月27日 审计署驻济南特派办审计组进驻信达济南办开始现场审计。

11月22日～12月5日 山东银监局检查组对信达济南办进行为期两周的现场检查。

12月29日 信达济南办与淄博市焦化煤气公司签署股权转让协议，将持有的淄博诚信燃气有限公司4800万元的股权实施转让。

（冯保和）

中国华融资产管理公司济南办事处

【第一负责人简介】 王晖，男，1955年6月出生，汉族，籍贯北京，大学文化程度，1971年12月参加工作，1985年加入中国共产党，高级经济师。1971年12月至1978年3月在人行北京分行工作，1979年3月至1983年3月在北京经济学院学习，1983年3月至1984年5月在人行北京分行工作，1984年5月至1996年8月任工行北京分行信贷处科长、处长，1996年8月至2000年3月任工行东城支行行长，2000年3月至2003年6月任中国华融资产管理公司北京办事处党委委员、副总经理，2003年6月至2005年3月任中国华融资产管理公司济南办事处党委副书记、副总经理（主持工作），2005年3月起任中国华融资产管理公司济南办事处总经理、党委书记。

【综述】 中国华融资产管理公司是经国务院批准设立的具有独立法人资格的国有独资金融企业，于1999年10月19日在北京正式成立，注册资本100亿元人民币，主要业务是收购、管理和处置国有商业银行剥离的不良资产。中国华融资产管理公司济南办事处（以下简称“华融济南办”）是华融公司在山东的分支机构，于2000年4月24日正式挂牌成立。

2004年，华融济南办共处置不良资产407户，处置账面资产19.77亿元，回收现金3.78亿元，百元回收现金费用率为2.83%。另外，委托转股收回现金1.15亿元。

【不良资产的接收情况】 截至2004年末，华融济南办累计收购工行剥离的不良资产企业2655户，确权金额为259.30亿元（收购金额211.22亿元）。其中，呆滞、可疑类1715户，确权债权173.63亿元，占确权金额的66.96%；债转股类23户，确权金额38.64亿元，占确权金额的14.90%；呆账类918户，确权债权47.03亿元，占确权金额的18.14%。

【不良资产的管理和处置】 2004年是华融公司实行整体承包经营责任制改革的第一年。华融济南办通过强化基础管理、坚持规范操作、加快处置进度等措施，取得了明显的成绩。

一、落实各项任务，确保改革的顺利进行。2004年，该办认真开展了对剩余资产的摸底排队，并将公司下达的计划落实到各部门，同时把握好处置的顺序、节奏和人员安排，努力做到整体最终处置回收率最大化和成本费用率最优化。

二、抓重点、抓大户，促进全年计划任务的实现。2004年，为完成公司下达的现金回收计划，该办确定了7个大户企业作为工作重点，成立了项目组，实行总经理负责制，并加强了重点项目的调度，及时解决工作中遇到的问题，取得了比较明显的效果。

三、加大资产营销力度。2004年，该办在坚持依法合规操作的同时，加大了打包处置的工作力度，做好处置项目的推介和营销工作，同时有针对性地开展营销活动，努力实现项目处置效率与效益的有机结合。11月9日组织了一次存量资产公开招商推介活动，向社会投资者公开推介债权资产包107个，涉及企业1125户，债权金额85亿元，股权8户，金额13.4亿元，实物资产7宗。会上共签署框架协议12个，涉及债权金额63128.25万元；签署意向书24份，涉及债权金额144778.08万元。

【债转股情况】 2004年，华融济南办进一步加大股权管理和转让工作力度。一是不断完善已成立新公司的债转股企业法人治理结构，为新公司的生产经营和长远发展奠定基础；二是在完善内部决策程序的前提下，积极参加企业的年度股东会、董事会、监事会，参与对企业经营中重大问题的决策，维护出资人的合法权益；三是认真做好股权退出工作，完成了烟台万华华信合成革有限公司的股权转让，预计收回现金13416万元，其中，当年收回现金8028万元；四是对尚未完成债转股新公司注册工作的企业采取措施，解决非债非股的问题；五是加强与持股企业的联系，取得分红收入439.93万元。

【内部管理】 2004年，华融济南办进一步加强内部管理，一是开展了质量管理体系文件的编写工作，并制定债权、股权《资产管理细则》等制度28个，明确了各岗位的业务范围、工作职责和操作程序；二是积极配合审计署的全面审计工作，对发现的问题及时整改，同时完善制度，强化管理；三是加强部门之间的监督制约，对内、外部审计中发现的问题，做好“待处理问题台账”和“整改情况统计表”的登记和销账工作，切实做到“整改无疏漏、项项有结果”，促进了内部管理水平的提高；四是实行客户回访制度，向办事处成立以来终极处置项目的转让人、受让人以及参与处置活动中的中介机构发放函件370份，从反馈情况看，未发现员工在与债务企业、中介机构及其他有业务往来的单位交往中存在违规违纪的情况。

【队伍建设】 2004年，华融济南办注意加强领导班子和员工队伍建设，一是认真抓好党委中心组的学习，党委成员带头在联系思想实际和工作实际上下功夫；二是抓党风廉政建设，层层签订《廉洁自律责任书》，强化了员工的自律意识；三是坚持定期集中学习制度，不断提高员工的业务素质；四是加强企业文化建设，开展了各种丰富多彩的文体活动，增强员工的凝聚力。

【金融大事记】 2月10日 华融公司董东庆副总裁等一行3人到济南开展工作调研。

2月26日 华融公司党委决定免去李玉梅济南办事处党委书记、总经理职务，并办理退休手续，由王晖主持工作。

3月3日 华融济南办召开全体员工大会，传达公司召开的办事处党委书记、总经理工作会议精神，安排部署2004年工作。

3月9日 华融公司杨家思副总裁等一行3人到济南开展工作调研。

6月29日 审计署驻济南特派办杨新民特派员带领审计检查组正式进驻华融济南办，并召开了审计检查组全体成员及全体员工参加的动员大会，对工作进行了动员部署。

8月17日 华融公司郑万春总裁助理等一行4人赴济南开展调研并指导工作。

9月9日 华融济南办ISO9000质量管理体系文件编写工作完成，正式在"华融知识管理系统"上载发布，标志着该办内部管理工作取得了重要的阶段性成果。

11月9日 华融济南办在举办了资产招商推介会，向社会投资者公开推介债权资产包107个，涉及企业1125户，债权金额85亿元，股权8户，金额13.4亿元，实物资产7宗。

11月25日 审计署驻济南特派办检查组对华融济南办的审计工作基本结束，检查组对检查情况进行反馈。

（王志新 葛 艾）

中国长城资产管理公司济南办事处

【第一负责人简介】 李文山，男，1946年11月出生，山东菏泽人，高级经济师。1968年8月于中国人民银行垦利县支行参加工作，历任人民银行垦利县支行营业所会计、办公室主任、副行长等职；1981年11月调入农业银行工作，历任农业银行惠民地区中心支行计划科副科长、惠民地区干校副校长、惠民地区中心支行副行长、行长等职；1995年7月任农业银行山东省分行副行长，2000年1月起任长城资产管理公司济南办事处党委书记、总经理。

【综述】 中国长城资产管理公司济南办事处（以下简称"长城济南办"）是中国长城资产管理公司（以下简称"长城公司"）在山东省派驻的分支机构，2000年3月3日正式挂牌成立，负责管理和处置长城公司在山东省境内收购的不良金融资产。

【不良资产的接收】 长城济南办于2000年从山东省农行系统收购不良资产12万户，等价收购不良资产金额181.31亿元，占长城公司在全国收购资产总户数的6.3%、总金额的5.2%。

【不良资产的处置和回收】 5年来，长城济南办在总公司的正确领导和社会各界的大力支持下，克服困难、开拓创新，资产处置和回收的各项工作均取得显著成效。截至2004年底，全辖已累计销户11.9万户，累计处置不良资产原值129.57亿元（不含政策性债转股），完成收购总额的71.46%，呆账贷款及80万元以下贷款已基本处置完毕，并在4个地区实现了整体退出；历年累计回收现金10.73亿元，现金回收总额名列全国第5位，连续5年超额完成总公司下达的现金回收计划。

2004年，长城济南办坚持"抓主体、带两翼、超目标、谋发展"的战略思路，以不良资产整体打包为带动，全年累计处置不良资产原值33.15亿元，完成总公司下达计划的118.4%；累计回收现金2.33亿元，完成总公司考核计划的115.9%。同时积极探索资本金运营和投资银行等业务，累计实现非自用固定资产经营收入885万元，完成全年计划的100.6%；实现投资银行业务收入150万元，完成全年计划的100%。

【不良资产的管理和维护】 2004年，长城济南办对所辖资产采取“统一经营，分类管理”的模式，由前台3个部门分别承担“一体两翼”的经营任务，后台6个部门根据专业分工，搞好服务保障和审计监督。同时，该办对各类资产均实施了逐户建档、动态监控。

【网站建设】 2004年，长城公司网站共分三个层次：一是长城公司对外网站（http：//www.gwamcc.com），对社会各界公开信息；二是长城公司综合经营管理系统网站，为公司内部专用的核心业务网络；三是长城济南办内部网站，供办事处内部员工使用。

【内部管理和队伍建设】 2004年，长城济南办强化内部管理，加强队伍建设，取得一定成效。

一、建立了严格的内控机制。2004年，该办制定了凡涉及经营管理、改革和业务发展的重大事项、干部的任免、调配、奖惩等重要问题，均由党委会集体讨论决定；凡有关制度的出台、重要工作任务的部署等，均由总经理办公会集体研究决定；凡重大、疑难的评估项目必须经评估审核委员会集体审议等7项规定，有效规避了各类经营风险。

二、2004年，该办自上而下树立了“依法、稳健、开拓、效益”的经营理念和“责任、诚信、协作、创新”的价值观，培育了一支团结拼搏的优秀团队，形成了富有特色的企业文化。该办有10名同志被总公司评为全国“先进工作者”，1名同志被评为全国“青年岗位能手”，1名同志被评为全国“先进女职工”，1名同志被评为全国“先进女职工工作者”，办事处女工委被总公司评为全国“先进女工委”。

【金融大事记】 3月15日 长城济南办召开2004年度工作会议，研究部署全年工作，确定年度经营目标。

7月9日 山东银监局检查组一行20余人进驻长城济南办，对该办2002～2003年经营管理活动进行20多天的全面现场检查。

11月8日 国家审计署济南特派办正式进驻长城济南办，对该办2000～2003年经营活动进行为期1个月的全面审计。

12月 长城济南办运作的济南、青岛、德州、滨州地区和80万元以下债权，共计5个不良资产整体打包项目，全部成功实施，累计处置资产原值24亿元，首期累计回收现金8700万元。

（申希国）

中国东方资产管理公司青岛办事处

【第一负责人简介】 刘炳文，男，山东青州人，1947年5月出生，1969年2月入伍，1972年1月入党，历任青岛警备区守备48团战士、排长、宣传处正连干事、第三干休所副政委等职务；1986年1月至1993年5月，任中国银行山东省分行人事处副处长、外贸信贷处副处长、人事处处长等职务；1993年6月至1998年11月，任中国银行青岛市分行行长、党组书记；1998年12月至1999年12月，任中国银行山东省分行代行长、代党委书记；2000年1月起，任中国东方资产管理公司青岛办事处总经理、党委书记。

【综述】 2004年，中国东方资产管理公司青岛办事处（以下简称“东资青岛办”）按照国家财政部确定的3年承包任务的总体要求和总公司的工作部署，切实加强不良资产的管理维护，大力抓好不良资产的处置和现金回收，取得了回收现金创历年新高，各项管理费用支出为历年最低的优异成绩。

【不良资产的接收】 截至2004年末，东资青岛办接收中国银行山东省分行（以下简称“中行山东分行”）剥离的政策性不良资产企业1174户，金额265.39亿元。其中，债权企业1155户，金额207.60亿元，分别占总户数和总金额的98.38%和78.22%；政策性债转股企业19户，金额57.79亿元，分别占总户数和总金额的1.62%和21.78%。此外，还接收了中行山东分行的损失类贷款139.35亿元，并通过市场化运作收购了中国建设银行山东省分行（以下简称“建行山东分行”）的可疑类贷款73.85亿元。

【不良资产处置和回收】 2004年，东资青岛办将不良资产处置回收工作作为重中之重，根据项目情况，通过债权转让、债权出售、资产拍卖、打包、法律追偿等不同方式，加快不良资产处置进度，提高回收率。

一、严格处置审查程序。2004年，该办召开处置评审会议53次，审查处置方案225个，金额38.64亿元。通过严格审查，批准处置方案208个，金额36.40亿元。其中，权限内项目181个，金额12.31亿元；上报总公司批准项目27个，金额24.09亿元。

二、加快政策性不良资产处置进度。截至2004年末，该办累计处置政策性不良资产145.41亿元，占接收总金额的54.79%；处置涉及的企业599户，占接收总户数的

51.02%；累计处置终结427户，金额35.29亿元，其中，当年终结112户，金额15.71亿元；尚有575户、119.98亿元的不良资产未进行处置。

三、回收现金创历史最高水平。2004年，该办回收现金5.31亿元。其中，债转股项目股权退出回收现金1.09亿元；债权项目处置回收现金4.22亿元，是办事处成立5年以来回收现金最多的一年。截至年末，该办累计回收现金15.72亿元，其中，债权项目处置回收现金14.61亿元，在总公司25家办事处中列第3位。

【不良资产的管理】 2004年，东资青岛办采取有效措施，积极做好不良资产的管理工作。一是落实目标责任制。根据债权资产分布状况，将全省分为6个片域，把管理责任落实到项目经理个人，同时对债转股企业强化管理，调整了其股权管理部门；二是完善相关规章制度和工作流程。重点通过修订资产审查委员会工作规程、成立投资管理委员会、完善管理程序等工作，规范不良资产的管理；三是及时通过媒体发布催收公告和向企业发送催收函，对资产权益进行维护；四是通过行政、法律手段维护权益。对工作不配合和恶意逃废债务的企业，通过人民银行“黑名单”进行制裁或及时向法院提起诉讼，查封、保全资产。

【债转股进展情况】 截至2004年末，东资青岛办接收的19家政策性债转股企业中，已明确不再进行债转股的5家，金额18.92亿元；非债非股的4家，金额11.19亿元；完成债转股注册登记11家，金额17.45亿元，其中，由该办牵头的完成注册登记7家，金额15.24亿元，非牵头的完成注册登记7家，金额2.21亿元。债转股过程中，该办持有的股权缩水10.02亿元。

2004年，该办还完成了莱钢集团、浪潮集团2家债转股企业的股权退出工作，退出股权2.06亿元，回收现金1.09亿元，回收率52.91%。

【思想政治工作】 2004年，东资青岛办围绕中心任务，认真扎实地开展思想政治工作。一是以基层党支部为单位，开展了评选先进党支部和优秀共产党员活动，并组织优秀党员到西柏坡接受革命传统教育；二是有针对性地开展普法教育；三是组织学习了中国共产党《党内监督条例》和《纪律处分条例》；四是把思想政治工作同日常实际工作紧密结合起来，提高员工的思想觉悟，增强队伍的向心力和凝聚力。2004年，有6名同志被东资青岛办评为优秀共产党员，3名同志获得总公司的表彰奖励，其中，姜宏同志荣获“全国五一劳动奖章”。

【金融大事记】 3月10日 东资青岛办召开2004年工作会议，传达贯彻总公司2004年工作会议精神，总结上年工作，部署全年工作任务。

4月13日~6月18日 国家审计署驻济南特派员办事处审计组一行19人，对东资青岛办进行了全面审计。

6月11日~13日 总公司梅兴保副总裁到东资青岛办对中行山东分行和建行山东分行的可疑类贷款状况进行调研。

6月21日 东资青岛办刘炳文总经理、隋政助理总经理参加济南正昊化纤公司董事会会议。

7月1日 东资青岛办召开全体党员大会，对6名优秀共产党员进行通报表彰。

8月20日 东资青岛办召开工作会议，传达贯彻总公司半年工作会议精神，动员员工完成全年各项工作任务。

9月20日~22日 总公司梅兴葆副总裁到东资青岛办检查指导工作，重点检查了债转股工作进度情况。

10月17日 按照总公司的指示，东资青岛办派出5名员工到福建参加闽发证券托管工作。

10月20日 东资青岛办吴少杰助理总经理到总公司汇报重点项目、大项目处置方案。

11月9日~11日 东资青岛办刘炳文总经理到北京参加总公司资产管理和处置工作会议。

12月4日 总公司梅兴葆副总裁到东资青岛办宣布党委决定：李志环同志任东资青岛办总经理、党委书记，刘炳文同志任东资青岛办巡视员。

（赵锡义）

六、银联公司

中国银联股份有限公司济南分公司

【第一负责人简介】 李金良，高级工程师，原就职于人行济南分行科技处。2001年5月至2002年4月，出任山东银行卡网络服务中心总经理；2002年3月至今，任中国银联股份有限公司济南分公司总经理，长期从事银行卡工作，为山东省银行卡发展做出了突出贡献。

【综述】 中国银联股份有限公司济南分公司（以下简称“银联济南分公司”）经人民银行批准于2002年10月18日成立，为中国银联股份有限公司直属分公司。成立以来，公司本着“联合建设、联合经营、共同发展”的原则，改善山东银行卡受理环境，促进银行卡的联网通用，推动了山东银行卡产业的快速发展。

【业务发展】 2004年，为了向持卡人提供更优质的服务，银联济南分公司联合各入网成员机构，坚持优化网络，提高运行质量。全年中心主机系统运行稳定，各外围网络通讯设备均运行正常，主机可用度、网络可用度均为100%；系统成功率为98.98%，同城ATM交易成功率88.71%，异地ATM交易成功率83.32%，同城POS交易成功率88.06%，异地POS交易成功率81.07%。

随着联网通用的不断深入和持卡人用卡意识的提高，山东省银行卡跨行交易快速增长。2004年，银联济南分公司完成ATM和POS总交易笔数4632万笔，同比增长164.7%；清算总额160亿元，增长106%。其中，ATM交易3317万笔，交易金额61.3亿元，分别增长63%和47%；POS清算1415万笔，消费金额99.4亿元，分别增长108%和170%。

受理环境大为改善。目前，山东省联网商户已超过6000家，POS机超过13000台，联网ATM超过4000台，银行卡提供的各项服务功能不断完善，银行卡业务发展和联网通用取得了阶段性成果。

【银行卡新功能】 2004年，银联济南分公司进一步开发银行卡的新功能，为持卡人提供更加方便、快捷的服务。一是实现持卡人利用ATM终端等设备进行跨行卡卡转账，满足部分银行发行的贷记卡的还款问题。首批开通此业务的银行有中信、兴业、浦发、光大、济南农信、泰安农信、潍坊商行、威海商行及临沂商行；二是实现公共支付；三是开通“柜面通”业务，目前，民生、临沂商行、潍坊商行、淄博商行、日照商行、深发展，浦发、恒丰、威海商行和中信10家银行开通此项业务；四是开展移动支付业务，目前主要开通的功能包括查询业务、缴费业务，即将开展的有跨行转账业务、远程支付业务等。

（张善广）

七、金融院校

山东轻工业学院金融职业学院

【第一负责人简介】 唐宴春，女，1951年6月生，山东省龙口市人，大学文化程度，共产党员，教授。1971年9月在山东黄县参加工作；1973年9月至1975年8月，在山东财政学校学习，毕业后留校任教；1976年10月调入山东银行学校，历任教研室副主任、主任、副校长等职务；2001年6月，组建山东轻工业学院金融职业学院后任副院长，党委成员；2002年12月任党委副书记、副院长，主持学院行政工作；2004年3月起，任山东轻工业学院金融职业学院院长。

【综述】 山东轻工业学院金融职业学院（以下简称“山轻金融学院”）组建于2001年6月，是经鲁编办（2001）49号文件批准，由原山东银行学校整建制划转到山东轻工业学院，实行二级法人管理体制。学院下设6个教学部门，设置金融学、会计学、财务管理、法学、市场营销、信息管理与信息系统等专业，全日制在校生2100余人。现有教职工202人，其中，在职职工151人，离退休职工51人。专职教师均具有本科以上学历，其中，教授2人，副教授33人，讲师53人。

2004年，山轻金融学院一是不断拓宽服务领域，为全省金融系统培训在职人员，基本形成了多层次、多形式的办学体系；二是充分体现“激励创新，发展个性，讲究综合，提高素质”的教学思想，建立了完整的课堂教学、科学实验、学术活动和社会实践的综合教学体系；三是在管理工作中突出学生“知识——能力——素质”的整体优化，推行双证书培养模式（毕业证书+职业资格证书），全面推进素质教育；四是完善教学设施，并通过校园网，实现了网络化办公和教学资源的共享；五是加强师资队伍建设，提高办学层次、扩大办学规模；六是加强内部管理，提高服务水平。

【教学工作】 2004年，山轻金融学院一是完成了金融学、会计学、财务管理、法学、信息管理与信息系统、市场营销6个专业633人的招生工作，并制定了教学计划；二是顺利完成了2001级440人的毕业生就业工作，一次性就业率达到93.4%；三是实施精品课程建设工程（包括教学队伍、教学内容、教学方法、教材、实验和机制等方面的建设），逐步创立品牌课程；四是对骨干课程实行试题库管理，规范考试成绩管理系统；五是加大学生实训力度，强化点钞、小键盘录入、模拟银行、证券投资、财务会计实习等操作技能教学，提升学生适应市场的能力。

【内部管理】 2004年，山轻金融学院积极倡导以改革促发展、以发展促效益的管理理念，对原有的规章制度进行了补充完善。一是制定院内岗位（课时）津贴实施方案，打破了分配上的平均主义，体现向教学一线和重要岗位倾斜的原则；二是调整了内设机构，采取竞争上岗的方式，聘任中层干部42人，并对新任中层干部进行了培训；三是引进硕士以上学位青年教师12名，专任教师硕博比达16.7%。2人晋升教授，实现了正高职称的历史性突破；四是在毕业生就业工作中，采取走出去、请进来的方式，畅通出口渠道；五是新建ERP实验室，完成了校园网的域名注册（www.sqjrxy.com），并成功并入中国教育网；六是新建了篮球场，并增设足球场地灯光装置，美化了校园环境。

【成人教育】 2004年，山轻金融学院一是为人行济南分行、山东省银监局、淄博农信、烟台农信等金融系统举办各类培训班9期，参训人数715人，培训天数186天；二是承办了为期一个多月的人行济南分行处级干部党校培训班，来自辖内两省的55名行（处）长接受培训，杨子强行长出席开学典礼并发表重要讲话。

【科研工作】 2004年，山轻金融学院积极贯彻“以科研促教学”的工作思路，教师取得了丰硕的科研成果。其中，参加编写教材两本，计9.6万多字；在省级以上报刊杂志上发表学术论文42篇，计14.8万多字。另外，该院还组织教师参加各种学术会议，提升其授课和科研水平。

【思想政治工作】 2004年，山轻金融学院树立“教书育人、管理育人、服务育人”的工作新思路，不断加强教师队伍的思想政治建设。一是调整了党委理论学习中心组，提高党委决策水平；二是健全基层党团组织，改选党团支部和学生会，发挥党团支部的战斗堡垒作用；三是组织党员参观孔繁森纪念馆，重温入党誓词；四是在学生中培养发展党员56名，提高学生党员比例；五是加强校园精神文明建设，多次开展为贫困生送温暖活动。

（田清正）

第七部分

区域性商业银行及城乡信用社

一、城市商业银行

【济南市商业银行】 2004年，济南市商业银行围绕“抢抓机遇、乘势而上、奋力开拓、突破发展”的指导思想，全行员工共同努力，取得了较好的经营业绩。截至年底，全行总资产达236.40亿元，同比增加36.90亿元，增长18.50%；本外币存款余额171.77亿元，增加35.68亿元，增长26.40%，其中，储蓄存款35.32亿元，增长30.72%，外汇存款989万美元，增长12.64%；各项贷款余额168.7亿元，增加39亿元，增长30%；全年累计发放贷款150亿元，80%的贷款投向了中小企业；完成国际结算量1.63亿美元，增加1.40亿美元，增长616%；不良贷款余额下降77万元，不良贷款占比为3.47%，下降1.05个百分点；全年货币交易量突破1550亿元；实现经营利润3.82亿元，增长64%，实现账面利润1.0亿元，增长30%；全年上缴各项税金0.92亿元，增长41.54%。

2004年，济南市商行由于为地方经济发展做出了积极贡献，获得了该市“2133”工程工业投入先进单位及山东省“文明诚信百佳企业”等十几项荣誉称号。济南市商行开元支行被省政府表彰为“全省服务民营经济先进单位”。

一、“三会一层”顺利换届。2004年，济南市商行召开了三届一次股东大会，选举产生了新的董事会、监事会，并聘任了新的经营班子。同时，建立了独立董事和外部监事制度，设立了4个专业委员会，修改了公司章程，制定了9个方面的议事规则并逐步落实，初步搭建起职责明确、有效制衡的公司治理结构，进一步提高了法人治理质量。

二、实现中外合作，与国际接轨的步伐进一步加快。2004年，济南市商行成功与澳大利亚联邦银行（CBA）进行了股权认购及参与管理、技能引进、按揭业务合作三个方面的战略合作，成为山东省第1家实现对外合作的金融法人机构，在全国112家城市商行中是第4家。

三、进一步提高管理水平。2004年5月18日，济南市商行顺利通过ISO9001国际质量认证工作，通过ISO9001国际质量认证，该行切实强化了内部管理控制体系，优化了操作规程，从而使质量管理水平达到了新的高度。

四、推行“一岗两制”，调动全行工作积极性。2004年，济南市商行一是在等级行基础上全面推行“一岗两制”改革，对客户经理按模拟利润、综合柜员按业务量进行统一考核，进行了总部部门竞聘，激发了全行员工的经营积极性；二是聘请华信惠悦公司，基本制定了全行的薪酬改革方案；三是召开了全行人才工作会议，制定了干部管理办法和人才规划，启动了高级管理层的能力提升、业务骨干的专家培养和专业人才的专业达标三大工程。

五、加大营销力度，业务有了进一步发展。2004年，济南市商行进一步提高了科技水平，不断推出新的服务手段和业务品种，全行实现人均考核利润30万元。一是正式开通96588客户服务热线，适时推出了“宝宝成才储蓄”、“随意存”、仓单质押等新产品，14家支行开办了外汇业务，开通了银行汇票及银行结算账户管理系统等；二是强化开办新业务的通报制度，进行了大规模、多层次的客户经理培训，调动了全行学习新业务、推广新产品的积极性；三是实施金融进社区战略，大力营销个人消费贷款业务。截至年末，个人消费贷款余额13.48亿元，比年初增加6.22亿元，增长85.67%；四是筛选出了50家重点优质法人客户，由总部配备首席客户经理和首席客户经理助理，进行重点营销，在全行形成了“上下联动、本外币一体化”的营销机制；五是开展了“个人存款突击季”活动，四季度个人存款增加7.18亿元，创建行以来单季增长的最高纪录；六是积极发展票据贴现业务，14次调整贴现和上收利率，并加大转贴现力度，充分利用银行间市场资金，指导支行贴现业务的开展。全年累计发放贴现贷款132.75亿元，同比增加34.49亿元。其中，商业承兑汇票贴现66.83亿元，增加14.76亿元，占比50.34%；累计办理票据转出120.64亿元，增长8.85%；累计办理票据转入9.73亿元。全年实现利差收益1.46亿元，增长43.59%。

六、进一步推进精神文明建设。2004年，济南市商行一是组织干部员工深入学习了十六届四中全会精神及省委、市委工作会议精神；二是积极参加济南市“迎亚足赛、创文明城”活动，开展了“金融法规与诚信道德”知识竞赛、青年员工思想恳谈会，举办了第三届田径运动会、第三届业务技术比赛等活动；三是以行庆八周年和与CBA合作为重点，将宣传工作由境内延伸到境外，并创办了《商行报》，提升了社会形象。

七、制定了新的3年规划，进一步明确了发展思路。2004年，济南市商行制定了《2005～2007年发展规划》。一是明确了以科学发展观统领全行的经营指导思想，按照国际标准进行再塑再造，迅速提升综合竞争能力；二是确定了深化中外合作、实现跨区域发展等发展战略；三是制定了提升公司治理、强化风险管理等11项工作措施。

（李爱英　田　皓）

【青岛市商业银行】 2004年，青岛市商业银行按照年初确定的规范、提高、发展的工作主题，锐意改革，开拓创新，各项业务持续快速健康发展。

一、坚持稳健经营，稳步推进业务发展。

（一）进一步开拓市场，可用资金持续增长。经过几年的调整与发展，青岛市商行业务品种日趋齐全，业务功能和服务水平逐步得到客户认可，客户结构得到优化。2004年，该行进一步拓展市场，促进了业务发展，特别是通过与一些知名的大型生产制造商开办保兑仓业务，使银企关系更加密切。全年日均存款101亿元，增加13.3亿元，增长15.2%；日人均存款1073万元，增加149万元，增长16.1%。

（二）保持业务互动，带动存款发展。2004年，青岛市商行从整体发展出发，密切合作，通过开展承兑汇票、国际银行卡等业务，为资金稳定提供了很好的支持。其中，通过签发承兑汇票获得承兑保证金18.2亿元；发行银行卡52372张，卡存款余额2.45亿元。

（三）发挥一级法人优势，通过银行间同业拆借市场灵活筹措低成本资金。2004年，青岛市商行通过货币、票据市场，日均融入资金31亿元，极大地拓展了资金来源渠道，特别是利用一级法人优势，通过债券回购方式吸收了大量异地资金，支持了业务发展。

（四）大力发展零售业务，突出市民银行特色。2004年，在全市个贷市场出险率较高的情况下，青岛市商行及时调整个贷业务结构，健全风险防范体系。一是通过调整利率、贷款比例、违约金等措施，改善消费贷款资金投向；二是在全面检查的基础上，对个贷业务中存在的问题分类进行纠正，进一步规范了个贷业务的操作和管理，有效地防范了风险。储蓄存款在发行8.7亿元凭证式国债的情况下仍保持快速增长，余额达25.7亿元，增长21.2%。

二、快速反应，及时应对市场变化和宏观调控政策，防范风险。

（一）调整信贷投向和信贷资产结构，提高资产流动性。2004年，青岛市商行一是制定了授信业务风险处理应急程序和风险防范预案，建立风险预警机制，大大增强了对信贷风险的控制和防范能力。当年贷款本息回收率为100%；二是大力发展流动性强、风险程度低和收益大的票据业务。全年办理票据贴现业务44亿元，同比多增19亿元；办理票据转贴现70亿元；签发银行承兑汇票82亿元，同比多增33亿元。

（二）根据资金状况和市场走势，及时调整持有债券的结构。2004年，青岛市商行一是大幅减持债券。债券持有量在总资产中的比重由年初的26%降到20%，降低了因利率波动导致债券贬值可能带来的损失，提高了流动性，降低了回购交易成本；二是调整债券回购期限结构。逐步加大3个月以上期限的债券回购比重，降低了交易成本和因利率上升带来融资成本增加的风险；三是审慎参与债券市场，减少一级市场运作。适时退出了记账式国债和开发银行金融债券承销团资格。

三、拓展盈利渠道，经营效益进一步提高。2004年，青岛市商行在保持传统银行业务稳步发展的同时，大力发展中间业务，全年实现拨备前利润20580万元，增长40%。一是通过资产结构的调整，有效防范了风险，并带来良好的收益。其中，根据市场行情，适时减持债券10亿元，实现收益1500万元；通过转入转出银行承兑汇票，实现收益730万元；二是灵活调度资金和运用贷款浮动利率政策，对不同客户采用差别利率，增加了盈利能力，贷款利息收入同比增加1.2亿元；三是重点发展优质客户，根据客户需求制定营销措施，不断加大营销力度。全年发展客户246家，增长62.91%，完成国际结算业务量3亿美元，增长107%；办理贸易融资累计1.68亿美元，增长92%；实现国际业务收入人民币2014万元，增长91%；四是积极做好代收费业务的市场营销工作。3月22日，代收费业务平台与综合业务系统同时上线，该行先后与公共事业局收费中心、电业局、中国联通青岛分公司等单位签订了代理收费合作协议，开通了代收水费、煤气费、行政事业收费、电费和联通手机费业务，并增加了网点服务功能；五是积极开办以凭证式国债销售为主的中间业务。承销凭证式国债发行与兑付17亿元，获取手续费收入750多万元，运作相关资金收入约250万元。

四、积极推进资产置换，资产质量不断优化。2004年，青岛市商行对历史遗留的不良资产，通过置换、清收、处置等多种方式，积极开展工作，资产质量进一步提高。年末不良资产占比9.7%，同比下降2.3个百分点；不良贷款占比10.2%，下降6.8个百分点。一是积极推进不良资产置换工作。全年完成3.2亿元的不良资产置换，占不良资产处置额的39%；二是不断加大清收力度，通过登门催收、协商还款、依法清收等方式，收回现金6728万元，收回抵债资产679万元，并与部分欠款单位达成了还款协议；三是组织专门人员，彻底清理股东贷款和股本金中的历史遗留问题，共收回股东不良贷款3665万元，处置待界定风险贷款15950万元。

五、强化基础管理，提高内部管理水平。2004年，青岛市商行一是强化基础管理工作的规范化，新制定和修订了50余项规章制度，并先后对会计核算办法、贷款合同文本、风险控制制度、等级行考核办法等进行规范；二是制定了《贷款分类管理办法》等制度，并加强信贷人员培训，提高了贷款规范化管理水平，当年新增贷款综合收息率达100%；三是组建事后监督中心，集中对前台业务进行监督，通过完善监督流程，统一业务处理标准，减少了业务处理差错。7月份设立了风险控制部门，内控体系逐步完善；四是综合业务系统的成功上线，为新产品开发和业务流程再造打下了坚实基础。4月份以来，该行金桥卡在银联范围内，ATM跨行交易系统成功率达99.82%以上，POS交易成功率达到99.8%以上，位居青岛市各家银行第1位。

（牟晓丽）

【淄博市商业银行】 2004年，淄博市商业银行以支持地方经济发展为己任，开拓创新，强化管理，各项工作实现了新的跨越。截至年末，全行各项存款余额111.4亿元，同比增加15.9亿元，增幅16.66%，其中，储蓄存款余额27.27亿元，增长5.60亿元，增幅25.83%，储蓄存款占比较年初增长了1.82个百分点；各项贷款余额88亿元，增加17亿元，增幅23.95%。存、贷款增速继续在全市金融机构中位居前列。全年在提取呆账准备金1.66亿元、处理其他财务损失6216万元的基础上，实现利润7230万元，增加2929万元，再创历史最好水平。全年上缴各项税金7308万元，为地方经济发展做出了新的贡献。被表彰为“全市财源建设贡献突出企业”，并获得10万元奖励。

一、各项存款稳定增长。2004年，淄博市商行原生性存款保持了持续稳定增长，存款结构明显优化。截至11月2日，营业部各项存款突破10亿元，并为此获得该行第一笔行长奖励基金。截至12月末，全行企业活期存款与定期存款余额分别为37.32亿元和32.27亿元，活期与定期储蓄存款余额分别为11.53亿元和15.73亿元，同业存款余额2.17亿元，各项存款的增幅均超额完成了目标任务。

二、贷款业务发展良好。2004年，淄博市商行一是坚持以结构调整为主线，完善了以效益为中心，以市场为导向的营销机制；二是加强了贷款管理基础工作，进一步明确和落实了各个环节的责任及制度；三是注重分析市场，确立了符合质量效益原则的信贷政策、产品政策和贷款投向，资产结构和客户结构得到进一步优化；四是加强了对经济金融政策的研究和预测，及时调整经营策略，加强规模管理和资金调度，债券、票据结构日趋合理，资金营运水平明显提高；五是通过创新管理体制、优化贷款增量、盘活资产存量等措施逐步压缩不良资产。截至年末，全行不良贷款余额为4.65亿元，绝对额较年初减少9337万元，不良率5.29%，下降2.51个百分点，资产质量进一步提高。

三、中间业务快速发展。2004年，淄博市商行一是货币市场业务优势进一步巩固，债券业务量在全国城市商业银行中排名第9位，全国成员单位排名第22位，全年实现收入8000万元，实现利润1400万元，被中央国债登记结算有限公司评为“2003～2004年度全国银行间债券市场优秀自营结算成员单位”；二是票据市场业务进一步做大，全年实现收入4亿元，实现利润6000余万元；三是金达卡发卡量达25万张，较年初增加10.23万张，卡余额6.9亿元，增长2.2亿元，ATM和POS交易量66.41万笔，交易金额2.55亿元，列全市各银行卡交易量前三名；四是国际业务继续呈现良好的发展态势，截至年末，已在全球建立代理行180家，相互委托办理业务3076笔，开立外汇账户的企业有229家，累计办理国际结算3.11亿美元，发放外汇贷款5076万美元，人民币打包贷款8000万元人民币，吸收外汇存款余额947万美元，综合收益2125万元人民币。

四、强化内部管理。2004年，淄博市商行一是进一步修订了业务操作规范、授权授信管理办法，完善了包括决策层、管理层、经营层及监督层、保障层等在内的组织机构，明确了职责和权限；二是积极推行实施了贷款五级分类，信贷管理手段更加规范化、科学化；三是进一步完善了贷款风险监控机制及贷款责任追究制度，对于新产生的信贷风险加大了责任追究力度；四是制定了2004～2006年资本充足率达标规划，建立健全了科学的资本金补充机制，核心资本充足率达到4%以上，进一步增强了防范风险的能力；五是制定了《关联交易管理办法》，有效控制了关联交易与信贷集中风险；六是制定了《创建“良好银行”标准》，明确了今后发展目标。

五、推行企业文化建设。2004年，淄博市商行通过深化人事、干部体制改革，完善激励和约束机制，发挥和强化了特色企业文化的作用。一是创办了《商业银行导报》；二是建立了“商业银行企业文化中心”；三是建立并启动了董事长、行长奖励基金及员工救助基金制度，发挥了良好的激励效应。被表彰为全市“首批淄博市企业文化建设示范单位”、“淄博市思想政治工作先进企业”，荣获“山东省思想政治工作集体创新奖”。

六、加强党建及精神文明建设。2004年，淄博市商行一是认真学习党的十六大报告以及《中国共产党党内监督条例(试行)》、《中国共产党纪律处分条例》，并制定出台了《党员干部廉洁自律十项规定》、《党风廉政建设责任制实施细则》等制度；二是组织全体党员参加了“学党章、守纪律”教育活动和“两个务必”作风纪律教育活动，开展了“为党旗添光彩、为商行做贡献、为员工做表率”活动，使基层党组织的战斗堡垒作用和党员干部的模范带头作用得到了充分发挥；三是全年共发展党员13名，壮大了党员队伍；四是开展了一系列丰富多彩的精神文明创建活动，举办了第四届职工运动会、第六届业务技术比赛。获得全市红旗团委、“山东省党员教育工作先进单位”等荣誉称号。

（冯　波）

【烟台市商业银行】 2004年，烟台市商业银行按照“改革创新年”和“清收变现年”确定的各项工作任务，以改革创新、协调发展为主题，把握重点，硬化措施，狠抓落实，有力推动了各项业务经营持续稳健协调发展。截至年末，全行各项存款余额129.97亿元，增加8.25亿元；各项贷款余额98.91亿元；资产总额201.3亿元；实现利润0.51亿元。

一、法人治理结构不断完善。2004年，烟台市商行全面完善法人治理结构，增强约束自衡能力。一是召开了二届二次董事会、监事会和股东大会，增补了独立董事和外部监事；二是初步建立了有效的董事会、监事会工作机制，并做好成立关联交易控制委员会、提名委员会、薪酬与考核委员会、风险管理委员会的各项准备工作；三是修订完善了“三会”议事规则，制定了股权和关联交易两个《管理办法》，进一步加强了股权管理。

二、加快推进改革步伐，内部活力不断增强。2004年，烟台市商行一是优化机构资源配置。在充分考察论证的基础上，对7处支行进行了迁址，使全行营业机构布局更加合理；二是全面推行了干部竞聘上岗制度，并对部分部门的科级干部进行了公开竞聘；三是实施了等级行管理制度。自下半年开始，对各支行进行了等级管理和考核，并与薪酬挂钩，有效提高了各支行的经营效果；四是成立了票据中心，规范全行票据业务管理；五是实行会计主管委派制，进一步强化财务管理，提高了总部调控能力。

三、坚持多措并举，不良资产化解工作取得重大突破。2004年，烟台市商行结合不良资产实际情况，加强了与法院等部门的合作，采取多种有效措施予以清收和变现，对全行历史遗留下的9亿元不良贷款进行了置换。

四、加强信贷管理，进一步加大支持地方经济建设的力度。

（一）加强制度建设。2004年，烟台市商行一是建立了统一的客户授信管理制度，有效实施信用总量的内部风险控制；二是建立健全集体审批机制，提高了信贷决策水平和控制防范风险的能力；三是完善了信贷基础管理规章制度，对信贷业务各个环节监督控制更为有效；四是制定规范了贷款风险分类制度，加强不良贷款的风险检测，提高信贷资产质量。

（二）培育客户群体。2004年，烟台市商行牢固坚持“立足地方，面向中小，服务市民”的市场定位，努力培育了全行基本的客户群体。截至年末，全行累计为3000多户企业发放贷款4069笔，金额69.19亿元；与开行、市国有资产管理有限公司签订了贷款委托合作协议，共向全市15家企业发放了1.83亿元委托贷款。

（三）明确贷款投向。2004年，烟台市商行根据国家宏观调控政策和银监会“加强信贷政策与产业政策的配合，着力推进资产结构的调整”的政策导向，进一步明确了贷款投向，对行业、地域、企业和项目、担保、贷款种类的选择均做出了明确要求。

五、全国银行间债券市场业务运作取得进一步进展。2004年，烟台市商行通过合理安排资金交易方式，提高了资金使用效率，降低了融资成本，有力地提高了全行国债资产的盈利能力。全年实现债券投资收益1.91亿元，债券交易量名列全部市场成员第22位、全国城商行第6位。2004年3月，该行被全国银行间同业拆借中心授予“2003年度全国银行市场优秀交易成员、交易量100强、交易活跃前100名”荣誉奖牌。

六、强化风险内控，内部管理水平全面提升。2004年，烟台市商行发布实施了综合管理体系文件，并引入了国际先进的管理理念和方法，实现了对产品服务全过程的有效控制，初步实现了“制度透明化、流程可视化、行为标准化”，提升了全行内部管理水平。

七、以加强企业文化建设为依托，三个文明建设取得丰硕成果。2004年，烟台市商行一是全面加强各级领导班子自身建设，充分发挥班子的整体战斗力；二是切实加强了党风廉政建设；三是大力实施“以人为本”人才强行战略，培养了第一届北大精品金融MBA学员；四是成功举办了第三届业务技术比赛，掀起了学业务知识、比业务技能的热潮；五是注重发挥企业文化的导向作用，倡导团结和谐的企业文化精神。2004年，全行被评为山东省思想政治工作优秀企业、全市党员教育工作先进单位等多项荣誉称号。

（李均强　李　健）

【潍坊市商业银行】 2004年，潍坊市商业银行突出深化内部改革和加快结构调整两大工作重点，更新经营理念，改进服务措施，加大宣传力度，取得了良好业绩。截至年末，各项存款余额90.07亿元，比年初增加20.62亿元，增长29.7%；各项贷款余额64.5亿元，比年初增加14.2亿元，增长28.2%；存贷款增幅均名列潍坊市银行机构之首；实现利润6347万元，增长152%。

一、狠抓存款组织工作，加快负债结构调整。2004年，潍坊市商行通过完善考核办法，加强宏观调控，狠抓储蓄存款和财政事业性存款营销，分阶段开展增存竞赛活动，结构调整工作取得明显成效，各项存款实现大幅增长。

二、加大信贷投放，进一步凸显市场定位。2004年，潍坊市商行一是继续加大对中小企业、优质诚信客户、与城市化发展配套的五大市场的信贷支持，投放信贷资金总量比上年翻了一番；二是着力打造特色支行品牌，积极拓展县域业务，推出特事特办审贷制度，并支持中小企业和民营经济发展；三是加强卡业务营销，完善用卡环境，丰富卡功能，ATM数量、卡均余额列潍坊市第3位；四是加大中间业务拓展力度，业务品种达到8个，成为潍坊市代收费种类最齐全的金融机构；五是深化“融资与融智相结合”的服务理念，推进服务振兴工程。

三、稳步推进内部改革，运行机制更加完善。2004年，潍坊市商行一是推行全员竞聘上岗，通过引进人才、解聘、买断工龄和准市场化用人机制改革，构建起能进能出的人力资源流动机制；二是优化工资结构，突出保底工资保吃饭，绩效工资靠实干，年终奖金看效益的分配原则，调动了员工工作积极性；三是建立行长业绩质询制度；四是对管理部门实行目标管理考核，建立员工营销业绩档案；五是健全培训体系，开展再上岗培训、拓展培训及网上培训等多方位、立体化培训模式；六是新设了机构管理部、发展研究部、职工教育培训中心和鸢都卡营销管理中心，并对部分支行营业网点进行调整，网点布局更趋合理。

四、加大创新工作力度，不断提高市场竞争能力。2004年，潍坊市商行一是建立了金融创新业务管理部门，形成了较为完善的工作流程；二是加大新产品研发力度，充分挖掘员工参与创新的积极性，落实创新建议10余项，推出金融新产品10个，金融产品开始由传统的信贷业务品种向理财性服务品种发展。

五、积极推进科技兴行战略，金融电子化水平再上新台阶。2004年，潍坊市商行一是开通了“港澳通”、“柜面通”业务，新增加了泰国、韩国及新加坡刷卡功能，使鸢都卡接近国有银行借记卡并超过许多地方商业银行的卡功能；二是率先开通ATM机自助缴纳话费业务，首家研发了无线ATM，用卡环境更加完善；三是开发完成了代收财政预算外资金票款分离系统，代收移动手机费系统、储蓄定期存单通存系统投入运行；四是完成了小型机更新换代和支行计算机设备的更新，并在全行推广应用办公自动化系统，全行科技基础和应用水平有了极大提高。

六、加强内部管理，风险控制能力进一步提高。2004年，潍坊市商行一是加大制度检查力度，深入推行流动值班经理制度和“零缺陷”质量管理理念，组织全面稽核和票据业务大检查，内部管理进一步规范；二是加强财务管理。规范完善了各项财会制度，加强一线业务人员培训，全行综合业务核算质量明显提高；三是加强信贷管理，推行客户信用等级评定和综合授信，实行贷款等级行管理，严格落实“贷款第一责任人制度”；四是圆满完成了潍坊大酒店这宗最大不良资产的剥离工作。

七、企业文化建设成效显著。2004年，潍坊市商行一是从打造“市民银行”的外显品牌形象入手，对全行外显形象进行统一和固化，市行总部成功搬迁新址；二是充分发挥信息刊物和群众组织的文化载体作用，提升了社会形象；三是积极倡导“以人为本”的民主化管理理念，组织开展各项文化活动，企业凝聚力不断增强；四是继续加大对外学习和对内培训力度，成功组织了第三届业务技术比赛；五是加大宣传力度，积极建立良好的人际关系和社会关系网络。2004年，该行获县市级以上荣誉21项，2人获得省级荣誉称号，22人获得县市级以上荣誉称号。

（仲　峰）

【威海市商业银行】　2004年，威海市商业银行各项业务快速发展，盈利能力和资产质量明显提高，内部管理体制不断健全，综合竞争力进一步增强。截至年末，该行总资产111.4亿元，增长38.56%；各项存款余额85.03亿元，增长40.47%，总资产、存款额均跃居威海市银行业第1位；各项贷款余额62.64亿元，增长36.15%，新增贷款占全市新增贷款的39.86%；实现经营利润8315万元。

一、统一思想，理清发展思路。2004年，威海市商行针对发展中存在的困难，通过定期召开经营分析会、行务会和座谈会等形式，总结经验，统一思想，进一步明确加快发展的重要性，为实现各项工作目标打下坚实基础。

二、完善公司治理，确保科学发展。2004年，威海市商行一是按照法人治理有关要求，进行了董事会和监事会的换届工作；二是引入了独立董事和外部监事制度，在董事会下设了风险管理、资产管理、考评和薪酬、关联交易控制和发展战略研究等5个专门委员会，在监事会下设立审计委员会和提名委员会，并制定了各委员会的实施细则，规范了委员会的组织和行为，保证了决策的科学性。

三、细分目标市场，加大营销力度。2004年，威海市商行一是以“细分市场，追踪服务，差别营销”为突破口，对客户资源进行分类，认真分析研究客户的需求，确定优质客户发展目标，主动为客户提供深层次服务，夯实业务发展基础；二是加大投放，改善服务，突出市民银行特色，在新增贷款16.6亿元的基础上，累计办理银行承兑汇票41.1亿元，有力地支持了地方经济建设。

四、强化内部管理，完善激励机制。2004年，威海市商行一是全面通过ISO9000质量管理体系认证，提高管理的规范化水平；二是按照持续改进的原则，不断完善规章制度和业务流程，确保工作不出现盲点；三是完善竞争激励机制，重新修订考核管理办法，确定了由岗位工资、考核工资和奖励工资三部分组成的绩效工资制度，对部门考核增加工作述职和满意度指标的考核，综合全面地体现了多劳多得，提高了员工的积极性。

五、健全内控机制，有效防范风险。2004年，威海市商行一是按照“内控先行”的理念强化内控建设，加强信贷管理和风险控制；二是进一步加强授权授信管理，根据市场变化和支行内部管理水平，适时调整授权授信额度或取消授权，保证业务健康发展；三是实行信贷风险经理制度，有效控制了风险；四是及时调整信贷政策，制定了《信贷工作指导意见》，对国家严格控制的过热行业的贷款情况进行排查，重点加大对交通运输、制造业、电力等行业的支持力度，严格控制对低水平、重复建设项目的信贷投放。

六、加大科技投入，构建创新平台。2004年，威海市商行全面发挥技术平台的优势，加大科技创新力度，丰富业务品种，先后开发完成了消费信贷程序、银行承兑汇票业务程序、银税接口程序等，提高了业务办理效率和质量。年末已全面开通柜面通业务，网上银行项目正在开发建设当中。

七、打造企业文化，提升品牌形象。2004年，威海市商行一是组织业务骨干参加高层次银行风险控制与风险管理、高级客户经理等培训，提高了业务水平；二是在全行深入开展二级培训工作，切实提高一线员工的操作水平；三是对400多名员工成功进行了“魔鬼训练营”培训，增强了团队协作意识和凝聚力；四是以开展文明创建活动为载体，全面提高服务质量。

（冷朝晖）

【日照市商业银行】 2004年，日照市商业银行围绕创建“现代精品银行”这一总目标，以创新发展为主题，狠抓结构调整，强化资产质量，主要经营指标再创历史新高，各项工作取得突破性进展。

年内，日照市商行市场份额不断扩大，贷款总量快速膨胀，资产质量更趋优化，资金实力明显增强，经营效益大幅提高，综合经营指标在全省9家、全国112家城市商行中分别排名第1位和第16位，达到“一类行”标准。截至年末，全行存款余额45.1亿元，较年初增加13.2亿元，增长41.6%，存款总量居日照市内各商行第1位；发行黄海卡总额7.63万张，增加3.21万张，关联储蓄余额1.94亿元，比年初增加4600万元；人均存款954万元，较年初增加279万元，增长41.3%；贷款余额45.8亿元（其中贴现12.9亿元），较年初增加14.8亿元，增长47.8%，增幅居日照市内各商业银行第1位；不良贷款余额1.19亿元，较年初下降1.43亿元，不良贷款率2.6%，降低7.05个百分点，达到了“双下降”要求；实现利润5681万元，增加3094万元，增长119.6%；到期贷款本息收回率均在99%以上。

一、建立健全机制，公司治理进一步改善。2004年，日照市商行一是探索建立长效激励约束机制。在总结完善“综合考核办法”和“等级行”、“年薪制”的基础上，对基层经营管理者设立“支行行长经营风险基金”，对总部领导班子成员签订“工作目标责任状”，明确各自职责和任务目标、奖惩措施；二是完善公司治理结构。选举产生新一届董事会、监事会，重新聘任经营班子，实现了新老董事会的平稳过渡；三是在董事会设立风险管理、薪酬及人事、关联交易控制、稽核监督等委员会，在监事会设立审计委员会，形成了组织健全的公司治理体系；四是做好增资扩股工作，吸收中小投资者加盟，定向募集法人资本1.3亿元，股权结构实现了多元化，抵御风险的能力大大增强。

二、夯实发展基础，经营实力进一步壮大。2004年，日照市商行一是开展储蓄竞赛活动，对改善存款结构起到了积极作用；二是增加业务功能，开办代理联通手机交话费、代理供电公司收电费等业务，拉动了存款；三是拓展外延，培育黄金客户群体，为日照港（集团）等高端大户及大学城各院校，提供全方位的金融服务，实现了存款的稳步增长。

三、把握服务重点，优化信贷结构。2004年，日照市商行一是把握信贷投放节奏，不搞“一刀切”，不踩“急刹车”，将资金重点向投入产出高、效益好、就业多的行业和企业倾斜，保持了信贷投放的连续性和稳定性；二是通过贷款、承兑、贴现、保函、代开信用证等手段，支持临港大工业、港口经济、大学经济、商贸流通、民营经济、市政设施建设等，累计审批信贷业务8560笔，投放信贷资金97亿元；三是坚持有进有退、有保有压的原则，对信用度低、市场前景暗淡、经营效益较差、国家明确限制的行业和产品主动退出，并加大贷款的审查力度，提高贷款准入条件，规避了风险。

四、坚持多管齐下，资产质量进一步提高。2004年，日照市商行坚持“抓诉讼不放催收、抓大案不放小案、抓陈案并抓新案、抓清收并重盘活”的工作思路，开展了“不良资产清收年”活动，并签订1亿元清收盘活目标。工作中，该行创新模式，明确指标，责任到人，上半年积极争取政府支持，全部收回两家企业4480万元的不良资产，实现了平稳转化；下半年又利用政府土地政策，科学决策，密切配合，化解不良贷款6791万元。

五、坚持科技兴行，进一步升级服务手段。2004年，日照市商行一是完成综合业务系统的开发上线工作，提高了业务综合处理能力；二是第一批加入省内银行卡“柜面通”，使客户利用黄海卡可在异地11家入网成员行办理柜面存取款，并可在香港和澳门的ATM机上提款通兑，延伸了支付功能；三是开发应用与省外管局联网的外币账户管理系统、本外币合一的综合业务系统，并安装国际收支、外汇买卖系统，确保了外汇业务的顺利开办。

六、创新发展，业务功能逐步完善。2004年，日照市商行一是开办了外汇存贷款、结售汇等业务，加入中国外汇交易中心，先后开立了美元、港币、日元和欧元4个币种的6个清算账户，并与美国花旗银行、英国渣打银行、日本三井住友银行、香港上海汇丰银行及工银亚洲等105家境外银行建立了代理行关系；二是引导各支行开办各项外汇业务，累计办理国际结算1294万美元、结售汇610万美元；三是加大直贴票源的市场开发，发展了日钢集团等一批相对稳定的大户，并与南京商行、上海银行、青岛中信等建立起密切的业务关系，解决了票据流动性不强的问题。全年票据交易额达54.55亿元，增加33.07亿元，交易量居全市各金融机构首位；四是合理核定行内资金价格，促进资金在支行间、部门间、业务品种间的合理流动；五是推出全市第一支人民币理财产品——黄海万利宝，为市民开辟了投资理财的新渠道；六是与市地税局推出“委托代征代缴地方税收”合作项目，配合银联开展刷卡消费赢大奖活动，POS机成功交易笔数和金额同比分别增加1.8倍和2.25倍，ATM机办理业务增加9.86万笔、3576万元。

七、严格约束控制，强化内部管理。2004年，日照市商行一是深入开展“质量管理年”活动。全面修订各类管理制度，制定实施违规处理办法，组织内控知识考试和竞赛，开展信贷资产、内部控制、财务收支等稽核检查10次；二是强化事后监督与指导，全面提升了一线业务核算质量；三是逐步推行储蓄综合柜员制，实行会计主管轮换，并签订《工作目标责任状》，促进了核算质量的提高；四是探索建立有效的资本约束机制，加强测算管理，提高拨备覆盖率，降低风险资产比重；五是倡导“增收节支、勤俭办行”，对水电、凭证、车辆费等重新核定，对固定费用进行调整，杜绝了不合理开支；六是以创建“平安商行”为契机，对支行安全防护设施进行标准化改造，安装电视监控，加装监控音频，提高了技防、物防水平。全年共防范化解了15起业务事故或纠纷。

八、转变党风行风，队伍建设进一步加强。2004年，日照市商行一是与各单位、部门“一把手”签订“党风廉政建设责任书”，开展了集体廉政谈话，评选表彰了优秀党员；二是开展“行风整顿”活动，认真排查自身存在的问题，狠抓整改；三是开展评选“十佳行员”活动；四是利用社会媒体，开展大密度、多形式、立体化的社会宣传，“市民自己的银行”的品牌形象深入民心，对改善经营环境起到了推动作用。

九、加强企业文化和精神文明建设。2004年，日照市商行一是开办外汇业务、个人理财业务等7期培训班，并与上海理工大学中小银行研究中心联合举办会计、信贷、稽核研修班，提高了理论知识水平；二是开展岗位技术练兵，于12月份组织了专业技术达标考核；三是深化薪酬制度改革，使薪酬水平与岗位责任、工作业绩紧密挂钩；四是开展丰富多彩的文体活动。举办了职工运动会以及书法、绘画、摄影等比赛，并在市总工会组织的“庆五一、展风采”百人大合唱比赛中获一等奖，在团市委组织的规范化服务演示中获第1名；五是精神文明建设迈上新台阶。该行先后荣获省级文明单位、职业道德建设“十佳”单位、“富民兴鲁”劳动奖状、内部审计先进单位，市级行风建设先进单位、先进基层党组织、信访“三无”系统先进单位等称号。

（林　凡　刘　伟）

【德州市商业银行】 2004年12月7日，德州市商业银行揭牌开业，成为中国银监会成立后全国首家获准筹建并开业的城市商业银行。截至年末，全行资产余额44.37亿元，较年初增加6.08亿元，增幅为15.90%；各项存款余额39.33亿元，增加4.53亿元，增幅为13.01%；各项贷款余额26.14亿元，增加1.10亿元，增幅为4.39%；资本充足率为10.30%，增长3.89个百分点，实现利税2919万元，增加565万元，增幅为24.00%；不良资产占比为7.27%，下降2.07个百分点。

一、依托“市民银行”的市场定位，服务地方经济。2004年，该行把“支持中小、服务市民”的经营思想贯穿于整个业务工作中，在信贷投放上，除重点支持市属重点企业和公路建设外，贷款增量的六成以上投向了民营经济，适时为其“输血供氧”，全年累计投放贷款43.9亿元。综合环境优势，依托贷款担保、信用评价等服务体系建设，与20余家信用评级良好的民营企业建立了较为稳固的发展关系。同时，积极创新业务品种，通过稳步推进银行承兑汇票业务、银行承兑汇票贴现、商业承兑汇票贴现等业务，为企业缓解资金燃眉之急。

二、不断创新金融服务，拓展了服务外延。2004年，该行推出了个人消费、住房、助业贷款以及股东生产经营贷款等新业务，增强了服务内涵。该行还在认真调查研究的基础上，有针对性地推出了代收税款、电费、联通、电信话费等一揽子金融服务项目，同时，积极推进银行卡业务的研发进程，基本满足了广大市民的金融需要。

三、推行风险管理，提高经营质量。2004年，该行一是坚持“金融业经营管理就是风险管理”的理念，高度重视关联交易和信贷集中问题，并对此进行了全面梳理检查，建立了严格的监控制度；二是实行了严格的贷款问责制和责任终身追究制，将信贷风险控制前移，强化了源头控制；三是加大了对各营业机构规范管理的力度，组织各营业机构负责人集中学习金融法律法规，并进行了严格的考试；四是加强了内控稽核工作，基本实现了该项工作的规范化、制度化；五是各业务管理部门结合经营实际，制订了一系列切实可行的管理制度，并形成了对各营业机构定期检查督导制度；六是试行了信贷资产质量五级分类，在对信贷资产质量客观真实评价的基础上，坚持审慎会计原则，根据《商业银行贷款损失准备计提指引》，足额提取了一般损失准备，并制订了2005年底以前足额提取贷款专项准备的分步计提计划；七是在贷款业务方面，注重规避流动性风险，坚持资金来源和资金运用在期限、额度等方面相匹配的原则，注意贷款期限和借款人的借款用途、现金流量相适应，充分体现“短期、小额”的特色，使短期贷款的占比达到78%。

四、实行等级行管理，营造竞争发展氛围。2004年，该行对辖属23支行实行了等级行管理。本着客观、公正的原则，确定了人均利润、人日均存款和收息率三大评价指标，按照六个等级确定考核标准，各支行结合自身实际自行申报等级，总部核批后与之签订经营责任书，年末，总部考核确认等级，予以兑现。同时，总部还根据机关各部门的职责权能、业绩贡献、管理服务等情况，采取定性和定量相结合的方法，逐步推出了对总部机关各部门的工作目标综合考核办法，使团队发展和个人利益有效结合，形成同频共振的发展氛围。在全年工作中，解放路、和鑫、西城和天衢东路等支行均超计划完成了年初申报的等级，超额完成了任务。同时，涌现出了杨国芹、王玉芝、王晓芳等多名吸存超千万的先进个人。

五、以竞赛活动为载体，开展企业文化建设。2004年，该行坚持部门联动，党政工团齐抓共管，使企业文化建设亮点频出，效果突出。该行以“树形象、比作风、赛服务、促发展”为出发点，针对该行全面发展进程中的突出问题，从服务形象、业绩贡献、业务技能、文体活动等方面入手，开展了“百日竞赛活动”，产生了深远、积极的效果。

六、加强自身文化建设。2004年，该行精心组织的庆祝建党83周年职工书画展、“永远跟党走”合唱比赛等活动，起到了提升形象、转变观念、提高能力、推进业绩的作用，推进了两个文明建设的进程，树立了良好的企业形象。

（徐圣颖　王安国）

【临沂市商业银行】　2004 年，临沂市商业银行紧紧围绕年初制定的工作目标，解放思想，深化改革，与时俱进，开拓创新，各项工作有了新的起色，超额完成了年度业务发展目标。

截至 2004 年末，该行各项存款余额 80.26 亿元，较年初增加 11.20 亿元；各项贷款余额 63.97 亿元，增加 7.45 亿元；存贷比例达 75%，降低 4 个百分点；不良贷款余额 4.94 亿元，降低 1.83 亿元，不良贷款比率 7.72%，降低 4.6 个百分点；增资扩股 18279 万元，资本金总额达 37550 万元，资本充足率 8.02%，较年初增加 2.82 个百分点；拨备前实际利润达 1.6 亿元，实现账面利润 4323 万元，同比增加 1654 万元。

一、法人治理结构。2004 年，临沂市商行进一步健全完善法人治理结构，初步构建起一个管理科学，责任明确，运转高效，相互制衡的管理体系。一是强化董事会工作，成立了薪酬分配、提名、风险控制、关联交易控制四个专门委员会，使董事会的工作更加规范有效；二是健全监事会工作体系，配备了监事长，成立了监事会办公室及审计、提名两个专门委员会，建立健全了以监事会为核心的监督制约机制；三是先后调整充实了市行、支行两级领导班子成员，有效提高了领导班子的凝聚力和战斗力；四是有计划、有步骤、有重点地开展了增资扩股工作。截至年末，实际到位入股资金 1.83 亿元，资本充足率为 8.02%，达到了监管要求。

二、内部改革。2004 年，临沂市商行一是大力推进人事制度改革，制定实施了内部员工退养暂行办法，全行共有 161 人被批准内退；二是继续推行中层干部交流制度、特殊岗位轮换和强制休假制度，进一步强化了内控制约；三是搞好薪酬分配改革，健全完善业务考核体系，增强了考核的科学性。四是按照临沂市经济发展的总体格局，研究制定了短期及中长期机构布局调整规划，对 4 家支行进行了战略性的调整搬迁；五是在全行实行了公务用车制度改革，预计车改后每年可节约开支 300 余万元。

三、存款工作。2004 年以来，临沂市商行继续以业务创新为突破口，多层次、多渠道培植新的业务增长点，促进了存款业务的稳步发展。截至年末，该行存款在临沂市银行业中存量排名第三，增量排名第二。年内，该行一是深入开展"创三优"活动，对重点优质存款大户实行全方位、综合性、零距离金融服务，并开展了"打造储蓄存款超 5000 万支行"和"奋战四季度，努力完成全年存款任务"活动，掀起了"抓存款、促发展"的新高潮；二是大力宣传开发"沂蒙卡"业务，扩大了沂蒙卡业务的知名度，提高了沂蒙卡业务的市场占有率。截至年底，全行累计发卡量 17 万张，卡业务沉淀存款 6.08 亿元；三是加强和改善客户经理工作，举办了第二届"客户经理文化周"和"揽存明星事迹报告会"活动，推动了存款工作的顺利开展。截至年底，已发展客户经理 78 名，吸收存款达 5.2 亿元；四是继续搞好业务创新，拓宽代理业务范围，全年代收各类电费、话费、代理保险共计 25 万笔，代理金额 3377 万元，手续费收入 191 万元。

四、信贷管理工作。2004 年，临沂市商行进一步加强信贷管理，调整优化资产结构，规避信贷风险，提高资产质量，取得了显著成效。一是按照国家宏观调控政策的精神，坚持"有进有退，进退结合，保证重点，不搞一刀切"的原则，适度支持有市场、有效益、有信誉的企业及个体工商户。同时，通过采取核定贷款规模、合理调整贷款业务授权额度及实行新增贷款限额管理等措施，严格控制支行新增贷款规模，保障了资金的安全有效运营；二是制定了不良资产化解总体规划及清收化解督办管理办法，强化责任人追究制度。同时，积极探讨不良资产清收化解的新路子，与市政府达成 4.6 亿元的不良资产置换协议。全年累计清收化解不良贷款 64947 万元，顺利实现了不良资产"双降"目标；三是充分发挥货币市场、票据市场对融通搞活资金、调整资产结构的职能作用，全年累计签发银行承兑汇票 74 亿元，累计票据贴现交易量 25.7 亿元，货币市场累计交易量达 219 亿元。

五、内部管理工作。2004 年，临沂市商行进一步加强内部管理，健全内控机制，保障了全行业务的稳健增长。一是加强财务管理，完善考核体系，扩大收入来源，提高经营收益。同时加快历史包袱处理步伐，提高抗风险能力，全年共核销呆坏账 1664 万元，处理往年挂账损失 2708 万元，提取准备金 8241 万元，拨备率达 32.9%，超出银监部门规定比率 12.90 个百分点；二是强化内部监督制约机制，修订完善了事后监督考核办法及专项审计工作制度，并被评为"2002～2004 年全省内部审计先进单位"；三是搞好科技创新，先后开通了"沂蒙卡逍遥港澳游"、"沂蒙卡新韩泰轻松刷"、ATM 接受国际卡取款、票款分离、柜面通、税库银大联网等。截至年末，山东省只有临沂市商行和烟台市商行两家的银行卡跨境服务系统的技术指标达到了全国银联的要求；四是搞好 ISO9001 质量管理体系认证工作，截至年底，认证工作已基本完毕。

六、精神文明建设。2004 年，临沂市商行通过开展丰富多彩的学习创建活动，加强企业文化建设，取得了良好的效果。一是深入开展了解放思想大讨论活动和创建学习型组织活动；二是加强党风廉政建设，有效提高了干部员工的拒腐防变能力；三是举办各种培训班 12 期，举办了第三次业务技术比赛。当年，临沂市商行先后被各级部门评为"全省工会法治宣传教育工作先进单位"、"全省思想政治工作先进单位"、"省级保密工作先进单位"、"全市先进基层党组织"、"社会治安综合治理先进单位"、"市级文明单位"、"省级巾帼示范岗"等荣誉称号。

（马　磊　梁　田　杨一国）

二、城市信用合作社

【东营市城市信用社】 2004年，东营市城市信用社认真贯彻落实年初股东大会审议通过的经营管理总体规划，以申请筹建商业银行为工作主线，坚持以人为本、依法合规、稳健高效的发展原则，进一步加大市场营销，强化风险控制，规范内部管理，企业形象日渐提升，经营指标持续走高，商业银行申请筹建工作取得重大突破，各项经营指标在全国713家城信社中名列第一，实现了建设全国最好城信社的目标。

一、经营规模进一步膨胀。截至2004年末，东营市城信社资产总额61.83亿元，较年初增加22.98亿元，增长59%；人均资产2200万元，增加782万元，增长55%；各项贷款余额33.34亿元，增加10.39亿元，增长45%；存款余额50.52亿元，增加19.86亿元，增长65%。存贷款市场占有率分别提高2.92和1.6个百分点，14家办事处存款余额均超亿元，其中，超过4亿元的7家，最大的办事处存款余额6亿多元。

二、风险控制能力进一步增强。2004年，东营市城信社通过加大对不良贷款的考核和惩戒，提高拨备水平等措施，对风险的驾驭能力进一步增强，资产质量继续保持了较高水平。年末，按"一逾两呆"口径计算的不良贷款余额3800万元，较年初下降141万元，不良贷款率1.14%，下降0.58个百分点；按"五级分类"口径计算的不良贷款余额9290万元，不良贷款率2.79%；呆账准备金余额达到7442万元，拨备覆盖率达80.10%。

三、继续保持了较高的盈利水平。2004年，东营市城信社实现营业收入2.97亿元，拨备前利润7889万元，其中，账面利润3668万元，计提呆账准备金4221万元，呆账准备金余额达7442万元。年末，资产利润率0.76%，资产费用率1.07%，资本利润率15.98%，每股净资产1.1万元，实现了股东权益的保值、增值。

四、内部管理的规范化程度进一步提高。2004年，东营市城信社共计清理各类规章制度74项，修订完善了文明优质服务管理办法、员工行为规范、总部部室考核暂行办法等各项制度17项，使内控制度体系更加系统、完善、清晰和实用，提高了内部管理及业务操作的规范化程度。同时，开展了员工职业生涯设计活动，编制了《员工职业生涯设计手册》，力求实现员工个人与城信事业的同步发展；通过建立落实员工代表例会制度、年金制度以及其他薪资福利制度，落实了员工民主管理权利，提高了员工生活水平，让员工充分享受企业发展的成果。

五、建立完善信贷和前台业务流程，科技支撑能力进一步增强。2004年，为建立符合现代商业银行管理要求的信贷制度和审批体系，东营市城信社建立健全了信贷风险预警机制，提高信贷审批效率，逐步培育良好的信贷文化和风险控制文化，信贷流程与前台业务流程再造工作已基本完成，相关配套制度也已拟定完毕。通过实施两大业务流程，规范了信贷业务和前台业务管理，增强了风险控制能力，提高了工作效率。在科技方面，一是完成了综合业务系统二期工程上线；二是在全国城信社首家建成容灾备份系统并投入使用；三是完成中间业务平台的安装调试；四是完成会计结算系统上线，进一步增强了业务保障能力。

六、社会影响力进一步增强。2004年，东营市城信社以优异的经营业绩，赢得了社会各界的关注和尊重。根据市委安排，市委政策研究室先后两次到该社调研，就其取得的成绩、发展经验以及亟待解决的问题形成专题调研报告，引起市委主要领导的高度重视。在全国城信社监管工作会议上，该社做了《机制再造促持续发展，观念创新铸精品金融机构》的典型发言，先后有来自新疆、安徽、河南、山东等省市区的20多家城信社、城市商业银行来参观学习。

（张有福　李德星）

【枣庄市城市信用社】 2004年，枣庄市城市信用社严格落实国家金融方针政策，努力适应宏观调控形势，充分发挥地方金融机构的传统优势，规范经营，强化管理，经营机制不断完善、业务规模快速扩张，盈利水平继续攀升，社会形象明显提高。

截至年末，全社资产总额20.85亿元，所有者权益5753万元。资产流动性比例62.56%，备付金比例34.22%；各项存款余额19.04亿元，比年初增加4.80亿元，增长33.71%；各项贷款余额12.76亿元，增加2.84亿元，增长28.63%，全年累计发放贷款34.42亿元；清收盘活重组前不良贷款452万元，核销不良贷款1029万元；实现各项收入1.04亿元，同比增加4270万元，实现账面利润324万元。

一、扩张存款总量，不断壮大资金势力。2004年，枣庄市城信社一是合理确定年度存款目标，以人均存款任务基数为底限，指标分解、量化到人；二是以机构网点为依托，稳定个人业务市场，细化客户，推行差异化营销，最大限度争取一批优质客户；三是以提高优质服务为切入点，开展规范化服务活动；四是借助活动筑平台，实现存款业务新跨越。三季度开展了"共铸辉煌"存款竞赛活动，仅八十余天时间，存款增加2.4亿元。

二、适应宏观调控要求，全力支持地方经济发展。2004年，枣庄市城信社一是抓住政府驻地搬迁的历史机遇，加大城建贷款的投放力度。累计发放贷款1.5亿元，用于新城管网、路网建设和居民区建设；二是加强与“民营企业信用担保协会”的合作，强化对民营企业的资金支持。截至年末，全市个体、私营企业贷款余额8.65亿元，占全部贷款余额的71.12%；三是在加大信贷投放的同时，切实加强新增贷款管理，先后制定了《贷款管理规定》、《信贷业务操作管理规程》等制度规定，使信贷管理工作有章可循。全年新增贷款收贷收息率达99%以上。

三、开展金融业务创新，积极寻求和扩大业务发展空间。2004年，枣庄市城信社一是在巩固传统业务的同时，大力拓展中间业务。全年累计办理票据贴现20.26亿元，转贴现16.5亿元，创利840万元；二是通过加强与其他金融机构的业务合作，协调融资贷款5000万元；三是在业务创新中，先后出台实施了《公务员消费贷款办法》、《差额银行承兑汇票保证金管理办法》等，初步构建了传统业务与中间业务并存，本地业务与异地业务互补的发展格局。

四、深化人事制度改革，进一步激发干部员工的积极性、创造性。2004年，枣庄市城信社一是继续深化劳动用工制度改革，分流富余人员13人；二是启动人才战略工程，全年招聘29名金融、计算机等专业的本科学历大学毕业生；三是在深化人事制度改革，干部实行“岗位自竞、目标自报、助手自选”办法，员工实现双向选择，形成了“干部能上能下、员工能进能出、工资能高能低”权力和义务对等的公平机制。

五、加强内部管理，切实防范道德风险。枣庄市城信社始终把规范企业行为、员工行为作为内部管理工作的出发点，把防范内部道德风险作为规避金融风险的重点，进一步完善了行政管理、财务管理、内部稽核、安全保卫等规章制度，并加大监督检查和处罚力度。全年开展各类稽核检查20次，累计查处违纪、违规255人（次)，处理举报事件8起。

六、开展优质服务活动，大力提升服务水平和效率。2004年，枣庄市城信社一是确立了规范化服务目标，印发了《规范化服务实施细则》，汇编成册，人手一份；二是加强了对员工服务行为的检查，发现问题及时处理，服务效率显著提高，受到社会各界的广泛好评。

七、完善法人治理结构，规范股份制企业运作模式。2004年，第一届理事会任期届满后，枣庄市城信社根据《公司法》、《商业银行法》、和《章程》要求，于5月17日召开了股东大会，依法选举产生了新的理事会、监事会，解决了理事长兼职问题。理事会根据股东大会授权，配齐了经营班子，修订完善了“三会”议事规则，按照现代股份制企业运作模式，分工明确，权力制衡，管理规范，各司其责。广大股东认真履行股东义务，构建了体制、机制、管理全新的地方金融企业。

（崔　健）

【济宁市城市信用社】 2004年，济宁市城市信用社坚持“发展是硬道理、在发展中化解风险、争取早日建成商业银行”的经营思路，不断增强市场竞争能力，创造了良好业绩。总部设有7个部室，下设1个营业室，14个办事处，有正式员工281人。截至年末，全社各项存款23.87亿元，同比增加2.48亿元，增长11.59%；各项贷款17.68亿元，同比增加1.08亿元，增长6.51%；存贷比74.06%；实现账面盈利2000万元，增长39.1%；提取呆账准备金3000万元，核销呆坏账3194万元；全年累计实现收入2.24亿元，增长37.77%。不良贷款实现了双下降，余额降至1.17亿元，同比下降0.15亿元，不良贷款比率降至6.6%，下降2.2个百分点。

一、加强岗位培训，提高队伍素质。2004年，济宁市城信社立足长远发展的目标，采取各种有效手段，努力提高员工素质。一是先后组织人员参加了五级分类、授信尽职、票据、债券、征信等知识培训班；二是抓好员工岗位培训，对员工岗位基本知识、法律法规常识进行测试，对信贷、会计、统计人员分别进行达标上岗考核，合格后颁发上岗证；三是严把进人关，选调优秀大学毕业生充实员工队伍，改善员工知识结构。

二、提高内控管理水平，有效防范化解各种风险。2004年，济宁市城信社一是修订完善内控制度，制定了《商业银行授信业务工作尽职指引实施细则》、《商业银行与内部人和股东关联交易管理办法实施细则》等一系列内控制度，对信贷资料审查、贷款审批、贷后管理、异地信贷业务、关联企业担保业务、超比例企业贷款、交叉贷款业务、重大事项报告等方面进行了规范，对新开办的业务，做到制度先行，找准风险点，逐步构建了科学合理的内控体系；二是提高信贷透明度，严格执行内控操作规程，建立了信贷业务的考察复查制度、办事处信贷负责人向贷审委汇报制度；三是规避道德风险，要求会计人员凭完备的审批手续办理账务处理；四是加强内控稽核检查，加大责任追究力度。内控部门积极组织自查，对发放贷款、签发银行承兑汇票、办理贴现、会计结算等重要业务的操作进行合规合法性检查，根据贷款责任管理办法，对违规人员给予通报批评、经济处罚、纪律处分，全年共处理各类违规违纪人员14人、28人次，累计罚款59245.4元，7人下岗清收，撤销职务2人，开除1人。

三、加大信贷营销力度，调整优化信贷结构。2004年，济宁市城信社一是扩大对县区优质企业的信贷营销，全年新增县区客户25家，对其贷款及签发承兑汇票增加1.16亿元；二是积极扩展经营稳健、结算往来正常的民营企业，培养高结算率客户，全年新增信贷客户184家；

三是加大与中小信用企业的合作力度，本着“立足中小、服务中小”的市场定位，采取倾斜的信贷政策大力支持有发展前景、信誉好、有还本付息能力的中小和民营企业，为其提供全方位、多元化金融服务，截至年末，中小企业贷款余额占全社贷款余额的88%以上；四是为解决中小企业担保难问题及防范企业道德风险，先后完善了提货单质押、仓储单质押、保单质押、厂商银三方协议等融资方式，要求中小借款企业法人和企业实际掌控人提供担保，较好地提高了信贷资产质量。

四、拓宽票据市场营销渠道，票据利润上新台阶。2004年，济宁市城信社广泛收集全国市场信息，开拓转贴现渠道，与全国各地的多家银行建立了良好合作关系。全年累计办理贴现84.50亿元，同比增加20.81亿元，增长33%；累计办理转出贴现79.89亿元，同比增加22.01亿元，增长38%，全年票据到期安全收回率100%；全年累计实现贴现利息收入1.39亿元，同比增加0.39亿元，增长39%；实现净收入0.43亿元，占全社总收入的34%，同比增加0.11亿元，增长33%。

（刘海东　郭晓娟）

【泰安市城市信用社股份有限公司】　2004年，泰安市城市信用社股份有限公司（以下简称“泰安市城信社”）以改革促发展，以发展求效益，各项工作取得历史性好成绩。截至年底，该社各项存款余额48.40亿元，新增14.56亿元，同比增长43.1%；各项贷款余额27.86亿元，增加4.27亿元，增长38.4%。全年实现各项业务收入2.03亿元，增加0.37亿元，完成实际利润6003万元，账面利润1797万元，支付历年遗留费用442万元，计提呆账准备2993万元。

一、内控管理不断完善。2004年，泰安市城信社把内控制度建设作为重点，建立完善了信贷资金风险防范、控制、考核和预警体系。一是全面实行了贷款五级分类制度；二是坚持理事会、监事会、纪委派员列席贷审委会议，做到了信贷风险控制关口前移，杜绝了授信风险；三是初步建立了贷款预警机制和通报制度，每月通报逾期贷款和欠息户，及时采取措施，防止形成风险；四是进一步落实会计委派制，加强了会计培训管理考核；五是完善、细化了资产类业务规模管理，有效控制了信贷类业务的期限、规模，确保了资金安全；六是制定出台了《加强内部控制管理实施办法》、《违规行为处理暂行规定》等一系列文件，进一步明确了违规行为及处理意见。

二、各项业务不断扩展。2004年，泰安市城信社大力发展了存贷款以外的其他业务。一是稳步开展了行政代收代付业务，每日代政府机关收费约100万元，每月代发工资420万元；二是票据结算业务范围已覆盖全国，结算量平均每天达1000余笔。全年累计签发银行承兑汇票7737笔、58.34亿元，票据贴现59亿元；三是货币市场业务成绩明显，全年实现交易量485亿元，净收入3842万元，在全国2000多家金融机构中排名第90位，在全国城信社中排名第一；四是首家推出了定活一本通业务，并具有个人理财功能，丰富了业务品种。

三、服务地方经济有较大进步。2004年，泰安市城信社一是于年初及时调整贷款重点和比例，有保有压，保证重点，并先后参加市政府举办的银企合作、银企区三方合作和肥城市、岱岳区银企联谊会，扩大了业务范围和社会影响。全年累计为民营企业授信6.5亿元，为城市建设发放贷款3.1亿元，较好地支持了当地经济的发展；二是大力支持中小民营企业特别是高新技术企业发展，重点培植讲诚信、有发展后劲的优质客户；三是加大异地业务压缩力度，成功实现“软着陆”。全年收回异地业务102笔，金额20.67亿元，收回率93.2%。

（张海涛）

【莱芜市城市信用社】　2004年，莱芜市城市信用社坚持“立足莱芜、服务莱芜、发展莱芜”的宗旨，努力开拓经营思路，取得了较好成绩。截至年底，全社总资产达45.40亿元，同比增加15.80亿元，增长53.4%；全年实现营业收入32752万元，实现利润3526万元，增加1867万元，增长112.5%。

一、各项存款持续增长，资金实力不断壮大。截至2004年末，莱芜市城信社各项存款余额38.4亿元，同比增加11亿元，增长40.1%。其主要措施：一是转变经营思路，努力吸收个人、集体和企业的活期存款，与客户保持良好关系，发展了一大批对公活期存款的黄金户；二是用绩效杠杆激励基层抓存款的主动性，重新修订综合业绩考核方案，加大了对存款工作的考核力度；三是举办了为期半年的“客户在我心中”优质服务活动，围绕着提升服务，落实了多种举措，促进了存款增长。

二、严把信贷投放关，资产效益稳步提高。截至2004年末，莱芜市城信社各项贷款余额28.1亿元，同比增加9亿元，增长47.1%；综合收息率为101%。其做法：一是压缩小型物资流通户及经营规模较大但负债较高的民营企业，严格控制个人保证贷款，加大对优势行业、企业和项目的支持。全年向莱钢集团累计发放贷款9亿元；二是信贷投资转向民营企业、产权明晰的股份制企业及全市的龙头企业，有效地防范了宏观调控带来的信贷风险。全年对民营企业投放的贷款占新增贷款投放总额的80%以上。

三、用足用活资金，力争效益最大化。2004年，莱芜市城信社在严防风险的前提下，积极营销票据业务，与国内多家大型企业建立了联系，同时，建立了与多家金融同业的合作关系，为票据寻找成本最低的下游出口。全年累计贴现票据 95.4 亿元，实现货币市场债权回购及拆借 53.12 亿元，买卖债券 2.4 亿元，实现了效益最大化。

四、加大清收力度，盘活不良资产取得新成效。2004 年，莱芜市城信社对不良贷款进行了分类排队，按照先易后难的原则落实任务，通过盘活、转贷、起诉等多种手段开展工作。全年保全资产 234 万元，转嫁盘活不良贷款 1158 万元，为下一步发展卸下了包袱。

（狄宪孔）

三、农村信用合作社

山东省农村信用社联合社

【综述】 2004年，山东省农村信用社联合社（以下简称“山东省农信社”）按照“稳健经营、稳步发展”经营理念和“争创一流金融机构”的奋斗目标，坚持以深化改革为动力，以业务发展为主线，不断加大支农工作力度，在促进全省农业结构调整和增加农民收入的基础上，各项业务取得了历史性突破，存、贷款增加额和利润增长幅度均居全省各金融机构第1位。

【业务发展】 2004年，山东省农信社强化管理，改进服务，信贷资产质量逐步改善，整体盈利水平显著提高，经营状况根本好转。全年实现各项收入159.91亿元，同比多增41.57亿元；在消化历史包袱43.23亿元的基础上，全年实现利润12.90亿元，向国家上缴营业税和企业所得税5.34亿元。

【存款情况】 2004年，山东省农信社牢固树立存款立社的思想，在加快网点改造、优化网点布局的基础上，不断创新业务品种，增加服务功能，大力推行规范化服务，有力地促进了存款工作的开展。截至年末，全省农信社各项存款余额2460.83亿元，比年初增加389.67亿元，增长18.81%。各项存款余额和增加额居全省各金融机构第1位，进一步增强了该社的信贷资金实力。

【支农贷款情况】 2004年，根据省委、省政府确定的农村经济发展战略和工作部署，山东省农信社进一步确立为“三农”服务的经营方向，始终以支持粮食生产、支持农业和农村经济发展、支持农民增加收入作为业务经营的首要任务，努力增加支农贷款投入。一是合理安排资金使用顺序，突出信贷支农重点，不断扩大小额农户贷款的限额和发放范围，确保农户种植粮、棉、油等生产资金的需要；二是在全省范围内推行了农户贷款证、联户联保、信贷专柜等便民贷款措施，促进了贷款业务的大幅度增长。

截至12月末，全省农信社累计发放各项贷款3405亿元，同比多增865.05亿元。其中，发放农业贷款2093.65亿元，增加491.11亿元，增长30.65%；农业贷款余额占比达65.72%，农户贷款面达34.40%。全省农信社投放农业贷款占全省各金融机构农业贷款投放总额的90%以上，充分发挥了农村金融主力军的作用。

【电子化建设】 2004年，山东省农信社以科技为先导，一是在全国同行业率先建成省级计算机网络，实现全省储蓄存款通存通兑；二是开办了代理保险、代缴税款、代缴电话费、银证通等中间业务；三是发行了信通卡，并加入中国银联，不仅满足了城乡居民异地存取款的需求，而且为农民跨地区经营提供了结算上的方便。

（杨 青）

第八部分

各市地经济金融概况（鲁中地区）

济南市

【经济概述】　2004年，济南市围绕“实现新跨越，建设新泉城”的目标，创新思路，统筹发展，国民经济和社会事业实现了快速协调发展。全年实现地区生产总值1619亿元，同比增长15.6%。其中，第一产业完成增加值118.7亿元，增长7.8%；第二产业完成增加值742.4亿元，增长19.8%；第三产业完成增加值757.8亿元，增长13%。人均地区生产总值27610元，增长14.1%。三次产业比重由上年的7.6:44.6:47.8转变为7.3:45.9:46.8。非公有制经济实现增加值604.3亿元，增长19.6%，占GDP比重的37.3%，提高1.9个百分点。全市境内财政总收入377.82亿元，增长18.9%，其中，地方财政一般预算收入89.47亿元，增长20.9%。

一、农业生产形势出现积极变化。2004年，济南市全年实现农林牧渔业增加值120.5亿元（含农林牧渔服务业），同比增长7.8%。粮食总产242.7万吨，增长10.1%，为近五年最高水平。其中，夏粮总产97.5万吨，增长9%；秋粮总产145.2万吨，增长10.8%。棉花、油料、水果和蔬菜总产分别为3.9万吨、5.3万吨、40万吨和682.6万吨，分别增长23.1%、1.8%、0.8%和2.1%；肉类、禽蛋、奶类和水产品总产分别为39.2万吨、49万吨、18.1万吨和3.4万吨，分别增长6.2%、4.4%、27.8%和19.9%。森林覆盖率23%；农机总动力418.5万千瓦，同比增长0.3%。

二、工业生产高速增长，经济效益大幅提高。2004年，济南市完成全部工业增加值616.8亿元，同比增长22%。其中，规模以上工业企业实现增加值556.8亿元，增长26.9%；实现利税171亿元，增长28.1%；实现利润79.6亿元，增长45.1%。工业企业经济效益综合指数为194.4%，提高28.8个百分点。

（一）重工业比重进一步提高，非公有制经济快速发展。全市规模以上工业中，轻、重工业增加值分别增长31.3%和26%，轻、重工业比例由上年的27.3:72.7变化为24.5:75.5；非公有制工业增加值234.2亿元，增长28.4%，占规模以上比重42.1%，提高3.1个百分点。

（二）大型主力企业集团作用突出，行业集中度提高。全市全年亿元以上企业销售收入达1219.3亿元，占规模以上工业的74.8%，提高3.4个百分点，其中，三家百亿元以上企业贡献率达38.8%，提高9.1个百分点。黑色金属冶炼、交通运输设备、电子计算机及通信设备三大支柱行业销售收入合计610.1亿元，增长41.6%，对工业增长的贡献率达44.1%。

（三）产销衔接良好。全市全年产品销售率97.62%，提高0.19个百分点。主要产品产量保持了稳定增长态势。

三、消费品市场繁荣，居民消费价格小幅攀升。2004年，济南市实现社会消费品零售总额621亿元，同比增长15.6%。其中，批发零售贸易业零售额503.6亿元，增长15.1%；餐饮业零售额87.9亿元，增长19.8%；个体私营经济零售额369.5亿元，增长19.9%。亿元以上商品交易市场45个，成交额245.5亿元。居民消费价格总水平同比上升2.5%。

四、固定资产投资规模继续扩大。2004年，济南市全社会固定资产投资651.33亿元，增长29%。在全社会完成投资中，城镇及以上单位投资547.6亿元，增长28.8%，基本建设投资266亿元，增长33.8%。房地产开发投资110.2亿元，增长22.7%。

全年全市的固定资产投资中，用于第一产业投资37.3亿元，增长27.6%，占全社会固定资产投资的5.7%；用于第二产业投资267.2亿元，增长56.8%，占全社会固定资产投资的41%，提高7.3个百分点；用于第三产业投资346.9亿元，增长13.6%，占全社会固定资产投资的53.3%，下降7个百分点。

五、对外贸易实现突破。2004年，济南市实现进出口总额30.5亿美元，同比增长51.2%，其中，出口额13.7亿美元，增长64.3%；全年合同利用外资7.0亿美元，增长46.5%；实际利用外资（新口径）7.94亿美元，增长21.5%。共签订对外承包和劳务合作合同金额2.1亿美元，增长173.8%；完成营业额2.6亿美元，增长136.4%。

六、城乡居民收入明显提高。2004年，城镇居民人均可支配收入为12005元，增长9%。农民人均纯收入4116元，增长13.7%，城市恩格尔系数32.5%，农村恩格尔系数40.9%。

【金融概述】　2004年，驻济银行业金融机构认真贯彻金融宏观调控政策，积极落实科学发展观，合理增加信贷投放，大力优化信贷结构，不断改进金融服务，保持了银行信用供给总量的稳定增长，促进了全市经济金融协调健康发展。

【存款情况】　截至2004年末，济南市金融机构本外币存款余额3038.64亿元，比年初增加535亿元，增长21%，同比多增104亿元。其中，人民币各项存款余额2991亿元，增加542亿元，同比多增110亿元；外汇存款余额5.72亿美元，减少10亿美元。

一、储蓄存款增加较多。截至年末，全市储蓄存款余额

济南市经济主要统计指标

指　　标	1999	2000	2001	2002	2003	2004
土地面积（平方公里）	8154	8154	8177	8177	8177	8177
人口（万人）	557.6	562.65	568.99	575	582	590
#非农业人口（万人）	202.5	207.8	222.23	285.8	297.2	301.4
地区生产总值（亿元）	881.3	952.2	1066.2	1200	1365	1619
地区生产总值增速（%）	113.2	112.1	112.1	13.2	14.5	15.6
第一产业（亿元）	92.5	95	97.2	98.7	105	118.7
第二产业（亿元）	399.8	418.6	442.7	501.6	599.6	742.4
#工业（亿元）	318.8	336.6	356.7	403.6	494.6	616.8
#建筑业（亿元）	81	82	86	98	62	81
第三产业（亿元）	388.99	438.6	526.3	599.7	663.2	757.8
地区生产总值构成（%）	100	100	100	100	100	100
第一产业	10.5	9.98	9.1	8.2	7.6	7.3
第二产业	45.36	43.96	41.5	41.8	44.6	45.9
第三产业	44.14	46.06	49.4	50	47.8	46.8
财政总收入（亿元）	49.8	49.1	59.6	234.5	264.25	377.82
#地方财政收入（亿元）	46.6	53.3	65	78.8	85.6	89.47
全社会固定资产投资（亿元）	270.4	305.9	344.2	404.7	504.88	651.33
#基本建设（亿元）	95.9	106.5	115.8	137.5	180.1	266
#更新改造（亿元）	46.5	55.2	59.2	72.6	126.5	157.1
#房地产开发（亿元）	35.3	50.5	62.2	76.5	89.8	110.2
固定资产投资增速（%）	22.52	13.1	12.5	17.6	24.8	29
进出口总值（亿美元）	9.65	8.7	15	15	20.15	30.5
#出口总值（亿美元）	3.63	5.7	9.1	7	8.4	13.7
实际利用外资（亿美元）	2.99	3.2	4.3	5.42	6.53	7.94
社会消费品零售总额（亿元）	317.6	354.7	397.5	446.5	533.2	621
居民消费价格指数（%）	99.1	100.6	100.3	98.8	99.9	102.5
城镇居民家庭人均年收入（元）	7162	8471	9565	10092	11013	12005
农民家庭人均年收入（元）	2943.7	3046.5	3215	3356	3619	4116
人均地区生产总值（元）	15863	17001	18843	20979	23632	27610

济南市金融主要统计指标

指标（亿元）	1999	2000	2001	2002	2003	2004
金融机构存款余额	1061.3	1275	1457.5	2017.2	2505.13	3038.64
（一）企业存款	404.7	490.2	530.8	704.1	887.94	1005.1
（二）储蓄存款	412.7	463	534.6	643.9	793.22	900.44
#定期储蓄存款	313.9	339.6	381.2	441.1	548.38	594.9
#活期储蓄存款	98.8	123.5	153.4	202.7	244.84	275.7
金融机构贷款余额	877.5	1069.3	1291.2	2088	2549.76	2905.19
（一）短期贷款	499.4	527.3	653.3	855.7	1063.71	1116.31
#工业贷款	191.6	157	214.8	237.2	330.23	411.64
#商业贷款	147.8	136.7	168.5	180.7	181.44	173.63
#农业贷款	19.4	23.1	33.9	50.1	66.7	75.47
（二）中长期贷款	137.5	231.4	324	754.9	1116.25	1289.14
#基本建设贷款	42.5	79.1	120.6	504.6	612.2	664.53
#技术改造贷款	31.9	45.5	46.3	31.4	33.2	30.32
现金收入	1951.6	2295.6	2527.2	2703.6	3300.2	4282.9
现金支出	1871.3	2191.4	2421.2	2596.1	3208.5	4178.8
现金投放（+）回笼（-）	-81.97	-106	-106.9	-108.2	-87.2	-108.2
当年结益	-0.5	6.2	10.9	12.5	20.45	47.76

济南市主要金融机构负责人

单位名称	行长（或其他称谓的第一负责人）	副行长（或其他称谓的同级领导）
中国人民银行济南分行营业管理部	刘克俭	刘福毅　刘其恒　张乐平
中国工商银行山东省分行营业部	栾建胜	张　杰　玄克忠　朱岩峰 鲍　勇　陈兰生　赵葆华 于洪春
中国农业银行山东省分行营业部	益　虎（总经理）	陈贵江　张宜霞　孙建军 孙延风　刘　峰
中国银行济南分行	田东平	王述曦　梁宝礼　李元作 辛善文　房泽壮　郭　斌 李万林
中国建设银行山东省分行	王　军	燕海濠　王　江　李文达 张维国　刘振奇　魏兆新 李五玲
济南市商业银行	邱云章（董事长） 郭　涛（行　长）	樊兆乾　张苏宁　苏玉晓 王洪业　赵学金　张常平 贾汉忠　张志高　柴传早
农信社济南办事处	李　毅	张洪堂　张新华　杨　艳

济南市主要金融机构业务概况

单位：亿元

单位名称	存　款	企业存款	储蓄存款	贷　款	短期贷款	中长期贷　款
中国工商银行山东省分行营业部	543.8	167.3	243.4	440.9	145.9	263.0
中国农业银行山东省分行营业部	295	96.1	135.3	294.5	100.1	174.9
中国银行济南分行	111.6	44.6	45.9	74.6	45.5	15.8
中国建设银行山东省分行（济南部分）	344.7	131.8	140.8	292.1	71.2	140.2
济南市商业银行	171.0	69.5	35.3	168.7	65.9	32.4
农信社济南办事处	171.6	11.9	119.4	133.3	127.1	3.1

济南市各县级区域经济金融主要统计指标

名称	人口（万人）	面积（平方公里）	地区生产总值（亿元）	地区生产总值增速（%）	存款（亿元）	储蓄存款（亿元）	贷款（亿元）
章丘市	99.08	1855	173.40	20.30	93.93	72.36	49.41
济阳县	53.09	1076	72.69	19.50	20.73	15.82	15.26
商河县	59.8	1163	58.85	16.12	22.31	16.05	16.79
平阴县	36	827	67.96	16.90	30.68	21.15	19.36

900.44亿元，比年初增加112.2亿元。活期、定期储蓄存款分别为275.7亿元和594.9亿元，定期储蓄占全部储蓄比重达到69%，存款的稳定性进一步增强。全年储蓄分流因素增多，国债、人民币理财、信托产品等投资产品分流储蓄存款约24亿元。

二、企业存款增势减弱。截至年末，全市企业存款余额1005.1亿元，比年初增加123.6亿元，同比少增46.9亿元。受贷款少增和企业两项资金占用增多影响，派生存款和企业货币资金减少，企业支付能力有所降低。

三、保证金存款和保险公司存款高速增长。截至年末，保证金存款余额328.5亿元，比年初增加108.4亿元；保险公司存款余额133.2亿元，增加43.1亿元。

【贷款情况】　截至2004年末，济南市金融机构本外币贷款余额2905.19亿元，比年初增加296亿元，同比少增93亿元。其中，人民币各项贷款余额2829.94亿元，按可比口径计算，比年初增加280.60亿元，同比少增98.30亿元。全年累计签发银行承兑汇票1155亿元，增加284亿元。贷款新增量占全省的五分之一，列全省各市地之首。贷款结构进一步优化，突出支持了经济发展重点。

一、农业贷款继续保持较高增幅。截至年末，全市农业贷款余额75.47亿元，比年初增加10.79亿元，增幅16.68%，高出平均贷款增长5.68个百分点，其中，农信社农业贷款余额69.73亿元，增加11.55亿元，增幅19.85%。

二、工业贷款大量增加。截至年末，全市工业贷款411.64亿元，比年初增加88.58亿元，增长27.42%，保证了企业的资金需求。

三、商业贷款有所减少。截至年末，全市商业贷款173.63亿元，比年初减少2.53亿元，下降1.48%。

四、个人消费贷款继续保持快速增长。截至年末，全市个人消费贷款余额170.96亿元，比年初增加49.36亿元，增幅为40.59%，高出贷款平均增幅29.59个百分点。其中，短期消费贷款减少0.22亿元；中长期个人消费贷款余额155.22亿元，增加49.58亿元，增幅为46.93%；中长期个人住房贷款余额123.33亿元，增加42.43亿元，增幅为52.45%。

五、中长期贷款对投资带动作用增强。截至年末，全市中长期贷款余额1289.14亿元，比年初增加177.74亿元，占全市固定资产投资额的27.35%。其中，基建贷款年末余额664.53亿元，增加48.93亿元，有力地支持了重点工程和基础设施建设；其他中长期贷款年末余额426.35亿元，增加125.19亿元，增长41.57%。

六、技改贷款保持平稳增长。截至年末，全市技术改造贷款余额30.32亿元，比年初增加3.62亿美元，增长13.56%。

七、外汇贷款增长幅度较大。截至年末，全市各项外汇贷款余额9.09亿美元，比年初增加1.89亿美元，增长26.25%。其中，短期外汇贷款余额2.63亿美元，减少0.62亿美元；中长期外汇贷款余额3.7亿美元，增加3.09亿美元，增长506.56%。

【现金投放与回笼】 2004年，济南市银行业累计实现现金收入4282.9亿元，实现现金支出4178.8亿元，现金收入和支出同比均增长30%。累计实现货币回笼108.2亿元，同比多回笼21.04亿元。

【货币政策实施】 2004年，人行济南分行营管部牢固树立科学发展观，准确把握稳健货币政策适度从紧取向，在抑制贷款过快增长的同时，引导银行业金融机构调整优化信贷结构，保持了对经济发展重点的支持力度，促进了全市经济金融协调健康发展。

一、加强宣传和引导，促进货币信贷政策的贯彻落实。2004年，人行济南分行营管部一是建立了金融运行情况发布制度，按月在《济南日报》头版发布月度金融运行情况，扩大了货币政策的社会影响，同时，按季形成辖内《货币信贷政策执行报告》，全面分析辖内经济金融运行动态；二是按季召开由各商业银行和政府有关部门参加的形势分析例会，及时通报、分析辖区经济金融运行情况，提出经济金融运行中存在问题；三是与市中小企业局、司法局联合开展了“创建诚信守法中小企业活动”，与市妇联联合开展了支持下岗女职工再就业宣传活动，协调市农委确定重点农业发展项目，为解决经济和社会发展中的难点问题积极探索新的思路；四是拟定了《关于支持济南市经济平稳较快发展的意见》，明确提出了全市银行业金融机构贯彻执行货币政策、运用信贷手段支持、限制和规范的重点，并充分运用定点监测、实时监控和专题调查所获取的信息，对出现的涉及金融机构信贷资产安全的风险情况向辖区金融机构进行预警，另外，通过书面提示、约见谈话等形式，适时督导金融机构校正偏离政策导向的行为；五是建立了与地方发改委、经委、统计局等部门的分析例会制度，形成了信息共享机制；六是抓住经济金融运行中的热点、难点问题深入实际搞好调查研究，先后组织人员对重点行业投资、流动资金供求、金融支农政策落实等情况开展专题调查，及时反馈了实施效果和政策建议。

二、加强“窗口指导”，引导银行支持地方经济重点。2004年，人行济南分行营管部一是召开了“产业发展与信贷政策”对接会，开通了覆盖全市银行业金融机构的“金融公共网络信息平台”，适时发布货币信贷政策和产业政策、推介重点项目和企业信用评级情况，初步建立了银政企长效合作机制。全年共上网推介项目贷款123亿元，企业流动资金需求477户，发布产业政策和信贷政策信息97条，各商业银行落实贷款24.8亿元；二是制定了《关于济南市银行系统实施“十百万工程”，支持农民增收的意见》，组织全市银行系统重点支持了34个涉农龙头企业、104个农副产品特色基地、加工园区和合作组织，拓展贷款证发放面达45万户。全年累计发放支农再贷款13.9亿元，为农信社办理商业汇票再贴现6153万元，引导农信社扩大了农户贷款证覆盖面，农户持证面达44.6%，授信额度达47.6亿元；三是及时解决全市出口企业短期流动资金紧张问题，督促商业银行配合国家退税政策，积极调整信贷结构，防范资源类、限制类出口产品企业信贷风险，重点支持高附加值的机电产品、高新技术产品的出口，同时，为加工贸易客户群体提供优良的信贷、国际结算服务，促进提高全市加工贸易的比重和产业结构优化升级；四是实施了国家助学贷款开展情况通报制度，对商业银行开展助学贷款提出具体工作指导措施和要求；五是通过大力开展个体私营企业联户联保贷款，支持了各类市场发展，共为420多名下岗职工累计发放贷款3420万元，为下岗职工提供了上万个就业岗位，另外，积极协调财政部门增加小额担保贷款基金100万元，在原有基础上增加了20%，提高了担保能力。

三、认真落实农信社改革试点资金支持考核工作。2004年，人行济南分行营管部成立了资金支持考核工作组，制订了详细的工作方案，组织各支行和农信联社人员进行系统培训，严格执行各项数据测算和考核规定，顺利完成了农信社增资扩股计划和专项票据发行申请的考核工作。一是切实加强日常考核，实行各县（市）支行一把手“第一责任人”制度，加大非现场检查和现场检查力度，完善了农信社经营情况月度报告和分析制度，要求各农信社按月报告各种资金、财务等与资金支持相关的报表，密切关注农信社的变化，并对直管三家联社、各县（市）支行对各县（市）联社按季进行检查；二是搞好完善法人治理结构的监督工作，要求各农信社及时向人行报送有关法人治理结构的文件、章程和规定，“三会”形成的经营决策、内部管理方面的决议等，同时，制定了对投资人、理事会成员不定期的寻访制度，以了解法人治理结构的运行情况，及时发现问题并提示解决。

四、加强金融运行监测，切实防范系统性风险。2004年，人行济南分行营管部一是建立了房地产信贷市场监测制度，按季对商业银行住房开发贷款、个人按揭贷款等情况进行全方位监测，对房地产风险状况和苗头性问题，及时向商业银行进行反馈和预警，促进了房地产信贷市场的规范健康发展；二是坚持对全国及辖区货币市场利率走势进行认真监测记录，密切关注辖区的利率变化趋势，准确、及时掌握利率浮动情况，指导金融机构合理定价；三是定期对全市51户重点企业的贷款情况进行监测，及时掌握企业信贷流向、流量和质量情况，对贷款过度集中的行业和企业及时跟踪监测，适时引导金融机构贷款投向，防范和化解金融风险。

【精神文明建设】 2004年，人行济南分行营管部强化思想政治工作和内部管理，大力提高工作效率和质量。一是修订完善了《党支部工作考核办法》，拟定了《党支部工作督查督办制度》、《学习培训制度》等，增强了党员干部严于律己、恪尽职守的自觉性；二是大力加强党风廉政建设，加强警示教育，深入开展了违纪违法“成本”大讨论活动，增强了全员遵纪守法的自觉性，同时，深入学习贯彻中国共产党《党内监督条例（试行）》和《纪律处分条例》，增强了广大党员的纪律观念；三是召开了党员、青年、女工等不同层面的座谈会，开设了《领导授课》、《党支部书记论坛》以及法律法规、马克思主义发展史等教育培训内容，强化了对员工的教育培训；四是组织开展了“求真务实、争创一流、开创央行工作新局面”主题思想教育活动，并组织学习了任长霞事迹，同时，对上级行授予先进荣誉称号的部门和个人加大宣传力度，发挥典型引导作用。

【金融大事记】 1月4日 经山东银监局批准，农行山东省分行营业部辖属的17家分理处正式升格为支行，并对外挂牌。这是济南市国有商业银行分理处机构首批大规模的升格。

1月7日 人行济南分行营管部召开副处级以上干部会议，宣布分行党委关于刘其恒任人行济南分行营管部党委委员、副主任和免去贾广军人行济南分行营管部党委委员、副主任职务的决定。分行党委书记、行长白世春出席会议并作重要讲话。

3月20日 人行济南分行营管部被济南市委、市政府授予“2003年度工作先进单位”称号。

3月23日 人行济南分行营管部组织召开济南市银行行长（经理）联席会议。济南市委副书记、市长鲍志强，市委常委、副市长王以才出席会议并讲话。

5月8日 人行济南分行营管部搬迁至分行办公大楼的工作圆满结束，支付系统济南城市处理中心以零故障成功上线，实现了支付系统搬迁工作万无一失的目标。

6月2日 人行总行周小川行长一行在总行参事白世春，济南分行行长杨子强和副行长高士敏、李亚新、于华民等陪同下，莅临人行济南分行营管部营业厅检查指导工作，并慰问了营业厅会计结算、支付运行、账户管理、贷款卡管理等一线员工。

6月3日 济南市市区、历城、长清、章丘、济阳、商河农信社的票据发行申请获人行总行批准。至此，人行总行对济南市农信联社发行专项中央银行票据47452万元。刘福毅副主任参加票据发行签字仪式。

6月8日 人行济南分行杨子强行长、李亚新副行长走访慰问济南分行营管部干部职工，对发行库管理、营业室支付清算、账户管理、贷款卡管理等各项业务进行了巡视指导。

6月10日 人行济南分行杨子强行长赴平阴县调研农信社改革情况，视察了平阴县支行。

6月15日 山东省委副书记、济南市委书记姜大明视察驻济银行业金融机构和人行济南分行营管部营业大厅，并就当前金融形势和执行货币政策、改进金融服务，支持济南经济发展等与驻济银行业金融机构负责人进行了座谈。人行济南分行杨子强行长、李亚新副行长陪同视察。

6月25日 人行济南分行营管部召开“创先争优”表彰大会，隆重纪念中国共产党成立83周年，表彰营管部在“创先争优”活动中涌现出来的先进基层党组织、优秀党务工作者和优秀共产党员。

7月1日 济南市委副书记、市长鲍志强，副市长张宗祥等市政府领导视察国库济南市中心支库，并就济南市财政税务体制改革后有关业务运行情况进行了座谈。

7月18日~24日 人行济南分行营管部组织17家驻济银行业金融机构在市区33个宣传点开展了“反假货币宣传周”活动。

8月2日 济南市政府召开“产业发展与信贷政策对接会”，市委常委、副市长郭作贵讲话，人行济南分行副行长兼营管部主任李亚新发布信贷政策，市计委负责同志发布产业政策。同时，开通了“金融公共网络信息平台”并进行了现场演示。

9月17日 济南市政府和人行济南分行营管部联合组织召开济南市银行系统实施“十百万工程”支持农民增收动员会。市委副书记雷建国，市委常委、副市长王以才出席会议并作讲话，副市长赵文朝主持会议。

10月15日 现代支付系统济南城市处理中心为工行山东省分行营业部、济南市商业银行成功设置发起相关业务权限，对中央银行会计集中核算系统进行了升级换版工作。

10月25日 《人民币银行结算账户管理信息系统》在济南市正式开通，实现了济南市银行结算账户开立、变更、撤销等业务的手工和全程自动化同步处理，确保了账户管理质量。

11月1日 人行济南分行营管部召开副科级以上干部会议，宣布总行党委关于刘克俭任营管部党委书记、主任的决定。分行党委书记、行长杨子强出席会议并作重要讲话，分行副行长李亚新主持会议。

11月4日 济南市商行与澳大利亚联邦银行的战略合

作获得中国银监会正式批准。

11月30日　人行济南分行营管部召开第二届职工代表大会。刘克俭主任作工作报告和职工提案解答报告，刘福毅副主任作机关工会工作报告。大会选举产生了第二届工会委员会。

12月2日　济南市正式推行银行本票业务。

12月13日　人行济南分行党委副书记、副行长高士敏出席营管部2004年度领导班子考核和干部考察会议，并代表分行党委作了动员讲话。营管部领导班子成员分别进行了个人年度述职。

12月14日　人行济南分行营管部组织召开济南市财政局、国税局、地税局分管局长和有关部门负责人及科技人员参加的济南市财税国库联席会议。刘克俭主任出席会议并就做好财税库行横向联网工作和会计年终决算工作提出了要求。

12月28日～29日　人行济南分行营管部刘克俭主任、刘福毅副主任陪同济南市委常委、副市长王以才和市金融办负责同志拜访人行济南分行、山东省银监局、省证监局、省保监局和省农信联社，走访慰问驻济银行业金融机构。

12月31日　山东省政府孙守璞副省长，人行济南分行杨子强行长一行走访慰问营管部参加年终决算的员工，并视察了营管部营业大厅。

章丘市

【经济概况】　2004年，章丘市全年实现地区生产总值173.40亿元，同比增长20.30%。人均地区生产总值17510元，增长20.2%。实现财政总收入15.49亿元，增长29.80%，其中，地方财政收入9.39亿元，增长38.60%。该市跻身全国经济实力百强县第78位，名列全国县域经济基本竞争力第37位。

全年实现农业增加值18.40亿元，同比增长12.80%。粮食总产57.82万吨，增长10.72%。林木覆盖率19.10%，提高3.5个百分点。

章丘市主要经济金融指标

经济指标	1999	2004	经济指标	1999	2004
土地面积（平方公里）	1855	1855	#地方财政收入（亿元）	4.00	9.39
人口（万人）	98.46	99.08	全社会固定资产投资（亿元）	27.51	106.10
#非农业人口（万人）	13.08	14.96	固定资产投资增速（%）	18.20	61.15
地区生产总值（亿元）	104.53	173.40	进出口总值（亿美元）		
地区生产总值年增速（%）	12.59	20.30	#出口总值（亿美元）	0.08	0.63
第一产业（亿元）	22.33	28.50	实际利用外资（亿美元）	0.12	1.04
第二产业（亿元）	52.38	91.10	社会消费品零售总额（亿元）	39.53	61.63
第三产业（亿元）	29.82	53.80	居民消费价格指数（%）		
财政总收入（亿元）	6.48	15.49	人均地区生产总值（元）	10630	17510
金融指标（亿元）	**1999**	**2004**	**金融指标（亿元）**	**1999**	**2004**
金融机构存款余额	46.84	93.93	金融机构贷款余额	24.82	49.41
企业存款	7.74	13.32	短期贷款	22.84	34.83
储蓄存款	35.85	72.36	中长期贷款	1.11	10.45

章丘市主要金融机构负责人

单位名称	行长（或其他称谓的第一负责人）	副行长（或其他称谓的同级领导）
中国人民银行章丘市支行	曹建立	刘文杰
中国银监会山东监管分局章丘市办事处	马印忠	
中国工商银行章丘市支行	周栋	赵立平　刘瑞林

续表

单位名称	行长（或其他称谓的第一负责人）	副行长（或其他称谓的同级领导）
中国农业银行章丘市支行	万宪钢	马峰 肖峰 惠莉
中国银行章丘市支行	解传富	汪涛
中国建设银行章丘市支行	王佳军	李永富 王绍鹏
章丘市农信社	刘长禄	术守家 王兆星 韩明磊 于忠贵

章丘市主要金融机构业务概况

单位：亿元

单位名称	存款	企业存款	储蓄存款	贷款	短期贷款	中长期贷款
中国工商银行章丘市支行	13.62	2.89	8.49	9.35	1.77	7.48
中国农业银行章丘市支行	19.33	3.94	14.67	4.50	2.06	0.84
中国银行章丘市支行	4.72	1.43	2.89	2.64	1.83	0
中国建设银行章丘市支行	10.16	3.23	5.04	6.53	4.27	2.12
章丘市农信社	32.89	1.72	28.61	24.57	23.08	0.02

全年完成工业增加值77.04亿元，同比增长24.90%。规模以上工业企业完成工业增加值56.93亿元，增长28.70%；实现产品销售总收入173.01亿元，增长41.25%；实现利税23.55亿元，增长41.07%。

全年完成全社会固定资产投资106.10亿元，同比增长61.15%。实现社会消费品零售总额61.63亿元，增长15.28%。实际利用外资1.04亿美元，出口总值0.63亿美元，增长20.09%。

全年城镇居民人均可支配收入8481元，同比增长12.50%；农村居民人均可支配收入4798元，增长14.98%。

【金融概述】 截至2004年末，章丘市境内共有9家县级金融机构，营业网点174处，金融员工1284人。全年辖内金融运行呈良好态势。一是各项存款增速加快，金融整体实力不断壮大，增强了支持地方经济发展的后劲；二是信贷资金重点投向了“三农”、中小企业和非公有制经济，符合国家“有保有压”的宏观调控原则；三是金融秩序稳定，系统性风险防范措施得力，信贷资产质量和银行效益进一步提升。

【各项存款】 截至2004年末，章丘市金融机构各项人民币存款余额93.93亿元，同比增加11.35亿元，增长13.74%；各项外汇存款余额0.06亿美元。

一、企业存款。截至年末，全市企业存款余额13.32亿元，同比增加2.21亿元，占全市新增存款比例的19.45%，提高了2.15个百分点。

二、居民储蓄存款。截至年末，全市储蓄存款余额72.36亿元，同比增加7.60亿元，占全市新增存款比例的67.02%，降低了2.59个百分点。其中，定期储蓄余额55.81亿元，增加4.85亿元；活期储蓄余额16.54亿元，增加2.76亿元。

【各项贷款】 截至2004年末，章丘市金融机构各项人民币贷款余额49.41亿元，同比增加6.72亿元，增长14.73%；各项外汇贷款余额0.01亿美元。

截至年末，全市农业贷款余额14.92亿元，同比增加3.47亿元；工业贷款余额6.39亿元，增加0.32亿元；商业贷款余额2.15亿元，减少0.40亿元；个人消费贷款余额4.83亿元，增加1.28亿元；基本建设贷款余额6.70亿元，增加1.93亿元。

【金融调控】 2004年，人行章丘市支行积极发挥“窗口指导”作用，促进了辖内金融事业的协调、健康发展。一是制定并实施了《关于进一步加强信贷政策与产业政策的协调配合，大力促进地方经济发展》等一系列金融措施，召开工业项目推介洽谈会，实现了信贷资金与优质项目的有效对接；二是不断加大支农再贷款投放力度，引导金融机构加大对“三农”的信贷支持；三是进一步做好农信社改革试点资金支持工作，发行2.35亿元专项中央银行票据，农信社法人治理、内控制度、经营机制得到不断完善。

【金融监管】 2004年，银监局章丘县办事处重点加强了对农信社的监管。一是严格高管人员任职资格审查，对8家农信社的高管人员进行了绩效考评；二是严格机构管理，对2家农信社的迁址变更进行了初审；三是督促农信社做好增资扩股和盘活不良贷款；四是督促农信社做好以联社为单位的统一法人改革，促进其法人治理结构的完善和经营机制的转换；五是严格现场管理，开展了清产核资、非信贷资产管理等专项检查。

平阴县

【经济概况】 2004年，平阴县全年实现地区生产总值67.96亿元，同比增长16.9%。人均地区生产总值18686元。全年实现财政收入3.5亿元，增长16.6%，其中，地方一般预算收入1.63亿元，增长23.6%。

全年实现农业增加值10.82亿元，同比增长6.8%，其中，粮食总产20.19万吨，增长7.44%。

全年完成工业增加值38.14亿元，同比增长17%。规模以上企业实现销售收入76.3亿元，完成工业增加值25.1亿元，实现利税9.28亿元，分别增长27.2%、29.1%和26.5%。

平阴县主要经济金融指标

经济指标	1999	2004	经济指标	1999	2004
土地面积（平方公里）	827	827	#地方财政收入（亿元）	1.54	1.63
人口（万人）	35.98	36.37	全社会固定资产投资（亿元）	11.20	26.55
#非农业人口（万人）	6.81	10.29	固定资产投资增速（%）	13.7	29.7
地区生产总值（亿元）	39.31	67.96	进出口总值（亿美元）		
地区生产总值年增速（%）	13.5	16.9	#出口总值（亿美元）	0.31	1.01
第一产业（亿元）	9.04	10.82	实际利用外资（亿美元）	0.01	0.01
第二产业（亿元）	18.40	38.14	社会消费品零售总额（亿元）	14.41	21.63
第三产业（亿元）	11.87	19.01	居民消费价格指数（%）		
财政总收入（亿元）	2.02	3.5	人均地区生产总值（元）	10926	18686
金融指标（亿元）	**1999**	**2004**	**金融指标（亿元）**	**1999**	**2004**
金融机构存款余额	16.08	30.68	金融机构贷款余额	12.83	19.36
企业存款	3.05	6.18	短期贷款	8.98	15.75
储蓄存款	12.28	21.15	中长期贷款	1.64	2.56

平阴县主要金融机构负责人

单位名称	行长（或其他称谓的第一负责人）	副行长（或其他称谓的同级领导）
中国人民银行平阴县支行	房泽健	王同伟
中国银监会山东监管分局平阴县办事处	李衍荣	
中国工商银行平阴县支行	张立军	贾象波　张安春
中国农业银行平阴县支行	焦建军	马守和　贾传科　王光明
中国银行平阴县支行	毛传洵	索　明　任发平
中国建设银行平阴县支行	王帮林	张建军
平阴县农信社	张新华	张学柱　董广军

平阴县主要金融机构业务概况

单位：亿元

单位名称	存 款	企业存款	储蓄存款	贷 款	短期贷款	中长期贷 款
中国工商银行平阴县支行	5.08	1.26	3.03	4.80	3.21	1.54
中国农业银行平阴县支行	6.15	2.05	3.71	2.53	1.66	0.38
中国银行平阴县支行	3.10	1.07	1.74	1.46	0.91	0.07
中国建设银行平阴县支行	2.69	0.56	1.19	1.12	0.61	0.52
平阴县农信社	9.02	1.20	7.03	8.54	8.47	0.05

工业产品销售率达97.5%。

全年完成固定资产投资26.55亿元，同比增长29.7%。实现社会商品零售总额21.63亿元，增长16.5%。全年出口总额1.01亿美元，增长25.5%。

全县城镇居民人均可支配收入7257元，同比增长11.7%；人均消费支出5075元，增长5.0%。农民人均纯收入3497元，增长13.1%。

【金融概况】 2004年，平阴县金融运行呈起伏不平态势。一季度，银行存贷款增加较多，从第二季度起，受国家宏观调控政策影响，银行贷款出现净下降，由此导致全年信贷增长大幅下降。

【各项存款】 截至2004年末，平阴县金融机构各项人民币存款余额30.68亿元，比年初增加2.95亿元，增长10.64%，同比少增1.7亿元。

一、储蓄存款增势平稳。截至年末，全县城乡居民储蓄存款余额21.15亿元，增加2.02亿元，增长10.58%，同比少增4052万元。

二、企业存款增势明显趋缓。2004年，全县企业存款余额较年初仅增0.24亿元，增幅4%，同比少增1.9亿元。企业存款增长乏力的主要原因：一是受国家加强宏观调控力度的影响，国有独资商业银行信贷投放严重萎缩，银行派生存款相应减少；二是为满足生产经营资金需求，企业不断加强资金调度，自有资金利用率明显提高，银行沉淀存款明显减少。

【各项贷款】 截至2004年末，平阴县金融机构累计各项人民币贷款余额19.36亿元，比年初减少3.41亿元，下降14.99%。其中，农业贷款7.09亿元，增长10.7%；工业贷款5.12亿元，增长10.1%；商业贷款0.93亿元，下降22.2%；个人消费贷款1.44亿元，下降18.1%；固定资产贷款1.19亿元，略有下降。

一、国有独资商业银行信贷投放急剧下降。2004年，该县四家国有商业银行累计发放贷款13.4亿元，同比少投放7.98亿元，贷款余额较年初下降了4亿元，出现近年来少有的大幅下降局面。主要原因有：一是部分行划转和核销贷款较多，致使贷款总量明显减少；二是国家实施了一系列宏观调控政策，严格控制部分行业的信贷投放，并将存款准备金率上调0.5个百分点，限制了商业银行的放贷能力。

二、农信社支农力度不减。2004年，全县农信社系统累计投放贷款14.34亿元，与同期基本持平。重点支持了关系农民增收的主导产业、农业龙头企业和农田水利等基础设施的建设。

【金融调控】 2004年，人行平阴县支行不断加大对金融机构的引导和督导，促进了辖内金融事业的协调、健康发展。一是召开了工业项目推介洽谈会，实现了信贷资金与优质项目的有效对接；二是不断加大支农再贷款投放力度，引导金融机构加大对“三农”的信贷支持；三是进一步做好农信社改革试点资金支持工作，发行1.37亿元专项中央银行票据。

【金融监管】 2004年，平阴县金融监管部门加大了对农信社的监管力度。一是对7家农信社的高管人员进行了绩效考评；二是督促农信社做好增资扩股和盘活不良贷款；三是促进了农信社法人治理结构的完善和经营机制的转换；四是加强了对农信社支付性风险的监管，建立健全了一系列监管报表体系，保证了其安全运营。

济阳县

【经济概况】 2004年，济阳县全年实现地区生产总值72.69亿元，同比增长19.5%；人均地区生产总值13700元。实现财政总收入4.36亿元，其中，地方财政收入2.02亿元，增长5.76%。

全年实现农业增加值19.89亿元，同比增长14.64%。其中，粮食总产45.05万吨，增长4.33%。林木覆盖率19.30%，提高3.5个百分点。

全年完成工业增加值27.94亿元，同比增长8.59%。规模以上工业企业实现产品销售总收入52.69亿元，增长

济阳县主要经济金融指标

经济指标	1999	2004	经济指标	1999	2004
土地面积（平方公里）	1076	1076	#地方财政收入（亿元）	1.17	2.02
人口（万人）	52.01	53.09	全社会固定资产投资（亿元）	12.36	31.50
#非农业人口（万人）	5.07	10.67	固定资产投资增速（%）	30.10	43.00
地区生产总值（亿元）	36.23	72.69	进出口总值（亿美元）		
地区生产总值年增速（%）	12.70	19.50	#出口总值（亿美元）	0.01	0.23
第一产业（亿元）	15.02	19.89	实际利用外资（亿美元）	0.02	0.27
第二产业（亿元）	11.38	33.24	社会消费品零售总额（亿元）	11.72	20.76
第三产业（亿元）	9.83	19.56	居民消费价格指数（%）		
财政总收入（亿元）	3.04	4.36	人均地区生产总值（元）	6966	13700
金融指标（亿元）	**1999**	**2004**	**金融指标（亿元）**	**1999**	**2004**
金融机构存款余额	11.69	20.73	金融机构贷款余额	11.95	15.26
企业存款	2.43	2.25	短期贷款	11.41	11.83
储蓄存款	8.59	15.82	中长期贷款	0.04	2.11

济阳县主要金融机构负责人

单位名称	行长（或其他称谓的第一负责人）	副行长（或其他称谓的同级领导）
中国人民银行济阳县支行	任道华	戴恒金　牛传东
中国银监会山东监管分局济阳县办事处	王修功	
中国农业银行济阳县支行	任道金	李富胜　姜广福
中国银行济阳县支行	刘在鲁	王会明
中国建设银行济阳县支行	林寿升	刘　虎
济阳县农信社	王兰西	李秀坤　周学军

济阳县主要金融机构业务概况

单位：亿元

单位名称	存　款	企业存款	储蓄存款	贷　款	短期贷款	中长期贷　款
中国农业银行济阳县支行	6.74	0.91	5.02	2.78	0.68	1.76
中国银行济阳县支行	1.71	0.63	0.97	2.04	1.11	0.01
中国建设银行济阳县支行	2.25	0.34	1.36	0.42	0.09	0.33
济阳县农信社	6.51	0.37	5.55	5.45	5.39	0.01

5.85%；实现利税9.05亿元，增长50.83%。

全年实现社会消费品零售总额20.76亿元，同比增长18.09%。全年出口0.23亿元。

全县城镇居民人均可支配收入6819元，增长8.63%；农村居民人均可支配收入3246元，增长8.13%。

【金融概况】 2004年，济阳县金融经济运行形势保持了良好的态势，金融机构经营效益有所好转。全县金融机构当年结益1351万元，同比增加0.60亿元，增长128.97%。其中，国有独资商业银行结益1486万元，农发行济阳县支行亏损1094万元，县农信社实现利润959万元。

【各项存款】 截至2004年末，济阳县金融机构各项人民币存款余额20.73亿元，比年初增加3.06亿元，增长17.33%。

一、企业存款。截至年末，全县企业存款余额2.25亿元，同比减少0.43亿元，占全县新增存款比例的14.05%。

二、储蓄存款。截至年末，全县储蓄存款余额15.82亿元，同比增加2.49亿元，占全县新增存款比例的81.37%。其中，定期储蓄余额10.31亿元，增加1.39亿元；活期储蓄余额5.51亿元，增加1.10亿元。

【各项贷款】 截至2004年末，济阳县金融机构各项人民币贷款余额15.26亿元，比年初减少0.71亿元，下降4.47%。其中，农业贷款余额4.73亿元，增加0.32亿元，增长7.2%；工业贷款余额1.10亿元，增加0.20亿元，增长21.75%；商业贷款余额4.69亿元；个人消费贷款余额0.46亿元；固定资产投资余额0.21亿元。

【金融调控】 2004年，人行济阳县支行认真贯彻执行国家货币信贷政策，控制贷款过度投放，压缩固定资产投资，促进了经济、金融稳定增长。一是完善支农再贷款管理办法和操作程序，落实资金管理责任制，促进农信社自身效益和社会效益的同步增长；二是认真做好了农信社改革试点央行资金支持工作；三是充分运用再贴现政策工具，发挥好“引流示范”效应，同时进一步规范票据业务的开展，从源头上把好票据风险关。

【金融监管】 2004年，银监局济阳县办事处严格按照银行业监督法规规定，加大了对辖区金融机构监督管理力度，确保了全县金融稳定。

商河县

【经济概况】 2004年，商河县全年实现地区生产总值58.85亿元，增长16.12%，增幅同比提高2.8个百分点；人均地区生产总值9842元。实现财政总收入1.5亿元，增长30.2%。

全年实现农业增加值19.65亿元，同比增长21%。其中，粮食总产53.5万吨，增长15%。

全年完成工业增加值19.3亿元，同比增长10.7%。规模以上工业企业实现产品销售收入56.0亿元，增长21.7%；实现利税5.5亿元。

商河县主要经济金融指标

经济指标	1999	2004	经济指标	1999	2004
土地面积（平方公里）	1163	1163	#地方财政收入（亿元）	0.85	1.5
人口（万人）	58	59.8	全社会固定资产投资（亿元）	11.5	26.6
#非农业人口（万人）	5.71	7.9	固定资产投资增速（%）	27.78	33.00
地区生产总值（亿元）	31.12	58.85	进出口总值（亿美元）		
地区生产总值年增速（%）	8.74	16.12	#出口总值（亿美元）	0	0.3
第一产业（亿元）	14.12	19.65	实际利用外资（亿美元）	0	0.01
第二产业（亿元）	8.73	26.06	社会消费品零售总额（亿元）	10.05	18.2
第三产业（亿元）	8.27	13.14	居民消费价格指数（%）		
财政总收入（亿元）	0.85	1.5	人均地区生产总值（元）	5366	9842
金融指标（亿元）	**1999**	**2004**	**金融指标（亿元）**	**1999**	**2004**
金融机构存款余额	12.89	22.31	金融机构贷款余额	13.16	16.79
企业存款	1.65	1.74	短期贷款	12.63	15.5
储蓄存款	10.42	16.05	中长期贷款	0.2	0.56

商河县主要金融机构负责人

单位名称	行长（或其他称谓的第一负责人）	副行长（或其他称谓的同级领导）
中国人民银行商河县支行	赵国正	忻才国　吴广焕　刘卫华
中国银监会山东监管分局商河县办事处	曲学友	
中国农业银行商河县支行	高传玲	王宗民　李百秋　李曰兵
中国建设银行商河县支行	刘学华	孙培江
商河县农信社	于平吉	张行举

商河县主要金融机构业务概况

单位：亿元

单位名称	存　款	企业存款	储蓄存款	贷　款	短期贷款	中长期贷　款
中国农业银行商河县支行	7.09	1.2	4.71	2.18	1.55	0.4
中国建设银行商河县支行	2.48	0.34	0.96	0.21	0.07	0.14
商河县农信社	9.12	0.2	7.38	7.79	7.27	0.01

全年实现社会消费品零售额18.2亿元，增长16.7%。全年出口总额0.3亿美元，增长13.4%。

全县城镇居民人均可支配收入7500元，增长8.7%；农村居民人均可支配收入3411元，增长16.6%。

【金融概况】　2004年，商河县金融机构认真贯彻执行国家各项金融方针政策，调整信贷投向，不断改进金融服务，较好地发挥了对当地经济发展的促进作用。

【各项存款】　截至2004年末，商河县金融机构各项人民币存款余额22.31亿元，比年初增加2.64亿元，增长13.42%，居历史较好水平。

一、企业存款下降。截至年末，全县企业存款余额1.74亿元，较年初减少0.25亿元，下降12.56%。

二、居民储蓄存款保持了较快的增长态势。截至年末，全县储蓄存款余额16.05亿元，比年初增加1.22亿元，占全县新增存款的46.21%，增长8.2%。其中，定期储蓄存款余额10.9亿元，增加0.64亿元，增长6.3%；活期储蓄存款余额5.15亿元，增加0.58亿元，增长12.6%。

【各项贷款】　截至2004年末，商河县金融机构各项人民币贷款余额16.79亿元，比年初增加0.86亿元，同比少增0.41亿元。其中，农业贷款余额6.7亿元，增加0.71亿元；工业贷款余额1.15亿元，减少0.1亿元；商业贷款余额6.63亿元，减少0.08亿元；个人消费贷款余额0.49亿元，增加0.13亿元。

【金融调控】　2004年，人行商河县支行积极传导稳健的货币政策，发挥窗口指导作用，较好地履行了中央银行金融调控职责。一是建立和完善了工作机制，利用再贷款等工具，引导金融机构加大对地方经济发展的支持力度；二是加强了对农信社改革票据考核工作的监测，督促其完善法人治理结构，强化约束机制，提高经营水平；三是成立了农村资金监测分析小组，分析经济金融运行中出现的新矛盾、新问题，研究对策，疏通货币政策传导中的梗阻现象。

【金融监管】　2004年，银监局商河县办事处重点加强了对农信社的监管。一是对1家县农联社和7家法人农信社的高管人员进行了绩效考评；二是督促农信社做好以联社为单位的统一法人改革，促进了农信社法人治理结构的完善和经营机制的转换；三是开展了农信社非信贷资产管理等专项检查；四是人行重点加强了对农信社支付性风险的监管，建立健全了一系列监管报表体系。

（孔　源　吴一江）

淄博市

【经济概况】 2004年，淄博市实施重点行业带动、促进全面发展、优化发展环境、加快民营经济和高新技术企业发展的举措，全市国民经济保持快速增长。全年实现地区生产总值1230.96亿元，同比增长17%。其中，第一产业完成增加值54.06亿元，增长7.9%；第二产业完成增加值796.9亿元，增长20.9%；第三产业完成增加值380亿元，增长11.6%。人均地区生产总值29662元，增长22.13%。三次产业比重由上年的4.9:61：34.1调整为4.4:64.7:30.9。实现财政总收入118.95亿元，增长28.84%；其中，地方财政收入50.04亿元，增长24.3%。

一、农业。2004年，淄博市全年实现农业总产值101.15亿元，同比增长8.9%。全年粮食总产量116.38万吨，增长5.1%。其中，夏粮总产49.83万吨，增长4.0%；秋粮总产66.55万吨，增长6%。棉花、油料、蔬菜、水果总产分别为2.82万吨、1.38万吨、333.66万吨和52.76万吨，分别增长49.9%、-22.1%、-5.5%和16.7%；肉类、禽蛋和奶类总产分别为15.53万吨、16.23万吨和10.44万吨，分别增长9.2%、-7.3%和27.5%，水产养殖面积6812公顷，与上年持平。森林覆盖率达27.4%。农机总动力300.53万千瓦，增长2.5%。

二、工业。2004年，淄博市实现工业增加值708亿元，占GDP的比重达57%，对GDP的贡献率为69.42%。全市规模以上工业企业1754家，完成工业总产值1898.42亿元，增长33.94%。分经济类型看，国有工业完成总产值583.82亿元，增长21.26%；集体工业完成总产值225.37亿元，增长33.90%；股份制企业完成总产值684.97亿元，增长40.45%；股份合作制企业完成总产值59.62亿元，增长35.32%；外商及港澳台商投资企业完成总产值202.02亿元，增长36.23%；其他经济完成总产值142.62亿元，增长63.03%。分轻重工业看，轻工业完成总产值476.44亿元，增长35.90%；重工业完成总产值1421.98亿元，增长33.30%。全年工业产品产销率达97.45%。

全年规模以上工业企业实现产品销售收入1884.07亿元，同比增长34.85%；利税197.98亿元，增长44.52%；利润总额103.07亿元，增长55.43%。企业经济效益综合指数为183.66%，提高23.31个百分点。

三、市场、消费及物价。2004年，淄博市完成市场建设投资47.27亿元，全市有5处市场被命名为全省30强市场。全年社会消费品零售总额299.82亿元，同比增长15.4%。其中，批发零售贸易业零售额242.75亿元，增长16%；餐饮业零售额44.08亿元，增长15.8%；其他行业零售额12.99亿元，增长4.4%。

市场物价全年走势先扬后抑，居民消费价格总指数102.9%，同比上升了2.9个百分点。

四、固定资产投资适度增长。2004年，淄博市全年共完成规模以上固定资产投资530.95亿元，同比增长45.1%。城镇固定资产投资404.63亿元，房地产开发投资57.17亿元，农村固定资产投资69.15亿元。

五、对外贸易和引进外资。2004年，淄博市全年进出口总额26.64亿美元，同比增长38%。其中，进口总额12.14亿美元，增长31.8%；出口总额14.51亿美元，增长43.7%。从出口企业的经济类型看，国有企业出口增长12.2%，三资企业出口和其他类型企业出口分别增长48.8%和76.2%，其中，三资企业出口占全市出口总额的比重达57%。全年加工贸易出口额6.89亿美元，占全市出口总额的47.49%。从行业出口情况看，传统行业保持了较高的增长，纺织、轻工、化工三类产品出口额占全市出口额的57.6%。

全年共审批利用外资项目210个，同比增加41个；合同利用外资金额8.54亿美元，实际外资到位4.51亿美元，分别增长65.18%和61.83%。

六、城乡居民生活。2004年，淄博市在岗职工工资总额72.36亿元，同比增长14.21%；在岗职工平均工资15238元，增长13.67%。城市居民人均可支配收入9960元，增长14.22%；人均消费性支出7010.6元，增长14.44%。农村居民人均纯收入4432元，增长13.57%；人均生活消费支出2893.51元，增长10.84%。城市恩格尔系数为34.36%，减少1.06个百分点；农村恩格尔系数为38.21%，增加7个百分点。

【金融概况】 2004年，淄博市金融机构积极应对土地政策、产业政策调整对信贷资金管理的影响，合理运筹信贷资金，着力缓解经济运行中重点环节的资金供需矛盾，实现了全市金融与经济的平稳快速发展。

【存款情况】 2004年，淄博市金融机构存款波动较大，总体增长幅度有所减慢。截至年末，全市金融机构各项人民币存款余额943.9亿元，比年初增加119.64亿元；各项外汇存款余额2.38亿美元，增加0.64亿美元。

一、企业存款。2004年，淄博市企业存款增幅减缓，企业流动资金紧张状况加剧。截至年末，全市企业存款余额254.61亿元，比年初增加30.24亿元，同比少增11.58亿元。

淄博市经济主要统计指标

指　　标	1999	2000	2001	2002	2003	2004
土地面积（平方公里）	5938	5938	5938	5938	5938	5938
人口（万人）	405.72	407.99	410.49	412.03	413.14	414.99
#非农业人口（万人）	137.78	138.93	142.70	145.62	147.67	274.61
地区生产总值（亿元）	568.00	642.20	702.09	780.00	1003.38	1230.96
地区生产总值增速（%）	11.2	11.1	11.5	13.0	16.6	17.0
第一产业（亿元）	46.50	46.30	47.43	48.33	49.30	54.06
第二产业（亿元）	326.38	377.39	406.14	452.87	611.92	796.90
#工业（亿元）	294.56	343.29	369.20	408.46	538.66	708.00
#建筑业（亿元）	31.82	34.10	36.94	44.41	73.26	88.90
第三产业（亿元）	195.12	218.51	248.52	278.80	342.16	380.00
地区生产总值构成（%）	100	100	100	100	100	100
第一产业	8.2	7.2	6.8	6.2	4.9	4.4
第二产业	57.4	58.8	57.8	58.1	61.0	64.7
第三产业	34.4	34.0	35.4	35.7	34.1	30.9
财政总收入（亿元）	53.38	59.23	70.82	80.35	92.32	118.95
#地方财政收入（亿元）	22.65	25.65	31.33	33.15	40.25	50.04
全社会固定资产投资（亿元）	125.54	160.77	172.74	220.15	365.91	530.95
#基本建设（亿元）	27.03	34.32	27.89	35.15	74.02	96.25
#更新改造（亿元）	23.76	33.73	37.50	48.72	41.42	47.90
#房地产开发（亿元）	6.7	9.06	13.55	25.46	36.37	57.17
固定资产投资增速（%）	-3.2	26.8	7.1	16.9	66.21	45.10
进出口总值（亿美元）	9.96	13.25	9.21	13.24	19.30	26.64
#出口总值（亿美元）	8.32	10.62	5.83	7.50	10.09	14.51
实际利用外资（亿美元）	1.04	1.10	1.45	2.00	3.51	4.51
社会消费品零售总额（亿元）	167.62	184.94	205.60	230.78	254.86	299.82
居民消费价格指数（%）	99.8	99.3	100.4	99.7	100.1	102.9
城镇居民家庭人均年收入（元）	6301	6843	7275	8198	8720	9960
农民家庭人均年收入（元）	3091	3247	3442	3627	3902	4432
人均地区生产总值（元）	14035	15785	17156	18966	24319	29662

淄博市金融主要统计指标

指标（亿元）	1999	2000	2001	2002	2003	2004
金融机构存款余额	415.66	480.79	549.55	673.99	824.26	943.90
（一）企业存款	100.18	119.89	134.49	181.69	222.99	254.61
（二）储蓄存款	289.96	322.35	364.62	414.14	479.32	543.20
#定期储蓄存款	236.24	255.19	282.65	307.43	334.73	383.42
#活期储蓄存款	53.72	67.16	81.97	106.71	134.59	159.78
金融机构贷款余额	327.46	354.28	393.35	496.72	605.11	675.73
（一）短期贷款	244.52	267.17	288.13	355.21	405.40	445.16
#工业贷款	83.26	92.01	93.39	110.02	117.95	140.32
#商业贷款	44.06	38.22	41.47	45.52	42.93	44.06
#农业贷款	32.29	40.53	60.45	79.28	98.67	117.12
（二）中长期贷款	45.39	43.04	62.57	88.05	134.38	160.93
#基本建设贷款	18.18	12.36	10.84	30.67	40.95	49.89
#技术改造贷款	16.99	21.21	27.08	12.74	14.65	14.17
现金收入	1192.72	1518.08	1834.12	2124.43	2591.03	3124.66
现金支出	1157	1476.53	1798.33	2106.71	2580.05	3119.38
现金投放（+）回笼（-）	-35.72	-41.53	-36.14	-17.72	-10.98	-5.28
当年结益	-5.09	-2.7	-1.24	-1.3	4.19	9.56

淄博市主要金融机构负责人

单位名称	行长（或其他称谓的第一负责人）	副行长（或其他称谓的同级领导）
中国人民银行淄博市中心支行	贾广军	韩　伟　徐忠波　张伟建
中国银监会淄博市监管分局	毕继繁	郝　军　陈保君　姜立惠
中国农业发展银行淄博市分行	柴洪德	杨林虎
中国工商银行淄博市分行	李跃刚	韩庆德　王国友　王立亭　刘玉玲　石志国
中国农业银行淄博市分行	尹德凯	刘永生　宋作家　臧汝舜　韩怀德
中国银行淄博分行	李　光	陈　涛　周曙光　邓德旭
中国建设银行淄博分行	马天军	曹元吉　娄文杰　张兆鹏
交通银行淄博分行	辛　杰	巩庆勇　赵纪庆
中信实业银行淄博支行	吴立勇	陈东升　高晓明
淄博市商业银行	杲传勇（董事长）	赵晓东　鞠　杰　王　强　丁树博　王　涛
农信社淄博市办事处	李本领	巩方波　张洪玲

淄博市主要金融机构业务概况

单位：亿元

单位名称	存　款	企业存款	储蓄存款	贷　款	短期贷款	中长期贷　款
中国工商银行淄博市分行	178.62	68.95	109.67	138.04	77.50	60.54
中国农业银行淄博市分行	143.75	51.95	91.80	106.06	79.54	26.52
中国银行淄博分行	78.56	39.66	38.9	64.21	42.29	21.92
中国建设银行淄博分行	126.7	65.1	61.6	87.5	24.3	53.9
交通银行淄博分行	42.66	25.41	17.25	27.56	24.14	2.83
中信实业银行淄博支行	32.4	17.75	4.26	20.45	18.71	1.07
淄博市商业银行	111.38	69.58	27.27	88.01	72.45	15.56
农信社淄博市办事处	184.99	34.88	132.37	152.34	133.35	4.02

淄博市各县级区域经济金融主要统计指标

名称	人口（万人）	面积（平方公里）	地区生产总值（亿元）	地区生产总值增速（%）	存款（亿元）	储蓄存款（亿元）	贷款（亿元）
淄川区	67.26	999	160.40	17.1	134.16	80.37	60.16
临淄区	59.40	668	271.08	16.70	180.02	114.29	87.24
博山区	26.8	682	128.11	19.30	81.42	54.15	67.54
桓台县	48.73	520.4	125.18	19	78.96	50.76	73.94
高青县	36.10	830	36.36	22.00	26.88	17.78	21.47
沂源县	55	1635	53.06	22.8	36	24	27

从企业存款增长的结构来看，活期存款增加15.04亿元，占全部企业存款增加额的49.74%，下降12.22个百分点，企业即期支付能力有所下降，资金面趋于紧张。影响企业存款增长的原因：受宏观调控政策影响，商业银行贷款权限上收，企业贷款门槛提高，特别是部分商业银行抽紧企业新上投资项目贷款和流动资金贷款，出现了“一刀切”现象，造成企业资金趋紧，而煤电油运供应紧张，原材料价格大幅上扬，工业产成品价格保持平稳，企业两项资金占用快速增长，致使企业存款增长乏力。

二、储蓄存款。截至年末，淄博市居民储蓄存款余额543.20亿元，比年初增加63.88亿元，增长13.33%，增幅下降2.41个百分点。从储蓄存款的结构变化看，全年新增活期储蓄25.19亿元，占全部新增储蓄存款的39.43%，下降3.35个百分点；新增定期储蓄存款38.69亿元，占全部新增储蓄存款60.57%，提高3.35个百分点。全年储蓄存款呈波浪式增长，总体增幅减缓的特点，其原因：一方面由于居民收入的不断增长、股市的持续低迷和人行加息政策的出台，加快了储蓄存款增长；另一方面储蓄实际收益率的走低降低了居民储蓄意图，同时企业资金紧张，民间融资规模快速扩大，对储蓄存款产生了较强的分流作用，致其增势减缓。

【贷款情况】 2004年，淄博市各金融机构贷款实现了平稳有序增长，信贷投向和行业分布更趋合理。截至年底，全市金融机构各项人民币贷款余额675.73亿元，比年初增加63.47亿元，少增43.53亿元，考虑部分机构票据融资业务统计口径的变化因素，全年人民币贷款总量实际增加105亿元左右；各项外汇贷款余额3.9亿美元，增加0.52亿美元。

一、短期工业贷款投放较多。截至年末，淄博市各金融机构短期工业贷款较年初增加26.02亿元，增长22.76%，支持了企业合理流动资金需求。

二、对“三农”经济的信贷支持不断增加。截至年末，淄博市农业贷款余额117.12亿元，较年初增加22.19亿元，同比多增2.8亿元。其中，农信社农业贷款余额109.04亿元，增加18.41亿元，考虑年内对农信社发行专项票据置换不良贷款8.7亿元的因素，同比多增7.83亿元。

三、中长期贷款增长适度，压缩了过热行业投资力度。截至年末，淄博市中长期贷款余额160.93亿元，增加27.28亿元，同比少增17.77亿元。各商业银行合理控制固定资产项目投资，加大了对钢铁、水泥、电解铝、房地产等过热行业的综合整治，基本建设贷款、技术改造贷款和个人中长期消费贷款增幅明显下降。

四、票据、信用证业务快速发展，加大了对企业的资金支持。截至年末，淄博市金融机构信用证余额3.78亿美元，较年初增加2.73亿美元，折合人民币22.65亿元；银行承兑汇票余额163.23亿元，增加18.64亿元，全年各机构累计签发银行承兑汇票368.19亿元，增加84.85亿元。

五、银行机构不良贷款"双降"成效显著，盈利水平有较大幅度提高。截至年末，淄博市按照贷款五级分类标准划分不良贷款余额98.18亿元，较年初下降27.12亿元；贷款不良率为13.87%，下降了4.92个百分点。全市金融机构共实现结益11.63亿元，同比增盈8.03亿元。其中，国有独资商业银行、股份制商业银行、淄博市商行和农信社分别实现结益6.84亿元、0.97亿元、0.56亿元和1.21亿元。

【现金投放和回笼】 2004年，淄博市累计现金收入3124.66亿元，同比增加533.63亿元，增长20.6%；累计现金支出3119.38亿元，增加539.33亿元，增长20.9%；年累计现金回笼5.28亿元，同比少回笼5.69亿元。

【外汇管理】 2004年，外管局淄博市中心支局积极拓宽工作思路，健全外汇管理工作机制，有效促进了外汇监管和服务水平的提高。

一、简化操作手续，提高核销效率。2004年，该局实行了出口收汇分类核销制度和进口付汇货到项下自动核销制度，利用外汇账户管理信息系统、辅助工具系统和信息交互平台，对辖内外汇账户进行了全面核对与清理。全年出口收汇15.59亿美元，同比增长51.49%，收汇核销14.68亿美元，增长57%；进口付汇11.58亿美元，增长38.32%，进口核销9.71亿美元，增长37%；结汇11.60亿美元，增长36.55%，售汇8.56亿美元，增长49.76%。进出口额创历史最高水平。

二、强化外汇监管，营造良好的外汇经营秩序。2004年，该局一是针对涉汇主体建立了约见谈话制度，及时纠正其违规倾向和行为；二是开发了涉汇主体诚信管理系统，对违规涉汇主体实行分类管理；三是布置了对外汇管理、国际收支、调查统计等方面的执法检查，并对6家企业、3家金融机构的违规情况进行了行政处罚，维护了政策法规的严肃性。

三、健全外汇管理工作机制。2004年，该局一是充分利用现有国际收支统计监测系统，建立起银行、外管局和公安等执法部门"三位一体"的外汇反洗钱工作机制；二是对外汇指定银行报送的大额和可疑外汇资金交易进行及时汇总、筛选、甄别、分析和上报，有效遏制了违法违规活动。

【货币政策实施】 2004年，人行淄博市中支突出解决优势企业、重点集团合理的资金需求，同时认真搞好农业、微型企业及下岗失业、助学等薄弱行业和弱势群体的信贷投入，保持了货币信贷的平稳增长。

一、创新工作方式，提高贯彻货币政策的水平。2004年，该中支一是通过制定下发指导意见和召开金融分析会、银企座谈会等方式，疏通货币政策传导渠道，引导金融机构自觉将国家宏观调控政策要求、市场需求变化和自身业务发展有机地结合起来；二是探索扩大中小企业贷款的新路子，加强对中小企业的信贷支持；三是积极推动下岗失业人员小额担保贷款业务开展，为1028名下岗失业人员累计发放小额担保贷款1127万元，间接增加就业岗位3400多个；四是印发了《关于大力推进助学贷款的信贷指导意见》，有效推动了全市助学贷款业务的开展。

二、积极搭建银企合作平台，满足企业合理资金需求。2004年，该中支一是于3月份举办了民营经济银企洽谈会，签订项目合作意向8个，贷款金额16.2亿元，形成贷款意向112个，涉及贷款金额42亿元；二是与市政府联合，分别召开了淄博市民营企业与驻济股份制银行、驻青外资银行项目洽谈会，现场签订项目合作意向7个，涉及贷款金额7亿元，并筛选了71个民营企业项目向驻青外资银行进行重点推介；三是成功举办了银企合作洽谈会，签约金额344.9亿元，其中，协议金额194.1亿元，意向金额150.8亿元，签约企业176个，涉及195个项目。

三、加大宣传，营造良好的货币政策实施环境。2004年，该中支及时做好宏观政策调整的宣传和解释工作，组织开展了纪念人行独立行使中央银行职能20周年宣传活动。在《淄博日报》开设了"人民银行在线"专栏，并就"一卡通"、"假日金融"、"央行加息"等问题制作了三个整版，加强了人行与政府、企业、社会公众之间的沟通。

四、探索建立货币政策实施督导机制。2004年，该中支一是按月对各行（社）新增贷款的投量、投向分类排队，并对贷款的使用效果进行了跟踪调查；二是在贷款发放、呆账核销、办理银行承兑汇票等方面实施考核，按月通报，对辖内各商业银行执行货币政策的情况给予及时、准确、客观的评价。

五、强化操作，有效发挥货币政策工具的调节引导作用。2004年，人行淄博市中支一是按照"因地制宜、分类指导”的原则，在支农再贷款投放上向种植业、养殖业和农业产业化水平高的地区倾斜，把农业贷款、农户贷款增量作为增加再贷款的重要条件，提高了农信社支农的自觉性。全年累计发放支农再贷款26.8亿元，农信社农业贷款余额152.34亿元，比年初增长19.39亿元；二是累计对淄博市商行发放经营性再贷款10.4亿元，带动其发放中小企业、个体私营和居民消费贷款11.97亿元；三是积极发挥价格型工具在引导金融机构经营行为中的作用，引导商业银行运用贷款利率浮动政策、支持中小企业发展；四是成功举办了“利率改革与定价机制培训班”，促进了辖内银行科学定价，健全了风险补偿机制。

六、深入开展“诚信淄博”创建活动。2004年，该中支本着“有诺必践、诚实守信”的原则，突出做好征信管理工作。一是积极引导银行率先垂范，做“诚信淄博”建设的标兵；二是与市经贸委合作在全市开展了“金融诚信企业评选活动”，评选出诚信企业156家；三是在分行辖内首批试点，全面开展了借款企业资信评级工作；四是参与了12家企业的破产和改制，未发生一起恶意逃废银行债务现象，优化了投融资环境。

【金融监管】 2004年，银监会淄博监管分局积极适应新的监管体制和监管运行机制的要求，从多方面入手，突出监管重点，各项工作稳步实施。

一、改善法人治理，强化资本约束。2004年，该局一是指导法人机构通过改善公司治理，促进体制和机制创新，防范风险，保护股东和存款人的利益；二是严格审慎监管要求，督促法人机构加大不良资产核销力度，消化历史包袱。年内淄博市商行及农村合作金融机构共提取准备金2.15亿元，核销不良资产1.81亿元，增强了持续发展能力；三是强化资本约束的经营理念，逐步建立起有效的资本补充机制，法人机构全年新增扩股金共计7416万元，淄博商行和全市农村合作金融机构的资本充足率分别达4%和6%，各项经营指标均居全省同行前列；四是重点抓农信社改革试点工作，全市8家农信社共获得9.7亿元专项票据，山东张店农村合作银行在全省第一批开业。

二、建立风险管理长效机制。2004年，该局一是建立了银行业金融机构不良贷款监测台账，对国有银行实行了不良贷款旬报制度，并对监测发现的不良资产新增200万元和下降500万元以上的，开展跟踪调查分析，逐笔形成案例并进行监管通报；二是与各银行签订“双降”目标责任书，定期考核；三是利用重大事项报告、现场检查、非现场监管等信息渠道，收集、记录高管人员履职情况，加强对高管人员的质询问责；四是发现并及时通报了部分银行隐性不良贷款情况。全年全市各银行现金清收不良贷款28.56亿元、盘活21.26亿元、核销14.36亿元。

三、实施目标导向监管，提高监管绩效。2004年，该局一是实施目标导向监管，制定了《淄博市商业银行分支行风险评级体系》，从内部控制、资产安全等多方面进行评价，建立起分层次、多系统的风险评级体系；二是根据对各类银行业金融机构的风险评级结果，分别制定了《监管工作指引和目标规划》。

【金融改革】 2004年，人行淄博市中支一是积极推进商业银行股份制改革，加强了对辖内中行、建行和交行经营管理情况的分析和监测，三家银行年内共剥离不良资产本外币合计达20.8亿元；二是顺利完成了农信社改革的前期票据发行任务，共对8家农信社发行专项票据9.7亿元，通过资产置换，剥离不良贷款8.71亿元，消化历史挂账亏损0.99亿元，使其信贷资产质量提高了6个百分点，资本充足率提高了5个百分点。

【精神文明建设】 2004年，淄博市金融系统全面加强班子队伍建设，取得了良好效果。一是加强和改进党建工作。各机构党委（组）中心组认真学习了《中共中央关于加强党的执政能力建设的决定》等，提高了领导班子和干部职工队伍的向心力、凝聚力和战斗力；二是狠抓党风廉政责任制落实。各机构领导人员层层签订党风廉政建设责任书，建立了领导干部廉政档案和重大事项报告制度，并通过民主生活会、民主评议党员等形式，加大了党内外监督力度；三是积极开展群众性文明创建活动。各机构广泛运用多种载体，通过开展“青年文明号”、“职工之家”、“青年岗位能手”等活动，把干部职工最大限度地吸引到文明创建活动中来。

【金融大事记】 1月6日 人行济南分行白世春行长一行到淄博市中支宣布领导班子，并做重要讲话。

1月29日 中行淄博分行正式实施公司客户经理制，选聘了该行历史上首批8名公司客户经理。

2月 人行淄博市中支举办全市农信社改革试点资金支持实施与考核细则培训班，并审核上报农信社增资扩股计划。

3月12日 淄博市全辖农信社省辖储蓄通存通兑正式开通。

3月26日 中国银监会李伟副主席到淄博市农信社视察改革发展情况。

3月31日 淄博市首批农信社改革试点专项中央银行票据发行签字仪式在桓台县举行，此次人行共向桓台、高青、沂源三县农信社发行票据1.05亿元。

4月 工行总行姜建清行长来淄博市视察指导工作。

5月 人行淄博市中支会同中小企业办公室组织开展了淄博市重点工程项目推介活动，促成银企双方签订支持意向金额达9亿元。

6月22日 淄博市商行与农发行签署了金融债权承销

主协议，成为该行首批债券承销团成员，是山东省内惟一一家具有此项业务资格的金融机构。

6月24日 中行淄博分行推出了“汇聚宝”质押贷款业务，并成功地为购买“汇聚宝”0404A款的客户发放了首笔“汇聚宝”质押贷款。

8月10日 山东省农信联社淄博办事处挂牌。

8月 人行淄博市中支组织召开了全市农信社改革与发展座谈会。

8月28日 淄博市商行被中央国债登记结算有限责任公司授予“全国银行间债券市场优秀自营结算成员”单位。

9月21日 建行总行在北京召开建行股份有限公司创立大会，建行淄博市分行被整体划入有限公司。

9月30日 中行淄博分行成功叙做了一笔国内商业发票业务，成为山东辖内二级分行叙做的第一笔国内商业发票贴现业务。

10月 淄博市税库银横向联网正式运行。

10月18日 山东张店农村合作银行挂牌开业，成为全省首批农村合作银行。

12月 人行淄博市中支组织全市所有发卡机构、山东银联举办了淄博银行卡营销宣传活动，并组织召开了宣传活动新闻发布会。

12月 工行淄博市分行被工行总行批准为中小企业信贷业务试点行。

（冯 波）

淄川区

【经济概况】 2004年，淄川区全年实现地区生产总值160.40亿元，同比增长17.10%；人均地区生产总值23847元。实现财政总收入6.83亿元，其中，地方财政收入4.31亿元，增长10.25%。

全年实现农业增加值3.95亿元，同比增长6%。其中，粮食总产9.19万吨，增长7.4%。林木覆盖率23.5%，提高0.4个百分点。

全年完成工业增加值90.56亿元，同比增长17%。规模以上工业企业实现产品销售总收入213.32亿元，增长

淄川区主要经济金融指标

经济指标	1999	2004	经济指标	1999	2004
土地面积（平方公里）	999.07	999.07	#地方财政收入（亿元）	1.93	4.31
人口（万人）	66.96	67.26	全社会固定资产投资（亿元）	12.55	65.84
#非农业人口（万人）	21.24	21.56	固定资产投资增速（%）	13.2	56.69
地区生产总值（亿元）	74.05	160.40	进出口总值（亿美元）		5.1
地区生产总值年增速（%）	12.2	17.1	#出口总值（亿美元）	0.43	3.91
第一产业（亿元）	3.44	3.95	实际利用外资（亿美元）	0.13	0.50
第二产业（亿元）	42.92	97.73	社会消费品零售总额（亿元）	32.18	48.77
第三产业（亿元）	27.69	58.74	居民消费价格指数（%）	99.8	105.4
财政总收入（亿元）		6.83	人均地区生产总值（元）	11058	23847
金融指标（亿元）	**1999**	**2004**	**金融指标（亿元）**	**1999**	**2004**
金融机构存款余额	58.15	134.16	金融机构贷款余额	41.18	60.16
企业存款	12.56	42.11	短期贷款	31.45	45.63
储蓄存款	41.92	80.37	中长期贷款	5.34	11.29

淄川区主要金融机构负责人

单位名称	行长（或其他称谓的第一负责人）	副行长（或其他称谓的同级领导）
中国人民银行淄川区支行	邵成伟	高文博 陈玉胜
中国银监会淄博监管分局淄川区办事处	吴 卫	
中国农业发展银行淄川区支行	李三伟	张敦湖 岳翠玲
中国工商银行淄博市淄川区支行	张 干	张 峰

续表

单位名称	行长（或其他称谓的第一负责人）	副行长（或其他称谓的同级领导）
中国农业银行淄博市淄川区支行	任　波	刘同武　王克顺　王建国 陈　亮　翟向阳
中国银行淄博市淄川支行	王　军	刘同庆　解　博 王　晓　田富生
中国建设银行淄博市淄川支行	胡维生	李新春　陈　君
交通银行淄博分行淄川支行	张晓黎	司书江　岳　峰
中信实业银行淄博支行淄川分理处	于丽华	
淄博市商业银行淄川支行	孙丰刚	李传峰
淄博市商业银行松龄支行	高汉京	王孟田
淄川区农信社	文士学	范京伟　朱利民 高　超　刘　鹏

淄川区主要金融机构业务概况

单位：亿元

单位名称	存　款	企业存款	储蓄存款	贷　款	短期贷款	中长期贷　款
中国工商银行淄川区支行	27.32	9.70	15.42	9.23	4.24	4.27
中国农业银行淄川区支行	24.51	6.11	17.23	6.39	5.38	0.42
中国银行淄川支行	13.22	6.35	6.27	4.58	2.54	1.62
中国建设银行淄川区支行	11.79	6.30	4.81	6.81	1.58	3.94
交通银行淄博分行淄川支行	6.37	3.69	2.68	2.26	2.22	0.04
中信实业银行淄博支行淄川分理处	4.47	3.83	0.53	2.20	2.20	0
淄博市商业银行淄川支行	4.89	3.52	1.37	2.56	2.01	0.54
淄博市商业银行松龄支行	4.76	3.60	1.37	1.69	1.15	0.52
淄川区农信社	28.94	0.74	22.61	23.34	23.26	0.04

41.77%；实现利税 27.62 亿元。

全年实现社会消费品零售总额 48.77 亿元，同比增长 14.51%。全年进出口总额 5.1 亿美元，其中，出口 3.91 亿元，增长 20%。

全区城镇居民人均可支配收入 8952 元，同比增长 12.50%；农村居民人均可支配收入 4729 元，增长 12.20%。

【金融概述】 2004 年，淄川区各金融机构认真贯彻执行“双稳健”的财政、货币政策，努力调整优化信贷结构，不断改进金融服务，全区金融运行质量持续改善，金融机构经营效益逐步提高，较好地支持了地方经济发展。

【各项存款】 截至 2004 年末，淄川区金融机构各项人民币存款余额 134.16 亿元，同比增加 17.62 亿元；各项外汇存款余额 0.76 亿美元，增加 0.70 亿美元。

【各项贷款】 截至 2004 年末，淄川区金融机构各项人民币贷款余额 60.16 亿元，同比增加 1.19 亿元；各项外汇贷款余额 0.94 亿美元，增加 0.69 亿美元。

【金融调控】 2004 年，淄川区各金融机构认真贯彻国家宏观调控政策，努力优化信贷结构，严格控制对不符合国家产业政策和过热行业的信贷投入，重点支持了部分对地方经济发展具有龙头带动作用、市场占有率高的重点项目的信贷支持力度，取得了良好效果。

【金融监管】 2004年，人行淄川区支行和银监局淄川区办事处加强协作，以预防系统金融性风险为目标，按照审慎监管的原则，依法开展工作，取得了良好的监管业绩，确保了地方金融稳定。

（翟慎刚）

临淄区

【经济概况】 2004年，临淄区全年实现地区生产总值271.08亿元，同比增长16.7%；人均地区生产总值45760元。实现财政总收入35.30亿元，其中，地方财政收入7.22亿元，增长28.2%。

全年实现农业增加值13亿元，同比增长10.6%；其中，粮食总产29.59万吨，增长8%。林木覆盖率18.6%，与上年持平。

全年完成工业增加值54.78亿元，同比增长33%。规模以上工业企业实现生产销售总收入177.38亿元，增长

临淄区主要经济金融指标

经济指标	1999	2004	经济指标	1999	2004
土地面积（平方公里）	668	668	#地方财政收入（亿元）	2.16	7.22
人口（万人）	58.18	59.4	全社会固定资产投资（亿元）	22.78	71.6
#非农人口（万人）	21.80	23.06	固定资产投资增速（%）		40.10
地区生产总值（亿元）	115.57	271.08	进出口总值（亿美元）		2.62
地区生产总值年增速（%）	14.40	16.7	#出口总值（亿美元）	0.23	1.72
第一产业（亿元）	10.57	13	实际利用外资（亿美元）	0.16	0.65
第二产业（亿元）	77.61	199.15	社会消费品零售总额（亿元）	20.42	41.26
第三产业（亿元）	27.39	58.93	居民消费价格指数（%）	99.80	103.2
财政总收入（亿元）	17.06	35.30	人均地区生产总值（元）	19933	45760
金融指标（亿元）	**1999**	**2004**	**金融指标（亿元）**	**1999**	**2004**
金融机构存款金额	94.76	180.02	金融机构贷款余额	54.65	87.24
企业存款	22.52	40.14	短期贷款	44.14	63.76
储蓄存款	67.46	114.29	中长期贷款	7.80	23.48

临淄区主要金融机构负责人

单位名称	行长（或其他称谓的第一负责人）	副行长（或其他称谓的同级领导）
中国人民银行临淄区支行	王新波	张　光　路其永
中国银监会淄博监管分局临淄区办事处	宋海澎	
中国农业发展银行淄博市临淄区支行	张德森	巩　伟　耿在文
中国工商银行淄博市临淄区支行	汪文涛	王俊祥　李　庆
中国农业银行淄博市临淄支行	白　明	谭景海　魏会敏　李全德　刘正文
中国银行淄博市临淄区支行	张晓文	张凯成　周剑波　马永刚
中国建设银行淄博市临淄支行	亓兆生	姚海涛　丁敬军

续表

单位名称	行长（或其他称谓的第一负责人）	副行长（或其他称谓的同级领导）
中国建设银行齐鲁专业支行	赵新茂	耿　超　李国宏
交通银行淄博市临淄区支行	陈　民	马会利　段　明
中信实业银行淄博临淄支行	张守金	连成中
中信实业银行淄博辛店支行	孙立峻	宋桂芳
淄博市商业银行临淄支行	张　波	国建鑫
淄博市商业银行辛店支行	贾如玉	王志刚
临淄区农信社	张春生	毕方利　王彩艳　刘永葆　范振忠
淄博市临淄区邮政局	王新华	刘文安

临淄区主要金融机构业务概况

单位：亿元

单位名称	存　款	企业存款	储蓄存款	贷　款	短期贷款	中长期贷　款
中国农业发展银行淄博市临淄区支行	0.05	0.05	0	0.95	0.95	0
中国工商银行淄博市临淄区支行	29.1	6.35	21.30	6.39	3.12	3.27
中国农业银行淄博市临淄支行	28.08	7.81	16.30	12.19	8.29	3.90
中国银行淄博市临淄区支行	12.27	3.11	5.68	5.75	4.93	0.82
中国建设银行淄博市临淄支行	11.49	2.57	7.88	4.76	4.15	0.61
中国建设银行齐鲁专业支行	17.39	3.65	12.51	12.61	0.34	12.27
交通银行淄博市临淄区支行	5.92	1.22	3.25	3.06	2.66	0.40
中信实业银行淄博临淄支行	2.74	1.86	0.66	1.40	1.28	0.12
中信实业银行淄博辛店支行	2.85	1.61	0.57	1.10	1.10	0
淄博市商业银行临淄支行	9.94	6.33	2.39	5.45	4.93	0.52
淄博市商业银行辛店支行	7.78	4.91	1.98	5.42	4.73	0.69
临淄区农信社	34.3	0.68	23.62	25.27	24.59	0.68
淄博市临淄区邮政局	18.15	0	18.15	0	0	0

39.3%；实现利税22.48亿元。

全年实现社会消费品零售总额41.26亿元，增长15.2%。全年进出口总额2.62亿美元，其中，出口1.72亿元，增长58.7%。

全市城镇居民人均可支配收入11174元，增长7.1%；农村居民人均可支配收入5068元，增长15%。

【金融概述】 2004年，临淄区金融机构进一步改善金融服务，加强内部管理，吸存力度有了较大提高，年底各类存款余额位居全省30强之首。同时，进一步调整了信贷结构，优化信贷投向，较好地维护了辖区经济发展的良好势头。

【各项存款】 截至2004年底，临淄区金融机构各项人民币存款金额180.02亿元，同比增加19.10亿元；各项外汇存款余额1584.63万美元，下降1130.38万美元。

【各项贷款】 截至2004年末，临淄区金融机构各项人民币贷款余额87.24亿元，同比增加3.26亿元；各项外汇贷款余额 843 万美元，下降 1059 万美元。

【金融调控】 2004 年，人行临淄区支行引导全区各金融机构在严防钢铁、水泥等行业风险的同时，对符合国家政策和市场准入条件的企业、项目继续给予信贷支持，充分体现了“区别对待，有保有压”的宏观调控意图，全区经济平稳运行，金融宏观调控成效明显。

【金融监管】 2004 年，人行临淄区支行以调研和监测为主要手段，积极探索金融监管的新路子。一是通过组织开展的九十多项专题调查，对经济金融运行过程中出现的新情况、新问题进行前瞻性地分析和判断，指导各金融机构有效防范金融风险；二是密切关注各商业银行的贷款利率执行情况，引导其合法、有序、公平竞争，确保了利率市场化改革的顺利进行；三是积极配合上级行推进国有商业银行体制改革，密切关注中行、建行股份制改革的进程，及时对其他银行的改革情况进行跟踪反馈，加强流动性监测；四是突出做好了对临淄区农信社增资扩股计划和专项票据发行申请的审核工作，及时掌握农信社经营状况和改革试点、增资扩股、提高资本充足率、降低不良贷款比例的实施进展情况。

（张文涛）

博山区

【经济概况】 2004 年，博山区全年实现地区生产总值 128.11 亿元，同比增长 19.3%；人均地区生产总值 27380 元。实现财政总收入 5.83 亿元，其中，地方财政收入 3.32 亿元，增长 27%。

全年实现农业增加值 3.8 亿元，同比增长 8%，其中，粮食总产 3.41 万吨，增长 8.21%，粮经比例达 3.5:6.5。林木覆盖率 35.23%，同比提高 3 个百分点，其中，城区绿化面积占 43.82%。

全年完成工业增加值 32.8 亿元，同比增长 40.03%。规

博山区主要经济金融指标

经济指标	1999	2004	经济指标	1999	2004
土地面积（平方公里）	682	682	地方财政收入（亿元）	1.3	3.32
人口（万人）	47.7	46.8	全社会固定资产投资（亿元）	8.55	53.5
非农业人口（万人）	21.9	24	固定资产投资增速（%）	36.50	49.81
地区生产总值（亿元）	54.41	128.11	进出口总值（亿美元）	1.2	2.14
地区生产总值年增速（%）	12.72	19.30	出口总值（亿美元）	1.02	1.7
第一产业（亿元）	3.2	3.80	实际利用外资（亿美元）	0.1	0.52
第二产业（亿元）	32.2	80.91	社会消费品零售总额（亿元）	25.56	52.74
第三产业（亿元）	19	43.40	居民消费价格指数（%）	99.31	104.1
财政总收入	2.2	5.83	人均地区生产总值（元）	11406	27380
金融指标（亿元）	**1999**	**2004**	**金融指标（亿元）**	**1999**	**2004**
金融机构存款余额	37.62	84.12	金融机构贷款余额	32.89	67.54
企业存款	6.22	29.97	短期贷款	21.31	42.34
储蓄存款	30.20	54.15	中长期贷款	2.39	25.20

博山区主要金融机构负责人

单位名称	行长（或其他称谓的第一负责人）	副行长（或其他称谓的同级领导）
中国人民银行博山区支行	王利明	许聿文　张学问
中国银监会淄博分局博山办事处	黄立恩	
中国农业发展银行淄博市博山区支行	王其玉	杨军升

续表

单位名称	行长（或其他称谓的第一负责人）	副行长（或其他称谓的同级领导）
中国工商银行淄博市博山区支行	翟庆德	韩 明 王衡利 杨昌义
中国农业银行淄博市博山区支行	翟庆忠	张荣志 胡成才 张 勇
中国银行淄博市博山区支行	郭洪志	孙东光 徐蓬勃
中国建设银行博山区支行	寇宏图	王 明 曹培峰 李 强
交通银行淄博市分行博山区支行	苏兴越	鹿子红 王新昌
中信实业银行淄博市博山分理处	郝 刚	
淄博市商业银行博山支行	王 文	王东升 孙红涛
博山区农信社	张玉山	崔军昌 王洪祥 刘 勇 张学田

博山区主要金融机构业务概况

单位：亿元

单位名称	存 款	企业存款	储蓄存款	贷 款	短期贷款	中长期贷 款
中国农业发展银行淄博市博山区支行	0.06	0.06		0.60	0.60	
中国工商银行淄博市博山区支行	19.58	6.00	13.58	16.36	7.11	9.25
中国农业银行淄博市博山区支行	8.59	2.64	5.95	10.10	6.68	3.42
中国银行淄博市博山区支行	5.53	2.46	3.07	4.41	2.81	1.6
中国建设银行博山区支行	7.76	3.72	4.04	7.32	2.61	4.71
交通银行淄博市分行博山区支行	3.19	1.71	1.48	2.22	1.87	0.35
中信实业银行淄博市博山分理处	2.15	2.04	0.11	2.98	2.95	0.03
淄博市商业银行博山支行	6.03	3.80	2.23	6.14	3.78	2.36
博山区农信社	20.12	6.02	16.10	17.40	12.91	4.49
博山区邮政储汇局	7.59		7.59			

模。以上工业企业实现产品销售收入156亿元，增长36%；实现利税15.32亿元，增长32%。

全年实现社会消费品零售总额52.74亿元，同比增长10.6%。全年进出口总额2.14亿美元，增长50%，其中，进口4397万美元，增长34%。

全区城镇居民人均可支配收入9203元，同比增长12%；农村居民人均可支配收入4512元，增长13%。

【金融概况】 2004年，博山区金融机构认真贯彻国家金融宏观调控政策，金融运行平稳。存贷款走势于4月份开始持续下降，11月份开始恢复性缓慢增长，总体上呈"N"型走势。

【各项存款】 截至2004年末，博山区金融机构本外币各项存款余额84.12亿元，较年初增长8.69亿元，同比少增4.43亿元。其中，各项人民币存款余额80.46亿元；各项外汇存款0.12亿美元，增加0.02亿元。

【各项贷款】 截至2004年末，博山区金融机构各项人民币贷款余额67.54亿元，少增6.35亿元；各项外汇贷款0.29亿美元，少减0.12亿美元。

【金融调控】 2004年，人行博山区支行一是创办了《货币政策宣导》，并刊发14期，为传导货币政策提供了一个有效的媒介；二是充分发挥支农再贷款的辐射带动作用，累计发放支农再贷款3.6亿元，支持发放农户贷款3.9亿元，有力地支持了种植业、养殖业和农业产业化发展；三是扩大了票据业务引导产业结构调整发挥作用的空间，全年累计签发银行承兑汇票34亿元，同比增加8亿元，贴现累计发生额40.4亿元；四是积极支持农信社改革试点工作和商业银行股份制改造。成功发行了专项中央银行票据1.32亿元，置换不良贷款1.08亿元，促进了农信社健康发展，另外，中行和建行博山区支行年末不良贷款占比分别降至0.86%和0%，全面完成了股份制改造；五是牵头成立了银行业系统信息网络，着手建立区域性信息共享系统。

【金融监管】 2004年，博山区金融监管部门一是做好了经理国库、支付结算等服务工作，实现了税库银横向联网，提高了国库资金报解速度；二是严格执行大额支付现金备案制度，召开了反假货币工作联席会议，并组织反假货币宣传周活动；三是建立了进出口企业逾期未核销监测分析制度和逾期未核销企业档案，完善了外汇业务百分制考核，提高了核销效率。

（刘承海）

桓台县

【经济概况】 2004年，桓台县经济获得快速发展，全年实现地区生产总值125.18亿元，同比增长19%；人均地区生产总值25763元。实现财政总收入6.16亿元，其中，地方财政收入4.02亿元，增长38.14%。

一、“三农”工作取得显著成绩。2004年，全县实现农业增加值9.35亿元，同比增长6%。其中，粮食总产32.3万吨，增长8.14%。林木覆盖率17.7%，提高0.3个百分点。畜牧业发展势头良好，奶牛存栏量达4100余头。该县一是认真落实各项涉农政策，460万元种粮直补资金和150

桓台县主要经济金融指标

经济指标	1999	2004	经济指标	1999	2004
土地面积（平方公里）	525.5	520.4	地方财政收入（亿元）	1.27	4.02
人口（万人）	48.27	48.73	全社会固定资产投资（亿元）	8.61	60.46
#非农业人口（万人）	7.20	8.26	固定资产投资增速（%	6.82	56.6
地区生产总值（亿元）	52.47	125.18	进出口总值（亿美元）	0.09	1.6
地区生产总值年增速（%）	12.8	19	#出口总值（亿美元）	0.49	1.6
第一产业（亿元）	6.55	9.39	实际利用外资（亿美元）	0.09	0.54
第二产业（亿元）	28.64	79.24	社会消费品零售总额（亿元）	11.01	20.52
第三产业（亿元）	17.28	36.55	居民消费价格指数（%）	99.1	103.5
财政总收入（亿元）	2.21	6.16	人均地区生产总值（元）	10937	25763
金融指标（亿元）	**1999**	**2004**	**金融指标（亿元）**	**1999**	**2004**
金融机构存款余额	35.71	78.96	金融机构贷款余额	26.88	73.94
企业存款	3.48	14.99	短期贷款	22.37	56.86
储蓄存款	30.64	50.76	中长期贷款	3.64	12.84

桓台县主要金融机构负责人

单位名称	行长（或其他称谓的第一负责人）	副行长（或其他称谓的同级领导）
中国人民银行桓台县支行	王新波	董　雷　孙延滨
中国银监会淄博监管分局桓台县办事处	张荣博	
中国工商银行桓台县支行	段　军	崔守东　李立柱

续表

单位名称	行长（或其他称谓的第一负责人）	副行长（或其他称谓的同级领导）
中国农业银行桓台支行	张连海	吴玉忠　丁修凯
中国银行桓台支行	王　锐	耿佃峰　丁　伟
中国建设银行桓台支行	田　军	李　峰　张岳儒
桓台城市商业银行	谭　勇	荆　铭
桓台县农信社	赵志斌	徐先洪　徐　文　尚延辰

桓台县主要金融机构业务概况

单位：亿元

单位名称	存　款	企业存款	储蓄存款	贷　款	短期贷款	中长期贷　款
中国工商银行桓台县支行	9.23	5.23	3.45	16.39	10.55	5.83
中国农业银行桓台县支行	20.54	4.58	13.23	13.94	10.18	2.75
中国银行桓台县支行	2.31	1.02	0.72	2.41	1.56	0.84
中国建设银行桓台县支行	2.31	1.02	0.72	2.41	1.56	0.84
桓台城市商业银行	2.93	1.26	0.52	5.24	4.47	0.78
桓台县农信社	29.24	0.27	21.99	25.62	22.79	0.15

万元玉米良种补贴全部兑现到农户；二是农业税税率降低3个百分点，全县减免农业税及附加1600万元，农民人均减负49.9元；三是投资150万元使粮食储备能力由3000吨增加到10000吨，保证了粮食安全；四是积极拓宽农民增收渠道，农民人均纯收入达到4821元，增长15.2%，增幅居全市区县第1位，被表彰为全省农民增收先进县。

二、工业强县建设形势喜人。2004年，全县完成工业生产性固定资产投资48亿元，增长54.8%。完成工业增加值57.74亿元，增长38%。规模以上工业企业实现销售收入187亿元、利税22亿元、利润14.1亿元，分别增长45%、42%和48%。

三、对外开放实现新突破。2004年，全县实际引进县外资金22亿元，其中，境外5400万美元，分别增长47.7%和47%；合同利用外资9257万美元，增长61.5%；出口创汇1.6亿美元，增长60%，增幅居全市区县第1位。

四、消费品市场稳中趋旺，人民生活水平进一步提高。2004年，全县社会消费品零售总额20.52亿元，同比增长14%。全县城镇居民人均可支配收入达10235元，增长18%。新增就业岗位8078个。城市居民最低生活保障标准由上年的每人每月160元提高到190元。全年用于维护社会稳定、救助弱势群体的支出达1600余万元。

【金融概况】　2004年，桓台县宏观金融调控成效明显，全县银行存款稳步增长，各项贷款增幅回落，票据业务、保理业务等新兴业务得到初步发展，银行业盈利能力增加，农信社和建行、中行改革进程不断深化，金融支持经济发展的能力得到进一步增强。

【各项存款】　截至2004年末，桓台县金融机构各项人民币存款余额78.96亿元，比年初增加11.7亿元，同比少增2.4亿元。各项储蓄存款余额50.76亿元，增加6.5亿元，多增1亿元；企业存款余额14.99亿元，增加2.6亿元，少增0.8亿元。

【各项贷款】　截至2004年末，桓台县金融机构各项人民币贷款余额73.94亿元，比年初增加1.2亿元，按可比口径增加近5亿元；外汇贷款余额1635万美元，增加170万美元。全年累计办理转贴现10多亿元，签发银行承兑汇票18亿元，开具信用证3000多万美元。

【金融调控】　2004年，人行桓台县支行积极指导金融机构紧扣国家产业政策和信贷政策，优化信贷结构，择优扶持重点产业和企业，贷款主要投向了农业和工商业。截至年末，全县金融机构发放农业贷款余额近20亿元，较年初增长近7亿元，同比多增3.8亿元，强力支持了农业发展和农民增收；商业贷款余额较年初增加 2730 万元。

【金融监管】 2004 年，桓台县金融监管部门认真对经济金融运行过程中出现的新情况、新问题进行前瞻性地分析和判断，指导各金融机构有效防范金融风险，促进了全县的金融稳定。

（见 军）

高青县

【经济概况】 2004 年，高青县全年实现地区生产总值 36.36 亿元，同比增长 22%；人均地区生产总值 10092 元。实现财政总收入 2.03 亿元，其中，地方财政收入 1.80 亿元，增长 28.8%。

全年实现农业增加值 6.88 亿元，同比增长 5.9%，其中，粮食总产 21.94 万吨，下降 9.5%。林木覆盖率 21.3%，提高 1.2 个百分点。

全年完成工业增加值 14.37 亿元，同比增长 31.3%。规模以上工业企业实现产品销售总收入39.56亿元，增长

高青县主要经济金融指标

经济指标	1999	2004	经济指标	1999	2004
土地面积（平方公里）	830	830	#地方财政收入（亿元）	0.60	1.80
人口（万人）	35.54	36.10	全社会固定资产投资（亿元）	4.10	22.58
#非农业人口（万人）	4.02	5.56	固定资产投资增速（%	17.20	50.50
地区生产总值（亿元）	16.46	36.36	进出口总值（亿美元）	0.04	0.86
地区生产总值年增速（%）	10.67	22.00	#出口总值（亿美元）	0.04	0.68
第一产业（亿元）	7.00	9.45	实际利用外资（亿美元）	0.01	0.30
第二产业（亿元）	5.34	17.26	社会消费品零售总额（亿元）	4.66	9.29
第三产业（亿元）	4.12	9.65	居民消费价格指数（%）	98.3	102.5
财政总收入（亿元）	1.25	2.03	人均地区生产总值（元）	4636	10092
金融指标（亿元）	**1999**	**2004**	**金融指标（亿元）**	**1999**	**2004**
金融机构存款余额	11.92	26.88	金融机构贷款余额	11.87	21.47
企业存款	1.13	3.92	短期贷款	10.59	15.95
储蓄存款	10.02	17.78	中长期贷款	0.51	5.52

高青县主要金融机构负责人

单位名称	行长（或其他称谓的第一负责人）	副行长（或其他称谓的同级领导）
中国人民银行高青县支行	郑保军	孙洪彬　樊守彬
中国银监会淄博监管分局高青办事处	杨建设	
中国农业发展银行高青县支行	杨庆龄	魏星太　耿在文
中国工商银行淄博市分行高青分理处	杨　瑜	孙占东
中国农业银行高青县支行	沈允山	王建民　高　红
中国建设银行高青支行	张传军	朱孝明　孙孟刚
高青县农信社	宋恒家	宗可忠

高青县主要金融机构业务概况

单位：亿元

单位名称	存　款	企业存款	储蓄存款	贷　款	短期贷款	中长期贷　款
中国农业发展银行高青县支行	0.17	0.17		3.10	3.10	
中国工商银行淄博市分行高青分理处	2.19	0.90	0.82	3.48	1.80	1.68
中国农业银行高青县支行	6.21	1.07	4.27	3.07	1.36	1.71
中国建设银行高青支行	2.61	0.97	1.30	1.28	0.87	0.41
高青县农信社	12.10	0.81	8.45	10.54	8.84	1.70

65%；实现利税2.67亿元。

全年实现社会消费品零售总额9.29亿元，同比增长16.8%。全年进出口总额0.86亿美元，其中，出口0.68亿美元，增长17%。

全县城镇居民人均可支配收入6908元，同比增长10.7%；农村居民人均纯收入3408元，增长12.6%。

【金融概述】 2004年，高青县金融运行总体保持平稳态势，上半年，存贷款呈现“双增”局面，现金持续回笼。受国家宏观调控政策的影响，从3季度开始，存、贷款出现下降现象，增速明显减缓，贷款大幅回落，现金呈现投放状态。进入12月份以后，存贷、款开始大幅度回升，金融运行趋势良好。

【各项存款】 截至2004年末，高青县金融机构各项人民币存款余额26.88亿元，同比增加4.04亿元，增长17.7%。存款结构的突出特点是企业存款占比少，占各项存款的比例不足15%。

【各项贷款】 截至2004年末，高青县金融机构各项人民币贷款余额21.47亿元，同比增加1.69亿元，增长8.56%。在贷款结构的调整上，继续将信贷资金重点投向短期工业贷款、农业贷款、乡镇企业贷款和中长期基本建设贷款，同时，加大了票据融资力度，增加资金投入，使信贷结构得到逐步优化。

【金融调控】 2004年，人行高青县支行在严格限制过热行业贷款的同时，大力支持有市场、有效益的中小企业和符合国家产业政策建设项目的资金需求，促进了县域经济的健康发展。

一、认真贯彻落实稳健的货币政策，积极倡导与建立金融稳定协调机制。2004年，该行一是通过定期向地方党委政府进行金融汇报、召开经济金融形势分析会等方式，疏通货币政策传导机制，提高货币政策执行效果；二是建立了金融运行分析机制、风险防范及预警机制等项机制，大大增强了宏观调控能力和控制风险能力。

二、积极融通引进信贷资金，服务县域经济。2004年，该行一是积极向上级行争取支农再贷款额度，引导农信社累计发放支农贷款11.16亿元，农业贷款年末余额7.51亿元，较年初增加1.36亿元；二是积极融通引进县外资金，在银企洽谈会上与县外金融机构签约金额达68亿元，全年实际到位县外资金1.44亿元；三是引导金融机构积极办理票据融资，全年累计办理贴现263笔、6.1亿元，累计办理承兑汇票业务1563笔、4.4亿元，有效缓解了企业流动资金紧张状况；四是积极支持重点企业、重点项目、重点园区建设，全年共向“三重”项目投入资金40笔，累计金额2.6亿元；五是指导农信社制定出台了《贷款利率浮动管理办法》，对奶牛养殖贷款实行优惠利率，促进了农业产业结构的调整；六是为农信社争取到中央银行专项票据32万元，稳步推进农信社改革。

【金融监管】 2004年，人行高青县支行认真履行对辖内金融机构现金管理、经理国库、账户管理等业务的监管职能，积极开展现场检查活动，促进了全县的金融稳定。全年共配合上级行或独立组织各种业务检查21次，对查出的问题，及时向上级报告，并对违规行为依法进行了处理。

（樊守彬　毕春清）

沂源县

【经济概况】 2004年，沂源县全年实现地区生产总值53.06亿元，同比增长22.8%；人均地区生产总值9553元。实现财政总收入5.24亿元，增长24.18%，其中，地方财政收入2.56亿元，增长27.98%。

全年实现农业增加值8.48亿元，同比增长11.2%，其中，粮食总产量3.54万吨，增长6.06%。林业覆盖率46%，提高了3个百分点。

全年实现工业增加值26.78亿元，同比增长26.9%。规模以上工业企业实现销售收入52.49亿元，增长41.79%；

沂源县主要经济金融指标

经济指标	1999	2004	经济指标	1999	2004
土地面积（平方公里）	1635.66	1635.66	#地方财政收入（亿元）	1.09	2.56
人口（万人）	54.98	55.54	全社会固定资产投资（亿元）	2.78	21.25
#非农业人口（万人）	8.43	10.53	固定资产投资增速（%）	1.46	103.25
地区生产总值（亿元）	22.69	53.06	进出口总值（亿美元）		0.83
地区生产总值年增速（%）	9.14	22.8	#出口总值（亿美元）	0.03	0.44
第一产业（亿元）	6.11	8.48	实际利用外资（亿美元）		0.20
第二产业（亿元）	9.50	26.78	社会消费品零售总额（亿元）	7.82	13.76
第三产业（亿元）	7.08	17.79	居民消费价格指数（%）	98.4	104.6
财政总收入（亿元）	2.08	5.24	人均地区生产总值（元）	4128	9553
金融指标（亿元）	**1999**	**2004**	**金融指标（亿元）**	**1999**	**2004**
金融机构存款余额	17.79	35.77	金融机构贷款余额	15.82	26.87
企业存款	2.43	5.88	短期贷款	10.98	19.45
储蓄存款	14.37	24.44	中长期贷款	4.83	6.67

沂源县主要金融机构负责人

单位名称	行长（或其他称谓的第一负责人）	副行长（或其他称谓的同级领导）
中国人民银行沂源县支行	王　剑	刘艳玲　张佩珠
中国银监会淄博监管分局沂源县办事处	吕文亮	王洪刚
中国工商银行沂源县支行	孙　庆	唐玉成
中国农业银行沂源县支行	叶　林	毕克波
中国银行淄博分行沂源办事处	毕德明	袁国玲
中国建设银行沂源县支行	张海峰	孙大杰
沂源县农信社	槐向阳	刘宗义

沂源县主要金融机构业务概况

单位：亿元

单位名称	存　款	企业存款	储蓄存款	贷　款	短期贷款	中长期贷　款
中国工商银行沂源县支行	5.63	1.82	3.15	7.56	4.45	3.11
中国农业银行沂源县支行	5.96	1.63	3.99	2.55	1.35	0.65
中国银行淄博分行沂源分理处	1.52	0.62	0.58	1.88	1.49	0.30
中国建设银行沂源县支行	3.93	0.82	2.24	2.31	1.12	1.19
沂源农信社	13.41	0.99	9.54	11.96	10.52	1.34

实现利税7.82亿元，增长46.77%。

全年实现社会商品零售总额13.76亿元，同比增长15.5%。全年进出口总额0.83亿美元，增长9.73%，其中，出口0.44亿美元，增长20.7%。

全县城镇居民人均可支配收入7763元，同比增长13.01%；农民人均纯收入3335元，增长15%。

【金融概况】 2004年，沂源县金融运行质量良好，各项存款稳定增长，尽管贷款受调控影响，增幅有所下降，但仍比全市平均增幅高出了2.4个百分点。

【各项存款】 截至2004年末，沂源县银行业金融机构各项人民币存款余额35.77亿元，同比增加3.96亿元，增长12.45%；各项外汇存款余额263万美元，下降35万美元。

【各项贷款】 截至2004年末，沂源县金融机构人民币各项贷款余额26.87亿元，同比增加1752万元，考虑剥离、核销因素，实际增加3.86亿元；各项外汇贷款余额796万美元，增加27万美元。

【金融调控】 2004年，人行沂源县支行一是进一步改善了金融运行的外部环境，资金吸引力大大好转，吸引内资8.5亿元，外资1.66亿元，同时，较好的外部环境也吸引了中信、华夏等股份制银行及淄博市商业银行等机构来该县展业，全年外地金融机构增加贷款9000万元，银行承兑2000万元；二是督促全县各国有商业银行加快了不良资产的剥离和核销工作，全年共剥离、核销不良贷款3.43亿元，不良贷款占比8.32%，信贷资产质量进一步提高；三是当年辖内五家商业银行及农信社全部盈利，共计实现净利润4419万元。

【金融监管】 2004年，沂源县金融监管部门通过狠抓社会信用环境建设，认真落实监管责任，创新监管措施，实现监管效能与服务水平同步提升，金融生态环境得到明显改善。

（田发源）

泰安市

【经济概况】 2004年，泰安市围绕建设经济强市目标，以结构调整为主线，继续突出工业经济、民营经济、招商引资三大重点，全市经济与社会事业持续快速发展。全年实现地区生产总值732.1亿元，同比增长16.4%。其中，第一产业完成增加值93.9亿元，增长7.1%；第二产业完成增加值386.1亿元，增长20.9%；第三产业完成增加值252.1亿元，增长13.7%；人均地区生产总值13341元，增长16%。三次产业比重由上年的13.4:50.4:36.2转变为12.8:52.7:34.5。实现财政总收入56.46亿元，增长16.3%，其中，地方财政收入31.21亿元，增长26.3%。

一、农林牧渔业全面发展。2004年，泰安市实现农林牧渔业增加值93.9亿元，同比增长7.1%。其中，农、林、牧、渔业分别完成61.6亿元、3.2亿元、24.7亿元和4.4亿元，分别增长3.7%、13.8%、14.6%和4.8%。林牧渔业增加值占第一产业的比重达到34.4%，同比提高2.2个百分点。粮食总产210万吨，增长3.8%，其中，夏粮总产85.9万吨，增长12%，秋粮总产124.2万吨，下降1.1%。棉花、油料、蔬菜总产分别为0.7万吨、18.4万吨和739.2万吨，分别增长了12.1%、3.7%和－2.1%；肉类、禽蛋、奶类和水产品总产分别为40.1万吨、28万吨、9.9万吨和7.2万吨，分别增长14.6%、12.1%、100.5%和7.1%。森林覆盖率26.3%，提高了2.3个百分点。农机总动力335.4万千瓦，增长6.2%。

二、工业生产进一步提速，经济效益大幅提升。2004年，泰安市完成工业增加值322.5亿元，同比增长20.9%。规模以上工业企业完成增加值243.5亿元，增长28%。其中，国有工业完成增加值28.4亿元，增长14.1%；集体工业完成增加值21.4亿元，增长33.7%；股份制和外商及港澳台商投资工业完成增加值分别增长28.4%和52.8%。轻重工业分别增长56.2%和20.7%。大中型工业实现增加值161.5亿元，增长28.4%。

规模以上工业企业实现产品销售总收入690亿元，同比增长47%；实现利税75.7亿元，增长68.9%；实现利润36.7亿元，增长80.7%。工业经济效益综合指数为150.7，提高26.4个百分点。

三、消费品市场繁荣活跃。2004年，泰安市实现社会消费品零售总额224.18亿元，同比增长15.5%。其中，县及县以上城镇零售额147.3亿元，增长15.6%，市场份额为65.7%；县以下农村零售额76.9亿元，增长15.3%，市场份额为34.3%。全年实现批发零售贸易业零售额194.5亿元，增长15.3%；餐饮业零售额20.6亿元，增长22.6%。居民消费价格指数同比上升3.5个百分点。

四、固定资产投资高幅增长。2004年，泰安市完成全社

泰安市经济主要统计指标

指　　标	1999	2000	2001	2002	2003	2004
土地面积（平方公里）	7762	7762	7762	7762	7762	7762
人口（万人）	538.59	540.72	543	546.4	547.6	549.9
#非农业人口（万人）	154.17	161.4	165	167.6	172.8	177.2
地区生产总值（亿元）	356.31	396.4	448	515.2	604.1	732.1
地区生产总值增速（%）	10.6	11.1	12.2	13.9	16.1	16.4
第一产业（亿元）	66.11	70	74.12	75.8	80.9	93.9
第二产业（亿元）	162.8	178.1	201.9	246.2	304.5	386.1
#工业（亿元）	139.1	151.7	171.9	207.3	253.4	322.5
#建筑业（亿元）	23.7	26.4	30	38.9	51.1	63.6
第三产业（亿元）	127.4	148.3	172	193.2	218.7	252.1
地区生产总值构成（%）	100	100	100	100	100	100
第一产业	18.55	17.73	16.54	14.7	13.4	12.8
第二产业	45.69	44.85	45.06	47.8	50.4	52.7
第三产业	35.76	37.42	38.39	37.5	36.2	34.5
财政总收入（亿元）	25.67	28.37	32.56	36.73	48.56	56.46
#地方财政收入（亿元）	16.95	19.07	23.02	23.8	27.6	31.21
全社会固定资产投资（亿元）	75.86	88.15	106.94	167.44	259.9	357.19
#基本建设（亿元）	20.78	32.42	36.11	60.56	149.09	229.15
#更新改造（亿元）	7.2	11.81	16.5	20.48	48.64	60.64
#房地产开发（亿元）	3.63	4.53	5.4	6.24	15.08	19.89
固定资产投资增速（%）	-8.64	16.2	21.3	56.6	55.2	37.5
进出口总值（亿美元）	1.33	2.05	2.79	3.02	4.23	6.01
#出口总值（亿美元）	0.91	1.37	1.76	2.27	3.1	4.5
实际利用外资（亿美元）	0.18	0.26	0.07	0.1	1.5	3.05
社会消费品零售总额（亿元）	125.82	134.6	145.74	162.03	185.7	224.18
居民消费价格指数（%）	102.6	102.1	100.08	99.1	99.4	103.5
城镇居民家庭人均年收入（元）	5284	6323	7114.5	7369	7750	8883
农民家庭人均年收入（元）	2650	2782	2956	3135	3350	3690
人均地区生产总值（元）	6632	7331	8250	9458	11043	13341

泰安市金融主要统计指标

指标（亿元）	1999	2000	2001	2002	2003	2004
金融机构存款余额	228.78	266.94	300.13	351.62	443.56	536.83
（一）企业存款	46.81	52.77	60.26	70.89	88.81	122.79
（二）储蓄存款	174.45	194.97	218.41	247.62	289.69	338.57
#定期储蓄存款	139.22	151.59	167.64	186.25	209.97	244.88
#活期储蓄存款	35.23	43.38	50.77	61.37	79.72	93.69
金融机构贷款余额	197.43	197.54	212.87	254.02	319.64	372.39
（一）短期贷款	144.32	148.67	161.19	189.61	214.56	246.78
#工业贷款	33.88	34.19	40.41	52.02	66.84	88.74
#商业贷款	40.85	36.68	35.68	32.36	27.79	28.23
#农业贷款	22.38	26.84	32.95	42.02	53.89	64.70
（二）中长期贷款	33.7	28.58	30.49	38.13	59.2	83.19
#基本建设贷款	13.21	12.21	9.08	17.83	25.68	38.44
#技术改造贷款	11.9	9.62	1.04	3.44	4.51	4.69
现金收入	659.99	738.53	932.32	1065.64	1342.64	1799.75
现金支出	663.84	740.33	932.37	1067.68	1339.1	1789.39
现金投放（+）回笼（-）	6.07	2.07	0.07	2.04	-3.54	-10.36
当年结益	-6.85	-4.21	-4.2	-3.18	-5.13	1.30

泰安市主要金融机构负责人

单位名称	行长（或其他称谓的第一负责人）	副行长（或其他称谓的同级领导）
中国人民银行泰安市中心支行	段有志（行长）	张仁明　庞建敏　刘慧英
中国银监会泰安监管分局	曹光中（局长）	陈树涛　王希娟
中国工商银行泰安市分行	国建苏（行长）	孙长庚　周成芳　蒋洪深　王向东　李躬川
中国农业银行泰安市分行	闵令民（行长）	刘纯泉　孟宪军　郑祖刚
中国银行泰安市分行	秦锐明（行长）	李　华　薛　涛　韩朝福
中国建设银行泰安市分行	朱晓磊（行长）	杨明择　刘佳友　张开锦
泰安市城市信用社股份有限公司	孙淑申（理事长）	李洪海　曹在山　石占银　禹连涛　刘太平
农信社泰安市办事处	王季刚（主任）	刘绍连　纪东升

泰安市主要金融机构业务概况

单位：亿元

单位名称	存款	企业存款	储蓄存款	贷款	短期贷款	中长期贷款
中国工商银行泰安市分行	82.47	21.68	53.12	63.38	30.09	29.16
中国农业银行泰安市分行	95.48	24.16	63.54	65.24	37.27	18.68
中国银行泰安市分行	50.23	20.86	20.36	30.10	14.66	11.41
中国建设银行泰安市分行	70.01	23.07	37.99	44.93	22.53	12.20
交通银行泰安市分行	22.27	6.47	6.29	19.15	15.20	0.72
泰安市城市信用社股份有限公司	48.40	19.74	7.76	27.86	18.68	0.74
农信社泰安市办事处	128.77	6.24	106.24	106.99	93.92	9.96

泰安市各县级区域经济金融主要统计指标

名称	人口（万人）	面积（平方公里）	地区生产总值（亿元）	地区生产总值增速（%）	存款（亿元）	储蓄存款（亿元）	贷款（亿元）
泰山区	62.9	337	55.35	16.9	39.96	26.49	29.99
岱岳区	97	1750	72.6	16.5	48.29	42.04	24.89
新泰市	135.43	1933	181.18	22.41	115.28	76.34	71.07
肥城市	96.47	1277.3	155.23	19.62	93	66.19	69.62
宁阳县	80.75	1124	68.68	16.7	37.37	27.77	23.89
东平县	77	1270	60.46	16.1	29.04	23.65	16.96

会固定资产投资357.19亿元，同比增长37.5%。其中，50万元以上项目投资330.8亿元，增长39.9%；亿元以上大项目148个，增长57.4%。固定资产投资率为48.8%，提高了5.8个百分点。其中，基本建设投资229.15亿元，增长53.7%；更新改造投资60.64亿元，增长24.6%；房地产开发投资19.89亿元，增长31.9%。

五、外贸进出口高速增长，利用外资增势强劲。2004年，泰安市实现进出口总额6.01亿美元，同比增长41.9%。其中，进口1.5亿美元，增长33.1%；出口4.5亿美元，增长45.1%。在出口商品中，初级产品出口额0.45亿美元，增长50.4%；机电产品出口1.01亿美元，增长33.2%，占出口总值比重的22.4%。合同利用外资额4.5亿美元，增长81.4%；实际利用外资额3.05亿美元，增长103.4%。

六、旅游业恢复性增长加速。2004年，泰安市共接待海内外游客778.9万人次，旅游总收入49.1亿元，分别增长32.5%和44.4%。其中，国内游客量和旅游收入分别为770.8万人次和46.7亿元，分别增长31.1%和37.4%；国外游客量和旅游外汇收入分别为8.1万人次和0.29亿美元，分别增长110.7%和100%。

七、城乡居民生活质量进一步改善。2004年，泰安市在岗职工工资总额50.2亿元，同比增长8.2%；在岗职工平均工资11837元，增长13.8%。市区居民人均可支配收入8883元，增长14.6%；人均消费性支出为6393.5元，增长10.5%。农村居民人均纯收入3690元，增长10.1%；人均生活消费支出1894.4元，增长19.4%。城市恩格尔系数为34.5%，农村恩格尔系数为46.2%，分别减少2.2和1.2个百分点。

【金融概况】 2004年，泰安市金融部门认真贯彻国家的宏观调控政策，不断深化内部改革，加大信贷结构调整，有力地支持了地方经济的稳步发展。

【存款情况】 截至2004年末，泰安市各项人民币存款余额536.83亿元，比年初增加89.28亿元，增长19.95%。各项外汇存款余额0.68亿美元，减少0.20亿美元。

一、企业存款增幅较大。2004年，泰安市企业存款呈现波浪式上升走势，年末余额122.79亿元，较年初增加32.73亿元，占全市新增存款比例的36.67%，提高了16.88个百分点。

二、储蓄存款稳步增长。2004年，泰安市储蓄存款环比增幅在经历了二、三季度连续下降后，第四季度明显回升。截至年末，全市储蓄存款余额338.57亿元，比年初增加48.38亿元，占全市新增存款比例的54.19%，提高了8.43个百分点。其中，定期储蓄余额244.88亿元，增加34.91亿元；活期储蓄余额93.69亿元，增加13.48亿元。

三、保证金存款小幅增长。截至2004年底，泰安市保证金存款余额45.19亿元，比年初增加3.32亿元，增长7.93%。

【贷款情况】 2004年，泰安市全年各项贷款明显呈"N"型走势。截至年末，人民币各项贷款余额372.39亿元，比年初增加54.97亿元，增长17.32%。全年各家金融机构共核销不良贷款2.26亿元，扣除此因素影响，全年实际新增57.23亿元。各项外汇贷款余额0.55亿美元，减少0.18亿美元。

一、农业贷款快速增长。截至年末，泰安市农业贷款余额64.70亿元，比年初增加13.08亿元，增长25.34%。其中，农户贷款增加9.05亿元，增长36.72%，占农业贷款增加额的69.19%，较好地缓解了农民"贷款难"问题。

二、工业贷款大幅增长。截至年末，泰安市短期工业贷款余额88.74亿元，比年初增加21.62亿元，增长32.22%。新增贷款主要投向了新汶矿业集团、东岳能源集团等资产优良、信誉良好的煤炭、电力等行业。

三、基建贷款持续高速增长。截至年末，泰安市基建贷款余额38.44亿元，比年初增加11.78亿元，增长44.19%，同比多增0.6个百分点，对该市投资规模扩大和基础设施建设起到了有力的推动作用。

四、个人中长期贷款持续增长。截至年末，泰安市个人中长期贷款余额24.08亿元，比年初增加5.30亿元，增长33.6%。其中，个人住房贷款余额19.87亿元，增长37.72%。

五、外汇贷款有所下降。截至年末，泰安市外汇贷款余额0.55亿美元，比年初减少0.18亿元，主要原因是年内各家金融机构共核销外币不良贷款0.31亿美元。

【现金投放与回笼】 2004年，泰安市累计现金收入1799.75亿元，同比增加457.11亿元，增长34.05%；累计现金支出1789.39亿元，增加450.29亿元，增长33.63%；年累计现金净回笼10.36亿元，同比多回笼6.82亿元，是近几年现金回笼最多的一年。主要原因是：全年商品销售收入回笼现金增加48.49亿元，服务业收入回笼现金增加25.79亿元，其中，旅游业收入增加13.30亿元。

【外汇管理】 2004年，外管局泰安市中心支局通过转变观念，完善管理，改进服务，创新手段，圆满地完成了各项任务。

一、积极支持企业有效利用外资和实施"走出去"战略。2004年，该局一是积极与外经贸、海关等涉外部门联系，建立外商投资管理协调机制，理顺外商直接投资登记、验资询证等程序；二是对9家会计师事务所进行外企外汇收支年检培训，并签订外汇业务审计责任书。全年顺利完成了对148家外商投资企业的年检工作，参检率为77.7%，参检合格率为76.7%，较往年有所提高；三是对全市6家投资主体设立的13家境外投资企业经营状况进行了年检；四是贯彻执行《关于进一步深化境外投资改革有关问题的通知》，对"走出去"企业的后续用汇需求和境外融资提供便利，重点支持企业海外发展加工装配、承包工程、开发战略资源，特别是支持民营企业走出去。

二、加强对外汇资金流入和结汇的管理，控制短期资本非法流动。2004年，该局一是通过政策宣传、联席会议等措施，引导商业银行树立平衡监管、全程监管的理念，加强对外汇资金收汇、结汇真实性审核；二是开展了以外商投资资本金结汇、个人外汇资金结汇、反洗钱为重点的专项检查，并严格惩戒制度。全年共查处违规办理结汇、违反大额和可疑外汇资金交易报告案8起，罚款29万元；三是运用国际收支申报系统、外汇账户管理信息系统等高科技手段，加强内部统计数据整合利用，实施非现场监管，及时掌握了外汇资金流入的动向及特点，并加强调查研究。

三、强化金融机构外汇业务监管。2004年，该局一是建立健全结售汇监管档案，全面掌握辖内银行结售汇市场准入、内控制度建设等信息；二是对申请新开办结售汇业务的金融机构，严格审查其相关材料，把好市场准入关。全年共核准49家银行分支机构办理结售汇登记备案，新批结售汇机构4家。

四、构建外汇收支非现场监管体系。2004年，该局制定了《非现场监管工作制度》，设立了科学的关注值和预警值，建立了外汇收支信息内部使用和共享制度、重大异常情况报告和移交制度，构筑了分工明确、职责清晰的非现场监管组织框架。

五、强化基础建设，完善外汇反洗钱工作体系。2004年，该局一是充分利用国际收支统计申报及其他外汇统计系统，定期对银行上报的反洗钱数据进行非现场核查，建立了与商业银行大额和可疑外汇资金交易报告执行情况的沟通和反馈机制；二是建立了与人行泰安市中支货币发行、会计财务、保卫等职能部门联席制度，增强本外币反洗钱监管合力；三是认真执行与公安部门签订的外汇领域反洗钱合作规定，成立了专门领导小组，建立有效的工作联系制度，扩大反洗钱信息利用范围；四是举办了2期金融机构参加的外汇反洗钱培训班，并通过研讨会、现场核查等形式，监督商业银行外汇反洗钱工作。

【货币政策实施】 2004年，人行泰安市中心支行把贯彻货币政策与服务经济发展相结合，积极疏通货币政策传导渠道，促进了全市经济快速发展。

一、强化政策引导，加强窗口指导作用。2004年，该行一是协助市政府召开了金融工作会议，并利用银企座谈会及党、政、企干部学习班等机会，积极宣传货币信贷政策；二是通过制定货币信贷政策指导意见，发挥再贷款、再贴现资金导向作用等方式，引导金融机构把资金重点投向六大优势产业和旅游业、服务业等领域，严格控制过热行业的信贷投入，做到有保有压，避免了“一刀切”、“急刹车”。

二、创新银企联谊方式，深化银企合作。2004年，该行一是建议市政府印发了《关于加强银企联谊工作的通知》，开通运行了金融公共网络信息平台；二是成功组织了诚信建设暨银企合作成果新闻发布会，47户企业、68个项目与金融机构达成了110.6亿元的贷款意向；三是针对贷款增长缓慢、资金到位率低的情况，及时向市委、市政府提出建议，并多次召开调度会，促进全年资金到位率达到62%。

三、加强区域调控，促进经济社会协调发展。2004年，该行一是制定实施了《关于大力支持奶牛业发展的信贷指导意见》，利用6.4亿元支农再贷款，引导农信社增加农业贷款13.08亿元，增长25.33%，高出各类贷款增幅8个百分点，增强了为“三农”服务的针对性、有效性；二是督促各金融机构认真落实下岗失业人员小额担保贷款和国家助学贷款新政策。全年累计发放小额担保贷款142笔、281万元，累计发放助学贷款1277笔、1050万元。

【金融监管】 2004年，银监会泰安监管分局积极适应新的监管体制和监管运行机制的要求，从多方面入手，突出监管重点，各项工作稳步实施。

一、以不良贷款“双降”为中心，全面提高银行业资产质量。2004年，该局一是及时对中行、建行不良资产剥离后出现的新情况进行了核查；二是积极督促各商业银行完善贷后管理及贷款客户退出机制，建立稽核评审制度和责任制度；三是对各行社异地贷款进行了清理规范，并对交通银行和城信社异地签发银行承兑汇票、银票贴现、商票贴现等业务进行了全面核查，督促其加大资产保全和清收措施。截至年末，全市银行业金融机构不良贷款余额较年初减少14.42亿元，不良贷款比例18.35%，下降了6.62个百分点。

二、支持农信社在改革中防范化、解风险，不断提高管理水平。2004年，该局及时召开了全市深化农信社改革试点工作会议，全面启动农信社改革工作。同时，以多种方式督促农信社积极稳妥地开展增资扩股工作，加大不良资产清收盘活力度。截至年末，全市农信社顺利认购专项中央银行票据5.79亿元，置换不良贷款5.28亿元、历年挂亏5116万元。剔除票据置换因素，全市农信社不良贷款余额较年初减少1.28亿元，不良贷款比例下降了6.14个百分点。全辖统算资本充足率达8.66%，提高了4.09个百分点。

三、加强机构市场准入管理，坚持高管人员资格审查和行为监管并重。2004年，该局一是制定了《国有商业银行和股份制商业银行市场准入操作规程》；二是严格对各行的机构升格申请进行综合评估，对已升格机构的业务发展情况、内控制度完善情况等多方面进行综合考察，实行动态管理，并建立定期回访制度。全年共审批机构迁址、更名等变更事项98项，审核批准8个分理处（办事处）升格为支行、9个储蓄所升格为分理处，批准撤销网点41处；三是认真完成了辖内860个银行业金融机构的金融许可证换发工作；四是组织了高级管理人员年度考核工作，分情况对各金融机构提出了建议和要求；四是对36名拟任高管人员进行了资格考试和审查，建立了高管人员监管信息档案，完善了包括专业知识综合测试、任职资格审查、约见谈话以及职务行为等在内的动态管理体系，实现了资格、行为监管并重。

四、加强内控监管，督促金融机构健全内控机制。2004年，该局一是结合序时性检查，对金融机构的内控了进行考核评价，并督促其整改完善；二是对城信社6家法人股东的财务状况以及法人股东、注册资本和股权结构变化情况进行了调查，防止了内部人控制和关联交易；三是指导城信社实行“基薪、岗薪、效薪”的薪酬激励机制，推行全员合同制和干部聘任制，并督促其制定完善了《领导工作补位制度》等一系列内控制度；四是督促指导新泰市、肥城市等农信社开展以县（市、区）为单位统一法人改革，对已实行一级法人的泰山区联社进行了规范和验收。

【保险业务】 2004年，泰安市各家保险公司实现保费收入13.37亿元，同比增长12 %。其中，财产险保费收入2.62亿元，增长23%，占市场份额的19.6%；人身险保费收入10.76亿元，增长9.2%，占市场份额的80.4%。年内发生各项赔款和给付总计2.48亿元。

【证券市场】 2004年，泰安市各家证券公司累计实现股票业务交易量92.89亿元，同比增长17.55%；累计实现债券业务交易量128.36亿元，增长300.04%。证券市场实现资金净流入1.68亿元，增长637.92%。

【精神文明建设】 2004年，泰安市金融系统认真学习贯彻党的十六届四中全会精神，切实加强文明单位创建活动，促进了各项工作的顺利开展。

一、努力推进金融文化建设。2004年，人行泰安市中支结合“学习型”班子创建活动，以“泰山精神”激励全行员工团结拼搏、奋发进取，较好地发挥了先进文化的导向作用。当年，该单位被评为“省级文明单位”和“泰安市十大文明行业”。

二、积极开展文明信用环境创建活动。2004年，人行泰安市中支会同市文明委、经贸委开展了文明信用环境创建活动，并协助召开了由市县两级文明办、人民银行、经贸委，市各经济管理部门、执法部门、各金融机构主要负责人参加的动员大会，在全市范围内广泛开展了各类创建活动。同时，各金融机构加大了信用评级工作力度，并对文明诚信单位和信用企业分别举办了命名、授牌大会，树立了信用典型。截至年底，全市评选出文明诚信金融单位23家，文明信用企业39户，文明信用乡镇9个，信用村955个，信用户26万户。

三、大力建设“学习型”金融机构。2004年，泰安市各家金融机构采取封闭式学习、以会代训等方式来加强学习，建立并落实好有关学习制度，形成了重学习、讲学习、以科学的理论和方法指导学习的良好风气。

【金融大事记】 3月17日 泰安市召开银行、保险、证券联席会议，贾学英市长、齐承芳副市长到会并做重要讲话。

3月5日 人行济南分行与泰安市人民政府召开泰安市诚信建设暨2004年银企合作成果新闻发布会，人行济南分行李亚新副行长到会并做重要讲话。

3月19日 人行济南分行于华民副行长到泰安市中支公布领导班子：庞建敏、刘慧英任党委委员、副行长；孙世超任党委委员、纪委书记；蒋建军任党委委员、工会主任。免去韩伟党委委员、副行长职务，调任人行淄博中支党委副书记、副行长。

3月22日 人行总行在泰安市中支干部培训中心召开全国银行家问卷阶段总结会，人行总行马建华副司长、人行济南分行李亚新副行长到会并做重要讲话。

4月26日 农行泰安市分行被山东省政府评为“省级文明单位”。

5月10日 人行总行纪委王洪章书记、人行济南分行白世春行长到泰安市中支调查研究。

5月27日 建行总行公司业务部副总经理靳彦民一行3人到泰安市分行进行专题调研。

7月14日 人行泰安市中支被山东省政府评为“省级文明单位”。

11月3日 人行济南分行行长杨子强、纪委书记李建文等一行11人组成检查组，对泰安市中支发行库进行全面检查。杨子强行长对泰安中心支库的工作给予充分肯定。

12月21日 中国质量认证中心评审组对人行泰安市中支管理体系进行评审，宣布该中支正式通过ISO9001质量管理体系认证。

（倪云贞）

新泰市

【经济概况】 2004年，新泰市围绕建设经济强市的目标，强力推进各项工作，地区经济持续快速发展。全年实现地区生产总值181.18亿元，同比增长22.41%；人均地区生产总值13421元。实现财政总收入13.17亿元，其中，地方财政收入7.31亿元，增长35.13%。该市在第四届全国县域经济基本竞争力百强县评比中列第42位。

一、农业稳步发展，粮食喜获丰收。2004年，该市实现第一产业增加值18亿元，同比增长14.51%；粮食总产38.93万吨，增长0.51%。

新泰市主要经济金融指标

经济指标	1999	2004	经济指标	1999	2004
土地面积（平方公里）	1933	1933	#地方财政收入（亿元）	3.29	7.31
人口（万人）	133.45	135.43	全社会固定资产投资（亿元）	16.61	83.56
#非农业人口（万人）	31.58	37.73	固定资产投资增速（%）	20.41	43.10
地区生产总值（亿元）	78.53	181.18	进出口总值（亿美元）		0.65
地区生产总值年增速（%）	12.10	22.41	#出口总值（亿美元）		0.31

续表

经济指标	1999	2004	经济指标	1999	2004
第一产业（亿元）	11.30	18.00	实际利用外资（亿美元）		0.43
第二产业（亿元）	43.25	118.56	社会消费品零售总额（亿元）	27.21	49.30
第三产业（亿元）	23.98	44.62	居民消费价格指数（%）	102.6	103.5
财政总收入（亿元）	6.49	13.17	人均地区生产总值（元）	5895	13421
金融指标（亿元）	**1999**	**2004**	**金融指标（亿元）**	**1999**	**2004**
金融机构存款余额	52.89	115.28	金融机构贷款余额	43.79	71.07
企业存款	6.12	31.94	短期贷款	30.23	50.43
储蓄存款	44.09	76.34	中长期贷款	5.60	18.19

新泰市主要金融机构负责人

单位名称	行长（或其他称谓的第一负责人）	副行长（或其他称谓的同级领导）
中国人民银行新泰市支行	吴　勇（行长）	刘灿升　张　晶
中国银监会泰安监管分局新泰办事处	陈秀清（主任）	
中国农业发展银行新泰市支行	申　波（行长）	尤昌银　张延宏
中国工商银行新泰市支行	顾　滨（行长）	李家友　杨　帆　娄岱光
中国农业银行新泰市支行	李德科（行长）	封庆东　李立东　刘君亮　王　超
中国银行新泰支行	朱光峰（行长）	沈淑卿
中国建设银行新泰市支行	陈振岭（行长）	董　波　田茂新
中国建设银行新汶矿区专业支行	李延安（行长）	刘守军　徐　鹏　梁化训
新泰市农信社	刘恩成（理事长）	王　斌　赵元明　陈长青　徐西莲

新泰市主要金融机构业务概况

单位：亿元

单位名称	存　款	企业存款	储蓄存款	贷　款	短期贷款	中长期贷　款
中国工商银行新泰市支行	21.37	6.29	13.37	11.75	7.58	3.48
中国农业银行新泰市支行	22.63	7.27	14.42	15.27	5.98	9.29
中国银行新泰支行	12.01	6.62	4.37	7.01	3.47	3.34
中国建设银行新泰市支行	4.89	1.03	3.53	4.26	1.84	1.61
中国建设银行新汶矿区专业支行	15.42	7.26	8.12	4.15	3.83	0.29
新泰市农信社	30.95	3.39	24.30	26.22	25.40	0.09

二、工业保持较快增长，效益显著提高。2004年，该市完成工业增加值107.42亿元，同比增长32.91%。规模以上工业企业实现产品销售收入262.7亿元，增长50.7%；实现利税33.46亿元，增长89.12%。

三、固定资产投资加快，对外贸易高速增长。2004年，该市固定资产投资完成83.56亿元，同比增长43.1%。进出口总额0.65亿美元，增长179.52%，其中，出口0.31亿美元，增长62.31%。

四、居民生活水平不断提高，消费品市场稳中趋旺。2004年，该市城镇居民人均可支配收入8462元，同比增长14.41%；农民人均纯收入3923元，增长13.11%。全年实现社会消费品零售总额49.30亿元，增长15.71%。

【金融概述】 2004年，新泰市金融系统认真贯彻执行稳健的货币政策，稳步推进金融改革，切实防范和化解金融风险，金融机构效益继续改善，存贷款增量、增幅均居泰安市首位，辖区金融健康有序运行，有力地促进了全市经济发展。

【各项存款】 截至2004年末，新泰市人民币各项存款余额115.28亿元，同比增加25.87亿元，增长28.93%；各项外汇存款余额840万美元，增加221万美元，增长35.71%。企业存款余额31.94亿元，增加11.91亿元。居民储蓄存款继续保持较高增速，年末余额76.34亿元，增加12.10亿元，占全市新增存款的比重达47%。其中，定期存款余额53.29亿元，增加6.70亿元；活期存款余额23.05亿元，增加5.36亿元。

【各项贷款】 2004年，新泰市各金融机构注重信贷政策与产业政策的协调统一，贷款结构进一步优化。截至年底，各项人民币贷款余额71.07亿元，同比增加7.98亿元，增长12.75%；外汇贷款余额602万元，减少292万元。农业贷款增势强劲，年末余额15.17亿元，增加4.33亿元。工业贷款余额17.46亿元，增加4.23亿元，对重点骨干企业和民营经济信贷支持力度加大。基本建设贷款余额8.63亿元，增加6.90亿元。个人消费贷款余额5.13亿元。

【金融调控】 2004年，人行新泰市支行按照有保有压、区别对待的原则，引导金融机构正确处理落实宏观调控政策和促进地方经济发展的关系。一是着力优化信贷结构，把资金重点投向该市的四大主导产业和农业等领域，避免“急刹车”、“一刀切”；二是积极推进银企合作，强化项目推介，签约项目48个，金额18亿元，到位资金14亿元；三是规范发展住房按揭和汽车消费贷款，并积极落实国家助学贷款和下岗失业人员小额担保贷款政策。

【金融监管】 2004年，新泰市人行和银监部门密切协作，突出重点，加大了监管力度。一是积极开展现场检查和非现场监管，严格市场准入退出管理，强化金融机构内控机制建设；二是积极推进金融改革，认真做好对农信社10931万元专项票据的审核和发行工作，督促其努力实现“花钱买机制”的目标；三是开展企业信用等级评定，社会各界信用意识进一步增强；四是强化资产管理，狠抓不良贷款“双降”。截至年末，全市银行业金融机构不良贷款率下降9.19个百分点，有效防范和化解了金融风险，促进了辖区金融稳定。

（刘　磊）

肥城市

【经济概况】 2004年，肥城市大力实施“整体发展”战略，进一步加快改革发展和结构调整步伐，国民经济综合实力持续增强。全年实现地区生产总值155.23亿元，同比增长19.62%。其中，第一、第二、第三产业分别完成增加值17.93亿元、89.31亿元和47.28亿元，分别增长9.05%、23.33%和16.97%。人均地区生产总值16089元，增长25.31%。

一、农村经济稳步发展。2004年，该市围绕农民增收和农村稳定两大目标，加快农村经济结构的战略性调整，保持

肥城市主要经济金融指标

经济指标	1999	2004	经济指标	1999	2004
土地面积（平方公里）	1277.30	1277.30	#地方财政收入（亿元）	3.24	5.86
人口（万人）	96.02	96.47	全社会固定资产投资（亿元）	10.52	77.72
#非农业人口（万人）	23.30	33.41	固定资产投资增速（%）	-42.4	40.61
地区生产总值（亿元）	70.20	155.23	进出口总值（亿美元）	0.46	1.60

续表

经济指标	1999	2004	经济指标	1999	2004
地区生产总值年增速（%）	12.11	19.62	#出口总值（亿美元）	0.33	1.20
第一产业（亿元）	13.12	17.93	实际利用外资（亿美元）	0.03	0.45
第二产业（亿元）	31.28	89.31	社会消费品零售总额（亿元）	27.22	47.93
第三产业（亿元）	2.86	47.28	居民消费价格指数（%）	102.6	103.5
财政总收入（亿元）	7.16	12.95	人均地区生产总值（元）	7310	16089
金融指标（亿元）	**1999**	**2004**	**金融指标（亿元）**	**1999**	**2004**
金融机构存款余额	49.71	93.00	金融机构贷款余额	46.04	69.62
企业存款	5.56	13.71	短期贷款	30.69	45.35
储蓄存款	40.99	66.19	中长期贷款	12.56	19.98

肥城市主要金融机构负责人

单位名称	行长（或其他称谓的第一负责人）	副行长（或其他称谓的同级领导）
中国人民银行肥城市支行	张继轩（行长）	冷　静　牛兰季
中国银监会泰安监管分局肥城市办事处	刘同新（主任）	
中国工商银行肥城市支行	明宝国（行长）	汪顺成　曲少平　郭延安　李守军　祝云岗
中国农业银行肥城市支行	戴国文（行长）	周长传　曹雪峰　杨明珠　许宝谨
中国银行肥城市支行	张桂浩（行长）	王　霞
中国建设银行肥城市支行	李　军（行长）	张　燕　王光敏　李广盈　刘光孝
肥城市农信社	冯汝海（理事长）	陈衍磊　朱庆华　孙松岚　尹逊广

肥城市主要金融机构业务概况

单位：亿元

单位名称	存　款	企业存款	储蓄存款	贷　款	短期贷款	中长期贷　款
中国工商银行肥城市支行	17.38	5.23	10.96	10.27	6.36	3.82
中国农业银行肥城市支行	13.57	2.40	9.38	7.62	6.80	0.42
中国银行肥城市支行	5.99	2.52	2.09	8.49	2.34	6.10
中国建设银行肥城市支行	10.98	2.92	5.54	10.62	5.07	1.81
肥城市农信社	35.05	0.59	30.23	30.23	22.40	7.83

了农村经济的健康发展。全年完成农业总产值37.43亿元，同比增长7.62%。

二、工业生产保持快速增长。2004年，该市继续加大优势企业培植力度，不断壮大产业集群，工业经济总量和市场竞争力连续提升。全年完成工业总产值172.15亿元，同比增长68.79%。实现产品销售收入150.77亿元，增长57.93%。利税18.07亿元，其中，利润8.44亿元，分别增长102.41%和98.58%。

三、消费品市场繁荣稳定。2004年，该市城乡集市贸易额达32亿元，同比增长13.6%。全年实现社会消费品零售总额47.93亿元。

四、固定资产投资强劲增加。2004年，该市全社会固定资产投资完成77.72亿元，同比增长40.61%。全年完成投资过千万元的大项目11个，其中，过亿元的3个，有力地拉动了全市经济的快速增长。

五、财政收支保持较快增长。2004年，该市财政总收入12.95亿元，同比增长12.80%，其中，地方财政收入5.86亿元，增长33.25%；财政支出12.72亿元，增长86.07%。

六、对外贸易和引进外资大幅增长。2004年，该市全年实现进出口总值1.60亿美元，同比增长93.83%；全年实际利用外资0.45亿美元，增长71.23%。

七、城乡居民生活水平进一步提高。2004年，该市城镇居民人均可支配收入8002元，同比增长17.39%；人均消费性支出5678.32元，增长8.33%。农民人均纯收入3849元，增长11.62%；农民生活消费支出1963.67元，增长11.26%。

【金融概况】 2004年，肥城市金融机构认真贯彻执行稳健的货币政策，强化服务，加大投放，实现了经济、金融协调增长。

【存款情况】 截至2004年末，肥城市金融机构各项人民币存款余额93亿元，同比增加12.51亿元，增长15.55%。其中，企业存款余额13.71亿元，增加3.19亿元，增长30.31%；储蓄存款余额66.19亿元，增加5.88亿元，增长9.7%。

【贷款情况】 截至2004年末，肥城市各项人民币贷款余额69.62亿元，同比增加5.88亿元，增长9.75%。其中，短期贷款余额45.35亿元，增加0.45亿元；中长期贷款余额19.98亿元，增加3.66亿元。

【货币政策实施】 2004年，人行肥城市支行灵活运用多种货币政策工具，不断强化“窗口”指导，努力探索银企合作的有效途径，积极引导金融机构支持地方经济持续、健康发展。全年累计发放支农再贷款1.05亿元，带动农信社增加农业贷款3.2亿元，创历史最好水平。

【金融监管】 2004年，人行肥城市支行和银监局肥城市办事处继续坚持金融监管与服务并重的原则。一是以加强金融监管为重点，积极开展金融安全区创建；二是全面加强高级管理人员任职资格的审核管理；三是按照职责分工，先后开展了信贷、反洗钱、账户等专项检查工作。

（张尔宏　张圣猛）

宁阳县

【经济概况】 2004年，宁阳县坚持把发展作为第一要务，不断开拓进取，经济和社会各项事业取得丰硕成果。全年实现地区生产总值68.68亿元，同比增长16.70%；人均地区生产总值8504.95元。实现财政总收入2.09亿元，其中，地方财政收入1.26亿元，增长21.60%。

全年全县实现农业增加值16.73亿元，同比增长10.20%，其中，粮食总产40.76万吨，增长5.0%。森林覆盖率26.0%，提高了2.6个百分点。

全年全县完成工业增加值24.57亿元，增长23.10%。

宁阳县主要经济金融指标

经济指标	1999	2004	经济指标	1999	2004
土地面积（平方公里）	1124.00	1124.00	#地方财政收入（亿元）	0.80	1.26
人口（万人）	80.20	80.75	全社会固定资产投资（亿元）	3.50	40.58
#非农业人口（万人）	11.26	20.13	固定资产投资增速（%）	6.60	47.10
地区生产总值（亿元）	34.01	68.68	进出口总值（亿美元）		0.52
地区生产总值年增速（%）	9.60	16.70	#出口总值（亿美元）		0.47
第一产业（亿元）	11.30	16.73	实际利用外资（亿美元）	0.01	0.25

续表

经济指标	1999	2004	经济指标	1999	2004
第二产业（亿元）	12.22	30.83	社会消费品零售总额（亿元）	15.76	27.89
第三产业（亿元）	10.47	21.12	居民消费价格指数（%）	102.6	103.5
财政总收入（亿元）	1.70	2.09	人均地区生产总值（元）	4240.65	8504.95
金融指标（亿元）	**1999**	**2004**	**金融指标（亿元）**	**1999**	**2004**
金融机构存款余额	18.63	37.37	金融机构贷款余额	16.36	23.89
企业存款	2.87	6.57	短期贷款	12.67	19.12
储蓄存款	14.54	27.77	中长期贷款	2.07	3.51

宁阳县主要金融机构负责人

单位名称	行长（或其他称谓的第一负责人）	副行长（或其他称谓的同级领导）
中国人民银行宁阳县支行	刘广蕴（行长）	刘　健　王　华
中国银监会泰安监管分局宁阳县办事处	徐　红（主任）	
中国工商银行宁阳县支行	陈福五（行长）	李建军　任海涛
中国农业银行宁阳县支行	冯　伟（行长）	刘　超　杨建增　宁　东
中国银行宁阳县支行	玄绪凤（行长）	孙克祥
中国建设银行宁阳县支行	魏洪国（行长）	周长波
宁阳县农信社	张自凯（理事长）	李　斌　魏　强　杨永波　马　强

宁阳县主要金融机构业务概况

单位：亿元

单位名称	存　款	企业存款	储蓄存款	贷　款	短期贷款	中长期贷　款
中国工商银行宁阳县支行	5.58	1.55	3.45	4.61	2.39	2.19
中国农业银行宁阳县支行	9.02	2.00	6.67	3.04	2.44	0.23
中国银行宁阳县支行	4.72	1.96	1.98	2.86	1.98	0.56
中国建设银行宁阳县支行	2.14	0.50	1.11	3.00	2.08	0.44
宁阳县农信社	10.72	0.50	9.31	8.75	8.62	0.05

全年全县实现社会消费品零售总额27.89亿元，增长14.90%。

全年全县进出口总额0.52亿美元，其中，出口0.47亿美元，增长28.80%。

全年全县城镇居民人均可支配收入5867元，增长2.30%；农村居民人均可支配收入3448元，增长9.0%。

【金融概况】 2004年，宁阳县金融机构认真贯彻执行国家货币信贷政策，稳妥推进金融改革，着力提高金融服务水平，加强金融监督机制建设，金融运行质量有了较大提高，较好地支持了全县经济发展。

【存款情况】 截至2004年末，宁阳县金融机构各项人民币存款余额37.37亿元，比年初增加5.40亿元，增长16.89%。外汇存款余额112万美元，减少13万美元。企业存款6.57亿元，增加0.97亿元，增长17.32%，占全县新增存款比例的12.60%。居民储蓄存款27.77亿元，增加4.76亿元，占全县新增存款比例的63.57%，提高了3.59个百分点。其中，定期储蓄余额20.26亿元，增加3.13亿元；活期储蓄余额7.51亿元，增加1.63亿元。

【贷款情况】 截至2004年末，宁阳县各项人民币贷款余额23.89亿元，按可比口径计算比年初增加4.38亿元，增长17.87%。外汇贷款余额146万美元，减少70万美元。

一、工业贷款。2004年，该县短期工业贷款大幅增长，年末余额6.19亿元，增加2.79亿元。重点支持了化工、煤炭、棉纺、建材等行业及县属重点骨干企业的发展。

二、农业贷款。截至年底，该县农业贷款余额6.53亿元，增加1.73亿元。重点支持了畜牧、林果、制种、疏菜、桑蚕、奶业、花卉等主导产业，促进了农业结构调整和农民增产增收。

【金融调控】 2004年，人行宁阳县支行认真贯彻执行货币信贷政策，充分发挥窗口指导作用，不断提高金融服务水平，全力支持地方经济发展。一是定期召开金融联席会议，分析全县经济金融形势，通报金融政策信息，并协调解决工作问题；二是配合县政府召开项目调度会、银企座谈会、项目推介会等，为银企合作搭建平台；三是不断提高宏观分析能力，及时了解重大经济金融政策出台后社会各界反映，综合分析经济金融运行中的问题，为上级行和当地政府提供决策支持；四是督促各金融机构积极向上级反映经济金融发展中的新情况、新问题，增加授权、授信额度，扩大信贷投放；五是引导农信社增加对“三农”及生源地助学贷款的投入，提高再贷款使用效益；六是引导国有商业银行大力发展票据业务，帮助企业解决融资困难。

【金融监管】 2004年，银监局宁阳县办事处树立新的监管理念，突出监管重点，改进监管手段，重点加强了对农信社及其联社和邮政储蓄机构的非现场监管和现场检查，对有关金融风险信息进行收集并上报，较好地实现了全年监管目标。

（刘 健 杨月菊）

东平县

【经济概况】 2004年，东平县坚持以科学发展观统领全局，抢抓山东省委、省政府扶持欠发达县的大好机遇，齐心协力战胜洪涝灾害，国民经济继续保持良好的发展态势。全年实现地区生产总值60.46亿元，同比增长16.1%；人均地区生产总值7851元。实现财政总收入2.90亿元，其中，地方财政收入1.79亿元，增长16.3%。

一、农业生产持续增长，产业结构调整成效显著。2004年，该县实现第一产业增加值13.63亿元，同比增长4.36%，其中，粮食总产34.13万吨。林木覆盖率25%，提

东平县主要经济金融指标

经济指标	1999	2004	经济指标	1999	2004
土地面积（平方公里）	1270	1270	#地方财政收入（亿元）	1.4	1.79
人口（万人）	76.7	77	全社会固定资产投资（亿元）	6.57	25.05
#非农业人口（万人）	10.1	17.8	固定资产投资增速（%）		37.64
地区生产总值（亿元）	30.36	60.46	进出口总值（亿美元）	0.02	0.21
地区生产总值年增速（%）	9.5	16.1	#出口总值（亿美元）	0.02	0.18
第一产业（亿元）	10.66	13.63	实际利用外资（亿美元）		0.21
第二产业（亿元）	10.42	27.04	社会消费品零售总额（亿元）	10.55	18.9
第三产业（亿元）	9.28	19.79	居民消费价格指数（%）	102.6	103.5
财政总收入（亿元）	2.22	2.90	人均地区生产总值（元）	3960	7851
金融指标（亿元）	**1999**	**2004**	**金融指标（亿元）**	**1999**	**2004**
金融机构存款余额	15.93	29.04	金融机构贷款余额	13.46	16.96
企业存款	1.35	2.90	短期贷款	10.73	13.90
储蓄存款	13.59	23.65	中长期贷款	2.00	1.93

东平县主要金融机构负责人

单位名称	行长（或其他称谓的第一负责人）	副行长（或其他称谓的同级领导）
中国人民银行东平县支行	张　健（行长）	谷　平　何传信　徐艳霜
中国银监会泰安监管分局东平县办事处	陈克泉（主任）	
中国工商银行东平县支行	梁乙春（行长）	夏春秋　梁　民
中国农业银行东平县支行	须　磊（行长）	何　健　张淑英　亚　军
中国银行东平县支行	陈士喜（行长）	黄　伟
中国建设银行东平县支行	董　波（行长）	孙向前　陈兆运
东平县农信社	赵志强（理事长）	杨学寅　王学军　李学福

东平县主要金融机构业务概况

单位：亿元

单位名称	存　款	企业存款	储蓄存款	贷　款	短期贷款	中长期贷　款
中国工商银行东平县支行	3.56	0.58	2.63	2.38	1.18	0.86
中国农业银行东平县支行	6.49	1.63	4.32	1.73	0.79	0.48
中国银行东平县支行	1.06	0.35	0.57	0.77	0.58	0.19
中国建设银行东平县支行	1.23	0.17	0.77	1.12	0.77	0.11
东平县农信社	11.56	0.86	10.44	9.25	8.85	0.29

高了1.5个百分点。

二、工业生产增长加快，效益和质量明显提升。2004年，该县完成第二产业增加值27.04亿元，同比增长30%。规模以上工业企业实现产品销售收入43.27亿元，增长38.47%；实现利税3.29亿元，增长44.19%。

三、消费品市场快速增长，外贸出口增长稳定。2004年，该县社会消费品零售额完成18.9亿元，同比增长15%。全年进出口总额0.21亿美元，其中，出口0.18亿美元，增长8.9%。

四、城乡居民收入持续增加，生活水平继续提高。2004年，该县城镇居民人均可支配收入4865元，同比增长8%；农村居民人均纯收入2835元，增加135元，增长5%。

【金融概况】　2004年，人行东平县支行面对宏观调控新形势，立足全县经济发展实际，较好地实现了落实宏观调控措施与促进经济发展的协调统一，金融运行质量逐步提高。

【各项存款】　2004年，东平县各项存款持续增长，截至年末，全县金融机构人民币各项存款余额29.04亿元，同比增加3.80亿元；各项外汇存款余额72万美元。企业存款余额2.90亿元，增加1.14亿元，占新增存款的30%；居民储蓄存款余额23.65亿元，增加2.51亿元，占全县新增存款的66%。其中，定期储蓄余额18.24亿元，增加1.83亿元；活期储蓄余额5.40亿元，增加0.68亿元。

【各项贷款】　截至2004年末，东平县金融机构人民币各项贷款余额16.96亿元，同比增加0.1亿元。其中，农业贷款8.27亿元，工业贷款2.28亿元，商业贷款1.87亿元，个人消费贷款0.02亿元。

【金融调控】　2004年，人行东平县支行积极贯彻实施稳健的货币政策，充分发挥窗口指导作用，督促金融机构改进金融服务，增加信贷投入，支持地方经济持续快速发展。一是重点支持了全县重要行业和骨干企业，带动了工业生产的回升；二是加大农业投入，重点支持了养殖业、农业基础设施、农业生产资料、经济作物等产业的发展；三是运用信贷政策引导企业进行产品结构调整，大力支持高新技术产品开发和产品工艺的改造；四是积极调整信贷投向，对符合国家产业政策、产品技术含量高、资信状况好、有发展前景的企业给予积极的信贷支持；五是充分发挥货币政策工具的作用，利用再贷款、再贴现等手段支持商业银行扩大贷款规模促进经济发展。

【金融监管】 2004年，东平县金融监管部门通过狠抓社会信用环境建设，认真落实监管责任，创新监管措施，实现监管效能与服务水平同步提升，金融生态环境得到明显改善。

（展东文）

莱芜市

【经济概况】 2004年，莱芜市经济运行质量稳步提高，经济实力显著增强。全年实现地区生产总值223.88亿元，同比增长17.2%。其中，第一产业完成增加值16.93亿元，增长5.5%；第二产业完成增加值141.42亿元，增长24.4%；第三产业完成增加值65.53亿元，增长9.3%；人均地区生产总值18024元，增长17%。产业结构进一步优化，三次产业比重由上年的8.9:56.4:34.7调整为7.5:63.2:29.3。完成财政总收入24.39亿元，增长45.62%。地方财政收入10.3亿元，增长46.44%。

一、农业健康发展。2004年，莱芜市全年实现农业总产值29.74亿元，同比增长4.31%。粮食总产23.79万吨，减少0.1%。其中，夏粮总产5.93万吨，增长8.2%；秋粮总产48.17万吨，减少0.6%。棉花、油料、水果和蔬菜总产分别为0.03吨、1.66万吨、9.34万吨和134.23万吨，分别增长27.1%、5.9%、-6.4%和-13.9%。肉类、禽蛋、奶类和水产品总产分别为5.62万吨、3.36万吨、0.18万吨和0.82万吨，分别增长11.9%、16.9%、3.2%和2.36%。全市农机总动力74.18万千瓦。

二、工业生产高速增长。2004年，莱芜市工业对GDP增长的贡献率达74.88%，拉动经济增长12.9个百分点。全市规模以上工业企业155家，实现增加值120.74亿元，增长34.16%。重工业实现增加值109.17亿元，增长39.29%，增幅比轻工业高31.81个百分点。全市钢铁产业链企业实现增加值90.6亿元，增长45.28%，占全市规模以上工业增加值的比重达75%，拉动工业增长30个百分点，贡献率为88%。全年生铁、钢铁和产品钢材产量分别达640.50万吨、772.83万吨和834.41万吨，分别增长45.07%、47.52%和61.17%，居全省第1位。

三、消费品市场稳中见旺，物价水平小幅度调整。2004年，莱芜市实现社会消费品零售总额67.10亿元，同比增长15.46%。其中，批发零售贸易业实现零售额60.09亿元，增长15.01%；餐饮业实现零售额13.38亿元，增长18.74%。居民消费价格指数为103.4%。

四、固定资产投资规模继续扩大，投资结构不断优化。2004年，莱芜市完成社会固定资产投资103.60亿元，增长35.12%。其中，规模以上固定资产投资94.1亿元，增长20.09%。在城镇规模以上投资中，基建投资41.26亿元，增长44.22%；更新改造投资44.49亿元，增长81.59%；房地产投资4.44亿元，增长57.45%。从三产投资比重看，一、二、三产分别完成1.29亿元、73.27亿元和15.64亿元（不包括农村投资和城镇工矿区私人建房投资），比重为1.42:81.24:17.34。招商引资和重点建设项目完成投资44.65亿元，占全社会投资总额比重达43.1%。

五、进出口贸易实现翻番。2004年，莱芜市完成进出口总额7.19亿美元，同比增长139.6%。其中，出口完成4.35亿美元，增长122.6%；进口完成2.84亿美元，增长171.2%。

对外经济技术合作业务继续发展。全年境外劳务输出806人，增长24%，年末在外人数达1200人。全年新批国外办企业项目2个，协议投资额2493万美元。

六、居民收入水平全面提高。2004年，莱芜市城市居民人均可支配收入达10131.74元，同比增长19.63%，比全省平均水平高7.2个百分点，绝对数在全省列第6位，增长速度在全省的位次上升到第2位。农民人均纯收入达4232元，增长10.11%，自1997年以来增长速度首次达到两位数，绝对数额在全省列第6位。

【金融概况】 2004年，莱芜市金融系统以防范和化解金融风险、促进地方经济发展为目标，加大信贷结构调整力度。国有商业银行在资产经营、风险防范、内部管理、优化增量等方面取得了较好的成效，金融秩序进一步好转，金融运行较为平稳。

【存款情况】 2004年，莱芜市存款增幅巨大。截至年末，全市金融机构各项存款余额188.67亿元，较年初增加38.6亿元，同比多增7.36亿元。

一、企业存款增速较快。截至年末，莱芜市企业存款余额51.94亿元，比年初增加11.52亿元。企业存款的增加的原因：一是全市企业利润大幅度提高，现金流量充沛；二是与贷款的派生有较大关系；三是招商引资力度进一步加大，导致企业存款增加。

二、储蓄存款继续保持了平稳增长势头。截至年末，莱芜市储蓄存款余额达101.5亿元，比年初增加16.72亿元。城乡居民人均储蓄存款达8166元，同比增加1323元，增长19.33%。储蓄存款的增加，主要得益于城镇人均收入的增加，以及股票市场不活跃，分流居民投资的渠道减少。

莱芜市经济主要统计指标

指　标	1999	2000	2001	2002	2003	2004
土地面积（平方公里）	2246	2246	2246	2246	2246	2246
人口（万人）	122.51	123.19	123.62	123.88	123.88	124.29
#非农业人口（万人）	38.85	39.39	40.16	41.67	42.37	43.03
地区生产总值（亿元）	99.1	110.4	125.36	141.9	170.05	223.88
地区生产总值增速（%）	11	12	12	13	16.9	17.2
第一产业（亿元）	12.2	13	13.96	14.39	15.12	16.93
第二产业（亿元）	49.4	55.4	64	73.72	95.99	141.42
#工业（亿元）	40.2	46.8	53.9	15.4	76.15	120.74
#建筑业（亿元）	9.2	8.6	10.1	10.1	11.88	14
第三产业（亿元）	37.5	42	47.4	53.79	58.94	65.53
地区生产总值构成（%）	100	100	100	100	100	100
第一产业	12.31	11.8	11.1	10.1	8.9	7.5
第二产业	49.85	50.2	51.1	52	56.4	63.2
第三产业	37.84	38	37.8	37.9	34.7	29.3
财政总收入（亿元）	9.45	11.38	12.3	14.74	16.94	24.39
#地方财政收入（亿元）	3.73	4.2	5.08	6.35	7.58	10.30
全社会固定资产投资（亿元）	39.35	37.3	40.69	51.46	76.67	103.60
#基本建设（亿元）	20.69	15.63	16.61	18.37	28.61	41.26
#更新改造（亿元）	3.89	6.26	5.63	6.06	24.50	44.49
#房地产开发（亿元）	1.56	1.83	1.63	2.09	2.81	4.44
固定资产投资增速（%）	-14.42	-5.22	9.09	20.92	48.97	35.12
进出口总值（亿美元）	1.38	2.15	2.3	2.54	3.0	7.19
#出口总值（亿美元）	1.01	1.69	1.54	1.67	1.95	4.35
实际利用外资（亿美元）	0.11	0.11	0.18	0.28	0.61	1.03
社会消费品零售总额（亿元）	41.78	45.97	50.88	56.6	55.69	67.10
居民消费价格指数（%）	97.4	101.8	102	98.2	102.8	103.4
城镇居民家庭人均年收入（元）	5570.04	6532.32	7176.12	7424.69	8469.45	10131.74
农村家庭人均年收入（元）	3071	3246	3452	3622	3844	4232
人均地区生产总值（元）	8110	8986	10162	11467	13727	18024

莱芜市金融主要统计指标

指标（亿元）	1999	2000	2001	2002	2003	2004
金融机构存款余额	69.46	77.01	95.9	118.82	150.07	188.67
（一）企业存款	13.9	15.51	24.29	34.61	40.41	51.94
（二）储蓄存款	52.71	55.85	63	71.31	84.77	101.50
#定期储蓄存款	41.96	43.63	47.97	52.86	62.59	71.67
#活期储蓄存款	10.75	12.22	15.03	18.45	22.18	29.83
金融机构贷款余额	67.21	74.13	90.67	109.11	128.35	166.06
（一）短期贷款	46.48	46.94	52.51	57.77	75.69	77.23
#工业贷款	19.01	17.48	19.69	21.86	36.42	32.24
#商业贷款	9.51	8.13	11.51	13.39	12.96	14.07
#农业贷款	5.26	6.13	7.78	9.39	11.49	15.44
（二）中长期贷款	17.84	23.7	33.08	38.74	39.36	72.59
#基本建设贷款	13.92	18.63	23.37	31.9	24.25	32.40
#技术改造贷款	2.89	3.58	3.81	0.47	5.38	26.06
现金收入	166.33	225.6	248.63	305.73	398.86	605.95
现金支出	178.11	234.29	252.99	314.19	406.21	632.36
现金投放（+）回笼（-）	11.77	8.69	4.36	8.45	16.35	26.41
当年结益	-1.01	-0.67	-0.58	-0.41	-0.35	1.8

莱芜市主要金融机构负责人

单位名称	行长（或其他称谓的第一负责人）	副行长（或其他称谓的同级领导）
中国人民银行莱芜市中心支行	黄　磊	马兴国
中国银监会莱芜市监管分局	田　钢	栾德志
中国工商银行莱芜市分行	冷嘉宝	亓立刚
中国农业银行莱芜市分行	杨晓生	李兴灿
中国银行莱芜市分行	王启贵	王洪军
中国建设银行莱芜市分行	冯汝臣	边效秋
莱芜市城市商业银行	李敏实	谭乐清
农信社莱芜市办事处	吴修田	毕泗贵

莱芜市主要金融机构业务概况

单位：亿元

单位名称	存　款	企业存款	储蓄存款	贷　款	短期贷款	中长期贷　款
中国工商银行莱芜市分行	42.32	12.19	26.17	50.86	12.06	37.16
中国农业银行莱芜市分行	22.28	5.42	10.78	27.47	9.75	16.66
中国银行莱芜市分行	21.65	7.55	9.64	11.9	9.82	1.59
中国建设银行莱芜市分行	15.07	4.84	6.36	23.62	5.19	12.93
莱芜市城市商业银行	38.41	20.92	8.10	29.91	19.07	4.17
农信社莱芜市办事处	29.82	0.96	22.43	20.30	19.37	0.06

【贷款情况】 2004年，莱芜市各金融机构积极增加有效投入，优化信贷投向，重点支持了重点项目、重点企业、支柱产业、利税大户和出口创汇大户，促进了地方经济的发展。截至年底，全市各项贷款余额166.06亿元，同比多增20.22亿元。

一、农业贷款。截至年末，莱芜市农业贷款余额15.44亿元，同比增加4.98亿元。农村金融机构在确保满足农民种子、化肥、农药等基本生产资料贷款的同时，集中资金重点支持了全市“三辣一麻”（生姜、大蒜、莱芜葱和花椒）的种植、购销、加工等，促进了农村经济发展和农民增收。

二、工业贷款。截至年末，莱芜市工业贷款余额32.24亿元，同比减少2.9亿元。在信贷投向上，重点满足了莱芜钢铁集团总公司、莱钢股份有限公司、泰山造纸厂等企业的资金需求。

三、商业贷款。截至年末，莱芜市商业贷款余额14.07亿元，同比增加1.71亿元。商业贷款的大幅增加，初步改变了流通环节比较薄弱的局面。

四、技改贷款。截至年末，莱芜市技改贷款余额为26.06亿元，新增20.80亿元，主要支持了莱钢等大型项目的建设。

五、外汇贷款。截至年末，莱芜市外汇贷款余额1.12亿美元，比年初下降787万美元，其中，短期贷款增加218万美元，中长期贷款减少1360万美元。外汇贷款主要支持了莱芜纺织行业。

六、个人消费贷款。截至年末，莱芜市以住房、汽车为主的消费贷款余额达10.15亿元，比年初增加2.75亿元。

【现金投放与回笼】 截至2004年末，莱芜市金融机构累计现金收入605.95亿元，支出632.36亿元，收支相抵累计净投放现金26.41亿元，同比多投放10.07亿元。从科目上看，主要是储蓄存款支出和工资性支出较多。

【外汇管理】 2004年，外管局莱芜市中心支局外汇监管水平显著提高，外汇风险得到有效控制。全年累计进口逾期未核销金额90万美元，出口逾期金额32.96万美元，同比分别下降34.33%和26.27%，逾期率保持在全省较低水平；国际收支间接申报率始终保持100%。根据进出口核销统计，全年共实现进口3.12亿美元，出口3.55亿美元，分别增长180.67%和112.85%；新成立外商投资企业30家，实际利用外资563万美元。全年外汇金融秩序良好，无重大违规问题，无非法资金流入。

一、配合“出口收汇核报系统”的实施，强化企业分类管理。2004年，莱芜市新增自动核销企业1家，批次核销企业8家，大大减少了企业往来外管局的频率，简化了核销手续，为企业扩大出口提供了便利。

二、放宽境内机构经常项目外汇账户管理政策，满足企业合理用汇需求。2004年，外管局莱芜市中支将企业保留经常项目外汇收入的限额从平均为上年度经常项目收入的20%上升到35%以上，最大限度地满足了企业用汇需求，降低了企业经营成本。对个别业务增长较快，依靠本市银行无法满足资金需求的企业，允许开立异地经常项目外汇账户，有效地缓解了企业进出口资金紧张的局面。

三、集中清理进出口逾期，提高核销率。2004年，莱芜市成立了进出口逾期清理领导小组，将上年年底以前产生的逾期全部纳入清理范围，采取各种措施进行清理。截至年底，共下发逾期催收催核通知书103份，上门催核14户，核销进口逾期业务22笔、823万美元，出口逾期44笔、322万美元，清理效果显著。

【货币政策实施】 2004年，人行莱芜市中支正确处理好支持经济发展与防范化解金融风险的关系，加强“窗口指导”与尊重商业银行经营自主权的关系，切实加大了金融对经济增长的支持力度。

一、疏通传导机制，提高货币政策实施效果。2004年，该中支一是加强了与经贸委、统计局、计委等政府主管部门的联系与沟通，定期分析辖内经济金融运行情况，提供参谋服务；二是出台了《货币信贷政策实施意见》、《关于金融支持民营企业发展的意见》等指导性文件，引导金融机构加大贷款营销力度，调整优化信贷结构；三是坚持银行行长联席会议制度，引导金融机构及时调整信贷工作思路和方向，确保了货币政策传导的有效性和针对性。

二、运用多种货币政策工具，支持地方经济发展。2004年，该中支一是用好支农再贷款，促进农业产业结构调整；二是加强票据业务的管理与指导，拓宽了企业融资渠道；三是积极引导城乡信用社发展货币市场业务，提高了融资能力和盈利水平。

三、积极引导贷款投向，促进经济结构调整。2004年，该中支一是加大了对经济开发区的支持，为驻开发区企业提供优惠政策；二是围绕“富民强村”工程，加大对农业的信贷投入；三是围绕“工业立市”战略，加大对重点项目、高新技术和出口创汇企业的信贷支持；四是围绕培植新的经济增长点，重点扶持了中小企业和民营经济。

【金融监管】 2004年，人行莱芜市中支认真落实金融监管责任制，改进和规范监管工作，努力防范化解金融风险，促进了辖内金融、经济的健康发展。

一、构筑科学监管机制，提高了监管绩效。2004年，该中支一是建立了监管人员奖罚机制；二是建立金融机构高级管理人员量化考核机制，与金融机构负责人进行诫勉谈话，超过警界分数取消其一定期限甚至是终身的任职资格，从而使其加强自律。

二、加大对国有银行非现场监管力度。2004年，该中支一是将金融机构各种报表数据手工上报改为网络传输，提高了报表传送速度及传送质量；二是把连续几年的数据、资料、报表整理归档，建立了不良贷款台账，对商业银行新增不良贷款进行登记，查明原因，限期化解，同时对商业银行清收的不良贷款，逐笔核对、核销。

三、积极加大对中小金融机构的监管。2004年，该中支一是构建了一套目标管理考核体系，加大考核力度，把优化增量和盘活存量有机结合起来，推进了城乡信用社经营机制改革；二是强化农信社为“三农”服务的宗旨，改进服务方式，推广质押贷款和小额农户贷款，在部分行社推行了客户经理制和贷款信用证业务，真正解决农民贷款难的问题；三是对城乡信用社新增贷款实行集体决策审批的程序，明确各级人员的权限、责任，杜绝了不良贷款形成的源头，同时加大了清理违规贷款的力度；四是健全财务制度，缩减费用开支，同时扩大投资渠道，积极开展国债业务，提高了经济效益；五是继续开展增资扩股工作，提高了城乡信用社资本充足率和抗风险能力。

四、合力创造金融安全区。2004年，莱芜市人行中支和银监局为创造金融安全区做出了共同努力。一是通过完善监管规章，促进监管工作的规范化、制度化，实现了不良贷款比率的下降；二是加强组织领导，加大宣传力度，在全市营造出创建金融安全区的良好氛围；三是以整顿和规范市场经济秩序为契机，严厉打击逃废银行债务行为，净化了社会信用环境。

【保险业务】 2004年，莱芜市保险事业日益兴旺。全年实现保费收入4.31亿元，增长10.09%。其中，财产保费收入0.93亿元，增长13.70%；人身保险费收入3.38亿元，增长9.13%。赔款支出金额0.77亿元。

【精神文明建设】 2004年，莱芜市金融系统大力加强精神文明建设，开展了一系列活动。一是人行莱芜市中支在日照培训中心举办了马克思主义发展史教育学习班，通过观看录像片、座谈讨论等形式，统一了员工的思想，确立了核心价值观；二是莱芜市城信社紧紧围绕“审慎经营、稳健运行”的核心价值观，全体员工锐意进取、拼搏奉献，取得了物质文明和精神文明的双丰收。

【金融大事记】 1月 莱芜市城信社开始了为期半年的“客户在我心中”优质服务活动，以服务促进存款的增长。

1月2日 莱芜市莱城区农信社以货币形式清收莱芜东方电瓷有限公司不良贷款367万元。

3月1日 人行莱芜市中支开展全市外商投资企业联合年检工作，注销42家外商投资企业外汇登记证。

3月 人行莱芜市中支对《残缺污损人民币兑换办法》执行情况进行了暗访。

工行莱芜市分行成功地营销了莱钢大H型钢项目贷款11.5亿元，进一步优化了该行的信贷资产结构，增强了核心竞争力。

4月19日 人行济南分行副行长于华民来莱芜市中支宣布领导班子任命，党委书记、行长：黄磊；委员、副行长：马兴国；委员、副行长：李念国；委员、纪委书记：张森；王庆华为调研员。

4月 工行莱芜分行NOVA系统顺利投产并逐步升级，实现了管理上的信息化。

5月12日 人行莱芜市中支在济南分行组织的全辖法律知识竞赛中荣获先进集体一等奖，参赛15名选手分别获得一、二、三等奖。

6月16日 人行莱芜市中支召开违法违纪成本大讨论和履行央行新职责主题教育活动动员大会，并对法律竞赛先进个人和2003年优秀读书体会文章获奖人员进行了表彰。

7月14日 人行济南分行杨子强行长来莱芜市中支调研，在市政府郭永利副市长的陪同下，先后视察了新建办公楼，亲切慰问一线工作人员，听取汇报并做了重要讲话。

7月 人行莱芜市中支对4家国有商业银行进行了反洗钱检查和银行结算账户检查。

8 月 22 日～28 日　人行莱芜市中支在日照培训中心举办了马克思主义发展史教育学习班，济南分行杨子强行长、王敏副行长出席学习班并做了重要讲话。

8 月 30 日　莱芜市莱城区农信社盘活山东华泰橡胶有限公司不良贷款 703 万元。

9 月　人行莱芜市中支组织开发的《行库往来管理系统》通过济南分行验收并在全省推广。

10 月 20 日　莱芜市莱城区农信社召开第一届社员代表大会第二次会议，通过了“同意解散莱城区农信社，以全部资产、负债、所有者权益参与组建莱芜市农信联社的决议”。

10 月 25 日　工行莱芜市分行顺利实现了账务上收，基本形成了以二级分行为基本单位的会计核算模式，实现了核算单位的高度集中。

11 月 13 日　人行莱芜市中支在济南分行组织的货币金银专业劳动竞赛中以总平均 95.72 分的优异成绩荣获团体一等奖。

11 月　莱芜市城信社实施了增资扩股，新增资本金 18194 万元。

11 月 30 日　莱芜市莱城区农信社举办抵债资产拍卖会，变现抵债资产 75 万元。

12 月 17 日　建行莱芜市分行对莱钢集团 26 亿元的综合授信业务得到了总行批复，标志着对莱钢营销工作进一步深入。

（狄宪孔）

第九部分

各市地经济金融概况（鲁东地区）

青 岛 市

【经济概况】 2004年，青岛市全面落实国家宏观调控各项措施，深化改革，扩大开放，实现了国民经济持续快速协调健康发展和各项社会事业的全面进步。全年全市实现地区生产总值2163.8亿元，增长16.8%，同比提高0.9个百分点，为1994年以来的最高增幅。其中，第一产业完成增加值161.8亿元，增长2.7%；第二产业完成增加值1171.4亿元，增长21.1%；第三产业完成增加值830.6亿元，增长14.2%。三次产业结构比例由上年的8.3∶52.6∶39.1调整为7.5∶54.1∶38.4。人均地区生产总值29595.69元，增长19.81%。实现财政总收入495.1亿元，增长25%。其中，地方财政收入130.5亿元，增长28.5%。

一、农业。2004年，青岛市积极落实中央关于加强农业和粮食生产的一系列方针政策，免征了崂山、黄岛、城阳三区的农业税，降低市郊五市农业税率3个百分点，充分调动了农民的种粮积极性，农业生产呈现近年来难得的好势头。全年全市实现农业增加值161.8亿元，同比增长2.7%。粮食总产232.34万吨，增长4.6%，扭转了连续五年减产的局面。其中，夏粮总产97.43万吨，增长4.6%；秋粮总产134.91万吨，增长4.6%。主要农产品棉花、油料、水果和蔬菜（不含果用瓜）产量分别为0.72、58.04、74.85和672.09万吨，分别增长34.5%、2.0%、10.5%和－8.0%。水产品总产量132.45万吨，增长0.3%；森林覆盖率29.76%，提高3个百分点。农机总动力598.87万千瓦，增长6.8%。

二、工业。2004年，青岛市工业生产克服电力紧张、能源、原材料价格上涨等不利因素影响，结构调整步伐明显加快。全年全市完成工业增加值1024.1亿元，同比增长20.9%。

国有及年产品销售收入500万元以上的非国有独立核算工业企业（以下简称“规模以上工业企业”）实现产品销售总收入3320.3亿元，增长28.9%；实现利税210.6亿元，增长24.7%；实现利润103.9亿元，增长33.4%。工业经济效益综合指数为149.67，提高12.2个百分点。

三、消费品市场繁荣活跃，市场物价小幅回升。2004年，青岛市实现社会消费品零售总额605.5亿元，增长15.8%。其中，批发零售贸易业零售额179.8亿元，增长25.2%；餐饮业零售额80.70亿元，增长20.20%。居民消费价格总指数102.1%，上升2.1%。

四、固定资产投资。2004年，青岛市全年完成全社会固定资产投资1025.4亿元，增长38.7%。城乡规模以上固定资产投资984.6亿元，增长40.9%。其中，基本建设投资532.4亿元，增长44.9%；更新改造投资159.4亿元，增长41.8%；房地产开发投资162.7亿元，增长27.3%。

在城镇以上投资中，第一产业完成投资22.6亿元，增长31.5%；第二产业投资541.1亿元，增长57.8%；第三产业投资420.9亿元，增长24.3%。

五、对外贸易和引进外资。2004年，青岛市通过创新招商方式，借助半岛制造业基地建设的契机，举办了韩国周、日本周等经贸活动，对外经济呈现稳步上升的发展态势。当年，青岛地区（含中央、省公司）实现进出口总额269.9亿美元，增长30.6%。其中，进口112.1亿美元，增长35.6%；出口157.8亿美元，增长27.4%。

全年合同外资67.66亿美元，增长27.2%；实际利用外资38.2亿美元，增长33.1%。

六、城乡居民生活水平进一步提高。2004年，青岛市在岗职工工资总额200.7亿元，在岗职工平均工资13445元，增长12%。城市居民人均可支配收入11089元，增长10.1%；人均消费性支出9002元，增长11.7%。农民居民人均纯收入5080元，增长12.1%，为1998年以来最快增速；人均生活消费支出3353元，增长12.2%。城市恩格尔系数38.0%，下降1.3个百分点；农村恩格尔系数为38.7%，增加0.8个百分点。

【金融概况】 2004年是国家实施金融宏观调控力度较大，采取措施较多的一年。随着存款准备率和存贷款利率上调、差额存款准备金率和再贷款浮息制度的实施以及窗口指导力度的加大，青岛市金融运行更趋稳健，存款继续呈现良好的上升态势，贷款在保持上升趋势的同时，高增长的势头有所回落，存贷款的变化趋势与国家宏观调控的取向相吻合。

【存款情况】 2004年，在加强信贷控制的背景下，青岛市存款增量较上年有所减少，但总体仍保持了较高增势，增量创历史上第二个高增长年，银行资金状况良好。全年全市金融机构各项存款余额2390.73亿元，比年初增加350.15亿元，增长17.2%。各项外汇存款余额17.46亿美元，减少0.45亿美元。

一、企业存款呈波动性增长。截至年末，全市企业存款余额843.45亿元，增加102.63亿元，占全市新增存款比例的29.31%，下降3.49%。企业存款月度、季度间波动较大，企业存款增长势头前三季度逐季回落，四季度则有较大幅度反弹，月度增量最大差额为94.90亿元。全年企业本外币存

青岛市经济主要统计指标

指　　标	1999	2000	2001	2002	2003	2004
土地面积（平方公里）	10654	10654	10654	10654	10654	10654
人口（万人）	703.0	706.7	710.5	715.7	720.7	731.1
#非农业人口（万人）	222.9	234.6	237.6	245.5	253.7	258.4
地区生产总值（亿元）	992.8	1151.2	1316.0	1518.2	1780.3	2163.8
地区生产总值增速（%）	13.6	15.2	13.7	14.6	15.9	16.8
第一产业（亿元）	137.4	139.9	143.2	145.9	147.5	161.8
第二产业（亿元）	472.2	560.3	648.8	765.0	937.1	1171.4
#工业（亿元）	420.7	500.3	578.2	681.0	825.5	1024.1
#建筑业（亿元）	51.5	60.0	70.6	84.0	111.6	147.3
第三产业（亿元）	383.3	451.0	524.0	607.3	695.7	830.6
地区生产总值构成（%）	100	100	100	100	100	100
第一产业	13.8	12.1	10.9	9.6	8.3	7.5
第二产业	47.6	48.7	49.3	50.4	52.6	54.1
第三产业	42.4	39.2	39.8	40.0	39.1	38.4
财政总收入（亿元）		222.8	255.1	287.1	374.8	495.1
地方财政收入（亿元）	68.0	80.0	98.7	100.7	120.1	130.5
全社会固定资产投资（亿元）	279.0	321.1	293.5	478.3	739.4	1025.4
#基本建设（亿元）	85.6	90.1	101.9	118.1	256.3	532.4
#更新改造（亿元）	57.1	62.0	66.1	70.6	72.1	159.4
#房地产开发（亿元）	63.0	67.5	92.5	103.7	127.8	162.7
固定资产投资增速（%）	15.1	15.1	20.9	24.4	54.6	38.7
进出口总值（亿美元）	77.6	108.3	123.6	169.3	206.6	269.9
#出口总值（亿美元）	44.6	61.1	71.2	105.7	123.9	157.8
实际利用外资（亿美元）	9.5	12.8	16.0	23.8	40.1	38.2
社会消费品零售总额（亿元）	270.3	307.7	352.9	400.5	512.2	605.5
居民消费价格指数（%）	100.2	103.3	101.0	98.9	101.4	102.1
城镇居民家庭人均年收入（元）	7282.0	8016.0	8731.0	8721.0	10075.3	11089.0
农民家庭人均年收入（元）	3415.0	3637.0	3901.0	4195.0	4530.0	5080.0
人均地区生产总值（元）	13394.0	16291.0	18574.0	21211.5	23398.0	29595.69

青岛市金融主要统计指标

指标（亿元）	1999	2000	2001	2002	2003	2004
金融机构存款余额	916.00	1073.13	1232.39	1673.19	2040.58	2390.73
（一）企业存款	345.46	437.43	495.53	622.43	745.39	843.45
（二）储蓄存款	497.80	535.32	618.74	849.09	1007.04	1171.15
#定期储蓄存款	379.46	382.57	429.52	589.69	676.84	769.87
#活期储蓄存款	118.34	152.75	189.22	259.39	330.20	401.27
金融机构贷款余额	894.57	965.64	1079.89	1414.09	1829.68	2011.70
（一）短期贷款	681.27	740.12	770.24	903.31	1055.24	1049.40
#工业贷款	204.59	209.10	242.84	269.5	304.26	330.68
#商业贷款	240.12	197.29	216.74	208.57	224.72	162.82
#农业贷款	33.37	39.93	47.83	54.59	72.10	82.50
（二）中长期贷款	136.81	129.92	238.71	332.3	468.38	718.26
#基本建设贷款	57.58	61.90	64.49	109.63	145.56	200.86
#技术改造贷款	49.72	43.36	44.45	10.72	25.01	28.91
现金收入	2045.66	2493.07	2844.81	2913.21	3673.49	4739.30
现金支出	2097.60	2535.65	2896.06	2979.53	3756.80	4821.70
现金投放（+）回笼（-）	+52.2	+42.57	51.25	66.3	83.30	82.40
当年结益	-1.54	-3.70	-5.24	-5.24	-6.30	32.32

青岛市主要金融机构负责人

单位名称	行长（或其他称谓的第一负责人）	副行长（或其他称谓的同级领导）
中国人民银行青岛市中心支行	王 迅	吕 峰 朱传友 王丽艳 王伟明
中国农业发展银行青岛市分行	王建淑	尤志军 高学牟
中国进出口银行青岛市分行	李玉春	李 明
中国工商银行青岛市分行	蔡治建	赵松彪 孔祥国 李 军 常 征 马 丽
中国农业银行青岛市分行	刁钦义	黄 健 张志强 刘国建
中国银行山东省分行	王建宏	周 鹏 田东平 国德秋 国心刚 孟和平 冷 杰 隋春玲
中国建设银行青岛市分行	郭周祥	王 云 刘津南 冯 涛 王士清 郭中华 林志敏 刘远方

续表

单位名称	行长（或其他称谓的第一负责人）	副行长（或其他称谓的同级领导）
交通银行青岛分行	江志学（2004年12月退休）	陆 涛（宣布任命行长） 倪存新 徐建民 王顺和
中信实业银行青岛分行	孙 洲	王治远 迟存国
光大银行青岛分行		潘明忠（主持工作）
华夏银行青岛分行	张延军	赵令贵 魏振江 刘 辉
招商银行青岛分行	郭少泉	杨 虹 杨小平
深圳发展银行青岛分行	陈 彦	谷 辉 马培军
上海浦东发展银行青岛分行	张宝全	鞠维萍 王京杰
恒丰银行青岛分行	王 旭	杨 强
青岛市商业银行	张广鸿	邹君秋 陈 青 刘肖鼓
农信社青岛市办事处	郭公银（理事长）	刁显世 傅相成 任 静 马书平

青岛市主要金融机构业务概况

单位：亿元

单位名称	存 款	企业存款	储蓄存款	贷 款	短期贷款	中长期贷 款
中国农业发展银行青岛市分行	1.73	1.73		29.14	6.16	0.15
中国进出口银行青岛市分行			45.26	7.14	38.12	
中国工商银行青岛市分行	360.55	132.30	228.25	334.13	171.93	162.20
中国农业银行青岛市分行	367.60	130.41	219.48	254.87	136.31	92.19
中国银行山东省分行	202.28	55.15	132.39	219.20	74.40	63.17
中国建设银行青岛市分行	277.85	147.65	130.20	249.67	78.86	144.61
交通银行青岛分行	165.05	110.30	54.75	144.25	109.21	35.04
中信实业银行青岛分行	34.16	9.94	3.17	30.87	15.57	12.81
光大银行青岛分行	86.59	40.98	20.09	59.91	26.03	27.38
华夏银行青岛分行	68.87	29.84	13.01	58.33	27.19	20.67
招商银行青岛分行	88.90	45.43	30.20	73.25	37.82	20.71
深圳发展银行青岛分行	23.73	7.03	2.45	21.97	13.5	1.87
上海浦东发展银行青岛分行	33.25	18.47	2.04	31.80	26.61	4.60
恒丰银行青岛分行	13.47	12.78	0.69	8.75	3.23	0.97
青岛市商业银行	118.54	71.04	25.68	87.78	37.25	35.38
农信社青岛市办事处	44	23	21	32	30	2

青岛市各县级区域经济金融主要统计指标

名称	人口（万人）	面积（平方公里）	地区生产总值（亿元）	地区生产总值增速（%）	存款（亿元）	储蓄存款（亿元）	贷款（亿元）
平度市	134.58	3166	219.04	18.4	94.79	79.40	54.27
即墨市	108.22	1780	235.7	18.9	127.7	92.6	77.8
莱西市	72.12	1522	143.8	21.1	62.30	49.87	41.24
开发区	28	273.1	276.3	28.9	141	51	139
胶南市	80.84	1802	226.7	18.6	77.56	54.8	63.37
胶州市	76.95	1210	217	18.4	90.55	66.06	48.24

款同比少增16.20亿元，其中，人民币存款少增26.90亿元。企业存款少增的主要原因：一是银行贷款较上年少增，由贷款派生的存款相应减少；二是原材料燃料动力价格持续上涨，企业生产成本上升，资金占用量增加，存款账户沉淀资金减少；三是在经济发展上升时期，企业生产经营活跃，投资规模扩大，闲置资金减少；四是企业理财意识增强，一些资金相对宽裕的企业将暂时不用的资金用于投资理财；五是效益好的企业为减少财务费用，回笼货款后提前归还银行贷款。

二、储蓄存款呈现反弹性增长。截至年末，全市储蓄存款余额1171.15亿元，比年初增加163.47亿元，占全市新增存款比例的46.69%，提高了3.26%。其中，定期储蓄余额769.87亿元，活期储蓄余额401.27亿元。受10月末上调储蓄存款利率政策的影响，四季度储蓄存款出现强势反弹增长，且因只上调了定期存款利率，活期转定期现象明显，储蓄存款结构发生较大变化。11~12月，人民币储蓄存款增加36.5亿元，同比多增20.2亿元。

【贷款情况】 2004年，青岛市全年贷款投放速度适度减缓。截至年末，全市金融机构各项贷款余额突破2000亿元，达2011.70亿元，比年初增加289.96亿元，增长15.70%，同比少增104.06亿元，增速回落11.80个百分点。人民币贷款明显少增，主要表现为票据业务收缩和短期贷款增量减少。全年人民币贷款余额1847.26亿元，比年初增加245.87亿元，同比少增115.29亿元；票据融资增加9.10亿元，少增103.30亿元；短期贷款增加58.30亿元，同比少增65.20亿元。

辖内商业银行在适度控制贷款投放速度的同时，按照“有保有压”的原则，加大了对符合国家产业政策的行业和企业的支持，新增贷款与青岛市经济发展的重点相吻合，基本上满足了企业的合理资金需要。全市新增工业贷款30.81亿元，农业及农村工商业贷款17.40亿元，中期流动资金贷款14.90亿元，基本建设贷款0.10亿元，消费贷款55亿元，五项合计增加贷款168.20亿元，占新增人民币贷款总额的68.40%。

一、信贷趋于集中。从投放期限看，贷款向中长期集中。全年人民币中长期贷款增加159.32亿元，同比多增33.35亿元；中期流动资金贷款增加14.87亿元，多增13.61亿元，两项合计增加174.19亿元，占全部贷款增加额的70.85%，占新增定期存款的127.90%。从投放对象看，向大企业集中。对各商行贷款前十大户的监测结果显示，全年这些企业贷款增加183.60亿元，占全部新增贷款（扣除票据融资）的77.50%。从投放时间看，上半年较集中。上半年本外币各项贷款增加189.60亿元，占全年增加额的77.10%，提高21.40个百分点。

二、外汇贷款增势趋缓。截至年末，全市外汇贷款余额19.87亿美元，比年初增加5.33亿美元，同比多增1.36亿美元。上半年在人民币贷款有所收紧的情况下，部分企业通过外资银行外汇贷款后结汇，以弥补人民币资金的不足，全市外汇贷款呈现较强增势，上半年增加外汇贷款4.90亿美元，同比多增3.40亿美元。7月1日新的《境内外资银行外债管理办法》实施后，境内机构从外资银行获得的外汇贷款除出口押汇外不得结汇，外资银行外汇贷款明显减少，下半年全市外汇贷款仅增加0.40亿美元。

【现金投放和回笼】 2004年，青岛市累计现金收入4739.30亿元，同比增加1065.80亿元，增长29.01%；累计现金支出4821.70亿元，增加1064.90亿元，增长28.35%；累计现金净投放82.40亿元，同比少投0.90亿元。商业和服务业作为现金回笼的两个主渠道，现金收入继续保持了稳定增长。全年商品销售收入588亿元，服务业收入239.20亿元，分别增长19.39%、21.12%。现金支出的主要渠道是，工资性支出377.80亿元，增长26.85%；行政企事业管理费支出397.50亿元，增长26.85%；农副产品采购支出108.50亿元，增长31.50%。

【外汇管理】 2004年，外管局青岛分局围绕国际收支平衡和汇率稳定、支持外向型经济发展、利用外资等目标，按照“引进来”与“走出去”相结合的对外开放战略要求，加强宏观政策指导，简化外汇审批，加强外汇管理，提高了外汇管理与服务水平。

一、认真做好国际收支管理工作，外汇收支分析水平有了明显提高。2004年，该局一是修改下发了《国际收支统计申报工作考评办法》，加大考核力度，严格控制银行国际收支统计申报信息变动率，对错漏申报问题进行了查处，提高了国际收支统计申报质量；二是改革《对公单位基本情况表》管理模式，建立了较为完善的标准信息库，极大地提高了匹配率，该项措施得到总局的充分肯定并在全国推广；三是充分利用外汇收支数据和信息，提高外汇收支分析质量，为领导决策提供参考。

二、改进经常项目外汇管理工作，服务效率不断提高。2004年，该局一是积极探索进出口核销管理新思路，逐步建立起高效、有序、快捷的进出口核销管理体系；二是组织开发了“外汇账户辅助核对系统”，提高了账户信息的准确率；三是研究制定了“货到汇款项下贸易进口付汇同步核报办法”，被总局向全国推广；四是针对海尔集团出口大量结汇、进口等支出又大量购汇的问题，提出了对其经常项目外汇资金进行集合管理的新思路，得到了总局的支持和批复；五是不断改进外汇服务的手段和方式，先后就中外合作办学、非居民购买房地产、出口加工区等业务制定具体操作办法，提高了工作效率和服务水平。

三、加强对资金流入的监测管理，防范非法资金流入。2004年，该局一是对中资企业借用境内外资银行短期国际商业贷款指标使用情况进行了总结，对短贷指标的管理提出了改进建议；二是贯彻落实新的《境内外资银行外债管理办法》，核定了辖内五家外资银行的短期外债余额指标；三是逐笔核实辖内已办理外债转贷款登记的项目，对符合规定的外债转贷款登记全部注销并上报总局备案；四是对辖内银行上年企业借用直接外债的资金来源和结汇情况进行了检查、分析；五是及时对外汇指定银行以外汇资本金冲抵外汇债权等业务进行审核，帮助部分商行冲抵不良资产。

四、加大外汇检查力度，有力地维护了外汇市场秩序。2004年，该局一是认真组织搞好外汇反洗钱工作，对外汇资金交易数据进行全面汇总、筛选、甄别、分析，关注异常外汇资金流动；二是加强对大额和可疑外汇资金交易的核查，对可疑交易线索及时进行现场调查；三是加大外汇检查力度，查处了多起逃套汇案件，及时发现并反映了个别企业涉嫌倒卖核销单案，引起了总局的重视和关注。

【货币政策实施】 2004年，人行青岛市中支围绕全市经济发展和结构调整的重点，加强了对辖区金融运行的监测、分析和引导，促进了全市经济持续快速健康发展。

一、强化窗口指导，疏通货币政策传导机制。2004年，该中支一是引导金融机构准确全面地理解稳健货币政策的内涵，保持信贷投放的连续性和稳定性；二是实施金融机构货币信贷工作评价警示制度，按季进行考核评价，并向市委、市政府和各金融机构通报；三是与市有关部门组织召开了产业政策与货币政策发布会和共建青岛制造业基地银企合作促进会，促进了银企合作，两次活动共计融资300多亿元，另外还组织了部分银团贷款项目；四是召开了三次金融机构负责人联席会议和一次外资金融机构负责人座谈会，及时通报全市经济金融运行情况，保持贷款增长的稳定性、均衡性和连续性，推动了全市经济与金融运行的协调互动。

二、积极引导信贷投向，促进经济结构调整。2004年，该中支在控制信贷总量的同时，着力引导金融机构按照有保有压的要求，对符合国家产业政策的行业和企业给予了积极支持，基本上满足了重点基本建设和技改项目以及重点行业、企业的资金需要。同时对房地产行业的信贷进行了控制和压缩，建筑业贷款下降了11.40亿元，同比多下降19.70亿元。

三、加强金融稳定工作。2004年，该中支一是组织研究了全市金融稳定近期和中长期考核目标及指标体系，并起草了金融稳定协调机制联席会议制度；二是密切关注国有商行的股份制改革，注意对改革过程中的信贷资产结构、资金备付水平、公司治理结构以及内控制度等情况的监测分析，保证了改革的稳步推进。

【金融改革】 2004年，人行青岛市中支认真履行职责，分管领导多次带人深入支行和农信社进行调研，摸清了辖内农信社的资产质量和资本状况，做好农信社改革的资金支持工作。对申请专项中央银行票据的9家联社提交的票据发行申请、法人治理结构完善情况、增资扩股情况、资本充足率、不良资产置换等进行了认真审查。年末，9家联社已全部获得了专项中央银行票据，金额61030万元，共置换不良贷款45722万元、历年亏损挂账15222万元。截至12月末，农信社不良贷款率比2002年末下降11.5个百分点，资本充足率达9.20%，提高了5.8个百分点。同时，切实加强对农信社有关指标的动态监测，引导其完善法人治理结构、转换经营机制、提高服务功能，确保改革取得实效。

【保险业务】 2004年，青岛市保险事业平稳发展。截至年末，全市共有保险公司16家，其中，寿险公司6家，产险公司10家。全年全市承保金额7303.90亿元。保险机构实现保费收入47.66亿元，增长1.80%。其中，财产险保费收入13.74亿元，增长19.40%，占全部保费收入的28.90%；人身险保费收入33.90亿元，减少3.90%，占全部保费收入的71.10%。赔款支出金额12.90亿元，其中，财产险赔付金额8.21亿元，人身险给付金额4.69亿元。

【证券市场】 2004年，中国证监会青岛特派办围绕建设“青岛证券安全区”这一总目标，突出市场“发展”、“诚信”与“规范”三大重点，努力提高监管水平与市场主体质量，促进了辖区证券期货市场规范、健康发展。

2004年，青岛辖区证券期货市场总体运行平稳。在整个市场持续低迷的情况下，辖区证券期货经营机构数量稳中有升。年内批准设立证券营业部2家，期货营业部1家，使辖区证券营业部数量达38家、证券服务部3家，期货公司及营业部数量达7家。证券交易规模有较大回升，全年辖区股票基金交易量达670亿元，增长35%，占全国股票基金交易量的1.56%。投资者参与投资的热情有所提高，目前辖区投资者累计开户数93.8万户，占全国投资者累计开户数的1.3%，上升0.25个百分点。客户资产依然保持了一定规模，客户保证金月均余额22.65亿元；股票托管市值月均余额107亿元。全年辖区38家证券营业部实现营业收入15691万元，净利润为-194.65万元，同比减亏2900万元。中信万通证券公司盈利2963.5万元，增加2900多万元。期货市场交易活跃，年内累计代理交易额1202亿元，增长36%，占全国的0.74%；期货保证金余额10990万元，增长8%。

【精神文明建设】 2004年，青岛市各金融机构坚持一手抓改革与发展，一手抓精神文明建设的方针，以管理促发展，以发展创效益，员工的思想觉悟、业务水平和综合素质有了显著提高。

一、深入开展思想政治工作。2004年，青岛市各金融机构一是认真学习贯彻党的十六大、十六届三中、四中全会精神，兴起了学习科学发展观的新高潮；二是开展职业道德教育活动，通过学习新的《商业银行法》、《中国人民银行法》、《监管法》及组织“四法”知识竞赛等多种形式的培训，提高了干部员工遵纪守法、爱岗敬业的积极性；三是开展“树优评先”活动。组织开展了向许振超同志学习的活动，进一步加强创建文明单位和“青年文明号”活动。此外，还开展了“个人创一流业绩、企业创一流品牌、社会创一流环境”的“三创”活动，为辖区创造良好的投资环境。

二、加强党的组织建设和党风廉政建设。2004年，青岛市各金融机构一是积极参与违纪违法“成本”大讨论，搞好案件防范和查处工作；二是执行各项廉政建设制度，层层签订了党风廉政建设责任书；三是认真执行重大事项报告、收入申报和礼品登记等制度，研究制定了《行务公开暂行办法》、《集中采购管理办法实施细则》，增强工作的透明度；四是在干部任免、重要建设项目安排、大额资金使用或重大决策等方面，严格按党委议事规则和决策程序进行集体研究和决策。

三、参与社会公益活动。2004年，青岛市各金融机构积极组织员工参加扶贫帮困、保护环境、青年志愿者等社会公益活动。其中，农发行青岛分行组织职工参加了“支持‘121’联合行动”等捐助活动，累计捐款1.7万余元；深发展青岛分行积极开展扶贫帮困活动，为“帮扶残疾人安居工程”进行捐款；海协信托捐助印度洋海啸受灾国人民和青岛市贫困人口安居工程，展现了“服务经济，奉献社会”的精神风貌。

【金融大事记】 1月1日 工行青岛市分行集中银企对账改革拉开序幕，首批上收了市南二、市南三、市南四支行和分行营业部4家试点支行部的银企对账工作。

2月6日 人行济南分行行长白世春到人行青岛市中支代表总行党委宣布关于任命王迅为人行青岛市中支党委书记、行长，外管局青岛市分局局长的决定。

2月9日 作为不良资产清收特色支行的农行青岛蒙阴路支行正式开业。

2月23日 “青岛市深化农信社改革试点工作领导小组”成立。该小组由青岛市政府副市长张锐任组长，市政府副秘书长于睿、财办主任刘伟、人行青岛中支行长王迅和市银监局局长吴跃任副组长。

3月8日 人行济南分行李亚新副行长到人行青岛市中支就农信社改革情况进行调研。

3月9日 人行青岛市中支召开全市外汇指定银行负责人联席会。吕峰副行长传达了全国、全省外汇管理工作会议精神，王迅行长对做好辖内外汇管理工作提出了要求。各外汇指定银行分管行长、国际业务部门负责人、外管局各市区支局局长参加了会议。

3月25日 工行青岛市分行个人住房贷款余额突破60亿元，实现了新增、累放、存量全辖同业第一的好成绩，稳居全市银行同业首位。

3月26日 人行青岛市中支召开全市商业银行会计结算部门负责人联席会议，传达总行支付结算司“三定方案”，布置全国银行代码编制培训工作及2003-2004年度同城票据交换和银行账户管理制度执行情况检查工作，并研究部署2004年支付密码系统推广工作。

4月12日 华夏青岛分行秦岭路分理处等7家分理处升格为支行。

4月 香港花园自助银行和新浦路自助银行对外营业。

5月10日~11日 人行青岛市中支王迅行长、裴云燕工会主任等人分别到所辖6家支行宣布了支行新班子调整决定。

5月20日 人行青岛市中支召开机关思想作风整顿暨主题思想教育活动动员大会，王迅行长作了动员讲话，工会主任裴云燕宣布了实施方案。

5月25日 青岛市财办和人行青岛市中支联合召开全市银行卡工作会议。市政府副市长张锐、人行青岛市中支行长王迅、中国银联副总裁柴洪峰到会并讲话。

6月8日 恒丰银行青岛分行隆重开业。

6月9日~10日 人行青岛市中支王迅行长带队深入到胶南、胶州、平度三家联社，就农信社改革、支持“三农”等进行调研，听取联社负责人和人行支行的工作汇报，与当地政府进行交流。

6月18日 中国进出口银行青岛分行正式开业。

6月28日 人行青岛市中支召开金融形势分析专家咨询第二次例会，王迅行长、王丽艳副行长参加了会议，会议邀请了相关商业银行负责人、部分经济专家学者参加，分析了二季度经济金融形势，咨询、研究相关对策。

7月1日 人行青岛市中支王迅行长、王丽艳副行长参加青岛市金融工作座谈会。人行青岛市中支、青岛市银监局、证监局、辖内10家商业银行参加，夏耕市长出席会议并讲话，会议分析了上半年金融形势，并对加快青岛经济、金融发展提出了意见和建议。

7月7日~9日 人行济南分行在青岛召开全辖中心支行行长会议，分行全体党委成员和各中支行长出席会议。

7月26日 人行总行苏宁副行长、沈炳熙副司长在国务院促进非公有制经济发展座谈会结束后到人行青岛市中支进行考察调研，并就工作提出了要求。

8月6日~7日 人行总行会计司在青岛召开人行2004年财务工作座谈会。人行济南分行杨子强行长出席会议并致词，总行胡正衡司长做工作报告。

8月11日 人行青岛市中支召开银企合作重点项目推介会筹备会，王丽艳副行长到会并讲话。

8月19日~20日 人行青岛市中支副行长吕峰带领调研小组到青岛市外经贸局、税务局等有关部门，就新的出口退税政策实施情况进行调研。

9月3日 外管局外汇检查司许满刚司长来人行青岛市中支就有关外汇案件进行调研分析和指导。

9月14日 招行青岛分行和高赛尔公司联合推出的黄金买卖业务正式启动。这是山东省内第一家经营黄金买卖业务银行。

9月17日 人行青岛市中支、青岛市发展和改革委员会、青岛市经济贸易委员会在青岛香格里拉大饭店联合举办“共建青岛制造业基地银企合作促进会”。青岛市政府夏耕市长、张锐副市长、人行济南分行杨子强行长出席会议，人行青岛市中支王迅行长主持了会议。

10月8日 交行青岛分行由管辖分行变为直属分行，交行济南分行改为管辖分行。

10月18日 人行青岛市中支召开全市银行业金融机构负责人联席会议。会议由朱传友副行长主持，青岛市19家银行业金融机构负责人共40余人参加了会议。

10月29日 外管局青岛分局召开全市外汇指定银行负责人联席会议，王迅局长、王伟明副局长分别作了讲话，会议主要分析全市外汇收支形势、介绍2004年以来国家出台和调整的外汇管理政策、通报银行执行外汇政策中存在的问题以及听取银行对外汇管理工作的意见和建议。

11月1日~2日 人行青岛市中支朱传友副行长率撤库领导小组及有关人员，前往黄岛、平度进行撤库监交工作，至此，青岛市发行支库全部撤销。

11月23日 青岛市金融学会第八届会员代表大会暨2004年年会于在人行青岛市中支召开。全市27家金融机构及监管机构代表、学会个人会员代表共93人参加了会议。会议由王丽艳副行长主持，青岛市政府张锐副市长应邀参加会议。

12月1日 人行青岛市中支王丽艳副行长主持召开贷款分析会，分析工行等5家银行贷款下降原因。

12月9日 浦发银行青岛城阳支行正式对外营业。

12月17日 农行胶南支行押运工作正式移交金融押运公司，从此农行全辖所有网点全部实现了社会化押运。

12月24日 外管局青岛市分局与外管总局签订了“外汇反洗钱辅助核查平台”的开发合同，青岛市分局将承担该平台的开发任务。

平度市

【经济概况】 2004年，平度市全年实现地区生产总值219.04亿元，同比增长18.40%；人均地区生产总值16477元。实现财政总收入6.47亿元，其中，地方财政收入6.47亿元，增长37.89%。

全年实现农业增加值40.6亿元，同比增长4.30%；其中，粮食总产90.69万吨，增长1.20%。林木覆盖率25.32%，提高2.68个百分点。

全年完成工业增加值105.13亿元，同比增长23.30%。规模以上工业企业实现产品销售总收入189.40亿元，增长

平度市主要经济金融指标

经济指标	1999	2004	经济指标	1999	2004
土地面积（平方公里）	3166	3166	#地方财政收入（亿元）	3.2	6.47
人口（万人）	133.1	134.58	全社会固定资产投资（亿元）	20.7	89.9
#非农业人口（万人）	14.7	17.0	固定资产投资增速（%）	20.0	45.9

续表

经济指标	1999	2004	经济指标	1999	2004
地区生产总值（亿元）	108.4	219.04	进出口总值（亿美元）	0.95	5.8
地区生产总值年增速（%）	20.4	18.4	#出口总值（亿美元）	0.77	3.7
第一产业（亿元）	34.7	40.6	实际利用外资（亿美元）	0.6	3.3
第二产业（亿元）	41.2	105.2	社会消费品零售总额（亿元）	33.7	69.1
第三产业（亿元）	32.5	73.2	居民消费价格指数（%）		
财政总收入（亿元）	4.8	6.47	人均地区生产总值（元）	8212	16477
金融指标（亿元）	**1999**	**2004**	**金融指标（亿元）**	**1999**	**2004**
金融机构存款余额	51.79	94.79	金融机构贷款余额	42.36	54.27
企业存款	5.97	9.02	短期贷款	37.14	41.30
储蓄存款	44.21	79.40	中长期贷款	4.32	12.39

平度市主要金融机构负责人

单位名称	行长（或其他称谓的第一负责人）	副行长（或其他称谓的同级领导）
中国人民银行平度市支行	张　伟	王有海　曹展鹏
中国农业发展银行平度市支行	王凤超	孙玉香　张维斌　陈建毅
中国工商银行平度市支行		朱元伦　李英杰　李增强
中国农业银行平度市支行	邵世利	梁祖海　田洪芳　刘永高
中国银行平度支行	邹　伟	于福智　刘志勇
中国建设银行平度市支行	胡朝晖	官建辉　林玉忠
平度市农信社		常怀德（主持工作）　史先邦 衣林龙　王平刚　刘宝芹

平度市主要金融机构业务概况

单位：亿元

单位名称	存　款	企业存款	储蓄存款	贷　款	短期贷款	中长期贷　款
中国农业发展银行平度市支行	0.14	0.14		6.54	2.64	0.02
中国工商银行平度市支行	7.86	2.13	5.72	3.77	1.47	2.30
中国农业银行平度市支行	27.06	5.88	21.18	17.77	13.08	4.69
中国银行平度支行	8.82	1.82	7.00	2.72	1.03	1.44
中国建设银行平度市支行	8.35	2.58	5.76	3.34	1.30	1.98
平度市农信社	26	2	24	20	13	2

32.0%；实现利税11.50亿元。

全年实现社会消费品零售总额69.10亿元，同比增长13.90%。全年进出口总额5.80亿美元，其中，出口3.70亿美元，增长41.10%。

全市城镇居民人均可支配收入9021元，增长12.30%；农村居民人均可支配收入4880元，增长12.0%。

【金融概况】 2004年，平度市金融部门加强信贷政策与产业政策的协调配合，着力调整和优化信贷结构，信贷投放适时适度，有力地支持了经济平稳协调发展。

【各项存款】 截至2004年末，平度市金融机构各项人民币存款余额94.79亿元，同比增加12.48亿元；各项外汇存款余额0.32亿美元。

一、企业存款。截至年末，全市企业存款余额9.02亿元，增加0.65亿元，占全市新增存款比例的5.20%，提高了3.4个百分点。

二、居民储蓄存款。截至年末，全市储蓄存款余额79.40亿元，增加12.56亿元，占全市新增存款比例的100.64%，提高了29个百分点。其中，定期储蓄余额56.08亿元，增加8.56亿元；活期储蓄余额23.32亿元，增加4.00亿元。

【各项贷款】 2004年，平度市金融机构各项人民币贷款余额54.27亿元，同比增加1.61亿元；各项外汇贷款余额0.10亿美元，增加0.07亿美元。

截至年末，全市农业贷款余额12.65亿元，工业贷款余额3.72亿元，商业贷款余额10.86亿元，个人消费贷款余额5.49亿元，固定资产投资余额2.88亿元。

【金融调控】 2004年，人行平度市支行一是组织召开重点工程、项目和货币政策发布会，与31个企业达成了贷款意向，涉及贷款金额3.3亿元，当场签约11个项目，贷款金额1.3亿元；二是出台了关于扶持中小及民营企业发展的十条措施，督促各金融机构合理选择贷款投向，重点支持涉农企业，支持科技含量高、符合产业政策的中小企业；三是引导农信社适时推出了农户贷款分类管理办法，加快小额信用贷款发放速度；四是开展“金融平安平度”创建工作，维护了辖区金融稳定。

【金融监管】 2004年，平度市金融监管部门加大监管力度，努力防范和化解金融风险，为经济持续较快发展创造了良好环境。一是中行、建行和农信社改革全面铺开。6月份，人行与农信社签订了《改革试点专项中央银行票据协议书》，置换不良资产9996万元；二是各金融机构适应改革需要和国家调控重点变化，逐步上收贷款审批权限，建立了客户经理制度，并推出了个人及企业理财管理等服务；三是改变贷款利率“一浮到顶”的做法，对AAA级企业执行贷款基准利率，并对信用状况较差、规模较小、行业前景不明朗的企业抬高了准入门槛，有效防范和化解了系统性金融风险。

即墨市

【经济概况】 2004年，即墨市实现地区生产总值235.7亿元，同比增长18.9%；人均地区生产总值21776元。实现财政总收入18.80亿元，其中，地方财政收入8.88亿元，增长36.10%。

全年实现农业增加值26.8亿元，同比增长4.20%；其中，粮食总产43.20万吨，增长24.40%。林木覆盖率26.50%，提高了3.7个百分点。

全年完成工业增加值123.60亿元，同比增长19.80%。规模以上工业企业实现产品销售总收入227.10亿元，增长

即墨市主要经济金融指标

经济指标	1999	2004	经济指标	1999	2004
土地面积（平方公里）	1780	1780	#地方财政收入（亿元）	3.02	8.88
人口（万人）	106.31	108.22	全社会固定资产投资（亿元）	18.3	122.3
#非农业人口（万人）	11.69	15.78	固定资产投资增速（%）	47.6	49.8
地区生产总值（亿元）	92.8	235.7	进出口总值（亿美元）	5.7	18.3
地区生产总值年增速（%）	15.9	18.9	#出口总值（亿美元）	3.93	12.3
第一产业（亿元）	22.2	26.8	实际利用外资（亿美元）	0.7	5.22
第二产业（亿元）	39.5	123.6	社会消费品零售总额（亿元）	26.5	61.1

续表

经济指标	1999	2004	经济指标	1999	2004
第三产业（亿元）	31	85.2	居民消费价格指数（%）		
财政总收入（亿元）	4.65	18.8	人均地区生产总值（元）	8729	21776
金融指标（亿元）	**1999**	**2004**	**金融指标（亿元）**	**1999**	**2004**
金融机构存款余额	59.5	122.22	金融机构贷款余额	37.64	76.50
企业存款	8.16	19.31	短期贷款	32.97	48
储蓄存款	48.4	89.63	中长期贷款	3.7	27.8

即墨市主要金融机构负责人

单位名称	行长（或其他称谓的第一负责人）	副行长（或其他称谓的同级领导）
中国人民银行即墨市支行	周道平	马德梅　庄建文
中国农业发展银行即墨市支行	董良平	李炳蔚　刘竹清
中国工商银行即墨市支行	毛　波	王　波　王利军
中国农业银行即墨市支行	左书波	高华昌　黄祖雨　姜进崧
中国银行即墨支行	梁增昌	张培才　李方俊
中国建设银行即墨市支行	王翠萍	丁世义　黄　云
即墨市农信社	李信忠	刘　军　戚宝忠　管德英

即墨市主要金融机构业务概况

单位：亿元

单位名称	存款	企业存款	储蓄存款	贷款	短期贷款	中长期贷款
中国农业发展银行即墨市支行	0.05	0.05		2.86	0.37	
中国工商银行即墨市支行	13.50	7.07	6.42	13.61	5.68	7.93
中国农业银行即墨市支行	34.25	10.25	24.00	20.47	9.10	11.36
中国银行即墨支行	20.94	4.84	16.10	7.03	1.95	2.96
中国建设银行即墨市支行	10.51	3.26	7.25	8.46	2.90	5.31
即墨市农信社	34	7	27	25	23	

37.60%；实现利税 14.03 亿元。

全年实现社会消费品零售总额 61.10 亿元，同比增长 15.20%。全年进出口总额 18.3 亿美元，其中，出口 12.3 亿美元，增长 29.20%。

全市城镇居民人均可支配收入 10830 元，增长 1.17%；农村居民人均可支配收入 4942 元，增长 13.70%。

【金融概况】　2004 年，即墨市金融运行健康平稳。各项存款增幅减缓，贷款投放明显减缓，贷款投向重点突出，新增贷款与全市经济发展的重点相吻合，基本上满足了重点基本建设和重点企业的资金需要。银行经营效益大幅度增加。

【各项存款】 截至 2004 年末，即墨市金融机构各项人民币存款余额 122.22 亿元，同比增加 18.99 亿元；各项外汇存款余额 0.66 亿美元，增加 0.004 亿美元。

一、企业存款。截至年末，全市人民币企业存款余额 19.31 亿元，增加 4.48 亿元，占全市新增存款比例的 23.60%，提高了 6.4 个百分点。

二、居民储蓄存款。截至年末，全市人民币储蓄存款余额 89.63 亿元，增加 11.50 亿元，占全市新增存款的 60.56%。其中，定期储蓄余额 56.95 亿元，增加 6.36 亿元；活期储蓄余额 32.68 亿元，增加 5.14 亿元。

【各项贷款】 截至 2004 年末，即墨市金融机构各项人民币贷款余额 76.50 亿元，同比增加 7.46 亿元；各项外汇贷款余额 0.15 亿美元，增加 0.08 亿美元。其中，全市农业贷款余额 13.03 亿元，增加 1.47 亿元；工业贷款余额 7.01 亿元，增加 0.77 亿元；商业贷款余额 5.15 亿元，下降 0.94 亿元；个人短期消费贷款余额 0.24 亿元，下降 0.05 亿元，个人中长期消费贷款余额 13.52 亿元，增加 1.85 亿元；固定资产投资中，基本建设贷款 9.99 亿元，增加 1.63 亿元；技术改造贷款余额 0.03 亿元，与上年持平。

【金融调控】 2004 年，即墨市金融机构认真贯彻执行国家货币信贷政策，着力调整信贷结构，并对国家整顿和限制发展的行业在贷款上进行了控制和压缩，保证了经济社会发展的合理资金需要。此外，中行、建行及农信社改革试点工作进展顺利，并取得初步成效。

【金融监管】 2004 年，即墨市金融监管部门认真履行监管职责，重点做好外汇管理工作，并开展了对银行机构现金管理、账户管理、征信管理、票据交换大检查，维护了良好的金融秩序。

莱西市

【经济概况】 2004 年，莱西市实现地区生产总值 143.8 亿元，同比增长 21.1%；人均地区生产总值 19938 元。实现财政总收入 5.38 亿元，其中，地方财政收入 4.13 亿元，增长 21.70%。

全年实现农业增加值 20.50 亿元，同比增长 4.10%；其中，粮食总产 39.80 万吨，增长 4.72%。林木覆盖率 24.10%，提高了 3.2 个百分点。

全年完成工业增加值 56 亿元，同比增长 23.10%。规模以上工业企业实现产品销售总收入114.59亿元，增长

莱西市主要经济金融指标

经济指标	1999	2004	经济指标	1999	2004
土地面积（平方公里）	1522	1522	#地方财政收入（亿元）	2.00	4.13
人口（万人）	72.45	72.12	全社会固定资产投资（亿元）	13.5	77
#非农业人口（万人）	8.89	10.63	固定资产投资增速（%）	22.2	51.1
地区生产总值（亿元）	70.05	143.8	进出口总值（亿美元）	4.68	9.96
地区生产总值年增速（%）	16.2	21.1	#出口总值（亿美元）	3.67	6.51
第一产业（亿元）	18.56	20.5	实际利用外资（亿美元）	0.64	4.95
第二产业（亿元）	30.48	69.8	社会消费品零售总额（亿元）	16.45	41.42
第三产业（亿元）	21.01	53.5	居民消费价格指数（%）	94.4	103.4
财政总收入（亿元）	3.65	5.38	人均地区生产总值（元）	9675	19938
金融指标（亿元）	**1999**	**2004**	**金融指标（亿元）**	**1999**	**2004**
金融机构存款余额	35.59	59.84	金融机构贷款余额	35.38	39.20
企业存款	5.41	6.88	短期贷款	28.45	29.75
储蓄存款	28.81	48.34	中长期贷款	5.36	10.07

莱西市主要金融机构负责人

单位名称	行长（或其他称谓的第一负责人）	副行长（或其他称谓的同级领导）
中国人民银行莱西支行	张忠民	张贤明
中国农业发展银行莱西市支行	姜立敏	党庆荣 刘志坚
中国工商银行莱西市支行	王金忠	姚 鸿 孙云波
中国农业银行莱西市支行	孙悦晓	王振胜 刘 波
中国银行莱西支行	毛 春	赵 芃 周 波 姜 杰
中国建设银行莱西市支行	郭玉祥	戴少俐 马瑞芳
莱西市农信社	张玉荣	薛 宏 宋景华 李慎峰

莱西市主要金融机构业务概况

单位：亿元

单位名称	存 款	企业存款	储蓄存款	贷 款	短期贷款	中长期贷 款
中国农业发展银行莱西市支行	0.20	0.20		3.54	1.04	0
中国工商银行莱西市支行	7.22	2.29	4.93	3.50	1.05	2.45
中国农业银行莱西市支行	17.00	3.12	13.88	12.95	9.26	3.68
中国银行莱西支行	10.29	3.02	7.27	6.29	3.73	1.93
中国建设银行莱西市支行	2.91	1.24	1.67	2.90	1.18	1.70
莱西市农信社	16	2	13	12	10	

42.70%；实现利税2.18亿元。

全年实现社会消费品零售总额41.42亿元，同比增长15.30%。全年进出口总额9.96亿美元，其中，出口总额6.51亿美元，增长19.20%。

全市城镇居民人均可支配收入9090元，增长11.50%；农村居民人均可支配收入4800元，增长12.70%。

【金融概况】 2004年，莱西市金融机构本外币各项存款余额62.30亿元，比年初增加7.27亿元，增长13.21%；各项贷款余额41.24亿元，比年初增加4.75亿元，增长12.46%。从行业分布看，新增贷款主要投向农业、三资、消费信贷；从期限结构看，短期贷款增加2.95亿元，中长期贷款增加1.56亿元。

【各项存款】 截至2004年末，莱西市金融机构各项人民币存款余额59.84亿元，同比增加7.47亿元；各项外汇存款余额0.29亿美元，减少0.02亿美元。

一、企业存款。截至年末，全市企业存款余额6.88亿元，增加1.06亿元，占全市新增存款比例的14.19%，提高4.32个百分点。

二、居民储蓄存款。截至年末，全市储蓄存款余额48.34亿元，增加5.82亿元，占全市新增存款比例的77.91%，降低了2.79个百分点。其中，定期储蓄余额35.02亿元，增加3.88亿元；活期储蓄余额13.32亿元，增加1.94亿元。

【各项贷款】 截至2004年末，莱西市金融机构各项人民币贷款余额39.20亿元，同比增加4.27亿元；各项外汇贷款余额0.25亿美元，增加0.06亿美元。其中，农业贷款余额10.32亿元，增加2.72亿元，占全市新增贷款比例的63.70%；工业贷款余额2.82亿元，减少0.23亿元；商业贷款余额6.56亿元，增加0.15亿元；个人消费贷款余额4.83亿元，增加0.99亿元，重点投向个人住房消费贷款，余额为4.33亿元；固定资产贷款余额2.48亿元，增加0.49亿元；技改贷款余额0.05亿元，减少0.14亿元。

【金融调控】 2004年，人行莱西市支行组织和引导辖内金融机构认真贯彻实施稳健的货币政策，促进了地方经济平稳较快发展。一是在继续支持有市场、有效益、科技含量高的企业的同时，向农业、消费、中小民营企业等方面倾斜，信贷结构调整与县域经济发展方向更趋吻合；二是在贷款适度增加的同时，增量贷款配置结构得到进一步优化；三是建立和完善了对国有商行和农信社改革动态调查制度。

【金融监管】 2004年，莱西市金融监管部门一是加强对农信社支农再贷款的"三查"工作，管好用好支农再贷款，确保再贷款资金安全。年末，再贷款的到期收回率和收息率均达到100%；二是指导、监督农信社不断深化改革，顺利推进农信社改革资金支持工作。6月3日，专项票据发行申请顺利获得通过并签订了专项票据发行协议书；三是加强对农信社改革的监督和考核，确保各项考核指标真实、准确。

开发区

【经济概况】 2004年，开发区全年实现地区生产总值276.30亿元，同比增长28.9%，总量、增速均居青岛12区市之首，占全市经济总量的比重的13%以上；人均地区生产总值98679元。实现财政总收入32.3亿元，其中，地方财政收入18.6亿元，增长32.90%。

全年实现农业增加值4.10亿元，同比增长6.20%；其中，粮食总产7.34万吨，增长11.20%。林木覆盖率32.50%，提高4.6个百分点。全年完成工业增加值156.80亿元，同比增长30%。规模以上工业企业实现产品销售总

开发区主要经济金融指标

经济指标	1999	2004	经济指标	1999	2004
土地面积（平方公里）	217	273.1	#地方财政收入（亿元）	4.5	18.6
人口（万人）	18.9	28	全社会固定资产投资（亿元）	21.7	143.6
#非农业人口（万人）	7.9	19.14	固定资产投资增速（%）	41.8	35.5
地区生产总值（亿元）	65	276.3	进出口总值（亿美元）	8.6	34.5
地区生产总值年增速（%）	33.1	28.9	#出口总值（亿美元）	5.5	17.7
第一产业（亿元）	3.05	4.1	实际利用外资（亿美元）	2.2	11.8
第二产业（亿元）	40.7	183	社会消费品零售总额（亿元）	6.2	28.4
第三产业（亿元）	21.2	89.2	居民消费价格指数（%）		
财政总收入（亿元）	4.5	32.3	人均地区生产总值（元）	82278	98679
金融指标（亿元）	**1999**	**2004**	**金融指标（亿元）**	**1999**	**2004**
金融机构存款余额	37.9	129.92	金融机构贷款余额	43.93	130.84
企业存款	20.5	66.36	短期贷款	33.36	72
储蓄存款	18.6	51.84	中长期贷款	5.84	62

开发区主要金融机构负责人

单位名称	行长（或其他称谓的第一负责人）	副行长（或其他称谓的同级领导）
中国人民银行开发区支行	岳隆庆	王明正
中国工商银行开发区支行	张维国	毕德臣 孙 建
中国农业银行开发区支行	赵 波	薛积刚 刘中华 张茂森
中国银行开发区支行	景在仑	宋积成 苏贤礼
中国建设银行开发区支行	周兆华	徐传勇

续表

单位名称	行长（或其他称谓的第一负责人）	副行长（或其他称谓的同级领导）
交通银行开发区支行	刘鹏涛	董 浩 赵 民
中信实业银行开发区支行	张要军	于 珂
光大银行开发区支行	张 兵	夏秀芝 刘惠玲
华夏银行开发区支行	王立莉	侯华南 薛卫东 韩卫华
招商银行开发区支行	赵伟民	项长征
深圳发展银行开发区支行	周学声	曹世臣
开发区农信社	宋成泰	纪中慷 邵连华 崔 萍

开发区主要金融机构业务概况

单位：亿元

单位名称	存 款	企业存款	储蓄存款	贷 款	短期贷款	中长期贷 款
中国工商银行开发区支行	15.25	8.66	6.58	19.32	9.28	10.04
中国农业银行开发区支行	23.24	12.54	10.70	19.03	6.42	12.61
中国银行开发区支行	12.13	6.25	5.89	9.20	3.86	3.88
中国建设银行开发区支行	14.76	10.29	4.46	22.72	8.88	2.09
交通银行开发区支行	10.34	6.09	1.51	17.88	15.40	2.39
中信实业银行开发区支行	10.32	7.58	1.31	8.11	7.36	0.34
光大银行开发区支行	2.74	1.82	0.92	1.22	0.45	0.77
华夏银行开发区支行	4.69	1.48	0.81	10	1.68	8.01
招商银行开发区支行	9.96	5.56	3.09	9.49	3.65	5.83
深圳发展银行开发区支行	2.72	2.59	0.13	2.44	1.35	0.65
开发区农信社	16	8	9	12	11	

收入608.30亿元，增长25.80%；实现利税27.70亿元，增长28.10%，实现利润15.79亿元，增长32.20%。

全年实现社会消费品零售总额28.40亿元，同比增长24%。全年进出口总额34.50亿美元，其中，出口总额17.70亿美元，增长47.50%。

全年城镇居民人均可支配收入8460元，增长15%；农村居民人均可支配收入5641元，增长8.10%。

【金融概况】 2004年，开发区各金融机构认真贯彻执行中央银行货币政策，积极支持地方经济发展，地方金融继续保持持续快速发展的势头。全区存贷款总量快速增长，企业存款、居民储蓄存款增速较快，基本建设贷款及消费贷款增速放慢。此外，各金融机构不断拓展业务营销力度，加大贷款投放力度，新增贷款逐步向效益好、信誉高的大中型企业倾斜，效益明显。

【各项存款】 截至2004年末，开发区金融机构各项人民币存款余额129.92亿元，同比增加25.15亿元；各项外汇存款余额1.39亿美元，增加0.43亿美元。

一、企业存款。截至年末，全区企业存款余额66.36亿元，比年初增加5.52亿元，占全区新增存款的19.20%，降低28.3个百分点。

二、居民储蓄存款。截至年末，全区储蓄存款余额51.84亿元，比年初增加13.05亿元，占全区新增存款的45.30%，提高了21.7个百分点。其中，定期储蓄余额29.29亿元，增加7.44亿元；活期储蓄余额22.55亿元，增加5.62亿元。

【各项贷款】 截至2004年末，开发区金融机构各项人民币贷款余额130.84亿元，同比增加32.08亿元；各项外汇贷款余额0.98亿美元，增加0.60亿美元，增长127.5%。其中，农业贷款余额3.78亿元，同比增加0.51亿元，增长15%；工业贷款余额38.3亿元，增加12.69亿元，增长45%；商业贷款余额3.65亿元，增加1.29亿元，增长54%；固定资产投资完成额143.62亿元，增加40.52亿元，增长39%；技术改造贷款余额1.15亿元，增加0.02亿元，增长2%。

消费贷款增速放慢。全区消费类贷款余额32.50亿元，占全区贷款的23%，增加7.4亿元，增长29.5%。其中，个人住房贷款余额29.50亿元，比年初增加7.10亿元，增长32%，增速降低41个百分点。

【金融调控】 2004年，人行开发区支行认真贯彻执行稳健的货币政策，积极支持全区经济的持续、快速、健康发展。

一、确定信贷重点，加强执行工作力度。2004年，该行制定出台了《信贷管理指导意见》，引导商业银行结合实际，做好贯彻执行工作。一是支持加工制造业加快发展，探讨研究金融支持区域性加工制造业做大、做强的具体措施；二是以信贷品种创新为载体，拓宽中小企业融资渠道；三是稳步推进以住房、汽车为重点的消费信贷业务发展的同时，针对住房按揭贷款发展迅猛的实际情况，对其风险状况给予提示；四是做好农信社体制改革中央银行专项资金支持工作，促进农村经济发展。

二、加大对不良贷款的清收。2004年，该行一是会同开发区管委（政府）组织召开了季度行长联席会，对全区的经济金融运行情况进行了分析、通报；二是针对商业银行不良资产存量数额较大、信贷服务对象“趋同”、中小企业贷款难、住房按揭贷款超常规发展等金融运行中存在的主要问题，要求其采取有力措施，加大对不良贷款的清收力度，并建议政府大力整饬社会信用，为全区经济金融的发展创造良好的环境。

三、加强银企合作。2004年8月，该行与财贸物价局联合举办了“开发区银企座谈会”，为全区金融机构及40余家中小及民营企业搭建了银企信息交流的平台。

四、开展金融安全区创建活动。2004年2月，开发区通过了省一级金融安全区验收，成为继城阳区之后青岛市第二家创建成功的金融安全区。

【金融监管】 2004年，开发区金融监管部门稳步推动农信社改革试点工作，并对其经营管理情况按季进行检测考核。截至年末，开发区农信社股本金余额6525万元，同比增长23%；存贷款规模均突破10亿元，盈利能力不断增强，资本充足率逐年提高，呈现稳步健康发展的良好态势。

胶南市

【经济概况】 2004年，胶南市全年实现地区生产总值226.7亿元，同比增长18.6%；人均地区生产总值28043元。实现财政总收入12.15亿元，其中，地方财政收入9.46亿元，增长37.80%。

全年实现农业增加值27.50亿元，同比增长2.40%；其中，粮食总产27.70万吨，下降0.50%。林木覆盖率38.50%，提高4.7个百分点。

全年完成工业增加值122.20亿元，同比增长27.40%。规模以上工业企业实现产品销售总收入372.50亿元，增长

胶南市主要经济金融指标

经济指标	1999	2004	经济指标	1999	2004
土地面积（平方公里）	1802	1802	#地方财政收入（亿元）	2.7	9.46
人口（万人）	83.6	80.84	全社会固定资产投资（亿元）	22	143.8
#非农业人口（万人）	12.3	30.3	固定资产投资增速（%）	41.9	35.1
地区生产总值（亿元）	90.8	226.7	进出口总值（亿美元）		10.7
地区生产总值年增速（%）	21.9	18.6	#出口总值（亿美元）	4	7.5
第一产业（亿元）	23.2	27.5	实际利用外资（亿美元）	1	5.95
第二产业（亿元）	42.1	134.2	社会消费品零售总额（亿元）	19.1	48.5
第三产业（亿元）	25.5	65.1	居民消费价格指数（%）		

续表

经济指标	1999	2004	经济指标	1999	2004
财政总收入（亿元）	4.48	12.15	人均地区生产总值（元）	10855	28043
金融指标（亿元）	**1999**	**2004**	**金融指标（亿元）**	**1999**	**2004**
金融机构存款余额	35.28	75.48	金融机构贷款余额	30.36	61.72
企业存款	5.96	14.52	短期贷款	25.61	33.24
储蓄存款	27.01	54.8	中长期贷款	3.78	27.16

胶南市主要金融机构负责人

单位名称	行长（或其他称谓的第一负责人）	副行长（或其他称谓的同级领导）
中国人民银行胶南市支行	李 明	丁树田 王 芹
中国农业发展银行胶南市支行	董祚涛	刘文朋 毕爱清
中国工商银行胶南市支行	张淑芳	张曰聪
中国农业银行胶南市支行	张爱国	陈宝江 张凤臣 谢炳坚
中国银行胶南支行	王 青	潘文武 李 栋
中国建设银行胶南支行	张崇光	李茂庆 徐建军
胶南市农信社	商伟华	滕玉友 李振湖 姜成刚

胶南市主要金融机构业务概况

单位：亿元

单位名称	存 款	企业存款	储蓄存款	贷 款	短期贷款	中长期贷 款
中国农业发展银行胶南市支行	0.05	0.05		2.01	0.56	0.01
中国工商银行胶南市支行	10.03	4.28	5.74	12.23	5.12	7.11
中国农业银行胶南市支行	21.20	7.39	13.81	19.28	10.14	9.14
中国银行胶南支行	9.69	3.95	5.74	5.67	2.22	3.18
中国建设银行胶南市支行	7.61	3.12	4.49	8.08	1.83	6.20
胶南市农信社	20	3	17	16	12	2

28.80%；实现利税 10.20 亿元。

全年实现社会消费品零售总额 48.50 亿元，同比增长 13.90%。全年进出口总额 10.70 亿美元，其中，出口总额 7.50 亿美元，增长 33.20%。

全市城镇居民人均可支配收入 9988 元，增长 5.50%；农村居民人均可支配收入 5013 元，增长 11.90%。

【金融概况】 2004 年末，胶南市各项存款达 77.56 亿元，比年初增加 11.30 亿元，同比少增近 0.80 亿元。储蓄存款增加，稳定性增强。受加息因素影响，上年第 4 季度居民资金开始向银行回流，新增储蓄出现定期化趋势。从机构结构看，国有银行市场份额趋减。在存贷款份额中，农信社均居第 2 位，在新增贷款额中居第 1 位。票据承兑与贴现市场规模迅速发展。全市金融机构共向中小企业累计签发银行承兑汇票 8.36 亿元，办理贴现 4.04 亿元。

【各项存款】 截至 2004 年末，胶南市金融机构各项人民币存款余额 75.48 亿元，同比增加 11.37 亿元；各项外汇存款余额 0.25 亿美元，增加 9 万美元。

一、企业存款。截至年末，全市企业存款余额 14.52 亿元，增加 1.15 亿元，占全市新增存款比例的 13.39%，降低了 11.76 个百分点。

二、居民储蓄存款。截至年末，全市储蓄存款余额54.8亿元，增加6.64亿元，占全市新增存款比例的77.30%，提高了9.07个百分点。其中，定期储蓄余额36.35亿元，增加4.24亿元；活期储蓄余额18.46亿元，增加2.41亿元。

【各项贷款】　截至2004年末，胶南市金融机构各项人民币贷款余额61.72亿元，同比增加9.30亿元；各项外汇贷款余额0.20亿美元，增加0.07亿美元。其中，农业贷款余额8.86亿元，同比增加1.59亿元；工业贷款余额7.33亿元，增加1.23亿元；商业贷款余额4.60亿元，减少1.35亿元；个人消费贷款余额11.38亿元，增加2.84亿元；固定资产投资贷款余额8.11亿元，减少0.09亿元；技改贷款余额2.21亿元，增加0.04亿元。

【金融调控】　2004年，人行胶南市支行一是积极发挥窗口指导作用，疏通货币政策传导机制；二是进一步优化信贷结构，积极督促和引导金融机构调整信贷结构和投向；三是充分利用货币政策工具，引导金融机构信贷投向；四是完善了有关支农再贷款管理的制度，加强对其使用情况的跟踪监督检查，充分发挥了其支持和引导农村经济的杠杆作用。

【金融监管】　2004年，胶南市金融监管部门主要做了以下工作：

一、积极推进农信社改革。2004年，监管部门一是成立了农信社数据测算改革试点领导小组，并配合政府先后两次召开风险化解工作会议；二是帮助农信社先后完成了增资扩股计划的审核、专项票据的发行申请等项工作。9月份，胶南市农信社顺利获得中央银行支持改革专项票据资金1.4亿元。

二、加强风险监测，提高风险预警水平。2004年，监管部门一是发挥银行信贷登记咨询系统的功能，加强了对银行信贷结构的监测和分析；二是结合国家产业产品政策的调整，向各金融机构及时发出了加强贷款投向管理的风险提示；三是加强了对金融机构支付性风险的监测。一方面严格农信社缴存存款准备金的管理，实行按旬、月、季动态报送分析制度；及时对大额资金的进出进行监控。对当日发现的头寸不足现象及时报告并协调解决，防止了因资产的流动性不足引发的支付风险，维护了辖区金融稳定。

三、做好非现场监管和现场检查工作。2004年，监管部门一是努力做好非现场监管报表的上报工作，做到数据准确、齐全；二是密切关注不良贷款的变化情况，并据此加强对辖内各金融机构信贷工作风险预警和窗口提示；三是提高非现场分析工作质量，充分发挥非现场监管工作的预警、预报作用；四是做好各项现场检查工作，同时加强对辖内机构的日常监管，严格按权限审批金融机构的设立、变更、终止和业务范围。

胶州市

【经济概况】　2004年，胶州市全年实现地区生产总值217.01亿元，同比增长18.4%；人均地区生产总值28200元。实现财政总收入14.4亿元，其中，地方财政收入7.24亿元，增长40.5%。

全年实现农业增加值21.51亿元，同比增长11.9%；其中，粮食总产量30.5万吨，增长4.9%。林木覆盖率22%，提高2个百分点。

全年完成工业增加值112.7亿元，同比增长21.5%。规模以上工业企业实现产品销售总收入277.1亿元，增长

胶州市主要经济金融指标

经济指标	1999	2004	经济指标	1999	2004
土地面积（平方公里）	1210	1210	#地方财政收入（亿元）	2.38	7.24
人口（万人）	75.47	76.95	全社会固定资产投资（亿元）	17.7	143.4
#非农业人口（万人）	13.93	15.32	固定资产投资增速（%）	27.6	30
地区生产总值（亿元）	84	217.01	进出口总值（亿美元）	8.8	24.69
地区生产总值年增速（%）	21.8	18.4	#出口总值（亿美元）	5.38	15.58
第一产业（亿元）	18.14	21.51	实际利用外资（亿美元）	1.04	6.6
第二产业（亿元）	38.83	127.29	社会消费品零售总额（亿元）	30.47	53.68
第三产业（亿元）	27.06	68.15	居民消费价格指数（%）	97.3	104

续表

经济指标	1999	2004	经济指标	1999	2004
财政总收入（亿元）	4.11	14.4	人均地区生产总值（元）	11135	28200
金融指标（亿元）	**1999**	**2004**	**金融指标（亿元）**	**1999**	**2004**
金融机构存款余额	51.01	86.97	金融机构贷款余额	36.44	43.66
企业存款	13.9	17.3	短期贷款	30.21	31.95
储蓄存款	34.47	63.86	中长期贷款	3.44	13.34

胶州市主要金融机构负责人

单位名称	行长（或其他称谓的第一负责人）	副行长（或其他称谓的同级领导）
中国人民银行胶州市支行	韩建钢	邱建国　邱嘉宁
中国农业发展银行胶州市支行	李伯军	王守三　班希山
中国工商银行胶州市支行	王春光	李　波
中国农业银行胶州市支行	江华东	万　磊　逄焕波　刘静波
中国银行胶州支行	孙少军	徐　瑛　高　智　陈　平
中国建设银行胶州支行	张　波	丁　伟　侯述礼
胶州市农信社	黄清发	张少强　姜冬梅

胶州市主要金融机构业务概况

单位：亿元

单位名称	存　款	企业存款	储蓄存款	贷　款	短期贷款	中长期贷　款
中国农业发展银行胶州市支行	0.05	0.05		3.09	1.55	0.02
中国工商银行胶州市支行	12.70	4.52	8.18	5.15	1.92	3.23
中国农业银行胶州市支行	22.65	6.75	15.90	12.08	9.21	2.87
中国银行胶州支行	13.49	4.73	8.76	8.10	4.14	2.50
中国建设银行胶州市支行	9.38	4.20	5.18	5.41	0.75	4.55
胶州市农信社	19	3	16	15	11	

36.1%；实现利税 11.9 亿元，增长 32.3%。

全年实现社会消费品零售额 53.68 亿元，同比增长 15.1%。全年进出口总额 24.69 亿美元，增长 22%，其中，出口 15.58 亿美元，增长 25.6%。

全市城镇居民人均可支配收入 9443 元，增长 10.3%；农民人均纯收入 5078 元，增长 11.9%。

【金融概况】 2004 年，胶州市金融运行健康平稳，各项存款大幅增长，贷款适度投放，盈利水平持续提高，不良贷款占比不断下降，商业银行股份制改革和农信社改革稳步推进。

【各项存款】 截至 2004 年末，胶州市金融机构各项人民币存款余额 86.97 亿元，同比增加 13.23 亿元；各项外汇存款余额 4326 万美元，下降 840 万美元。

一、企业存款。截至年末，全市企业存款余额 17.3 亿元，增加2.79亿元，占全市新增存款比例的21.1%，降低了8.76个百分点。

二、居民储蓄存款。截至年末，全市储蓄存款余额63.86亿元，增加10.1亿元，占全市新增存款比例的76.35%，提高16.25个百分点。其中，定期储蓄余额43.4亿元，增加6.3亿元；活期储蓄余额20.46亿元，增加3.8亿元。

【各项贷款】 2004年末，胶州市金融机构各项人民币贷款余额43.66亿元，同比增加4.02亿元；各项外汇贷款余额5543万美元，增加637万美元。

截至年末，全市农业贷款余额11.02亿元，同比增加2.2亿元；工业贷款余额2.18亿元，减少0.33亿元；商业贷款余额5.18亿元，增加0.64亿元；个人消费贷款余额6.61亿元，增加0.51亿元；固定资产投资总额143.4亿元，增长30%；技术改造贷款余额2700万元，与年初持平。

【金融调控】 2004年，人行胶州市支行不断创新窗口指导，有效畅通了县域货币政策的执行。一是建立了与地方党委、政府的货币信贷反映制度，并按季召开银行行长、农信联社主任联席会议；二是出台辖内货币信贷指导意见，要求加大对农业及有效益中小企业的信贷支持；三是组织召开“重点项目发布与信贷政策恳谈会”，达成重点项目意向6个，协议贷款额3亿元；四是与有关政府职能部门建立了项目通报机制，累计向商行和农信社推荐投资项目16个；五是针对个别商行支行上存资金过大、贷款有效投入下降等问题进行了现场指导。

【金融监管】 2004年，胶州市金融监管部门以不良贷款“双降”为重点，开展各项工作。一是针对国有银行和农信社改革引起的机构撤并、调整频繁的现状，严格审查，年内共对十六项变更事项进行了审批或审核转报，保证了银行业务、人员的有序衔接和稳定；二是对个别银行汽车消费贷款、水泥行业贷款投入等情况进行了现场检查，促进了信贷投向的优化；三是引导和促使银行业金融机构加强贷款风险管理，通过组织召开金融联席会和金融汇报会，督促其改善贷款投放结构，努力实现不良贷款“双降”。

（牟晓丽）

烟台市

【经济概况】 2004年，烟台市经济持续快速增长，社会事业全面进步，城乡面貌大为改观，人民生活水平进一步提高。全市全年实现地区生产总值1639亿元，同比增长18.8%。其中，第一产业完成增加值171.23亿元，增长7.2%；第二产业完成增加值924.71亿元，增长23.8%；第三产业完成增加值543.06亿元，增长14.5%。三次产业构成由上年的10.78:53.57:35.65转变为10.45:56.42:33.13。人均地区生产总值25183元，增长18.8%。实现财政总收入235亿元，增长24%。其中，地方财政收入64.02亿元，增长33.8%。

一、农业生产稳步发展。2004年，烟台市实现农业增加值171.23亿元，增长7.2%。其中，粮食总产197.61万吨，增长0.03%；油料产值44.89万吨，增长8.9%；水果产值308.66万吨，增长13.5%；蔬菜产值279.87万吨，下降4.9%。水产品总产180.48万吨，增长5.7%，其中，海水产品总产177.87万吨，增长5.7%。林木覆盖率31.8%，提高0.7个百分点；农机总动力630.64万千瓦，增长3.8%。

二、工业生产持续快速增长。2004年，烟台市全年实现工业增加值839.71亿元，同比增长27.8%。规模以上工业企业完成工业增加值740.34亿元，增长30%。其中，国有工业完成增加值62.72亿元，增长16%；集体工业完成增加值132.55亿元，增长15.1%；股份制工业完成增加值268.79亿元，增长43.2%；外商及港澳台投资工业完成增加值209.89亿元，增长37.4%。国有控股工业完成增加值127.75亿元，增长19.7%。重工业实现增加值470.97亿元，轻工业实现增加值269.37亿元，分别增长28.7%和33.3%。

规模以上工业企业实现产品销售总收入2518.25亿元，增长43.6%；实现利税285.58亿元，增长60.4%；实现利润199.5亿元，增长68.8%。工业经济效益综合指数为207.66，提高33.89个百分点。

三、消费品市场繁荣活跃，居民消费价格总体上扬。2004年，烟台市实现社会消费品零售总额440.42亿元，同比增长16.7%。其中，批发零售贸易业零售额376.48亿元，增长16.7%；餐饮业零售额45.91亿元，增长20.1%。居民消费价格指数为102.4%，上升2.4个百分点。其中，消费品价格上升2.8%，服务项目价格上升0.7%。

四、固定资产投资。2004年，烟台市完成全社会固定资产投资1085.05亿元，同比增长47.2%。其中，基本建设投资650.55亿元，增长36.8%；更新改造投资201.22亿元，增长137.8%；房地产开发投资95.16亿元，增长32.6%。

第一产业投资36.84亿元，增长122%；第二产业投资601.41亿元，增长58.3%；第三产业投资383.19亿元，增

烟台市经济主要统计指标

指　标	1999	2000	2001	2002	2003	2004
土地面积（平方公里）	13745.95	13745.95	13745.95	13746.47	13746.47	13746.47
人口（万人）	644.79	645.8	645.99	646.72	645.82	646.82
#非农业人口（万人）	191.65	203.99	207.63	218.34	225.71	236.14
地区生产总值（亿元）	800.66	879.59	979.5	1115	1316	1639
地区生产总值增速（%）	11.2	10.6	11	14.1	17.4	18.8
第一产业（亿元）	127.84	126.14	132.24	136.03	141.87	171.23
第二产业（亿元）	415.9	455.97	503.18	578.03	704.93	924.71
#工业（亿元）	384.4	422.47	463.56	526.5	639.19	839.71
#建筑业（亿元）	31.5	33.5	39.62	95.7	128.1	165.7
第三产业（亿元）	256.92	297.48	344.08	400.94	469.2	543.06
地区生产总值构成（%）	100	100	100	100	100	100
第一产业	15.97	14.34	13.5	12.2	10.78	10.45
第二产业	51.94	51.84	51.37	51.84	53.57	56.42
第三产业	32.09	33.82	35.13	35.96	35.65	33.13
财政总收入（亿元）	63.61	74.97	92.82	107.42	130.22	235.00
#地方财政收入（亿元）	32.12	37.69	46.61	45.23	55.17	64.02
全社会固定资产投资（亿元）	192.69	219.28	283.61	419.32	737.19	1085.05
#基本建设（亿元）	68.8	68.96	85.52	135.64	236.27	650.55
#更新改造（亿元）	16.2	20.25	27.83	37.65	55.39	201.22
#房地产开发（亿元）	13.3	17.45	26.56	41.86	71.78	95.16
固定资产投资增速（%）	15.4	13.8	29.3	47.8	75.8	47.2
进出口总值（亿美元）	22.88	31.39	34.17	44.77	58.9	79.94
#出口总值（亿美元）	14.66	19.66	21.57	25.69	33.29	44.95
实际利用外资（亿美元）	3.34	4.95	6.91	12.05	20.49	21.38
社会消费品零售总额（亿元）	232.43	256.11	282.99	320.64	366.11	440.42
居民消费价格指数（%）	99.6	101.3	101	100.4	100.5	102.4
城镇居民家庭人均年收入（元）	6513	7318	8261	8869	9785	10803
农民家庭人均年收入（元）	3290	3454	3653	3826	4120	4660
人均地区生产总值（元）	12360	13537	15060	17131	20221	25183

烟台市金融主要统计指标

指标（亿元）	1999	2000	2001	2002	2003	2004
金融机构存款余额	786.25	861.45	963.23	1117.75	1286.58	1414.68
（一）企业存款	178.16	214.83	241.44	281.11	325.57	361.63
（二）储蓄存款	572.79	591.05	639.49	725.02	816.22	893.32
#定期储蓄存款	506.58	509	543.2	603.76	662.42	718.73
#活期储蓄存款	66.21	82.06	96.29	121.26	153.81	174.59
金融机构贷款余额	541.64	555.02	616.66	774.75	939.1	987.93
（一）短期贷款	411	415.28	467.8	563.18	652.67	644.01
#工业贷款	82.19	76.27	91.11	121.3	146.14	166.64
#商业贷款	101.5	91.14	105.78	108.99	117.12	103.77
#农业贷款	56.48	61.07	78.19	103.28	122.73	121.25
（二）中长期贷款	80.25	78.79	105.13	155.4	225.98	274.53
#基本建设贷款	20.4	18.49	20.01	48.52	78.07	98.43
#技术改造贷款	30.92	34.11	25.91	10.07	10.77	14.89
现金收入	1762.7	2172.2	2516.6	2872.6	3421.74	4208.16
现金支出	1801.7	2208.9	2563.6	2926.4	3471.49	4253.14
现金投放（+）回笼（-）	39	36.7	47	53.8	49.75	44.98
当年结益	-13.73	-7.78	-7.19	-5.2	2.19	6.24

烟台市主要金融机构负责人

单位名称	行长（或其他称谓的第一负责人）	副行长（或其他称谓的同级领导）
中国人民银行烟台市中心支行	刘振海（党委书记、行长）	徐天鹏 徐 宁 王卫东 叶景亮 赵 杰 张立坤 夏红旗 裕庆平
中国银监会烟台监管分局	黄家栋（党委书记、局长）	于明文 张洪欣 李明强
中国农业发展银行烟台市分行	丛建国（党委书记、行长）	谢 军 曲天军
中国工商银行烟台市分行	王 波（党委书记、行长）	田成乐 朱金禄 左 宁 姜 宁 宋建军 于中全 吕启乔
中国农业银行烟台市分行	娄 群（党委书记、行长）	王美田 曹 岗 曲延航 李锋刚 刘聪盛
中国银行烟台分行	欧福庆（党委书记、行长）	殷永庆 孙 静 窦鲁生 孙 政 翟玉林 宋春光 李春甫

续表

单位名称	行长（或其他称谓的第一负责人）	副行长（或其他称谓的同级领导）
中国建设银行烟台市分行	滕赶远（党委书记、行长）	崔益敏 刘延平 刘 军 隋岳峰 高兰冰 路红梅 徐永硕
交通银行烟台分行	程家玺（党委书记、行长）	栾春强 张宗谦 鲁林法
中信实业银行烟台分行	王智华（党委书记、行长）	崔俊峰 牟洪典 张树国 贺延芳
中国光大银行烟台支行	陈江主（党委书记、行长）	杨丽霞
华夏银行股份有限公司烟台支行	孙彤军（党委书记、行长）	刘 杰 鲍军民
招商银行股份有限公司烟台分行	孟 丽（党委书记、行长）	李向党 杨俊法
恒丰银行股份有限公司	姜喜运（党委书记、行长）	矫 毅 孙才厚 宋恒继 潘力军 周美乐 栾永泰 于海松
烟台市商业银行	庄永辉（党委书记、行长）	赵秉权 曲 军 刘建义 李永平 刘杰敏 孙 涛
农信社烟台市办事处	姜国平（党委书记、主任）	邹 维 张治年 于维林
烟台市邮政储汇局	张 萍（局长）	赵爱武

烟台市主要金融机构业务概况

单位：亿元

单位名称	存 款	企业存款	储蓄存款	贷 款	短期贷款	中长期贷 款
中国农业发展银行烟台市分行	1.01	1.01		13.26	12.53	0.73
中国工商银行烟台市分行	178.51	63.31	93.45	178.94	77.32	93.06
中国农业银行烟台市分行	200.09	38.73	143.05	132.36	100.09	29.67
中国银行烟台分行	118.77	31.75	69.32	71.63	49.03	20.36
中国建设银行烟台市分行	119.08	39.46	54.49	109.59	52.37	46.39
交通银行烟台分行	32.44	14.91	10.85	17.26	13.14	3.52
中信实业银行烟台分行	16.27	6.49	4.63	13.42	9.95	2.29
中国光大银行烟台支行	29.99	19.96	4.79	22.38	12.35	9.25
华夏银行股份有限公司烟台支行	26.7	15.47	4.3	18.28	14.51	2.38
招商银行股份有限公司烟台分行	6.13	4.48	0.72	10.93	6.78	0.4
恒丰银行股份有限公司	161.17	70.99	84.3	114.18	64.49	15.77
烟台市商业银行	129.97	43.11	70.84	98.91	60.25	36.04
农信社烟台市办事处	274.59	11.95	240.05	177.32	171.21	5.17
烟台市邮政储汇局	112.52		112.52			

烟台市各县级区域经济金融主要统计指标

名称	人口（万人）	面积（平方公里）	地区生产总值（亿元）	地区生产总值增速（%）	存款（亿元）	储蓄存款（亿元）	贷款（亿元）
蓬莱市	44.58	1129	135.31	23.5	91.57	67.51	58.25
海阳市	66.9	1887	86.1	18.2	58.70	43.67	22.90
栖霞市	63.63	2016	79.58	16	52.15	44.27	26.04
莱阳市	87.68	1732	131.19	22	78.44	58.93	55.53
招远市	56.55	1433	161.85	19	107.5	72.9	61.40
龙口市	62.82	893	244.50	23.8	159.11	121.01	109.29
莱州市	85.86	1878	198.3	18.8	140.11	106.83	50.45
牟平区	47.3	1588.45	95.48	18.2	86.57	59.12	44.48
长岛县	4.42	56	16.6	15.9	12.14	9.06	3.38

长33.3%。

五、城乡居民生活。2004年，烟台市在岗职工工资总额102.49亿元，同比增长20.65%；在岗职工平均工资15446元，增长15.21%。城市居民人均可支配收入10803元，增长10.4%；人均消费性支出8054元，增长7.7%。农村居民人均可支配收入4660元，增长13.1%；人均消费性支出2809元，增长12.6%。

六、进出口贸易增长较快。2004年，烟台市实现进出口总额79.94亿美元，同比增长35.7%。其中，进口34.99亿美元，增长36.6%；出口44.95亿美元，增长35%。全年新批准利用外资额42亿美元，增长84%；实际利用外资21.38亿美元，增长92.1%。

【金融概况】 2004年，烟台市各金融机构认真贯彻执行稳健的货币政策，着力调整优化信贷结构，积极增加信贷投放，有力地支持了全市经济平稳快速发展。全市货币信贷运行呈现出总量稳步扩大、结构持续优化、效益更加看好的特点。

【存款情况】 2004年，烟台市金融机构各项人民币存款余额1414.68亿元，同比增加127.89亿元；各项外汇存款余额5.91亿美元，减少1.18亿美元。

一、企业存款。截至年末，全市企业存款余额361.63亿元，增加35.04亿元，占全市新增存款比例的27.39%，提高了1.05个百分点。

二、居民储蓄存款。截至年末，全市储蓄存款余额893.32亿元，增加76.89亿元，占全市新增存款比例的60.12%，提高了6.1个百分点。其中，定期储蓄余额718.73亿元，增加56.15亿元；活期储蓄余额174.59亿元，增加20.74亿元。

【贷款情况】 2004年，烟台市金融机构各项人民币贷款余额987.93亿元，同比增加86.94亿元；各项外汇贷款余额4.16亿美元，减少0.82亿美元。

一、从总量上看，2004年，全市贷款同比少增76.56亿元。主要原因有：一是存款准备金率上调。4月25日，国家将法定存款准备金率上调0.5个百分点，截至年末，全市金融机构合计冻结可用资金5.58亿元；二是剥离核销不良贷款。全年没有计入统计报表内的金融机构剥离核销不良贷款有20.8亿元，贷款余额相应减少；三是严格房地产贷款。截至年末，全市房地产业贷款余额167.1亿元，增加32.5亿元，同比少增19.2亿元；四是由于保险公司停办汽车履约保险和商行提高汽车消费贷款准入条件，汽车消费贷款大幅下降。截至年末，全市汽车消费信贷余额为10.4亿元，下降5.5亿元，同比少增9.76亿元。

二、从贷款结构上看，截至2004年末，全市农业贷款余额为121.25亿元，增加6.39亿元。其中，农信社农业贷款余额103.95亿元，增加5.69亿元；工业贷款余额166.64亿元，增加22.16亿元，在新增短期贷款中占比61.8%，提高30.3个百分点；商业贷款余额103.77亿元，增加4.16亿元；个人消费贷款余额96.2亿元，增加20.13亿元；外汇贷款余额4.16亿美元，减少0.82亿美元，减少的原因主要是外汇存款持续减少，使外汇贷款资金来源减少。

【现金投放和回笼】 2004年，烟台市累计现金收入4208.16亿元，同比增加786.42亿元，增长22.98%；现金支出4253.14亿元，增加781.65亿元，增长22.52%；累计现金投放44.98亿元，同比少投放4.77亿元。

【外汇管理】 2004年，外管局烟台市中心支局以加强外汇管理和提高服务为中心，推进贸易便利化，有力支持了全市外向型经济的发展。全市全年涉外收入申报累计44.16亿美元，增长38.40%；对外支出申报累计28.52亿美元，增长30.45%；实现顺差15.64亿美元，增长55.72%。全年累计结汇收入34.99亿美元，增长37.29%；售汇支出19.62亿美元，增长30.70%；实现顺差15.37亿美元，增长46.74%。截至年末，全市外汇债务余额12.01亿美元，下降0.70%。其中，直接债务余额7.76亿美元，间接债务余额4.25亿美元。

一、全面落实各项外汇政策。2004年，该局一是进一步完善和推广“出口收汇核报系统”，简化了核销手续；二是落实简化企业进口付汇核销的政策，逐步简化了进口付汇备案类别；三是继续推进外汇账户改革，进一步调整了境内机构保留经常项目外汇收入的限额；四是推广了“外汇账户网上审批系统”和“数据核对系统”，积极探讨“外汇账户网上审批系统”与“外汇账户信息管理系统”对接的途径。

二、强化对金融机构的监督管理。2004年，该局一是开展了对经营结售汇业务的金融机构的备案工作，建立起完整的结售汇业务档案；二是先后批准24家银行分支机构开办因私售汇业务，批准5家银行分支机构开办结售汇业务；三是开展了对保险公司从事外汇业务合规性的监督检查，并加强了对保险外汇账户开立、使用的管理；四是加大现场检查力度，督促银行合规经营。

三、加强对资金流动的监测和控制。2004年，该局初步建立了对外汇异常资金的监测、分析、跟踪、打击等内外协调的联动机制和银行、外管、公安“三位一体”的外汇反洗钱工作机制，切实加强对短期资本流动和异常外汇资金流动的监测和控制。

四、加强监测分析和信息调研工作，畅通政策传导和信息反馈渠道。2004年，该局一是完善了外汇形势分析例会制度，将联系范围扩大到各涉外经济管理部门、外汇指定银行、重点进出口企业；二是坚持重点企业联系制度，开展了对重点出口企业出口换汇成本监测工作，初步建立了样本企业的基础业务数据库。

【货币政策实施】 2004年，人行烟台市中支以“监测、分析、引导”为着力点，认真贯彻稳健货币政策，通过全面加强窗口指导和工具引导，积极督促商行适度增加信贷投放，调整优化信贷结构，较好地贯彻了金融宏观调控的政策措施。

一、加强窗口指导，积极引导信贷结构优化。2004年，该中支一是出台了《货币信贷工作指导意见》、《关于进一步改进和加强对民营经济金融服务的指导意见》、《关于进一步加大对县域经济金融支持的指导意见》等一系列指导意见，引导商行将落实国家宏观调控要求与支持全市经济发展结合起来，促进货币信贷总量平稳增长；二是通过召开商行行长联席会等多种形式，督促金融机构坚持区别对待、保压结合，着力调整优化信贷结构。全市信贷投放重点突出，其中，重点企业项目贷款增加25.2亿元，半岛加工制造业贷款增加38.8亿元，中小民营企业贷款增加10.58亿元，消费贷款增加20.13亿元，累计发放出口退税账户托管贷款3.99亿元。

二、积极搭建银政企合作平台。2004年，该中支一是在全市运行了金融信息公共网络平台，定期向各金融机构发布新出台的货币信贷政策以及全市产业政策、重点企业、重点项目和企业信用评级等信息。全年共登录A级以上信用企业信息2060多条、项目推介信息150项；二是会同市计委、市经贸委等部门研究筛选重点项目30个、重点企业42个、中小企业33个，积极向金融机构进行了推介。截至年末，全市金融机构共对推介项目和企业增加贷款6.65亿元。

三、灵活运用货币政策工具。2004年，该中支一是加大货币政策工具的操作力度，注重发挥其对信贷业务的倍数扩张效应，取得明显成效。全年争取再贷款规模7800万元，年底余额达8.73亿元，累计发放再贷款22.7亿元，累计办理再贴现1070万元，支持金融机构累计办理贴现592.93亿元；二是重视发挥支农再贷款的作用，全年累计发放支农再贷款17.6亿元；三是通过对经营性再贷款实行专户和台账管理等措施，引导中小金融机构坚持“立足市区、支持中小、服务市民”的原则，及时将经营性再贷款投放到科技型、就业型、配套型以及商业、外贸和物流服务型小企业领域。截至年末，对烟台市商行累计发放经营性再贷款5.1亿元。

四、建立健全监测分析工作机制，并加强了信用建设。2004年，该中支一是坚持信贷运行的常规监测分析制度，建立了包括信贷业务、票据业务、存款准备金、利率等在内的50多项监测指标数据库，明细监测规程，加强动态监测；二是落实货币信贷运行联合分析制度，广泛吸收和全面整合各部门的信息资源，全面客观地分析评判货币信贷运行的质量和效果，为宏观调控决策提供了参考依据；三是配合“诚信烟台”建设活动，组织开展了全市中小信用企业评审工作。

【金融监管】 2004年，银监会烟台监管分局按照“以新思路、新机制、新举措，开创银行监管工作新局面”的总体要求，在“新”字上做文章，注重监管理念的更新和监管方式、方法的改进，建立了管检交叉、查处分离、跟踪问责、科学考绩的监管新运行机制；从“效”字上找突破，以防范和化解银行风险和抓好不良贷款“双降”为主线，注重解决实际问题。全年共监管烟台市各类银行业金融机构14家1482个、总资产1738亿元；审批各类银行业金融机构257个，高级管理人员75个。

该局一是大力开展现场检查，整顿存款市场秩序，切实防范和化解金融风险。全年共开展现场检查50多次；二是在查清事实的基础上，对3家高息揽储的银行机构进行了严肃处理，责令撤销三支行行长职务，取消其两年高级管理人员任职资格，并对负有直接领导责任的上级行高管人员处以5万元罚款；三是按照“分类准确—提足拨备—做实利润—资本充足”的监管思路，采用双向考核、持续监测、特别监管等有效方式，依靠政府优惠政策等手段，辖区银行业金融机构不良贷款余额和不良率继续实现“双降”，辖区银行业实现持续、稳定、健康发展。截至年末，全市不良贷款下降57.78亿元，不良贷款率下降6.36个百分点，资产质量显著提高。

【金融改革】 2004年，烟台市各项金融改革全面展开，主要有：中行、建行股份制改革的各项工作进展顺利，机构设置进一步合理，贷款不良率大幅下降；恒丰银行走出烟台，在济南、青岛设立分行；烟台市商行法人治理结构进一步完善，顺利实现9亿不良资产的置换；成立了农信社烟台办事处，各项改革稳步推进，清产核资、增资扩股、股权改革、组织形式改革和清收盘活等工作进展顺利，芝罘、莱山、莱州3家农信社获准成立一级法人，拉开了农信社体制改革序幕。

一、中行烟台分行。2004年，该行一是加快资产核销剥离和不良资产清收。截至年末，完成不良资产核销本金14.8亿元、利息12.1亿元，划转16.8亿元，核销房改损失0.8亿元，核销其他非授信资产2亿；二是继续抓好清收工作，全年实现现金清收2.02亿元（含本金、利息及抵债资产变现）；三是对流动、固定、递延等资产进行了系统评估，在完善所属59宗土地及其地上建筑物的权属的基础上，经评估中介机构进行了逐项评估。

二、农信社。2004年，人行烟台市中支严格对农信社增资扩股计划和专项票据发行申请材料进行审核，并及时向人行济南分行申报。9月末，分三批全部完成了全市12家农信联社的中央银行专项票据发行工作。12家联社共获得资金支持22.4亿元。其中，置换呆账贷款13.99亿元，置换呆滞贷款4.17亿元，置换历年亏损挂账4.23亿元。

全市农信社改革工作取得了阶段性成果：一是增资扩股工作取得明显成效，截至年末，全市农信社股本金达22.76亿元，增资扩股2.57亿元，资本充足率达6.97%；二是完善法人治理结构、转换经营机制等工作取得一定进展；三是清收不良贷款工作成效显著，不良贷款占比大幅下降。年末，全市农信社不良贷款余额34.16亿元，下降21.6亿元。

【保险市场】 2004年，烟台市保险市场连续增加了太平寿险、大众产险和永安产险3家商业保险公司、2个保险代理公司和1个保险评估公司。截至年末，全市商业保险机构达13家，保险代理公司4家，保险评估公司2家。全年完成保费总收入34.44亿元，增长2.5%。其中，产险6.88亿元，寿险27.56亿元。全年赔款支出4.94亿元，增长20.2%；赔付率14.4%，上升2个百分点。

【证券市场】 2004年，烟台市证券交易恢复性上升。截至年末，全市共有证券营业机构20个；股民开户25.3万户，下降2.3%。全年交易额355.4亿元，增长14.4%。

【精神文明建设】 2004年，烟台市各金融机构贯彻落实“三个代表”重要思想，全面推进文明单位创建，把全市精神文明建设推上了新台阶。

一、人行烟台市中支一是加强组织领导工作，全面强化领导班子建设；广泛开展思想政治教育，倾力打造学习型领导班子暨学习型银行；合力构建面向社会、金融机构和内部职工的行务公开平台。2004年，外管局烟台市中心支局被烟台市委、市政府授予“对外开放优秀服务奖”。

二、全市金融系统积极组织各项文明创建活动，如银监会烟台监管分局从培育先进的监管文化人手，开展了文明单位创建活动，并在环境建设、文体活动开展和团队精神培育等方面创出了自身的特色。2004年，该分局被评为山东银监局系统“省级文明单位”，并被推荐为银监会“文明单位”；农发行烟台市分行积极组织各项文明创建活动。12月份，被山东省委宣传部评为“党员教育工作先进单位”；中行烟台分行大力组织“提高思想素质、提高业务素质”的集中活动，深入开展“企业文化推广年”活动，连续9年被评为省级文明单位；烟台市农信社在全市开展农村文明信用创建工程，规范、高效地开展“信用村”、“信用户”的评定活动。各级农信社内部积极争创“青年文明号”，全年共创建市级“青年文明号”4个、县级“青年文明号”13个；人保财险股份有限公司烟台市分公司设立的“95518专线”是全天24小时开通的全方位保险服务专线电话。2004年，该公司获得了烟台市和山东省“青年文明号”、“烟台市杰出青年文明号”等荣誉称号。

【金融大事记】 1月12日 人行烟台市中支和烟台晚报联合工行烟台市分行、建行烟台市分行及华夏银行烟台支行，发起了“唤醒零币”活动。

1月18日 烟台市商行金通卡首批加入中国银联开办的银联卡香港使用业务。

2月14日 原人行烟台市中支党委书记、行长王迅调任青岛市中支党委书记、行长；原人行烟台市中支党委委员、副行长徐小林调任聊城市中支党委书记、行长。

3月28日 交行烟台分行在烟台大学开展“太平洋学子卡”宣传推介活动。

3月31日 烟台市芝罘、莱山、莱州、招远、牟平5家农信联社获得首批5.6亿元的中央银行专项票据。

4月12日　烟台市保险行业协会正式成立。

4月15日　原人行滨州市中支党委书记、行长刘振海调任烟台市中支党委书记、行长。

4月26日～30日　由光大银行烟台支行承办的全国泰信基金会议在滨海假日国际酒店召开，光大系统全国30家分行行长出席了会议。

5月10日　恒丰银行获准在青岛设立分行。

5月15日　农行烟台市分行全面完成不良资产分账经营，建立起“系统化管理、专业化清收、集约化经营和市场化运作”的不良资产经营管理机制。

5月28日　农发行山东省分行行长杨杰率山东省夏粮收购工作督查组第七组到烟台督查夏粮收购工作。

6月3日　烟台市政府主导、人行牵头举行了第二批中小信用企业授牌仪式，对92户中小企业颁发了“烟台市中小信用企业”荣誉证书和牌匾。

烟台市栖霞、海阳、莱阳、福山、蓬莱、长岛6家农信联社获得13.9亿元的中央银行专项票据。

7月1日　人保财险股份有限公司电子商务平台开通，烟台市分公司成为第一批试点单位。

7月14日　恒丰银行获准开办外汇结、售汇业务。

7月16日　人行烟台市中支举办反假币宣传周活动。人总行货币金银局王峻副局长、国务院反假货币联席会议办公室秘书处杨守旭副秘书长等到烟台进行检查指导。

7月22日　恒丰银行获得银行间债券市场做市商资格，成为全国15家做市商之一。

7月27日　姜国平、邹维、张治年、于维林、林福臣被山东省农信社聘任为农信社烟台办事处领导班子成员。

8月6日　恒丰银行获准在济南设立分行。

8月16日　人总行参事白世春到烟台对县域金融体制改革情况进行调研。

农信社烟台办事处挂牌成立。

9月28日　原中行烟台市分行党委书记、行长冷杰被任命为中行山东省分行党委委员、副行长。

10月1日　光大银行总行推出的国内第一支人民币理财产品“阳光理财B计划”在烟台开始销售。

10月14日　法国巴黎银行 Agnieszka pucilowska 一行到烟台市商行参观访问。

11月1日　招商银行股份有限公司烟台分行在烟台开业，山东省副省长孙守璞，烟台市市委书记焉荣竹、市长周齐，招商银行行长马蔚华等领导出席了典礼仪式。

11月4日～6日　银监会系统文明单位创建推进座谈会在烟台召开，并将烟台的经验向全国推广，银监会党委书记阎海旺视察了烟台分局工作。

12月1日　人行烟台市中支联合全市13家发卡银行开始了为期3个月的银行卡宣传营销月活动。

12月9日　欧福庆调任中行烟台分行党委书记、行长。

（李均强）

蓬莱市

【经济概况】　2004年，蓬莱市全年实现地区生产总值135.31亿元，同比增长23.5%；人均地区生产总值30292元，增长27.5%。实现财政总收入14.48亿元，增长93.8%。其中，地方财政收入5.0亿元，增长41.91%。全市初步形成临港工业、旅游业、葡萄种植及葡萄酒制造、汽车及零部件加工四大特色主导产业。

全年实现农业增加值13.17亿元，同比增长7.8%。其中，粮食总产13.81万吨，下降13.35%。林木覆盖率46.3%，提高了2.1个百分点。

蓬莱市主要经济金融指标

经济指标	1999	2004	经济指标	1999	2004
土地面积（平方公里）	1207	1129	#地方财政收入（亿元）	2.08	5.00
人口（万人）	48.61	44.58	全社会固定资产投资（亿元）	13.62	123.90
#非农业人口（万人）	7.28	13.96	固定资产投资增速（%）	10.40	64.2
地区生产总值（亿元）	65.01	135.31	进出口总值（亿美元）	0.91	3.21
地区生产总值年增速（%）	11.6	23.5	#出口总值（亿美元）	0.55	1.94
第一产业（亿元）	15.29	13.17	实际利用外资（亿美元）	0.16	2.17
第二产业（亿元）	28.51	79.86	社会消费品零售总额（亿元）	17.59	27.98
第三产业（亿元）	21.21	42.28	居民消费价格指数（%）	99.6	105.1
财政总收入（亿元）	6.02	14.48	人均地区生产总值（元）	13358	30292

续表

金融指标（亿元）	1999	2004	金融指标（亿元）	1999	2004
金融机构存款余额	53.34	91.57	金融机构贷款余额	35.42	58.25
企业存款	6.48	15.40	短期贷款	27.06	41.52
储蓄存款	45.73	67.51	中长期贷款	4.13	16.17

蓬莱市主要金融机构负责人

单位名称	行长（或其他称谓的第一负责人）	副行长（或其他称谓的同级领导）
中国人民银行蓬莱市支行	车宗山（行长）	周成玉
中国银监会烟台监管分局蓬莱办事处	隋治河（主任）	
中国工商银行蓬莱市支行	李　敏（行长）	刘进胜　孟祥君　张家智
中国农业银行蓬莱市支行	王光晓（行长）	汪富周　白兆庆　刘在玉
中国银行蓬莱支行	袁冬梅（行长）	陈少东　郭贤凤
中国建设银行蓬莱市支行	石学东（行长）	周成江　迟进伟　张　伟
恒丰银行蓬莱市支行	门成梅（行长）	李廷锡　赵雪梅
蓬莱市农信社	魏　波（理事长）	聂爱明　徐焕东　姜海亭　刘运和　孙大鹏
中国农业发展银行蓬莱市支行	张品三（行长）	张兰清
蓬莱市邮政局	于建宏（局长）	陈维锦

蓬莱市主要金融机构业务概况

单位：亿元

单位名称	存　款	企业存款	储蓄存款	贷　款	短期贷款	中长期贷　款
中国工商银行蓬莱市支行	11.37	4.80	5.18	15.8	6.25	9.39
中国农业银行蓬莱市支行	17.89	3.46	13.45	6.73	5.04	1.69
中国银行蓬莱支行	4.31	1.59	2.18	3.06	2.55	0.51
中国建设银行蓬莱市支行	8.40	1.34	3.76	6.02	4.46	1.17
恒丰银行蓬莱市支行	14.57	3.16	10.61	7.03	6.33	0.70
蓬莱市农信社	27.10	0.99	24.44	18.33	16.13	2.20
中国农业发展银行蓬莱市支行	0.06	0.06		0.77	0.77	

全年完成工业增加值76.9亿元，同比增长36%。规模以上工业企业实现产品销售总收入250.25亿元，增长47.9%；实现利税34.82亿元，增长65.7%；实现利润25.74亿元，增长96.4%。

全年实现社会消费品零售总额27.98亿元，同比增长17%。全年进出口总额3.21亿美元，增长28.3%。其中，出口1.94亿美元，增长20.8%。

全市城镇居民人均可支配收入9649元，增长11.4%，人均消费性支出增长了11.3%；农村居民人均可支配收入5055元，增长14.4%，人均消费性支出增长了13.7%。

【金融概况】 2004年，蓬莱市金融部门继续贯彻执行稳健的货币政策，不断完善金融服务，促进了辖区经济发展。全市经营性金融机构实现利润9314万元，同比扭亏增盈3215万元；不良贷款余额74206亿元，比年初减少53357亿元；不良贷款率13%，下降了8.5个百分点。

【各项存款】 截至2004年末，蓬莱市各项存款余额91.57亿元，比年初增加8亿元，同比少增3.8亿元，增幅9.5%。其中，企业存款余额15.4亿元，比年初增加1.9亿元，增长14.4%；储蓄存款余额67.51亿元，比年初增加5.9亿元，增长9.5%。各项存款增势趋缓，主要受企业流动资金紧张、物价上涨以及投资和消费的分流因素影响。

【各项贷款】 截至2004年末，蓬莱市各项贷款余额58.25亿元，比年初增加8.1亿元，同比少增3.9亿元，增幅14.4%。投量增长适度，投向保压结合，既符合国家货币信贷政策，又符合地方经济结构调整需要。

截至年末，全市农业贷款余额13.5亿元，比年初增加2.2亿元，增长19.8%；对电力、黄金加工、汽车及零部件加工业新龙头企业增加贷款5.82亿元，强化了地方主导产业的主导作用；中长期贷款增加3.7亿元，其中，基本建设贷款增加2.4亿元，技术改造贷款增加4500万元。

【金融调控】 2004年，蓬莱市认真落实利率、准备金政策，保证国家金融调控手段的实施。一是通过窗口指导，引导辖区金融机构合理控制信贷总量，审慎选择投向，通过优化资源配置提高货币政策实施效果；二是运用货币政策工具，引导农信社增加农业信贷投人，促进农村经济发展。支农再贷款最高额达1.05亿元，增强了农信社支农后劲。

【金融监管】 2004年8月13日，银监会烟台监管分局蓬莱办事处揭牌。新的银行监管机构认真履行职责，以农信社和邮政储蓄为重点监管对象，监管与服务并重，突出风险防范与化解工作，确保了辖区金融秩序的稳定。

（周英杰 陶传学）

海阳市

【经济概况】 2004年，海阳市全年实现地区生产总值86.1亿元，增长18.2%；人均地区生产总值达12874元。实现财政总收入5.1亿元，其中，地方财政收入3.05亿元，增长38.1%。

全年实现农业增加值21.2亿元，同比增长5.0%。其中，夏粮生产10.5万吨，增长58%；秋粮生产21万吨，增长7.7%。

全年完成工业增加值34.1亿元，同比增长18.6%。规模以上工业实现产品销售总收入87.26亿元，增长39.6%；

海阳市主要经济金融指标

经济指标	1999	2004	经济指标	1999	2004
土地面积（平方公里）	1887	1887	#地方财政收入（亿元）	1.2	3.05
人口（万人）	69.5	66.5	全社会固定资产投资（亿元）	5.6	57.1
#非农业人口（万人）	7.4	8.6	固定资产投资增速（%）	39.6	67.3
地区生产总值（亿元）	40.7	86.1	进出口总值（亿美元）	0.4	1.8
地区生产总值年增速（%）	10.7	18.2	#出口总值（亿美元）	0.5	1.4
第一产业（亿元）	15.4	21.2	实际利用外资（亿美元）	0.15	1.9
第二产业（亿元）	16.4	44.3	社会消费品零售总额（亿元）	15.6	30.3
第三产业（亿元）	9.0	24.9	居民消费价格指数（%）	99.3	107.4

续表

经济指标	1999	2004	经济指标	1999	2004
财政总收入（亿元）	2.1	5.1	人均地区生产总值（元）	5854	12874
金融指标（亿元）	1999	2004	金融指标（亿元）	1999	2004
金融机构存款余额	34.31	58.70	金融机构贷款余额	18.57	22.90
企业存款	4.61	10.6	短期贷款	15.62	18.78
储蓄存款	28.88	43.67	中长期贷款	1.99	3.6

海阳市主要金融机构负责人

单位名称	行长（或其他称谓的第一负责人）	副行长（或其他称谓的同级领导）
中国人民银行海阳市支行	夏红旗（行长）	郝立君　徐　杰　刘学政
中国银监会烟台监管分局海阳市办事处	李　坤（主任）	
中国工商银行海阳市支行	王永强（行长）	程万里　由永秋
中国农业银行海阳市支行	开祥春（行长）	于松林　辛向荣　李　丽
中国银行海阳市支行	董久陆（行长）	梁永杰
中国建设银行海阳市支行	曲书勇（行长）	宫庆凯　李　伟
恒丰银行海阳支行	宋　豪（副行长）	
海阳市农信社	于　平（主任）	王志辉　王同辉　王应成
海阳市邮政局	薛永平（局长）	祁华民

海阳市主要金融机构业务概况

单位：亿元

单位名称	存　款	企业存款	储蓄存款	贷　款	短期贷款	中长期贷　款
中国工商银行海阳市支行	7.25	2.34	3.72	4.54	3.24	1.25
中国农业银行海阳市支行	9.77	2.26	7.11	1.40	1.30	0.1
中国银行海阳市支行	4.59	2.27	2.11	2.01	1.61	0.3
中国建设银行海阳市支行	4.94	1.39	2.13	1.84	0.97	0.8
恒丰银行海阳支行	5.4	1.7	3.7	1.27	0.36	0.61
海阳市农信社	19.07	0.5	17.88	10.61	10.16	0.5
中国农业发展银行海阳支行	0.14	0.14		1.14	1.14	

实现利税7.95亿元，增长62.4%；实现利润3.05亿元，增长59.3%。

全年实现社会消费品零售总额30.3亿元，同比增长16.8%。全年实现进出口总额1.8亿美元，增长6.4%。其中，出口1.4亿美元，增长51.7%。

全年城镇居民人均可支配收入8735元，增长8.3%；人均消费性支出6278元，增长12.5%。农民人均纯收入4060元，增长15.7%；人均生活消费支出2482元，增长9.5%。

【金融概况】 2004年，海阳市金融机构认真贯彻执行稳定的货币政策，以资产质量和效益为重点，围绕经济结构调整，进一步优化信贷结构，有力地促进了辖区经济健康稳定的发展。

【各项存款】 截至2004年末，海阳市金融机构各项人民币存款余额58.70亿元，比年初增加5.57亿元，同比少增1014万元；各项外汇存款余额1025万美元，比年初减少304万美元。

一、企业存款同比增加。截至年末，全市企业存款余额10.6亿元，比年初增加1.97亿元，同比多增4740万元。

二、居民储蓄存款稳定增长。截至年末，全市城乡储蓄存款余额43.67亿元，比年初增加3.14亿元，同比多增59万元。主要原因是受加息影响，吸引了更多的观望资金流入。

【各项贷款】 截至2004年末，海阳市金融机构各项贷款余额22.90亿元，比年初减少2.59亿元；各项外汇贷款余额607万美元，减少70万美元。

一、短期贷款略有下降。截至年末，全市短期贷款18.78亿元，比年初减少0.5亿元。其中，工业贷款4.14亿元，增加0.54亿元；商业贷款2.9亿元，减少1.0亿元；农业贷款7.5亿元，减少0.15亿元。

二、中长期贷款降幅较大。截至年末，全市中长期贷款3.6亿元，比年初减少1.7亿元。

【金融调控】 2004年，人行海阳市支行认真贯彻执行国家金融宏观政策，加强窗口指导，积极引导商业银行合理配置信贷资金，优化信贷结构。一是加大对重点项目、重点工程贷款投入；二是积极引导商行加大对毛衫、针织、石材等民营企业支持力度，以促进民营经济健康发展。

【金融监管】 2004年，海阳市金融监管部门认真履行职责，更新监管理念，努力提高监管水平，有效防范和化解系统金融风险。全市金融机构不良贷款余额5.3亿元，比年初减少3.9亿元，不良贷款比例降低41.2%，确保了金融业健康有序运行，促进了辖区经济稳定发展。

（卢云胜）

栖霞市

【经济概况】 2004年，栖霞市全年实现地区生产总值79.58亿元，增长16%；人均地区生产总值达12449元。实现财政总收入4.05亿元。其中，地方财政收入1.65亿元，增长36.4%。

全年实现农业增加值20.14亿元，同比增长7.5%。其中，粮食总产27.27万吨，下降2.1%。林木覆盖率达45.4%，提高0.3个百分点。

全年完成工业增加值25.37亿元，同比增长31.25%；规模以上工业产品销售率达95.84%；规模以上工业实现产

栖霞市主要经济金融指标

经济指标	1999	2004	经济指标	1999	2004
土地面积（平方公里）	2016	2016	#地方财政收入（亿元）	1.39	1.65
人口（万人）	66.45	63.63	全社会固定资产投资（亿元）	6.39	40.40
#非农业人口（万人）	7.59	8.49	固定资产投资增速（%）	36	48.7
地区生产总值（亿元）	47.71	79.58	进出口总值（亿美元）	0.45	1.24
地区生产总值年增速（%）	10.9	16	#出口总值（亿美元）	0.45	0.96
第一产业（亿元）	16.41	20.14	实际利用外资（亿美元）	0.12	0.65
第二产业（亿元）	15.73	33.20	社会消费品零售总额（亿元）	17.63	32.13
第三产业（亿元）	15.57	26.24	居民消费价格指数（%）	98.3	105.2
财政总收入（亿元）	2.00	4.05	人均地区生产总值（元）	7156	12449
金融指标（亿元）	**1999**	**2004**	**金融指标（亿元）**	**1999**	**2004**
金融机构存款余额	38.61	52.15	金融机构贷款余额	21.18	26.04
企业存款	4.56	4.73	短期贷款	17.99	19.36
储蓄存款	32.50	44.27	中长期贷款	2.69	5.09

栖霞市主要金融机构负责人

单位名称	行长（或其他称谓的第一负责人）	副行长（或其他称谓的同级领导）
中国人民银行栖霞市支行	宫云美（行长）	韩选举　杨守江　孙忠国
中国银监会烟台监管分局栖霞办事处	宫立萍（主任）	
中国农业发展银行栖霞市支行	赵春先（行长）	刘云龙
中国工商银行栖霞市支行	杨绍光（行长）	刘永正　王永光
中国农业银行栖霞市支行	车宗洪（行长）	宫佩忠　李建年　赵振辉
中国银行栖霞支行	刘　健（行长）	于孟迁　刘瑞起
中国建设银行栖霞市支行	位红星（行长）	范相成　林军
恒丰银行栖霞支行	尹子刚（行长）	王国平
栖霞市农信社	韩作庆（理事长）	孙树伦　潘翠花　孙承杰　丁风江
栖霞邮政储汇局	尹延兵（局长）	王旭日

栖霞市主要金融机构业务概况

单位：亿元

单位名称	存　款	企业存款	储蓄存款	贷　款	短期贷款	中长期贷　款
中国工商银行栖霞市支行	6.00	0.83	4.33	6.26	3.57	1.45
中国农业银行栖霞市支行	8.99	1.18	7.15	1.78	1.66	0.11
中国银行栖霞支行	3.58	0.87	2.21	3.03	1.92	1.09
中国建设银行栖霞市支行	2.67	0.40	1.66	3.77	2.16	1.59
中国农业发展银行栖霞市支行	0.02	0.02		0.57	0.57	
恒丰银行栖霞支行	1.75	0.70	1.04	0.55	0.37	0.18
栖霞市农信社	18.16	0.73	16.81	9.44	9.10	0.03

品销售收入82.93亿元，增长36.4%；实现利税6.06亿元，增长54.3%；实现利润3.5亿元，增长58.7%。

全年实现社会消费品零售总额32.13亿元，同比增长16.0%。全年实现进出口总额1.24亿美元，增长6.4%。其中，出口0.96亿美元，增长1.4%。

全年城镇居民人均可支配收入7937元，增长11.2%；人均消费性支出5766元，增长16.1%。农民人均纯收入3806元，增长5.4%；人均生活消费支出1747元，降低9.7%。

【金融概况】 2004年，栖霞市金融机构紧紧围绕国家的宏观调控政策，合理把握信贷总量，均衡审慎地增加信贷投放，大力调整信贷结构，加快不良贷款清收处置，同时突出效益和资金组织两个重点，不断提高服务水平，金融运行呈现良好发展态势。

【各项存款】 截至2004年末，栖霞市金融机构各项人民币存款余额52.15亿元，比年初增加1.43亿元，同比多增2.70亿元；各项外汇存款余额742万美元，比年初减少130万美元。

一、企业存款小幅增加。截至年末，全市企业存款余额4.73亿元，比年初增加0.09亿元，占全市新增存款比例的5.94%，提高了46.34个百分点。

二、居民储蓄存款。截至年末，全市城乡储蓄存款余额44.27亿元，比年初增加1.94亿元，同比少增2.05亿元。储蓄存款增加额占全市新增存款比例的135.38%，降低了

12.17个百分点。其中，定期储蓄余额10.16亿元，增加0.28亿元；活期储蓄余额34.11亿元，增加1.66亿元，同比少增1.92亿元。

【各项贷款】 截至2004年末，栖霞市金融机构各项贷款余额26.04亿元，比年初减少1.08亿元；各项外汇贷款余额270万美元，减少40万美元。

一、短期贷款总体下降，农业贷款增加。截至年末，全市短期贷款19.36亿元，比年初减少0.92亿元。其中，工业贷款4.68亿元，增加0.71亿元；商业贷款1.80亿元，减少1.82亿元；农业贷款8.68亿元，增加1.97亿元；其他短期贷款2.79亿元，减少1.40亿元。

二、中长期贷款小幅增加。截至年末，全市中长期贷款5.09亿元，比年初增加0.58亿元。其中，技改贷款0.64亿元，增加0.39亿元。

【金融调控】 2004年，人行栖霞市支行加强调查研究，及时反映国家宏观调控政策中出现的新情况、新问题，并采取区别对待、分类指导的窗口指导政策，积极引导商业银行合理配置信贷资金，优化信贷结构。一是加大支农贷款的投入；二是鼓励商行支持县域经济发展，尤其是满足有市场、前景好的中小和民营企业的资金需求，促进区域整体经济的全面发展。

【金融监管】 2004年，栖霞市金融监管部门更新监管理念，提高监管效率，努力防范和化解金融风险，全市金融机构不良贷款比年初减少3.62亿元，不良贷款比例降低39.6%，保障了辖区金融业的合法稳健运行和地方经济的健康发展。

（牟战森）

莱阳市

【经济概况】 2004年，莱阳市全年实现地区生产总值131.19亿元，同比增长22.0%；人均地区生产总值14873元。实现财政总收入7.73亿元，其中，地方财政收入4亿元，增长37.02%。

全年实现农业增加值21亿元，同比增长10%。其中，粮食总产31.19万吨，增长8.29%。林木覆盖率19.21%。

全年完成工业增加值58.92亿元，同比增长30.5%。规模以上工业企业实现产品销售总收入56.21亿元，增长36.8%；实现利税18.11亿元，增长85%；实现利润12.12

莱阳市主要经济金融指标

经济指标	1999	2004	经济指标	1999	2004
土地面积（平方公里）	1732	1732	#地方财政收入（亿元）	2	4
人口（万人）	89.13	87.68	全社会固定资产投资（亿元）	16.59	98.54
#非农业人口（万人）	13	14.81	固定资产投资增速（%）	16.01	61.82
地区生产总值（亿元）	64.31	131.19	进出口总值（亿美元）	1.29	3.85
地区生产总值年增速（%）	11.51	22.0	#出口总值（亿美元）	1.29	3.32
第一产业（亿元）	14.79	21	实际利用外资（亿美元）	0.21	1.93
第二产业（亿元）	29.21	69	社会消费品零售总额（亿元）	25	50.44
第三产业（亿元）	20.38	41	居民消费价格指数（%）		101.50
财政总收入（亿元）	2.94	7.73	人均地区生产总值（元）	7208	14873
金融指标（亿元）	**1999**	**2004**	**金融指标（亿元）**	**1999**	**2004**
金融机构存款余额	44.57	78.44	金融机构贷款余额	32.87	55.53
企业存款	6.07	14.04	短期贷款	27.19	44.68
储蓄存款	36.45	58.93	中长期贷款	4.57	9.69

莱阳市主要金融机构负责人

单位名称	行长（或其他称谓的第一负责人）	副行长（或其他称谓的同级领导）
中国人民银行莱阳市支行	林学龙（行长）	尹培尧　孙培宽
中国银监会烟台监管分局莱阳办事处	封慧盈（主任）	
中国农业发展银行莱阳市支行	王世川（行长）	丁希忠
中国工商银行莱阳市支行	张富民（行长）	贾秀勇　王晓华
中国农业银行莱阳市支行	林学杰（行长）	宋修科　宫晓先　胡殿光
中国银行莱阳支行	杨连春（行长）	杨　忠
中国建设银行莱阳支行	杨平安（行长）	蔡小燕　吕启超
交通银行烟台分行莱阳支行	杨　涛（行长）	薛开章　吕　林
恒丰银行莱阳支行	秦雪梅（行长）	于瑞先　于　宙
莱阳市农信社	李忠福（理事长）	刘吉善　徐　杰　张　伟　于丕波
莱阳市邮政局	梁立军（局长）	李庆利

莱阳市主要金融机构业务概况

单位：亿元

单位名称	存　款	企业存款	储蓄存款	贷　款	短期贷款	中长期贷　款
中国农业发展银行莱阳市支行	0.13	0.13		1.96	1.96	
中国工商银行莱阳市支行	9.07	2.36	5.76	10.89	5.63	4.91
中国农业银行莱阳市支行	16.70	3.19	12.98	15.04	12.70	1.72
中国银行莱阳支行	5.70	1.28	3.84	5.18	4.18	0.99
中国建设银行股份有限公司莱阳支行	3.48	0.75	2.19	2.76	1.86	0.72
交通银行烟台分行莱阳支行	4.61	1.11	1.23	2.70	1.84	0.86
恒丰银行莱阳支行	8.53	4.54	3.92	3.18	2.71	0.47
莱阳市农信社	18.78	0.65	17.71	13.79	13.79	

亿元，增长87.30%。

全年实现社会消费品零售总额50.44亿元，同比增长16.81%。全年进出口总额3.85亿美元。其中，出口3.32亿美元，增长37.34%。

全市城镇居民人均可支配收入9226.61元，增长8.10%；农村居民人均可支配收入4450元，增长14.81%。

【金融概况】　莱阳市全辖共有支行级金融机构10处(不含市邮政局)，下辖38个分理处，7个储蓄所。2004年，全市各金融部门认真贯彻稳健的货币政策，积极组织资金支持地方建设，促进了辖区经济健康稳定发展。

【各项存款】　截至2004年末，莱阳市金融机构各项人民币存款余额78.44亿元，同比增加2.98亿元；各项外汇存款余额2352万美元，减少407万美元。

一、企业存款。截至年末，全市企业存款余额14.04亿元，减少0.35亿元。

二、居民储蓄存款。截至年末，全市储蓄存款余额

58.93亿元，增加4.41亿元，占全市新增存款比例的148.12%。其中，定期储蓄余额45.59亿元，增加3.17亿元；活期储蓄余额13.33亿元，增加1.26亿元。

【各项贷款】 截至2004年末，莱阳市金融机构各项人民币贷款余额55.53亿元，同比减少0.26亿元；各项外汇贷款余额520万美元，减少503万美元。

截至年末，全市农业贷款11.15亿元，工业贷款10.58亿元，商业贷款4.68亿元，个人消费贷款576万元，固定资产投资5.38亿元，技改贷款1120万元。

【金融调控】 2004年，人行莱阳市支行在实现经济和金融协调发展方面注重创新，一是成功开展“银企恳谈会”，促进了全市工业结构调整和传统产业技术改造升级，支持了一批符合国家产业政策、市场前景好、企业实力较强的结构调整项目的流动资金需求，也为银行找准了贷款的着力点；二是加大了货币信贷方面的调查研究和分析，为地区经济发展提出了良好的意见和建议。

【金融监管】 2004年，莱阳市金融监管部门认真履行监管职能，强化监管力度，努力防范和化解金融风险。全市不良贷款余额下降5.94亿元，较年初减少6.18亿元；不良贷款率为10.7%，下降9.53个百分点。

（林　柏）

招远市

【经济概况】 2004年，招远市全年实现地区生产总值161.85亿元，增长19%；人均地区生产总值28621元。实现财政总收入7.96亿元，增长17.8%。其中，地方财政收入5.1亿元，增长36%。

全年实现农业增加值10.85亿元，同比增长17.6%。其中，粮食总产25.7万吨，增长1.5%。林木覆盖率32.7%，提高了0.3个百分点。

全年完成工业增加值92.1亿元，同比增长32.6%。规模以上工业企业实现产品销售总收入381.9亿元，增长

招远市主要经济金融指标

经济指标	1999	2004	经济指标	1999	2004
土地面积（平方公里）	1433	1433	#地方财政收入（亿元）	2.4	5.1
人口（万人）	57.8	56.55	全社会固定资产投资（亿元）	19.8	120.5
#非农业人口（万人）	9.53	12.2	固定资产投资增速（%）	28.3	41.7
地区生产总值（亿元）	78.1	161.85	进出口总值（亿美元）		3.96
地区生产总值年增速（%）	13.7	19	#出口总值（亿美元）		2.99
第一产业（亿元）	7.4	10.85	实际利用外资（亿美元）	0.3	1.92
第二产业（亿元）	46.3	99.59	社会消费品零售总额（亿元）	22.9	41.6
第三产业（亿元）	24.4	92.66	居民消费价格指数（%）	94.3	98.8
财政总收入（亿元）	3.78	7.96	人均地区生产总值（元）	13523	28621
金融指标（亿元）	**1999**	**2004**	**金融指标（亿元）**	**1999**	**2004**
金融机构存款余额	71.2	107.5	金融机构贷款余额	40.9	61.4
企业存款	9.8	27	短期贷款	29.6	45.9
储蓄存款	59.1	72.9	中长期贷款	9.9	14.1

招远市主要金融机构负责人

单位名称	行长（或其他称谓的第一负责人）	副行长（或其他称谓的同级领导）
中国人民银行招远市支行	李信见（行长）	邵瑞杭
中国银监会烟台监管分局招远市办事处	王景瑞（主任）	
中国工商银行招远市支行	胡　波（行长）	杜福生　李韶光
中国农业银行招远市支行	张卫国（行长）	杨宏杨　希　宾
中国银行招远市支行	邵　军（行长）	姜兆华　考少侠
中国建设银行招远市支行	乔瑞生（行长）	丁建功　温洪福
招远市邮政储汇局	张少佚（局长）	
招远市农信社	严瑞东（理事长）	马旭东
恒丰银行招远支行	张相林（行长）	王洪民
中国农业发展银行招远市支行	路子松（行长）	王志勇

招远市主要金融机构业务概况

单位：亿元

单位名称	存　款	企业存款	储蓄存款	贷　款	短期贷款	中长期贷　款
中国工商银行招远市支行	13.3	5.1	6.1	12.5	8	4.5
中国农业银行招远市支行	19.5	3.6	14.5	8.1	6.4	1.7
中国银行招远市支行	13.2	4.3	8.1	6	5.1	0.8
中国建设银行招远市支行	9.3	3.7	4.8	6.3	4	1.1
恒丰银行招远支行	16.3	8.5	7.8	7.1	5.3	1.8
招远市农信社	25.1	1.8	21.2	16.2	16.2	

48.9%；实现利税45.5亿元。

全年实现社会消费品零售总额41.6亿元，增长16.5%。全年进出口总额3.96亿美元，增长36.3%。其中，出口2.99亿美元，增长38.3%。

全市城镇居民人均可支配收入达9623元，增长9%；农村居民人均可支配收入4998元，增长8%。

【金融概况】　截至2004年末，招远市辖内共有8家金融机构，辖属有综合金融机构93个，储蓄机构19个，金融从业人员1190人。

【各项存款】　截至2004年末，招远市金融机构各项人民币存款余额107.5亿元，比年初增加9.7亿元，增长11%。

一、企业存款。截至年末，全市企业存款余额27亿元，比年初增加5.9亿元，占全市新增存款比例的60.8%，提高了14.3个百分点。

二、居民储蓄存款。截至年末，全市城乡居民储蓄存款余额为72.9亿元，比年初增加4亿元，占全市新增存款比例的41%，降低了2个百分点。其中，定期储蓄余额62.3亿元，增加1.5亿元；活期储蓄余额10.6亿元，增加2.5亿元。

【各项贷款】　截至2004年末，招远市金融机构各项人民币贷款余额61.4亿元，同比增加0.9亿元；各项外汇贷款余额2063万美元，减少175万美元。

截至年末，全市农业贷款余额11.4亿元，减少1.2亿元；工业贷款余额16.7亿元，增加2.6亿元；商业贷款余额6.7亿元，减少1.9亿元；个人消费贷款余额1.9亿元，增加0.1亿元；固定资产投资贷款14.8亿元，增加0.3亿元；技改贷款2.7亿元。

【金融调控】 2004年，人行招远市支行积极履行央行职能，充分发挥窗口指导作用，引导辖内金融机构加大对地方经济发展的支持力度，通过银企恳谈会、信用企业评选、重点项目推介会等形式，加强银企合作。一是推荐37户企业为烟台市中小信用企业，评选出招远市信用企业63户，信用村200个、信用户13300个；二是连续召开4届项目推介会，签约总额达50亿元，签约项目到位资金达90%以上。自2002年以来，辖内商业性金融机构全部盈利，并且每年以30%的速度增长，真正实现银企双赢，连年被政府授予先进单位。

【金融监管】 2004年，银监会烟台监管分局招远办事处认真履行监管职能，强化监管力度，努力防范和化解金融风险，促进了辖区经济金融健康发展。

（贾通志）

龙口市

【经济概况】 2004年，龙口市全年实现地区生产总值244.50亿元，同比增长23.8%；人均地区生产总值38933元。实现财政总收入13.67亿元，其中，地方财政收入8.02亿元，增长32.3%。

全年实现农业增加值19.60亿元，同比增长8.30%。其中，粮食总产11.28万吨，下降22.5%。林木覆盖率45.60%，提高了0.30个百分点。

全年完成工业增加值128.96亿元，同比增长35.50%。规模以上工业企业实现产品销售总收入539.15亿元，增长

龙口市主要经济金融指标

经济指标	1999	2004	经济指标	1999	2004
土地面积（平方公里）	893	893	#地方财政收入（亿元）	3.53	8.02
人口（万人）	62.01	62.82	全社会固定资产投资（亿元）	5.08	131.08
#非农业人口（万人）	13.72	16.47	固定资产投资增速（%）	0.78	60.7
地区生产总值（亿元）	111.52	244.50	进出口总值（亿美元）	0.77	7.84
地区生产总值年增速（%）	12.3	23.8	#出口总值（亿美元）	0.77	4.14
第一产业（亿元）	16.52	19.60	实际利用外资（亿美元）	0.41	1.90
第二产业（亿元）	60.89	132.40	社会消费品零售总额（亿元）	23.80	49.53
第三产业（亿元）	34.11	92.50	居民消费价格指数（%）		103.0
财政总收入（亿元）	3.53	13.67	人均地区生产总值（元）	17984	38933
金融指标（亿元）	**1999**	**2004**	**金融指标（亿元）**	**1999**	**2004**
金融机构存款余额	105.48	159.11	金融机构贷款余额	58.97	109.29
企业存款	20.37	24.42	短期贷款	44.94	91.86
储蓄存款	82.37	121.01	中长期贷款	12.42	14.62

龙口市主要金融机构负责人

单位名称	行长（或其他称谓的第一负责人）	副行长（或其他称谓的同级领导）
中国人民银行龙口市支行	夏法云（行长）	李长胜　赵福臻　郭长吉
中国银监会烟台监管分局龙口市办事处	李淑梅（主任）	

续表

单位名称	行长（或其他称谓的第一负责人）	副行长（或其他称谓的同级领导）
中国农业发展银行龙口市支行	王胜波（行长）	陆伟
中国工商银行龙口市支行	杜秀波（行长）	史春健　郑祖彦　姚克庆　赵增华
中国农业银行龙口市支行	姜岩（行长）	于洪波　王宏　李元忠
中国银行龙口支行	巩卫中（行长）	王茂顺　王洪波　遇奇志　张海东　林宣祚
中国建设银行龙口市支行	姚韶岩（行长）	赵勇　邵才强　于建中
恒丰银行龙口支行	刘军（行长）	戚艳华　晋文琦　赵喜佳
龙口市农信社	赵兴传（理事长）	王启明　刘式棠　白友柱　纪卫群　吕强
龙口市邮政储汇局	杨连辉（局长）	鞠传波　周波

龙口市主要金融机构业务概况

单位：亿元

单位名称	存款	企业存款	储蓄存款	贷款	短期贷款	中长期贷款
中国农业发展银行龙口市支行	0.08	0.08		1.08	1.08	
中国工商银行龙口市支行	19.88	5.43	12.97	18.54	11.66	6.42
中国农业银行龙口市支行	26.16	3.83	19.86	13.98	12.08	1.87
中国银行龙口支行	12.62	2.56	7.25	9.62	8.84	0.78
中国建设银行龙口市支行	17.59	4.85	10.12	16.14	10.26	4.17
恒丰银行龙口支行	16.88	5.29	11.50	8.75	7.39	0.77
龙口市农信社	55.12	2.38	48.03	40.96	40.55	0.41

40.4%；实现利税66.03亿元。

全年实现社会消费品零售总额49.53亿元，同比增长17.0%。全年进出口总额7.84亿美元，其中，出口4.14亿美元，增长73.5%。

全市城镇居民人均可支配收入10470元，增长12.6%；农村居民人均可支配收入5419元，增长14.1%。

【金融概况】 2004年，龙口市各金融机构贯彻执行稳健的货币信贷政策，积极增加有效信贷投入，信贷资产质量明显提高，盈利水平大幅增加，有力地支持了地方经济的持续快速健康发展。

全年金融运行呈现以下特点：一是存贷款保持平稳增长；二是县域外资金流入数量持续增加。截至年末，全市企业市外融资总额达41.9亿元，比年初增加16.8亿元，其中，贷款余额19.7亿元，增加6.5亿元；三是金融机构通过采取剥离、分账、核销等方式，加大不良贷款处置力度，资产质量和经营效益明显提高。年末，不良贷款余额11.4亿元，占比10.5%，下降5.8个百分点；四是农信社改革试点工作取得阶段性成果，顺利获得了专项中央银行票据2.96亿元。

【各项存款】 截至2004年末，龙口市金融机构各项人民币存款余额159.11亿元，同比增加7.46亿元；各项外汇存款余额0.37亿美元，减少0.06亿美元。

一、企业存款。截至年末，全市企业存款余额24.42亿元，减少2.13亿元，占全市新增存款的-30.43%，降低了56.75个百分点。

二、居民储蓄存款。截至年末，全市储蓄存款余额121.01亿元，增加8.92亿元，占全市新增存款的127.43%，提高了73.07个百分点。其中，定期储蓄余额107.13亿元，增加7.39亿元；活期储蓄余额15.94亿元，增加1.52亿元。

【各项贷款】 截至2004年末，龙口市金融机构各项人民币贷款余额109.29亿元，同比增加3.70亿元；各项外汇贷款余额0.17亿美元，增加0.01亿美元。

截至年末，农业贷款余额14.70亿元，比年初减少2.24亿元；工业贷款余额16.87亿元，增加1.32亿元；商业贷款余额12.10亿元，增加2.21亿元；个人消费贷款余额7.47亿元，增加0.99亿元；固定资产投资贷款余额4.58亿元，增加0.93亿元；技改贷款余额1.83亿元，减少0.06亿元。

【金融调控】 2004年，龙口市各金融机构坚持有保有压，区别对待的政策，宏观调控初见成效。一是根据自身资产负债的具体情况，合理确定中长期贷款和短期贷款规模；二是加大了对符合国家产业政策和市场准入条件、有利于调整结构的项目支持，促进信贷结构和产业结构调整；三是增加了有市场、有效益、有利于增加就业的企业流动资金贷款；四是继续规范和扩大发展消费信贷，加快金融业务和产品创新，有效防止信贷资金流向部分盲目投资和低水平重复建设行业。

【金融监管】 2004年，银监会烟台市监管分局龙口办事处认真履行监管职责，更新监管理念，提高监管效率，努力防范和化解金融风险，保障了辖区金融业的合法稳健运行和地方经济的健康发展。

（王　政）

莱州市

【经济概况】 2004年，莱州市全年实现地区生产总值198.3亿元，增长18.8%；人均地区生产总值23072元。实现财政总收入11.09亿元，其中，地方财政收入5.7亿元，增长27.2%。

全年完成农业增加值27.4亿元，增长7.2%。其中，粮食总产36.5万吨，增长7.4%；油料产量5.9万吨，增长11.3%；林木覆盖率26.5%，提高了1个百分点。

全年完成规模以上工业增加值62.24亿元，增长36.9%。规模以上工业企业实现产品销售总收入234.95亿

莱州市主要经济金融指标

经济指标	1999	2004	经济指标	1999	2004
土地面积（平方公里）	1878	1878	#地方财政收入（亿元）	3.51	5.7
人口（万人）	87.60	85.86	全社会固定资产投资（亿元）	17.24	103.9
#非农业人口（万人）	13.06	15.40	固定资产投资增速（%）	19	41.3
地区生产总值（亿元）	112.02	198.3	进出口总值（亿美元）	0.69	3.67
地区生产总值年增速（%）	10.6	18.8	#出口总值（亿美元）	0.69	3.07
第一产业（亿元）	21.38	27.4	实际利用外资（亿美元）	0.20	1.68
第二产业（亿元）	54.77	101.6	社会消费品零售总额（亿元）	29.89	51.37
第三产业（亿元）	35.87	69.3	居民消费价格指数（%）	99.3	103.3
财政总收入（亿元）	4.10	11.09	人均地区生产总值（元）	12787	23072
金融指标（亿元）	**1999**	**2004**	**金融指标（亿元）**	**1999**	**2004**
金融机构存款余额	87.47	140.11	金融机构贷款余额	41.32	50.45
企业存款	10.10	23.62	短期贷款	34.64	40.86
储蓄存款	74.24	106.83	中长期贷款	5.64	8.97

莱州市主要金融机构负责人

单位名称	行长（或其他称谓的第一负责人）	副行长（或其他称谓的同级领导）
中国人民银行莱州市支行	郑　军（行长）	孙伟力　王　玲　张建成　李世东　刘洪本
中国银监会烟台监管分局莱州市办事处	陈忠毅（主任）	
中国农业发展银行莱州市支行	于忠保（行长）	任海若　姜伟业
中国工商银行莱州市支行	张祖屹（行长）	孙建国　张文军　孙建刚　张光军　崔占林
中国农业银行莱州市支行	任承刚（行长）	王同伟　王维德　赵光辉　潘　峰
中国银行莱州支行	石学斌（行长）	宋海涛　宋庆亮
中国建设银行莱州支行	孙树伟（行长）	李伟杰　王茂盛　原金石　张所君
恒丰银行莱州支行	杜　娟（副行长）	张瑞堂　提云霞
莱州市农信社	战守清（理事长）	初晓光　杨伟歧　王君波　邱国耀

莱州市主要金融机构业务概况

单位：亿元

单位名称	存　款	企业存款	储蓄存款	贷　款	短期贷款	中长期贷　款
中国工商银行莱州市支行	16.20	4.69	10.52	7.02	4.18	2.84
中国农业银行莱州市支行	28.93	3.54	23.80	8.49	7.42	1.03
中国银行莱州支行	12.28	2.66	8.27	2.62	1.46	0.98
中国建设银行莱州市支行	10.43	3.15	5.20	4.55	3.01	1.13
恒丰银行莱州市支行	12.38	6.94	5.33	3.81	3.02	0.79
莱州市农信社	45.28	2.49	40.35	20.67	20.03	0.04

元，增长54.5%；实现利税28.3亿元。

全年实现社会消费品零售总额51.37亿元，增长16.5%。全年进出口总额3.67亿美元，增长34.8%。其中，出口3.07亿美元，增长31.3%。完成合同利用外资3.01亿美元，实际利用外资1.68亿美元，分别增长94.8%和150.3%。

全市城镇居民人均可支配收入9815元，增长10.1%；人均消费性支出6927元，增长7.6%。农村居民人均纯收入4840元，增长14.2%；人均消费性支出2824元，增长17.1%。

【金融概况】　2004年，莱州市金融部门认真贯彻稳健的货币政策，积极组织资金，加大信贷投入，强化内部管理，改善金融服务，较好地支持了当地经济发展。截至年末，全辖除人行县支行以外共有支行级机构6家，农信社法人机构25家，共有综合业务网点109个，储蓄所15个，邮政储蓄经营网点34处。

【各项存款】　截至2004年末，莱州市金融机构各项人民币存款余额140.11亿元，同比增加12.39亿元；各项外汇存款余额0.28亿美元，减少0.1亿美元。

一、企业存款。截至年末，全市企业存款余额23.62亿元，增加2.90亿元，占全市新增存款比例的23.41%，提高了20.01个百分点。

二、居民储蓄存款。截至年末，全市储蓄存款余额106.83亿元，增加0.73亿元，占全市新增存款比例的74.01%，降低了2.86个百分点。其中，定期储蓄余额87.09亿元，增加6.23亿元；活期储蓄余额19.74亿元，增加2.94

亿元。

【各项贷款】 2004年，莱州市金融机构各项人民币贷款余额50.45亿元，同比减少4.42亿元；外汇贷款余额0.08亿美元，减少0.04亿美元。

截至年末，全市农业贷款余额13.28亿元，增加0.01亿元；工业贷款余额10.45亿元，增加0.27亿元；商业贷款余额3.05亿元，减少3.01亿元；个人消费贷款余额3.79亿元，增加0.99亿元；固定资产投资余额10.45亿元，增加0.27亿元；技改贷款余额0.81亿元，减少0.19亿元。

【金融调控】 2004年，人行莱州市支行立足当地实际，正确把握职能定位，不断拓展货币信贷政策传导空间。在"窗口指导"的方向上，合理确定辖区产业优势和支持重点，引导金融机构增加信贷投放，优化资金配置，支持辖区经济平稳较快发展。

【金融监管】 2004年，莱州市金融监管部门认真履行职责，不断提高监管能力和监管效率，辖内金融机构合规经营，金融风险不断降低。截至年末，全市金融机构不良贷款比年初减少4.07亿元，下降5.8个百分点，维护了辖区金融秩序安全、平稳。

（王清军　盛春光）

牟平区

【经济概况】 2004年，牟平区全年实现地区生产总值95.48亿元，同比增长18.2%；人均地区生产总值20529.50元。实现财政总收入4.07亿元，增长25.5%。其中，地方财政收入2.48亿元，增长30.1%。

全年实现农业增加值9.95亿元，同比增长15.6%。其中，粮食总产14.9万吨，下降1.7%。林木覆盖率38.7%，提高0.1个百分点。

全年完成工业增加值52亿元，同比增长26.4%。规模以上工业企业完成工业增加值34.9亿元，增长36.3%；实

牟平区主要经济金融指标

经济指标	1999	2004	经济指标	1999	2004
土地面积（平方公里）	1588.45	1588.45	#地方财政收入（亿元）	1.90	2.48
人口（万人）	49.02	47.3	全社会固定资产投资（亿元）	8.0	57.3
#非农业人口（万人）	9.27	11.01	固定资产投资增速（%）	25.3	46.3
地区生产总值（亿元）	60.10	95.48	进出口总值（亿美元）		5.6
地区生产总值年增速（%）	8.60	18.2	#出口总值（亿美元）	1.06	3.0
第一产业（亿元）	6.15	9.95	实际利用外资（亿美元）	0.19	1.72
第二产业（亿元）	25.70	52.03	社会消费品零售总额（亿元）	18.7	27.2
第三产业（亿元）	14.69	33.5	居民消费价格指数（%）		
财政总收入（亿元）	3.06	4.07	人均地区生产总值（元）	12275.07	20529.5
金融指标（亿元）	**1999**	**2004**	**金融指标（亿元）**	**1999**	**2004**
金融机构存款余额	48.86	86.57	金融机构贷款余额	30.03	44.48
企业存款	5.93	18.80	短期贷款	22.0	32.30
储蓄存款	41.43	59.12	中长期贷款	2.94	9.98

牟平区主要金融机构负责人

单位名称	行长（或其他称谓的第一负责人）	副行长（或其他称谓的同级领导）
中国人民银行牟平区支行	杨金盛（行长）	李建章　娄礼文　林正星
中国银监会烟台监管分局牟平办事处	曲爱平（主任）	
中国工商银行烟台市牟平区支行	赵　明（行长）	孔凡柱　张海波　孙茂江
中国农业银行烟台市牟平区支行	魏　强（行长）	杨建明　李庆阳　曲晓春
中国银行烟台市牟平支行	任伟杰（行长）	吴语天　贺永健
中国建设银行牟平区支行	王丕学（行长）	宋书亭　刘爱杰　曲冬芳　谭　振
交通银行烟台分行牟平支行	刘传仁（行长）	陈锦海
中信实业银行烟台分行牟平支行	黄树君（行长）	王桂安
恒丰银行牟平支行	唐金文（行长）	徐宝辉　费志远　李　峰　曲爱国
烟台市商业银行牟平支行	孔庆森（行长）	高守宴　娄礼章
牟平区农信社	孔祥文（理事长）	李　明　唐曰阳　孔祥泽　谭博慧
中国农业发展银行烟台市牟平区支行	葛培奎（行长）	王尚波
牟平区邮政局	张国建（局长）	林阳春

牟平区主要金融机构业务概况

单位：亿元

单位名称	存　款	企业存款	储蓄存款	贷　款	短期贷款	中长期贷　款
中国工商银行烟台市牟平区支行	7.55	2.36	4.61	4.33	2.75	1.06
中国农业银行烟台市牟平区支行	11.23	1.87	8.79	3.67	3.30	0.35
中国银行烟台市牟平支行	3.86	0.84	2.88	2.60	2.49	0.11
中国建设银行牟平区支行	4.94	1.39	3.21	5.40	3.85	0.29
交通银行烟台分行牟平支行	3.27	0.82	1.54	1.99	1.63	0.35
中信实业银行烟台分行牟平支行	2.53	0.72	1.73	0.90	0.75	0.15
恒丰银行牟平支行	12.83	5.10	7.72	5.36	1.65	3.70
中国农业发展银行烟台市牟平区支行	0.11	0.11		1.28	1.28	
烟台市商业银行牟平支行	10.48	5.21	4.50	6.48	3.55	2.90
牟平区农信社	16.43	0.38	15.32	11.44	11.04	0.03

现产品销售收入105亿元，增长29.9%；实现利税8.5亿元，增长84.3%。

全年实现社会消费零售总额27.2亿元，同比增长16.8%。全年进出口总额5.6亿美元，增长23.9%，其中，出口3.0亿美元，增长21.5%。

全区在岗职工平均工资达11997元，同比增长5.3%；农民人均纯收入4790元，增长14.5%。

【金融概况】 2004年，牟平区金融机构信贷政策出现较大调整，并进一步严格授权授信管理，资产质量得到提高，经营效益不断好转。一是金融改革进入实质性阶段，全区6家商行对不良资产进行了剥离、核销等工作；二是牟平区农信社成功争取了10994万元的中央银行专项票据，法人治理结构、增资扩股等工作稳步推进；三是积极拓展金融业务领域，服务水平不断提高，相继开办了代理保险、代理基金、保函等新业务。

【各项存款】 截至2004年末，牟平区金融机构各项人民币存款余额86.57亿元，同比增加12.14亿元，增长16.31%。受人民币升值预期的影响，各项外汇存款呈现快速下滑态势，全区各项外汇存款0.23亿美元，下降18.1%。

一、企业存款。截至年末，全区企业存款余额18.8亿元，增加1.74亿元，占全区新增存款比例的14.35%，降低了9.22个百分点。

二、居民储蓄存款。2004年，全区居民储蓄存款走势出现了一定的波动。在提高利率之前，居民储蓄存款一度出现负增长；随着提高利率政策的实施，储蓄存款大幅增长。截至年末，全区储蓄存款余额为59.12亿元，同比增长5.13亿元，增长9.49%，占全区新增存款比例的42.21%，降低了27.42个百分点。

【各项贷款】 2004年，受宏观调控政策的影响，牟平区金融机构信贷政策出现大的调整，授权授信管理进一步严格，各项贷款增长速度大幅降低。截至年末，全区金融机构人民币贷款余额44.48亿元，同比增加0.15亿元。其中，短期贷款余额32.30亿元，中长期贷款余额9.98亿元。各项外汇贷款余额0.07亿美元，下降0.1亿美元。

【金融调控】 2004年，人行牟平区支行加强调查研究，加大对区域经济金融运行的监控力度，积极通过窗口指导，引导商行贯彻落实国家宏观调控政策，合理配置信贷资金，优化信贷结构，加大对农业和农村经济的信贷投入及区域重点项目、重点企业和中小企业的资金支持，确保全区经济健康协调发展。

【金融监管】 2004年，银监会烟台监管分局牟平办事处正式成立后，认真履行监管职责，更新监管理念，大力推进国有商行和农信社改革。

（杨金盛　王　晖）

长岛县

【经济概况】 2004年，长岛县全年实现地区生产总值16.6亿元，同比增长15.9%；人均地区生产总值37382元，增长21.5%。实现财政总收入0.29亿元，增长38.1%。其中，地方财政收入0.29亿元，增长38.1%。

全年实现农业增加值8.9亿元，同比增长20.2%。其中，粮食总产0.03万吨，下降21.7%。肉类、禽蛋、奶类和水产品总产分别为0.003、0.04、0.006和22.6万吨，分别下降21.7%、9.0%、4.7%和9.7%。

全年完成工业增加值1.2亿元，同比增长40.9%。规模

长岛县主要经济金融指标

经济指标	1999	2004	经济指标	1999	2004
土地面积（平方公里）	56	56	#地方财政收入（亿元）	0.37	0.29
人口（万人）	4.2	4.4	全社会固定资产投资（亿元）	1.61	5.4
#非农业人口（万人）	1.1	1.7	固定资产投资增速（%）		34.1
地区生产总值（亿元）	9.3	16.6	进出口总值（亿美元）		
地区生产总值年增速（%）		15.9	#出口总值（亿美元）	0.13	0.23
第一产业（亿元）	5.07	8.9	实际利用外资（亿美元）	0.04	0.05
第二产业（亿元）	0.6	1.7	社会消费品零售总额（亿元）	4.17	4.92

续表

经济指标	1999	2004	经济指标	1999	2004
第三产业（亿元）	3.6	5.9	居民消费价格指数（%）		103.2
财政总收入（亿元）	0.37	0.29	人均地区生产总值（元）		37382
金融指标（亿元）	**1999**	**2004**	**金融指标（亿元）**	**1999**	**2004**
金融机构存款余额	9.7	12.14	金融机构贷款余额	8.4	3.38
企业存款	0.9	1.64	短期贷款	7.7	3.1
储蓄存款	8.2	9.06	中长期贷款	0.5	0.2

长岛县主要金融机构负责人

单位名称	行长（或其他称谓的第一负责人）	副行长（或其他称谓的同级领导）
中国人民银行长岛县支行	杨　强（行长）	王晓芳　张双庆
中国银监会烟台监管分局长岛县办事处	邢攸江（主任）	
中国农业银行长岛县支行	王　丽（行长）	张仁领
中国银行长岛县支行	邵维杰（行长）	葛树魁
中国建设银行长岛县支行	宋　伟（行长）	张德宝
长岛县农信社	丛　卫（理事长）	申　红　孙丽娜　张毅魁

长岛县主要金融机构业务概况

单位：亿元

单位名称	存　款	企业存款	储蓄存款	贷　款	短期贷款	中长期贷　款
中国农业银行长岛县支行	1.35	0.5	0.3	0.2	0.15	0.01
中国银行长岛县支行	0.25	0.1	0.14			
中国建设银行长岛县支行	1.25	0.5	0.73	0.06	0.03	0.01
长岛县农信社	3.5	0.04	3.17	2.86	2.85	

以上工业企业完成工业增加值1.12亿元，增长45.2.%；实现产品销售总收入4.36亿元，增长40.2%；实现利税0.15亿元，增长93.1%；实现利润0.07亿元，增长125.5%。

全年实现社会消费品零售总额4.92亿元，同比增长14.4%。全年完成全社会固定资产投资5.39亿元，增长34.1%。全年出口0.23亿美元，增长55.2%；实际利用外资0.05亿美元，下降62.4%。

全年城镇居民人均可支配收入8815元，增长11.3%；农村居民人均纯收入4540元，增长12.2%。

【金融概况】 2004年，长岛县金融机构紧紧围绕国家的宏观调控政策，合理把握信贷总量，均衡审慎地增加信贷投放，大力调整信贷结构，加快不良贷款清收处置，取得了较好的效果。同时，突出效益和资金组织两个重点，不断提高服务水平，保证了金融运行呈现良好发展态势。

【各项存款】 截至2004年末，长岛县金融机构各项人民币存款余额12.14亿元，同比增加3.8亿元。

一、企业存款。截至年末，全县企业存款余额1.64亿元，增加0.07亿元。

二、居民储蓄存款。截至年末，全县储蓄存款余额9.06亿元，增加0.35亿元。其中，定期储蓄余额7.5亿元，增加

0.27亿元；活期储蓄余额1.54亿元，增加0.08亿元。

【各项贷款】 截至2004年末，长岛县金融机构各项人民币贷款余额3.38亿元，同比减少2.5亿元，主要原因是为落实省长办公会议精神，核销大量的银行不良贷款。其中，短期贷款余额3.1亿元，中长期贷款余额0.2亿元。

【金融调控】 2004年，人行长岛县支行加强调查研究，及时反映贯彻落实国家宏观调控政策中出现的新情况、新问题，并采取区别对待，分类指导的窗口指导，积极引导商行合理配置信贷资金，优化信贷结构，促使区域整体经济全面发展；努力防范和化解金融风险，全县金融机构不良贷款大幅下降，保障了辖区金融业的合法稳健运行和地方经济的健康发展。

（吴　强）

威海市

【经济概况】 2004年，威海市紧紧围绕加快发展这个主题，解放思想，干事创业，全市经济运行质量明显提高，经济活力进一步增强，社会事业全面进步，人民生活水平稳步提高。全市全年实现地区生产总值首次突破千亿元，达到1008.81亿元，同比增长17.10%。其中，第一产业完成增加值98.91亿元，增长4.1%；第二产业完成增加值616.33亿元，增长21.1%；第三产业完成增加值293.57亿元，增长14.4%。三次产业比重由上年的11.06:58.85:30.08转变为9.80:61.09:29.10。实现财政总收入84.24亿元，增长40.67%。其中，地方财政收入42.64亿元，增长42.85%。

一、农业生产发展平稳。2004年，威海市全年实现农业增加值98.91亿元，同比增长4.1%。粮食总产量91.25万吨，下降1.3%。其中，夏粮总产41.69万吨，增长2.51%；秋粮总产49.65万吨，下降4.2%。油料、水果和蔬菜总产分别为24.17万吨、54.62万吨和101.05万吨，分别增长0.9%、8.7%和5.4%；肉类、禽蛋、奶类总产分别为10.59万吨、8.65万吨和17万吨，分别增长1.3%、4.5%和20.3%。水产品产量244.32万吨，增长0.23%。其中，海水产品产量240.41万吨，增长0.15%；农业机械总动力365.17万千瓦，增长2.28%；农村用电量15.53亿千瓦时，增长6.63%。

二、工业生产快速增长。2004年，威海市全年完成工业增加值568.51亿元，同比增长21.1%。规模以上工业完成工业增加值544.89亿元，增长26.47%。其中，国有企业完成增加值13.37亿元，增长10.24%；集体企业完成增加值155.71亿元，增长11.32%；股份合作制企业完成增加值27.78亿元，增长12.49%；股份制工业企业完成增加值205.28亿元，增长30.76%；外商及港澳台投资企业完成增加值118.4亿元，增长60.67%；其他经济类型企业完成增加值24.35亿元，增长42 .4%。大中型企业完成增加值309.35亿元，增长21.75%。轻工业完成增加值244.02亿元，增长20.08%；重工业完成增加值300.87亿元，增长32.52%。

工业经济效益稳步提高。规模以上工业企业全年实现产品销售收入1856.59亿元，增长42.12%；实现利税146.98亿元，增长32.29%；实现利润98.89元，增长34.74%。工业经济效益综合指数为200.92，提高13.3个百分点。

三、消费品销售稳定增长。2004年，威海市实现全社会消费品零售总额238.14亿元，增长15.2%。其中，批发零售贸易业零售额179.98亿元，增长14.4%；餐饮业零售额46.47亿元，增长20.8%。市场价格总水平略有上升。全年居民消费价格总指数为101.8%，上升了1.8个百分点。食品、烟酒及用品、医疗保健及个人用品、交通及通讯、居住等项目分别增长5.1%、4%、9.2%、0.3%和1%，衣着、家庭设备用品及维修服务、娱乐教育文化用品及服务等项目分别下降3.7%、1.6%和0.3%。

四、固定资产投资规模迅速扩大。2004年，威海市完成全社会固定资产投资530.49亿元，同比增长43.2%。城镇规模以上投资387.47亿元。其中，基本建设投资294.75亿元，增长81.9%；更新改造投资190.06亿元，增长15.3%；房地产开发完成投资45.68亿元，增长4.5%。

五、外贸进出口增长迅速。2004年，威海市全年进出口总额55.95亿美元，同比增长38.77%，其中，进口21.45亿美元，增长42.7%；出口34.49亿美元，增长36.4%。在出口商品中，初级产品出口额6.01亿美元，增长20.1%；工业制成品出口额28.49亿美元，增长40.4%，占出口总值比重的82.6%，其中，机电产品出口13.71亿美元，增长62.7%，占出口总额的39.7%。

利用外资成绩显著。全年新批准利用外资额34.47亿美元，增长114.1%，实际利用外资11.24亿美元，增长38.8%。

旅游业快速发展。全年共接待海内外游客866.9万人次，旅游总收入71.33亿元，分别增长19.63%和35.61%。

威海市经济主要统计指标

指　　标	1999	2000	2001	2002	2003	2004
土地面积（平方公里）	5698	5698	5698	5698	5698	5698
人口（万人）	246.22	246.95	247.22	247.62	247.63	248.39
#非农业人口（万人）	83.28	90.45	97.57	103.29	109.99	113.68
地区生产总值（亿元）	500.80	560.89	627.10	703.50	836.02	1008.81
地区生产总值增速（%）	11.10	12.00	12.02	14.50	17.90	17.10
第一产业（亿元）	83.01	85.87	87.02	90.11	92.49	98.91
第二产业（亿元）	252.18	294.81	330.18	388.71	492.03	616.33
#工业（亿元）	229.71	276.81	309.05	359.71	455.53	568.51
#建筑业（亿元）	22.47	18.00	21.13	29.00	36.50	47.8
第三产业（亿元）	165.61	180.22	209.90	224.68	251.50	293.57
地区生产总值构成（%）	100	100	100	100	100	100
第一产业	16.58	15.31	13.88	12.81	11.06	9.80
第二产业	50.36	52.56	52.65	55.25	58.85	61.09
第三产业	33.07	32.13	33.47	31.94	30.08	29.10
财政总收入（亿元）	30.03	33.54	44.79	52.02	67.20	84.24
#地方财政收入（亿元）	20.01	22.66	30.01	28.68	37.17	42.64
全社会固定资产投资（亿元）	80.4	100.40	114.22	187.20	370.57	530.49
#基本建设（亿元）	26.84	23.34	30.32	49.07	100.67	294.75
#更新改造（亿元）	10.67	16.25	20.91	40.28	80.84	190.06
#房地产开发（亿元）	7.96	17.53	19.38	24.63	43.69	45.68
固定资产投资增速（%）	0.5	19.9	13.80	63.90	119.00	43.2
进出口总值（亿美元）	15.48	20.00	23.74	29.25	40.31	55.95
#出口总值（亿美元）	10.19	13.12	15.93	19.22	25.29	34.49
实际利用外资（亿美元）	1.72	2.40	3.40	6.01	10.98	11.24
社会消费品零售总额（亿元）	137.95	151.59	168.27	188.60	202.03	238.14
居民消费价格指数（%）	101.30	99.60	100.20	98.30	100.10	101.8
城镇居民家庭人均年收入（元）	6685	8047	8736	9390	10194	11112
农民家庭人均年收入（元）	3706	3854	4146	4402	4751	5376
人均地区生产总值（元）	20340	22713	25366	28410	33761	40677

威海市金融主要统计指标

指标（亿元）	1999	2000	2001	2002	2003	2004
金融机构存款余额	327.84	347.73	379.96	437.34	528.69	604.08
（一）企业存款	69.13	74.57	75.09	88.63	123.33	142.25
（二）储蓄存款	236.32	250.77	284.22	314.26	359.87	394.88
#定期储蓄存款	212.82	222.63	248.39	266.90	295.90	319.46
#活期储蓄存款	23.50	28.13	35.82	47.37	63.96	75.41
金融机构贷款余额	245.34	254.36	271.93	326.61	391.11	420.12
（一）短期贷款	176.08	183.97	219.40	246.64	277.22	280.77
#工业贷款	45.35	45.00	47.36	48.11	52.11	55.55
#商业贷款	45.97	42.57	50.90	53.65	51.06	48.85
#农业贷款	19.69	22.18	41.17	54.96	67.29	71.38
（二）中长期贷款	27.11	26.69	38.12	62.03	89.69	114.78
#基本建设贷款	13.99	12.71	15.08	22.55	31.03	34.09
#技术改造贷款	6.40	7.82	8.80	4.68	5.61	5.05
现金收入	769.95	905.35	991.01	1101.11	1334.83	1752.79
现金支出	796.38	934.31	1024.20	1139.03	1372.68	1791.46
现金投放（+）回笼（-）	26.43	28.97	33.19	37.92	37.84	38.68
当年结益	-7.67	-5.83	-5.50	-1.52	-3.32	-2.71

威海市主要金融机构负责人

单位名称	行长（或其他称谓的第一负责人）	副行长（或其他称谓的同级领导）
中国人民银行威海市中心支行	吴明理	宋宏伟　曲吉光　尹峰世
中国银监会威海监管分局	于　雷	张建滋　于　海
中国工商银行威海市分行	潘德全	唐德元　陈雁心　李永太　仇善吉　张华祝
中国农业银行威海市分行	王祖国	满学友　王大兴　于　强　杨志宇
中国银行威海分行	陈　杰	李好学　倪保国　王建光
中国建设银行威海市分行	李建平	孙鲁泉　胡光明　胡永军　李海建
交通银行威海分行	姜孔瑞	陈允建　冯景伦
中信实业银行威海分行	王国富	姬常学　王智华　郭长凤
威海市商业银行	李路炜	邓　卫　赛志毅
农信社威海市办事处	鞠世一	王保贵　王祖玉

威海市主要金融机构业务概况

单位：亿元

单位名称	存 款	企业存款	储蓄存款	贷 款	短期贷款	中长期贷 款
中国工商银行威海市分行	64.29	13.63	40.21	77.86	38.29	39.45
中国农业银行威海市分行	81.45	18.02	56.91	60.84	38.64	19.42
中国银行威海分行	55.60	14.04	38.62	44.21	30.69	12.45
中国建设银行威海市分行	60.18	19.81	31.12	50.39	24.89	22.90
交通银行威海分行	30.21	13.18	11.99	20.21	15.53	2.31
中信实业银行威海分行	44.23	22.56	15.30	21.41	14.13	6.30
威海市商业银行	85.03	47.38	27.83	62.64	36.09	19.54
农信社威海市办事处	125.49	1.51	114.02	95.70	90.66	4.16

威海市各县级区域经济金融主要统计指标

名称	人口（万人）	面积（平方公里）	地区生产总值（亿元）	地区生产总值增速（%）	存款（亿元）	储蓄存款（亿元）	贷款（亿元）
荣成市	66.75	1495	311.75	19.2	141.58	109.99	96.08
文登市	64.60	1780	267.90	19.6	102.95	83.46	54.80
乳山市	58.12	1654	150.03	19.7	65.86	55.58	38.45

六、城乡居民收入稳定增长，人民生活进一步改善。2004年，威海市在岗职工工资总额46.2亿元，增长20.4%；在岗职工年平均工资13070元，增长16.5%。城市居民人均可支配收入11112元，增长9%；人均消费性支出8314元，增长12.3%。农村居民人均可支配收入5376元，增长13.1%；人均消费性支出2884元，增长10.6%。城市恩格尔系数为29.97%，减少0.09个百分点；农村恩格尔系数为40.95%，增加3.33个百分点。

【金融概况】 2004年，威海市各金融机构认真贯彻执行稳健的货币信贷政策，进一步调整信贷投向，优化信贷结构，拓展票据业务，不断完善金融服务体系，切实保障"有效益、有市场"的企业流动资金需求，各项工作取得明显成效，整体金融形势呈现出与地方经济协调发展的良好态势。

【存款情况】 截至2004年末，威海市金融机构人民币各项存款余额604.08亿元，同比增加76.21亿元，增长14.4%。各项外汇存款余额3.35亿美元，减少0.24亿美元，下降7.7%。

一、企业存款增速减缓，增幅明显下降。截至年末，全市人民币企业存款余额142.25亿元，较年初增加18.86亿元，增长15.29%。

二、储蓄存款增速下降。截至年末，全市人民币储蓄存款余额394.88亿元，较年初增加35.82亿元，同比少增9.79亿元。其中，活期储蓄余额75.41亿元，增加11.4亿元，同比少增5.2亿元；定期储蓄余额319.46亿元，较年初增加24.42亿元，同比多增4.59亿元，占全部储蓄存款比为80.9%，降低1.33个百分点，储蓄存款的稳定性逐步降低。

【贷款情况】 截至2004年末，威海市金融机构人民币各项贷款余额420.12亿元，同比增加46.19亿元，增长12.35%。各项外汇贷款余额2.58亿美元，增加0.2亿美元，增长8.3%。

一、农业贷款投放额增大，周转速度加快。截至年末，全市农业贷款余额71.38亿元，比年初增加9.27亿元，增长14.93%，同比少增3.05亿元。全年累计发放农业贷款77.54亿元，同比多增5.08亿元。

二、工业贷款增速放缓。截至年末，全市工业贷款余额55.55亿元，比年初增加2.57亿元，增长4.86%，同比少增2.17亿元。

三、商业贷款下降速度减缓。截至年末，全市商业贷款余额48.85亿元，比年初减少0.27亿元，下降0.54%。其中，农副产品贷款余额7.81亿元，比年初增加0.52亿元，同比多增1.59亿元。

四、个人消费贷款继续保持较高速度增长。截至年末，全市个人消费贷款余额50.63亿元，同比增加16.51亿元，增长额与上年持平。全年累计发放个人消费贷款35.38亿元，同比多增5.25亿元。其中，个人住房贷款余额40.82亿元，增加16.11亿元；汽车消费贷款余额2.47亿元，减少1.03亿元；各类助学贷款余额2390万元，增加583万元。

五、固定资产投资减少。截至年末，全市基本建设贷款余额34.09亿元，比年初增加3.67亿元，增长12.05%，同比少增4.79亿元。

六、技术改造贷款大幅下降。截至年末，全市技术改造贷款余额5.05亿元，比年初减少0.46亿元，下降8.42%，同比多降1.39亿元。

【现金投放和回笼】 2004年，威海市累计现金收入1752.79亿元，同比增加417.95亿元，增长31%；现金支出1791.46亿元，增加418.79亿元，增长31%；现金投放38.68亿元，同比多投放0.83亿元。

【外汇管理】 2004年，外管局威海市中心支局将监管与服务并重，认真做好各项外汇管理工作。一是积极推进进出口核销方式改革，逐步完善进出口核报制度。全年全市出口货值31.2亿美元，收汇核销23.8亿美元，核销率达99.56%；进口付汇11.4亿美元，核销报审11.9亿美元，报审率达104%；累计清理进出口逾期1.4亿美元，逾期额创近几年历史新低；二是加强非贸易、保险外汇及外汇账户管理，严格外资验资询证业务。全年累计审批开立经常项目外汇账户712个；办理外资登记389笔，办理验资询证业务602笔，金额1.3亿美元；三是规范经常项目外汇工作，继续完善逾期催收催核制度。全年共发放清理逾期通知书603份，清理进出口逾期1.9亿美元；四是实行国际收支统计申报率和数据变动情况定期通报制度，提高申报质量。全年国际收支间接申报涉外收入25.3亿美元，对外付汇申报12.3亿美元，申报率均达100%；五是加大查处力度，维护外汇市场秩序。全年共对48家进出口逾期未核销企业进行了处罚，涉案金额349万美元。

【货币政策实施】 2004年，人行威海市中心支行加大货币信贷政策的窗口指导力度，积极搭建银企合作平台，引导金融机构调整优化信贷结构，不断改善金融服务，促进产业结构调整，全市经济金融保持了平稳运行态势。

一、积极开展银企重点项目推介与合作。2004年，人行威海市中支与政府有关职能部门筛选出200个重点项目，先后举办了2次重点项目推介会，8家银行在113个重点项目上与企业达成73.4亿元贷款意向，年末实际到位资金31.4亿元，到位率达42%。

二、积极推动各项政策业务的开展。2004年，人行威海市中支一是大力推动出口退税账户托管贷款业务的开展。全市银行共对59户企业发放账户托管贷款77笔、2.1亿元，缓解了出口企业资金紧张的局面；二是继续推动消费信贷业务的发展。截至年末，全市消费贷款余额达50.63亿元，较年初增加16.51亿元，占全部新增贷款的35.74%；三是积极推动下岗失业人员小额担保贷款的开展。全年全市共筹措再就业担保基金700万元，为148名失业人员发放小额贷款296万元；四是支持金融机构转变经营理念，不断创新业务品种，努力拓宽盈利渠道。全年各金融机构实现中间业务收入1.19元，增长34.2%，成为金融业新的盈利亮点。

三、合理运用再贷款，大力支持地方中小金融机构健康发展。2004年，人行威海市中支一是灵活运用再贷款，同时，强化紧急贷款的管理，合理运用经营性再贷款，支持威海市商行逐步改变经营发展局面，不断提高信贷管理水平和盈利能力；二是合理运用支农再贷款，引导农信社支持农业大发展。全年向全市3家农信联社发放支农再贷款5.25亿元，发放农业贷款69.52亿元，促进了农业经济的快速发展。

四、认真做好农信社改革资金支持工作。2004年，人行威海市中支积极会同中国银监会威海银监分局，督促农信社制定了系列改革方案，规范、有序地开展增资扩股和清产核资工作。截至年末，全市农信社实际完成增资扩股金额15.9亿元，3家农联社得到中央银行11.72亿元专项票据支持。

【金融监管】 2004年，中国银监会威海监管分局按照"管法人、管风险、管内控，提高透明度"的监管理念，明确提出切实"把握好监管的度、找准监管的点、运作好监管的力"的工作要求，提高了辖区银行业金融机构的整体水平和监管队伍的专业化水平，促进了全市经济的持续健康发展。

一、努力降低不良贷款，全面提高资产质量。2004年，该局制定了《大额贷款监控管理暂行办法》，建立单笔500万元以上大额不良贷款监控台账，并按照"锁定余额、逐步压缩、分级监控、严控新增"的监控管理办法，对不良贷款实行动态监测，严控新发放贷款出现风险，促进了辖内银行业金融机构不良贷款的持续下降。截至年末，全市不良贷款较年初下降27亿元，占比下降8个百分点。

二、积极推进银行业改革，不断提高经营管理水平。2004年，该局一是取得了威海市政府在农信社增资扩股、清收不良资产等方面的政策支持，截至年末，全市有3家联社顺利拿到中央银行专项票据承诺，荣成、乳山两家联社获得山东银监局一级法人社的筹建批复；二是积极推进中行、建行的股份制改革工作，银行管理水平、经营业绩明显提高。截至年末，全市各银行业金融机构实现经营利润6.3亿元，增长42%。

三、督促各法人金融机构提高资本充足率。截至2004年末，全市统算资本充足率为-1.18%，较年初提高了

39.12个百分点；核心资本充足率为19.23%，较年初提高了19.83个百分点。

四、加大对监管对象的非现场监管和窗口指导。2004年，该局一是建立了风险预警机制、风险预案和派驻监管员制度，对各单位的经营及风险控制实行全过程监控，做到早发现、早预警、早报告、早处置。全年共组织约见谈话8次，发出监管告诫书、质询书等6份、监管通报27份；二是加大现场检查力度。全年共组织现场检查19次，查处违规金额10.5亿元，提出整改建议和意见56条，有效地促进了辖区银行业金融机构的稳健运行。

【精神文明建设】 2004年，威海市各金融机构加大精神文明建设力度，取得丰硕成果。

人民银行系统一是开展了统一思想、转变观念、履行新职责思想教育活动，引导员工积极适应新形势要求，争当"学习型"员工。一方面通过开展"读好一本书，写好一篇心得"、邓小平理论知识答卷竞赛，狠抓政治理论学习。另一方面组织员工进行金融知识、法律法规、公文写作、计算机应用、专业新技术等的学习培训，提高了职工的整体业务及文化素质；二是组织全辖员工开展《文明单位建设管理办法》知识答卷活动，研究制定了三个文明协调发展的年度创建方案和"中支机关文明科室量化考核标准"，将创建内容具体细化，并纳入领导班子考核和干部考核范围，实行目标管理责任制；三是切实推动辖区党风廉政建设工作。建立了行业作风建设考核奖惩制度，将目标任务落实到各个职能部门，并开展违纪违法"成本"大讨论，组织中层干部到莱阳监狱开展事实教育活动；四是开展多种公益和文体活动，丰富员工的业余生活，提高凝聚力；五是组织开展送温暖活动，对离退休老干部、军属和困难职工进行了"访、谈、帮"活动，解决他们思想上、生活中的问题；六是做好新形势下的青年思想教育工作，开展了建团纪念宣传活动。同时，做好"青年文明号"、"青年岗位能手"的评选，发挥先进典型的模范带头作用。

中国银监会威海监管分局在精神文明建设方面，以培养员工的团队精神为主要内容，提出"每位员工都是辖区银行业风险的防护屏障"的价值观念，大力倡导"目标一致、分工协作、优势互补、勇于创新、应对挑战"的团队精神，并建立了季度"讲座周"等制度。

工行威海市分行一是组织开展以"遵章守纪、爱我工行、保护自我"为主题的大讨论；二是开展"为工行改革发展献计献策"建议征集活动，增强了员工爱岗敬业、诚实守信的自觉性。农行威海市分行组织开展"迎新春"优质服务竞赛活动，大力推行规范化服务，提高了服务水平和质量。中行威海分行以构建"沟通协作·追求卓越"的企业精神为中心，先后开展了"文明优质服务学习月"、"展青春风采，迎上市挑战"为主题的演讲比赛、"金点子"（合理化建议）征集、"情系奥运"万人签名等活动。

建行威海市分行通过开展"全面提升服务质量，为打造和谐社会做出贡献"系列活动，不断增强全行的服务意识、质量意识和品牌意识。交行威海分行在全行广泛开展"爱行爱岗、自信自强"主题教育活动，并先后举办了运动会、诗歌朗诵会与文艺演唱会，活跃了员工精神文化生活。

中信威海分行充分发挥工会职能，组织开展"凝心聚力促发展、创新创效做贡献"、"女职工手工才艺作品展"、"读好书学好人做好事"以及歌咏比赛等活动，促进了企业文化建设。威海市商行通过开展"遵守职业道德规范，共铸诚信威海"演讲比赛以及摄影、书法、绘画作品展等文体活动，丰富了职工的业余文化生活。

【金融大事记】 2月20日 威海市政府召开全市农信社改革工作会议。人行威海市中支吴明理行长和银监分局于雷局长分别就做好农信社改革中专项中央银行票据发行和兑付有关工作做了发言。

3月12日 威海市召开金融工作会议，贯彻落实全国银行证券保险工作会议和全省金融座谈会精神，研究部署全市2004年的金融保险工作。

1月~3月 工行威海市分行组织开展"庆祝建行20周年，实现首季开门红"劳动竞赛活动。

3月31日~4月1日 建行山东省分行王军行长到建行威海市分行进行工作调研，并走访了好当家等重点客户。

4月15日 建行威海市分行办理全省建行系统第一笔出口商业发票融资业务。

6月9日 人行威海市中支吴明理行长主持召开全市保险业发展情况调研座谈会。会议就近年来全市保险业发展情况、保险业对全市金融整体安全的影响、银行保险业合作协调发展等问题进行了通报，并就加强银保双方的沟通与交流，谋求共同发展达成了共识。

6月13日~17日 中行威海分行组织分、支行相关人员，赴长沙赤岗支行、宁波分行、绍兴支行进行考察学习。

7月4日 中行威海分行举办100余名干部员工参加了南方考察学习情况交流会，积极探索经营管理新路子。

8月5日 威海市政府召开全市金融形势分析会议。市政府董进友副市长、郭开森副秘书长及人行、银监分局、各市级金融机构及市财政局、经贸委、外经贸局、计委等共15个单位负责人参加了会议。人行威海市中支吴明理行长通报了上半年全市金融运行情况和下半年宏观货币政策情况，并就金融工作中存在的问题提出了意见和要求。

8月18日 中行威海分行在威海市区人民广场、光威集团、中银广场策划组织了"刷长城卡看雅典奥运 情系奥运万人签名助威活动"，得到市民的踊跃响应。

9月16日~18日 人行研究系统期刊工作座谈会在威海召开，来自全国人行系统的33家金融期刊负责人70

余人参加了会议。人总行金融研究局局长穆怀朋、总行《金融研究》主任刘佶、济南分行副行长王敏等领导到会并讲话。会议回顾了人行研究系统期刊的发展历程，重点交流了办刊的经验和体会，并对下一步的发展问题进行了探讨。

3月～10月　农行威海市分行在全辖开展整肃行风行纪活动，市分行、各市支行成立“整肃行风行纪活动办公室”。

11月11日　交行威海分行所有储蓄所全部升格为支行，实现扁平化管理。

12月1日　交行威海分行召开由省分行组织的“交行在我心中”巡回演讲报告会，全省各辖属行演讲选手进行了精彩汇报演讲。

12月8日　交行威海分行举办“第四届在威韩商联谊会”，邀请威海市主要韩商企业负责人、商会有关人员及省分行、人行、银监局、政府有关部门领导等160多人参加，增进了双方的友谊。

12月17日　工行总行监事会主席王为强一行到工行威海市分行视察工作。

12月19日　人行威海市中支举行办公大楼奠基仪式。威海市政府领导、有关部门及各市级金融机构负责人参加了仪式。

12月31日　人行威海市中支吴明理行长主持召开金融工作座谈会，威海市政府有关领导、威海银监分局及各市级金融机构负责人参加了会议。会后，市政府领导一行对参加决算的金融系统干部职工进行了走访慰问。

（邵明志　吕迎社）

荣成市

【经济概况】　2004年，荣成市全年实现地区生产总值311.75亿元，同比增长19.2%；人均地区生产总值46605元。实现财政总收入17.70亿元，增长40.8%。其中，地方财政收入10.60亿元，增长66.7%。

全年实现农业增加值37.45亿元，增长1.6%。其中，粮食总产26.3万吨，下降3.8%。林木覆盖率29.2%，提高了0.5个百分点。渔业是荣成地方经济的支柱产业，全年共完成水产品总产量123万吨，与上年基本持平；实现渔业总收入263亿元，增长14.8%。

荣成市主要经济金融指标

经济指标	1999	2004	经济指标	1999	2004
土地面积（平方公里）	1495	1495	#地方财政收入（亿元）	5	10.60
人口（万人）	68.14	66.75	全社会固定资产投资（亿元）	19.9	150.82
#非农业人口（万人）	20.70	27.93	固定资产投资增速（%）	18.3	45
地区生产总值（亿元）	154.66	311.75	进出口总值（亿美元）	2.11	8.90
地区生产总值年增速（%）	10.4	19.2	#出口总值（亿美元）	1.66	5.16
第一产业（亿元）	34.1	37.45	实际利用外资（亿美元）	0.4	3.44
第二产业（亿元）	74.95	184.84	社会消费品零售总额（亿元）	43.2	67.89
第三产业（亿元）	45.61	89.46	居民消费价格指数（%）	99.9	103
财政总收入（亿元）	7.9	17.70	人均地区生产总值（元）	22697	46605
金融指标（亿元）	**1999**	**2004**	**金融指标（亿元）**	**1999**	**2004**
金融机构存款余额	80.5	141.58	金融机构贷款余额	55.9	96.08
企业存款	11.5	18.4	短期贷款	48.5	75.2
储蓄存款	66.7	109.99	中长期贷款	2.9	15.5

荣成市主要金融机构负责人

单位名称	行长（或其他称谓的第一负责人）	副行长（或其他称谓的同级领导）
中国人民银行荣成市支行	董国胜	滕学俭　毕重侃
中国银监会威海监管分局荣成市办事处	王　岩	
中国工商银行荣成市支行	隋志勇	许永刚　王宏赞　孙本浩
中国工商银行荣成石岛支行	常乃海	房　泽　李华明
中国农业银行荣成市支行	于曰旭	于炳涛　范　娟　王连强　张明光　连承娟
中国银行荣成支行	孔令军	梁国栋　于志强
中国银行石岛支行	周承玉	王显峰　迟发泉
中国建设银行荣成市支行	曲　伟	吕　涛　于伟伟
中信实业银行荣成支行	肖辉杰	梁华杰　鞠学军
威海市商业银行荣成支行	李海青	王国锋
威海市商业银行石岛支行	秦志刚	车黎明
荣成市农信社	刘韶伟	卢均平　吕增兵　李尚武　李　岩

荣成市主要金融机构业务概况

单位：亿元

单位名称	存　款	企业存款	储蓄存款	贷　款	短期贷款	中长期贷　款
中国工商银行荣成市支行	10.29	1.85	5.45	10.48	7.46	3.02
中国工商银行荣成石岛支行	2.82	0.49	2.33	6.36	4.28	2.08
中国农业银行荣成市支行	20.31	3.36	16.25	8.31	6.12	0.95
中国银行荣成支行	5.62	1.29	3.92	9.22	5.46	2.96
中国银行石岛支行	4.74	1.71	3.03	4.90	4.84	0.01
中国建设银行荣成市支行	9.29	2.58	5.62	10.85	6.27	2.5
中信实业银行荣成支行	10.31	5.38	3.01	6.15	4.25	1.31
威海市商业银行荣成支行	2.57	0.84	0.89	2.16	1.56	0.59
威海市商业银行石岛支行	1.81	0.83	0.98	0.89	0.79	0.10
荣成市农信社	49.62	4.1	45.2	35.0	32.5	1.59

全年完成工业增加值173.9亿元，同比增长26.6%。规模以上工业企业实现产品销售总收入585.5亿元，增长44.8%；实现利税43.4亿元，增长37.9%。

全年实现社会消费品零售总额67.89亿元，同比增长13.4%。全年进出口总额8.9亿美元，其中，出口5.16亿元，增长29.5%。实际利用外资3.44亿美元，增长55.6%。

全年全市在岗职工平均工资14188元，同比增长39.3%。城镇居民人均可支配收入8181元，增长12.3%；农村居民人均可支配收入5768元，增长15.2%。

【金融概况】　2004年，荣成市金融部门认真贯彻实施稳健的货币信贷政策，不断深化金融改革，努力提高金融服务水平，防范和化解潜在的金融风险，金融运行质量大幅提高。

【各项存款】 截至2004年末，荣成市金融机构各项存款余额141.58亿元，比年初增长8.7亿元，同比少增11亿元。其中，各项人民币存款余额137.1亿元，增加9.3亿元。各项外汇存款余额0.5亿美元，下降0.07亿元。

一、企业存款。截至年末，全市企业存款余额18.4亿元，比年初增加1.3亿元，占全市新增存款比例的14.9%，下降了14个百分点。

二、储蓄存款。截至年末，全市储蓄存款余额109.99亿元，同比增加8.6亿元，占全市新增存款比例98.9%，提高了40.5个百分点。其中，定期储蓄余额93.4亿元，增加5.5亿元；活期储蓄余额16.6亿元，增加3.1亿元。

【各项贷款】 截至2004年末，荣成市金融机构各项贷款余额96.08亿元，其中，各项人民币贷款余额88.1亿元，同比增加1.5亿元。各项外汇贷款余额0.9亿美元，减少0.03亿美元。

截至年末，全市农业贷款余额28.6亿元，比年初增加0.9亿元；工业贷款余额10.2亿元，减少2.4亿元；商业贷款余额7.2亿元，减少3.4亿元；个人消费贷款余额0.5亿元，减少0.2亿元；基本建设贷款余额3.2亿元，减少1.5亿元；技术改造贷款1.7亿元，增加1.3亿元。

【金融调控】 2004年，人行荣成市支行根据辖内经济金融运行实际，积极疏通货币政策传导机制，提高货币政策实施效果。一是制订了《支持中小企业发展的信贷指导意见》，引导金融机构合理信贷投向，加大对中小企业的扶持力度；二是与市经贸局、民营办联手组织召开重点项目推介会，为银企合作打造良好的平台。9家金融机构共对36户企业43个重点项目进行了选择和对接，并达到初步信贷支持意向，意向综合授信金额达28.6亿元，年末到位资金达9.9亿元；三是扎实推进创建金融安全区工作，在辖内建立良好的社会信用体系，有力地促进了辖区经济金融的稳定协调发展。

【金融监管】 2004年，荣成市金融监管部门认真履行监管职责，更新监管理念，提高监管能力和监管效率，不断防范和化解金融风险，维护了辖区金融秩序安全、平稳。

（王国锋　姜　洲）

文登市

【经济概况】 2004年，文登市全年实现地区生产总值267.90亿元，同比增长19.6%；人均地区生产总值41349元。实现财政总收入15.61亿元，增长36.7%。其中，地方财政收入10.01亿元，增长43.9%。

全年实现农业增加值23.66亿元，同比增长3.6%。其中，粮食总产34.74万吨，增长3.88%。林木覆盖率34%，提高3个百分点。

全年实现工业增加值158.37亿元，同比增长26.6%。规模以上工业企业实现产品销售收入560.23亿元，增长

文登市主要经济金融指标

经济指标	1999	2004	经济指标	1999	2004
土地面积（平方公里）	1780	1780	#地方财政收入（亿元）	4.47	10.01
人口（万人）	66.54	64.60	全社会固定资产投资（亿元）	4.31	117.74
#非农业人口（万人）	14.82	23.53	固定资产投资增速（%）	-40.3	45.7
地区生产总值（亿元）	142	267.90	进出口总值（亿美元）	1.56	7.19
地区生产总值年增速（%）	12	19.6	#出口总值（亿美元）	1.24	4.87
第一产业（亿元）	20.63	23.66	实际利用外资（亿美元）	0.32	1.52
第二产业（亿元）	83.21	163.13	社会消费品零售总额（亿元）	30.40	48.23
第三产业（亿元）	38.16	81.13	居民消费价格指数（%）	100.5	100.3
财政总收入（亿元）	6.27	15.61	人均地区生产总值（元）	21340	41349
金融指标（亿元）	**1999**	**2004**	**金融指标（亿元）**	**1999**	**2004**
金融机构存款余额	64.04	102.95	金融机构贷款余额	42.55	54.80
企业存款	6.65	13.10	短期贷款	37.67	41.06
储蓄存款	55.35	83.46	中长期贷款	3.37	13.07

文登市主要金融机构负责人

单位名称	行长（或其他称谓的第一负责人）	副行长（或其他称谓的同级领导）
中国人民银行文登市支行	王新军	刘守明　王文先
中国银监会威海监管分局文登市办事处	王进生	
中国工商银行文登市支行	荣龙声	谭建军　侯旭东
中国农业银行文登市支行	张培仲	杨勇强　于吉茂　王鲁军　陈卫东　马俊山
中国银行文登支行	焉长海	邹积玲　杜红霞
中国建设银行文登市支行	刘　辉	李　晓　于波涛
中信实业银行文登支行	林建强	李　玲　于志刚
威海市商业银行文登支行	朱友琪	赵晓博
文登市农信社	卢书武	侯献琛　王志勇　谭国民

文登市主要金融机构业务概况

单位：亿元

单位名称	存　款	企业存款	储蓄存款	贷　款	短期贷款	中长期贷　款
中国工商银行文登市支行	8.52	0.96	5.85	10.75	6.61	4.14
中国农业银行文登市支行	19.09	3.96	13.83	6.35	3.63	2.61
中国银行文登支行	7.07	1.44	5.48	4.59	2.47	2.04
中国建设银行文登市支行	8.09	1.71	5.01	4.81	3.22	1.29
中信实业银行文登支行	5.52	2.55	2.87	3.83	3.33	0.50
威海市商业银行文登支行	4.36	1.90	1.88	1.53	0.60	0.74
文登市农信社	29.07	0.44	27.49	21.14	19.58	1.57

46%；实现利税42.92亿元，增长31.54%。

全年实现社会消费品零售总额48.23亿元，同比增长13.5%。全年进出口总额7.19亿美元，增长24.5%。其中，出口4.87亿美元，增长25.3%，出口产品主要是机电产品和轻纺产品。

全年在岗职工平均工资12149元，同比增长12.3%。全市城镇居民人均可支配收入8877元，增长8.4%；农民人均纯收入5285元，增长12%。

【金融概况】　2004年，文登市金融部门不断深化金融改革，努力提高金融服务水平，金融运行保持良好发展态势。

【各项存款】　截至2004年末，文登市金融机构各项存款余额102.95亿元，增长6.7%；其中，各项人民币存款余额100.36亿元，增加6.84亿元。各项外汇存款0.31亿美元，减少0.05亿美元。

一、企业存款。截至年末，全市企业存款余额13.10亿元，增加2.58亿元，占全市新增存款比例的39.94%，提高30.26个百分点。

二、储蓄存款。截至年末，全市储蓄存款余额83.46亿元，增加1.95亿元，占全市新增存款比例的30.14%，降低了61.67个百分点。其中，定期储蓄余额72.03亿元，增加0.75亿元；活期储蓄余额11.44亿元，增加1.2亿元。

【各项贷款】　截至2004年末，文登市金融机构各项贷款余额54.80亿元，较年初增加4亿元，增长6.4%；其中，各项人民币贷款余额53.52亿元，减少3.68亿元。各项外汇存款0.15亿美元，增加0.02亿美元。

截至年末，全市农业贷款余额13.62亿元，同比增加0.02亿元；工业贷款余额8.05亿元，减少0.42亿元；商业贷款余额6.55亿元，减少2.02亿元；个人消费贷款余额3.33亿元，增加1.16亿元；技改贷款余额2.37亿元，减少

0.54 亿元。

【金融调控】 2004 年，人行文登市支行以防范化解金融风险、促进地方经济发展为目标，积极执行稳健的货币政策，促进了经济金融良好发展。一是指导农信社做好改革试点工作，成功获得了 4.4 亿元专项中央银行票据；二是促进失业人员实现再就业，全年发放失业人员小额担保贷款 95 户、190 万元；三是加大对“三农”经济的信贷投入，全年发放支农再贷款 6000 万元。

【金融监管】 2004 年，监管分局文登办事处紧紧围绕“以新思路、新机制、新举措，开创银行监管工作新局面”的总体要求，认真履行监管职责，通过行之有效的综合治理，辖内存款秩序明显好转。一是对辖内 13 名银行业高管人员进行考核，激发其事业心和责任感；二是争取政府等部门的支持，依法维护债权，减少了金融机构的损失。

（梁海涛）

乳山市

【经济概况】 2004 年，乳山市全年实现地区生产总值 150.03 亿元，同比增长 19.7%；人均地区生产总值 25694 元。实现财政总收入 7.76 亿元，增长 30.9%。其中，地方财政收入 5.52 亿元，增长 35.9%。

全年实现农业增加值 19.87 亿元，同比增长 4.2%。其中，粮食总产 24.76 万吨，增长 1.1%。林木覆盖率 29.3%。

全年完成工业增加值 74.78 亿元，同比增长 26.7%。规模以上工业企业实现产品销售总收入 265.11 亿元，增长 33.6%；实现利税 18.22 亿元。

乳山市主要经济金融指标

经济指标	1999	2004	经济指标	1999	2004
土地面积（平方公里）	1654	1654	# 地方财政收入（亿元）	2.45	5.52
人口（万人）	60.79	58.12	全社会固定资产投资（亿元）	15.62	90.97
# 非农业人口（万人）	9.53	17.99	固定资产投资增速（%）	-5.5	49.4
地区生产总值（亿元）	76	150.03	进出口总值（亿美元）	1.66	3.81
地区生产总值年增速（%）	18.4	19.7	# 出口总值（亿美元）	1.22	2.53
第一产业（亿元）	15.2	19.87	实际利用外资（亿美元）	0.18	2
第二产业（亿元）	33.5	83.57	社会消费品零售总额（亿元）	22.5	35.25
第三产业（亿元）	27.3	46.60	居民消费价格指数（%）	101.3	101.8
财政总收入（亿元）	3.17	7.76	人均地区生产总值（元）	12463	25694
金融指标（亿元）	**1999**	**2004**	**金融指标（亿元）**	**1999**	**2004**
金融机构存款余额	37.4	65.86	金融机构贷款余额	25.83	38.45
企业存款	3.24	5.09	短期贷款	21.15	29.47
储蓄存款	33.48	55.58	中长期贷款	3.06	8.86

乳山市主要金融机构负责人

单位名称	行长（或其他称谓的第一负责人）	副行长（或其他称谓的同级领导）
中国人民银行乳山市支行	徐东风	高 伟 宫云山
中国银监会威海监管分局乳山市办事处	王卫东	
中国工商银行乳山市支行	苏 岩	孙树模 孙光明

续表

单位名称	行长（或其他称谓的第一负责人）	副行长（或其他称谓的同级领导）
中国农业银行乳山市支行	张华祝	宫福杰　姜　明
中国银行乳山支行	王军法	马千里　沙海涛
中国建设银行乳山市支行	张军训	杜志刚
威海市商业银行乳山支行	孙京柱	
乳山市农信社	丁新强	刘　华　韩文龙　曹常平

乳山市主要金融机构业务概况

单位：亿元

单位名称	存　款	企业存款	储蓄存款	贷　款	短期贷款	中长期贷　款
中国工商银行乳山市支行	7.7	0.84	5.63	7.75	4.19	3.56
中国农业银行乳山市支行	10.14	1.5	7.18	2.93	1	1.84
中国银行乳山支行	5.19	0.06	445	2.78	2.74	0.04
中国建设银行乳山市支行	5.71	1.19	3.32	2.75	0.76	1.98
威海市商业银行乳山支行	1.41	0.8	0.6	0.7	0.59	0.11
乳山市农信社	25.29	0.03	24.1	19.14	18.65	0.45

全年实现社会消费品零售总额35.25亿元，同比增长13.16%。全年实际利用外资2亿美元，增长79.3%。全年进出口总额3.81亿美元，其中，出口2.53亿美元，增长21.4%。

全年在岗职工平均工资10901元，同比增长20.5%。全市城镇居民人均可支配收入8530元，增长10.49%；农村居民人均可支配收入4660元，增长14%。

【金融概况】　2004年，乳山市金融运行平稳，各项存贷款稳步增长，尤其是贷款在宏观调控趋于紧缩的形势下持续增加，余额为38.45亿元，剔除划拨及核销因素，实际增加6.74亿元，增幅达17.2%，同比多增0.73亿元，创历史同期新高。金融机构营运能力增强，经营效益持续好转。通过划拨、核销与票据置换，年末全市不良贷款余额9.35亿元，较年初减少7.52亿元，金融机构当年盈利0.38亿元，同比增加0.21亿元。

【各项存款】　截至2004年末，乳山市金融机构各项存款余额65.86亿元，其中，各项人民币存款余额63.99亿元，同比增加5.68亿元。各项外汇存款余额0.22亿美元，减少0.04亿美元。

一、企业存款。截至年末，全市企业存款余额5.09亿元，减少0.49亿元。

二、储蓄存款。截至年末，全市储蓄存款余额55.58亿元，增加4.54亿元，占全市新增存款比例的79.93%，提高11.27个百分点。其中，定期储蓄存款44.78亿元，增加2.74亿元；活期储蓄余额9.5亿元，增加1.8亿元。

【各项贷款】　截至2004年末，乳山市金融机构各项贷款余额38.45亿元，其中，各项人民币贷款余额37.55亿元，同比增加2.83亿元。各项外汇贷款余额0.11亿美元，减少0.03亿美元。

截至年末，全市农业贷款余额13.04亿元，同比增加3.57亿元；工业贷款余额3.84亿元，减少0.45亿元；商业贷款余额3.34亿元，减少2.14亿元；个人消费贷款余额4.91亿元，增加2.81亿元；固定资产投资贷款余额8.29亿元，增加3.11亿元；技改贷款余额0亿元，减少0.36亿元。

【金融调控】 2004年，人行乳山市支行充分发挥“窗口指导”作用，积极搭建银企沟通平台。一是通过与各部门联合召开经济形势现场分析会、重点企业和项目推介会等形式，支持重点企业获得银行贷款和市场融资3.22亿元，支持市政重点工程贷款1.35亿元；二是加大对“三农”的信贷投入，促进农业增产、农民增收和农村产业结构的调整，支持“三农”新增贷款3.99亿元；三是协助政府有关部门完成乳山市信诺担保公司的组建工作，支持中小及民营企业贷款增加8600万元；四是加强对农信社改革工作的具体指导与协调，票据置换不良贷款2.89亿元，使全市金融生态环境不断改善。

【金融监管】 2004年，乳山市金融监管部门认真履行监管职责，不断提高监管能力和监管效率，金融风险不断降低，保障了辖区金融业的合法稳健运行和地方经济的健康发展。

（冷国庆）

潍坊市

【经济概况】 2004年，潍坊市实现地区生产总值1246.4亿元，同比增长16.9%，增幅提高1.9个百分点。其中，第一产业完成增加值180.4亿元，增长8.6%；第二产业完成增加值683.5亿元，增长25.7%；第三产业完成增加值382.5亿元，增长7.3%。人均地区生产总值14678元，增长16.7%。三次产业比重由上年的15.5:50.5:34转变为14.5:54.8:30.7。实现财政总收入107.8亿元，增长26.7%，其中，实现地方财政收入52.6亿元，增长34.6%。

一、农业和农村经济稳步增长。2004年，潍坊市以解决“三农”问题为中心，全面取消除黄烟以外的农业特产税，降低农业税3个百分点，减轻农民负担4亿元，落实粮农直补资金0.68亿元，农业生产出现积极变化。全年实现农业增加值180.4亿元，同比增长8.6%。粮食总产量331.3万吨，增长12.8%。其中，夏粮总产131.4万吨，增长7.8%；秋粮总产199.9万吨，增长16.4%；棉花产量5.2万吨，增长11.7%；花生产量25.3万吨，增长3%；蔬菜产量1144万吨，下降1.4%；水果产量120.2万吨，增长5.8%。畜牧业生产稳定增长。肉类总产量120万吨，增长13.1%；禽蛋产量38.3万吨，增长0.4%；牛羊奶产量24.2万吨，增长30.5%。水产品产量59.1万吨，增长1.7%。其中，淡水产品5.95万吨，增长9.6%；海水产品53.2万吨，增长0.9%。截至年末，林木覆盖率22.1%，提高了1.9个百分点。农业机械总动力821.7万千瓦，增长7.5%。

二、工业生产实现速度和效益“双快”增长。2004年，潍坊市完成工业增加值618.5亿元，同比增长27.1%。截至年底，全市国有及年销售收入500万元以上的非国有独立核算工业企业为2911个，增加941个；全年完成工业增加值501.3亿元，增长31.7%，增幅提高4.7个百分点。其中，国有工业完成工业增加值33.3亿元，增长35%；集体工业完成工业增加值33.4亿元，增长22.6%；股份合作制工业完成工业增加值9.3亿元，增长43.7%；股份制工业完成工业增加值271.2亿元，增长39.9%；外商及港澳台商投资工业完成工业增加值101.9亿元，增长21%。

工业经济效益明显提高。规模以上工业企业完成销售总收入1806.2亿元，增长49.4%；实现利税169.8亿元，增长44.9%；实现利润101.4亿元，增长54.9%。工业经济效益综合指数为160.96，提高18.3个百分点。规模以上工业企业亏损面1.9%，下降1.7个百分点；亏损企业亏损额1.5亿元，下降38.1%。工业投入保持较快增长。全市工业投资完成583亿元，其中，投资过1000万元的项目1933个，完成投资额533.9亿元。

三、消费市场稳中见旺，物价指数温和上扬。2004年，潍坊市实现社会消费品零售总额405.2亿元，同比增长16%。其中，城市零售额实现231.9亿元，增长17.3%；县以下零售额实现156.2亿元，增长14%。按行业划分，批发零售贸易业零售额342.7亿元，增长16.6%；餐饮业零售额41.3亿元，增长22.2%。

物价指数小幅上涨。全市居民消费价格总指数为102.7%，同比上涨2.7个百分点。其中，消费品价格上涨3.2%，服务项目价格上涨0.6%。工业品价格涨幅较大。原材料燃料动力购进价格和工业品出厂价格分别上涨17.2%和9.1%。

四、固定资产投资大幅增长。2004年，潍坊市全社会固定资产投资完成825.1亿元，同比增长59.6%。其中，规模以上单位投资完成782.2亿元，增长60.4%。非公有（民营）经济投资完成803.5亿元，增长136.2%。规模以上单位投资中，基本建设投资445.2亿元，增长80.8%；更新改造投资286.9亿元，增长51.8%；房地产开发投资43亿元，增长15.9%。按地域划分，城镇完成投资452.5亿元，增长51.2%；农村完成投资329.7亿元，增长71.6%。

五、对外经贸事业稳步推进。据海关统计，2004年，潍坊市进出口总额30.4亿美元，同比增长35%。其中，进口

潍坊市经济主要统计指标

指　标	1999	2000	2001	2002	2003	2004
土地面积（平方公里）	15859	15859	15859	15859	15859	15859
人口（万人）	840.04	844.57	845.93	847.47	847.71	850.7
#非农业人口（万人）	206	197	204.65	217.53	235.4	247.9
地区生产总值（亿元）	647.3	714.6	802	895	1030	1246.4
地区生产总值增速（%）	9.5	10.3	11.2	12.5	15	16.9
第一产业（亿元）	142	145.8	149.3	150.4	160	180.4
第二产业（亿元）	288.3	329.5	368.8	423.6	520	683.5
#工业（亿元）	259.3	295.6	329.8	379.3	470	618.5
#建筑业（亿元）	29	33.9	39	44.3	50	65
第三产业（亿元）	217.0	239.3	283.9	321	350	382.5
地区生产总值构成（%）	100	100	100	100	100	100
第一产业	21.94	20.40	18.62	16.8	15.5	14.5
第二产业	44.54	46.11	45.98	47.3	50.5	54.8
第三产业	33.52	33.49	35.40	35.9	34	30.7
财政总收入（亿元）	55.05	57.7	66	76.2	90.5	107.8
#地方财政收入（亿元）	31	34.3	40.8	38.3	45.7	52.6
全社会固定资产投资（亿元）	155	189	217.5	277.2	517.1	825.1
#基本建设（亿元）	30.8	36	35.5	50.7	124.1	445.2
#更新改造（亿元）	17.9	34.6	47.2	62.6	107.5	286.9
#房地产开发（亿元）	6.8	11.2	14.3	20.4	37.1	43
固定资产投资增速（%）	-5.7	22.8	14.9	26.2	86.5	59.6
进出口总值（亿美元）	9.6	13.7	15.36	18.44	22.55	30.4
#出口总值（亿美元）	7.15	9.94	4.02	12.82	16.38	21.3
实际利用外资（亿美元）	1.18	1.42	1.68	2.59	5.03	10.2
社会消费品零售总额（亿元）	244.9	260	282.1	313.49	344.6	405.2
居民消费价格指数（%）	100.1	101.2	101.3	100.4	100.5	102.7
城镇居民家庭人均年收入（元）	5905	6307	7303	7538	8317	9297.1
农民家庭人均年收入（元）	3331	3437	3579	3643	3921	4438
人均地区生产总值（元）	7725	8084	9481	10570	12150	14678

潍坊市金融主要统计指标

指标（亿元）	1999	2000	2001	2002	2003	2004
金融机构存款余额	495.4	560.61	646.5	786.45	902.28	1055.36
（一）企业存款	82.41	95.09	114.3	164.18	192.85	228.23
（二）储蓄存款	387.26	424.45	477.93	536.42	606.96	696.22
#定期储蓄存款	310.87	330.28	362.02	388.96	430.94	480.47
#活期储蓄存款	76.38	94.17	115.91	147.46	176.02	215.76
金融机构贷款余额	429.81	427.19	476.48	573.7	651.8	743.9
（一）短期贷款	333.28	328.21	371.93	439.53	489	529.92
#工业贷款	73.68	67.99	85.72	110.32	124.21	139.72
#商业贷款	93.15	82.81	90.14	99.03	96	96.19
#农业贷款	52.47	62.57	84.56	104.72	123.11	140.37
（二）中长期贷款	39.77	39.26	52.99	79.6	107.35	134.87
#基本建设贷款	16.08	11.39	10.19	30.67	34.56	51.05
#技术改造贷款	11.78	14.01	21.04	2.3	3.7	4.08
现金收入	1915.17	2154.27	2477.86	2893.12	3395.5	4291.13
现金支出	1895.09	2142.45	2470.35	2878.94	3365.92	4254.07
现金投放（+）回笼（-）	-20.09	-11.82	-7.51	-14.19	-29.6	-37.06
当年结益	-7.35	-36.49	-3.54	-1.78	-1.49	3.79

潍坊市主要金融机构负责人

单位名称	行长（或其他称谓的第一负责人）	副行长（或其他称谓的同级领导）
中国人民银行潍坊市中心支行	张胜林（行长）	谭香莲　顾延善　吴金忠　李万友
中国银监会潍坊监管分局	陈福成（局长）	刘世明　郭虎英
中国工商银行潍坊市分行	孙明堂（行长）	王世明　赵忠江
中国农业银行潍坊市分行	王增辉（行长）	王泽荣　贾建生　张俊国　张玉法
中国银行潍坊分行	徐家忠（行长）	安　宁　杨京连　刘耕新
中国建设银行潍坊市分行	陈庆民（行长）	陈德明　陈　鹏　刘绍涛　白彤文
潍坊市商业银行	毛新华（董事长）	王新光　陈瑞源　李文义　周世国
农信社潍坊市办事处	王新声（理事长）	赵志军　孙述朋

潍坊市主要金融机构业务概况

单位：亿元

单位名称	存　款	企业存款	储蓄存款	贷　款	短期贷款	中长期贷　款
中国工商银行潍坊市分行	147.93	35.84	97.24	156.7	84.15	65
中国农业银行潍坊市分行	183.11	34.2	130.92	129.59	94.03	20.82
中国银行潍坊分行	87.61	26.99	44.14	49.69	38.35	6.04
中国建设银行潍坊市分行	120.11	34.73	66.25	65.33	31.13	19.82
潍坊市商业银行	90.07	69.01	20.76	64.55	37.05	13.19
农信社潍坊市办事处	277.19	13.59	224.4	218.76	191.72	6.98

潍坊市各县级区域经济金融主要统计指标

名称	人口（万人）	面积（平方公里）	地区生产总值（亿元）	地区生产总值增速（%）	存款（亿元）	储蓄存款（亿元）	贷款（亿元）
潍城区	36.8	272.3	41.19	19.4	57.02	41.84	39.21
奎文区	54.55	180.2	37.08	26	77.42	62.27	69.07
坊子区	23.95	345.5	37.11	16.2	34.59	28.36	27.47
寒亭区	35.47	849	40.75	19.5	38.38	35.24	32.88
青州市	89.96	1569	125.64	21.3	102.79	83.58	50.09
诸城市	106.15	2183	176.36	19.5	95.66	67.65	73.47
寿光市	100.67	2180	193.01	19.8	135.11	101	86.12
安丘市	105	1928	90.44	18.4	63.9	50.16	41
高密市	85.74	1606	102	13.2	62.4	48.16	49.3
昌邑市	67.76	1812	100.1	20.1	80.19	64.62	42.49
临朐县	85.2	1833	60.53	12.1	51.96	41.61	26.44
昌乐县	59.45	1101	60.02	25.2	42.37	32.47	29.72

9.2亿美元，增长48.6%；出口21.3亿美元，增长29.8%。在出口商品中，初级产品出口额6.1亿美元，增长26.6%，占出口总值的28.6%；工业制成品出口额13.5亿美元，增长29.8%，占出口总值的63.4%。实际利用外资大幅增长。全年共签订利用外资项目378项，合同外资额14.6亿美元，增长90.2%；实际利用外资10.2亿美元，增长101.9%。

六、城乡居民收入增长明显。2004年，潍坊市在岗职工人数59.2万人，同比增长1.7%；在岗职工工资总额72.7亿元，增长14.9%；在岗职工平均工资12317元，增长14.3%。城镇居民人均可支配收入9297.1元，增长11.8%；人均消费性支出6821.8元，增长11.4%。农民人均纯收入4438元，增长13.2%；农民人均生活消费支出3025元，增长30.2%。年末城市恩格尔系数为34.8%，上升0.2个百分点；农村恩格尔系数为38.5%，下降1.1个百分点。

【金融概况】 2004年，潍坊市金融部门以支持辖区经济发展为主题，认真贯彻稳健的货币政策，大力推进金融体制改革，增加信贷投放，改善金融服务，提高经营效益，促进了经济金融的良性互动发展。截至年末，全市辖区金融机构本外币不良贷款余额143.28亿元，较年初下降34.18亿元；不良贷款率为18.46%，下降7.09个百分点。全市辖区银行业金融机构实现本外币账面结益4.47亿元，同比增盈6.15亿元。

【存款情况】 截至2004年末，潍坊市金融机构本外币各项存款余额1076.41亿元，比年初增加154.55亿元，增长16.83%，增幅提高了2.33个百分点。其中，人民币存款余额1055.36亿元，增加153.09亿元，增长16.91%，增量居山东省第3位，增幅高于全省平均水平；各项外汇存款余额

2.54亿美元，较年初增加0.18亿美元。从新增存款机构分布看，城商行和农信社市场份额逐步扩大。两机构新增存款68.35亿元，占全市存款增量的44.23%，提高了18.85个百分点。

一、企业存款稳步增长。截至年末，潍坊市金融机构本外币企业存款余额234.18亿元，较年初增加37.42亿元，同比多增7.62亿元，增长19.02%；占全市新增存款比例为24.21%，降低了1.35个百分点。其中，企业活期存款余额123.44亿元，增加19.29亿元，同比少增7.33亿元；企业定期存款余额110.74亿元，增加18.13亿元，同比多增14.94亿元。

二、储蓄存款较快增长。截至年末，潍坊市金融机构本外币储蓄存款余额708.19亿元，较年初增加87.17亿元，同比多增17.06亿元，增长14.04%，占全市新增存款比例为56.4%，降低了3.74个百分点。其中，定期储蓄存款余额490.76亿元，增加47.3亿元，多增6.48亿元；活期储蓄存款余额217.43亿元，增加39.86亿元，多增10.58亿元。

【贷款情况】 截至2004年末，潍坊市本外币各项贷款余额773.49亿元，较年初增加118.69亿元，同比多增31.49亿元；增长17.1%，增幅提高了2.8个百分点。其中，人民币各项贷款余额743.9亿元，增加112.5亿元，增长17.3%，增量居山东省第3位，增幅高出全省平均水平3.2个百分点；各项外汇贷款余额3.58亿美元，增加0.75亿美元，同比少增0.21亿美元。从新增贷款机构分布看，地方中小法人金融机构信贷增长力度明显强于全国性金融机构的辖区分支机构。全年辖区城商行和农信社贷款增加62.53亿元，同比多增33.62亿元，增长28.33%；增量占同期辖区银行业金融机构新增贷款的52.73%，提高了27.78个百分点。

一、农业贷款。截至年末，潍坊市农业贷款余额140.37亿元，较年初增加23.01亿元，同比多增4.62亿元；占全部贷款增加额的20.46%，下降2.75个百分点。农信社继续成为支农“主力军”，农业贷款余额132.9亿元，增加22.68亿元，同比多增3.81亿元。

二、工业贷款。截至年末，潍坊市工业贷款余额139.72亿元，较年初增加18.37亿元，同比多增4.49亿元；占全部贷款增加额的16.33%，下降1.19个百分点。在投向方面，该市金融机构坚持“扶优扶强”战略，不断增加对优质项目和优质企业的信贷投入。截至年末，潍坊市29家国家大型工业企业和50户重点工业企业贷款余额分别达117.5亿元和136.7亿元，较年初增加28.1亿元和25.3亿元，增长31.4%和22.7%，分别高于同期该市贷款增幅10.3个和4.9个百分点。

三、商业贷款。截至年末，潍坊市商业贷款余额96.19亿元，较年初增加3.52亿元，同比多增5.63亿元。其中，农副产品收购贷款余额30.01亿元，减少1.97亿元，主要是受粮棉油市场放开、农发行收购贷款减少2.2亿元所致。

四、个人消费贷款。截至年末，潍坊市个人消费贷款余额57.91亿元，较年初增加12.9亿元，同比少增4.13亿元，增长28.66%；占全部贷款增加额的11.47%，下降10.52个百分点。个人住房、汽车消费贷款依然是个贷业务主体。年末，全市个人住房贷款和汽车消费余额48.18亿元，增加9.61亿元，占全部消费贷款余额的83.2%。其中，个人住房贷款余额40.93亿元，增加9.8亿元，占全部消费贷款余额的70.68%；。

五、固定资产投资贷款。截至年末，潍坊市金融机构中长期贷款余额134.87亿元，较年初增加29.6亿元，同比多增2.11亿元。其中，基本建设贷款余额51.05亿元，增加16.58亿元，同比多增12.69亿元；技术改造贷款余额4.08亿元，增加0.62亿元，同比少增0.82亿元。

六、外汇贷款。截至年末，潍坊市各项外汇贷款余额3.58亿美元，较年初增加0.75亿美元，同比少增0.21亿美元。其中，短期外汇贷款余额2.98亿美元，增加1.04亿美元，同比多增0.27亿美元。

【现金投放和回笼】 2004年，潍坊市金融机构累计现金收入4291.13亿元，增加895.63亿元，增长26.38%；现金支出4254.07亿元，增加888.15亿元，增长26.39%；累计现金净回笼现金37.06亿元，同比多回笼7.49亿元。

【外汇管理】 2004年，外管局潍坊市中心支局坚持“理清思路定目标，突出重点抓亮点，科学统筹早安排，落实责任创一流”的工作思路，通过更新管理理念，创新管理方式，加大外汇检查力度，维护辖内外汇市场秩序，促进涉外经济的健康发展。2004年，潍坊市涉外收付汇总量27.77亿美元，其中，收入20.91亿美元，增长47.68%；对外支出6.86亿美元，增长34.82%；实现顺差14.05亿美元，增长54.88%。结售汇总量21.27亿美元，其中，结汇17.37亿美元，增长36.5%；售汇3.9亿美元，增长28.82%；结售汇顺差13.47亿美元。利用外资2.86亿美元，增长33.6%。全市外债及外债转贷款余额1.36亿美元，增长8.3%。

一、加强外汇政策宣传和引导。2004年，该局一是建立以“外汇局—企业联系手册”为载体的工作季度反馈制度，实现银企沟通，形成外汇业务整体联动的服务格局；二是建立与银行、涉外企业间的重大外汇政策调整回访制度；三是组织对250家有代表性外经贸企业外汇管理服务和政策需求问卷调查，全面掌握各项外汇政策实施效果；四是举办涉外企业外汇工具运用培训班，为企业运用外汇工具，防范规避涉外风险提供有力支持。

二、转变管理理念，优化管理方式，推动贸易投资便利化。2004年，该局一是转变进出口核销管理模式，向“主体监管，总量核查”过渡。全年共办理贸易出口售汇核销8.1

万笔，金额19.27亿美元；进口付汇5104笔，金额6.45亿美元；二是推进外汇账户改革，促进外汇资金合理有序流动。全年新增外汇账户160个，新增账户限额41.3万美元；三是制定实施了《境外投资外汇管理办法实施意见》，积极支持企业境外直接投资。全年共清理境外投资汇回利润保证金账户3户，退还金额5.04亿美元。

三、加大对外向型企业的服务及资金支持力度。2004年，该局灵活运用自营外汇贷款、打包贷款、押汇等方式，对产品质量高、有市场、信誉好的外向型企业给予资金支持，增强其参与国际市场的竞争力。全辖外汇指定银行累计新增自营外汇贷款2.55亿美元，增长78.59%；贸易放贷提款7261万美元，增长32.75%。

四、加大反洗钱力度，加强外汇流入管理。2004年，该局一是深化大额和可疑外汇资金交易报告、甄别、分析工作；二是围绕反洗钱内控制度建设、交易数据的完整性、准确性等内容，组织对辖内30余家金融机构进行全面检查；三是依托国际收支申报系统、外汇账户管理系统、结售汇管理系统数据的关联验证分析，对异常资金流动和外汇收支重点交易项目监测；四是加强资本金结汇、外汇保险业务管理，加大进出口逾期未核销等违规行为的查处力度。先后对2家违规企业进行了立案查处，收缴罚没款3.1万元人民币，结案率达100%。

五、全面提高国际收支申报效率和分析水平。2004年，该局一是编制《国际收支统计间接申报规范操作手册》，提高申报效率和申报准确率，得到外管局山东省分局的充分肯定，9月份在全省外汇和银行系统印发和推广；二是制定《国际收支统计间接申报数据自查制度》，规定了每日、每周、每月、每季核查的核查方法、核查内容、注意问题和纠改措施，使国际收支申报问题能够在银行上报数据前得以及时纠正，提高了非现场核查质量。

【货币政策实施】 2004年，人行潍坊市中支坚持以"监测、分析和引导"为切入点，灵活运用货币政策工具，努力疏通货币信贷政策传导机制，不断调整优化金融资源配置，支持区域经济平稳、快速发展。

一、准确把握宏观金融调控与地方经济发展的结合点，区域经济金融的互动性得到进一步加强。2004年，该中支一是在深入调查研究基础上，提出了金融支持经济发展的思路和措施；二是建议并协助市政府召开了首次潍坊市金融工作会议；三是参与市委市政府经济工作决策研究，提出了做强做大辖区金融产业的发展规划；四是组织了潍坊市信用企业评选工作；五是参与了省级股份制商业银行潍坊联络处的筹建工作。该中支连续两年被评为"经济建设十佳服务单位"。

二、搭建银企合作对接平台，调控区域信贷资金能力进一步增强。2004年，该中支一是牵头组织各金融机构与潍坊市计委、经贸委加强沟通，积极运用信贷登记咨询系统，搭建重点项目和逃废金融债权企业名单发布平台；二是主办"支持县域经济发展研讨会"，与县域中小企业共签订贷款协议2.1亿元；三是承办了潍坊市政府与人行济南分行联合召开的"2004'潍坊银企合作促进会"，银企双方共签订贷款协议及意向222亿元；四是配合市政府组织督查组，对签约资金落实情况进行专项督查，加强了资金调度。截至年末，协议资金到位率已逾50%。

三、做好监测引导工作。2004年，该中支一是建立实行了货币政策分析、货币市场月度监测、利率政策执行监测等制度，并建议政府出台了金融工作考核奖励制度；二是综合利用金融统计、信贷登记咨询系统、企业监测系统功能，加强经济金融运行监测，促进信贷政策与产业政策的协调配合；三是灵活运用再贷款、再贴现等货币政策工具，加大对"三农"、中小企业和重点项目的支持力度，对过热行业的信贷投入进行了有效控制。全年累计发放支农再贷款18.6亿元，经营性再贷款1.2亿元，办理再贴现8.3亿元。

四、积极支持农信社改革。2004年，该中支一是做好辖区农信社改革试点的资金支持工作，加强与市银监分局的协作配合，顺利完成农信社增资扩股计划、专项票据发行申请材料审核上报工作，加快了其专项支持票据发行工作进程。全市13家农信社中先后分两批获得央行专项支持票据13.83亿元；二是加强对辖区农信社改革进展情况的跟踪检查和督促。截至年末，全市农信社相关指标完成状况良好，不良贷款率9.34%，资本充足率达6.6%。

【金融监管】 2004年，潍坊市金融监管部门积极构建以"新理念、新机制、新方式、新文化"为内涵的持续审慎监管体系，有效促进了整体效能的发挥，监管质效不断提高。

一、树立科学监管理念，促进监管工作有效开展。2004年，人行潍坊市中支牢固树立"以监管促发展，在发展中防范化解风险"的监管理念，督促金融机构准确把握宏观调控与审慎经营的关系；二是坚持"整体监管"理念，营造协调互动的内外部环境；三是坚持"依法监管"理念，实施阳光监管。

二、统筹规划，构建监管运行新机制。2004年，人行潍坊市中支一是落实管检交叉、查处分离、跟踪问责新机制，制定《现场检查项目立项程序（暂行）》，逐项落实监管责任，初步形成分工负责、互相监督、互相制约的现场检查运行新机制；二是建立非现场与现场检查的协动性机制，制定实施《非现场监管操作指引》，不断完善非现场监管手段。全年通过非现场监管发现苗头性问题70个，发出质询43次，提出预警和监管建议79条；三是建立高级管理人员连续监管机制，加强资格和行为监管，进一步完善包括专业知识综合测试、任职资格审查、离任审计等的动态管理体系。全年共对93名高级管理人员进行了任职资格审核。

三、突出重点，创新监管新方式。2004年，人行潍坊市中支一是坚持因行制宜，实施分类监管。通过横向机构之间比较、纵向自身发展比较、外向与先进地区比较，确定了不同机构的监管思路和重点；二是实行内外结合，严格内控监管，建立了辖内银行业机构开办各项业务的依据、操作规程和办法等内控制度资料库，制定实施了《银行业机构报送资料审核办法》，加强对银行业机构内部控制的评价考核，督促其进一步完善和规范内控制度和操作规程，有效防范了操作风险的发生。

【保险业务】 2004年，潍坊市保险业呈现健康发展态势。全年产、寿险保费总收入达26.90亿元，同比增长23.40%。其中，产险实现保费收入6.18亿元，增长22.90%；寿险实现保费收入20.73亿元，增长23.70%。年末，全市保险深度（保费收入/GDP）为2.16%，提高0.04个百分点；保险密度（保费收入/人口总数）为316.6元/人，增加58.9元。全年共支付赔款和给付保险金5.40亿元。其中，产险支付赔款3.30亿元，赔付率增长12%；寿险赔付和给付保险金2.20亿元，赔付率增长38.10%，有效发挥了保险业在经济发展和安定社会生活方面的重要作用。

保险机构体系进一步完善。截至年末，潍坊市共有保险公司14家，其中，产险公司8家，寿险公司6家；保险网点63处，从业人员7154人。

【证券市场】 2004年，潍坊市企业境内外上市融资取得新突破。3月份，潍柴动力股份有限公司在香港联交所发行1.1亿股H股取得圆满成功，共募集资金折合人民币14.1亿元，配售和公开发售两项指标创1998年以来香港联交所股票发行新纪录；5月份，山东墨龙石油机械股份有限公司作为潍坊市首家民营企业在香港联交所创业板成功发行H股，募集资金折合人民币1亿元；9月份，山东晨鸣纸业股份公司和山东海化股份公司先后在深圳证券交易所成功发行20亿元和10亿元可转换公司债券。截至年末，全市上市公司增加到10家企业、11支股票，全年从证券市场融资到位资金45亿元；上市公司总数已占全省的12%，跃居山东省首位。

证券机构业务发展平稳。截至年末，潍坊市已拥有西部证券和天同证券两家证券公司。其中，西部证券设有1个营业部，天同证券设有5个营业部和4个服务部。2004年，两家证券公司面对市场竞争，确立了以经纪业务为中心，一手抓交易平台建设，一手抓信息系统建设的战略思想，建立了成熟、安全、高效的经纪业务服务网络和法人清算体系。全年实现交易量113.51亿元，同比增加33.62亿元；投资者队伍不断壮大，年末开户数达12.23万户。

【精神文明建设】 2004年，潍坊市金融部门进一步加强党的建设、行风建设、队伍建设和思想政治工作，深入、扎实、广泛地开展双文明单位创建活动，促进了各项工作顺利开展。各金融机构一是以开展综合性技术竞赛、争先创优活动作为有效载体，深入开展文明单位创建工作；二是积极开展服务技能和业务知识培训；三是深入开展“爱行爱岗、自信自强”主题教育活动，增强集体荣誉感；四是强化企业文化建设，深入开展了优质文明服务工作，同时狠抓了教育培训工作；五是组织开展风筝大赛、乒乓球比赛等一系列丰富多彩的文化活动。

【金融大事记】 2月9日 全国银行间同业拆借中心评出了2003年度120家“优秀交易成员”和“全国银行间债券市场交易活跃前100名”。潍坊市商业银行分别名列第38位和第64位。

3月24日 外管局山东省分局外汇检查工作会议在潍坊市临朐县召开，人行济南分行副行长、外管局山东省分局副局长门晓波参加会议并做了重要讲话。

4月19日 人行济南分行党委副书记、副行长高士敏到潍坊中支公布分行党委对领导班子的调整决定。张胜林被任命为人行潍坊市中支行长、外管局潍坊市中心支局局长；原人行潍坊市中支行长、外管局潍坊市中心支局局长吉昌荣改任人行潍坊市中支调研员。

4月19日～20日 人行集中复点残损人民币试点工作座谈会在潍坊市召开，人总行货币金银局张双想副局长，人行济南分行王敏副行长，南京、成都、沈阳分行、重庆营业管理部、深圳中心支行等省外九家中心支行、柳州钞票处理中心等30人参加了会议。

7月6日 人行潍坊市中支协助市政府组织召开全市金融工作会议，分析研究全市经济金融工作面临的新形势、新任务。市委书记张传林，市委副书记、市长张新起到会并作了重要讲话。

7月28日 人行济南分行与潍坊市委、市政府联合召开“2004’潍坊银企合作促进会”，各银行业金融机构与276户企业签订合作协议和意向221.9亿元。人行济南分行杨子强行长参加会议并做了重要讲话。

7月30日 中行山东省分行“三个规范”推广现场会在潍坊召开，中总行保卫部杨干明主任、省中行唐家琦、孟和平书记及全省各市分行、直属支行分管行长、保卫部主任参加了会议。

8月25日 山东省银监局王进诚局长到潍坊市商行调研，并对在县域设立机构进行批示。

10月23日 工行潍坊市分行在潍坊第一中学体育场成功举办第二届职工运动会。

12月14日 潍坊市政府组织召开全市首批银行最佳信用企业授牌大会，对首批入选的163户企业进行了公开授牌。

（杨金柱 邓大海 周文平）

青州市

【经济概况】 2004年，青州市全年实现地区生产总值125.64亿元，同比增长21.30%；人均地区生产总值13966元；实现财政总收入15.7亿元，其中，地方财政收入4.11亿元，增长37.5%。

全年实现农业增加值17.62亿元，同比增长6.12%。其中，粮食总产36.31万吨，增长1.61%。林木覆盖率21.83%，提高了2.15个百分点。

全年完成工业增加值61.56亿元，同比增长21.42%。规模以上工业企业实现产品销售总收入156.63亿元，增长

青州市主要经济金融指标

经济指标	1999	2004	经济指标	1999	2004
土地面积（平方公里）	1569	1569	#地方财政收入（亿元）	2.39	4.11
人口（万人）	89.43	89.96	全社会固定资产投资（亿元）	15.14	111.07
#非农业人口（万人）	14.32	21.9	固定资产投资增速（%）	12.9	96.3
地区生产总值（亿元）	64.31	125.64	进出口总值（亿美元）	0.42	1.11
地区生产总值年增速（%）	10.5	21.3	#出口总值（亿美元）	0.39	0.95
第一产业（亿元）	14.60	17.62	实际利用外资（亿美元）	0.11	0.79
第二产业（亿元）	27.21	66.48	社会消费品零售总额（亿元）	27.22	44.22
第三产业（亿元）	22.50	41.5	居民消费价格指数（%）	99.3	102.6
财政总收入（亿元）	8.27	15.7	人均地区生产总值（元）	7190	13966
金融指标（亿元）	**1999**	**2004**	**金融指标（亿元）**	**1999**	**2004**
金融机构存款余额	55.67	102.79	金融机构贷款余额	33.73	50.09
企业存款	5.86	11.77	短期贷款	22.90	37.63
储蓄存款	46.67	83.58	中长期贷款	3.58	5.54

青州市主要金融机构负责人

单位名称	行长（或其他称谓的第一负责人）	副行长（或其他称谓的同级领导）
中国人民银行青州市支行	赵卫东（行长）	刘莉莉　董建平
中国银监会潍坊监管分局青州办事处	璩新民（主任）	段俊坤
中国工商银行青州市支行	王　勇（行长）	张纯德　庄宏伟　闵庆龙　李明年
中国农业银行青州市支行	王金华（行长）	王晓生　刘　剑　岳佐军
中国银行青州支行	刘曙光（行长）	付廷泉　于见波　杨瑞祥
中国建设银行青州市支行	郝兴奎（行长）	范天峰　刘松之　王辉东
青州市农信社	张玉德（理事长）	杭　玫　隋显峰　李洪蒙

青州市主要金融机构业务概况

单位：亿元

单位名称	存 款	企业存款	储蓄存款	贷 款	短期贷款	中长期贷 款
中国工商银行青州市支行	12.77	2.00	9.76	9.87	5.00	3.62
中国农业银行青州市支行	23.40	3.58	18.83	5.22	3.08	0.66
中国银行青州支行	6.15	1.43	3.63	2.20	1.85	0.25
中国建设银行青州市支行	12.22	3.15	8.05	2.29	0.76	0.99
青州市农信社	36.01	1.48	31.51	27.39	23.83	0.02

45.82%；实现利税20.38亿元。

全年实现社会消费品零售总额44.22亿元，同比增长15.94 %。全年进出口总额1.11亿美元，增长33.21%。其中，出口0.95亿美元，增长32.1%。

全市城镇居民人均可支配收入8251元，增长8.85%；农村居民人均纯收入4201元，增长12.91%。

【金融概况】 2004年，青州市金融部门以支持辖区经济发展、执行稳健货币政策为主线，积极探索优化信贷结构、提高货币政策区域传导效率的有效途径，不断完善金融服务，促进了经济金融的良性互动发展。

【各项存款】 截至2004年末，青州市金融机构各项人民币存款余额102.79亿元，同比增加12.06亿元；各项外汇存款余额1308万美元，减少229万美元。

一、企业存款结构性变化突出。截至年末，全市企业存款余额11.77亿元，较年初增加1.15亿元，增长10.84%；占全市新增存款的9.78%，提高了3.52个百分点。

二、储蓄存款大幅增加。截至年末，全市居民储蓄存款余额83.58亿元，较年初增加10.63亿元，增长14.57%；占全市新增存款的88.14%，提高了1.27个百分点。其中，定期储蓄存款余额57.97亿元，增加5.39亿元；活期储蓄存款余额25.61亿元，增加5.25亿元。

【各项贷款】 截至2004年末，青州市金融机构各项人民币贷款余额50.09亿元，较年初增加6.70亿元，同比多增3.75亿元（剔除农行青州市支行上划不良贷款2.31亿元等因素，各项贷款较年初实际增加9.01亿元）；各项外汇贷款余额139万美元，增加19万美元。

一、农业贷款。截至年末，全市农业贷款余额20.01亿元，较年初增加3.28亿元，增长17.51%。

二、工业贷款。截至年末，全市工业贷款余额6.09亿元，较年初减少1.44亿元；中长期流动资金贷款余额1.24亿元，增加0.52亿元。

三、商业贷款。截至年末，全市商业贷款余额4.63亿元，较年初减少0.58亿元。其中，农产品收购贷款余额3.12亿元，增加0.27亿元。

四、个人消费贷款。截至年末，全市个人消费贷款余额3.23亿元，较年初增加0.61亿元，增长23.28%。

五、固定资产投资贷款。截至年末，全市固定资产投资贷款余额2.28亿元，较年初增加0.81亿元，同比少增0.88亿元。

六、外汇贷款。截至年末，全市外币各项贷款余额139万美元，较年初增加19万美元；增长15.83%。

【金融调控】 2004年，人行青州市支行不断调整优化金融资源配置，引导金融机构增加信贷投人，完善金融服务，支持了辖区经济持续快速健康发展。一是疏通了货币政策传导机制，保持了辖区贷款的稳定协调增长；二是灵活运用货币政策工具，正确引导了信贷资金流向；三是不断加强对货币信贷运行的监测，增强了政策实施的有效性和时效性；四是做好农信社的改革试点工作。签订专项中央银行票据协议12918万元，全部用于置换不良贷款。改革以来，农信社经营负担减轻，股金规范工作进展顺利，存、贷款市场份额明显提升，试点工作取得初步成果。

【金融监管】 2004年，青州市银行监管部门成立后，切实加强和深化银行业监管，在全面分析辖区银行业金融机构经营状况基础上，积极创新监管思路，综合运用多种监管手段，提高了监管质效，有效维护了辖区内的金融稳定。

（李英海　王　波）

诸城市

【经济概况】 2004年，诸城市全年实现地区生产总值176.4亿元，同比增长19.5%，GDP增长速度是1994年以来的最高点；人均地区生产总值16614元。实现财政总收入11.7亿元，增长33.1%，其中，地方财政收入6.5亿元，增长63.2%。

全年实现农业增加值26.2亿元，同比增长8.9%。其中，粮食总产量54.9万吨，增加6.2万吨，增长12.7%。林木覆盖率为26.5%，提高了3.1个百分点。

全年实现工业增加值85.5亿元，同比增长30%。规模

诸城市主要经济金融指标

经济指标	1999	2004	经济指标	1999	2004
土地面积（平方公里）	2183	2183	#地方财政收入（亿元）	3.3	6.5
人口（万人）	105.26	106.15	全社会固定资产投资（亿元）	16	118
#非农业人口（万人）	11.02	30.49	固定资产投资增速（%）	10.5	87.6
地区生产总值（亿元）	78	176.4	进出口总值（亿美元）	1.42	4.5
地区生产总值年增速（%）	11	19.5	#出口总值（亿美元）	1.42	3.5
第一产业（亿元）	19.6	26.2	实际利用外资（亿美元）	0.13	0.89
第二产业（亿元）	35	104.95	社会消费品零售总额（亿元）	27	44
第三产业（亿元）	23.4	45.25	居民消费价格指数（%）	99.9	105.7
财政总收入（亿元）	5.7	11.7	人均地区生产总值（元）	7420	16614
金融指标（亿元）	**1999**	**2004**	**金融指标（亿元）**	**1999**	**2004**
金融机构存款余额	45.52	95.66	金融机构贷款余额	38.68	73.47
企业存款	4.86	14.09	短期贷款	35.56	58.7
储蓄存款	37.68	67.65	中长期贷款	1.27	11.88

诸城市主要金融机构负责人

单位名称	行长（或其他称谓的第一负责人）	副行长（或其他称谓的同级领导）
中国人民银行诸城市支行	崔　岳（行长）	张作良
中国银监会潍坊监管分局诸城办事处	刘永国（主任）	
中国工商银行诸城市支行	沈沛玉（行长）	孙志坚　宋新岗　殷卫东
中国农业银行诸城市支行	孙培信（行长）	王成军　吉树军　谢文峰　王立民
中国银行诸城支行	范成进（行长）	王方和　商洪波
中国建设银行诸城市支行	孙建东（行长）	王　群　丁金海　肖艳国
诸城市农信社	段俊生（理事长）	王志升　孙国义　吴术贞

诸城市主要金融机构业务概况

单位：亿元

单位名称	存款	企业存款	储蓄存款	贷款	短期贷款	中长期贷款
中国工商银行诸城市支行	12.11	3.15	8.01	12.51	7.54	4.68
中国农业银行诸城市支行	21.7	4.97	14.23	17.91	13.61	3.77
中国银行诸城支行	8.79	2.69	4.09	5.54	4.87	0.59
中国建设银行诸城市支行	10.2	2.09	4.98	5	2.69	1.58
诸城市农信社	33.54	1.16	27.57	29.75	27.25	0.66

以上工业企业实现产品销售总收入340.3亿元，增长40.4%；实现利税24.2亿元，增长34.4%。全年实现社会消费品零售额44亿元，同比增长16.8%。全年进出口总额4.5亿美元，增长21.4%，其中，出口3.5亿美元，增长12%。

全市城镇居民人均可支配收入为7103元，增长11.2%；农村居民人均纯收入5008元，增长17.9%。

【金融概况】 2004年，诸城市金融部门以支持地方经济发展为工作重心，在加强管理、深化改革、防范化解金融风险的同时，认真贯彻执行稳健的货币信贷政策，取得了经济金融的良性互动发展。

【各项存款】 截至2004年末，诸城市金融机构各项人民币存款余额95.66亿元，同比增加13.99亿元；各项外汇存款余额0.2亿美元，减少0.1亿美元。

一、企业存款增势趋缓。截至年末，全市企业存款余额14.09亿元，增加0.22亿元；占全市新增存款的1.67%，下降了23.29个百分点。

二、储蓄存款平稳增长。截至年末，全市储蓄存款余额67.65亿元，增加7.96亿元；占全市新增存款的60.44%，提高了0.68个百分点。其中，定期储蓄余额49.07亿元，增加4.96亿元；活期储蓄余额19.39亿元，增加3亿元。

【各项贷款】 截至2004年末，诸城市金融机构各项人民币贷款余额73.47亿元，同比增加10.13亿元；各项外汇贷款余额0.15亿美元，减少0.01亿美元。

一、农业贷款支持“三农”发展成效显著。截至年末，全市农业贷款余额20.25亿元，较年初增加3.85亿元。

二、工业贷款快速增长。截至年末，全市工业贷款余额12.77亿元，增加4.61亿元，增长56.5%。

三、商业贷款略有减少。截至年末，全市商业贷款余额12.68亿元，同比减少0.53亿元，下降4.01%。

四、个人消费贷款稳步增长。截至年末，全市个人消费贷款余额5.23亿元，同比增加1.24亿元，增长31.08%。

五、固定资产投资贷款增加较多。截至年末，全市固定资产投资贷款余额5.33亿元，其中，基本建设贷款余额为4.91亿元，增加2.56亿元，增长108.94%；技术改造贷款从无到有，当年净增0.42亿元。

六、外汇贷款呈下降趋势。截至年末，全市外汇贷款余额0.15亿美元，同比减少0.01亿美元，下降6.72%。

【金融调控】 2004年，人行诸城市支行认真贯彻执行稳健的货币政策，努力疏通货币政策传导机制，通过增加支农再贷款、办理再贴现以及召开行长联席会和银企推介会等形式，引导金融机构增加信贷投放，调整信贷结构，较好地支持了区域经济的发展，全年贷款新增额列潍坊8个县（市）之首。

【金融监管】 2004年，诸城市金融监管部门通过转变监管思路、创新监管手段、把握监管重点，有效维护了辖区的金融稳定。截至年末，全市金融机构不良贷款比率为10.2%，同比降低3.17个百分点。

（于彦昌　周文平）

寿光市

【经济概况】 2004年，寿光市围绕“争创全国50强”的目标，全市经济呈现良好的发展态势。全年实现地区生产总值193亿元，同比增长19.8%；人均地区生产总值19339元，增长23%。完成财政总收入12.8亿元，增长28.8%。其中，地方财政收入7.3亿元，增长38.8%。

农业经济持续快速发展。全市实现农业增加值35.4亿元，同比增长6.8%。其中，粮食总产达35万吨，增长9.8%。林木覆盖率11.8%，提高7.3个百分点。

工业生产效益不断提高。全市完成工业增加值90.8亿

寿光市主要经济金融指标

经济指标	1999	2004	经济指标	1999	2004
土地面积（平方公里）	2180	2180	#地方财政收入（亿元）	3.92	7.3
人口（万人）	98.6	100.67	全社会固定资产投资（亿元）	19.89	106.1
#非农业人口（万人）	12.46	22.74	固定资产投资增速（%）	-15.7	85.3
地区生产总值（亿元）	91	193	进出口总值（亿美元）	0.70	4.12
地区生产总值年增速（%）	15	19.8	#出口总值（亿美元）	0.18	1.72
第一产业（亿元）	25.7	35.4	实际利用外资（亿美元）	0.23	0.87
第二产业（亿元）	36.8	90.8	社会消费品零售总额（亿元）	27.05	41.9
第三产业（亿元）	28.5	66.8	居民消费价格指数（%）	100.1	100.8
财政总收入（亿元）	6.56	12.8	人均地区生产总值（元）	9229	19339
金融指标（亿元）	1999	2004	金融指标（亿元）	1999	2004
金融机构存款余额	69.41	135.11	金融机构贷款余额	42.98	86.12
企业存款	8.83	20.8	短期贷款	35.30	59.98
储蓄存款	56.13	101	中长期贷款	3.80	20.6

寿光市主要金融机构负责人

单位名称	行长（或其他称谓的第一负责人）	副行长（或其他称谓的同级领导）
中国人民银行寿光市支行	姜　森（行长）	郝导洁　翟　波
中国银监会潍坊监管分局寿光办事处	王淑梅（主任）	
中国工商银行寿光市支行	鞠立坤（行长）	王英智　王清涛
中国农业银行寿光市支行	郭洪利（行长）	桂卫东　刘峰森
中国银行寿光支行	范云令（行长）	董法政　孙志勇
中国建设银行寿光市支行	台晓龙（行长）	程　刚　张　勇
寿光市农信社	郑爱华（理事长）	朱相中　范晓明

寿光市主要金融机构业务概况

单位：亿元

单位名称	存　款	企业存款	储蓄存款	贷　款	短期贷款	中长期贷　款
中国工商银行寿光市支行	19.67	7.64	10.93	20.24	7.72	12.48
中国农业银行寿光市支行	30.56	5.23	22.68	16.34	14.11	1.77
中国银行寿光支行	5.96	2.03	2.14	2.65	2.17	0.35
中国建设银行寿光市支行	10.64	3.28	5.87	6.81	1.75	4.8
寿光市农信社	44.58	1.57	37.4	34.56	30.54	0.95

元，同比增长23.6%。规模以上工业企业完成工业增加值70.8亿元，增长28.7%；实现利税31.6亿元。

消费市场、对外贸易持续增长。全市实现社会消费品零售总额41.9亿元，同比增长20.4%。全年进出口总额4.12亿美元，同比增长66.8%。其中，出口1.72亿美元，增长39.9%。

城乡居民收入增长明显。全市城镇居民人均可支配收入9235元，同比增长5.1%；农民人均纯收入5016元，增长11.3%。

【金融概况】 2004年，寿光市金融部门切实把握贯彻执行稳健货币政策、支持区域经济发展的着力点，加大信贷投入，优化资金投向，逐步形成了扶优限劣的信贷运行机制，信贷资产质量整体向好，盈利能力进一步增强，金融保持了稳健运行态势。

【各项存款】 截至2004年末，寿光市金融机构各项人民币存款余额135.11亿元，同比增加19.35亿元；各项外汇存款余额0.21亿美元，增加408万美元。

一、企业存款大幅增长。截至年末，全市企业存款余额20.8亿元，较年初增加3.97亿元，增长23.62%；占全市新增存款的20.54%，同比提高了0.68个百分点。

二、储蓄存款增势平稳。截至年末，全市储蓄存款余额101亿元，较年初增加13.54亿元；占全市新增存款的69.95%，同比提高了4.51个百分点。其中，定期储蓄存款余额67.31亿元，增加5.73亿元；活期储蓄存款余额33.69亿元，增加7.81亿元。

【各项贷款】 截至2004年末，寿光市金融机构各项人民币贷款余额86.12亿元，同比增加11.41亿元；各项外汇贷款余额1.67亿美元，增加0.95亿美元。

一、农业贷款。截至年末，全市农业贷款余额23.81亿元，增加1.25亿元，增长5.5%。累计发放农业贷款21.42亿元，其中，累计发放农户贷款7.42亿元，农村经济组织贷款4.61亿元。

二、工业贷款快速增长。截至年末，全市工业流动资金贷款余额18.2亿元，增加5.49亿元，增长43.23%。

三、商业贷款略有下降。截至年末，全市商业贷款余额3.24亿元，较年初减少0.91亿元。

四、个人消费贷款略有减少。截至年末，全市个人消费贷款余额4.96亿元，较年初减少0.21亿元。

五、中长期贷款保持平稳增长。截至年末，全市金融机构中长期贷款余额20.60亿元，较年初增加4.29亿元，增长26.28%。其中，基本建设贷款余额14.79亿元，增加4.07亿元，增长37.95%；其他中长期贷款余额5.81亿元，增加0.27亿元，增长4.87%。

六、外汇贷款增势迅猛。截至年末，全市外币各项贷款余额1.67亿美元，较年初增加9473万美元，增长130.54%。

【金融调控】 2004年，人行寿光市支行认真贯彻执行稳健的货币政策，一是通过建立实施货币信贷政策实施效果监测联系点制度、辖区经济金融运行季度分析例会制度和城乡居民储蓄问卷调查制度，搭建社会信用服务体系平台，增强了货币政策传导和信息反馈的及时性、准确性；二是通过引导金融机构的信贷投向，优化信贷结构，促进了经济持续健康发展。

【金融监管】 2004年，寿光市金融监管部门通过加大现场和非现场监管力度，强化内控监管，提高风险管理和防范能力，抓好不良贷款“双降”工作等措施，以提高资产质量、加强内控建设、非现场监管为重点，实施有效监管，维护了辖内金融秩序的稳定。

（李宗江　孙　凯）

安丘市

【经济概况】 2004年，安丘市全年实现地区生产总值90.44元，同比增长18.4%；人均地区生产总值8624元；实现财政总收入5.1亿元，其中，地方财政收入3亿元，增长19.4%。

全年实现农业增加值26.2亿元，同比增长7.5%。其中，粮食总产31.3万吨，增长13.9%。林木覆盖率20.2%，提高1.8个百分点。

全年完成工业增加值26.8亿元，同比增长34.6%。规模以上工业企业实现产品销售总收入87.7亿元，增长

安丘市主要经济金融指标

经济指标	1999	2004	经济指标	1999	2004
土地面积（平方公里）	2010	1928	#地方财政收入（亿元）	3.11	3
人口（万人）	110	105	全社会固定资产投资（亿元）	13.21	94.48

续表

经济指标	1999	2004	经济指标	1999	2004
#非农业人口（万人）	12	16	固定资产投资增速（%）	17.5	85.9
地区生产总值（亿元）	63.79	90.44	进出口总值（亿美元）	0.40	2.16
地区生产总值年增速（%）	10.2	18.4	#出口总值（亿美元）	0.36	1.83
第一产业（亿元）	21.28	26.2	实际利用外资（亿美元）	0.10	0.74
第二产业（亿元）	17.56	26.8	社会消费品零售总额（亿元）	27.47	36.6
第三产业（亿元）	24.95	32.67	居民消费价格指数（%）	99.5	103.8
财政总收入（亿元）	5.37	5.1	人均地区生产总值（元）	5806	8624
金融指标（亿元）	**1999**	**2004**	**金融指标（亿元）**	**1999**	**2004**
金融机构存款余额	35.69	63.90	金融机构贷款余额	26.49	41.00
企业存款	4.60	8.40	短期贷款	24.71	30.25
储蓄存款	29.92	50.16	中长期贷款	1.57	6.53

安丘市主要金融机构负责人

单位名称	行长（或其他称谓的第一负责人）	副行长（或其他称谓的同级领导）
中国人民银行安丘市支行	王曙平（行长）	潘海平
中国银监会潍坊监管分局安丘办事处	薛德绍（主任）	
中国工商银行安丘市支行	刘启先（行长）	钱梅 潘斌
中国农业银行安丘市支行	黄砚章（行长）	孙业亮 刘爱琴
中国银行安丘支行	张涛（行长）	曲波 王国邦
中国建设银行安丘市支行	李清涛（行长）	辛令奎
安丘市农信社	岳俊强（理事长）	赵连东 郝务坤 薛德聪

安丘市主要金融机构业务概况

单位：亿元

单位名称	存款	企业存款	储蓄存款	贷款	短期贷款	中长期贷款
中国工商银行安丘市支行	7.12	1.05	5.28	5.61	3.04	2.55
中国农业银行安丘市支行	11.87	1.90	8.87	6.05	4.94	0.34
中国银行安丘支行	5.76	1.63	3.37	2.98	2.35	0.32
中国建设银行安丘市支行	8.08	1.71	5.60	4.26	2.47	1.66
安丘市农信社	24.17	2.03	20.29	20.31	15.68	1.65

59.9%；实现利税7.4亿元。

全年实现社会消费品零售总额36.6亿元，同比增长11.4%。全年进出口总额2.16亿美元，其中，出口1.83亿美元，增长53.5%。

全市城镇居民人均可支配收入5740元，增长0.5%；农村居民人均纯收入4124元，增长12.7%。

【金融概况】 2004年，安丘市金融部门以支持辖区经济发展、执行稳健货币政策为主线，努力疏通货币政策传导机制，积极探索加快信贷投放、优化信贷结构的有效途径，不断完善金融信贷服务，有力促进了全市经济金融的良性互动发展。

【各项存款】 截至2004年末，安丘市金融机构各项人民币存款余额63.9亿元，同比增加8.02亿元；各项外汇存款余额0.14亿美元，增加0.01亿美元。

一、企业存款。截至年末，全市企业存款余额8.4亿元，较年初增加1.03亿元；占全市新增存款的12.8%，提高了5.67个百分点。

二、居民储蓄存款。截至年末，全市居民储蓄存款余额50.16亿元，较年初增加7.54亿元；占全市新增存款的94.01%，同比提高了41.84个百分点。其中，定期储蓄余额36.84亿元，增加5.15亿元；活期储蓄余额13.32亿元，增加2.39亿元。

【各项贷款】 2004年，安丘市金融部门正确把握宏观调控与支持经济发展的关系，不断加大资金投入，各项贷款保持了持续增长。截至年末，全市金融机构各项人民币贷款余额41亿元，比年初增加0.06亿元；各项外汇贷款余额0.15亿美元，增加0.08亿美元。

一、农业贷款。安丘市金融部门不断加大对农业贷款的投放力度，引导农民发展特色经济，为农民致富提供了有力的资金支持。截至年末，全市农业贷款余额12.53亿元，同比增加1.48亿元；占各项贷款增加额的36.63%，提高21.23个百分点。

二、工业贷款。安丘市金融部门不断调整优化信贷投向，积极推进信贷业务创新，努力巩固优良客户群体，积极培育新型银企关系，带动了资金的投入。截至年末，全市工业贷款余额6.47亿元，比年初增加0.92亿元。

三、商业贷款。截至年末，全市商业贷款余额4.61亿元，比年初减少3.05亿元。

四、个人消费贷款。截至年末，全市个人消费贷款余额2.59亿元，同比增加0.09亿元。

五、固定资产投资贷款。截至年末，全市固定资产投资贷款余额2.12亿元，比年初增加0.65亿元。

六、外汇贷款。截至年末，全市外币各项贷款余额0.15亿美元，比年初增加0.08亿美元。

【金融调控】 2004年，人行安丘市支行面对宏观调控的新形势，正确把握地方经济发展的"脉博"，以再贷款、再贴现等货币政策工具为手段，加大宏观调控力度，有力地促进了地方经济的发展。

【金融监管】 2004年，安丘市监管部门继续加大金融监管工作力度，以提高辖区金融机构的竞争力为目标，转变监管理念，调整工作思路，维护金融秩序稳定，努力防范和化解金融风险。

（王全林　李　蕾）

高密市

【经济概况】 2004年，高密市全年实现地区生产总值102亿元，同比增长13.2%；人均地区生产总值11896元；实现财政总收入7.18亿元，其中，地方财政收入3.77亿元，增长28.2%。

全年实现农业增加值18.49亿元，同比增长16.1%。其中，粮食总产45.93万吨，增长10%。林木覆盖率20.7%，同比提高2个百分点。

全年完成工业增加值53.8亿元，同比增长22.3%。规模以上工业企业实现产品销售总收入39.12亿元，增长

高密市主要经济金融指标

经济指标	1999	2004	经济指标	1999	2004
土地面积（平方公里）	1606	1606	#地方财政收入（亿元）	3.46	3.77
人口（万人）	84.51	85.74	全社会固定资产投资（亿元）	13.85	107.6
#非农业人口（万人）	11.97	23.89	固定资产投资增速（%）	-2.10	103.2
地区生产总值（亿元）	54	102	进出口总值（亿美元）	0.69	4.24
地区生产总值年增速（%）	10.5	13.2	#出口总值（亿美元）	0.44	2.90
第一产业（亿元）	13.71	18.49	实际利用外资（亿美元）	0.07	0.89
第二产业（亿元）	21.92	53.84	社会消费品零售总额（亿元）	23.29	36.89
第三产业（亿元）	18.37	29.67	居民消费价格指数（%）	99.8	105.8

续表

经济指标	1999	2004	经济指标	1999	2004
财政总收入（亿元）	3.46	7.18	人均地区生产总值（元）	6390	11896
金融指标（亿元）	1999	2004	金融指标（亿元）	1999	2004
金融机构存款余额	28.98	62.40	金融机构贷款余额	28.24	49.30
企业存款	2.47	6.08	短期贷款	17.49	39.55
储蓄存款	25.71	48.16	中长期贷款	1.81	7.56

高密市主要金融机构负责人

单位名称	行长（或其他称谓的第一负责人）	副行长（或其他称谓的同级领导）
中国人民银行高密市支行	郑云田（行长）	穆新军
中国银监会潍坊监管分局高密办事处	肖育生（主任）	
中国工商银行高密市支行	杨宗海（行长）	郭明春　韩增勇
中国农业银行高密市支行	李衍成（行长）	陈廷义　宋建民　袁荣春
中国银行高密支行	侯永禄（行长）	于　明　傅希宝
中国建设银行高密市支行	王淑文（行长）	王建强　郑有冰
高密市农信社	徐兆光（理事长）	单亦聚　李文祥　段乃清　岳治坤

高密市主要金融机构业务概况

单位：亿元

单位名称	存　款	企业存款	储蓄存款	贷　款	短期贷款	中长期贷　款
中国工商银行高密市支行	10.65	1.62	7.95	12.49	8.04	4.10
中国农业银行高密市支行	13.31	1.56	10.25	8.32	5.97	2.13
中国银行高密支行	6.58	1.04	3.36	3.65	3.14	0.51
中国建设银行高密市支行	6.03	1.51	3.91	5.39	3.69	0.66
高密市农信社	20.23	0.28	16.78	15.82	15.18	0.08

30.8%；实现利税11.38亿元。

全年实现社会消费品零售总额36.89亿元，同比增长16%。全年进出口总额4.24亿美元，其中，出口2.9亿元，增长27.1%。

全市城镇居民人均可支配收入6431元，增长9%；农村居民人均纯收入4228元，增长12.6%。

【金融概况】 2004年，高密市金融部门在贯彻落实央行货币政策同时，坚持服务地方经济，优化信贷投向，通过业务创新与理念更新，资金筹措、配置与经济的协调互动性更加紧密，金融业保持健康稳定的运行态势。

【各项存款】 截至2004年末，高密市金融机构各项人民币存款余额62.4亿元，同比增加8.79亿元；各项外汇存款余额0.11亿美元，下降0.02亿美元。

一、企业存款。截至年末，全市企业存款余额6.08亿元，增加1.6亿元；占全市新增存款的18.26%，提高了14.43个百分点。

二、居民储蓄存款。截至年末，全市居民储蓄存款余额48.16亿元，增加5.61亿元；占全市新增存款比例的

63.82%，降低了3.99个百分点。其中，定期储蓄余额30.97亿元，增加2.1亿元；活期储蓄余额17.19亿元，增加3.51亿元。

【各项贷款】 截至2004年末，高密市金融机构各项人民币贷款余额49.3亿元，同比增加4.28亿元；各项外汇贷款余额0.26亿美元，下降0.11亿美元。

截至年末，全市农业贷款余额10.25亿元，增加2.62亿元；工业贷款余额8.15亿元，增加1.16亿元；商业贷款余额6.84亿元，下降0.92亿元；个人消费贷款余额3.38亿元，增加0.67亿元；固定资产投资贷款余额3.9亿元，增加1.5亿元；外币各项贷款余额0.26亿美元，下降0.11亿美元。

【金融调控】 2004年，人行高密市支行引导各金融机构优化信贷投向，采取"有保有压、区别对待"的信贷政策，加大对经济发展的支持力度，企业内涵式扩大再生产制约"瓶颈"得到缓解，融资方式渐趋多元化。一是加大对承兑汇票、贴现、再贴现、信用证业务的推广力度，开辟多种渠道满足优质企业流动资金需求，票据融资能力进一步增强。累计签发银行承兑汇票15.68亿元，增加2.91亿元；办理信用证4.04亿元，增加1.29亿元；办理贴现1.84亿元，再贴现0.8亿元；二是管好用活支农再贷款，积极支持农业增产、农民增收，并根据各地农业资金需求及信用社资金头寸情况，及时调配限额，全年累计发放支农再贷款2.3亿元，引导农信社增加支农贷款2.72亿元。

【金融监管】 2004年，高密县监管办事处牢固树立和坚持"以监管促发展，在发展中防范化解金融风险"的总体思路，落实双向考核和双向问责，积极开展现场检查，科学合理的进行非现场监测，促进了辖内银行业不断增强市场竞争力和防范化解风险的能力，实现了辖内银行业健康稳健发展。

（单宝成　王金堂）

昌邑市

【经济概况】 2004年，昌邑市经济实现突破性进展。全市生产总值首次突破百亿大关，全年实现地区生产总值100.1亿元，同比增长20.1%；人均地区生产总值14772元；财政总收入5.67亿元，其中，地方财政收入3.57亿元，增长35.5%。

全年实现农业增加值21.09亿元，同比增长3%。其中，粮食总产36.74万吨，增长14.4%。林木覆盖率达到了18.5%，提高11.2个百分点。

全年完成工业增加值42.21亿元，同比增长30.4%。规

昌邑市主要经济金融指标

经济指标	1999	2004	经济指标	1999	2004
土地面积（平方公里）	1812	1812	#地方财政收入（亿元）	2	3.57
人口（万人）	68.44	67.76	全社会固定资产投资（亿元）	12.96	85.12
#非农业人口（万人）	8.99	13.96	固定资产投资增速（%）	11.7	96.1
地区生产总值（亿元）	51.85	100.1	进出口总值（亿美元）	0.19	2.17
地区生产总值年增速（%）	10.8	20.1	#出口总值（亿美元）	0.17	1.09
第一产业（亿元）	12.66	16.85	实际利用外资（亿美元）	0.06	0.64
第二产业（亿元）	22.13	52.47	社会消费品零售总额（亿元）	21.43	33.79
第三产业（亿元）	17.06	30.79	居民消费价格指数（%）	101.2	102.6
财政总收入（亿元）	3.06	5.67	人均地区生产总值（元）	7576	14772
金融指标（亿元）	**1999**	**2004**	**金融指标（亿元）**	**1999**	**2004**
金融机构存款余额	42.97	80.19	金融机构贷款余额	26.80	42.49
企业存款	4.34	7.76	短期贷款	22.74	35.55
储蓄存款	36.95	64.62	中长期贷款	1.07	2.64

昌邑市主要金融机构负责人

单位名称	行长（或其他称谓的第一负责人）	副行长（或其他称谓的同级领导）
中国人民银行昌邑市支行	郭　海（行长）	于海军
中国银监会潍坊监管分局昌邑办事处	魏明卿（主任）	
中国工商银行昌邑市支行	韩志忠（行长）	王德民　高学军　庄维鹏
中国农业银行昌邑市支行	冯　杰（行长）	刘新春　孙洪江　付建训
中国银行昌邑支行	马　杰（行长）	王明涛　李志刚
中国建设银行昌邑市支行	黄　杰（行长）	邢在金　王德春
昌邑市农信社	潘维权（理事长）	王继坤　杨炳法

昌邑市主要金融机构业务概况

单位：亿元

单位名称	存　款	企业存款	储蓄存款	贷　款	短期贷款	中长期贷　款
中国工商银行昌邑市支行	7.26	1.34	4.77	5.91	4.38	1.36
中国农业银行昌邑市支行	18.05	2.86	14.90	6.65	6.02	0.34
中国银行昌邑支行	5.29	1.29	2.96	3.01	2.82	0.15
中国建设银行昌邑市支行	5.61	1.69	3.23	3.26	2.24	0.56
昌邑市农信社	28.68	0.56	23.96	21.78	18.27	0.16

模以上工业企业销售总收入达到146.77亿元，增长64%；实现利税12.76亿元。

全年实现社会消费品零售总额33.79亿元，同比增长15.6%。全年进出口总额2.17亿美元，其中，出口1.08亿美元，增长94%。

全市城镇居民人均可支配收入7892元，增长11.97%；农村居民人均纯收入4568元，增长12%。

【金融概况】 2004年，昌邑市金融部门以支持辖区经济发展为主题，加大信贷投入力度，存贷款增长均创历史最高，辖区金融业继续保持平稳运行的良好态势。

【各项存款】 截至2004年末，昌邑市金融机构人民币各项存款余额80.19亿元，同比增加11.72亿元；外汇各项存款余额0.08亿美元，减少0.01亿美元。

一、企业存款增长较快。截至年末，全市企业存款余额7.76亿元，比年初增加1.57亿元；占全市新增存款的13.37%，提高2.75个百分点。

二、储蓄存款增势强劲。截至年末，全市居民储蓄存款余额64.62亿元，同比增加8.54亿元；占全市新增存款的72.84%，降低28.92百分点。其中，定期储蓄余额44.99亿元，增加5.35亿元；活期储蓄余额19.62亿元，增加3.19亿元。

【各项贷款】 截至2004年末，昌邑市金融机构各项人民币贷款余额42.49亿元，同比增加4.98亿元；各项外汇贷款余额0.14亿美元，减少0.08亿美元。

截至年末，全市农业贷款余额13.3亿元，比年初增加0.91亿元。其中，农信社农业贷款余额13.17亿元，增加1.12亿元，新增农业贷款占其全部贷款增加额的比例为22.55%；工业贷款余额9.24亿元，增加1.67亿元；商业贷款余额4.29亿元，减少2.77亿元；个人消费贷款余额1.57亿元，增加0.43亿元；固定资产贷款余额1.13亿元，减少0.26亿元；外汇贷款余额0.14亿美元，减少0.08亿美元。

【金融调控】 2004年，人行昌邑市支行认真贯彻执行稳健的货币政策，引导金融机构积极增加信贷投入，有效地支持辖区经济持续快速健康发展。一是坚持把贯彻货币政策同地方经济发展实际相结合，引导金融机构主动适应货币信贷政策调整，不断优化信贷投向；二是加大对重点骨干企业、民营经济和个人消费的支持力度。制定了金融支持县域经济和民营经济发展的指导意见，引导金融机构增加支持民营经济贷款2.26亿元；三是不断加强对货币信贷运行的监测，增强了政策实施的有效性和时效性。

【金融监管】 2004年，昌邑市金融监管部门切实加强和深化金融监管，有效维护了辖区内金融秩序。一是积极创新监管思路，尝试建立起有效识别、控制风险的管理机制；二是提高金融监管的前瞻性，疏通监管信息传导机制；三是强化对监管人员的业绩和行为考核，为实施有效的监管提供了保障。

（魏同亮　孙亚梅）

临朐县

【经济概况】 2004年，临朐县国民经济继续保持了快速健康的发展势头，全年实现地区生产总值60.5亿元，同比增长12.1%。人均地区生产总值7101元。实现财政总收入3.09亿元，增长15.9%，其中，地方财政收入1.73亿元，增长11.6%。

农业和农村经济稳步发展。全年实现农业增加值14.3亿元，同比增长6.4%。其中，粮食总产25.07万吨，增长17.5%。林木覆盖率32.4%，提高1.9个百分点。

工业生产增长速度和效益同步提高。全年实现工业增加

临朐县主要经济金融指标

经济指标	1999	2004	经济指标	1999	2004
土地面积（平方公里）	1833	1833	#地方财政收入（亿元）	1.72	1.73
人口（万人）	86.66	85.2	全社会固定资产投资（亿元）	11.08	62.05
#非农业人口（万人）	9.40	11.1	固定资产投资增速（%）	17.9	95.6
地区生产总值（亿元）	42.53	60.5	进出口总值（亿美元）	0.85	1.2
地区生产总值年增速（%）	7.5	12.1	#出口总值（亿美元）	0.55	0.66
第一产业（亿元）	12.34	14.3	实际利用外资（亿美元）	0.14	0.62
第二产业（亿元）	17.83	28.3	社会消费品零售总额（亿元）	15.33	25.00
第三产业（亿元）	12.36	17.9	居民消费价格指数（%）	100.2	102.7
财政总收入（亿元）	2.86	3.09	人均地区生产总值（元）	4908	7101
金融指标（亿元）	**1999**	**2004**	**金融指标（亿元）**	**1999**	**2004**
金融机构存款余额	28.10	51.96	金融机构贷款余额	20.53	26.44
企业存款	2.64	5.21	短期贷款	16.70	20.31
储蓄存款	24.54	41.61	中长期贷款	2.71	3.70

临朐县主要金融机构负责人

单位名称	行长（或其他称谓的第一负责人）	副行长（或其他称谓的同级领导）
中国人民银行临朐县支行	刘福龙（行长）	井光祥　陈洪源
中国银监会潍坊监管分局临朐办事处	李　涛（主任）	王　涛
中国工商银行临朐县支行	刘兆建（行长）	刘世春　李　波
中国农业银行临朐县支行	吴尚忠（行长）	孙洪江　郭立芳
中国银行临朐支行	刘长永（行长）	谭炳毅　王　锐
中国建设银行临朐县支行	王玉慧（行长）	冯恩生
临朐县农信社	马春成（理事长）	王明阳　潘维福　张林学　张友彪

临朐县主要金融机构业务概况

单位：亿元

单位名称	存款	企业存款	储蓄存款	贷款	短期贷款	中长期贷款
中国工商银行临朐县支行	3.44	0.61	2.58	4.34	2.45	1.19
中国农业银行临朐县支行	8.47	0.97	6.67	2.40	1.61	0.73
中国银行临朐支行	5.40	1.32	2.71	2.15	1.90	0.16
中国建设银行临朐县支行	6.89	1.58	3.38	2.67	1.02	0.87
临朐县农信社	20.96	0.71	19.61	14.45	12.91	0.73

值17.73亿元，同比增长32%。规模以上工业企业实现产品销售总收入62.19亿元，增长52.4%；实现利税4.28亿元，增长40.9%。

消费市场平稳发展，外经外贸形势良好。全年实现社会消费品零售总额25亿元，同比增长15.9%；完成进出口总额1.2亿美元，增长30.3%，其中，出口0.66亿美元，增长30.1%。

城乡居民收入稳步增长。全市城镇居民人均可支配收入7007元，增长10.5%；农村居民人均纯收入3526元，增长13.2%。

【金融概况】 2004年，临朐县金融部门认真贯彻上级行工作会议精神，切实履行基层行工作职责，以支持地方经济发展为己任，在加强管理、深化改革、防范化解金融风险的同时，不断改进完善金融服务，促进了全县经济金融协调、持续和健康发展。

【各项存款】 截至2004年末，临朐县金融机构各项人民币存款余额51.96亿元，同比增加5.51亿元；各项外汇存款余额569万美元，减少132万美元。

一、企业存款小幅增长。截至年末，全县企业存款余额5.21亿元，较年初增加0.35亿元；占全县新增存款的6.38%，提高15.35个百分点。其中，定期存款余额2.92亿元，增加0.10亿元；活期存款余额2.29亿元，增加0.25亿元。

二、储蓄存款增势平稳。截至年末，全县储蓄存款余额41.61亿元，较年初增加4.99亿元；占全县新增存款的90.59%，降低8.89个百分点。其中，定期储蓄存款余额30.51亿元，增加3.29亿元；活期储蓄存款余额11.1亿元，增加1.7亿元。

【各项贷款】 截至2004年末，临朐县金融机构人民币各项贷款余额26.44亿元，较年初增加1.37亿元；外汇各项贷款余额609万美元，增加51万美元。

截至年末，全县农业贷款余额8.9亿元，较年初增加2.34亿元。其中，农信社农业贷款余额8.75亿元，增加2.51亿元；工业贷款余额3.95亿元，减少0.43亿元；商业贷款余额1.5亿元，减少0.66亿元；个人消费贷款余额2.44亿元，增加0.6亿元；固定资产投资贷款余额0.13亿元，减少0.27亿元；外汇各项贷款余额609万美元，增加51万美元。其中，短期贷款389万美元，增加150万美元；中长期贷款220万美元，减少49万美元。

【金融调控】 2004年，人行临朐县支行认真贯彻落实各项货币政策，不断调整优化金融资源配置，引导金融机构调整信贷结构，积极增加信贷投入，促进了县域经济金融协调健康发展。

【金融监管】 2004年，临朐县金融监管部门适应职能转换需要，在全面分析辖区金融机构经营状况基础上，积极创新监管思路，综合运用多种监管手段，提高了监管质效，有效维护了辖区内金融稳定。

（宗先珂 李逢斌）

昌乐县

【经济概况】 2004年，昌乐县全年实现地区生产总值60.02亿元，同比增长25.2%。人均地区生产总值10094元。实现财政总收入4.19元，其中，地方财政收入2.66亿元，增长37.1%。

全年实现农业增加值22.06亿元，同比增长12.9%。其中，粮食总产18.56万吨，增长3.06%。林木覆盖率20.18%，提高3.26个百分点。

全年实现工业增加值21.5亿元，同比增长33.2%。规模以上工业企业实现产品销售总收入76.9亿元，增长

昌乐县主要经济金融指标

经济指标	1999	2004	经济指标	1999	2004P
土地面积（平方公里）	1101	1101	#地方财政收入（亿元）	1.60	2.66
人口（万人）	60.37	59.45	全社会固定资产投资（亿元）	5.93	48.60
#非农业人口（万人）	6.78	13.82	固定资产投资增速（%）	2.6	74.1
地区生产总值（亿元）	21.01	60.02	进出口总值（亿美元）	0.63	1.75
地区生产总值年增速（%）	9.0	25.2	#出口总值（亿美元）	0.42	1.03
第一产业（亿元）	6.00	12.34	实际利用外资（亿美元）	0.31	0.69
第二产业（亿元）	8.66	31.04	社会消费品零售总额（亿元）	14.83	24.15
第三产业（亿元）	6.35	16.63	居民消费价格指数（%）	99.30	100.20
财政总收入（亿元）	2.36	4.19	人均地区生产总值（元）	4792	10094
金融指标（亿元）	**1999**	**2004**	**金融指标（亿元）**	**1999**	**2004**
金融机构存款余额	21.82	42.37	金融机构贷款余额	16.88	29.72
企业存款	2.63	4.82	短期贷款	14.03	22.10
储蓄存款	18.52	32.47	中长期贷款	1.47	5.38

昌乐县主要金融机构负责人

单位名称	行长（或其他称谓的第一负责人）	副行长（或其他称谓的同级领导）
中国人民银行昌乐县支行	范存敬（行长）	肖建潍
中国银监会潍坊监管分局昌乐办事处	吴翠莲（主任）	
中国工商银行昌乐县支行	张鲁生（行长）	陈正海　李向方
中国农业银行昌乐县支行	张少平（行长）	秦允贵　谢宝川　王中伟
中国银行昌乐支行	王跃江（行长）	钱　昌　高秋玲
中国建设银行昌乐县支行	尹　明（行长）	李　晶
昌乐县农信社	褚玉国（理事长）	刘德昌　高　升　高　岭 姚立春　李宝泉　田志胜

昌乐县主要金融机构业务概况

单位：亿元

单位名称	存　款	企业存款	储蓄存款	贷　款	短期贷款	中长期贷　款
中国工商银行昌乐县支行	5.09	1.10	3.73	5.78	2.69	2.84
中国农业银行昌乐县支行	8.24	1.08	5.83	4.50	3.41	1.75
中国银行昌乐支行	5.47	0.96	3.47	3.19	2.20	0.98
中国建设银行昌乐县支行	2.54	1.25	0.77	2.78	1.62	0.41
昌乐县农信社	1.70	0.40	14.61	12.10	10.83	0.93

47.6%；实现利税5.4亿元。

全年实现社会消费品零售总额24.15亿元，同比增长24.8%。全年进出口总额1.75亿美元，增长36.8%，其中，出口0.92亿美元，增长32.1%。

全市城镇居民人均可支配收入7680元，增长10.16%；农村居民人均纯收入4086元，增长13%。

【金融概况】 2004年，昌乐县金融机构通过积极组织存款，扩大资金来源，集中资金、择优扶持，不断增加对地方经济发展的信贷投入，实现了经济增长和金融发展的良性互动、同步提高。

【各项存款】 截至2004年末，昌乐县金融机构各项人民币存款余额42.37亿元，同比增加5.12亿元；各项外汇存款余额893万美元，增加74万美元。

一、企业存款结构性变化突出。截至年末，全县企业存款余额4.82亿元，增加0.35亿元，增长7.82%，占全县新增存款的6.84%，下降了2.12个百分点。

二、储蓄存款大幅增加。截至年末，全县居民储蓄存款余额32.47亿元，增加3.68亿元，增长12.77%；占全县新增存款的71.87%，提高了0.49个百分点。其中，定期储蓄存款余额23.31亿元，增加2.44亿元；活期储蓄存款余额9.16亿元，增加1.23亿元。

【各项贷款】 截至2004年末，昌乐县金融机构人民币各项贷款余额29.72亿元，同比增加3.19亿元，增长12.02%；各项外汇贷款余额1460万美元，减少1856万美元。

一、农业贷款有效支持了“三农”经济发展。截至年末，全县农业贷款余额7.83亿元，增加0.83亿元，增长11.93%。

二、工业贷款稳步增加。截至年末，全县工业贷款余额6.14亿元，增加1.21亿元；中期流动资金贷款余额0.24亿元，减少0.42亿元。

三、商业贷款减少。截至年末，全县商业贷款余额2.01亿元，减少1.34亿元，其中，农产品收购贷款余额1.32亿元，减少0.54亿元。

四、消费信贷投放大幅度增加。截至年末，全县各类消费信贷余额2.3亿元，增加0.93亿元，增长68.47%。

五、固定资产投资贷款增长。截至年末，全县固定资产贷款余额1.81亿元，增加0.63亿元。

六、外汇贷款下降。截至年末，全县外汇贷款余额1460万美元，减少1856万美元。

【金融调控】 2004年，人行昌乐县支行积极贯彻稳健的货币政策，灵活运用货币政策工具，努力疏通货币信贷政策传导机制，有效地促进了辖区经济的健康发展。一是根据区域经济金融运行情况，及时有效引导辖区信贷结构调整；二是加大业务创新力度，助推货币政策顺利实施；三是灵活运用支农再贷款货币政策工具，引导农信社增加对“三农”资金投入。全年累计发放支农再贷款8000万元。

【金融监管】 2004年，人行昌乐县支行和银行监管部门以加强金融监管、防范和化解金融风险为重点，切实加强和深化银行业监管，确保了辖区金融业的稳健有序运行。一是做好现场检查工作，依法查处各种违法违规经营行为；二是组织开展了对地方政府专项中央银行借款检查，维护了资金安全。

（范存敬　桂　强）

日照市

【经济概况】 2004年，日照市国民经济继续保持快速增长，产业结构进一步优化，经济金融的可持续发展能力明显提高，一些主要经济指标创历史最好水平。全市地区生产总值实现387.78亿元，同比增长17.2%。其中，第一产业实现增加值62.58亿元，增长7.2%；第二产业实现增加值191.12亿元，增长24.0%；第三产业实现增加值134.08亿元，增长13.6%。三次产业构成由上年的18.5∶44.6∶36.9转变为16.1∶49.3∶34.6。人均地区生产总值13826元，增长16.6%。实现财政总收入65.16亿元，增长40.9%；其中，地方财政收入11.23亿元，增长34.1%。

一、农业。2004年，日照市全年实现农业增加值62.58亿元。其中，粮食总产量90.56万吨，增长7.6%；花生和茶叶产量分别为22.55万吨和2607吨，增长15.3%和6.0%；肉类、禽蛋、牛奶和水产品产量分别为15.86万吨、11.33万吨、5140吨和61.04万吨，增长3.1%、8.2%、10.2%和14.3%，农业机械总动力224.54万千瓦，森林覆盖率30.8%。

二、工业。2004年，日照市在重点和新建企业带动下，工业生产增速加快，全年全市规模以上工业企业完成工业增加值100.12亿元，首次突破100亿元，增长40.0%，增速居

日照市经济主要统计指标

指　　标	1999	2000	2001	2002	2003	2004
土地面积（平方公里）	5310	5310	5310	5310	5310	5310
人口（万人）	275.3	275.3	276.79	277.52	278.48	280.48
#非农业户口	62.4	66.1	67.75	69.55	71.51	75.88
地区生产总值（亿元）	185.6	209.5	234.3	261.43	311.67	387.78
地区生产总值年增速（%）	9.5	12.85	11.8	12.6	17	17.2
第一产业（亿元）	48.86	51	52.06	53.38	57.74	62.58
第二产业（亿元）	69.6	81.8	94.04	108.25	139	191.12
#工业（亿元）	59.2	68.8	79.08	42.6	113.65	158.12
#建筑业（亿元）	10.41	13.02	19.8	39.6		
第三产业（亿元）	67.14	76.7	88.17	99.8	114.93	134.08
地区生产总值构成（%）	100	100	100	100	100	100
第一产业	26.3	24.3	22.2	20.4	18.5	16.1
第二产业	37.5	39.1	40.2	41.4	44.6	49.3
第三产业	36.2	36.6	37.6	38.2	36.9	34.6
财政总收入（亿元）					46.25	65.16
#地方财政收入（亿元）	10.8	8.43	9.7	10.4	11.2	11.23
全社会固定资产投资（亿元）	57.8	67.46	54.01	85.33	131.24	183.68
#基本建设（亿元）	24.1	30.18	33.85	38.45	72.04	77.65
#更新改造（亿元）	4.4	5.76	7.34	9.15	10.4	22.01
#房地产开发（亿元）	2	2.49	4.41	5.36	14.16	21.23
固定资产投资增速（%）	-9.6	16.7	11.2	13	54	47.4
进出口总值（亿美元）	4.6	5.55	7.68	9.23	12.91	18.43
#出口总值（亿美元）	3.6	4.55	6.22	6.73	7.81	10.82
实际利用外资（亿美元）	1	1.1	1.4	0.56	1.33	1.07
社会消费品零售总额（亿元）	51.4	57.88	66.02	74.91	88.91	104.50
居民消费价格指数（%）	99.4	101.7	101.6	99.8	100.3	103.8
城镇居民家庭人均年收入（元）	5737	6502	6996	7423	7875	9083
农民家庭人均年收入（元）	2686	2844	2982	3121	3306	3695
人均地区生产总值（元）	6742	7588	8465	9421	11211	13826

日照市金融主要统计指标

指标（亿元）	1999	2000	2001	2002	2003	2004
金融机构存款余额	116.5	125.69	148.6	177.83	222.05	270.47
（一）企业存款	28.9	30.46	36.76	43.11	57.67	70.14
（二）储蓄存款	79.2	86.94	96.68	109.97	130.35	153.39
#定期储蓄存款	61.7	65.86	72	80.17	92.41	107.37
#活期储蓄存款	17.4	21.08	24.68	29.8	37.93	46.01
金融机构贷款余额	96.3	94.38	113.37	143.83	184.32	246.41
（一）短期贷款	75.5	74.32	81.92	96.07	114.81	143.09
#工业贷款	15.9	14.37	13.83	16.49	18.79	29.94
#商业贷款	27	23.59	25.6	27.4	28.79	30.41
#农业贷款	14.4	15.38	19.8	23.58	29.09	35.77
（二）中长期贷款	10.8	10.31	19.95	29.41	39.9	62.72
#基本建设贷款	6.7	6.55	13.04	19.97	23.05	36.50
#技术改造贷款	2.6	2.15	2.94	0.23	0.27	0.21
现金收入	321.1	401.17	440.22	513.49	722.21	972.79
现金支出	321	397.83	439.18	512.84	716.41	963.08
现金投放（+）回笼（-）	-0.2	-2.75	-1.19	-0.64	-5.8	-9.71
当年结益	-2.4	-2.12	-1.26	-1.58	-0.33	2.88

日照市主要金融机构负责人

单位名称	行长（或其他称谓的第一负责人）	副行长（或其他称谓的同级领导）
中国人民银行日照市中心支行		张海清（主持工作） 吴志家 苏涛
中国银监会日照监管分局	汲长虹（局长）	罗玉民
中国工商银行日照市分行	刘光海	史观明 高月日 贾萍 闫小明
中国农业银行日照市分行	王延东	陈占平 安勇 丁剑波
中国银行日照市分行	邓兰钦	殷昭建 孙成刚
中国建设银行日照市分行	马世平	刘波 林凡东 金光健
日照市商业银行	费洪军	徐东高 王森 焦自竺
农信社日照市办事处		刘仲生（主持工作） 马德勤

日照市主要金融机构业务概况

单位：亿元

单位名称	存款	企业存款	储蓄存款	贷款	短期贷款	中长期贷款
中国工商银行日照市分行	35.96	13.72	19.60	50.33	17.80	31.91
中国农业银行日照市分行	36.79	10.49	21.19	31.42	20.73	6.24
中国银行日照市分行	35.92	10.32	16.72	58.19	25.50	15.08
中国建设银行日照市分行	34.38	9.66	16.21	35.45	8.96	19.27
日照市商业银行	45.05	23.84	11.09	45.83	29.76	3.02
农信社日照市办事处	57.92	3.39	47.72	44.93	43.05	0.32

日照市各县级区域经济金融主要统计指标

名称	人口（万人）	面积（平方公里）	地区生产总值（亿元）	地区生产总值增速（%）	存款（亿元）	储蓄存款（亿元）	贷款（亿元）
东港区	78.01	1156	91.74	17.1	59.31	38.97	48.46
岚山区	41.43	759	61.10	34.3	18.27	10.16	23.18
莒　县	110.12	1952	97.82	13.3	49.80	37.18	31.38
五莲县	50.92	1443	63.32	14.2	38.49	27.13	21.14

全省第一。其中，国有企业完成工业增加值8.12亿元，增长30.1%；集体企业完成增加值1.92亿元，增长3.4%；股份制企业完成增加值69.72亿元，增长90.2%；外商及港澳台投资企业完成增加值18.24亿元，增长8.7%。

按轻重工业分，轻工业完成增加值49.19亿元，增长33.3%；重工业完成增加值50.93亿元，增长46.7%，轻重工业之比由上年的53.8:46.2转变为49.1:50.9。

规模以上工业企业实现产品销售收入333.30亿元，增长63.5%；实现利润10.25亿元，增长23.8%；实现利税19.54亿元，增长31.0%；经济效益综合指数153.52%，提高27.2个百分点。

三、市场、消费及物价。2004年，日照市实现社会消费品零售总额104.50亿元，增长16.6%。其中，城市零售额61.99亿元，增长17.2%；县零售额21.01亿元，增长14.5%；县以下零售额21.50亿元，增长16.8%。

在各行业中，批发零售贸易业零售额91.61亿元，增长16.4%；餐饮业零售额8.91亿元，增长24.8%。当年居民消费价格总水平上升3.8%。

四、固定资产投资。2004年，日照市完成全社会固定资产投资183.68亿元，同比增长47.4%。规模以上固定资产投资完成153.00亿元，增长35.9%。其中，基本建设投资完成77.65亿元，增长17.6%；更新改造投资完成22.01亿元，增长111.5%；房地产开发投资完成21.23亿元，增长50.0%；其他投资完成11.98亿元，增长54.5%。

五、对外贸易和引进外资。2004年，日照市进出口总额18.43亿美元，同比增长42.8%。其中，进口7.61亿美元，增长49.1%；出口10.82亿美元，增长38.6%。全年合同外商投资2.31亿美元，增长105.7%；实际外商投资1.07亿美元，增长104.6%。

六、城市居民收入继续增长。2004年，日照市在岗职工工资总额20.09亿元，增长18.3%；在岗职工平均工资11648元，增长13.9%。城市居民家庭人均可支配收入9083元，增长15.3%；人均消费性支出6545元，增长12.0%。农民人均纯收入3695元，增长11.8%；人均消费性支出2094元，增长5.9%。

【金融概况】 2004年，日照市各金融机构将贯彻落实货币信贷政策同支持地方经济发展相结合，有力地促进了地方经济快速健康发展。

【存款情况】 2004年，日照市金融机构各项存款余额270.47亿元，新增48.5亿元，同比多增3.73亿元，增长21.3%，增速居全省第2位。

一、企业存款。截至年末，日照市企业存款余额70.14亿元，新增12.47亿元，占各项存款增量的25.4%，同比少增2.3亿元。其原因：一是宏观调控使信贷门槛提高，企业流动资金供应紧张。各商业银行配合国家宏观调控政策，压缩贷款规模，对钢铁、水泥等限制性企业贷款实行了严格控制；二是原材料购进价格上涨造成企业支出增加；三是规模以上企业两项资金占用大量增加；四是企业扩大生产规模占用部分流动资金。

二、储蓄存款。截至年末，日照市储蓄存款余额153.39亿元，新增23.04亿元，同比多增2.66亿元，增长17.6%。

加息前后储蓄存款呈现不同变化趋势。加息前负利率影响明显，以活期储蓄增加为主，加息后储蓄存款结构快速调整，以定期储蓄增加为主。但加息前后储蓄存款总量未有大的变动，储蓄分流现象仍然存在。其原因：一是宏观政策调控影响，市场资金趋紧，特别是中小企业贷款难现象突出；企业通过集资入股、民间借贷等方式以高息吸引资金，有力冲击了储蓄市场；二是高收益性投资渠道增多，储蓄增值的吸引力大为减弱。出台的基金、国债、保险、外汇宝等一系列金融新品种，逐渐得到居民认可；三是个人消费热点增加、消费信贷的兴起直接影响到储蓄的减少。

【贷款情况】 2004年，日照市金融机构各项贷款余额246.41亿元，新增65.5亿元，增长31.5%，增速居全省第一。

分月度看，1～5月份贷款投放呈逐渐下降趋势；6～12月份，贷款投放呈“W”型波动。宏观调控作用在二季度比较明显，贷款增速明显下降；自三季度以来，金融机构积极贯彻“有保有压”的货币政策，信贷投放增速回升。

一、短期贷款。截至年末，日照市短期贷款余额143.09亿元。其中，工业贷款余额29.94亿元，增加11.15亿元，重点支持临海大工业、港口、交通企业流动性资金需求；商业贷款余额30.41亿元，增加1.62亿元；农业贷款余额35.77亿元，增加6.68亿元。累计发放支农再贷款5.67亿元，带动农信社新增贷款8.89亿元，同比多增2.39亿元。

二、中长期贷款。2004年，日照市中长期贷款余额62.72亿元，新增16.1亿元，增长26.7%。其中，基本建设贷款余额36.50亿元，比年初增加12.1亿元，增长49.6%，支持了重点项目和基础行业。

三、个人消费贷款。2004年，日照市个人中长期消费信贷余额超过20亿元，新增9.24亿元，增长82.5%。其中，住房消费信贷余额15.9亿元，新增8.5亿元，增长115%。

四、外汇贷款。截至年末，日照市外汇贷款余额3.27亿美元，比年初增加632万美元，增长0.19%，同比少增5467万美元。

【现金投放和回笼】 2004年，日照市累计现金收入972.79亿元，增长40.2%；现金支出963.08亿元，增长39.5%。累计现金净回笼9.71亿元，同比多回笼3.91亿元。

【外汇管理】 2004年，外管局日照市中心支局组织对银行业金融机构国际收支间接申报业务进行了非现场全面核查和现场核查，并充分利用国际收支间接申报数据，与外汇账户管理信息系统、贸易进出口核销系统、外债统计监测系统数据和外汇指定银行报表数据进行核对，加强跨境外汇资金流动的非现场监测。此外，还推行新的出口核报系统，实现银行收汇数据和电子口岸报关数据全面核对、总量匹配。全年共办理国际收支申报15.97亿美元，出口收汇核销8.8亿美元，进口付汇核销5.62亿美元。

【货币政策实施】 2004年，人行日照市中支一是印发了《进一步做好银行信贷工作促进经济发展的意见》，引导金融机构保持信贷投放的连续性，通过再贷款、再贴现等货币政策工具，引导信贷投向。截至年末，累计发放支农再贷款5.67亿元，办理再贴现1.76亿元；二是强化银企合作，积极促成日照市政府与人行济南分行联合召开“2004’日照银企合作促进会”，筛选出优势企业项目348项，贷款需求金额384亿元；三是优化信贷环境。推动市政府出台了“诚信日照”建设方案，评选出诚信企业65家，并组织金融机构制定信贷支持优惠政策，加大了对诚信企业的支持力度；四是配合市政府组建日照市信用担保公司，促进了市、县两级法人担保机构、各类专业担保联合体、农户联保等多级担保体系的健全和完善；五是建设开通了日照市金融公共网络信息平台，实现了企业项目网上推介、企业信用以及逃废金融债务情况网上查询，为政府、银行、企业之间的沟通合作搭建网上信息平台。先后推介企业项目291个，推介贷款需求301.6亿元，促成信贷投放16.2亿元；六是积极推动农信社改革试点，全市农信社共申请中央银行专项票据3.13亿元。

【金融监管】 2004年，银监会日照分局把不良贷款“双降”作为监管的中心任务，完善工作保障机制，创新工作方式。一是落实“管检交叉、查处分离、跟踪问责、科学考绩”的监管运行机制，实施现场检查项目管理和主查人负责制，加强了对现场监管行为的控制；二是实行了监管人员述职述廉、廉政监督卡、监管执法行为警示和监管问责等制度；三是建立了多层次、重实效的考核激励机制；四是在充分调查研究的基础上，向市政府报送了《关于借鉴天津经验加快处置日照市银行不良贷款工作的报告》，建议市政府进行资产置换，解决城商行、农信社的历史“包袱”；五是实施重点监管，有效降低贷款风险；六是推进依法行政，提高监管透明度；推行监管公开，提升服务质量。以“公开、承诺、全程”为主题，深入开展了“阳光监管”建设活动。

【保险业务】 2004年，日照市7家保险公司各类保险费收入6.2亿元，同比增长13%。其中，财产保险费收入1.94亿元，增长35.7%；人身保险费收入4.26亿元，增长5.99%。全年保险赔款支出1.37亿元，增长1.48%。

【证券市场】 2004年，天同证券和齐鲁证券的日照营业部总的市场交易量达28.3亿元，股民保证金余额2962万元，累计股民开户23480个。

【精神文明建设】 2004年，日照市金融系统在精神文明建设方面的主要工作：一是深入开展建设学习型领导班子和学习型组织活动。开展了“读好一本书，写好一篇心得”活动；二是组织开展了“履行职责，更新观念，创新工作，与时俱进，提高服务”主题思想教育活动；三是狠抓廉政建设。人行日照市中支被中纪委评为全国联系点工作先进单位，辖区人行系统连续15年保持无违纪违法案件和任何责任事故，被总行确定为党风廉政建设工作联系点；四是以开展“文明单位”创建活动为载体，不断加强和改进班子队伍建设，全面推进人才工程。

中行日照市分行在中行山东省分行2004年度绩效考核中居一类行第1名，被日照市委、市政府命名为市级“文明单位”，被市总工会授予“五一劳动奖状”；日照市商行荣获日照市“职工职业道德建设十佳单位”称号，党建工作经验荣获日照市企业、新型经济社会组织党建工作创新成果一等奖。

【金融大事记】 2月23日 建行日照市分行与英大信托投资公司联手推出的日照土地储备项目信托计划发行取得圆满成功，土地储备中心信托贷款项目（一期）资金3000万元顺利到位。

3月5日 人行日照市中支组织召开该市首届支付结算总结表彰大会，共有7家单位和20名个人获得荣誉称号，并得到表彰奖励。

3月9日～10日 人行济南分行王敏副行长来日照进行调研；并在人行日照市中支黄磊行长、日照钢铁有限公司党委书记廖海亭陪同下参观了日照钢铁有限公司。

6月22日 日照市商行由董事长、行长费洪军带队，前往青岛市商行就“两市接轨、两行合作”事宜进行洽谈，并在资金融通、国内国际结算等方面达成合作意向。

7月2日 建行日照市分行为该行营业部营业室举行了“全国先进女职工集体”和“总行级双文明示范岗”授牌仪式。建行总行工会副主任张玉英，日照市政府副市长毛继春，建行日照市分行行长马世平先后讲话。授牌仪式由建行省分行工会魏兆新主任主持。

7月7日 人行日照市中支在该市信合广场举行“反假货币电影放映月”首映式，该项活动正式拉开序幕。

7月12日～13日 人行济南分行杨子强行长来人行日照市中支视察工作。

8月21日 日照市商行组织150名职工参加中央电视台“东方时空”明星足球队日照义赛义演暨2004中国·日照房地产博览会活动。

8月22日～26日 《金融时报》社全国记者工作会议在日照召开，人行济南分行杨子强行长、王敏副行长参加会议，山东省政府林廷生副省长发来贺信。

10月20日～23日 人行日照市中支派员参加人行济南分行组织的企业景气调查专业达标竞赛活动，取得团体第4名。人行莒县支行庄栋霞取得了上机考试第3名和笔试第5名的好成绩，并获得省级业务能手光荣称号。

11月2日 建行日照市分行为日照昌华海产食品有限公司成功办理出口保理业务，这是自2003年6月总行正式推出国际保理业务以来，全国建行系统办理的第一笔出口保理业务。

11月7日 人行日照市中支召开了全市金融形势分析会议。会议通报了1～9月份全市经济金融运行情况，农发行及各商行汇报了年内总体工作情况以及下一步工作打算，部署了“银企合作促进会”的具体事宜。日照市副市长毛继春作了总结性发言。

12月14日 由日照市外经贸局和人行日照市中支组织的青岛汇丰银行银企合作座谈会在日照金海花园大酒店召开。青岛汇丰银行与日照市数十家大中型企业负责人参加了座谈会。

12月21日～22日 人行济南分行、日照市政府联合举办了“银企合作促进会”，省政府韩金峰副秘书长，人行济南分行杨子强行长，驻鲁24家金融单位负责人，日照市党政部门及有关企业负责人共500余人出席了会议。

12月24日 日照市商行外汇业务暨黄海万里宝理财业务新闻发布会召开。

12月31日 中行日照市分行在省分行年度绩效考核中居一类行第1名。

日照市市长于建成、副市长毛继春赴人行日照市中支、走访金融系统并进行了座谈，人行日照市中支张海清副行长、银监分局汲长虹局长以及各金融机构主要负责人参加了会议。

（厉平福 丁 文）

莒 县

【经济概况】 2004年，莒县经济保持健康稳定增长。全年实现地区生产总值97.82亿元，同比增长13.3%；人均地区生产总值8892元，增长15.7%。实现财政总收入3.84亿元，其中，地方财政收入1.46亿元，增长14.72%。

全年实现农业增加值21.59亿元，同比增长8%。其中，粮食总产37.3万吨，增长6.1%。林木覆盖率26%，提高1.5个百分点。

全年实现工业增加值33.1亿元，同比增长18.5%。规模以上工业企业实现产品销售总收入38.4亿元，增长

莒县主要经济金融指标

经济指标	1999	2004	经济指标	1999	2004
土地面积（平方公里）	1952	1952	＃地方财政收入（亿元）	2.07	1.46
人口（万人）	109.56	110.12	全社会固定资产投资（亿元）	10.56	33.37
＃非农业人口（万人）	8.99	19.05	固定资产投资增速（%）	37.3	27.3
地区生产总值（亿元）	52.8	97.82	进出口总值（亿美元）	0.15	0.82
地区生产总值年增速（%）	9.7	13.3	＃出口总值（亿美元）		0.35
第一产业（亿元）	16.3	21.59	实际利用外资（亿美元）		0.03
第二产业（亿元）	18.3	38.83	社会消费品零售总额（亿元）	11.56	27.88
第三产业（亿元）	18.2	37.4	居民消费价格指数（%）		
财政总收入（亿元）	2.93	3.84	人均地区生产总值（元）	4819	8892
金融指标（亿元）	**1999**	**2004**	**金融指标（亿元）**	**1999**	**2004**
金融机构存款余额	23.92	49.8	金融机构贷款余额	19.59	31.38
企业存款	3.11	5.73	短期贷款	16.12	24.66
储蓄存款	19.03	37.18	中长期贷款	1.02	3.70

莒县主要金融机构负责人

单位名称	行长（或其他称谓的第一负责人）	副行长（或其他称谓的同级领导）
中国人民银行莒县支行	孙东明	杜家强
中国银监会日照监管分局莒县办事处	宋兆德	
中国工商银行莒县支行	苑兆东	徐东亮
中国农业银行莒县支行	管清栋	孟祥华　刘正文　崔亚林　王忠营
中国银行莒县支行	商玉平	董世刚
中国建设银行莒县支行	冷丙生	战祥增　丁兆伟
莒县农信社	刘中永	单连涛　葛平献

莒县主要金融机构业务概况

单位：亿元

单位名称	存　款	企业存款	储蓄存款	贷　款	短期贷款	中长期贷　款
中国工商银行莒县支行	5.32	1.16	3.49	4.73	2.42	2.05
中国农业银行莒县支行	7.63	1.62	4.86	2.90	1.86	0.44
中国银行莒县支行	5.25	0.86	2.6	3.82	3.34	0.35
中国建设银行莒县支行	3.15	0.49	1.70	3.21	0.54	0.66
莒县农信社	19.04	1.53	15.43	15.33	15.11	0.19

34.8%；实现利润0.7亿元，增长11.1%；利税合计1.9亿元，增长14.3%。

全年实现社会消费品零售总额27.88亿元，增长16%。全年进出口总值0.82亿美元，其中，出口0.35亿美元，增长70.1%。

全年城镇在岗职工平均工资9583元，增长10.2%。农村居民人均纯收入3623元，增长11.13%。

【金融概况】 2004年，莒县金融运行态势良好，金融机构各项存款继续保持快速增长态势，贷款投放大幅度增加，投向重点突出，贷款增量与增速创历史同期之最。

【各项存款】 截至2004年末，莒县金融机构各项人民币存款余额49.8亿元，比年初增加7.13亿元；各项外汇存款余额0.06亿元。

一、企业存款稳定增长。截至年末，全县人民币企业存款余额5.73亿元，比年初增加0.37亿元，占新增存款的5.1%，下降8.5个百分点。

二、居民储蓄存款增势较强。截至年末，全县人民币储蓄存款余额37.18亿元，比年初增加6.03亿元，占新增存款的84.63%，提高13.63个百分点。其中，定期储蓄存款余额27.63亿元，增加4.11亿元；活期储蓄存款余额9.55亿元，增加1.92亿元。

【各项贷款】 截至2004年末，莒县金融机构各项人民币贷款余额31.38亿元，比年初增加4.87亿元，同比多增1.6亿元。

截至年末，全县农业贷款余额11.87亿元，增加3.5亿元，同比多增1.45亿元；工业贷款余额4.01亿元，增加1.3亿元，多增0.67亿元；个人中长期消费贷款余额2.64亿元，增加0.6亿元。

【金融调控】 2004年，人行莒县支行围绕县域经济发展和结构调整的重点，综合履行央行职能，有力地促进了全县经济平稳较快发展。一是制定印发了《关于改善金融服务支持全县经济平稳较快发展的指导意见》，引导金融机构对县域四大支柱产业及个体民营经济等实行重点扶持；二是召开了五次行长联席会和银企座谈会，搭建银企合作交流的平台；三是加强支农再贷款管理，引导农信社加大对“三农”的支持力度。年末，支农再贷款新增0.35亿元，带动农信社新增农业贷款3.65亿元。

【金融监管】 2004年，人行莒县支行和银监会莒县监管办事处联合制定了《工作协调制度》，建立了定期联席会议制度，制定了金融风险预警机制，有力地维护了金融秩序的稳定。

（杜家强　庄栋霞）

五莲县

【经济概况】 2004年，五莲县实现地区生产总值63.32亿元，同比增长14.20%；人均地区生产总值12435元。实现财政总收入2.45亿元，其中，地方财政收入1.22亿元，增长13.61%。

全年实现农业增加值10.28亿元，同比增长7.5%。其中，粮食总产18.73万吨，增长4.1%。林木覆盖率40.7%，提高2.0个百分点。

全年完成工业增加值31.76亿元，同比增长18.3%。规模以上工业企业实现产品销售总收入74.54亿元，增长

五莲县主要经济金融指标

经济指标	1999	2004	经济指标	1999	2004
土地面积（平方公里）	1443	1443	#地方财政收入（亿元）	1.39	1.22
人口（万人）	51.16	50.92	全社会固定资产投资（亿元）	6.06	17.00
#非农业人口（万人）	9.6	16.54	固定资产投资增速（%）	-8.1	25.60
地区生产总值（亿元）	33.0	63.32	进出口总值（亿美元）	0.28	0.71
地区生产总值年增速（%）	9.3	14.20	#出口总值（亿美元）	0.27	0.63
第一产业（亿元）	7.81	10.28	实际利用外资（亿美元）	0.004	0.03
第二产业（亿元）	15.51	34.81	社会消费品零售总额（亿元）	8.43	14.64
第三产业（亿元）	9.68	18.23	居民消费价格指数（%）	97.7	

续表

经济指标	1999	2004	经济指标	1999	2004
财政总收入（亿元）	2.31	2.45	人均地区生产总值（元）	6455	12435
金融指标（亿元）	1999	2004	金融指标（亿元）	1999	2004
金融机构存款余额	18.45	38.49	金融机构贷款余额	14.39	21.14
企业存款	2.86	6.84	短期贷款	12.07	14.99
储蓄存款	14.31	27.13	中长期贷款	1.57	2.31

五莲县主要金融机构负责人

单位名称	行长（或其他称谓的第一负责人）	副行长（或其他称谓的同级领导）
中国人民银行五莲县支行	张崇娟	高　飞
中国银监会日照监管分局五莲县办事处	秦　军	
中国工商银行五莲县支行	魏　强	胡怀志　李新平
中国农业银行五莲县支行	刘鲁武	王洪新　郑德志
中国银行五莲县支行	王增民	李善民　惠文峰
中国建设银行五莲县支行	李业军	张京光　王　青
五莲县农信社	丁来聪	林家伟　李世祥　牛学强　刘烽生

五莲县主要金融机构业务概况

单位：亿元

单位名称	存　款	企业存款	储蓄存款	贷　款	短期贷款	中长期贷　款
中国工商银行五莲县支行	5.94	1.64	3.92	2.96	1.61	1.35
中国农业银行五莲县支行	5.96	1.66	3.97	2.08	1.13	0.20
中国银行五莲县支行	5.08	1.54	2.15	3.94	3.57	0.13
中国建设银行五莲县支行	3.60	1.29	1.58	2.29	0.41	0.34
五莲县农信社	10.64	0.70	8.89	8.84	7.47	0.07

49.8%；实现利税 3.8 亿元。

全年实现社会消费品零售总额 14.64 亿元，同比增长 15.0%。全年进出口总额 0.71 亿美元，其中，出口 0.63 亿美元，增长 38.1%。

农村居民收入增长明显。全县农村居民人均可支配收入 3497 元，增长 9.55%。

【金融概况】 2004 年，五莲县金融系统紧紧围绕县委、县政府经济发展战略要求，抓住结构调整、项目带动、银企共建、服务创新四大重点，实施“银企共生工程”和“金融优质服务工程”，促进全县经济金融协调、可持续发展。全县金融机构实现当年账面结益 2435 万元，同比增盈 5383 万元。其中，国有独资商行盈利 3940 万元，增盈 5762 万元；农信社亏损 1056 万元，减亏 342 万元。

【各项存款】 截至 2004 年末，五莲县金融机构人民币各项存款余额 38.49 亿元，同比增加 6.02 亿元，增长 18.54%；各项外汇存款余额 0.03 亿美元。

一、企业存款。截至年末，全县企业存款余额6.84亿元，增加1.41亿元，占全县新增存款比例的23.42%，降低了0.48个百分点。

二、居民储蓄存款。截至年末，全县储蓄存款余额27.13亿元，增加3.88亿元，占全县新增存款比例的64.45%，降低了2.02个百分点。其中，定期储蓄余额20.71亿元，增加3.30亿元；活期储蓄余额6.42亿元，增加0.58亿元。

【各项贷款】 截至2004年末，五莲县金融机构各项人民币贷款余额21.14亿元，同比增加3.96亿元；各项外汇贷款余额0.19亿美元，与年初持平。

截至年末，全县农业贷款余额54513万元，增加7887万元，占全县新增贷款比例的19.9%；工业贷款余额32973万元，增加9299万元，占新增贷款比例的23.5%；商业贷款余额15760万元，增加2191万元，占新增贷款比例的5.6%；票据融资余额38315万元，增加26335万元，占新增贷款比例的66.4%。

【金融调控】 2004年，五莲县金融系统坚持“监测、分析、传导”方针，强化金融调控，切实维护了金融稳定。一是制定全年金融工作意见，提请县政府转发县直各部门、各乡镇党委和规模以上企业实施；二是积极搭建银企合作平台，对全县70个重点项目进行两次推介，并印发了《关于加强银企合作支持重点建设项目的意见》，引导金融机构合理调度资金，保证重点项目的资金需要；三是完善货币政策监测预警机制，制定印发了《货币政策分析工作制度》，及时发布分析报告，对金融机构提出针对性指导意见；四是建立了货币政策执行情况监督评价机制；五是根据各金融机构头寸情况，适时调度管理，保证资金供应均衡，进一步提高货币政策执行效果。

【金融监管】 2004年，人行五莲县支行与银监会五莲县监管办事处建立了银行监管协调联系制度，完善风险预警机制，加强对辖区银行业经营风险的监测、预警和提示，维护了辖区金融稳定。

（张　华　王庆存）

第十部分

各市地经济金融概况（鲁北与鲁西北地区）

东营市

【经济概况】 2004年，东营市国民经济总体发展态势良好，各项社会事业全面进步，人民生活水平持续提高。全年实现地区生产总值891.85亿元，按可比价格计算，增长17.2%。其中，第一产业增加值42.87亿元，增长8.5%；第二产业增加值720.21亿元，增长17.8%；第三产业增加值128.77亿元，增长17.1%。人均地区生产总值50155元，增长16.0%。产业结构更趋合理，三次产业结构由上年的5.37:79.47:15.16变化为4.8:80.8:14.4。第一产业比重下降0.57个百分点，第二产业比重提高1.33个百分点，第三产业比重下降0.76个百分点；境内财政总收入187.32亿元，增长30.6%；地方财政收入28.3亿元，同比增长27.5%。城镇居民人均可支配收入12934.7元，农民人均纯收入4033元，分别增长26.8%和14.9%。

一、农业结构调整取得显著成效。2004年，东营市积极推进农村经济结构战略性调整，促进了农村经济的全面健康发展。全年完成农林牧渔业总产值81.6亿元，同比增长9.6%，其中，农、林、牧和渔业分别增长5.9%、2.1%、17.4%和6.2%；粮食总产49.7万吨，减产16.61万吨，下降25.05%，其中，夏粮总产量18.7万吨，减产11.1万吨，下降37.1%，秋粮总产量31万吨，下降15.1%；夏粮单产397.3公斤/亩，增加27.2公斤，增长7.3%，秋粮单产389.3公斤/亩，增加47公斤，增长13.7%；棉花总产量10.7万吨，增长47.3%；蔬菜总产205万吨，减少0.6%；水果总产6.79万吨，增长0.15%；油料作物总产0.59万吨，减少25.32%。全年造林面积26.5万亩，森林覆盖率为19.6%。肉类产量16.1万吨，蛋类产量9.9万吨，奶类产量6.5万吨，分别增长20.7%、11.6%和61.4%。农用机械总动力183.2万千瓦，增长4.9%。

二、工业生产持续快速增长。2004年末，东营市规模以上工业企业实现总产值1090.2亿元，增长33.6%。其中，国有工业实现增加值5.1亿元，增长15.3%；集体工业完成增加值8.0亿元，增长13.6%；股份制企业完成增加值567.0亿元，增长29.9%；股份合作制企业完成工业增加值5.3亿元，增长45.5%；外商和港澳台投资企业完成工业增加值4.2亿元，增长31.7%。轻、重工业分别完成工业增加值48.0亿元和542.2亿元，分别增长67.6%和27.6%；高新技术产业工业总产值120.8亿元，增长72.8%，占规模以上工业总产值的比重为11.1%，同比提高2.6个百分点。

经济效益创历史新高。2004年，全市规模以上工业企业实现产品销售收入1040.6亿元，增长38.5%，实现利税353.0亿元，利润261.1亿元，分别增长42.3%和44.6%。经济效益综合指数536.0%，增长131.6个百分点。

三、消费品市场繁荣稳定。2004年，东营市实现社会消费品零售总额117.1亿元，同比增长16.4%。其中，批发零售贸易业零售额89.9亿元，增长18.1%；餐饮业零售额21.7亿元，增长15.9%。

市场物价总体平稳上扬。全年居民消费价格指数为103.2%，其中，居住类价格上升14.4%，食品类价格上升7.9%。

四、固定资产投资增势强劲，投资总量再创新高。2004年，东营市完成全社会固定资产投资450.6亿元，同比增长33.1%，其中，基本建设投资完成254.4亿元，增长49.4%；更新改造投资完成141.6亿元，增长17.2%。投资结构进一步优化，规模以上固定资产投资中，第一产业完成10.6亿元，第二产业完成279.7亿元，第三产业完成150.3亿元；分别增长8.0%、32.4%和54.2%。

五、对外贸易实现历史性"双突破"。2004年，东营市全年进出口总额10.56亿美元，同比增长26.4%，其中，出口6.06亿美元，增长36.5%，进口4.5亿美元，增长15.0%。在出口商品中，初级产品出口额0.41亿美元，占出口总值的6.7%，工业制成品出口额5.65亿美元，占93.3%。全年新批准利用外资额和实际利用外资额均为4亿美元，分别增长35.5%和51.5%。

六、城乡居民生活水平明显提高。2004年，东营市全部在岗职工工资总额75.1亿元，同比增长14.5%，在岗职工平均工资23866元，增长12.7%；城市居民人均可支配收入12935元，增长26.8%，人均消费性支出8194元，增长17.4%；农民人均纯收入4033元，增长14.9%，人均生活消费支出2759元，增长19.9%。城市恩格尔系数为29.4%，农村恩格尔系数为35.2%，分别减少1.2个百分点和1.3个百分点。

【金融概况】 2004年，东营市认真贯彻执行国家宏观调控政策，不断优化信贷结构，金融运行平稳，存贷款均出现较大幅度增长，银行类金融机构业务发展迅速，经营效益继续改善，在防范风险的同时，有效保持了对地方经济支持的连续性和稳定性，实现了经济金融的良性互动。全年金融运行呈现出以下特点：一是各项存款呈现阶段性波动，企业存款出现10年来首次负增长，央行加息推动储蓄存款走出低谷徘徊，呈现"先抑后扬"增长；二是各项贷款大幅增长，存贷差逐步扩大，新增存贷比不断提高；三是信贷投放结构、力度和节奏把握适度，较好地体现了有保有压、区别对

东营市经济主要统计指标

指　　标	1999	2000	2001	2002	2003	2004
土地面积（平方公里）	7923	7923	7923	7923	7923	7923
人口（万人）	170.64	172.19	173.57	175.4	176.81	178.83
#非农业人口（万人）	61.4	71.2	73.76	75.85	80.74	84.47
地区生产总值（亿元）	330.84	465.11	501.5	540.3	696.08	891.85
地区生产总值增速（%）	7.2	9.1	9.2	11.5	16.7	17.2
第一产业（亿元）	29.34	30.13	32	32.96	37.36	42.87
第二产业（亿元）	252.78	379.6	405	417.37	553.18	720.21
#工业（亿元）	223.46	347	337.94	374.8	493.92	645.2
#建筑业（亿元）	29.32	32.6	38	42.62	59.26	75.01
第三产业（亿元）	48.72	55.38	64.5	89.97	105.54	128.77
地区生产总值构成（%）	100	100	100	100	100	100
第一产业	8.9	6.5	6.4	6.1	5.37	4.8
第二产业	76.4	81.6	80.7	77.25	79.47	80.8
第三产业	14.7	11.9	12.9	16.65	15.16	14.4
财政总收入（亿元）	—	—	123.02	117.73	143.43	187.32
#地方财政收入（亿元）	10.76	15.2	17.87	18.68	23.04	28.31
全社会固定资产投资（亿元）	148.86	197.44	210.74	240.8	338.6	450.6
#基本建设（亿元）	46.65	53.94	73.04	83.55	146.2	254.4
#更新改造（亿元）	23.26	33.18	89.07	93.5	96.34	141.6
#房地产开发（亿元）	2.24	4.02	6.14	12.24	20.27	35.1
固定资产投资增速（%）	2.7	32.6	6.7	14.3	40.6	33.1
进出口总值（亿美元）	0.64	1.43	3.6	5.19	8.36	10.56
#出口总值（亿美元）	0.25	0.75	1.82	2.96	4.44	6.06
实际利用外资（亿美元）	0.39	0.51	0.73	1.01	2.63	4
社会消费品零售总额（亿元）	63.83	68.11	75.63	84.4	91.09	117.1
居民消费价格指数（%）	102.9	103.7	101.4	99.1	99.8	103.2
城镇居民家庭人均年收入（元）	7633	8597	8847	10429	11774	12935
农民家庭人均年收入（元）	2670	2783	2981	3166	3510	4033
人均地区生产总值（元）	19471	27140	28893	30966	39528	50155

东营市金融主要统计指标

指标（亿元）	1999	2000	2001	2002	2003	2004
金融机构存款余额	235.11	274.55	324.44	398.1	495.78	555.33
（一）企业存款	71.45	89.54	99.46	114.88	147.4	146.84
（二）储蓄存款	156.92	171.54	206.94	240.17	287.49	328.27
#定期储蓄存款	123.17	128.62	153.73	170.17	202.24	233.02
#活期储蓄存款	33.75	42.92	53.22	70	85.25	95.25
金融机构贷款余额	144.3	142.5	166.4	216.23	296.71	357.41
（一）短期贷款	110.13	115.81	131.83	171.19	221.86	252.05
#工业贷款	45.1	45.49	51.12	61.1	72	78.81
#商业贷款	24.27	22.35	23.7	27.2	28.62	30.57
#农业贷款	12.36	14.88	22.12	32.99	47.37	58.93
（二）中长期贷款	26.85	19.78	19.91	26.93	53.37	82.08
#基本建设贷款	20.54	12.94	7.2	9.02	24.61	40.05
#技术改造贷款	3.56	4.6	4.79	3.93	4.87	6.89
现金收入	457.46	591.68	749.35	910.67	1148.77	2329.57
现金支出	485.72	610.07	773.43	927.06	1168.64	2350.03
现金投放（+）回笼（-）	28.26	18.4	24.09	16.39	19.87	20.46
当年结益	-0.98	0.24	0.83	2.78	5.58	8.33

东营市主要金融机构负责人

单位名称	行长（或其他称谓的第一负责人）	副行长（或其他称谓的同级领导）
中国人民银行东营市中心支行	岳隆杰（行长）	李　刚　岳　弘　李永清　梁久科
中国银监会东营监管分局	田太岩（局长）	王百春　郭传刚
中国工商银行东营市分行	崔中玉（行长）	刘志刚　王英利　杨仕华 张金清　于德顺　闫　玲
中国农业发展银行东营市分行	肖连奎（行长）	李德俭　陈鲁宁
中国农业银行东营市分行	齐呈云（行长）	张志忠　陈　东　李宗海　李成国
中国银行东营市分行	李好学（行长）	葛勤生　万志强
中国建设银行东营市分行	朱治昌（行长）	高允法　赵安臣　田　青 刘海军　高　筠　李华堂

续表

单位名称	行长（或其他称谓的第一负责人）	副行长（或其他称谓的同级领导）
东营市城市信用社	李俊峰（理事长） 石子强（主任）	高树松　邢　发
农信社东营市办事处	黄爱东（主任）	杨奎胜
东营市邮政局储汇局	宋道峰（局长）	李　艳
中国人民财产保险股份有限公司东营分公司	张玉辉（总经理）	郑文海　李树春　韩宿梅
中国人寿保险股份有限公司东营分公司	燕　强（总经理）	许金荣　张　鹏
中国太平洋人寿保险股份有限公司东营中心支公司	唐德亮（总经理）	王宗民
中国太平洋财产保险股份有限公司东营中心支公司	黄从双（总经理）	赵庆福
泰康人寿保险股份有限公司东营中心支公司	法云涛（总经理）	
新华人寿保险股份有限公司东营中心支公司	缪召起（总经理）	钟经胜
中国平安财产保险股份有限公司东营中心支公司	乔晓明（总经理）	曹汉忠
中国平安人寿保险股份有限公司东营中心支公司	戚　斌（总经理）	王玉军
天安保险股份有限公司东营中心支公司	米传惠（总经理）	
中国大地财产保险股份有限公司东营中心支公司	禹国光（总经理）	李剑嵩　刘修顺
太平人寿保险有限公司东营中心支公司	于　宁（总经理）	鹿洪启
永安财产保险股份有限公司东营中心支公司	宋江平（总经理）	
中华联合财产保险东营中心支公司	张汉秀（总经理）	
广发北方证券经济有限责任公司东营营业部	马　欣（总经理）	许超平
天同证券有限责任公司东营营业部	林　涛（总经理）	董典波
齐鲁证券有限公司东营营业部	周永军（总经理）	

东营市主要金融机构业务概况

单位：亿元

单位名称	存款	企业存款	储蓄存款	贷款	短期贷款	中长期贷款
中国工商银行东营市分行	152.44	52.07	88.4	68.67	38.15	29.31
中国农业银行东营市分行	95.31	30.15	53.85	71.85	59	11.28
中国银行东营分行	48.28	16.7	24.83	36.45	24.55	10.25
中国建设银行东营市分行	85.92	23.82	50.9	59.71	30.77	23.88
东营市城市信用社	50.52	20.21	27.82	33.34	16.03	4.22
农信社东营市办事处	87.79	2.74	51.8	74.89	71.12	3.06

东营市各县级区域经济金融主要统计指标

名称	人口（万人）	面积（平方公里）	地区生产总值（亿元）	地区生产总值增速（%）	存款（亿元）	储蓄存款（亿元）	贷款（亿元）
广饶县	48.08	1138	112.9	30.5	78.97	41.78	114.55
垦利县	21.36	2204	46.5	37.53	52.24	34.86	40.26
利津县	29.17	1665.6	44.08	30.20	20.01	13.50	21.17

待的信贷原则。

【存款情况】 截至2004年末，东营市金融机构各项存款余额555.33亿元，比年初增加59.55亿元，增长12.01%，同比低12.53个百分点。其中，企业存款余额146.84亿元，减少2.84亿元，下降1.9%；储蓄存款余额328.27亿元，增加40.78亿元，增长14.18%，占全市新增存款额的68.48%。在储蓄存款中，定期存款余额233.02亿元，增加30.78亿元，活期存款余额95.25亿元，增加10亿元；外汇存款余额7702万美元，减少1278万美元，同比少增2165万美元。

【贷款情况】 2004年，东营市各项贷款增长平稳，新增存贷比不断提高。截至年末，金融机构各项贷款余额357.41亿元，比年初增加62.32亿元，增长21.12%。新增存贷比达104.65%，同比增加22.69个百分点。从新增贷款投向看，信贷结构不断优化，较好地体现了有保有压、区别对待的信贷原则，主要表现在以下几个方面：

一、农业贷款增势迅猛。2004年，东营农信社以创建信用户、村、乡（镇）为载体，以农户贷款证、农户联保等方式，加大了对农业的支持力度，有效地缓解了农村经济发展的资金"瓶颈"，助推了农业生产，促进了农民增收。截至年末，全市农业贷款余额58.93亿元，比年初增加11.86亿元，增长25.2%，高于各项贷款增长率4.08个百分点。

二、工业贷款投放力度加大。截至年末，东营市工业贷款余额78.81亿元，较年初增加7.38亿元，同比少增6.66亿元，中长期贷款余额82.08亿元，较年初增加26.8亿元，占全部新增额的43%。

三、增加商业贷款投放，支持地方个体私营经济发展。截至年末，东营市商业贷款余额30.57亿元，较年初增加3.37亿元，基本满足全市经济增长的需要。

四、个人消费贷款成为银行业新的增长点。2004年，东营市消费信贷在防范信贷风险的基础上稳步推进，消费品种有所扩大，各家银行建立健全了办理消费信贷业务职能机构，制定了规范的业务操作程序，并加强了与相关部门合作，积极创造发展消费信贷的外部环境，加大了消费信贷的营销力度，全市消费贷款直线上升。截至年末，全市消费贷款余额32.37亿元，较年初增加6.53亿元，增长25.27%。

【现金投放和回笼】 2004年，东营市累计现金收入2329.57亿元，同比增长102.79%；累计现金支出2350.03亿元，增长101.09%；全年累计现金净投放20.46亿元，多投放0.59亿元，增长2.98%。

【外汇管理】 2004年，外管局东营市中心支局从转变观念入手，完善机制，夯实基础，突出服务，强化监管，圆满完成了各项工作任务，有力地支持了全市外向型经济的发展。

一、健全完善内控管理制度，提升管理水平。2004年，该局一是按照省局要求，重新审定了出口收汇和进口付汇两项《核销管理内控制度》；二是对1680笔进口付汇核销业务、4521笔出口收汇核销业务进行了梳理式的自查；三是对涉及经常项目、资本项目、国际收支、外汇检查等方面共6万余字的内控制度进行了修订。

二、创新工作措施，提高工作效率。2004年，为了减少外商投资企业外汇登记及资本金开户审批环节，提高工作效率，支持外商投资企业发展，该局自行开发了《外商投资企业外汇登记及资本金账户网上审批系统》，并于9月在当地部分外汇指定银行试运行，11月在济宁、枣庄试运行。通过该系统，可对外商投资企业的外汇登记及资本金开户情况进行全面监测，从而提高了监管效率。

三、加大外汇工作检查力度，维护地方外汇工作的良好秩序。2004年，该局一是会同东营市外经贸局等8部门对全市的外商投资企业进行了联合年检。截至5月31日，东营市办理外汇登记的外商投资企业有175家，在当地工商局注册的外商投资企业有225家，参加外汇年检的外商投资企业有86家，参检率为49.14%；二是组织了对保险外汇业务检查。制定了检查实施方案，组织各保险公司相关人员学习了保险业务外汇管理《暂行规定》和《操作规程》，安排保险公司严格按照检查实施方案的要求进行自查。截至5月31日，东营市共有保险公司9家，其中人保产险东营分公司1家取得了外汇登记证。

【货币政策实施】 2004年，人行东营市中心支行对货币政策进行了解读和剖析，引导辖内银行业按照科学发展观的要求，认真贯彻“有保有压”的宏观调控目标，合理定位区域信贷政策，为支持地方经济发展创造了必要条件。

一、加强银政企联系协作，增强贯彻执行货币政策能力。

（一）加强与地方政府密切配合，确保货币政策传导畅通。2004年，该行一是加强监测，搞好货币运行情况分析，及时捕捉和把握政策效果，提高把握经济走势的判断能力；二是与地方政府有关部门一起研究完善了东营市中小企业信用等级公布制度；三是以“农村文明信用工程”为载体，积极开发、应用“农户信贷登记咨询系统”，进一步深化了“信用东营”建设。

（二）加强对银行业的服务指导，增强货币政策传导效果。2004年，该行一是贯彻落实信贷政策，结合一季度全市金融运行情况，与4家商业银行进行了座谈，督促各行、社立足自身实际，制定支持辖区经济平稳可持续发展的具体措施，得到市委、市政府的高度重视，并做重要批示；二是强化信贷工作创新，督促和引导银行业继续支持大企业发展，同时，努力优化信贷投向，防止“一刀切”；三是完善并落实了《东营市建立良好银企协作关系操作暂行办法》，对选取的10户中小企业给予全方位的金融服务，支持企业做大做强；四是进一步健全完善《东营市银行业执行货币政策约见谈话制度》，有效防止和解决了辖区金融机构在执行货币政策中扭曲变形和不到位的问题；五是充分发挥“金融公共网络信息平台”作用，适时发布最新的货币信贷政策和产业政策、推介重点项目和企业信用评级情况，使该平台成为展示银企信用状况的重要媒介。

（三）加强与地方企业的联系，把货币政策落到实处。2004年，该行一是积极组织项目推介会，为银企合作搭建了平台。截至10月底，共组织50多家企业成功召开了3次银企合作项目洽谈会，向银行推介企业项目30多个，银企签订贷款协议28亿元，其中，项目贷款协议19.70亿元，流动资金贷款协议8.30亿元。目前各行社共发放贷款15.37亿元，其中，流动资金贷款12.26亿元，项目贷款3.11亿元，完成承诺资金的54.89%；二是成功举办了东营市金融新产品展示会，拓宽了企业融资渠道，实现了银企在同一平台相互营销、相互促进、共同发展的双赢；三是举办了“股份制商业银行—— 东营工业企业座谈会”，一方面解决了当地企业与股份制商业银行的沟通与交流问题，为企业向银行推介好的项目、银行向企业推介优质金融产品提供了平台，另一方面优化资源配置，实现了银企双赢。

二、突出风险监测和预警，扎实做好金融稳定工作。2004年，该行一是建立了对法人金融机构季度风险监测制度；二是建立了对中、建两行及农信社改革月度（季）动态监测制度；三是对人行原办经济实体资产进行了接收和认真清理；四是制定了风险警示及信贷退出提示制度和临时性支付风险防范处置预案。

三、强化调查研究和信贷分析，为上级行宏观决策提供“活”材料。2004年，为进一步疏通货币政策传导中的阻滞，该行加强了对辖区经济金融运行的研究。一是进一步完善货币信贷运行分析通报制度，传达货币政策信号、谏言地方经济发展；二是及时反馈货币政策实施效果，对重点行业投资、流动资金供求、异地贷款、金融支农政策落实等情况进行了调研，对调整准备金率、实行差别准备金率、再贷款浮息政策出台后的实施效应向上级行和地方政府进行了反馈；三是构建经济金融政策信息沟通与反馈机制，建立了与计委、经委、统计局、财政局等政府部门的分析例会制度，促进了金融政策与其他宏观政策的有效衔接；四是抓住区域经济金融运行的突出问题、焦点问题、苗头性问题进行调查，为地方政府和上级行提供信息依据。

【金融监管】 2004年，人行东营市中支和银监会东营监管分局加大创新力度，切实履行监管职责，维护了辖内金融秩序的稳定。

2004年，人行东营市中支高度重视对辖区金融秩序的监管，大力整顿规范金融市场秩序。一是依法开展了现金管理、人民币管理、反洗钱制度建设、再贷款、再贴现业务、金融统计以及征信管理工作的检查监督，对违规行为进行了通报批评，适时进行了风险警示；二是认真落实结算账户管理办法，严格各项核准手续。进一步健全票据交换管理制度，纠正各种无理退票行为，维护了结算渠道的畅通；三是认真关注商业银行股份制改革，积极研究涉及商业银行的各种资产打包处置、企业转换经营机制、资产处理等问题，并依法提出处理意见和建议，及时维护金融机构的合法权益；四是建立并完善了对中行和建行的监测指标，按月对两行进行改革情况监测，及时就改革中风险评估、职工动态、支付风险等项内容强化调研、预测和监督，确保了辖区金融稳定。

2004年，银监会东营监管分局坚持以科学发展观为指导，确立了“讲学习、找差距、求创新、创一流”的分局精神，遵循依法、公开、公正、效率的工作原则，突出监管文化建设，监管专业化水平和审慎监管能力进一步增强。一是引导银行业全面、准确、积极理解和贯彻国家宏观调控政策，全市银行业整体运行质量进一步提高。年末，银行业机构存、贷款同比分别增长11.63%和25%，利润增长67.78%；不良贷款实现了“双降”目标，整体风险水平进一步降低；二是深入学习宣传和贯彻实施金融法规，全社会的金融法律素质、诚信意识及银行业守法经营意识显著增强，为实施依法监管奠定了良好的社会基础；三是加大现场检查力度，依法查处各类违法违规行为，金融市场秩序进一步改观；四是深入贯彻《行政许可法》，规范监管行为，进一步推动了政务公开。开展了机关规范化建设和“制度建设月”活动，梳理夯实监管制度10类60项，设立了金融举报中心，建立了服务承诺、首问首办等制度，推动政务公开、广泛监督，群众对金融的满意度进一步提升。

【金融改革】 2004年，人行东营市中支准确把握农信社改革试点工作的指导思想，通过加强领导、强化措施、精心组织，以增资扩股、降低不良贷款、提高资本充足率、完善法人治理结构为重点，指导、督促辖内农信社搞好改革试点工作，截至年末，全市农信社股金余额7.54亿元，较年初增加了1.72亿元，其中，投资股3.30亿元，占比为43.76%，资格股4.24亿元，占比为56.24%，资本充足率达到9.45%。全市农信社全部成功申请发行了央行专项票据，总金额6921万元。

2004年，该行以完善农信社改革月（季）度动态监测制度为契机，进一步完善法人治理结构，牢固树立稳健经营、稳步发展的理念，促其经营质量不断提高。截至年末，全市农信社各项存款余额87.8亿元，较年初增加18.6亿元，增长26.80%，存款市场占有率达到15.81%；各项贷款余额74.9亿元，增长16.4亿元；实现利润9667万元，在全省农信社中率先实现了无历年挂账亏损、无挂账费用、无亏损社、无账内应收息、无高风险社等“五无”，成为全省惟一实现社社盈余的市地。

【保险业务】 截至2004年末，东营市共有各类保险公司13家，承保额1590.9亿元，全年保费收入16.2亿元。其中，财险保费收入4.7亿元，增长13.9%；寿险保费收入11.5亿元，下降10.1%。全年赔付3.4亿元，增长19.2%。其中，财险赔付2.9亿元，增长19.1%；寿险赔付0.5亿元，增长19.5%。

【证券市场】 2004年，天同证券有限责任公司东营营业部内强素质，外拓市场，取得了较好成绩。全年实现各类证券交易量169.6亿元，其中，A股交易总量94.12亿元，市场占有率为万分之十一；拥有开户客户103862人；期末实现营业收入3103.18万元，实现利润总额1345.68万元，实现净利润784.09万元。

【精神文明建设】 2004年，东营市各金融机构以“三个代表”重要思想为指导，加强政治理论学习，广泛开展了形式多样的精神文明创建活动，取得了较好成果。

一、人行东营市中心支行组织开展了“文明单位”创建活动。一是切实加强领导班子的思想、工作和生活作风建设，不断提高政治理论水平、驾驭工作和抵御风险的能力；二是加强职工队伍建设，树立“当一流员工，树一流形象，做一流服务，创一流业绩”的精神，建设“政治过硬、业务优良、作风清正、纪律严明”的职工队伍；三是广泛开展学先进、树新风活动及群众文体活动，使全行职工的文化底蕴明显丰富，涌现出了一大批先进单位和个人；四是组织开展了“巾帼建功”和“争创文明家庭”活动，努力营造尊老爱幼、夫妻恩爱、邻里和睦的家庭生活氛围。

二、中行东营市分行精神文明建设工作取得良好成效，该行继续被认定为市级“文明单位”，辖内西城支行被继续认定为国家级“青年文明号”，并分别被评为省行级、总行级“精神文明建设先进单位”，黄河口支行被继续认定为总行级“青年文明号”，全行有3人分别被省行评为优秀行长、优秀中层干部和优秀员工，有1人被省行评为优秀党员。

三、建行东营市分行精神文明建设硕果累累，陆续成立了社区金融学校，设立了“爱心基金”，开展了“温馨工程”，努力打造“家园文化”，为创建和谐社会做出努力。分行工会被授予全国金融系统工会经费审查工作先进集体称号，机关工会被建行总行授予“模范职工之家”称号。

【金融大事记】 1月7日　人行东营市中支宣传部被济南分行授予“双文明单位创建工作成绩突出单位”。

2月17日　人行东营市中支召开了农信社改革试点资金支持工作座谈会。

3月10日　人行东营市中支组织召开2004年工作会议，会议传达了全国银行、证券、保险工作会议及人行总行、济南分行工作会议精神，部署了全年工作，对2003年度先进单位、集体及先进个人进行了表彰，签订了辖区2004年度党风廉政建设目标责任状及社会治安综合治理暨安全工作目标责任状。

3月～6月 人行东营市中支向东营区、河口区、垦利县和利津县4家农信社发行中央银行专项票据。

7月22日 人行东营市中支组织召开全市金融工作座谈会，曹连杰副市长代表市政府发表了重要讲话。

8月21日 山东广饶农村合作银行创立大会暨首届股东代表大会第一次会议召开，山东省首家、全国第3家农村合作银行在东营市广饶县正式创立。

9月 人行东营市中支建立了对中、建两行及农信社改革月度（季）动态监测制度。

9月13日 人行东营市中支组织召开了“第三次银企座谈会暨金融新产品展示会”。

10月23日 人行东营市中支举办全辖现金出纳、储蓄人员人民币管理业务知识考试。

10月29日 人行东营市中心支行组织召开“全市银行业预防职务犯罪工作会议”。

11月～12月 山东省借款企业信用评级试点工作在人行东营市中支开展。

11月17日 外管局广饶县支局外汇业务开办工作通过验收并正式开办业务。

12月8日～9日 人行总行女工委贾立如副主任一行到东营中支检查指导工作。

12月10日 东营市政府常务副市长张秀香、副秘书高雳长到人行东营市中支进行调研。

12月12日 人行济南分行党委书记、行长杨子强一行到东营中支指导工作。

12月31日 东营市政府刘国信市长、阎君山副市长、李金昆副市长到人行东营市中支指导工作。

（张有福 王清源 王洪刚）

广饶县

【经济概况】 2004年，广饶县各项经济指标呈现良好发展态势。全县实现地区生产总值112.9亿元，同比增长30.5%；人均地区生产总值23520元。实现财政总收入7.35亿元，其中，地方财政收入3.76亿元，增长29%。

全年实现农业增加值15.07亿元，同比增长12.5%；其中，粮食总产35.88万吨，增长5.7%。林木覆盖率11.7%，同比提高0.5个百分点。

全年完成工业增加值69.75亿元，同比增长44.2%。规模以上工业企业实现产品销售总收入197.56亿元，增长

广饶县主要经济金融指标

经济指标	1999	2004	经济指标	1999	2004
土地面积（平方公里）	1138	1138	#地方财政收入（亿元）	1.45	3.76
人口（万人）	47.02	48.08	全社会固定资产投资（亿元）	9.36	65.09
#非农业人口（万人）	5.35	14.48	固定资产投资增速（%）	20	55.4
地区生产总值（亿元）	40.64	112.9	进出口总值（亿美元）	—	3.01
地区生产总值年增速（%）	16.5	30.5	#出口总值（亿美元）	—	1.44
第一产业（亿元）	10.51	15.07	实际利用外资（亿美元）	—	0.4
第二产业（亿元）	16.70	39.75	社会消费品零售总额（亿元）	11.54	16.45
第三产业（亿元）	13.43	28.08	居民消费价格指数（%）	99	105
财政总收入（亿元）	2.27	7.35	人均地区生产总值（元）	8643.08	23520
金融指标（亿元）	**1999**	**2004**	**金融指标（亿元）**	**1999**	**2004**
金融机构存款余额	20.74	78.97	金融机构贷款余额	22.68	114.55
企业存款	5.34	16.52	短期贷款	20.46	97.15
储蓄存款	20.74	41.78	中长期贷款	1.58	16.18

广饶县主要金融机构负责人

单位名称	行长（或其他称谓的第一负责人）	副行长（或其他称谓的同级领导）
中国人民银行广饶县支行	段作强	刘延忠
中国银监会东营监管分局广饶办事处	贾国良	
中国工商银行广饶县支行	刘　光	赵新生
中国农业银行广饶县支行	燕曙光	张新立
中国银行广饶支行	牛东涛	李光明
中国建设银行广饶县支行	冯勋斌	张　勇
山东广饶农村合作银行	马立军	高传星
中国财产保险公司广饶县支公司	张耀武	王　欣
中国人寿保险公司广饶县支公司	徐国岭	杨振兰

广饶县主要金融机构业务概况

单位：亿元

单位名称	存　款	企业存款	储蓄存款	贷　款	短期贷款	中长期贷　款
中国工商银行广饶县支行	7.2	3.39	3.09	22.10	16.52	5.58
中国农业银行广饶县支行	22.78	9.02	10.85	37.15	33.93	2.96
中国银行广饶支行	5.98	1.57	1.20	8.41	7.98	0.38
中国建设银行广饶县支行	3.22	0.96	1.71	14.92	7.24	6.78
山东广饶农村合作银行	33.48	1.07	19.46	28.39	27.92	0.46

40.2%，实现利税20亿元。

全年实现社会消费品零售总额16.5亿元，同比增长17.2%。全年进出口总额3.01亿美元，其中，出口1.44亿美元，增长36.7%。

全县城镇居民人均可支配收入9693元，同比增长17.1%；农村居民人均可支配收入4204元，增长14.9%。

【金融概述】 2004年，广饶县金融运行健康平稳，各项存款平稳增长，各项贷款稳中有升，存贷款结构进一步优化，现金收支活跃，净投放同比变化不大。

【各项存款】 截至2004年末，广饶县金融机构各项人民币存款余额78.97亿元，同比增加15.86亿元，增长16%；各项外汇存款余额507万美元。其中，企业存款余额16.52亿元；居民储蓄存款余额41.78亿元，增加4.61亿元。其中，定期储蓄存款25.77亿元，增加2.69亿元；活期储蓄存款16亿元，增加1.92亿元。

【各项贷款】 截至2004年末，广饶县金融机构各项贷款余额114.55亿元，比年初增加21.32亿元，增长22.86%。其中，农业贷款22.10亿元，增加4.34亿元；工业贷款24.33亿元，增加4.32亿元；商业贷款12.27亿元，增加2.47亿元；个人消费贷款1.09亿元，增加0.04亿元；固定资产投资贷款16.18亿元，增加3.63亿元；票据融资21.05亿元，减少5.72亿元。

【金融调控】 2004年，人行广饶县支行着力实施货币政策，努力加强金融服务，认真落实各项货币信贷政策，畅通传导机制，充分发挥再贷款等货币信贷政策工具的作用，积极引导辖内金融机构以科学的发展观开展金融业务，提升货币信贷政策实施效果，保证了地方经济金融持续协调快速健康发展。

【金融监管】 2004年，银监会广饶县办事处进一步加强对辖内各金融机构的监督管理，完善了金融监管信息数据库，对辖内各金融机构的风险状况进行全面系统的分析，有效防范了金融风险，保证了地方金融稳定，促进了金融机构各项业务的长效发展。

【金融改革】 2004年，人行广饶县支行准确把握关于农信社改革试点工作的指导思想、总体原则和主要内容，准确核定广饶县农村合作银行的不良资产数据、及时掌握改革进度和增资扩股进度、严格监督财务指标和资本充足率、保证股本金的真实性，改革取得了阶段性成果。

（刘阜新　付　杰）

垦利县

【经济概况】 2004年，垦利县认真贯彻全市“大招商、大开放、大发展”的战略思想，解放思想，干事创业，国民经济持续快速健康发展，人民生活水平继续提高。全年实现地区生产总值46.50亿元，同比增长37.53%；人均地区生产总值21893元，增长37.53%。实现财政总收入5.3亿元，增长40.58%；其中，地方财政收入2亿元，增长30.6%。

全年实现农业增加值6.37亿元，同比增长31.5%；其中，粮食总产9.6万吨，下降20%。

全年规模以上工业企业完成增加值29.80亿元，同比增

垦利县主要经济金融指标

经济指标	1999	2004	经济指标	1999	2004
土地面积（平方公里）	2204	2204	#地方财政收入（亿元）	0.84	2
人口（万人）	21.14	21.31	全社会固定资产投资（亿元）	3.53	35.51
#非农业人口（万人）	4.34	7.46	固定资产投资增速（%）	2.4	58.5
地区生产总值（亿元）	15.6	46.5	进出口总值（亿美元）	0.002	0.34
地区生产总值年增速（%）	11.8	37.53	#出口总值（亿美元）	0.002	0.15
第一产业（亿元）	4.49	6.37	实际利用外资（亿美元）	—	0.35
第二产业（亿元）	7.48	32.37	社会消费品零售总额（亿元）	5.44	5.77
第三产业（亿元）	3.63	7.76	居民消费价格指数（%）	98.2	103.7
财政总收入（亿元）	1.33	5.3	人均地区生产总值（元）	7379	21893
金融指标（亿元）	**1999**	**2004**	**金融指标（亿元）**	**1999**	**2004**
金融机构存款余额	25.05	52.24	金融机构贷款余额	10.70	40.26
企业存款	4.32	7.68	短期贷款	9.44	29.02
储蓄存款	19.47	34.86	中长期贷款	1.13	0.39

垦利县主要金融机构负责人

单位名称	行长（或其他称谓的第一负责人）	副行长（或其他称谓的同级领导）
中国人民银行垦利县支行	王永强	邢现明　陈　田
中国银监会东营监管分局垦利办事处	李慧梅	
中国工商银行垦利县支行	贾学军	燕振民　杜桂亭　孔元胜　脩功友
中国农业银行垦利县支行	王东风	杨文忠　许广安　李万刚
中国银行垦利支行	李龙吉	梁永光　秦荣村
中国建设银行垦利县支行	王建强	耿荣鹏
垦利县农信社	牛群元	朱美村　徐　静　刘建云
中国财产保险公司垦利县支公司	韩顺祥	周冬梅　康新忠
中国人寿保险公司垦利县支公司	邢现清	王敦洋　宁尚国

注：以2004年12月31日在职人员情况为准。

垦利县主要金融机构业务概况

单位：亿元

单位名称	存 款	企业存款	储蓄存款	贷 款	短期贷款	中长期贷 款
中国工商银行垦利县支行	14.04	3.16	9.52	6.85	4.57	2.28
中国农业银行垦利县支行	12.78	1.68	10.37	7.55	6.15	0.31
中国银行垦利支行	4.79	1.44	2.47	6.89	4.96	1.70
中国建设银行垦利支行	1.94	1.08	0.50	5.85	2.57	2.21
垦利县农信社	14.90	0.13	8.64	11.87	9.51	2.24

长46%；实现产品销售总收入99.48亿元，增长61.3%；实现利税10.99亿元，增长68.3%。

全年实现社会消费品零售总额5.77亿元，同比增长15.2%。进出口总额0.34亿美元，增长249.6%；实际利用外资额0.35亿美元；

全县城市居民人均可支配收入9251元，增长14.2%；农村居民人均可支配收入3906元，增长14.5%。

【金融概述】 2004年，垦利县金融机构围绕年初县经济工作会议精神，认真贯彻落实国家适度从紧的货币政策，积极调整信贷结构，促进了辖区经济持续快速健康发展。

【各项存款】 2004年，垦利县金融机构各项存款继续保持稳定增长态势。截至年末，全县实现人民币存款余额52.24亿元，较年初增加5.75亿元，增长12.37%，同比少增2.81亿元。其中，企业存款余额7.68亿元，较年初增加0.30亿元，少增1.4亿元；居民储蓄存款余额34.86亿元，增加3.78亿元，少增0.06亿元。

【各项贷款】 截至2004年末，垦利县金融机构各项贷款余额40.26亿元，较年初增加10.31亿元，同比多增1.38亿元，增长34.76％，高于存款增长率22.39个百分点，存贷差由年初的63.82%增加到77.07%，增长13.25个百分点。其中，农业贷款6.75亿元，减少0.13亿元；工业流动资金贷款19.95亿元，增加3.54亿元；固定资产投资贷款3.82亿元，增加3.49亿元；票据融资2.11亿元，增加1.32亿元；技改贷款比年初增加了0.69亿元。

【金融调控】 2004年，人行垦利县支行认真贯彻国家稳健的货币政策，不断强化货币信贷政策传导机制，加强信贷政策实施的“窗口指导”，引导金融机构优化信贷结构，增加信贷投放，加大金融产品开发和营销力度，努力满足不同组织和层面的资金需求，确保了全县重点项目、重点行业、重点工程的资金需求。

【金融监管】 2004年，银监会垦利县办事处结合全县经济金融发展的现状及特点，开拓监管思路，一是把防范和化解农信社风险作为工作重点，强化金融监管，完善监管手段，推进农信社改革试点工作；二是认真做好辖内金融机构不良贷款双降和扭亏增盈工作。有效提高了金融信贷资产质量，促进了全县金融业的健康稳定发展。

【金融改革】 2004年，人行垦利县支行按照全省深化农信社改革工作会议精神，积极推动垦利县农信社改革，做好宣传发动、增资扩股、清产核资等组织筹备工作，专项票据0.21亿元已于6月4日发行到位。截至年末，资本充足率、不良贷款占比降幅两项指标均达到兑付标准以上。

（李祥勇　高泽农）

利津县

【经济概况】 2004年，利津县全县实现地区生产总值44.08亿元，同比增长30.02%；人均地区生产总值15200元。实现财政总收入1.64亿元，其中，地方财政收入1亿元，下降1%。

全年实现农业增加值9.75亿元，同比增长7.6%；其中，粮食总产6.97万吨，下降43.06%。

全年完成工业增加值78.04亿元，同比23.95%。进出口总额7080万美元，其中，出口5500万美元，增长40.8%。

全市城镇居民个人年均可支配收入9226元，同比增

利津县主要经济金融指标

经济指标	1999	2004	经济指标	1999	2004
土地面积（平方公里）	1665.6	1665.6	#地方财政收入（亿元）	0.78	1.00
人口（万人）	29.01	29.17	全社会固定资产投资（亿元）	9.24	30.83
#非农业人口（万人）	3.97	7.13	固定资产投资增速（%）	18.83	39.95
地区生产总值（亿元）	19.11	44.08	进出口总值（亿美元）	0.06	0.71
地区生产总值年增速（%）	14.8	30.20	#出口总值（亿美元）	—	0.55
第一产业（亿元）	6.96	9.76	实际利用外资（亿美元）	0.01	0.28
第二产业（亿元）	7.46	23.26	社会消费品零售总额（亿元）	—	9.94
第三产业（亿元）	4.69	11.06	居民消费价格指数（%）	—	—
财政总收入（亿元）	1.02	1.64	人均地区生产总值（元）	6732	15200
金融指标（亿元）	**1999**	**2004**	**金融指标（亿元）**	**1999**	**2004**
金融机构存款余额	8.71	20.01	金融机构贷款余额	7.53	21.17
企业存款	2.24	2.28	短期贷款	6.82	16.99
储蓄存款	6.03	13.50	中长期贷款	0.49	3.90

利津县主要金融机构负责人

单位名称	行长（或其他称谓的第一负责人）	副行长（或其他称谓的同级领导）
中国人民银行利津县支行	王学亮	李士春　张爱民
中国银监会东营监管分局利津办事处	张启新	
中国农业银行利津县支行	张向坤	刘志勇　李　军　姜海丽
中国建设银行利津县支行	李华东	陈学文　王晓华
利津县农信社	陈文岐	林珍三　潘荣先　薄其明
中国财产保险公司利津县支公司	张继先	邵云毅　刘国华　崔凌波
中国人寿保险公司利津县支公司	张宝山	戴素云　刘　文

注：以 2004 年 12 月 31 日在职人员情况为准。

利津县主要金融机构业务概况

单位：亿元

单位名称	存款	企业存款	储蓄存款	贷款	短期贷款	中长期贷款
中国农业银行利津县支行	6.40	1.23	3.67	6.15	3.97	2.17
中国建设银行利津县支行	3.64	0.94	2.31	5.67	3.68	1.71
利津县农信社	7.21	0.10	5.14	6.87	6.87	—

长11.5%；农村居民个人年均可支配收入3870元，增长14.9%。

【金融概述】 2004年，利津县金融运行态势良好，各项存款平稳增长，贷款稳中有升，存贷款结构进一步优化，经济效益不断提高，促进了辖内金融的健康运行和地方经济的持续发展。

【各项存款】 截至2004年末，利津县金融机构各项人民币存款余额20.01亿元，同比增加1.88亿元，增长10.37%；各项外汇存款余额43万美元；企业存款余额2.28亿元，减少0.49亿元；居民储蓄存款余额13.50亿元，增加1.36亿元；其中，定期储蓄存款8.24亿元，增加0.33亿元；活期储蓄存款5.26亿元，增加1.03亿元。

【各项贷款】 截至2004年末，利津县辖内金融机构各项贷款余额21.17亿元，比年初增加2.81亿元，增长15.31%。其中，农业贷款6.07亿元，增加1.23亿元；工业贷款5.93亿元，增加1亿元；商业贷款2.92亿元，增加0.57亿元；个人消费贷款1.21亿元，下降0.58亿元；固定资产投资贷款2.64亿元，增加0.7亿元；票据融资1.94亿元，减少0.91亿元；技改贷款增加0.75亿元。

【金融调控】 2004年，人行利津县支行努力加强金融服务，认真落实各项货币信贷政策，畅通传导机制，充分发挥再贷款、再贴现等货币信贷政策工具的作用，积极引导辖内金融机构以科学的发展观开展金融业务，提升货币信贷政策实施效果，保证了该县经济金融持续协调快速健康发展。

【金融监管】 2004年，银监会利津县办事处进一步加强对辖内各金融机构的监督管理，全面掌握辖内各金融机构不良资产水平、财务状况、内部控制及高级管理人员等方面的情况。完善了金融监管信息数据库，对辖内各金融机构的风险状况进行全面系统的分析，有效防范了金融风险，保证了地方金融稳定，促进了金融机构各项业务的长效发展。

【金融改革】 2004年，人行利津县支行准确把握关于农信社改革试点工作的指导思想、总体原则和主要内容，在准确核定利津县农信社的不良资产数据、及时掌握改革进度和增资扩股进度、严格监督财务指标和资本充足率、保证股本金的真实性和督促法人治理结构完善的基础上，与其签订了《农信社改革试点专项中央银行票据协议书》，协议发行中央银行专项票据1541万元，置换了利津县农信社1541万元的实际资不抵债额，改革取得了阶段性成果。

（辛玉梅　高建刚）

滨州市

【经济概况】 2004年，滨州市国民经济快速发展，经济实力进一步增强。全市实现地区生产总值519.45亿元，按可比价格计算，增长17.2%，增速提高0.5个百分点，为10年来的最高水平。其中，第一产业完成增加值80.7亿元，增长8.6%；第二产业完成增加值300.1亿元，增长24.1%；第三产业完成增加值138.7亿元，增长10.6%；人均地区生产总值14133元（按现价汇率折算为1708美元），增长16.5%。三次产业比重由上年的17.7:52.1:30.2转变为15.53:57.76:26.71。全市实现财政总收入43.19亿元，增长30.7%，其中，地方财政收入22.01亿元，增长43.7%。

一、农业基础地位得到加强。2004年，滨州市农林牧渔业实现总产值151.25亿元，同比增长10.2%。粮食总产185.16万吨，增长1.4%，其中，夏粮总产87.31万吨，下降2.2%；秋粮总产97.85万吨，增长4.83%；棉花总产19.77万吨，增长46%；蔬菜总产2248.41万吨，增长2.7%；油料总产1.03万吨，增长21.15%；水果总产54.99万吨，增长11%；肉类、禽蛋、奶类和水产品总产分别为27.78、20.06、12.12和31.37万吨，分别增长16.65%、1.5%、53.63%和12.28%；新增造林面积7.5千公顷，森林覆盖率提高0.8个百分点。

二、工业生产高速增长。2004年，滨州市规模以上工业企业完成增加值217.06亿元，同比增长36.7%。其中，国有及国有控股工业增加值66.65亿元，增长44.2%；集体工业增加值9.45亿元，下降17.4%；外商及港澳台投资工业增加值17.83亿元，增长3.6%。股份制工业增加值149.46亿元，增长47.7%。轻工业发展继续领先重工业，全年轻工业完成增加值142.02亿元，增长42.9%；重工业完成增加值75.04亿元，增长36.3%。

工业经济效益显著提高。规模以上工业企业实现产品销售收入804.55亿元，同比增长55.9%；实现利税71.16亿元，增长33.2%，实现利润40.54亿元，增长31.1%；反映工业经济效益整体水平的综合指数为173.0，提高3.3点。

滨州市经济主要统计指标

指　　标	1999	2000	2001	2002	2003	2004
土地面积（平方公里）	9445	9445	9445	9445	9445	9445
人口（万人）	359.20	361.09	362.95	364.79	366.15	368.90
#非农业人口（万人）	48.58	50.13	51.64	55.04	58.20	62.19
地区生产总值（亿元）	238.12	270.00	306.50	340.60	406.00	519.45
地区生产总值增速（%）	12.51	13.04	13.10	13.00	16.70	17.20
第一产业（亿元）	59.90	61.37	62.91	62.72	72.07	80.71
第二产业（亿元）	109.73	130.50	152.09	173.10	211.43	300.1
#工业（亿元）	93.10	111.50	130.09	147.10	177.90	258.06
#建筑业（亿元）	16.63	19.00	22.00	26.00	33.50	41.98
第三产业（亿元）	68.49	78.13	91.50	104.78	122.50	138.70
地区生产总值构成（%）	100.00	100.00	100.00	100.00	100.00	100.00
第一产业	25.16	22.70	20.50	18.40	17.70	15.53
第二产业	46.08	48.30	49.60	50.80	52.10	57.76
第三产业	28.76	29.00	29.90	30.80	30.20	26.71
财政总收入（亿元）	9.09	11.07	14.05	14.30	17.57	43.19
#地方财政收入（亿元）	14.01	15.79	19.69	23.95	27.76	22.01
全社会固定资产投资（亿元）	59.28	77.73	85.97	108.00	198.00	310.00
#基本建设（亿元）	14.05	20.47	22.35	39.14	80.50	
#更新改造（亿元）	14.15	23.61	24.96	28.37	63.80	
#房地产开发（亿元）	0.38	1.02	2.25	4.42	5.70	9.10
固定资产投资增速（%）	25.9	31.10	20.80	25.70	83.20	64.60
进出口总值（亿美元）	2.20	3.66	4.83	7.69	13.80	19.05
#出口总值（亿美元）	1.76	2.79	3.41	4.58	7.01	9.04
实际利用外资（亿美元）	0.52	0.44	0.48	0.67	3.82	3.47
社会消费品零售总额（亿元）	44.69	49.21	55.38	63.04	92.90	117.87
居民消费价格指数（%）	98.8	100.5	98.90	100.90	101.80	101.70
城镇居民家庭人均年收入（元）	5680	6302	6901	7373	8093	9009
农民家庭人均年收入（元）	3704	3654	3813	3876	4248	4713
人均地区生产总值（元）	6650	7498	8466	9360	11109	14133

滨州市金融主要统计指标

指标（亿元）	1999	2000	2001	2002	2003	2004
金融机构存款余额	160.75	177.47	204.94	239.15	292.98	341.8
（一）企业存款	30.05	37.08	37.90	44.46	65.97	78.12
（二）储蓄存款	119.39	130.79	151.43	166.93	191.16	212.32
#定期储蓄存款	91.78	97.51	112.89	120.03	131.97	142.43
#活期储蓄存款	27.61	33.28	38.54	46.90	59.19	69.89
金融机构贷款余额	135.56	143.75	159.33	201.38	245.21	277.16
（一）短期贷款	108.97	121.89	127.10	150.73	161.99	185.94
#工业贷款	21.68	21.99	22.00	29.42	36.69	57.39
#商业贷款	49.30	43.85	46.04	49.20	45.57	45.14
#农业贷款	19.75	28.45	35.63	44.98	54.21	63.22
（二）中长期贷款	9.46	9.44	19.50	36.47	58.43	66.69
#基本建设贷款	3.09	3.25	4.00	16.69	27.74	33.55
#技术改造贷款	3.61	3.82	5.72	1.26	1.52	1.77
现金收入	673.09	794.75	841.11	954.29	1313.97	1591.99
现金支出	678.94	798.76	852.78	969.22	1338.03	1623.87
现金投放（+）回笼（-）	6.09	4.01	11.68	14.94	24.05	31.87
当年结益	-4.62	-3.29	-2.04	-2.20	0.27	3.75

滨州市主要金融机构负责人

单位名称	行长（或其他称谓的第一负责人）	副行长（或其他称谓的同级领导）
中国人民银行滨州市中心支行	李庆胜	张春晓　李秀杰　李　虹
中国银监会滨州监管分局	李新章	王国新　胡红坚　侯庆华
中国工商银行滨州市分行	张嘉宏	范炜东　王　莹　韩继勇　吴建华
中国农业银行滨州市分行	戚传志	李遵政　袁朝阳　潘正光　刘　军
中国银行滨州分行	陈　杰	刘晓昌　张宝周　夏　捷
中国建设银行滨州市分行	杨德峰	王志勇　朱卫平
农信社滨州市办事处	丁　涛	宋修宝　李　臣

滨州市主要金融机构业务概况

单位：亿元

单位名称	存　款	企业存款	储蓄存款	贷　款	短期贷款	中长期贷　款
中国工商银行滨州市分行	71.24	23.2	38.61	64.38	28.76	31.99
中国农业银行滨州市分行	80.84	25.38	47.24	60.13	42.94	12.09
中国银行滨州分行	20.16	6.36	9.06	19.98	8.55	4.34
中国建设银行滨州市分行	49.30	16.79	20.73	43.08	17.56	17.28
农信社滨州市办事处	79.63	6.09	62.61	65.56	64.29	0.8

滨州市各县级区域经济金融主要统计指标

名称	人口（万人）	面积（平方公里）	地区生产总值（亿元）	地区生产总值增速（%）	存款（亿元）	储蓄存款（亿元）	贷款（亿元）
滨城区	62.19	933	118.04	21.1	116.76	37.95	88.74
惠民县	62.46	1357	57.08	18.7	26.57	20.83	15.94
阳信县	43.66	793	29.47	18.5	15.57	12.10	10.12
无棣县	43.71	1998	57.95	19.8	27.37	20.32	20.74
沾化县	38.48	2114	47.84	20.4	21.25	14.91	16.93
博兴县	47.44	900.7	75.57	24.5	54.9	36.34	37.99
邹平县	70.96	1251.75	156.06	27.5	79.58	44.08	90.33

三、市场、消费及物价。滨州市全年实现社会消费品零售总额117.87亿元，同比增长16.6%。其中，批发零售贸易业实现零售额95.23亿元，增长17.6%；餐饮业实现零售额18.87亿元，增长15.7%。

四、固定资产投资快速增长。滨州市全年完成全社会固定资产投资310亿元，同比增长64.6%。其中，第一产业投资9.7亿元，增长28.3%；第二产业投资241亿元，增长98.1%；第三产业投资59.3亿元，与上年持平；房地产开发投资9.1亿元，增长64%。

五、对外贸易和引进外资。滨州市全年进出口贸易总额19.05亿美元，增长37.8%。其中，出口9.04亿美元，增长29.0%，总量居全省第7位；进口10.01亿美元，增长46.9%；全年新批合同外商投资额4.83亿美元，实际外商投资3.47亿美元，增长3.1%。

六、城乡居民生活质量稳步提高。2004年，滨州市在岗职工工资总额32.74亿元，同比增长23.7%，城市居民人均可支配收入9008.6元，增长13.9%；人均消费性支出6267.6元，增长10.1%；农民人均纯收入3378元，增长13.9%；人均消费性支出2234.9元，增长20.9%；城市恩格尔系数为34.5%，下降0.25个百分点，农村恩格尔系数为38.6%。

【金融概况】 2004年，滨州市金融机构认真贯彻执行稳健的货币政策，不断创新金融服务方式，提高服务质量和服务水平，积极支持地方经济发展，区域货币信贷继续保持平稳运行，银行经济效益明显改善。

【存款情况】 截至2004年末，滨州市金融机构人民币各项存款余额241.8亿元，增加48.82亿元；各项外汇存款余额0.69亿美元，增加0.024亿美元。年末，企业存款78.12亿元，新增11.23亿元，增长16.78%；城乡居民储蓄存款余额212.33亿元，新增21.16亿元，增长11.07%；其中，定期储蓄142.43亿元，增加10.46亿元；活期储蓄余额69.89亿元，增加10.7亿元。

【贷款情况】 2004年，滨州市金融机构根据国家宏观调控政策，严格控制部分行业投资过热，加大项目贷款，贷款结构适应了宏观调控节奏。截至年末，各项人民币贷款余额277.16亿元，比年初增加37.98亿元，增长15.36%；各项外汇贷款余额1.86亿美元，增加0.13亿美元，增长6.27%。其中，工业贷款余额57.39亿元，增加21.75亿元；商业贷款余额45.14亿元，增加1.08亿元；农业贷款余额63.22亿元，增加10.47亿元；个人消费贷款29.77亿元，增加1.88亿元；技术改造贷款余额1.77亿元，增加0.33亿元；基本建设贷款余额33.55亿元，增加5.99亿元；消费信贷余额28.06亿元，增加10.53亿元。

【现金投放和回笼】 2004年，滨州市金融机构累计现金收入1591.99亿元，同比增加278.02亿元，增长21.16%；累计现金支出1623.87亿元，增加258.85亿元，增长21.36%；现金投放31.87亿元，同比多投放7.82亿元。

【外汇管理】 2004年，外管局滨州中心支局坚持管理和服务并重做好外汇管理工作，有力维护了辖区外汇金融秩序。一是认真做好外汇登记和验资询证工作。制定了《滨州市外商投资企业外汇登记管理暂行办法》，对外汇登记工作进行了规范；二是开展了对辖内外商投资企业外汇业务的年检工作；三是组织对金融机构贯彻执行“外汇反洗钱大额可疑报告制度”情况进行了检查；四是选择部分金融机构，对反洗钱机构设置、内控制度建设、业务资料保存、大额报备等情况进行了现场检查，对检查出的内控制度不完善、资料保存不完整等问题逐一进行了纠正；

四是按照省局统一部署，组织进行了"大额反洗钱整改情况"后续检查，同时，加强了对大额和可疑外汇资金交易数据信息的汇总、筛选、分析、甄别与核查，全面提高反洗钱工作质量。

【货币政策实施】 2004年，人行滨州市县两级行认真贯彻国家稳健的货币政策，有效疏通货币政策传导机制，促进了地方经济快速健康发展。一是与市教育局、银监局滨州监管分局联合转发了总行、教育部、银监会《关于〈加强和改进国家助学贷款工作的通知〉的通知》，促进了助学贷款工作的全面落实；二是转发了总行、财政部、劳动和社会保障部《关于进一步推进下岗失业人员小额担保贷款工作的通知》，发布了辖区符合享受信贷优惠政策的小企业名单，加大了对下岗失业人员及劳动密集型小企业信贷支持力度；三是积极创建推广网上项目推介、企业信用等级和逃废金融债务企业名单三个金融信息网络发布平台，为辖内金融机构合理调整信贷投向、支持地方经济快速、稳健发展奠定了基础；四是充分发挥"窗口指导"作用，引导金融机构调整贷款投向。通过制定发布《滨州市信贷投向指引》，引导金融机构正确理解国家宏观调控意图，加强产业政策与信贷政策的协调配合，促进了经济金融的健康稳定运行。截至年末，全辖金融机构实现结益3.75亿元，同比增盈3.44亿元；累计引导商业银行签发银行承兑汇票95.10亿元，增加26.88亿元；办理贴现98.33亿元，增加37.04亿元；发放再贴现1.12亿元；发放支农再贷款16.66亿元。

【金融监管】 2004年，银监会滨州监管分局认真履行对银行业的监管职能，按照"稳定秩序，控制风险，鼓励创新，促进发展"的思路，更新监管理念，切实提高监管工作效率和水平，确保了辖区银行业的稳健有序运行。

一、创新监管手段。2004年，该局在监管方式上从以"运动式"的现场检查为主向以非现场检查为主转变。一是推行"第一手资料制度"，确保现场检查的真实性；二是实行"监管人行"制度，与被监管机构签订了"监管人行协议"，明确双方必须遵守的十项权利和义务，监管员保证有三分之一的时间到被监管机构现场办公，提高了监管效率和依法监管水平；三是制定了《滨州市农信社高级管理人员行为监管暂行办法》，增强了监管工作的有效性和持续监管能力。

二、实施科学审慎监管。2004年，该局突出风险监管的核心地位，防范和化解金融风险。一是坚持和完善风险分析例会制度，提高监管人员对风险的辨别分析能力与水平；二是按月度、季度对被监管机构进行监管分析，对被监管机构的资产质量、盈利能力、支付能力、管理水平、发展前景等进行全面分析和风险评级，确定年度分类监管目标；三是以审慎监管促进银行业机构的审慎经营。完善了高管人员业绩考核档案并召开了年度审慎性会议，适时开展贷款专项检查，针对风险隐患及时提出预警提示和监管建议；四是完善了重大突发事件报告制度，与公安局、人行滨州市中支联合召开了整治金融违法犯罪座谈会，建立了联合打击金融犯罪的沟通协调平台；五是加强合规性监管。做好机构的市场准入及有关变更事项的审批备案，对全辖所有银行业金融机构换发了许可证；六是组织开展了对市邮政局及农发行2003年度经营管理情况的专项检查，对发现的问题进行了行政处罚。

三、加强对"双降"工作的监管。2004年，该局一是落实责任追究，完善了对商业银行不良资产余额、占比"双降"的监管工作机制，对其实行"一把手"负责制，纳入业绩考核；二是为防范"道德风险"，要求各银行业金融机构必须进一步明晰贷款责任，建立台账，新老划段，区别不同性质和责任采取不同的措施，进行追究；三是完善监管手段，加强对农信社不良贷款变动情况的提前预警，对商业银行新增单笔500万元以上的不良贷款进行了逐笔调查，研究制定了《滨州市银行业不良贷款双降工作意见》，积极协调各有关部门配合支持银行业维护自身合法权益，为"双降"工作创造良好的外部环境。

四、鼓励金融创新，支持银行业发展。2004年，该行引导银行业金融机构按照整合资源、提高效益的原则进行机构布局调整，鼓励、支持其大力发展中间业务，进行金融创新，促进了银行业金融机构竞争能力和经营效益的提高。同时，积极稳妥地做好农信社体制改革工作：一是组织召开了全市深化农信社改革会议，对农信社进行了全面的清产核资和股金规范；二是组织协调各相关部门审核上报全市农信社增资扩股及不良贷款下降计划，确保央行专项票据顺利发行并及时置换了不良资产，全市共取得央行专项票据3.43亿元；三是配合做好省联社滨州办事处的分设改革工作，指导农信社做好以县为单位统一法人的相关准备工作。

五、加强监管统计体系建设。2004年，该局不断加强和完善监管统计制度，初步建立了全市银行业监管统计工作体系，丰富了监管统计指标体系，基本满足了监管工作的实际需要。同时，加强监管统计制度的学习宣传，认真学习贯彻《银行业监管统计管理暂行办法》，有效提高了报表的时效性和准确性。

【金融改革】 2004年，滨州市金融部门积极深化改革，基本实现了商业银行不良资产明显下降、创新能力明显增强、盈利水平明显提高的全年工作目标，各项经营指标达到了历史最好水平。农信社体制改革顺利推进，8月，省农信社滨州办事处挂牌成立，正式担负其对辖内农信社管理、指导、协调和服务职能。为稳步推进农信社改革，人行、银监分局市县两级对7家农信社增资扩股计划内容进行了认真审核和规范。同时，注意根据工作进展情况及时与地方政府沟通，为全面做好资金支持工作打下了基础。

【保险业务】 2004年，滨州市保险业快速健康发展，共有10家全国性保险公司在滨州设立分支机构及营销服务部，包括5家寿险公司和5家产险公司，此外还有2家产险公司正在筹建中。全年保费收入实现9.32亿元，增长23.2%。其中，财产保险费收入1.95亿元，增长17.1%；人身保险费收入7.37亿元，增长24.9%；财产险和人身险的比重分别为21%和79%；全年累计支付赔款和给付1.44亿元，增长22.8%。

【业务创新】 2004年，滨州市各家金融机构在坚持效益立行的前提下，突出业务创新，带动了各项业务发展。人行滨州市中支建立了大额支付事前审批制度和大额汇划款项事中核对监测制度，对大额联行资金汇划实行再监督，确保了大额资金汇划安全。农行滨州市分行先后与4家产险公司及5家寿险公司签订了代理合作协议，以“银保通”系统为支撑，依托网点、网络和资源优势，实行全员营销，代理保险特别是寿险柜台分红保险产品取得了重大突破，全年实现保费收入8463万元，保险代理手续费收入272万元。同时，积极营销银行卡和网上银行业务，年末，网上银行客户达883户，累计交易额达50.12亿元。建行滨州市分行积极打造“融智”顾问品牌，聘请了8位国内知名经济学、会计学、投资银行等专家教授为顾问，为企业提供高水平服务。此外，新产品拓展实现了新突破，办理“福费廷转卖业务”3笔，金额46万元。滨州市辖内农信社独家开办了助学贷款业务，截至年末，共办理助学贷款215.67万元，帮助474名贫困学生圆了大学梦。

【精神文明建设】 2004年，滨州市金融部门坚持“一手抓业务，一手抓思想教育”，精神文明建设取得了突出成绩。人行滨州市中支围绕宣传思想政治工作如何保证和促进各项工作发挥作用这一课题，努力探索新的工作思路和方法，开展了大量学习教育活动：一是开展了“履行央行新职责，更新观念创新工作，与时俱进提高服务”主题思想教育活动；二是开展了马克思主义发展史教育活动。农行滨州市分行开展了整肃行风行纪活动，全年组织集体学习94次，印发交流学习体会36篇。滨州银监分局编印了《廉洁勤政工作手册》，制定了《财务监察制度》和《廉政监督卡》制度，自觉接受群众监督。农信社滨州市办事处认真落实“三会”制度，组织党员认真开展政治理论学习活动，并在全市农信社系统开展了廉政建设教育活动，提高了广大干部职工的行业自律意识。

【金融大事记】 3月26日～27日 人行总行货币政策司司长易纲一行在济南分行副行长李亚新等陪同下，深入惠民、无棣两县基层农信社和邮政储蓄部门就金融支持“三农”经济发展、农信社改革试点及农村邮政储蓄资金使用问题进行调研。

4月 建行滨州市分行推出外汇理财产品“汇得盈”，募集资金133.5万美元，成为当地年度外币个人存款惟一正增长的商业银行。

5月18日 受建行山东省分行委托，建行滨州市分行推出AAA级个人高端客户综合授信业务，成为滨州市第一家推出此种授信业务的金融机构。

天安保险股份有限公司滨州支公司正式开业，至此，已有10家品牌保险企业在滨州安家落户。

8月12日 山东省农信社滨州办事处正式挂牌成立，履行对辖内农信社的管理、指导、协调和服务功能。

9月 建行滨州市分行渤海七路、黄河三路办事处升格为网点型支行。

10月15日 滨州第三届“诚信滨州论坛暨银企合作促进会”开幕。银企双方共签订贷款合同和协议项目319个，金额280亿元，其中，合同项目74个，贷款金额44.6亿元，占签约总额的15.9%。协议项目245个，贷款金额235.7亿元。

10月26日 人行济南分行党委书记、行长杨子强同志到滨州市中支指导工作。

11月3日 人行济南分行门晓波副行长一行深入魏桥创业集团等企业进行调研。

11月 建行滨州市分行滨魏分理处迁址新城区，成为第一家进驻滨州市新城区的商业银行。

（吕建国）

惠民县

【经济概况】 2004年，惠民县实现地区生产总值57亿元，同比增长18.7%；人均地区生产总值9138元。实现财政总收入1.16亿元，其中，地方财政收入0.65亿元，下降36.4%。

全年实现农业增加值12.4亿元，同比增长16%，其中，粮食总产31.95万吨，下降8.2%；林木覆盖率17.6%，提高1.3个百分点。

全年完成工业增加值17.1亿元，同比增长18.6%。规模以上工业企业实现产品销售总收入8.6亿元，增长

惠民县主要经济金融指标

经济指标	1999	2004	经济指标	1999	2004
土地面积（平方公里）	1357	1357	#地方财政收入（亿元）	0.87	0.65
人口（万人）	61.98	62.46	全社会固定资产投资（亿元）	15.9	21.9
#非农业人口（万人）	5.52	8.33	固定资产投资增速（%）	33.6	58.3
地区生产总值（亿元）	30.1	57.08	进出口总值（亿美元）	0.0286	0.07
地区生产总值年增速（%）	12.6	18.7	#出口总值（亿美元）	0.0235	0.04
第一产业（亿元）	8.69	12.78	实际利用外资（亿美元）	0.0056	0.01
第二产业（亿元）	10.68	25.59	社会消费品零售总额（亿元）	11.87	14.39
第三产业（亿元）	10.73	18.71	居民消费价格指数（%）	4.3	3.4
财政总收入（亿元）	1.46	1.16	人均地区生产总值（元）	4856	9138
金融指标（亿元）	**1999**	**2004**	**金融指标（亿元）**	**1999**	**2004**
金融机构存款余额	14.65	26.57	金融机构贷款余额	13.14	15.94
企业存款	1.58	2.35	短期贷款	11.21	12.61
储蓄存款	12.32	20.83	中长期贷款	0.45	2.95

惠民县主要金融机构负责人

单位名称	行长（或其他称谓的第一负责人）	副行长（或其他称谓的同级领导）
中国人民银行惠民县支行	徐书亮	高建刚　吕洪军
中国银监会滨州监管分局惠民办事处	赵建杰	
中国工商银行惠民县支行	石　磊	邱　军　秘立惠
中国农业银行惠民县支行	王　平	杭玉刚　崔　华
中国建设银行惠民县支行	徐元兴	吴国强
惠民县农信社	尚子彬	邢大举

惠民县主要金融机构业务概况

单位：亿元

单位名称	存　款	企业存款	储蓄存款	贷　款	短期贷款	中长期贷　款
中国工商银行惠民县支行	4.75	0.62	3.71	2.07	0.51	1.56
中国农业银行惠民县支行	5.79	0.62	4.66	0.91	0.281	0.29
中国建设银行惠民县支行	2.26	0.72	1.26	1.19	0.361	0.80
惠民县农信社	10.41	0.34	8.21	8.30	7.99	0.29

12.5%；实现利税0.4亿元。

全年实现社会消费品零售总额14.4亿元，同比增长18.2%。全年进出口总额0.07亿美元，其中，出口0.04亿美元，增长2.7%。

全县城镇居民人均可支配收入11006元，增长7.8%；农村居民人均可支配收入6325元，增长6.9%。

【金融概述】　2004年，惠民县金融机构各项存款增长迅猛，票据融资活跃，资产质量进一步好转，银行经营效益逐步提高。

【各项存款】　截至2004年末，惠民县金融机构各项人民币存款余额26.57亿元，同比增加3.66亿元，各项外汇存款余额0.06亿美元，增加0.01亿美元。

一、企业存款。截至年末，全县企业存款余额2.35亿元，减少0.15亿元，占全县新增存款比例的-1.2%，降低了4.3个百分点。

二、居民储蓄存款。截至年末，全县储蓄存款余额20.83亿元，增加2.06亿元，占全市新增存款比例的9.7%，提高了2.31个百分点。其中，定期储蓄余额13.63亿元，增加1.11亿元；活期储蓄余额7.20亿元，增加0.95亿元。

【各项贷款】 截至2004年末，惠民县金融机构各项人民币贷款余额15.94亿元，同比增加0.24亿元。其中，农业贷款余额7.21亿元，增加1.67亿元，多增0.98亿元；工业贷款余额0.94亿元，减少0.34亿元，少增0.31亿元；商业贷款余额3.5亿元，减少0.8亿元，少增0.39亿元；个人消费贷款余额0.8亿元，减少0.2亿元，少增0.7亿元；固定资产投资贷款1.81亿元，增加1.17亿元，多增0.59亿元。

【金融调控】 2004年，人行惠民县支行结合该县经济金融实际，成立了货币政策执行情况督查领导小组，建立了货币政策执行情况分析例会制度、警示制度和“三项监测”制度，制定了支持有发展前景中小企业信贷管理建议等工作办法，积极履行货币政策的“监测、分析和引导”职责，有力地促进了全县经济的健康快速发展。

【金融监管】 2004年，银监局惠民县办事处以风险监管为依托，切实做好对国有商业银行、农信社分支机构的市场监管，对农信社实施管法人、管内控、管风险的“三管”措施，在风险监管手段和方向上实现了重要转变。年末，全县金融机构不良贷款大幅降低，系统性金融风险得到了有效控制。

阳信县

【经济概况】 2004年，阳信县全年实现地区生产总值29.47亿元，同比增长18.5%；人均地区生产总值6774元。实现财政总收入0.59亿元，其中，地方财政收入0.4亿元。

全年实现农业增加值7.96亿元，同比增长9.3%；其中，粮食总产28万吨，增长10.3%。林木覆盖率24%，同比提高4个百分点。

全年完成工业增加值11.34亿元，同比增长25.8%。规模以上工业企业实现产品销售总收入6.27亿元，增长27.57%；实现利税0.09亿元。

阳信县主要经济金融指标

经济指标	1999	2004	经济指标	1999	2004
土地面积（平方公里）	793	793	#地方财政收入（亿元）	0.80	0.40
人口（万人）	42.61	43.66	全社会固定资产投资（亿元）	4.90	12.2
#非农业人口（万人）	8.76	9.39	固定资产投资增速（%）	15.4	91.5
地区生产总值（亿元）	26.01	29.47	进出口总值（亿美元）	0.52	0.72
地区生产总值年增速（%）	13.1	18.5	#出口总值（亿美元）	0.24	0.56
第一产业（亿元）	6.43	7.96	实际利用外资（亿美元）	0.014	0.09
第二产业（亿元）	14.40	14.3	社会消费品零售总额（亿元）	3.03	7.96
第三产业（亿元）	5.18	7.49	居民消费价格指数（%）	97.50	100.90
财政总收入（亿元）	1.0158	0.59	人均地区生产总值（元）	6104	6774
金融指标（亿元）	**1999**	**2004**	**金融指标（亿元）**	**1999**	**2004**
金融机构存款余额	9.38	15.57	金融机构贷款余额	11.06	10.12
企业存款	1.15	2.66	短期贷款	9.83	9.41
储蓄存款	7.69	12.10	中长期贷款	0.49	0.33

阳信县主要金融机构负责人

单位名称	行长（或其他称谓的第一负责人）	副行长（或其他称谓的同级领导）
中国人民银行阳信县支行	刘风贤	陈少波
中国银监会滨州监管分局阳信办事处	崔其伟	
中国农业银行阳信县支行	尹黎明	张国华　曹威光

续表

单位名称	行长（或其他称谓的第一负责人）	副行长（或其他称谓的同级领导）
中国银行阳信支行	田俊征	王金东
中国建设银行阳信县支行		赵文成　李林华
阳信县农信社	文立新	吴加军

阳信县主要金融机构业务概况

单位：亿元

单位名称	存款	企业存款	储蓄存款	贷款	短期贷款	中长期贷款
中国农业银行阳信县支行	4.51	0.84	3.36	0.65	0.47	0.18
中国银行阳信支行	2.69	0.92	1.77	0.46	0.46	0
中国建设银行阳信县支行	1.04	0.41	0.57	0.69	0.60	0.09
阳信县农信社	5.43	0.43	4.38	4.83	4.79	0.04

全年实现社会消费品零售总额7.96亿元，同比增长14.0%。全年进出口总额0.72亿美元，其中，出口0.56亿美元，增长41.3%。

全县城镇居民人均可支配收入5015元，增长4.5%；农村居民人均可支配收入3025元，增长14.2%。

【金融概述】 2004年，阳信县金融运行态势平稳，各项存贷款稳步增长，资产负债结构日趋合理，银行支付能力更加充分，风险控制机制日趋完善，各项工作稳定健康发展。

【各项存款】 截至2004年末，阳信县金融机构各项人民币存款余额15.57亿元，同比增加1.74亿元，各项外汇存款余额0.01亿美元。

一、企业存款。截至年末，全县企业存款余额2.66亿元，增加0.33亿元，占全县新增存款比例的18.90%，降低了1.05个百分点。

二、储蓄存款。截至年末，全县储蓄存款余额12.10亿元，比年初增加0.80亿元，占全县新增存款比例的46.04%，下降低了22.13个百分点。其中，定期储蓄余额8.73亿元，增加0.48亿元；活期储蓄余额3.37亿元，增加0.32亿元。

【各项贷款】 截至2004年末，阳信县金融机构各项人民币贷款余额10.12亿元，同比下降1.22亿元。其中，农业贷款3.96亿元，工业贷款0.13亿元，商业贷款3.78亿元，个人消费贷款0.41亿元。

【金融调控】 2004年，人行阳信县支行结合辖区经济发展特点，制定了年度货币信贷指导意见，明确信贷支持重点，引导金融机构的信贷投向，建立健全与政府部门的定期沟通协调制度，促进经济金融的协调发展；按照上级行的部署，探索建立起了系统性金融风险的统计监测体系，加强了对金融机构资本充足率、流动性和安全性的监控。

【金融监管】 2004年，阳信县监管办事处在巩固基础、强化调研、突出监管基础上，对各行、社高级管理人员进行了年度考核。对农信社2003年超比例贷款进行了全面清查。对农信社不良资产情况进行了专项调查，并从不良资产分布情况、成因分析、认定程序、清收措施及成效等8个方面进行了调查研究，督促农信社制定了年度信贷支农计划，进一步落实了信用村（户）的优惠政策。

无棣县

【经济概况】 2004年，无棣县实现地区生产总值57.95亿元，同比增长19.8%；人均地区生产总值13223元。实现财政总收入4.12亿元，其中，地方财政收入2.39亿元，增长26.8%。

全年实现农业增加值19.48亿元，同比增长9.46%；其中，粮食总产量11.52万吨，增长4.6%，林木覆盖率17.8%，同比提高2.4个百分点。

全年实现工业增加值7.36亿元，同比增长31.6%。规模以上工业企业实现产品销售收入75.78亿元，增长

无棣县主要经济金融指标

经济指标	1999	2004	经济指标	1999	2004
土地面积（平方公里）	1998	1998	#地方财政收入（亿元）	1.16	2.39
人口（万人）	42.45	43.71	全社会固定资产投资（亿元）	9.89	28.8
#非农业人口（万人）	4.35	11.73	固定资产投资增速（%）	23.3	142.6
地区生产总值（亿元）	28.14	57.95	进出口总值（亿美元）	0.07	0.44
地区生产总值年增速（%）	17.7	19.8	#出口总值（亿美元）	0.05	0.25
第一产业（亿元）	7.33	11.89	实际利用外资（亿美元）	0.04	0.067
第二产业（亿元）	14.09	33.1	社会消费品零售总额（亿元）	4.74	11.69
第三产业（亿元）	6.73	11.28	居民消费价格指数（%）	98.3	100
财政总收入（亿元）	1.48	4.12	人均地区生产总值（元）	6523	13223
金融指标（亿元）	**1999**	**2004**	**金融指标（亿元）**	**1999**	**2004**
金融机构存款余额	14.23	27.37	金融机构贷款余额	12.84	20.74
企业存款	2.29	4.38	短期贷款	10.41	16.09
储蓄存款	10.99	20.49	中长期贷款	1.82	3.6

无棣县主要金融机构负责人

单位名称	行长（或其他称谓的第一负责人）	副行长（或其他称谓的同级领导）
中国人民银行无棣县支行	陈寿安	吴文德
中国银监会滨州监管分局无棣办事处	刘寿章	
中国工商银行无棣县支行	张　敏	马风格　曹宗智　吴文波
中国农业银行无棣县支行	梁仁强	郭建海　刘建新
中国银行无棣支行	张　波	
中国建设银行无棣县支行	张亦国	孙华英　陈连合
无棣县农信社		张海涛

无棣县主要金融机构业务概况

单位：亿元

单位名称	存　款	企业存款	储蓄存款	贷　款	短期贷款	中长期贷　款
中国工商银行无棣县支行	4.75	1.04	3.41	4.99	2.8	2.18
中国农业银行无棣县支行	6.99	2.04	4.85	3.43	1.85	0.93
中国银行无棣支行	1.87	0.48	1.11	1.39	1.28	0.04
中国建设银行无棣县支行	2.73	0.62	1.44	2.52	2.03	0.16
无棣县农信社	6.59	0.18	5.06	5.58	5.3	0.28

31.78%；实现利税4.95亿元。

全年实现社会消费品零售总额11.69亿元，同比增长12.48%。全年进出口总额4448万美元，其中，出口2514万美元，增长335.18%。

全县城镇居民人均可支配收入7659元，增长6.1%；农村居民人均可支配收入2814元，增长11.7%。

【金融概述】 2004年，无棣县金融运行健康平稳，促进了地方经济持续快速发展。

【各项存款】 截至2004年末，无棣县金融机构各项人民币存款余额27.37亿元，同比增长2.82亿元；各项外汇存款207万美元，下降31万美元。

一、企业存款。截至年末，全县企业存款余额4.38亿元，较年初下降8.39个百分点。

二、储蓄存款。截至年末，全县储蓄存款余额20.49亿元，较年初增加2.75亿元，占全县新增存款比例的97.5%，提高4.6个百分点。其中，定期储蓄余额为14.02亿元，增加2.74亿元，活期储蓄6.29亿元，增加1.15亿元。

【各项贷款】 截至2004年末，无棣县金融机构各项人民币贷款余额20.74亿元，同比降低1.29亿元，各项外汇贷款475万美元，增加285万美元。农业贷款余额5.75亿元，增加0.53亿元；工业贷款余额4.26亿元，增加1.74亿元；商业贷款余额4.45亿元，下降0.49亿元；消费贷款余额1.70亿元，增加0.14亿元；固定资产贷款余额1.84亿元，下降0.53亿元；技术改造贷款余额4046万元，下降490万元。

【金融调控】 2004年，人行无棣县支行将实施货币政策与支持地方经济发展紧密结合起来，积极运用再贷款、准备金等货币政策工具，引导金融机构扩大信贷有效投人，取得了显著成效。截至年末，全县各商业银行累计签发银行承兑汇票9.84亿元，累计办理贴现贷3.18亿元，增加1.46亿元。

【金融监管】 2004年，银监局无棣县办事处以防范和化解辖内银行业风险为重点和主线，进一步完善内部控制、操作规程及重点监测行制度等监管制度。

一、积极参与和支持农信社改革。一是积极向县委、县政府汇报国务院有关农信社改革的精神及该县农信社改革的情况，取得地方政府的支持；二是积极督促农信社按照增资扩股原则实现增资计划，确保增资扩股的真实，达到专项票据的发行条件，年内票据置换不良贷款433万元。

二、以风险监管为主线加强对农信社的监管。定期分析其营运情况、风险状况及存在的问题，提出监管措施和建议。

三、做好对商业银行不良贷款的监测分析工作，督促其加大不良贷款“双降”力度。建立了报表资料报送签字制度，确保报表的及时完整真实；认真做好监测分析和不良贷款双降工作专题调查，借助政府力量配合不良贷款清收。

四、做好机构变更初审工作。严格按照滨州银监分局授权，对变更资料的齐全性、合规性和合理性进行评估，全年各金融机构机构变更10处，均符合规定。

沾化县

【经济概况】 2004年，沾化县实现地区生产总值47.84亿元，同比增长20.4%；人均地区生产总值12431元。实现财政总收入5.85亿元，其中，地方财政收入2.379亿元，增长49.04%。

全年实现农业增加值11.63亿元，同比增长13.02%；其中，粮食总产9.02万吨，下降42.14%。林木覆盖率10.26%，提高2.3个百分点。

全年完成工业增加值14.37亿元，同比增长219%。规模以上工业企业实现产品销售总收入20.05亿元，增长

沾化县主要经济金融指标

经济指标	1999	2004	经济指标	1999	2004
土地面积（平方公里）	2114	2114	#地方财政收入（亿元）	0.78	2.38
人口（万人）	38.11	38.48	全社会固定资产投资（亿元）	7.68	23.9
#非农业人口（万人）	3.38	7.08	固定资产投资增速（%）	30.17	112.1
地区生产总值（亿元）	20.88	47.84	进出口总值（亿美元）	0	0.09
地区生产总值年增速（%）	14.47	20.4	#出口总值（亿美元）	0	0.08
第一产业（亿元）	7.00	11.63	实际利用外资（亿美元）	0.06	0.05

续表

经济指标	1999	2004	经济指标	1999	2004
第二产业（亿元）	7.61	19.98	社会消费品零售总额（亿元）	3.98	10.68
第三产业（亿元）	6.27	16.23	居民消费价格指数（%）	111.08	102.6
财政总收入（亿元）	1.03	5.85	人均地区生产总值（元）	5501	12431
金融指标（亿元）	**1999**	**2004**	**金融指标（亿元）**	**1999**	**2004**
金融机构存款余额	10.80	21.25	金融机构贷款余额	8.88	16.93
企业存款	1.78	3.72	短期贷款	7.93	13.21
储蓄存款	8.33	14.91	中长期贷款	0.23	1.73

沾化县主要金融机构负责人

单位名称	行长（或其他称谓的第一负责人）	副行长（或其他称谓的同级领导）
中国人民银行沾化县支行	高宗建	王孔宝　石立伟
中国银监会滨州监管分局沾化办事处	王留文	
中国工商银行沾化县支行	张友德	耿希贵　刘洪忠
中国农业银行沾化县支行	郭志伟	马俊山
中国建设银行沾化县支行	王春鲜	房泽盛　郭建军
沾化县农信社	马洪玉	孙明云　秦立胜

沾化县主要金融机构业务概况

单位：亿元

单位名称	存　款	企业存款	储蓄存款	贷　款	短期贷款	中长期贷　款
中国工商银行沾化县支行	5.86	1.48	2.51	4.53	3.23	1.30
中国农业银行沾化县支行	4.15	1.37	2.60	1.51	1.20	0.18
中国银行沾化支行	0.44	0.13	0.26	1.88	0.16	0
中国建设银行沾化县支行	1.66	0.63	0.90	0.56	0.19	0.25
沾化县农信社	6.74	0.09	6.15	6.18	6.16	0

119%；实现利税1.52亿元。

全年实现社会消费品零售总额10.68亿元，同比增长17%。全年进出口总额930.80万美元，其中，出口771.40万美元，增长107%。

全县城镇居民人均可支配收入8750元，增长12%；农村居民人均可支配收入3321元，增长15%。

【金融概述】　2004年，沾化县金融机构认真履行职能，提高服务水平，各项存款持续快速增长，贷款投向合理，金融运行总体良好。

【各项存款】　截至2004年末，沾化县金融机构各项人民币存款余额21.25亿元，同比增加2.98亿元，各项外汇存款余额0.0036亿美元，减少0.0011亿美元。

一、企业存款。截至年末，全县企业存款余额3.72亿元，增加0.59亿元。

二、储蓄存款。截至年末，全县储蓄存款余额14.91亿元，增加1.45亿元。其中，定期储蓄余额9.93亿元，增加0.70亿元；活期储蓄余额4.98亿元，增加0.75亿元。

【各项贷款】 截至2004年末，沾化县金融机构各项人民币贷款余额16.93亿元，同比增加1.43亿元，剔除剥离核销因素实际增加4.77亿元。其中，农业贷款5.54亿元，增加0.92亿元；工业贷款7.64亿元，增加2.95亿元；商业贷款2.46亿元，减少1.53亿元；个人消费贷款1.10亿元，减少0.24亿元；固定资产投资贷款余额0.97亿元，增加0.14亿元。

【金融调控】 2004年，人行沾化县支行发挥传导货币政策作用，引导商业银行、农信社积极筹措资金，支持发展特色产业。全年累计发放支农再贷款9100万元，支持农户冬枣种植，基本形成了以示范基地为依托，以冬枣实业、滨州裕华等企业为龙头，广大枣农为主体的冬枣产业化链条。

【金融监管】 2004年，银监局沾化办事处对辖内4家国有商行、1家政策性银行及7家法人农信社共12名高管人员进行了绩效考评，对辖内6家金融机构撤并分支机构的申请进行了初审上报。

博兴县

【经济概况】 2004年，博兴县实现地区生产总值75.6亿元，同比增长49.1%；人均地区生产总值15929元。实现财政总收入6.74亿元，其中，地方财政收入3.29亿元，增长34.2%。

全年实现农业增加值10.25亿元，同比增长17.4%；其中，粮食总产29.5万吨，增长10.5%。林木覆盖率24%。

全年完成工业增加值45.31亿元，同比增长25.3%。规模以上工业企业实现产品销售总收入105.9亿元，增长44.5%；实现利税7.7亿元。

博兴县主要经济金融指标

经济指标	1999	2004	经济指标	1999	2004
土地面积（平方公里）	901	900.7	#地方财政收入（亿元）	1.18	3.29
人口（万人）	46.26	47.44	全社会固定资产投资（亿元）	9.86	35.1
#非农业人口（万人）	6.07	10.13	固定资产投资增速（%）	32.7	53.6
地区生产总值（亿元）	32.31	75.57	进出口总值（亿美元）	0.42	2.08
地区生产总值年增速（%）	7.09	49.1	#出口总值（亿美元）	0.05	0.28
第一产业（亿元）	7.62	10.25	实际利用外资（亿美元）	0.05	0.15
第二产业（亿元）	15.53	45.31	社会消费品零售总额（亿元）	5.73	14.84
第三产业（亿元）	9.16	20.01	居民消费价格指数（%）		
财政总收入（亿元）	1.84	6.74	人均地区生产总值（元）	7010	15929
金融指标（亿元）	**1999**	**2004**	**金融指标（亿元）**	**1999**	**2004**
金融机构存款余额	24.37	54.9	金融机构贷款余额	18.21	37.99
企业存款	3.62	11.73	短期贷款	16.16	30.59
储蓄存款	19.38	36.34	中长期贷款	0.84	6.51

博兴县主要金融机构负责人

单位名称	行长（或其他称谓的第一负责人）	副行长（或其他称谓的同级领导）
中国人民银行博兴县支行	栾金泉	孙建平　任海舰
中国银监会滨州监管分局博兴办事处	许欣山	

续表

单位名称	行长（或其他称谓的第一负责人）	副行长（或其他称谓的同级领导）
中国工商银行博兴县支行	赵建祥	泥宗友 周 文 张 松
中国农业银行博兴县支行	高向民	袁闽江 裴伟强
中国银行博兴支行	杨永春	王 勇
中国建设银行博兴县支行	郭 峰	高立江 邢长孝
博兴县农信社	李永昌	陈师远 刘炳峰

博兴县主要金融机构业务概况

单位：亿元

单位名称	存 款	企业存款	储蓄存款	贷 款	短期贷款	中长期贷 款
中国工商银行博兴县支行	9.94	3.52	5.62	6.51	2.86	3.65
中国农业银行博兴县支行	13.01	4.61	7.58	6.7	5.73	0.97
中国银行博兴支行	2.59	1.32	1.05	4.39	4.23	0.12
中国建设银行博兴县支行	8.46	1.87	3.61	5.54	2.96	1.73
博兴县农信社	14.03	0.4	11.75	11.07	11.03	0.04

全年实现社会消费品零售总额 14.8 亿元，同比增长 21.3%。全年进出口总额 2.08 亿美元，其中，出口 0.28 亿美元，增长 13.9%。

全县城镇居民人均可支配收入 9300 元，增长 9.3%；农村居民人均可支配收入 3675 元，增长 13%。

【金融概述】 2004 年，博兴县经济金融运行平稳，金融机构各项存款和各项贷款稳中有升。年末，金融机构备付金比例 7.36%；账面利润同比增加 3195 万元；金融机构现金呈净投放状态。

【各项存款】 截至 2004 年末，博兴县金融机构各项人民币存款余额 54.9 亿元，同比增加 7.9 亿元，各项外汇存款余额 0.003 亿美元，减少 0.0003 亿美元。

一、企业存款。截至年末，全县企业存款余额 11.7 亿元，增加 2.2 亿元，占全县新增存款比例的 28.2%，提高了 23.2 个百分点。

二、储蓄存款。截至年末，全县储蓄存款余额 36.3 亿元，增加 3.5 亿元，占全县新增存款比例的 44.3%，提高 10.75 个百分点。其中，定期储蓄余额 22.7 亿元，增加 1.3 亿元；活期储蓄余额 13.7 亿元，增加 2.3 亿元。

【各项贷款】 截至 2004 年末，博兴县金融机构各项人民币贷款余额 37.99 亿元，同比增加 2.4 亿元，各项外汇贷款余额 1.4 亿美元，增加 0.1 亿美元。其中，农业贷款余额 10.3 亿元，增加 1.6 亿元；工业贷款余额 8 亿元，增加 2.2 亿元；商业贷款余额 6.1 亿元，减少 1.9 亿元；固定资产投资贷款余额 0.7 亿元，减少 0.02 亿元；外汇贷款余额 0.4 亿元，增加 0.1 亿元。

【金融调控】 2004 年，人行博兴县支行认真贯彻执行稳健的货币政策，充分发挥“窗口”指导作用，引导金融机构优化信贷结构，加大信贷投放力度，较好地促进了地方经济发展。同时，加大金融安全区创建力度，配合政府有关部门在全县开展“平安博兴”和“诚信博兴”创建活动，整顿和规范了市场经济秩序，严厉打击了诈骗、偷逃税款、逃废银行债务等破坏市场经济秩序的行为。

【金融监管】 2004 年，人行博兴县支行进一步加强金融监管。一是完成了对乡镇金库的年审；二是加强了对支付结算、账户开立和使用情况的管理和检查；三是组织开展了对邮政储蓄账户和现金管理情况大检查；四是加强对现金流量的监测，加大了对大额现金支付和现金管理的检查。全年共审批提现 587 笔、2.4 亿元，备案 5 万余笔，金额 70 亿元；收缴假币 151 张，金额 12180 元；五是组织对外汇指定银行国际收支申报等相关业务的现场检查；六是与县对外贸易经济合作局联合，完成了对县内外商投资企业的年检工作；七是加强利率管理，组织辖内农信社对贷款利率执行情况进行了调查研究；八是先后对票据贴现利率、支农再贷款执行利率和民间借贷利率等进行了调查。

邹平县

【经济概况】 2004年，邹平县实现地区生产总值156.1亿元，同比增长27.5%；人均地区生产总值22114元。实现财政总收入14.99亿元，其中，地方财政收入5.91亿元，增长57.8%。

全年实现农业增加值16.7亿元，同比增长4.7%；其中，粮食总产46.75万吨，增长1.9%。林木覆盖率21.6%，提高1.2个百分点。

全年完成工业增加值93.53亿元，同比增长46.1%。规模以上工业企业实现产品销售总收入359.6亿元，增长

邹平县主要经济金融指标

经济指标	1999	2004	经济指标	1999	2004
土地面积（平方公里）	1251.75	1251.75	#地方财政收入（亿元）	1.69	5.91
人口（万人）	68.41	70.96	全社会固定资产投资（亿元）	12.01	90.1
#非农业人口（万人）	6.37	17.81	固定资产投资增速（%）	57.98	37.1
地区生产总值（亿元）	52	156.06	进出口总值（亿美元）	1.22	13.54
地区生产总值年增速（%）	16.5	27.5	#出口总值（亿美元）	1.22	6.29
第一产业（亿元）	13.01	16.69	实际利用外资（亿美元）	0.12	2.69
第二产业（亿元）	24.28	105.11	社会消费品零售总额（亿元）	9.53	25.24
第三产业（亿元）	14.71	34.25	居民消费价格指数（%）	1.9	4
财政总收入（亿元）	2.74	14.99	人均地区生产总值（元）	7601	22114
金融指标（亿元）	**1999**	**2004**	**金融指标（亿元）**	**1999**	**2004**
金融机构存款余额	30.99	79.58	金融机构贷款余额	25.04	90.33
企业存款	5.71	21.26	短期贷款	21.98	54.19
储蓄存款	22.72	44.08	中长期贷款	1.27	28.56

邹平县主要金融机构负责人

单位名称	行长（或其他称谓的第一负责人）	副行长（或其他称谓的同级领导）
中国人民银行邹平县支行	孙启民	张道红　马　欣
中国银监会滨州监管分局邹平办事处	张立平	
中国工商银行邹平县支行	刘卫东	朱玉平
中国农业银行邹平县支行	何宝林	孙学雷　杨国生
中国银行邹平支行	王福昌	王雪林
中国建设银行邹平县支行	张士科	张　诚　李大公
邹平县农信社	常兆贤	韩胜祥　张　涛

邹平县主要金融机构业务概况

单位：亿元

单位名称	存　款	企业存款	储蓄存款	贷　款	短期贷款	中长期贷　款
中国工商银行邹平县支行	12.95	6.57	5.14	19.58	6.95	11.62
中国农业银行邹平县支行	24.65	7.66	12.58	27.88	18.93	5.44
中国银行邹平支行	5.04	1.34	1.53	5.91	2.34	2.73
中国建设银行邹平县支行	10.1	4.21	3.01	18.31	7.89	8.6
邹平县农信社	18.58	1.47	14.6	15.24	14.82	0.04

83.14%；实现利税33.61亿元，增长51%。

全年实现社会消费品零售总额25.24亿元，同比增长15.9%。全年进出口总额13.54亿美元，其中，自营出口6.29亿美元，增长34.7%。

全县城镇居民人均可支配收入9197元，增长9.5%；农村居民人均可支配收入3942元，增长12.98%。

【金融概述】 2004年，邹平县金融部门认真贯彻执行国家宏观调控政策，增加信贷投入，防范和化解金融风险，确保了全县经济金融平稳运行，并历史性的跨入了全国经济百强县行列，取得了支持地方经济进步和实现自身发展的“双赢”效果。

【各项存款】 截至2004年末，全县金融机构各项存款余额79.58亿元，较年初增加15.28亿元，增长23.77%，同比多增1.09亿元，外汇存款余额0.2742亿美元，较年初增加0.2439亿美元。

一、企业存款。截至年末，全县企业存款余额21.26亿元，较年初增加4.28亿元，增长25.24%。

二、储蓄存款。截至年末，全县储蓄存款余额44.08亿元，较年初增加4.59亿元，增长11.64%。其中，定期储蓄余额31.86亿元，增加2.27亿元；活期储蓄余额12.22亿元，增加2.32亿元。

【各项贷款】 截至2004年末，邹平县金融机构人民币各项贷款余额90.33亿元，较年初增加16.82亿元，增长22.43%；各项外汇贷款余额0.21亿美元，较年初增加0.1亿美元。农业贷款余额15.48亿元，增加1.72亿元；工业贷款余额18.72亿元，增加7.86亿元；商业贷款余额13.95亿元，增加3.1亿元；个人消费贷款余额16.04亿元，增加1.74亿元；固定资产投资贷款余额11.95亿元，增加1.92亿元。

【金融调控】 2004年，人行邹平县支行发挥窗口指导作用，按照“有保有压、区别对待”原则指导金融机构调整信贷结构，取得了良好效果：一是制定实施了《2004年信贷投向指引》；二是制定实施了《贯彻货币政策警示制度》，向金融机构发出5份警示书；三是对电解铝、钢铁等行业的金融信贷资金介入情况进行调查，确保了国家宏观调控政策落到实处；四是对国家重点支持的“三农”等行业的信贷投入取得突破性进展。

【金融监管】 2004年，人行邹平县支行加强了金融统计、信贷登记、外汇管理、账户管理、现金管理的监督检查力度，为贯彻货币政策、提供金融服务、维护金融稳定创造了良好的环境。邹平县监管办事处严格按照监管程序完成了对7个金融机构迁址、变更事项的初审和上报工作，同时，全面加强对高级管理人员任职资格管理，金融机构内控制度得到了强化。

（吕建国）

德州市

【经济概况】 2004年，德州市积极贯彻国家宏观调控政策，紧紧围绕市委、市政府提出的“超常发展、跨越前进”的总体要求，突出抓好民营经济、招商引资两大“天字号”工程，国民经济呈现平稳快速发展的良好态势。全年实现地区生产总值686.9亿元，按可比价格计算，增长17.1%，其中，第一产业增加值118.24亿元，增长7.6%；第二产业增加值360.74亿元，增长18.1%；第三产业增加值207.92亿元，增长12.1%。人均地区生产总值12489元，增长20%。产业结构更趋合理，三次产业结构为17.2:52.5:30.3。第一产业比重下降1.2个百分点，第二产业提高2.2个百分点，第三产业下降1个百分点。境内财政总收入41.1亿元，增长10.2%。地方财政收入24.32亿元，增长21.2%。城镇居民人均可支配收入8049元，农民人均纯收入3380元，分别增长14.7%和12.5%。

一、农业在结构调整中稳步发展。2004年，德州市全年农林牧副渔业总产值226.5亿元，增长15.4%，其中，农、林、牧、渔分别增长6.4%、44.4%、33.4%和26.8%。农业生产全面增长，全年粮食总产354.81万吨，增长14.0%；单产439公斤，增长10.3%；粮食种植面积810.66万亩，增长3.4%。棉花总产26.2万吨，增长12.6%；棉花单产88公斤，增长11.4%；棉花种植面积298.13万亩，增长1.2%。蔬菜总产655万吨，减少0.5%；水果总产59.48万吨，减少15%；油料作物总产5.33万吨，减少19%。林业取得新进展。全年造林面积3.6万公顷，增长71%；林地覆盖率22.5%，同比提高6.2个百分点。畜牧业发展良好。全年肉类总产量53.26万吨，增长28.4%；禽蛋产量44.83万吨，增长13.9%；奶类产量10.28万吨，增长219.4%。农业生产条件进一步改善。年末农用机械总动力904.5万千瓦，增长3.7%。

二、工业生产持续快速增长。2004年末，德州市规模以上工业企业(全部国有及年销售收入500万元以上的非国有

德州市经济主要统计指标

指　　标	1999	2000	2001	2002	2003	2004
土地面积（平方公里）	10356	10356	10356	10356	10356	10356
人口（万人）	531.24	535.73	540.37	543.6	546.02	579.3
#非农业人口（万人）	101.95	109.58	115.04	118.75	125.94	130.33
地区生产总值（亿元）	312	360.3	407.43	460.5	556.68	686.9
地区生产总值增速（%）	9.32	13	12.3	12.6	16.6	17.1
第一产业（亿元）	87	88.6	90.63	93	102.6	118.24
第二产业（亿元）	129	158	157.8	221	279.9	360.74
#工业（亿元）	112	135	103	129.66	241.3	322.04
#建筑业（亿元）	17	19	22.33	22.65	38.6	38.7
第三产业（亿元）	96	112	129	146.5	174.2	207.9
地区生产总值构成（%）	100	100	100	100	100	100
第一产业	27.9	26.1	22.2	20.2	18.4	17.2
第二产业	41.3	42.8	46.1	48	50.3	52.5
第三产业	30.8	31.1	31.7	31.8	31.3	30.3
财政总收入（亿元）	21.90	25.14	30.34	33.1	37.27	41.1
#地方财政收入（亿元）	13.65	16.46	21.08	19.40	22.71	24.32
全社会固定资产投资（亿元）	74.05	112.6	132.58	163.26	323.89	429.66
#基本建设（亿元）	34.4	34	45.82	55.26	108.95	237.3
#更新改造（亿元）	17.5	23.5	25.85	40.48	65.26	135.14
#房地产开发（亿元）	4.7	5.1	9.13	11.36	23.37	33.81
固定资产投资增速（%）	3.1	13.5	17.8	21.7	98.39	35.7
进出口总值（亿美元）	1.18	2	2.41	3.4	5.55	5.91
#出口总值（亿美元）	0.87	1.26	1.67	2.43	3.86	4.55
实际利用外资（亿美元）	0.52	0.37	0.65	1.02	3.36	3.07
社会消费品零售总额（亿元）	110.72	122.79	136.58	152.75	158.74	187.21
居民消费价格指数（%）	99.8	101.8	102.3	100.7	100.3	103.7
城镇居民家庭人均年收入（元）	4669	5113	5757	6394.44	7019	8048.72
农民家庭人均年收入（元）	2350	2491	2602	2735	3005	3380
人均地区生产总值（元）	5894	6748	7572	8496	10254	12489

德州市金融主要统计指标

指标（亿元）	1999	2000	2001	2002	2003	2004
金融机构存款余额	234.06	254.16	299.85	353.90	436.64	493.03
（一）企业存款	34.35	40.87	50.01	63.34	88.64	94.10
（二）储蓄存款	182.81	203.15	233.93	258.87	296.46	327.75
#定期储蓄存款	142.90	156.33	177.04	190.96	208.02	228.45
#活期储蓄存款	39.91	46.82	56.88	67.91	88.44	99.30
金融机构贷款余额	216.58	220.95	253.67	292.89	369.78	423.78
（一）短期贷款	181.78	185.56	196.12	229.90	268.10	295.20
#工业贷款	31.54	27.44	29.76	37.65	49.17	57.71
#商业贷款	96.39	88.93	89.02	94.68	93.20	92.52
#农业贷款	22.21	24.44	34.71	45.96	61.60	77.75
（二）中长期贷款	18.28	22.31	38.46	46.19	72.78	101.54
#基本建设贷款	6.41	7.65	7.26	17.10	27.33	40.13
#技术改造贷款	7.87	9.73	12.70	3.67	9.94	15.93
现金收入	771.76	924.85	1134.35	1302.99	1743.03	1703.95
现金支出	785.82	944.01	1152.76	1330.28	1784.62	1736.9
现金投放（+）回笼（-）	14.06	19.16	18.41	27.30	41.60	32.94
当年结益	-8.70	-8.85	-6.70	-5.09	-0.26	2.82

注：本表数据为本外币合计。

德州市主要金融机构负责人

单位名称	行长（或其他称谓的第一负责人）	副行长（或其他称谓的同级领导）
中国人民银行德州市中心支行	祖洪涛（行长）	程少华　刘吉运　徐靖元　张春超　温金龙
中国银监会德州监管分局	张　懿（局长）	柴一峰
中国工商银行德州市分行	薛建强（行长）	刘志波　徐敬喜
中国农业银行德州市分行	庄永生（行长）	姜　凯　巴　超　狄建明　卞　涛
中国银行德州市分行	李长波（行长）	赵传敬　崔传宝　张海山　王文平
中国建设银行德州市分行	黄宝银（行长）	徐守忍　潘洪峰　戴鲁华
德州市商业银行	蔡　毅（行长）	李凤强　闫天兵　张　璞　石尚哲
农信社德州市办事处	孙玉芝（理事长）	赵小广（行长）　王福利　王振辉　杜成金　王乃堂　张金国

续表

单位名称	行长（或其他称谓的第一负责人）	副行长（或其他称谓的同级领导）
德州市邮政局储汇局	李传厚（局长）	
中国人民财产保险股份有限公司德州市分公司	张万廷	宋生贵　王　芹　于建忠
中国人寿保险股份有限公司德州分公司	陈　锐	李恩林　刘玉民
中国太平洋人寿保险股份有限公司德州中心支公司	李　伟（总经理）	王书伟
中国太平洋财产保险股份有限公司德州中心支公司	赵　峰（总经理）	王登峰　信卫东
泰康人寿保险股份有限公司德州中心支公司	梁焕鑫	
新华人寿保险股份有限公司德州中心支公司	何书同（总经理）	
中国平安财产保险股份有限公司德州中心支公司	王寒松（总经理）	
中国平安人寿保险股份有限公司德州中心支公司	王雨阳（总经理）	
天安保险股份有限公司德州中心支公司	宁方生（总经理）	张治国　王新亭
齐鲁证券有限公司德州营业部	张力忠（总经理）	王洪伟　刁毅民

德州市主要金融机构业务概况

单位：亿元

单位名称	存　款	企业存款	储蓄存款	贷　款	短期贷款	中长期贷　款
中国工商银行德州市分行	87.43	19.01	57.01	90.96	39.17	51.09
中国农业银行德州市分行	84.41	18.38	52.19	80.75	59.83	18.52
中国银行德州分行	32.82	6.67	18.19	23.41	10.94	11.79
中国建设银行德州市分行	78.28	17.96	45.18	50.95	14.12	20.49
德州市商业银行	39.33	23.00	8.27	26.14	21.98	3.87
农信社德州市办事处	110.10	7.59	93.37	95.12	93.01	1.17

德州市各县级区域经济金融主要统计指标

名称	人口（万人）	面积（平方公里）	地区生产总值（亿元）	地区生产总值增速（%）	存款（亿元）	储蓄存款（亿元）	贷款（亿元）
德城区	57.74	539	49.19	22.7	207.65	102.73	184.08
乐陵市	65	1172	57.59	21.1	29.31	24.16	27.34
禹城市	50.65	990	66.19	19.50	28.38	19.81	28.87
陵　县	55.95	1213	57.63	22.3	27.96	22.09	24.12
宁津县	44.45	833	26.14	12.80	39.11	32.30	25.42
庆云县	29.91	502	25.98	25.80	13.18	9.25	10.09
临邑县	52.27	1016	74.2	25.8	31.63	26.12	20.10
齐河县	61.05	1411	67.34	19.80	29.38	22.29	25.23
平原县	44.91	1047	62	24	34.45	26.54	31.98
夏津县	48.8	882	45.15	22.3	24.31	20.67	21.40
武城县	37.2	751	46.99	19.8	27.36	21.79	25.16

独立核算工业企业，下同）发展到1460家，比年初增加322家，资产合计628.33亿元，增长25.8%，实现增加值255.15亿元，增长31.6%。就各类企业完成工业增加值情况来看，其中，国有工业34.11亿元，增长27%；集体工业15.13亿元，增长20%；股份合作制企业7.24亿元，增长61.9%；股份制企业91.13亿元，增长37.1%；外商和港澳台投资工业企业35.67亿元，增长14.9%。轻、重工业分别完成工业增加值127.27亿元和127.88亿元，分别增长30.3%和37.5%。全市高新技术产业产值93.87亿元，增长45.5%，占规模以上工业产值的比重12.2%，同比提高2.24个百分点。

工业经济效益显著提高。2004年，该市规模以上工业实现产品销售收入808.43亿元，同比增长43.4%；实现利税109.16亿元，利润70.31亿元，分别增长42.9%和42.5%。亏损面为2.34%，下降0.52个百分点。经济效益综合指数212.9%，增长21.6个百分点。

三、消费品市场稳中趋旺。2004年，德州市实现社会消费品零售总额187.21亿元，同比增长16%。其中，批发零售业零售总额160.3亿元，增长16.3%；餐饮业零售额19.37亿元，增长18.5%。市场物价稳中略升。全年居民消费价格指数为103.7%，其中，非食品价格指数为99.9%，服务项目价格指数为102.4%，消费品价格指数为103.9%。

四、固定资产投资增势强劲，投资总量再创新高。2004年，德州市完成固定资产投资429.66亿元，同比增长35.7%，其中，城镇投资完成311.39亿元，增长27.3%；农村投资完成118.27亿元，增长64.4%。投资结构进一步优化。规模以上固定资产投资中，第一产业投资8.98亿元，增长16.7%；第二产业投资300.55亿元，增长57%；第三产业投资120.13亿元，增长2.3%。

五、出口保持较快增长。2004年，德州市全年实现进出口总额5.91亿美元，同比增长6.6%，其中，出口完成4.55亿美元，增长17.7%，进口1.36亿美元，下降18.8%。在出口商品中，初级产品出口额1.35亿元，占29.67%，下降10.3个百分点；工业制成品出口额4.56亿元，占70.33%。全年新批准利用外资额6.133亿美元，增长22.4%，实际利用外资金额3.072亿美元，下降8.5%。

六、城乡居民生活水平进一步提高。2004年，德州市在岗职工总人数33.44万人，同比增长3.1%；在岗职工工资总额30.57亿元，增长13.2%，在岗职工平均工资9247元，增长10.5%。城市居民人均可支配收入8048.72元，增长14.7%；城市居民人均消费性支出5888.20元，增长13.8%；农民人均纯收入3380元，增长12.5%；农民人均生活消费支出1569元，增长14.6%。城市恩格尔系数为48.07%，农村恩格尔系数为67.6%，分别减少4.7个百分点和6.2个百分点。

【金融概况】 2004年，德州市各金融机构认真贯彻实施稳健的货币政策，不断加大工作力度，创新工作方式，增加贷款投放，调整信贷结构，确保了经济和金融平稳、健康、和谐发展。全年金融运行呈现出以下特点：各项存款增势缓慢，且季度间不均衡，起伏较大，出现了企业、银行资金“双紧”的局面；各项贷款增长较为平稳，存贷差逐步扩大，新增存贷比不断提高；信贷投放结构、力度和节奏把握较好，体现了有控有保、区别对待的信贷原则。

【存款情况】 2004年年末，德州市金融机构各项存款余额487.9亿元，比年初增加56.35亿元，增长13.1%，少增25.8亿元。其中，企业存款余额92.97亿元，增加4.92亿元，增长5.59%，占该市新增存款比例的8.73%，下降21.65个百分点。

全市储蓄存款余额324.19亿元，增加31.75亿元，增长10.86%，占该市新增存款额的56.34%，增加10.66个百分点。在储蓄存款中，定期存款余额225.3亿元，增加20.99亿元，活期存款余额98.89亿元，增加10.76亿元。外汇存款余额6195万美元，增加42万美元，少增668万美元。各项存款增长乏力，呈波浪式持续下降的态势，出现了多年来从未曾有过的企业、银行资金“双紧”的局面。

【贷款情况】 2004年，德州市各项贷款增长较为平稳，新增存贷比不断提高，较好的体现了有保有压、区别对待的信贷原则。截至年末，该市金融机构各项贷款余额421.2亿元，比年初增加62.66亿元，增长17.48%。新增存贷比达111.98%，贷差达6.31亿元。各项外汇贷款余额3108万美元，增加21万美元，少增775万美元。从新增贷款投向看，信贷结构不断优化。主要表现为：

一、农业贷款增加较多。2004年，德州市共新增农业贷款19.24亿元，增长35.2%，同比多增3.6亿元，占全部新增贷款的30.7%。农业贷款大幅增加，有效地缓解了农村经济发展资金需求的“瓶颈”，助推了农业生产，促进了农民增收。新增农业贷款中，重点支持了无公害蔬菜精品基地、优质林果基地和海产品淡水养殖基地。同时，对农副产品加工行业投放贷款8亿多元，重点培植了德飞、金锣、谷神、禹王、龙力等一大批农业产业化龙头企业，促其充分发挥了在农村经济发展中的带头、辐射作用。

二、对制造业贷款大幅度增加，提升了企业技术水平，增强了市场竞争能力。2004年，德州市对制造业累计发放贷款133.4亿元，占全部累计投放的66.46%。15户监测企业中有6个企业有在建项目，在建工程达20.4亿元，比年初增加4.85亿元。固定资产净值初增加8.64亿元。信贷资金特别是中长期信贷资金的大量投入，为企业做大做强提供了资金保障。

三、重点企业的资金需求都得到了较好的满足。2004年，虽然德州市资金紧张的矛盾越来突出，但华鲁恒升、晶华集团、恒源石化等重点企业的信贷需求基本上得到了满足。12月末，人行监测的15户重点企业短期借款余额10.24亿元，比年初增加174万元；长期借款余额31.5亿元，同比增加9.84亿元。

四、支持发展第三产业，活跃商贸流通。2004年，德州市金融机构对商贸流通企业贷款呈快速增加之势，全年累计贷款31.33亿元，占累计发放贷款额的14.45%，有力地推动了第三产业加快发展和结构调整。

五、个人消费贷款快速增长。2004年，德州市个人消费贷款快速增长，住房信贷市场和汽车贷款发展尤为迅速。年底个人消费贷款余额41.8亿元，较年初新增12.86亿元，增长44.4%，同比多增2.12亿元。

【现金投放和回笼】 2004年，德州市累计现金收入1703.95亿元，同比减少39.08亿元，下降2.24%；累计现金支出1736.9亿元，减少47.74亿元，下降2.67个百分点。年累计现金投放32.94亿元，多回笼8.6亿元，增长20.82%。

【外汇管理】 2004年，外管局德州市中心支局适应外汇新形势的变化，从转变观念入手，完善机制，夯实基础，突出服务，强化监管，有力地支持了全市外向型经济的发展，维护了德州市良好的外汇市场秩序。

一、健全管理制度，提升管理水平。2004年，外管局德州市中支制定了《外汇指定银行负责人联席会议制度》、《进出口逾期情况通报制度》、《涉外企业法人约见谈话制度》等，规范了外汇指定银行从业人员行为，减少了企业违规行为的发生。与德州市外经贸局签订了合作备忘录，加强了与地方涉外部门的协调沟通，实现了外汇管理信息的双向交流，拓宽了外汇管理工作视野。

二、创新工作措施，努力支持德州外向型经济快速发展。2004年，外管局德州市中支一是简化核销手续，扩大出口自动核销企业范围，使自动核销企业由1家扩大到3家；实行等级分类管理，对出口收汇荣誉企业提供优惠政策，支持企业扩大出口；二是积极推进外汇账户管理改革，在外管局山东省分局为德州市核定的外汇账户限额总量范围内，灵活调度，满足企业的合理需要。完善外汇账户管理信息系统，推行外汇账户网上审批系统，在网上审批外汇账户115个；三是积极落实非贸易外汇管理规定，在真实性原则下从宽掌握，进一步满足了个人出国留学、旅游等合理用汇需求；四是组织了“外汇知识宣传周”活动，通过举办“涉外企业外汇业务培训班”、召开重点涉外企业座谈会等形式，有效疏通了外汇管理政策传导机制；五是认真贯彻落实《行政许可法》，增强依法行政意识，转变工作作风，提高服务质量；六是与德州市外经贸局、经济发展委员会、民营经济发展委员会等部门建立了合作备忘制度，定期分析进出口与引进外资形势，研究服务外向型经济发展的手段与措施；七是扩大经营结售汇机构范围，方便企业经营。共审批6家银行增加外汇结售汇业务，使该市经营结售汇业务的机构达19家。

三、加大监管力度，规范外汇市场秩序。2004年，外管局德州市中支一是加强现场监管。组织了对4家外汇指定银行资本金结汇业务检查、外债业务全面检查等，规范了银行外汇业务的开展；加大了对违规企业的执法检查力度，对进出口逾期未核销时间长、金额大又无正当理由的企业进行了立案检查；二是加强非现场监管。充分利用国际收支统计监测、外汇账户、出口核报等系统，不断完善外汇非现场监管和现场监管，积极探索非现场监管和现场监管有机结合的模式，提高非现场监管的针对性；三是扎实做好外汇反洗钱工作，加大对大额和可疑外汇资金交易情况的甄别与分析。分别对3家外汇指定银行外汇反洗钱执行情况进行了检查，对农行、建行德州市分行错漏报行为进行了处罚，发挥了外汇管理的惩戒作用；四是制定并实施了《报表资料工作考核办法》，规范了外汇指定银行外汇业务报表资料报送工作，全年共对各外汇指定银行存在的6类问题、100余处错误或不规范做法进行了通报，使银行外汇业务更趋规范化。

四、加强外资、外债管理，进一步规范外资流入和结汇。2004年，外管局德州市中支一是严格审核资本金和外债流入及结汇的合规性、真实性，对外商投资企业外方出资验资询证严格把关，全市共受理验资询证67笔，金额4082万美元，同比增长222%；二是落实对外资、外债大户的重点监测制度，通过定期召开重点监测企业座谈会、联席会，加大对贸易融资等隐性外债的调查研究，实现对外资、外债大户有关业务的适时监测，防止非法外汇资金的流出流入；三是加大了外商投资企业2003年度的外汇年检工作力度，年检企业215户，年检率达80%以上，促进了外商投资企业依法经营的意识。

五、规范国际收支统计申报工作管理，强化国际收支分析调研工作。2004年，外管局德州市中支通过重点抓好国际收支统计间接申报情况考核的通报，按季进行申报现场核查，坚持日常非现场核查工作，对核查中的问题定期通报，提高了国际收支申报质量。加强外汇统计分析工作，做好外汇收支数据内部共享，加强数据的利用、分析、监测和风险预警，提高分析质量。针对国家宏观政策变化情况，积极组织人员就国家货币信贷政策、出口退税政策调整对外汇收支的影响，深入企业进行调查；并结合实际及外汇收支中反映出来的问题，认真做好专题调研，为领导决策提供依据。

【货币政策实施】 2004年，人行德州市中心支行针对国家宏观调控形势，结合德州经济发展实际，认真做好分析、监测和引导，有针对性地加强金融宏观调控，提高了金融宏观调控效果和货币政策执行水平。

一、突出抓好政策传导。2004年，人行德州市中支通过制定《关于加强金融宏观调控，保持货币信贷适度增长，促进全市经济持续、健康、协调发展的实施意见》，加强窗口指导，要求金融部门坚持“区别对待，有保有压”的原则，切实防止信贷“一刀切”；通过年初召开全市金融工作座谈会、向市委、市政府呈送《报阅件》及《金融政策要情》以及在市委理论学习中心组读书（扩大）会重点发言之际，对金融工作进行指导；通过定期召开全市金融运行暨货币信贷政策通报会，总结金融运行规律，找出存在问题，提出阶段性具体实施货币政策要求，并建立了货币政策警示评价制度，引导金融机构以科学的发展观开展金融业务，促进了金融宏观调控在全辖的实施。

二、突出抓好银企合作。2004年，人行德州市中支一是充分发挥在全省率先开发的金融公共网络信息平台功能，利用平台促成银企合作8.8亿元。与计委等部门联合召开了市重点项目网上推介新闻发布会，扩增42个符合国家产业政策的重点项目在网上进行推介，提升了银企合作层次；二是针对4月份以后全市金融机构信贷投放锐减的严峻形势，人行济南分行和德州市政府联合召开了德州市促进非公有制经济发展银企恳谈会，省内的19家金融机构与德州市企业当场签订合约项目330个，金额171.56亿元。其中，协议贷款金额71.9亿元，意向金额99.66亿元。人行通过加强调度，狠抓落实，促进签约资金到位达52.6亿元，资金到位率为31%。促使辖外金融机构签约资金到位9.93亿元，占其签约协议金额的69.4%，一大批企业如华鲁恒升集团、德棉集团、皇明太阳能等已成为了省级股份制商业银行重点支持的对象。

三、突出抓好金融市场发展。2004年，人行德州市中支一是指导辖内金融机构开展货币市场业务，德州市商行和11家农信社已全部成为货币市场成员。截至年末，累计办理债券回购业务407笔，计83.45亿元，月均投入资金3.2亿元；二是把发展商业承兑汇票业务作为一项工作亮点来抓，实现了全市零的突破。人行德州市中支针对企业票据融资需求而票据工具较少的实际，制定并印发了《德州市商业承兑汇票管理暂行办法》，在城信社进行试点，实施了《德州市商业承兑汇票再贴现市场准入、退出管理暂行办法》，加强了对商业承兑汇票再贴现市场准入企业的动态管理，促进了该项业务的健康发展。截至年底，全市全年累计签发商业承兑汇票2.03亿元。并且实现了到期商业承兑汇票全部收回，没有出现任何资金风险。同时，充分发挥再贴现的引导作用，促使辖内7家农信社获得签发银行承兑汇票资格，指导金融机构累计签发银行承兑汇票109亿元，有效缓解了中小企业流动资金不足的矛盾。

四、突出抓好同政府及有关职能部门的交流与联系。2004年，在宏观调控和职能调整的特殊时期，人行德州市中支及时就金融运行、工作开展等情况向政府领导汇报沟通，让他们了解基层央行的新职能及在经济发展中的核心作用。

与7家经济综合部门建立合作备忘录，建立了政、银、企长效合作机制，实现了货币政策与经济产业政策的融合。同时，与有关职能部门通力合作，积极发挥担保公司作用，建立了银行与担保公司风险共担机制试点，促进担保公司开展担保业务931笔，累计担保额27.16亿元，极大缓解了中小企业贷款难问题，并对担保公司进行了信用评级，促进了担保业的规范发展。

【金融监管】 2004年，人行德州市中支和银监会德州监管分局依法加强执法检查，切实维护金融秩序。

一、人行德州市中支认真落实结算账户管理办法，严格各项核准手续，依法开展业务检查，对违法办理业务的6家金融机构分别实施了警告、罚款、责令限期改正等行政处罚。进一步健全票据交换管理制度，纠正各种无理退票行为，资金达1亿多元，维护了结算渠道的畅通。依法开展了现金管理、人民币管理、反洗钱制度建设、再贷款、再贴现业务以及金融统计工作的检查监督，对有关违规行为进行了通报批评，适时进行了风险警示。对单位之间、个人之间以及个人与单位之间金额100万元以上的资金划拨进行逐笔登记，对发生频繁的大额联行资金流动进行重点监控，对可疑资金流向进行重点调查分析，有效监测大额资金交易，切实防范资金风险，较好地履行了基层央行的各项职责，维护了正常的金融秩序。

二、人行德州市中支加强对金融风险的预警监测。认真关注商业银行股份制改革，积极研究涉及商业银行的各种资产打包处置、企业转换经营机制、资产处理等问题，并依法提出处理意见和建议，及时维护金融机构的合法权益。建立并完善了对中行和建行的监测指标，按月对两行进行改革情况监测，及时就改革中风险评估、职工动态、支付风险等项内容强化调研，加强预测监督。加强对异常情况的跟踪反映，结合辖内宏观经济形势，密切关注辖内金融运行中出现的一些异常情况，做到对异常信息早发现、深挖掘，主动为领导决策服务。建立了节日重点监测制度，重点针对农信社在长假期间动用准备金、支付能力、资产流动性等指标进行监测预警，防止兑付风险，确保了辖区金融稳定。

三、银监会德州监管分局加强银行行政管理，全年批复机构升格22家，机构迁址25家，机构撤销37家，对国有商业银行部分分支机构开办金融超市及新增业务品种备案、报告30余处次；核准高管人员24人次，备案、报告高管人员任职资格31人次。通过规范现场检查程序和加大现场检查力度，促进了金融机构的依法合规经营。全年派出检查组10个次，人员60人次，累计投入880个工作日，检查各类机构55个，查处违规金额8500万元，处理违规机构3家，处理责任人5人。通过实施审慎监管和内控监管，建立季度审慎性会议工作制度，促进了金融机构的审慎经营。通过建立非现场监管预警体系，进一步增强了对各类风险的监测、分析、预警和控制能力。

【金融改革】 2004年，人行德州市中支认真抓好农信社改革试点资金支持工作。通过加强领导、强化措施、精心组织，以增资扩股、降低不良贷款、提高资本充足率、完善法人治理结构为重点，指导、督促辖内农信社搞好改革试点工作，截至年底，全市农信社股金余额达13.83亿元，其中，资格股8.03亿元，投资股5.80亿元，占比分别达到58.06%和41.94%；资本充足率达7.59%，同比提高11.31个百分点。全市11家县（市、区）农信社全部成功申请发行了央行专项票据，总金额7.55亿元。县联社统一法人改革稳步进行，5家联社筹建一级法人申请获得批准。

2004年，人行德州市中支积极做好监测工作，督促农信社以此为契机，进一步完善法人治理结构，加强内控制度建设，加大不良贷款清收力度，促其经营质量不断提高。截至年末，全市农信社各项存贷款余额分别达110.10亿元和95.12亿元，较年初增长19.17亿元和15.14亿元，存贷款市场份额占到全市各金融机构的22.57%和22.58%，存贷款市场份额、新增存贷款市场份额均居全市金融机构第一位；11个县（市、区）农信社全部盈余，实现账面利润9807万元，同比增加7485万元。同时，加大了清收盘活力度，清收盘活不良贷款1.67亿元，不良贷款占比较年初下降4.08个百分点。

【保险业务】 截至2004年底，共有9家保险公司在德州市设立了分公司（中心支公司）。德州市共有5144家企业参加财产保险；8.01万户居民参加家庭财产保险；139.5万人参加人身保险；全年承保金额595.61亿元，保费收入12.1亿元。其中，财产险保费收入2.92亿元，增长41.8%；人寿险保费收入9.18亿元，增长3.7%。全年共处理赔付案件4.28万件，支付赔款1.34亿元，财产保险赔付率46.1%；人寿保险共处理赔付案件1.97万件，支付赔款（给付）1.09亿元。

【证券市场】 2004年末，德州市有证券经营机构2处，股民4.26万户，客户保证金0.67亿元，年交易额39.68亿元。

【精神文明建设】 2004年，德州市各金融机构以“三个代表”重要思想为指导，广泛开展了形式多样的精神文明创建活动，取得了较好成果。人行德州市中支被总行授予“职工体育达标先进单位”荣誉称号；中行德州市分行营业部被其总行授予“文明优质服务红旗单位”荣誉称号，在山东省中行系统惟一获此殊荣；建行德州市分行被市文明办授予“文明诚信十佳企业”荣誉称号。

【金融大事记】 1月7日 人行济南分行副行长于华民

来德州市中支宣布干部任职名单。

2月12日 在德州市经济工作会议上，人行德州市中支被德州市委、市政府授予"支持地方经济发展先进单位"，外管局德州市中支被授予"扶持外经贸发展先进单位"。党委书记、行长祖洪涛荣立二等功，外汇管理科科长李淑华荣立三等功。

2月13日 天安保险股份有限公司德州市中心支公司正式对外营业。

5月18日 人行总行党委宣传部一行到陵县支行就文明单位创建活动开展情况进行调查研究。

7月28日 银监会批准德州市城信社组建商业银行。

8月9日 山东省农信社德州办事处挂牌组建。

8月16日 人行济南分行党委书记、行长杨子强赴德州参加"德州市促进非公有制经济发展银企恳谈会"，并到德州市中支指导工作。

10月4日 人行总行反洗钱局蔡忆莲局长一行对禹城县支行发行库守卫值班进行突击检查。

10月20日 德州市金融运行暨货币政策通报会在人行德州市中支召开。

11月16日~23日 外管局德州市中支开展"外汇知识宣传周"活动。

11月29日 人行济南分行党委委员、工会主任肖辉光一行4人到德州市中支参加民主生活会。

12月7日 德州市商行正式挂牌开业，成为中国银监会成立以来批复的首家城市商行。

12月26日 建行德州市分行顺利通过ISO9000质量体系认证。

12月 人行德州市中支被山东省人民政府授予"全省服务民营经济先进单位"荣誉称号，是山东省人行中支中惟一获此殊荣的单位。

（曹黔然 刘双喜 王安国）

乐陵市

【经济概况】 2004年，乐陵市各金融机构积极贯彻国家货币信贷政策，大力支持当地经济的快速健康成长，各种经济指标呈现良好态势。全年实现地区生产总值57.59亿元，同比增长21.1%；人均地区生产总值8930元。实现财政总收入3.02亿元，其中，地方财政收入1.79亿元，增长22.1%。

全年实现农业增加值13.04亿元，同比增长11%；其中，粮食总产23万吨，增长14%。林木覆盖率18.2%，提高2.4个百分点。

乐陵市主要经济金融指标

经济指标	1999	2004	经济指标	1999	2004
土地面积（平方公里）	1172	1172	#地方财政收入（亿元）	0.97	1.79
人口（万人）	63.64	64.7	全社会固定资产投资（亿元）	27.44	32.76
#非农业人口（万人）	9.94	11.14	固定资产投资增速（%）	15.1	41.3
地区生产总值（亿元）	27.41	57.59	进出口总值（亿美元）	0.13	0.42
地区生产总值年增速（%）	17.94	21.1	#出口总值（亿美元）	0.1	0.34
第一产业（亿元）	11.05	13.04	实际利用外资（亿美元）	0.07	0.25
第二产业（亿元）	10.17	28.34	社会消费品零售总额（亿元）	9.16	15.66
第三产业（亿元）	6.19	16.21	居民消费价格指数（%）	100	103.7
财政总收入（亿元）	1.64	3.02	人均地区生产总值（元）	4317	8930
金融指标（亿元）	**1999**	**2004**	**金融指标（亿元）**	**1999**	**2004**
金融机构存款余额	16.01	29.31	金融机构贷款余额	15.85	27.34
企业存款	0.63	2.26	短期贷款	14.77	22.18
储蓄存款	14.72	24.16	中长期贷款	1.078	3.99

乐陵市主要金融机构负责人

单位名称	行长（或其他称谓的第一负责人）	副行长（或其他称谓的同级领导）
中国人民银行乐陵市支行	赵金兰	孟宪尧　刘长勇
中国银监会德州监管分局乐陵市办事处	辛俊胜	
中国工商银行乐陵市支行	赵西军	王树智　范吉民
中国农业银行乐陵市支行	王志刚	苗玉林　孙临华
中国银行乐陵市支行	苏世普	候建东
中国建设银行乐陵市支行	段国强	孙凤明　商国珍
乐陵市农信社	王玉臣	郭瑛璞　殷永祥
中国财产保险公司乐陵市支公司	段爱国	李晓霞
中国人寿保险公司乐陵市支公司	杨学军	

注：以2004年12月31日在职人员情况为准。

乐陵市主要金融机构业务概况

单位：亿元

单位名称	存　款	企业存款	储蓄存款	贷　款	短期贷款	中长期贷　款
中国工商银行乐陵市支行	3.02	0.32	2.49	5.17	1.95	3.19
中国农业银行乐陵市支行	8.99	1.46	6.23	6.38	5.88	0.21
中国银行乐陵市支行	1.57	0.21	0.99	1.46	1.06	0.39
中国建设银行乐陵市支行	3.03	0.23	2.21	1.43	0.58	0.02
乐陵市农信社	7.95	0.05	7.41	8.74	8.56	0.18
乐陵市邮政储蓄	4.82	——	4.82	——	——	——

全年完成工业增加值25.33亿元，同比增长25.15亿元。规模以上工业企业实现产品销售总收入59.93亿元，增长55.4%；实现利税7.695亿元。

全年实现社会消费品零售总额15.66亿元，同比增长15.6%。全年进出口总额4206万美元，其中，出口3371万美元，增长19.9%。

全市城镇居民个人年均可支配收入5724元，同比增长11.3%；农村居民个人年均可支配收入3814元，增长8.39%。

【金融概述】 2004年，乐陵市金融运行健康平稳，各项存款平稳增长，各项贷款稳中有升，存贷款结构进一步优化，现金收支活跃，净投放同比变化不大。

【各项存款】 截至2004年末，乐陵市各金融机构各项人民币存款余额29.31亿元，同比增加7.79亿元，增长2.73%；各项外汇存款余额162万美元，其中，外汇储蓄148万美元。企业存款余额2.26亿元，减少1.27亿元，占全市新增存款比例的－163.1%，降低了105.26个百分点；居民储蓄存款余额24.16亿元，比年初增长0.92亿元，增幅为3.64%，占全市新增存款比例的117.47%，提高了103.8个百分点。其中，定期储蓄存款17.65亿元，增加0.58亿元；活期储蓄存款6.51亿元，增加0.34亿元。

【各项贷款】 截至2004年末，乐陵市各金融机构各项贷款余额27.34亿元，比年初增加1.22亿元，增长4.46个百分点。其中，农业贷款8.35亿元，增长2.22亿元；工业贷款1.85亿元，增长0.72亿元；商业贷款5.59亿元，减少1.14亿元；个人消费贷款1.66亿元，增加0.33亿元；固定资产投资贷款2.32亿元，增加0.15亿元；票据融资0.91亿元，减少1.65亿元；技改贷款比年初减少0.19亿元。

2004年，乐陵市贷款投放呈现三个特点：一是积极响应年初国务院颁布的“一号文件”精神，把支持农村经济发展、农业增效和农民增收作为主要工作目的，加大了“三农”贷款投放力度；二是个人消费贷款快速增长，住房和汽车贷款得到发展，有效的刺激了消费；三是票据融资市场活跃，票据贴现业务的发展极大的满足了中小企业的流动资金需求。

【金融调控】 2004年，人行乐陵市支行着力实施货币政策，努力加强金融服务，认真落实各项货币信贷政策，畅通传导机制，充分发挥再贷款、再贴现等货币信贷政策工具的作用，积极引导辖内金融机构以科学的发展观开展金融业务，提升货币信贷政策实施效果，保证了该市经济金融持续协调快速健康发展。

【金融监管】 2004年，银监局乐陵市办事处进一步加强对辖内各金融机构的监督管理，全面掌握辖内各金融机构不良资产水平、财务状况、内部控制及高级管理人员等方面的情况。完善了金融监管信息数据库，对辖内各金融机构的风险状况进行全面系统的分析，有效防范了金融风险，保证了金融稳定，促进了金融机构各项业务的长效发展。

【金融改革】 2004年，人行乐陵市支行准确把握关于农信社改革试点工作的指导思想、总体原则和主要内容，在准确核定该市农信社的不良资产数据、及时掌握改革进度和增资扩股进度、严格监督财务指标和资本充足率、保证股本金的真实性和督促法人治理结构完善的基础上，于6月3日与该市农信社签订了《农信社改革试点专项中央银行票据协议书》，协议发行中央银行专项票据11152万元，置换了该社的实际资不抵债额，改革取得了阶段性成果。

（赵 斌 刘双喜）

禹城市

【经济概况】 2004年，禹城市坚持科学发展观，在国家实施经济宏观调控的背景下，落实工业发展3年规划，实现了国民经济快速发展，小康建设进程加快。全年实现地区生产总值66.19亿元，同比增长19.5%；人均地区生产总值13110元。实现财政总收入2.55亿元，其中，地方财政收入1.95亿元，增长23.9%。

全年实现农业增加值13.01亿元，同比增长6.7%；其中，粮食总产值47.83万吨，增长25.5%。林木覆盖率19.6%，提高3.5个百分点。

禹城市主要经济金融指标

经济指标	1999	2004	经济指标	1999	2004
土地面积（平方公里）	990	990	#地方财政收入（亿元）	1.31	1.95
人口（万人）	49.54	50.65	全社会固定资产投资（亿元）	11.07	37.5
#非农业人口（万人）	7.26	10.25	固定资产投资增速（%）	21.8	25
地区生产总值（亿元）	29.41	66.19	进出口总值（亿美元）		0.68
地区生产总值年增速（%）	14.9	19.5	#出口总值（亿美元）		0.56
第一产业（亿元）	8.07	13.01	实际利用外资（亿美元）	0.06	0.19
第二产业（亿元）	13.21	33.78	社会消费品零售总额（亿元）	9.95	16.93
第三产业（亿元）	8.12	19.40	居民消费价格指数（%）		103.7
财政总收入（亿元）	1.80	2.55	人均地区生产总值（元）	5948	13110
金融指标（亿元）	**1999**	**2004**	**金融指标（亿元）**	**1999**	**2004**
金融机构存款余额	14.38	28.38	金融机构贷款余额	20.30	28.87
企业存款	1.60	5.41	短期贷款	17.14	21.10
储蓄存款	11.88	19.81	中长期贷款	2.60	6.55

禹城市主要金融机构负责人

单位名称	行长（或其他称谓的第一负责人）	副行长（或其他称谓的同级领导）
中国人民银行禹城市支行	王建国	周俊青　贺明田
中国银监会德州监管分局禹城市办事处	刘洪涛	
中国工商银行禹城市支行	布玉路	纪　琨　林廷勤
中国农业银行禹城市支行	孟志强	常　连　张风顺　任广鹏　刘文山
中国银行禹城市支行	张振林	王宝玉　高志祥
中国建设银行禹城市支行	石　群	王振顺　彭元新
禹城市农信社	杨忠诚	王加静　杨希军
中国人寿保险公司禹城支公司	陈忠明	王立军　王吉文
中国人民财产保险股份有限公司禹城支公司	王　平	王清毅　王世华　李宗洪

注：以2004年12月31日在职人员情况为准。

禹城市主要金融机构业务概况

单位：亿元

单位名称	存　款	企业存款	储蓄存款	贷　款	短期贷款	中长期贷　款
中国工商银行禹城市支行	3.33	0.93	1.85	6.30	3.30	2.37
中国农业银行禹城市支行	5.35	1.15	3.52	5.01	1.68	3.08
中国银行禹城市支行	2.04	0.24	1.37	1.34	0.70	0.64
中国建设银行禹城市支行	2.89	0.71	1.53	1.67	0.97	0.38
禹城市农信社	11.48	2.28	8.32	9.64	9.61	0.02
禹城市邮政储蓄	3.22	0	3.22	0	0	0

全年完成工业增加值28.37亿元，同比增长20.9%。规模以上工业企业实现产品销售收入74.42亿元，增长50.6%；实现利税9.6亿元。

全年实现社会消费品零售总额16.93亿元，同比增长17.0%。全年进出口总额0.68亿美元，其中，出口0.56亿美元，增长28.1%。全市城镇居民人均可支配收入6200元，增长9%。

【金融概述】 2004年，人行禹城市支行认真贯彻货币政策，加大金融监管，不断推进金融改革，改进金融服务，居民储蓄稳定增长，贷款结构继续改善，金融运行态势良好，有力促进了经济健康发展。

【各项存款】 2004年，禹城市金融机构各项人民币存款余额28.38亿元，同比增加3.50亿元，各项外汇存款余额0.02亿美元。

一、企业存款继续增长。截至年末，全市企业存款余额5.41亿元，增加1.50亿元，占全市新增存款比例的42.81%，提高了22.52个百分点。

二、居民储蓄存款保持较高增速。截至年末，全市储蓄存款余额19.81亿元，增加1.98亿元，占全市新增存款比例的56.65%，提高了15.63个百分点。其中，定期储蓄余额13.59亿元，增加0.83亿元；活期储蓄余额6.22亿元，增加1.15亿元。

【各项贷款】 2004年，禹城市金融机构各项人民币贷款余额28.87亿元，同比增加2.47亿元，各项外汇贷款余额0.01亿美元。其中，农业贷款余额7.63亿元，增加1.75亿元，占新增贷款比例的71.0%，提高了28.16%；工业贷款余额4.57亿元，增加1.13亿元，占新增贷款比例的

45.98%，提高了38.12%；商业贷款余额6.03亿元，减少0.33亿元，占新增贷款比例的-13.18%，下降17.26%；个人消费贷款余额1.88亿元，增加0.15亿元，占新增贷款比例的6.15%，提高了2.3%；基本建设贷款余额1.65亿元，减少0.22亿元，占新增贷款比例的-8.74%，下降17.21%；技改贷款余额2.43亿元，增加1.83亿元，占新增贷款比例的74.16%，提高了74.7%。

【金融调控】 2004年，人行禹城市支行继续执行稳健的货币政策，一是强化信贷政策窗口指导，定期向政府有关部门通报金融运行情况和货币信贷政策，及时传达上级行的意图，为领导决策提供依据；二是综合运用支农再贷款、金融联系会、银企座谈会等形式，加强货币信贷信息指导，引导商业银行优化信贷结构，推动金融政策全面贯彻实施。

【金融监管】 2004年，银监局禹城市办事处认真履行职责，一是狠抓不良贷款额、不良贷款率的"双降"，摸清辖内不良贷款变化情况，加强监控，及时跟踪；二是认真做好农信社贷款五级分类试点工作。

【金融改革】 2004年，人行禹城市支行按照全省深化农信社改革工作会议精神，积极推动农信社改革，做好宣传发动、增资扩股、清产核资等组织筹备工作。禹城农信社作为德州市首批中央银行专项票据发行单位，专项票据0.65亿元已于3月31日发行到位。截至年末，资本充足率、不良贷款占比降幅两项指标均达到兑付标准以上。

（范雪芹　刘双喜）

陵　县

【经济概况】 2004年，陵县以全面促进民营经济发展为中心，加快改革开放和经济结构调整步伐，国民经济保持稳定健康发展势头。全年实现地区生产总值57.63亿元，同比增长22.3%。其中，第一产业完成增加值12.05亿元，增长2%；第二产业完成增加值29.94亿元，增长29.3%；第三产业完成增加值15.64亿元，增长16.8%。产业结构进一步优化，一、二、三产业占地区生产总值的比重分别达到20.9%、51.9%和27.2%。人均地区生产总值10300元，增加1629元。实现财政总收入1.84亿元，其中，地方财政收

陵县主要经济金融指标

经济指标	1999	2004	经济指标	1999	2004
土地面积（平方公里）	1213	1213	#地方财政收入（亿元）	0.68	1.23
人口（万人）	53.78	55.95	全社会固定资产投资（亿元）	4.42	19.0
#非农业人口（万人）	6.29	9.70	固定资产投资增速（%）	10.3	5.77
地区生产总值（亿元）	24.04	57.63	进出口总值（亿美元）	0.1	0.1
地区生产总值年增速（%）	12.8	22.3	#出口总值（亿美元）	0.1	0.1
第一产业（亿元）	10.38	12.05	实际利用外资（亿美元）	0.08	0.38
第二产业（亿元）	7.66	29.94	社会消费品零售总额（亿元）	9.28	15.55
第三产业（亿元）	6.0	15.64	居民消费价格指数（%）		
财政总收入（亿元）	1.09	1.84	人均地区生产总值（元）	4500	10300
金融指标（亿元）	**1999**	**2004**	**金融指标（亿元）**	**1999**	**2004**
金融机构存款余额	17.30	29.76	金融机构贷款余额	17.46	24.12
企业存款	1.42	2.58	短期贷款	15.84	19.63
储蓄存款	15.40	22.01	中长期贷款	1.07	3.73

陵县主要金融机构负责人

单位名称	行长（或其他称谓的第一负责人）	副行长（或其他称谓的同级领导）
中国人民银行陵县支行	李再清	何　意　张志远
中国银监会德州监管分局陵县办事处	朱建军	
中国农业发展银行陵县支行	张志刚	王世国　张吉杰
中国工商银行陵县支行	赵方瑞	杨召勇　闫世卿　刘秀江
中国农业银行陵县支行	张荣杰	马传胜　徐　强　马　青
中国银行陵县支行	任俊昌	邢玉婷
中国建设银行陵县支行	王清杰	郭　莉　陶志坤
陵县农信社	张立新	李树生　王吉和　李培刚
中国人寿保险股份有限公司陵县支公司	张瑞国	高爱荣

陵县主要金融机构业务概况

单位：亿元

单位名称	存　款	企业存款	储蓄存款	贷　款	短期贷款	中长期贷　款
中国工商银行陵县支行	3.21	0.54	2.09	3.85	1.62	2.22
中国农业银行陵县支行	4.33	0.68	2.29	3.03	2.35	0.46
中国银行陵县支行	1.87	0.18	1.31	0.41	0.29	0.1
中国建设银行陵县支行	2.61	0.28	1.80	1.38	1.04	0.26
陵县农信社	11.61	0.81	9.52	8.19	7.09	0.70
陵县邮政储蓄	5.08		5.08			

人1.23亿元。

全年实现农业增加值12.05亿元，同比增长2.0%。其中，粮食总产45.61万吨，增长22.2%；棉花总产3.91万吨，增长21.7%；林木覆盖率20.83%，提高12.23个百分点。

全年完成工业增加值19.11亿元，同比增长44.7%；规模以上工业企业实现产品销售总收入62.59亿元，增长62.9%；实现利税7.79亿元，增长68.5%。

全年实现社会消费品零售总额15.55亿元，同比增长17.1%。出口总额1017万美元，增长306%。农村人均收入3392元，增长11.8%。

【金融概述】 2004年，陵县金融运行态势良好，信贷投放适度增加，存款总量继续保持稳步增长，票据融资不断扩大，经营效益进一步提高，促进了辖内金融的健康运行和地方经济的持续发展。

【各项存款】 截至2004年末，陵县金融机构各项人民币存款余额29.76亿元，比年初增加1.97亿元，存款稳步增长的趋势明显。其中，企业存款余额2.58亿元，减少0.64亿元；居民储蓄存款余额22.01亿元，增加1.66亿元，占全县新增存款比例的84.26%，提高7个百分点，其中，定期储蓄余额15.86亿元，增加1.26亿元；活期储蓄余额6.23亿元，增加0.4亿元。

【各项贷款】 2004年，陵县各项贷款稳定增加，贷款结构进一步优化。年末，全县各项贷款余额24.12亿元，比年初增加0.33亿元，增长1.34%。其中，农业贷款余额5.41亿元，增加1.52亿元；工业贷款余额3.40亿元，增加0.43亿元；商业贷款余额7.92亿元，减少2.02亿元；个人消费贷款余额1.37亿元，增加0.4亿元，有效满足了城镇居民在购买住房、汽车等消费方面的资金需求。

【金融调控】 2004年，人行陵县支行面对国家宏观调控形势，不断强化货币信贷政策传导机制，加强信贷政策实施的“窗口指导”，引导金融机构优化信贷结构，增加信贷投放，有效地解决县域骨干企业的流动资金需求。同时，充分发挥货币政策工具的引导作用，通过支农再贷款和再贴现，引导金融机构不断加大对“三农”和中小企业的信贷支持力度，促进了县域经济的健康稳定发展。

【金融监管】 2004年，银监局陵县办事处结合全县经济金融发展的现状及特点，开拓监管思路，一是加强和完善对农信社的风险监管措施，把防范和化解风险作为工作重点，强化金融监管，完善监管手段，推进改革试点工作；二是认真做好辖内金融机构不良贷款双降和扭亏增盈工作，实施了大额不良贷款跟踪监控制度，对辖内50万元以上不良贷款进行监测登记，有效提高了金融信贷资产质量，促进了全县金融业的健康稳定发展。

【金融改革】 2004年，陵县农信社围绕改革试点工作要求，不断加大增资扩股力度，严格规范募股程序，优化股权结构，继续做好不良贷款清收工作，资本充足率稳步提高，完善法人治理结构和内控制度建设工作也取得积极进展。6月，陵县农信社中央银行专项票据发行申请获得批准。

（董志刚 刘双喜）

宁津县

【经济概况】 2004年，宁津县加快改革开放和经济结构调整步伐，国民经济保持稳定、健康发展势头。全年实现地区生产总值58.06亿元，同比增长21.80%；人均地区生产总值12669元。实现财政收入1.72亿元，其中，地方财政收入1.21亿元，增长8.87%。

全年实现农业增加值11.96亿元，同比增长19.50%；其中，粮食24.06万吨，下降7.60%。林木覆盖率达13%，提高4个百分点。

全年完成工业增加值28.21亿元，同比增长26.10%。

宁津县主要经济金融指标

经济指标	1999	2004	经济指标	1999	2004
土地面积（平方公里）	833	833	#地方财政收入（亿元）	1.16	1.21
人口（万人）	44.4	45.94	全社会固定资产投资（亿元）	12.63	39
#非农业人口（万人）	4.21	7.94	固定资产投资增速（%）	101.03	60.8
地区生产总值（亿元）	26.14	58.06	进出口总值（亿美元）	0.31	0.51
地区生产总值年增速（%）	12.8	21.8	#出口总值（亿美元）	0.30	0.48
第一产业（亿元）	7.79	11.96	实际利用外资（亿美元）	0.02	0.38
第二产业（亿元）	10.81	30.16	社会消费品零售总额（亿元）	9.88	15.61
第三产业（亿元）	7.54	15.94	居民消费价格指数（%）		
财政总收入（亿元）	1.45	1.72	人均地区生产总值（元）	5889	12669
金融指标（亿元）	**1999**	**2004**	**金融指标（亿元）**	**1999**	**2004**
金融机构存款余额	20.74	39.11	金融机构贷款余额	17.33	25.42
企业存款	1.41	4.69	短期贷款	16.07	19.43
储蓄存款	18.89	32.3	中长期贷款	0.84	2.61

宁津县主要金融机构负责人

单位名称	行长（或其他称谓的第一负责人）	副行长（或其他称谓的同级领导）
中国人民银行宁津县支行	范宜和	郭德生 王长德
中国银监会德州监管分局宁津县办事处	王爱珍	
中国工商银行宁津县支行	史 海	高合军 苏东凯

续表

单位名称	行长（或其他称谓的第一负责人）	副行长（或其他称谓的同级领导）
中国农业银行宁津县支行	闰兴业	宋国胜　张玉霞　赵永杰
中国建设银行宁津县支行	周荣田	吕万新　贾　敏
中国农业发展银行宁津县支行	常新宏	张其英　王克智
宁津县邮政储汇局	高有力	范连森
宁津县农信社	王炳贵	张宝祥　李广财
中国人寿保险股份有限公司宁津县支公司	王同军	孙建新
中国人民财产股份有限公司宁津支公司	邢清田	常利民　徐慧莉

注：截至2004年12月31日。

宁津县主要金融机构业务概况

单位：亿元

单位名称	存　款	企业存款	储蓄存款	贷　款	短期贷款	中长期贷　款
中国工商银行宁津县支行	4.13	0.83	2.95	3.56	1.60	1.93
中国农业银行宁津县支行	9.28	1.67	6.78	4.32	2.78	0.38
中国建设银行宁津县支行	5.77	0.79	4.42	3.13	0.96	0.14
宁津县农信社	15.09	1.4	12.89	10.12	9.84	0.14
宁津县邮政储汇局	5.26		5.26			

规模以上工业企业实现产品销售总收入62.07亿元，增长52%，实现利税7.72亿元。

全年实现社会消费品零售总额15.6亿元，同比增长17.80%。全年进出口总额0.51亿美元，其中，出口0.48亿美元，增长65.50%。

全县城镇居民人均可支配收入7500元，增长8.2%；农村居民人均可支配收入3412元，增长12.4%。

【金融概述】　2004年，宁津县金融运行健康平稳，各项存款平稳增长，各项贷款稳中有升，存贷款结构进一步优化，现金收支活跃，净投放同比变化不大。

【各项存款】　截至2004年末，宁津县各项人民币存款余额39.11亿元，同比增加4.14亿元。其中，企业存款余额4.69亿元，增加0.13亿元，占全县新增比例的3.14%；居民储蓄存款余额32.30亿元，增加3.86亿元，占全县新增存款比例的93.20%，其中，定期储蓄余额23.73亿元，增加1.97亿元；活期储蓄余额8.57亿元，增加1.89亿元。

【各项贷款】　截至2004年末，宁津县金融机构各项人民币贷款余额25.42亿元，同比增加0.70亿元。其中，农业贷款余额9.00亿元，增长1.27亿元；工业贷款余额2.92亿元，增长0.33亿元；商业贷款余额4.90亿元，减少3.07亿元；个人消费贷款2.12亿元，增长0.68亿元；固定资产投资余额为0.73亿元，增加0.09亿元。

【金融调控】　2004年，人行宁津县支行以继续贯彻实施稳健的货币政策为中心，以创建金融安全区与支持农信社体制改革、防范支付风险为工作重点，以扩大内需、调整农业产业结构、推动科技进步、支持地方经济发展为目标，加强“窗口指导”，疏通货币政策传导渠道，确保辖区金融稳定，为宁津县经济的持续、健康发展创造了良好的金融环境。

【金融监管】　2004年，银监局宁津县办事处求真务实，积极进取，加强业务学习，发挥组织协调职能，创建健康金融环境；做好农信社深化改革工作，督促指导不良贷款双降。努力营造“依法监管、规范经营、公平竞争、和睦相处”的良好金融环境，积极防范和化解辖内金融风险。

【金融改革】　2004年，宁津县农信社改革试点工作稳步进行。6月份，成功申请中央银行票据8983万元。12月，山东省银监局同意宁津县农信社筹建一级法人社。截至年末，宁津县农信社资本充足率为6.45%，不良贷款余额为13750万元，占比为13.59%，较2002年底下降57.86%，股本金余额为13661万元，清收托管不良资产2.83万元，盈余1143万元。

（闫玉海　刘双喜）

庆云县

【经济概况】　2004年，庆云县全年实现地区生产总值25.98亿元，同比增长25.80%；人均地区生产总值8714元。实现财政总收入0.72亿元，增长1.50%，其中，地方财政收入0.46亿元，下降9.30%。

全年实现农业增加值5.01亿元，同比增长15.60%；其中，粮食总产17.42万吨，增长65.90%；林木覆盖率27.71%，提高了8.11个百分点。

全年完成工业增加值11.17亿元，同比增长38.80%，实现利税2.83亿元；全县规模以上工业企业实现产品销售

庆云县主要经济金融指标

经济指标	1999	2004	经济指标	1999	2004
土地面积（平方公里）	502	502	#地方财政收入（亿元）	0.38	0.46
人口（万人）	28.90	29.91	全社会固定资产投资（亿元）	2.07	26
#非农业人口（万人）	2.83	4.68	固定资产投资增速（%）	—	50.3
地区生产总值（亿元）	8.98	25.98	进出口总值（亿美元）	—	0.09
地区生产总值年增速（%）	—	25.80	#出口总值（亿美元）	—	0.09
第一产业（亿元）	3.05	5.01	实际利用外资（亿美元）	—	0.12
第二产业（亿元）	3.26	11.17	社会消费品零售总额（亿元）	—	14.60
第三产业（亿元）	2.67	9.80	居民消费价格指数（%）	—	—
财政总收入（亿元）	0.48	0.72	人均地区生产总值（元）	—	8714
金融指标（亿元）	**1999**	**2004**	**金融指标（亿元）**	**1999**	**2004**
金融机构存款余额	6.23	13.18	金融机构贷款余额	5.49	10.09
企业存款	0.74	2.52	短期贷款	5.04	7.34
储蓄存款	5.17	9.25	中长期贷款	0.07	1.23

庆云县主要金融机构负责人

单位名称	行长（或其他称谓的第一负责人）	副行长（或其他称谓的同级领导）
中国人民银行庆云县支行	杨如冰	胡成军　魏殿峰
中国银监会德州监管分局庆云办事处		李国云
中国农业发展银行庆云县支行	李德军	刘华峰
中国工商银行乐陵市支行庆云分理处	蒋爱芹	王金海　黄平利
中国农业银行庆云县支行	刘洪军	刘汉春
中国建设银行德州市分行庆云分理处	苗应选	郭宝辉
庆云县农信社	王伦明	王爱国　王景田
中国人民保险公司庆云县支公司	王有福	郑宝金　周希刚
中国人寿保险公司庆云县支公司	赵鹏程	李德文

注：以2004年12月31日在职人员情况为准。

庆云县主要金融机构业务概况

单位：亿元

单位名称	存　款	企业存款	储蓄存款	贷　款	短期贷款	中长期贷　款
中国工商银行乐陵市支行庆云分理处	2.06	0.56	1.42	1.54	0.79	0.75
中国农业银行庆云县支行	3.25	0.84	2.04	1.89	1.38	0.43
中国建设银行德州市分行庆云分理处	1.69	0.49	0.74	1.62	0.31	0.03
庆云县农信社	3.46	0.61	2.31	3.26	3.11	
庆云县邮政储蓄	2.74		2.74			
中国农业发展银行庆云县支行	0.02			1.78	1.76	0.02

总收入22.23亿元，增长179.10%。

全年实现社会消费品零售总额14.60亿元，同比增长18.50%；全县实现自营进出口总额872万美元，增长242%。

全县城镇居民人均可支配收入4500元，同比增长6.50%；农村居民人均可支配收入3116元，增长20%。

【金融概述】 2004年，庆云县金融系统认真贯彻执行稳健的货币政策，紧紧围绕防范风险、支持地方经济发展，积极开展工作，全辖全年各项存贷款余额持续增长，不良贷款余额下降，金融运行健康平稳。

【各项存款】 2004年末，庆云县金融机构各项人民币存款余额13.18亿元，同比增加2.25亿元，占新增存款余额的0.45%。其中，企业存款余额2.52亿元，比年初增加0.64亿元；储蓄存款余额9.25亿元，增加0.98亿元，其中，定期储蓄余额5.23亿元，增加0.49亿元，活期储蓄余额4.02亿元，增加0.50亿元。

【各项贷款】 2004年，庆云县金融机构各项人民币贷款余额10.09亿元，同比增加1.91亿元。其中，农业贷款余额3.68亿元，增加0.83亿元；工业贷款余额0.83亿元；商业贷款余额1.80亿元；个人消费贷款0.23亿元；中长期贷款余额12.22亿元。

【金融调控】 2004年，人行庆云县支行着力加强货币信贷、金融稳定与金融服务职能，强化对辖内金融机构的窗口指导作用，积极贯彻上级行精神，辖区金融秩序稳定，金融运行良好。一是通过金融机构联席会，银、政、企业联谊会，经贸洽谈会等形式，积极向商业银行上级行推荐优势项目；二是建立了全辖金融机构货币政策执行情况评价警示制度，成立了评价与警示委员会；三是调度金融机构落实宏观调控政策，支持地方经济发展。

【金融监管】 2004年，银监局庆云县办事处开始筹建，并于5月6日挂牌，开始履行对辖内金融机构的监管职能。

【金融改革】 2004年，庆云县农信社试点改革进入实质阶段，制定了《深化农信社改革方案》，提出了增资扩股与降低不良贷款的实施方案及专项中央银行票据发行申请，经人行与监管办联合审查，于6月3日认购专项中央银行票据1742万元，用于置换不良资产，辖内农信社的资产状况得到了有效改善。

（胡洪玺　刘双喜）

临邑县

【经济概况】 2004年，临邑县进一步加大招商引资和发展民营经济工作力度，经济运行态势平稳，各项经济指标逐步向好，固定资产增速回落，企业产销衔接良好，县域经济继续持续快速健康发展。全年实现地区生产总值74.2亿元，同比增长25.8%；人均地区生产总值14196元。实现财政总收入4.35亿元，其中，地方财政收入3.08亿元，增长30.22%。

全年实现农业增加值22.23亿元，同比增长9.2%；其中，粮食总产54.44万吨，增长53.3%。林木覆盖率

临邑县主要经济金融指标

经济指标	1999	2004	经济指标	1999	2004
土地面积（平方公里）	1016	1016	#地方财政收入（亿元）	0.97	3.08
人口（万人）	51.05	52.27	全社会固定资产投资（亿元）	11.05	87.08
#非农业人口（万人）	7.56	11.1	固定资产投资增速（%）	12.70	44
地区生产总值（亿元）	26.63	74.2	进出口总值（亿美元）	0.0030	0.23
地区生产总值年增速（%）	15.4	25.8	#出口总值（亿美元）	0.0030	0.23
第一产业（亿元）	8.64	10.1	实际利用外资（亿美元）	0.0088	0.44
第二产业（亿元）	9.80	40.7	社会消费品零售总额（亿元）	9.89	22.00
第三产业（亿元）	8.20	23.4	居民消费价格指数（%）	99.8	108.6
财政总收入（亿元）	1.44	4.35	人均地区生产总值（元）	5216	14196
金融指标（亿元）	**1999**	**2004**	**金融指标（亿元）**	**1999**	**2004**
金融机构存款余额	15.26	31.63	金融机构贷款余额	11.29	20.10
企业存款	1.87	3.38	短期贷款	10.35	14.79
储蓄存款	12.88	26.12	中长期贷款	0.76	3.46

临邑县主要金融机构负责人

单位名称	行长（或其他称谓的第一负责人）	副行长（或其他称谓的同级领导）
中国人民银行临邑县支行	张树森	许树海　邢增彩
中国银监会临邑县办事处	戚师友	沈建海
中国工商银行临邑县支行	李连峰	杜学亭　韩起强
中国农业银行临邑县支行	吕　杰	纪慧玲　刘绪生
中国银行临邑县支行	王问修	赵学军　姜士强
中国建设银行临邑县支行	张久波	李淑平　郝　雷
临邑农信社	朱国庆	李海贤　鲍明文
人寿保险公司临邑县支公司	崔道林	杨洪清

注：以2004年12月31日在职人员情况为准。

临邑县主要金融机构业务概况

单位：亿元

单位名称	存　款	企业存款	储蓄存款	贷　款	短期贷款	中长期贷　款
中国工商银行临邑县支行	8.83	1.38	6.52	4.02	1.49	2.53
中国农业银行临邑县支行	4.58	0.79	2.93	2.75	1.71	0.64
中国银行临邑县支行	1.64	0.56	0.99	0.23	0.09	0.08
中国建设银行临邑县支行	4.28	0.62	3.44	2.34	0.74	0.21
临邑县农信社	7.54	0	7.34	6.25	6.24	0
临邑县邮政储蓄	4.91	0	4.91	0	0	0

18.2%，提高2.4个百分点。

全年限额以上工业全年完成工业增加值27.44亿元，同比增长56.84%；实现产品销售总收入88.47亿元，增长76.17%；实现利税11.00亿元。

全年实现社会消费品零售总额22.00亿元，同比增长18.3%。全年进出口总额2346万美元，其中，出口2346万美元，增长124%。

全县城镇居民人均可支配收入6272元，增长12%；农村居民人均可支配收入3537元，增长12.3%。

【金融概述】 2004年，临邑县金融运行的基本态势和特点是：

一、各项存款增长放缓。一是企业存款增长乏力，企业资金需求过旺；二是储蓄分流较为明显，城乡储蓄一减一增。

二、贷款投放增加适度，信贷结构趋于优化。全年信贷投放总量、结构与县域经济发展和产业结构基本吻合，并呈现如下特点：一是农业信贷投入不断增加；二是坚持有保有压，大力支持民营经济发展；三是突出重点，加大了对支柱和骨干企业的信贷投入；四是票据融资发展迅速，一定程度上缓解了企业流动资金紧张矛盾。

【各项存款】 2004年，临邑县金融机构各项人民币存款余额31.63亿元，同比增加3.85亿元。

全年企业存款余额3.38亿元，增加0.30亿元，占全县新增存款比例的7.79%，降低了13.19个百分点。

全年居民储蓄存款余额26.12亿元，增加3.12亿元，占全县新增存款比例的81.04%，提高了10.98个百分点。其中，定期储蓄余额19.38亿元，增加2.12亿元；活期储蓄余额6.74亿元，增加1亿元。

【各项贷款】 截至2004年末，临邑县金融机构各项人民币贷款余额20.10亿元，同比增加0.85亿元。其中：农业贷款4.51亿元，增加1.23亿元；工业贷款2.59亿元，增加0.35亿元；商业贷款4.14亿元，减少2.71亿元；个人消费贷款3.03亿元，增加0.53亿元；固定资产投资87.08亿元。

【金融调控】 2004年，临邑县一是坚持按季召开金融运行暨货币信贷政策通报会；二是出台了《金融贯彻执行货币信贷政策评价警示制度》；三是协助政府举办了政银企恳谈会；四是认真做好农信社改革试点资金支持工作，为农信社成功获得专项央行票据3141万元；五是发放支农再贷款，支持农信社改革，壮大支农资金力量。

【金融监管】 2004年，银监局临邑县办事处按照“以新思路、新机制、新举措、开创银行监管工作新局面”的总体要求，树立“管法人、管风险、管内控和提高透明度”的监管理念，健全监管体系，以风险监管为核心内容，以内部控制和法人治理监管为重点，改进和加强现场检查、非现场监管，促进辖区内银行业金融机构稳定健康发展。

【金融改革】 2004年，临邑县农信社按照全省改革试点方案的总体要求和工作部署，开展了明晰产权、完善法人治理结构、改革内部机制、健全内控制度等工作，截至年底，规范原有股金6200万元，增扩募集股金1350万元。与2002年末相比，资本充足率下降了14.43%，不良贷款下降7.7个百分点，并于4月2日顺利获得中央银行专项票据3141万元，12月31日被批准实行统一法人，建立了相互制衡的“三会”制度等，改革取得初步成果。

（何　意　王安国）

齐河县

【经济概况】 2004年，齐河县加快经济结构调整，积极推进各项改革，优化经济发展环境，社会各项事业进一步发展，城乡居民生活水平持续提高，国民经济保持了持续健康发展态势。全年实现地区生产总值67.34亿元，同比增长19.80%；人均地区生产总值11030元；实现财政总收入4.34亿元，其中，地方财政收入3.08亿元，增长32.27%。

全年实现农业增加值14.42亿元，同比增长6%；粮食总产48.10万吨，增长10.09%；林木覆盖率18%，提高1.10个百分点。

齐河县主要经济金融指标

经济指标	1999	2004	经济指标	1999	2004
土地面积（平方公里）	1411	1411	#地方财政收入（亿元）	1.21	3.08
人口（万人）	59.55	61.05	全社会固定资产投资（亿元）	9.50	32.00
#非农业人口（万人）	7.42	9	固定资产投资增速（%）	10.35	23.00

续表

经济指标	1999	2004	经济指标	1999	2004
地区生产总值（亿元）	26.13	67.34	进出口总值（亿美元）	0.15	0.39
地区生产总值年增速（%）	12.20	19.8	#出口总值（亿美元）	0.09	0.23
第一产业（亿元）	22.58	14.42	实际利用外资（亿美元）	0.12	0.33
第二产业（亿元）	4.83	34.26	社会消费品零售总额（亿元）	8.02	16.03
第三产业（亿元）	2.83	18.66	居民消费价格指数（%）	98.56	99.80
财政总收入（亿元）	1.5	4.34	人均地区生产总值（元）	7642	11030
金融指标（亿元）	**1999**	**2004**	**金融指标（亿元）**	**1999**	**2004**
金融机构存款余额	15.58	29.38	金融机构贷款余额	17.01	25.23
企业存款	1.70	4.01	短期贷款	14.74	17.49
储蓄存款	12.96	22.29	中长期贷款	0.81	6.80

齐河县主要金融机构负责人

单位名称	行长（或其他称谓的第一负责人）	副行长（或其他称谓的同级领导）
中国人民银行齐河县支行	侯建省	刘万清　范士俊
中国银监会德州监管分局齐河县办事处	宋修岭	
中国工商银行齐河县支行	方玉林	赵德胜　杨树盛
中国农业银行齐河县支行	彭晓民	王景祥　吕　锋　栾本营
中国银行齐河县支行	朱国强	胡金峰　唐　宇
中国建设行齐河县支行	李旭亮	于长升　杜厚森
齐河县农信社	丁建民	王吉泉　张传东
财产保险公司齐河县支公司	赵　义	段德旺　时　彬　华　平

注：以2004年12月31日在职人员情况为准。

齐河县主要金融机构业务概况

单位：亿元

单位名称	存款	企业存款	储蓄存款	贷款	短期贷款	中长期贷款
中国工商银行齐河县支行	4.93	1.02	2.69	7.55	2.01	5.48
中国农业银行齐河县支行	5.49	1.02	3.62	1.71	1.58	0.13
中国银行齐河县支行	2.51	0.67	1.34	0.92	0.05	0.74
中国建设银行齐河县支行	2.68	0.93	1.67	1.24	0.13	0.36
齐河县农信社	10.02	0.07	8.68	8.75	8.67	0.07
齐河县邮政储蓄	4.28		4.28			

全年完成工业增加值34.26亿元，同比增长30.2%；规模以上工业企业实现产品销售总收入65.32亿元，增长55.70%；实现利税8.60亿元。

全年实现社会消费品零售总额16.03亿元，同比增长21.26%。全年进出口总额3850万美元，其中，出口2260万美元，下降10.5%。

全县城镇居民人均可支配收入6120元，同比增长10%；农村居民人均可支配收入3767元，增长24.41%。

【金融概述】 2004年，人行齐河县支行认真贯彻落实国家的宏观调控各项措施，一是构建了以监测、分析、引导为着力点的新型货币政策传导机制；二是出台了《关于对非公有制经济信贷支持的意见》；三是建立、健全了金融运行分析暨货币信贷政策通报会制度，引导各金融机构积极组织资金，努力优化信贷结构，扩大信贷投放；四是紧紧围绕防化金融风险，支持地方经济发展的中心任务，努力改善金融服务。全县金融运行保持了平稳健康的发展态势，有效地促进了县域经济金融协调健康发展。

【各项存款】 截至2004年末，齐河县金融机构各项存款余额29.38亿元，同比增加3.97亿元，各项外汇存款余额0.01亿美元。其中，企业存款余额4.01亿元，增加0.12亿元；居民储蓄存款余额22.29亿元，增加1.90亿元，占全市新增存款比例的3.37%。其中，定期储蓄余额15.41亿元，增加1.56亿元；活期储蓄余额6.88亿元，增加0.34亿元。

【各项贷款】 截至2004年末，齐河县金融机构各项人民币贷款余额25.23亿元，同比下降0.45亿元，各项外汇贷款余额0.02亿美元，增加0.01亿美元。其中，农业贷款余额7.30亿元，增长1.58亿元；工业贷款余额2.16亿元，下降0.08亿元；商业贷款余额5.17亿元，下降3.61亿元；个人消费贷款余额4.97亿元，增长2.52亿元；固定资产投资0.84亿元，增长0.11亿元；技改贷款0.1亿元，增长0.1亿元；外汇贷款0.02亿元，增长0.01亿元。

【金融调控】 2004年，人行齐河县支行进一步疏通货币政策传导机制，积极搭建政银企沟通平台，畅通货币政策传导渠道，提高货币政策实施效果，充分发挥人行窗口指导作用，管好用好货币政策工具，增强金融机构融资能力，为县域经济发展提供了强有力的金融支持。

【金融监管】 2004年，人行齐河县支行与银监局齐河县办事处相互协调、共同发展，树立“以人为本”监管理念，把金融监管作为重中之重，调整工作思路，进一步提高现场检查和非现场检查工作质量，严格落实金融监管责任制，确保各项监管任务顺利完成，促进金融机构合规稳健发展，努力防范化解金融风险，确保了辖区金融安全。

【金融改革】 2004年，人行齐河县支行全面贯彻国务院关于深化农信社改革试点的指导思想，准确掌握中央银行资金支持方案的实施条件、操作程序、考核内容和组织安排，成立了由“一把手”为组长的专门领导小组，切实做好该县农信社改革试点资金支持工作，有效增强了其融资能力，推动农信社紧紧围绕“稳定、求实、提高”的工作方针，积极改善金融服务措施，为农业、农村、农民提供强有力资金支持和良好的金融服务。

（王逢新　王安国）

平原县

【经济概况】 2004年，平原县国民经济持续稳定增长，经济运行质量和效益不断提高，各项社会事业全面发展，城乡居民生活水平稳步提高。全年实现地区生产总值62.0亿元，同比增长24%。人均地区生产总值13808元。实现财政总收入2.76亿元，增长28.53%，其中，地方财政收入1.79亿元，增长39.4%。

一、农村经济稳步发展。2004年，平原县实现农业增加值10.10亿元，同比增长38.2%；林业增加值0.14亿元，增长115.5%；牧业增加值2.62亿元，增长90.67%；渔业增

平原县主要经济金融指标

经济指标	1999	2004	经济指标	1999	2004
土地面积（平方公里）	1047	1047	#地方财政收入（亿元）	0.96	1.79
人口（万人）	43.76	44.91	全社会固定资产投资（亿元）	10.00	45.00
#非农业人口（万人）	5.61	7.65	固定资产投资增速（%）	88.00	87.50
地区生产总值（亿元）	24.31	62	进出口总值（亿美元）	0.03	0.24
地区生产总值年增速（%）	16.90	24	#出口总值（亿美元）	0.03	0.24

续表

经济指标	1999	2004	经济指标	1999	2004
第一产业（亿元）	8.92	10	实际利用外资（亿美元）	0.07	0.34
第二产业（亿元）	7.46	33.50	社会消费品零售总额（亿元）	7.46	16.51
第三产业（亿元）	6.42	18.50	居民消费价格指数（%）	96.4	118.6
财政总收入（亿元）	1.26	2.76	人均地区生产总值（元）	5600	13808
金融指标（亿元）	**1999**	**2004**	**金融指标（亿元）**	**1999**	**2004**
金融机构存款余额	13.18	34.45	金融机构贷款余额	12.52	31.98
企业存款	1.27	4.03	短期贷款	11.00	23.36
储蓄存款	11.22	26.54	中长期贷款	0.94	5.83

平原县主要金融机构负责人

单位名称	行长（或其他称谓的第一负责人）	副行长（或其他称谓的同级领导）
中国人民银行平原县支行	张若丰	唐吉贵
中国银监会德州监管分局平原县办事处	庞玉军	
中国工商银行平原县支行	孙新国	崔　原　刘惠明
中国农业银行平原县支行	郭家春	李建平　徐　强　刘成功
中国银行平原县支行	赵立章	张　彬
中国建设银行平原县支行	杨江水	董晓华　王清利
平原县农信社	房义来	王庆华　刘洪立
财产保险公司平原县支公司	孙传鲲	姜清华
人寿保险公司平原县支公司	孙　浩	张德良　周淑芳

注：以2004年12月31日在职人员情况为准。

平原县主要金融机构业务概况

单位：亿元

单位名称	存　款	企业存款	储蓄存款	贷　款	短期贷款	中长期贷　款
中国工商银行平原县支行	3.09	0.35	2.11	4.59	3.76	0.83
中国农业银行平原县支行	7.35	1.33	5.10	5.74	3.03	2.01
中国银行平原县支行	3.21	0.98	1.58	3.87	1.18	2.66
中国建设银行平原县支行	2.63	0.74	1.85	2.55	0.29	0.24
平原县农信社	12.92	0.44	11.01	10.89	10.81	0.04
平原县邮政储蓄	4.89		4.89			

加值0.35亿元，下降13.77%；粮食总产量33.05万吨，下降6.74%。棉花产量36.07万吨，增长4.07%；林木覆盖率25.1%，增长6.01%。

二、工业生产效益明显提高。2004年，平原县全县工业增加值24亿元，同比增长36.30%。利税总额9.86亿元，增长31%。其中，规模以上工业企业实现总产值56亿元，增长51.4%；产品销售收入61亿元，增长31%。

三、市场、消费及物价。2004年，平原县实现社会消费品零售总额16.51亿元，同比增长54.2%，其中，国有经济零售总额2.4亿元，个体经济9.9亿元，私营经济2.29亿元，其他经济1.92亿元。全年进出口总额2420万美元，其中，出口0.24亿美元，增长37%。

四、城乡居民收入水平进一步提高。2004年，平原县城镇居民人均可支配收入7294元，增长9.11%；农村居民人均可支配收入3400元，增长12.2%。

【金融概述】 2004年，平原县金融机构认真贯彻执行稳健的货币政策，不断深化金融改革，努力改善金融服务，保持了全县金融业平稳有序进行，有利促进了地方经济的全面发展。

【各项存款】 2004年，平原县各项存款余额34.45亿元，同比增长5.61亿元；各项外汇存款余额0.01亿美元。其中，企业存款余额4.03亿元，增加1亿元，占全市新增存款的20.36%，提高了19.14个百分点；居民储蓄存款余额26.54亿元，增加4.23亿元，占全市新增存款比例的13.32%，提高7.13个百分点。其中，定期储蓄余额20.41亿元，增加3.73亿元；活期储蓄余额6.13亿元，增加0.50亿元。

【各项贷款】 2004年，平原县金融机构各项贷款余额31.98亿元，同比增加7.06亿元。其中，农业贷款余额7.68亿元，增加2.27亿元；工业贷款余额4.61亿元，下降0.10亿元；商业贷款余额4.61亿元，下降0.76亿元；个人消费贷款1.44亿元，增长0.25亿元；固定资产投资4.09亿元，增长4.02亿元；技改贷款余额0.11亿元，下降0.02亿元。

【金融调控】 2004年，人行平原县支行通过灵活运用各种货币政策工具、规范货币信贷监测制度、加强窗口指导等手段，积极引导金融机构不断加大信贷投放力度，促进产业结构调整，有力支持了地方经济持续、健康发展。

【金融监管】 2004年，银监局平原县办事处加强和完善对农信社的风险监管措施，把防范和化解农信社风险作为工作重点，强化金融监管，完善监管手段，推进农信社改革试点工作。同时，进一步加强对辖内各金融机构的监督管理，全面掌握辖内各金融机构不良资产水平、财务状况、内部控制及高级管理人员等方面的情况，有效防范了金融风险，保证了地方金融稳定，促进了金融机构各项业务的长效发展。

【金融改革】 2004年9月，平原县农信社顺利获得专项中央银行票据8375万元，用以置换其不良贷款。截至年底，平原县农信社不良贷款占比由年初的31.05%下降到18.72%，下降了12.33个百分点，资本充足率达到了7.97%，较年初提高了13.40个百分点，大大提高了抵御风险的能力。

（梁桂华　王安国）

夏津县

【经济概况】 2004年，夏津县实现地区生产总值45.15亿元，同比增长22.3 %；人均地区生产总值9252元。实现财政总收入1.78亿元，下降5.23%，其中，地方财政收入1.081亿元，下降14.1%。

全年实现农业增加值7.74亿元，同比增长0.9%。其中，粮食总产16.22万吨，下降9.9%。林木覆盖率23.6%，提高2.8个百分点。

全年完成工业增加值23.77亿元，同比增长42.7%。规模以上工业企业实现产品销售总收入62.35亿元，增长

夏津县主要经济金融指标

经济指标	1999	2004	经济指标	1999	2004
土地面积（平方公里）	882	882	#地方财政收入（亿元）	0.67	1.081
人口（万人）	47.6	48.8	全社会固定资产投资（亿元）	7.10	49.1
#非农业人口（万人）	4.8	13.5	固定资产投资增速（%）	155.9	60.0
地区生产总值（亿元）	20.01	45.15	进出口总值（亿美元）	0.01	0.04
地区生产总值年增速（%）	12.8	22.3	#出口总值（亿美元）	0.01	0.04

续表

经济指标	1999	2004	经济指标	1999	2004
第一产业（亿元）	6.90	6.50	实际利用外资（亿美元）		
第二产业（亿元）	6.61	14.1	社会消费品零售总额（亿元）	7.49	15.9
第三产业（亿元）	6.50	17.8	居民消费价格指数（%）		
财政总收入（亿元）	0.92	1.78	人均地区生产总值（元）	4204	9252
金融指标（亿元）	1999	2004	金融指标（亿元）	1999	2004
金融机构存款余额	13.44	24.31	金融机构贷款余额	15.46	21.40
企业存款	0.91	1.48	短期贷款	14.70	17.26
储蓄存款	125.19	20.67	中长期贷款	0.40	3.09

夏津县主要金融机构负责人

单位名称	行长（或其他称谓的第一负责人）	副行长（或其他称谓的同级领导）
中国人民银行夏津县支行	吴延广	张如宝　宋明军
中国银监会德州监管分局夏津县办事处	王学双	
中国工商银行夏津县支行	王　宁	滕振国　田金霞
中国农业银行夏津县支行	张　鹏	孙连耕　王　勇
中国银行夏津县支行	许红梅	任松岭　王德贵
中国建设银行夏津县支行	倪福田	张桂芹
夏津县农信社	孙德奎	徐宗申　李文星　李桂芳
中国财产保险公司夏津县支公司	侯　波	安周军　唐保奎　潘　东　潘修建　潭　兵
中国人寿保险公司夏津县支公司	齐金升	迟贵才　范仲才

注：以2004年12月31日在职人员情况为准。

夏津县主要金融机构业务概况

单位：亿元

单位名称	存　款	企业存款	储蓄存款	贷　款	短期贷款	中长期贷　款
中国工商银行夏津县支行	2.02	0.16	1.60	3.32	1.90	1.41
中国农业银行夏津县支行	5.52	0.50	4.58	1.90	1.45	0.40
中国银行夏津县支行	2.28	0.30	1.28	2.67	1.72	0.90
中国建设银行夏津县支行	2.27	0.39	1.50	1.54	0.26	0.35
夏津县农信社	6.93	0.01	6.54	6.72	6.71	
夏津县邮政储蓄	5.17		5.17			

71.29%；实现利税 7.44 亿元。

全年实现社会消费品零售总额 15.9 亿元，同比增长 19%。全年出口总额 359 万美元，增长 105.1%。

全县城镇居民人均可支配收入 4832 元，增长 10.1%；农村居民人均可支配收入 3458 元，增长 9.8%。

【金融概述】 2004 年，夏津县金融运行良好，国家宏观经济政策调控措施效果明显。一是各项存款大幅增加，居民储蓄逐渐倾向于稳定，长期储蓄存款占比增加；二是信贷投入稳中有增，贷款主要支持地方以农产品加工为主的龙头和民营企业，以及农业基础产业；三是信贷结构不断优化，不良贷款占比明显下降，地方金融机构经营效果与地方社会经济效益实现双赢。

【各项存款】 2004 年，夏津县各项人民币存款余额 24.31 亿元，同比增加 3.14 亿元，多增 0.74 亿元。其中，企业存款余额 1.48 亿元，减少 0.52 亿元；居民储蓄存款余额 20.67 亿元，增加 3.34 亿元，占全县新增存款比例 106.2%，提高了 39.9 个百分点。其中，定期储蓄余额 11.67 亿元，增加 1.4 亿元；活期储蓄余额 8.99 亿元，增加 1.93 亿元。各项外汇存款余额 85 万美元。

【各项贷款】 2004 年，夏津县各项贷款余额 21.4 亿元，同比增加 2.82 亿元（剔除夏津县农行上划市行统一管理不良贷款 4.66 亿元），少增 1.07 亿元。其中，农业贷款 5.69 亿元，增加 0.68 亿元；工业贷款 2.34 亿元，增加 0.2 亿元；商业贷款 7.01 亿元，减少 2.85 亿元；个人消费贷款 2.24 亿元，增加 1.08 亿元；中长期基本建设及其他贷款 0.75 亿元；票据融资（贴现）1.04 亿元，减少 0.58 亿元。

【金融调控】 2004 年，夏津县一是制定实施了辖区金融货币信贷政策实施指导意见；二是及时做好国家利率政策的传导和监督执行，定期召开金融联席会议；三是分析和预测信贷投量、投向变化，按照国家宏观调控政策，通过调整金融机构信贷投向，引导产业结构的调整和优化；四是对农信社资金支持改革票据置换操作进行督促、检查、指导；五是对支农再贷款的发放、使用和管理进行监督指导和检查，保证合规使用；六是定期对以棉花、面粉加工深加工为龙头的县域经济情况进行调研；七是积极做好外汇管理工作，寓服务于管理，促进外向型企业发展。

【金融监管】 2004 年，银监局夏津县办事处依法监管，采取了一系列监管措施：一是召开金融机构负责人联席会议制度，传达上级监管部门会议精神，明确监管指导思想；二是加强对农信社和农发行高级人员的考核；三是完成了对该县农信社专项中央银行票据发行申请相关材料的审核上报工作和联社一级法人改革工作；四是督促该县农信社做好贷款风险五级分类和大额贷款的"双降"工作；五是做好非现场监管工作。

【金融改革】 2004 年，人行夏津县支行按上级行要求成立了"农信社改革试点资金支持与考核工作组"，对信用社、银监组送审的增资扩股计划、法人结构治理措施、降低不良贷款计划等材料严格把关审核，4 月 25 日完成上报农信社票据置换申请。6 月 3 日，与农信社签署了"农信社改革试点专项中央银行票据协议书"，按照协议书中规定对农信社有关业务进行指导、检查、监督、考核。

（高洪波　王安国）

武城县

【经济概况】 2004 年，武城县经济继续保持较快的发展速度，社会事业全面进步，国民经济综合实力不断增强。全县实现地区生产总值 46.99 亿元，同比增长 19.8%；人均地区生产总值 1.26 万元。实现财政总收入 2.3 亿元，其中，地方财政收入 1.84 亿元，增长 31.1%。

全年实现农业增加值 8.42 亿元，同比增长 12.8%；其中，粮食总产 21.4 万吨，增长 16.56%。林木覆盖率 10.1%，提高 0.9 个百分点。

全年完成工业增加值22.66亿元，同比增长18.7%。规

武城县主要经济金融指标

经济指标	1999	2004	经济指标	1999	2004
土地面积（平方公里）	751	751	#地方财政收入（亿元）	0.86	1.84
人口（万人）	36.5	37.2	全社会固定资产投资（亿元）	6.58	31.78
#非农业人口（万人）	4.96	6.35	固定资产投资增速（%）	66.1	44.6
地区生产总值（亿元）	25.07	46.99	进出口总值（亿美元）		0.12

续表

经济指标	1999	2004	经济指标	1999	2004
地区生产总值年增速（%）	16.9	19.8	#出口总值（亿美元）		0.12
第一产业（亿元）	6.01	8.42	实际利用外资（亿美元）	0.05	0.21
第二产业（亿元）	12.66	25.78	社会消费品零售总额（亿元）	6.3	14.76
第三产业（亿元）	6.40	12.79	居民消费价格指数（%）	95.8	103.7
财政总收入（亿元）	1.26	2.3	人均地区生产总值（元）	6868	12628
金融指标（亿元）	**1999**	**2004**	**金融指标（亿元）**	**1999**	**2004**
金融机构存款余额	15.05	27.36	金融机构贷款余额	15.09	25.16
企业存款	0.86	3.91	短期贷款	14.18	20.48
储蓄存款	13.75	21.79	中长期贷款	0.58	2.28

武城县主要金融机构负责人

单位名称	行长（或基他称调的第一负责人）	副行长（或其他称调的同级领导）
中国人民银行武城县支行	陈光珍	林红霞　张国德　徐芳庭
中国银监会德州监管分局武城县办事处	王立文	
中国工商银行武城县支行	周智勇	谢玉萍　陈锋堂
中国农业银行武城县支行	于爱民	王华伟　张继强　李书军
中国银行武城县支行	潘　强	徐新峰　张传涛
中国建设银行武城县支行	孙敬民	程洪斌
武城县农信社	辛玉玺　董志国	张子龙　方化臣　王朝宏
人寿保险公司武城县支公司	刘文栋	陈　敏　夏培军
财产保险公司武城县支公司	耿兆荣	李宝东　都钧明　任风珍

注：以2004年12月31日在职人员情况为准。

武城县主要金融机构业务概况

单位：亿元

单位名称	存　款	企业存款	储蓄存款	贷　款	短期贷款	中长期贷　款
中国工商银行武城县支行	2.98	0.42	2.24	3.78	2.15	1.30
中国农业银行武城县支行	5.03	1.41	3.36	2.21	1.81	0.27
中国银行武城县支行	2.10	0.29	1.17	1.43	0.75	0.55
中国建设银行武城县支行	2.72	0.52	1.80	2.35	0.47	0.08
武城县农信社	9.41	1.21	8.13	10.50	10.49	0.01
武城县邮政储蓄	5.08		5.08			

模以上工业企业实现产品销售总收入 54.6 亿元，增长 57.3%；实现利税 7.59 亿元，增长 63.3%。

全年实现社会消费品零售总额 14.76 亿元，同比增长 17.5%。全年进出口总额 1200 万美元，其中，出口 0.12 亿美元，增长 121.3%。

全县城镇居民人均可支配收入 5981 元，增长 11.3%；农村居民人均可支配收入 3380 元，增长 12.5%。

【金融概述】 2004 年，武城县金融系统认真贯彻落实各项货币信贷政策，努力疏通货币政策传导渠道，改善金融服务，优化信用环境，金融健康平稳运行，存、贷款业务均有较大幅度的增长，有利地支持了当地经济的快速健康发展。

【各项存款】 截至 2004 年末，武城县金融机构各项人民币存款余额 27.36 亿元，同比增加 1.67 亿元；各项外汇存款余额 0.01 亿美元，增加 0.001 亿美元。其中，企业存款余额 3.91 亿元，增加 0.84 亿元，占全县新增存款比例的 17.1%，降低了 16.5 个百分点；居民储蓄存款余额 21.79 亿元，增加 0.69 亿元，占全市新增存款比例的 2.2%，降低了 4.9 个百分点。其中，定期储蓄余额 15.34 亿元，增加 0.41 亿元；活期储蓄余额 6.44 亿元，增加 0.28 亿元。

【各项贷款】 2004 年，武城县金融机构各项贷款余额 25.16 亿元，同比增加 2.89 亿元。其中，农业贷款余额 9.53 亿元，增加 3.33 亿元；工业贷款余额 2.54 亿元，增加 0.55 亿元；商业贷款余额 5.82 亿元，减少 2.40 亿元；个人消费贷款余额 1.14 亿元，增加 0.14 亿元；固定资产投资余额 0.86 亿元，增加 0.24 亿元；技改贷款余额 0.30 亿元，增加 0.30 亿元。

【金融调控】 2004 年，人行武城县支行按照“提高金融宏观调控的科学性、前瞻性、有效性”的工作思路，积极贯彻落实各项调控措施，保持货币信贷合理稳定适度增长，推动信贷结构的进一步调整。一是印发了人行办公厅《关于做好当前春耕、备耕农资资金供应相关金融服务工作的通知》，要求农行和农发行等金融机构制定有力措施，采取多种有效方式，积极支持农民春耕、备耕，不误农时；二是印发了《关于进一步加强产业政策和信贷政策协调配合控制信贷风险有关问题的通知》，要求各金融机构按照国家产业政策要求，着力调整信贷结构，防止盲目投资和低水平重复建设，并采取切实有效措施保全信贷资产安全；三是上调金融机构存贷款基准利率，放开金融机构（城乡信用社除外）人民币贷款利率上限并允许人民币存款利率下浮。

【金融监管】 2004 年，银监局武城县办事处按照上级监管局的统一安排，重点加强了对金融机构经营风险监管和对金融机构、人员的监管，促进了金融机构内控制度的进一步完善和高管人员知识结构、年龄结构的进一步优化，保证了全县金融秩序的稳定。

【金融改革】 2004 年，在各级政府和人行的领导下，武城县农信社改革试点工作稳步进行，法人治理结构进一步完善，内控制度进一步健全，不断加大增资扩股力度，继续做好不良贷款清收工作，资本充足率稳步提高，各项改革措施正在逐步落实到位。6 月，武城县农信社获得中央银行专项票据 5357 万元。

（刘玉明　王安国）

聊城市

【经济概况】 2004 年，聊城市国民经济持续快速健康发展，综合实力迈上新台阶。全市实现地区生产总值 572.69 亿元，同比增长 17.04%，为 1996 年以来最高增速。其中，第一产业实现增加值 116.32 亿元，增长 5.9%；第二产业实现增加值 314.56 亿元，增长 24.3%；第三产业实现增加值 141.81 亿元，增长 14.2%；人均生产总值 10134 元，增长 16.5%。三次产业比重由上年的 22.1:50.3:27.6 转变为 20.3:54.9:24.8，第二产业比重提高了 4.6 个百分点。实现财政总收入 45.40 亿元，增长 23.8%，其中，地方财政收入 22.43 亿元，增长 23.3%。

一、农业生产稳步发展。聊城市全年实现农林牧渔业总产值 208.58 亿元，同比增长 5.8%。全市粮食总产量 327.2 万吨，增长 11.9%，扭转了 2000 年以来下降的局面；棉花、油料、水果和蔬菜总产分别为 10.8、20.2、51.6 和 1020.5 万吨，分别增长 55.8%、-11.6%、27.5%和 3.8%；肉、蛋、奶和水产品总产 52.52、32.56、3.98 和 5.87 万吨，分别增长 12.4%、11.5%、128.7%和 11.6%；造林面积 34.75 万亩，林木覆盖率达到 20.7%，同比提高 0.1 个百分点；农用机械总动力 911.3 万千瓦，增长 2.2%。

二、工业生产快速增长。聊城市全年完成工业增加值 266.94 亿元，同比增长 23.4%。548 家规模以上企业完成工业增加值 212.13 亿元，增长 29.9%。其中，国有及国有控股工业企业完成增加值 100.57 亿元，增长 17%；集体工业企

聊城市经济主要统计指标

指 标	1999	2000	2001	2002	2003	2004
土地面积（平方公里）	8590	8715	8715	8715	8715	8715
人口（万人）	553.88	553.58	557.52	561.31	563.76	566.50
#非农业人口（万人）	86.12	94.31	106.21	112.64	135.79	139.92
地区生产总值（亿元）	253.65	280.83	318	375.50	454.05	572.69
地区生产总值增速（%）	11.2	12.1	12	14.2	16.4	17
第一产业（亿元）	88.35	91.36	93.7	96.11	100.50	116.32
第二产业（亿元）	102.11	116.98	138.3	172.92	228.45	314.56
#工业（亿元）	87.47	100.84	118	148.22	125.10	125.10
#建筑业（亿元）	14.64	16.14	20.3	24.70	33.12	12.88
第三产业（亿元）	63.19	72.49	86	106.47	125.10	141.81
地区生产总值构成（%）	100	100	100	100	100	100
第一产业	34.83	32.53	29.47	25.6	22.1	20.3
第二产业	40.26	41.66	43.49	46.1	50.3	54.9
第三产业	24.91	25.81	27.04	28.3	27.6	24.8
财政总收入（亿元）	17.41	19.70	26.36	28.91	33.27	45.40
#地方财政收入（亿元）	10.99	12.43	17.41	16.66	20.24	22.43
全社会固定资产投资（亿元）	62.98	76.20	102	140.42	200.93	267.38
#基本建设（亿元）	25.29	22.16	29.74	42.28	111.84	174.63
#更新改造（亿元）	8.24	12.34	11.38	11.88	23.93	23.51
#房地产开发（亿元）	1.65	3.87	7.3	15.70	22.65	25.13
固定资产投资增速（%）	12.9	20.99	18.3	35.8	43.1	33.1
进出口总值（亿美元）	0.79	1.41	1.72	1.95	3.86	5.24
#出口总值（亿美元）	0.62	0.91	1.26	1.40	2.32	3.64
实际利用外资（亿美元）	0.22	0.25	0.37	0.60	1.22	1.68
社会消费品零售总额（亿元）	46.33	50.50	56.66	64.08	101.09	127.32
居民消费价格指数（%）	98.5	97.8	100.6	99.7	100.4	101.7
城镇居民家庭人均年收入（元）	4491	5614	8020	8971	9841	10919
农民家庭人均年收入（元）	2105	2222	2353	2503	2678	3066
人均地区生产总值（元）	4592	5072	5136	6690	8054	10134

聊城市金融主要统计指标

指标（亿元）	1999	2000	2001	2002	2003	2004
金融机构存款余额	224.51	248.33	286.69	337.96	410.49	462.42
（一）企业存款	43.15	40.01	44.03	58.86	68.43	71.55
（二）储蓄存款	178.33	197.09	223.82	249.86	285.56	320.70
#定期储蓄存款	148.25	159.25	179.35	193.41	216.41	241.76
#活期储蓄存款	30.08	37.84	44.47	56.45	69.15	78.94
金融机构贷款余额	188.77	200.60	228.49	272.55	332.42	374.02
（一）短期贷款	166.21	176.25	195.39	220.44	249.44	275.74
#工业贷款	28.91	28.00	32.36	41.09	50.38	62.52
#商业贷款	69.23	62.54	62.58	63.60	60.93	58.83
#农业贷款	28.00	35.94	45.34	54.06	66.36	77.94
（二）中长期贷款	17.22	15.77	22.20	35.86	51.63	68.60
#基本建设贷款	2.96	2.92	3.91	13.54	17.10	23.63
#技术改造贷款	7.83	7.29	8.98	1.34	1.17	1.33
现金收入	697.84	852.96	957.68	1099.12	1333.76	1604.97
现金支出	703.72	853.95	959.42	1106.86	1343.33	1614.58
现金投放（+）回笼（-）	5.88	0.99	1.56	7.75	9.57	18.69
当年结益	-7.11	-8.03	-4.44	-2.61	0.11	2.94

聊城市主要金融机构负责人

单位名称	行长（或其他称谓的第一负责人）	副行长（或其他称谓的同级领导）
中国人民银行聊城市中心支行	徐小林（行长）	李继全　王武声　姚　东　彭江波　崔长夫
中国银监会聊城监管分局	于树明（局长）	邱玉祥
中国工商银行聊城市分行	徐光林（行长）	郭　义　皮桂亭　贾光祥　王德水　刘家民
中国农业银行聊城市分行	王旭光（行长）	韩文英　司　锋　侯志华
中国银行聊城市分行	李进生（行长）	路忠义　许兰梅　周生显
中国建设银行聊城市分行	刘春龙（行长）	王力强　郭　胜　魏相军　林　静　朱　青
中国农业发展聊城市分行	马兆华（行长）	周　强　王志敏
华夏银行聊城支行	秦俊梅（行长）	卢友胜　张洪贞　薛炳珠　卢武成

续表

单位名称	行长（或其他称谓的第一负责人）	副行长（或其他称谓的同级领导）
聊城市邮政储汇局	汪文旗	汪文彬
农信社聊城市办事处	张明星（主任）	陈东升　陈志刚　林超美
中国人寿保险有限责任公司聊城市分公司	徐正毅（经理）	郝晓忠　吴法太　张志强
中国人民保险公司聊城市分公司	杜亚军（经理）	孟庆去　李秋诗　石　岗
太平洋保险人寿公司聊城市分公司	武书存（经理）	王　勇
太平洋保险财产公司聊城市分公司	杨刚岳（经理）	王朝伦　刘永考
天同证券聊城分部	胡增永（经理）	

聊城市主要金融机构业务概况

单位：亿元

单位名称	存　款	企业存款	储蓄存款	贷　款	短期贷款	中长期贷　款
中国工商银行聊城市分行	64.28	13.65	39.55	64.07	31.15	31.47
中国农业银行聊城市分行	66.61	12.56	47.78	50.36	32.74	9.74
中国银行聊城市分行	41.33	11.37	19.36	29.89	20.95	7.19
中国建设银行聊城市分行	53.94	17.41	27.17	43.86	16.73	13.71
中国农业发展聊城市分行	0.63	0.63		43.63	43.63	0
华夏银行聊城支行	25.97	9.60	6.54	15.73	12.30	3.08
聊城市邮政储汇局	61.46		61.46			
农信社聊城市办事处	144.57	5.35	117.53	124.90	118.24	3.41

聊城市各县级区域经济金融主要统计指标

名称	人口（万人）	面积（平方公里）	地区生产总值（亿元）	地区生产总值增速（%）	存款（亿元）	储蓄存款（亿元）	贷款（亿元）
东昌府区	101.2	1254	89.14	14.1	164.36	98.90	146.71
临清市	72	960	70.4	19	63.53	49.31	45.45
高唐县	47.45	949	83.43	20.3	42.89	25.57	34.37
茌平县	57.2	1117	54	24	40.9	26.14	37.46
阳谷县	75.49	1064	60.51	17.2	49.11	39.25	37.47
东阿县	41.79	787	36.01	17.2	30.43	20.58	23.28
莘　县	96.44	1387	65.53	17.2	34.33	31.29	22.85
冠　县	76.68	1161	49.51	18.5	33.57	28.46	25.19

业完成增加值8.22亿元，增长25.7%；股份制工业企业完成增加值147.68亿元，增长29.5%；外商及港澳台投资工业企业完成增加值21.62亿元，增长25.3%。轻工业和重工业完成增加值88.53亿元和123.60亿元，分别增长31.9%和27.1%。

工业经济效益显著提高。全市规模以上工业企业实现产品销售总收入692.75亿元，同比增长49.9%；实现利税69.84亿元，增长49.7%；实现利润42.99亿元，增长44.5%；工业经济效益综合指数为178.77%，同比提高24个百分点。

三、消费品市场日趋活跃。聊城市全年实现社会消费品零售总额127.32亿元，同比增长15.3%，增速提高0.45个百分点。分行业看，批发零售贸易业零售额104.74亿元，增长15.9%；餐饮业零售额16.10亿元，增长11.6%；其他行业零售额6.48亿元，增长14.8%。分所有制零售额来看，国有及国有控股单位零售额26.62亿元，个体经济零售额73.54亿元，私营经济零售额9.17亿元，分别增长19.0%、10.0%和2.2%。

四、固定资产投资增幅回落，但仍保持较快增长。聊城市全年社会固定资产投资267.38亿元，同比增长33.1%，增速下降了10个百分点，固定资产投资率46.7%，提高2.5个百分点。固定资产投资额超过亿元的建设项目有64个，完成投资80.79亿元；聊城鲁能热电有限公司2×300M扩建工程、茌平县信发铝电奥申电解铝项目都在顺利建设中。在50万元以上项目完成投资额中，基本建设投资174.63亿元，更新改造投资23.51亿元，房地产开发投资25.13亿元，其他投资28.61亿元；分别占全社会固定资产投资比重的65.3%、8.8%、9.4%和10.7%。宏观调控政策成效明显，投资结构进一步改善。从产业投向看，全市第一产业完成投资1.63亿元，与上年持平，占投资总额的0.7%；第二产业投资185.93亿元，增长55.3%；第三产业投资64.32亿元，下降1.3%，占投资总额的25.5%。

房地产开发产销两旺。全市房地产开发完成投资25.13亿元，同比增长11.0%。全年商品房现房销售面积99.2万平方米，增长32.9%；销售收入11.35亿元，增长20.6%。在商品房销售中，个人购房面积的比重高达95.9%。

五、对外贸易不断扩大，利用外资迅速增加。2004年，聊城市全年实现进出口总额5.24亿美元，同比增长35.8%。外贸依存度为7.58%，提高0.55个百分点。其中，进口额1.60亿美元，增长4.4%；出口额3.64亿美元，增长56.5%。在出口商品中，初级产品出口额2.33亿美元，增长38.4%，工业制成品出口额1.31亿美元，增长104.2%。利用外资工作取得新的进展。全年全市新签订利用外资合同63个，合同利用外资1.95亿美元，增长60.1%；实际利用外资1.68亿美元，增长51.4%。

六、城乡居民生活。2004年，聊城市全年在岗职工工资总额36.74亿元，增长11.4%；在岗职工平均工资10919元，增长11%；城市居民人均可支配收入7665元，增长12.7%；人均消费支出4460.9元，增长11.13%。农村居民人均纯收入为3066元，增长14.5%；人均消费性支出1711元，增长9.6%。城市恩格尔系数为39.1%，农村恩格尔系数为36.34%，分别减少4.4和0.9个百分点。

【金融概况】 2004年，聊城市金融系统认真贯彻执行稳健的货币信贷政策，金融运行态势总体平稳，各项存款增势减缓，贷款投放适度，信贷结构进一步优化，为支持地方经济的持续快速健康发展做出了突出贡献。

【存款概况】 截至2004年末，聊城市金融机构各项人民币存款余额459.04亿元，同比增加48.14亿元，少增24.39亿元，余额增长11.83%，下降9.63个百分点。各项外汇存款余额0.41亿美元，增加0.16亿元。

一、企业存款增长乏力。截至年末，聊城市企业存款余额70.57亿元，比年初增加1.6亿元，占全市新增存款比例的3.3%，新增占比较去年降低了10.2个百分点。全年企业存款同比增速有8个月出现负增长；企业存款增长缓慢的主要原因与信贷投放减缓、原材料涨价、企业投资增长、流动资金长期紧张等因素密切相关。

二、储蓄存款增长缓慢，稳定性有所增强。截至年末，聊城市人民币储蓄存款余额319.38亿元，比年初增加33.41亿元，同比少增2.29亿元，余额增长11.85%，下降2.43个百分点。其中，定期储蓄余额240.58亿元，增加23.90亿元；活期储蓄余额78.81亿元，增加9.51亿元。

【贷款概况】 截至2004年末，聊城市金融机构各项人民币贷款余额372.44亿元，比年初增加45.54亿元，增长13.93%，同比少增14.22亿元，下降8.02个百分点；各项外汇贷款余额0.19亿美元，较年初减少0.06亿美元。

一、农业贷款。全市农业贷款余额77.94亿元，占贷款总量的21%，比年初增加12.91亿元，增量略高于去年。

二、工业贷款。全市工业贷款余额62.52亿元，占贷款总量的17%，比年初增加12.7亿元，同比多增3.39亿元。

三、商业贷款。全市商业贷款特别是农副产品收购贷款持续下滑，年末余额58.83亿元，占贷款总量的16%，比年初减少1.56亿元。

四、个人消费贷款。全市个人消费贷款余额32.4亿元，比年初增加7.96亿元，少增1.83亿元。

五、固定资产投资。全市固定资产投资贷款余额23.63亿元，比年初增加6.04亿元，多增2.48亿元。

六、技改贷款。全市技术改造贷款余额1.33亿元，比年初仅增0.31亿元。

七、外汇贷款。全市外汇贷款余额1904万美元，比年初增加569万美元，其中，短期贷款余额387万美元，中长期贷款余额103万美元。

聊城市金融机构积极开展业务创新，拓宽企业融资渠道，全年累计办理商业汇票131.43亿元，同比增加20.08亿元，办理贴现86.73亿元，增加2.83亿元。

聊城市各商业银行在防范风险的前提下，为提高市场占有率，采取多种方式支持企业发展，全年累计办理国际信用证1.24亿美元，办理国内信用证、保理、保函业务7.22亿元。

【现金投放和回笼】 2004年，聊城市累计现金收入1604.97亿元，同比增加271.21亿元，增长20.33％；现金支出1614.58亿元，增加271.25亿元，增长20.19％；收支相抵净投放现金9.61亿元，同比基本持平。从项目看，现金投放和回笼的主渠道是储蓄存款，收入累计1179.53亿元，占比73％；支出累计1213.60亿元，占比75.2％。

【外汇管理】 2004年，外管局聊城市中心支局坚持管理与服务并重，各项工作取得了显著成绩，促进了全市经济特别是外向型经济持续快速健康发展。截至年末，实现外汇收入4亿美元，同比增长71.44％；外汇支出1.33亿美元，增长4.68％，外汇收支顺差2.67亿美元。各外汇指定银行累计结汇3.68亿美元，增长52.53％；累计售汇1.07亿美元，下降2.1％；结售汇顺差2.61亿美元。海关统计累计出口3.64亿美元，增长56.5％；进口1.60亿美元，增长4.4％，顺差2.04亿美元。贸易项下结售汇顺差比进出口顺差多4448万美元。全市新登记外商投资企业38家，合同利用外资新增1.48亿美元，实际利用外资新增3564万美元，外债总余额3867万美元。

2004年，外管局聊城中支从五个方面加强外汇管理：一是强化内控制度建设，提高了内部管理水平；二是以清理逾期为重点，规范了进出口核销工作；三是积极推动工作创新，提升了整体工作水平；四是加大监督力度，维护了正常的外汇市场秩序；五是完善工作机制，提高了外汇信息水平。

【货币政策实施】 2004年，人行聊城市中心支行通过探索贯彻货币政策监测、分析、引导的新方式方法，引导政府、企业和金融机构进行结构调整和市场化融资，提高了货币信贷政策传导效能，实现了调控与发展的双赢。

一、完善以监测分析为重点的反馈机制，促进了经济结构与信贷结构的互动调整。2004年，人行聊城市中支一是加强了对全市主导产业、重点企业和龙头产品的监测，提高了对经济运行的反馈能力。对全市列入山东省重点工业的10户大型企业集团建立了全面的景气监测、投资增长、资金来源、原材料及产成品价格变动和贷款风险状况的监测体系，并按月度和季度分析汇总；对机械、医药、造纸、农副产品加工等主导重点产业链，建立了信贷资源监测模型；组织开展了全市工业企业资金状况的调研，解决了长期定性分析、缺乏定量支持的问题，受到市委市政府主要领导的好评，被上级行专报总行；二是加强了宏观分析和深度调研，提高了对科学决策的服务能力。建立了行内经济金融运行分析例会制度和季度货币信贷运行分析行长联席会议制度，分析汇总货币信贷、调查统计、外汇管理、国库收支、反假币、反洗钱以及金融机构的业务数据信息，编制月度综合业务分析汇编和季度经济金融形势分析报告，判断货币供应与区域经济发展的适应程度及经济金融运行趋势，提出有针对性的货币信贷政策操作建议，得到了地方党政领导的高度重视和好评。

二、搭建市场化引导平台，有效缓解了宏观调控形势下重点企业的融资困境。2004年，人行聊城市中支一是建立制度化的银企合作平台，积极支持符合国家产业政策和信贷政策的项目和企业。协助有关部门将筛选的152个项目印制成册，刻成光盘，召开新闻发布会，向金融机构和社会各界进行广泛推介；依托信贷登记咨询系统网络，建立了重点项目、企业信用等级、逃废金融债务企业名单等三个发布平台，与市经贸委联合对2004年全市新上和续建的160个项目进行了网上推介，曝光逃废金融债务企业20个；二是加大对重点企业和产业的推介力度，有效吸纳辖内外信贷资源。积极配合上级行和市政府成功举办了“2004诚信聊城银企合作发展座谈会”，组织全市200多家参会企业与参加座谈的17家驻鲁金融机构进行了广泛的交流，银企之间达成了107个贷款意向，签约贷款金额118亿元，年底已到位资金35亿元；与市经委联合组织了对驻济南股份制商业银行的回访；与莘县、高唐县等政府联合召开了“银企合作恳谈会”，将沟通政策、分析形势、资金运作等融入项目推介活动，丰富了银企合作的人性化内涵；邀请华夏银行、恒丰银行向全市骨干企业推介金融产品，多形式促进银企信息沟通。截至年末，辖外股份制商业银行对辖内企业贷款余额66.3亿元，较年初增加8.7亿元，占新增贷款总额的19％；累计办理票据承兑76.4亿元，占总额的62.1％，为地方经济在宏观调控的背景下加快发展提供了机遇。

三、创新窗口指导的方式方法，促进了国家产业和货币信贷政策与辖区经济发展的融合。2004年，人行聊城市中支制定了银企对接工作指引、货币信贷指导意见以及金融支持县域、民营经济发展的指导意见。对当年全市新建和续建项目进行了认真清理，落实好有保有压的宏观调控意图。将市计委提报的341个新建和续建项目印发给各金融机构，提出了清理的标准和四条原则，共筛选出符合产业政策和信贷政策的项目152个，限制发展的项目189个，得到市委、市政府的充分认可，从投资源头上控制了低水平重复建设项目开工。积极推动中小企业信用担保体系建设，向市政府提报了

《关于建立和完善聊城市中小企业信用担保体系的意见》，市政府以文件的形式批转到各县、市执行。积极推动下岗失业人员小额担保贷款、国家助学贷款的发放，加大了对弱势群体的支持力度。截至年末，全市担保机构注册资本达5848.4万元，为500多名下岗失业人员发放小额贷款113.5万元，小额担保贷款2.07亿元；发放助学贷款余额达438万元，救助困难大学生2160名，地方财政贴息助学贷款余额达361万元。

四、灵活运用货币政策工具，促进经济金融协调发展。2004年，人行聊城市中支一是运用贴息政策，积极支持民族用品工业发展，全市有17户企业获得民族用品贴息贷款政策支持，占全省贴息贷款企业总数的37%，涉及贴息贷款金额97亿元；二是运用支农再贷款，加大了对“三农”的支持力度。全年累计发放支农再贷款金额12.9亿元，引导农信社累计投放农业贷款113.8亿元，重点支持高效、特色、科技、生态农业，既支持了农村产业结构调整，又改善了农信社的经营状况，壮大了其资金实力。截至年末，农信社不良贷款占比较年初下降5.6个百分点，实现盈利1.4亿元；三是运用再贴现政策，引导票据市场发展，拓宽企业融资渠道。截至年末，累计签发承兑123.2亿元，同比增加15.2亿元，累计办理贴现86.7亿元，办理再贴现10.1亿元，增加6.6亿元。其中，累计签发商业承兑汇票8.3亿元，有力地支持了企业的发展。

【金融监管】 2004年，银监会聊城银监分局按照“管检交叉、查处分离、跟踪问责、科学考绩”监管运行新机制的要求，不断更新监管理念，创新监管手段，防范信贷风险，取得了良好的监管成效。年末，全市银行业人民币存、贷款余额分别为459.04亿元和372.44亿元，分别较年初增长11.85%和13.93%；不良贷款76.92亿元，较年初减少10.79亿元；不良占比20.57%，下降6.09个百分点；实现利润2.78亿元，辖区银行业整体经营保持良好发展势头。

一、运行科学监管工作机制。2004年，聊城银监分局一是由局长与非现场监管人员分别签订了责任书，落实了非现场监管责任制，强化了责任约束，促进了非现场监管工作的开展；二是严格遵循“管检交叉”、履职回避等原则，组织开展了8个现场检查项目，做到了证据确凿、定性准确、程序合法，促进了银行业金融机构的依法合规经营；三是加强了对检查行为的约束和监督，规范了行政许可类公文的处理办法和行政许可事项的决策程序，成立了行政处罚委员会，明确了监管部门和政策法规部门的职责分工，理顺了查处分离操作程序，提高了行政处罚工作的质量和效率。

二、实施“分类监管”新模式。2004年，聊城银监分局按照“支持先进、鞭策后进、分类监管、突出重点”的原则，制定并实施了《银行业金融机构分类监管办法》，根据上年度的经营状况、管理水平和风险状况，采取定量和定性相结合的方法进行客观评价、科学分类，将辖内45个支行及以上机构划分为“正常类”、“关注类”和“重点类”三个监管类别，在此基础上，对各类机构实施有差别的监管措施。

三、突出新时期监管工作重点。2004年，聊城银监分局一是重视“人本”监管。对辖内国有商业银行、政策性银行支行以上机构和农信社120名高级管理人员进行了2003年度履职情况考核；二是实施风险预警。针对非现场监测中发现的存贷比高、贷款集中度高等现象并结合现场检查发现的问题，两次约见部分金融机构主要负责人进行了集体谈话，组织其学习了相关的法律、法规，使其充分认识到存在问题的严重性和应承担的责任，增强了提高风险意识和依法经营的自觉性与主动性；三是先后开展了对农行聊城市分行不良贷款下降真实性的专项检查，对农发行聊城市分行及营业部和冠县支行的全面检查，对聊城市邮政储蓄机构2003年度经营管理情况的现场检查，对东昌府区农信社营业部五大行业贷款情况、莘县农信社非信贷资产管理情况、东阿农信社固定资产贷款情况和莘县C级社序时性现场检查。

【金融改革】 2004年，人行聊城市中支和聊城市银监分局按照国务院关于农信社改革的部署和省改革试点方案的要求，联合对专项中央银行票据改革中农信社的增资扩股计划和发行申请进行了审查，督促做好农信社央行专项票据申请工作，8个联社的3亿元专项票据置换全部到位；督促农信社积极开展增资扩股，大力降低不良贷款，努力提高资本充足率。截至年底，全市农信社股本金达到5.1亿元，比年初增加0.98亿元；资本充足率达到5.94%；督促农信社积极申请保值储蓄利息支出补贴，稳妥推动清产核资工作和统一法人体制改革。督促农信社一手抓改革，一手抓发展，保证了改革发展两不误，年末，全市农信社存款达到144.57亿元，贷款达到124.90亿元，分别较年初增长18.7%和17.5%；不良贷款余额14.62亿元，较年初下降3.78亿元，占比11.99%，同比下降5.18个百分点；实现利润1.6亿元，同比增长237%。

【保险业务】 2004年，聊城市保险业继续保持良好的发展态势，全年实现保险费收入9.61亿元，同比增长29.84%。其中，财产险保费收入2.02亿元，增长20.04%，人身保险费收入7.58亿元，增长32.72%。保险业累计赔款、给付2.46亿元，增长20.9%。

【证券市场】 2004年，聊城市股票市场4月份之前在波动中上扬，之后在波动中持续下滑，股市波动剧烈大大降低了城镇居民入市的积极性。年末，股民开户数为4.42万个，同比增长5.74%，客户保证金余额为1.04亿元，减少

0.95%，全年交易金额为44.05亿元，增长1.43%，证券市场交易平淡。

【精神文明建设】 2004年，聊城市金融系统精神文明建设深入开展。人行聊城市中支连续4年被市委市政府授予“支持地方经济发展一等奖”，国库科被共青团中央授予2004年度“青年文明号”称号，营业室被申报2004年度总行级“青年文明号”，并被省总工会授予富民兴鲁劳动奖状和全省十佳女职工建功立业示范岗。华夏银行聊城支行被授予“2003年度省级文明单位”称号，秦俊梅行长被全国妇联授予全国“三八红旗手”荣誉称号。工行聊城分行首次进入全国二级分行经营30强，在全省经营绩效考评中列第7位、全国22位，考评等级上升为B++。

【金融大事记】 2月19日 聊城市政府组织召开全市农信社改革工作会议，人行聊城市中支刘立坤副行长代表中支党委就农信社改革试点中专项中央票据发行和兑付的有关工作讲了意见。

2月23日 中共聊城市委、市政府隆重召开“2003年度经济工作表彰大会”，人行聊城市中支继2001年和2002年两度荣获“支持地方经济发展贡献一等奖”后，再次被授予“2003年度支持地方经济发展贡献一等奖”，中支党委书记、行长张胜林连续3年被荣记个人二等功。

3月15日 人保聊城分公司举行诚信个人代理人诚信宣誓及签名活动。

3月23日 《中国金融》杂志社在聊城市召开宣传工作座谈会。

4月1日 人行济南分行于华民副行长带领考察组到聊城市中支考察领导班子配备工作。

4月14日 人行济南分行白世春行长一行莅临聊城市中支宣布组建新一届党委领导班子。

5月14日 人行济南分行与聊城市政府联合召开2004诚信聊城银企合作发展座谈会。

6月3日 聊城市第一批农信社专项央行票据发行。

8月5日 人行聊城市中支牵头召开了人民银行、证券、保险信息交流共享工作会议，建立人民银行与证券、保险机构信息交流共享机制。

8月9日 山东省农信社驻聊城办事处挂牌成立。

9月8日 人行聊城市中支组织召开《助学贷款工作座谈会》，聊城市各银行业金融机构、教育局、财政局、聊城大学、聊城职业学院等单位的负责人参加。

10月29日 人行济南分行杨子强行长来聊城市中支，宣布任命徐小林为中共人行聊城市中支委员会书记、人行聊城市中支行长。

11月15日 人行总行、济南分行领导到聊城市中支检查“一级发行库”创建工作。

11月22日 人行总行国库局和济南分行国库处领导对“国债收款单管理系统”的开发情况进行指导。

12月10日 人行济南分行杨子强行长一行4人来聊城市中支参加民主生活会。

（王银光）

高唐县

【经济概况】 2004年，高唐县全年实现地区生产总值83.4亿元，同比增长17.8%；人均地区生产总值17646.7元。实现财政总收入5.4亿元，其中，地方财政收入3.2亿元，增长11.5%。

全年实现农业增加值11.1亿元，同比增长11.2%，其中，粮食总产37.2万吨，增长32.3%。林木覆盖率28.1%，同比提高1.9个百分点。

全年完成工业增加值49.1亿元，同比增长23.5%。规模以上工业企业实现产品销售收入164.4亿元，增长

高唐县主要经济金融指标

经济指标	1999	2004	经济指标	1999	2004
土地面积（平方公里）	940	949	#地方财政收入（亿元）	1.46	3.22
人口（万人）	46.23	47.45	全社会固定资产投资（亿元）	7.34	39.08
#非农业人口（万人）	4.23	11.99	固定资产投资增速（%）	22.05	39.70
地区生产总值（亿元）	28.22	83.43	进出口总值（亿美元）	0.36	0.64
地区生产总值年增速（%）	19.40	17.8	#出口总值（亿美元）	0.15	0.39
第一产业（亿元）	8.97	11.70	实际利用外资（亿美元）	0.21	0.21
第二产业（亿元）	14.18	59.15	社会消费品零售总额（亿元）	3.65	11.25
第三产业（亿元）	5.07	12.58	居民消费价格指数（%）	101.02	103.60

续表

经济指标	1999	2004	经济指标	1999	2004
财政总收入（亿元）	2.26	5.42	人均地区生产总值（元）	6104	17647
金融指标（亿元）	**1999**	**2004**	**金融指标（亿元）**	**1999**	**2004**
金融机构存款余额	15.45	42.89	金融机构贷款余额	14.44	34.37
企业存款	3.40	6.33	短期贷款	13.77	27.30
储蓄存款	11.64	25.57	中长期贷款	0.49	4.33

高唐县主要金融机构负责人

单位名称	行长（或其他称谓的第一负责人）	副行长（或其他称谓的同级领导）
中国人民银行高唐县支行	朱建中（行长）	闫玉真　乔索明　焦翠萍
中国银监会聊城监管分局高唐县办事处	苑广新（主任）	
中国工商银行高唐县支行	郭瑞刚（行长）	王建国　刘鸣久　池德东
中国农业银行高唐县支行	刘连军（行长）	白利军　董立嘉
中国银行高唐县支行	孟兆斌（行长）	刘建民　韩　勇
中国建设银行高唐县支行	王秀芬（行长）	李如诗　荆桂红
中国农业发展银行高唐县支行	马春青（行长）	肖　民　李保坤
高唐县农信社	孙东岭（主任）	江春友　冯俊湖　王曰先　刘合刚
中国人民财产保险股份有限公司高唐支公司	庞正强（经理）	潘　军　侯庆民
中国人民人寿保险股份有限公司高唐支公司	殷延清（经理）	郭　伟　王保全
高唐县邮政储汇局	钟洪生（局长）	孙林涛　刘玉群

高唐县主要金融机构业务概况

单位：亿元

单位名称	存　款	企业存款	储蓄存款	贷　款	短期贷款	中长期贷　款
中国工商银行高唐县支行	6.17	1.23	2.99	5.43	3.38	2.05
中国农业银行高唐县支行	6.54	1.82	3.52	3.90	2.87	0.90
中国银行高唐县支行	6.00	0.61	1.82	3.33	1.88	1.28
中国建设银行高唐县支行	5.28	1.21	2.40	2.59	1.63	0.10
中国农业发展银行高唐县支行	0.05	0.05	0	4.02	4.02	0
高唐县农信社	13.93	1.42	10.51	14.76	13.23	0.01
高唐县邮政储汇分局	4.26	0	4.26	0	0	0

33.5%；实现利税11.5亿元，增长18.2%，实现利润8.4亿元，增长9.2%。

全年实现社会消费品零售总额11.3亿元，同比增长14.2%。全年进出口总额0.64亿美元，其中，出口0.39亿美元，增长36.2%。

全县城镇居民人均可支配收入8947元，增长7.4%；农村居民人均可支配收入3406元，增长12.8%。

【金融概述】　2004年，高唐县各金融机构结合全县实际，正确把握经济金融形势，全面贯彻执行货币信贷政策，不断改善金融服务，在适度调控信贷扩张力度的同时，确保了经济持续健康发展的资金需求。

【各项存款】　截至2004年末，高唐县金融机构各项人民币存款余额42.61亿元，同比增加5.57亿元，其中，各项外汇存款余额0.03亿美元，增加0.02亿美元。

一、企业存款。截至年末，全县企业存款余额6.33亿元，减少0.26亿元。

二、居民储蓄存款。截至年末，全县储蓄存款余额25.50亿元，增加3.51亿元，占全县新增存款比例的63.02%，提高0.17个百分点。其中，定期储蓄存款余额18.25亿元，增加2.77亿元；活期储蓄存款余额7.25亿元，增加0.74亿元。

【各项贷款】 截至2004年末，高唐县金融机构各项人民币贷款余额34.03亿元，同比增加3.43亿元；外汇贷款0.04亿美元，减少0.01亿美元。人民币贷款中，农业贷款余额9.12亿元，同比增加2.22亿元；工业贷款余额6.04亿元，减少1亿元；商业贷款余额5.53亿元，减少1.76亿元；个人消费贷款余额1.81亿元，增加0.62亿元；固定资产投资贷款余额1.54亿元，增加0.64亿元；技术改造贷款余额0.8亿元，增加0.8亿元。

【金融调控】 2004年，为了应对宏观调控对高唐县经济、金融可能带来的负面影响，人行高唐县支行采用适当的货币政策工具，引导全县金融机构开拓金融市场，积极探索银企发展的双赢之路。一是引导金融机构保持适当的贷款投放，贷款增量、增幅以及在全聊城市增量占比等指标保持了较高的水平；二是引导企业进行票据融资，信贷支持方式呈现多元化的局面；三是配合地方政府扶优扶强的总体思路，联合政府有关部门加强对项目建设资金的监管，将有限的信贷增量集中投入，力保重点企业、重点项目的资金需求，信贷结构进一步优化，信贷投向更加符合产业政策；四是"信用高唐"和金融安全区创建活动取得新进展。成功举办了银企恳谈会，增进了银行和企业的沟通了解；人行高唐县支行因此被县政府授予"支持经济发展一等奖"。

【金融监管】 2004年，银监局高唐监管办事处不断更新监管理念，创新监管手段，突出监管重点，创新监管亮点，致力于货币政策与国家宏观政策的协调与配合，为提高监管效率奠定了基础。

（朱长军）

莘　县

【经济概况】 2004年，莘县全年实现地区生产总值65.5亿元，同比增长17.2%；人均地区生产总值6795元。实现财政总收入4.2亿元，其中，地方财政收入1.2亿元，增长18.0%。

全年实现农业增加值20.8亿元，同比增长4.0%。其中，粮食总产56.9万吨，增长8.3%。林木覆盖率4.2%，同比提高0.6个百分点。

全年完成工业增加值13.2亿元，同比增长48.3%。规模以上工业企业实现产品销售总收入43.4亿元，增长74%；

莘县主要经济金融指标

经济指标	1999	2004	经济指标	1999	2004
土地面积（平方公里）	1387	1387	#地方财政收入（亿元）	1.02	1.16
人口（万人）	94.98	96.44	全社会固定资产投资（亿元）	2.98	22
#非农业人口（万人）	6.83	13.59	固定资产投资增速（%）	3.2	38.4
地区生产总值（亿元）	33.67	65.53	进出口总值（亿美元）	0	0.28
地区生产总值年增速（%）	8.3	17.2	#出口总值（亿美元）	0	0.21
第一产业（亿元）	16.98	22.2	实际利用外资（亿美元）	0	0.25
第二产业（亿元）	8.70	26.07	社会消费品零售总额（亿元）	5.69	16.05
第三产业（亿元）	7.99	17.26	居民消费价格指数（%）	101.4	104.3
财政总收入（亿元）	2.32	4.24	人均地区生产总值（元）	3545	6795
金融指标（亿元）	**1999**	**2004**	**金融指标（亿元）**	**1999**	**2004**
金融机构存款余额	17.55	34.33	金融机构贷款余额	18.34	22.85
企业存款	1.24	1.76	短期贷款	13.36	19.27
储蓄存款	15.97	31.29	中长期贷款	0.66	0.63

莘县主要金融机构负责人

单位名称	行长（或其他称谓的第一负责人）	副行长（或其他称谓的同级领导）
中国人民银行莘县支行	刘　军（行长）	李庆军　王文胜
中国银监会聊城监管分局莘县办事处	赵宪福（局长）	
中国工商银行莘县支行	辛同福（行长）	冯保勇
中国农业银行莘县支行	赵传河（行长）	袁朝杰　马新华
中国建设银行莘县支行	肖之寅（行长）	杨　杰
中国农业发展银行莘县支行	张富申（行长）	王朝旭
莘县农信社	贾绍明（主任）	颜景元　冯贺钦
中国人寿保险公司莘县支公司	王光炬（经理）	
中国财产保险公司莘县支公司	单文峰（经理）	
莘县邮政储汇局	许以起（局长）	

莘县主要金融机构业务概况

单位：亿元

单位名称	存　款	企业存款	储蓄存款	贷　款	短期贷款	中长期贷　款
中国工商银行莘县支行	2.50	0.26	2.00	1.77	1.26	0.49
中国农业银行莘县支行	5.88	0.53	5.19	0.85	0.33	0.07
中国建设银行莘县支行	3.30	0.67	2.02	3.18	0.63	0.07
中国农业发展银行莘县支行	0.01	0.01		5.40	5.40	
莘县农信社	13.67	0.28	12.91	11.65	11.64	
莘县邮政储汇局	9.17		9.17			

实现利税3.5亿元。

全年实现社会消费品零售总额16.1亿元，同比增长16.4%。全年进出口总额0.28亿美元，其中，出口0.21亿美元，增长121%。

全市城镇居民人均可支配收入3108元，增长20.3%；农村居民人均可支配收入2963元，增长19.1%。

【金融概述】 2004年，莘县货币信贷运行态势良好，企业存款同比由增转降，储蓄存款同比多增；信贷投放实现累放额和余额同比多增长，金融支持区域经济发展的力度加大，结构得到优化；民营企业、“三农”、居民消费、城镇开发等得到较好的信贷支持；资产质量和经营效益明显提高，发展前景看好。

【各项存款】 截至2004年末，莘县金融机构各项人民币存款余额34.33亿元，同比增加3.40亿元。

一、企业存款。截至年末，全县企业存款余额1.76亿元，比年初减少1亿元。

二、居民储蓄存款。截至年末，全县储蓄存款余额31.29亿元，增加4.39亿元，比年初增长16.32个百分点。其中，定期储蓄余额25.03亿元，增加3.75亿元；活期储蓄余额6.27亿元，增加0.64亿元。

【各项贷款】 2004年，莘县金融机构各项人民币贷款余额22.85亿元，同比增加4.40亿元。其中，农业贷款余额7.38亿元，工业贷款余额4.19亿元，个人消费贷款0.79亿元。

【金融调控】 2004年，人行莘县支行加强货币信贷政策的引导和管理，积极服务区域经济健康发展。一是完善货币信贷运行分析制度，提出有参考价值的意见和建议；二是坚持金融机构负责人季度例会制度；三是积极调整信贷结构和投向，提升经济发展的层次和水平；四是协助政府职能部门搞好银企互动与合作；五是加强资金利率管理，实现规范管理操作；六是强化调研、分析、监测，为辖区经济发展和宏观决策服务；七是稳步推进农信社专项央行票据改革。

【金融监管】 2004年，监管职能分离后，银监会莘县办事处负责机构和业务的日常监管。人行莘县支行在认真传导货币信贷政策、提高金融服务水平的同时，重点对账户、结算、现金、利率、资金、反洗钱等业务进行监督管理，维护了辖区金融的稳定。

（田 旭）

临清市

【经济概况】 2004年，临清市全年实现地区生产总值74.0亿元，比上年增长19.0%，其中，第一产业11.73亿元，增长4.3%；第二产业44.29亿元，增长23.2%；第三产业17.98亿元，增长19.5%。人均地区生产总值10277元，增长0.4%。实现财政总收入2.52亿元，增长24.14%，其中，地方财政收入1.86亿元，增长14.81%。

全年实现农业增加值0.8亿元，同比增长5.1%；其中，粮食总产4.54万吨，增长0.21%。林木覆盖率6.6%，同比提高0.07个百分点。

临清市主要经济金融指标

经济指标	1999	2004	经济指标	1999	2004
土地面积（平方公里）	960	960	#地方财政收入（亿元）	0.72	1.86
人口（万人）	69.80	72	全社会固定资产投资（亿元）	0.47	32.60
#非农业人口（万人）	17.40	22.10	固定资产投资增速（%）	12.3	33.78
地区生产总值（亿元）	1.55	74.0	进出口总值（亿美元）	0.32	1.41
地区生产总值年增速（%）	10.20	19	#出口总值（亿美元）	0.20	1.04
第一产业（亿元）	0.033	11.73	实际利用外资（亿美元）	0.01	0.14
第二产业（亿元）	1.23	44.29	社会消费品零售总额（亿元）	11.18	18.77
第三产业（亿元）	0.28	17.98	居民消费价格指数（%）	99.4	105.50
财政总收入（亿元）	0.98	2.52	人均地区生产总值（元）	8464	10277
金融指标（亿元）	**1999**	**2004**	**金融指标（亿元）**	**1999**	**2004**
金融机构存款余额	34.56	63.5	金融机构贷款余额	25.45	45.45
企业存款	3.19	5.40	短期贷款	22.36	36.21
储蓄存款	31.06	49.31	中长期贷款	2.63	7.84

临清市主要金融机构负责人

单位名称	行长（或其他称谓的第一负责人）	副行长（或其他称谓的同级领导）
中国人民银行临清市支行	肖振营（行长）	金庆友　李琰玲
中国银监会聊城监管分局临清办事处	张立民（主任）	
中国工商银行临清市支行	房志波（行长）	白　菊　孙　鹏　程文玺
中国农业银行临清市支行	肖　栋（行长）	李　华　牛玉栋　刘文晓
中国银行清临清支行	郭兴盛（行长）	纪利兵　柏宗明
中国建设银行临清市支行	赵希文（行长）	徐明华　王国红　庞　燕
中国农业发展银行临清市支行	张　健（行长）	谢　明　赵　明

续表

单位名称	行长（或其他称谓的第一负责人）	副行长（或其他称谓的同级领导）
临清市农信社	冯　新（主任）	秦金汉　高月河　燕东杰
中保财产保险有限公司	赵　斌（经理）	姜春富　任建国　马玉泽
中国人寿保险公司聊城市支公司	贾德浩（经理）	
临清市邮政局	马长芬（局长）	刘清秀

临清市主要金融机构业务概况

单位：亿元

单位名称	存　款	企业存款	储蓄存款	贷　款	短期贷款	中长期贷　款
中国工商银行临清市支行	9.81	1.10	7.56	8.65	4.76	3.89
中国农业银行临清市支行	9.08	1.02	7.19	3.52	2.49	0.39
中国银行临清支行	5.60	1.34	2.77	3.89	3.47	0.37
中国建设银行临清市支行	6.03	0.97	3.91	3.26	0.25	2.31
中国农业发展银行临清市支行	0.17	0.17		7.47	7.47	
临清市农信社	23.83	0.80	19.77	18.65	17.69	0.89
临清市邮政局	8.12		8.12			

全年完成工业增加值39.64亿元，同比增长29.07%。规模以上工业企业实现产品销售总收入132.95亿元，增长47.02%；实现利税13.45亿元。

全年实现社会消费品零售总额18.77亿元，同比增长16.58%。全年进出口总额1.41亿美元，其中，出口1.04亿美元，增长56.94%。

全市城镇居民人均可支配收入6587元，增长9.6%；农村居民人均可支配收入2413元，增长5.3%。

【金融概述】　2004年，临清市各项经济和金融指标继续稳定增长，各商业银行和农信社全年实现盈利1亿元，同比增盈0.39亿元。

【各项存款】　截至2004年末，临清市金融机构各项人民币存款余额突破60亿大关，余额达到63.53亿元，虽同比少增1.84亿元，但仍较年初增存6.92亿元；各项外汇存款余额0.02亿美元，与上年基本持平。

一、企业存款。截至年末，全市企业存款余额5.40亿元，同比减少0.21亿元。

二、居民储蓄存款。截至年末，全市储蓄存款余额49.31亿元，增加4.99亿元，占新增存款比例的72.12%，同比提高了28.65个百分点。其中，定期储蓄余额38.32亿元，增加2.91亿元；活期储蓄余额10.99亿元，增加2.08亿元。

【各项贷款】　截至2004年末，临清市金融机构各项人民币贷款余额45.45亿元，同比增加2.52亿元，少增3.94亿元。各项外汇贷款余额0.01亿美元，减少0.04亿美元。农业贷款余额12.26亿元，同比增加1.99亿元；工业贷款余额8.34亿元，减少1.48亿元；商业贷款余额8.6亿元，减少1.65亿元；个人消费贷款余额2.13亿元，减少0.68亿元；固定资产投资贷款余额2.64亿元，减少0.05亿元；技术改造贷款余额为零，减少0.02亿元。

【金融调控】　2004年，人行临清市支行围绕改善宏观调控、加强金融生态环境建设两大主题，通过开展窗口指导，举办银企洽谈会、项目对接会、经济金融形势分析会等形式，搭建银企合作平台，吸引股份制银行来临投资；在搞好总量调控的同时，加大信贷结构调整力度，有力的支持了经济平稳较快的发展。

【金融监管】　2004年，随着人行监管职能的转换，人行临清市支行转向了加强对金融机构合规经营的监管，每季度对其现金管理执行情况进行检查，对会计结算、账户管理等进行不定期检查，促进了金融机构依法合规经营。

（李延良）

阳谷县

【经济概况】 2004 年，阳谷县全年实现地区生产总值 60.51 亿元，同比增长 17.2 %；人均地区生产总值 8027 元。实现财政总收入 3.6 亿元，其中，地方财政收入 1.23 亿元，增长 18.1%。

全年实现农业增加值 16.63 亿元，同比增长 2.3%。其中，粮食总产 37.85 万吨，增长 4.5%。林木覆盖率 25.6%，比上年提高 0.8 个百分点。

全年完成工业增加值 30.88 亿元，同比增长 18.5%。规模以上工业企业实现产品销售总收入 65 亿元，增长

阳谷县主要经济金融指标

经济指标	1999	2004	经济指标	1999	2004
土地面积（平方公里）	1064	1064	＃地方财政收入（亿元）	1.12	1.23
人口（万人）	74.88	75.49	全社会固定资产投资（亿元）	5.28	25.38
＃非农业人口（万人）	7.18	17.2	固定资产投资增速（%）	22.24	47.9
地区生产总值（亿元）	30.69	60.51	进出口总值（亿美元）	0.14	0.28
地区生产总值年增速（%）	8.06	17.2	＃出口总值（亿美元）	0.06	0.19
第一产业（亿元）	12.59	16.63	实际利用外资（亿美元）	0.03	0.22
第二产业（亿元）	11.95	30.88	社会消费品零售总额（亿元）	5.73	16.18
第三产业（亿元）	6.15	13	居民消费价格指数（%）	98.8	103.2
财政总收入（亿元）	2.04	3.6	人均地区生产总值（元）	4110	8027
金融指标（亿元）	**1999**	**2004**	**金融指标（亿元）**	**1999**	**2004**
金融机构存款余额	25.09	49.11	金融机构贷款余额	22.14	37.47
企业存款	0.23	2.78	短期贷款	19.33	31.70
储蓄存款	22.40	39.25	中长期贷款	2.39	2.08

阳谷县主要金融机构负责人

单位名称	行长（或其他称谓的第一负责人）	副行长（或其他称谓的同级领导）
中国人民银行阳谷县支行	任兆勤（行长）	刘潮洋　孟庆祝　杜云太
中国银监会聊城监管分局阳谷县办事处	陈　勇（局长）	
中国工商银行阳谷县支行	吴福磊（行长）	张东洲
中国农业银行阳谷县支行	刁维山（行长）	唐海涛　门建伟　岳宗波　钱振伟
中国银行阳谷县支行	王晓峰（行长）	闫瑞成　秦志华
中国建设银行阳谷县支行	董广英（行长）	张玉斌
中国农业发展银行阳谷县支行	杨立群（行长）	魏　霞　张建利
中国财产保险股份有限公司阳谷县支公司	闫继涛（经理）	巩国强　张明光
中国人寿保险股份有限公司阳谷县支公司	张才耀（经理）	陆书忠　孟宪胜
阳谷县农信社	林超美（主任）	张保太　汤保龙　徐树志
阳谷县邮政储汇局	魏玉才	李院华

阳谷县主要金融机构业务概况

单位：亿元

单位名称	存　款	企业存款	储蓄存款	贷　款	短期贷款	中长期贷　款
中国工商银行阳谷县支行	2.58	0.22	1.58	2.48	1.85	0.63
中国农业银行阳谷县支行	7.20	1.11	5.53	2.83	0.98	0.09
中国银行阳谷县支行	3.95	0.56	2.43	3.42	1.88	1.15
中国建设银行阳谷县支行	4.11	0.43	2.83	2.12	1.63	0.05
阳谷县邮政储汇局	8.67		8.67			
阳谷县农信社	22.23	0.45	18.21	21.84	20.59	0.16

35.78%；实现利税 4.76 亿元。

全年实现社会消费品零售总额 16.18 亿元，同比增长 22.2%。全年进出口总额 0.28 亿美元，其中，出口 0.19 亿美元，增长 11.2%。

全县城镇居民人均可支配收入 4583 元，增长 11.2%；农村居民人均可支配收入 2845 元，增长 6.23%。

【金融概述】 2004 年，阳谷县金融运行态势良好，金融机构克服各项存款持续同比少增的困难，优化信贷结构，保持信贷投放总量均衡增长，支持了全县经济快速、健康发展。固定资产投资增势减缓，物价指数小幅增长，国家宏观调控措施取得了明显成效，经济运行质量和效益稳步提高。

【各项存款】 截至 2004 年末，阳谷县金融机构各项人民币存款余额 49.11 亿元，同比增加 7.99 亿元。

一、企业存款。截至年末，全县企业存款余额 2.78 亿元，增加 0.18 亿元，占全县新增存款比例的 0.014%，降低了 0.02 个百分点。

二、居民储蓄存款。截至年末，全县储蓄存款余额 39.25 亿元，增加 4.04 亿元，占全县新增存款比例的 50.56%，降低了 18.13 个百分点。其中，定期储蓄余额 33.19 亿元，增加 3.43 亿元；活期储蓄余额 6.06 亿元，增加 0.61 亿元。

【各项贷款】 截至 2004 年末，阳谷县金融机构各项人民币贷款余额 37.47 亿元，同比增加 5.53 亿元，各项外汇贷款余额 390 万美元，减少 240 万美元。农业贷款余额 14.54 亿元，增加 2.59 亿元；工业贷款余额 4.83 亿元，增加 1.55 亿元；商业贷款余额 5.12 亿元，减少 1.14 亿元；个人消费贷款余额 5007 万元，增加 490 万元；基本建设贷款余额 1.42 亿元，增加 0.25 亿元。

【金融调控】 2004 年，人行阳谷县支行严格执行国家宏观调控政策，贯彻区别情况、灵活掌握的原则，突出了四个重点：一是支持农村经济的发展；二是对产品有销路、经济效益好的大中型企业给予优先支持，新增工业贷款中用于大中型企业的占 60%以上，对一些扭亏有望企业也给予了必要的支持；三是支持外贸出口创汇；四是支持重点建设项目。

【金融监管】 2004 年，银监会阳谷办事处按照“开好头，起好步，打实监管工作基础，抓重点，创亮点，提高监管工作效能”的工作思路，不断更新监管理念，创新监管手段，突出监管重点，创新监管亮点，致力于监管理念与监管实践的统一、监管工作效能与水平的提高，队伍建设又上了一个新台阶，辖内银行业抵御市场风险的能力明显增强，效益明显提高，实现了年初既定的监管目标。

（唐衍国）

茌平县

【经济概况】 2004 年，茌平县实现地区生产总值 54 亿元，同比增长 24%，人均地区生产总值 9440 元。财政总收入 2.6 亿元，其中，地方财政收入 1.7 亿元，同比增长 13.3%。

全年农业增加值 16.3 亿元，增长 17%。其中，粮食总产 45 万吨，增长 7.1%。林木覆盖率 23%，同比提高 2 个百分点。

全年完成工业增加值 217.3 亿元，同比增长 53.9%。规模以上工业企业实现产品销售收入52.4亿元，增长23%；

茌平县主要经济金融指标

经济指标	1999	2004	经济指标	1999	2004
土地面积（平方公里）	1117	1117	#地方财政收入（亿元）	1.01	1.7
人口（万人）	56.7	57.2	全社会固定资产投资（亿元）	4.17	46
#非农业人口（万人）	4.97	5.83	固定资产投资增速（%）	22.4	31.7
地区生产总值（亿元）	24.7	54	进出口总值（亿美元）	0.3	0.9
地区生产总值年增速（%）	3.6	24	#出口总值（亿美元）	0.11	0.82
第一产业（亿元）	11.4	23.2	实际利用外资（亿美元）	0.05	0.2
第二产业（亿元）	8.8	18.3	社会消费品零售总额（亿元）	3.6	9.2
第三产业（亿元）	4.5	12.5	居民消费价格指数（%）	103	104
财政总收入（亿元）	1.8	2.6	人均地区生产总值（元）	4356	9440
金融指标（亿元）	**1999**	**2004**	**金融指标（亿元）**	**1999**	**2004**
金融机构存款余额	16.5	40.9	金融机构贷款余额	16.4	37.46
企业存款	2.2	4.65	短期贷款	14.5	35
储蓄存款	13.5	26.14	中长期贷款	1.9	2.5

茌平县主要金融机构负责人

单位名称	行长（或其他称谓的第一负责人）	副行长（或其他称谓的同级领导）
中国人民银行茌平县支行	陈广福	孙　锋　曹连方
中国银监会聊城监管分局茌平县办事处	王　霞	
中国工商银行茌平县支行	王玉生	王士贵　张道静
中国农业银行茌平县支行	白立军	常　勇　刘广荣　李国胜
中国银行茌平县支行	刘桂华	梁天余　司胜利
中国建设银行茌平县支行	刘良勇	王月华
茌平县农信社	罗吉林	魏凤阳　李承谦
中国农业发展银行茌平县支行	张　兰	徐保睿　方文福
茌平县邮政局	赵玉生	郭宗强　杨　力
茌平县人寿保险股份有限公司	刘保国	韩付军
茌平县人民财产保险股份有限公司	李文新	孔令河　吕金忠　付　宪　郎庆泽

茌平县主要金融机构业务概况

单位：亿元

单位名称	存　款	企业存款	储蓄存款	贷　款	短期贷款	中长期贷　款
中国工商银行茌平县支行	6.28	1.81	2.41	7.57	3.45	4.11
中国农业银行茌平县支行	5.25	1.49	3.01	1.96	1.22	0.18
中国银行茌平县支行	3.36	0.95	1.03	3.8	3.23	0.48
中国建设银行茌平县支行	1.75	0.21	0.55	1.89	0.86	0.3
中国农业发展银行茌平县支行	0.06	0.06		5.28	5.28	
茌平县农信社	18.54	0.12	13.51	16.96	15.79	0.87
茌平县邮政局	5.56		5.56			

实现利税 9 亿元，增长 11.1%。

全年实现社会消费品零售总额 9.2 亿元，同比增长 11%。进出口总额 0.9 亿美元，其中，出口 0.82 亿美元，同比增长 17.1%。

全县城镇居民人均可支配收入 7300 元，同比增长 11%；农村居民可支配收入 3130 元，增长 15%。

【金融概述】 2004 年，在平县金融运行保持稳定，由于国家对电解铝行业实行限制政策，使该县年产 40 万吨的铝电集团信贷总额受到影响，造成贷款规模收缩，企业资金由此紧张，进而影响存款总量的增幅。

【各项存款】 截至 2004 年末，在平县各项存款余额 40.9 亿元，同比增加 5.9 亿元。

一、企业存款。截至年末，全县企业存款余额 4.6 亿元，减少 0.45 亿元。

二、居民储蓄存款。截至年末，全县储蓄存款余额 26.1 亿元，增加 2.5 亿元，占全县新增存款的 42.4%，同比降低了 2.3 个百分点。其中，定期存款 17.5 亿元，增加 1.1 亿元，活期储蓄存款 8.7 亿元，增加 1.4 亿元。

【各项贷款】 截至 2004 年末，在平县各项贷款余额 37.6 亿元，比上年减少 1.4 亿元。其中，农业贷款余额 8.5 亿元，同比增加 0.4 亿元；工业贷款余额 8.1 亿元，增加 3.2 亿元；商业贷款余额 5.4 亿元，减少 0.4 亿元；固定资产贷款余额 1.6 亿元，减少 0.4 亿元。

【金融调控】 2004 年，人行在平县支行充分发挥人民银行窗口指导和货币政策工具的作用，促进了辖区经济金融实现良性互动发展。一是强化对重点企业监测，提高辖区经济金融运行的前瞻性；二是坚持经济金融分析例会制度，提高宏观调控政策下县域经济金融运行分析水平；三是加强支农再贷款管理，加大支持“三农”的金融力度。

【金融监管】 2004 年，银监会在平办事处采取现场和非现场稽核相结合方式，督促指导辖内金融机构提高风险防范意识，完善内控制度建设，消除风险隐患。监管措施的有效落实，促进了辖内金融运行健康稳定发展。

（杜　军）

冠　县

【经济概况】 2004 年，冠县经济克服煤电油运紧张、能源原材料价格上涨及国家宏观调控等因素影响，经济继续保持快速增长。全年实现地区生产总值 49.51 亿元，同比增长 18.5%；人均地区生产总值 6456 元。实现财政总收入 1.6 亿元，其中，地方财政收入 1.02 亿元，增长 26%。

全年实现农业增加值 15.21 亿元，同比增长 6.02%，其中，粮食总产 45.47 万吨，增长 10.9%。林木覆盖率 29.5%，同比提高 2.5 个百分点。

全年完成工业增加值12.3亿元，同比增长48.7%。规

冠县主要经济金融指标

经济指标	1999	2004	经济指标	1999	2004
土地面积（平方公里）	1161	1161	#地方财政收入（亿元）	0.67	1.02
人口（万人）	73.24	76.68	全社会固定资产投资（亿元）	1.48	17.3
#非农业人口（万人）	4.68	6.89	固定资产投资增速（%）	24	66.99
地区生产总值（亿元）	19.72	49.51	进出口总值（亿美元）	0	0.06
地区生产总值年增速（%）	7	18.5	#出口总值（亿美元）	0	0.04
第一产业（亿元）	8.12	16.64	实际利用外资（亿美元）	0.02	0.07
第二产业（亿元）	7.14	17.97	社会消费品零售总额（亿元）	3.87	11.99
第三产业（亿元）	4.5	14.90	居民消费价格指数（%）	98.2	102.5
财政总收入（亿元）	0.98	1.6	人均地区生产总值（元）	2693	6456
金融指标（亿元）	**1999**	**2004**	**金融指标（亿元）**	**1999**	**2004**
金融机构存款余额	19.20	33.57	金融机构贷款余额	16.43	25.19
企业存款	1.86	3.42	短期贷款	15.40	22.08
储蓄存款	16.94	28.46	中长期贷款	0.72	1.17

冠县主要金融机构负责人

单位名称	行长（或其他称谓的第一负责人）	副行长（或其他称谓的同级领导）
中国人民银行冠县支行	王代俊（行长）	宋金超　李金良　李朝杰
中国银监会聊城市监管分局冠县办事处	班晓晨（局长）	
中国工商银行冠县支行	刘　磊（行长）	刘为新　王志勇　崔红霞
中国农业银行冠县支行	孔德太（行长）	王传宝　郭忠民　陈　忠
中国银行冠县支行	高　俊（行长）	冉令敏　程跃国
中国建设银行冠县支行	王秀礼（行长）	高建新
中国农业发展银行冠县支行	臧朝华（行长）	张敬芳　杜生华
冠县农信社	牛维杰（主任）	宋书章　张兆起　李贵杰
冠县邮政局	潘凤霞（局长）	李成涛　时洪俭
中国人民财产保险股份有限公司冠县支公司	朱俊民（经理）	张宗成　王书超　宠书全
中国人寿保险股份有限公司冠县支公司	王治国（经理）	李营生

冠县主要金融机构业务概况

单位：亿元

单位名称	存　款	企业存款	储蓄存款	贷　款	短期贷款	中长期贷　款
中国工商银行冠县支行	3.72	0.89	2.02	2.91	2.61	0.3
中国农业银行冠县支行	4.94	1.21	3.45	3.39	1.78	0.38
中国银行冠县支行	1.79	0.54	0.92	1.39	1.06	0.26
中国建设银行冠县支行	1.91	0.57	1.05	1.01	0.25	0.11
冠县农信社	12.60	0.13	12.28	9.84	9.73	0.11
中国农业发展银行冠县支行	0.08	0.08		6.66	6.66	
冠县邮政局	8.7		8.7			

模以上工业企业实现产品销售总收入42.48亿元，增长71.3%；实现利税3.95亿元。

全年实现社会消费品零售总额11.99亿元，同比增长24.76%。全年进出口总额602万美元，其中，出口356万美元，增长126.75%。

全县城镇居民人均可支配收入4210元，增长26%；农村居民人均可支配收入3520元，增长29%。

【金融概述】　2004年，受国家宏观调控与“紧缩性”货币政策影响，冠县辖内金融机构贷款增量“U”型态势明显，各项存款保持了持续快速增长。农村资金外流趋势并没有得到扭转。通过良好稳健经营、不良资产核销剥离、贷款划转、票据置换等方式，金融机构资产质量明显提高。

【各项存款】　截至2004年末，冠县金融机构各项人民币存款余额33.57亿元，比上年增加3.57亿元，各项外汇存款余额51万美元，比上年减少3万美元。

一、企业存款。截至年末，全县企业存款余额3.42亿元，同比增加0.39亿元，占全县新增存款比例的10.92%，降低了13.86个百分点。

二、居民储蓄存款。截至年末，全县储蓄存款余额28.46亿元，同比增加3.59亿元，占新增存款比例的100.56%，提高了41.79个百分点。其中，定期储蓄余额22.64亿元，增加2.66亿元；活期储蓄余额5.82亿元，增加0.93亿元。

【各项贷款】　截至2004年末，冠县金融机构各项人民币贷款余额25.19亿元，同比增加1.13亿元，剔除核销、剥离、划转、票据置换等因素后，各项贷款实际同比增加3.24亿元。其中，农业贷款余额7.01亿元，增加0.5亿元，增长9.96%；工业贷款余额10.5亿元，增加3.5亿元；商业贷款余额7.05亿元，下降1.29亿元，降幅15.46%；个人消费贷款余额0.49亿元，增加0.09亿元，增长36.4%；固定资产贷款余额0.28亿元，下降0.13亿元。

【金融调控】 2004年，人行冠县支行积极引导金融机构开拓思路、调整信贷结构，加大经济发展扶持力度。一是认真贯彻省政府关于进一步加快民营经济、县域经济发展等文件精神，解决了部分民营企业贷款难问题；二是注重发挥季度银行行长联席会议的作用，加强金融机构政策指导；三是加强与地方政府及政府有关部门的联系，精心打造政府、银行、企业对接的"金融平台"；四是有的放矢，综合治理县域资金外流现象。

【金融监管】 2004年，人行冠县支行始终注重防范金融机构系统性风险，通过综合运用多种监管手段，确保了冠县辖区金融平安。一是严格审核标准，扎实做好农信社增资扩股与降低不良贷款的真实性检查，为其改革提供了可靠依据；二是行使央行监督管理职能，进一步加大了金融统计、贷款卡、现金管理、账户管理、结算管理、国库等工作检查力度；三是按月度监测农信社经营指标，防范其系统性风险。

（刘金国）

东阿县

【经济概况】 2004年，东阿县实现地区生产总值36.01亿元，同比增长17.2%；人均地区生产总值8617元。财政总收入27.4亿元，其中，地方财政收入1.57亿元，增长6.08%。

全年实现农业增加值8.14亿元，同比增长17.12%。其中，粮食总产31.95万吨，增长17.8%。林木覆盖率21.72%，提高3.46个百分点。

全年完成工业增加值19.5亿元，同比增长25%。规模以上工业企业实现产品销售收入37.32亿元，增长19.77%，

东阿县主要经济金融指标

经济指标	1999	2004	经济指标	1999	2004
土地面积（平方公里）	787	787	#地方财政收入（亿元）	0.7	1.57
人口（万人）	42.29	41.79	全社会固定资产投资（亿元）	2.89	19.1
#非农业人口（万人）	4.17	7.59	固定资产投资增速（%）	0.95	75.05
地区生产总值（亿元）	16.31	36.01	进出口总值（亿美元）	0.30	0.03
地区生产总值年增速（%）	9.7	17.2	#出口总值（亿美元）	0.22	0.02
第一产业（亿元）	6.22	8.14	实际利用外资（亿美元）		0.02
第二产业（亿元）	5.99	19.03	社会消费品零售总额（亿元）	4.88	9.58
第三产业（亿元）	4.1	8.84	居民消费价格指数（%）	98.6	104.3
财政总收入（亿元）	11.8	27.4	人均地区生产总值（元）	3900	8617
金融指标（亿元）	**1999**	**2004**	**金融指标（亿元）**	**1999**	**2004**
金融机构存款余额	16.58	30.38	金融机构贷款余额	12.29	23.28
企业存款	2.78	4.37	短期贷款	11.29	20.95
储蓄存款	13.24	20.53	中长期贷款	1.97	1.48

东阿县主要金融机构负责人

单位名称	行长（或其他称谓的第一负责人）	副行长（或其他称谓的同级领导）
中国人民银行东阿县支行	李庆广（行长）	张　勤　燕东勇　秦道河
中国银监会聊城监管分局东阿办事处	金元明（主任）	

续表

单位名称	行长（或其他称谓的第一负责人）	副行长（或其他称谓的同级领导）
中国工商银行东阿县支行	翟瑞岗（行长）	陶淑兰　孟庆双
中国农业银行东阿县支行	孟庆智（行长）	李　明　薛云峰
中国银行东阿支行	赵太福（行长）	唐衍民
中国建设银行东阿县支行	申正波（行长）	藏立强　孙金庆　吴建萍
东阿县农信社	陈志刚（主任）	张庆喜　赵云浩　陶绪国 邵庆民　王怀瑞
中国农业发展银行东阿县支行	藏景闽（行长）	刘桂婷　杨林朝
东阿县邮政管理局	秦承勇（局长）	周忠岭　于海峰
中国人寿保险有限责任公司东阿支公司	付兰芳（经理）	付　琪
中国财产保险有限责任公司东阿县支公司	管瑞岩（经理）	王胜元　张德柱

东阿县主要金融机构业务概况

单位：亿元

单位名称	存　款	企业存款	储蓄存款	贷　款	短期贷款	中长期贷　款
中国工商银行东阿县支行	3.10	0.88	1.90	3.03	2.60	0.43
中国农业银行东阿县支行	5.14	1.20	3.45	2.18	2.05	0.1
中国银行东阿支行	2.27	0.56	1.23	2.46	1.51	0.92
中国建设银行东阿县支行	3.15	1.05	1.80	2.62	1.80	
东阿县农信社	11.42	0.55	7.32	9.94	9.91	0.03
中国农业发展银行东阿县支行	0.13	0.13		3.04	3.04	
东阿县邮政管理局	4.82		4.82			

实现利税3.05亿元。

全年社会消费品零售总额9.58亿元，增长16.4%。进出口总额262万美元，其中，出口202万美元，增长90.57%。

全县城镇居民人均可支配收入5700元，增长5.6%；农村居民人均可支配收入2968元，增长17.2%。

【金融概述】 2004年，东阿县金融形势运行良好，国家宏观调控效果显现，存贷款保持增长态势，但增速较上年减慢，金融信贷资产结构不断优化，质量不断提高，贷款不良率下降了12.77%，4家国有商业银行及农信社实现盈利4581万元，经营效益进一步提高。

【各项存款】 截至2004年末，东阿县金融机构各项人民币存款余额30.38亿元，新增3.31亿元，同比少增1.36亿元；外汇存款不足0.01亿美元，升降趋势不明显。

一、企业存款。截至年末，东阿县企业存款4.37亿元，增加0.04亿元，占新增存款1.12%，增幅同比降低12.9个百分点。

二、居民储蓄存款。截至年末，东阿县储蓄存款余额20.53亿元，增加1.09亿元，占新增存款比例的32.93%，同比降低28.09个百分点。其中，定期储蓄余额16.4亿元，增加1亿元；活期储蓄余额4.13亿元，增加1.09亿元。

【各项贷款】 截至2004年末，东阿县金融机构各项贷款余额23.28亿元，同比增加1.92亿元，少增1.6亿元，全年新增贷款以短期贷款和票据贴现为主。其中，农业贷款6.96亿元，增加1.35亿元；工业贷款6.46亿元，变动不

中国人民银行莱芜市中心支行

党委书记、行长黄磊深入企业调研

2004年，人行莱芜市中支以党的十六届四中全会精神为指导，坚持“以先进的思想教育人，以严格的制度管理人”的管理思路，确立了“坚定政治信念，甘为央行奉献，守法纪创一流，争做文明行员”的核心价值观，紧紧围绕“创建精品行”的工作目标，改进金融服务，完善内控制度，强化内部管理，以创建学习型领导班子为载体，加强干部队伍建设，切实履行央行职责。文明单位建设富有特色，全员思想得到了凝聚，工作作风有了明显转变，员工的团队意识和责任感明显增强，提高了集体的向心力和战斗力，提升了央行的地位和形象，树立了良好的行风行貌。专业工作有了较大进步，货币政策实施效果显著，全市金融机构本外币各项存款增幅列全省第一，贷款增幅列全省第二。在分行组织的业务技术比赛中多次取得好名次，其中法律知识竞赛荣获集体一等奖，货币金银业务比赛中取得团体一等奖，内审专业竞赛取得团体三等奖。

莱芜中支党委会一班人在学习济南分行工作会议精神

定期组织召开莱芜市金融形势分析座谈会

中国人民银行莱芜市中心支行新办公大楼

中国银行山东省分行

该行党委书记、行长　王建宏

中国银行山东省分行，是山东省内四大国有商业银行中唯一一家本部设立在青岛的省级管辖分行，也是中行系统的十大重点行之一。作为齐鲁大地上历史最悠久的银行，该行自1913年4月15日成立以来，历经92年的风雨洗礼，以其雄厚的实力、成熟的产品和丰富的经验，深得广大客户信赖，曾创造了全省同业的许多第一，打造了一系列卓越的产品品牌，特别在外汇业务领域，独领风骚，享有盛誉。该行辖管16个二级分行，763个营业机构，员工12872人。

——是全省第一家开办外汇存贷款业务的银行，目前仍居领先地位。截至2005年6月末，外汇存、贷款市场份额分别占全部金融机构的41.99%和51.88%，均稳居同业第一。

——是全省第一家办理国际结算业务的银行。依托庞大的国外代理行及海外分支机构网络，为广大客户搭建起了通往海外市场的“高速路”。在当地同业中首推“国内信用证”、“福费廷”、“出口银保通”、“进一路通”和“韩汇通”等业务。国际结算业务被青岛财贸系统授予该领域唯一服务品牌——“国际结算直通车”。截至2005年6月末，市场份额高达43.2%，该业务持续稳居同业榜首。

该行员工在切磋业务

——是全省第一家办理外汇资金和贸易融资业务的银行。在个人外汇理财业务方面不断求索，相继推出“外汇宝”、“期权宝”、“两得宝”和“汇聚宝”等新品，已形成一套比较完善的产品设计和销售体系，同时建立起一套较为完善的风险控制体系；在对公外汇理财方面，该行凭借高素质的风险管理体系和经验丰富、业务精湛的交易人员，以及一流的交易设施和高技术含量、灵活多样的资金业务产品，为客户量身打造一揽子外汇理财方案。

向客户推介中行出国留学一站式服务

——是全省最早应用电子计算机的银行，也是第一家实现了全省电脑数据大集中的银行。推出了本外币、定活期对公、对私和银行卡业务通存通兑通汇，并推出了“一本通”、“电话银行”、“银券通”、“企业银行”、“对公网上银行”（包括“报关即时通”、“汇划即时通”等）等一系列高科技金融服务产品，为客户搭建了全方位服务平台。

——是全省第一家推出信用卡业务的银行。1986年，中国银行发行了中国金融业第一张信用卡——长城信用卡，打破了我国传统的“一手交钱，一手交货”的结算方式。也是全省第一家推出长城国际卡的银行，此卡已成为出国人员必备的首选金融产品，使广大客户实现了“一卡在手，天下遍走”的梦想。目前，该行拥有中银长城卡和中银信用卡两大银行卡品牌，形成了包括中银信用卡（双币种贷记卡）、中银长城国际卡、中银长城人民币信用卡，中银长城借记卡的完整产品体系，满足不同客户群体多元化的支付需求。

2004年7月14日，中国银行成为北京奥运会唯一的银行合作伙伴；2004年8月26日，中国银行股份有限公司成立，标志着中国银行启动了新的航程，也为该行的可持续发展提供了前所未有的良机。在山东省外向型经济发展势头良好的有利形势下，该行将一如既往地以服务全省经济为己任，以服务齐鲁人民为宗旨，稳步推进股份制改造，大力实施流程再造工程，实现前、中、后台分离，竭诚为客户提供全方位、高品质的银行服务，与广大客户携手迎接中行未来的光辉岁月！

该行新办公大楼——青岛国际金融中心

中信实业银行 青岛分行
CITIC INDUSTRIAL BANK QING DAO FEN HANG

中信实业银行青岛分行行长 孙 洲

中信实业银行青岛分行是中信实业银行设在山东的一级管辖行，1991年12月开业。自建行以来，该行坚持“稳步发展，争创一流”的办行方针，积极探索，开拓创新，不断提高服务质量和水平，以现代金融意识开展各项业务，坚持“质量、效益、规模”协调发展。2004年，在总公司、总行的领导和支持下，新的领导班子带领广大干部员工，狠抓整改与发展并举，各项工作取得了初步成效。截至年底，全辖拥有资产232亿元，分支机构43家，员工1122名，本外币各项存款日均余额达184.51亿元，年末各项存款时点数达206.47亿元。

随着宏观经济形势的变化和国家宏观经济调控及产业政策的调整，该行在目标客户群体的选择上，进一步加大了对优质高端客户的渗透和营销力度，退出了没有发展前途和高风险的低端客户。以建立优质的存贷款、中间业务客户群为起点，先后开发了交通、啤酒、家电、电力等行业的集团客户，对这些优质客户和关联企业的授信、异地授信、银票业务、汽车金融业务、存货质押业务等进行了大量调研和跟进检查，并适时调整授信政策，确立了“有进有退，有所为有所不为”的调整方针，更好地防范了信贷风险。

服务、创新，是商业银行业务发展的不竭动力。该行在经营工作中始终坚持创新、优化和发展，贴近市场需求，不断创新金融产品，做到了创新业务月月推出，真诚服务天天相随。其中，代理融通、出口退税贷款、中信理财宝、代理个人保险、代收代付、保管箱、出国金融服务中心暨出国留学保函业务、网上银行、银证通、中信STAR信用卡、缴费通等新业务一经推出，就获得了广大客户的认可与好评，取得了可观的经济效益和社会效益。

中信公司副董事长王川视察青岛分行

该行在大力开拓业务的同时，十分重视思想政治工作和企业文化建设。通过参观优秀企业、组织各种讲座、开展青年文明号和青年岗位能手创建活动等多种形式，提高员工的思想意识，增强了凝聚力，真正做到了“两手抓、两手都要硬”。

“长风破浪会有时，直挂云帆济沧海”，展望未来，中信实业银行青岛分行将一如既往地按照《商业银行法》的规定，稳步发展各项业务，力求以更新的观念、更高的品位、更强的功能，真诚服务于国内外客户，在国家经济建设大业中写下更加辉煌的新篇章。

党员先进性教育活动动员大会

中信实业银行青岛分行2004年度表彰大会

中信实业银行青岛分行

中国工商银行青岛市分行

◦中国工商银行青岛市分行
行　长
蔡治建

工商银行青岛市分行行长蔡治建与到该行进行工作调研的青岛市市长夏耕亲切交流

中国工商银行青岛市分行机关办公大楼

工商银行青岛市分行积极开展向世界500强企业的营销与业务合作

工商银行青岛市分行的领导与员工参加经常性的业务宣传咨询活动

工商银行青岛市分行的青岛市级服务名牌“李健工作站”的员工，在向客户介绍工行的住房贷款业务

招商银行 因您而变

招商银行青岛分行|简介

招商银行是我国第一家完全由企业法人持股的股份制商业银行，是国内第一家采用国际会计标准上市的公司、流通盘量最大的上市银行。招商银行青岛分行2000年5月18日正式成立，现有正式员工380人，在岛城下辖10家营业网点、90台自助存取款机。截止到2004年末，全行资产与负债总额均突破100亿元，当年实现税前利润2.1亿元，资产利润率2%，五级不良贷款率控制在0.2%以内，成为当地较强盈利能力和经营活力商业银行之一。

秉承“因您而变”的经营理念，招商银行青岛分行借助“一卡通”、“一网通”、“招行信用卡”、“金葵花理财”和“点金理财”等国内知名金融品牌的市场优势，以科技领先突破传统银行的经营模式：在当地较早开办了“票据贴现中心”；推出国内第一张人民币“网上信用证”；创新推出了“银关通”、“银税通”、“中港直通车”等金融创新业务。截止到2004年末，银关通累计付税74亿元，在青岛关区付税占比达到80%；当年个人贷款增量占居青岛市场增量的23%；深受岛城市民喜爱的一卡通发卡量达到82万张，卡均存款达到4200元，雄居所有银行卡之冠，个人业务的非柜面业务量已经达到45%。

与此同时，招商银行青岛分行十分注重加强和完善内部管理，提高服务质量，相继通过了ISO9001质量体系认证、英国BSI公司和中国船级社ISO9002质量体系认证，青岛分行创建的“温馨理财”、“二手房之家”服务品牌被评为青岛市财贸系统服务名牌，其中“温馨理财”已成为岛城首个向国家工商局申请注册的金融服务品牌。青岛分行已经以温馨、周到、方便、快捷的服务，在岛城树立起“安全、创新、服务、理财”的现代化商业银行形象。

●温馨理财走进千家万户

●“一卡通”杯青岛市全民登山活动景象壮观

●招银文化建设硕果累累

●银关通业务在同业中遥遥领先

地址 / 青岛市香港中路36号 / 招银大厦　网址 / www.cmbchina.com　全国统一客户服务热线 / 95555

招商银行 青岛分行
CHINA MERCHANTS BANK QINGDAO BRANCH

中国人民银行威海市中心支行

中国人民银行威海市中心支行党委书记、行长 吴明理

2004年，中国人民银行威海市中心支行在上级行的正确领导下，坚持以邓小平理论和“三个代表”重要思想为指导，牢固树立和认真落实科学发展观，按照“提高素质、转变观念、强化管理、争创一流”的总体工作思路，切实转变工作作风，扎实工作，锐意进取，积极贯彻执行稳健的货币政策，认真履行中央银行的职能，在优化金融生态环境，改善金融服务，确保辖区金融安全、高效、稳健运行，促进地方经济持续快速健康发展等方面做了大量的工作，有力地促进了威海市国民经济持续健康、快速地发展。

人行威海市中心支行定期召开辖区市级金融机构行长（主任）联席会议，通报金融运行情况。

人行威海市中心支行协调市政府组织召开全市银企互动会议，推荐重点项目，推动银行和企业合作，促进地方经济发展。

威海市政府组织召开全市政法金融部门负责人座谈会议，探讨防范、化解金融风险的途径，保证金融业的稳定发展。

人行威海市中心支行组织召开辖区金融机构规范存款竞争秩序大会，确保了全市金融秩序的稳定。

临沂市商业银行

客户经理文化周文艺晚会

临沂市商业银行是于1998年2月挂牌成立的股份制商业银行，在山东省工商行政管理局注册登记，为独立的金融企业法人。组织形式为股份有限公司，实行“一级法人、统一核算”经营管理体制。挂牌成立七年来，临沂市商业银行在市委、市政府的正确领导和银监部门的监管扶持下，深化改革，开拓创新，与时俱进，加快发展，使年轻的商业银行从小到大，由弱到强，各项业务实现了大跨度、超常规、跳跃式的发展。目前，已发展成为拥有66家分支机构，1180名员工，资产过百亿元的新型商业银行。截至2004年末，全行各项存款余额80.3亿元，较成立时增加62.3亿元；贷款余额64亿元，较成立时增加48亿元；资产总额达100亿元，较成立时增加80亿元，存、贷款总量、资产总量分别是挂牌成立时的四倍多；资本充足率8.02%，较成立时增加6个百分点；六年累计实现利税3.6亿元，其中2004年实现账面利润4323万元，较上年增加1634万元。总体看来，各项业务指标均创历史最好水平，经营规模在市区银行业居于首位。在国家权威机构对2004年境内112家城市商业银行的竞争力排名中，临沂市商业银行综合竞争力被排名为第46位，在环渤海经济区城市商业银行竞争力排名中列第11位。

在加快业务发展的同时，该行始终坚持以搞好金融服务，支持临沂经济建设为己任，几年来先后累计投放贷款600多亿元，累计签发银行承兑汇票194亿元，大力支持中小民营企业、高科技企业、地方特色企业，及大桥、公路，燃气、大学城、南坊新区、经济开发区等全市重点基础设施建设项目，不仅解决了中小民营企业和个体工商户贷款难、融资难的问题，而且为调整优化经济结构，培植新的经济增长点，促进全市经济和各项事业的发展起到了积极的作用。

第二届业务技术比赛场景

2004年，临沂市商业银行先后被各级部门评为全国“诚实守信”企业、“全省思想政治工作先进单位”、“省级巾帼示范岗”、“全市先进基层党组织”、“社会治安综合治理先进单位”、“市级文明单位”等荣誉称号。

办公大楼

宽敞明亮的机房

日照市商业银行

日照市商业银行成立2000年12月28日，现辖20处支行、1个营业部，从业人员471名。是全国银行间同业拆借中心、全国债券交易市场、全国外汇交易中心、全国城市商业银行资金清算中心的成员。

举办国际业务银企座谈会

成立四年多来，在市委、市政府的正确领导和社会各界的关心支持下，坚持“服务地方经济、服务中小企业、服务广大市民”的市场定位和“市民自己的银行”的经营理念，迎接挑战，与时俱进，实现了事业的超常规跨越发展。截至2005年6月末，资产总额74.1亿元，是成立时的5.9倍；存款余额55.9亿元，较成立时增加46.7亿元，增长503.6%，存款总量占在市内五家商业银行中居第一位；贷款余额55.3亿元(含贴现15.1亿元)，较成立时增加49.1亿元，增长786.1%；到期贷款本息回收率均达99%以上；按“一逾两呆”口径计算，不良贷款率1.64%。

先后荣获省级文明单位、职业道德建设“十佳”单位、“富民兴鲁”劳动奖状、服务业先进单位、内审工作先进单位；市级行风建设先进单位、先进基层党组织、信访“三无”系统先进单位、依法纳税诚信单位等称号。所属的营业部连续两年被表彰为全市金融系统惟一的“行风示范窗口”。

开展全员竞争上岗

开展保持共产党员先进性教育活动

办公营业大楼

中国工商银行日照市分行

中国工商银行日照市分行位于黄海一路43号，辖21个营业网点，在职员工近500人。2004年末资产余额达到57亿元，各项贷款突破50亿元，全年新增贷款21亿元，居日照市各家银行之首。实现利息收入17740万元，实现经营利润9228万元，同比增加6833万元。

工商银行作为最大的国有商业银行，在资金、科技等方面有显著的优势。“幸福之家”、“幸福快车”等品牌已深入人心，推出的电子银行业务平台—“金融e通道”，涵盖了个人、机构、公司客户群体，满足不同客户多方面的需求。“一卡在手，走遍天下”，银行卡业务蓬勃发展。推出了个人理财产品、基金、汇款、代缴话费、保费、银证转账以及“汇市通”等各项金融服务，满足客户的多种需求。

工商银行日照市分行将继续秉承“中国工商银行，您身边的银行，可信赖的银行”的宗旨，全心全意为广大客户提供优质服务。

副市长毛继春、市工商银行行长刘光海陪同省工商银行行长杜宝起考察日照市港口建设。

2004年6月24日，与日照港（集团）签订全面业务合作协议。

召开全市住房开发优质客户座谈会，推广住房金融业务。

大张旗鼓，表彰先进。

抢抓历史改革机遇 谱写信合事业华美篇章

——山东省农村信用社联合社日照办事处

随着农村金融改革的不断深化，省联社日照办事处于2004年8月11日正式挂牌开业，构建了日照市农村信用社新的管理框架，一年来，按照创建“一流金融机构”的目标和“稳健经营，稳步发展”的经营理念，改革、发展、稳定等各项工作都取得了积极进展，业务发展创历史最好水平，农村金融主力军作用更为突出。

山东省农村信用社联合社日照办事处创立大会

日照办事处成立后，牢固树立机遇意识，以改革统领全局，各项改革取得了显著成果，国家扶持资金3.5亿元正陆续到位；增资扩股工作顺利开展，至7月底，全市农村信用社股金总额达3.93亿元，资金实力明显增强，1－7月实现总收入2.3亿元，实现利润9660万元。全市农村信用社加快了向“一流金融机构”迈进的步伐，法人治理结构、组织形式、内部经营机制等改革稳步推进。

办事处积极改进金融服务，各项业务实现跨越式发展，至7月底，全市农村信用社各项存款余额71.8亿元，较年初增加13.96亿元，各项存款余额和增加额均居全市各金融机构第一位。各项贷款余额达到61.6亿元，比年初增加14亿元，占全市金融机构新增贷款的33%，同比多增6.5亿元，超过去年全年贷款增量6.3亿元，成为支持当地经济建设的坚强后盾。

日照市农村信用社大学生生源地助学贷款发放仪式

贷款送田头，农民乐融融

山东济南润丰农村合作银行

山东济南润丰农村合作银行是经中国银监会批准、在原济南市市区农村信用合作社联合社的基础上经过产权制度改革而组建的股份合作制金融机构，于 2005 年 3 月 19 日正式挂牌成立。

近年来，该行在上级行业管理部门的领导下，在人民银行和银行业监管部门的监管指导下，业务发展步伐不断加快，经营效益稳步提升，防范金融风险能力不断提高。在 2004 年中国银监会进行的农村信用社定量指标风险评定中，该行位居全国农村信用社 A 级风险等级前 100 名。在业务发展的同时，整体形象和社会信誉得到大幅提升，2004 年度该行被济南市总工会授予“模范职工之家”荣誉称号。

开拓创新的领导班子

左起：行长助理林丽、监事长程增敏、董事长吕鸿献、行长杨兆福、副行长王恒昌。

上级领导的殷切关怀

中国银监会副主席李伟（右二）到该行视察工作，中国银监会合作部主任张功平、副主任李均峰，山东银监局副局长李怀珍，省联社理事长宋文瑄、副主任丁浩升，省联社济南办事处主任李毅，润丰农村合作银行董事长吕鸿献等领导陪同视察。

济宁市城市信用社

理事长、党委书记　李庆华

监事长　李维水

主任　李　敏

济宁市城市信用社属地方性金融机构，总部设有7个部室，下设1个营业室，14个办事处。主要经营业务范围包括：吸收公众存款；发放短期、中期和长期贷款；办理国内结算；办理票据贴现；发放金融债券；代理发行、代理对付、承销政府债券；买卖政府债券；从事同业拆借；代理收付款项及代理保险业务；提供保管箱业务；办理地方财政信用周转使用资金的委托存贷款业务；经人民银行批准的其他业务。截至目前，全社共有正式员工281人。按学历分类，大专及以上学历员工253人，占员工总数的90.03%，大专以下学历员工29人，占员工总数的9.97%；按职称分类，专业技术人员97人，其中中高级职称48人，占员工总数的17.08%，初级职称员工51人，占18.15%；管理人员52人，占18.51%；党员67人，占23.84%。

济宁市城市信用社以服务地方经济、方便城市百姓、支持中小企业发展为己任，树立"新服务、新理念、新机制、新发展"的观念。认真落实国家宏观调控的各项措施，坚持依法合规，审慎稳健的经营理念，以支持中小企业发展为重点，全力塑造地方银行的社会信誉。重组以来，全社存款较重组前增长2.99倍，累计发放贷款331亿元，累计上缴税金4824万元，为促进地方经济持续、快速、协调、健康发展做出了应有的贡献。2003年被济宁市国家税务局、地方税务局授予"A级纳税先进企业"。

领导班子

加大对中小民营企业的信贷资金支持，始终把培育优质中小民营客户作为一项重要战略目标。该社重组以来，每年至少60%以上的新增贷款投向中小企业，全社对中小企业贷款占贷款余额的88%以上，余额达15.4亿元，有力的支持了中小企业的发展。

努力改善金融服务，积极壮大资金实力，全力支持中小企业的发展。济宁市城市信用社牢固树立科学发展观，有效落实国家宏观调控政策，坚持在"发展中调整，在调整中发展"的总体发展思路，重在调整信贷结构，控制风险资产管理总量，保持信贷业务稳定增长，提高新增贷款的"含金量"。近年来，在调整信贷资金投向的同时，适度增加对煤炭、电业、石油、交通等重点行业优势的信贷支持，重点加强了对支持中小企业、民营企业的力度、支持中小民营企业200多户，累计贷款60亿元，在支持企业发展的同时自身业务得到发展壮大。

心贴心的服务

德州市商业银行

德州市商业银行董事长　孙玉芝

德州市商业银行自成立以来，在市委、市府和各级监管机构的关心领导下，紧紧立足"地方金融市民银行"市场定位，充分发挥体制先进、机制灵活的优势，创新发展理念，明确经营思路，规范内部管理，强化风险控制，各项经营指标实现了历史性跨越。2005年上半年被中国银监会评为全国一类城商行，这也是山东唯一一家一类城商行。

截止6月份，各项存款总额47.8亿元，较年初增长8.5亿元，增长21.57%；各项贷款余额35.1亿元，较年初增长9亿元，增长34.40%。分别完成年度计划的99.7%和200%。按五级分类标准，加强了对清收化解工作的组织领导和检查监督。使不良贷款率降至5.15%，利息回收率达到90.83%，较上年提高了5.18个百分点。上半年，全行完成营业收入26499万元，提取拨备2000万元，消化历史包袱371万元，实现纯利1919万元，人均经营利润10.22万元。自成立以来，资本充足率始终保持在8%以上，核心资本充足率保持在6%以上，拨备覆盖率达到45.54%，较年初提高了21.45个百分点。备付金比率一直保持在5%以上，资产流动性比例保持在30%以上，均达到监管标准之上。

2005年初根据德州市经济发展状况，制定了《德州市商业银行五年发展规划》。即在未来五年内，各项存款增长61亿元，达到100亿元；各项贷款增长44亿元，达到75亿元；提取各项准备金2.9亿元；缴纳税金3.2亿元，实现税后纯利2.8亿元。

目前，德州市商业银行正以成立为契机，紧抓战略机遇期，动员全行力量，自我加压，积极融入到全市加快发展的行列中，向着把德州市商业银行做实、做强、做大、做优的目标稳步迈进。

德州市商业银行成立暨揭牌仪式，山东银监局副局长王朝弟、德州市委书记黄胜揭牌

诸城市农村信用合作社联合社

诸城市农村信用合作社联合社党委书记、理事长：段俊生

春临密州花似锦，秋漫龙城果飘香。诸城农信人携恐龙之乡的大气与灵秀，在50年的发展道路上，锐意进取，开拓创新，取得了无数佳绩，为农村信用社的发展和地方经济建设做出了突出的贡献。联社曾连续三年保持全国农信系统唯一被中央文明办、国务院纠风办授予“全国创建文明行业示范点”的殊荣，“省级文明单位”等荣誉。

2004年以来，面对金融改革的新形势，联社领导班子以博奕之道在于谋，经营之道在于先的市场意识，审时度势，制定了三年总体工作思路，即以开展“规范化服务建设年”活动为突破口，全力提高服务水平和工作质量，以调整结构为主线，不断优化经营格局；以强化支农营销网络为手段，努力扩大各项业务的市场占比；以增加收入为重点，全面做好各项工作。在新的工作思路的引导下，全社上下不畏艰险，求索前行，经营管理工作不断创新。加快中间业务的发展步伐，新业务对全社经营效益的贡献度得到全面提升。创新不良资产处置手段，提升了处置实效。创新贷款营销方式，有力地保证了支农贷款的发放，巩固了农业贷款在各项贷款中的占比，确保了对支持“三农”的市场定位。到2005年6月末，各项存款余额38.2亿元，各项贷款余额35.8亿元，分别比年初增加5.3亿元和6.7亿元。

欲达通衢铺前路，放眼明朝尽风流。联社党委积极顺应深化农村信用社改革的新形势，以开展保持共产党员先进性教育活动为动力，在今后的工作中，将全面加大经营管理工作力度，积极加强企业文化建设，大力弘扬“改革创新、团结实干、廉洁高效、争创一流”的企业精神，通过各项工作的长足进步，努力推进和加快改革与发展的进程。（王焕海　李树基）

诸城市农村信用联社荣获“全国创建文明行业示范点”称号

2005年6月22日，省农村信用联社宋文瑄理事长在潍坊市农村信用联社理事长王新声等陪同下来诸城市农村信用联社调研，诸城市委书记刘德成、副书记市长邹庆忠、副市长尹凤来等陪同调研。听取了诸城市农村信用联社理事长段俊生工作汇报。

诸城市委副书记李宁等领导对农村信用联社利用主办的《农村金融》报等形式宣传开展保持共产党员先进性教育活动给予了充分肯定。

诸城市农村信用合作社联合社办公大楼

▶诸城市农村信用联社召开支农营销网络建设工作现场会，大力推广农户小额贷款，促进农业产业结构调整。

昌邑市农村信用社

●基本概况　昌邑市农村信用社成立于1951年，是经中国人民银行批准，依法设立，为农民、农业、农村经济服务的社区性地方金融机构，面向社会办理存款、贷款、贴现、结算和银行卡业务，代理其它银行的金融业务，代理收付款项及受托代办保险业务，代理发行、兑付及承销政府债券，办理人民银行批准的其它业务。全市农村信用社现辖1处营业部，6处信用社，54处信用分社，员工606人，营业网点遍布城乡。

●发展历程　50多年来，全市农村信用社在支持城乡经济发展的同时，自身也不断发展壮大。特别是近年来，在各级领导的关心支持下，我们秉承改革东风，坚持服务“三农”市场定位，以深化改革为动力，以提高效益为中心，树立和落实科学的发展观，团结带领全社干部职工励精图治，扎实工作。经过全社员工的共同努力，全社呈现出改革发展稳步推进、内控管理明显增强、业务规模稳健扩张、经营效益大幅提高、职工的精神面貌焕然一新的良好局面，业务经营五年迈出五大步。各项存款由2000年初的13亿元，达到2005年10月底的33.7亿元，翻了近两番；各项贷款由2000年初的9.7亿元，增长到现在的23.7亿元，其中农业贷款占比由54.15%上升到目前的62.17%；不良贷款占比由2000年的53.7%下降到现在的1.97%；经营效益到2004年实现考核利润3346万元。2000年底在全省137家县联社考评中，一举摘掉了多年来全省“十大高风险社之一”的帽子，并将全省综合实力排名提升了近60个名次；2004年递进至第33名，跨入全省农信系统先进联社行列。

在加快自身业务发展的同时，全市农村信用社以支持农业、农民和农村经济发展为己任，探索出了深受农民欢迎的农户贷款证、贷款上柜台、客户经理、营销员和支农信息员等具有农信个性化和差异化最佳结合的金融服务品牌；开通了综合业务网络系统，储蓄存款实现了全省通存通兑。

●美好前景　按照党中央、国务院确立的农村信用社“明晰产权关系、强化约束机制、增强服务功能、国家适当支持”的改革要求，我们将积极稳妥地加快推进管理体制和产权制度改革，真正把信用社逐步办成由农民、农村工商户和各类经济组织入股，为农民、农业和农村经济发展服务的社区性金融机构。随着中国建设农村小康目标政策的实施和改革进程的加快，作为支持城乡经济发展主力军的昌邑市农村信用社，面临更加辉煌灿烂的明天！

昌邑农信1999－2004年主要业务指标一览表

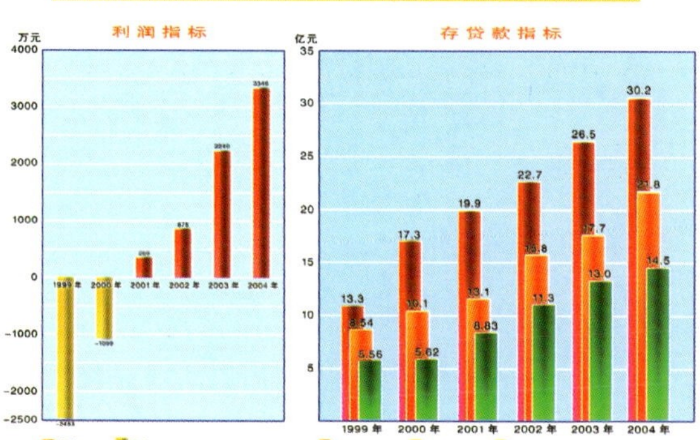

临沂市罗庄区农村信用合作联社

临沂市罗庄区农村信用合作联社成立于1995年3月，是一家由社员入股、实行民主管理、独立核算、自主经营、自负盈亏、具有一级法人资格的社区性地方金融企业。下辖1个营业部、8个信用社、32个分社，现有员工400余人。主要办理存款、贷款、票据贴现、票据承兑、银行卡、银证通、国内结算、个人储蓄、代理收付款项及受托代办保险等业务。

近年来，联社坚持“稳健经营，稳步发展”的经营理念，以深化改革为动力，以加快业务发展为主线，以强化内部控制和风险防范为重点，以增强服务功能为突破口，与时俱进，强化管理，各项工作均取得了显著的成绩。截至2005年7月末，各项存款余额达30.6亿元，较年初增加2.5亿元；各项贷款余额达27亿元，较年初增加2亿元。经营效益逐年增长，2005年上半年人均实现考核利润在全省农村信用社县、区联社(合作银行)中排名第一位。联社多次被评为区级“振兴罗庄贡献特等奖”、“十佳文明示范窗口”；市级“企业文化建设示范单位”、“文明单位”、“社会治安综合治理先进单位”、“A级纳税信用等级单位”；省级“扭亏增盈先进集体”。

营业大厅

荣誉

联社办公大楼

中国重汽财务有限公司

中国重汽财务有限公司(以下简称重汽财务公司)成立于1987年9月，是经中国人民银行批准的非银行金融机构，由原中国重型汽车集团公司(以下简称原重汽集团)23家成员单位出资组成，总股本79160万元，是全国最早成立的企业集团财务公司之一。

重汽财务公司成立十几年来，积极开拓业务，为原重汽集团的生产经营做出了积极的贡献。

2001年随原重汽集团下放重组，于2004年6月重组工作结束，2004年10月28日经中国银监会批准恢复正常营业，中国重汽财务有限公司宣告成立。

现重汽财务公司，由42家股东组成，注册资本5亿元人民币(其中外汇资本金500万美元)，中国重汽占58.55%的股份，注册地山东省济南市无影山东路39号，营业面积为3000多平方米，现有综合办公室、资金信贷部、会计部、投资银行部、消费信贷部、资产管理部、结算中心七个部门，在重庆市设有一个营业部。

重汽财务公司现有在岗人员30人，其中高级管理人员3人，具有大专学历16人，占总人数比例的57%；本科以上学历10人，占总人数比例为36%；从事金融或财务工作5年以上的有26人，占总人数比例为93%；从事金融或财务工作10年以上的14人，占总人数比例为50%。

重汽财务公司在中国银监会和山东监管局的监督指导下，遵循 “股东至上、服务第一、依托重汽、全面发展”的经营宗旨，提高风险防范意识，规范操作依法经营，充分发挥企业集团财务公司的功能，积极开展业务，与时俱进，为企业的经营和发展积极开发金融产品，做好金融服务，积极为客户着想，为股东服务，真正体现“亲人”服务的经营理念，使重汽财务公司在开拓中发展，在发展中壮大。

按照中国银行业监督管理委员会颁布的《企业集团财务公司管理办法》的规定，经中国银行业监督管理委员会批准，重汽财务公司主要经营以下业务：

1、对成员单位办理财务和融资顾问、信用鉴证及相关的咨询、代理业务；

2、协助成员单位实现交易款项的收付；

3、经批准的保险代理业务；

4、对成员单位提供担保；

5、办理成员单位之间的委托贷款及委托投资；

6、对成员单位办理票据承兑与贴现；

7、办理成员单位之间的内部转账结算及相应的结算、清算方案设计；

8、吸收成员单位的存款；

9、对成员单位办理贷款及融资租赁；

10、从事同业拆借；

11、成员单位产品的消费信贷、买方信贷及融资租赁。

在经营过程中，重汽财务公司严格遵循规范操作依法经营的原则，根据集团生产经营的需要，积极开拓金融产品，做好金融服务平台，为集团的发展服务。根据集团的需要，目前主要开展了集团公司内部资金结算业务、集团内部资金信贷业务、票据承兑及贴现业务、汽车消费信贷业务。

财务公司的结算业务已经实现了集团公司济南地区所有企业的集中结算，使集团的资金得到了集中统一管理。资金信贷业务和票据贴现业务的开展缓解了集团公司企业在生产经营上资金紧张的矛盾，为企业的产品开发和生产经营提供了金融支持。汽车产品的消费信贷业务是财务公司结合自身的优势和特点正在探索中开展的一项新业务，为了扩大汽车产品的消费信贷业务，财务公司正在进行广泛的市场调研和业务试点操作，并在积极的和保险公司进行合作方面的论证和探讨，与保险公司合作开发汽车消费信贷市场，通过试点总结经验逐步扩大范围，使该业务成为财务公司扩大金融产品服务集团的一个亮点。

为了提高现代化管理水平，重汽财务公司已经实现了业务微机化和操作电算化，集团内部的结算业务已经实现了与各结算单位的网络结算，财务会计和银行业务已经实现了网银系统连接，提高了工作效率和业务操作的安全性。

其他金融业务正在根据集团公司的需要和财务公司自身发展的要求逐步开展。

重汽财务公司将奉行“股东至上，服务第一，依托重汽，全面发展”的经营宗旨，在防范风险的前提下，积极开发金融产品，为集团服务，为股东创造更大的利益，同时使财务公司得到更大的发展。

公司地址：济南市无影山东路39号　　邮编：250031
电话：0531-85582525　　传真电话：0531-85582530

兖 矿 集 团 有

山东省委书记张高丽视察鲁化

兖矿集团有限公司是传统文明与现代文明在齐鲁大地上孕育的一支奇葩。她坐落在孔孟之乡的山东省济宁市，目前拥有全资子公司、控股公司和参股公司50余家，产业以煤炭为主，融煤化工、煤电铝、金融、建筑安装、机械制造、运输、贸易等为一体，2004年总资产372亿元，销售收入232亿元，利税53亿元，进出口贸易总额7.75亿美元，出口创汇6.62亿美元。控股企业兖州煤业股份有限公司在纽约、香港、上海三地上市，连年进入“中国上市公司50强”。

兖矿集团先后完成矿区开发建设技术、综采放顶煤技术、对置式多喷嘴气化炉技术、水煤浆制造技术等居世界前沿的技术创新；曾获“国家科技进步特等奖”、两次国家科技进步一等奖、“全国优秀企业金马奖”、“全国质量效益型企业特别奖”、全国质量管理奖等国家级荣誉；主要产品“兖州煤”是“中国公认名牌产品”，在日本市场免检；集团公司及其属下23家企业通过ISO—9001质量体系认证和ISO—14001环境体系认证。兖矿集团被大公国际资信评估公司评定为AAA级企业；拥有国家级技术研究中心、工程中心和企业博士后科研工作站，员工中享受国家政府津贴18人。

兖矿的建设和发展得到了历届党和国家领导人的关怀和重视，先后有十几位领导人莅临兖矿视察和指导工作。1999年7月，江泽民高度评价了兖矿的改革；2000年6月，朱镕基称赞兖矿是中国最好的煤矿；2001年10月，吴邦国视察兖矿，寄望兖矿建成“一个主体、三个基地”（国有资产投资主体，商品煤供应基地、出口煤基地、煤炭深加工基地），在中国煤炭工业结构调整中挑大梁。2004年10月，温家宝在京召开企业界人士座谈会，集团公司董事局主席、党委书记耿加怀出席并发言。

省长韩寓群视察国泰化工工地（前排左起：丁辉、耿加怀、韩寓群）

副省长王仁元视察兖矿集团

限 公 司

电解铝车间一景

兖矿电解铝车间

东滩矿采煤

建设中的国泰化工近景

建设中的国泰化工全景

力诺集团有限责任公司

中共中央政治局常委、全国人大常委会委员长吴邦国同志在力诺视察指导，图为委员长饶有兴致地观看力诺瑞特热水器模型。

山东省委书记、人大常委会主任张高丽，山东省省长韩寓群等领导非常关心力诺集团的发展成长，多次到力诺集团视察、现场办公。图为张高丽书记、韩寓群省长在省市有关领导陪同下视察力诺科技园。

力诺集团有限责任公司成立于1994年，是以新能源、新材料、新技术为发展方向，以中西制药(生物工程)、玻璃新材料、太阳能光热光伏系列产品、油漆涂料、有机化工为主导产业，多元化产业集团公司，注册资本63688万元，现有员工13000余人。集团总部位于山东省会济南东部新城的黄金地带，文化底蕴深厚，环境优美。集团拥有综合进出口权，已通过ISO9002国际质量体系认证，建有博士后工作站，被国家科技部认定为“国家重点高新技术企业”，入围山东省大(特)型企业行列。

力诺产品横跨中西制药、玻璃新材料、太阳能光热光伏、油漆涂料有机化工四大系列，有高硼硅系列管棒材和吹制压制产品、日用玻璃器皿、医用包装玻璃、电光源玻璃、水晶玻璃；太阳真空集热管、热管式集热管、太阳热水器、分体式太阳能热水系统、太阳能光伏系列产品；中药、西药、新特制药、生物制药；油漆涂料、有机化工等三千多个品种。其中高硼硅玻璃管材、棒材占国内65%市场份额，太阳真空集热管(含热管式集热管)占国内40%以上市场份额，出口欧洲，为免检产品，在国内外客户中树立了牢固的力诺品牌形象；高硼硅耐热玻璃器皿，具有国内领先水平；甲级料中性药用玻管、甲级料中性药用安瓿(小瓶)、分体式太阳能热水系统、太阳能光热光伏系列产品填补国内空白，达到国际先进水平；双虎涂料、力诺“红花”日用玻璃器皿均是历史悠久的民族品牌；医药系列有500多个文号的中西医药产品和新特药产品，其中宏济堂制药是我国中药行业著名的中华百年老字号，拥有包括国家一类新药人工麝香酮、国家二类、三类新药前列欣胶囊、金鸣片在内的11个剂型120个品种；永宁制药拥有包括国家新特药在内的170个西药产品。油漆涂料有工业防腐涂料、汽车涂料、建筑涂料、精工涂料、粉末涂料、新品木器装饰漆等系列产品；有机化工有苯甲酸钠等十几种系列产品。目前集团还形成了从最初的石英砂到高硼硅玻璃到真空集热管到太阳能热水系统；从石英砂到甲级料玻璃、甲级料安瓿小瓶；从石英砂到高硼硅玻璃到压制吹制产品三条互为补充、互为依托、互相促进的产业链。

力诺集团产业报国，诚实守信，得到了各级政府的高度褒扬和社会各界的广泛好评。先后荣获济南市先进企业称号，济南市精神文明建设先进单位称号，济南市先进基层党组织称号，山东省现场管理样板企业称号，省级重合同守信誉企业称号，省农行、省建行授予的AAA级企业称号，山东省十佳高科技企业称号，山东省质量管理先进企业称号，山东省企业文化建设示范企业称号，山东省思想教育先进企业称号，山东省诚信纳税企业称号，山东省文明诚信民营企业称号，中华人民共和国海关A类企业称号，被省委省政府评为全省优秀民营企业，被全国工商联等单位授予中国优秀民营科技企业称号和全国就业先进会员企业称号。党和国家领导人，省委省政府，市委市政府各级党政领导，国内外著名的专家学者先后莅临力诺集团视察、调研工作，对力诺集团各项工作给予高度评价。

时任山东省省委书记的吴官正同志，在省市有关领导的陪同下视察力诺生产基地——济南力诺玻璃制品有限公司。

德国副总理兼外长菲舍尔专程为力诺瑞特新厂区落成剪彩，成为德国高级政府官员参加中国（亚洲）合资企业剪彩的少数特例，引起国内外媒体的广泛关注，我国外交部发言人章启月就此事专门回答了中外记者提问。

体现阳光产业、生态园区、人文景观、可持续发展理念的智能化高科技的力诺集团总部办公大楼

力诺集团与德国帕拉迪格玛公司成立合资公司——力诺瑞特新能源有限公司，位于济南经十东路力诺科技园，是我国国内著名太阳能热水器、热水系统制造商。

国内最大的高硼硅玻璃生产基地——力诺太阳能股份有限公司中原公司，位于河南濮阳，主营高硼硅玻璃管棒材，其中太阳能毛坯玻璃管占国内市场份额的65%。

力诺集团在人民大会堂钓鱼台举行“分体式太阳能热水系统”新闻发布会，在行业界引起轰动。

建厂最早的力诺特种玻璃生产基地——济南力诺玻璃制品有限公司，位于商河县玉皇庙镇，主营高硼硅压制耐热玻璃器皿、吹制玻壳、医药包装玻璃，其中甲级料医药包装玻璃填补了国内空白。

力诺集团的西药普药生产基地——济南永宁制药股份有限公司，位于济南经十东路力诺科技园。图为按照GMP标准建设的气势宏伟的生产车间外景。

山东力诺科峰制药有限公司，坐落在济南经十东路力诺科技园，风景如画、花园式的生产基地。

将军烟草集团

行业及地方政府领导视察将军集团

团结务实的领导班子

将军烟草集团成立于1993年1月，是全国烟草行业首家企业集团。将军烟草集团实行母子公司制，母公司将军烟草集团有限公司包括济南、新疆两家卷烟厂，拥有经贸、投资、纸业、复烤、香精香料、金融等多家控股、参股公司，资产总值63亿元。主要生产"将军""大鸡""雪莲"等三大系列卷烟。"将军"牌卷烟为国优名牌产品，"大鸡"牌卷烟为省优、行优名牌产品。企业设备先进，技术力量雄厚，有行业级技术中心和现代化的科研、生产、检测设备。2004年生产卷烟93.87万箱，销售卷烟96万箱，实现销售收入47.23亿元，税利26.16亿元。

将军烟草集团有限公司骨干企业济南卷烟厂建于1928年，是国有大型企业，2004年生产卷烟79.87万箱，销售卷烟81.4万箱，实现销售收入39.32亿元，工业税利22.17亿元，经济效益居济南市各企业前列。济南卷烟厂连续多年被评为山东省文明单位、优秀政工企业，荣获了全国烟草行业先进企业、全面质量管理全国先进企业、全国优秀政工企业和全国纪检监察系统先进集体等荣誉称号。企业贯彻"内外一流、内外满意、锲而不舍、不断追求"的质量方针，1997年1月通过法国和上海质量管理认证机构ISO9002国际标准认证，2001年12月5日通过上海质量管理认证机构GB/T19001－2000质量管理体系的认证，同时建立了标准化管理体系，使企业管理登上新的台阶。2004年济南卷烟厂售后服务中心获得了烟草行业唯一的"2004年度全国用户满意服务明星班组"称号。"十五"期间，济南卷烟厂被国家烟草专卖局定为重点技术改造企业，具有充足的发展后劲。

二OO五年四月

集团总部大厦

大；商业贷款4.04亿元，减少0.1亿元；个人消费贷款0.82亿元，增加0.54亿元；固定资产投资0.13亿元，保持同期水平；技改贷款0.1亿元，减少0.09亿元。

【金融调控】 2004年，人行东阿县支行致力于货币政策传导与落实，制定印发了《关于金融机构进一步强化对县域经济信贷支持的指导意见》，健全了银企联席会议、经济金融运行分析、货币政策实施报告和货币运行分析制度，增进政、银、企多方交流沟通，对金融支持地方经济健康发展做出了积极的贡献，全年中小企业信用担保以及下岗失业人员小额担保贷款业务发展良好，县支行被评为“聊城市就业、再就业先进单位”。

【金融监管】 2004年，银监会东阿县办事处注重非现场监管，一是对各行社5万元以上的不良贷款逐笔清理，登记台账；二是除配合分局对国有商业银行和联社高管人员年度考核外，组织了对8个法人信用社的考核，并对农信社内控制度建设与落实中存在的问题提出整改意见，督促农信社加强内控，防范风险；三是督促农联社积极增资扩股，降低不良贷款、提高资本充足率，发挥了应有的作用。

（姜立新）

第十一部分

各市地经济金融概况（鲁南与鲁西南地区）

济宁市

【经济概况】 2004年，济宁市围绕建设经济强市、文化名市、组群结构大城市的奋斗目标，全面落实科学发展观，开拓创新，扎实苦干，城乡面貌发生较大变化，人民生活水平不断提高，社会各项事业全面进步。全年实现地区生产总值1102.16亿元，同比增长17.2%。其中，第一产业增加值152.57亿元，增长8%；第二产业增加值568.85亿元，增长21.9%；第三产业增加值380.74亿元，增长14.7%。人均地区生产总值13766.76元，增长24.4%。三次产业比重由上年的14.4:49:36.6转变为13.8:51.6:34.6。实现财政总收入104.7亿元，增长22.9%；其中，地方财政收入54.06亿元，增长24.4%。

一、农业生产全面发展，结构调整步伐加快。2004年，济宁市农、林、牧、渔业增加值比例为55.1:2.3:35.5:7.1，林牧渔业增加值占农业增加值的比重达到44.1%，同比提高1.1个百分点，农业结构进一步趋于合理。全年实现农业增加值300.88亿元，同比增长24.2%。粮食总产345.72万吨，增长6.8%；其中，夏粮总产147.02万吨，下降9.7%，秋粮总产198.7万吨，增长23.6%。棉花、油料、水果、蔬菜总产分别为12.03、26.12、21.53和813.81万吨，分别增长16.5%、0%、15.8%和16.2%；肉类、禽蛋、奶类和水产品总产分别为74.85、50.63、5.69和26.55万吨，分别增长10.5%、5%、22.3%和36.2%。林木覆盖率22%，增长3.17%；农机总动力652.99万千瓦，增长8%。

二、工业生产持续增长，经济效益显著提高。2004年，济宁市完成工业增加值495.3亿元，同比增长24.6%。国有及年销售收入500万元以上的非国有独立核算工业完成增加值408.5亿元，增长32.1%；其中，国有企业完成工业增加值67.3亿元，增长42.6%；集体企业完成工业增加值12.3亿元，增长16.8%；股份合作制企业完成工业增加值9亿元，增长18.9%；股份制企业完成工业增加值252.6亿元，增长39.5%；外商及港澳台商投资企业完成工业增加值45.4亿元，增长15.6%；其他经济类型企业完成工业增加值22.3亿元，增长98.9%。规模以上工业企业实现产品销售收入1070.4亿元，同比增长43.2%；实现利税159.3亿元，增长53.6%；实现利润93.6亿元，增长53.2%。全员劳动生产率93396元/人，增长29.1%；产品销售率97.5%，提高0.12个百分点，工业经济效益综合指数为187.55%，提高25.4个百分点。

三、消费品市场稳中趋旺，市场物价同比上升。2004年，济宁市全年实现社会消费品零售总额293.8亿元，同比增长16.5%。县及县以上城镇消费品零售额224.3亿元，增长20.1%；县以下农村实现消费品零售额69.5亿元，增长6.3%。其中，批发零售贸易业零售额239.3亿元，增长16.8%；餐饮业零售额41.2亿元，增长18.3%。在全部消费品零售总额中，个体私营经济零售额197.7亿元，增长13.2%，所占比重为67.3%。城乡集贸市场稳步发展，年末全市超亿元商品交易市场达到16处。居民消费价格指数为102.3%，同比上升2.3个百分点。

四、固定资产投资规模扩大。2004年，济宁市全社会固定资产投资完成508亿元，同比增长42.7%。其中，规模以上固定资产投资490亿元，增长45.2%。基本建设投资383.8亿元，增长47.5%；更新改造投资52.4亿元，增长15.6%；房地产开发投资40.96亿元，增长62.9%。按产业分，第一产业投资14.2亿元，增长68.7%；第二产业投资334.3亿元，增长45.9%；第三产业投资141.5亿元，增长43.3%。全年在建项目总规模达到906.4亿元。

五、进出口保持较快增长，对外经济发展势头良好。2004年，济宁市全年进出口总额14.44亿美元，同比增长43.6%。其中，进口6.20亿美元，增长30.9%；出口8.25亿美元，增长54.8%；在出品商品中，初级产品出口额2亿美元，增长24.7%，占出口总值比重的24.3%，工业制成品出口额6.2亿美元，增长67.9%，占出口总值比重的75.7%。利用外资取得新突破。全年新批准利用外资额10.93亿美元，增长84.4%；实际利用外资4.12亿美元，增长105%。

六、城乡居民生活水平进一步提高。2004年，济宁市在岗职工工资总额75.63亿元，同比增长13.4%；在岗职工平均工资13608元，增长13.5%。城市居民人均可支配收入9502.21元，增长14.3%；人均消费性支出6024.49元，增长8.6%。农村居民人均纯收入3648.2元，增长14.8%；人均生活费支出2232.9元，增长19.0%。城市恩格尔系数为38.3%，农村恩格尔系数为39.1%。

【金融概述】 2004年，济宁市金融机构按照国家宏观调控要求，着力调整信贷结构，存款增速较同期放缓，结构变化明显，信贷总量调控适度，银行经营效益显著提高。

【存款情况】 截至2004年末，济宁市金融机构各项人民币存款余额778.89亿元，同比增加115.43亿元；各项外汇存款余额4.37亿美元，增加2.29亿美元。

一、企业存款月度间增势平稳，增量同比下降较多。截至2004年末，济宁市企业存款余额167.50亿元，同比增加

济宁市经济主要统计指标

指　　标	1999	2000	2001	2002	2003	2004
土地面积（平方公里）	10685.7	10684.9	10684.9	10648.9	10648.9	10648.9
人口（万人）	784.56	786.30	793.95	796.77	798.89	802.30
#非农业人口（万人）	177.15	187.05	199.92	206.82	228.64	239.24
地区生产总值（亿元）	528.71	578.44	650.02	743.50	882.61	1102.16
地区生产总值增速（%）	11.1	11.0	12.37	14	16.7	17.2
第一产业（亿元）	112.6	114.80	118.5	122.10	127.07	152.57
第二产业（亿元）	223.96	248.51	288.0	341.00	432.64	568.85
#工业（亿元）	193.8	213.83	250.50	292.00	369.29	495.3
#建筑业（亿元）	30.16	34.68	37.5	49.00	63.35	73.55
第三产业（亿元）	192.15	215.13	243.5	280.40	322.90	380.74
地区生产总值构成（%）	100	100	100	100	100	100
第一产业	21.30	19.8	18.2	16.4	14.4	13.8
第二产业	42.36	43	44.3	45.9	49	51.6
第三产业	36.34	37.2	37.5	37.7	36.6	34.6
财政总收入（亿元）	41.85	45.36	52.54	67	85.2	104.7
#地方财政收入（亿元）	24.27	27.78	34.06	39.27	47.77	54.06
全社会固定资产投资（亿元）	150.77	175.6	184.6	234	356	508
#基本建设（亿元）	52.63	61.58	53.35	54.38	66.72	383.8
#更新改造（亿元）	17.2	19.23	22.66	1.19	21.33	52.4
#房地产开发（亿元）	2.64	3.07	2.17	3.58	6.58	40.96
固定资产投资增速（%）	15.96	16.47	5.13	26.76	52.14	42.7
进出口总值（亿美元）	2.93	3.74	4.57	6.34	10.06	14.44
#出口总值（亿美元）	1.56	2.14	2.54	3.57	5.33	8.25
实际利用外资（亿美元）	0.22	0.25	0.92	0.88	0.01	6.20
社会消费品零售总额（亿元）	149.31	166.41	185.88	208.65	241.55	293.8
居民消费价格指数（%）	99.1	100.1	101.4	100.8	104.8	102.3
城镇居民家庭人均年收入（元）	5389	5774.04	6352	7285.38	8309.84	9502.21
农民家庭人均年收入（元）	2573	2675.7	2824.2	2973.42	3178.12	3648.2
人均地区生产总值（元）	6762.47	7364.63	8226.80	9347.97	11062.63	13766.76

济宁市金融主要统计指标

指标（亿元）	1999	2000	2001	2002	2003	2004
金融机构存款余额	363.30	411.12	466.39	540.51	662.75	778.89
（一）企业存款	84.42	94.35	107.87	113.83	145.53	167.50
（二）储蓄存款	262.75	288.01	325.19	369.65	430.23	488.10
#定期储蓄存款	207.78	221.95	248.31	275.02	312.18	350.56
#活期储蓄存款	54.98	66.06	76.88	94.63	118.05	137.54
金融机构贷款余额	304.89	316.49	356.00	407.74	492.61	543.76
（一）短期贷款	229.81	234.69	260.02	290.43	334.02	348.89
#工业贷款	46.31	39.41	65.03	83.57	95.32	107.11
#商业贷款	86.47	76.74	79.44	79.59	78.87	74.49
#农业贷款	28.89	31.96	40.97	51.50	61.94	72.96
（二）中长期贷款	50.83	53.28	63.06	80.83	99.35	130.57
#基本建设贷款	28.01	28.68	28.07	40.13	42.55	51.45
#技术改造贷款	12.82	15.08	17.54	4.63	7.22	12.69
现金收入	904.18	1054.70	1216.39	1456.67	1901.58	2475.85
现金支出	919.64	1067.53	1230.67	1473.60	1910.56	2493.36
现金投放（+）回笼（-）	15.46	12.83	14.27	16.93	8.98	17.51
当年结益	-6.78	-5.19	-2.89	-3.27	-2.24	5.64

济宁市主要金融机构负责人

单位名称	行长（或其他称谓的第一负责人）	副行长（或其他称谓的同级领导）
中国人民银行济宁市中心支行	丁　宁（行长）	罗亮森　杨家杰　孙秋生　张善杰　郑现中
中国银监会济宁监管分局	任荫盈（局长）	朱　杰　田邦升
中国农业发展银行济宁市分行	刘岱军（行长）	赵性存
中国工商银行济宁市分行	王跃民（行长）	许在敏　王卫星　盖　伟　杨　峰
中国农业银行济宁市分行	翟世勇（行长）	王东升　郭永常　孙士乐　李兖平　王　华
中国银行济宁分行	庞新锋（行长）	张亚军　石　峰
中国建设银行济宁分行	吴洪臣（行长）	马仁明　曾庆敏　李克文　孙继先　焦　兵　邵泽忠　李永浩
交通银行济宁分行	林传军（行长）	任宪富　杨玉金　薛　峰
中信实业银行济宁支行		王中兴（主持工作）刘　勇　钟银成
济宁市城市信用社	李　敏（主任）	申家勇　程传新　陈振勇
农信社济宁市办事处		李金安（主持工作）王　力　陈卫东

济宁市主要金融机构业务概况

单位：亿元

单位名称	存　款	企业存款	储蓄存款	贷　款	短期贷款	中长期贷　款
中国农业发展银行济宁市分行	0.77	0.77		43.06	42.96	0.11
中国工商银行济宁市分行	170.48	40.35	112.03	121.96	56.82	62.75
中国农业银行济宁市分行	152.13	40.19	96.92	103.16	62.34	28.93
中国银行济宁分行	61.67	23.92	33.50	32.77	20.36	6.12
中国建设银行济宁分行	113.74	39.05	58.49	77.61	16.47	28.37
交通银行济宁分行	26.97	5.52	8.48	19.37	18.41	0.68
中信实业银行济宁支行	11.70	1.87	1.07	9.28	5.01	0.08
济宁市城市信用社	23.87	8.70	4.36	17.68	13.65	0.42
农信社济宁市办事处	154.44	7.14	117.78	118.88	112.88	3.10

济宁市各县级区域经济金融主要统计指标

名称	人口（万人）	面积（平方公里）	地区生产总值（亿元）	地区生产总值增速（%）	存款（亿元）	储蓄存款（亿元）	贷款（亿元）
市中区	42.03	35	21.98	20.6	59.89	38.99	29.94
任城区	64.18	869.5	79.0	20.7	64.81	45.80	44.64
兖州市	60	648.2	153.6	20.9	69.13	52.52	48.16
曲阜市	63.7	896	125	17.1	56.4	36.8	30.2
泗水县	59.74	1118.96	58.38	17.1	20.46	17.48	13.79
邹城市	112	1613	233.32	22.23	140.91	86.59	93.29
微山县	69.5	1780	83.05	19.9	46.55	30.30	20.60
鱼台县	45	654	48.86	17.8	19.45	15.99	14.58
金乡县	60.89	886	74.05	17.80	31.26	27.15	19.71
嘉祥县	79.2	971.6	61.3	20.3	32.97	29.12	21.63
汶上县	73.5	877	50	19.6	28.7	23.2	15.4
梁山县	71.72	964	58.58	17	39.14	32.05	20.09

21.53亿元，占全市新增存款比例的18.65%，降低了7.26个百分点。其中，活期存款新增21.84亿元，定期存款下降0.31亿元，活期存款的增加成为企业存款增长的支撑力量，存款结构短期化趋势显现。一方面是因为下半年信贷规模收缩，派生存款相应减少；另一方面受原材料上涨、市场竞争加剧、企业两金占用增加等因素影响，企业资金总体偏紧。

二、储蓄存款季度间呈波浪状增加，定期化倾向增强。截至2004年末，济宁市储蓄存款余额488.10亿元，同比增加57.16亿元，增长13.26%，占全市新增存款比例的49.52%，降低了0.31个百分点。其中，定期储蓄存款余额350.56亿元，增加38.15亿元；活期储蓄存款余额137.54亿元，增加19亿元。定期储蓄占全部存款余额的45%，定期化倾向进一步增强。

【贷款情况】 2004年，济宁市金融机构突出信贷支持重点，适时加大对煤电运等瓶颈行业、“三农”等的信贷支持，较好地满足了重点企业、优势项目的资金需求。截至年末，全市金融机构各项人民币贷款余额543.76亿元，同比增加72.81亿元，各项外汇贷款余额2.45亿美元，增加0.75亿美元。

一、农业贷款成为新增贷款的中坚力量。截至2004年末，济宁市农业贷款余额72.96亿元，同比增加16.19亿元，多增5.76亿元。其中，农信社农业贷款余额71.24亿元，增加16.32亿元。主要支持了农户种、养、殖业及农副产品加工业，促进了农业产业化结构的调整、农业增效和农民增收。

二、工业贷款继续保持较快增速。截至2004年末，济宁市短期工业贷款余额107.11亿元，同比增加13.43亿元，占贷款新增的18.44%，多增1.08亿元，体现出向重点企业、优势行业集中的特点；全市中小企业贷款余额289.04亿元，增加13.7亿元。

三、商业贷款大幅下滑。截至2004年末，济宁市商业贷款74.49亿元，同比减少1.18亿元，减少1.59%。其中，农副产品贷款43.67亿元，贷款余额与上年基本持平。

四、个人消费贷款成为信贷投放的亮点，保持快速增加势头。截至2004年末，济宁市个人消费贷款余额53.32亿元，其中，个人中长期消费贷款余额50.15亿元，同比增加17.28亿元，占贷款新增额的23.73%，多增4.06亿元。其中，个人住房、个人住房装修贷款合计36.67亿元，占个人消费贷款总量的68.77%，较好地满足了城乡居民个人住房、汽车、教育等消费方面的资金需求。

五、固定资产投资贷款增加较多。截至2004年末，济宁市固定资产投资贷款51.45亿元，同比增加8.90亿元，增长20.91%，多增6.48亿元，有力地支持了重点行业、城市建设和国民经济短缺部门的投资需求。

六、技改贷款增幅较大。截至2004年末，济宁市技改贷款12.69亿元，同比增加6.06亿元，增长91.54%，多增3.47亿元。

七、外汇贷款长期化趋势明显。截至2004年末，济宁市金融机构各项外汇贷款余额2.45亿美元，同比增加0.75亿美元。其中，外汇中长期贷款增加0.8亿美元，占外汇贷款全部新增额的106.52%，拉动作用明显。

【现金投放和回笼】 2004年，济宁市累计现金收入2475.85亿元，同比增加574.27亿元，增长30.20%；累计现金支出2493.36亿元，增加582.8亿元，增长30.50%；年累计现金投放17.51亿元，多投放8.53亿元。投放的主要原因是：一是储蓄存款净投放多，全年净投放81.33亿元；二是行政企事业管理费支出大，全年累计投放102.45亿元，同比多投放33.38亿元。

【外汇管理】 2004年，外管局济宁市中心支局以强化外汇监管为中心，贯彻执行外汇管理政策，积极探索与新形势相适应的外汇管理模式。一是加强内控制度建设，先后修订了15项内控制度，实现了日常外汇非现场监管与统计数据的资源共享；二是创新统计监督核查制度，制定了《济宁市外汇指定银行结售汇统计监督核查制度》，较好地控制银行结售汇统计数据质量；三是加大非现场与现场核查力度，全年开展现场核查3次，国际收支申报率保持在100%；四是强化账户管理及贸易信贷管理，开展了“外汇账户网上审批系统”的试点工作，制定了《济宁市预收货款、延期付款统计监测管理试点办法》，经省分局审查同意，在总局未出台明确规定前，于7月1日在全市各市级外汇指定银行进行试点，加强了贸易融资监管；五是加大逾期催收催核力度，做好进出口核销管理工作；六是做好对204家外商投资企业及5家境外投资的联合年检工作，外商投资企业总体参检率为76.84%；七是完成了外汇反洗钱、房地产行业外汇收支情况及辖内部分县级外汇指定银行外汇业务的检查，对存在的问题依法做出处理。

【货币政策实施】 2004年，人行济宁市中支认真执行稳健的货币政策，加强“窗口指导”和风险提示，着力调整信贷结构，较好地坚持了适时适度、有保有压、区别对待的信贷政策，有力地支持了地方经济发展。

一、开展信贷项目考察活动，缓解部分企业流动资金短缺问题。针对国家宏观调控背景下出现的存贷款增长速度趋缓、短期贷款和票据融资急剧少增、部分企业流动资金周转困难等问题，人行济宁市中支于8月中下旬联合政府有关部门，组织各市级金融机构深入67家企业进行现场考察，通过召开座谈会、贷款意向调度落实会，促成银企合作。10月13日，济宁市政府召开全市信贷项目考察贷款意向促进会。会上 8 家金融机构与 46 家企业达成贷款意向，贷款意向金额 24.18 亿元，截至 11 月末，落实贷款意向 10.5 亿元，占意向贷款金额的 43.34%，有效解决了部分企业流动资金紧张的问题。

二、引导金融机构加大对农业、中小企业、消费、就业和助学等方面的贷款支持。2004 年，人行济宁市中支一是制定了《关于金融支持三农工作的实施意见》，进一步明确了金融支持的重点，提出了改善信贷管理方式、推广信贷品种、简化贷款手续等建议；二是认真贯彻落实人行济南分行《民营及中小企业信贷服务品种创新试行意见》，明确了“三包一挂钩”小额贷款等 10 项新的贷款业务品种，鼓励金融机构不断创新信贷方式，更好地支持民营及中小企业发展；三是引导金融机构适度增加个人消费类贷款投放，组织开展了城镇居民小额贷款需求情况调查，并研究制定了《城镇居民小额贷款管理暂行办法》；四是促进下岗失业人员再就业，与劳动、财政等部门联合下发了《下岗失业人员小额担保贷款管理办法》，简化贷款担保和审批手续，并协调落实协作银行，促进小额担保贷款业务开展。

三、农信社改革进展顺利。2004 年，人行济宁市中支积极履行对农信社的资金支持职责，认真督促农信社完善法人治理结构，转换经营机制，大力增资扩股，优化信贷结构，使农信社历史包袱得到明显化解，总体经营状况有所好转，支农金融服务功能有所增强，经营步入良性循环的发展轨道。截至 9 月 2 日，全市 11 家联社和城区农信社全部完成专项央行票据发行工作，发行票据总额 12.83 亿元，共置换不良贷款 12 亿元，置换亏损挂账 0.83 亿元。

【金融监管】 2004 年，银监局济宁分局按照监管运行新机制要求，规范运作，依法行政，不断创新监管思路。一是更新监管理念，确保银行业金融机构安全稳健运行。制定了《监管问责制试行办法》，对监管工作实现全程跟踪问责，加强对银行业金融机构的风险提示和“窗口规劝”；二是加强同公安、检察部门的合作与交流，与市公安局联合成立了“打击侵害银行业违法犯罪工作联合办公室”，共同预防和打击侵害银行业金融犯罪；三是加强现场业务检查，全年依法处罚了 3 家机构，共计罚款 27.94 万元，责成处理责任人 36 名，查出违法违规案件两起，挽回 4 家金融机构 1 亿多元的信贷资金损失；四是全年剥离、核销、置换不良贷款 34.47 亿元，提高了金融机构的抗风险能力；五是督促银行业金融机构建立风险管理长效机制，配合市政府对全市规模在 500 万元以上的固定资产投资项目进行了清理；六是积极推动金融改革，督促、引导中行与建行济宁市分行做好股份制改造工作，督促城信社完善法人治理结构，稳步推进农信社产权制度和组织形式改革，全市农信社当年新增扩股金 1.36 亿元，股金增幅达 10.9%。

【金融改革】 2004 年，济宁市金融机构在强化内部管理、提高金融服务水平的同时，进一步加大了金融改革力度。一是建行济宁市分行股份制改造工作进入实质阶段，9 月 17 日，建行股份有限公司济宁市分行依法成立，10 月份，将资产清理划分为股份资产和投资资产；二是农信社济宁办事处于 9 月 14 日正式组建成立，并妥善处理了与银监局济宁分局的人员划转及财产、账务交接工作；三是积极改革农信社股权设置和股权结构，妥善处理原有股权，重新募集新股金，截至年末，全市股金余额 14.44 亿元，其中，新增股金 1.95 亿元；四是完成中央银行专项票据发行工作，截至 9 月末，全市 12 家农信社均顺利发行了央行专项票据，票据金额 12.83 亿元；五是 12 月 22 日，济宁城区合作银行经银监会批准筹建，微山、曲阜两家农信社“统一法人”工作获得山东银监局的批准；六是金融机构深化机构改革、推进集约化经营步伐加大。建行济宁市分行精简机构 25 个。农行济宁市分行调整优化了营业网点布局，撤并低效营业机构 22 处，分流员工 101 人。

【保险业务】 截至 2004 年末，济宁市累计保险金额 1208.85 亿元。其中，人身险保险金额 395.7 亿元，财产险保险金额 813.15 亿元。全年各类保费收入 18.81 亿元，增长 16.1%。其中，财产险保费收入 4.82 亿元，增长 42.6%；人身险保费收入 13.98 亿元，增长 9.1%。全年累计支付赔款和给付保险金 3.93 亿元。其中，财产险赔付金额 2.94 亿元，增长 41.1%；人身险赔给付金额 0.99 亿元，增长 2.3%，赔给付率 20.9%。

【证券市场】 2004 年，济宁市共有证券经营机构 2 处。其中，天同证券有限责任公司济宁古槐路证券营业部全年实现证券交易额 50.06 亿元，利润 300 万元，客户开户数 5 万户，客户保证金 1.1 亿元；齐鲁证券有限公司济宁中心营业部全年实现证券交易额 32.92 亿元，亏损 54.42 万元，客户开户数达 5.63 万户，客户保证金 9524.6 万元。

【精神文明建设】 2004 年，济宁市金融机构认真贯彻落实“三个代表”重要思想和党的十六届三中、四中全会精神，内强素质、外树形象，把精神文明建设与业务工作紧密结合，有力地促进了各项工作的提高。

一、开展各种形式的争先创优活动。2004 年，济宁市各金融机构组织开展“青年文明号”、“青年岗位能手”、“青年五四奖章”、“巾帼建功标兵”、“文明家庭”的评选活动，激发了员工的工作积极性。

二、加强道德教育和廉政建设。2004 年，济宁市各金融机构学习贯彻了《公民道德建设实施纲要》，开展了违纪违法“成本”大讨论活动，签订落实了廉政建设责任状、开展了整风活动，加强了党风廉政建设。

三、开展基本业务及岗位技能培训，提高队伍素质。2004年，人行济宁市中支举办了首届“建设学习型领导班子活动学习论坛”；农行济宁市分行全年举办各类培训班73期，培训员工2637人次。

四、组织举办业务竞赛，提高业务技能。2004年，人行济宁市中支与济宁市总工会联合举办了全市金融系统统计业务技术竞赛，成绩突出的人员被市总工会授予“五一劳动奖章”、“职工技术比武获奖证书”；农行济宁市分行举办技术比赛56场次；建行济宁市分行开展了“服务质量百日竞赛”活动。

五、组织文体活动，陶冶员工情操。2004年，人行济宁市中支开展了老年乒乓球比赛；建行济宁市分行开展了“行庆50周年”征文、书法、绘画、摄影展等活动，增强了团队意识和竞争观念。

【金融大事记】 1月6日 人行济南分行副行长高士敏一行宣布任命丁宁为人行济宁市中支行长的决定。

1月8日 农行济宁市分行举办“迎新春”银企联谊暨金融产品推介会。

1月19日 济宁市城信社加入全国银行间债券市场。

2月11日 人行济宁市中支完成与济宁银监分局档案移交工作。

2月14日 人行济宁市中支召开市农信社改革试点资金支持方案实施与考核工作组成员培训会议。

2月19日 济宁市政府成立深化农信社改革试点工作领导小组，魏玉东副市长任组长。

3月26日 九九公司实际投资人国红起涉嫌金融诈骗，济宁市委市政府派驻人员进驻九九公司。

4月28日 中行济宁市分行在全市金融机构中率先开办保管箱业务。

5月17日 农行济宁市分行诉山东九九有限公司、山东九都热电有限公司、山东九源饮用水有限公司等7起借款担保纠纷案件开庭。本次审理案件标的为贷款本金33978万元及利息和相关诉讼费用。

6月3日 人行济宁市中支与微山、鱼台、金乡、嘉祥、汶上、梁山等6家农信社签订农信社改革试点专项中央银行票据协议书，共获得6.87亿元专项中央银行票据资金支持。

6月10日 建行济宁市分行向社会发布重组分立公告，股份制改造工作进入实质阶段。

7月5日 农行济宁市分行顺利完成移动公司现金管理系统上线工作。

7月21日 山东省农联社决定在济宁设立办事处。

7月29日 山东省农联社理事长宋文瑄来济宁调研。

7月30日 人行济宁市中支在全市投放新版第五套1元纸币。

8月6日 人行济宁市中支和济宁市国税局联合召开税库银联网推行工作会议。

8月20日 山东省农联社纪委书记展西亮来济宁调研。

8月25日 建行济宁市分行古槐路支行和西城支行举行升格揭牌仪式。

8月31日 人行济宁市中支与该市总工会联合举办了“2004年金融统计业务技术竞赛”。

9月2日 济宁市召开中小信用企业评审委员会会议。

9月2日 建行山东省分行行长王军到济宁调研。

9月6日 济宁市税库银联网系统在市区内全面运行。

9月13日 济宁市召开全市中小信用企业、信用乡镇新闻发布会。

9月14日 庞新锋任中行济宁市分行长、党委书记。

9月20日 农行济宁市分行“银行卡业务综合分析系统”正式上线运行。

9月28日 山东省联社农行济宁办事处挂牌成立。

10月13日 济宁市召开了全市信贷项目考察贷款意向促进会，促成8家金融机构与46家企业达成贷款意向24.18亿元。

11月22日 人行济宁市中支召开该市借款企业资信评级试点工作会议。

12月7日 山东省银监局局长王进诚到济宁市城信社进行现场检查。

建行济宁市分行顺利通过了英标管理体系认证有限公司（BSI）的ISO9001：2000质量管理体系外审。

12月22日 山东圣泰农村合作银行被银监会批准筹建。

12月30日 曲阜、微山联社一级法人组织形式改革获得山东银监局的批准开始筹建。

曲阜市

【经济概况】 2004年，曲阜市实现地区生产总值125亿元，同比增长17.1%；人均地区生产总值19560元。实现财政总收入6.51亿元，其中，地方财政收入4.4亿元，增长26.3%。

全年实现农业增加值11.1亿元，同比增长7%；其中，粮食总产33万吨，增长3.9%。林木覆盖率23.7%，提高0.7个百分点。

全年完成工业增加值43.2亿元，同比增长15.5%。规模以上工业企业实现产品销售总收入39.1亿元，增长51%；

曲阜市主要经济金融指标

经济指标	1999	2004	经济指标	1999	2004
土地面积（平方公里）	896	896	#地方财政收入（亿元）	2.4	4.4
人口（万人）	62.8	63.7	全社会固定资产投资（亿元）	10.9	46.1
#非农业人口（万人）	13	27.5	固定资产投资增速（%）	44.2	97.8
地区生产总值（亿元）	62.1	125	进出口总值（亿美元）	0.16	0.39
地区生产总值年增速（%）	11	17.1	#出口总值（亿美元）	0.16	0.34
第一产业（亿元）	11.1	11.1	实际利用外资（亿美元）	0.1	0.4
第二产业（亿元）	30.1	61.1	社会消费品零售总额（亿元）	18.2	33.9
第三产业（亿元）	20.9	52.8	居民消费价格指数（%）	99.1	102.3
财政总收入（亿元）	5.03	6.51	人均地区生产总值（元）	9888	19560
金融指标（亿元）	**1999**	**2004**	**金融指标（亿元）**	**1999**	**2004**
金融机构存款余额	32.7	56.4	金融机构贷款余额	19.8	30.2
企业存款	7.6	12.7	短期贷款	17.5	17.4
储蓄存款	23.5	36.8	中长期贷款	2.1	12.1

曲阜市主要金融机构负责人

单位名称	行长（或其他称谓的第一负责人）	副行长（或其他称谓的同级领导）
中国人民银行曲阜市支行	王兖宁	王德玉　邢殿法
中国银监会济宁监管分局曲阜办事处	孔　丽	
中国农业发展银行曲阜市支行	崔玉堂	孔令河　马习广
中国工商银行曲阜市支行	李沧海	韦　平
中国农业银行曲阜市支行	王继东	李建民　刘　霞
中国银行曲阜支行	柴洪树	刘　萍
中国建设银行曲阜支行	任宽君	庄　明　陈　辉
曲阜市农信社	蒲祖华（理事长兼主任）	张　棣　赵刚毅　颜廷喜

曲阜市主要金融机构业务概况

单位：亿元

单位名称	存　款	企业存款	储蓄存款	贷　款	短期贷款	中长期贷　款
中国农业发展银行曲阜市支行	0.01	0.01		2.16	2.16	2.16
中国工商银行曲阜市支行	10.9	2.61	4.34	8.35	1.79	6.54
中国农业银行曲阜市支行	10.9	3.33	7.02	3.33	0.58	2.41
中国银行曲阜支行	6.16	2.24	3.89	1.97	1.03	7.66
中国建设银行曲阜支行	8.64	2.97	5.08	3.71	1.29	2.33
曲阜市农信社	13.89	1.57	9.65	10.63	10.56	0.06

实现利税4.7亿元。

全年实现社会消费品零售总额33.9亿元，同比增长18.9%。全年进出口总额0.39亿美元，其中，出口0.34亿美元，增长67.4%。

全市城镇居民人均可支配收入5620元，同比增长5.7%；农村居民人均纯收入3904元，增长14.3%。

【金融概述】 2004年，曲阜市金融机构围绕国家宏观调控政策，紧密结合地方经济金融实际，把握货币信贷调控节奏，坚持适时适度、有保有压，大力调整优化信贷结构和投向，努力改善金融服务，促进了全市经济的平稳、健康发展。全市金融机构实现当年结益5642万元，同比增盈1640万元。

【存款情况】 2004年，曲阜市金融机构各项存款余额56.35亿元，同比增加3.66亿元，增长6.95%。

一、截至2004年末，曲阜市企业存款余额12.73亿元，同比下降2205万元，少增2.18亿元。主要原因：一是受紧缩货币政策的影响，商业银行新增贷款受到压缩，企业融资难度加大，导致派生存款减少；二是企业项目投资、技改力度大，影响了企业存款的增加；三是企业原材料价格上升，增加企业资金占用。

二、截至2004年末，曲阜市储蓄存款余额36.83亿元，同比增加2.61亿元，增长17.6%，增幅有所放缓。主要原因：一是物价上涨导致居民消费支出增加，影响存款增长速度；二是持续升温的房地产开发热影响了储蓄增长；三是居民的投资渠道有所拓宽，基金、保险等新的理财渠道开始被越来越多的居民所接受，分流了部分储源；四是企业民间融资的不断发展，企业以集资、入股的方式，从当地居民中筹集资金，对居民储蓄也造成一定影响。

【贷款情况】 截至2004年末，曲阜市金融机构各项贷款余额30.16亿元，同比增加3.16亿元，增长11.7%，少增2.52亿元，贷款投放速度有所放缓。其中，工行实际新增贷款1.39亿元，占全部新增贷款的44%，农行实际新增贷款1.06亿元，占全部新增贷款的33.5%，农信社实际新增贷款1.08亿元，占全部新增贷款的34.2%。从贷款投向看，新增贷款高度集中于个人中长期消费贷款、农业贷款等。全市金融机构新增个人中长期消费贷款22617万元，占新增贷款的71.6%；新增农业贷款7519万元，占新增贷款的23.8%。

【金融调控】 2004年，人行曲阜市支行充分发挥基层央行联系政府与金融的纽带作用，积极加强中央银行“窗口指导”力度。一是引导金融机构全面、正确、积极地理解和贯彻国家的各项宏观调控政策，把贯彻落实国家宏观调控政策与支持地方经济发展有机结合起来，保持货币信贷政策的连续性和稳定性；二是加强与地方政府和经济部门的联系和沟通，充分利用各种会议和报刊媒体，广泛宣传货币政策；三是根据经济发展实际需求，制定了支持县域经济、中小企业和民营企业加快发展的两个信贷工作指导意见，建立了金融运行形势分析季度例会制度，按季对各行的信贷工作进行督导；四是做好农信社的改革试点工作，使曲阜农信社通过了首批专项票据发行审查，顺利取得1.34亿元的中央银行专项票据。

【金融监管】 2004年，人行曲阜市支行开展了对农信社再贷款、金融机构统计制度执行、信贷登记咨询管理制度执行、外汇业务管理等情况的多项检查，较好的维护了地方金融程序，促进了辖区金融业务的正常、健康发展。

兖州市

【经济概况】 2004年，兖州市牢固树立和认真落实科学发展观，抢抓机遇，加快发展，各项社会事业全面进步。全市全年实现地区生产总值153.6亿元，同比增长21%；人均地区生产总值25490元。实现财政总收入14.06亿元，增长30.9%，其中，地方财政收入7.6亿元，增长31.4%。全社会固定资产投资80亿元，增长96.7%。

一、农村经济稳步发展，农业结构调整、产业化扎实推进。2004年，兖州市实现农业增加值17.1亿元，同比增长6.8%；其中，粮食总产37.5万吨，增长10.6%。林木覆盖

兖州市主要经济金融指标

经济指标	1999	2004	经济指标	1999	2004
土地面积（平方公里）	648.2	648.2	#地方财政收入（亿元）	3.4	7.6
人口（万人）	59.8	60.3	全社会固定资产投资（亿元）	18.2	80
#非农业人口（万人）	16.8	21	固定资产投资增速（%）	15	96.7
地区生产总值（亿元）	76.6	153.6	进出口总值（亿美元）	1.6	2.8

续表

经济指标	1999	2004	经济指标	1999	2004
地区生产总值年增速（%）	10.8	20.9	#出口总值（亿美元）	1.6	0.3
第一产业（亿元）	13	17.1	实际利用外资（亿美元）	0.042	0.38
第二产业（亿元）	37.6	85.59	社会消费品零售总额（亿元）	18	34.5
第三产业（亿元）	26	50.91	居民消费价格指数（%）		103
财政总收入（亿元）	5.6	14.06	人均地区生产总值（元）	12809	25490
金融指标（亿元）	**1999**	**2004**	**金融指标（亿元）**	**1999**	**2004**
金融机构存款余额	33.1	69.13	金融机构贷款余额	26.1	48.2
企业存款	4.5	8.4	短期贷款	22.6	31.1
储蓄存款	26.3	52.52	中长期贷款	2.86	11.7

兖州市主要金融机构负责人

单位名称	行长（或其他称谓的第一负责人）	副行长（或其他称谓的同级领导）
中国人民银行兖州市支行	谭海燕	范敬彬　陈玉玲
中国银监会济宁监管分局兖州办事处	张建国	
中国农业发展银行兖州市支行	赵德军	于鲁强　李成德
中国工商银行兖州市支行	王全忠	杨荣铎　刘　萍
中国农业银行兖州市支行	宋恩银	陈恩坡　金　辉　鲁海峰　田少华
中国银行兖州支行	汤兆礼	高廷瑞　何瑞东
中国建设银行兖州支行	郭　骁	王伟光　赵振强　袁　涛
兖州市农信社	周建民（理事长） 孟　静（主　任）	孔德新　薛　兵　吴铭舜　任国强

兖州市主要金融机构业务概况

单位：亿元

单位名称	存　款	企业存款	储蓄存款	贷　款	短期贷款	中长期贷　款
中国农业发展银行兖州市支行	0.18	0.18	0	5.3	5.3	0
中国工商银行兖州市支行	19	2	14.8	11.9	6.8	5
中国农业银行兖州市支行	12.4	2.7	8.4	7.3	6.3	1
中国银行兖州支行	8	1.5	5.8	3.2	2	0.5
中国建设银行兖州支行	8.6	1.6	5.7	10	2.1	0.3
兖州市农信社	12.4	0.3	9.3	10.4	8.6	1.5

率27.6%，提高3.5个百分点。二、工业经济增势强劲，质量效益大幅提高。2004年，兖州市完成工业增加值74.37亿元，同比增长36.7%。规模以上工业企业实现产品销售总收入140亿元、利税29亿元、利润21.5亿元，分别增长54%、73%和93.7%。

三、商贸流通繁荣活跃。2004年，兖州市实现社会消费品零售总额34.5亿元,同比增长18.8%。经济外向度进一步提高，全年完成进出口总额2.8亿美元，增长67.6%，其中，出口0.3亿美元，下降3.7%。

四、人民生活不断改善。2004年，兖州市城镇居民人均可支配收入8100元，增长11.9%；农村居民人均可支配收入4406元，增长14.5%。

【金融概述】 2004年，兖州市金融系统优化信贷结构，提高服务水平，为全市经济的稳定、协调、可持续发展营造了良好的金融环境。

【存款情况】 截至2004年末，兖州市金融机构各项人民币存款余额69.13亿元，同比增加7.83亿元，各项外汇存款余额0.066亿美元，减少0.006亿美元。企业存款下降幅度较大，年末企业存款余额8.4亿元，减少1.7亿元，降低了44个百分点；储蓄存款稳步增长，年末储蓄存款余额52.52亿元，增加5.37亿元，占全市新增存款比例的68.58%，提高4.36个百分点。其中，定期储蓄余额40.11亿元，增加3.71亿元；活期储蓄余额12.39亿元，增加1.66亿元。

【贷款情况】 截至2004年末，兖州市金融机构各项人民币贷款余额48.16亿元，同比增加5.48亿元，各项外汇贷款余额0.58亿美元，增加0.13亿美元。年末农业贷款余额5.24亿元，较年初增加1.72亿元，新增占比为31%。从信贷投向看，民营经济新增贷款占比为68%。个人消费信贷快速增长，成为金融机构重点拓展的业务领域，年末全市金融机构个人消费信贷余额5.52亿元，较年初增加1.86亿元。

【金融调控】 2004年，人行兖州市支行通过监测分析、调查研究等手段和金融运行形势分析会、银企座谈会、金融产品推介会等方式，灵活传导货币政策有效控制了货币信贷的过快增长，抑制了经济过热势头，保持了国民经济平稳发展。在支持"三农"经济发展中，通过窗口指导和再贷款政策扶持，引导农信社调整信贷结构，加大对"三农"的支持力度，有效缓解了农村产业结构调整中的资金供需矛盾。

【金融监管】 2004年，人行兖州市支行与银监部门密切合作，依法行政、严格监管，维护了辖区金融稳定。一是严密监控重点风险领域，加强风险预警和防范，突出法人监管这个中心，狠抓对农信社的监管，积极支持和推进农信社改革试点工作；二是加强对社会经济环境的监控，努力维护辖内金融机构的运营安全，适时加强对社会经济环境及贷款企业经营趋势和异常行为的监控，防范金融机构的信贷资金风险；三是更新监管理念，建立科学有效的监管运行机制，充分发挥非现场监管的预警作用。

邹城市

【经济概况】 2004年，邹城市实现地区生产总值233.3亿元，同比增长22.2%，人均地区生产总值20830元；实现财政总收入17.3亿元，其中，地方财政收入10亿元，增长26.9%。

全年实现农业增加值18.8亿元，同比增长了7.3%，粮食作物基本实现了优质化、规模化种植，粮食总产47.8万吨，与上年基本持平。林木覆盖率19.6%，提高4.1个百分点。

全年完成工业增加值101.6亿元，同比增长6.9%。规

邹城市主要经济金融指标

经济指标	1999	2004	经济指标	1999	2004
土地面积（平方公里）	1613	1613	#地方财政收入（亿元）	4.2	10.0
人口（万人）	109.9	112	全社会固定资产投资（亿元）	34.7	82.5
#非农业人口（万人）	26.4	35.5	固定资产投资增速（%）	10.2	4.8
地区生产总值（亿元）	110.0	233.3	进出口总值（亿美元）	1.3	1.98
地区生产总值年增速（%）	12.1	22.2	#出口总值（亿美元）	1.3	1.5
第一产业（亿元）	12.8	18.8	实际利用外资（亿美元）	0	2.14
第二产业（亿元）	60.7	151.1	社会消费品零售总额（亿元）	23.7	44.7

续表

经济指标	1999	2004	经济指标	1999	2004
第三产业（亿元）	36.5	63.4	居民消费价格指数（%）	100.1	101.7
财政总收入（亿元）	9.5	17.3	人均地区生产总值（元）	10009	20830
金融指标（亿元）	**1999**	**2004**	**金融指标（亿元）**	**1999**	**2004**
金融机构存款余额	58.3	140.9	金融机构贷款余额	51.5	93.3
企业存款	19.4	46.2	短期贷款	22.2	49.6
储蓄存款	44.4	86.6	中长期贷款	28.8	41.0

邹城市主要金融机构负责人

单位名称	行长（或其他称谓的第一负责人）	副行长（或其他称谓的同级领导）
中国人民银行邹城市支行	张灿华	孙广宾　王召林
中国银监会济宁监管分局邹城办事处	侯永庆	
中国农业发展银行邹城市支行	谭成华	孟令贵　胡兆海
中国工商银行邹城市支行	王　军	王建娥　苏晓松　赵迎峰
中国农业银行邹城市支行	王　华	张召银　董　涛　仲　波
中国银行邹城支行	李　波	许让波　孔令国
中国建设银行邹城支行	张　锋	李建设　李　东　徐　锋
中国建设银行兖州矿区支行	李景良	李庆国　徐敬东　楚爱民
中国建设银行邹城电力支行	宋宏伟	毛卫忠　陈　伟
邹城市农信社	孔祥才（主　任）	崔茂勇　栾卫平　周传珠　陈玉春

邹城市主要金融机构业务概况

单位：亿元

单位名称	存　款	企业存款	储蓄存款	贷　款	短期贷款	中长期贷　款
中国农业发展银行邹城市支行	96.0	96.0		1.59	1.59	0
中国工商银行邹城市支行	46.8	14.8	29.1	30.8	13.1	17.6
中国农业银行邹城市支行	21.0	8.3	12.2	22.7	12.5	10.2
中国银行邹城支行	13.8	6.8	6.8	7.5	2.9	4.6
中国建设银行邹城支行	13.6	7.0	5.6	2.7	0.8	1.1
中国建设银行兖州矿区支行	14.3	6.3	7.8	7.9	2.6	5.2
中国建设银行邹城电力支行	2.5	0.6	2.0	2.1	0.1	2.0
邹城市农信社	25.3	2.5	15.5	18.1	15.9	0.4

模以上工业企业实现产品销售总收入 293.6 亿元，增长 33.5%；实现利税 54.6 亿元。

全年实现社会消费品零售总额 44.7 亿元，同比增长 17.7%。全年进出口总额 1.98 亿美元，其中，出口 1.5 亿美元，增长 35.9%。

全市城镇居民人均可支配收入 9256 元，增长 11.5%；全市农村居民人均可支配收入 4125 元，增长 0.7%。

【金融概述】 2004 年，人行邹城市支行通过召开金融联席会、中小企业金融产品推介会、涉农项目贷款推介会等形式传达贯彻国家宏观经济金融政策，做好了金融调控与支持地方经济发展的结合文章，较好地保持了信贷投放的连续性与稳定性。

【存款情况】 截至 2004 年末，邹城市金融机构各项存款余额 140.9 亿元，同比增加 21.58 亿元，增长 18.08%，少增 5.26 亿元。企业存款、储蓄存款、农业存款等年末大幅下降，存款同比增幅趋缓。

一、企业存款增量波动较大，存款结构呈现短期化趋势。截至 2004 年末，邹城市企业存款余额 46.2 亿元，同比增加 11.58 亿元，增长 31.61%，多增 0.62 亿元。第一季度快速稳定增长，后三季度增幅明显下降，四季度不增反降。

二、储蓄存款增势趋稳，存款结构稳定性逐步增强。截至 2004 年末，邹城市储蓄存款余额 86.6 亿元，同比增加 7.58 亿元，增长 9.59%，少增 6.55 亿元。其中，定期存款余额 62.97 亿元，占储蓄存款余额的比重为 72.72%，同比上升了 0.42 个百分点。

【贷款情况】 2004 年，邹城市金融机构坚持适时适度、有保有压的信贷政策，较好地满足了重点企业、优势项目的资金需求，各项贷款基本保持平稳增长，贷款结构进一步优化。全市金融机构各项贷款余额 93.3 亿元，同比增加 13.29 亿元，增幅 16.6%，多增 3.39 亿元。农业的信贷投入不断加大，年末各金融机构农业贷款余额 10 亿元，同比增加 2.73 亿元，多增 0.9 亿元。

【金融调控】 2004 年，人行邹城市支行进一步强化中央银行宏观调控职能。一是针对经济“过热”现象，积极开展调查研究，加强窗口指导力度，举办了邹城市首届金融产品推介会和涉农重点项目推介会；二是制定《邹城市金融支持“三农”经济发展实施意见》和《关于加强支持中小企业发展的意见》，进一步提高了货币政策实施效果。

【金融监管】 2004 年，人行邹城市支行按照“一个业务品种、一套业务流程、一套规章制度”的要求，使各项内控制度在建设过程中得到完善。在农信社改革与发展方面，该行一是督促与引导农信社改制，切实做好增资扩股工作，进一步增强了资本实力；二是督导农信社的法人治理结构进一步完善；三是广泛争取地方政府支持，积极配合农信社大力清收历年形成的不良资产。截至年末，农信社不良贷款占比比 2002 年下降 18.24 个百分点，当年实现盈余 2761 万元。

微山县

【经济概况】 2004 年，微山县充分发挥湖区和矿产资源优势，大力实施“以湖富民，以工强县”战略，稳步推进各项改革，不断提高开放水平，促进了县域经济和各项社会事业的快速发展。全县全年实现地区生产总值 83.05 亿元，同比增长 19.9%；人均地区生产总值 11956 元。实现财政总收入 7.39 亿元，其中，地方财政收入 3.42 亿元，增长 36.4%。

全年实现农业增加值 13.95 亿元，同比增长 7.2%；其中，粮食总产 28.96 万吨，增长 36.9%。林木覆盖率 22%，

微山县主要经济金融指标

经济指标	1999	2004	经济指标	1999	2004
土地面积（平方公里）	1780	1780	# 地方财政收入（亿元）	1.51	3.42
人口（万人）	67.79	69.5	全社会固定资产投资（亿元）	6.77	38.1
# 非农业人口（万人）	8.26	16.9	固定资产投资增速（%）	12.5	82.3
地区生产总值（亿元）	74.04	83.05	进出口总值（亿美元）	0.02	0.25
地区生产总值年增速（%）	10.8	19.9	# 出口总值（亿美元）	0.02	0.24
第一产业（亿元）	10.27	13.95	实际利用外资（亿美元）		0.03

续表

经济指标	1999	2004	经济指标	1999	2004
第二产业（亿元）	12.04	45.97	社会消费品零售总额（亿元）	6.17	12.83
第三产业（亿元）	11.73	23.14	居民消费价格指数（%）	96.3	105
财政总收入（亿元）	2.31	7.39	人均地区生产总值（元）	5051	12028
金融指标（亿元）	**1999**	**2004**	**金融指标（亿元）**	**1999**	**2004**
金融机构存款余额	20.54	46.55	金融机构贷款余额	14.80	20.60
企业存款	3.30	10.73	短期贷款	12.27	15.22
储蓄存款	16.53	30.29	中长期贷款	2.31	14.82

微山县主要金融机构负责人

单位名称	行长（或其他称谓的第一负责人）	副行长（或其他称谓的同级领导）
中国人民银行微山县支行	韩厚晶	李瑞田　孙海波
中国银监会济宁监管分局微山办事处		李体提
中国农业发展银行微山县支行	张　志	朱远程　宋秀华
中国工商银行微山县支行	李福庆	王秀峰
中国农业银行微山县支行	冯　伟	柳召平　陈　磊　李发春
中国银行微山支行	孙艳苓	徐贵生　马利民
中国建设银行微山支行	王永顺	刘　彪
微山县农信社	卜召路（理事长）　谢国林（主　任）	邢新珂　郭振民

微山县主要金融机构业务概况

单位：亿元

单位名称	存　款	企业存款	储蓄存款	贷　款	短期贷款	中长期贷　款
中国农业发展银行微山县支行	0.02	0.02		1.81	1.80	0.01
中国工商银行微山县支行	6.28	1.32	4.15	1.17	0.73	0.42
中国农业银行微山县支行	10.66	2.44	7.37	2.69	1.29	0.61
中国银行微山支行	5.99	3.83	1.92	1.68	0.59	0.28
中国建设银行微山支行	5.90	2.36	3.14	2.77	0.62	0.38
微山县农信社	12.09	0.76	8.71	9.57	9.36	0.03

提高1.5个百分点。

全年完成工业增加值45.97亿元，同比增长29.3%。规模以上工业企业实现产品销售总收入70.1亿元，增长73.98%；实现利税16.46亿元。

全年实现社会消费品零售总额12.83亿元，同比增长75.6%。

全县城镇居民人均可支配收入7518元，同比增长15%；农村居民人均可支配收入3600元，增长16.5%。

【金融概述】 2004年，微山县各金融机构围绕经济金融工作中心，不断加强内部管理，加大改革、创新和信贷支持力度，增加了服务功能，提高了服务水平，有力促进了地方经济的快速健康发展，金融运行良好。

【存款情况】 截至2004年末，微山县金融机构各项人民币存款余额46.55亿元，同比增加8.04亿元，各项外汇存款余额114万美元，与年初持平。企业存款余额10.73亿元，增加1.95亿元，占全县新增存款比例的24.25%，降低了8.61个百分点。储蓄存款余额30.29亿元，增加5.33亿元，占全县新增存款比例的66.29%，提高了18.87个百分点。其中，定期储蓄余额18.47亿元，增加2.47亿元；活期储蓄余额11.82亿元，增加2.85亿元。

【贷款情况】 2004年，微山县金融机构各项人民币贷款余额20.6亿元，剔除不可比因素，同比增加3.2亿元。其中，农业贷款余额8.44亿元，增加1.69亿元；工业贷款余额1.81亿元，下降0.43亿元；商业贷款余额2.51亿元，下降0.64亿元；个人消费贷款余额1.25亿元，增加0.06亿元；固定资产投资贷款余额0.26亿元，下降0.37亿元。

【金融调控】 2004年，人行微山县支行认真贯彻国家加强和改善宏观调控的方针，继续执行稳健的货币政策，针对辖区经济发展和金融运行特点，一是完善间接调控机制，加强和改进“窗口指导”，及时制定符合县域实际的货币政策指导意见；二是引导金融机构加大对有市场、有效益行业的信贷支持，满足地方经济发展对信贷资金的合理需求。

【金融监管】 2004年，人行微山县支行金融监管工作按照以监管促发展、以监管保稳定、以监管求创新、以监管抓服务的要求，积极引导辖区金融机构把握好风险管理和支持经济建设的关系，实现了地方经济与金融互动双赢、协调发展。一是通过抓依法监管，促进了辖区银行业合法稳健运行；二是通过抓风险管理，不良贷款继续保持“双降”；三是通过抓内控监管，促进了银行业金融机构审慎经营；四是通过抓金融改革，确保了辖区银行业在改革中稳步发展。

鱼台县

【经济概况】 2004年，鱼台县牢牢把握工业立县这一主题，围绕财税增收、提高人民生活水平两个关键性目标，统筹经济和各项社会事业协调发展。全县全年实现地区生产总值48.86亿元，同比增长17.8%；人均地区生产总值10807元。实现财政总收入2.16亿元，其中，地方财政收入0.93亿元，增长24%。

全年实现农业增加值6.9亿元，同比增长8.3%；其中，粮食总产30.5万吨，增长30.26%。林木覆盖率20%，提高1.3个百分点。

鱼台县主要经济金融指标

经济指标	1999	2004	经济指标	1999	2004
土地面积（平方公里）	654.2	654.2	#地方财政收入（亿元）	0.75	0.93
人口（万人）	44.56	45.27	全社会固定资产投资（亿元）	4.86	25
#非农业人口（万人）	6.02	8.42	固定资产投资增速（%）	30.7	56.2
地区生产总值（亿元）	22.88	48.86	进出口总值（亿美元）	0.15	0.15
地区生产总值年增速（%）	9.9	17.8	#出口总值（亿美元）	0.15	0.15
第一产业（亿元）	8.42	11.26	实际利用外资（亿美元）		0.03
第二产业（亿元）	5.78	20.82	社会消费品零售总额（亿元）	5.27	8.9
第三产业（亿元）	8.68	16.78	居民消费价格指数（%）	99	104.3
财政总收入（亿元）	1.12	2.16	人均地区生产总值（元）	5174	10807
金融指标（亿元）	**1999**	**2004**	**金融指标（亿元）**	**1999**	**2004**
金融机构存款余额	12.95	19.45	金融机构贷款余额	12.52	14.58
企业存款	1.45	2.35	短期贷款	10.49	10.45
储蓄存款	10.92	15.99	中长期贷款	1.78	2.19

鱼台县主要金融机构负责人

单位名称	行长（或其他称谓的第一负责人）	副行长（或其他称谓的同级领导）
中国人民银行鱼台县支行	宋 辉	静圣民 高奎昌
中国银监会济宁监管分局鱼台办事处	侯加胜	
中国农业发展银行鱼台县支行	颜景兰	胡爱国 杨炳运
中国工商银行鱼台县支行	郭继亮	于海涛
中国农业银行鱼台县支行	于西涣	李传海 王思峰
中国银行鱼台支行	夏晓辉	吴玉生
中国建设银行鱼台支行	甘加红	翟庆华
鱼台县农信社	聂 磊（理事长兼主任）	黄文元 褚衍成 张建周

鱼台县主要金融机构业务概况

单位：亿元

单位名称	存 款	企业存款	储蓄存款	贷 款	短期贷款	中长期贷 款
中国农业发展银行鱼台县支行	0.07	0.07		3.14	3.14	
中国工商银行鱼台县支行	1.71	0.3	1.24	2.18	0.54	1.51
中国农业银行鱼台县支行	4.88	0.59	4.02	1.68	0.39	0.28
中国银行鱼台支行	1.99	0.49	1.38	0.28	0.26	0.02
中国建设银行鱼台支行	1.48	0.51	0.81	2.15	1.00	0.37
鱼台县农信社	6.68	0.39	5.82	5.15	5.13	0.02

全年完成工业增加值6.7亿元，同比增长39%。规模以上工业企业实现产品销售总收入20亿元，增长47%；实现利税1.6亿元，增长65%。规模以上工业高新技术产业产值完成1.5亿元，增长50%。

全年实现社会消费品零售总额8.9亿元，同比增长15.6%。全年进出口总额0.15亿美元，其中，出口0.15亿美元，增长2.6%。

全县城镇居民人均可支配收入7328元，增长16.8%；农村居民人均可支配收入3200元，增长15.8%。

【金融概述】 2004年，鱼台县金融部门不断深化金融改革，努力改善金融服务，紧紧围绕扩大内需的总体要求，积极组织资金，努力优化信贷结构，扩大信贷投放，较好地发挥了金融对经济增长的促进作用。

【存款情况】 截至2004年末，鱼台县金融机构各项人民币存款余额19.45亿元，同比增加2.3亿元。全县企业存款余额2.35亿元，下降0.24亿元，其中，活期存款下降0.45亿元。企业存款下降的主要原因是鹿洼煤矿、金威煤电有限公司归还建行贷款，以及以单位定期存款质押方式所办理的贴息贷款归还所致。储蓄存款余额15.99亿元，增加2.4亿元，占全县新增存款比例的103%。其中，定期储蓄余额10.24亿元，增加0.91亿元；活期储蓄余额5.75亿元，增加1.46亿元。储蓄存款增加较多的机构是农信社，该社储蓄存款余额5.8亿元，增加1.18亿元。

【贷款情况】 截至2004年末，鱼台县金融机构各项贷款余额14.58亿元，同比下降1.31亿元，剔除该县工、农两行剥离1.93亿元不良贷款因素，实际增加0.62亿元。农业贷款余额3.89亿元，增加0.98亿元，多增0.36亿元；工业贷款年末余额1.4亿元，增加0.62亿元；商业贷款减少幅度大，年底余额3.59亿元，比年初下降2亿元，其中，农副产品贷款余额3.14亿元，下降0.17亿元；个人短期消费贷款704万元，增加153万元。个人中长期消费贷款0.84亿元，增加0.44亿元；对鹿洼煤矿发放外汇贷款余额120万元美元。

【金融调控】 2004年，鱼台县金融机构努力改善金融服务，进一步完善间接调控机制，加强和改进“窗口指导”，及时制定符合县域实际的货币政策指导意见；引导金融机构加大对有市场、有效益、有利于增加就业的企业流动资金贷款支持，积极扶持符合国家产业政策的项目建设，加强对重点扶持领域的支持力度，扩大中小企业贷款、助学贷款的发放，努力增加对“三农”的资金投入；实行“区别对待、有保有压”的信贷政策，信贷资金保持适度增长，促进了全县经济金融的健康、平稳运行。

【金融监管】 2004年，鱼台县监管部门加大金融监管力度，转变监管理念，调整工作思路，努力防范化解金融风险，确保辖内金融安全。一是树立“以人为本”的监管理念，特别是加强对金融机构高级管理人员任职资格的管理，建立金融机构主要负责人经营业绩档案，有效防范了道德风险；二是监管工作按照以监管促发展、以监管保稳定的要求，积极引导辖区金融机构把握好风险管理和支持经济建设的关系，实现地方经济与金融互动双赢、协调发展。

金乡县

【经济概况】 2004年，金乡县全年实现地区生产总值74.05亿元，同比增长17.8%；人均地区生产总值12171元。实现财政总收入1.92亿元，其中，地方财政收入1.3亿元，下降0.7%。

全年实现农业增加值20.4亿元，同比增长22.2%；其中，粮食总产8.7万吨，增长1.6%。林木覆盖率23.4%，提高0.7个百分点。

全年完成工业增加值18.8亿元，同比增长42.9%。规模以上工业企业实现产品销售总收入26.1亿元，增长60.1%；

金乡县主要经济金融指标

经济指标	1999	2004	经济指标	1999	2004
土地面积（平方公里）	886	886	#地方财政收入（亿元）	1.10	1.30
人口（万人）	60.14	60.89	全社会固定资产投资（亿元）	5.58	29.50
#非农业人口（万人）	6.97	7.12	固定资产投资增速（%）	11.60	52.06
地区生产总值（亿元）	33.00	74.05	进出口总值（亿美元）	0.06	0.73
地区生产总值年增速（%）	11.00	17.80	#出口总值（亿美元）	0.06	0.73
第一产业（亿元）	13.50	19.89	实际利用外资（亿美元）	0.02	0.04
第二产业（亿元）	7.2	26.26	社会消费品零售总额（亿元）	6.70	10.65
第三产业（亿元）	12.30	27.90	居民消费价格指数（%）	100.20	104.51
财政总收入（亿元）	1.68	1.92	人均地区生产总值（元）	5495	12171
金融指标（亿元）	**1999**	**2004**	**金融指标（亿元）**	**1999**	**2004**
金融机构存款余额	18.16	31.26	金融机构贷款余额	20.56	19.71
企业存款	2.05	2.54	短期贷款	19.62	16.50
储蓄存款	15.59	27.15	中长期贷款	0.54	2.36

金乡县主要金融机构负责人

单位名称	行长（或其他称谓的第一负责人）	副行长（或其他称谓的同级领导）
中国人民银行金乡县支行	陈爱芳	杨志华　孙　伟
中国银监会济宁监管分局金乡办事处		杨清源
中国农业发展银行金乡县支行	宋传蔼	尹建民　高　健
中国工商银行金乡县支行	晁东升	胡聚华　张海生
中国农业银行金乡县支行	王元宏	李传海　代衍昌
中国银行金乡支行	王爱国	马存良
中国建设银行金乡支行	郭采松	李永华
金乡县农信社	张趁家（理事长兼主任）	翟广友　王家清　周玉福　刘君臣

金乡县主要金融机构业务概况

单位：亿元

单位名称	存 款	企业存款	储蓄存款	贷 款	短期贷款	中长期贷 款
中国农业发展银行金乡县支行	0.05	0.05	0	7.37	7.36	0.01
中国工商银行金乡县支行	4.86	0.76	3.84	2.08	0.77	1.29
中国农业银行金乡县支行	6.71	0.88	5.46	1.14	0.55	0.33
中国银行金乡支行	1.41	0.26	0.85	0.12	0.12	0
中国建设银行金乡支行	3.37	0.54	2.59	1.18	0.10	0.50
金乡县农信社	10.00	0.04	9.61	7.83	7.60	0.23

实现利税 2.2 亿元。

全年实现社会消费品零售总额 10.65 亿元，同比增长 18.7%。全年进出口总额 7301 万美元，其中，出口 7301 万美元，增长 23.6%。

全市城镇居民人均可支配收入 5782 元，增长 18%；农村居民人均可支配收入 3668 元，增长 16.9%。

【金融概述】 2004 年，金乡县金融部门继续深化金融改革，优化信贷资源配置，保证了重点行业、优势产业和骨干企业的金融需求，金融机构经营状况进一步改善，金融运行呈现良好的发展态势。

【存款情况】 截至 2004 年末，金乡县金融机构各项人民币存款余额 31.26 亿元，同比增加 4.23 亿元。全县企业存款余额 2.54 亿元，增加 0.03 亿元，占全县新增存款比例的 0.71%，提高了 1.20 个百分点；全县储蓄存款余额 27.15 亿元，增加 4.05 亿元，占全县新增存款比例的 95.74%，提高了 17.53 个百分点。其中，定期储蓄余额 18.16 亿元，增加 2.17 亿元；活期储蓄余额 8.99 亿元，增加 1.88 亿元。

【贷款情况】 截至 2004 年末，金乡县金融机构各项人民币贷款余额 19.71 亿元，同比减少 1.57 亿元，下降了 7.38 个百分点。农业贷款余额 6.07 亿元，比年初增加 1.37 亿元，增长 29.15%，较好地体现了贷款向农业倾斜的政策，有力支持了农村经济的发展；工业、商业贷款余额分别为 0.74 亿元和 7.72 亿元，分别比年初下降 43.51% 和 24.54%，下降的主要原因是银行信贷资产剥离；个人消费贷款余额 1.78 亿元，仅比年初增加 43 万元，其中，个人中长期消费贷款余额 1.73 亿元。

【金融调控】 2004 年，人行金乡县支行认真落实国家货币信贷政策，以服务县域经济发展为己任，充分发挥“窗口指导”作用，督促金融机构调整信贷结构，加大对“三农”经济的信贷投放，促进了地方经济持续健康发展。

一、完善“窗口指导”措施，加大责任督导力度。2004 年，人行金乡县支行一是研究制定了《关于加大信贷投入支持地方经济发展的指导意见》，并开展了中小信用企业推荐评审、信贷项目考察促进会等活动；二是 8 月份通过组织对优势企业和项目的信贷考察落实贷款意向 1.47 亿元；三是 10 月份通过开展中小企业评审推荐活动，9 户中小企业被授予 AAA 级中小信用企业。

二、认真落实农信社改革措施，不断提高农村金融服务水平。2004 年，人行金乡县支行通过落实农信社改革试点方案，使辖区农信社 13522 万元不良贷款和历年挂账亏损得以置换，并对农信社累计发放支农再贷款 1.65 亿元。年内，农信社在各营业网点设立了助农专柜，农户累计贷款面达到 43.35%，有力支持了农村产业结构调整和产业升级。

【金融监管】 2004 年，人行金乡县支行把农信社不良贷款下降、增资扩股和支农再贷款的使用作为监管工作重点，督促辖区农信社以认购专项中央银行票据为切入点，切实做好不良贷款置换及清收盘活工作，认真落实增资扩股计划，提高资本充足率，正确使用支农再贷款，充分发挥农信社支农主力军作用。

嘉祥县

【经济概况】 2004 年，嘉祥县全年实现地区生产总值 61.3 亿元，同比增长 20.3%；其中，第一产业完成增加值 10.6 亿元，增长 7.6%；第二产业增加值 30.84 亿元，增长 36.4%；第三产业增加值 19.86 亿元，增长 10.6%。人均地区生产总值 7740 元。实现财政总收入 2.2 亿元，增长 45.7%；其中，地方财政收入 1.47 亿元，增长 43.3%。

全年实现农业增加值 10.6 亿元，同比增长 7.6%；其中，粮食总产 38 万吨，下降 1%；其中夏粮总产 23.37 万吨，增长 2%。林木覆盖率 18.8%，提高 5 个百分点。

嘉祥县主要经济金融指标

经济指标	1999	2004	经济指标	1999	2004
土地面积（平方公里）	971.6	971.6	#地方财政收入（亿元）	1.06	1.47
人口（万人）	76.3	79.2	全社会固定资产投资（亿元）	6.1	34.5
#非农业人口（万人）	7.26	11.6	固定资产投资增速（%）	12.96	83.7
地区生产总值（亿元）	23.0	61.3	进出口总值（亿美元）	0.06	0.29
地区生产总值年增速（%）	10.9	20.3	#出口总值（亿美元）	0.06	0.26
第一产业（亿元）	8.5	10.6	实际利用外资（亿美元）	0.002	0.10
第二产业（亿元）	7.2	30.84	社会消费品零售总额（亿元）	5.32	11.07
第三产业（亿元）	7.3	19.86	居民消费价格指数（%）		
财政总收入（亿元）	1.41	2.2	人均地区生产总值（元）	3027	7740
金融指标（亿元）	**1999**	**2004**	**金融指标（亿元）**	**1999**	**2004**
金融机构存款余额	20.24	32.97	金融机构贷款余额	18.27	21.63
企业存款	1.72	2.66	短期贷款	17.27	16
储蓄存款	17.98	29.12	中长期贷款	0.68	2.79

嘉祥县主要金融机构负责人

单位名称	行长（或其他称谓的第一负责人）	副行长（或其他称谓的同级领导）
中国人民银行嘉祥县支行	侯圣民	唐　军　潘教贞
中国银监会济宁监管分局嘉祥办事处	陈新成	
中国农业发展银行嘉祥县支行	孙祥宝	赵自力
中国工商银行嘉祥县支行	孙　强	王乾顺
中国农业银行嘉祥县支行	张运忠	郭　焰　李爱国
中国银行嘉祥支行	刘　济	吕鸿宾
中国建设银行嘉祥支行	李　波	王昭华　颜世胜
嘉祥县农信社	靖学洋（理事长兼主任）	蒋　伟　孙启勇　景合香　亓志勇

嘉祥县主要金融机构业务概况

单位：亿元

单位名称	存　款	企业存款	储蓄存款	贷　款	短期贷款	中长期贷　款
中国农业发展银行嘉祥县支行	0.04	0.04		4.63	4.62	0.01
中国农业银行嘉祥县支行	7.94	0.96	6.87	1.90	0.86	0.16
中国银行嘉祥支行	1.82	0.47	1.24	0.62	0.03	0.03
中国建设银行嘉祥支行	4.81	1.08	3.19	4.05	0.08	2.57
嘉祥县农信社	13.71	0.10	13.22	10.43	10.42	0.01

全年完成工业增加值26.4亿元，同比增长42.5%。规模以上工业企业实现产品销售总收入48.3亿元，增长75%；实现利税3.6亿元，增长96.7%。

全年实现社会消费品零售总额11.07亿元，同比增长18.9%。其中，批发零售贸易业零售额9.62亿元，增长18.7%；餐饮业零售额0.62亿元，增长18.4%。全年城乡集市贸易成交额19.6亿元。全年进出口总额2884万美元，其中，出口2564万美元，增长50.3%；进口320万美元，减少9.3%。

全县城镇居民人均可支配收入5710元，增长13.9%；农村居民人均可支配收入3335元，增长16%。

【金融概述】 2004年，人行嘉祥县支行认真落实国家货币信贷政策，加强货币政策与产业政策的协调与配合，努力提高金融服务水平，切实加强和改进信贷管理，有效防范化解金融风险，确保了辖内金融的安全稳健运营。

【存款情况】 截至2004年末，嘉祥县金融机构各项人民币存款余额32.97亿元，同比增加4.48亿元，各项外汇存款余额0.01亿美元。全县企业存款余额2.66亿元，增加0.18亿元，占全县新增存款比例的4.06%，降低了21.69个百分点；储蓄存款余额29.12亿元，增加3.95亿元，占全县新增存款比例的88.21%，提高了15.23个百分点。其中，定期储蓄余额21.69亿元，增加2.76亿元；活期储蓄余额7.43亿元，增加1.19亿元。

【贷款情况】 2004年，嘉祥县金融机构各项人民币贷款余额21.63亿元，同比增加0.88亿元。全年农行嘉祥县支行上划不良贷款23099万元、核销不良贷款890万元，中行济宁分行嘉祥分理处剥离1298万元，建行嘉祥县支行剥离6002万元、核销123万元，嘉祥县农信社置换人行票据13977万元。剔除上述因素影响，各项贷款实际比上年增加3.29亿元。截至年末，全县农业贷款余额8.22亿元，增加1.69亿元，占全县新增贷款比例的51.42%，提高了11.74个百分点；工业贷款余额0.01亿元，减少0.07亿元；商业贷款余额4.79亿元，减少0.05亿元；个人消费贷款余额0.29亿元，增加0.10亿元。其中，短期消费贷款余额0.06亿元，增加0.04亿元；中长期消费贷款余额0.23亿元，增加0.06亿元；固定资产投资贷款余额2.50亿元，增加0.70亿元。

【金融调控】 2004年，人行嘉祥县支行加强窗口指导，及时宣传贯彻货币信贷政策。一是制定了《关于金融支持和服务县域经济发展的指导意见》，围绕加大对工业企业、“三农”、消费信贷、基础设施投入，转变工作作风等五个方面提出了具体的意见和要求，政府以嘉政发［2004］20号执行；二是健全经济金融形势及金融风险监测分析例会制度，提高组织实施货币信贷政策的针对性和有效性；三是加强对货币信贷政策执行情况的监督检查，提高货币政策的实施效果；四是继续坚持和完善了季度行长联席会议制度，较好地发挥了“窗口”指导和监督作用。

【金融监管】 2004年，人行嘉祥县支行和银监部门一是继续加大对再贷款的管理力度，提高支农再贷款的政策引导效应；二是加强对使用支农再贷款的农信社资金运作情况的监测；三是加强对再贴现业务的管理；四是做好农信社改革试点的资金支持工作；五是做好对农信社完善法人治理结构、转换经营机制、增资扩股、提高资本充足率、降低不良贷款比率等进行定期（每季度）和不定期的动态监测、监督和考核，保证了农信社改革的顺利实施。

汶上县

【经济概况】 2004年，汶上县全年实现地区生产总值50亿元，同比增长19.6%；人均地区生产总值6830元。实现财政总收入2.2亿元，其中，地方财政收入1.26亿元，下降4.46%。

全年实现农业增加值13.44亿元，同比增长7.1%；其中，粮食总产35.1万吨，增长3.02%。林木覆盖率17.9%，提高0.8个百分点。

全年完成工业增加值20.41亿元，同比增长31.5%。规模以上工业企业实现产品销售总收入25.5亿元，增长45.4%；

汶上县主要经济金融指标

经济指标	1999	2004	经济指标	1999	2004
土地面积（平方公里）	877	877	#地方财政收入（亿元）	0.91	1.26
人口（万人）	72.6	73.5	全社会固定资产投资（亿元）	7.1	30
#非农业人口（万人）	7.8	16.96	固定资产投资增速（%）	7.6	41.5
地区生产总值（亿元）	24.2	50	进出口总值（亿美元）	0.2	0.1
地区生产总值年增速（%）	9.1	19.6	#出口总值（亿美元）	0.2	0.1

续表

经济指标	1999	2004	经济指标	1999	2004
第一产业（亿元）	4.2	13.44	实际利用外资（亿美元）	0.01	0.04
第二产业（亿元）	12.3	20.41	社会消费品零售总额（亿元）	6.0	10.9
第三产业（亿元）	14.8	16.25	居民消费价格指数（%）		
财政总收入（亿元）	1.32	2.20	人均地区生产总值（元）	3333	6830
金融指标（亿元）	**1999**	**2004**	**金融指标（亿元）**	**1999**	**2004**
金融机构存款余额	14.80	28.7	金融机构贷款余额	12.5	15.4
企业存款	1.20	3.50	短期贷款	11.5	13.2
储蓄存款	12.90	23.2	中长期贷款	0.5	1.30

汶上县主要金融机构负责人

单位名称	行长（或其他称谓的第一负责人）	副行长（或其他称谓的同级领导）
中国人民银行汶上县支行	丁振江	马广成　刘素萍
中国银监会济宁监管分局汶上办事处	李咸仁	
中国农业发展银行汶上县支行		李春生（主持工作）　李伟秀
中国工商银行汶上县支行	楚遵池	徐希栋　贾存生
中国农业银行汶上县支行	朱晓轩	胡田林　周　斌
中国银行汶上支行	马来文	王成轩　孔德勇
中国建设银行汶上支行	李大军	高恩锋　刘来清
汶上县农信社	刘福远（理事长兼主任）	王传顺　程　光　姜善连　魏建国

汶上县主要金融机构业务概况

单位：亿元

单位名称	存　款	企业存款	储蓄存款	贷　款	短期贷款	中长期贷　款
中国农业发展银行汶上县支行	0.1	0.1		3.6	3.6	
中国工商银行汶上县支行	2.9	0.6	2.0	1.6	1.2	0.3
中国农业银行汶上县支行	8.6	1.5	6.4	0.8	0.7	
中国银行汶上支行	2.1	0.6	1.3	0.4	0.3	
中国建设银行汶上支行	1.3	0.4	0.6	1.5	0.9	
汶上县农信社	10.9	0.2	10.2	7.5	7.4	

实现利税 1.9 亿元。

全年实现社会消费品零售总额 10.9 亿元，同比增长 18.6%。全年进出口总额 1000 万美元，其中，出口 1000 万美元，下降 32.7%。

全县城镇居民人均可支配收入 5480 元，增长 16%；农村居民人均可支配收入 3373 元，增长 14.5%。

【金融概述】　2004 年，汶上县各项存款快速增长，贷款投向重点向能源、农业和产品有市场效益好的企业倾斜，辖区金融秩序稳定。

【存款情况】 截至2004年末，汶上县金融机构各项人民币存款余额28.7亿元，同比增加4.1亿元；各项外汇存款余额104万美元，减少79万美元。企业存款余额3.5亿元，增加0.7亿元，占新增存款比例的17.1%，提高0.7个百分点；储蓄存款余额23.2亿元，增加3.1亿元，占新增存款的75.6%，提高6.5个百分点。其中，定期储蓄存款余额18.3亿元，增加2.4亿元；活期储蓄存款余额4.9亿元，增加0.7亿元。

【贷款情况】 截至2004年末，汶上县金融机构各项人民币贷款余额15.4亿元，同比减少1.5亿元；各项外汇贷款余额66万美元，下降301万美元。

【金融调控】 2004年，人行汶上县支行坚持科学发展观，努力实现宏观调控措施与促进经济发展的协调统一。一是通过金融座谈会、联席会、汇报会等形式，按照有保有压、有抑制有发展的原则，支持重点企业和民营企业的发展；二是按照上级行工作部署，做好对农信社增资扩股、提高资本充足率和降低不良贷款比例等指标的监测考核和有关数据的核定工作，推动农信社健康发展。

【金融监管】 2004年，人行汶上县支行对金融机构的征信、统计、外汇、国库、反洗钱、账户、现金等管理情况进行了监督检查，进一步稳定了金融秩序，为金融的和谐发展创造了条件。

泗水县

【经济概况】 泗水县因泗河发源于境内而得名。2004年，全县实现地方生产总值58.38亿元，同比增长17.1%。其中，第一产业增加值12.52亿元，增长7.2%；第二产业增加值25.5亿元，增长25.2%；第三产业增加值20.37亿元，增长14.7%。人均地方生产总值9782元。实现财政总收入1.68亿元，其中，地方财政收入1.01亿元，下降47.5%。

全年实现农业增加值12.52亿元，同比增长7.2%；其中，粮食总产17.58万吨，增长1.9%。林木覆盖率21%，

泗水县主要经济金融指标

经济指标	1999	2004	经济指标	1999	2004
土地面积（平方公里）	1118.96	1118.96	#地方财政收入（亿元）	1.27	1.01
人口（万人）	59.03	59.74	全社会固定资产投资（亿元）	6.16	18.3
#非农业人口（万人）	5.84	13.11	固定资产投资增速（%）	61.9	10.9
地区生产总值（亿元）	30.41	58.38	进出口总值（亿美元）	0.95	0.90
地区生产总值年增速（%）	9.6	17.1	#出口总值（亿美元）	0.89	0.62
第一产业（亿元）	9.45	12.52	实际利用外资（亿美元）	0.04	0.02
第二产业（亿元）	13.68	25.5	社会消费品零售总额（亿元）	4.55	9.42
第三产业（亿元）	7.27	20.37	居民消费价格指数（%）	111.00	102.5
财政总收入（亿元）	1.80	1.68	人均地区生产总值（元）	5160	9782
金融指标（亿元）	**1999**	**2004**	**金融指标（亿元）**	**1999**	**2004**
金融机构存款余额	10.32	20.46	金融机构贷款余额	14.42	13.79
企业存款	1.26	1.89	短期贷款	11.78	10.28
储蓄存款	8.65	17.48	中长期贷款	1.00	2.48

泗水县主要金融机构负责人

单位名称	行长（或其他称谓的第一负责人）	副行长（或其他称谓的同级领导）
中国人民银行泗水县支行	郭敬国	吴传奇　王金生
中国银监会济宁监管分局泗水办事处	朱道工	
中国农业发展银行泗水县支行	张传驰	李文祥　李本华
中国工商银行泗水县支行	葛行建	刘　健　李　华
中国农业银行泗水县支行	吴　松	张玉平　开瑞彬
中国银行泗水支行	马安莲	王长忠
中国建设银行泗水支行	陈祥桓	石礼佩　王召军
泗水县农信社	寇　宁（理事长） 赵　鲁（主　任）	张根柱　朱清平

泗水县主要金融机构业务概况

单位：亿元

单位名称	存　款	企业存款	储蓄存款	贷　款	短期贷款	中长期贷　款
中国农业发展银行泗水县支行	0.02	0.02		1.06	1.05	0.01
中国工商银行泗水县支行	3.12	0.52	2.17	1.69	1.27	0.39
中国农业银行泗水县支行	4.98	0.68	4.20	2.88	1.88	0.97
中国银行泗水支行	1.85	0.25	1.30	2.24	0.87	1.10
中国建设银行泗水支行	1.04	0.35	0.91	0.96	0.25	0.01
泗水县农信社	6.04	0.09	5.85	4.96	4.96	

提高 4.2 个百分点。

全年完成工业增加值 19.71 亿元，同比增长 25.3%。规模以上工业企业 56 家，实现增加值 14 亿元，实现产品销售总收入 30.8 亿元，增长 29.9%；实现利税 3.1 亿元。

全年实现社会消费品零售总额 9.42 亿元，同比增长 18%。全年进出口总额 8992 万美元，其中，出口 6196 万美元，增长 75.7%。

全县城镇居民人均可支配收入 5348 元，增长 15.2%；农村居民人均可支配收入 3222 元，增长 16.5%。

【金融概况】 2004 年，泗水县金融运行平稳，存款稳步增长，贷款适度增加，信贷结构进一步优化。

【存款情况】 截至 2004 年末，泗水县各项人民币存款余额 20.46 亿元，同比增加 2.19 亿元，各项外汇存款余额 591 万美元，增加 90 万美元。企业存款余额 1.89 亿元，下降 111 万元；储蓄存款余额 17.48 亿元，增加 2.23 亿元，占全县新增存款的 102.23%，提高了 8.46 个百分点。其中，定期储蓄余额 13.07 亿元，增加 1.79 亿元；活期储蓄余额 4.41 亿元，增加 4487 万元。

【贷款情况】 截至 2004 年末，泗水县各项人民币贷款余额 13.79 亿元，同比下降 2.21 亿元（各行、社上划、剥离、核销和票据置换不良贷款因素所致），各项外汇贷款余额 386 万美元，下降 206 万美元。农业贷款余额 4.08 亿元，增加 8051 万元；工业贷款余额 2.05 亿元，下降 9211 万元；商业贷款余额 1.14 亿元，下降 1.35 亿元；个人消费贷款余额 6668 万元，增加 423 万元；固定资产贷款余额 557 万元，下降 4759 万元；外汇贷款余额 386 万美元，下降 206 万美元。

【金融调控】 2004 年，人行泗水县支行充分发挥基层央行联系地方政府、经济主管部门和金融机构的纽带桥梁作用，适时加大基层央行的“窗口指导”力度，促进地方经济金融的协调发展。一是按季召开金融运行形势分析季度例会，引导辖内金融机构全面、正确积极地理解和贯彻国家的各项宏观调控政策；二是加强与地方政府、经济主管部门的沟通与交流，为货币信贷政策的传导创造了良好的外部条件；三是制订了支持中小企业和民营经济发展等两个信贷工作《指导意见》；四是灵活运用货币政策工具，扎实做好农信社的改革试点工作，取得了5343万元中央银行专项票据。

【金融监管】 2004 年，人行泗水县支行认真履行法律赋予的职责，开展了对农信社再贷款、银行信贷登记咨询管理制度执行、金融机构统计制度执行、外汇业务管理等情况的多项检查，进一步规范了金融机构的经营行为，确保了辖内金融的稳定运行，促进了辖内金融业健康发展。

梁山县

【经济概况】 2004年，梁山县实现地区生产总值58.58亿元，同比增长 17%；人均地区生产总值 8168 元。实现财政总收入 1.93 亿元，其中，地方财政收入 1.15 亿元，增长19%。

全年实现农业增加值 15.51 亿元，同比增长 5.9%；其中，粮食总产 2.95 万吨，下降 8.1%。林木覆盖率 18.2%，提高 1 个百分点。

全年完成工业增加值 27.51 亿元，同比增长 29.4%。规模以上工业企业实现产品销售总收入52.01亿元，增长70.4%；

梁山县主要经济金融指标

经济指标	1999	2004	经济指标	1999	2004
土地面积（平方公里）	964	964	# 地方财政收入（亿元）	0.89	1.15
人口（万人）	70.58	71.72	全社会固定资产投资（亿元）	6.40	32.05
# 非农业人口（万人）	7.93	8.40	固定资产投资增速（%）	11.69	50.70
地区生产总值（亿元）	28.32	58.58	进出口总值（亿美元）	0	0.12
地区生产总值年增速（%）	8.57	17	# 出口总值（亿美元）	0	0.11
第一产业（亿元）	12.22	15.51	实际利用外资（亿美元）	0.0011	0.03
第二产业（亿元）	7.77	27.51	社会消费品零售总额（亿元）	5.79	10.3
第三产业（亿元）	8.33	15.56	居民消费价格指数（%）		
财政总收入（亿元）	1.19	1.93	人均地区生产总值（元）	3949	8168
金融指标（亿元）	**1999**	**2004**	**金融指标（亿元）**	**1999**	**2004**
金融机构存款余额	21.84	39.14	金融机构贷款余额	15.33	20.09
企业存款	1.71	4.16	短期贷款	14.08	17.03
储蓄存款	18.66	32.05	中长期贷款	1.13	2.01

梁山县主要金融机构负责人

单位名称	行长（或其他称谓的第一负责人）	副行长（或其他称谓的同级领导）
中国人民银行梁山县支行	孔令柱	颜景轩　王建民
中国银监会济宁监管分局梁山办事处	魏红霞	
中国农业发展银行梁山县支行	陈卫民	岳修忠
中国工商银行梁山县支行	杨一川	赵瑞峰　孟昭贤　裴洪涛
中国农业银行梁山县支行	马绪良	张洪社　武建平　高贤军
中国银行梁山支行	符中社	刘国磊　王瑞昌
中国建设银行梁山支行	李大勇	宋兹海　李同新
梁山县农信社	张传林（副理事长兼主任）	王学军　丁兆常

梁山县主要金融机构业务概况

单位：亿元

单位名称	存　款	企业存款	储蓄存款	贷　款	短期贷款	中长期贷　款
中国农业发展银行梁山县支行	0.12	0.12		5.78	5.76	0.02
中国工商银行梁山县支行	10.73	1.73	8.16	2.71	1.62	1.09
中国农业银行梁山县支行	10.30	1.48	8.09	1.90	1.20	0.27
中国银行梁山支行	1.84	0.21	1.22	0.61	0.33	0.29
中国建设银行梁山支行	2.63	0.61	1.76	1.24	0.29	0.33
梁山县农信社	10.25		9.65	7.84	7.82	0.01

实现利税5.41亿元。

全年实现社会消费品零售总额10.3亿元，同比增长17.6%。全年进出口总额0.12亿美元，其中，出口0.11亿美元，下降5.1%。

全县城镇居民人均可支配收入5024元，增长13.5%；农村居民人均可支配收入3252元，增长14.3%。

【金融概述】 2004年，梁山县金融机构认真贯彻执行适度从紧的货币政策，适度增加货币供应量，居民储蓄稳定增长，贷款结构继续改善，资产质量与效益同步提高。

【存款情况】 2004年，梁山县金融机构存款余额39.14亿元，同比增加5.92亿元，增长17.84%，多增1.97亿元。其中，企业存款4.16亿元，储蓄存款32.05亿元，人均储蓄存款4469元。

【贷款情况】 2004年，梁山县金融机构贷款余额20.09亿元，同比下降0.26亿元，下降1.28%。其中，短期贷款17.03亿元，中长期贷款1.79亿元，贴现1.05亿元。

【金融调控】 2004年，人行梁山县支行围绕辖区经济发展和经济结构调整，按照有保有压、区别对待的原则，努力确保贷款的稳定增长、均衡投放。

【金融监管】 2004年，人行梁山县支行和银监部门坚持“依法、严格、规范、效率”的八字方针，进一步加强对农信社监管。一是加强对农信社代办站的监管；二是加强经营风险和内控制度监管；三是强化农信社非现场监管工作。

（刘海东　郭晓娟）

临沂市

【经济概况】 2004年，临沂市认真贯彻落实科学发展观和各项宏观调控政策，解放思想，干事创业，国民经济持续快速发展，社会事业全面进步，人民生活稳步提高。全市全年实现地区生产总值1012.04亿元，同比增长17%；其中，第一产业完成增加值147.04亿元，增长7.9%；第二产业完成增加值531.4亿元，增长19.6%；第三产业完成增加值333.60亿元，增长17.3%；人均地区生产总值9970.44元，增长20.78%。三次产业比重由上年的14.9:49.4:35.7转变为14.5:52.5:33。实现财政总收入69.19亿元，增长30.63%，其中，地方财政收入37.58亿元，增长34.66%。

一、农村经济呈现新活力。2004年，临沂市实现农业增加值147.04亿元，同比增长7.9%；粮食总产345.51万吨，增长13.46%；其中，夏粮总产129.09万吨，增长18.1%，秋粮总产216.42万吨，增长10.8%。棉花、油料、水果和蔬菜总产分别为1.4、69.6、142.6和548.9万吨，分别增长56.5%、9.2%、11.9%和6.3%；肉类、禽蛋、奶类和水产品总产分别为59.9、26.2、6.3和9.5万吨，分别增长3.1%、2.3%、39.7%和9.2%。农机总动力681.46万千瓦，增长4.3%。

二、工业生产持续快速增长。2004年，临沂市完成工业增加值437.4亿元，同比增长18.4%。国有及年销售收入500万元以上的非国有独立核算工业企业完成工业增加值

临沂市经济主要统计指标

指　　标	1999	2000	2001	2002	2003	2004
土地面积（平方公里）	17184.1	17184.1	17184.1	17184.1	17184.1	17184.1
人口（万人）	994.28	1001.38	1005.25	1008.45	1011.05	1015.04
#非农业人口（万人）	172.31	178.94	184.51	197.78	242.24	250.53
地区生产总值（亿元）	501.59	554.6	623.15	702.13	834.6	1012.04
地区生产总值增速（%）	11.1	11.4	11.5	12.7	17.8	17.0
第一产业（亿元）	112.03	113.51	116.78	119.65	124.6	147.04
第二产业（亿元）	227.98	259.08	297.31	335.34	412.3	531.40
#工业（亿元）	194.32	221.07	252.81	285.50	344.00	437.40
#建筑业（亿元）	33.66	38.01	44.5	49.84	68.3	94.00
第三产业（亿元）	161.58	182.01	209.06	247.14	297.7	333.60
地区生产总值构成（%）	100	100	100	100	100	100
第一产业	22.3	20.5	18.7	17.00	14.90	14.50
第二产业	45.5	46.7	47.7	47.80	49.40	52.50
第三产业	32.2	32.8	33.6	35.20	35.70	33.00
财政总收入（亿元）	31.4	33.91	40.85	46.49	55.49	69.19
#地方财政收入（亿元）	20.26	22.62	27.85	26.31	31.99	37.58
全社会固定资产投资（亿元）	150.47	171.84	192.13	226.83	359.25	503.80
#基本建设（亿元）	—	—	140.32	160.53	228.2	311.12
#更新改造（亿元）	—	—	51.81	51.30	108.6	166.67
#房地产开发（亿元）	4.34	8.60	11.92	15.43	23.25	26.06
固定资产投资增速（%）	15.6	14.2	11.8	18.1	58.4	40.30
进出口总值（亿美元）	2.28	3.65	5.29	6.67	11.41	15.82
#出口总值（亿美元）	1.59	2.25	3.24	4.68	7.84	11.29
实际利用外资（亿美元）	0.24	0.33	0.50	1.02	2.43	4.86
社会消费品零售总额（亿元）	174.8	174.8	194.0	216.0	263.3	309.90
居民消费价格指数（%）	98.5	99.1	100.2	99.2	101.9	104.80
城镇居民家庭人均年收入（元）	4960	5293	5824	6636	7207	8079
农民家庭人均年收入（元）	2273	2360	2485	2602	2788	3158
人均地区生产总值（元）	5060	5558	6211	[illegible]	8264	9970.44

临沂市金融主要统计指标

指标（亿元）	1999	2000	2001	2002	2003	2004
金融机构存款余额	323.20	373.19	430.64	520.63	668.02	784.10
（一）企业存款	58.96	66.85	75.74	89.52	112.31	129.76
（二）储蓄存款	248.05	276.83	312.44	362.72	435.96	500.67
#定期储蓄存款	188.49	202.54	226.21	255.24	296.45	336.52
#活期储蓄存款	59.56	74.29	86.23	107.48	139.51	164.15
金融机构贷款余额	245.85	266.54	310.28	380.12	521.67	600.09
（一）短期贷款	199.26	222.51	252.53	297.27	366.25	445.36
#工业贷款	40.15	37.40	46.47	58.78	65.48	91.61
#商业贷款	53.58	47.29	50.18	52.01	52.61	53.41
#农业贷款	41.82	54.18	70.25	86.30	128.15	164.69
（二）中长期贷款	23.99	23.39	32.67	50.89	85.12	109.53
#基本建设贷款	5.38	4.87	6.21	19.98	34.78	44.82
#技术改造贷款	8.59	9.14	11.43	2.33	1.80	1.73
现金收入	1609.88	1879.28	2122.92	2655.16	3583.98	4400.70
现金支出	1500.14	1754.75	1992.82	2541.85	3495.52	4294.65
现金投放（+）回笼（-）	-108.54	-124.53	-130.10	-113.31	-88.46	-106.05
当年结益	-5.04	-3.23	-2.36	-2.19	-2.92	5.6

临沂市主要金融机构负责人

单位名称	行长（或其他称谓的第一负责人）	副行长（或其他称谓的同级领导）
中国人民银行临沂市中心支行	张光森（行长）	汲　涛　陈　刚　许　波 毕德富　郭元华　王军涛
中国银监会临沂监管分局	张　强（局长）	王思钦　陈大章
中国农业发展银行临沂市分行	许　波（行长）	徐振云　薛迎余
中国工商银行临沂市分行	张卫民（行长）	刘国强　杨振广　薛兆利　王战力
中国农业银行临沂市分行	赵壮志（行长）	厉启征　孙成军　王明军 宋秀峰　潘兆华
中国银行临沂市分行	王传明（行长）	刘　琳　刘焕竹　吴维彬
中国建设银行临沂市分行	冯元照（行长）	夏京利　王君泰　邢业久
临沂市商业银行	王傢玉（董事长） 马　磊（行长） 刘　超（监事长）	庄　依　赵　强
农信社临沂市办事处	李金国（主任）	李玉林　徐广礼　庄　涛

临沂市主要金融机构业务概况

单位：亿元

单位名称	存　款	企业存款	储蓄存款	贷　款	短期贷款	中长期贷　款
中国工商银行临沂市分行	98.72	21.03	60.31	105.79	44.98	55.56
中国农业银行临沂市分行	154.00	36.87	103.53	112.11	79.62	24.15
中国银行临沂市分行	50.00	15.48	25.57	32.57	17.10	11.13
中国建设银行临沂市分行	74.43	20.92	29.43	54.80	27.53	11.71
临沂市商业银行	80.26	28.88	29.08	63.97	54.18	1.97
农信社临沂市办事处	247.41	6.18	189.68	208.15	200.32	3.95

临沂市各县级区域经济金融主要统计指标

名称	人口（万人）	面积（平方公里）	地区生产总值（亿元）	地区生产总值增速（%）	存款（亿元）	储蓄存款（亿元）	贷款（亿元）
兰山区	88.50	650.37	106.2	23.00	145.01	94.47	103.36
罗庄区	42.46	370.63	76	18.00	65.21	31.84	78.13
河东区	60.42	727.63	47.9	21.20	48.82	33.27	38.15
沂水县	110.05	2434.80	100.03	20.30	56.26	46.12	29.76
沂南县	90.73	1774.08	67.3	17.60	38.25	31.60	22.60
郯城县	97.73	1312.00	86.40	20.28	41.08	33.97	23.03
苍山县	118.02	1799.86	81.0	16.00	38.54	31.56	23.95
费　县	92.16	1904.60	78.14	19.50	36.10	27.80	19.07
平邑县	98.28	1824.79	84.70	21.00	34.7	26.11	24.10
莒南县	99.09	1752.00	77.11	22.10	49.06	38.36	32.49
蒙阴县	53.02	1601.10	50.1	18.20	26.51	20.26	15.72
临沭县	63.06	1038.01	53.2	19.50	32.45	23.35	20.37

272.2 亿元，增长 31.6%。其中，国有工业完成工业增加值 33.11 亿元，增长 12.16%；集体工业完成工业增加值 20.8 亿元，增长 1.93%；股份合作制工业完成工业增加值 2.18 亿元，增长 1.93%；股份制工业完成工业增加值 157.46 亿元，增长 38.48%；外商及港澳台投资工业完成工业增加值 25.17 亿元，增长 23.42%。

规模以上工业企业实现产品销售总收入 909.7 亿元，同比增长 47.4%；实现利税 76.3 亿元，增长 32.7%，实现利润 44.5 亿元，增长 33.4%。工业经济效益综合指数为 150.1，提高 9.5 个百分点。

三、消费品市场较旺。2004 年，临沂市实现社会消费品零售总额 309.9 亿元，同比增长 15.5%。其中，批发零售贸易业零售额 269.2 亿元，增长 16.5%；餐饮业零售额 28.1 亿元，增长 16.5%。居民消费价格指数为 104.8%，上升了 4.8 个百分点。

四、固定资产投资规模持续扩大。2004 年，临沂市完成全社会固定资产投资 503.8 亿元，同比增长 40.3%。其中，基本建设投资 311.12 亿元，增长 36.4%；更新改造投资 166.67 亿元，增长 53.5%；房地产开发投资 26.1 亿元，增长 15.8%。

五、进出口保持较快增长，对外经济合作业务发展加快。2004 年，临沂市进出口总额 15.82 亿美元，同比增长 38.7%。其中，进口 4.53 亿美元，增长 27.1%；出口 11.29 亿美元，增长 44%；在出口商品中，初级产品出口额 3.02 亿美元，增长 8.63%，工业制成品出口额 8.27 亿美元，增长 63.3%，占出口总值比重的 73.3%。全年新批准利用外资额5.57亿美元，增长72%，实际利用外资额4.86亿美元，增长100.2%。

六、城乡居民收入稳步增加。2004年，临沂市在岗职工工资总额51.14亿元，同比增长11.5%；在岗职工平均工资11076元，增长12.1%。城市居民人均可支配收入8079元，增长12.1%；人均消费性支出5211元，增长9%。农村居民人均可支配收入3158元，增长13.3%；人均消费性支出1976元，增长10.6%。城市恩格尔系数为34%，农村恩格尔系数为42.4%，分别增加0.9和下降0.4个百分点。

【金融概况】 2004年，临沂市金融部门深入领会国家宏观调控政策精神，加大改革力度，努力提高服务水平，不断优化信贷投向，增强资金供给与需求的有效衔接，在促进经济快速增长的同时，保持了平稳发展势头。

【存款情况】 2004年，临沂市金融机构各项人民币存款余额784.10亿元，同比增加116.11亿元，存款增长幅度17.5%，高出全省0.8个百分点，存款余额、新增额均居全省第6位。各项外汇存款余额0.77亿美元，减少0.002亿美元。

截至年末，临沂市企业存款余额129.76亿元，增加17.15亿元，占全市新增存款比例的14.77%，降低了0.70个百分点。储蓄存款余额500.67亿元，增加64.74亿元，占全市新增存款比例的55.76%，提高了6.09个百分点。其中，定期储蓄余额336.52亿元，增加40.09亿元；活期储蓄余额164.15亿元，增加24.65亿元。从定活比例看，定期存款占比下降，存款稳定性减弱。定期存款余额372.6亿元，占各项存款余额的47.5%，同比下降1.9个百分点。从时间分布看，各季度存款增长不平衡，呈逐步递减趋势，表明受宏观调控的影响，社会资金日趋短缺。从存款构成分析，除财政存款、机关团体存款增加额略有上升外，其他存款项目如企业存款、储蓄存款、其他存款增加额同比均有所下降。从机构分布上看，农信社资金实力增强，市场占有率大幅提高，占全市存款增加额的40.4%，同比提高8.9个百分点；国有商业银行受宏观调控影响明显，存款增长乏力，存款增加49.2亿元，占全市存款增加额的42.3%，同比下降3.4个百分点。

【贷款情况】 2004年，临沂市金融机构各项人民币贷款余额600.09亿元，同比增加82.79亿元，增长16%，高出全省1.7个百分点；贷款余额、新增额分别位于全省第6位和第5位；各项外汇贷款余额1.50亿美元，减少0.25亿美元。

从期限结构看，信贷投向与宏观调控意图基本吻合，短期流动资金贷款保持合理增长，用于基本建设投资和技术改造的中长期贷款增幅下降，贷款期限结构优化。全年短期贷款余额增加85.8亿元，同比多增16.9亿元。其中，农业贷款164.69亿元，新增36.56亿元，占各项贷款新增额的44.15%；工业贷款91.61亿元，新增27.4亿元，占各项贷款新增额的33%，同比多增20.7亿元；商业贷款53.41亿元，新增3.43亿元，同比多增2.81亿元。中长期贷款余额增加23.3亿元，同比少增10.8亿元。其中，基本建设贷款44.82亿元，新增8.69亿元，同比少增6.09亿元；技改贷款1.73亿元，下降0.05亿元。个人消费信贷余额57.11亿元，较年初增长15.12亿元，占全部贷款新增总量的18.26%。其中，个人住房贷款31.6亿元，较年初增加10.7亿元，汽车贷款15.8亿元，较年初增长0.7亿元。

分机构看，国有商业银行与地方中小金融机构存在明显差异，形成一定程度的互补效应。国有银行信贷投放“前减后增”，自一季度开始积极进行信贷结构调整至二季度这一过程已基本到位，三季度信贷投放明显加速，四季度贷款增量继续增加。下半年，国有商业银行贷款增加37亿元，是上半年贷款增加额的10.6倍。地方中小金融机构贷款“前增后减”，在国有商业银行信贷收缩时努力进行市场跟进，抢占国有商业银行信贷紧缩形成的市场空间，授信规模一度膨胀，但受自身资金实力及存贷款比例制约，在存款缓增的情况下流动性风险有所显现，在三、四季度进行信用额度控制，贷款投放力度有所减弱。上半年，农信社、城市商业银行两家地方金融机构贷款增加48.5亿元，下半年则下降6.6亿元。

【现金投放和回笼】 2004年，临沂市累计现金收入4400.70亿元，同比增加816.72亿元，增长22.79%；累计现金支出4294.65亿元，增加799.13亿元，增长22.86%；年累计现金回笼106.05亿元，多回笼17.59亿元。现金大幅回笼，主要得益于流通业、服务业的快速发展。其中，商品销售现金收入414.79亿元，城乡个体经营收入475.93亿元，服务业收入155.57亿元，同比分别增加64.22亿元、119.53亿元和48.52亿元。从主要支出渠道看，工资性支出93.02亿元，增长30%；农副产品采购支出225.01亿元，增长36%；储蓄存款收支相抵净支出现金53.26亿元。

【外汇管理】 2004年，外管局临沂市中心支局以促进国际收支平衡和维护人民币汇率稳定为目标，积极宣传和贯彻外汇管理政策，转变观念，改善服务，完善内部管理，整顿外汇秩序，努力探索外汇管理新模式，进一步便利贸易投资活动，促进了辖内外向型经济持续、稳定、健康发展。全年实现顺差8.19亿美元，同比增长108.73%；外债余额3.2亿美元，较年初增长9.6%。

【货币政策实施】 2004年，人行临沂市中支准确把握宏观调控政策要求，积极主动地贯彻落实稳健的货币政策，按照“区别对待，有保有压”的方针，发挥金融优化资源配置作用，促进了地方经济的持续、健康发展。

一、多策并举，促进信贷政策与产业政策有机结合。2004年，人行临沂市中支利用座谈会、分析会、项目推介会等多种形式引导金融机构调整信贷投向结构。一是制订印发了《临沂市贯彻货币信贷政策的实施意见》和《金融系统支持“百万农户致富工程”的实施意见》；二是组织了第二届民营经济项目推介会，推动16家金融机构对38个重点项目发放贷款29亿元；三是下发了《民营及中小企业信贷服务品种创新试行意见》和《关于支持县域经济发展的指导意见》；四是研究制订了《金融部门支持打造“鲁南制造业基地”的意见》。

二、加强监测分析工作，为宏观调控提供决策参考。2004年，人行临沂市中支实施了货币政策分析工作制度、货币信贷监测制度、行业经济监测分析制度和利率监测制度，加强了对货币信贷政策实施效果的监测分析，通过分析工作制度化和数据来源系统化，为货币信贷管理提供了有力支撑，为服务领导决策和实施宏观调控提供了参考。

三、完善制度，严格管理，发挥再贴现工具导向作用。2004年，人行临沂市中支一是修订印发《临沂市再贴现管理规程》，转发了《济南分行关于进一步加强再贷款、再贴现管理的通知》，重申加强再贴现管理“四原则”；二是进一步规范了再贴现业务审查、审核和审批制度，杜绝逆程序、超权限办理业务现象，实现了加强宏观调控和支持票据业务发展的政策意图。年末再贴现余额4.3亿元，同比下降了29%；全年累计办理10.6亿元，同比多4.1亿元。

四、推动“百万农户致富工程”，加大信贷支农力度。2004年，人行临沂市中支组织实施了“百万农户致富工程”，大力支持“公司+农户”生产方式，做到信贷支农与推广农业技术相结合、与促进产业化经营相结合、与推动农村经济结构调整相结合，充分发挥了支农再贷款的导向作用。全年累计发放支农再贷款189笔，金额28.5亿元，年末限额达到10.7亿元；带动农信社累计对21.7万农户发放“百万农户致富工程”贷款40.9亿元，余额达到23.9亿元。

五、积极推动个人信贷业务发展，提高信贷政策公众影响力。2004年，人行临沂市中支一是按季邀请有关部门举行房地产金融联席会议，建立和完善了全市房地产市场和信贷业务发展情况报告制度；二是牵头制定了《临沂市生源地国家助学贷款管理办法》，促进助学贷款业务发展；三是会同劳动保障和财政部门制定了下岗职工小额担保贷款及贴息实施细则、代偿损失弥补规定，推进下岗失业人员小额担保贷款发放；四是针对个人信贷市场信息不对称问题，制定了《临沂市个人信贷业务风险提示制度》，帮助金融机构有效规避业务风险。

六、建立风险监测与评估机制，确保金融稳定。2004年，人行临沂市中支一是建立商业银行流动性风险监测制度，按照“适时监测、集中分析、及时预警、分类处置”的工作思路，对3家法人机构实施了流动性跟踪监测，并做好了流动性风险应对预案；二是建立信贷集中风险预警制度，对贷款大户进行监测并及时向金融机构发出风险提示；三是对实行股份制的中行、建行及其分支机构和农信社改革情况实施改革监测；四是重点加强对跨行业交叉性金融工具的风险评估和监测工作。

七、做好配套支持工作，推进银行业改革。2004年，人行临沂市中支一是完成了辖内12家农联社的清产核资、增资扩股和8.84亿元支持农信社改革专项票据的发行工作；二是建立了央行专项票据兑付考核季报制度，探索制定了农信社票据兑付量化考核办法，为做好下一步的专项票据兑付考核工作提前做好准备。

【金融监管】 2004年，银监局临沂分局从不良贷款“双降”、资本充足率、盈利能力、银行业改革、金融秩序、监管队伍建设等七个方面明确了监管目标。

一、以抓“双降”为核心，努力降低资产风险。2004年，银监局临沂分局实施了不良贷款“双降”目标责任管理，由局长分别与监管科、监管办事处负责人及非现场监管人员、各银行业金融机构主要负责人签订了《非现场监管目标管理责任书》和《银行业金融机构审慎经营及不良贷款“双降”责任书》，明确考核责任，切实做好不良资产的监测和考核，同时督促引导各银行业金融机构综合运用多种形式处置不良贷款。

二、以风险防范为中心，加大农信社监管工作力度。2004年，银监局临沂分局一是注重发挥非现场监管的预警预报作用，对集团客户关联企业授信进行风险提示；二是加大对大额贷款重点监测力度，及时发现并查处了4家农信社违规跨辖贷款、关系人贷款等违规行为；三是对全辖农信社票据业务开展情况及风险状况进行摸底调查，对重点社先后约见有关负责人进行谈话，要求其提高风险意识，严格审查和管理票据业务，切实降低票据风险。

三、以法人治理结构为重点，加强对城市商业银行的监管。2004年，银监局临沂分局一是积极支持和参与临沂市商业银行按照股权多元化、分散化原则开展增资扩股工作，专人负责监测增资扩股进度；二是将该行完善法人治理结构作为监管工作重点，顺利完成了董事长的换届，对行长、监事长人选的任职资格进行审核；三是责令其制定详尽可行的《不良贷款责任人追究制度》等项制度，加大对不良贷款的考核力度，并重点突出对相关责任人的追究，收到了较好效果。

四、以资金调拨管理为突破，探索实践对邮政储蓄资金监管的有效途径。2004年，银监局临沂分局受山东银监局委托，选取沂水、蒙阴两县邮政局，围绕实现对邮政储蓄资金调拨管理实施有效监管的目标，积极探索实践基层银监部门对邮政储蓄资金调拨管理的检查方法和监管的有效途径，圆满完成了此项全国性试点工作。银监会举办的邮政储蓄新增资金运用及调拨管理专项检查培训班将临沂银监分局试点创新的“邮政储蓄资金调拨管理现场检查方法与技巧”做法进行了讲授，并在全国范围内进行了推广。

五、以建立现代银行制度为目标，积极稳妥地推进银行业金融机构改革。截至年末，临沂市农信社清产核资工作按时完成，股本金总额16.06亿元，较年初增加5.42亿元，资本充足率达到10.54%，股权结构趋于合理。全市12家县区农信社全部获得批准发行中央银行专项票据8.837亿元。以县为单位统一法人改革工作进展顺利，沂水、蒙阴农信社获得山东银监局批复筹建。中行、建行临沂分行以改制为契机，稳步推进内部各项改革，加大不良资产处置力度，消化历史包袱。截至年末，全市中行、建行分别核销和剥离贷款8.49亿元和1.34亿元，不良贷款占比分别下降至1.55%和2.3%。

六、加大现场检查力度，促进银行业金融机构审慎经营。2004年，银监局临沂分局增强现场检查的查处力度，实施项目管理和主查人负责制，树立证据意识、权限意识、程序意识和被监督意识，切实加强现场检查工作。该局先后组织了对农行临沂市分行内控制度、票据业务的检查，对城市商业银行资产质量、盈亏真实性和票据业务检查，对邮政储蓄2003年经营管理情况的检查，对农信社内控制度和2003年度经营成果真实性以及部分行业贷款情况的专项检查，确保了辖内银行业金融机构合法、稳健运营。

【金融改革】 2004年，人行临沂市中支重点做好了农信社改革资金支持工作。一是完成了12家农信社清产核资、增资扩股等工作；二是分三批完成了8.84亿元支持农信社改革专项票据的发行工作，置换不良贷款8.55亿元，消化历年亏损挂账0.29亿元。年末，农信社资本总额达20.3亿元，资本充足率为7.6%；三是做好专项票据发行后的兑付考核工作。建立了央行专项票据兑付考核季报制度，探索制定了农信社票据兑付量化考核办法，对4家农信社按央行专项票据发行兑付标准进行了全面检查和评估，为做好下一步的专项票据兑付考核工作提前做好准备。

年内，临沂市商业银行实施了以增资扩股、内控制度建设为重点的改革，年末资本充足率为8.02%。中行、建行临沂市分支机构完成了资产剥离、核销和划转等工作。工行、农行临沂市分行改革前摸底工作稳步推进。

【保险业务】 2004年，临沂市保险业保费收入22.28亿元，同比增长26.52%，比全国增幅高15个百分点，保险总量居全省第5位。其中，财产险保费收入5.68亿元，增长55.35%，比全国增幅高30.2个百分点，占总保费收入的25.5%；人身险保费收入16.59亿元，增长18.9%，比全国增幅高11.7个百分点，占总保费收入的74.5%。保险密度（人均保费支出）为219元，保险深度（保费收入占GDP的比重）为2.2%。全年累计支付赔款和给付保险金4.7亿元，增长32.1%，比全国增幅高12.7个百分点。

【证券市场】 截至2004年末，临沂市在国内外上市企业已达10家。国内上市的有兰陵陈香、临工股份、江泉实业、山大华特等4家，鲁颖电子被清华同方合并上市，累计筹集资金12.4亿元。境外上市公司5家，其中，联合食品、大众食品、中国食品工业、中国纸业、中国利达工业等5家在新加坡市场上市，大众食品同时在香港市场上市，累计融资近20亿元。

【精神文明建设】 2004年，临沂市金融系统认真学习实践“三个代表”重要思想，坚持“两手抓，两手都要硬”的方针，不断创新工作思路，加大工作力度，深入扎实地开展精神文明建设工作；一是先后组织开展了“抢抓机遇、奋力赶超”解放思想大讨论、马克思主义发展史学习和建设学习型组织等多项教育活动；二是组织开展了创建“文明先进单位”、“青年文明号”、“青年岗位能手”活动，加强了组织领导，加大了创建考核力度；三是加强了培训工作力度。先后举办了各类业务培训班、知识竞赛、技术比赛、征文大赛等活动；四是强化了干部队伍建设。一批业务熟悉，协调能力强的干部走上了领导岗位。

【金融大事记】 1月10日　中行临沂分行开发的中国银行银行卡自动对账系统在全国推广使用。

1月31日　经全国银联批准，临沂市商业银行“沂蒙卡”在香港、澳门地区正式启用。

2月17日　临沂市深化农信社改革工作会议召开。会议对深化改革试点工作进行了全面部署。

3月12日～13日　人行济南分行副行长李亚新在临沂市调研农信社改革试点工作。

3月30日　临沂市重点项目暨第二届民营企业银企合作项目推介会召开。

4月17日　临沂市人民政府正式任命王傢玉为临沂市商业银行董事长。

4月19日　中行山东省分行机构管理工作会议在临沂召开。中行临沂分行作为先进单位进行典型发言。中行临沂分行所辖金坛、沂州、银雀山、前园、解放路等6家直属支行同时举行升格更名挂牌庆典仪式。

6月21日　在中行总行六大标杆软件产品全国招标中，中行临沂分行开发的软件产品“ATM对账系统”代表山东省中国银行参加竞标成功，填补了中国银行银行卡系统对账的一项空白，受到了中行总行、山东省分行的表彰奖励。

7月1日　临沂市商业银行灾难备份中心投入使用，这是全国城市商业银行系统第一家灾难备份中心。

7月21日　人行临沂市中支组织召开临沂市反假货币

工作总结表彰大会。

9月6日　山东省农信社联合社临沂办事处召开新闻发布会并举行成立揭牌仪式。

10月27日　人行济南分行党委书记、行长杨子强等一行人，到临沂市中支宣布关于任命张光森为该中支党委书记、行长和外管局临沂中心支局局长的决定。

11月11日　建行临沂分行举行了乐得家·房地产金融超市开业仪式。

11月12日　银监局临沂分局在山东银监局的领导下，组织协调14家银行业金融机构组成全省第1家贷款俱乐部。

11月20日　临沂市商业银行被山东银联特以特许免申请准入的形式，加入跨国刷卡网络，实现了“沂蒙卡”业务新加坡、韩国、泰国轻松刷卡游。

12月6日　人行济南分行党委委员、纪委书记李建文在临沂市中支考察领导班子。

12月8日　建行临沂市分行顺利通过英标管理体系认证（北京）有限公司审核员对市建行ISO9001：2000质量管理体系外审工作。

12月30日　临沂市商业银行“沂蒙卡”业务系统交易成功率在全国银联对119家成员机构的统计考核中，获得全国第1名。

2004年，在工行总行年度考评中临沂市分行继续保持全国“二级分行经营三十强”。其中，郯城县支行、罗庄区支行、市行营业部进入全省30强。

农行临沂市分行继续保持全省农行系统一类行。截至年末，该行各项存款居全国农行系统二级分行第36位；实现中间业务收入居全省农行第2位；实现经营利润居全省农行系统第2位，全国农行系统二级分行第24位。

建行总行对2004～2006年新一届中心城市行的初始考核排名结果，建行临沂分行以全国市级城市排名63位的好成绩，成功入围建行全国80家中心城市行行列。

临沂市商业银行在境内118家城市商业银行的竞争力排名中，综合竞争力排第46位，市场规模排名第45位，流动性管理排名第17位，盈利能力排名第30位。在环渤海经济区城市商业银行竞争力排名中，综合竞争力排名第11位，市场规模排名第11位，资本充足率排名第10位，资产质量排名10位，流动性管理排名第5位，盈利能力排名第9位。

临沂市农信社经营效益创历史最好水平，各项经营指标完成情况位列全省第二。

（王志远　苏莉莉）

沂水县

【经济概况】　沂水县位于鲁中南地区，现辖19个乡镇，111.5万人，总面积2434.8平方公里，在山东省县级区划面积中居第2位。2004年，沂水县实现地区生产总值100.03亿元，同比增长20.3%；人均地区生产总值9009元。实现财政总收入5.46亿元，其中，地方财政收入3.69亿元，增长17.7%。

沂水县是全国果品、油料生产百强县，全国商品粮基地县，全省优质烟叶生产基地县。黄烟、蚕茧、油料产量居全省前列。全蝎、大樱桃、雪枣等驰名全国。全年实现农业增

沂水县主要经济金融指标

经济指标	1999	2004	经济指标	1999	2004
土地面积（平方公里）	2434.8	2434.8	#地方财政收入（亿元）	2.46	3.69
人口（万人）	111.59	111.05	全社会固定资产投资（亿元）	11.51	34.2
#非农业人口（万人）	21.77	42.12	固定资产投资增速（%）	22.86	48.52
地区生产总值（亿元）	48.72	100.03	进出口总值（亿美元）	0.19	0.97
地区生产总值年增速（%）	17.91	20.30	#出口总值（亿美元）	0.16	0.79
第一产业（亿元）	11.41	14.71	实际利用外资（亿美元）	0.027	0.32
第二产业（亿元）	20.82	50.5	社会消费品零售总额（亿元）	12.49	25.71
第三产业（亿元）	16.49	34.82	居民消费价格指数（%）	100	103.4
财政总收入（亿元）	4.10	5.46	人均地区生产总值（元）	4350	9009
金融指标（亿元）	**1999**	**2004**	**金融指标（亿元）**	**1999**	**2004**
金融机构存款余额	28.93	56.26	金融机构贷款余额	22.16	29.76
企业存款	3.79	6.13	短期贷款	18.72	25.25
储蓄存款	23.6	46.12	中长期贷款	1.88	3.61

沂水县主要金融机构负责人

单位名称	行长（或其他称谓的第一负责人）	副行长（或其他称谓的同级领导）
中国人民银行沂水县支行	王建军	石增谊　赵明军
中国银监会临沂监管分局沂水县办事处	刘智波（主任）	
中国农业发展银行沂水县支行	孙安源	张　伟　王建翔　孙勇力
中国工商银行沂水县支行	宗保海	陈维福　李　林　冯　泽
中国农业银行沂水县支行	高　峰	王亚平　王　玫　杨本营　张文坤
中国银行沂水县支行	严汝忠	宋兖成　杨在志
中国建设银行沂水县支行	贾学强	李常修　宋宝华
沂水县农信社	纪庆坤（理事长） 马　涛（主任）	莫沂海　荣庆东　张　峰

沂水县主要金融机构业务概况

单位：亿元

单位名称	存　款	企业存款	储蓄存款	贷　款	短期贷款	中长期贷　款
中国工商银行沂水县支行	5.61	1.52	3.43	4.17	2.83	1.26
中国农业银行沂水县支行	14.02	2.41	11.54	5.04	2.81	1.89
中国银行沂水县支行	4.64	1.44	2.73	1.16	1.03	0.12
中国建设银行沂水县支行	2.39	0.71	0.93	1.09	0.45	0.19
沂水县农信社	21.06	0.04	19.43	17.25	17.18	0.05

加值14.71亿元，同比增长9.9%，其中，粮食总产33.35万吨，增长3.6%。林木覆盖率27.5%，提高2.9个百分点。

沂水县是“全国食品工业强县”。全年完成工业增加值43.35亿元，增长23.2%。规模以上工业企业实现产品销售总收入70.1亿元，增长36.4%；实现利税5.6亿元，增长22.5%。

全年全县完成全社会固定资产投资34.2亿元，增长48.52%。全年实现社会消费品零售总额25.71亿元，同比增长13.8%。全县城镇居民人均可支配收入5615元，增长4.1%；农村居民人均可支配收入2560元，增长3.7%。

沂水县外贸出口企业达53家，出口产品有30个大类200多个品种，出口40多个国家和地区。全年进出口总额9700万美元，其中，出口7855万美元，增长40.7%。

沂水县境内资源丰富，有“内外八大景”之美誉，开发潜力巨大。著名的有：齐长城、圣水祠、佛爷洞、四门洞、沂山风景区、东皋公园、雪山风景和上岩寺等景点。北部有“人间蓬莱”美称的沂山做天然屏障，沂山又曰“东泰山”，是国家级森林公园。西部山区诸峰相连，群峰竞秀，“沂蒙七十二崮”主要集中在这里。

【金融概述】　2004年，沂水县经营性金融机构累计实现结益3889万元。其中，国有商业银行盈利1772万元，增盈93万元；农信社盈利2117万元，增盈1661万元。

【各项存款】　截至2004年末，沂水县金融机构各项存款余额56.26亿元，同比增加6.22亿元。其中，储蓄存款46.12亿元，增加5.2亿元；企业存款余额6.13亿元，增加1.19亿元。

【各项贷款】　截至2004年末，沂水县金融机构各项贷款余额29.76亿元，按可比口径计算，同比增加3.7亿元。

其中，农业贷款余额11.94亿元、工业贷款余额3亿元、商业贷款余额2.24亿元，同比分别增加3.16亿元、减少1.24亿元和2.1亿元。

【金融调控】 2004年，人行沂水县支行积极顺应金融业发展的需要，加强和改善金融调控，对经济金融运行状况进行前瞻性的预测、分析和判断，依据辖区经济发展的特点和经济结构调整的思路，提出了货币信贷调控目标。一是为确保调控目标的实现，建立了货币信贷情况定期通报制度，通过负责人联席会、信息发布会等形式，及时向金融机构发布信贷政策指导信息，指导其改善对县域经济的金融服务；二是积极搭建市场融资平台，多次召开银企座谈会、银企贷款项目洽谈会，促成银企达成贷款意向4.99亿元，落实到位率达64%；三是强化对信贷行为的调控与引导，优化信贷结构，全年金融机构新增贷款3.7亿元，重点支持了食品、布鞋、油顶等支柱产业链和民营企业。

【金融监管】 2004年，银监局沂水监管办事处以深化金融改革为主线，促进辖内金融业良性发展；以强化监管为中心，切实防范和化解金融风险；履行风险提示和“窗口规劝”职责，突出风险监管重点；不断改进监管方式方法，严格搞好高级管理人员任职资格审查和机构审批；加强和改进非现场监管和现场检查工作，促进了辖内银行业的持续、健康发展。

（彭作玲）

沂南县

【经济概况】 2004年，沂南县大力实施“抢抓机遇，赶超发展”战略，国民经济持续快速健康发展，社会事业全面进步。全年实现地区生产总值67.34亿元，同比增长17.6%，人均地区生产总值7421元。实现财政总收入2.34亿元，其中，地方财政收入1.62亿元，增长18%。

全年实现农业增加值14.01亿元，同比增长9.4%。其中，粮食总产29.9万吨，增长23.4%。全县林木覆盖率33.2%，提高2.4个百分点。

全年完成工业增加值30.32亿元，同比增长18.9%。规

沂南县主要经济金融指标

经济指标	1999	2004	经济指标	1999	2004
土地面积（平方公里）	1860	1874	地方财政收入（亿元）	1.78	1.62
人口（万人）	90.07	90.73	全社会固定资产投资（亿元）	7.74	31.5
非农业人口（万人）	8.16	10.74	固定资产投资增速（%）	9	57.5
地区生产总值（亿元）	35.26	67.34	进出口总值（亿美元）	0.09	0.21
地区生产总值年增速度（%）	6.3	17.6	出口总值（亿美元）	0.06	0.07
第一产业（亿元）	8.71	14.01	实际利用外资（亿美元）	0.01	0.55
第二产业（亿元）	19.24	30.32	社会消费品零售总额（亿元）	9.69	15.84
第三产业（亿元）	7.31	23.01	居民消费价格指数（%）	0.04	3.12
财政总收入（亿元）	1.98	2.34	人均地区生产总值（元）	3941	7421
金融指标（亿元）	**1999**	**2004**	**金融指标（亿元）**	**1999**	**2004**
金融机构存款余额	20.73	38.25	金融机构贷款余额	18.35	22.60
企业存款	2.26	3.53	短期贷款	14.93	18.66
储蓄存款	17.39	31.60	中长期贷款	2.71	3.42

沂南县主要金融机构负责人

单位名称	行长（或其他称谓的第一负责人）	副行长（或其他称谓的同级领导）
中国人民银行沂南县支行	房连国	薛其林 苏友庆
中国银监会临沂监管分局沂南办事处	陈振业（主任）	
中国农业发展银行沂南县支行	刘华民	黄庆明 臧淑强
中国工商银行沂南县支行	钟 方	梁 平
中国农业银行沂南县支行	牟 胜	杨 帆 唐 明 赵雪峰
中国银行沂南县支行	邵珠红	时春光 姜学伦
中国建设银行沂南县支行	于 明	胡兴德 张光华
沂南县农信社	于维斌（理事长）	陈华升 刘乃运 张乃周 赵德友

沂南县主要金融机构业务概况

单位：亿元

单位名称	存 款	企业存款	储蓄存款	贷 款	短期贷款	中长期贷 款
中国工商银行沂南县支行	3.55	0.25	2.11	3.85	2.06	1.60
中国农业银行沂南县支行	7.68	1.47	5.86	2.47	1.15	1.01
中国银行沂南县支行	2.47	1.02	1.27	0.44	0.35	0.08
中国建设银行沂南县支行	1.65	0.23	1.09	1.49	1.40	0.09
沂南县农信社	15.27	0.56	13.71	13.40	13.01	0.39

模以上工业企业实现产品销售总收入24.43亿元，增长36.2%；实现利税1.91亿元。

全年实现社会消费品零售额15.84亿元，同比增长13.6%。全年进出口总额2100万美元，其中，出口700万美元，增长24.1%。

全县城镇居民人均可支配收入6765元，增长7.77%；全县农民人均纯收入3070元，同比增加375元，增长13.9%。

【金融概述】 2004年，沂南县金融系统认真贯彻稳健的货币政策，加大信贷结构调整力度，优化金融资源配置，促进了全县经济金融的协调稳定发展。

【各项存款】 截至2004年末，沂南县金融机构各项人民币存款余额38.25亿元，比年初增加5.04亿元，增长15.18%。存款变化的主要特点：一是储蓄存款仍然是金融机构最稳定的资金来源；二是存款增长的时空分布呈现非均衡变化态势。各项目存款有增有减，年度之内前增后减（上半年增加下半年减少），机构之间存款分布差异较大。

【各项贷款】 截至2004年末，沂南县金融机构各项人民币贷款余额22.60亿元，比年初增加5253万元。各金融机构一是加大对民营经济、高新技术和外经外贸“经济亮点”的信贷支持。各行、社对百户民营企业授信贷款8700万元，为鲁颖电子等高新技术企业新增贷款5600万元；二是落实中央一号文件精神，突出金融支持农业发展的政策要求，年末全县农业贷款余额92070万元，较年初增加19153万元。人行沂南县支行累计发放支农再贷款近2亿元，重点扶持资金使用效益较好的11家基层农信社，带动和促进了“百万农户致富工程”的深入开展，该支行被县政府评为“百万农户致富工程”先进单位；三是消费信贷快速增长，有效推动了消费结构升级。年末，全县个人消费贷款余额20224万元，比年初增加9206万元。

【金融调控】 2004年，人行沂南县支行将落实宏观政策要求与支持县域经济发展相结合，先后出台了一系列具有窗口指导作用的信贷投放指导意见，在控制过热领域信贷投放的同时，通过召开银企座谈会、项目推介会、经济金融形势分析会、实地走访金融机构等形式加强窗口指导，沟通银企联系，为全县经济发展创造了良好的货币信用环境。

【外汇管理】 2004年，人行沂南县支行认真履行外汇监管职能，不断提高外汇服务效率，受到企业广泛好评。全年共办理核销业务699笔，金额2007万美元；办理外商投资企业登记3家；开立外汇账户16个；上报国际收支数据508笔，金额1715万美元，促进了全县外向型经济的快速发展。

【金融监管】 2004年，人行沂南县支行加强对金融机构存款准备金、金融统计法规制度执行、结算账户、国库管理以及信贷登记等行政许可项目执行情况的监督管理，维护了全县金融秩序的健康稳定。

【金融改革】 2004年，人行沂南县支行落实金融改革政策，稳步推进农信社改革试点资金支持方案实施工作，密切关注监测中行和建行沂南支行股份制改造，促进金融机构强化内部约束机制，完善法人治理结构，提高了市场竞争力。农信社成功通过中央银行专项票据3845万元的发行置换。

（赵沂春）

郯城县

【经济概况】 郯城县位于山东省最南端，是中国著名的“杞柳之乡”和“银杏之乡”。2004年，郯城县全年实现地区生产总值86.4亿元，同比增长20.28%；人均地区生产总值8856元。实现财政总收入4.16亿元，其中，地方财政收入2.5亿元，增长33.7%。

全年实现农业增加值15.6亿元，同比增长19%；其中，粮食总产50.1万吨，增长18.8%。林木覆盖率27.5%，提高1个百分点。

全年完成工业增加值40.2亿元，同比增长25%。规模

郯城县主要经济金融指标

经济指标	1999	2004	经济指标	1999	2004
土地面积（平方公里）	1312	1312	#地方财政收入（亿元）	1.80	2.50
人口（万人）	96.40	97.71	全社会固定资产投资（亿元）	10.36	38.61
#非农业人口（万人）	14.41	17.22	固定资产投资增速（%）	14.60	50
地区生产总值（亿元）	43.96	86.40	进出口总值（亿美元）	0.13	0.56
地区生产总值年增速（%）	6.41	20.28	#出口总值（亿美元）	0.07	0.39
第一产业（亿元）	11.45	15.60	实际利用外资（亿美元）	0.02	0.16
第二产业（亿元）	17.32	40.20	社会消费品零售总额（亿元）	11.69	22
第三产业（亿元）	15.19	30.60	居民消费价格指数（%）	97.10	101
财政总收入（亿元）	2.64	4.16	人均地区生产总值（元）	4578	8856
金融指标（亿元）	**1999**	**2004**	**金融指标（亿元）**	**1999**	**2004**
金融机构存款余额	19.66	41.08	金融机构贷款余额	14.04	23.03
企业存款	2.39	2.45	短期贷款	11.80	19.44
储蓄存款	15.97	33.97	中长期贷款	1.67	3.39

郯城县主要金融机构负责人

单位名称	行长（或其他称谓的第一负责人）	副行长（或其他称谓的同级领导）
中国人民银行郯城县支行	邵永举	李宝兴　邓　强
中国银监会临沂监管分局郯城县办事处	董建平（主任）	

续表

单位名称	行长（或其他称谓的第一负责人）	副行长（或其他称谓的同级领导）
中国农业发展银行郯城县支行	于祥恩	黄喜堂　吴立校
中国工商银行郯城县支行	范学华	解自宁　刘树伟
中国农业银行郯城县支行	徐勤旭	许林槐　舒广军
中国银行郯城县支行	陈锡滇	陆永念　王恒者　刘向阳
中国建设银行郯城县支行	李　明	张新航　魏纯强
郯城县农信社	赵春希（理事长）	张守元　王明政　胡景学

郯城县主要金融机构业务概况

单位：亿元

单位名称	存　款	企业存款	储蓄存款	贷　款	短期贷款	中长期贷　款
中国工商银行郯城县支行	6.54	0.64	4.42	4.33	2.10	2.23
中国农业银行郯城县支行	9.36	0.89	7.76	3.64	2.89	0.69
中国银行郯城县支行	1.66	0.37	1.21	1.30	0.89	0.37
中国建设银行郯城县支行	3.02	0.47	1.78	1.06	0.88	0.09
郯城县农信社	15.84	0.06	14.19	12.06	12.02	0.01

以上工业企业实现产品销售总收入 52.6 亿元，增长 52.9%；实现利税 6.3 亿元。

全年实现社会消费品零售总额 22 亿元，同比增长 14.6%。全年进出口总额 5550 万美元，其中，出口 3850 万美元，增长 74%。

全县城镇居民人均可支配收入 6988 元，增长 9.5%；农村居民人均可支配收入 3288 元，增长 13%。

【金融概述】 2004 年，郯城县金融业始终保持稳健的运行态势，各项存、贷款稳步增长，现金持续大幅回笼，经营业绩逐步提高，对地方经济发展的贡献率显著增强。

【各项存款】 截至 2004 年末，郯城县金融机构各项人民币存款余额 41.08 亿元，同比增加 6.27 亿元，各项外汇存款余额 0.04 亿美元，增加 0.02 亿美元。

截至年末，郯城县企业存款余额 2.45 亿元，减少 0.97 亿元；储蓄存款余额 33.97 亿元，增加 4.77 亿元，占全县新增存款比例的 76.14%，降低了 7.72 个百分点。其中，定期储蓄余额 23.65 亿元，增加 2.52 亿元；活期储蓄余额 10.32 亿元，增加 2.25 亿元。

【各项贷款】 截至 2004 年末，郯城县金融机构各项人民币贷款余额 23.03 亿元，同比减少 0.11 亿元；其中，农业贷款余额 10.63 亿元，同比增加 2.93 亿元；工业贷款余额 4.36 亿元，同比增加 0.99 亿元；商业贷款余额 1.20 亿元，同比减少 1.65 亿元；个人消费贷款余额 1.61 亿元，同比增加 0.15 亿元；固定资产投资贷款余额 1.75 亿元，同比减少 0.49 亿元。

【金融调控】 2004 年，人行郯城支行认真贯彻落实国家货币信贷政策，努力加强辖区金融宏观调控，不断加大货币信贷政策传导力度，充分运用再贷款、再贴现等货币政策工具，引导金融机构全力支持地方经济发展。年内，先后制定了《郯城县金融机构信贷投入考核办法》、《郯城县金融系统支持地方经济发展的指导意见》等办法和意见，为郯城县的经济发展做出了一定的贡献。

【金融监管】 2004 年，郯城县金融监管部门坚持金融服务与金融稳定相结合，通过“窗口指导”，引导金融机构改善金融服务水平和手段，在辖区内建立了金融稳定协调机制，确保了全县金融业的稳健运行。

（于　雪）

苍山县

【经济概况】 2004年，苍山县完成地区生产总值81.26亿元，同比增长16%，人均地区生产总值6864；实现财政总收入4.1亿元，增长19%；其中，地方财政收入1.56亿元，增长27%。

全年农业增加值20.12亿元，同比增长7.2%。其中，粮食总产51.58万吨，增长10%。林木覆盖率23.3%，提高1.5个百分点。

全年完成工业增加值12亿元，同比增长18%。规模以上工业企业实现销售总收入30.2亿元，增长39.9%；实现

苍山县主要经济金融指标

经济指标	1999	2004	经济指标	1999	2004
土地面积（平方公里）	1800	1800	#地方财政收入（亿元）	1.37	1.56
人口（万人）	113.77	118.02	全社会固定资产投资（亿元）	8.46	27.5
#非农业人口（万人）	102.05	15.63	固定资产投资增速（%）	16	34.15
地区生产总值（亿元）	42.96	81.26	进出口总值（亿美元）	0.17	0.38
地区生产总值年增速（%）	10.60	16	#出口总值（亿美元）	0.16	0.30
第一产业（亿元）	15.47	20.12	实际利用外资（亿美元）	0.35	0.81
第二产业（亿元）	12.31	27.33	社会消费品零售总额（亿元）	18.85	23
第三产业（亿元）	15.18	33.51	居民消费价格指数（%）	105	107
财政总收入（亿元）	2.5	4.1	人均地区生产总值（元）	3780	6864
金融指标（亿元）	**1999**	**2004**	**金融指标（亿元）**	**1999**	**2004**
金融机构存款余额	19.33	38.54	金融机构贷款余额	17.99	23.95
企业存款	2.49	4.40	短期贷款	16.48	19.77
储蓄存款	16.22	31.56	中长期贷款	1.46	3.49

苍山县主要金融机构负责人

单位名称	行长（或其他称谓的第一负责人）	副行长（或其他称谓的同级领导）
中国人民银行苍山县支行	刘冠林	于 波 姜良庆
中国银监会临沂监管分局苍山县办事处	薛维克（主任）	
中国农业发展银行苍山县支行	谷万东	段遵义 米发荣
中国工商银行苍山县支行	张守波	王 瑛 赵士玺
中国农业银行苍山县支行	杜志新	王 琦 孙利民
中国银行苍山县支行	张宏伟	王庆龙 葛 海
中国建设银行苍山县支行	姜开军	颜廷坤 谢平银
苍山县农信社	相荣江（理事长） 孙伯金（主任）	刘存葆 徐启阶

苍山县主要金融机构业务概况

单位：亿元

单位名称	存　款	企业存款	储蓄存款	贷　款	短期贷款	中长期贷　款
中国工商银行苍山县支行	3.61	0.60	2.64	4.76	2.63	2.07
中国农业银行苍山县支行	8.23	1.88	5.97	4.63	3.52	1.11
中国银行苍山县支行	1.93	0.45	1.34	0.37	0.18	0.17
中国建设银行苍山县支行	2.14	0.45	1.04	1.12	0.37	0.13
苍山县农信社	14.62	1.03	12.83	11.20	11.20	

利税 2.98 亿元。

全年实现社会消费品零售总额 23 亿元，同比增长 23%。全年进出口总额 3750 万美元，其中，出口 3000 万美元，增长 3.4%；

全县城镇居民人均可支配收入 7200 元，增长 7.4%；农村居民人均可支配收入 2984.4 元，增长 10.6%。

【金融概述】 2004 年，苍山县各项存款增势强劲，贷款投放力度加大，结构进一步优化，资金重点向个体民营及“三农”倾斜，有力促进了地方经济发展。

【各项存款】 截至 2004 年末，苍山县金融机构各项存款余额 38.54 亿元，较年初增加 5.43 亿元，增长 16.4%。

一、企业存款成为金融机构重要而稳定的资金来源。截至年末，苍山县企业存款余额 4.4 亿元，占全部存款余额的 11.4%，较年初增加 1.11 亿元，占各项存款增量的 20.4%，在各项存款构成中占有较大比例 。

二、储蓄存款持续增长，存款季节性波动明显。截至年末，苍山县金融机构储蓄存款余额 31.56 亿元，较年初增加 5 亿元，同比多增 0.50 亿元。上半年存款增长占全年存款增长的 89%。

【各项贷款】 截至 2004 年末，苍山县金融机构各项贷款余额 23.95 亿元，剔除国有商业银行不良贷款上划及剥离、农信社票据置换共计 4.25 亿元，各项贷款较年初增加 3.06 亿元，同比多增 0.38 亿元。

一、加大对“三农”投入。截至年末，苍山县农业贷款余额 9.15 亿元，较年初增加 1.03 亿元，农业贷款余额占比达 38.3%，较年初提高了 6 个百分点。

二、大力支持民营经济发展。2004 年，苍山县金融机构增加民营企业贷款 0.95 亿元，占贷款增量的 31%。

三、大力发展消费信贷业务。截至年末，苍山县个人消费贷款余额突破 2 亿元，信贷资金重点支持了居民个人住房、汽车、农机、教育等消费需要。

四、2004 年，苍山县农信社全年贷款净增 1.42 亿元，占全县贷款增量的 46.2%，新增农业贷款 1.5 亿元，占全社新增贷款的 98%，成为信贷投入的主力军。

【金融调控】 2004 年，人行苍山县支行落实货币信贷政策，发挥调控职能，主要做了以下几方面工作：

一、疏通货币政策传导机制，促进辖区信贷资金合理流动。2004 年，人行苍山县支行制定下发了《关于贯彻落实货币信贷政策的指导意见》等相关信贷政策实施意见。

二、细化窗口指导措施，有效提升货币政策实施效果。2004 年，人行苍山县支行一是以简报形式定期制定并发布政策指引、信贷意见；二是对货币信贷政策执行不力、季度指标调度不合格的采取道义劝说或警告等警示措施；三是运用再贷款、再贴现等政策工具进行调节。

三、加强对金融改革过程中各种苗头性问题的监测。2004 年，人行苍山县支行密切关注社会各界反映，对存在苗头性问题及时反映、及时解决，确保了改革期间的经济社会稳定。

【金融监管】 2004 年，人行苍山县支行、银监局苍山县监管办事处主要做了以下工作：一是明确监管责任。按照金融监管问责制的要求，明确监管人员的监管对象、范围、职权和责任，实行 AB 制，确保工作的客观公正；二是突出加强对金融机构高级管理人员的监管，加强对高级管理人员的综合考核，严肃查处各类违法、违规、违纪经营行为；三是抓好不良贷款“双降”工作。密切把握不良资产余额和比例的监测和考核，督促金融机构加大新生不良资产和核销过程中的责任追究；四是加大对农信社的资金支持。苍山县农信社申请到中央银行票据 1.2 亿元，为改革奠定了基础。

（陈　明）

费　县

【经济概况】　2004年，费县实现地区生产总值78.14亿元，同比增长19.5%；人均地区生产总值8478.73元。实现财政总收入3.87亿元，其中，地方财政收入1.73亿元，增长20.1%。

全年实现农业增加值14.61亿元，同比增长5.5%；其中，粮食总产31.27亿吨，增长16.9%。林木覆盖率33.6%，提高6.7个百分点。

全年完成工业增加值32.22亿元，同比增长25%。规模以上工业企业实现产品销售总收入42.85亿元，同比增长

费县主要经济金融指标

经济指标	1999	2004	经济指标	1999	2004
土地面积（平方公里）	1904.6	1904.6	#地方财政收入（亿元）	1.27	1.73
人口（万人）	91.7	92.16	全社会固定资产投资（亿元）	7.17	38.39
#非农业人口（万人）	8	7	固定资产投资增速（%）	17.8	61.57
地区生产总值（亿元）	39.5	78.14	进出口总值（亿美元）	0	0.7
地区生产总值年增速（%）	15	19.5	#出口总值（亿美元）	0.29	0.64
第一产业（亿元）	12.38	14.61	实际利用外资（亿美元）	0.02	0.1
第二产业（亿元）	15.5	37.42	社会消费品零售总额（亿元）	9.1	17.73
第三产业（亿元）	11.62	26.11	居民消费价格指数（%）	96.4	102.6
财政总收入（亿元）	2.26	3.87	人均地区生产总值（元）	4300	8478.73
金融指标（亿元）	**1999**	**2004**	**金融指标（亿元）**	**1999**	**2004**
金融机构存款余额	19.80	36.10	金融机构贷款余额	14.07	19.07
企业存款	3.05	4.47	短期贷款	12.32	17.13
储蓄存款	16.22	27.80	中长期贷款	1.69	1.13

费县主要金融机构负责人

单位名称	行长（或其他称谓的第一负责人）	副行长（或其他称谓的同级领导）
中国人民银行费县支行	贾洪进	郤佳丽
中国银监会临沂监管分局费县办事处	李涌涛（主任）	
中国农业发展银行费县支行	邢　波	贺可义
中国工商银行费县支行	王清林	季从金
中国农业银行费县支行	尤向勇	孔凡强　王新群　唐守光
中国银行费县支行	吕尚国	滕一栋　栾红雷
中国建设银行费县支行	李　林	张继成　田大奎
费县农信社	王世恩（理事长）	郑高峰　高自忠　李俊儒　侯家明

费县主要金融机构业务概况

单位：亿元

单位名称	存　款	企业存款	储蓄存款	贷　款	短期贷款	中长期贷　款
中国工商银行费县支行	2.97	0.45	1.87	2.62	1.63	0.62
中国农业银行费县支行	6.59	1.29	4.82	1.68	1.40	0.27
中国银行费县支行	3.09	0.98	1.80	1.29	1.05	0.15
中国建设银行费县支行	3.32	1.59	1.22	2.54	2.27	0.07
费县农信社	13.79	1.11	11.75	10.06	9.89	0.02

27.9%；实现利税28亿元。

全年实现社会消费品零售总额17.73亿元，同比增长10.1%。全年进出口总额0.7亿美元，其中，出口0.64亿美元，增长30.6%。全年完成全社会固定资产投资38.39亿元，增长61.57%。

全县城镇居民人均可支配收入7021元，增长8.4%；农村居民人均可支配收入3035元，增长15.1%。

【金融概述】 2004年，费县金融运行总体健康平稳：存款继续保持快速增长，贷款投放重点突出，现金继续保持回笼。

【各项存款】 截至2004年末，费县金融机构各项人民币存款余额36.1亿元，同比增加6.3亿元，各项外汇存款余额0.01亿美元，减少0.004亿美元。

一、企业存款。截至年末，费县企业存款余额4.47亿元，增加1.16亿元，占全县新增存款比例的18.28%，提高了7.16个百分点。

二、居民储蓄存款。截至年末，费县储蓄存款余额27.8亿元，增加4.21亿元，占全县新增存款比例的66.54%，降低了12.67个百分点。其中，定期储蓄余额19.53亿元，增加2.58亿元；活期储蓄余额8.27亿元，增加1.63亿元。

【各项贷款】 截至2004年末，费县金融机构各项人民币贷款余额19.07亿元，同比减少0.76亿元。其中，农业贷款余额8.09亿元，比年初增加1.84亿元；工业贷款余额2.32亿元，增加0.43亿元；商业贷款余额1.18亿元，减少1.05亿元；个人消费贷款余额0.2亿元，增加0.1亿元；固定资产投资贷款余额0.35亿元，减少0.53亿元。

【外汇管理】 2004年，人行费县支行为进出口企业提供高质量服务。全年发放核销单2850份，核单2505份，累计出口6656万美元，同比增长34%，实际创汇6407万美元，增长32%。

【金融调控】 2004年，人行费县支行一是加强对经济金融形势的分析判断，提出促进地方经济金融发展的可行性建议；二是创新工作思路，切实提高货币政策执行效果；三是建立对辖区内金融机构落实货币政策的考核评价体系；四是加大窗口指导力度，保持信贷投放持续稳定增长。

【金融监管】 2004年是人民银行和银监局分设后的第1年，人行费县支行和临沂银监分局费县办事处全面履行各自职责，不断更新监管理念，改进监管方式，增强监管效能，提高监管专业化水平。

【金融改革】 2004年，人行费县支行认真落实《国务院关于印发深化农信社改革试点方案的通知》和《农信社改革试点专项中央银行票据操作办法》，加强对农信社改革试点资金支持方案的实施与考核工作。农信社4560万元的中央银行专项票据于6月3日顺利发行。

（娄丽霞）

平邑县

【经济概况】 2004年，平邑县实现地区生产总值84.7亿元，同比增长21%。人均地区生产总值8590元，同比增加1667元。实现财政总收入3.11亿元，其中，地方财政收入1.96亿元，增长28.39%。

全年完成农业增加值16.37亿元，同比增长11.6%。其中，粮食总产27.59万吨，增长7.7%。林木覆盖率25.6%，增长2个百分点。

全年完成工业增加值46.5亿元，增长49%，规模以上工业企业实现销售收入45亿元，同比增长47%。实现利税

平邑县主要经济金融指标

经济指标	1999	2004	经济指标	1999	2004
土地面积（平方公里）	1824.97	1824.97	#地方财政收入（亿元）	1.68	1.96
人口（万人）	97.63	98.28	全社会固定资产投资（亿元）	8.07	32.03
#非农业人口（万人）	27	28	固定资产投资增速（%）	14.16	62.8
地区生产总值（亿元）	44	84.7	进出口总值（亿美元）	0.123	0.289
地区生产总值年增速（%）	10	21	#出口总值（亿美元）	0.1	0.2514
第一产业（亿元）	10.89	16.37	实际利用外资（亿美元）	0.0123	0.0376
第二产业（亿元）	20.18	46.5	社会消费品零售总额（亿元）	10.03	22.4

续表

经济指标	1999	2004	经济指标	1999	2004
第三产业（亿元）	12.93	26.15	居民消费价格指数（%）	90.4	113.8
财政总收入（亿元）	2.38	3.11	人均地区生产总值（元）	4520	8590
金融指标（亿元）	**1999**	**2004**	**金融指标（亿元）**	**1999**	**2004**
金融机构存款余额	17.5	34.7	金融机构贷款余额	14.1	24.1
企业存款	2.62	4.3	短期贷款	11.79	19
储蓄存款	14.1	26.1	中长期贷款	1.8	4.7

平邑县主要金融机构负责人

单位名称	行长（或其他称谓的第一负责人）	副行长（或其他称谓的同级领导）
中国人民银行平邑县支行	梅　景	徐士亮　季德振
中国银监会临沂监管分局平邑县办事处	王洪秀（主任）	
中国农业发展银行平邑县支行	宋　营	刘开东　葛立年
中国工商银行平邑县支行	刘承泰	韩建华　闫大春
中国农业银行平邑县支行	陈金祥	陈　勇　沙功权
中国银行平邑县支行	张天翼	朱学军
中国建设银行平邑县支行	寇　伟	刘建新　赵志瑞
平邑县农信社	田晓东（理事长） 杨建勇（主任）	徐长青　杨建明　于中华

平邑县主要金融机构业务概况

单位：亿元

单位名称	存　款	企业存款	储蓄存款	贷　款	短期贷款	中长期贷　款
中国工商银行平邑县支行	3.4	0.5	2.4	2.6	1.2	1.4
中国农业银行平邑县支行	8.5	1.3	6	5.2	3.4	1.5
中国银行平邑县支行	1.5	0.5	0.89	0.93	0.4	0.5
中国建设银行平邑县支行	2.5	1	0.86	2.1	1.2	0.89
平邑县农信社	14	0.8	11.1	12.14	11.7	0.45

3.88 亿元。

全年实现社会消费品总额 22.4 亿元，增长 14.8%。全年进出口总额 2890 万美元。其中，出口 2514 万美元，增长 11%。

全县城镇居民可支配收入 6359 元，增长 18%；农村居民人均可支配收入 3096 元，增长 15%。

【金融概述】 2004 年，平邑县金融各部门认真贯彻稳健的货币政策，加快农信社改革，改善金融服务，调整信贷结构，加大信贷投入，有力地支持了地方经济发展。

【各项存款】 截至 2004 年末，平邑县金融机构各项人民币存款余额 34.7 亿元，比年初增加 2.61 亿元，增长 8%。其中，企业存款余额 4.3 亿元，下降 1.26 亿元；居民储蓄存款余额 26.1 亿元，增加 3.5 亿元。

【各项贷款】 截至 2004 年末，平邑县金融机构各项人民币贷款余额 24.1 亿元。剔除国有银行核销、划转、剥离因素，实际增加 3.05 亿元，增长 12%。其中，农业贷款 9.3 亿元，工业贷款 3.2 亿元，商业贷款 1.45 亿元，个人消费贷款 2.6 亿元。

【金融调控】 2004 年，平邑县金融系统认真落实各项信贷管理政策，适时适度调整信贷投向、投量，保持了信贷投放的平稳增长，促进了地方经济的健康、快速发展。

一、运用“窗口指导”等政策工具，增强金融资源配置的有效性。2004 年，人行平邑县支行一是制订《关于改进金融服务，支持地方经济发展的指导意见》，指导辖内金融机构加大投放，优化结构，把宏观政策要求与区域经济特点更好地结合起来，最大限度地实现信贷有效供给与合理需求衔接；二是围绕县政府的工业强县战略，探索实施中小企业信用评级制度，在督促金融机构强化风险防范和补偿机制的同时，鼓励金融机构创新信贷品种，拓宽服务领域。截至年末，个体私营贷款余额 1.54 亿元，比年初增加 0.69 亿元。

二、围绕“百万农户致富工程”，创新支农方式，实现信贷支农新突破。2004 年，人行平邑县支行一是积极运用支农再贷款扩散货币政策效应，年末支农再贷款余额 7900 万元，比年初增加 1800 万元，新增加的支农再贷款主要用于实施“百万农户致富工程”及其相关项目，向农村生产、加工企业倾斜，引导辖内涉农金融机构加大对“百万农户致富工程”的支持力度；二是积极加强与当地致富办的沟通工作，取得支持和理解，会同财政等部门衔接贷款贴息等政策的落实。截至年末，全县金融机构额农业贷款余额 9.25 亿元，占贷款总额的 38%，新增 2 亿元，占新增数的 66%，受益农户超过 6 万户，占全县农户总数的 28%。其中，“百万农户致富工程”贷款当年新增 4884 万元，受益农户 3504 户。

三、强化信贷市场管理，提高货币信贷政策的公众影响力。2004 年，人行平邑县支行一是规范发展消费信贷业务。针对个人信贷市场信息不完全和信息不对称的现状，在征求金融机构意见的基础上，促使金融机构在拓展发展空间的同时，有效规避业务风险。全县消费信贷业务健康发展，个人中长期贷款余额 2.45 亿元，比年初增加 3607 万元；二是继续促进助学贷款业务发展，支持地方教育事业发展做出了努力；三是加大下岗失业人员小额担保贷款的投放力度，积极探索多种途径和措施，为下岗职工实现再就业创造了条件。

【金融监管】 2004 年，平邑县监管部门准确把握职责定位，以强化风险监管为核心，以推进农信社改革为重点，确保了辖区金融事业的健康发展。

（高风伟）

莒南县

【经济概况】 2004 年，莒南县实现地区生产总值 77.11 亿元，同比增长 22.1%；人均地区生产总值 7780.81 元。实现财政总收入 2.98 亿元，其中，地方财政收入 2 亿元，增长 29.5%。

全年实现农业增加值 14.65 亿元，同比增长 14.3%；其中，粮食总产 35.4 万吨，增长 31.3%。林木覆盖率 33.1%，提高 3.5 个百分点。

全年完成工业增加值 33.25 亿元，同比增长 22.9%。规模以上工业企业实现产品销售总收入 47 亿元，增长 22.9%；

莒南县主要经济金融指标

经济指标	1999	2004	经济指标	1999	2004
土地面积（平方公里）	1752	1752	#地方财政收入（亿元）	1.40	2.00
人口（万人）	98.67	99.09	全社会固定资产投资（亿元）	7.65	29.3
#非农业人口（万人）	15.54	18.84	固定资产投资增速（%）	11.8	48.4
地区生产总值（亿元）	43.1	77.1	进出口总值（亿美元）	0.21	1.48
地区生产总值年增速（%）	10.9	22.1	#出口总值（亿美元）	0.21	1.38
第一产业（亿元）	11.37	14.65	实际利用外资（亿美元）		1.88
第二产业（亿元）	17.06	33.25	社会消费品零售总额（亿元）	9.81	17.00
第三产业（亿元）	14.63	29.21	居民消费价格指数（%）	98.4	107.1
财政总收入（亿元）	1.96	2.98	人均地区生产总值（元）	4353.54	7780.81
金融指标（亿元）	**1999**	**2004**	**金融指标（亿元）**	**1999**	**2004**
金融机构存款余额	25.24	49.06	金融机构贷款余额	18.39	32.49
企业存款	4.02	5.78	短期贷款	15.37	28.15
储蓄存款	20.13	38.36	中长期贷款	1.54	3.66

莒南县主要金融机构负责人

单位名称	行长（或其他称谓的第一负责人）	副行长（或其他称谓的同级领导）
中国人民银行莒南县支行	王群任	李　健　王家堂
中国银监会临沂监管分局莒南县办事处	许长端（主任）	
中国农业发展银行莒南县支行	庞肇国	王龙河　张成龙
中国工商银行莒南县支行	王昌利	李德建　魏茂军　陈　超
中国农业银行莒南县支行	汲　波	董义祥　冯志祥　王存高
中国银行莒南县支行	秦元文	刘德祥　周茂霞
中国建设银行莒南县支行	程廷玉	殷宏峰　付洪成
莒南县农信社	刘金玉（理事长） 张鲁坤（主任）	陈庆楼　陈长噔

莒南县主要金融机构业务概况

单位：亿元

单位名称	存　款	企业存款	储蓄存款	贷　款	短期贷款	中长期贷　款
中国工商银行莒南县支行	3.69	1.23	2.02	3.91	2.87	0.88
中国农业银行莒南县支行	11.26	3.03	7.71	5.99	4.54	1.41
中国银行莒南县支行	2.63	0.65	1.57	0.50	0.39	0.12
中国建设银行莒南县支行	2.55	0.53	1.63	2.09	1.02	0.73
莒南县农信社	21.64	0.32	18.90	19.17	18.54	0.50

实现利税 65 亿元。

全年实现社会消费品零售总额 17 亿元，同比增长 15.4%。全年进出口总额 1.4774 亿美元，其中，出口 1.38 亿美元，增长 7.7%。

全县城镇居民人均可支配收入 6283 元，增长 10.7%；农村居民人均可支配收入 1714 元，增长 9.8%。

【金融概述】　2004 年，莒南各金融部门认真贯彻稳健的货币政策，金融运行健康平稳，存贷款稳定增加，信贷结构不断改善，金融运行质量有所提高，为经济增长提供了有力的资金支持。

【各项存款】　截至 2004 年末，莒南县金融机构各项人民币存款余额 49.06 亿元，同比增加 4.40 亿元，各项外汇存款余额 0.03 亿美元，减少 0.01 亿美元。

截至年末，莒南县企业存款余额 5.78 亿元，较年初减少 0.05 亿元；储蓄存款余额 38.36 亿元，增加 4.77 亿元，占全县新增存款比例的 108.27%，提高了个 14.20 百分点。其中，定期储蓄余额 30.08 亿元，增加 3.88 亿元；活期储蓄余额 8.28 亿元，增加 0.90 亿元。

【各项贷款】　截至 2004 年末，莒南县金融机构各项人民币贷款余额 32.49 亿元，同比减少 1.45 亿元，外汇贷款余额 284.2 万美元，增加 232.2 万美元。

截至年末，莒南县各金融机构农业贷款余额 13.44 亿元，比年初增加 1.98 亿元，增幅达 17.25%；工业贷款余额 3.43 亿元，增加 1936 万元；商业贷款余额 2.41 亿元，减少 2.01 亿元；个人消费贷款余额 1289 万元，减少 792 万元；固定资产投资 6420 万元，减少 385 万元；技改贷款余额 6000 万元，增加 5114 万元。

【金融调控】　2004 年，莒南县金融系统认真落实国家宏观调控措施和信贷管理政策，适时适度调整信贷投向、投量，保持了信贷投放的平稳增长，促进了地方经济的健康、快速发展。

一、充分发挥“窗口指导”作用，增强金融资源配置的有效性。2004 年，人行莒南县支行一是结合地方经济发展实际，出台了年度货币信贷工作指导意见，指导辖内金融机构加大投放，优化结构，把宏观政策要求与区域经济特点更好地结合起来，最大限度地实现信贷有效供给与合理需求衔接；二是关注地方经济发展热点，加大政策引导力度，在督促金融机构强化风险防范和补偿机制的同时，优化信贷服务环境，拓宽服务领域，积极支持全县民营经济的发展。

二、强化信贷管理，提高货币信贷政策的公众影响力。2004年，人行莒南县支行一是规范发展消费信贷业务；二是针对当前个人信贷市场信息不完全和信息不对称的现状，促使金融机构在拓展发展空间的同时，有效规避业务风险。

三、创新支农方式，实现信贷支农新突破。2004年，人行莒南县支行积极运用支农再贷款扩散货币政策效应，年末支农再贷款余额1.47亿元，比年初增加4100万元，新增加的支农再贷款向农村生产、加工企业倾斜。截至年末，莒南县金融机构农业贷款余额13.44亿元，占贷款总额的41.38%，当年新增1.98亿元。

【金融监管】 2004年，莒南监管部门准确把握职责定位，以强化风险监管为核心，以推进农信社改革为重点，确保了辖区金融事业的稳定健康发展。

（滕金伦）

蒙阴县

【经济概况】 蒙阴县位于山东省东南部，泰沂山脉腹地，属典型山区，山地、丘陵占全县总面积的83.68%。2004年，蒙阴县实现地区生产总值50.1亿元，同比增长18.2%；人均地区生产总值9449元。实现财政总收入2.33亿元，其中，地方财政收入1.01亿元。

全年实现农业增加值10.49亿元，同比增长9.9%；其中，粮食总产13.85万吨，增长0.1%。林木覆盖率31.5%，提高2个百分点。全年果品总面积51.05万亩，实现了人均1亩果的目标；被评为“全国果品生产百强县”和“中国长

蒙阴县主要经济金融指标

经济指标	1999	2004	经济指标	1999	2004
土地面积（平方公里）	1601.1	1601.1	#地方财政收入（亿元）	1.31	1.01
人口（万人）	52.46	53.02	全社会固定资产投资（亿元）	6.59	22.20
#非农业人口（万人）	6.33	13.76	固定资产投资增速（%）	46.80	51.20
地区生产总值（亿元）	28.80	50.10	进出口总值（亿美元）	0.15	0.23
地区生产总值年增速（%）	10.50	18.20	#出口总值（亿美元）	0.10	0.17
第一产业（亿元）	7.30	10.49	实际利用外资（亿美元）	0.02	0.08
第二产业（亿元）	11.60	20.90	社会消费品零售总额（亿元）	7.11	14.50
第三产业（亿元）	9.90	18.71	居民消费价格指数（%）	98	106.40
财政总收入（亿元）	2.33	2.33	人均地区生产总值（元）	5489	9449
金融指标（亿元）	**1999**	**2004**	**金融指标（亿元）**	**1999**	**2004**
金融机构存款余额	15.25	26.51	金融机构贷款余额	11.82	15.72
企业存款	1.97	3.06	短期贷款	10.40	14.17
储蓄存款	12.63	20.26	中长期贷款	1.17	1.33

蒙阴县主要金融机构负责人

单位名称	行长（或其他称谓的第一负责人）	副行长（或其他称谓的同级领导）
中国人民银行蒙阴县支行	孙　雷	孙顺远　佟　健
中国银监会临沂监管分局蒙阴办事处	肖瑞烈（主任）	
中国农业发展银行蒙阴县支行	石增军	高录峰　沈蒙恬
中国工商银行蒙阴县支行	张继功	张明厚
中国农业银行蒙阴县支行	张怀杰	唐洪飞　宋曙光　吴清泉　唐　波
中国银行临沂分行蒙阴分理处	王光和	王　岩
中国建设银行蒙阴县支行	吴　鹏	张先荣　赵京刚　雷建成
蒙阴县农信社	谷祖志（理事长）　赵振响（主任）	王勇强　张家顺　鞠佃军

蒙阴县主要金融机构业务概况

单位：亿元

单位名称	存　款	企业存款	储蓄存款	贷　款	短期贷款	中长期贷　款
中国工商银行蒙阴县支行	1.98	0.39	1.29	1.53	1.21	0.31
中国农业银行蒙阴县支行	5.90	1.42	3.98	1.97	1.24	0.70
中国银行临沂分行蒙阴分理处	1.60	0.48	0.95	0.49	0.27	0.07
中国建设银行蒙阴县支行	2.43	0.64	1.28	0.65	0.40	0.23
蒙阴县农信社	10.83	0.13	9.45	10.19	10.17	0.02

毛兔之乡”。

全年规模以上工业企业113家，增加29家，实现产品销售收入28.67亿元、利税2.81亿元、利润1.24亿元，分别增长39.1%、26.2%和46.3%。38家企业实现利税过百万元，3家企业过千万元，2种产品成为山东省著名商标。

全年全社会固定资产投资完成22.2亿元，同比增长51.2%。全年实现社会消费品零售总额14.50亿元，增长13.1%。全年进出口总额2305万美元，其中，出口1726万美元，增长7.5%。

全年全县城镇居民人均可支配收入7218元，增长6.5%。农村居民可支配收入2568元，增长3.8%；农民人均消费性支出2271元，增长8.2%。

境内旅游资源丰富，形成了“一红一绿一蓝”独具特色的三角旅游区。孟良崮战役遗址被国防部命名为全国革命传统教育基地。孔子“登东山而小鲁”的蒙山绵亘百余里，有“亚岱”之称，号称绿色“天然氧吧”，现已被列为4A级“国家级森林公园”。云蒙湖占地10万亩，蓄水量7.8亿立方米，是山东省第二大水库，另外，还有中山寺、百草坪、杏山溶洞等多处人文自然景点。

【金融概述】 2004年，蒙阴县设有金融机构64处，业务范围主要包括人民币和外币存贷款、结算、信用卡等商业银行业务，粮棉油政策性收购贷款等政策性业务。

【各项存款】 截至2004年末，蒙阴县金融机构各项人民币存款余额26.51亿元，同比增加3.04亿元；各项外汇存款余额0.02亿美元。企业存款余额3.06亿元，下降0.17亿元；储蓄存款余额20.26亿元，增加1.80亿元，其中，定期储蓄余额14.75亿元，增加0.96亿元，活期储蓄余额5.51亿元，增加0.85亿元。

【各项贷款】 截至2004年末，蒙阴县金融机构各项人民币贷款余额15.72亿元，同比增加0.92亿元。其中，农业贷款7.50亿元，工业贷款1.64亿元，商业贷款0.98亿元，个人消费贷款1.18亿元。外汇贷款0.04亿美元，减少0.01亿美元。

【金融调控】 2004年，人行蒙阴县支行认真贯彻稳健货币政策，努力优化金融生态环境，对辖内经济金融运行状况进行科学的分析、预测和判断，着力加强和改善“窗口指导”力度，制定了符合全县经济金融发展的货币信贷调控目标。同时正确处理宏观调控与支持地方经济发展之间的关系，将金融机构信贷结构调整与地方经济发展结合起来，灵活运用支农再贷款等货币政策工具，加大对“三农”经济和啤酒、纺织、食品加工等有市场、有效益重点企业的资金支持，发挥了优化配置金融资源、促进地方经济持续发展的主导作用，提高了信贷资金配置效率。

【金融监管】 2004年，银监局蒙阴监管办事处以深化金融改革为主线，调整监管思路，改进监管方式，通过非现场监管、现场检查、窗口指导、执法调查等多种监管手段，严格高级管理人员、金融机构和业务品种的市场准入退出，切实防范和化解金融风险，坚决制止无序竞争和破坏性竞争，维护了辖内金融秩序的稳定。

（王世存）

临沭县

【经济概况】 临沭县位于鲁东南地区，因濒临沭河而得名。2004年，临沭县实现地区生产总值53.2亿元，同比增长19.5%；人均地区生产总值8436元。实现财政总收入3.87亿元，其中，地方财政收入1.68亿元，增长8.7%。

全年实现农业增加值8.23亿元，同比增长8.5%；其中，粮食总产26.31万吨，增长20.8%。林木覆盖率21.8%，同比提高1个百分点。全年完成工业增加值22.1亿元，同比增长24.9%。规模以上工业企业实现产品销售总收入53.94亿元，同比增长48%；实现利税3.11亿元。

临沭县主要经济金融指标

经济指标	1999	2004	经济指标	1999	2004
土地面积（平方公里）	1038	1038	#地方财政收入（亿元）	1.07	1.68
人口（万人）	61.29	63.06	全社会固定资产投资（亿元）	6.07	23.69
#非农业人口（万人）	9.05	11	固定资产投资增速（%）	10.3	64.3
地区生产总值（亿元）	27.6	53.2	进出口总值（亿美元）	0.11	1.25
地区生产总值年增速（%）	12.02	19.5	#出口总值（亿美元）	0.11	0.95
第一产业（亿元）	6.9	8.23	实际利用外资（亿美元）	0	0.05
第二产业（亿元）	11.6	26.21	社会消费品零售总额（亿元）	6.11	12.3
第三产业（亿元）	9.1	18.76	居民消费价格指数（%）	96.6	105.9
财政总收入（亿元）	1.7	3.87	人均地区生产总值（元）	4522	8436
金融指标（亿元）	**1999**	**2004**	**金融指标（亿元）**	**1999**	**2004**
金融机构存款余额	16.29	32.45	金融机构贷款余额	12.69	20.37
企业存款	2.45	3.97	短期贷款	10.6	18.04
储蓄存款	12.76	23.35	中长期贷款	1.78	1.48

临沭县主要金融机构负责人

单位名称	行长（或其他称谓的第一负责人）	副行长（或其他称谓的同级领导）
中国人民银行临沭县支行	高　明	魏　霞　石民邦
中国银监会临沂监管分局临沭办事处	王庆仔（主任）	
中国农业发展银行临沭县支行	鲁守堂	邱守超　李雪棠
中国工商银行临沭县支行	冯永昌	徐东文
中国农业银行临沭县支行	庄会雀	陈建国　张爱军　李品深
中国银行临沭县支行	栾树峰	邢相洪
中国建设银行临沭县支行	张玉金	高传安　臧家祥
临沭县农信社	赵永正（理事长） 田　彬（主任）	邵泽山　武新仕　王庆成

临沭县主要金融机构业务概况

单位：亿元

单位名称	存　款	企业存款	储蓄存款	贷　款	短期贷款	中长期贷　款
中国工商银行临沭县支行	3.25	0.56	1.89	2.53	1.75	0.74
中国农业银行临沭县支行	6.6	1.28	3.77	4.47	3.71	0.45
中国银行临沭县支行	2.92	1	1.23	1.49	1.28	0.21
中国建设银行临沭县支行	3.05	1	1.37	1.12	0.56	0.07
临沭县农信社	11.32	0.08	9.98	9.56	9.54	0.01

全年实现社会消费品零售总额12.3亿元，同比增长15.8%。全年进出口总额1.25亿美元，其中，出口0.95亿美元，增长25%。全年完成全社会固定资产投资23.69亿元，同比增长64.3%。

全县城镇居民人均可支配收入7832元，增长11.8%；农村居民人均可支配收入3087元，增长3.6%。

【金融概述】 2004年，临沭县金融业始终保持稳健有序的运行态势，各项存、贷款稳步增长，现金呈现净投放，经营业绩逐步提高，对地方经济发展的贡献率显著增强。

【各项存款】 截至2004年末，临沭县金融机构各项人民币存款余额32.45亿元，同比增加4.08亿元，各项外汇存款余额0.02亿美元，增加0.002亿美元。

截至年末，临沭县企业存款余额3.97亿元，增加0.22亿元；储蓄存款余额23.35亿元，增加2.49亿元，占全县新增存款比例的61%，提高了10个百分点。其中，定期储蓄余额18.19亿元，增加1.54亿元；活期储蓄余额5.16亿元，增加0.95亿元。

【各项贷款】 截至2004年末，临沭县金融机构各项人民币贷款余额20.37亿元，同比增加0.3亿元，各项外汇贷款余额0.09亿美元，增加0.002亿美元。

截至年末，临沭县农业贷款余额6.93亿元，同比增加0.67亿元；工业贷款余额3.76亿元，增加1.04亿元；商业贷款余额1.76亿元，减少1.05亿元；个人消费贷款余额0.95亿元，增加0.22亿元；固定资产投资贷款余额0.31亿元，减少0.06亿元。

【金融调控】 2004年，人行临沭县支行认真贯彻落实国家有关货币信贷政策，努力加强辖区金融宏观调控，不断加大货币信贷政策传导力度，充分运用再贷款、再贴现等货币政策工具，引导金融机构全力支持地方经济发展，制定了《临沭县金融系统支持地方经济发展的指导意见》，为全县经济发展做出了一定的贡献。

【金融监管】 2004年，临沭县监管部门与人行临沭县支行在辖区内建立了金融稳定协调机制，通过启动协调机制，确保了全县金融业的稳健运行。

（王裕山）

枣庄市

【经济概况】 2004年，枣庄市坚持以科学发展观统领全局，紧紧抓住发展这个第一要务，积极落实国家宏观调控各项政策，国民经济持续快速协调健康发展，运行质量提高。全年实现地区生产总值503.3亿元，同比增长17.2%，增幅提高1.1个百分点，创1993年以来的新高。其中，第一产业增加值54.5亿元，增长6%；第二产业增加值308.8亿元，增长22.9%；第三产业增加值140亿元，增长12%。人均地区生产总值13811元。三次产业比重由上年的12.2:56.4:31.4转变为10.8:61.4:27.8。全年实现财政总收入39.1亿元，增长24.1%；其中，地方财政总收入20.71亿元，增长25.5%。

一、农林牧渔业全面发展。2004年，枣庄市实现农林牧渔及其服务业总值103.78亿元，同比增长15.1%。粮食总产量121.62万吨，增长21.8%；棉花3389吨，增长35.7%；油料13.76万吨，增长8.3%；蔬菜及瓜果609.07万吨、水果21.15万吨、肉类19.45万吨、禽类10.26万吨、奶类1.42万吨、水产品4.1万吨，分别增长4.8%、13.9%、16.5%、16.9%、19.5%和3.8%；全市新造林15.8万亩，林木蓄积量407.6万立方米；全市农用机械总动力191.77万千瓦，增长4.3%。

二、工业经济运行质量大幅度提高。2004年，枣庄市完成工业增加值214.73亿元，同比增长32%。其中，国有企业完成工业增加值19.89亿元，增长16.1%；集体企业完成工业增加值17.35亿元，增长22.5%；股份合作制企业完成工业增加值8811万元，增长65.5%；外商及港澳台投资企业完成工业增加值15.18亿元，增长7.7%；股份制企业完成工业增加值128.21亿元，增长42.8%。

全市规模以上工业产品销售率98.47%，同比上升0.69个百分点。产品销售收入650.88亿元，增长50.1%；利税90.14亿元，增长61.8%。工业经济效益综合指数194.38%，上升32.92个百分点。骨干行业支撑作用明显增强。煤炭、水泥、炼焦三大行业增加值95.36亿元，增长37.2%，占规模以上工业的44%。

三、消费品市场销售较快增长。2004年，枣庄市消费品市场在城乡居民收入显著增加、消费能力有效提升的带动下，继续呈现活跃态势。全年实现社会消费品零售总额140.34亿元，增长15.4%，增幅同比提高1.3个百分点。分地域看，城市实现零售额95.2亿元，增长15.9%；农村实现零售额45.1亿元，增长14.2%。分行业看，批发零售贸易业实现零售额113.6亿元，增长14.3%；餐饮业实现零售额20亿元，增长20.7%；其他行业实现零售额6.7亿元，增长19.2%。

居民消费价格指数为101.9%，同比上升了1.9个百分点。分商品类别看，食品类价格上涨10.6%，成为拉动居民消费价格上涨的主要因素；居住类价格上升7.3%，是居民消费价格上涨的重要因素；烟酒及用品类价格上升0.9%；衣着类价格下降10.9%。工业品出厂价格受煤炭等价格的影响上升10.4%。

四、固定资产投资结构得到改善。2004年，枣庄市完成全社会固定资产投资219.99亿元，增长61.6%。规模以上投资206.2亿元，增长59.7%。其中，国有投资48.5亿元，增长18.3%；集体投资16.9亿元，增长32%；个体私营投资81.2亿元，增长191.1%。基本建设投资147.55亿元，增长85.8%；更新改造投资33.75亿元，增长46.2%。第一产业投资2.6亿元，增长88.8%；第二产业投资146.8亿元，增长62.3%，其中，工业投资144亿元，增长62.7%；第三产业投资5.7亿元，增长50.5%。

枣庄市经济主要统计指标

指　标	1999	2000	2001	2002	2003	2004
土地面积（平方公里）	4550	4550	4550	4550	4550	4550
人口（万人）	355.8	357.99	360.3	362.25	362.25	363.76
#非农业人口（万人）	114.97	111.48	110.6	114.59	116.16	120.22
地区生产总值（亿元）	227.13	248.81	276.8	313.9	383.24	503.3
地区生产总值增速（%）	10.2	10.88	11	13.1	16.1	17.2
第一产业（亿元）	40.01	41.68	43.8	45.75	46.74	54.5
第二产业（亿元）	109.51	123.12	138.24	162.2	216.11	308.8
#工业（亿元）	96.11	113.4	120.54	141	135.96	214.73
#建筑业（亿元）	13.4	28.59	17.7	32.6	25.47	37.2
第三产业（亿元）	77.61	84.01	94.76	105.95	120.39	140
地区生产总值构成（%）	100	100	100	100	100	100
第一产业	17.62	16.7	15.8	14.6	12.2	10.8
第二产业	48.21	49.5	50.0	51.7	56.4	61.4
第三产业	34.17	33.8	34.2	33.7	31.4	27.8
财政总收入（亿元）	10.34	11.27	13.09	13.5	16.49	39.1
#地方财政收入（亿元）	10.34	11.27	13.09	13.5	16.49	20.71
全社会固定资产投资（亿元）	54.57	66.79	72.31	88.95	136.1	219.99
#基本建设（亿元）	21.58	24.07	23.47	32.24	47.65	147.55
#更新改造（亿元）	3.44	5.66	7.86	8.54	11.10	33.75
#房地产开发（亿元）	7.07	5.55	7.28	9.27	14.88	20.34
固定资产投资增速（%）	3.6	22.4	8.3	23	40.5	61.6
进出口总值（亿美元）	0.93	1.37	1.67	1.84	2.45	3.54
#出口总值（亿美元）	0.65	0.94	1.17	1.4	1.82	2.55
实际利用外资（亿美元）	0.35	0.42	0.4	0.46	0.47	0.78
社会消费品零售总额（亿元）	78.48	85.39	94.57	105.28	121.12	140.34
居民消费价格指数（%）	99.2	100.7	100.8	98.8	101.0	101.9
城镇居民家庭人均年收入（元）	5009	5266	5926	6493	7425	8473
农民家庭人均年收入（元）	2653	2799	2947	3097	3281	3759
人均地区生产总值（元）	6395	6971	7682	8689	10588	13811

枣庄市金融主要统计指标

指标（亿元）	1999	2000	2001	2002	2003	2004
金融机构存款余额	134.9	148.06	173.8	200.69	257.83	309.32
（一）企业存款	32.1	34.82	36.48	41.98	61.45	70.66
（二）储蓄存款	100.55	106.14	120.34	140.15	165.62	195.56
#定期储蓄存款	73.37	75.63	81.98	922.21	106.18	121.07
#活期储蓄存款	27.18	30.51	38.36	47.94	59.44	74.49
金融机构贷款余额	162.2	151.15	161.54	183.18	210.60	243.81
（一）短期贷款	116.21	93.38	96.4	104.75	125.19	127.12
#工业贷款	35.95	19.97	20.45	26.72	31.93	34.12
#商业贷款	38.44	31.2	31.71	28.34	25.99	25.19
#农业贷款	8.13	7.82	10.51	17.37	26.36	32.74
（二）中长期贷款	34.75	32.15	33.16	50.44	51.78	75.85
#基本建设贷款	24.12	23.17	22.01	33.55	30.32	42.50
#技术改造贷款	7.37	5.75	6.93	3.77	3.43	4.37
现金收入	505.05	563.53	621.32	648.05	858.26	1168.62
现金支出	491.29	545.9	604.29	635.97	844.12	1151.81
现金投放（+）回笼（-）	-13.55	-17.62	-17.03	-12.08	-14.44	-16.81
当年结益	-5.86	-5.92	-6.14	-5.95	-6.55	-2.13

枣庄市主要金融机构负责人

单位名称	行长（或其他称谓的第一负责人）	副行长（或其他称谓的同级领导）
中国人民银行枣庄市中心支行	宋洪礼	陈宜民　牛庆国　张善杰
中国银监会枣庄监管分局	郇　涛	褚衍民　周宝舰
中国工商银行枣庄市分行	赵玉良	金惠英　张义军　张云银 胡吉平　王　波　闵祥龙
中国农业银行枣庄市分行		王宜忠　陈晓明
中国银行枣庄市分行	魏昭福	宋当杰　王云河
中国建设银行枣庄市分行	郝子建	王清堂　张夫顺　刘建伟
枣庄市城市信用社	谢旭阳	樊印华　许太景　刘永清
农信社枣庄市办事处	张洪俊	蒋继伟

枣庄市主要金融机构业务概况

单位：亿元

单位名称	存 款	企业存款	储蓄存款	贷 款	短期贷款	中长期贷 款
中国工商银行枣庄市分行	62.97	16.65	40.86	56.91	22.32	27.87
中国农业银行枣庄市分行	58.09	15.80	38.91	36.03	17.73	16.35
中国银行枣庄市分行	32.36	7.4	10.75	15.13	3.8	9.08
中国建设银行枣庄市分行	57.79	19.05	27.52	52.20	12.58	20.27
枣庄市城市信用社	19.04	8.18	6.28	12.76	9.35	1.9
农信社枣庄市办事处	63.10	3.1	48.24	52.53	48.16	0.32

枣庄市各县级区域经济金融主要统计指标

名称	人口（万人）	面积（平方公里）	地区生产总值（亿元）	地区生产总值增速（%）	存款（亿元）	储蓄存款（亿元）	贷款（亿元）
滕州市	156.8	1485	214.6	20.4	102.23	74.92	70.64
薛城区	40.65	420.5	43.1	28.6	48.66	31.65	30.75
台儿庄区	28.6	539	43.5	17.3	14.69	9.89	14.83
峄城区	36.19	635.01	38.1		13.29	8.98	9.73
山亭区	46.63	1018.93	34.2		10.80	8.38	9.44
市中区	49.5	373.92	46.4		118.19	60.55	103.14
高新区	6	85.11	7.8				

五、进出口贸易高速增长。2004年，枣庄市进出口总额3.54亿美元，同比增长44.6%，其中，出口总额2.55亿美元，增长40.1%。其中，一般贸易2.24亿美元，增长57%；加工贸易0.32亿美元，下降20.3%。按企业性质分，国有企业出口0.66亿美元、三资企业0.39亿美元、民营企业1.45亿美元，分别增长6.4%、3.9%和80.4%。利用外资成绩显著。全市合同利用外资1.55亿美元，增长1%，实际利用外资7801万美元，增长66.7%。

六、城乡人民生活进一步改善。2004年，枣庄市在岗职工工资总额41.19亿元，同比增长25.5%；在岗职工平均工资13020元，增长23.9%。城镇居民人均可支配收入8473元，增长14.2%；人均消费性支出5279元，增长19.4%。农村居民人均可支配收入3759万元，增长14.5%，4年来首次超过城市居民收入增幅；人均生活消费支出2245元，增长9.7%。城市恩格尔系数为34.74%，农村恩格尔系数为44.32%，分别增加1.77和0.35个百分点。

【金融概况】 2004年，枣庄市金融部门围绕辖区经济金融实际，深化金融改革，加强宏观调控，强化金融服务，维护金融稳定，各项金融业务超常发展，呈现出经济金融良性互动的发展态势。其基本特点是：存款持续增加，贷款投放加快，政策运用灵活，信贷结构优化，金融工具创新，服务水平提高。

【存款概况】 截至2004年末，枣庄市金融机构本外币各项存款余额309.32亿元，同比增加49.25亿元，增长18.9%，增幅在全省排名第五。增加的主要原因：固定资产投资、招商引资取得明显成效，民营经济发展活跃，经济运行质量显著提高，速度与效益同步增长，城乡居民收入大幅增加。

一、企业存款。截至年末，枣庄市企业存款余额70.66亿元，同比增加8.96亿元，少增10.34亿元。其主要原因：一是经济发展处于上升期，固定资产投资规模较大，造成企业存款下降；二是两项资金占用有所增加，一定程度上减少了企业存款；三是派生存款较上年有所减少；四是能源、原材料价格上涨，企业应收账款增加，也造成了企业存款少增。

二、居民储蓄存款。截至年末，枣庄市储蓄存款余额195.56亿元，同比增加28.01亿元，多增2.61亿元。主要原因：一是本外币加息效应显现，居民储蓄意愿增强，储蓄存款回流势头明显；二是经济运行质量提高，城乡居民收入增加；三是欠发达地区，居民投资渠道窄，股市低迷，居民储蓄仍是百姓首选的理财之道；四是未来预期不乐观，收入预期下降、支出预期增加，使居民消费意愿趋弱，储蓄意愿上升。

【贷款情况】 截至2004年末，枣庄市金融机构本外币各项贷款余额243.81亿元，同比增加38.80亿元，增长18.93%，多增12.92亿元，贷款增幅居全省第7位，加上核销呆坏账0.73亿元，签发银行承兑汇票余额增加5.38亿元等因素，信贷投放实际增加44.91亿元，完成计划的104.44%。从贷款投向上看，一是突出重点项目、重点企业的信贷投入。中长期贷款余额75.85亿元，增加26.3亿元，增长53.08%，多增25.49亿元，增幅居全省第二，其中，基本建设贷款多增15.79亿元，技术改造贷款多增2.6亿元，创近年来新高；二是突出对"三农"的信贷投入，农业贷款余额32.74亿元，增加8.61亿元，累计发放58.19亿元；三是突出对民营企业的投入，民营企业贷款余额32.91亿元，增加8亿元；四是突出对城市基础设施建设的信贷投入，全市新增各类城建贷款4.51亿元；五是突出对消费领域的信贷投入，个人消费贷款余额14.04亿元，增加3.49亿元。

【现金投放和回笼】 2004年，枣庄市金融机构加强现金管理，积极组织货币回笼，全年货币回笼形势良好。全年现金累计总收入1168.62亿元，同比增加310.06亿元，增长36%；累计现金支出1151.81亿元，增加307.69亿元，增长36%；年累计现金回笼16.81亿元。

【外汇管理】 2004年，枣庄市以强化外汇监督和内部控制为重点，以提高监管质量和服务水平为目标，通过认真贯彻落实各项外汇管理政策措施，积极构建外汇管理平台，不断完善外汇管理手段，较好地维护了区域外汇市场秩序，促进了地方外向型经济的发展。据统计，全年全市外汇各项存款余额1926万美元，同比减少320万美元，其中，外汇储蓄1569万美元，减少299万美元。外汇贷款余额6064万美元，减少532万美元。全市累计出口金额24497万美元，同比增长71%，出口收汇核销24163万美元，增长71.3%；进口付汇累计5629万美元。全市银行累计结汇22854万美元，增长70.6%；累计售汇5203万美元，增长58%；结售汇顺差17651万美元，增长74.6%。新批外商投资企业32家，办理企业投资资本金现汇询证2222万美元，增长149%。

【货币政策实施】 2004年，人行枣庄市中支继续执行稳健的货币政策，突出加强窗口指导力度，综合运用各种货币政策工具，正确引导银行业金融机构严格执行金融调控政策，保持地方经济发展的合理资金需求，促进了经济金融的协调快速发展。

年内，人行枣庄市中支一是继续加大对金融机构的窗口指导，疏通货币政策传导。与市计划委联合制定了《关于加强产业政策与信贷政策协调配合促进全市经济持续快速协调发展的指导意见》，适时出台了《关于进一步加大金融对民营经济支持力度的指导意见》，通过重点项目推介会和中小企业流动资金银企促进会等形式，实现企业和银行互动、项目和资金的对接，共达成贷款意向36个，金额15亿元；二是加强调查研究，为各级领导提供决策参考。建立了货币信贷分析制度，加强了对重点行业、重点企业的日常监测，建立了经济金融信息汇报制度，有针对地开展专题调研，围绕经济金融的热点、难点问题出谋划策；三是加强政策督导，积极贯彻各项信贷政策；四是灵活运用货币政策工具，提高中央银行资金调控水平。加强了对支农再贷款的管理，开展了对农信社支农信贷管理的季度跟踪检查，突出加强了紧急贷款和存款准备金的管理；五是加强利率管理，推进利率市场化改革。在积极贯彻各项利率政策的同时，充分发挥利率的杠杆作用，指导金融机构合理定价；六是积极探索建立金融稳定协调机制，加大对商业银行和农信社改革的监测；七是稳步推进农信社改革，资金支付工作取得阶段性成果。全市农信社获取专项中央银行票据资金6.04亿元，全部用于置换不良资产和弥补历年亏损，为其发展创造了良好的外部环境。

【金融监管】 2004年，人行枣庄市中支以"稳定全局，改革推动，整体提高"和"分类监管，分类指导"为原则，运用各种监管手段开展监管工作，确保了金融业的安全稳健运行。一是综合运用货币政策工具，加强中央银行资金管理；二是加强紧急贷款和存款准备金管理，突出中央银行防范化解系统性金融风险职能；三是加强票据市场管理，规范货币市场的发展；四是加强利率管理，防范利率市场风险。

【精神文明建设】 2004年，枣庄市金融系统大力加强思想道德建设，扎扎实实地开展文明创建活动，为繁荣金融，促进经济，确保金融高效稳健运行提供了强有力的精神动力。在枣庄市第六届运动会上，由人行枣庄市中支牵头组织的金融系统体育代表团荣获群体组"团体总分第1名"；工行枣庄市分行被山东省精神文明建设委员会授予"山东省精神文明先进单位"称号。

【金融大事记】 1月5日 人行济南分行党委对枣庄市中支领导班子进行调整，任命宋洪礼为党委书记、行长，陈宜民为党委副书记、副行长，牛庆国、张善杰为党委委员、副行长，颜道盛为党委委员、纪委书记，孙斌为党委委员、工会主任。

2月14日 原建行枣庄市分行十里泉办事处主任杜成岩、副主任傅瑞义因挪用公款罪被判刑。建行枣庄市分行党委决定给予2人"双开"处分。

3月8日 农行枣庄市分行设立新城支行，成为市政府搬迁新城后的惟一财务结算银行。

4月 经山东省银监局批准，枣庄市银监分局内部机构以置为：办公室、人事科、统计信息科、监管一科、监管二科和监管三科。同时，在滕州、薛城和台儿庄设立3个监管办事处。

4月21日　中行山东省分行郭心刚副行长一行4人到枣庄市调研。

4月27日　建行枣庄市山亭区行长邢鸿雁在山东省分行第三届“十大杰出青年”评选活动中，被授予“十大杰出青年”荣誉称号。

4月29日　在人行济南分行举办的全辖青年职工英语比赛中，人行枣庄市中支代表队荣获一等奖及全辖第2名。

5月10日　建行枣庄市分行团总支、市中区支行团总支获山东省分行“模范团支部”荣誉称号，李中华、刘刚获山东省分行“优秀团干部”，桑学超获“优秀团员”称号。

5月13日　在人行济南分行举办的全辖法律考试中，人行枣庄市中支获得总分第1名及团体一等奖。

5月　建行枣庄市分行对消化历史包袱中的贷款责任人进行了处理，共有112人受到处分。其中，纪律处分6人，经济处罚97人，其他处理87人。

6月7日　枣庄市城信社召开股东大会，增选谢旭阳为枣庄市城信社第二届理事会成员。同日，枣庄市城信社第二届理事会选举谢旭阳为理事长，许太景为监事长；并聘任樊印华为主任，聘任刘永为副主任。

6月10日　工行山东省分行党委任命金惠英为工行枣庄市分行纪委书记（正处级），免去其副行长职务。任命胡吉平、王波、闵祥龙为党委成员、副行长。

6月底　中行枣庄市分行完成不良资产账务处理工作，共处置不良资产12亿元，利息9.4亿元，本息合计21.4亿元。

建行枣庄市分行呆账贷款4.5亿元，可疑贷款6259万元全部剥离至信达公司济南办事处。

7月6日　工行枣庄市分行被山东省精神文明建设委员会授予“山东省精神文明建设先进单位”荣誉称号。

7月22日　建行山东省分行纪委书记张维国到枣庄市检查指导工作。

8月24日　建行山东省分行副行长燕海濛来枣庄市检查指导工作。

8月28日～29日　农发行总行郑晖行长到枣庄市分行调研，并确定该行为全国综合改革试点行。

8月31日　建行山东省分行王军行长到枣庄市检查指导工作。

9月16日　由人行枣庄市中支牵头组织的金融系统代表团在枣庄市第六届运动会上取得了群体组金牌总数和团体总分第1名的好成绩。

11月8日～9日　工行山东省分行行长杜宝起来枣庄市进行调研。

11月24日　山东省个人住房贷款按揭审批中心建设现场会在枣庄市召开，工行山东省分行孙建勇副行长出席会议，工行枣庄市分行在会上做了经验介绍。

11月底　农发行枣庄市分行全面实施综合改革，顺利完成人员调整和机构整合。

12月1日　农发行枣庄市分行搬迁并正式启用新办公楼。

12月8日～9日　农发行总行刘梅生副行长率队到枣庄市调研。

12月10日　人行济南分行副行长高士敏、人事处负责同志到枣庄市中支考察班子情况。

12月22日　建行枣庄市分行在金融统计工作考核评比中荣获“一等奖”，并被评为2004年度“枣庄市金融统计信得过单位”。

12月23日～24日　山东省银监局王进诚局长一行到枣庄市检查指导工作。

（罗恒忠　李佩芝　於永利）

滕州市

【经济概况】　2004年，滕州市积极落实国家宏观调控各项政策，国民经济持续快速协调发展。全年实现地区生产总值214.6亿元，同比增长20.4%，创1994年以来的新高。其中，第一产业增加值25.9亿元，增长6.7%；第二产业增加值119.79亿元，增长30.5%；第三产业增加值68.88亿元，增长11.1%。人均地区生产总值13665元。全年实现财政总收入18.37亿元，其中，地方财政收入6.51亿元，增长29.94%。

全年实现农林牧渔及其服务业总值47.23亿元，增长

滕州市主要经济金融指标

经济指标	1999	2004	经济指标	1999	2004
土地面积（平方公里）	1485	1485	#地方财政收入（亿元）	2.62	6.51
人口（万人）	154.96	156.8	全社会固定资产投资（亿元）	18.55	71.48
#非农业人口（万人）	43.77	44.47	固定资产投资增速（%）	24.88	58.3

续表

经济指标	1999	2004	经济指标	1999	2004
地区生产总值（亿元）	102.83	214.6	进出口总值（亿美元）		0.47
地区生产总值年增速（%）	9.8	20.4	#出口总值（亿美元）	0.06	0.46
第一产业（亿元）	18.95	25.90	实际利用外资（亿美元）	0.087	0.26
第二产业（亿元）	46.67	119.79	社会消费品零售总额（亿美元）	36.35	64.01
第三产业（亿元）	36.77	68.88	居民消费价格指数（%）	98.7	101.90
财政总收入（亿元）	3.59	18.37	人均地区生产总值（元）	6619	13665
金融指标（亿元）	**1999**	**2004**	**金融指标（亿元）**	**1999**	**2004**
金融机构存款余额	49.89	102.23	金融机构贷款余额	41.6	70.64
企业存款	7.18	14.84	短期贷款	31.15	38.41
储蓄存款	40.92	·74.92	中长期贷款	10.19	24.90

滕州市主要金融机构负责人

单位名称	行长（或其他称谓的第一负责人）	副行长（或其他称谓的同级领导）
中国人民银行滕州市支行	刘玉栋	裴永强 王永清
中国银监会枣庄监管分局滕州市办事处	柏 林	
中国工商银行滕州市支行	张东海	蒋 志 李祥成 李 勇 尹 峰 杨列国
中国农业银行滕州市支行	张清民	马士哲 张光勇 张洪敏
中国银行滕州市支行	吕剑虹	林 沂 彭 涛 赵英杰
中国建设银行滕州市支行	张守义	狄瑞伦 仇洪建 丛发中
滕州市农信社	辛士勇	张 伟 王广平 王 伟

滕州市主要金融机构业务概况

单位：亿元

单位名称	存 款	企业存款	储蓄存款	贷 款	短期贷款	中长期贷 款
中国工商银行滕州市支行	20.54	4.65	15	20.73	5.45	11.88
中国农业银行滕州市支行	25.37	6.01	17.02	9.30	2.83	6.47
中国银行滕州市支行	3.93	1.01	2.37	1.24	1.00	0.22
中国建设银行滕州市支行	10.35	2.54	6.46	10.92	2.17	6.32
滕州市农信社	33.38	0.5	24.81	25.54	23.76	

19.1%；其中，粮食总产58.35万吨，增长24.3%；油料5.63万吨，增长5.4%；蔬菜及瓜果288.3万吨、水果6.49万吨、肉类10.82万吨、水产品1.32万吨，分别增长3.0%、17.8%、22.8%和4.8%。林木覆盖率22.6%，提高2.5个百分点。

全年完成工业增加值119.79亿元，规模以上工业企业实现产品销售总收入193.06亿元，增长50.5%；产品销售率98.27%，上升0.37个百分点；实现利税28.93亿元，增长63%。工业经济效益综合指数264.27%，上升56.21个百分点。

全年实现社会消费品零售总额64.01亿元，增长15.2%。全年居民消费价格总指数为101.90%。全年进出口总额4719万美元，增长66.6%。其中，出口总额4559万美元，增长72%。

全年完成全社会固定资产投资71.48亿元，增长58.3%。全市规模以上投资62.47亿元，增长55.8%。其中，基本建设投资26.1亿元，增长68.5%；更新改造投资4.73亿元，增长110%。房地产投资6.[illegible]亿元，增长31.2%。

全市城镇居民人均可支配收入 7760 元，增长 14.1%；农村居民人均可支配收入 4006 万元，增长 16.6%。

【金融概述】 2004 年，滕州市金融部门认真贯彻落实稳健的货币信贷政策，紧紧围绕辖区经济金融实际，深化金融改革，加强宏观调控，强化金融服务，维护金融稳定，各项金融业务超常发展，呈现出经济金融良性互动的发展态势。

【各项存款】 截至 2004 年末，滕州市金融机构本外币各项存款余额 102.23 亿元，同比增加 16.75 亿元，增长 13.3%。存款增加的主要原因：固定资产投资、招商引资取得明显成效，民营经济发展活跃，经济运行质量显著提高，速度与效益同步增长，城乡居民收入大幅增加。

一、企业存款。截至年末，滕州市企业存款余额 14.84 亿元，同比增长 22.33%，少增 0.85 亿元。其原因：一是煤电油运供应紧张，原材料价格大幅上扬，企业货币资金趋紧；二是企业两项资金占用增加；三是在银行贷款增幅趋缓的情况下，企业投资规模不断放大，造成企业资金紧张。

二、储蓄存款增势稳定增长。截至年末，滕州市储蓄存款余额 74.92 亿元，同比增加 9.77 亿元，增长 15%，多增 0.28 亿元，其主要原因是央行适时提高存款利率，成为刺激储蓄存款增加的主要动力。另一方面，中小民营企业流动资金叫紧，企业内部集资入股以及民间借贷行为普遍和国债、基金的发行加剧了储源分流。

【各项贷款】 截至 2004 年末，滕州市各项贷款余额 70.64 亿元，同比增加 22.8 亿元，增长 35.76%。贷款投向趋于合理，各金融机构注重加强信贷政策与产业政策的有机结合，加大了对重点项目、中小民营企业和“三农”的信贷支持。

一、农业信贷投入不断增加。截至年末，滕州市农业贷款余额 16.05 亿元，同比增加 4.55 亿元，增长 39.6%，占全部贷款增加额的 20%。

二、中长期贷款大幅增加。截至年末，滕州市中长期贷款余额 31.86 亿元，同比增加 14.99 亿元，增长 88.81%，多增 8.64 亿元。

三、企业流动资金贷款走势好转。截至年末，滕州市短期贷款和票据融资共计同比增加 8.47 亿元。

四、消费贷款增势良好，对内需的拉动作用明显。截至年末，滕州市各金融机构共发放消费贷款 3.10 亿元，同比增加 1.21 亿元，主要发放了住房、汽车、助学消费贷款，其中，短期个人消费贷款 0.30 亿元，增加 0.09 亿元；中长期个人消费贷款 2.80 亿元，增加 1.13 亿元。

【金融调控】 2004 年，滕州市金融部门严格执行国家宏观调控政策，继续加强和改善金融宏观调控，增强金融调控的前瞻性、科学性和有效性，坚定不移地推进金融体制改革，为国民经济平稳较快发展做出积极贡献。人行滕州市支行继续执行稳健的货币政策，合理调控货币信贷总量，坚持区别对待、有保有压的原则，引导金融机构着力优化信贷结构，促进经济结构调整和经济增长方式转变，进一步改善金融服务，更好地支持经济社会发展。

【金融监管】 2004 年，滕州市银行业监督管理部门分设以来，继续加大对金融机构的监督管理，防范和化解金融风险，通过加强现场检查和非现场监管，不断强化金融监管，确保辖区金融稳定。

（裴永强　李　靖　时圣伟）

薛城区

【经济概况】 2004 年，薛城区围绕促进地方经济发展这一目标，积极贯彻国家的各项宏观调控政策，国民经济得到持续快速协调健康发展。全年实现地区生产总值 43.1 亿元，同比增长 28.6%，人均地区生产总值 10603 元。实现财政总收入 3.1 亿元，其中，地方财政收入完成 2.1 亿元，增长 43.2%。

一、农林牧渔业全面发展。2004 年，薛城区实现农业增加值 4.9 亿元，增长 6%。全区耕地面积 18946 公顷，人均耕地面积 1.12 亩，粮食总产量 11.4 万吨，增长 21%；蔬菜

薛城区主要经济金融指标

经济指标	1999	2004	经济指标	1999	2004
土地面积（平方公里）	420.51	420.5	#地方财政收入（亿元）	1.32	2.1
人口（万人）	44.91	40.65	全社会固定资产投资（亿元）	5.02	23.9
#非农业人口（万人）	18.74	18.22	固定资产投资增速（%）	8.2	70.6
地区生产总值（亿元）	20.96	43.1	进出口总值（亿美元）		0.15
地区生产总值年增速（%）	12.4	28.6	#出口总值（亿美元）	0.01	0.07

续表

经济指标	1999	2004	经济指标	1999	2004
第一产业（亿元）	3.79	4.96	实际利用外资（亿美元）	0.12	0.08
第二产业（亿元）	10.96	26.88	社会消费品零售总额（亿元）	8.31	13.1
第三产业（亿元）	6.21	11.26	居民消费价格指数（%）	99.2	101.9
财政总收入（亿元）	1.88	3.1	人均地区生产总值（元）	4668	10603
金融指标（亿元）	**1999**	**2004**	**金融指标（亿元）**	**1999**	**2004**
金融机构存款余额	18.8	48.66	金融机构贷款余额	24.8	30.75
企业存款	4.7	12.57	短期贷款	12	17.21
储蓄存款	13.1	31.65	中长期贷款	10.8	11.59

薛城区主要金融机构负责人

单位名称	行长（或其他称谓的第一负责人）	副行长（或其他称谓的同级领导）
中国人民银行枣庄市薛城区支行	宋均发	褚衍峰　朱运喜
中国银监会枣庄监管分局薛城办事处	陈兴奎	
中国工商银行枣庄市薛城区支行	赵明杰	高太东　陈维东　王洪娟　李海峰
中国农业银行枣庄市薛城区支行	陈修忠	李雪彬　王继峰
中国银行枣庄市薛城支行	葛兴贵	魏秀强　洪　涛
中国建设银行枣庄市薛城区支行	孙启龙	宋照成　种道长
中国建设银行枣滕矿区专业支行	邓忠财	冯　峰　赵云辉
薛城区农信社	张德安	王　方　李建华　范召民

薛城区主要金融机构业务概况

单位：亿元

单位名称	存　款	企业存款	储蓄存款	贷　款	短期贷款	中长期贷　款
中国工商银行枣庄市薛城区支行	10.28	2.63	6.7	7.93	3.55	3.08
中国农业银行枣庄市薛城区支行	6.72	1.1	5.27	1.75	1.59	0.06
中国银行枣庄市薛城支行	4.07	1.32	2.44	1.08	0.36	0.27
中国建设银行枣庄市薛城区支行	4.94	1.42	2.77	6.99	1.5	5.12
中国建设银行枣滕矿区专业支行	9.24	3.07	5.1	4.34	2.52	1.37
薛城区农信社	7.91	0.24	6.71	6.43	5.63	0.31

总产量52万吨、肉类总产量2万吨、蛋类0.97万吨、奶类186吨、水产品产量1518吨，分别增长24.4%、8.5%、4.8%、26.4%和0%。林木覆盖率24.6%，提高了1个百分点。

二、工业经济运行质量大幅度提高。2004年，薛城区完成工业增加值26.8亿元，增长28.9%。全区拥有392家企业，形成了煤炭、水泥、机制纸、钢铁、玻璃、啤酒、印染机械和塑料化工等十大支柱产业。规模以上工业产品销售收入20.6亿元，增长30 %；实现利税7.9亿元，增长76%。几大支柱产业对经济的拉动作用进一步增强。其中，原煤产量177.2万吨，增长35.7%；洗精煤179.5万吨，增长62%；日用玻璃制品40.4万吨，增长41%；水泥产量224万吨，增长29.4%；啤酒产量64446千升，增长38%；钢材产量10万吨，增长81%。

三、招商引资成果丰硕。2004年，薛城区合同利用外资77.6亿元，增长92%；实际利用外资21.3亿元，增长90%。全年进出口总额0.15亿美元，其中，出口总额0.07亿美元，同比分别下降58.2%和43%。

四、城乡居民生活明显改善。2004年，薛城区实现全社会消费品零售总额13.1亿元，增长13.6%。城镇居民人均可支配收入 8465 元，增长 14%；农民人均纯收入 3935 元，增长 15.2%。

【金融概述】 2004 年，薛城区金融部门认真贯彻落实稳健的货币信贷政策，紧紧围绕辖区经济金融实际，继续深化金融改革，加强宏观调控，强化金融服务，维护金融稳定，各项金融业务高速发展，呈现出经济金融良性互动的发展态势。全年存款持续增加，贷款投放加快，政策运用灵活，信贷结构优化，金融工具不断创新，服务水平进一步提高。

【各项存款】 截至 2004 年末，薛城区金融机构本外币各项存款余额 48.66 亿元，同比增加 6.92 亿元，增长 16.58%。企业存款余额 12.57 亿元，增加 1.03 亿元，增长 9%。居民储蓄存款余额 31.65 亿元，增加 5 亿元，增长 18.74%。其中，定期储蓄存款余额 19.2 亿元，增加 2.4 亿元，增长 14.28%；活期储蓄存款余额 12.45 亿元，增加 2.6 亿元，增长 26.34%。

【各项贷款】 截至 2004 年末，薛城区金融机构本外币各项贷款余额 30.75 亿元，同比减少 0.12 亿元，减少 0.39%。短期贷款 17.21 亿元，减少 0.32 亿元，少增 1.84%，其中，农业贷款 3.62 亿元，增加 0.94 亿元；工业贷款 8.74 亿元，增加 0.61 亿元；商业贷款 1.36 亿元，减少 1.1 亿元；个人消费贷款 2.5 亿元，增加 1.3 亿元。中长期贷款 11.59 亿元，增加 1.1 亿元，增长 7.51%，其中，基本建设贷款 1.7 亿元，增长 0.32 亿元。

【金融调控】 2004 年，人行薛城区支行根据保持宏观经济政策的连续性和稳定性的总体部署，继续执行稳健的货币政策。同时，密切关注宏观经济形势的变化，适时适度地进行调控，增强货币政策和金融宏观调控的前瞻性和科学性，并与其他宏观经济政策协调配合，进一步提高综合调控效力。一是继续加大对金融机构的窗口指导，疏通货币政策传导。引导金融机构严格控制过热行业信贷投放，加大对“三农”、民营企业、县域经济等方面的信贷投入，支持产业结构优化升级，促进地方经济发展；二是合理运用支农再贷款限额，全年累计发放支农再贷款 1.91 亿元。同时加强了对支农再贷款的管理，开展了对农信社支农信贷管理的季度跟踪检查，确保投向合理，提高了信贷质量；三是积极探索建立金融稳定协调机制，加大对商业银行和农信社改革的监测；四是稳步推进农信社改革，资金支付工作取得阶段性成果。通过对农信社改革，全区农信社获取专项中央银行票据资金 5170 万元，全部用于置换其不良资产和弥补历年亏损，为农信社的改革和发展创造了良好的外部环境。

【金融监管】 2004 年，人行薛城区支行立足金融业经营状况，运用各种手段开展监管工作，确保了金融业的安全稳健运行。一是综合运用货币政策工具，加强中央银行资金管理；二是加强紧急贷款和存款准备金管理，突出中央银行防范化解系统性金融风险职能；三是加强票据市场管理，规范货币市场的发展；四是加强利率管理，防范利率市场风险；五是加强外汇管理。以提高监管质量和服务水平为目标，坚持改革创新，积极构建外汇管理平台，不断完善外汇管理手段，较好地维护了外汇市场秩序，促进了外向型经济的发展。

（宋均发　褚衍峰　陈孟通）

台儿庄区

【经济概况】 2004 年，台儿庄区实现地区生产总值 43.5 亿元，同比增长 17.3%，增幅提高 1.5 个百分点。其中，第一产业增加值 6.89 亿元，增长 8.9%；第二产业增加值 22.95 亿元，增长 25.4%；第三产业增加值 13.66 亿元，增长 10%。人均地区生产总值 15138 元。三大产业比重由上年的 15.9:50.4:33.7 转变为 15.8:52.8:31.4。全区全年实现财政总收入 19.3 亿元，增长 34.2%；其中，地方财政收入 1.47 亿元，增长 32.2%。

一、农林牧渔业全面发展。2004 年，台儿庄区实现农林

台儿庄区主要经济金融指标

经济指标	1999	2004	经济指标	1999	2004
土地面积（平方公里）	539	539	#地方财政收入（亿元）	0.75	1.47
人口（万人）	28.07	28.6	全社会固定资产投资（亿元）	1.81	13.26
#非农业人口（万人）	7.74	8.35	固定资产投资增速（%）	-21.9	66.2
地区生产总值（亿元）	22.97	43.5	进出口总值（亿元）	0.04	0.05
地区生产总值年增速（%）	6.4	17.3	#出口总值（亿美元）	0.04	0.03
第一产业（亿元）	4.77	6.89	实际利用外资（亿美元）	0.013	0.09

续表

经济指标	1999	2004	经济指标	1999	2004
第二产业（亿元）	10.08	22.95	社会消费品零售总额（亿元）	6.26	11.15
第三产业（亿元）	5.19	13.66	居民消费价格指数（%）	99.2	101.9
财政总收入（亿元）	3.59	19.3	人均地区生产总值（元）	8190	15138
金融指标（亿元）	**1999**	**2004**	**金融指标（亿元）**	**1999**	**2004**
金融机构存款余额	8.5	14.69	金融机构贷款余额	12.65	14.83
企业存款	1.55	3.22	短期贷款	10.21	9.56
储蓄存款	6.78	9.89	中长期贷款	0.99	2.76

台儿庄区主要金融机构负责人

单位名称	行长（或其他称谓的第一负责人）	副行长（或其他称谓的同级领导）
中国人民银行台儿庄区支行	马亚东	李　健　吴敬普
中国银监会枣庄监管分局台儿庄区办事处	倪　辉	
中国工商银行台儿庄区支行	王　敬	董业沛
中国农业银行台儿庄区支行	程　勇	倪守平　孔祥玉　胡　锐
中国银行台儿庄区支行	王德海	戴　行
中国建设银行台儿庄区支行	王兆奎	杨宋选　许厚明
台儿庄区农信社	张佰奎	徐文芳　张联科　王延春

台儿庄区主要金融机构业务概况

单位：亿元

单位名称	存　款	企业存款	储蓄存款	贷　款	短期贷款	中长期贷　款
中国工商银行台儿庄区支行	1.53	0.34	0.99	3.20	1.76	0.61
中国农业银行台儿庄区支行	1.52	0.30	1.18	0.29	0.29	
中国银行台儿庄区支行	1.02	0.34	0.58	1.39	0.04	
中国建设银行台儿庄区支行	4.07	1.79	1.60	3.27	1.20	0.67
台儿庄区农信社	3.56		3.29	3.56	3.42	

牧渔及其服务业增加值6.89亿元，增长8.9%。粮食总产量17.56万吨，增长28.7%；棉花1089吨，增长51.9%；油料7821吨，增长17.6%；蔬菜及瓜果71.9万吨、水果9277吨、肉类1.91万吨、奶类1559吨、水产品6605吨，分别增长3.8%、9.1 %、10.8 %、100.2%和7.1%。林木覆盖率26.9%，提高1.1个百分点。

二、工业经济运行质量大幅度提高。2004年，台儿庄区规模以上工业产品销售率达98.14%，同比上升0.49个百分点；产品销售收入57.68亿元，增长48.3%；实现利税7.8亿元，增长63.2%。工业经济效益综合指数215.67 %，上升56.39个百分点。

三、消费品市场销售较快增长。2004年，台儿庄区实现社会消费品零售总额11.15亿元，增长15%。分地域看，城市实现7.87亿元，增长15.9%；农村实现3.28亿元，增长13%。分行业看，批发零售贸易业为9.46亿元，增长15.4%；餐饮业为0.94亿元，增长17.6%；其他行业零售额0.75亿元，增长6.9%。

四、固定资产投资。2004年，台儿庄区完成全社会固定资产投资13.26亿元，增长66.2%。全区规模以上投资12.5亿元，增长70.6%。其中，基本建设投资10.7亿元，增长94.6%；更新改造投资1.3亿元，增长27.7%。

五、进出口贸易高速增长。2004年，台儿庄区全区进出口总额497万美元，增长22.7%。其中，出口总额298万美元，下降9.7%。实际利用外资910万美元，增长355.2%。

六、城乡人民生活进一步改善。2004年，台儿庄区城镇居民人均可支配收入8473元，增长14.2%；人均消费性支出5279元，增长19.4%。农村居民人均可支配收入3677元，增长11.6%。人均生活消费支出1699元，增长9.9%。

【金融概述】 2004年，台儿庄区金融部门紧紧围绕全区经济发展战略部署，深化金融改革，积极改善金融服务，全力维护金融稳定，各项金融业务超常发展，经济金融实现了良性互动，金融支持全区经济发展取得了新的突破。

【各项存款】 截至2004年末，台儿庄区金融机构本外币各项存款余额14.69亿元，同比增加3.3亿元，增长29%。其中，企业存款余额3.22亿元，增加1.57亿元；储蓄存款余额9.89亿元，增加1.58亿元。主要原因：一是企业经营状况趋好，经济效益提高；二是加息效应显现，居民储蓄意愿增强，储蓄存款回流势头明显；三是经济结构调整运行质量提高，城乡居民收入增加；四是居民投资渠道窄，股市低迷，居民储蓄仍是百姓首选的理财之道。

【各项贷款】 截至2004年末，台儿庄区金融机构各项贷款余额14.83亿元，同比减少1.16亿元（考虑农信社专项票据置换贷款及农行划转贷款等账面减少因素，以可比口径计算，实际贷款余额17.39亿元，同比增加近1亿元）。从贷款投向上看，一是突出重点项目、重点企业的信贷投入；二是突出对“三农”的信贷投入。农业贷款余额2.60亿元，增加0.60亿元，累计发放4.07亿元；三是突出对民营企业的投入。民营企业贷款余额1398万元，增加1153万元；四是突出对消费领域的信贷投入。个人消费贷款余额1382万元，增加391万元。

【金融调控】 2004年，人行台儿庄区支行按照国家宏观调控要求，努力探索职责调整后传导实施货币政策的方式、方法，取得了较好效果。一是做好党政的金融参谋，优化金融发展环境。建立了金融“请阅件”制度，对金融运行中的重大事项，及时向区委、区政府、人大、政协等部门反映；二是制定了货币政策实施情况座谈会制度，印发了《关于支持县域经济加快发展的信贷指导意见》，引导金融机构按照有保有压、有抑制有发展的原则，加强产业政策与信贷政策的协调配合，把握贷款节奏，调整信贷结构，加大对地方主导产业的扶持力度；三是合理运用支农再贷款限额，累计发放支农再贷款1.6亿元。同时加强了对支农再贷款的管理，开展了对农信社支农信贷管理的季度跟踪检查，确保投向合理，提高了信贷质量；四是稳步推进农信社改革，资金支付工作取得阶段性成果。

【金融监管】 2004年，人行台儿庄区支行立足金融业经营状况，运用各种监管手段开展监管工作，确保了金融业的安全稳健运行。一是综合运用货币政策工具，加强中央银行资金管理；二是加强紧急贷款和存款准备金管理，突出中央银行防范化解系统性金融风险职能；三是加强票据市场管理，规范货币市场的发展；四是加强利率管理，防范利率市场风险。

（马亚东　李　健　魏祥勇）

菏泽市

【经济概况】 2004年，菏泽市以科学发展观为指导，不断优化经济发展环境，积极发展外向经济，大力招商引资，城乡居民生活水平明显提高，各项事业蓬勃发展。全市全年实现地区生产总值365亿元，按可比价格计算，同比增长17.1%。其中，第一产业完成增加值136亿元，增长6.9%；第二产业完成增加值148.3亿元，增长31.8%；第三产业完成增加值80.7亿元，增长12.5%；人均地区生产总值4160元，增长16%。三次产业比重由上年的40:36:24转变为37:41:22，经济结构进一步优化。财政收入增长加快，财政实力进一步增强。全年实现财政总收入35.39亿元，增长121.60%；其中，地方财政收入17.22亿元，增长31.36%。

一、农业的基础地位进一步巩固。2004年，菏泽市大力实施科技兴农和农业产业化战略，发展特色农业，推进农业集约化、市场化进程，使全市农业逐步向优质高效方向发展。全市全年实现农业增加值136亿元，同比增长6.9%。全年粮食总产317.16万吨，增长17.6%；其中，夏粮总产207.98万吨，增长10%，秋粮总产109.18万吨，增长35.2%。棉花、油料、水果和蔬菜总产分别为27.38、31.12、62.61和1042.5万吨，分别增长20.4%、-12.4%、5.7%和7.6%；肉类、禽蛋和水产品总产分别为45.58、29.28和9.57万吨，分别增长16.1%、10.3%和6.9%。林木覆盖率24.43%，提高4.13个百分点；农业生产条件进一步改善，机械化程度得到提高，年末全市农机总动力988.95万千瓦，增长7.0%。

二、工业生产快速发展，经济效益明显提高。2004年，菏泽市全年完成工业增加值123.56亿元，同比增长44.45%。国有及年销售收入500万元以上的非国有独立核算工业企业（以下简称“规模以上工业企业”）完成工业增加值84.60亿元，增长39.03%。规模以上工业企业实现产

菏泽市经济主要统计指标

指 标	1999	2000	2001	2002	2003	2004
土地面积（平方公里）	12228	12228	12239	12239	12239	12239
人口（万人）	838.20	848.94	856.47	864.50	874.47	880.69
#非农业人口（万人）	119	125.47	131.49	132.14	149.40	155.61
地区生产总值（亿元）	189.90	207.51	225.76	249.84	290.10	365
地区生产总值增速（%）	10.30	9.78	9.10	10.67	12.30	17.1
第一产业（亿元）	98.40	103.44	107.87	110.49	114.88	136
第二产业（亿元）	49.40	55.27	62.95	78.26	104.73	148.30
#工业（亿元）	43.20	48.01	53.93	67.06	85.54	123.56
#建筑业（亿元）	6.20	7.00	8.96	11.20	19.03	24.79
第三产业（亿元）	42.10	48.80	54.94	61.09	70.49	80.7
地区生产总值构成（%）	100	100	100	100	100	100
第一产业	51.80	49.85	47.78	44.20	39.60	37
第二产业	26.00	26.63	27.88	31.30	36.10	41
第三产业	22.20	23.52	24.34	24.50	24.30	22
财政总收入（亿元）	8.45	9.86	11.84	21.63	15.97	35.39
#地方财政收入（亿元）	8.45	9.86	11.84	13.61	15.97	17.22
全社会固定资产投资（亿元）	46.70	65.70	66.83	88.55	162	283.57
#基本建设（亿元）	12.50	17.60	16.86	22.24	107.94	239.36
#更新改造（亿元）	3.20	4.04	7.89	7.29	18.16	18.34
#房地产开发（亿元）	1.50	0.80	2.33	3.66	8.28	13.50
固定资产投资增速（%）	7.70	40.10	0.30	32.50	83	75.10
进出口总值（亿美元）	1.10	1.27	1.13	1.69	3.12	8.31
#出口总值（亿美元）	0.51	0.65	1.03	1.56	2.92	6.92
实际利用外资（亿美元）	0.31	0.36	0.53	0.46	1.29	1.96
社会消费品零售总额（亿元）	68.00	75.20	84.19	94.39	141.65	177.40
居民消费价格指数（%）	99.10	99.80	101.50	99.00	100.80	103.20
城镇居民家庭人均年收入（元）	4651	4722.22	5425.30	5572	5890.80	6733.71
农民家庭人均年收入（元）	1960	2067.20	2185	2298	2212	2653
人均地区生产总值（元）	2274	2453	2648	2904	3337	4160

菏泽市金融主要统计指标

指标（亿元）	1999	2000	2001	2002	2003	2004
金融机构存款余额	191.7	211.43	237.49	272.74	326.74	364.39
（一）企业存款	28	29.13	31.26	37.95	52.12	59.88
（二）储蓄存款	158.5	173.95	193.52	216.79	245.87	273.15
#定期储蓄存款	100.5	130.31	146.02	159.7	175.11	191.06
#活期储蓄存款	58	43.64	47.50	57.09	70.76	82.09
金融机构贷款余额	198.7	193.62	207.3	240.97	292.63	310.73
（一）短期贷款	181.1	178.61	182.59	201.76	233.56	238.98
#工业贷款	23.4	20.19	18.92	21.51	35.16	40.83
#商业贷款	100.4	91.4	90.18	91.84	88.07	83.88
#农业贷款	26.6	32.7	40.92	52.23	65.47	71.59
（二）中长期贷款	14.1	12.51	17.37	25.3	40.55	58.75
#基本建设贷款	4.2	3.09	3.53	12.47	22.6	34.42
#技术改造贷款	5.9	6.01	7.36	0.43	0.69	0.67
现金收入	533.2	918.34	991.36	1112.78	1549.84	1991.25
现金支出	547.5	929.68	1006.09	1131.62	1555.94	2003.49
现金投放（+）回笼（-）	14.3	11.34	14.72	18.84	6.09	12.24
当年结益	-9.2	-8.98	-8.34	-7.24	-2.45	-1.44

菏泽市主要金融机构负责人

单位名称	行长（或其他称谓的第一负责人）	副行长（或其他称谓的同级领导）
中国人民银行菏泽市中心支行	王德业（行长）	周登宪　石建民　郑　丽　武富民
中国银监会菏泽监管分局	党明娜（局长）	朱凤德　张以良
中国工商银行菏泽市分行	谭超田（行长）	石建利　李宏云　刘虎臣　黄腾坤
中国农业银行菏泽市分行	刘玉琳（行长）	杜良修　郭良运　曹明钊　郑新生
中国银行菏泽分行	宋志枫（行长）	贾丁盘　扈连山 谢其善　闫　健　李　晨
中国建设银行股份有限公司菏泽分行	颜廷安（行长）	张福明　王怀阁　耿　刚 朱坤礼　韩卫东　刘明振
农信社菏泽市办事处	李同岭（主任）	吴保良　陈运成

菏泽市主要金融机构业务概况

单位：亿元

单位名称	存　款	企业存款	储蓄存款	贷　款	短期贷款	中长期贷　款
中国工商银行菏泽市分行	68.66	12.22	49.61	47.49	16.60	28.36
中国农业银行菏泽市分行	55.59	8.33	42.83	39.66	32.09	5.65
中国银行菏泽分行	34.50	14.51	17.22	27.36	23.20	3.65
中国建设银行股份有限公司菏泽分行	48.02	18.11	25.41	32	5.49	19.73
农信社菏泽市办事处	115.84	5.98	96.63	101.76	99.41	1.10

菏泽市各县级区域经济金融主要统计指标

名称	人口（万人）	面积（平方公里）	地区生产总值（亿元）	地区生产总值增速（%）	存款（亿元）	储蓄存款（亿元）	贷款（亿元）
曹　县	142.9	1974	49.40	16.90	31.28	26.92	26.41
单　县	117.10	1650	48.67	15.70	30.65	26.94	21.37
成武县	63.32	988	29.91	15.50	20.35	17.02	18.38
巨野县	94.22	1303	33.70	17.90	35.06	25.95	37.59
郓城县	109.47	1643	49.32	29.72	47.44	38.46	26.78
鄄城县	79.03	1037	27.30	22.00	22.98	19.79	15.90
定陶县	60.76	846	26.98	17.21	21.32	17.05	20.79
东明县	75.25	1370	37.00	20.43	28.03	22.49	22.05

品销售总收入274.06亿元，增长50.6%；实现利润7.37亿元，增长45.76%。工业经济效益综合指数为145.10%，提高20.9个百分点。

三、消费需求增长稳健，市场繁荣活跃。2004年，菏泽市全年实现社会消费品零售总额177.40亿元，同比增长15.1%。消费品市场中县区以下实现零售额83.03亿元，增长13.8%。按行业分，批发零售贸易业零售额143.14亿元，增长15.2%；餐饮业零售额28.25亿元，增长16.6%。按经济类型分，国有及国有控股单位零售额38.18亿元，增长15.2%；个体私营经济零售额101.94亿元，增长15.0%。居民消费价格指数为103.20%，上升2.4个百分点。

四、固定资产投资实现重大突破，生产性投资比重提高，投资结构进一步优化。2004年，菏泽市全年完成全社会固定资产投资283.57亿元，同比增长75.10%。其中，基本建设投资239.36亿元，增长96.6%；更新改造投资18.34亿元，增长1.0%；房地产开发投资13.50亿元，增长63%。在国有及其他经济类型投资中，第一产业投资15.94亿元，第二产业投资171.34亿元，第三产业投资96.29亿元。

五、对外经贸迅速扩大，外商投资不断增加。2004年，菏泽市全年进出口总额8.31亿美元，同比增长166.2%。其中，进口商品总值1.39亿美元，增长598.3%；出口商品总值6.92亿美元，增长136.8%；在出口商品中，初级产品出口额0.87亿美元，增长12.9%，工业制成品出口额6.06亿美元，增长180.9%，占出口总值比重的87.57%。全年新批准利用外资额2.57亿美元，增长17.6%，实际利用外资额1.96亿美元，增长44%。

六、城乡居民收入明显增加，生活水平不断改善。2004年，菏泽市在岗职工工资总额28.35亿元，同比增长8.45%；在岗职工平均工资8733元，增加955元，增长12.3%。城市居民人均可支配收入6733.71元，增长14.1%；人均消费性支出4832.53元，增长5.73%。农村居民人均可支配收入2653元，增加441元，增长19.9%；人均消费性支出1577.11元，增长13.3%。城市恩格尔系数为38.69%，农村恩格尔系数为50.04%，分别增加4.38个百分点和3.55个百分点。

【金融概况】 2004年，菏泽市金融工作呈现出存贷款平稳增长、资产质量逐步提高、经营效益继续好转、金融改革稳步推进、银企合作进一步深化的良好运行态势。

【存款情况】 截至2004年末，菏泽市金融机构各项人民币存款余额364.39亿元，同比增加37.64亿元，各项外汇存款余额0.26亿美元，比年初减少0.0062亿美元。

一、企业存款增长缓慢。截至年末，菏泽市企业存款余额59.88亿元，增加5.80亿元，占全市新增存款比例的15.41%，降低了10.84个百分点。其主要原因：一是生产要素价格的连续大幅上涨，迫使不少企业大批量购进原材料，直接减少了部分账面存款；二是企业两项资金占用增加，导致企业可用资金减少；三是企业投资规模扩大，而银行贷款总量并未同步增加，企业处于资金“饥饿”状态。

二、居民储蓄存款继续增长。截至年末，菏泽市储蓄存款余额273.15亿元，增加27.27亿元，占全市新增存款比例的72.45%，提高了18.59个百分点。其中，定期储蓄余额191.06亿元，增加15.95亿元；活期储蓄余额82.09亿元，增加11.32亿元。从全年运行过程看，储蓄存款呈现先扬后抑态势，前5个月储蓄存款走势平稳，波动不大。宏观调控实施后，存款增长表现为总量和增量双下降，尤其是6~9月份储蓄存款连续出现了4个负增长月，储蓄存款负增长的一个最直接的原因是物价涨幅高，负利率下居民的储蓄意愿弱，加上国债发行、基金热销以及代理保险业务的拓展等分流因素较多。10月份后，加息政策效果显现，储蓄存款下降得到遏制。

【贷款情况】 截至2004年末，菏泽市金融机构各项人民币贷款余额310.73亿元，同比增加30.48亿元；各项外汇贷款余额0.069亿美元，比年初减少0.0065亿美元。

一、农业贷款。2004年，菏泽市金融机构特别是农信社坚持为农服务的宗旨，不断加大对农业的信贷投入。全市全年累计发放农业贷款71.59亿元，同比增加8.99亿元，对繁荣农村消费市场，促进农村经济结构调整起到了推动作用。

二、工业贷款。2004年，菏泽市金融机构着力于信贷结构调整，重点加大了对基础产业、重点企业的信贷投入。截至年末，全市工业贷款余额40.83亿元，比年初增加6.39亿元。

三、商业贷款。截至年末，菏泽市商业贷款余额83.88亿元，比年初减少2.54亿元。从总体规模上看，全市商业贷款呈下降趋势，但与上年相比下降速度减缓。

四、个人消费贷款总体保持大幅增长。截至年末，虽然个人短期消费贷款减少了8241万元，但中长期消费贷款增加了4.86亿元，增长39.53%。于2000年相比，消费贷款占全辖总贷款的比重由1.4%上升到6%，消费信贷余额由2.72亿元上升到18.82亿元，增长了近6倍。

五、技改贷款。截至年末，菏泽市技改贷款余额仅为0.67亿元，同比略有下降。

六、外汇贷款。截至年末，菏泽市外汇贷款余额685万美元，较年初减少65万美元。其中，中资企业贷款增加了34万美元，外商投资企业贷款减少了58万美元，进出口贸易融资增加了53万美元，境外投资转贷款减少了92万元。

【现金投放和回笼】 2004年，菏泽市金融机构累计现金收入1991.25亿元，同比增加44.14亿元，增长28%；累计现金支出2003.50亿元，同比增加44.76亿元，增长29%；年累计现金投放12.24亿元，同比多投放6.15亿元。其主要原因：一是县域经济特别是民营企业的快速发展为现金收支规模的扩大提供了条件；二是受社会条件和信用环境的制约，在其他支付结算工具不能充分利用的情况下，人们对现金交易支付方式仍有很大偏好。

【外汇管理】 2004年，外管局菏泽中心支局立足经济发展状况，强化内部管理、加强外汇流入监管、全面提升服务水平，有力地支持了全市外向型经济的发展，涉外经济运行质量明显提高，呈现出良性互动的可喜局面。

一、擦亮服务窗口，做好对外服务工作。2004年，外管局菏泽中支紧密配合省委、省政府"突破菏泽"的发展战略和该市外经贸工作思路，致力于服务工作的改进与提高。全年为企业办理进出口收付汇核销1.55万笔，金额5.81亿美元；办理外商投资企业登记、开户、验资询证、境外投资外汇登记等业务共计260余笔，金额2.39亿美元。

二、加大逾期催收催核力度，督促企业及时办理核销业务。2004年，外管局菏泽中支为解决以前遗留的逾期问题，对全市2002年底以前出口逾期情况进行了重点清理，对17家企业50笔核销单进行了注销备查，对无正当理由和无法清理的7家企业11笔核销单移交了检查岗，使出口逾期金额不断下降。

三、加强对外汇业务的监管。2004年，外管局菏泽中支一是加强了中资企业经常项目外汇账户和辖内外商投资企业、境外投资企业的年检工作；二是做好了外汇账户清理工作，实现了外汇局账户审批数据与外汇业务银行开户信息的基本一致；三是严把结售汇业务市场准入关，对新申请开办结售汇业务的金融机构，严格按规定条件和程序审批，防止了非法外汇资金的流出、流入。

四、加大现场检查力度，规范金融机构和企业的外汇业务行为。2004年，外管局菏泽中支一是对建行、工行菏泽市分行执行人行1号、3号令情况进行了现场检查和后续检查；二是对辖内工行、农行、中行、建行4家外汇指定银行外汇业务内控制度建设与执行情况进行了现场检查；三是对辖区20家进出口业务量大、境外融资较多的对外贸易公司和外商投资企业进行了外汇业务检查。

【货币政策实施】 2004年，人行菏泽市中心支行认真贯彻实施稳健的货币政策，坚持"有保有压、突出重点、优化结构"的信贷原则，发挥货币信贷政策调控职能，努力探寻货币信贷政策与经济产业政策的有效结合点，保持了货币信贷增长的连续性和稳定性。

一、搭建和完善多种金融平台，畅通货币政策传导渠道，切实增强货币政策传导效果。2004年，人行菏泽市中支一是搭建和完善银政沟通平台，疏通银政联系渠道，创造了宽松的金融外部环境。全年配合政府组织召开下岗再就业小额贷款、生源地国家助学贷款、企业信用建设等各种协调会议10多次；二是搭建和完善银企合作平台，促进银企直接对接，增强了货币政策传导效果。4月份配合省、市政府部门召开了"'突破菏泽'银企合作项目洽谈会"。会上共达成了贷款意向101个，签约贷款金额达126亿元；三是搭建和完善金融展示平台，增进全社会对金融的了解、理解和支持。如人行巨野县支行的"金融产品电视推介"活动、单县支行的"货币信贷政策宣传周"活动等，效果都十分明显。

二、调整优化信贷结构，增加信贷投放。2004年，人行菏泽市中支一是充分发挥支农再贷款的引导作用，督促农信社加大对三农的支持力度。全年累计发放支农再贷款20.42亿元，引导农信社累计发放农业贷款78.5亿元；二是发挥货币政策工具的导向作用，优先为中小企业办理贴现的金融机构办理再贴现。全市累计办理再贴现4.05亿元，同比增加2.13亿元，间接支持了中小企业的资金需求；三是贯彻有保有压的原则，继续加大信贷投放力度。截至年末，中长期贷款余额58.75亿元，比年初增加19.69亿元，同比多增18.25亿元，大大加快了项目开发进度；四是督促商业银行发放消费贷款。截至年末，全市4家国有独资商业银行个人房地产贷款余额14.4亿元，较年初增加4.5亿元；汽车消费贷款余额13043万元，较年初减少5631万元；各项助学贷款余额1676万元，其中，农信社共发放生源地助学贷款1750笔，余额1647万元。

三、支持农信社改革，推动机制创新。2004年，人行菏泽市中支积极落实农信社改革试点各项政策措施，帮助辖内9家农信社共获得专项中央银行票据6.66亿元。同时，制定《专项中央银行票据实施与考核管理办法》，加强了对农信社改革支持资金的考核与管理，促进其完善法人治理结构，转换经营机制，提高资本充足率，降低不良贷款比率，推动了农信社改革进程。

【金融监管】 2004年，人行菏泽市中支主动加强与地方政府、银监局和各金融机构的沟通协调，初步建立了辖区金融稳定协调联席会议制度，针对辖区金融风险状况进行信息交流，研究制定金融突发事件的处置预案，协商解决有关紧急问题，形成了多方参与、相互配合、协调有效的工作机制。年内，该中支一是制定了《柜面监督管理办法》，推行"大柜面"监管。该办法对基层行货币信贷政策执行、外汇管理、会计、国库、营业室、货币发行等业务的操作规范进行了整合，实现了监管模式由现场检查为主向"大柜面"监管为主的转变；二是开展了对"消费储值"非法活动的清理整顿工作，冻结了4家代理商、加盟商的资金账户，防止了非法资金外流；三是密切关注国有商业银行改革进程，及时对商业银行信贷投向进行风险提示；四是加强了对辖区农信社资金头寸、流动性变动等情况的监测分析，密切关注其在改革过程中经营状况的变化，及时撰写风险监测报告，有效维护了辖区金融稳定。

【金融改革】 2004年，菏泽市各金融机构坚持以强化内部管理、增强经营活力、改善金融服务、防范化解金融风险为目标，不断深化金融改革。

一、人行做好"三定"方案的贯彻落实工作。2004年，人行菏泽市中支根据济南分行有关"三定"方案的指导意见，本着有利于央行职能更好的发挥、有利于工作效率的提高、有利于人力资源有效配置的原则，认真制定"三定"方案，积极组织实施，进一步深化干部人事制度改革，推进了干部选拔任用工作的科学化、制度化、民主化。

二、商业银行股份制改革进展顺利。2004年，中行菏泽市分行认真做好股份制改革的准备工作，相继完成了新系统上机、报表转换、法律尽职调查、房改售房损失核销、非授信资产清理、房地产及器具设备清查、房地产确权等多项艰巨复杂的股份制改革的前期准备工作。建行菏泽市分行完成了重组改制分立建账程序上线和新制度的实施工作。

三、农信社推进机构改革。2004年8月，山东省农信社菏泽办事处成立。根据省联社办事机构设置和人员编制精神，该办事处召开了机关"三定"工作动员会，公布了"三定方案"，并组织举行演讲竞聘，公开选拔人员。

【保险业务】 2004年，菏泽市保险业务不断拓展，为社会生产和人民生活提供了有效保障。全市全年实现各类保险金额247亿元，同比增长23.7%；保险费收入8.24亿元，增长25.2%；赔款支出1.34亿元，增长8.1%。

【精神文明建设】 2004年，菏泽市各金融机构切实加强对精神文明建设工作的领导，坚持重建设、重实质、重过程的方针，努力促进物质文明、政治文明和精神文明的协调发展。

一、深入开展"文明单位"创建活动。2004年，人行菏泽市中支根据济南分行文明单位创建工作要求，结合辖内实际，以加强领导班子建设、干部职工队伍建设、金融业务工作为重点，在系统内开展了"履行央行新职责，更新观念创新工作，与时俱进提高服务"主题思想教育活动、马克思主义发展史教育活动、"读好一本书，写好一篇心得"活动和建设学习型领导班子活动；中行菏泽市分行通过组织全行动员大会，到企业参观学习、听取专家讲座、开通企业文化建设网站等手段，开展了作风整顿和企业文化建设活动；建行菏泽市分行深入开展了"内强企业素质、外树建行形象"系列活动。

二、各金融机构开展了形式多样的劳动竞赛和文体活动。2004年，人行菏泽市中支举办了全系统党内法规知识竞赛、内审专业劳动竞赛、保卫专业知识竞赛，组织举办全市金融系统发行出纳业务技能大赛和年度青年论坛活动；工行菏泽市分行开展了全系统点钞业务技术比赛和个人金融业务技能比赛；建行菏泽市分行开展了全市建行系统柜面规范化服务演示大赛，在全行范围内开展"柜面服务质量百日竞赛"和"优质客户拓展百日竞赛"活动；农信社菏泽办事处组织举办了第六届业务技术比赛。

【金融大事记】 1月6日　人行济南分行于华民副行长到菏泽市中支宣布领导班子调整情况。

1月16日　建行山东省分行王江副行长一行到曹县支行检查指导工作。

2月13日　工行山东省分行李明副行长到菏泽市分行检查指导工作。

2月16日　人行菏泽市中支机关办公大楼奠基。

3月10日　菏泽市召开金融工作座谈会，市委书记陈光同志出席会议并发表重要讲话，市政府分管副市长王文升同志主持了会议，市人行、监管分局、各国有商业银行、农发行、农金体改办及保险、证券共13个部门参加了会议。

3月31日　人行菏泽市中支举行辖内农信社专项中央银行票据发行签约仪式，石建民副行长发表重要讲话，市农金体改办李金安主任安排了具体工作事项。

4月20日　山东省人民政府、人行济南分行联合组织召开"突破菏泽银企合作项目洽谈会"。林廷生副省长、人行济南分行李亚新副行长、各省级金融机构负责人，菏泽市委、政府领导及有关部门负责人、部分企业代表参加了会议。

5月12日　建行山东省分行刘振奇副行长在济南出席了菏泽发电厂三期工程融资开标会。

6月10日　菏泽市金融系统联席会议召开，主要就2004年1～5月份全市金融运行情况进行座谈和分析。

7月1日　人行菏泽市中支组成4个检查组，深入各县金融机构开展反洗钱和银行结算账户大检查。

7月6日　人行菏泽市中支组织市财政局、劳动和社会保障局、银监局参加人行总行召开的推进小额担保贷款政策落实工作电视电话会议。

8月6日　人行菏泽市中支组织市农发行、各国有商业银行、农金体改办分管支付结算工作的负责人、业务、技术部门负责人参加人行总行召开的大额支付系统推广工作电视电话会议。

8月10日～12日　人行总行参事白世春同志到菏泽市就农村金融体制改革和农村经济发展情况进行调研。

8月11日　山东省农联社菏泽办事处举行挂牌仪式，省联社主任张建民，菏泽市委、市政府、市人大、市政协、菏泽军分区、组织部、宣传部的领导同志出席了挂牌成立仪式。

8月18日～19日　人行济南分行密码保密检查组到菏泽检查指导工作，并对其工作给予了充分的肯定。

9月16日　人行菏泽市中支举办全市金融系统发行出纳业务技能大赛，市人行、工行、农行、中行、建行、信用社系统参加了比赛。

9月20日　人行菏泽市中支举办全市人行系统2004年度青年论坛活动，要求广大青年员工增强学习能力，善于学习应用。

10月12日　人行济南分行于华民副行长到菏泽市检查指导基建工作。

10月13日　人行菏泽市中支组织举办全市人行系统党内法规知识竞赛。

11月8日　工行山东省分行党委书记、行长杜宝起深入菏泽市单县支行检查指导工作并参加了“单县龙基生物发电工程奠基仪式”。

11月25日　人行济南分行高士敏副行长一行到菏泽市中支考察领导班子。

11月27日　人行济南分行杨子强行长到菏泽市检查指导工作，并与市委书记陈光同志，市委副书记、常务副市长赵润田同志就人行工作进行了座谈。

12月13日　中行山东省分行王建宏行长到菏泽市参加青岛对口帮扶曹县项目签约仪式。

12月17日　人行菏泽市中支召开辖内农信社专项中央银行票据兑付考核工作会议。

曹　县

【经济概况】　2004年，曹县认真贯彻执行国家经济金融政策，以改革促发展，综合经济实力进一步增强，国民经济继续保持了较快的发展势头。全县全年实现地区生产总值49.4亿元，同比增长16.9%；人均地区生产总值3455元。实现财政总收入2.8亿元，其中，地方财政收入1.5亿元，下降21%。

全年曹县实现农业增加值13.5亿元，同比下降2.1%；其中，粮食总产43.9万吨，增长17.6%。林木覆盖率28.8%，提高2.4个百分点。

曹县主要经济金融指标

经济指标	1999	2004	经济指标	1999	2004
土地面积（平方公里）	1974	1974	#地方财政收入（亿元）	0.85	1.5
人口（万人）	139.1	142.9	全社会固定资产投资（亿元）	7.26	32
#非农业人口（万人）	17.11	27	固定资产投资增速（%）	63.88	113
地区生产总值（亿元）	21.5	49.4	进出口总值（亿美元）	1.1	1.9
地区生产总值年增速（%）	6.8	16.9	#出口总值（亿美元）	0.82	1.83
第一产业（亿元）	11.08	18.86	实际利用外资（亿美元）	0.04	0.26
第二产业（亿元）	5.62	21.59	社会消费品零售总额（亿元）	10.75	25
第三产业（亿元）	4.8	8.96	居民消费价格指数（%）	99.8	103.2
财政总收入（亿元）	1.19	2.8	人均地区生产总值（元）	1548	3455
金融指标（亿元）	**1999**	**2004**	**金融指标（亿元）**	**1999**	**2004**
金融机构存款余额	17.21	31.28	金融机构贷款余额	25.45	31.28
企业存款	1.55	2.42	短期贷款	22.89	21.29
储蓄存款	15.08	26.92	中长期贷款	2.08	3.37

曹县主要金融机构负责人

单位名称	行长（或其他称谓的第一负责人）	副行长（或其他称谓的同级领导）
中国人民银行曹县支行	李国庆（行长）	智　勇　祝令超　刘尊民
中国银监会菏泽监管分局曹县办事处	田传振（主任）	
中国工商银行曹县支行	祝传方（行长）	栗　明　徐树军
中国农业银行曹县支行	张　民（行长）	王本顺　崔东庆 魏天华　栗　华
中国银行曹县支行	高照东（行长）	马　勇　李洪雁
中国建设银行股份有限公司曹县支行	李　涛（行长）	肖付庆　邵贤宾
曹县农信社	杨春河（主任）	时　伟　曹亚平　郭　蔼

曹县主要金融机构业务概况

单位：亿元

单位名称	存　款	企业存款	储蓄存款	贷　款	短期贷款	中长期贷　款
中国工商银行曹县支行	5.59	0.25	1.57	6.67	2.32	2.76
中国农业银行曹县支行	6.6	0.63	5.75	0.53	0.38	0.15
中国银行曹县支行	3.51	0.41	2.92	0.69	0.36	0.27
中国建设银行股份有限公司曹县支行	1.95	0.47	1.31	0.35	0.12	0.15
曹县农信社	9.10	0.54	8.17	7.89	7.87	0.02

全年曹县完成工业增加值17.9亿元，同比增长28.6%，继续保持较高的增长势头；工业经济运行质量进一步提高，规模以上工业企业实现产品销售总收入42.38亿元，增长55.8%；实现利税2.8亿元。

全年曹县实现社会消费品零售总额25亿元，同比增长13.7%。全年进出口总额19040万美元，其中，出口1.8亿元，增长151%。

全年曹县城镇居民人均可支配收入3950元，同比增长5.7%；农村居民人均可支配收入2820元，增长3.52%。

【金融概述】 2004年，曹县金融机构各项存款稳定增长，增幅减缓；受国家宏观政策和地方产业结构的影响，各项贷款增幅较小；不良贷款大幅度下降，金融风险进一步降低，金融机构盈利水平增强。

【各项存款】 截至2004年末，曹县金融机构各项人民币存款余额31.28亿元，同比增加4.25亿元。各项外汇存款余额0.01亿美元，减少5万美元。

一、企业存款稳中有增。截至年末，曹县企业存款余额2.42亿元，增加0.54亿元，占新增存款比例的12.71%，提高2.5个百分点。

二、储蓄存款增幅减缓，存款结构期限趋短。截至年末，曹县储蓄存款余额26.92亿元，增加2.88亿元，占新增存款比例的67.76%，提高了5个百分点。其中，定期储蓄余额17.74亿元，增加1.76亿元；活期储蓄余额9.18亿元，增加1.12亿元。

【各项贷款】 2004年，曹县金融机构坚持稳健高效的信贷投放原则，以国家的产业政策和信贷政策为依据，重点支持了电力、化工农副产品加工龙头企业的发展。截至年底，曹县各项人民币贷款余额31.28亿元，同比下降3.3亿元。

一、加大对农业的信贷投入，积极支持农村产业结构调整和优化。截至年底，曹县农业贷款余额6.09亿元，同比增加0.61亿元，基本满足了农业生产资金需求。

二、工业贷款投放力度减弱，增势趋缓。截至年底，曹县工业贷款余额1.72亿元，同比下降0.05亿元。主要原因是在紧缩银根的货币信贷政策引导下，曹县金融机构调整了信贷投量、投向，相继减慢了信贷投放速度。

三、商业贷款迅猛减少。截至年底，曹县商业贷款余额为10.79亿元，同比下降2.69亿元。主要原因是金融机构大量上划、剥离历年不良商业贷款所致。

四、个人消费贷款下滑。截至年底，曹县个人消费贷款余额1.71亿元，同比下降0.1亿元。主要原因是城市开发和购房热渐冷，个人住房贷款迅速减少。

五、固定资产投资贷款持续下降。截至年底，曹县固定资产投资贷款余额1.45亿元，同比下降0.15亿元。

六、对企业技术改造支持乏力，技改贷款存量较少。截至年底，曹县技改贷款余额0.15亿元，同比下降0.01亿元。

【金融调控】 2004年，人行曹县支行充分运用再贷款、再贴现等货币政策工具，引导金融机构贷款投向、投量。截至年末，该支行对辖内金融机构再贷款、再贴现余额0.92亿元，引导金融机构累计签发承兑汇票0.82亿元。全年累计发放支农再贷款4.35亿元，增强了农信社的资金实力，激发了其支持农业发展的积极性，有效地促进了农业增产和农民增收。

【金融监管】 2004年，人行曹县支行将实施货币政策与金融监管相结合，加大了对金融机构结算、现金、外汇、货币市场、信贷登记咨询系统、金融统计等方面管理的检查监督，维护了金融法律法规的严肃性和金融秩序的稳定。

单　县

【经济概况】 2004年，单县继续抓好农业结构调整，不断加大招商引资力度，大力发展外向型经济，经济持续、快速、健康发展，居民生活水平不断提高。全年实现地区生产总值48.67亿元，同比增长15.7%；人均地区生产总值4156元。实现财政总收入4.77亿元，其中，地方财政收入1.43亿元，下降5.3个百分点。

全年单县实现农业增加值20.21亿元，同比增长7.3%；其中，粮食总产35.9万吨，增长11.8%。林木覆盖率23%，同比提高2.5%。

单县主要经济金融指标

经济指标	1999	2004	经济指标	1999	2004
土地面积（平方公里）	1650	1650	#地方财政收入（亿元）	0.87	1.43
人口（万人）	113.43	117.10	全社会固定资产投资（亿元）	5.74	31.47
#非农业人口（万人）	13.94	16.50	固定资产投资增速（%）	3.80	115.9
地区生产总值（亿元）	25.79	48.67	进出口总值（亿美元）	0.02	0.37
地区生产总值年增速（%）	17.70	15.70	#出口总值（亿美元）	0.01	0.33
第一产业（亿元）	13.85	20.21	实际利用外资（亿美元）	0.02	0.15
第二产业（亿元）	6.40	17.72	社会消费品零售总额（亿元）	8.23	21.5
第三产业（亿元）	5.54	10.74	居民消费价格指数（%）	98.6	103.2
财政总收入（亿元）	2.25	4.77	人均地区生产总值（元）	2278	4156
金融指标（亿元）	**1999**	**2004**	**金融指标（亿元）**	**1999**	**2004**
金融机构存款余额	16.55	30.65	金融机构贷款余额	18.65	21.37
企业存款	1.97	1.86	短期贷款	17.42	19.61
储蓄存款	13.96	26.94	中长期贷款	1.03	1.73

单县主要金融机构负责人

单位名称	行长（或其他称谓的第一负责人）	副行长（或其他称谓的同级领导）
中国人民银行单县支行	邵春生（行长）	田本昌　王传岭　石永强
中国银监会菏泽监管分局单县办事处	贾继海（主任）	
中国工商银行单县支行	毛影秋（行长）	孙建军　冷　冰　陈玉亮
中国农业银行单县支行	王瑞璞（行长）	商传法　贺高进
中国建设银行股份有限公司单县支行	高照轩（行长）	尘　伟
单县农信社	韩东华（主任）	李守林　侯宪亭　常桂福　张荣立　吴正云

单县主要金融机构业务概况

单位：亿元

单位名称	存　款	企业存款	储蓄存款	贷　款	短期贷款	中长期贷　款
中国工商银行单县支行	7.11	0.87	5.96	2.90	1.43	1.47
中国农业银行单县支行	6.65	0.5	5.43	0.9	0.76	1.26
中国建设银行股份有限公司单县支行	2.19	0.38	1.52	0.13	0.01	0.11
单县农信社	10.35	9.86	8.83	8.82	0.01	

全年单县完成工业增加值12.96亿元，同比增长55.58%。规模以上工业企业实现产品销售总收入20.2亿元，增长58.5%；实现利税1.63亿元。

全年单县实现社会消费品零售总额21.5亿元，同比增长27.14%，居民消费价格指数为103.2%。全年进出口总额0.37亿美元，增长139.4%，其中，出口0.33亿美元，增长173.5%。

全年单县农村居民人均可支配收入2600元，同比增长18.1%。

【金融概述】　2004年，单县金融机构认真落实全国金融工作会议精神，积极贯彻稳健的货币政策，进一步改善金融服务，存款稳定增长，金融运行健康平稳，金融效益进一步好转。

【各项存款】　截至2004年末，单县金融机构各项人民币存款余额30.65亿元，同比增加3.42亿元，各项外汇存款余额0.007亿美元，同比减少0.003亿美元。

一、企业存款下降。截至年末，单县企业存款余额1.86亿元，同比减少0.16亿元，下降9.41个百分点。其中，活期存款增加0.19亿元，定期存款减少0.35亿元。

二、储蓄存款增势较强，定期化倾向显现。截至年末，单县储蓄存款余额26.94亿元，同比增加3.33亿元，占新增存款的97.37%，提高了14.1个百分点。其中，定期储蓄存款余额19.61亿元，增加2.39亿元；活期储蓄存款余额7.33亿元，增加0.94亿元。

【各项贷款】　2004年，单县各项贷款呈下降趋势。截至年末，全县金融机构各项人民币贷款余额21.37亿元，同比减少1.85亿元。

一、农业贷款稳定增长。截至年末，单县金融机构农业贷款余额6.54亿元，同比增加0.76亿元，增长13.15个百分点。

二、工业贷款下降。截至年末，单县金融机构工业贷款余额1.21亿元，同比减少0.23亿元，下降23.47个百分点。

三、商业贷款减幅较大。截至年末，单县辖内金融机构商业贷款余额8.83亿元，同比减少1.78亿元，下降25.25个百分点。

四、个人消费贷款业务稳步发展。截至年末，全县辖内金融机构个人消费贷款余额1.44亿元，同比增加0.24亿，增长20个百分点。

五、固定资产贷款和技改贷款双下降。截至年末，单县辖内固定资产贷款和技改贷款分别同比下降0.03亿元和0.01亿元。

【金融调控】　2004年，人行单县支行以“监测、分析、引导”为着力点，先后制定了《关于进一步支持民营经济发展的指导意见》和《进一步支持单县经济加快发展的信贷指导意见》，引导各金融机构认真贯彻国家宏观调控政策，加大信贷投放力度，优化信贷结构，重点增加对农业、重点项目、流动资金、消费和增加就业方面的信贷支持，保持贷款平稳增长，有力支持了经济的健康、协调发展。

【金融监管】　2004年，人行单县支行密切关注辖内金融机构特点、法人金融机构的资本充足率和资产流动性等风险情况，发现有影响金融体系安全的问题及时予以警示和干预，切实营造良好的区域金融生态环境；加强支付清算、国库、统计、征信及人民币管理，寓管理于服务之中，以服务促管理水平的提高。

成武县

【经济概况】　2004年，成武县认真执行积极的财政政策和稳健货币政策，国民经济持续快速健康发展，经济结构进一步优化。全年实现地区生产总值29.91亿元，同比增长15.50%；人均地区生产总值4723.18元。实现财政总收入1.02亿元，其中，地方财政收入0.90亿元，增长25.87%。

成武县主要经济金融指标

经济指标	1999	2004	经济指标	1999	2004
土地面积（平方公里）	988	988	#地方财政收入（亿元）	0.77	0.90
人口（万人）	62.29	63.32	全社会固定资产投资（亿元）	4.62	19.65
#非农业人口（万人）	8.23	9.67	固定资产投资增速（%）	21.26	89.3
地区生产总值（亿元）	15.82	29.91	进出口总值（亿美元）	0	0.15
地区生产总值年增速（%）	16.9	15.50	#出口总值（亿美元）	0	0.14
第一产业（亿元）	9.61	12.20	实际利用外资（亿美元）	0	0.10
第二产业（亿元）	3.95	13.12	社会消费品零售总额（亿元）	5.86	13.11
第三产业（亿元）	2.26	4.59	居民消费价格指数（%）	98	102
财政总收入（亿元）	0.77	1.02	人均地区生产总值（元）	2540.05	4723.18
金融指标（亿元）	1999	2004	金融指标（亿元）	1999	2004
金融机构存款余额	11.65	20.35	金融机构贷款余额	14.83	18.38
企业存款	0.93	1.81	短期贷款	14.11	14.90
储蓄存款	10.42	17.02	中长期贷款	0.60	3.27

成武县主要金融机构负责人

单位名称	行长（或其他称谓的第一负责人）	副行长（或其他称谓的同级领导）
中国人民银行成武县支行	王志华（行长）	杨月启　王　军　张明芳
中国银监会菏泽监管分局成武县办事处	张　春（主任）	
中国工商银行成武县支行	白万仓（行长）	邵金领　赵　阳
中国农业银行成武县支行	张怀印（行长）	邵向明　许常荣　张振华
中国银行成武县支行	吴庆国（行长）	孙白亮
中国建设银行股份有限公司成武支行	马玉柱（行长）	陆国庆　翟玉霞
成武县农信社	马福海（主任）	邵卫军　朱世芳 刘庆军　赵明义　赵　欣

成武县主要金融机构业务概况

单位：亿元

单位名称	存　款	企业存款	储蓄存款	贷　款	短期贷款	中长期贷　款
中国工商银行成武县支行	3.34	0.48	2.65	3.18	1.24	1.94
中国农业银行成武县支行	2.32	0.24	1.77	0.91	0.74	0.02
中国银行成武县支行	2.01	0.23	1.32	0.60	0.58	0.01
中国建设银行股份有限公司成武支行	2.20	0.46	1.50	1.10	0.35	0.70
成武县农信社	7.13	0.39	6.66	6.89	6.30	0.59

一、农村经济稳步发展。2004年，成武县大力调整农业产业结构，积极培育畜牧、林业、蔬菜三大主导产业，农业和农村经济保持了持续发展的良好势头。全年实现农业增加值12.20亿元，同比增长6.13%；其中，粮食总产34.47万吨，增长78.76%。林木覆盖率25.8%，提高4个百分点。

二、工业生产快速增长，经济效益稳步提高。2004年，成武县不断深化改革，努力调整优化产业结构，有力促进了国民经济的快速发展。全年完成工业增加值10.51亿元，同比增长25.90%。规模以上工业企业实现产品销售总收入23.03亿元，增长45.43%；实现利税2.12亿元。

三、固定资产投资快速增长。2004年，成武县全社会完成固定资产投资19.65万元，增速高达89.3%，同比提高了24.3个百分点。

四、消费品市场繁荣稳定，物价高位运行。2004年，成武县实现消费品零售总额13.11亿元，同比增长27.13%；居民消费价格总水平逐月攀升，物价总水平同比上涨2.1%，同比提高0.8个百分点。

五、进出口贸易增长较快。2004年，成武县实现进出口总额0.15亿美元，其中，出口0.14亿美元，增长63.88%。

【金融概述】 2004年，成武县金融部门紧紧围绕国家扩大内需的总体要求，努力疏通货币政策传导渠道，改善金融服务，积极组织存款，大力发放贷款，全力支持地方经济增长和结构调整。

【各项存款】 2004年，成武县各项存款高速增长。截至年末，全县金融机构各项人民币存款余额20.35亿元，同比增加1.59亿元。

一、企业存款不断下降。截至年末，成武县企业存款余额1.81亿元，同比减少0.96亿元。其主要原因：一是煤电油运供应紧张，原材料价格大幅上扬，企业货币资金趋紧；二是部分投资类产品市场需求发生变化，企业两项资金占用增加；三是企业投资规模扩大，对项目贷款和经营周转贷款的需求大幅度增加。

二、储蓄存款快速增长。截至年末，成武县储蓄存款余额17.02亿元，同比增加2.11亿元，占新增存款比例的132.70%，提高了76.41个百分点。其中，定期储蓄余额12.55亿元，增加1.38亿元；活期储蓄余额4.48亿元，增加0.73亿元。

【各项贷款】 2004年，成武县金融机构各项人民币贷款余额18.38亿元，同比减少3.18亿元，剔除农信社票据置换的1994万元和农行上划23102万元的不良贷款外，实际比年初减少6716万元。贷款投放总量虽然减少，但贷款投向趋于合理。

一、农业信贷投入不断增加。截至年末，成武县农业贷款余额5.51亿元，全年累计发放农业贷款5.86亿元。

二、工业贷款集中现象尤为突出。截至年末，成武县工业贷款余额2.48亿元，同比增加0.40亿元，累计投放工业贷款2.04亿元，其中，大中型企业占比74.26%。

三、消费贷款投入增加。截至年末，成武县消费信贷余额1.42亿元，同比增加0.25亿元。

【金融调控】 2004年，人行成武县支行出台了《货币信贷政策指导意见》，要求各金融机构进一步调整优化信贷结构，重点支持"三农"、基础设施建设、中小企业、民营经济、下岗失业人员和一般消费领域发展，同时要求金融机构严格管理，控制信贷投向房地产以及水泥等行业。

【金融监管】 2004年，人行成武县支行强化了现场检查和非现场监管工作，对账户管理及反洗钱工作、人民币及现金管理、国库业务、外汇管理、再贴现、再贷款、金融统计及银行信贷登记咨询系统等方面的工作进行了重点监管，确保了辖内金融秩序稳健运行。

巨野县

【经济概况】 2004年，巨野县以招商引资为总抓手，经济快速增长。全年实现生产总值33.7亿元，同比增长17.9%；人均地区生产总值3597元。实现财政总收入2.08亿元，其中，地方财政收入1.37亿元，增长25.3%。

一、农业结构调整步伐加快。2004年，巨野县实现农业增加值14.08亿元，同比增长6.8%，其中，粮食总产25.17万吨，增长11.4%。林木覆盖率15.8%，提高2.10个百分点。

二、工业增长较快。2004年，巨野县完成工业增加值

巨野县主要经济金融指标

经济指标	1999	2004	经济指标	1999	2004
土地面积（平方公里）	1303.40	1303.40	# 地方财政收入（亿元）	0.62	1.37
人口（万人）	88.94	94.22	全社会固定资产投资（亿元）	4.06	29.20

续表

经济指标	1999	2004	经济指标	1999	2004
#非农业人口（万人）	8.64	12.48	固定资产投资增速（%）	-11.40	120.10
地区生产总值（亿元）	16.09	33.70	进出口总值（万美元）	175	5145
地区生产总值年增速（%）	9.80	17.90	#出口总值（万美元）	175	5077
第一产业（亿元）	10.36	14.08	实际利用外资（万美元）	50	1582
第二产业（亿元）	2.44	13.78	社会消费品零售总额（亿元）	5.62	16.45
第三产业（亿元）	3.29	5.84	居民消费价格指数（%）	98.60	105.10
财政总收入（亿元）	1.39	2.08	人均地区生产总值（元）	1818	3597
金融指标（亿元）	**1999**	**2004**	**金融指标（亿元）**	**1999**	**2004**
金融机构存款余额	18.79	35.06	金融机构贷款余额	25.21	37.59
企业存款	1.78	7.79	短期贷款	24.33	23.00
储蓄存款	16.42	25.95	中长期贷款	0.64	14.33

巨野县主要金融机构负责人

单位名称	行长（或其他称谓的第一负责人）	副行长（或其他称谓的同级领导）
中国人民银行巨野县支行	李巨生（行长）	潘　伟　田朝霞　朱文平
中国银监会菏泽监管分局巨野县办事处	罗新景（主任）	
中国工商银行巨野县支行	田建军（行长）	赵　斌　李新军
中国农业银行巨野县支行	吕宗椿（行长）	程　林　毕泗建
中国建设银行股份有限公司巨野支行	王明臣（行长）	戴永顺　段兴峰　张胜利
巨野县农信社	朱联宁（主任）	闫茂举　徐克珊　刘士建

巨野县主要金融机构业务概况

单位：亿元

单位名称	存　款	企业存款	储蓄存款	贷　款	短期贷款	中长期贷　款
中国工商银行巨野县支行	6.85	3.27	3.36	5.69	1.28	4.42
中国农业银行巨野县支行	4.23	0.49	3.63	0.44	0.38	0.06
中国建设银行股份有限公司巨野支行	6.76	3.66	2.70	10.11	0.23	9.87
巨野县农信社	12.64	0.31	11.79	10.50	10.24	0

11.88亿元，同比增长37.7%。规模以上工业企业实现产品销售总收入33.4亿元，增长72.3%；实现利税1.16亿元。

三、消费市场稳定增长。2004年，巨野县实现社会消费品零售总额16.45亿元，同比增长14.3%。

四、对外贸易增加。2004年，巨野县进出口总额5145万美元，其中，出口5077万美元，同比增长153%。

五、城乡居民收入继续增加。2004年，巨野县城镇居民人均可支配收入5789元，同比增长10.2%；农村居民人均可支配收入2691元，增长20.20%。

【金融概述】 2004年，巨野县金融部门执行稳健的货币政策，大力组织存款，积极发放贷款，不良贷款占比下降，经济效益明显提高。

【各项存款】 截至2004年末，巨野县金融机构各项人民币存款余额35.06亿元，同比增加2.75亿元，各项外汇存款余额0.01亿美元。

一、企业存款。截至年末，巨野县企业存款余额7.79亿元，增加0.09亿元，占全县新增存款比例的0.03%，降低了67.01个百分点。

二、居民储蓄存款。截至年末，巨野县储蓄存款余额25.95亿元，增加2.49亿元，占新增存款比例的90.51%，提高59.47个百分点。其中，定期储蓄余额19.38亿元，增加1.44亿元；活期储蓄余额6.57亿元，增加1.05亿元。

【各项贷款】 截至2004年末，巨野县金融机构各项人民币贷款余额37.59亿元，同比增加3.20亿元。其中，农业贷款余额8.96亿元，工业贷款余额0.91亿元，商业贷款11.26亿元，个人消费贷款1.48亿元，固定资产投资12.82亿元。

【金融调控】 2004年，人行巨野县支行充分发挥"窗口指导"作用，在金融调控方面做了大量工作：一是定期召开金融联席会议，及时了解、解决经济运行中存在的问题；二是每月以"呈阅件"的形式向县政府上报《巨野县经济金融运行分析》，县政府领导多次做过重要批示；三是开展电视宣传活动。5月份组织开展了"全县金融机构产品电视推介"活动，以"话金融、促发展"为主题，在县电视台推出了"行长访谈"、"金融政策问答"、"金融动态报道"、"企业风采"等栏目，在县电视台滚动连续播放，取得了良好的社会效果；四是组织召开银企座谈会，各行社与企业将签订贷款意向书7000万元；五是推出了《巨野县金融支持"三农"发展指导意见》、《巨野县金融创新贷款方式，支持县域经济发展指导意见》、《巨野县金融业进一步加大信贷投入支持民营经济发展的指导意见》三个指导意见；六是深入开展企业信用建设活动，召开了由全县规模以上企业负责人和金融系统各单位一把手参加的企业信用建设动员大会；七是积极发放支农再贷款和再贴现。全年累计发放支农再贷款9200万元，累计办理再贴现4580万元；八是认真做好了农信社改革专项票据的发行兑付工作。经多方努力，争取了7840万元的专项票据，增加了农信社的盈利能力，为支持地方经济的发展壮大了资金实力；九是开展调查研究，为领导决策提供参考。

【金融监管】 2004年，人行巨野县支行通过开展对账户管理、反洗钱、人民币及现金管理、国库业务、外汇管理、再贴现、再贷款、金融统计及银行信贷登记咨询系统等工作的检查，确保了辖内金融秩序稳定。

郓城县

【经济概况】 2004年，郓城县认真执行积极的财政政策和稳健的货币政策，国民经济保持了快速健康发展的良好态势。全年实现地区生产总值49.32亿元，同比增长29.72%，人均地区生产总值4505.23元。全年实现财政总收入2.14亿元，其中，地方财政收入实现2.14亿元，增长30.72%。

一、农业经济快速发展。2004年，郓城县实现农业增加值32.31亿元，同比增长11.57%，其中，粮食总产42.25万吨，增长6.02%。全县林木覆盖率27.2%，提高了4.7个

郓城县主要经济金融指标

经济指标	1999	2004	经济指标	1999	2004
土地面积（平方公里）	1643	1643	#地方财政收入（亿元）	0.86	2.14
人口（万人）	107	109.47	全社会固定资产投资（亿元）	2.29	33.94
#非农业人口（万人）	8.48	14.84	固定资产投资增速（%）	60	108.7
地区生产总值（亿元）	24.01	49.32	进出口总值（亿美元）	902	0.56
地区生产总值年增速（%）	15.12	29.72	#出口总值（亿美元）	863	0.55
第一产业（亿元）	14.64	32.31	实际利用外资（亿美元）	0.05	0.22
第二产业（亿元）	5.43	9.7	社会消费品零售总额（亿元）	7.44	20.12
第三产业（亿元）	3.94	7.31	居民消费价格指数（%）	99.8	101.9
财政总收入（亿元）	0.86	2.14	人均地区生产总值（元）	2250.66	4505.23
金融指标（亿元）	**1999**	**2004**	**金融指标（亿元）**	**1999**	**2004**
金融机构存款余额	25.08	47.44	金融机构贷款余额	18.58	26.78
企业存款	2.04	6.57	短期贷款	16.92	21.22
储蓄存款	22.11	38.46	中长期贷款	1.32	5.16

郓城县主要金融机构负责人

单位名称	行长（或其他称谓的第一负责人）	副行长（或其他称谓的同级领导）
中国人民银行郓城县支行	吴吉铭（行长）	陈桂莲　巨保银
中国银监会菏泽监管分局郓城县办事处	周元月（主任）	
中国工商银行郓城县支行	王艳峰（行长）	赵　勇　谢　磊
中国农业银行郓城县支行	王现喜（行长）	张耀华　孙　艳
中国银行郓城县支行	刘昌平（行长）	李　强
中国建设银行股份有限公司郓城支行	王　斌（行长）	刘尊宪
郓城县农信社	崔玉光（理事长） 王先敏（主　任）	许　博　李发信

郓城县主要金融机构业务概况

单位：亿元

单位名称	存　款	企业存款	储蓄存款	贷　款	短期贷款	中长期贷　款
中国工商银行郓城县支行	8.16	1.62	5.99	3.66	0.78	2.86
中国农业银行郓城县支行	8.62	0.83	7.55	0.71	0.62	0.01
中国银行郓城县支行	2.87	0.87	1.50	0.90	0.21	0.68
中国建设银行股份有限公司郓城支行	4.63	2.31	2.21	2.03	0.18	1.55
郓城县农信社	17.67	0.71	15.84	14.63	14.59	0.04

百分点。

二、工业经济得到持续快速发展。2004年，郓城县完成工业增加值9.7亿元，同比增长40.84%，规模以上工业企业实现产品销售收入27.86亿元，增长47.7%；实现利税0.59亿元。

三、市场销售稳定增长。2004年，郓城县实现社会消费品零售总额20.12亿元，同比增长15%。

四、出口和利用外资增加。2004年，郓城县进出口总额0.56亿美元，其中，出口0.55亿美元，同比增长66.4%；实际利用外资0.22亿元，同比增长48%。

五、城乡居民收入稳定。2004年，郓城县城镇居民人均可支配收入5676元，增长12.55%；农村居民人均可支配收入2697元，增长16.91%。

【金融概述】　2004年，郓城县经济金融运行平稳，存贷款保持持续增加，金融机构经营效益明显提高。金融机构在自身获得较大发展的同时有力地促进了国民经济快速健康发展。

【各项存款】　2004年，郓城县各项存款持续上升，储蓄存款增幅较大。截至年末，全县金融机构各项人民币存款余额47.44亿元，同比增加5.82亿元，多增0.69亿元；各项外汇存款余额150万美元。

一、企业存款稳定增加。2004年，郓城县企业存款余额6.57亿元，同比增加2.07亿元，占全县新增存款比例的35.57%，提高了13.93个百分点。企业存款增加的主要原因：一是贷款投放的大量增加，形成的派生存款较多；二是金融机构为支持辖内经济发展尤其是民营经济发展，积极开展存款质押银行承兑汇票业务，在一定程度上拉动了企业存款的增长。

二、城乡居民储蓄存款保持大幅增长态势。截至年底，郓城县储蓄存款余额38.46亿元，增加3.17亿元，占全县新增存款比例的54.47%。其中，定期储蓄余额28.98亿元，增加2.02亿元；活期储蓄余额9.48亿元，增加1.15亿元。

【各项贷款】　2004年，郓城县金融机构各项贷款余额26.78亿元，同比增加3.23亿元。从贷款投向看，重点支持了“三农”和个人消费等领域。

一、农业贷款稳定增长。截至年末，郓城县农业贷款余额13.07亿元，同比增加0.92亿元，有力地支持了农村经济的发展。

二、中长期贷款特别是个人消费贷款明显增加。截至年末，郓城县金融机构个人消费贷款余额2.42亿元，同比增加1.26亿元。

【金融调控】 2004 年，人行郓城县支行积极贯彻稳健的货币政策，加强金融宏观调控，促进辖内经济金融的发展。一是进一步加强对支农再贷款的管理，全年累计发放支农再贷款 1.77 亿元，带动农信社累计发放农业贷款 15 亿元，有力地促进了“三农”经济发展，增加了农民收入；二是累计办理再贴现 3895 万元，增强了农信社的资金实力，重点解决了优势骨干企业和中小企业的资金需求；三是做好资金支持工作，稳步推进农信社改革。年内，郓城县农信社签订了 1.23 亿元的专项中央银行票据发行协议，资金实力大大提高；四是促使郓城县农信社制定贷款浮动利率管理办法，对不同层次的贷款需求执行差别贷款利率，增强了利率的弹性，发挥了利率的杠杆作用。

【金融监管】 2004 年，郓城县金融系统依法合规经营，金融资产质量不断提高。截至年末，全县 4 家国有商业银行不良贷款占比由年初的 50.2% 下降为 10.1%；郓城县农信社不良贷款占比由年初的 26.93% 下降为 17.81%。在不良贷款大幅下降的同时，金融机构的经营效益也保持了持续向好的态势。截至年末，全县银行业金融机构实现账面盈利 4115 万元。

鄄城县

【经济概况】 2004 年，鄄城县认真执行积极的财政政策和稳健的货币政策，国民经济保持快速健康发展的良好态势。全年实现地区生产总值 27.30 亿元，同比增长 22.0%，人均地区生产总值 3510 元。实现财政总收入 1.06 亿元，其中，地方财政收入实现历史性突破，达 0.96 亿元，增长 22%。

一、农业经济结构进一步趋于合理，农业经济快速发展。2004 年，鄄城县实现农业增加值 12.7 亿元，同比增长 34%。其中，粮食总产 36.2 万吨，增长 20%。林木覆盖率

鄄城县主要经济金融指标

经济指标	1999	2004	经济指标	1999	2004
土地面积（平方公里）	1037	1037	# 地方财政收入（亿元）	0.5	0.96
人口（万人）	74.82	79.03	全社会固定资产投资（亿元）	1.90	24.0
# 非农业人口（万人）	6.4	16.20	固定资产投资增速（%）	-9.50	111.2
地区生产总值（亿元）	12.80	27.30	进出口总值（亿美元）	0	0.60
地区生产总值年增速（%）	4.10	22.0	# 出口总值（亿美元）	0.01	0.59
第一产业（亿元）	8.04	12.60	实际利用外资（亿美元）	0.07	0.15
第二产业（亿元）	1.83	9.30	社会消费品零售总额（亿元）	5.02	13.8
第三产业（亿元）	2.92	5.40	居民消费价格指数（%）	99.8	100.2
财政总收入（亿元）	0.52	1.06	人均地区生产总值（元）	1714	3510
金融指标（亿元）	**1999**	**2004**	**金融指标（亿元）**	**1999**	**2004**
金融机构存款余额	13.01	22.98	金融机构贷款余额	11.59	15.90
企业存款	1.35	1.55	短期贷款	1.97	14.44
储蓄存款	11.00	19.79	中长期贷款	0.57	0.93

鄄城县主要金融机构负责人

单位名称	行长（或其他称谓的第一负责人）	副行长（或其他称谓的同级领导）
中国人民银行鄄城县支行	张方春（行长）	张汉强　冯志强　杨晓国
中国银监会菏泽监管分局鄄城县办事处	曾庆红（主任）	
中国工商银行鄄城县支行	牛景江（行长）	王章聚　周方记　杨　军
中国农业银行鄄城县支行	单啸林（行长）	李新洋　刘宏斌　赵民安
中国银行鄄城县支行	张克楠（行长）	曹国民
中国建设银行股份有限公司鄄城支行	冀峄刚（行长）	陈传安　刘爱莲
鄄城县农信社	李含英（主任）	刘学生　任保营　刘　勇　李振乾

鄄城县主要金融机构业务概况

单位：亿元

单位名称	存 款	企业存款	储蓄存款	贷 款	短期贷款	中长期贷 款
中国工商银行鄄城县支行	2.75	0.12	2.44	1.63	0.87	0.68
中国农业银行鄄城县支行	2.85	0.38	2.11	0.35	0.18	0.17
中国银行鄄城县支行	2.16	0.59	1.44	0.08	0.04	0
中国建设银行股份有限公司鄄城支行	1.64	0.22	1.28	0.56	0.08	0.06
鄄城县农信社	9.82	0.21	8.99	8.53	8.51	0.01

26.5%，提高0.06个百分点。

二、工业经济持续快速发展。2004年，鄄城县完成工业增加值6.34亿元，同比增长38.8%，规模以上工业企业实现产品销售收入15.77亿元，增长130.4%，实现利税0.73亿元。

三、全年全县实现社会消费品零售总额13.8亿元，同比增长14.8%。

四、外贸发展快速。2004年，鄄城县进出口总额0.6亿美元，其中，出口0.59亿元，同比增长163%，实际利用外资0.15亿元，增长135%，增幅居菏泽全市首位。

五、居民收入增加。2004年，鄄城县农村居民人均可支配收入2565元，增长27.2%，增幅创10年来最高水平。

【金融概述】 2004年，鄄城县金融系统紧紧围绕山东省委、省政府“突破菏泽”发展战略，优化信贷结构，改善金融服务，营造信用环境，经济金融运行平稳，金融机构经营效益明显提高。全县工、农、中、建4家商业银行实现盈利0.09亿元，农信社盈利0.08亿元。

【存款情况】 2004年，鄄城县各项存款持续上升，储蓄存款增幅较大，尤其是定期储蓄存款增势迅猛。截至年末，全县金融机构各项人民币存款余额22.98亿元，同比增加3.57亿元，多增1.6亿元。各项外汇存款余额0.01亿美元。

一、企业存款稳定增加。2004年，鄄城县企业存款余额1.55亿元，较年初增加0.35亿元，同比多增0.69亿元。其主要原因：一是贷款投放的大量增加，形成的派生存款较多；二是由于民营经济的崛起，金融机构积极开展存款质押、银行承兑汇票业务，在一定程度上拉动了企业存款的增长。

二、城乡居民储蓄存款保持大幅增长态势。截至年底，鄄城县城乡居民储蓄存款余额19.79亿元，增加2.62亿元，占全县新增存款比例的73.36%。其中，定期储蓄余额15.51亿元，增加1.89亿元；活期储蓄余额4.29亿元，增加0.72亿元。

【贷款情况】 2004年，鄄城县金融机构按可比口径本外币各项贷款余额15.90亿元，同比增加1.98亿元，多增0.55亿元。从贷款结构看，重点支持了“三农”、个人消费等发展。

一、农业贷款保持持续增长。鄄城县农信社累计发放农业贷款7.25亿元，新增农业贷款1.46亿元，占其各项贷款的87.97%，同比多增0.38亿元。

二、民营经济贷款大有起色，住房、抵押及民营经济贷款业务倍受客户青睐。截至年底，鄄城县累计发放民营贷款2.3亿元；累计办理住房贷款0.25亿元，同比增加0.05亿元；累计发放抵押消费贷款0.25亿元，增加0.05亿元。

【金融调控】 2004年，人行鄄城支行积极贯彻稳健货币政策，加强金融宏观调控，促进经济金融的发展。一是通过定期召开金融联席会、座谈会等形式疏通政策传输渠道，完善政策传导机制；二是建立和落实了货币政策宣传及金融运行分析报告制度；三是灵活操作政策工具，提高货币资金调控能力。全年累计发放支农再贷款1.27亿元，办理贴现1.11亿元，金融机构累计签发银行承兑汇票0.84亿元。

【金融监管】 2004年，鄄城县金融系统依法合规经营，维护良好的金融秩序，确保了金融业稳定。不良贷款比例下降14.32个百分点。为支持农信社改革，人行鄄城县支行向农信社发行中央银行票据6600万元，督促其完善经营机制，改善资产质量。截至年末，鄄城县农信社不良贷款比例下降11.85个百分点，盈利能力大大增强，走向良性发展轨道。

定陶县

【经济概况】 2004年，定陶县积极推进改革开放，扩大招商引资，改善人民生活，实现了经济超常规、高速度、跨越式发展。全年实现地区生产总值26.98亿元，同比增长17.21%，人均地区生产总值4400元。实现财政总收入2.13亿元，其中，地方财政收入0.97亿元，增长25.21%。

全年实现农业增加值11.68亿元，同比增长7.72%，其中，粮食总产28.94万吨，增长23.10%；林木覆盖率31.8%，较年初提高8.12%。

全年完成工业增加值8.82亿元，同比增长43.31%，其

定陶县主要经济金融指标

经济指标	1999	2004	经济指标	1999	2004
土地面积（平方公里）	846	846	#地方财政收入（亿元）	0.69	0.97
人口（万人）	58.35	60.76	全社会固定资产投资（亿元）	2.89	6.32
#非农业人口（万人）	6.71	7.08	固定资产投资增速（%）	20.62	48.71
地区生产总值（亿元）	15.62	26.98	进出口总值（亿美元）	0.02	0.45
地区生产总值年增速（%）	7.52	17.21	#出口总值（亿美元）	0.02	0.43
第一产业（亿元）	8.63	11.68	实际利用外资（亿美元）	0.06	0.08
第二产业（亿元）	4.46	10.62	社会消费品零售总额（亿元）	5.82	12.35
第三产业（亿元）	2.53	4.89	居民消费价格指数（%）	101.1	102.4
财政总收入（亿元）	1.52	2.13	人均地区生产总值（元）	2690	4400
金融指标（亿元）	**1999**	**2004**	**金融指标（亿元）**	**1999**	**2004**
金融机构存款余额	10.80	21.32	金融机构贷款余额	17.05	20.79
企业存款	1.04	2.03	短期贷款	15.69	19.15
储蓄存款	9.47	17.05	中长期贷款	1.06	0.63

定陶县主要金融机构负责人

单位名称	行长（或其他称谓的第一负责人）	副行长（或其他称谓的同级领导）
中国人民银行定陶县支行	李守谦（行长）	张　林　杨　明
中国银监会菏泽监管分局定陶办事处	朱　艳（主任）	
中国工商银行菏泽市分行定陶分理处	刘合元（主任）	季保胜
中国农业银行定陶县支行	段中锋（行长）	孔　涛　陈尔平
中国银行定陶支行	张庆雷（行长）	蒋　健
中国建设银行股份有限公司定陶支行	张含珍（行长）	董献忠
定陶县农信社	梁建业（主任）	张玉谦　冯　凯

定陶县主要金融机构业务概况

单位：亿元

单位名称	存　款	企业存款	储蓄存款	贷　款	短期贷款	中长期贷　款
中国工商银行菏泽市分行定陶分理处	1.89	0.19	1.55	0.55	0.33	0.22
中国农业银行定陶县支行	3.65	0.62	2.49	1.72	1.05	0.22
中国银行定陶支行	1.73	0.56	1.14	1.54	1.42	0.07
中国建设银行股份有限公司定陶支行	1.07	1.56	0.41	0.83	0.66	0.02
定陶县农信社	9.91	0.09	8.61	10.45	10.01	0.09

中，规模以上工业企业实现产品销售收入14.59亿元，增长57.64%，实现利税0.97亿元。

全年实现社会消费品总额12.34亿元，同比增长14.26%；进出口总额4464万美元，其中，出口4382万美元，增长169.32%。

全县城乡居民人均可支配收入4120元，同比增长5.12%；农村居民人均可支配收入2678元，增长20.35%。

【金融概述】 2004年，定陶县金融部门不断强化内控制度，加强内部管理，大力组织资金，加大信贷投放，资产质量逐步提高，经济效益明显增强。

【各项存款】 截至2004年末，定陶县金融机构各项人民币存款余额21.32亿元，较年初增加2.61万元。

一、企业存款略有减少。截至年末，定陶县企业存款余额2.03亿元，较年初减少了0.04亿元，占全县新增存款比例的1.38%，降低1.80个百分点。

二、储蓄存款增势强劲。截至年末，定陶县储蓄存款余额17.05亿元，增加1.67亿元，占全县新增存款比例的63.79%，提高了10.82个百分点。其中，定期储蓄存款余额12.71亿元，增加1.12亿元；活期储蓄存款余额4.34亿元，增加1.55亿元。

【各项贷款】 截至2004年末，定陶县各项人民币贷款余额20.79亿元，较年初增加2.47亿元。

一、农业贷款继续保持增长势头。截至年末，定陶县农业贷款余额6.13亿元，较年初增加0.95亿元。定陶县农信社大力推广农户小额信用贷款、联保贷款等，重点满足了种植业、养殖业和农民生产生活资金需求。

二、工业贷款增长较快。截至年末，定陶县工业贷款余额2.27亿元，较年初增加1.93亿元，全力支持了山东鲁花浓香花生油有限公司等骨干企业。

三、商业贷款小幅减少。截至年末，定陶县商业贷款余额5.91亿元，较年初减少了0.48亿元。

四、个人消费贷款增长势头强劲。截至年末，定陶县消费贷款余额0.40亿元，较年初增加0.19亿元。

【金融调控】 2004年，人行定陶县支行积极督促引导金融机构改善金融服务，加大信贷投入，有力地支持了地方经济快速发展，实现了经济金融良性互动。

一、实施货币政策工具，引导金融机构加大信贷投放。2004年，该行一是制定了《支持定陶县经济发展信贷指导意见》、《改善信贷服务支持民营经济发展措施》，加大了对县重点骨干企业及民营企业的资金投入；二是强化支农贷款管理，强力服务“三农”，支持农村经济结构调整和农村经济发展。

二、密切银政企关系，实现多赢。2004年，该行一是坚持向县领导定期汇报制度和金融联席会议制度，赢得了县领导对金融工作的重视；二是组织召开了两次银企对接会，达成贷款合作意向21个，贷款金额2.1亿元。

【金融监管】 2004年，人行定陶县支行以创建金融安全区为目标，进一步强化金融监管与服务，防范化解系统性金融风险，确保了辖内金融秩序的稳定。

一、全面提升金融安全区建设水平。2004年，该行以防范系统性风险为目标，组织开展了多层次的信用工程建设，实现了“无支付风险，无信贷风险，无安全事故”，金融运行稳健、秩序较好的局面。

二、加大现场检查力度，提升基层央行形象。2004年，该行对辖内金融机构组织开展了信贷登记、账户管理、现金管理等8项现场检查项目，并对查出问题提出了整改建议，促使金融机构合法经营。

东明县

【经济概况】 2004年，东明县坚持以科学发展观为指导，抢抓机遇，深化改革，国民经济实现了较快增长。全年实现地区生产总值37.60亿元，同比增长20.43%；人均地区生产总值5053元；实现财政总收入4.05亿元，其中，地方财政收入1.68亿元，增长39.50%。

一、农业生产在结构调整中平稳增长。2004年，东明县实现农业增加值12.20亿元，同比增长8.30%；粮食总产31.50万吨，增长2.70%。林木覆盖率22%，提高1个百分点。

东明县主要经济金融指标

经济指标	1999	2004	经济指标	1999	2004
土地面积（平方公里）	1370	1370	#地方财政收入（亿元）	0.70	1.68
人口（万人）	68.13	75.25	全社会固定资产投资（亿元）	2.91	22.05
#非农业人口（万人）	8.16	10.91	固定资产投资增速（%）	-26.03	63.31
地区生产总值（亿元）	18.15	37.60	进出口总值（亿美元）	0.01	0.14
地区生产总值年增速（%）	9.05	20.43	#出口总值（亿美元）	0.01	0.09
第一产业（亿元）	10.81	12.20	实际利用外资（亿美元）	0.003	0.17
第二产业（亿元）	4.25	18.60	社会消费品零售总额（亿元）	5.01	12.70
第三产业（亿元）	3.09	6.80	居民消费价格指数（%）	98.80	102
财政总收入（亿元）	1.70	4.05	人均地区生产总值（元）	2647	5053
金融指标（亿元）	**1999**	**2004**	**金融指标（亿元）**	**1999**	**2004**
金融机构存款余额	16.69	28.03	金融机构贷款余额	12.69	22.05
企业存款	2.39	2.84	短期贷款	11.16	16.71
储蓄存款	13.93	22.49	中长期贷款	0.99	3.71

东明县主要金融机构负责人

单位名称	行长（或其他称谓的第一负责人）	副行长（或其他称谓的同级领导）
中国人民银行东明县支行	孟宪彦（行长）	段若平 赵立新
中国银监会菏泽监管分局东明县办事处	杨新林（主任）	
中国工商银行东明县支行	冯万杰（行长）	王耀峰 胡海生 张超会 庞根生
中国农业银行东明县支行	王敏（行长）	于开勤 吴向前
中国银行东明县支行	刘仪（行长）	张玉芳 杨金刚
中国建设银行股份有限公司东明支行	房秀霞（行长）	周在军
东明县农信社	吴龙祥（主任）	马营 窦洪进 姜建伦

东明县主要金融机构业务概况

单位：亿元

单位名称	存　款	企业存款	储蓄存款	贷　款	短期贷款	中长期贷　款
中国工商银行东明县支行	57068	7917	43169	39718	14676	23773
中国农业银行东明县支行	36925	2800	28078	15027	14628	6
中国银行东明县支行	25371	5963	16346	12473	12175	82
中国建设银行股份有限公司东明支行	38233	8618	22036	28681	8028	11143
东明县农信社	72671	2875	63990	77714	70967	617

二、工业生产和效益稳定增长。2004年，东明县完成工业增加值18.60亿元，同比增长38.90%。规模以上工业企业实现增加值13.70亿元，增长39%；实现产品销售总收入47.90亿元，增长39.10%；实现利税3.2亿元，增长29.9%。

三、居民消费平稳增长。2004年，东明县实现社会消费品零售总额12.70亿元，同比增长13.90%。

四、外向型经济有了较好的起步。2004年，东明县完成进出口总额1430万美元，其中，出口931万美元，增长98.09%。

五、城乡人民生活水平逐步改善。2004年，东明县城镇居民人均可支配收入达10051元，增长10.60%；农村居民人均可支配收入2676元，增长22.20%，是历史上增长最快的一年。

【金融概述】　2004年，东明县金融运行状况总体平稳，金融机构各项存款持续增加，各项贷款投放幅度加大，信贷资金供给呈稳步发展势头。

【各项存款】　截至2004年末，东明县金融机构各项人民币存款余额28.03亿元，同比增加3.30亿元，各项外汇存款余额0.01亿美元，略有下降。

一、企业存款小幅增加，但同比下降。截至年末，全县企业存款余额2.84亿元，增加0.28亿元，占全县新增存款比例的8.48%，降低了6.92个百分点。其原因主要是企业原材料储备及应收账款增加，占用了较多流动资金。

二、居民储蓄存款持续高速增长。截至年末，全县储蓄存款余额22.49亿元，增加3.14亿元，占全县新增存款比例的95.15%，提高了47.93个百分点。其中，定期储蓄余额15.66亿元，增加1.58亿元；活期储蓄余额6.83亿元，增加1.56亿元。

【各项贷款】　2004年，东明县各项贷款稳步增加，但贷款增速进一步趋缓。截至年末，全县金融机构各项人民币贷款余额22.05亿元，同比增加0.59亿元。

一、农业贷款增加明显。截至年末，东明县农业贷款余额5.15亿元，同比增加0.83亿元，增长19.21%。

二、工业贷款持续较快增长。截至年末，东明县工业贷款余额4.41亿元，同比增加0.36亿元，增长8.16%。

三、商业贷款持续下滑。2004年，东明县商业贷款余额4.90亿元，同比减少1.36亿元，下降21.73%，其主要原因是农发行东明县支行加大了粮棉油贷款回收力度。

四、个人消费贷款持续快速增长。截至年末，东明县个人消费贷款余额1.47亿元，较年初增加0.56亿元。

五、固定资产投资快速增长。截至年末，东明县完成固定资产投资22.05亿元，同比增长63.31%。

【金融调控】　2004年，人行东明县支行引导金融机构加大有效信贷投入，较好地促进了辖区经济发展。一是重点为地方政府经济发展战略服务，认真贯彻落实“有保有压”的宏观调控政策要求，保证了骨干龙头企业实现规模膨胀；二是重点解决中小及个私企业贷款难问题，加大了对个私企业的有效信贷投入；三是加大支农再贷款的投放与管理力度，引导农信社支持农村产业结构调整。截至年末，支农再贷款余额9500万元，同比增加1900万元，引导农信社累计发放农业贷款5.45亿元；四是积极做好农信社改革试点资金支持工作，发放中央银行票据置换扶持资金1265万元。

【金融监管】　2004年，人行东明县支行积极探索实施稳健货币政策与依法监管的最佳结合点，认真履行监管职责，促进了辖区金融业稳定发展。一是积极做好人民币反假工作，全年累计收缴假币930张，涉及金额73330元；二是积极开展反洗钱工作，不断提高大额和可疑资金交易的监测的分析能力，提高了反洗钱工作质量；三是加强了账户、支付清算管理和监督，维护了支付结算秩序；四是认真履行国库监督职能，加强对库款支拨和收入退库的管理，保证了库款支拨和收入退库的合理合法；五是加强银行信贷登记咨询系统管理，提高了企业信贷信息的入库率。

（周登宪　李庆锁　姜　彬）

第十二部分

金融统计资料

一、综合现金收支情况

山东省金融机构2004年现金收入表

单位：万元

收入项目	实际数（年累计）	比去年同期增减（年累计）	比去年同期增减%（年累计）
一、商品销售收入	47888092	8803161	22.52
二、服务业收入	16490718	3402963	26.00
三、税款收入	1891940	106700	5.98
四、城乡个体经营收入	17706846	4793865	37.12
五、储蓄存款收入	297988299	66664581	28.82
六、其他金融机构收入	836731	－13783	－1.62
七、居民归还贷款收入	13644691	3145902	29.96
八、汇兑收入	2994638	225597	8.15
九、有价证券收入	851710	177257	26.28
十、其他收入	44982415	21920319	95.05
其中：兑换外币收入	49669	－18574	－27.22
收入合计	445276080	109226562	32.50

山东省金融机构2004年现金支出表

单位：万元

支出项目	实际数（年累计）	比去年同期增减（年累计）	比去年同期增减%（年累计）
一、工资性支出	21615544	4722799	27.96
1. 国家工资及奖金支出	10475083	1883123	21.92
2. 国家对个人其他支出	3117693	590726	23.38
3. 部队存款支出	414307	36445	9.65
4. 其他单位工资性支出	7608461	2212505	41.00
二、农副产品采购支出	15046838	3907425	35.08
三、工矿及其他产品采购支出	8720166	2979445	51.90
四、行政企事业管理费支出	17184090	3359207	24.30
五、城乡个体经营支出	20196241	4468187	28.41
六、储蓄存款支出	303728928	67299801	28.47
七、其他金融机构支出	740513	36279	5.15
八、居民提取贷款支出	12478016	1897295	17.93
九、汇兑支出	2896968	305823	11.80
十、有价证券支出	540301	98584	22.32
十一、其他支出	42467833	19962734	88.70
其中：兑换外币支出	348596	128953	58.71
支出合计	445615438	109037579	32.40
投放（＋）回笼（－）	339869	－193281	
附：代发工资	8248415	1326632	19.17

二、综合信贷业务情况

山东省金融机构可比口径人民币信贷收支表

单位：万元

栏目 来源项目名称	年末余额	比年初增减数	
		2004年	2003年
一、各项存款	145142781	20711486	21905589
1. 企业存款	38730410	4756141	6624920
(1) 活期存款	25984211	2797925	4284613
(2) 定期存款	12746199	1958216	2340307
2. 财政存款	2258323	436299	169917
3. 机关团体存款	6918767	1336829	1343004
4. 储蓄存款	77214610	9510874	9601347
(1) 活期储蓄	22563489	3399650	3821415
(2) 定期储蓄	54651121	6111223	5779932
5. 农业存款	2715491	277282	381991
6. 信托存款	44781	44781	－61638
7. 委托存款	3915549	785672	－155210
8. 其他存款	13344849	3563608	4001258
二、金融债券	－2996794	－1619274	－184009
三、应付及暂收款	1788513	120604	177655
其中：应付及预收利息	598213	91675	－139367
四、同业往来	1319075	－294813	－112512
五、流通中货币			
六、各项准备	1145872	620695	－26145
其中：贷款损失准备	954571	432082	－23725
七、所有者权益	2969984	1655508	655251
其中：实收资本	2894016	566389	661543
当年结益	917735	917735	－96090
八、其他	－21503786	－6719667	－3022410
资金来源总计	127865644	14474539	19393418

续表

运用项目名称 \ 栏目	年末余额	比年初增减数	
		2004年	2003年
一、各项贷款	117828279	14730917	19050288
1. 短期贷款	66006382	6948537	8992366
(1) 工业贷款	19255716	3199746	2926552
(2) 商业贷款	11660566	85268	26232
其中：农副产品贷款	4612640	7571	- 356782
(3) 建筑业贷款	1060662	- 200227	281666
(4) 农业贷款	13401333	2349878	2491387
(5) 乡镇企业贷款	5715257	410190	554490
(6) 三资企业贷款	1363834	- 197615	- 54803
(7) 私营企业及个体贷款	1256718	144017	388118
(8) 其他短期贷款	12292295	1157281	2378723
其中:个人短期消费贷款	729125	32095	182610
2. 中期流动资金贷款	3793859	- 648406	482656
3. 中长期贷款	35979349	7892505	7058653
(1) 基本建设贷款	16834244	2701578	2524990
(2) 技术改造贷款	1946567	526963	426373
(3) 其他中长期贷款	17198538	4663964	4107290
其中：个人中长期消费贷款	9850938	2396888	2979753
4. 信托贷款	44781	43798	4771
5. 融资租赁		- 1540	- 5406
6. 委托贷款	3456798	703486	- 132713
7. 票据融资	8246672	- 198700	2750890
其中：贴现及买断式转贴现	8246672	- 198700	2750890
8. 各项垫款	300438	- 8763	- 100930
二、有价证券及投资	4129521	24354	689774
三、应收及预付款	1046522	- 332455	- 334488
其中：应收利息	359499	- 303161	- 486338
四、同业往来	83325	27232	3789
五、人行对资产管理公司再贷款			
六、委托投资	485310	34685	48897
七、金银占款		- 6	- 106372
八、外汇占款	22392	19105	- 6437
九、固定资产	3256900	- 53928	- 68121
十、库存现金	1013395	24635	116089
资金运用总计	127865644	14474539	19393418

山东省国有独资商业银行可比口径人民币信贷收支表

单位：万元

栏目 来源项目名称	年末余额	比年初增减数	
		2004 年	2003 年
一、各项存款	73185759	7765138	11193379
1. 企业存款	21746823	2592260	3758596
（1）活期存款	16173284	1578031	2765272
（2）定期存款	5573539	1014229	993324
2. 机关团体存款	5725183	915784	1166061
3. 储蓄存款	41153106	3741489	5198465
（1）活期储蓄	13580725	1394429	2490650
（2）定期储蓄	27572381	2347060	2707815
4. 农业存款	86633	－3374	－43771
5. 其他存款	4474014	518979	1114028
二、代理财政性存款	153667	－136087	－95915
三、金融债券	259	－42	9
其中：政策性金融债券			
四、应付及暂收款	720130	81091	150224
其中：应付及预提利息	221772	28517	11089
五、卖出回购资产	57059	－239894	
六、向中央银行借款	3688	－129193	122683
七、同业往来	1688905	－114242	－275109
1. 同业存放	1686905	－113242	－254063
2. 同业拆借	2000	－1000	－21046
八、委托存款及委托投资基金（净）	－52416	2159	12262
1. 委托存款及委托投资基金	2537406	885044	253911
2. 减：委托贷款及委托投资	2589822	882885	241649
九、代理金融机构委托贷款基金	842	－5055	－1400
其中：中央银行委托贷款基金	842		－1400
十、各项准备	610753	424084	－28288
其中：贷款损失准备	429333	242664	－25446
十一、所有者权益	58941	698664	－131506
其中：实收资本			
当年结益	501928	501928	－300995
十二、其他	－13802552	－2063057	－1827273
资金来源总计	62625035	6283566	9119066

续表

栏目 / 运用项目名称	年末余额	比年初增减数	
		2004年	2003年
一、各项贷款	59242053	6803438	9108395
1. 短期贷款	27819677	2103587	2823546
(1) 工业贷款	13286007	2027080	1344636
(2) 商业贷款	5496262	-177218	230783
其中：收购贷款	371117	-7710	-45301
(3) 建筑业贷款	478545	-193284	-3051
(4) 农业贷款	899653	75282	8539
(5) 乡镇企业贷款	1795420	199116	183800
(6) 三资企业贷款	913939	-59063	-31454
(7) 私营企业及个体贷款	590655	23661	225642
(8) 其他短期贷款	4359196	208013	864651
其中：个人短期消费贷款	546831	-38089	155835
2. 中期流动资金贷款	2868271	-674864	289426
3. 中长期贷款	24386487	5421848	4431607
(1) 基本建设贷款	11464321	2047675	1781237
(2) 技术改造贷款	1445184	477049	257587
(3) 其他中长期贷款	11476982	2897124	2392783
其中：个人中长期消费贷款	8610063	2039748	2579878
4. 票据融资	3929323	-49608	1686970
其中：贴现及买断式转贴现	3929323	-49608	1686970
5. 各项垫款	238295	2475	-123154
二、有价证券及投资	525990	56924	-1440
三、应收及预付款	483794	-243394	-206448
其中：应收利息	241805	-215146	-219430
四、买入返售资产	154435	38858	-835
五、存放中央银行准备金存款	1409924	-350669	95752
六、存放中央银行特种存款			
七、缴存中央银行财政性存款	218723	45244	82564
八、同业往来	75741	-20003	-23980
1. 存放同业	7932	-23851	15917
2. 拆放同业	67809	3848	-39897
九、代理金融机构贷款	703	-15040	-1400
其中：代理人行专项贷款	703		-1400
十、库存现金	492354	-45076	77574
十一、外汇占款	21318	13284	-11116
资金运用总计	62625035	6283566	9119066

山东省其他商业银行可比口径人民币信贷收支表

单位：万元

栏目 来源项目名称	年末余额	比年初增减数	
		2004年	2003年
一、各项存款	20514799	4680519	3890114
1. 企业存款	9668843	1507218	1558926
（1）活期存款	6036090	890992	906847
（2）定期存款	3632752	616226	652079
2. 机关团体存款	1001880	302636	171792
3. 储蓄存款	4170680	1030754	621107
（1）活期储蓄	1372090	333757	273401
（2）定期储蓄	2798590	696996	347706
4. 农业存款	2677	269	2408
5. 其他存款	5670719	1839643	1535881
二、代理财政性存款	632	－19042	86361
三、金融债券	6		
其中：政策性金融债券			
四、应付及暂收款	257669	45586	70846
其中：应付及预提利息	102227	17351	16523
五、卖出回购资产	465518	－202618	315602
六、向中央银行借款	2800	－133726	128807
七、同业往来	630307	－55337	144267
1. 同业存放	619487	－36487	129267
2. 同业拆借	10820	－18850	15000
八、委托存款及委托投资基金（净）	181698	178013	－4871
1. 委托存款及委托投资基金	696247	325121	75150
2. 减：委托贷款及委托投资	514549147108	80021	
九、代理金融机构委托贷款基金	223	－5917	5729
其中：中央银行委托贷款基金	190		
十、各项准备	206532	135519	－40638
其中：贷款损失准备	206034	135107	－40637
十一、所有者权益	212652	69186	24587
其中：实收资本	100000		8000
当年结益	156939	156939	73834
十二、其他	－3193675	－2469939	13334
资金来源总计	19279161	2222245	4634137

续表

栏目 运用项目名称	年末余额	比年初增减数	
		2004 年	2003 年
一、各项贷款	16191991	1900409	4159831
1. 短期贷款	10373610	1670913	2428186
(1) 工业贷款	4749464	1358491	1355877
(2) 商业贷款	848476	103827	56206
其中：收购贷款			
(3) 建筑业贷款	325490	-30735	205597
(4) 农业贷款	14000	2450	12200
(5) 乡镇企业贷款			-200
(6) 三资企业贷款	351642	-139864	-26783
(7) 私营企业及个体贷款	102993159	34558	8282
(8) 其他短期贷款	3981544	342186	817006
其中：个人短期消费贷款	138871	62061	17295
2. 中期流动资金贷款	865380	22934	192304
3. 中长期贷款	3035623	928655	1112510
(1) 基本建设贷款	293875	127420	72602
(2) 技术改造贷款	179630	47858	89171
(3) 其他中长期贷款	2562118	753377	950737
其中：个人中长期消费贷款	838817	276843	263926
4. 票据融资	1895413	-707600	424542
其中：贴现及买断式转贴现	1895413	-707600	424542
5. 各项垫款	21966	-14492	2289
二、有价证券及投资	1158667	137723	244851
三、应收及预付款	235419	-20395	95743
其中：应收利息	20842	-1192	-30171
四、买入返售资产	276552	182598	1000
五、存放中央银行准备金存款	1176634	56787	163873
六、存放中央银行特种存款			
七、缴存中央银行财政性存款	2064	350	743
八、同业往来	152679	-55822	-32982
1. 存放同业	149247	-39312	-16165
2. 拆放同业	3432	-16510	-16817
九、代理金融机构贷款			-190
其中：代理人行专项贷款			-190
十、库存现金	94219	16848	3671
十一、外汇占款	-9064	3746	-2402
资金运用总计	19279161	2222245	4634137

山东省城市商业银行人民币信贷收支表

单位：万元

来源项目名称 \ 栏目	年末余额	比年初增减数	
		2004年	2003年
一、各项存款	8282617	1488012	1490242
1. 企业存款	4223541	429754	796770
（1）活期存款	2490691	265323	495415
（2）定期存款	1732850	164431	301355
2. 机关团体存款	105251	105171	－12413
3. 储蓄存款	2478616	441909	248986
（1）活期储蓄	749647	164996	130665
（2）定期储蓄	1728969	276913	118321
4. 农业存款	4885	1882	646
5. 其他存款	1470324	509296	456253
二、代理财政性存款	8098	－81256	37854
三、金融债券			
其中：政策性金融债券			
四、应付及暂收款	132677	34663	29271
其中：应付及预提利息	38113	5435	5176
五、卖出回购资产	1761053	134301	415800
六、向中央银行借款	124594	－5180	43774
七、同业往来	114910	25048	－43053
1. 同业存放	104910	15088	－37553
2. 同业拆借	10000	9960	－5500
八、委托存款及委托投资基金（净）	42322	42563	－21991
1. 委托存款及委托投资基金	198079	51204	79
2. 减：委托贷款及委托投资	155757	8641	22070
九、代理金融机构委托贷款基金	19570	13270	5000
其中：中央银行委托贷款基金	400		
十、各项准备	59407	14806	8525
其中：贷款损失准备	59276	14830	8525
十一、所有者权益	519748	76455	69616
其中：实收资本	441416	41354	47025
当年结益	40167	40167	29453
十二、其他	－493977	－287333	－517573
资金来源总计	10571019	1455349	1517465

续表

运用项目名称 \ 栏目	年末余额	比年初增减数 2004年	比年初增减数 2003年
一、各项贷款	6799045	1179118	1148705
1. 短期贷款	3793608	525868	651779
(1) 工业贷款	791057	136682	116636
(2) 商业贷款	809062	56462	95905
其中：收购贷款			
(3) 建筑业贷款	214128	12169	57338
(4) 农业贷款	30862	2755	7880
(5) 乡镇企业贷款	69451	-5184	-7388
(6) 三资企业贷款	95718	-1008	4127
(7) 私营企业及个体贷款	402046	64333	90492
(8) 其他短期贷款	1381284	259659	286789
其中：个人短期消费贷款	38783	10557	10263
2. 中期流动资金贷款	47105	5386	-5496
3. 中长期贷款	1570526	166629	384652
(1) 基本建设贷款	228947	14507	75606
(2) 技术改造贷款	40080	-11664	6643
(3) 其他中长期贷款	1301499	163786	302403
其中：个人中长期消费贷款	391083	80966	128509
4. 票据融资	1347629	477981	97835
其中：贴现及买断式转贴现	1347629	477981	97835
5. 各项垫款	40177	3254	19935
二、有价证券及投资	2159005	-173133	312284
三、应收及预付款	91452	-13332	9541
其中：应收利息	15352	-24162	-18438
四、买入返售资产	238231	147217	-66000
五、存放中央银行准备金存款	914772	246248	186062
六、存放中央银行特种存款			
七、缴存中央银行财政性存款	5448	5205	-507
八、同业往来	268470	45766	-94047
1. 存放同业	256040	39773	-64303
2. 拆放同业	12430	5993	-29744
九、代理金融机构贷款	19650	13300	5000
其中：代理人行专项贷款	400		
十、库存现金	64808	2885	9346
十一、外汇占款	10138	2075	7081
资金运用总计	10571019	1455349	1517465

山东省城市信用社人民币信贷收支表

单位：万元

栏目 / 来源项目名称	年末余额	比年初增减数	
		2004年	2003年
一、各项存款	2195507	572131	313257
1. 企业存款	1007603	209648	－29726
(1) 活期存款	631912	94396	27
(2) 定期存款	375691	115252	－29753
2. 机关团体存款	18866	13298	3139
3. 储蓄存款	625972	229265	66488
(1) 活期储蓄	146067	16795	537
(2) 定期储蓄	479905	212470	65951
4. 农业存款			
5. 其他存款	543066	119920	273356
二、代理财政性存款	2981	619	－6899
三、金融债券			
其中：政策性金融债券			
四、应付及暂收款	27152	5790	－12156
其中：应付及预提利息	9442	3227	102
五、卖出回购资产	126021	63171	－2000
六、向中央银行借款	44000	－1772	42772
七、同业往来	46084	34059	－15059
1. 同业存放	46084	34059	－15059
2. 同业拆借			
八、委托存款及委托投资基金（净）			
1. 委托存款及委托投资基金	39165	－1595	14994
2. 减：委托贷款及委托投资	39165	－1595	14994
九、代理金融机构委托贷款基金			
其中：中央银行委托贷款基金			
十、各项准备	27348	13913	2234
其中：贷款损失准备	24545	12532	1647
十一、所有者权益	139256	48157	13374
其中：实收资本	124156	45244	11339
当年结益	12948	12948	9629
十二、其他	－69237	－12480	6645
资金来源总计	2539112	723588	342168

续表

栏目 / 运用项目名称	年末余额	比年初增减数	
		2004年	2003年
一、各项贷款	1477049	314755	253332
1. 短期贷款	987642	146490	196501
(1) 工业贷款	296453	38501	112252
(2) 商业贷款	247904	70221	46525
其中：收购贷款	175	105	-3
(3) 建筑业贷款	28999	8123	13382
(4) 农业贷款			
(5) 乡镇企业贷款	1725	-315	621
(6) 三资企业贷款	2535	2320	-693
(7) 私营企业及个体贷款	161024	21465	63702
(8) 其他短期贷款	249002	6175	-39288
其中：个人短期消费贷款	3614	-3460	-783
2. 中期流动资金贷款	13103	-1862	6422
3. 中长期贷款	153111	67594	10189
(1) 基本建设贷款	34330	24460	7570
(2) 技术改造贷款	18603	11210	-188
(3) 其他中长期贷款	100178	31924	2807
其中：个人中长期消费贷款	6618	-690	6319
4. 票据融资	323193	102533	40220
其中：贴现及买断式转贴现	323193	102533	40220
5. 各项垫款			
二、有价证券及投资	198330	-26929	112332
三、应收及预付款	15736	-1539	-12916
其中：应收利息	2398	-995	-1727
四、买入返售资产	155743	145363	4000
五、存放中央银行准备金存款	358761	167848	-9805
六、存放中央银行特种存款			
七、缴存中央银行财政性存款			
八、同业往来	318857	121747	-5377
1. 存放同业	302663	115263	7773
2. 拆放同业	16194	6484	-13150
九、代理金融机构贷款			
其中：代理人行专项贷款			
十、库存现金	14636	2343	602
十一、外汇占款			
资金运用总计	2539112	723588	342168

山东省农村信用社人民币信贷收支表

单位：万元

栏目 来源项目名称	年末余额	比年初增减数	
		2004年	2003年
一、各项存款	24608304	3896709	3365691
1. 企业存款	1111028	－24191	321912
（1）活期存款			
（2）定期存款	1111028	－24191	321912
2. 机关团体存款	63222	4376	17599
3. 储蓄存款	19301035	2836548	1981093
（1）活期储蓄	4932009	1165456	753147
（2）定期储蓄	14369026	1671092	1227946
4. 农业存款	2621296	278505	422708
5. 其他存款	1511723	801471	622379
二、代理财政性存款	24864	3099	5730
三、金融债券			
其中：政策性金融债券			
四、应付及暂收款	576840	112997	142243
其中：应付及预提利息	205912	41724	45910
五、卖出回购资产	8818	－9817	
六、向中央银行借款	1205301	－83040	287261
七、同业往来	1136681	－107470	263428
1. 同业存放	863750	－56714	264074
2. 同业拆借	272931	－50756	－646
八、委托存款及委托投资基金（净）	14458	－41919	37833
1. 委托存款及委托投资基金	55749	－38630	44977
2. 减：委托贷款及委托投资	41291	3289	7144
九、代理金融机构委托贷款基金	296494	277983	7647
其中：中央银行委托贷款基金	589		
十、各项准备	232355	30208	65520
其中：贷款损失准备	232355	30208	65520
十一、所有者权益	1574985	708970	595939
其中：实收资本	1849983	462439	595179
当年结益	129071	129071	10021
十二、其他	－2853827	－222847	－221252
资金来源总计	26825273	4564873	4550040

续表

栏目 运用项目名称	年末余额	比年初增减数	
		2004 年	2003 年
一、各项贷款	19479382	2994135	3635498
1. 短期贷款	18269538	2818271	3078004
(1) 工业贷款			
(2) 商业贷款			
其中：收购贷款			
(3) 建筑业贷款			
(4) 农业贷款	12456818	2269391	2462768
(5) 乡镇企业贷款	3848661	216573	377657
(6) 三资企业贷款			
(7) 私营企业及个体贷款			
(8) 其他短期贷款	1964059	332307	237579
其中：个人短期贷款	1026	1026	
2. 中期流动资金贷款			
3. 中长期贷款	574857	237769	127399
(1) 基本建设贷款	1748	1748	
(2) 技术改造贷款			
(3) 其他中长期贷款	573109	236021	127399
其中：个人中长期贷款	4274	-62	1121
4. 票据融资	634987	-61905	430095
其中：贴现及买断式转贴现	634987	-61905	430095
5. 各项垫款			
二、有价证券及投资	1623435	349230	231763
三、应收及预付款	167488	-55542	-43415
其中：应收利息	70503	-50987	-52029
四、买入返售资产		-6475	
五、存放中央银行准备金存款	3016939	1102011	310966
六、存放中央银行特种存款			-29000
七、缴存中央银行财政性存款	367	367	
八、同业往来	2208011	75830	418769
1. 存放同业	2091138	70154	409933
2. 拆放同业	116873	5676	8836
九、代理金融机构贷款	63694	60129	312
其中：代理人行专项贷款	589		
十、库存现金	265957	45188	25147
十一、外汇占款			
资金运用总计	26825273	4564873	4550040

山东省信托投资公司人民币信贷收支表

单位：万美元

栏目 来源项目名称	年末余额	比年初增减数	
		2004年	2003年
一、各项存款	4118866	771238	－136456
1. 信托存款	44781	44781	－61638
2. 委托存款	3789146	676692	－177148
（1）委托存款	3789146	676692	－177148
（2）委托投资基金			
3. 保证金存款			
4. 其他存款	284939	49765	102330
二、金融债券			
三、应付及暂收款	38601	8338	－10005
其中：应付及预提利息	2492	1364	－378
四、长期借款			
五、证券业务款项	2306	－4	441
六、卖出回购资产		97	－97
七、向中央银行借款			
八、同业往来			
1. 同业存放			
2. 同业拆借			
九、代理金融机构贷款基金			
其中:中央银行委托专项贷款基金			
十、各项准备	7085	5410	－176
其中:贷款损失准备	636	－22	－12
十一、所有者权益	229563	35756	6480
其中：实收资本	207752	31500	
当年结益	16445	16445	14480
十二、其他	－124191	－8288	50773
资金来源总计	4272230	812547	－89040

续表

运用项目名称	年末余额	比年初增减数	
		2004年	2003年
一、各项贷款	3595635	772080	-128877
1.信托贷款	44781		44781
其中：中长期信托贷款	39914	39914	
2.委托贷款	3456798	703491	-132083
3.抵押贷款			
4.票据融资			
其中：贴现及买断式转贴现			
5.融资租赁		-1540	-5406
6.各项垫款			
7.其他贷款	94056	25348	8612
二、委托投资	472380	34802	48907
三、投资	133262	4380	-25998
1.短期投资	16600	6458	-21840
2.长期投资	116662	-2078	-4158
四、应收及预付款	34996	6768	-21499
其中：应收利息	3047	-4248	-3916
五、证券业务占款	2159		342
六、经营租赁			
七、买入返售资产	1329	-4700	5886
八、存放中央银行准备金存款	7534	-7342	13823
九、存放中央银行特种存款			
十、同业往来	24935	6561	18374
1.存放同业	24935	6561	18374
2.拆放同业			
十一、代理金融机构贷款			
其中：代理人行专项贷款			
十二、库存现金		-2	2
十三、外币占款			
资金运用总计	4272230	812547	-89040

山东省财务公司人民币信贷收支表

单位：万元

栏目 来源项目名称	年末余额	比年初增减数	
		2004 年	2003 年
一、各项存款	227933	－110667	27017
1. 企业存款	227933	－110662	28302
（1）活期存款	200533	－133166	29242
（2）定期存款	27400	22504	－940
2. 机关团体存款			
3. 委托存款及投资基金		－5	－1285
（1）委托存款		－5	－1285
（2）委托投资基金			
4. 信托存款			
5. 保证金存款			
6. 其他存款			
二、金融债券			
三、应付及暂收款	13615	－174633	3156
其中：应付及预提利息	8856	－14848	－17938
四、长期借款	42715		42715
五、证券业务占款			
六、卖出回购资产			
七、向中央银行借款		－812	
八、同业往来	15000	－123	－24932
1. 同业存放			－2088
2. 同业拆借	15000	－123	－22844
九、代理金融机构贷款基金			
中央银行委托贷款基金			
十、各项准备	2392	－3245	－66
其中：贷款损失准备	2392	－3237	－66
十一、所有者权益	103508	27353	4313
其中：实收资本	91719	－14185	
当年结益	8801	8801	6986
十一、其他	－22109	－29163	－33201
资金来源总计	383053	－291290	19002

续表

运用项目名称 \ 栏目	年末余额	比年初增减数 2004年	比年初增减数 2003年
一、各项贷款	282037	-280872	-16149
1. 短期贷款	124862	-361813	-86747
(1) 工业贷款	121862	-364813	13253
(2) 商业贷款		-90000	
(3) 其他短期贷款	3000	3000	-10000
2. 中长期贷款	41047		41047
3. 委托贷款		-5	-630
4. 信托贷款			
其中：中长期信托贷款			
5. 抵押贷款			
6. 票据融资	116127	39899	71229
其中：贴现及买断式转贴现	116127	39899	71229
7. 融资租赁			
8. 各项垫款			
二、委托投资			
三、投资	3818	3818	
1. 短期投资			
2. 长期投资	3818	3818	
四、应收及预付款	11413	644	6867
其中：应收利息		-665	
五、证券业务占款			
六、经营租赁			
七、买入返售资产			
八、存放中央银行准备金存款	15836	868	3170
九、存放中央银行特种存款			
十、同业往来	69949	-15748	25114
1. 存放同业	69949	-15748	25114
2. 拆放同业			
十一、代理金融机构贷款			
其中：代理人行专项贷款			
十二、现金	0	0	0
十三、外币占款			
资金运用总计	383053	-291290	19002

山东省1990～2004年人民币城乡储蓄存款及人均储蓄存款表

单位：万元

项目名称 / 年度	城乡储蓄		人均储蓄余额（元）
	年末余额	比年初增加额	
1990年	5754706	1464000	682.73
1991年	7216749	1461933	845.65
1992年	8841510	1625326	1030.48
1993年	11182415	2340696	1297.26
1994年	16003992	4820864	1849.52
1995年	21971982	5953088	2525.22
1996年	28177108	6127582	3221.35
1997年	32657331	4106722	3706.85
1998年	37353766	4705196	4210.30
1999年	41098425	3695061	4606.41
2000年	44667153	3568728	4964.67
2001年	50637936	5977509	5600.90
2002年	58057165	7464182	6392.55
2003年	67683453	9601347	7417.37
2004年	77214610	9510874	8411.18

山东省各县（市）2004年储蓄存款余额排序

单位：万元

序号	地区	储蓄存款余额	序号	地区	储蓄存款余额
01	龙口市	1210101	15	蓬莱市	675097
02	荣成市	1068947	16	肥城市	661896
03	莱州市	1068305	17	昌邑市	646155
04	寿光市	1010027	18	胶州市	638588
05	即墨市	896315	19	莱阳市	589337
06	邹城市	865946	20	乳山市	542780
07	青州市	835817	21	胶南市	537754
08	文登市	813351	22	兖州市	525164
09	平度市	793986	23	桓台县	507627
10	新泰市	759752	24	安丘市	501629
11	滕州市	749154	25	临清市	493094
12	招远市	729416	26	莱西市	483439
13	章丘市	723561	27	高密市	481554
14	诸城市	676483	28	沂水县	461184

续表

序号	地区	储蓄存款余额	序号	地区	储蓄存款余额
29	栖霞市	442676	61	平邑县	261065
30	邹平县	440768	62	巨野县	259494
31	海阳市	436703	63	高唐县	254980
32	广饶县	417769	64	沂源县	244353
33	临朐县	416074	65	乐陵市	241609
34	阳谷县	392495	66	东平县	236469
35	郓城县	384578	67	临沭县	233467
36	莒南县	383596	68	汶上县	232331
37	莒　县	376234	69	东明县	224926
38	曲阜市	368274	70	齐河县	222889
39	博兴县	361499	71	陵　县	220915
40	垦利县	348571	72	武城县	217861
41	郯城县	339657	73	平阴县	211498
42	长清县	337819	74	惠民县	208334
43	昌乐县	324709	75	夏津县	206669
44	宁津县	323025	76	东阿县	205278
45	梁山县	320538	77	无棣县	203162
46	沂南县	316036	78	蒙阴县	202605
47	苍山县	315567	79	禹城市	198066
48	莘　县	312941	80	鄄城县	197907
49	微山县	302989	81	泗水县	174765
50	嘉祥县	291160	82	定陶县	170524
51	冠　县	284593	83	成武县	170267
52	费　县	277963	84	高青县	169552
53	宁阳县	277698	85	商河县	160500
54	金乡县	271545	86	鱼台县	159948
55	五莲县	271356	87	济阳县	158170
56	单　县	269353	88	沾化县	149073
57	曹　县	269236	89	利津县	135029
58	平原县	265440	90	阳信县	120955
59	茌平县	261405	91	庆云县	92508
60	临邑县	261211	92	长岛县	90555

山东省金融机构可比口径外汇信贷收支表

单位：万美元

栏目 来源项目名称	年末余额	比年初增减数	
		2004年	2003年
一、各项存款	472009	-891	-23298
1.单位活期存款	143168	48608	6438
其中：中资企业存款	102910	41781	2256
外商投资企业存款	24989	-3521	4020
2.单位定期存款	32876	-9466	-22330
其中：中资企业存款	10405	-9319	-7789
外商投资企业存款	2215	-1501	-11433
3.储蓄存款	251887	-49094	-15472
其中：定期存款	208925	-55828	-25742
4.信托存款	180	-31	
5.委托存款	-1544	-1494	
6.其他类存款	45442	10587	8107
7.境外存款		0	-40
二、境外筹资	17909	1137	-3158
三、向中央银行借款			
四、中央银行存款			
五、同业存放	3770	-2846	2029
其中：境外同业存放		-349	
六、应付及暂收款	30367	3510	13687
其中：应付及预提利息	3020	35	-2222
七、同业拆入	500	-1233	-55
其中：境外同业拆入	500	-1233	-55
八、外汇买卖	3546	-4533	1064
其中：结售汇	4212	2322	-459
九、境外联行存放	2014	-5435	7367
十、证券业务款项			
十一、各项准备	18177	26182	-11350
其中：贷款损失准备	15837	23844	-11351
十二、所有者权益	28756	27665	-2645
其中：实收资本	5340	-2022	
当年结益	23082	23082	-8014
十三、其他	4236	8966	123385
资金来源总计	581285	52523	107026

续表

栏目 / 运用项目名称	年末余额	比年初增减数	
		2004 年	2003 年
一、各项贷款	527367	66959	98493
1. 短期贷款	254877	10896	59571
(1) 境内短期贷款	254377	11060	58907
其中：中资企业贷款	185983	19303	57573
外商投资企业贷款	56006	-6816	1379
(2) 境外短期贷款	500	-164	664
2. 中长期贷款	109273	56720	-2519
(1) 境内中长期贷款	109273	56720	-2519
其中：中资企业贷款	49859	10043	755
外商投资企业贷款	24025	17108	-5286
(2) 境外中长期贷款			
3. 进出口贸易融资	92288	11580	49559
4. 票据融资	250	-345	428
其中：贴现及买断式转贴现	173	-45	145
5. 融资租赁			-12
6. 信托贷款	346	-32	808
其中：境外			
7. 委托贷款	12894	-470	-2495
8. 各项垫款	4460	-15161	-3741
9. 境外筹资转贷款	52980	3771	-3106
二、有价证券及投资	1070	-1318	-1177
其中：境外	45		
三、应收及预付款	28450	-6306	1303
其中：应收及预付利息	3958	-2615	-9209
四、存放中央银行			
其中：缴存准备金			
五、存放同业	6272	-11285	14196
其中：存放境外同业	5980	-11436	14314
六、拆放同业	49	-1940	-388
其中：拆放境外同业	49	-1940	-388
七、存放境外联行	4431	4431	-6188
八、证券业务占款			
九、库存现金	13647	1982	787
资金运用总计	581285	52523	107026

山东省国有独资商业银行可比口径外汇信贷收支表

单位：万美元

栏目 运用项目名称	年末余额	比年初增减数	
		2004 年	2003 年
一、各项存款	373408	－12333	－19489
1. 单位活期存款	114359	40185	1121
其中：中资企业存款	90196	35403	232
外商投资企业存款	15936	－1684	1044
2. 单位定期存款	13051	－4641	－9814
其中：中资企业存款	8687	－4423	－5039
外商投资企业存款	249	－1429	－3157
3. 储蓄存款	211500	－54389	－16042
其中：定期存款	181304	－58551	－21534
4. 其他类存款	34498	6512	5286
5. 境外存款			－40
二、境内中长期筹资			
三、卖出回购资产			
四、境外筹资	17909	1137	－242
五、向中央银行借款			
六、中央银行存款			
七、应付及暂收款	22533	4623	10010
其中：应付及预提利息	2586	738	－656
八、同业存放	21573	9993	643
1. 境内同业存放	21573	9993	992
2. 境外同业存放			－349
九、同业拆入		－1733	－55
1. 境内同业拆入			
2. 境外同业拆入		－1733	－55
十、委托基金存款（净）	－50		
十一、外汇买卖	3602	－5207	669
其中：结售汇	2696	1771	－906
十二、境内联行存放	－23100	－118618	107006
十三、境外联行存放	2014	－5435	7367
十四、各项准备	17472	21634	－7590
其中：贷款损失准备	15180	19342	－7590
十五、所有者权益	22888	31622	－3016
其中：实收资本			
当年结益	22881	22881	－8755
十六、其他	17454	118425	－1281
资金来源总计	475703	44108	94022

续表

栏目 运用项目名称	年末余额	比年初增减数	
		2004 年	2003 年
一、各项贷款	437562	49259	85481
1. 短期贷款	227103	13422	52170
(1) 境内短期贷款	226603	13586	51506
其中：中资企业贷款	169511	20772	52832
外商投资企业贷款	46107	-8448	-433
(2) 境外短期贷款	500	-164	664
2. 中长期贷款	96936	47247	-581
(1) 境内中长期贷款	96936	47247	-581
其中：中资企业贷款	48029	10852	1830
外商投资企业贷款	23785	16868	-5286
(2) 境外中长期贷款			
3. 进出口贸易融资	57134	-743	38154
4. 票据融资	1	-156	2
其中：贴现及买断式转贴现		-101	6
5. 各项垫款	4384	-14864	-1325
6. 境外筹资转贷款	52004	4353	-2939
二、投资	803	-1318	-1211
1. 购买有价证券			
其中：购买境外有价证券			
2. 其他投资	803	-1318	-1211
其中：投资境外			
三、应收及预付款	22117	2766	4704
其中：应收及预付利息	3718	-2097	-8472
四、买入返售资产			
五、存放中央银行			
其中：缴存准备金			
六、存放同业	85	-11161	10765
1. 存放境内同业	156	-13	-94
2. 存放境外同业	-71	-11148	10859
七、拆放同业		-1742	-250
1. 拆放境内同业			
2. 拆放境外同业		-1742	-250
八、存放境外联行	4401	4401	-6188
九、库存现金	10735	1903	721
资金运用总计	475703	44108	94022

山东省其他商业银行可比口径外汇信贷收支表

单位：万美元

栏目 来源项目名称	年末余额	比年初增减数	
		2004年	2003年
一、各项存款	79780	11426	-4536
1. 单位活期存款	24315	6411	4393
其中：中资企业存款	8620	4638	1220
外商投资企业存款	8667	-2100	2862
2. 单位定期存款	6005	-4052	-10890
其中：中资企业存款	1118	-4882	-3360
外商投资企业存款	1966	228	-8216
3. 储蓄存款	39312	5433	-507
其中：定期存款	26580	2863	-5259
4. 其他类存款	10148	3634	2468
5. 境外存款		0	0
二、境内中长期筹资			
三、卖出回购资产			
四、境外筹资			
五、向中央银行借款			
六、中央银行存款			
七、应付及暂收款	7025	3994	949
其中：应付及预提利息	315	-83	-117
八、同业存放	4776	1912	257
1. 境内同业存放	4776	1912	257
2. 境外同业存放			
九、同业拆入			
1. 境内同业拆入			
2. 境外同业拆入			
十、委托基金存款（净）	-1494	-1494	
十一、外汇买卖	-1280	425	-447
其中：结售汇	420	404	-369
十二、境内联行存放	-24223	-18185	18909
十三、境外联行存放			
十四、各项准备	647	4499	-3764
其中：贷款损失准备	647	4499	-3764
十五、所有者权益	3185	-566	104
其中：实收资本	3379		
当年结益	-373	-373	377
十六、其他	7330	2820	4032
资金来源总计	75747	4832	15505

续表

栏目 / 运用项目名称	年末余额	比年初增减数	
		2004 年	2003 年
一、各项贷款	58425	2772	13001
1. 短期贷款	25549	－4225	7540
(1) 境内短期贷款	25549	－4225	7540
其中：中资企业贷款	14931	－2800	4571
外商投资企业贷款	9215	1143	1617
(2) 境外短期贷款			
2. 中长期贷款	3273	696	－1890
(1) 境内中长期贷款	3273696	－1890	
其中：中资企业贷款	1830	－523	－1361
外商投资企业贷款	240	240	
(2) 境外中长期贷款			
3. 进出口贸易融资	28315	7239	9650
4. 票据融资	249	－47	284
其中：贴现及买断式转贴现	173	56	139
5. 各项垫款	64	－309	－2416
6. 境外筹资转贷款	976	－582	－167
二、投资			
1. 购买有价证券			
其中：购买境外有价证券			
2. 其他投资			
其中：投资境外			
三、应收及预付款	5491	3538	－549
其中：应收及预付利息	237	－439	－739
四、买入返售资产			
五、存放中央银行			
其中：缴存准备金			
六、存放同业	8708	－1423	3223
1. 存放境内同业	4757	540	6
2. 存放境外同业	3951	－1964	3216
七、拆放同业	269	－154	－162
1. 拆放境内同业	269	68	
2. 拆放境外同业		－222	－162
八、存放境外联行	30	30	
九、库存现金	2824	70	－8
资金运用总计	75747	4832	15505

山东省城市商业银行外汇信贷收支表

单位：万美元

栏目 来源项目名称	年末余额	比年初增减数	
		2004年	2003年
一、各项存款	3445	577	1729
1. 单位活期存款	757	577	-457
其中：中资企业存款	357	305	-576
外商投资企业存款	386	263	114
2. 单位定期存款	817	-303	756
其中：中资企业存款	600	-14	610
外商投资企业存款		-300	-60
3. 储蓄存款	1075	-138	1077
其中：定期存款	1041	-140	1051
4. 其他类存款	796	441	353
5. 境外存款			
二、境内中长期筹资			
三、卖出回购资产			
四、境外筹资			
五、向中央银行借款			
六、中央银行存款			
七、应付及暂收款	19	-214	233
其中：应付及预提利息	9	2	7
八、同业存放	27	23	4
1. 境内同业存放	27	23	4
2. 境外同业存放			
九、同业拆入	1911	-59	1970
1. 境内同业拆入	1411	-559	1970
2. 境外同业拆入	500	500	
十、委托基金存款（净）			
十一、外汇买卖	1224	249	842
其中：结售汇	1096	147	816
十二、境内联行存放	3	-76	1
十三、境外联行存放			
十四、各项准备	6	6	
其中：贷款损失准备	6	6	
十五、所有者权益	568	337	296
其中：实收资本			
当年结益	568	568	309
十六、其他	10118	2018	4100
资金来源总计	17321	2861	9175

续表

栏目 运用项目名称	年末余额	比年初增减数	
		2004 年	2003 年
一、各项贷款	4548	2195	2353
1. 短期贷款	1152	982	170
(1) 境内短期贷款	1152	982	170
其中：中资企业贷款	541	371	170
外商投资企业贷款	611	611	
(2) 境外短期贷款			
2. 中长期贷款		-286	286
(1) 境内中长期贷款		-286	286
其中：中资企业贷款		-286	286
外商投资企业贷款			
(2) 境外中长期贷款			
3. 进出口贸易融资	3384	1629	1755
4. 票据融资		-142	142
其中：贴现及买断式转贴现			
5. 各项垫款	12	12	
6. 境外筹资转贷款			
二、投资			
1. 购买有价证券			
其中：购买境外有价证券			
2. 其他投资			
其中：投资境外			
三、应收及预付款			
其中：应收及预付利息			
四、买入返售资产			
五、存放中央银行			
其中：缴存准备金			
六、存放同业	12636	633	6724
1. 存放境内同业	10536	-1044	6470
2. 存放境外同业	2100	1677	254
七、拆放同业	49	24	24
1. 拆放境内同业			
2. 拆放境外同业	49	24	24
八、存放境外联行			
九、库存现金	88	9	74
资金运用总计	17321	2861	9175

山东省信托投资公司外汇信贷收支表

单位：万美元

栏目 来源项目名称	年末余额	比年初增减数	
		2004 年	2003 年
一、各项存款	13183	-501	-2382
1. 信托存款	180	-31	
2. 委托存款			
3. 其他存款	13003	-470	-2382
二、境内中长期筹资			
三、境外筹资			
四、证券业务款项			
五、卖出回购资产			
六、同业存放			
其中：境外同业存放			
七、同业拆入			
其中：境外同业拆入			
八、外汇买卖			
九、应付及暂收款	788	-110	-40
其中：应付及预提利息	108	31	
十、各项准备	52	43	4
其中：贷款损失准备	4	-3	3
十一、所有者权益	1078	-80	-31
其中：实收资本	961		
当年结益	-29	-29	53
十二、其他	44	10	2
资金来源总计	15145	-638	-2447

续表

栏目 / 运用项目名称	年末余额	比年初增减数	
		2004年	2003年
一、各项贷款	13313	-745	-2342
1. 短期信托贷款			
其中：境外短期			
2. 中长期信托贷款	346	-153	-30
其中：境外中长期			
3. 委托贷款	12894	-470	-2495
4. 融资租赁		-12	
5. 票据融资			
其中：贴现及买断式转贴现			
6. 各项垫款			
7. 境外筹资转贷款			
8. 其他贷款	73	-122	195
二、信托投资			
1. 短期信托投资			
其中：境外			
2. 中长期信托投资			
其中：境外			
三、投资	267		34
1. 购买有价证券			
其中：购买境外有价证券			
2. 其他投资	267		34
其中：投资境外	45		
四、证券业务占款			
五、经营租赁			
六、买入返售资产			
七、应收及预付款项	838	-37	-75
其中：应收及预付利息		-81	2
八、存放中央银行			
其中：缴存准备金			
九、存放同业	727	144	-64
其中：存放境外同业		-1	-15
十、拆放同业			
其中：拆放境外同业			
十一、库存现金			
资金运用总计	15145	-638	-2447

山东省财务公司外汇信贷收支表

单位：万美元

栏目 / 来源项目名称	年末余额	比年初增减数	
		2004年	2003年
一、各项存款	3737	1435	1380
1. 企业存款	3737	1435	1380
其中：定期存款			
2. 信托存款			
3. 委托存款			
4. 其他存款			
二、境内中长期筹资			
三、境外筹资			-2916
四、证券业务款项			
五、卖出回购资产			
六、同业存放			
其中：境外同业存放			
七、同业拆入		-1679	-2001
其中：境外同业拆入			
八、外汇买卖			
九、应付及暂收款	0	-4786	2535
其中：应付及预提利息	0	-655	-1456
十、各项准备			
其中：贷款损失准备			
十一、所有者权益	1008	-3677	2
其中：实收资本	1000	-2022	
当年结益	6	6	2
十二、其他	0	-561	-382
资金来源总计	4745	-9268	-1382

续表

栏 目 运用项目名称	年末余额	比年初增减数	
		2004 年	2003 年
一、各项贷款	1000	960	
1. 短期贷款	1000	960	
2. 中长期贷款			
3. 信托贷款			
其中：中长期信托贷款			
4. 委托贷款			
5. 融资租赁			
6. 票据融资			
其中：贴现及买断式转贴现			
7. 各项垫款			
8. 境外筹资转贷款			
二、信托投资			
1. 短期信托投资			
其中：境外			
2. 中长期信托投资			
其中：境外			
三、投资			
1. 购买有价证券			
其中：购买境外有价证券			
2. 其他投资			
其中：投资境外			
四、证券业务占款			
五、经营租赁			
六、买入返售资产			
七、应收及预付款项	1	－12576	－2777
其中：应收及预付利息			
八、存放中央银行			
其中：缴存准备金			
九、存放同业	3744	2348	1395
其中：存放境外同业			
十、拆放同业			
其中：拆放境外同业			
十一、库存现金			
资金运用总计	4745	－9268	－1382

三、分机构本、外币存贷款情况

山东省人民银行人民币信贷收支表

单位：万元

项目名称 \ 栏目	年末余额	比年初增减数	
		2004年	2003年
一、财政存款	1925427	611386	161329
其中：中央财政存款			
地方财政存款	1925427	611386	161329
二、机关团体部队存款	4365	-4435	-3174
三、金融机构缴存准备金存款	7048548	1291381	715753
1. 政策性银行	65660	43449	3859
2. 国有独资商业银行	1410076	-352272	93395
3. 其他商业银行	1278961	94618	168000
4. 城市商业银行	808770	223941	177117
5. 城市信用社	360383	168943	-9580
6. 农村信用社	3023647	1107125	326726
7. 资产管理公司			
8. 其他金融机构	101050	5576	-43764
四、金融机构特种存款			-29000
五、邮政储蓄转存款	7913165	-16250	1252537
六、商业银行划来财政性存款	230198	51027	84150
七、卖出回购证券			
八、中央银行债券			
九、货币流通量			
十、中央信贷基金			

续表

项目名称 \ 栏目	年末余额	比年初增减数	
		2004年	2003年
十一、当年结益	-461264	-461264	-437900
十二、其他	-14081682	-1915353	-1188493
资金来源总计	2578757	-443509	555202
一、金融机构贷款	2442984	-440221	662120
1. 政策性银行			
2. 国有独资商业银行	2000	2000	-2000
3. 其他商业银行	15000	-3000	
4. 城市商业银行	79000	27000	-16000
5. 城市信用社	51677	26000	0
6. 农村信用社	1143825	77300	31000
7. 资产管理公司			
8. 其他金融机构贷款	995433	-43281	-566
9. 再贴现	156050	-526239	649686
其中：国有独资商业银行	3735	-130835	131914
二、专项贷款	124829	-518	-300
三、金银占款		-6	-106372
四、外汇占款			
五、有价证券及投资	2000		
六、买入返售证券			
七、库存现金	8944	-2764	-246
资金运用总计	2578757	-443509	555202

山东省邮政储汇局人民币信贷收支表

单位：万元

项目名称	年末余额	比年初增减数 2004 年	比年初增减数 2003 年
一、储蓄存款	9485201	1230909	
（1）活期储蓄	1782951	324217	
（2）定期储蓄	7702250	906692	
二、应付及暂收款	8917	8542	
其中：应付及预提利息	8917	8542	
三、卖出回购资产			
四、同业往来			
1. 同业存放			
2. 同业拆借			
五、其他	-1436453	-1250611	
资金来源总计	8057665	-11160	
一、有价证券及投资			
二、应收及预付款	-256	-910	
三、买入返售资产			
四、存放中央银行转存款	7915163	-18852	
五、同业往来	71400	3718	
1. 存放同业	71400	3718	
2. 拆放同业			
六、库存现金	71358	4884	
资金运用总计	8057665	-11160	

山东省国家开发银行人民币信贷收支表

单位：万元

项目名称	年末余额	比年初增减数 2004 年	比年初增减数 2003 年
一、各项存款	335703	87119	93632
1. 企业存款	335703	87119	93632
（1）活期存款	327703	87119	93632
（2）定期存款	8000		
2. 机关团体存款			
3. 储蓄存款			
（1）活期储蓄			
（2）定期储蓄			
4. 农业存款			
5. 其他存款			
二、代理财政性存款			
三、金融债券			
其中：政策性金融债券			
四、应付及暂收款	4425	53	1303
其中：应付及预提利息	121	2	-40
五、卖出回购资产			
六、向中央银行借款			
七、同业往来	0	0	-45
1. 同业存放	0	0	-45
2. 同业拆借			
八、委托存款及委托投资基金（净）			
1. 委托存款及委托投资基金			
2. 减：委托贷款及委托投资			
九、代理金融机构委托贷款基金			
其中：中央银行委托贷款基金			
十、各项准备			
其中：贷款损失准备			
十一、所有者权益	89102	7999	43452
其中：实收资本			
当年结益	89111	89111	81109
十二、其他	5566665	554022	1068603
资金来源总计	5995895	649194	1206946

续表

栏目 项目名称	年末余额	比年初增减数	
		2004年	2003年
一、各项贷款	5913179	611586	1202943
1. 短期贷款	226000	－79000	214100
（1）工业贷款			
（2）商业贷款			
其中：收购贷款			
（3）建筑业贷款			
（4）农业贷款			
（5）乡镇企业贷款			
（6）三资企业贷款			
（7）私营企业及个体贷款			
（8）其他短期贷款	226000	－79000	214100
其中：个人短期消费贷款			
2. 中期流动资金贷款			
3. 中长期贷款	5687179	690586	988843
（1）基本建设贷款	4811023	485768	587975
（2）技术改造贷款	263070	2510	73160
（3）其他中长期贷款	613086	202308	327708
其中：个人中长期消费贷款			

续表

栏目 项目名称	年末余额	比年初增减数	
		2004年	2003年
4. 票据融资			
其中：贴现及买断式转贴现			
5. 各项垫款			
二、有价证券及投资	30500		
三、应收及预付款	3	0	－9
其中：应收利息			
四、买入返售资产			
五、存放中央银行准备金存款	46536	37984	6033
六、存放中央银行特种存款			
七、缴存中央银行财政性存款			
八、同业往来	5677	－377	－2021
1. 存放同业	5677	－377	－2021
2. 拆放同业			
九、代理金融机构贷款			
其中：代理人行专项贷款			
十、库存现金			
十一、外汇占款			
资金运用总计	5995895	649194	1206946

山东省进出口银行人民币信贷收支表

单位：万元

项目名称	年末余额	比年初增减数 2004年	比年初增减数 2003年
一、各项存款			
1. 企业存款			
(1) 活期存款			
(2) 定期存款			
2. 机关团体存款			
3. 储蓄存款			
(1) 活期储蓄			
(2) 定期储蓄			
4. 农业存款			
5. 其他存款			
二、代理财政性存款			
三、金融债券			
其中：政策性金融债券			
四、应付及暂收款	591	591	
其中：应付及预提利息	361	361	
五、卖出回购资产			
六、向中央银行借款			
七、同业往来			
1. 同业存放			
2. 同业拆借			
八、委托存款及委托投资基金（净）			
1. 委托存款及委托投资基金			
2. 减：委托贷款及委托投资			
九、代理金融机构委托贷款基金			
其中：中央银行委托贷款基金			
十、各项准备			
其中：贷款损失准备			
十一、所有者权益	384	384	
其中：实收资本			
当年结益	384	384	
十二、其他	426759	426759	
资金来源总计	427735	427735	

续表

项目名称	年末余额	比年初增减数 2004年	比年初增减数 2003年
一、各项贷款	423986	423986	
1. 短期贷款	78186	78186	
(1) 工业贷款			
(2) 商业贷款			
其中：收购贷款			
(3) 建筑业贷款			
(4) 农业贷款			
(5) 乡镇企业贷款			
(6) 三资企业贷款			
(7) 私营企业及个体贷款			
(8) 其他短期贷款	78186	78186	
其中：个人短期消费贷款			
2. 中期流动资金贷款			
3. 中长期贷款	345800	345800	
(1) 基本建设贷款			
(2) 技术改造贷款			
(3) 其他中长期贷款	345800	345800	
其中：个人中长期消费贷款			
4. 票据融资			
其中：贴现及买断式转贴现			
5. 各项垫款			
二、有价证券及投资			
三、应收及预付款	603	603	
其中：应收利息	398	398	
四、买入返售资产			
五、存放中央银行准备金存款			
六、存放中央银行特种存款			
七、缴存中央银行财政性存款			
八、同业往来	3145	3145	
1. 存放同业	3145	3145	
2. 拆放同业			
九、代理金融机构贷款			
其中：代理人行专项贷款			
十、库存现金	1	1	
十一、外汇占款			
资金运用总计	427735	427735	

山东省农业发展银行人民币信贷收支表

单位：万元

项目名称	年末余额	比年初增减数 2004年	比年初增减数 2003年
一、各项存款	124000	14529	－6460
1. 企业存款	123997	15230	－5821
（1）活期存款	123997	15230	－5821
（2）定期存款			
2. 机关团体存款			
3. 储蓄存款			
（1）活期储蓄			
（2）定期储蓄			
4. 农业存款			
5. 其他存款	3	－701	－639
二、代理财政性存款	142654	57580	－18543
三、金融债券			
其中：政策性金融债券			
四、应付及暂收款	7896	－2415	－197227
其中：应付及预提利息			－199811
五、卖出回购资产			
六、向中央银行借款			
七、同业往来			
1. 同业存放			
2. 同业拆借			
八、委托存款及委托投资基金（净）			
1. 委托存款及委托投资基金			
2. 减：委托贷款及委托投资			
九、代理金融机构委托贷款基金			
其中：中央银行委托贷款基金			
十、各项准备			－33256
其中：贷款损失准备			－33256
十一、所有者权益	41845	－17417	28995
其中：实收资本	78990	37	
当年结益	－38060	－38060	－20606
十二、其他	4018192	－38605	－250324
资金来源总计	4334587	13672	－476815

续表

项目名称	年末余额	比年初增减数 2004年	比年初增减数 2003年
一、各项贷款	4299093	2799	－313091
1. 短期贷款	4269833	15102	－316937
（1）工业贷款			
（2）商业贷款	4242062	15176	－313187
其中：收购贷款	4241348	15176	－311478
（3）建筑业贷款			
（4）农业贷款			
（5）乡镇企业贷款			
（6）三资企业贷款			
（7）私营企业及个体贷款			
（8）其他短期贷款	27771	－74	－3750
其中：个人短期消费贷款			
2. 中期流动资金贷款			
3. 中长期贷款	29260	－2303	3846
（1）基本建设贷款			
（2）技术改造贷款			
（3）其他中长期贷款	29260	－2303	3846
其中：个人中长期消费贷款			
4. 票据融资			
其中：贴现及买断式转贴现			
5. 各项垫款			
二、有价证券及投资			
三、应收及预付款	5874	－5358	－162351
其中：应收利息	5410	－5254	－160627
四、买入返售资产			
五、存放中央银行准备金存款	19442	5466	－2171
六、存放中央银行特种存款			
七、缴存中央银行财政性存款			
八、同业往来	9061	437	805
1. 存放同业	9061	437	805
2. 拆放同业			
九、代理金融机构贷款			
其中：代理人行专项贷款			
十、库存现金	1117	328	－7
十一、外汇占款			
资金运用总计	4334587	13672	－476815

山东省工商银行人民币信贷收支表

单位：万元

项目名称	年末余额	比年初增减数 2004 年	比年初增减数 2003 年
一、各项存款	23932172	1471013	3039798
1. 企业存款	6849217	554952	1072959
（1）活期存款	4888940	164979	634084
（2）定期存款	1960277	389973	438875
2. 机关团体存款	2256940	352168	381537
3. 储蓄存款	13843470	650043	1461920
（1）活期储蓄	3743402	148110	450070
（2）定期储蓄	10100068	501933	1011850
4. 农业存款	3731	1873	－4730
5. 其他存款	978814	－88023	128112
二、代理财政性存款	74071	－114756	31538
三、金融债券	99	－17	－5
其中：政策性金融债券			
四、应付及暂收款	182731	43501	－9286
其中：应付及预提利息	66322	8801	－5371
五、卖出回购资产		－296993	
六、向中央银行借款		－50311	44885
七、同业往来	643152	28202	－175202
1. 同业存放	643152	28202	－175202
2. 同业拆借			
八、委托存款及委托投资基金（净）	1469	862	－1267
1. 委托存款及委托投资基金	303429	63060	117289
2. 减：委托贷款及委托投资	301960	62198	118556
九、代理金融机构委托贷款基金	149		－1400
其中：中央银行委托贷款基金	149		－1400
十、各项准备	9038	－10256	－8316
其中：贷款损失准备	9038	－10256	－5474
十一、所有者权益	64464	21039	3754
其中：实收资本			
当年结益	52302	52302	31264
十二、其他	－2604419	425017	－393416
资金来源总计	22302926	1517301	2531083

续表

项目名称	年末余额	比年初增减数 2004 年	比年初增减数 2003 年
一、各项贷款	21290129	1866274	2674751
1. 短期贷款	9083744	72770	758364
（1）工业贷款	6733751	345956	687234
（2）商业贷款	1201964	－174454	27470
其中：收购贷款			
（3）建筑业贷款	32048	－7465	－8685
（4）农业贷款	6387	1917	920
（5）乡镇企业贷款			
（6）三资企业贷款	299019	－32625	－37910
（7）私营企业及个体贷款	1212	－1558	
（8）其他短期贷款	809363	－59001	89335
其中：个人短期消费贷款	41436	－28877	－14136
2. 中期流动资金贷款	631385	－134883	－542250
3. 中长期贷款	11151236	3063186	2339959
（1）基本建设贷款	6815529	1317761	1387803
（2）技术改造贷款			
（3）其他中长期贷款	4335707	1745425	952156
其中：个人中长期消费贷款	3613407	1249628	937389
4. 票据融资	302759	－1117599	125794
其中：贴现及买断式转贴现	302759	－1117599	125794
5. 各项垫款	121005	－17200	－7116
二、有价证券及投资	186621	8954	－57930
三、应收及预付款	57232	－67208	－67814
其中：应收利息	44974	－64388	－73081
四、买入返售资产		－130583	
五、存放中央银行准备金存款	477080	－131495	－57047
六、存放中央银行特种存款			
七、缴存中央银行财政性存款	97511	33667	32630
八、同业往来	27199	－12210	－14001
1. 存放同业	6091	－3947	－2196
2. 拆放同业	21108	－8263	－11805
九、代理金融机构贷款	10		－1400
其中：代理人行专项贷款	10		－1400
十、库存现金	166761	－46136	25950
十一、外汇占款	383	－3962	－4056
资金运用总计	22302926	1517301	2531083

山东省农业银行人民币信贷收支表

单位：万元

项目名称	年末余额	比年初增减数 2004年	比年初增减数 2003年
一、各项存款	21690114	3052171	3462183
1. 企业存款	5776898	888515	911780
（1）活期存款	4257594	658263	723337
（2）定期存款	1519304	230252	188443
2. 机关团体存款	1354890	233180	361467
3. 储蓄存款	13543897	1659008	1985450
（1）活期储蓄	5263062	829413	1281410
（2）定期储蓄	8280835	829595	704040
4. 农业存款	74085	－2837	－42178
5. 其他存款	940344	274305	245664
二、代理财政性存款	62525	－27973	－106737
三、金融债券	66	－2	－2
其中：政策性金融债券			
四、应付及暂收款	216247	882	83389
其中：应付及预提利息	11045	－1413	6688
五、卖出回购资产			
六、向中央银行借款		－23797	23497
七、同业往来	474586	55253	－146814
1. 同业存放	474586	55253	－146814
2. 同业拆借			
八、委托存款及委托投资基金（净）	－1277	－5392	－3764
1. 委托存款及委托投资基金	127249	30778	34464
2. 减：委托贷款及委托投资	128526	36170	38228
九、代理金融机构委托贷款基金			
其中：中央银行委托贷款基金			
十、各项准备	168063	18600	23017
其中：贷款损失准备	168063	18600	23017
十一、所有者权益	－14075	115985	65106
其中：实收资本			
当年结益	31291	31291	11998
十二、其他	－4921395	－1425529	－1062734
资金来源总计	17674854	1760198	2337141

续表

项目名称	年末余额	比年初增减数 2004年	比年初增减数 2003年
一、各项贷款	16540766	1776516	2237976
1. 短期贷款	9868214	905085	984070
（1）工业贷款	2325997	437517	347308
（2）商业贷款	2582607	36458	－63645
其中：收购贷款	371117	－7710	－45301
（3）建筑业贷款	103666	－38476	－1029
（4）农业贷款	838598	54313	－1179
（5）乡镇企业贷款	1795420	199116	183800
（6）三资企业贷款	168557	－17813	－10503
（7）私营企业及个体贷款	545695	22682	225642
（8）其他短期贷款	1507674	211288	303676
其中：个人短期消费贷款	106775	－11079	15709
2. 中期流动资金贷款	382831	－83632	－14041
3. 中长期贷款	5259755	885798	749502
（1）基本建设贷款	1430715	366855	187935
（2）技术改造贷款	462580	203383	114037
（3）其他中长期贷款	3366460	315560	447530
其中：个人中长期消费贷款	1640555	30461	546129
4. 票据融资	940218	67927	528728
其中：贴现及买断式转贴现	940218	67927	528728
5. 各项垫款	89748	1338	－10283
二、有价证券及投资	96177	19706	10397
三、应收及预付款	284590	－191622	24062
其中：应收利息	126824	－165551	－53787
四、买入返售资产	154435	154435	
五、存放中央银行准备金存款	370395	－14597	14478
六、存放中央银行特种存款			
七、缴存中央银行财政性存款	67483	16410	27488
八、同业往来	27371	－5579	－6124
1. 存放同业	3425	－19881	16227
2. 拆放同业	23946	14302	－22351
九、代理金融机构贷款			
其中：代理人行专项贷款			
十、库存现金	112055	－7002	29962
十一、外汇占款	21582	11931	－1098
资金运用总计	17674854	1760198	2337141

山东省中国银行可比口径人民币信贷收支表

单位：万元

项目名称	年末余额	比年初增减数 2004年	比年初增减数 2003年
一、各项存款	10577030	1129908	1968755
1. 企业存款	3309637	329745	849398
（1）活期存款	2442244	106386	708504
（2）定期存款	867393	223359	140894
2. 机关团体存款	260813	42333	37132
3. 储蓄存款	5563570	556343	746355
（1）活期储蓄	1681518	137563	316854
（2）定期储蓄	3882052	418780	429501
4. 农业存款			
5. 其他存款	1443010	201487	335870
二、代理财政性存款	4082	2693	1389
三、金融债券	27	1	-9
其中：政策性金融债券			
四、应付及暂收款	207437	21668	43160
其中：应付及预提利息	132040	19611	10165
五、卖出回购资产	57059	45459	11600
六、向中央银行借款	3688	-44403	44119
七、同业往来	260382	-13295	76554
1. 同业存放	260382	-10195	97600
2. 同业拆借		-3100	-21046
八、委托存款及委托投资基金（净）			
1. 委托存款及委托投资基金	108036	69743	
2. 减：委托贷款及委托投资	108036	69743	
九、代理金融机构委托贷款基金			
其中：中央银行委托贷款基金			
十、各项准备	308676	290764	-42989
其中：贷款损失准备	252232	234320	-42989
十一、所有者权益	-37447	193652	-6169
其中：实收资本			
当年结益	133774	133774	-90501
十二、其他	-3072109	-437577	-216132
资金来源总计	8308825	1188870	1880278

续表

项目名称	年末余额	比年初增减数 2004年	比年初增减数 2003年
一、各项贷款	7836896	1305325	1913901
1. 短期贷款	4298832	344827	891766
（1）工业贷款	1568676	648721	303009
（2）商业贷款	1468789	-21556	241271
其中：收购贷款			
（3）建筑业贷款	3200	974	2130
（4）农业贷款			
（5）乡镇企业贷款			
（6）三资企业贷款	446363	-8625	16959
（7）私营企业及个体贷款	18943	-749	
（8）其他短期贷款	792861	-273938	328397
其中：个人短期消费贷款	111261	-46492	43282
2. 中期流动资金贷款	633664	254471	44532
3. 中长期贷款	2062872	553447	578280
（1）基本建设贷款	517027	71094	154642
（2）技术改造贷款	245401	79176	70670
（3）其他中长期贷款	1300444	403177	352968
其中：个人中长期消费贷款	985214	259390	387786
4. 票据融资	830906	142208	427385
其中：贴现及买断式转贴现	830906	142208	427385
5. 各项垫款	10622	10372	-28062
二、有价证券及投资	45496	14816	-1452
三、应收及预付款	68681	-7602	-109386
其中：应收利息	64882	8857	-89597
四、买入返售资产			
五、存放中央银行准备金存款	239002	-117482	66237
六、存放中央银行特种存款			
七、缴存中央银行财政性存款	11349	-497	2785
八、同业往来	17807	-6141	1925
1. 存放同业	17807	-5642	1971
2. 拆放同业		-499	-46
九、代理金融机构贷款			
其中：代理人行专项贷款			
十、库存现金	89902	-4718	11760
十一、外汇占款	-308	5169	-5492
资金运用总计	8308825	1188870	1880278

山东省建设银行可比口径人民币信贷收支表

单位：万元

项目名称	年末余额	比年初增减数 2004年	比年初增减数 2003年
一、各项存款	16986443	2112046	2722643
1. 企业存款	5811071	819048	924459
（1）活期存款	4584506	648403	699347
（2）定期存款	1226565	170645	225112
2. 机关团体存款	1852540	288103	385925
3. 储蓄存款	8202169	876095	1004740
（1）活期储蓄	2892743	279343	442316
（2）定期储蓄	5309426	596752	562424
4. 农业存款	8817	－2410	3137
5. 其他存款	1111846	131210	404382
二、代理财政性存款	12989	3949	－22105
三、金融债券	67	－24	－59
其中：政策性金融债券			
四、应付及暂收款	113715	15040	32961
其中：应付及预提利息	12365	1518	－393
五、卖出回购资产			
六、向中央银行借款		－10682	10182
七、同业往来	712926	－114653	60002
1. 同业存放	710926	－116653	60002
2. 同业拆借	2000	2000	
八、委托存款及委托投资基金（净）	－52608	6689	17293
1. 委托存款及委托投资基金	1998692	721463	102158
2. 减：委托贷款及委托投资	2051300	714774	84865
九、代理金融机构委托贷款基金	693	－5055	
其中：中央银行委托贷款基金	693		
十、各项准备	124976	124976	
其中：贷款损失准备			
十一、所有者权益	45999	367988	－194197
其中：实收资本			
当年结益	284561	284561	－253756
十二、其他	－3581338	－703292	－255329
资金来源总计	14363862	1796982	2371391

续表

项目名称	年末余额	比年初增减数 2004年	比年初增减数 2003年
一、各项贷款	13574262	1855323	2281767
1. 短期贷款	4568887	780905	189346
（1）工业贷款	2657583	594886	7085
（2）商业贷款	242902	－17666	25687
其中：收购贷款			
（3）建筑业贷款	339631	－148317	4533
（4）农业贷款	54668	19052	8798
（5）乡镇企业贷款			
（6）三资企业贷款			
（7）私营企业及个体贷款	24805	3286	
（8）其他短期贷款	1249298	329664	143243
其中：个人短期消费贷款	287359	48359	110980
2. 中期流动资金贷款	1220391	－710820	801185
3. 中长期贷款	5912624	919417	763866
（1）基本建设贷款	2701050	291965	50857
（2）技术改造贷款	737203	194490	72880
（3）其他中长期贷款	2474371	432962	640129
其中：个人中长期消费贷款	2370887	500269	708574
4. 票据融资	1855440	857856	605063
其中：贴现及买断式转贴现	1855440	857856	605063
5. 各项垫款	16920	7965	－77693
二、有价证券及投资	197696	13448	47461
三、应收及预付款	73291	23038	－53310
其中：应收利息	5125	5936	－2965
四、买入返售资产		－835	
五、存放中央银行准备金存款	323447	－87095	72084
六、存放中央银行特种存款			
七、缴存中央银行财政性存款	42380	－4336	19661
八、同业往来	28796	－1282	－4869
1. 存放同业	5741	460	816
2. 拆放同业	23055	－1742	－5685
九、代理金融机构贷款	693	－15040	
其中：代理人行专项贷款	693		
十、库存现金	123636	12780	9902
十一、外汇占款	－339	146	－470
资金运用总计	14363862	1796982	2371391

山东省交通银行可比口径人民币信贷收支表

单位：万元

项目名称	年末余额	比年初增减数 2004年	比年初增减数 2003年
一、各项存款	4722402	970910	748125
1. 企业存款	2151866	267101	314657
（1）活期存款	1359648	60764	217755
（2）定期存款	792218	206337	96902
2. 机关团体存款	190748	18775	46840
3. 储蓄存款	1402614	237745	168535
（1）活期储蓄	578429	118794	73115
（2）定期储蓄	824185	118951	95420
4. 农业存款			
5. 其他存款	977174	447289	218093
二、代理财政性存款	155	27	－270
三、金融债券	6		
其中：政策性金融债券			
四、应付及暂收款	84177	6633	21667
其中：应付及预提利息	32580	5821	5009
五、卖出回购资产	22096	－84114	
六、向中央银行借款	2800	－13189	8270
七、同业往来	23286	522	－17815
1. 同业存放	23286	522	－17815
2. 同业拆借			
八、委托存款及委托投资基金（净）	3656	224	－887
1. 委托存款及委托投资基金	244077	71854	107100
2. 减：委托贷款及委托投资	240421	71630	107987
九、代理金融机构委托贷款基金	223	－5917	5729
其中：中央银行委托贷款基金	190		
十、各项准备	32098	103661	－77244
其中：贷款损失准备	32098	103661	－77244
十一、所有者权益	36851	26922	22671
其中：实收资本			
当年结益	56973	56973	22235
十二、其他	－967578	－125505	－68411
资金来源总计	3960172	880174	641835

续表

项目名称	年末余额	比年初增减数 2004年	比年初增减数 2003年
一、各项贷款	3397312	811258	575740
1. 短期贷款	2575086	633094	326534
（1）工业贷款	1565462	583030	142185
（2）商业贷款	227493	114826	－10448
其中：收购贷款			
（3）建筑业贷款	90858	－11613	91187
（4）农业贷款		650	
（5）乡镇企业贷款			
（6）三资企业贷款	97489	－81525	－14166
（7）私营企业及个体贷款	24560	2350	6993
（8）其他短期贷款	569224	25376	110783
其中：个人短期消费贷款	4560	1242	
2. 中期流动资金贷款	110637	－20681	－1850
3. 中长期贷款	461770	158247	269697
（1）基本建设贷款	66600	31690	33365
（2）技术改造贷款	91260	7958	59701
（3）其他中长期贷款	303910	118599	176631
其中：个人中长期消费贷款	165090	71385	53337
4. 票据融资	244585	38737	－17375
其中：贴现及买断式转贴现	244585	38737	－17375
5. 各项垫款	5234	1861	－1266
二、有价证券及投资	213632	56128	22473
三、应收及预付款	34609	－2024	8291
其中：应收利息	752	76	－848
四、买入返售资产	12100	12100	
五、存放中央银行准备金存款	236271	－20067	38996
六、存放中央银行特种存款			
七、缴存中央银行财政性存款	1513	95	460
八、同业往来	28127	16444	196
1. 存放同业	25797	16444	196
2. 拆放同业	2330		
九、代理金融机构贷款			－190
其中：代理人行专项贷款			－190
十、库存现金	34735	6347	－4272
十一、外汇占款	1873	－107	141
资金运用总计	3960172	880174	641835

山东省中信实业银行人民币信贷收支表

单位：万元

项目名称	年末余额	比年初增减数 2004年	比年初增减数 2003年
一、各项存款	3055339	523532	317729
1. 企业存款	1332962	68338	－137582
（1）活期存款	1001333	123196	9424
（2）定期存款	331628	－54858	－147006
2. 机关团体存款	122478	64155	27616
3. 储蓄存款	468068	74890	－47283
（1）活期储蓄	76775	9311	7261
（2）定期储蓄	391293	65578	－54544
4. 农业存款			
5. 其他存款	1131831	316150	474978
二、代理财政性存款			
三、金融债券			
其中：政策性金融债券			
四、应付及暂收款	25091	9691	－5359
其中：应付及预提利息	11282	－2380	1843
五、卖出回购资产	2000	－284499	
六、向中央银行借款		－17138	17138
七、同业往来	104717	－6095	－8707
1. 同业存放	104717	－6095	－8707
2. 同业拆借			
八、委托存款及委托投资基金（净）	52019	51814	1
1. 委托存款及委托投资基金	90813	68946	778
2. 减：委托贷款及委托投资	38794	17132	777
九、代理金融机构委托贷款基金			
其中：中央银行委托贷款基金			
十、各项准备	23897	5255	2087
其中：贷款损失准备	23897	5255	2087
十一、所有者权益	－48981	－48230	－1026
其中：实收资本			
当年结益	－51214	－51214	209
十二、其他	－602571	－83511	－97366
资金来源总计	2611510	150819	224496

续表

项目名称	年末余额	比年初增减数 2004年	比年初增减数 2003年
一、各项贷款	2388458	221965	227174
1. 短期贷款	1445220	299211	78315
（1）工业贷款	465919	171301	31657
（2）商业贷款	155853	－12894	－51499
其中：收购贷款			
（3）建筑业贷款	7666	－143	5212
（4）农业贷款			
（5）乡镇企业贷款			－200
（6）三资企业贷款	82751	－1402	－16384
（7）私营企业及个体贷款	7857	－2421	1253
（8）其他短期贷款	725173	157857	108275
其中：个人短期消费贷款	14210	－8703	－12500
2. 中期流动资金贷款	222737	79647	39936
3. 中长期贷款	471517	106871	118243
（1）基本建设贷款	27000	4830	9570
（2）技术改造贷款	47370	3900	29470
（3）其他中长期贷款	397147	98141	79203
其中：个人中长期消费贷款	90496	－16966	－2315
4. 票据融资	242502	－253527	－8479
其中：贴现及买断式转贴现	242502	－253527	－8479
5. 各项垫款	6483	－4567	－841
二、有价证券及投资	44061	－302	－13183
三、应收及预付款	21820	3458	－19841
其中：应收利息	6353	－2366	－18784
四、买入返售资产			
五、存放中央银行准备金存款	142501	－64522	28750
六、存放中央银行特种存款			
七、缴存中央银行财政性存款			
八、同业往来	20254	－11364	3686
1. 存放同业	20254	－11364	3686
2. 拆放同业			
九、代理金融机构贷款			
其中：代理人行专项贷款			
十、库存现金	9284	33	－1257
十一、外汇占款	－14868	1550	－833
资金运用总计	2611510	150819	224496

山东省光大银行人民币信贷收支表

单位：万元

项目名称	年末余额	比年初增减数 2004年	比年初增减数 2003年
一、各项存款	2045202	180997	397392
1. 企业存款	1051371	－2872	147219
（1）活期存款	649300	89908	26989
（2）定期存款	402071	23130	120230
2. 机关团体存款	136013	－746	12619
3. 储蓄存款	305880	112976	72019
（1）活期储蓄	110935	27420	35758
（2）定期储蓄	194945	85556	36261
4. 农业存款			
5. 其他存款	551938	71639	165535
二、代理财政性存款			
三、金融债券			
其中：政策性金融债券			
四、应付及暂收款	23428	1893	6402
其中：应付及预提利息	9760	－1761	796
五、卖出回购资产	5000	－44070	
六、向中央银行借款		－16599	16599
七、同业往来	86543	－24978	5769
1. 同业存放	74873	－21978	5769
2. 同业拆借	11670	－3000	
八、委托存款及委托投资基金（净）	80885	80855	
1. 委托存款及委托投资基金	190056	76250	10354
2. 减：委托贷款及委托投资	109171	－4605	10354
九、代理金融机构委托贷款基金			
其中：中央银行委托贷款基金			
十、各项准备	13126	－752	－30104
其中：贷款损失准备	13126	－752	－30104
十一、所有者权益	14325	21394	3196
其中：实收资本			
当年结益	20847	－4546	
十二、其他	－770065	－326136	－79210
资金来源总计	1498444	－127396	320044

续表

项目名称	年末余额	比年初增减数 2004年	比年初增减数 2003年
一、各项贷款	1312579	－139393	317401
1. 短期贷款	737429	－71013	70139
（1）工业贷款	177612	－38509	48430
（2）商业贷款	95425	－20357	－32057
其中：收购贷款			
（3）建筑业贷款			
（4）农业贷款			
（5）乡镇企业贷款			
（6）三资企业贷款		－49155	－7417
（7）私营企业及个体贷款	6034	－8195	1245
（8）其他短期贷款	458358	45203	59938
其中：个人短期消费贷款	7995	1204	7632
2. 中期流动资金贷款			
3. 中长期贷款	522365	68071	149887
（1）基本建设贷款			－67
（2）技术改造贷款			
（3）其他中长期贷款	522365	68071	149954
其中：个人中长期消费贷款	150789	76340	57938
4. 票据融资	48593	－130422	98028
其中：贴现及买断式转贴现	48593	－130422	98028
5. 各项垫款	4192	－6029	－653
二、有价证券及投资	29378	2972	－535
三、应收及预付款	46987	－7183	－9810
其中：应收利息	8676	－2530	－6351
四、买入返售资产		－1500	
五、存放中央银行准备金存款	92074	18923	8982
六、存放中央银行特种存款			
七、缴存中央银行财政性存款	34	17	4
八、同业往来	7240	－1976	1013
1. 存放同业	7240	－1976	1013
2. 拆放同业			
九、代理金融机构贷款			
其中：代理人行专项贷款			
十、库存现金	9868	1907	2429
十一、外汇占款	284	－1163	560
资金运用总计	1498444	－127396	320044

山东省华夏银行人民币信贷收支表

单位：万元

项目名称	年末余额	比年初增减数 2004年	比年初增减数 2003年
一、各项存款	2365253	523433	456070
1. 企业存款	1122611	131528	199924
（1）活期存款	698168	104933	156542
（2）定期存款	424443	26595	43382
2. 机关团体存款	270325	118876	60058
3. 储蓄存款	353059	119108	86775
（1）活期储蓄	153017	43448	39651
（2）定期储蓄	200042	75660	47124
4. 农业存款			
5. 其他存款	619258	153921	109313
二、代理财政性存款			
三、金融债券			
其中：政策性金融债券			
四、应付及暂收款	26951	－2927	16437
其中：应付及预提利息	7986	1614	1064
五、卖出回购资产		－67400	67400
六、向中央银行借款		－18653	18653
七、同业往来	245945	10678	44201
1. 同业存放	233945	35678	27201
2. 同业拆借	12000	－25000	17000
八、委托存款及委托投资基金（净）			
1. 委托存款及委托投资基金	33612	15302	－65440
2. 减：委托贷款及委托投资	33612	15302	－65440
九、代理金融机构委托贷款基金			
其中：中央银行委托贷款基金			
十、各项准备	28117	8112	10468
其中：贷款损失准备	27647	7642	10468
十一、所有者权益	9398	5707	2268
其中：实收资本			
当年结益	18039	18039	9885
十二、其他	－512539	－301720	126018
资金来源总计	2163125	157230	741515

续表

项目名称	年末余额	比年初增减数 2004年	比年初增减数 2003年
一、各项贷款	1714845	115954	672002
1. 短期贷款	1140107	205599	243871
（1）工业贷款	214597	60576	55342
（2）商业贷款	34118	4637	17495
其中：收购贷款			
（3）建筑业贷款	34460	5417	－552
（4）农业贷款			
（5）乡镇企业贷款			
（6）三资企业贷款	88672	8425	9429
（7）私营企业及个体贷款	13321	5673	3821
（8）其他短期贷款	754939	120871	158336
其中：个人短期消费贷款	87188	56278	17637
2. 中期流动资金贷款	11338	11338	
3. 中长期贷款	411684	61334	124108
（1）基本建设贷款	32600	－26000	－11000
（2）技术改造贷款			
（3）其他中长期贷款	379084	87334	135108
其中：个人中长期消费贷款	91859	8037	30010
4. 票据融资	145659	－162251	298996
其中：贴现及买断式转贴现	145659	－162251	298996
5. 各项垫款	6057	－66	5027
二、有价证券及投资	135306	－11797	25495
三、应收及预付款	14203	11861	－4721
其中：应收利息	177	－105	－3815
四、买入返售资产	118793	118793	
五、存放中央银行准备金存款	155574	－68320	75878
六、存放中央银行特种存款			
七、缴存中央银行财政性存款			
八、同业往来	9381	－15999	－26713
1. 存放同业	9381	－15999	－26186
2. 拆放同业			－527
九、代理金融机构贷款			
其中：代理人行专项贷款			
十、库存现金	12853	4601	1521
十一、外汇占款	2170	2137	－1947
资金运用总计	2163125	157230	741515

山东省深圳发展人民币信贷收支表

单位：万元

项目名称	年末余额	比年初增减数 2004 年	比年初增减数 2003 年
一、各项存款	755571	229960	52850
1. 企业存款	247065	27245	30093
(1) 活期存款	174110	60126	－21390
(2) 定期存款	72955	－32881	51483
2. 机关团体存款	21875	19912	－17466
3. 储蓄存款	59113	27141	11167
(1) 活期储蓄	20962	3776	6783
(2) 定期储蓄	38151	23365	4384
4. 农业存款			
5. 其他存款	427518	155662	29056
二、代理财政性存款		－2021	2020
三、金融债券			
其中：政策性金融债券			
四、应付及暂收款	5418	1182	2045
其中：应付及预提利息	2048	756	329
五、卖出回购资产		－18606	
六、向中央银行借款		－28261	28261
七、同业往来	8371	－5797	－34237
1. 同业存放	8371	－5797	－34237
2. 同业拆借			
八、委托存款及委托投资基金（净）			
1. 委托存款及委托投资基金	20455	20455	－2250
2. 减：委托贷款及委托投资	20455	20455	－2250
九、代理金融机构委托贷款基金			
其中：中央银行委托贷款基金			
十、各项准备	6909	2427	2384
其中：贷款损失准备	6884	2427	2384
十一、所有者权益	6811	7811	－2063
其中：实收资本			
当年结益	6811	6811	－1000
十二、其他	－130271	－47190	200258
资金来源总计	652809	139505	251518

续表

项目名称	年末余额	比年初增减数 2004 年	比年初增减数 2003 年
一、各项贷款	567577	76415	265275
1. 短期贷款	385472	99555	197855
(1) 工业贷款	274440	140790	93650
(2) 商业贷款	2150	－11250	2258
其中：收购贷款			
(3) 建筑业贷款	6000	－23000	28000
(4) 农业贷款			
(5) 乡镇企业贷款			
(6) 三资企业贷款	3700	3200	500
(7) 私营企业及个体贷款	4198	3978	140
(8) 其他短期贷款	94984	－14163	73307
其中：个人短期消费贷款	3258	339	1146
2. 中期流动资金贷款	1268	－638	1206
3. 中长期贷款	67584	36216	27546
(1) 基本建设贷款	39475	25700	13775
(2) 技术改造贷款			
(3) 其他中长期贷款	28109	10516	13771
其中：个人中长期消费贷款	27950	10357	13771
4. 票据融资	113253	－58696	38646
其中：贴现及买断式转贴现	113253	－58696	38646
5. 各项垫款		－22	22
二、有价证券及投资	627	499	123
三、应收及预付款	671	－132	－293
其中：应收利息	35	－68	－413
四、买入返售资产	51499	51499	
五、存放中央银行准备金存款	28071	13820	－15638
六、存放中央银行特种存款			
七、缴存中央银行财政性存款			
八、同业往来	3149	－2901	1681
1. 存放同业	3149	－2901	1681
2. 拆放同业			
九、代理金融机构贷款			
其中：代理人行专项贷款			
十、库存现金	1215	305	370
十一、外汇占款			
资金运用总计	652809	139505	251518

山东省招商银行人民币信贷收支表

单位：万元

项目名称	年末余额	比年初增减数	
		2004年	2003年
一、各项存款	2215934	647266	502718
1. 企业存款	1086003	221771	334254
(1) 活期存款	821697	151205	188541
(2) 定期存款	264306	70566	145713
2. 机关团体存款	123806	16715	
3. 储蓄存款	549181	188415	158799
(1) 活期储蓄	292482	94629	72775
(2) 定期储蓄	256699	93786	86024
4. 农业存款			
5. 其他存款	456944	220365	9665
二、代理财政性存款	477	－1024	104585
三、金融债券			
其中：政策性金融债券			
四、应付及暂收款	36435	7099	18065
其中：应付及预提利息	11889	5777	2910
五、卖出回购资产	2000	－434132	
六、向中央银行借款		－12561	12561
七、同业往来	41006	12212	24087
1. 同业存放	41006	－76666	24087
2. 同业拆借			
八、委托存款及委托投资基金（净）			
1. 委托存款及委托投资基金	23535	－3065	18100
2. 减：委托贷款及委托投资	23535	－3065	18100
九、代理金融机构委托贷款基金			
其中：中央银行委托贷款基金			
十、各项准备	32436	4027	13291
其中：贷款损失准备	32436	4027	13291
十一、所有者权益	28605	21536	5806
其中：实收资本			
当年结益	41143	41143	17390
十二、其他	30462	－338917	251715
资金来源总计	2387355	－183372	932828

续表

项目名称	年末余额	比年初增减数	
		2004年	2003年
一、各项贷款	2256139	－77100	979506
1. 短期贷款	1354844	243868	379800
(1) 工业贷款	322341	17567	190829
(2) 商业贷款	51200	－22024	32634
其中：收购贷款			
(3) 建筑业贷款	32095	－2955	16850
(4) 农业贷款			
(5) 乡镇企业贷款			
(6) 三资企业贷款	74530	24380	15475
(7) 私营企业及个体贷款	23000	14950	3750
(8) 其他短期贷款	851678	211950	120262
其中：个人短期消费贷款	9164	3494	508
2. 中期流动资金贷款	296800	－1200	196012
3. 中长期贷款	303353	192400	78310
(1) 基本建设贷款	13200	13200	－41
(2) 技术改造贷款	41000	36000	
(3) 其他中长期贷款	249153	143200	78351
其中：个人中长期消费贷款	228927	73771	
4. 票据融资	301142	－422736	325384
其中：贴现及买断式转贴现	301142	－422736	325384
5. 各项垫款			
二、有价证券及投资	7380	4842	1030
三、应收及预付款	3125	－2583	3523
其中：应收利息	2831	－628	19
四、买入返售资产	19951	－125512	
五、存放中央银行准备金存款	69055	24995	－68361
六、存放中央银行特种存款			
七、缴存中央银行财政性存款	468	189	279
八、同业往来	20205	－9794	14829
1. 存放同业	20205	－9794	14829
2. 拆放同业			
九、代理金融机构贷款			
其中：代理人行专项贷款			
十、库存现金	11032	1591	2022
十一、外汇占款			
资金运用总计	2387355	－183372	932828

山东省浦东发展银行人民币信贷收支表

单位：万元

项目名称	年末余额	比年初增减数	
		2004 年	2003 年
一、各项存款	1268854	166613	708121
1. 企业存款	639965	188408	222932
（1）活期存款	345601	71929	113862
（2）定期存款	294364	116479	109070
2. 机关团体存款	24180	－2195	26375
3. 储蓄存款	70420	30406	24792
（1）活期储蓄	22866	3354	12040
（2）定期储蓄	47554	27052	12752
4. 农业存款			
5. 其他存款	534289	－50006	434022
二、代理财政性存款			－16647
三、金融债券			
其中：政策性金融债券			
四、应付及暂收款	15457	4362	9455
其中：应付及预提利息	6340	3140	2643
五、卖出回购资产	324763	－60229	
六、向中央银行借款		－3390	3390
七、同业往来	75436	－4175	149499
1. 同业存放	75436	－4175	63209
2. 同业拆借			86290
八、委托存款及委托投资基金（净）			
1. 委托存款及委托投资基金			
2. 减：委托贷款及委托投资			
九、代理金融机构委托贷款基金			
其中：中央银行委托贷款基金			
十、各项准备	20726	5414	6027
其中：贷款损失准备	20726	5414	6027
十一、所有者权益	26062	18349	2228
其中：实收资本			
当年结益	27794	27794	7713
十二、其他	－35831	－62487	－483404
资金来源总计	1695467	64457	378669

续表

项目名称	年末余额	比年初增减数	
		2004 年	2003 年
一、各项贷款	1556642	196125	323544
1. 短期贷款	973491	53445	602112
（1）工业贷款	732985	162315	493720
（2）商业贷款	68717	24517	24197
其中：收购贷款			
（3）建筑业贷款	11933	11933	
（4）农业贷款			
（5）乡镇企业贷款			
（6）三资企业贷款		－22700	－2240
（7）私营企业及个体贷款			
（8）其他短期贷款	159856	－122620	86435
其中：个人短期消费贷款	5916	4673	637
2. 中期流动资金贷款	146300	－1100	130400
3. 中长期贷款	101702	65519	15789
（1）基本建设贷款	65000	40000	15000
（2）技术改造贷款			
（3）其他中长期贷款	36702	25519	789
其中：个人中长期消费贷款	14280	5643	－1211
4. 票据融资	335149	78261	－424757
其中：贴现及买断式转贴现	335149	78261	－424757
5. 各项垫款			
二、有价证券及投资	3571	772	250
三、应收及预付款	9900	2516	5729
其中：应收利息	693	653	
四、买入返售资产	36000	－149667	
五、存放中央银行准备金存款	64981	－5715	46247
六、存放中央银行特种存款			
七、缴存中央银行财政性存款			
八、同业往来	22704	19544	2393
1. 存放同业	22704	19544	2393
2. 拆放同业			
九、代理金融机构贷款			
其中：代理人行专项贷款			
十、库存现金	1626	932	440
十一、外汇占款	43	－50	66
资金运用总计	1695467	64457	378669

山东省兴业银行人民币信贷收支表

单位：万元

项目名称	年末余额	比年初增减数 2004年	比年初增减数 2003年
一、各项存款	1153474	366652	249743
1. 企业存款	761365	150456	333754
（1）活期存款	294927	72573	85463
（2）定期存款	466438	77883	248291
2. 机关团体存款			
3. 储蓄存款	40061	18974	8468
（1）活期储蓄	14292	1923	5184
（2）定期储蓄	25769	17051	3284
4. 农业存款	2677	269	2408
5. 其他存款	349371	196953	－94887
二、代理财政性存款			－19350
三、金融债券			
其中：政策性金融债券			
四、应付及暂收款	5416	1616	1029
其中：应付及预提利息	3409	810	915
五、卖出回购资产	66120	－64329	
六、向中央银行借款		－10529	10529
七、同业往来	188158	77851	71366
1. 同业存放	188158	77851	71366
2. 同业拆借			
八、委托存款及委托投资基金（净）	137	120	14
1. 委托存款及委托投资基金	22216	21399	－306
2. 减：委托贷款及委托投资	22079	21279	－320
九、代理金融机构委托贷款基金			
其中：中央银行委托贷款基金			
十、各项准备	349	1385	－1594
其中：贷款损失准备	346	1382	－1593
十一、所有者权益	15622	6126	7405
其中：实收资本			
当年结益	15622	15622	9504
十二、其他	－269877	－275510	41586
资金来源总计	1159399	103382	360728

续表

项目名称	年末余额	比年初增减数 2004年	比年初增减数 2003年
一、各项贷款	932611	48985	328862
1. 短期贷款	692302	240994	126960
（1）工业贷款	523225	217090	188417
（2）商业贷款	19460	5790	6370
其中：收购贷款			
（3）建筑业贷款	29450	－12200	41650
（4）农业贷款	14000	1800	12200
（5）乡镇企业贷款			
（6）三资企业贷款			－24480
（7）私营企业及个体贷款			－14720
（8）其他短期贷款	106167	28514	－82477
其中：个人短期消费贷款	4350	2807	1543
2. 中期流动资金贷款			－204700
3. 中长期贷款	224023	－46472	269440
（1）基本建设贷款		－7000	7000
（2）技术改造贷款			
（3）其他中长期贷款	224023	－39472	262440
其中：个人中长期消费贷款	8123	－972	8040
4. 票据融资	16286	－145537	137162
其中：贴现及买断式转贴现	16286	－145537	137162
5. 各项垫款			
二、有价证券及投资	723	467	188
三、应收及预付款	120	74	－234
其中：应收利息		－21	21
四、买入返售资产	173726	66020	
五、存放中央银行准备金存款	36115	－8499	13813
六、存放中央银行特种存款			
七、缴存中央银行财政性存款	49	49	
八、同业往来	14468	－3991	17377
1. 存放同业	14468	－3991	17377
2. 拆放同业			
九、代理金融机构贷款			
其中：代理人行专项贷款			
十、库存现金	1587	277	722
十一、外汇占款			
资金运用总计	1159399	103382	360728

山东省民生银行人民币信贷收支表

单位：万元

项目名称	年末余额	比年初增减数 2004年	比年初增减数 2003年
一、各项存款	1049291	508848	252479
1. 企业存款	350682	134853	32508
（1）活期存款	216546	64521	32345
（2）定期存款	134136	70332	163
2. 机关团体存款	91554	55200	12989
3. 储蓄存款	71034	36702	23034
（1）活期储蓄	34439	15708	13889
（2）定期储蓄	36595	20994	9145
4. 农业存款			
5. 其他存款	536021	282093	183948
二、代理财政性存款		－16024	16023
三、金融债券			
其中：政策性金融债券			
四、应付及暂收款	6597	3877	1412
其中：应付及预提利息	3848	2734	721
五、卖出回购资产		－67711	
六、向中央银行借款			
七、同业往来	19886	－24954	18816
1. 同业存放	19886	－24954	18816
2. 同业拆借			
八、委托存款及委托投资基金（净）			
1. 委托存款及委托投资基金	12580	980	11180
2. 减：委托贷款及委托投资	12580	980	11180
九、代理金融机构委托贷款基金			
其中：中央银行委托贷款基金			
十、各项准备	5555	1461	2589
其中：贷款损失准备	5555	1461	2589
十一、所有者权益	7956	5085	3364
其中：实收资本			
当年结益	7956	7956	2866
十二、其他	－204030	－103653	－24234
资金来源总计	885255	306929	270449

续表

项目名称	年末余额	比年初增减数 2004年	比年初增减数 2003年
一、各项贷款	780036	325869	232376
1. 短期贷款	389417	8654	241770
（1）工业贷款	245680	16150	104220
（2）商业贷款	3000	－17200	17700
其中：收购贷款			
（3）建筑业贷款			
（4）农业贷款			
（5）乡镇企业贷款			
（6）三资企业贷款	4500	－8000	12500
（7）私营企业及个体贷款	20915	15115	5800
（8）其他短期贷款	115322	2589	101550
其中：个人短期消费贷款	1844	341	692
2. 中期流动资金贷款	76300	45000	31300
3. 中长期贷款	304169	284581	17863
（1）基本建设贷款	50000	45000	5000
（2）技术改造贷款			
（3）其他中长期贷款	254169	239581	12863
其中：个人中长期消费贷款	12399	6546	4128
4. 票据融资	10150	－12366	－58557
其中：贴现及买断式转贴现	10150	－12366	－58557
5. 各项垫款			
二、有价证券及投资	2077	900	925
三、应收及预付款	3438	2548	779
其中：应收利息	1325	1325	
四、买入返售资产		－50000	
五、存放中央银行准备金存款	90781	48548	20568
六、存放中央银行特种存款			
七、缴存中央银行财政性存款			
八、同业往来	7150	－21145	15327
1. 存放同业	7150	－21145	15327
2. 拆放同业			
九、代理金融机构贷款			
其中：代理人行专项贷款			
十、库存现金	1770	261	863
十一、外汇占款	3	－52	－389
资金运用总计	885255	306929	270449

山东省恒丰银行人民币信贷收支表

单位：万元

项目名称	年末余额	比年初增减数 2004年	比年初增减数 2003年
一、各项存款	1883479	562308	204887
1. 企业存款	924953	320390	81167
(1) 活期存款	474760	91837	97316
(2) 定期存款	450193	228553	－16149
2. 机关团体存款	20901	11944	2761
3. 储蓄存款	851250	184397	114801
(1) 活期储蓄	67893	15394	6945
(2) 定期储蓄	783357	107856	
4. 农业存款			
5. 其他存款	86375	45577	6158
二、代理财政性存款			
三、金融债券			
其中：政策性金融债券			
四、应付及暂收款	28699	12160	－307
其中：应付及预提利息	13085	840	293
五、卖出回购资产	429148	42946	119702
六、向中央银行借款		－13406	13406
七、同业往来	152854	125798	19425
1. 同业存放	152854	143798	1425
2. 同业拆借		－18000	18000
八、委托存款及委托投资基金（净）	45001	45000	－3999
1. 委托存款及委托投资基金	58903	53000	－4366
2. 减：委托贷款及委托投资	13902	8000	－367
九、代理金融机构委托贷款基金			
其中：中央银行委托贷款基金			
十、各项准备	43319	4529	31458
其中：贷款损失准备	43319	4590	31458
十一、所有者权益	116003	4486	－19262
其中：实收资本	100000		8000
当年结益	12968	12968	9578
十二、其他	－236098	－310971	173492
资金来源总计	2462405	472850	538802

续表

项目名称	年末余额	比年初增减数 2004年	比年初增减数 2003年
一、各项贷款	1285792	320331	237951
1. 短期贷款	680242	－42494	160830
(1) 工业贷款	227203	28181	7427
(2) 商业贷款	191060	37782	49556
其中：收购贷款			
(3) 建筑业贷款	113028	1826	23250
(4) 农业贷款			
(5) 乡镇企业贷款			
(6) 三资企业贷款			
(7) 私营企业及个体贷款	3108	3108	
(8) 其他短期贷款	145843	－113391	80597
其中：个人短期消费贷款	386	386	
2. 中期流动资金贷款			
3. 中长期贷款	167456	1888	41627
(1) 基本建设贷款			
(2) 技术改造贷款			
(3) 其他中长期贷款	167456	1888	41627
其中：个人中长期消费贷款	48904	－11081	26457
4. 票据融资	438094	360937	35494
其中：贴现及买断式转贴现	438094	360937	35494
5. 各项垫款			
二、有价证券及投资	721912	83242	208085
三、应收及预付款	100546	－28930	112319
其中：应收利息			
四、买入返售资产	10000	6000	1000
五、存放中央银行准备金存款	261211	117624	14638
六、存放中央银行特种存款			
七、缴存中央银行财政性存款			
八、同业往来	71264	－27442	－36024
1. 存放同业	58162	－22932	－19734
2. 拆放同业	13102	－4510	－16290
九、代理金融机构贷款			
其中：代理人行专项贷款			
十、库存现金	10249	594	833
十一、外汇占款	1431	1431	
资金运用总计	2462405	472850	538802

山东省国家开发银行单家银行外汇信贷收支表

单位：万美元

项目名称	年末余额	比年初增减数 2004年	比年初增减数 2003年
一、各项存款	0	0	
1. 单位活期存款	0	0	
中资企业存款			
外商投资企业存款			
2. 单位定期存款			
中资企业存款			
外商投资企业存款			
3. 储蓄存款			
其中：定期存款			
4. 其他类存款			
5. 境外存款			
二、境内中长期筹资			
三、卖出回购资产			
四、境外筹资			
五、向中央银行借款			
六、中央银行存款			
七、应付及暂收款			
其中：应付及预提利息			
八、同业存放			
1. 境内同业存放			
2. 境外同业存放			
九、同业拆入			
1. 境内同业拆入			
2. 境外同业拆入			
十、委托基金存款（净）			
十一、外汇买卖			
其中：结售汇			
十二、境内联行存放	9051	9051	
十三、境外联行存放			
十四、各项准备			
其中：贷款损失准备			
十五、所有者权益	13	13	
其中：实收资本			
当年结益	13	13	
十六、其他			
资金来源总计	9064	9064	

续表

项目名称	年末余额	比年初增减数 2004年	比年初增减数 2003年
一、各项贷款	9064	9064	
1. 短期贷款			
（1）境内短期贷款			
其中：中资企业贷款			
外商投资企业贷款			
（2）境外短期贷款			
2. 中长期贷款	9064	9064	
（1）境内中长期贷款	9064	9064	
其中：中资企业贷款			
外商投资企业贷款			
（2）境外中长期贷款			
3. 进出口贸易融资			
4. 票据融资			
其中：贴现及买断式转贴现			
5. 各项垫款			
6. 境外筹资转贷款			
二、投资			
1. 购买有价证券			
其中：购买境外有价证券			
2. 其他投资			
其中：投资境外			
三、应收及预付款			
其中：应收及预付利息			
四、买入返售资产			
五、存放中央银行			
其中：缴存准备金			
六、存放同业			
1. 存放境内同业			
2. 存放境外同业			
七、拆放同业			
1. 拆放境内同业			
2. 拆放境外同业			
八、存放境外联行			
九、库存现金			
资金运用总计	9064	9064	

山东省进出口银行外汇信贷收支表

单位：万美元

项目名称	年末余额	比年初增减数 2004年	比年初增减数 2003年
一、各项存款			
1. 单位活期存款			
中资企业存款			
外商投资企业存款			
2. 单位定期存款			
中资企业存款			
外商投资企业存款			
3. 储蓄存款			
其中：定期存款			
4. 其他类存款			
5. 境外存款			
二、境内中长期筹资			
三、卖出回购资产			
四、境外筹资			
五、向中央银行借款			
六、中央银行存款			
七、应付及暂收款	2	2	
其中：应付及预提利息	2	2	
八、同业存放			
1. 境内同业存放			
2. 境外同业存放			
九、同业拆入			
1. 境内同业拆入			
2. 境外同业拆入			
十、委托基金存款（净）			
十一、外汇买卖			
其中：结售汇			
十二、境内联行存放	2983	2983	
十三、境外联行存放			
十四、各项准备			
其中：贷款损失准备			
十五、所有者权益	16	16	
其中：实收资本			
当年结益	16	16	
十六、其他	500	500	
资金来源总计	3502	3502	

续表

项目名称	年末余额	比年初增减数 2004年	比年初增减数 2003年
一、各项贷款	3455	3455	
1. 短期贷款			
(1) 境内短期贷款			
其中：中资企业贷款			
外商投资企业贷款			
(2) 境外短期贷款			
2. 中长期贷款			
(1) 境内中长期贷款			
其中：中资企业贷款			
外商投资企业贷款			
(2) 境外中长期贷款			
3. 进出口贸易融资	3455	3455	
4. 票据融资			
其中：贴现及买断式转贴现			
5. 各项垫款			
6. 境外筹资转贷款			
二、投资			
1. 购买有价证券			
其中：购买境外有价证券			
2. 其他投资			
其中：投资境外			
三、应收及预付款	3	3	
其中：应收及预付利息	3	3	
四、买入返售资产			
五、存放中央银行			
其中：缴存准备金			
六、存放同业	44	44	
1. 存放境内同业	44	44	
2. 存放境外同业			
七、拆放同业			
1. 拆放境内同业			
2. 拆放境外同业			
八、存放境外联行			
九、库存现金			
资金运用总计	3502	3502	

山东省工商银行外汇信贷收支表

单位：万美元

项目名称	年末余额	比年初增减数 2004年	比年初增减数 2003年
一、各项存款	62292	－5227	－5941
1. 单位活期存款	14567	2833	－921
中资企业存款	7288	2132	1538
外商投资企业存款	6534	446	－1738
2. 单位定期存款	2863	－2823	－4112
中资企业存款	2863	－2665	－4119
外商投资企业存款			
3. 储蓄存款	31298	－12729	－1657
其中：定期存款	28795	－13329	－2388
4. 其他类存款	13564	7492	749
5. 境外存款			
二、境内中长期筹资			
三、卖出回购资产			
四、境外筹资	1497	35	47
五、向中央银行借款			
六、中央银行存款			
七、应付及暂收款	448	－784	694
其中：应付及预提利息	－53	－103	－140
八、同业存放	4398	3378	－339
1. 境内同业存放	4398	3378	－339
2. 境外同业存放			
九、同业拆入			
1. 境内同业拆入			
2. 境外同业拆入			
十、委托基金存款（净）			
十一、外汇买卖	908	－7396	1407
其中：结售汇		－423	－111
十二、境内联行存放	－6476	661	7369
十三、境外联行存放			
十四、各项准备	317	69	－23
其中：贷款损失准备	317	69	－23
十五、所有者权益	－1451	－2136	521
其中：实收资本			
当年结益	－1451	－1451	680
十六、其他	10015	545	－214
资金来源总计	71948	－10855	3521

续表

项目名称	年末余额	比年初增减数 2004年	比年初增减数 2003年
一、各项贷款	69071	－8377	4702
1. 短期贷款	39732	－10937	－1457
（1）境内短期贷款	39732	－10937	－1457
其中：中资企业贷款	29802	－6570	912
外商投资企业贷款	9930	－4367	－2369
（2）境外短期贷款			
2. 中长期贷款	20677	2877	1375
（1）境内中长期贷款	20677	2877	1375
其中：中资企业贷款	12777	－2083	－1565
外商投资企业贷款			
（2）境外中长期贷款			
3. 进出口贸易融资	5310	－1080	5178
4. 票据融资		－1	
其中：贴现及买断式转贴现			
5. 各项垫款	1492	463	－563
6. 境外筹资转贷款	1860	300	170
二、投资			
1. 购买有价证券			
其中：购买境外有价证券			
2. 其他投资			
其中：投资境外			
三、应收及预付款	182	－1872	－657
其中：应收及预付利息	162	－1806	－502
四、买入返售资产			
五、存放中央银行			
其中：缴存准备金			
六、存放同业	649	－871	－488
1. 存放境内同业	615	－43	－1146
2. 存放境外同业	34	－828	658
七、拆放同业			
1. 拆放境内同业			
2. 拆放境外同业			
八、存放境外联行			
九、库存现金	2046	265	－36
资金运用总计	71948	－10855	3521

山东省农业银行外汇信贷收支表

单位：万美元

栏目 / 项目名称	年末余额	比年初增减数 2004年	比年初增减数 2003年
一、各项存款	52695	9149	－2675
1. 单位活期存款	20675	8393	1019
中资企业存款	20675	8398	1014
外商投资企业存款			
2. 单位定期存款	2825	1395	－2584
中资企业存款			
外商投资企业存款			
3. 储蓄存款	22838	－3014	－1103
其中：定期存款	21286	－3398	－1440
4. 其他类存款	6357	2375	－7
5. 境外存款			
二、境内中长期筹资			
三、卖出回购资产			
四、境外筹资			
五、向中央银行借款			
六、中央银行存款			
七、应付及暂收款	18306	4698	13084
其中：应付及预提利息	144	－80	－141
八、同业存放	81	－13	－66
1. 境内同业存放	81	－13	－66
2. 境外同业存放			
九、同业拆入			
1. 境内同业拆入			
2. 境外同业拆入			
十、委托基金存款（净）	－50		
十一、外汇买卖	2604	1438	－127
其中：结售汇	2606	1439	－131
十二、境内联行存放	－22488	5744	－2203
十三、境外联行存放			
十四、各项准备	409	125	8
其中：贷款损失准备	409	125	8
十五、所有者权益	1693	711	－42
其中：实收资本			
当年结益	1686	1686	968
十六、其他	10566	－4300	5959
资金来源总计	63816	17552	13938

续表

栏目 / 项目名称	年末余额	比年初增减数 2004年	比年初增减数 2003年
一、各项贷款	41262	13115	515
1. 短期贷款	21473	3374	－121
（1）境内短期贷款	21473	3374	－121
其中：中资企业贷款	2727	－270	363
外商投资企业贷款	8049	2369	－160
（2）境外短期贷款			
2. 中长期贷款	7279	－378	
（1）境内中长期贷款	7279	6635	－378
其中：中资企业贷款	2000	1904	96
外商投资企业贷款			
（2）境外中长期贷款			
3. 进出口贸易融资	9286	3111	1057
4. 票据融资		－101	58
其中：贴现及买断式转贴现		－101	58
5. 各项垫款	454	－45	9
6. 境外筹资转贷款	2770	141	－110
二、投资			
1. 购买有价证券			
其中：购买境外有价证券			
2. 其他投资			
其中：投资境外			
三、应收及预付款	20617	4322	13013
其中：应收及预付利息	2798	－87	－177
四、买入返售资产			
五、存放中央银行			
其中：缴存准备金			
六、存放同业	636	－190	334
1. 存放境内同业	741	24	239
2. 存放境外同业	－105	－214	95
七、拆放同业			
1. 拆放境内同业			
2. 拆放境外同业			
八、存放境外联行			
九、库存现金	1301	305	76
资金运用总计	63816	17552	13938

山东省中国银行可比口径外汇信贷收支表

单位：万美元

项目名称	年末余额	比年初增减数 2004 年	比年初增减数 2003 年
一、各项存款	201726	－32970	－14787
1. 单位活期存款	55933	19272	－2702
中资企业存款	55933	19355	－2272
外商投资企业存款		－83	－430
2. 单位定期存款	6014	－1435	－39
中资企业存款	4807	－1723	－631
外商投资企业存款			
3. 储蓄存款	132370	－48406	－12925
其中：定期存款	107100	－51515	－17103
4. 其他类存款	7409	－2401	879
5. 境外存款			
二、境内中长期筹资			
三、卖出回购资产			
四、境外筹资			
五、向中央银行借款			
六、中央银行存款			
七、应付及暂收款	3028	1082	－1588
其中：应付及预提利息	2425	851	－375
八、同业存放	19789	5871	1673
1. 境内同业存放	19789	5871	1677
2. 境外同业存放			－4
九、同业拆入		－1733	－55
1. 境内同业拆入			
2. 境外同业拆入		－1733	－55
十、委托基金存款（净）			
十一、外汇买卖	90	754	－664
其中：结售汇	90	754	－664
十二、境内联行存放	13635	－123281	83987
十三、境外联行存放	2014	－5435	7367
十四、各项准备	16739	21433	－7575
其中：贷款损失准备	14454	19148	－7575
十五、所有者权益	21392	31142	－2423
其中：实收资本			
当年结益	21392	21392	－9750
十六、其他	－5183	116796	－4248
资金来源总计	273230	13659	61687

续表

项目名称	年末余额	比年初增减数 2004 年	比年初增减数 2003 年
一、各项贷款	261494	22084	66138
1. 短期贷款	148133	20188	43314
（1）境内短期贷款	148133	20188	43314
其中：中资企业贷款	124670	26211	46339
外商投资企业贷款	23209	－5800	－2656
（2）境外短期贷款			
2. 中长期贷款	42165	13957	481
（1）境内中长期贷款	42165	13957	481
其中：中资企业贷款	26255	5407	3568
外商投资企业贷款	4852	－1142	－4723
（2）境外中长期贷款			
3. 进出口贸易融资	37104	68	26429
4. 票据融资	1	－55	－3
其中：贴现及买断式转贴现			
5. 各项垫款	2420	－14928	－1364
6. 境外筹资转贷款	31671	2854	－2719
二、投资	698	－1318	－1211
1. 购买有价证券			
其中：购买境外有价证券			
2. 其他投资	698	－1318	－1211
其中：投资境外			
三、应收及预付款	765	－228	－7585
其中：应收及预付利息	719	－243	－7784
四、买入返售资产			
五、存放中央银行			
其中：缴存准备金			
六、存放同业		－10106	10106
1. 存放境内同业			
2. 存放境外同业		－10106	10106
七、拆放同业		－1742	－250
1. 拆放境内同业			
2. 拆放境外同业		－1742	－250
八、存放境外联行	4401	4401	－6188
九、库存现金	5872	568	677
资金运用总计	273230	13659	61687

山东省建设银行可比口径外汇信贷收支表

单位：万美元

栏目 / 项目名称	年末余额	比年初增减数	
		2004 年	2003 年
一、各项存款	56695	16715	3914
1. 单位活期存款	23184	9687	3725
中资企业存款	6300	5518	– 48
外商投资企业存款	9402	– 2047	3212
2. 单位定期存款	1349	– 1778	– 3079
中资企业存款	1017	– 35	– 289
外商投资企业存款	249	– 1429	– 3157
3. 储蓄存款	24994	9760	– 357
其中：定期存款	24123	9691	– 603
4. 其他类存款	7168	– 954	3665
5. 境外存款			– 40
二、境内中长期筹资			
三、卖出回购资产			
四、境外筹资	16412	1102	– 289
五、向中央银行借款			
六、中央银行存款			
七、应付及暂收款	751	– 373	– 2180
其中：应付及预提利息	70	70	
八、同业存放	1601	699	368
1. 境内同业存放	1601	699	713
2. 境外同业存放			– 345
九、同业拆入			
1. 境内同业拆入			
2. 境外同业拆入			
十、委托基金存款（净）			
十一、外汇买卖		– 3	53
其中：结售汇		1	
十二、境内联行存放	– 7771	– 1742	17853
十三、境外联行存放			
十四、各项准备	7	7	
其中：贷款损失准备			
十五、所有者权益	1254	1905	– 1072
其中：实收资本			
当年结益	1254	1254	– 653
十六、其他	75	5279	– 4199
资金来源总计	69024	23589	14448

续表

栏目 / 项目名称	年末余额	比年初增减数	
		2004 年	2003 年
一、各项贷款	65735	22437	14126
1. 短期贷款	17765	797	10434
（1）境内短期贷款	17265	961	9770
其中：中资企业贷款	12312	1401	5218
外商投资企业贷款	4919	– 650	4752
（2）境外短期贷款	500	– 164	664
2. 中长期贷款	26815	23778	– 2059
（1）境内中长期贷款	26815	23778	– 2059
其中：中资企业贷款	6997	5624	– 269
外商投资企业贷款	18933	18010	– 563
（2）境外中长期贷款			
3. 进出口贸易融资	5434	– 2842	5490
4. 票据融资			– 52
其中：贴现及买断式转贴现			– 52
5. 各项垫款	18	– 354	593
6. 境外筹资转贷款	15703	1058	– 280
二、投资	105		
1. 购买有价证券			
其中：购买境外有价证券			
2. 其他投资	105		
其中：投资境外			
三、应收及预付款	553	544	– 67
其中：应收及预付利息	39	39	– 9
四、买入返售资产			
五、存放中央银行			
其中：缴存准备金			
六、存放同业	1115	– 157	385
1. 存放境内同业	1115	– 157	385
2. 存放境外同业			
七、拆放同业			
1. 拆放境内同业			
2. 拆放境外同业			
八、存放境外联行			
九、库存现金	1516	765	4
资金运用总计	69024	23589	14448

山东省交通银行可比口径外汇信贷收支表

单位：万美元

项目名称	年末余额	比年初增减数 2004年	比年初增减数 2003年
一、各项存款	23115	1843	-1077
1. 单位活期存款	7549	2142	1277
中资企业存款	1868	965	-209
外商投资企业存款	2963	-991	1108
2. 单位定期存款	641	-132	-2466
中资企业存款	151	-609	-2381
外商投资企业存款	490	477	-85
3. 储蓄存款	10451	-3099	-382
其中：定期存款	6241	-3424	-2253
4. 其他类存款	4474	2932	494
5. 境外存款			
二、境内中长期筹资			
三、卖出回购资产			
四、境外筹资			
五、向中央银行借款			
六、中央银行存款			
七、应付及暂收款	6643	4127	1069
其中：应付及预提利息	168	-10	-14
八、同业存放	70	-43	-247
1. 境内同业存放	70	-43	-247
2. 境外同业存放			
九、同业拆入			
1. 境内同业拆入			
2. 境外同业拆入			
十、委托基金存款（净）			
十一、外汇买卖	221	-7	2
其中：结售汇			
十二、境内联行存放	-7907	-5515	5475
十三、境外联行存放			
十四、各项准备	178	4519	-3905
其中：贷款损失准备	178	4519	-3905
十五、所有者权益	3623	237	454
其中：实收资本	3079		
当年结益	544	544	307
十六、其他	-169	4093	450
资金来源总计	25774	9254	2221

续表

项目名称	年末余额	比年初增减数 2004年	比年初增减数 2003年
一、各项贷款	18255	6449	1151
1. 短期贷款	9686	3227	1293
(1) 境内短期贷款	9686	3227	1293
其中：中资企业贷款	4957	732	-21
外商投资企业贷款	4729	2369	815
(2) 境外短期贷款			
2. 中长期贷款	675	473	-264
(1) 境内中长期贷款	675	473	-264
其中：中资企业贷款	675	474	-316
外商投资企业贷款			
(2) 境外中长期贷款			
3. 进出口贸易融资	7183	3079	2332
4. 票据融资	106	1	101
其中：贴现及买断式转贴现	102	27	97
5. 各项垫款	24	-186	-2327
6. 境外筹资转贷款	581	-145	16
二、投资			
1. 购买有价证券			
其中：购买境外有价证券			
2. 其他投资			
其中：投资境外			
三、应收及预付款	4976	3976	377
其中：应收及预付利息			-9
四、买入返售资产			
五、存放中央银行			
其中：缴存准备金			
六、存放同业	1525	-868	470
1. 存放境内同业	1112	162	-801
2. 存放境外同业	413	-1030	1271
七、拆放同业			
1. 拆放境内同业			
2. 拆放境外同业			
八、存放境外联行	30	30	
九、库存现金	988	-333	223
资金运用总计	25774	9254	2221

山东省中信实业银行外汇信贷收支表

单位：万美元

项目名称	年末余额	比年初增减数 2004年	比年初增减数 2003年
一、各项存款	16934	5508	－4296
1. 单位活期存款	5540	2090	868
中资企业存款	1889	1695	138
外商投资企业存款	2695	－307	686
2. 单位定期存款	668	－339	－3505
中资企业存款	312	－89	－841
外商投资企业存款	25	－83	－3012
3. 储蓄存款	8014	3259	－2303
其中：定期存款	7593	3131	－2285
4. 其他类存款	2712	498	644
5. 境外存款		0	0
二、境内中长期筹资			
三、卖出回购资产			
四、境外筹资			
五、向中央银行借款			
六、中央银行存款			
七、应付及暂收款	16	－14	－54
其中：应付及预提利息	7	－16	－50
八、同业存放	195	－382	188
1. 境内同业存放	195	－382	188
2. 境外同业存放			
九、同业拆入			
1. 境内同业拆入			
2. 境外同业拆入			
十、委托基金存款（净）			
十一、外汇买卖	－1752	214	－83
其中：结售汇	185	189	－4
十二、境内联行存放	－3101	－9263	6476
十三、境外联行存放			
十四、各项准备	110	－21	－7
其中：贷款损失准备	110	－21	－7
十五、所有者权益	－1046	－669	－682
其中：实收资本			
当年结益	－1046	－1046	－378
十六、其他	3699	1179	－95
资金来源总计	15055	－3447	1448

续表

项目名称	年末余额	比年初增减数 2004年	比年初增减数 2003年
一、各项贷款	10853	－2069	－693
1. 短期贷款	5664	681	－1951
（1）境内短期贷款	5664	681	－1951
其中：中资企业贷款	2325	1047	－999
外商投资企业贷款	3020	－321	－802
（2）境外短期贷款			
2. 中长期贷款	378	－310	365
（1）境内中长期贷款	378	－310	365
其中：中资企业贷款	155	－310	465
外商投资企业贷款			
（2）境外中长期贷款			
3. 进出口贸易融资	4758	－2485	884
4. 票据融资	54	54	
其中：贴现及买断式转贴现	54	54	
5. 各项垫款		－9	9
6. 境外筹资转贷款			
二、投资			
1. 购买有价证券			
其中：购买境外有价证券			
2. 其他投资			
其中：投资境外			
三、应收及预付款	23	2	－629
其中：应收及预付利息	10	2	－629
四、买入返售资产			
五、存放中央银行			
其中：缴存准备金			
六、存放同业	3505	－1517	2866
1. 存放境内同业	821	270	151
2. 存放境外同业	2684	－1787	2714
七、拆放同业	182	－19	
1. 拆放境内同业	182	－19	
2. 拆放境外同业			
八、存放境外联行			
九、库存现金	493	156	－96
资金运用总计	15055	－3447	1448

山东省光大银行外汇信贷收支表

单位：万美元

项目名称	年末余额	比年初增减数 2004 年	比年初增减数 2003 年
一、各项存款	10608	4069	－4618
1. 单位活期存款	2398	543	－183
中资企业存款	585	539	－24
外商投资企业存款		－552	－218
2. 单位定期存款	2131	1106	－4191
中资企业存款	26	26	－185
外商投资企业存款		－269	－3476
3. 储蓄存款	5540	1988	－195
其中：定期存款	4773	2179	－496
4. 其他类存款	539	432	－49
5. 境外存款			
二、境内中长期筹资			
三、卖出回购资产			
四、境外筹资			
五、向中央银行借款			
六、中央银行存款			
七、应付及暂收款	247	－117	－30
其中：应付及预提利息	79	－21	－65
八、同业存放	491	446	4
1. 境内同业存放	491	446	4
2. 境外同业存放			
九、同业拆入			
1. 境内同业拆入			
2. 境外同业拆入			
十、委托基金存款（净）			
十一、外汇买卖	34	－140	67
其中：结售汇	34	－140	67
十二、境内联行存放	－2312	－284	545
十三、境外联行存放			
十四、各项准备	87	37	－30
其中：贷款损失准备	87	37	－30
十五、所有者权益	－449	－790	179
其中：实收资本	300		
当年结益	－749	－749	42
十六、其他	1272	－154	406
资金来源总计	9978	3067	－3477

续表

项目名称	年末余额	比年初增减数 2004 年	比年初增减数 2003 年
一、各项贷款	8717	3724	－2897
1. 短期贷款	2515	549	－1307
（1）境内短期贷款	2515	549	－1307
其中：中资企业贷款	2181	264	－1309
外商投资企业贷款	334	285	2
（2）境外短期贷款			
2. 中长期贷款		－1437	－1184
（1）境内中长期贷款		－1437	－1184
其中：中资企业贷款		－1437	－703
外商投资企业贷款			
（2）境外中长期贷款			
3. 进出口贸易融资	5702	5247	－266
4. 票据融资	65	－84	141
其中：贴现及买断式转贴现			
5. 各项垫款	40	－114	－98
6. 境外筹资转贷款	395	－437	－183
二、投资			
1. 购买有价证券			
其中：购买境外有价证券			
2. 其他投资			
其中：投资境外			
三、应收及预付款	442	－415	－109
其中：应收及预付利息	181	－415	－49
四、买入返售资产			
五、存放中央银行			
其中：缴存准备金			
六、存放同业	403	－151	－265
1. 存放境内同业	266	－287	－266
2. 存放境外同业	137	136	1
七、拆放同业		－222	－162
1. 拆放境内同业			
2. 拆放境外同业		－222	－162
八、存放境外联行			
九、库存现金	416	131	－44
资金运用总计	9978	3067	－3477

山东省华夏银行外汇信贷收支表

单位：万美元

项目名称	年末余额	比年初增减数 2004年	比年初增减数 2003年
一、各项存款	7302	-2699	-2432
1. 单位活期存款	2490	103	-84
中资企业存款	181	112	-179
外商投资企业存款	1083	-450	553
2. 单位定期存款	1845	-1579	-2134
中资企业存款	82	-1467	-982
外商投资企业存款	1353	260	-1831
3. 储蓄存款	1743	-873	-1103
其中：定期存款	1629	-857	-1088
4. 其他类存款	1224	-350	889
5. 境外存款			
二、境内中长期筹资			
三、卖出回购资产			
四、境外筹资			
五、向中央银行借款			
六、中央银行存款			
七、应付及暂收款	50	36	-101
其中：应付及预提利息	11	-2	-32
八、同业存放	17	-112	-236
1. 境内同业存放	17	-112	-236
2. 境外同业存放			
九、同业拆入			
1. 境内同业拆入			
2. 境外同业拆入			
十、委托基金存款（净）			
十一、外汇买卖	33	191	-396
其中：结售汇	20	190	-394
十二、境内联行存放	-1921	637	4928
十三、境外联行存放			
十四、各项准备	89	32	11
其中：贷款损失准备	89	32	11
十五、所有者权益	174	21	-23
其中：实收资本			
当年结益	174	174	153
十六、其他	1	1	
资金来源总计	5745	-1893	1751

续表

项目名称	年末余额	比年初增减数 2004年	比年初增减数 2003年
一、各项贷款	4775	-1761	1989
1. 短期贷款	2086	-2591	2230
（1）境内短期贷款	2086	-2591	2230
其中：中资企业贷款	487	240	-70
外商投资企业贷款	847	-695	1192
（2）境外短期贷款			
2. 中长期贷款	240	240	-807
（1）境内中长期贷款	240	240	-807
其中：中资企业贷款			-807
外商投资企业贷款	240	240	
（2）境外中长期贷款			
3. 进出口贸易融资	2449	590	566
4. 票据融资			
其中：贴现及买断式转贴现			
5. 各项垫款			
6. 境外筹资转贷款			
二、投资			
1. 购买有价证券			
其中：购买境外有价证券			
2. 其他投资			
其中：投资境外			
三、应收及预付款			-119
其中：应收及预付利息			-50
四、买入返售资产			
五、存放中央银行			
其中：缴存准备金			
六、存放同业	834	-66	-87
1. 存放境内同业	834	-66	683
2. 存放境外同业			-770
七、拆放同业			
1. 拆放境内同业			
2. 拆放境外同业			
八、存放境外联行			
九、库存现金	136	-66	-32
资金运用总计	5745	-1893	1751

山东省深圳发展银行外汇信贷收支表

单位：万美元

项目名称	年末余额	比年初增减数 2004年	比年初增减数 2003年
一、各项存款	666	105	139
1. 单位活期存款	133	106	-86
中资企业存款	29	19	4
外商投资企业存款	104	87	-90
2. 单位定期存款	226	66	160
中资企业存款	226	66	160
外商投资企业存款			
3. 储蓄存款	305	-37	33
其中：定期存款	200	-64	45
4. 其他类存款	2	-30	32
5. 境外存款			
二、境内中长期筹资			
三、卖出回购资产			
四、境外筹资			
五、向中央银行借款			
六、中央银行存款			
七、应付及暂收款	7		7
其中：应付及预提利息	7		7
八、同业存放			
1. 境内同业存放			
2. 境外同业存放			
九、同业拆入			
1. 境内同业拆入			
2. 境外同业拆入			
十、委托基金存款（净）			
十一、外汇买卖			
其中：结售汇			
十二、境内联行存放	-450	-14	-104
十三、境外联行存放			
十四、各项准备			
其中：贷款损失准备			
十五、所有者权益	12	3	8
其中：实收资本			
当年结益	12	12	9
十六、其他	22	22	
资金来源总计	257	116	50

续表

项目名称	年末余额	比年初增减数 2004年	比年初增减数 2003年
一、各项贷款	12	-35	47
1. 短期贷款			
(1) 境内短期贷款			
其中：中资企业贷款			
外商投资企业贷款			
(2) 境外短期贷款			
2. 中长期贷款			
(1) 境内中长期贷款			
其中：中资企业贷款			
外商投资企业贷款			
(2) 境外中长期贷款			
3. 进出口贸易融资	12	-35	47
4. 票据融资			
其中：贴现及买断式转贴现			
5. 各项垫款			
6. 境外筹资转贷款			
二、投资			
1. 购买有价证券			
其中：购买境外有价证券			
2. 其他投资			
其中：投资境外			
三、应收及预付款	3		3
其中：应收及预付利息	3		3
四、买入返售资产			
五、存放中央银行			
其中：缴存准备金			
六、存放同业	193	126	5
1. 存放境内同业	193	126	5
2. 存放境外同业			
七、拆放同业			
1. 拆放境内同业			
2. 拆放境外同业			
八、存放境外联行			
九、库存现金	49	25	-5
资金运用总计	257	116	50

山东省招商银行外汇信贷收支表

单位：万美元

项目名称	年末余额	比年初增减数 2004年	比年初增减数 2003年
一、各项存款	14966	-324	7557
1. 单位活期存款	3910	175	1805
中资企业存款	2555	306	1126
外商投资企业存款	1333	-151	677
2. 单位定期存款	419	-2186	2512
中资企业存款	321	-2210	2505
外商投资企业存款	98	43	-12
3. 储蓄存款	10316	1857	3204
其中：定期存款	3361	-363	548
4. 其他类存款	321	-170	36
5. 境外存款			
二、境内中长期筹资			
三、卖出回购资产			
四、境外筹资			
五、向中央银行借款			
六、中央银行存款			
七、应付及暂收款	21	5	2
其中：应付及预提利息	10	-2	
八、同业存放	3386	2013	1048
1. 境内同业存放	3386	2013	1048
2. 境外同业存放			
九、同业拆入			
1. 境内同业拆入			
2. 境外同业拆入			
十、委托基金存款（净）	-1494	-1494	
十一、外汇买卖	3	1	2
其中：结售汇			
十二、境内联行存放	-4262	-1651	-1681
十三、境外联行存放			
十四、各项准备	174	-18	107
其中：贷款损失准备	174	-18	107
十五、所有者权益	479	277	154
其中：实收资本			
当年结益	486	486	209
十六、其他	374	370	1
资金来源总计	13647	-821	7190

续表

项目名称	年末余额	比年初增减数 2004年	比年初增减数 2003年
一、各项贷款	11608	-1224	7174
1. 短期贷款	3866	-5273	4975
（1）境内短期贷款	3866	-5273	4975
其中：中资企业贷款	3581	-5278	5765
外商投资企业贷款	285	5	-90
（2）境外短期贷款			
2. 中长期贷款	980	730	
（1）境内中长期贷款	980	730	
其中：中资企业贷款		-250	
外商投资企业贷款			
（2）境外中长期贷款			
3. 进出口贸易融资	6755	3312	2199
4. 票据融资	7	7	
其中：贴现及买断式转贴现			
5. 各项垫款			
6. 境外筹资转贷款			
二、投资			
1. 购买有价证券			
其中：购买境外有价证券			
2. 其他投资			
其中：投资境外			
三、应收及预付款	11	1	-67
其中：应收及预付利息	8	1	
四、买入返售资产			
五、存放中央银行			
其中：缴存准备金			
六、存放同业	1438	354	148
1. 存放境内同业	1438	354	148
2. 存放境外同业			
七、拆放同业			
1. 拆放境内同业			
2. 拆放境外同业			
八、存放境外联行			
九、库存现金	590	48	-65
资金运用总计	13647	-821	7190

山东省浦东发展银行外汇信贷收支表

单位：万美元

项目名称	年末余额	比年初增减数 2004年	比年初增减数 2003年
一、各项存款	1072	7	479
1. 单位活期存款	346	-80	201
中资企业存款	227	-71	152
外商投资企业存款	118	-10	49
2. 单位定期存款	15	-249	170
中资企业存款			
外商投资企业存款			
3. 储蓄存款	390	94	160
其中：定期存款	299	37	127
4. 其他类存款	321	242	-52
5. 境外存款			
二、境内中长期筹资			
三、卖出回购资产			
四、境外筹资			
五、向中央银行借款			
六、中央银行存款			
七、应付及暂收款	2	1	
其中：应付及预提利息	2	1	
八、同业存放			
1. 境内同业存放			
2. 境外同业存放			
九、同业拆入			
1. 境内同业拆入			
2. 境外同业拆入			
十、委托基金存款（净）			
十一、外汇买卖	5	-6	8
其中：结售汇	5	-6	8
十二、境内联行存放	-809	-358	-147
十三、境外联行存放			
十四、各项准备			
其中：贷款损失准备			
十五、所有者权益	34	13	14
其中：实收资本			
当年结益	34	34	21
十六、其他	116	115	-1
资金来源总计	420	-228	353

续表

项目名称	年末余额	比年初增减数 2004年	比年初增减数 2003年
一、各项贷款	235	-312	275
1. 短期贷款	20	-400	170
（1）境内短期贷款	20	-400	170
其中：中资企业贷款	20	-400	420
外商投资企业贷款			
（2）境外短期贷款			
2. 中长期贷款			
（1）境内中长期贷款			
其中：中资企业贷款			
外商投资企业贷款			
（2）境外中长期贷款			
3. 进出口贸易融资	198	113	63
4. 票据融资	17	-25	42
其中：贴现及买断式转贴现	17	-25	42
5. 各项垫款			
6. 境外筹资转贷款			
二、投资			
1. 购买有价证券			
其中：购买境外有价证券			
2. 其他投资			
其中：投资境外			
三、应收及预付款	1	1	
其中：应收及预付利息			
四、买入返售资产			
五、存放中央银行			
其中：缴存准备金			
六、存放同业	128	38	72
1. 存放境内同业	128	38	72
2. 存放境外同业			
七、拆放同业			
1. 拆放境内同业			
2. 拆放境外同业			
八、存放境外联行			
九、库存现金	56	45	6
资金运用总计	420	-228	353

山东省兴业银行外汇信贷收支表

单位：万美元

项目名称	年末余额	比年初增减数	
		2004年	2003年
一、各项存款	1086	699	-1449
1. 单位活期存款	530	498	11
中资企业存款	512	501	11
外商投资企业存款	18	-3	21
2. 单位定期存款	60	-190	-1482
中资企业存款		-50	-1682
外商投资企业存款		-200	200
3. 储蓄存款	49	-49	15
其中：定期存款	47	-43	29
4. 其他类存款	447	440	7
5. 境外存款			
二、境内中长期筹资			
三、卖出回购资产			
四、境外筹资			
五、向中央银行借款			
六、中央银行存款			
七、应付及暂收款	8	-13	-1
其中：应付及预提利息	1	-1	-20
八、同业存放	633	-626	431
1. 境内同业存放	633	-626	431
2. 境外同业存放			
九、同业拆入			
1. 境内同业拆入			
2. 境外同业拆入			
十、委托基金存款（净）			
十一、外汇买卖		1	-1
其中：结售汇			
十二、境内联行存放	-424	-1143	3354
十三、境外联行存放			
十四、各项准备	-8	-32	24
其中：贷款损失准备	-8	-32	24
十五、所有者权益	50	30	8
其中：实收资本			
当年结益	50	50	20
十六、其他		1	-1
资金来源总计	1345	-1083	2365

续表

项目名称	年末余额	比年初增减数	
		2004年	2003年
一、各项贷款	1236	-1150	2373
1. 短期贷款	480	-555	1035
（1）境内短期贷款	480	-555	1035
其中：中资企业贷款	480	-55	535
外商投资企业贷款		-500	500
（2）境外短期贷款			
2. 中长期贷款			
（1）境内中长期贷款			
其中：中资企业贷款			
外商投资企业贷款			
（2）境外中长期贷款			
3. 进出口贸易融资	756	-595	1338
4. 票据融资			
其中：贴现及买断式转贴现			
5. 各项垫款			
6. 境外筹资转贷款			
二、投资			
1. 购买有价证券			
其中：购买境外有价证券			
2. 其他投资			
其中：投资境外			
三、应收及预付款			
其中：应收及预付利息			
四、买入返售资产			
五、存放中央银行			
其中：缴存准备金			
六、存放同业	80	51	4
1. 存放境内同业	80	51	4
2. 存放境外同业			
七、拆放同业			
1. 拆放境内同业			
2. 拆放境外同业			
八、存放境外联行			
九、库存现金	29	16	-12
资金运用总计	1345	-1083	2365

山东省民生银行外汇信贷收支表

单位：万美元

项目名称	年末余额	比年初增减数 2004年	比年初增减数 2003年
一、各项存款	1994	181	1161
1. 单位活期存款	646	61	584
中资企业存款	1	-201	201
外商投资企业存款	353	277	76
2. 单位定期存款		-549	46
中资企业存款		-549	46
外商投资企业存款			
3. 储蓄存款	1240	1029	64
其中：定期存款	1184	1014	114
4. 其他类存款	108	-360	467
5. 境外存款			
二、境内中长期筹资			
三、卖出回购资产			
四、境外筹资			
五、向中央银行借款			
六、中央银行存款			
七、应付及暂收款	29	-33	57
其中：应付及预提利息	28	-34	57
八、同业存放	3748	-539	2436
1. 境内同业存放	3748	-539	2436
2. 境外同业存放			
九、同业拆入			
1. 境内同业拆入			
2. 境外同业拆入			
十、委托基金存款（净）			
十一、外汇买卖	3	-2	-46
其中：结售汇	3	-2	-46
十二、境内联行存放	-3036	-593	63
十三、境外联行存放			
十四、各项准备	17	-18	36
其中：贷款损失准备	17	-18	36
十五、所有者权益	96	100	-8
其中：实收资本			
当年结益	96	96	-6
十六、其他		-18	-45
资金来源总计	2851	-922	3654

续表

项目名称	年末余额	比年初增减数 2004年	比年初增减数 2003年
一、各项贷款	2733	-851	3582
1. 短期贷款	1232	137	1095
（1）境内短期贷款	1232	137	1095
其中：中资企业贷款	900	650	250
外商投资企业贷款			
（2）境外短期贷款			
2. 中长期贷款	1000	1000	
（1）境内中长期贷款	1000	1000	
其中：中资企业贷款	1000	1000	
外商投资企业贷款			
（2）境外中长期贷款			
3. 进出口贸易融资	501	-1988	2487
4. 票据融资			
其中：贴现及买断式转贴现			
5. 各项垫款			
6. 境外筹资转贷款			
二、投资			
1. 购买有价证券			
其中：购买境外有价证券			
2. 其他投资			
其中：投资境外			
三、应收及预付款	35	-27	-5
其中：应收及预付利息	35	-27	-5
四、买入返售资产			
五、存放中央银行			
其中：缴存准备金			
六、存放同业	70	-38	60
1. 存放境内同业	70	-38	60
2. 存放境外同业			
七、拆放同业			
1. 拆放境内同业			
2. 拆放境外同业			
八、存放境外联行			
九、库存现金	13	-6	17
资金运用总计	2851	-922	3654

山东省恒丰银行外汇信贷收支表

单位：万美元

项目名称	年末余额	比年初增减数 2004年	比年初增减数 2003年
一、各项存款	2037	2037	
1. 单位活期存款	773	773	
中资企业存款	773	773	
外商投资企业存款			
2. 单位定期存款			
中资企业存款			
外商投资企业存款			
3. 储蓄存款	1264	1264	
其中：定期存款	1253	1253	
4. 其他类存款			
5. 境外存款			
二、境内中长期筹资			
三、卖出回购资产			
四、境外筹资			
五、向中央银行借款			
六、中央银行存款			
七、应付及暂收款	2	2	
其中：应付及预提利息	2	2	
八、同业存放			
1. 境内同业存放			
2. 境外同业存放			
九、同业拆入			
1. 境内同业拆入			
2. 境外同业拆入			
十、委托基金存款（净）			
十一、外汇买卖	173	173	
其中：结售汇	173	173	
十二、境内联行存放	-1	-1	
十三、境外联行存放			
十四、各项准备			
其中：贷款损失准备			
十五、所有者权益	212	212	
其中：实收资本			
当年结益	26	26	
十六、其他	1500	1500	
资金来源总计	3923	3923	

续表

项目名称	年末余额	比年初增减数 2004年	比年初增减数 2003年
一、各项贷款	1	1	
1. 短期贷款			
(1) 境内短期贷款			
其中：中资企业贷款			
外商投资企业贷款			
(2) 境外短期贷款			
2. 中长期贷款			
(1) 境内中长期贷款			
其中：中资企业贷款			
外商投资企业贷款			
(2) 境外中长期贷款			
3. 进出口贸易融资	1	1	
4. 票据融资			
其中：贴现及买断式转贴现			
5. 各项垫款			
6. 境外筹资转贷款			
二、投资			
1. 购买有价证券			
其中：购买境外有价证券			
2. 其他投资			
其中：投资境外			
三、应收及预付款			
其中：应收及预付利息			
四、买入返售资产			
五、存放中央银行			
其中：缴存准备金			
六、存放同业	3781	3781	
1. 存放境内同业	3064	3064	
2. 存放境外同业	717	717	
七、拆放同业	87	87	
1. 拆放境内同业	87	87	
2. 拆放境外同业			
八、存放境外联行			
九、库存现金	54	54	
资金运用总计	3923	3923	

四、分机构本、外币资产负债情况

山东省国有独资商业银行资产负债表

汇率：8.2765　　　　单位：万元

栏目 / 行列名称	本外币			外币			人民币		
	本期	比年初	比去年同期	本期	比年初	比去年同期	本期	比年初	比去年同期
流动资产	51950199	4668432	4711227	2861633	-498366	-498186	49088566	4314540	4357144
一、现金及银行存款	605818	-27673	-27662	88848	15746	15757	516970	-43419	-43419
二、存放中央银行	1409924	-350669	-350669				1409924	-350669	-350669
三、存放同业	52928	-122740	-122752	19864	-93730	-93742	33064	-29010	-29010
四、存放联行款项	14618729	5812859	5111523	210943	210943	210943	14407786	4749658	4048311
五、拆放同业	68109	-10621	-10620		-14419	-14418	68109	3798	3798
六、短期贷款	34376075	-372772	240708	2388780	-682691	-682579	31987295	309919	923287
七、应收账款	666845	-227311	-227305	183051	22726	22732	483794	-250037	-250037
其中：应收利息	272577	-239305	-175693	30772	-17516	-9643	241805	-221789	-166050
八、减：坏账准备	19750	19750	19750	41	41	41	19709	19709	19709
九、短期投资	19479	-23794	-23794				19479	-23794	-23794
十、减：短期投资跌价准备									
十一、委托贷款及投资									
十二、买入返售资产	154435	23852	154435				154435	23852	154435
十三、待处理流动资产损失	69	1	1				69	1	1
十四、其他流动资产	-2462	-12950	-12886	-29812	43100	43164	27350	-56050	-56050

续表

栏目 / 行列名称	本外币			外币			人民币		
	本期	比年初	比去年同期	本期	比年初	比去年同期	本期	比年初	比去年同期
长期资产	29912953	3882154	4143475	1111302	－53570	－53519	28801651	3935724	4196994
十五、中长期贷款	28487460	4453283	4712997	1232702	119834	119875	27254758	4333449	4593122
十六、减：贷款损失准备	554970	402750	402741	125637	160086	160077	429333	242664	242664
十七、长期投资	513157	69809	69809	6646	－10909	－10909	506511	80718	80718
十八、减：长期投资减值准备	80642	80642	80642	2408	2408	2408	78234	78234	78234
十九、固定资产净值	1481383	70290	71887				1481383	70290	71887
固定资产	2052906	84494	86091				2052906	84494	86091
减：累计折旧	571523	14204	14204				571523	14204	14204
二十、固定资产减值准备	12878	12878	12878				12878	12878	12878
二十一、固定资产清理	28232	－128849	－128849				28232	－128849	－128849
二十二、在建工程	52606	－84721	－84721				52606	－84721	－84721
二十三、减：在建工程减值准备	1401	1401	1401				1401	1401	1401
二十四、待处理固定资产损失	7	14	14				7	14	14
无形递延及其他资产	－216586	－137896	－2220	－103589	－18783	－18777	－112997	－119113	16557
二十五、无形递延及其他资产	－130868	－52178	83498	－87069	－2263	－2257	－43799	－49915	85755
二十六、减：抵债资产减值准备	68868	68868	68868	16520	16520	16520	52348	52348	52348
二十七、减：无形资产减值准备	8475	8475	8475				8475	8475	8475
二十八、减：其他资产减值准备	8375	8375	8375				8375	8375	8375
资产总计	81646567	8412691	8852481	3869347	－570718	－570482	77777220	8131151	8570695

续表

栏目 / 行列名称	本外币			外币			人民币		
	本期	比年初	比去年同期	本期	比年初	比去年同期	本期	比年初	比去年同期
流动负债	45683425	4588773	4895038	1921125	－320626	－320578	43762300	4057141	4363348
一、短期存款	23686414	2788648	2998457	948628	333092	333114	22737786	2455556	2665343
二、活期储蓄存款	13830642	1428863	1429459	249917	34434	34442	13580725	1394429	1395017
三、财政性存款	－65056	－181331	－391714				－65056	－181331	－391714
四、向中央银行借款	3688	－129193	－123903				3688	－129193	－123903
五、同业存放	2553151	188826	188823	214105	82219	82216	2339046	106607	106607
六、联行存放					－852258	－852268			
七、同业拆入	2000	－15444	－15444		－14344	－14344	2000	－1100	－1100
八、应解汇款及临时存款	121872	－39940	－39939	19069	－18558	－18557	102803	－21382	－21382
九、汇出汇款	951750	161127	161128	38386	4120	4121	913364	157007	157007
十、委托存款	－52691	12144	12144	－414	0		－52277	12144	12144
十一、卖出回购资产	57059	－251534	45459				57059	－251534	45459
十二、应付及预提账项	952161	137698	141642	186494	38253	38275	765667	99445	103367
十三、存放短期保证金	3632843	497149	497172	264318	71903	71926	3368525	425246	425246
十四、发行短期债券									
十五、其他流动负债	9591	－8240	－8246	621	513	497	8970	－8753	－8743
长期负债	35714768	2863531	2996952	1758789	－511815	－511733	33955979	3375346	3508685
十六、长期存款	5931556	1125809	1225823	108017	－38420	－38406	5823539	1164229	1264229
十七、定期储蓄存款	29072944	1862343	1862405	1500563	－484717	－484654	27572381	2347060	2347059
十八、存放长期保证金									
十九、发行长期债券	259	－42	－42				259	－42	－42
二十、其他长期负债	710010	－124579	－91234	150210	11322	11327	559800	－135901	－102561
所有者权益	248374	960388	960491	189433	261724	261829	58941	698664	698662
二十一、实收资本									
二十二、资本公积	41010	－175	－174				41010	－175	－174
二十三、公积金	12234	1	1	58			12176	1	1
二十四、公益金	－1393	1	1				－1393	1	1
二十五、未分配利润	196523	960561	960663	189375	261724	261829	7148	698837	698834
其中：本年利润	691303	691303	1064760	189375	189375	261837	501928	501928	802923
二十六、一般准备金									
负债总计	81646567	8412691	8852481	3869347	－570718	－570482	77777220	8131151	8570695

山东省工商银行资产负债主要项目表

汇率：8.2765　　　　单位：万元

栏目 / 行列名称	本外币			外币			人民币		
	本期	比年初	比去年同期	本期	比年初	比去年同期	本期	比年初	比去年同期
流动资产	13231888	－1979641	－1677298	455034	－60425	－60356	12776854	－1919216	－1616942
一、现金及银行存款	183716	－43944	－43943	16934	2192	2193	166782	－46136	－46136
二、存放中央银行	477080	－131495	－131495				477080	－131495	－131495
三、存放同业	11462	－11157	－11156	5371	－7210	－7209	6091	－3947	－3947
四、存放联行款项	2587135	－413410	－1114706	53599	－5474	－5423	2533536	－407936	－1109283
五、拆放同业	21108	－8263	－8263				21108	－8263	－8263
六、短期贷款	9892647	－1157685	－284629	385139	－95656	－95638	9507508	－1062029	－188991
七、应收账款	58738	－82703	－82702	1506	－15495	－15494	57232	－67208	－67208
其中：应收利息	46315	－79336	－79336	1341	－14948	－14948	44974	－64388	－64388
八、减：坏账准备									
九、短期投资									
十、减：短期投资跌价准备									
十一、委托贷款及投资									
十二、买入返售资产			－130583					－130583	
十三、待处理流动资产损失	1	1	1				1	1	1
十四、其他流动资产	1	－403	－405	－7515	61217	61215	7516	－61620	－61620
长期资产	12558587	2897327	2897342	183904	25714	25728	12374683	2871613	2871614
十五、中长期贷款	11969148	2954588	2954593	186527	26285	26291	11782621	2928303	2928302
十六、减：贷款损失准备	11662	－9685	－9693	2624	571	563	9038	－10256	－10256
十七、长期投资	186621	8954	8954				186621	8954	8954
十八、减：长期投资减值准备									
十九、固定资产净值	386702	－7479	－7477				386702	－7479	－7477
固定资产	549899	6314	6316				549899	6314	6316
减：累计折旧	163197	13793	13793				163197	13793	13793
二十、固定资产减值准备									
二十一、固定资产清理	22499	－69271	－69271				22499	－69271	－69271
二十二、在建工程	5278	850	850				5278	850	850
二十三、减：在建工程减值准备									
二十四、待处理固定资产损失									
无形递延及其他资产	－70763	184328	184325	－82798	－4506	－4509	12035	188834	188834
二十五、无形递延及其他资产	－70763	184328	184325	－82798	－4506	－4509	12035	188834	188834
二十六、减：抵债资产减值准备									
二十七、减：无形资产减值准备									
二十八、减：其他资产减值准备									
资产总计	25719711	1102014	1404369	556139	－39217	－39137	25163572	1141231	1443506

续表

栏目 行列名称	本外币			外币			人民币		
	本期	比年初	比去年同期	本期	比年初	比去年同期	本期	比年初	比去年同期
流动负债	13328597	344747	647046	293683	111879	111902	13034914	232868	535144
一、短期存款	7817368	481690	481099	120564	23441	23445	7696804	458249	457654
二、活期储蓄存款	3764118	153075	153667	20716	4965	4966	3743402	148110	148701
三、财政性存款	-23440	-148423	-148423				-23440	-148423	-148423
四、向中央银行借款		-50311	-45021					-50311	-45021
五、同业存放	679552	56160	56160	36400	27958	27958	643152	28202	28202
六、联行存放									
七、同业拆入									
八、应解汇款及临时存款	70686	-10293	-10293	3335	397	397	67351	-10690	-10690
九、汇出汇款	329651	62126	62126	33			329618	62126	62126
十、委托存款	1608	862	862				1608	862	862
十一、卖出回购资产			-296993					-296993	
十二、应付及预提账项	215857	51809	51806	3708	-6489	-6489	212149	58298	58295
十三、存放短期保证金	473197	45045	45064	108927	61607	61626	364270	-16562	-16562
十四、发行短期债券									
十五、其他流动负债									
长期负债	12338659	753907	753921	274465	-133417	-133402	12064194	887324	887323
十六、长期存款	1983973	366606	366616	23696	-23367	-23357	1960277	389973	389973
十七、定期储蓄存款	10338390	391594	391598	238322	-110339	-110334	10100068	501933	501932
十八、存放长期保证金									
十九、发行长期债券	99	-17	-17				99	-17	-17
二十、其他长期负债	16198	-4276	-4276	12448	289	289	3750	-4565	-4565
所有者权益	52455	3360	3402	-12009	-17679	-17637	64464	21039	21039
二十一、实收资本									
二十二、资本公积	2452						2452		
二十三、公积金	9710		1	1			9710	1	1
二十四、公益金									
二十五、未分配利润	40293	3359	3401	-12009	-17679	-17637	52302	21038	21038
其中：本年利润	40293	40293	3401	-12009	-12009	-17637	52302	52302	21038
二十六、一般准备金									
负债总计	25719711	1102014	1404369	556139	-39217	-39137	25163572	1141231	1443506

山东省农业银行资产负债主要项目表

汇率：8.2765　　　　单位：万元

栏目 行列名称	本外币			外币			人民币		
	本期	比年初	比去年同期	本期	比年初	比去年同期	本期	比年初	比去年同期
流动资产	16761845	2421161	2421201	609573	29711	29781	16152272	2391450	2391420
一、现金及银行存款	122823	－4478	－4470	10768	2524	2532	112055	－7002	－7002
二、存放中央银行	370395	－14597	－14597				370395	－14597	－14597
三、存放同业	8689	－21454	－21470	5264	－1573	－1589	3425	－19881	－19881
四、存放联行款项	4468238	1421796	1421796	186122	－47554	－47554	4282116	1469350	1469350
五、拆放同业	23946	14302	14302				23946	14302	14302
六、短期贷款	11156514	1026802	1026780	258334	52452	52460	10898180	974350	974320
七、应收账款	455227	－155859	－155854	170637	35763	35768	284590	－191622	－191622
其中：应收利息	149982	－166273	－166272	23158	－722	－721	126824	－165551	－165551
八、减：坏账准备									
九、短期投资	1219	－16	－16				1219	－16	－16
十、减：短期投资跌价准备									
十一、委托贷款及投资									
十二、买入返售资产	154435	154435	154435				154435	154435	154435
十三、待处理流动资产损失	68						68		
十四、其他流动资产	291	230	296	－21552	－11901	－11835	21843	12131	12131
长期资产	6112036	851457	853082	79785	55046	55046	6032251	796411	798036
十五、中长期贷款	5725757	858246	858277	83171	56080	56081	5642586	802166	802196
十六、减：贷款损失准备	171448	19634	19635	3385	1034	1035	168063	18600	18600
十七、长期投资	94958	19722	19722				94958	19722	19722
十八、减：长期投资减值准备									
十九、固定资产净值	437360	－14518	－12923				437360	－14518	－12923
固定资产	609482	8898	10493				609482	8898	10493
减：累计折旧	172122	23416	23416				172122	23416	23416
二十、固定资产减值准备									
二十一、固定资产清理	1676	404	404				1676	404	404
二十二、在建工程	23727	7237	7237				23727	7237	7237
二十三、减：在建工程减值准备									
二十四、待处理固定资产损失	7						7		
无形递延及其他资产	345981	7080	142754	－82442	40488	40492	428423	－33408	102262
二十五、无形递延及其他资产	345981	7080	142754	－82442	40488	40492	428423	－33408	102262
二十六、减：抵债资产减值准备									
二十七、减：无形资产减值准备									
二十八、减：其他资产减值准备									
资产总计	23219862	3279697	3417037	606916	125244	125319	22612946	3154453	3291718

续表

栏目 / 行列名称	本外币			外币			人民币		
	本期	比年初	比去年同期	本期	比年初	比去年同期	本期	比年初	比去年同期
流动负债	13186094	2117220	2121155	393250	135851	135861	12792844	1981369	1985294
一、短期存款	5981667	964059	1015750	171117	69459	69462	5810550	894600	946288
二、活期储蓄存款	5275907	832591	832591	12845	3178	3178	5263062	829413	829413
三、财政性存款	-4958	-44383	-96071				-4958	-44383	-96071
四、向中央银行借款		-23797	-23797					-23797	-23797
五、同业存放	475256	55145	55137	670	-108	-116	474586	55253	55253
六、联行存放									
七、同业拆入									
八、应解汇款及临时存款	29267	-11907	-11907	6207	2201	2201	23060	-14108	-14108
九、汇出汇款	213820	4541	4541	4908	4792	4792	208912	-251	-251
十、委托存款	-1691	-5392	-5392	-414	0	0	-1277	-5392	-5392
十一、卖出回购资产							-128353		
十二、应付及预提账项	377116	46491	50429	151510	38876	38889	225606	7615	11540
十三、存放短期保证金	839709	299872	299873	46406	17453	17454	793303	282419	282419
十四、发行短期债券									
十五、其他流动负债									
长期负债	10033831	1040607	1173955	199654	-16492	-16484	9834177	1057099	1190439
十六、长期存款	1542685	241797	241797	23381	11545	11545	1519304	230252	230252
十七、定期储蓄存款	8457009	801459	801467	176174	-28136	-28128	8280835	829595	829595
十八、存放长期保证金									
十九、发行长期债券	66	-2	-2				66	-2	-2
二十、其他长期负债	34071	-2647	130693	99	99	99	33972	-2746	130594
所有者权益	-63	121869	121927	14012	5884	5942	-14075	115985	115985
二十一、实收资本									
二十二、资本公积	38558		1				38558		1
二十三、公积金	2524			58			2466		
二十四、公益金	-1393	1	1				-1393	1	1
二十五、未分配利润	-39752	121868	121925	13954	5884	5942	-53706	115984	115983
其中：本年利润	45245	45245	25235	13954	13954	5942	31291	31291	19293
二十六、一般准备金									
负债总计	23219862	3279697	3417037	606916	125244	125319	22612946	3154453	3291718

山东省中国银行资产负债主要项目表

汇率：8.2765　　　　单位：万元

栏目 / 行列名称	本外币			外币			人民币		
	本期	比年初	比去年同期	本期	比年初	比去年同期	本期	比年初	比去年同期
流动资产	10203439	1386100	1386183	1607329	－684390	－684307	8689204	1181876	1181876
一、现金及银行存款	138502	－20	－18	48600	4698	4700	89902	－4718	－4718
二、存放中央银行	239002	－117482	－117482				239002	－117482	－117482
三、存放同业	17807	－89289	－89286		－83647	－83644	17807	－5642	－5642
四、存放联行款项	3045753	3045753	3045753				3138847	2157139	2157139
五、拆放同业		－14918	－14917		－14419	－14418		－499	－499
六、短期贷款	6693511	－1425782	－1425705	1553151	－582745	－582668	5140360	－843037	－843037
七、应收账款	75013	－10825	－10825	6332	－2028	－2028	68681	－8797	－8797
其中：应收利息	70833	5510	69087	5951	－2152	5719	64882	7662	63368
八、减：坏账准备	49	49	49	8	8	8	41	41	41
九、短期投资		－52	－52					－52	－52
十、减：短期投资跌价准备									
十一、委托贷款及投资									
十二、买入返售资产									
十三、待处理流动资产损失									
十四、其他流动资产	－6099	－1236	－1236	－745	－6241	－6241	－5354	5005	5005
长期资产	3303719	24894	24924	494844	－333427	－333397	2808875	358321	358321
十五、中长期贷款	3307640	515138	515166	611104	－161629	－161601	2696536	676767	676767
十六、减：贷款损失准备	371861	392801	392799	119629	158481	158479	252232	234320	234320
十七、长期投资	51273	3959	3959	5777	－10909	－10909	45496	14868	14868
十八、减：长期投资减值准备	2483	2483	2483	2408	2408	2408	75	75	75
十九、固定资产净值	311516	43601	43601				311516	43601	43601
固定资产	432675	49222	49222				432675	49222	49222
减：累计折旧	121159	5621	5621				121159	5621	5621
二十、固定资产减值准备	12269	12269	12269				12269	12269	12269
二十一、固定资产清理	2653	－60004	－60004				2653	－60004	－60004
二十二、在建工程	18599	－68898	－68898				18599	－68898	－68898
二十三、减：在建工程减值准备	1349	1349	1349				1349	1349	1349
二十四、待处理固定资产损失									
无形递延及其他资产	－227313	－178535	－178531	61155	－54094	－54090	－288468	－124441	－124441
二十五、无形递延及其他资产	－168108	－119330	－119326	77650	－37599	－37595	－245758	－81731	－81731
二十六、减：抵债资产减值准备	51071	51071	51071	16495	16495	16495	34576	34576	34576
二十七、减：无形资产减值准备	8134	8134	8134				8134	8134	8134
二十八、减：其他资产减值准备									
资产总计	13279845	1232459	1232576	2163328	－1071911	－1071794	11209611	1415756	1415756

续表

栏目 / 行列名称	本外币			外币			人民币		
	本期	比年初	比去年同期	本期	比年初	比去年同期	本期	比年初	比去年同期
流动负债	7448856	571807	571886	1048268	－893160	－893081	6493682	576353	576353
一、短期存款	3222284	337987	337998	465065	160033	160044	2757219	177954	177954
二、活期储蓄存款	1890665	163284	163290	209147	25721	25727	1681518	137563	137563
三、财政性存款	－7267	3190	3190				－7267	3190	3190
四、向中央银行借款	3688	－44403	－44403				3688	－44403	－44403
五、同业存放	674166	188389	188394	163784	48584	48589	510382	139805	139805
六、联行存放		－213201	－213158	93094	－1101815	－1101772			
七、同业拆入		－17444	－17444		－14344	－14344		－3100	－3100
八、应解汇款及临时存款									
九、汇出汇款	174517	77748	77750	32932	130	132	141585	77618	77618
十、委托存款									
十一、卖出回购资产	57059	45459	45459				57059	45459	45459
十二、应付及预提账项	235711	28969	28978	25061	8954	8963	210650	20015	20015
十三、存放短期保证金	1198033	1829	1832	59185	－20423	－20420	1138848	22252	22252
十四、发行短期债券									
十五、其他流动负债									
长期负债	5691385	209248	209298	938009	－436503	－436453	4753376	645751	645751
十六、长期存款	1167168	361479	461481	49775	－11881	－11878	1117393	373359	473359
十七、定期储蓄存款	4768465	－7663	－7616	886413	－426443	－426396	3882052	418780	418780
十八、存放长期保证金									
十九、发行长期债券	27	1	1				27	1	1
二十、其他长期负债	－244275	－144568	－244568	1821	1821	1821	－246096	－146389	－246389
所有者权益	139604	451404	451392	177051	257752	257740	－37447	193652	193652
二十一、实收资本									
二十二、资本公积									
二十三、公积金									
二十四、公益金									
二十五、未分配利润	139604	451404	451392	177051	257752	257740	－37447	193652	193652
其中：本年利润	310825	310825	482024	177051	177051	257749	133774	133774	224275
二十六、一般准备金									
负债总计	13279845	1232459	1232576	2163328	－1071911	－1071794	11209611	1415756	1415756

山东省建设银行资产负债主要项目表

汇率：8.2765　　　　单位：万元

栏目 行列名称	本外币			外币			人民币		
	本期	比年初	比去年同期	本期	比年初	比去年同期	本期	比年初	比去年同期
流动资产	11753027	2627611	2367983	282791	－32819	－32807	11470236	2660430	2400790
一、现金及银行存款	160778	20768	20768	12547	6331	6331	148231	14437	14437
二、存放中央银行	323447	－87095	－87095				323447	－87095	－87095
三、存放同业	14969	－840	－840	9228	－1300	－1300	5741	460	460
四、存放联行款项	4517604	1545520	1545521	64317	14415	14416	4453287	1531105	1531105
五、拆放同业	23055	－1742	－1742				23055	－1742	－1742
六、短期贷款	6633403	1183893	924262	192156	－56742	－56733	6441247	1240635	980995
七、应收账款	77868	22076	22076	4577	4486	4486	73291	17590	17590
其中：应收利息	5448	794	827	323	306	306	5125	488	521
八、减：坏账准备	19701	19701	19701	33	33	33	19668	19668	19668
九、短期投资	18260	－23726	－23726				18260	－23726	－23726
十、减：短期投资跌价准备									
十一、委托贷款及投资									
十二、买入返售资产									
十三、待处理流动资产损失									
十四、其他流动资产	3345	－11541	－11541		25	25	3345	－11566	－11566
长期资产	7938611	108477	368127	352769	199098	199104	7585842	－90621	169023
十五、中长期贷款	7484915	125312	384961	351900	199099	199104	7133015	－73787	185857
十六、减：贷款损失准备									
十七、长期投资	180305	37174	37174	869	0	0	179436	37174	37174
十八、减：长期投资减值准备	78159	78159	78159				78159	78159	78159
十九、固定资产净值	345805	48686	48686				345805	48686	48686
固定资产	460850	20060	20060				460850	20060	20060
减：累计折旧	115045	－28626	－28626				115045	－28626	－28626
二十、固定资产减值准备	609	609	609				609	609	609
二十一、固定资产清理	1404	22	22				1404	22	22
二十二、在建工程	5002	－23910	－23910				5002	－23910	－23910
二十三、减：在建工程减值准备	52	52	52				52	52	52
二十四、待处理固定资产损失		14	14					14	14
无形递延及其他资产	－264490	－150768	－150768	497	－670	－670	－264987	－150098	－150098
二十五、无形递延及其他资产	－237978	－124256	－124256	521	－646	－646	－238499	－123610	－123610
二十六、减：抵债资产减值准备	17797	17797	17797	25	25	25	17772	17772	17772
二十七、减：无形资产减值准备	341	341	341				341	341	341
二十八、减：其他资产减值准备	8375	8375	8375				8375	8375	8375
资产总计	19427148	2585320	2585341	636057	165609	165626	18791091	2419711	2419715

续表

栏目 / 行列名称	本外币			外币			人民币		
	本期	比年初	比去年同期	本期	比年初	比去年同期	本期	比年初	比去年同期
流动负债	11719877	1341797	1341794	279017	75246	75237	11440860	1266551	1266557
一、短期存款	6665095	1004912	1163610	191882	80159	80163	6473213	924753	1083447
二、活期储蓄存款	2899952	279914	279911	7209	571	571	2892743	279343	279340
三、财政性存款	-29391	8285	-150410				-29391	8285	-150410
四、向中央银行借款		-10682	-10682					-10682	-10682
五、同业存放	724177	-110868	-110868	13251	5785	5785	710926	-116653	-116653
六、联行存放									
七、同业拆入	2000	2000	2000				2000	2000	2000
八、应解汇款及临时存款	21918	-17741	-17739	9526	-21157	-21155	12392	3416	3416
九、汇出汇款	233762	16711	16711	513	-803	-803	233249	17514	17514
十、委托存款	-52608	16674	16674				-52608	16674	16674
十一、卖出回购资产									
十二、应付及预提账项	123478	10429	10430	6216	-3088	-3087	117262	13517	13517
十三、存放短期保证金	1121904	150402	150403	49800	13265	13266	1072104	137137	137137
十四、发行短期债券									
十五、其他流动负债	9591	-8240	-8246	621	513	497	8970	-8753	-8743
长期负债	7650893	859768	859778	346661	74596	74606	7304232	785172	785172
十六、长期存款	1237730	155928	155929	11165	-14717	-14716	1226565	170645	170645
十七、定期储蓄存款	5509080	676952	676957	199654	80200	80205	5309426	596752	596752
十八、存放长期保证金									
十九、发行长期债券	67	-24	-24				67	-24	-24
二十、其他长期负债	904016	26912	26917	135842	9113	9118	768174	17799	17799
所有者权益	56378	383755	383769	10379	15767	15783	45999	367988	367986
二十一、实收资本									
二十二、资本公积		-175	-175					-175	-175
二十三、公积金									
二十四、公益金									
二十五、未分配利润	56378	383930	383944	10379	15767	15783	45999	368163	368161
其中：本年利润	294940	294940	554100	10379	10379	15783	284561	284561	538317
二十六、一般准备金	11719877	1341797	1341794	279017	75246	75237	11440860	1266551	1266557
负债总计	19427148	2585320	2585341	636057	165609	165626	18791091	2419711	1415756

山东省政策性银行资产负债主要项目表

汇率：8.2765　　　　单位：万元

栏目 行列名称	本外币			外币			人民币		
	本期	比年初	比去年同期	本期	比年初	比去年同期	本期	比年初	比去年同期
流动资产	4666227	57171	57169	385	385	385	4665841	56785	56783
一、现金及银行存款	1478	603	604				1478	603	604
二、存放中央银行	65978	43450	43449				65978	43450	43449
三、存放同业	18247	3570	3570	364	364	364	17882	3205	3205
四、存放联行款项									
五、拆放同业									
六、短期贷款	4574019	14288	14286				4574019	14288	14286
七、应收账款	6500	-4735	-4735	21	21	21	6480	-4756	-4756
其中：应收利息	5829	-4835	-4835	21	21	21	5808	-4856	-4856
八、减：坏账准备									
九、短期投资									
十、减：短期投资跌价准备									
十一、委托贷款及投资									
十二、买入返售资产									
十三、待处理流动资产损失									
十四、其他流动资产	4	-5	-5				4	-5	-5
长期资产	6265855	1137796	1137793	103610	103610	103610	6162245	1034186	1034183
十五、中长期贷款	6165850	1137694	1137694	103610	103610	103610	6062239	1034083	1034083
十六、减：贷款损失准备									
十七、长期投资	30500						30500		
十八、减：长期投资减值准备									
十九、固定资产净值	62682	5762	5761				62682	5762	5761
固定资产	79287	10078	10078				79287	10078	10078
减：累计折旧	16605	4315	4316				16605	4315	4316
二十、固定资产减值准备									
二十一、固定资产清理	3248	-3173	-3174				3248	-3173	-3174
二十二、在建工程	3575	-2487	-2488				3575	-2487	-2488
二十三、减：在建工程减值准备									
二十四、待处理固定资产损失									
无形递延及其他资产	-19533	-9785	-9785	-4138	-4138	-4138	-15395	-5647	-5647
二十五、无形递延及其他资产	-19533	-9785	-9785	-4138	-4138	-4138	-15395	-5647	-5647
二十六、减：抵债资产减值准备									
二十七、减：无形资产减值准备									
二十八、减：其他资产减值准备									
资产总计	10912549	1185182	1185177	99858	99858	99858	10812691	1085325	1085320

续表

栏目 / 行列名称	本外币			外币			人民币		
	本期	比年初	比去年同期	本期	比年初	比去年同期	本期	比年初	比去年同期
流动负债	10772977	1193975	1193966	99617	99617	99617	10673360	1094358	1094349
一、短期存款	451700	102349	102348	0	0	0	451700	102349	102348
二、活期储蓄存款									
三、财政性存款	142654	57580	57580				142654	57580	57580
四、向中央银行借款									
五、同业存放	0	0	0				0	0	0
六、联行存放	10164914	1036228	1036225	99597	99597	99597	10065317	936631	936628
七、同业拆入									
八、应解汇款及临时存款	3	-701	-702				3	-701	-702
九、汇出汇款	774	272	272				774	272	272
十、委托存款									
十一、卖出回购资产									
十二、应付及预提账项	12932	-1751	-1755	20	20	20	12912	-1770	-1774
十三、存放短期保证金									
十四、发行短期债券									
十五、其他流动负债		-3	-3					-3	-3
长期负债	8000	0	0				8000	0	0
十六、长期存款	8000								8000
十七、定期储蓄存款									
十八、存放长期保证金									
十九、发行长期债券									
二十、其他长期负债	0	0	0				0	0	0
所有者权益	131572	-8792	-8788	241	241	241	131331	-9033	-9029
二十一、实收资本	78990	37	37				78990	37	37
二十二、资本公积	915	2	4				915	2	4
二十三、公积金	1340		47				1340		47
二十四、公益金	-1340		-47				-1340		-47
二十五、未分配利润	51667	-8831	-8829	241	241	241	51426	-9072	-9070
其中：本年利润	51677	51677	-8826	241	241	241	51436	51436	-9067
二十六、一般准备金									
负债总计	10912549	1185182	1185177	99858	99858	99858	10812691	1085325	1085320

山东省国家开发银行资产负债主要项目表

汇率：8.2765　　　　单位：万元

栏目 行列名称	本外币			外币			人民币		
	本期	比年初	比去年同期	本期	比年初	比去年同期	本期	比年初	比去年同期
流动资产	278524	－41171	－41171				278524	－41171	－41171
一、现金及银行存款	305	218	218				305	218	218
二、存放中央银行	46536	37984	37984				46536	37984	37984
三、存放同业	5677	－377	－377				5677	－377	－377
四、存放联行款项									
五、拆放同业									
六、短期贷款	226000	－79000	－79000				226000	－79000	－79000
七、应收账款	3	0	0				3	0	0
其中：应收利息									
八、减：坏账准备									
九、短期投资									
十、减：短期投资跌价准备									
十一、委托贷款及投资									
十二、买入返售资产									
十三、待处理流动资产损失									
十四、其他流动资产	4	4	4				4	4	4
长期资产	5793896	765198	765198	75015	75015	75015	5718881	690182	690182
十五、中长期贷款	5762195	765602	765602	75015	75015	75015	5687179	690586	690586
十六、减：贷款损失准备									
十七、长期投资	30500						30500		
十八、减：长期投资减值准备									
十九、固定资产净值	1202	－119	－119				1202	－119	－119
固定资产	1896	98	98				1896	98	98
减：累计折旧	695	217	217				695	217	217
二十、固定资产减值准备									
二十一、固定资产清理		－285	－285					－285	－285
二十二、在建工程									
二十三、减：在建工程减值准备									
二十四、待处理固定资产损失									
无形递延及其他资产	－9966	－11	－11				－9966	－11	－11
二十五、无形递延及其他资产	－9966	－11	－11				－9966	－11	－11
二十六、减：抵债资产减值准备									
二十七、减：无形资产减值准备									
二十八、减：其他资产减值准备									
资产总计	6062455	724015	724015	75015	75015	75015	5987440	649000	649000

续表

栏目 / 行列名称	本外币			外币			人民币		
	本期	比年初	比去年同期	本期	比年初	比去年同期	本期	比年初	比去年同期
流动负债	5965246	715908	715908	74908	74908	74908	5890338	641001	641001
一、短期存款	327703	87119	87119	0	0	0	327703	87119	87119
二、活期储蓄存款									
三、财政性存款									
四、向中央银行借款									
五、同业存放	0	0	0				0	0	0
六、联行存放	5633117	628735	628735	74907	74907	74907	5558210	553828	553828
七、同业拆入									
八、应解汇款及临时存款									
九、汇出汇款									
十、委托存款									
十一、卖出回购资产									
十二、应付及预提账项	4425	53	53				4425	53	53
十三、存放短期保证金									
十四、发行短期债券									
十五、其他流动负债									
长期负债	8000						8000		
十六、长期存款	8000						8000		
十七、定期储蓄存款									
十八、存放长期保证金									
十九、发行长期债券									
二十、其他长期负债									
所有者权益	89209	8107	8107	108	108	108	89102	7999	7999
二十一、实收资本									
二十二、资本公积									
二十三、公积金									
二十四、公益金									
二十五、未分配利润	89209	8107	8107	108	108	108	89102	7999	7999
其中：本年利润	89219	89219	8110	108	108	108	89111	89111	8003
二十六、一般准备金									
负债总计	6062455	724015	724015	75015	75015	75015	5987440	649000	649000

山东省进出口银行资产负债主要项目表

汇率：8.2765　　　　单位：万元

栏目 行列名称	本外币			外币			人民币		
	本期	比年初	比去年同期	本期	比年初	比去年同期	本期	比年初	比去年同期
流动资产	82376	82376	82376	385	385	385	81990	81990	81990
一、现金及银行存款	57	57	57				57	57	57
二、存放中央银行									
三、存放同业	3509	3509	3509	364	364	364	3145	3145	3145
四、存放联行款项									
五、拆放同业									
六、短期贷款	78186	78186	78186				78186	78186	78186
七、应收账款	624	624	624	21	21	21	603	603	603
其中：应收利息	419	419	419	21	21	21	398	398	398
八、减：坏账准备									
九、短期投资									
十、减：短期投资跌价准备									
十一、委托贷款及投资									
十二、买入返售资产									
十三、待处理流动资产损失									
十四、其他流动资产									
长期资产	376767	376767	376767	28595	28595	28595	348172	348172	348172
十五、中长期贷款	374395	374395	374395	28595	28595	28595	345800	345800	345800
十六、减：贷款损失准备									
十七、长期投资									
十八、减：长期投资减值准备									
十九、固定资产净值	2372	2372	2372				2372	2372	2372
固定资产	2815	2815	2815				2815	2815	2815
减：累计折旧	443	443	443				443	443	443
二十、固定资产减值准备									
二十一、固定资产清理									
二十二、在建工程									
二十三、减：在建工程减值准备									
二十四、待处理固定资产损失									
无形递延及其他资产	-9905	-9905	-9905	-4138	-4138	-4138	-5767	-5767	-5767
二十五、无形递延及其他资产	-9905	-9905	-9905	-4138	-4138	-4138	-5767	-5767	-5767
二十六、减：抵债资产减值准备									
二十七、减：无形资产减值准备									
二十八、减：其他资产减值准备									
资产总计	449237	449237	449237	24842	24842	24842	424395	424395	424395

续表

栏目 行列名称	本外币			外币			人民币		
	本期	比年初	比去年同期	本期	比年初	比去年同期	本期	比年初	比去年同期
流动负债	448719	448719	448719	24709	24709	24709	424010	424010	424010
一、短期存款									
二、活期储蓄存款									
三、财政性存款									
四、向中央银行借款									
五、同业存放									
六、联行存放	448108	448108	448108	24689	24689	24689	423419	423419	423419
七、同业拆入									
八、应解汇款及临时存款									
九、汇出汇款									
十、委托存款									
十一、卖出回购资产									
十二、应付及预提账项	611	611	611	20	20	20	591	591	591
十三、存放短期保证金									
十四、发行短期债券									
十五、其他流动负债									
长期负债	0	0	0				0	0	0
十六、长期存款									
十七、定期储蓄存款									
十八、存放长期保证金									
十九、发行长期债券									
二十、其他长期负债	0	0	0				0	0	0
所有者权益	518	518	518	133	133	133	384	384	384
二十一、实收资本									
二十二、资本公积									
二十三、公积金									
二十四、公益金									
二十五、未分配利润	518	518	518	133	133	133	384	384	384
其中：本年利润	518	518	518	133	133	133	384	384	384
二十六、一般准备金									
负债总计	449237	449237	449237	24842	24842	24842	424395	424395	424395

山东省农业发展银行资产负债主要项目表

汇率：8.2765　　　　单位：万元

栏目 / 行列名称	本外币			外币			人民币		
	本期	比年初	比去年同期	本期	比年初	比去年同期	本期	比年初	比去年同期
流动资产	4305327	15966	15964				4305327	15966	15964
一、现金及银行存款	1117	328	329				1117	328	329
二、存放中央银行	19442	5466	5465				19442	5466	5465
三、存放同业	9061	437	437				9061	437	437
四、存放联行款项									
五、拆放同业									
六、短期贷款	4269833	15102	15100				4269833	15102	15100
七、应收账款	5874	-5358	-5358				5874	-5358	-5358
其中：应收利息	5410	-5254	-5254				5410	-5254	-5254
八、减：坏账准备									
九、短期投资									
十、减：短期投资跌价准备									
十一、委托贷款及投资									
十二、买入返售资产									
十三、待处理流动资产损失									
十四、其他流动资产		-9	-9					-9	-9
长期资产	95192	-4168	-4171				95192	-4168	-4171
十五、中长期贷款	29260	-2303	-2303				29260	-2303	-2303
十六、减：贷款损失准备									
十七、长期投资									
十八、减：长期投资减值准备									
十九、固定资产净值	59109	3510	3509				59109	3510	3509
固定资产	74576	7165	7165				74576	7165	7165
减：累计折旧	15467	3655	3656				15467	3655	3656
二十、固定资产减值准备									
二十一、固定资产清理	3248	-2888	-2889				3248	-2888	-2889
二十二、在建工程	3575	-2487	-2488				3575	-2487	-2488
二十三、减：在建工程减值准备									
二十四、待处理固定资产损失									
无形递延及其他资产	338	132	132				338	132	132
二十五、无形递延及其他资产	338	132	132				338	132	132
二十六、减：抵债资产减值准备									
二十七、减：无形资产减值准备									
二十八、减：其他资产减值准备									
资产总计	4400857	11930	11925				4400857	11930	11925

续表

栏目 / 行列名称	本外币			外币			人民币		
	本期	比年初	比去年同期	本期	比年初	比去年同期	本期	比年初	比去年同期
流动负债	4359012	29347	29338				4359012	29347	29338
一、短期存款	123997	15230	15229				123997	15230	15229
二、活期储蓄存款									
三、财政性存款	142654	57580	57580				142654	57580	57580
四、向中央银行借款									
五、同业存放									
六、联行存放	4083688	-40616	-40619				4083688	-40616	-40619
七、同业拆入									
八、应解汇款及临时存款	3	-701	-702				3	-701	-702
九、汇出汇款	774	272	272				774	272	272
十、委托存款									
十一、卖出回购资产									
十二、应付及预提账项	7896	-2415	-2419				7896	-2415	-2419
十三、存放短期保证金									
十四、发行短期债券									
十五、其他流动负债		-3	-3					-3	-3
长期负债									
十六、长期存款									
十七、定期储蓄存款									
十八、存放长期保证金									
十九、发行长期债券									
二十、其他长期负债									
所有者权益	41845	-17417	-17413				41845	-17417	-17413
二十一、实收资本	78990	37	37				78990	37	37
二十二、资本公积	915	2	4				915	2	4
二十三、公积金	1340		47				1340		47
二十四、公益金	-1340		-47				-1340		-47
二十五、未分配利润	-38060	-17456	-17454				-38060	-17456	-17454
其中：本年利润	-38060	-38060	-17454				-38060	-38060	-17454
二十六、一般准备金									
负债总计	4400857	11930	11925				4400857	11930	11925

山东省其他商业银行资产负债主要项目表

汇率：8.2765　　　　单位：万元

栏目 行列名称	本外币			外币			人民币		
	本期	比年初	比去年同期	本期	比年初	比去年同期	本期	比年初	比去年同期
流动资产	18818731	3111498	4505547	831776	187929	188059	17986955	2923570	4317488
一、现金及银行存款	119316	18374	18363	23371	575	559	95945	17799	17803
二、存放中央银行	1176634	56787	56787				1176634	56787	56787
三、存放同业	287470	－39962	－39959	98960	14151	14154	188510	－54114	－54114
四、存放联行款项	3730609	2462588	2462594	200731	150753	150738	3529878	2311835	2311855
五、拆放同业	17656	－5785	－5785	2224	－1275	－1275	15432	－4510	－4510
六、短期贷款	12739373	663432	1586246	448384	－4099	－3966	12290989	667531	1590213
七、应收账款	280863	8888	9778	45444	29282	29813	235419	－20395	－20035
其中：应收利息	22803	－4828	－778	1962	－3635	－3064	20842	－1192	2286
八、减：坏账准备	498	412	412				498	412	412
九、短期投资	22396	18147	18146				22396	18147	18146
十、减：短期投资跌价准备									
十一、委托贷款及投资									
十二、买入返售资产	422069	－72267	418069				422069	－72267	418069
十三、待处理流动资产损失									
十四、其他流动资产	22842	1708	－18280	12661	－1460	－1964	10180	3167	－16316
长期资产	5205692	902719	902609	29813	－45282	－45378	5175878	948001	947987
十五、中长期贷款	3936173	914705	914593	35171	－8043	－8141	3901002	922748	922734
十六、减：贷款损失准备	211392	172346	172342	5358	37239	37238	206034	135107	135104
十七、长期投资	1136271	119576	119574				1136271	119576	119574
十八、减：长期投资减值准备									
十九、固定资产净值	305122	48182	48180				305122	48182	48180
固定资产	419692	73644	73643				419692	73644	73643
减：累计折旧	114570	25462	25463				114570	25462	25463
二十、固定资产减值准备									
二十一、固定资产清理	14264	－1107	－1106				14264	－1107	－1106
二十二、在建工程	25254	－6291	－6291				25254	－6291	－6291
二十三、减：在建工程减值准备									
二十四、待处理固定资产损失									
无形递延及其他资产	－11381	－11744	－11753	－32687	－11387	－11388	21306	－357	－365
二十五、无形递延及其他资产	－11381	－11744	－11753	－32687	－11387	－11388	21306	－357	－365
二十六、减：抵债资产减值准备									
二十七、减：无形资产减值准备									
二十八、减：其他资产减值准备									
资产总计	24013041	4002474	5396403	828902	131260	131293	23184139	3871214	5265110

续表

栏目 行列名称	本外币			外币			人民币		
	本期	比年初	比去年同期	本期	比年初	比去年同期	本期	比年初	比去年同期
流动负债	17075022	2642046	4231315	532791	145970	145984	16542232	2496077	4085332
一、短期存款	8701784	1610858	1712212	201245	53051	53073	8500539	1557807	1659139
二、活期储蓄存款	1477471	355023	360787	105381	21266	21277	1372090	333757	339509
三、财政性存款	－1432	－19392	－126483				－1432	－19392	－126483
四、向中央银行借款	2800	－133726	－133570				2800	－133726	－133570
五、同业存放	1068213	199448	199445	70681	6264	6258	997532	193184	193187
六、联行存放									
七、同业拆入	23670	－46000	－132290				23670	－46000	－132290
八、应解汇款及临时存款	63742	－18269	－18269	7433	391	391	56309	－18660	－18660
九、汇出汇款	205070	75921	75921	24423	13366	13366	180647	62555	62554
十、委托存款	169556	159731	159731	－12365	－12365	－12365	181921	172096	172096
十一、卖出回购资产	851127	－1082144	397525				851127	－1082144	397525
十二、应付及预提账项	349172	88401	88748	58141	33058	33042	291030	55343	55705
十三、存放短期保证金	4156074	1449073	1644434	76556	29681	29683	4079518	1419392	1614752
十四、发行短期债券									
十五、其他流动负债	7776	3121	3124	1296	1258	1258	6480	1863	1866
长期负债	6726976	1295926	1100580	297721	－10026	－10014	6429255	1305951	1110594
十六、长期存款	3757453	657683	462333	49701	－33543	－33540	3707752	691226	495873
十七、定期储蓄存款	3018578	720681	720684	219988	23685	23692	2798590	696996	696992
十八、存放长期保证金		－33	－33		－33	－33			
十九、发行长期债券	6						6		
二十、其他长期负债	－49061	－82405	－82404	28033	－134	－133	－77094	－82271	－82271
所有者权益	211043	64502	64508	－1610	－4684	－4676	212652	69186	69184
二十一、实收资本	100000						100000		
二十二、资本公积		－1923	－1923					－1923	－1923
二十三、公积金	－1013	2680	2680	1481	1539	1539	－2494	1141	1141
二十四、公益金	8442	4789	4737				8442	4789	4737
二十五、未分配利润	103613	58955	59014	－3091	－6223	－6215	106704	65179	65229
其中：本年利润	153848	153848	76890	－3091	－3091	－6215	156939	156939	83105
二十六、一般准备金									
负债总计	24013041	4002474	5396403	828902	131260	131293	23184139	3871214	5265110

山东省交通银行资产负债主要项目表

汇率：8.2765　　单位：万元

栏目 / 行列名称	本外币			外币			人民币		
	本期	比年初	比去年同期	本期	比年初	比去年同期	本期	比年初	比去年同期
流动资产	4505976	1008571	1114304	266536	93497	92842	4239440	915074	1021462
一、现金及银行存款	43388	4066	4052	8177	－2757	－2773	35211	6823	6825
二、存放中央银行	236271	－20067	－20067				236271	－20067	－20067
三、存放同业	38419	9259	9260	12622	－7185	－7184	25797	16444	16444
四、存放联行款项	1096218	529358	529361	65691	45892	45884	1030527	483466	483477
五、拆放同业	2330						2330		
六、短期贷款	2965597	416984	522719	140692	24582	23941	2824905	392402	498778
七、应收账款	75793	30883	30889	41184	32907	32915	34609	－2024	－2026
其中：应收利息	752	76	74				752	76	74
八、减：坏账准备									
九、短期投资	20977	17777	17777				20977	17777	17777
十、减：短期投资跌价准备									
十一、委托贷款及投资									
十二、买入返售资产	12100	12100	12100				12100	12100	12100
十三、待处理流动资产损失									
十四、其他流动资产	14884	8211	8212	－1829	58	58	16713	8153	8154
长期资产	829976	23383	24028	8922	－43670	－43014	821054	67053	67042
十五、中长期贷款	582802	102459	103102	10395	－6266	－5612	572407	108725	108714
十六、减：贷款损失准备	33571	141065	141063	1473	37404	37402	32098	103661	103661
十七、长期投资	192655	38351	38351				192655	38351	38351
十八、减：长期投资减值准备									
十九、固定资产净值	70384	21659	21659				70384	21659	21659
固定资产	108098	30290	30290				108098	30290	30290
减：累计折旧	37714	8631	8631				37714	8631	8631
二十、固定资产减值准备									
二十一、固定资产清理	91	－8	－8				91	－8	－8
二十二、在建工程	17615	1987	1987				17615	1987	1987
二十三、减：在建工程减值准备									
二十四、待处理固定资产损失									
无形递延及其他资产	－28810	－30822	－30828	5363	－952	－952	－34173	－29870	－29876
二十五、无形递延及其他资产	－28810	－30822	－30828	5363	－952	－952	－34173	－29870	－29876
二十六、减：抵债资产减值准备									
二十七、减：无形资产减值准备									
二十八、减：其他资产减值准备									
资产总计	5307143	1001132	1107503	280822	48875	48875	5026321	952257	1058628

续表

栏目 / 行列名称	本外币			外币			人民币		
	本期	比年初	比去年同期	本期	比年初	比去年同期	本期	比年初	比去年同期
流动负债	3584161	671794	778160	193827	76493	76489	3390334	595301	701671
一、短期存款	1696280	147677	147696	62479	17726	17744	1633801	129951	129952
二、活期储蓄存款	613273	121482	121475	34844	2688	2681	578429	118794	118794
三、财政性存款	-1358	-68	-68				-1358	-68	-68
四、向中央银行借款	2800	-13189	-13033				2800	-13189	-13033
五、同业存放	48865	25166	25166	579	-356	-356	48286	25522	25522
六、联行存放									
七、同业拆入									
八、应解汇款及临时存款	10309	1040	1040	315	257	257	9994	783	783
九、汇出汇款	120055	33812	33812	3915	-1987	-1987	116140	35799	35799
十、委托存款	3879	-5693	-5693				3879	-5693	-5693
十一、卖出回购资产	22096	-84114	22096				22096	-84114	22096
十二、应付及预提账项	172432	50547	50531	54981	34156	34140	117451	16391	16391
十三、存放短期保证金	895490	395103	395104	36715	24009	24010	858775	371094	371094
十四、发行短期债券									
十五、其他流动负债	41	31	34				41	31	34
长期负债	1681628	300455	300459	82492	-29579	-29575	1599136	330034	330034
十六、长期存款	822523	230244	230244	5305	-1093	-1093	817218	231337	231337
十七、定期储蓄存款	875839	90607	90610	51654	-28344	-28341	824185	118951	118951
十八、存放长期保证金									
十九、发行长期债券	6						6		
二十、其他长期负债	-16740	-20396	-20395	25533	-142	-141	-42273	-20254	-20254
所有者权益	41353	28883	28884	4502	1961	1961	36851	26922	26923
二十一、实收资本									
二十二、资本公积									
二十三、公积金									
二十四、公益金									
二十五、未分配利润	41353	28883	28884	4502	1961	1961	36851	26922	26923
其中：本年利润	61475	61475	36699	4502	4502	1961	56973	56973	34738
二十六、一般准备金									
负债总计	5307143	1001132	1107503	280822	48875	48875	5026321	952257	1058628

山东省中信实业银行资产负债主要项目表

汇率：8.2765　　　　单位：万元

栏目 / 行列名称	本外币			外币			人民币		
	本期	比年初	比去年同期	本期	比年初	比去年同期	本期	比年初	比去年同期
流动资产	2434207	63902	350766	161636	－2078	－2072	2272571	14979	301838
一、现金及银行存款	13363	1321	1321	4079	1288	1288	9284	33	33
二、存放中央银行	142501	－64522	－64522				142501	－64522	－64522
三、存放同业	49262	－23918	－23916	29007	－12554	－12553	20254	－11364	－11364
四、存放联行款项	424622	126769	126767	25666	25666	25666	398955	50101	50101
五、拆放同业	1504	－157	－157	1504	－157	－157			
六、短期贷款	1780898	20884	307387	86693	－14564	－14560	1694205	35448	321947
七、应收账款	22008	3476	3836	188	18	18	21820	3458	3818
其中：应收利息	6436	121	121	83	15	15	6353	106	106
八、减：坏账准备									
九、短期投资									
十、减：短期投资跌价准备									
十一、委托贷款及投资									
十二、买入返售资产									
十三、待处理流动资产损失									
十四、其他流动资产	50	49	50	14499	－1774	－1774	－14449	1823	1823
长期资产	822721	172386	172386	2219	－2397	－2397	820501	174783	174783
十五、中长期贷款	697386	183948	183948	3133	－2570	－2570	694253	186518	186518
十六、减：贷款损失准备	24810	5082	5082	913	－173	－173	23897	5255	5255
十七、长期投资	44061	－302	－302				44061	－302	－302
十八、减：长期投资减值准备									
十九、固定资产净值	92141	－6036	－6036				92141	－6036	－6036
固定资产	116513	－2410	－2410				116513	－2410	－2410
减：累计折旧	24372	3626	3626				24372	3626	3626
二十、固定资产减值准备									
二十一、固定资产清理	13901	－142	－142				13901	－142	－142
二十二、在建工程	43						43		
二十三、减：在建工程减值准备									
二十四、待处理固定资产损失									
无形递延及其他资产	83020	19529	19528	－13469	2377	2376	96489	17152	17152
二十五、无形递延及其他资产	83020	19529	19528	－13469	2377	2376	96489	17152	17152
二十六、减：抵债资产减值准备									
二十七、减：无形资产减值准备									
二十八、减：其他资产减值准备									
资产总计	3339947	255817	542680	150387	－2098	－2093	3189561	206914	493773

续表

栏目 / 行列名称	本外币			外币			人民币		
	本期	比年初	比去年同期	本期	比年初	比去年同期	本期	比年初	比去年同期
流动负债	2619939	289610	576472	90677	-19667	-19663	2529263	258276	545135
一、短期存款	1443858	200870	200871	45854	17295	17296	1398004	183574	183574
二、活期储蓄存款	80264	10371	10371	3489	1060	1060	76775	9311	9311
三、财政性存款									
四、向中央银行借款		-17138	-17138					-17138	-17138
五、同业存放	106331	-9254	-9254	1614	-3159	-3159	104717	-6095	-6095
六、联行存放					-51002	-51000			
七、同业拆入									
八、应解汇款及临时存款	10417	-2714	-2714	6415	614	615	4002	-3329	-3329
九、汇出汇款	29888	3824	3825	17107	12133	12133	12781	-8309	-8309
十、委托存款	52019	51814	51814				52019	51814	51814
十一、卖出回购资产	2000	-284499	2000				2000	-284499	2000
十二、应付及预提账项	25310	9577	9937	131	-113	-113	25178	9690	10050
十三、存放短期保证金	869666	326759	326759	16030	3505	3505	853636	323255	323255
十四、发行短期债券									
十五、其他流动负债	188			38			150		
长期负债	777650	19973	19975	68371	23105	23106	709279	-3132	-3132
十六、长期存款	337157	-57666	-57666	5529	-2808	-2808	331628	-54858	-54858
十七、定期储蓄存款	454135	91491	91492	62842	25912	25914	391293	65578	65578
十八、存放长期保证金									
十九、发行长期债券									
二十、其他长期负债	-13643	-13852	-13852	0	0	-13643	-13852	-13852	
所有者权益	-57642	-53766	-53766	-8661	-5536	-5536	-48981	-48230	-48230
二十一、实收资本									
二十二、资本公积									
二十三、公积金									
二十四、公益金									
二十五、未分配利润	-57642	-53766	-53766	-8661	-5536	-5536	-48981	-48230	-48230
其中：本年利润	-59875	-59875	-56959	-8661	-8661	-5536	-51214	-51214	-51423
二十六、一般准备金									
负债总计	3339947	255817	542680	150387	-2098	-2093	3189561	206914	493773

山东省光大银行资产负债主要项目表

汇率：8.2765　　　　单位：万元

栏目 / 行列名称	本外币			外币			人民币		
	本期	比年初	比去年同期	本期	比年初	比去年同期	本期	比年初	比去年同期
流动资产	1780467	177815	227662	100237	46469	47241	1680230	131346	180421
一、现金及银行存款	13318	2998	3006	3443	1084	1092	9875	1914	1914
二、存放中央银行	92074	18923	18923				92074	18923	18923
三、存放同业	10575	－3226	－3226	3335	－1250	－1250	7240	－1976	－1976
四、存放联行款项	751913	332189	332198	19135	2350	2358	732778	329839	329840
五、拆放同业		－1837	－1837		－1837	－1837			
六、短期贷款	859091	－161134	－112808	68877	46330	47084	790214	－207464	－159892
七、应收账款	50645	－10618	－10616	3658	－3435	－3435	46987	－7183	－7181
其中：应收利息	10174	－5965	－5965	1498	－3435	－3435	8676	－2530	－2530
八、减：坏账准备									
九、短期投资	659	－97	－98				659	－97	－98
十、减：短期投资跌价准备									
十一、委托贷款及投资									
十二、买入返售资产		－1500						－1500	
十三、待处理流动资产损失									
十四、其他流动资产	2191	2118	2119	1788	3228	3228	403	－1110	－1109
长期资产	570728	57424	56659	2549	－15818	－16578	568179	73241	73237
十五、中长期贷款	525634	52560	51804	3269	－15511	－16264	522365	68071	68068
十六、减：贷款损失准备	13846	－446	－440	720	306	315	13126	－752	－754
十七、长期投资	28719	3069	3067				28719	3069	3067
十八、减：长期投资减值准备									
十九、固定资产净值	30120	3908	3906				30120	3908	3906
固定资产	38785	5881	5880				38785	5881	5880
减：累计折旧	8665	1973	1974				8665	1973	1974
二十、固定资产减值准备									
二十一、固定资产清理	101	－787	－786				101	－787	－786
二十二、在建工程		－1772	－1772					－1772	－1772
二十三、减：在建工程减值准备									
二十四、待处理固定资产损失									
无形递延及其他资产	－4504	－4476	－4477	－12166	－397	－397	7662	－4079	－4080
二十五、无形递延及其他资产	－4504	－4476	－4477	－12166	－397	－397	7662	－4079	－4080
二十六、减：抵债资产减值准备									
二十七、减：无形资产减值准备									
二十八、减：其他资产减值准备									
资产总计	2346690	230763	279844	90619	30255	30266	2256071	200508	249578

续表

栏目 行列名称	本外币			外币			人民币		
	本期	比年初	比去年同期	本期	比年初	比去年同期	本期	比年初	比去年同期
流动负债	1684353	195852	244930	37195	9640	9650	1647158	186212	235280
一、短期存款	962988	95155	95155	19847	4493	4494	943141	90662	90661
二、活期储蓄存款	117283	25839	25854	6348	-1581	-1564	110935	27420	27418
三、财政性存款	-34	-17	-17				-34	-17	-17
四、向中央银行借款		-16599	-16599					-16599	-16599
五、同业存放	78937	-18287	-18285	4064	3691	3691	74873	-21978	-21976
六、联行存放									
七、同业拆入	11670	-3000	-3000				11670	-3000	-3000
八、应解汇款及临时存款	2548	-4033	-4034	50			2498	-4033	-4034
九、汇出汇款	2986	748	747	116	116	116	2870	632	631
十、委托存款	80885	80855	80855				80885	80855	80855
十一、卖出回购资产	5000	-44070	5000				5000	-44070	5000
十二、应付及预提账项	25472	924	917	2044	-969	-977	23428	1893	1894
十三、存放短期保证金	396023	77747	77747	4411	3575	3575	391612	74172	74172
十四、发行短期债券									
十五、其他流动负债	595	590	590	315	315	315	280	275	275
长期负债	654212	20055	20067	59624	27153	27163	594588	-7098	-7096
十六、长期存款	419708	-83627	-83624	17637	9153	9154	402071	-92780	-92778
十七、定期储蓄存款	234449	103589	103598	39504	18033	18042	194945	85556	85556
十八、存放长期保证金		-33	-33		-33	-33			
十九、发行长期债券									
二十、其他长期负债	55	126	126	2483	0	0	-2428	126	126
所有者权益	8126	14856	14847	-6199	-6538	-6547	14325	21394	21394
二十一、实收资本									
二十二、资本公积									
二十三、公积金									
二十四、公益金									
二十五、未分配利润	8126	14856	14847	-6199	-6538	-6547	14325	21394	21394
其中：本年利润	14648	14648	18846	-6199	-6199	-6547	20847	20847	25393
二十六、一般准备金									
负债总计	2346690	230763	279844	90619	30255	30266	2256071	200508	249578

山东省华夏银行资产负债主要项目表

汇率：8.2765　　　　单位：万元

栏目 / 行列名称	本外币			外币			人民币		
	本期	比年初	比去年同期	本期	比年初	比去年同期	本期	比年初	比去年同期
流动资产	2208024	388143	388146	61188	-24512	-24509	2146836	412655	412655
一、现金及银行存款	14651	4134	4134	1126	-546	-546	13525	4680	4680
二、存放中央银行	155574	-68320	-68320				155574	-68320	-68320
三、存放同业	16284	-16546	-16545	6903	-547	-546	9381	-15999	-15999
四、存放联行款项	557622	311333	311333	15899	-5273	-5273	541723	316606	316606
五、拆放同业									
六、短期贷款	1329357	26717	26719	37534	-16565	-16563	1291823	43282	43282
七、应收账款	14203	11861	11861				14203	11861	11861
其中：应收利息	177	-105	-105				177	-105	-105
八、减：坏账准备	470	470	470				470	470	470
九、短期投资									
十、减：短期投资跌价准备									
十一、委托贷款及投资									
十二、买入返售资产	118793	118793	118793				118793	118793	118793
十三、待处理流动资产损失									
十四、其他流动资产	2011	641	641	-273	-1581	-1581	2284	2222	2222
长期资产	565669	55126	55126	1250	1722	1722	564419	53404	53404
十五、中长期贷款	425008	74658	74658	1986	1986	1986	423022	72672	72672
十六、减：贷款损失准备	28384	7907	7907	737	265	265	27647	7642	7642
十七、长期投资	135306	-11797	-11797				135306	-11797	-11797
十八、减：长期投资减值准备									
十九、固定资产净值	33567	341	341				33567	341	341
固定资产	54460	4397	4397				54460	4397	4397
减：累计折旧	20893	4056	4056				20893	4056	4056
二十、固定资产减值准备									
二十一、固定资产清理	171	-170	-170				171	-170	-170
二十二、在建工程									
二十三、减：在建工程减值准备									
二十四、待处理固定资产损失									
无形递延及其他资产	-47151	-1933	-1933				-47151	-1933	-1933
二十五、无形递延及其他资产	-47151	-1933	-1933				-47151	-1933	-1933
二十六、减：抵债资产减值准备									
二十七、减：无形资产减值准备									
二十八、减：其他资产减值准备									
资产总计	2726542	441336	441339	62438	-22790	-22787	2664104	464126	464126

续表

栏目 / 行列名称	本外币			外币			人民币		
	本期	比年初	比去年同期	本期	比年初	比去年同期	本期	比年初	比去年同期
流动负债	2062466	353364	353366	32245	-2800	-2798	2030221	356164	356164
一、短期存款	1164223	244237	244238	20608	851	852	1143615	243386	243386
二、活期储蓄存款	153961	43316	43316	944	-132	-132	153017	43448	43448
三、财政性存款									
四、向中央银行借款		-18653	-18653					-18653	-18653
五、同业存放	234086	34751	34751	141	-927	-927	233945	35678	35678
六、联行存放									
七、同业拆入	12000	-25000	-25000				12000	-25000	-25000
八、应解汇款及临时存款	2049	-10545	-10545				2049	-10545	-10545
九、汇出汇款	16565	13296	13296	8	8	8	16557	13288	13288
十、委托存款									
十一、卖出回购资产		-67400	-67400					-67400	-67400
十二、应付及预提账项	27365	-2629	-2629	414	298	298	26951	-2927	-2927
十三、存放短期保证金	452217	141991	141992	10130	-2898	-2897	442087	144889	144889
十四、发行短期债券									
十五、其他流动负债									
长期负债	653238	82090	82092	28753	-20165	-20163	624485	102255	102255
十六、长期存款	439713	13525	13526	15270	-13070	-13069	424443	26595	26595
十七、定期储蓄存款	213524	68566	68567	13482	-7094	-7093	200042	75660	75660
十八、存放长期保证金									
十九、发行长期债券									
二十、其他长期负债	0	0	0	0	0	0			
所有者权益	10838	5881	5881	1440	174	174	9398	5707	5707
二十一、实收资本									
二十二、资本公积									
二十三、公积金									
二十四、公益金	652	-1	-53				652	-1	-53
二十五、未分配利润	10186	5882	5934	1440	174	174	8746	5708	5760
其中：本年利润	19479	19479	8328	1440	1440	174	18039	18039	8154
二十六、一般准备金									
负债总计	2726542	441336	441339	62438	-22790	-22787	2664104	464126	464126

山东省深圳发展银行资产负债主要项目表

汇率：8.2765　　单位：万元

栏目 / 行列名称	本外币			外币			人民币		
	本期	比年初	比去年同期	本期	比年初	比去年同期	本期	比年初	比去年同期
流动资产	731037	152121	170727	5851	1076	1076	725186	151045	169651
一、现金及银行存款	1726	595	595	406	207	207	1320	388	388
二、存放中央银行	28071	13820	13820				28071	13820	13820
三、存放同业	4746	-1858	-1858	1597	1043	1043	3149	-2901	-2901
四、存放联行款项	145501	47651	47651	3724	116	116	141777	47535	47535
五、拆放同业									
六、短期贷款	498824	40547	59153	99	-290	-290	498725	40837	59443
七、应收账款	696	-132	-132	25			671	-132	-132
其中：应收利息	60	-68	-68	25			35	-68	-68
八、减：坏账准备	25						25		
九、短期投资									
十、减：短期投资跌价准备									
十一、委托贷款及投资									
十二、买入返售资产	51499	51499	51499				51499	51499	51499
十三、待处理流动资产损失									
十四、其他流动资产	-1	-1	-1				-1	-1	-1
长期资产	71346	33138	33138				71346	33138	33138
十五、中长期贷款	68852	35578	35578				68852	35578	35578
十六、减：贷款损失准备	6884	2427	2427				6884	2427	2427
十七、长期投资	627	499	499				627	499	499
十八、减：长期投资减值准备									
十九、固定资产净值	8751	-512	-512				8751	-512	-512
固定资产	12239	933	933				12239	933	933
减：累计折旧	3488	1445	1445				3488	1445	1445
二十、固定资产减值准备									
二十一、固定资产清理									
二十二、在建工程									
二十三、减：在建工程减值准备									
二十四、待处理固定资产损失									
无形递延及其他资产	-19967	12	12				-19967	12	12
二十五、无形递延及其他资产	-19967	12	12				-19967	12	12
二十六、减：抵债资产减值准备									
二十七、减：无形资产减值准备									
二十八、减：其他资产减值准备									
资产总计	782416	185271	203877	5851	1076	1076	776565	184195	202801

续表

栏目 / 行列名称	本外币			外币			人民币		
	本期	比年初	比去年同期	本期	比年初	比去年同期	本期	比年初	比去年同期
流动负债	660874	186934	205541	2226	1034	1035	658648	185900	204506
一、短期存款	337086	80915	80915	1101	877	877	335985	80038	80038
二、活期储蓄存款	21831	3999	3999	869	223	223	20962	3776	3776
三、财政性存款		-2021	-2021					-2021	-2021
四、向中央银行借款		-28261	-28261					-28261	-28261
五、同业存放	8371	-5797	-5797				8371	-5797	-5797
六、联行存放									
七、同业拆入									
八、应解汇款及临时存款	885	-839	-839				885	-839	-839
九、汇出汇款	576	109	109	182	182	182	394	-73	-73
十、委托存款									
十一、卖出回购资产		-18606						-18606	
十二、应付及预提账项	5476	1182	1182	58			5418	1182	1182
十三、存放短期保证金	286650	156253	156253	17	-248	-248	286633	156501	156501
十四、发行短期债券									
十五、其他流动负债									
长期负债	114632	-9500	-9500	3526	16	16	111106	-9516	-9516
十六、长期存款	74825	-32335	-32335	1870	546	546	72955	-32881	-32881
十七、定期储蓄存款	39806	22835	22835	1655	-530	-530	38151	23365	23365
十八、存放长期保证金									
十九、发行长期债券									
二十、其他长期负债	0	0	0	0	0	0			
所有者权益	6910	7836	7836	99	25	25	6811	7811	7811
二十一、实收资本									
二十二、资本公积									
二十三、公积金									
二十四、公益金									
二十五、未分配利润	6910	7836	7836	99	25	25	6811	7811	7811
其中：本年利润	6910	6910	7836	99	99	25	6811	6811	7811
二十六、一般准备金									
负债总计	782416	185271	203877	5851	1076	1076	776565	184195	202801

山东省招商银行资产负债主要项目表

汇率：8.2765　　　　单位：万元

栏目 / 行列名称	本外币 本期	本外币 比年初	本外币 比去年同期	外币 本期	外币 比年初	外币 比去年同期	人民币 本期	人民币 比年初	人民币 比去年同期
流动资产	1924538	－262426	173718	140088	811	816	1784450	－284848	151283
一、现金及银行存款	16203	2220	2220	4883	397	397	11320	1823	1823
二、存放中央银行	69055	24995	24995				69055	24995	24995
三、存放同业	32107	－6865	－6864	11902	2929	2930	20205	－9794	－9794
四、存放联行款项	38350	38350	38350	35274	13663	13656	3076	3076	3076
五、拆放同业									
六、短期贷款	1743949	－195047	125625	87963	－16179	－16175	1655986	－178868	141800
七、应收账款	3216	－2575	－2566	91	8	17	3125	－2583	－2583
其中：应收利息	2897	－620	2878	66	8	66	2831	－628	2812
八、减：坏账准备									
九、短期投资									
十、减：短期投资跌价准备									
十一、委托贷款及投资									
十二、买入返售资产	19951	－125512	19951				19951	－125512	19951
十三、待处理流动资产损失									
十四、其他流动资产	1707	2007	－27993	－25	－8	－8	1732	2015	－27985
长期资产	598986	113736	113736	6671	6191	6191	592315	107545	107545
十五、中长期贷款	608264	107810	107810	8111	6042	6042	600153	101768	101768
十六、减：贷款损失准备	33876	3878	3878	1440	－149	－149	32436	4027	4027
十七、长期投资	7380	4842	4842				7380	4842	4842
十八、减：长期投资减值准备									
十九、固定资产净值	14198	6942	6942				14198	6942	6942
固定资产	19562	8939	8939				19562	8939	8939
减：累计折旧	5364	1997	1997				5364	1997	1997
二十、固定资产减值准备									
二十一、固定资产清理									
二十二、在建工程	3020	－1980	－1980				3020	－1980	－1980
二十三、减：在建工程减值准备									
二十四、待处理固定资产损失									
无形递延及其他资产	－31496	－9246	－9246				－31496	－9246	－9246
二十五、无形递延及其他资产	－31496	－9246	－9246				－31496	－9246	－9246
二十六、减：抵债资产减值准备									
二十七、减：无形资产减值准备									
二十八、减：其他资产减值准备									
资产总计	2492028	－157936	278208	146759	7002	7007	2345269	－186549	249582

续表

栏目 / 行列名称	本外币			外币			人民币		
	本期	比年初	比去年同期	本期	比年初	比去年同期	本期	比年初	比去年同期
流动负债	1907168	－325017	306484	111509	25809	25812	1795659	－372437	259053
一、短期存款	978066	169446	270782	32361	1447	1448	945705	167999	269334
二、活期储蓄存款	350045	113000	118758	57563	18371	18373	292482	94629	100385
三、财政性存款	9	－1213	－108304				9	－1213	－108304
四、向中央银行借款		－12561	－12561					－12561	－12561
五、同业存放	119030	－10006	－10006	28024	16660	16660	91006	－26666	－26666
六、联行存放		－327577	－327570					－349188	－349189
七、同业拆入									
八、应解汇款及临时存款	2623	－2552	－2552	174	－836	－836	2449	－1716	－1716
九、汇出汇款	24375	14374	14374	3095	3062	3062	21280	11312	11312
十、委托存款	－12365	－12365	－12365	－12365	－12365	－12365			
十一、卖出回购资产	2000	－434132	2000				2000	－434132	2000
十二、应付及预提账项	36609	7140	7140	174	41	41	36435	7099	7099
十三、存放短期保证金	406776	171431	366790	2483	－571	－571	404293	172002	367361
十四、发行短期债券									
十五、其他流动负债		－2	－2					－2	－2
长期负债	552290	143252	－52105	31285	－21100	－21098	521005	164352	－31007
十六、长期存款	317774	102472	－92886	3468	－18094	－18093	314306	120566	－74793
十七、定期储蓄存款	284516	90780	90781	27817	－3006	－3005	256699	93786	93786
十八、存放长期保证金									
十九、发行长期债券									
二十、其他长期负债	－50000	－50000	－50000	0	0	0	－50000	－50000	－50000
所有者权益	32569	23828	23829	3964	2292	2293	28605	21536	21536
二十一、实收资本									
二十二、资本公积									
二十三、公积金	－3222	471	471	－58			－3164	471	471
二十四、公益金	5533	2533	2533				5533	2533	2533
二十五、未分配利润	30258	20824	20825	4022	2292	2293	26236	18532	18532
其中：本年利润	45165	45165	26046	4022	4022	2293	41143	41143	23753
二十六、一般准备金									
负债总计	2492028	－157936	278208	146759	7002	7007	2345269	－186549	249582

山东省浦东发展银行资产负债主要项目表

汇率：8.2765　　　　单位：万元

栏目 行列名称	本外币			外币			人民币		
	本期	比年初	比去年同期	本期	比年初	比去年同期	本期	比年初	比去年同期
流动资产	1502574	52674	351376	10130	1125	1125	1492444	47816	346518
一、现金及银行存款	2089	1304	1304	463	372	372	1626	932	932
二、存放中央银行	64981	-5715	-5715				64981	-5715	-5715
三、存放同业	23763	19858	19858	1059	314	314	22704	19544	19544
四、存放联行款项	55246	55246	55246	6696	2963	2963	48550	48550	48550
五、拆放同业									
六、短期贷款	1310585	129123	242159	1945	-2583	-2582	1308640	131706	244741
七、应收账款	9908	2524	2524	8	8	8	9900	2516	2516
其中：应收利息	693	653	693				693	653	693
八、减：坏账准备									
九、短期投资									
十、减：短期投资跌价准备									
十一、委托贷款及投资									
十二、买入返售资产	36000	-149667	36000				36000	-149667	36000
十三、待处理流动资产损失									
十四、其他流动资产	2	0	0	-41	50	50	43	-50	-50
长期资产	237151	60211	60211				237151	60211	60211
十五、中长期贷款	248002	64419	64419				248002	64419	64419
十六、减：贷款损失准备	20726	5414	5414				20726	5414	5414
十七、长期投资	3571	772	772				3571	772	772
十八、减：长期投资减值准备									
十九、固定资产净值	6304	434	434				6304	434	434
固定资产	8279	1356	1356				8279	1356	1356
减：累计折旧	1975	922	922				1975	922	922
二十、固定资产减值准备									
二十一、固定资产清理									
二十二、在建工程									
二十三、减：在建工程减值准备									
二十四、待处理固定资产损失									
无形递延及其他资产	-18552	-45	-46				-18552	-45	-46
二十五、无形递延及其他资产	-18552	-45	-46				-18552	-45	-46
二十六、减：抵债资产减值准备									
二十七、减：无形资产减值准备									
二十八、减：其他资产减值准备									
资产总计	1721173	112840	411541	10130	1125	1125	1711043	107982	406683

续表

栏目 / 行列名称	本外币			外币			人民币		
	本期	比年初	比去年同期	本期	比年初	比去年同期	本期	比年初	比去年同期
流动负债	1350290	-47405	251296	7234	2764	2764	1343056	-53902	244799
一、短期存款	474766	58186	58186	2864	-662	-662	471902	58848	58848
二、活期储蓄存款	23619	3826	3825	753	472	472	22866	3354	3353
三、财政性存款									
四、向中央银行借款		-3390	-3390					-3390	-3390
五、同业存放	75436	-4175	-4175				75436	-4175	-4175
六、联行存放		-9999	-9999					-13732	-13732
七、同业拆入			-86290						-86290
八、应解汇款及临时存款	1554	-2053	-2053	66	58	58	1488	-2111	-2111
九、汇出汇款	464	180	180				464	180	180
十、委托存款									
十一、卖出回购资产	324763	-60229	324763				324763	-60229	324763
十二、应付及预提账项	15474	4370	4370	17	8	8	15457	4362	4362
十三、存放短期保证金	433271	-35064	-35064	2591	1945	1945	430680	-37009	-37009
十四、发行短期债券									
十五、其他流动负债	944	944	944	944	944	944			
长期负债	344540	141788	141789	2615	-1747	-1746	341925	143535	143535
十六、长期存款	294488	114418	114418	124	-2061	-2061	294364	116479	116479
十七、定期储蓄存款	50029	27358	27358	2475	306	306	47554	27052	27052
十八、存放长期保证金									
十九、发行长期债券									
二十、其他长期负债	24	12	12	17	8	8	7	4	4
所有者权益	26343	18457	18457	281	108	108	26062	18349	18349
二十一、实收资本									
二十二、资本公积									
二十三、公积金									
二十四、公益金									
二十五、未分配利润	26343	18457	18457	281	108	108	26062	18349	18349
其中：本年利润	28075	28075	20189	281	281	108	27794	27794	20081
二十六、一般准备金									
负债总计	1721173	112840	411541	10130	1125	1125	1711043	107982	406683

山东省兴业银行资产负债主要项目表

汇率：8.2765　　　　单位：万元

栏目 行列名称	本外币			外币			人民币		
	本期	比年初	比去年同期	本期	比年初	比去年同期	本期	比年初	比去年同期
流动资产	1227031	408906	539348	14641	－5472	－5471	1212390	414378	544819
一、现金及银行存款	1827	409	409	240	132	132	1587	277	277
二、存放中央银行	36115	－8499	－8499				36115	－8499	－8499
三、存放同业	15130	－3569	－3569	662	422	422	14468	－3991	－3991
四、存放联行款项	280436	280436	280436	3509	3509	3509	276927	276927	276927
五、拆放同业									
六、短期贷款	718818	85938	98153	10230	－9519	－9518	708588	95457	107671
七、应收账款	120	74	74				120	74	74
其中：应收利息		－21	－21					－21	－21
八、减：坏账准备	3	3	3				3	3	3
九、短期投资	723	467	467				723	467	467
十、减：短期投资跌价准备									
十一、委托贷款及投资									
十二、买入返售资产	173726	66020	173726				173726	66020	173726
十三、待处理流动资产损失									
十四、其他流动资产	139	－12368	－1847		－17	－17	139	－12351	－1830
长期资产	224695	－47739	－47739	66	265	265	224629	－48004	－48004
十五、中长期贷款	224023	－46472	－46472				224023	－46472	－46472
十六、减：贷款损失准备	280	1117	1117	－66	－265	－265	346	1382	1382
十七、长期投资									
十八、减：长期投资减值准备									
十九、固定资产净值	793	－309	－309				793	－309	－309
固定资产	1447	－157	－157				1447	－157	－157
减：累计折旧	654	152	152				654	152	152
二十、固定资产减值准备									
二十一、固定资产清理									
二十二、在建工程	159	159	159				159	159	159
二十三、减：在建工程减值准备									
二十四、待处理固定资产损失									
无形递延及其他资产	－8141	659	659				－8141	659	659
二十五、无形递延及其他资产	－8141	659	659				－8141	659	659
二十六、减：抵债资产减值准备									
二十七、减：无形资产减值准备									
二十八、减：其他资产减值准备									
资产总计	1443585	361826	492268	14707	－5207	－5206	1428878	367033	497474

续表

栏目 / 行列名称	本外币			外币			人民币		
	本期	比年初	比去年同期	本期	比年初	比去年同期	本期	比年初	比去年同期
流动负债	934457	262446	392896	13408	-3527	-3526	921049	265973	396422
一、短期存款	549012	183969	183969	4387	4122	4122	544625	179847	179847
二、活期储蓄存款	14309	1873	1873	17	-50	-50	14292	1923	1923
三、财政性存款	-49	-49	-49				-49	-49	-49
四、向中央银行借款		-10529	-10529					-10529	-10529
五、同业存放	193397	72669	72670	5239	-5182	-5181	188158	77851	77851
六、联行存放		-16375	-16375		-5951	-5951		-10424	-10424
七、同业拆入									
八、应解汇款及临时存款	931	593	593	290	240	240	641	353	353
九、汇出汇款		-1	-1					-1	-1
十、委托存款	137	120	120				137	120	120
十一、卖出回购资产	66120	-64329	66120				66120	-64329	66120
十二、应付及预提账项	5482	1508	1508	66	-108	-108	5416	1616	1616
十三、存放短期保证金	105119	92997	92997	3410	3402	3402	101709	89595	89595
十四、发行短期债券									
十五、其他流动负债									
长期负债	493093	93005	93006	886	-1929	-1929	492207	94934	94934
十六、长期存款	466935	76310	76310	497	-1573	-1573	466438	77883	77883
十七、定期储蓄存款	26158	16695	16695	389	-356	-356	25769	17051	17051
十八、存放长期保证金									
十九、发行长期债券									
二十、其他长期负债	0	0	0	0	0	0			
所有者权益	16036	6374	6366	414	248	248	15622	6126	6118
二十一、实收资本									
二十二、资本公积									
二十三、公积金									
二十四、公益金									
二十五、未分配利润	16036	6374	6366	414	248	248	15622	6126	6118
其中：本年利润	16036	16036	6366	414	414	248	15622	15622	6118
二十六、一般准备金									
负债总计	1443585	361826	492268	14707	-5207	-5206	1428878	367033	497474

山东省民生银行资产负债主要项目表

汇率：8.2765　　　　单位：万元

栏目 / 行列名称	本外币			外币			人民币		
	本期	比年初	比去年同期	本期	比年初	比去年同期	本期	比年初	比去年同期
流动资产	754115	72329	140046	40422	-10986	-10984	713693	83315	151030
一、现金及银行存款	2056	285	279	108	-50	-58	1948	335	337
二、存放中央银行	90781	48548	48548				90781	48548	48548
三、存放同业	7729	-21460	-21460	579	-315	-315	7150	-21145	-21145
四、存放联行款项	235305	111072	111071	25127	4907	4899	210178	106165	106172
五、拆放同业									
六、短期贷款	413910	-19034	-1312	14343	-15322	-15312	399567	-3712	14000
七、应收账款	3728	2325	2838	290	-223	290	3438	2548	2548
其中：应收利息	1615	1102	1615	290	-223	290	1325	1325	1325
八、减：坏账准备									
九、短期投资									
十、减：短期投资跌价准备									
十一、委托贷款及投资									
十二、买入返售资产		-50000						-50000	
十三、待处理流动资产损失									
十四、其他流动资产	606	593	82	-25	17	-488	631	576	570
长期资产	391546	337822	337831	8136	8426	8434	383410	329396	329397
十五、中长期贷款	388746	337858	337858	8277	8277	8277	380469	329581	329581
十六、减：贷款损失准备	5696	1312	1303	141	-149	-157	5555	1461	1460
十七、长期投资	2077	900	900				2077	900	900
十八、减：长期投资减值准备									
十九、固定资产净值	6108	376	376				6108	376	376
固定资产	7674	1142	1142				7674	1142	1142
减：累计折旧	1566	766	766				1566	766	766
二十、固定资产减值准备									
二十一、固定资产清理									
二十二、在建工程	311						311		
二十三、减：在建工程减值准备									
二十四、待处理固定资产损失									
无形递延及其他资产	-7203	-2304	-2304				-7203	-2304	-2304
二十五、无形递延及其他资产	-7203	-2304	-2304				-7203	-2304	-2304
二十六、减：抵债资产减值准备									
二十七、减：无形资产减值准备									
二十八、减：其他资产减值准备									
资产总计	1138458	407846	475573	48558	-2561	-2550	1089900	410407	478123

续表

栏目 / 行列名称	本外币			外币			人民币		
	本期	比年初	比去年同期	本期	比年初	比去年同期	本期	比年初	比去年同期
流动负债	949177	306760	374472	37964	-7236	-7235	911213	313996	381707
一、短期存款	593447	320226	320223	5347	505	505	588100	319721	319718
二、活期储蓄存款	34902	15832	15831	463	124	124	34439	15708	15707
三、财政性存款		-16024	-16024					-16024	-16024
四、向中央银行借款									
五、同业存放	50906	-29417	-29423	31020	-4463	-4470	19886	-24954	-24953
六、联行存放									
七、同业拆入									
八、应解汇款及临时存款	2968	1938	1939	124	58	58	2844	1880	1881
九、汇出汇款	161	-422	-422		-149	-149	161	-273	-273
十、委托存款									
十一、卖出回购资产		-67711						-67711	
十二、应付及预提账项	6837	3604	3613	240	-273	-265	6597	3877	3878
十三、存放短期保证金	253947	77175	77176	770	-3038	-3038	253177	80213	80214
十四、发行短期债券									
十五、其他流动负债	6009	1559	1559				6009	1559	1559
长期负债	180530	95174	95166	9799	3848	3840	170731	91326	91326
十六、长期存款	134136	65788	65792		-4544	-4544	134136	70332	70336
十七、定期储蓄存款	46394	29386	29374	9799	8392	8384	36595	20994	20990
十八、存放长期保证金									
十九、发行长期债券									
二十、其他长期负债		0	0		0	0			
所有者权益	8751	5913	5934	795	828	844	7956	5085	5090
二十一、实收资本									
二十二、资本公积									
二十三、公积金									
二十四、公益金									
二十五、未分配利润	8751	5913	5934	795	828	844	7956	5085	5090
其中：本年利润	8751	8751	5934	795	795	844	7956	7956	5090
二十六、一般准备金									
负债总计	1138458	407846	475573	48558	-2561	-2550	1089900	410407	478123

山东省恒丰银行资产负债主要项目表

汇率：8.2765　　　　单位：万元

栏目 行列名称	本外币			外币			人民币		
	本期	比年初	比去年同期	本期	比年初	比去年同期	本期	比年初	比去年同期
流动资产	1750760	564672	564672	31045	31045	31045	1719715	533627	533627
一、现金及银行存款	10696	1041	1041	447	447	447	10249	594	594
二、存放中央银行	261211	117624	117624				261211	117624	117624
三、存放同业	89455	8361	8361	31293	31293	31293	58162	－22932	－22932
四、存放联行款项	145395	145395	145395	8	8	8	145387	145387	145387
五、拆放同业	13822	－3790	－3790	720	720	720	13102	－4510	－4510
六、短期贷款	1118344	318451	318451	8	8	8	1118336	318443	318443
七、应收账款	100546	－28930	－28930				100546	－28930	－28930
其中：应收利息									
八、减：坏账准备		－61	－61					－61	－61
九、短期投资	37						37		
十、减：短期投资跌价准备									
十一、委托贷款及投资									
十二、买入返售资产	10000	6000	6000				10000	6000	6000
十三、待处理流动资产损失									
十四、其他流动资产	1253	458	458	－1432	－1432	－1432	2685	1890	1890
长期资产	892874	97234	97234				892874	97234	97234
十五、中长期贷款	167456	1888	1888				167456	1888	1888
十六、减：贷款损失准备	43319	4590	4590				43319	4590	4590
十七、长期投资	721875	83242	83242				721875	83242	83242
十八、减：长期投资减值准备									
十九、固定资产净值	42756	21379	21379				42756	21379	21379
固定资产	52635	23273	23273				52635	23273	23273
减：累计折旧	9879	1894	1894				9879	1894	1894
二十、固定资产减值准备									
二十一、固定资产清理									
二十二、在建工程	4106	－4685	－4685				4106	－4685	－4685
二十三、减：在建工程减值准备									
二十四、待处理固定资产损失									
无形递延及其他资产	71423	16882	16882	－12415	－12415	－12415	83838	29297	29297
二十五、无形递延及其他资产	71423	16882	16882	－12415	－12415	－12415	83838	29297	29297
二十六、减：抵债资产减值准备									
二十七、减：无形资产减值准备									
二十八、减：其他资产减值准备									
资产总计	2715057	678788	678788	18630	18630	18630	2696427	660158	660158

续表

栏目 / 行列名称	本外币			外币			人民币		
	本期	比年初	比去年同期	本期	比年初	比去年同期	本期	比年初	比去年同期
流动负债	1322136	262916	262916	6505	6505	6505	1315631	256411	256411
一、短期存款	502059	110179	110179	6398	6398	6398	495661	103781	103781
二、活期储蓄存款	67984	15485	15485	91	91	91	67893	15394	15394
三、财政性存款									
四、向中央银行借款		-13406	-13406					-13406	-13406
五、同业存放	152854	143798	143798				152854	143798	143798
六、联行存放		-130839	-130839	-33				-130839	-130839
七、同业拆入		-18000	-18000					-18000	-18000
八、应解汇款及临时存款	29459	897	897				29459	897	897
九、汇出汇款	10000	10000	10000				10000	10000	10000
十、委托存款	45001	45000	45000				45001	45000	45000
十一、卖出回购资产	429148	42946	42946				429148	42946	42946
十二、应付及预提账项	28716	12177	12177	17	17	17	28699	12160	12160
十三、存放短期保证金	56916	44680	44680				56916	44680	44680
十四、发行短期债券									
十五、其他流动负债									
长期负债	1275163	409631	409631	10370	10370	10370	1264793	399261	399261
十六、长期存款	450193	228553	228553				450193	228553	228553
十七、定期储蓄存款	793727	179373	179373	10370	10370	10370	783357	169003	169003
十八、存放长期保证金									
十九、发行长期债券									
二十、其他长期负债	31243	1705	1705	0	0	0	31243	1705	1705
所有者权益	117758	6241	6241	1755	1755	1755	116003	4486	4486
二十一、实收资本	100000						100000		
二十二、资本公积		-1923	-1923					-1923	-1923
二十三、公积金	2209	2209	2209	1539	1539	1539	670	670	670
二十四、公益金	2257	2257	2257				2257	2257	2257
二十五、未分配利润	13291	3697	3697	215	215	215	13076	3482	3482
其中：本年利润	13183	13183	3605	215	215	215	12968	12968	3390
二十六、一般准备金									
负债总计	2715057	678788	678788	18630	18630	18630	2696427	660158	660158

山东省城市商业银行资产负债主要项目表

汇率：8.2765　　　　单位：万元

行列名称 \ 栏目	本外币			外币			人民币		
	本期	比年初	比去年同期	本期	比年初	比去年同期	本期	比年初	比去年同期
流动资产	7226700	1541432	1963622	133227	23979	23983	7093498	1516824	1939656
一、现金及银行存款	65536	2959	2959	728	74	74	64808	2885	2885
二、存放中央银行	914772	246248	246248				914772	246248	246248
三、存放同业	380622	64948	64952	104582	5233	5237	276040	59715	59715
四、存放联行款项	3701	－5643	－6289				3726	－6272	－6272
五、拆放同业	13036	6192	6192	406	199	199	12630	5993	5993
六、短期贷款	5219056	1027636	1339240	37642	20533	20534	5181414	1007103	1318706
七、应收账款	91452	－13332	－13332				91452	－13332	－13332
其中：应收利息	15352	－24162	－24162				15352	－24162	－24162
八、减：坏账准备	79						79		
九、短期投资	56483	－2007	－2007				56483	－2007	－2007
十、减：短期投资跌价准备									
十一、委托贷款及投资									
十二、买入返售资产	309464	172235	283464				309464	172235	283464
十三、待处理流动资产损失	54447	12601	12601				54447	12601	12601
十四、其他流动资产	118211	29595	29594	－10130	－2060	－2061	128341	31655	31655
长期资产	3845288	－55892	－55892	－50	－2417	－2417	3845338	－53475	－53475
十五、中长期贷款	1617631	169648	169648		－2367	－2367	1617631	172015	172015
十六、减：贷款损失准备	59326	14880	14880	50	50	50	59276	14830	14830
十七、长期投资	2102522	－171126	－171126				2102522	－171126	－171126
十八、减：长期投资减值准备	52	－24	－24				52	－24	－24
十九、固定资产净值	138740	－2335	－2335				138740	－2335	－2335
固定资产	206854	6924	6924				206854	6924	6924
减：累计折旧	68114	9259	9259				68114	9259	9259
二十、固定资产减值准备									
二十一、固定资产清理	9127	－23040	－23040				9127	－23040	－23040
二十二、在建工程	36224	－12204	－12204				36224	－12204	－12204
二十三、减：在建工程减值准备									
二十四、待处理固定资产损失	422	－1979	－1979				422	－1979	－1979
无形递延及其他资产	189530	47998	47996	－67040	4	2	256570	47994	47994
二十五、无形递延及其他资产	189530	47998	47996	－67040	4	2	256570	47994	47994
二十六、减：抵债资产减值准备									
二十七、减：无形资产减值准备									
二十八、减：其他资产减值准备									
资产总计	11261519	1533538	1955726	66138	21566	21567	11195406	1511343	1934175

续表

栏目 行列名称	本外币			外币			人民币		
	本期	比年初	比去年同期	本期	比年初	比去年同期	本期	比年初	比去年同期
流动负债	7259873	1016885	1442540	46059	22444	23091	7213839	993811	1419466
一、短期存款	2607092	377147	377148	6265	4775	4776	2600827	372372	372372
二、活期储蓄存款	749928	165013	165013	281	17	17	749647	164996	164996
三、财政性存款	2650	-86461	-86461				2650	-86461	-86461
四、向中央银行借款	124594	-5180	-5180				124594	-5180	-5180
五、同业存放	105133	15278	15278	223	190	190	104910	15088	15088
六、联行存放				25	-629	17			
七、同业拆入	25816	9471	9471	15816	-489	-489	10000	9960	9960
八、应解汇款及临时存款	32810	580	580	223	223	223	32587	357	357
九、汇出汇款	18	-51	-51				18	-51	-51
十、委托存款	42242	42533	42533				42242	42533	42533
十一、卖出回购资产	1975706	-60676	362156				1975706	-60676	362156
十二、应付及预提账项	133008	32868	35691	157	-1771	-1771	132851	34639	37462
十三、存放短期保证金	1444102	512369	512369	6365	3426	3426	1437737	508943	508943
十四、发行短期债券									
十五、其他流动负债	16772	13993	13993	16702	16702	16702	70	-2709	-2709
长期负债	3477197	437409	437410	15378	-3668	-3667	3461819	441077	441077
十六、长期存款	1739612	161923	161923	6762	-2508	-2508	1732850	164431	164431
十七、定期储蓄存款	1737585	275754	275754	8616	-1159	-1159	1728969	276913	276913
十八、存放长期保证金									
十九、发行长期债券									
二十、其他长期负债	0	-267	-267	0	0	0		-267	-267
所有者权益	524449	79244	75776	4701	2789	2144	519748	76455	73632
二十一、实收资本	441416	41354	41354				441416	41354	41354
二十二、资本公积	12939	1995	1995				12939	1995	1995
二十三、公积金	22077	2683	2967				22077	2683	2967
二十四、公益金	5291	691	832				5291	691	832
二十五、未分配利润	42726	32521	28628	4701	2789	2144	38025	29732	26484
其中：本年利润	44868	44868	12858	4701	4701	2144	40167	40167	10714
二十六、一般准备金									
负债总计	11261519	1533538	1955726	66138	21566	21567	11195406	1511343	1934175

山东省城市信用社资产负债主要项目表

汇率：8.2765　　　　　　　　　　　　　　　　　　　　　　　　单位：万元

栏目 / 行列名称	本外币			外币			人民币		
	本期	比年初	比去年同期	本期	比年初	比去年同期	本期	比年初	比去年同期
流动资产	2232296	606031	622881				2232296	606031	622881
一、现金及银行存款	14660	1860	1860				14660	1860	1860
二、存放中央银行	358761	167848	167848				358761	167848	167848
三、存放同业	302663	115263	115263				302663	115263	115263
四、存放联行款项	387	-40439	-40439				387	-40439	-40439
五、拆放同业	16194	6484	6484				16194	6484	6484
六、短期贷款	1310835	249023	265493				1310835	249023	265493
七、应收账款	15736	-1539	-1539				15736	-1539	-1539
其中：应收利息	2398	-995	-995				2398	-995	-995
八、减：坏账准备	1228	-194	-194				1228	-194	-194
九、短期投资	57667	-38260	-38260				57667	-38260	-38260
十、减：短期投资跌价准备									
十一、委托贷款及投资									
十二、买入返售资产	155743	145363	145743				155743	145363	145743
十三、待处理流动资产损失		-637	-637					-637	-637
十四、其他流动资产	878	871	871				878	871	871
长期资产	327217	68273	68273				327217	68273	68273
十五、中长期贷款	166214	65732	65732				166214	65732	65732
十六、减：贷款损失准备	24545	12532	12532				24545	12532	12532
十七、长期投资	140663	11331	11331				140663	11331	11331
十八、减：长期投资减值准备	1575	1575	1575				1575	1575	1575
十九、固定资产净值	41854	2275	2275				41854	2275	2275
固定资产	55243	3967	3967				55243	3967	3967
减：累计折旧	13389	1692	1692				13389	1692	1692
二十、固定资产减值准备									
二十一、固定资产清理	271	-16	-16				271	-16	-16
二十二、在建工程	1351	76	76				1351	76	76
二十三、减：在建工程减值准备									
二十四、待处理固定资产损失	2984	2982	2982				2984	2982	2982
无形递延及其他资产	48645	-3476	-3476				48645	-3476	-3476
二十五、无形递延及其他资产	48645	-3476	-3476				48645	-3476	-3476
二十六、减：抵债资产减值准备									
二十七、减：无形资产减值准备									
二十八、减：其他资产减值准备									
资产总计	2608158	670828	687678				2608158	670828	687678

续表

栏目 / 行列名称	本外币			外币			人民币		
	本期	比年初	比去年同期	本期	比年初	比去年同期	本期	比年初	比去年同期
流动负债	1609847	295558	312408				1609847	295558	312408
一、短期存款	650778	107694	107694				650778	107694	107694
二、活期储蓄存款	146067	16795	16795				146067	16795	16795
三、财政性存款	2981	619	619				2981	619	619
四、向中央银行借款	44000	-1772	-1772				44000	-1772	-1772
五、同业存放	46084	34059	-941				46084	34059	-941
六、联行存放									
七、同业拆入									
八、应解汇款及临时存款	4100	2379	2379				4100	2379	2379
九、汇出汇款	12606	-37519	-37519				12606	-37519	-37519
十、委托存款									
十一、卖出回购资产	126021	63171	80021				126021	63171	80021
十二、应付及预提账项	38238	-7415	-7415				38238	-7415	-7415
十三、存放短期保证金	538966	117541	152541				538966	117541	152541
十四、发行短期债券									
十五、其他流动负债	6	6	6				6	6	6
长期负债	859055	327113	327113				859055	327113	327113
十六、长期存款	375691	115252	115252				375691	115252	115252
十七、定期储蓄存款	479905	212470	212470				479905	212470	212470
十八、存放长期保证金									
十九、发行长期债券									
二十、其他长期负债	3459	-609	-609				3459	-609	-609
所有者权益	139256	48157	48157				139256	48157	48157
二十一、实收资本	124156	45244	45244				124156	45244	45244
二十二、资本公积	139	-474	-474				139	-474	-474
二十三、公积金	2486	795	795				2486	795	795
二十四、公益金	29						29		
二十五、未分配利润	12446	2592	2592				12446	2592	2592
其中：本年利润	12948	12948	3319				12948	12948	3319
二十六、一般准备金									
负债总计	2608158	670828	687678				2608158	670828	687678

山东省农村信用合作社资产负债主要项目表

汇率：8.2765　　　　单位：万元

栏目 / 行列名称	本外币			外币			人民币		
	本期	比年初	比去年同期	本期	比年初	比去年同期	本期	比年初	比去年同期
流动资产	25177557	2968727	2987279				25177557	2968727	2987279
一、现金及银行存款	265957	45188	45190				265957	45188	45190
二、存放中央银行	3016939	1102011	1102011				3016939	1102011	1102011
三、存放同业	2091440	70376	70374				2091440	70376	70374
四、存放联行款项	145668	10088	10005				145668	10088	10005
五、拆放同业	117123	5676	5676				117123	5676	5676
六、短期贷款	18904525	1652093	1664253				18904525	1652093	1664253
七、应收账款	167488	-55542	-55542				167488	-55542	-55542
其中：应收利息	70503	-50987	-50987				70503	-50987	-50987
八、减：坏账准备									
九、短期投资	468417	145312	145312				468417	145312	145312
十、减：短期投资跌价准备									
十一、委托贷款及投资									
十二、买入返售资产		-6475						-6475	
十三、待处理流动资产损失									
十四、其他流动资产									
长期资产	3592359	1667079	1667079				3592359	1667079	1667079
十五、中长期贷款	574857	154652	154652				574857	154652	154652
十六、减：贷款损失准备	232355	30208	30208				232355	30208	30208
十七、长期投资	2446591	1495491	1495491				2446591	1495491	1495491
十八、减：长期投资减值准备									
十九、固定资产净值	683450	15775	15775				683450	15775	15775
固定资产	1013159	54790	54790				1013159	54790	54790
减：累计折旧	329709	39015	39015				329709	39015	39015
二十、固定资产减值准备									
二十一、固定资产清理	16225	-889	-889				16225	-889	-889
二十二、在建工程	56388	82	82				56388	82	82
二十三、减：在建工程减值准备									
二十四、待处理固定资产损失	47203	32176	32176				47203	32176	32176
无形递延及其他资产	628017	57192	57192				628017	57192	57192
二十五、无形递延及其他资产	628017	57192	57192				628017	57192	57192
二十六、减：抵债资产减值准备									
二十七、减：无形资产减值准备									
二十八、减：其他资产减值准备									
资产总计	29397933	4692998	4711550				29397933	4692998	4711550

续表

栏目 行列名称	本外币			外币			人民币		
	本期	比年初	比去年同期	本期	比年初	比去年同期	本期	比年初	比去年同期
流动负债	12336771	2327029	2357688				12336771	2327029	2357688
一、短期存款	2684518	282881	282881				2684518	282881	282881
二、活期储蓄存款	4932009	1165456	1165456				4932009	1165456	1165456
三、财政性存款	24497	2732	2732				24497	2732	2732
四、向中央银行借款	1205301	-83040	-83040				1205301	-83040	-83040
五、同业存放	864052	-79392	-79392				864052	-79392	-79392
六、联行存放									
七、同业拆入	273163	-50756	-50756				273163	-50756	-50756
八、应解汇款及临时存款	38921	11828	11828				38921	11828	11828
九、汇出汇款	4840	4810	4810				4840	4810	4810
十、委托存款	247258	175935	175935				247258	175935	175935
十一、卖出回购资产	12570	-6065	12570				12570	-6065	12570
十二、应付及预提账项	576840	112997	125021				576840	112997	125021
十三、存放短期保证金	1472802	789643	789643				1472802	789643	789643
十四、发行短期债券									
十五、其他流动负债									
长期负债	15486177	1656999	1656999				15486177	1656999	1656999
十六、长期存款	1111028	-24191	-24191				1111028	-24191	-24191
十七、定期储蓄存款	14369026	1671092	1671092				14369026	1671092	1671092
十八、存放长期保证金									
十九、发行长期债券									
二十、其他长期负债	6123	10098	10098				6123	10098	10098
所有者权益	1574985	708970	696863				1574985	708970	696863
二十一、实收资本	1849983	462439	429167				1849983	462439	429167
二十二、资本公积	161510	-257657	-224372				161510	-257657	-224372
二十三、公积金	355319	276263	282016				355319	276263	282016
二十四、公益金									
二十五、未分配利润	-791827	227925	210052				-791827	227925	210052
其中：本年利润	129071	129071	119050				129071	129071	119050
二十六、一般准备金									
负债总计	29397933	4692998	4711550				29397933	4692998	4711550

山东省财务公司资产负债主要项目表

汇率：8.2765　　　　单位：万元

行列名称 \ 栏目	本外币			外币			人民币		
	本期	比年初	比去年同期	本期	比年初	比去年同期	本期	比年初	比去年同期
流动资产	398131	-392264	-392259	39275	-76711	-76706	358855	-315553	-315553
一、现金及银行存款	667	594	594				667	594	594
二、存放中央银行	15836	868	868				15836	868	868
三、存放同业	100937	3685	3685	30988	19433	19433	69949	-15748	-15748
四、存放联行款项									
五、拆放同业	20000	20000	20000				20000	20000	20000
六、短期贷款	249266	-313969	-313969	8277	7945	7945	240989	-321914	-321914
七、应收账款	11423	-103445	-103441	11	-104089	-104085	11413	644	644
其中：应收利息		-665						-33	-665
八、减：坏账准备		-8	-8					-8	-8
九、短期投资									
十、减：短期投资跌价准备									
十一、委托贷款及投资		-5	-5					-5	-5
十二、买入反售资产									
十三、待处理流动资产损失									
十四、代理证券									
十五、其他流动资产		0	0		0	0			
长期资产	43916	48335			43916	48335	48335		
十六、中长期贷款	41047	41047	41047				41047	41047	41047
十七、减：贷款损失准备	2392	-3237	-3237				2392	-3237	-3237
十八、应收租赁款									
十九、减：未实现租赁收益									
二十、应收转租赁款									
二十一、租赁资产									
二十二、减：待转租赁资产									
二十三、经营租赁									
二十四、减：经营租赁资产折旧									
二十五、长期投资	3818	3818	3818				3818	3818	3818
二十六、减：长期投资减值准备									
二十七、固定资产净值	1442	233	233				1442	233	233
固定资产	1980	108	108				1980	108	108
减：累计折旧	538	-124	-124				538	-124	-124
二十八、减：固定资产减值准备									
二十九、固定资产清理									
资产总计	442046	-343929	-343924	39275	-76711	-76706	402771	-267218	-267218

续表

栏目 行列名称	本外币			外币			人民币		
	本期	比年初	比去年同期	本期	比年初	比去年同期	本期	比年初	比去年同期
流动负债	260080	- 363348	- 363345	30932	- 46278	- 46275	229149	- 317070	- 317070
一、短期存款	231462	- 121293	- 121292	30928	11873	11874	200533	- 133166	- 133166
二、短期储蓄存款									
三、财政性存款									
四、向中央银行借款		- 812	- 812					- 812	- 812
五、同业存放款									
六、联行存放									
七、同业拆入	15000	- 26994	- 26994		- 18540	- 18540	15000	- 8454	- 8454
八、应解汇款及临时存款									
九、汇出汇款									
十、委托存款		- 5	- 5					- 5	- 5
十一、卖出回购资产									
十二、应付及预提款项	13616	- 214247	- 214245	1	- 39613	- 39612	13615	- 174633	- 174633
十三、存放短期保证金									
十四、发行短期债券									
十五、其他流动负债	3	3	3	3	3	3			
长期负债	70115	22499	22499		0		70115	22499	22499
十六、长期存款	27400	22504	22504				27400	22504	22504
十七、长期储蓄存款									
十八、存放长期保证金									
十九、应付转租赁租金									
二十、发行长期债券									
二十一、其他长期负债	42715	- 5	- 5		0		42715	- 5	- 5
所有者权益	111851	- 3080	- 3078	8344	- 30433	- 30432	103508	27353	27353
二十二、实收资本	99995	- 30922	- 30921	8277	- 16737	- 16736	91719	- 14185	- 14185
二十三、资本公积	46	- 18415	- 18415		- 6820	- 6820	46	- 11595	- 11595
二十四、公积金	1172	- 11034	- 9956	3	- 1465	- 1462	1169	- 9569	- 8494
二十五、公益金									
二十六、未分配利润	10638	57292	56214	64	- 5411	- 5414	10574	62703	61628
其中：本年利润	8852	8852	1851	52	52	36	8801	8801	1815
二十七、一般准备金									
负债总计	442046	- 343929	- 343924	39275	- 76711	- 76706	402771	- 267218	- 267218

山东省信托投资公司资产负债主要项目表

汇率：8、2765　　　　单位：万元

栏目 行列名称	本外币			外币			人民币		
	本期	比年初	比去年同期	本期	比年初	比去年同期	本期	比年初	比去年同期
流动资产	4319963	782002	780894	120556	－4022	－4837	4199407	786024	785731
一、现金及银行存款	107887	4885	4538				107887	4885	4538
二、存放中央银行	7534	－7342	－7342				7534	－7342	－7342
三、存放同业	30952	7753	7753	6017	1192	1192	24935	6561	6561
四、存放联行款项									
五、拆放同业									
六、短期贷款	68897	33815	33815	604	－1010	－1010	68293	34825	34825
七、应收账款	41932	6461	2937	6936	－307	－1060	34996	6768	3997
其中：应收利息	3047	－4918	－4918		－670	－670	3047	－4248	－4248
八、减：坏账准备	804	804	804				804	804	804
九、短期投资	16881	6458	7027	281	0	0	16600	6458	7027
十、减：短期投资跌价准备	7	7	7				7	7	7
十一、委托贷款及投资	4035895	734396	736590	106717	－3897	－3959	3929178	738293	740549
十二、买入反售资产	1329	－4700	－4700				1329	－4700	－4700
十三、待处理流动资产损失									
十四、代理证券	2159						2159		
十五、其他流动资产	7307	1087	1087				7307	1087	1087
长期资产	192670	27246	28913	4362	－1623	－1622	188308	28869	30535
十六、中长期贷款	73408	34037	34038	2864	－1267	－1266	70544	35304	35304
十七、减：贷款损失准备	669	－47	－47	33	－25	－25	636	－22	－22
十八、应收租赁款		－1540	－1540				－1540	－1540	

续表

栏目 / 行列名称	本外币			外币			人民币		
	本期	比年初	比去年同期	本期	比年初	比去年同期	本期	比年初	比去年同期
十九、减：未实现租赁收益									
二十、应收转租赁款									
二十一、租赁资产	11044						11044		
二十二、减：待转租赁资产	11044						11044		
二十三、经营租赁									
二十四、减：经营租赁资产折旧									
二十五、长期投资	118590	-2078	-412	1928			116662	-2078	-412
二十六、减：长期投资减值准备	6035	5002	5002	397	381	381	5638	4621	4621
二十七、固定资产净值	5819	1876	1876				5819	1876	1876
固定资产	7713	2128	2128				7713	2128	2128
减：累计折旧	1894	252	252				1894	252	252
二十八、减：固定资产减值准备									
二十九、固定资产清理									
三十、在建工程	1557	-94	-94				1557	-94	-94
三十一、待处理固定资产损失									
无形递延及其他资产	1131	197	197				1131	197	197
三十二、无形递延及其他资产	1131	197	197				1131	197	197
三十三、减：抵债资产减值准备									
三十四、减：无形资产减值准备									
三十五、减：其他资产减值准备									
资产总计	4513763	809446	810004	124917	-5644	-6459	4388846	815090	816463

续表

栏目 行列名称	本外币			外币			人民币		
	本期	比年初	比去年同期	本期	比年初	比去年同期	本期	比年初	比去年同期
流动负债	3837551	684010	686117	6886	-778	-1515	3830665	684788	687632
一、短期存款									
二、短期储蓄存款									
三、财政性存款									
四、向中央银行借款									
五、同业存放款									
六、联行存放									
七、同业拆入									
八、应解汇款及临时存款									
九、汇出汇款									
十、委托存款	3789146	676692	676692	3789146			676692	676692	
十一、卖出回购资产		97	97					97	97
十二、应付及预提款项	45123	7427	9535	6522	-911	-1647	38601	8338	11182
十三、存放短期保证金									
十四、发行短期债券									
十五、其他流动负债	3282	-207	-207	364	132	132	2918	-339	-339
长期负债	437727	90343	90281	109109	-4203	-4265	328618	94546	94546
十六、长期存款	438829	90393	90331	109109	-4153	-4215	329720	94546	94546
十七、长期储蓄存款									
十八、存放长期保证金									
十九、应付转租赁租金		-50	-50		-50	-50			
二十、发行长期债券									
二十一、其他长期负债	-1102	0	0		0	-1102			
所有者权益	238485	35093	33606	8922	-663	-679	229563	35756	34285
二十二、实收资本	215706	31500	31500	7954	0	0	207752	31500	31500
二十三、资本公积	-35	207	207				-35	207	207
二十四、公积金	6713	213	37	1208	0	0	5505	213	37
二十五、公益金									
二十六、未分配利润	15814	3174	1575	-240	-662	-679	16054	3836	2254
其中：本年利润	16205	16205	1286	-240	-240	-679	16445	16445	1965
二十七、一般准备金	287		287				287		287
负债总计	4513763	809446	810004	124917	-5644	-6459	4388846	815090	816463

五、分机构经营成果情况

中国工商银行山东省本外币损益明细表

汇率：8.2765

单位：万元

项　　目	本外币	本　币	外　币
一、营业收入	2813084	2792840	20244
利息收入	927902	929698	-1796
金融机构往来收入	1799477	1783661	15816
手续费收入	73119	66895	6224
证券销售差价收入	2204	2204	
证券发行差价收入			
租赁收益			
汇兑收益	6703	6703	
其他营业收入	3679	3679	
二、营业支出	2619514	2587451	32063
利息支出	333898	331382	2516
金融机构往来支出	1793190	1775826	17364
手续费支出	2352	2170	182
营业费用	221868	221851	17
汇兑损失			
当年提取准备金	223928	211944	11984
其他营业支出	44278	44278	
三、营业税金及附加	55446	55446	
四、营业利润	138124	149943	-11819
加：投资收益	141	141	
加：营业外收入	4001	3984	17
减：营业外支出	102002	101795	207
加：年度损益调整	29	29	
五、利润总额	40293	52302	-12009

注：由于2004年“当年提取准备金”从“营业费用”和“其他营业支出”项目中调出，所以，2004年“营业费用”和“其他营业支出”项目与2003年报表数据不可比。

中国农业银行山东省本外币损益明细表

汇率：8.2765　　　　单位：万元

项　　目	本外币	本　币	外　币
一、营业收入	1256153	1229354	26799
利息收入	611998	604888	7110
金融机构往来收入	579841	565887	13954
手续费收入	55737	50746	4991
证券销售差价收入			
证券发行差价收入			
租赁收益			
汇兑收益			
其他营业收入	8578	7833	745
二、营业支出	1154689	1142597	12092
利息支出	259455	258238	1217
金融机构往来支出	494659	483850	10809
手续费支出			
营业费用	294308	295425	－1117
汇兑损失			
当年提取准备金			
其他营业支出	106268	105084	1184
三、营业税金及附加	37681	37681	
四、营业利润	63783	49076	14707
加：投资收益	753	753	
加：营业外收入	5238	5221	17
减：营业外支出	24273	23694	579
加：年度损益调整	－255	－65	－190
五、利润总额	45245	31291	13954

中国银行山东省本外币损益明细表

汇率：8.2765　　　　单位：万元

项　　目	本外币	本　币	外　币
一、营业收入	1061464	882427	179037
利息收入	496690	405541	91149
金融机构往来收入	502868	427039	75829
手续费收入	54434	43484	10950
证券销售差价收入			
证券发行差价收入			
租赁收益			
汇兑收益	6340	5289	1051
其他营业收入	1132	1074	58
二、营业支出	711553	715460	－3907
利息支出	146597	136599	9998
金融机构往来支出	498074	388443	109631
手续费支出	5236	4715	521
营业费用	235745	238162	－2417
汇兑损失			
当年提取准备金	－174107	－52459	－121648
其他营业支出	8		8
三、营业税金及附加	30573	24779	5794
四、营业利润	319338	142188	177150
加：投资收益	1010	1217	－207
加：营业外收入	21201	20969	232
减：营业外支出	30724	30600	124
加：年度损益调整			
五、利润总额	310825	133774	177051

中国建设银行山东省本外币损益明细表

汇率：8.2765　　　　单位：万元

项　　目	本外币	本　币	外　币
一、营业收入	1282593	1255090	27503
利息收入	695477	684718	10759
金融机构往来收入	535215	526392	8823
手续费收入	39965	36836	3129
证券销售差价收入			
证券发行差价收入			
租赁收益			
汇兑收益	10065	5273	4792
其他营业收入	1871	1871	
二、营业支出	941677	924305	17372
利息支出	198682	196282	2400
金融机构往来支出	460894	449770	11124
手续费支出	2764	2565	199
营业费用	235222	235586	-364
汇兑损失	4063	107	3956
当年提取准备金	39680	39647	33
其他营业支出	373	348	25
三、营业税金及附加	40339	40339	
四、营业利润	300576	290446	10130
加：投资收益	2521	2521	
加：营业外收入	12792	12527	265
减：营业外支出	17123	17106	17
加：年度损益调整	-3827	-3827	
五、利润总额	294940	284561	10379

国家开发银行山东省本外币损益明细表

汇率：8.2765　　单位：万元

项　　目	本外币	本　币	外　币
一、营业收入	302910	302720	190
利息收入	301064	300874	190
金融机构往来收入	1472	1472	
手续费收入	374	374	
证券销售差价收入			
证券发行差价收入			
租赁收益			
汇兑收益			
其他营业收入			
二、营业支出	196950	196868	82
利息支出	1391	1391	
金融机构往来支出	191873	191791	82
手续费支出	7	7	
营业费用	3679	3679	
汇兑损失			
当年提取准备金			
其他营业支出			
三、营业税金及附加	16629	16629	
四、营业利润	89331	89223	108
加：投资收益	179	179	
加：营业外收入			
减：营业外支出	286	286	
加：年度损益调整	－5	－5	
五、利润总额	89219	89111	108

注：由于2004年“当年提取准备金”从“营业费用”和“其他营业支出”项目中调出，所以，2004年“营业费用”和“其他营业支出”项目与2003年报表数据不可比。

进出口银行山东省本外币损益明细表

汇率：8.2765　　　　单位：万元

项　　目	本外币	本　币	外　币
一、营业收入	6038	5652	386
利息收入	5983	5598	385
金融机构往来收入	55	54	0
手续费收入			
证券销售差价收入			
证券发行差价收入			
租赁收益			
汇兑收益			
其他营业收入			
二、营业支出	5205	4953	252
利息支出			
金融机构往来支出	4786	4534	252
手续费支出	65	65	0
营业费用	353	353	
汇兑损失			
当年提取准备金			
其他营业支出			
三、营业税金及附加	315	315	
四、营业利润	518	384	133
加：投资收益			
加：营业外收入	0	0	
减：营业外支出			
加：年度损益调整			
五、利润总额	518	384	133

注：由于2004年“当年提取准备金”从“营业费用”和“其他营业支出”项目中调出，所以，2004年“营业费用”和“其他营业支出”项目与2003年报表数据不可比。

农业发展银行山东省本外币损益明细表

汇率：8.2765　　　　单位：万元

项　　目	本外币	本　币	外　币
一、营业收入	174490	174490	
利息收入	133030	133030	
金融机构往来收入	41360	41360	
手续费收入	3	3	
证券销售差价收入			
证券发行差价收入			
租赁收益			
汇兑收益			
其他营业收入	97	97	
二、营业支出	201995	201995	
利息支出	1658	1658	
金融机构往来支出	163202	163202	
手续费支出			
营业费用	31068	31068	
汇兑损失			
当年提取准备金			
其他营业支出	6067	6067	
三、营业税金及附加	7272	7272	
四、营业利润	-34777	-34777	
加：投资收益			
加：营业外收入	185	185	
减：营业外支出	3468	3468	
加：年度损益调整			
五、利润总额	-38060	-38060	

注：由于2004年“当年提取准备金”从“营业费用”和“其他营业支出”项目中调出，所以，2004年“营业费用”和“其他营业支出”项目与2003年报表数据不可比。

交通银行山东省本外币损益明细表

汇率：8.2765　　　　单位：万元

项　　目	本外币	本　币	外　币
一、营业收入	199781	193392	6389
利息收入	163469	160465	3004
金融机构往来收入	23307	22157	1150
手续费收入	8277	7251	1026
证券销售差价收入			
证券发行差价收入			
租赁收益	303	303	
汇兑收益	4421	3213	1208
其他营业收入	3	3	
二、营业支出	129326	127439	1887
利息支出	57694	57115	579
金融机构往来支出	11032	10105	927
手续费支出	929	821	108
营业费用	43352	43625	－273
汇兑损失	846	341	505
当年提取准备金			
其他营业支出	15473	15432	41
三、营业税金及附加	9721	9721	
四、营业利润	60734	56232	4502
加：投资收益	5898	5898	
加：营业外收入	824	824	
减：营业外支出	5552	5552	
加：年度损益调整	－429	－429	
五、利润总额	61475	56973	4502

注：由于2004年“当年提取准备金”从“营业费用”和“其他营业支出”项目中调出，所以，2004年“营业费用”和“其他营业支出”项目与2003年报表数据不可比。

中信实业银行山东省本外币损益明细表

汇率：8.2765　　　　　　　　　　　　　　　　　　　　　　单位：万元

项　目	本外币	本　币	外　币
一、营业收入	167995	162688	5308
利息收入	104560	103135	1425
金融机构往来收入	54043	52022	2021
手续费收入	4541	3321	1220
证券销售差价收入			
证券发行差价收入			
租赁收益			
汇兑收益	2579	2571	9
其他营业收入	2272	1639	632
二、营业支出	221025	207149	13876
利息支出	38917	38650	267
金融机构往来支出	51334	48776	2558
手续费支出	634	448	186
营业费用	35775	35763	13
汇兑损失			
当年提取准备金	94318	83466	10853
其他营业支出	47	47	
三、营业税金及附加	6266	6266	
四、营业利润	－59296	－50728	－8569
加：投资收益	2549	2549	
加：营业外收入	240	240	
减：营业外支出	3368	3275	93
加：年度损益调整			
五、利润总额	－59875	－51214	－8661

光大银行山东省本外币损益明细表

汇率：8.2765　　单位：万元

项　　目	本外币	本　币	外　币
一、营业收入	110173	109892	281
利息收入	67984	70649	－2665
金融机构往来收入	37684	35168	2516
手续费收入	2243	1912	331
证券销售差价收入			
证券发行差价收入			
租赁收益			
汇兑收益	1013	1013	
其他营业收入	1249	1150	99
二、营业支出	87833	81352	6481
利息支出	29562	29032	530
金融机构往来支出	30184	28454	1730
手续费支出	415	357	58
营业费用	21339	21339	
汇兑损失			
当年提取准备金			
其他营业支出	6333	2170	4163
三、营业税金及附加	3974	3974	
四、营业利润	18367	24566	－6199
加：投资收益	1730	1730	
加：营业外收入	763	763	
减：营业外支出	6123	6123	
加：年度损益调整	－89	－89	
五、利润总额	14648	20847	－6199

华夏银行山东省本外币损益明细表

汇率：8.2765　　　　单位：万元

项　　目	本外币	本　币	外　币
一、营业收入	129662	127485	2177
利息收入	90166	88569	1597
金融机构往来收入	35398	35175	223
手续费收入	2650	2294	356
证券销售差价收入			
证券发行差价收入			
租赁收益	143	143	
汇兑收益	1206	1206	
其他营业收入	98	98	
二、营业支出	109201	108464	737
利息支出	29634	29336	298
金融机构往来支出	37217	37076	141
手续费支出	428	395	33
营业费用	33167	33142	25
汇兑损失			
当年提取准备金	8755	8515	240
其他营业支出			
三、营业税金及附加	5184	5184	
四、营业利润	15277	13837	1440
加：投资收益	4294	4294	
加：营业外收入	145	145	
减：营业外支出	237	237	
加：年度损益调整			
五、利润总额	19479	18039	1440

深圳发展银行山东省本外币损益明细表

汇率：8.2765 单位：万元

项　　目	本外币	本　币	外　币
一、营业收入	44742	44568	174
利息收入	32239	32239	
金融机构往来收入	11421	11338	83
手续费收入	814	756	58
证券销售差价收入			
证券发行差价收入			
租赁收益			
汇兑收益	197	197	
其他营业收入	71	38	33
二、营业支出	36002	35928	74
利息支出	9749	9732	17
金融机构往来支出	13348	13290	58
手续费支出	153	153	
营业费用	10327	10327	
汇兑损失			
当年提取准备金	2426	2426	
其他营业支出			
三、营业税金及附加	1835	1835	
四、营业利润	6904	6805	99
加：投资收益	6	6	
加：营业外收入	11	11	
减：营业外支出	11	11	
加：年度损益调整			
五、利润总额	6910	6811	99

招商银行山东省本外币损益明细表

汇率：8.2765　　　　单位：万元

项　　目	本外币	本　币	外　币
一、营业收入	169164	164165	4999
利息收入	121558	118744	2814
金融机构往来收入	41099	40122	977
手续费收入	4084	3107	977
证券销售差价收入			
证券发行差价收入			
租赁收益	13	13	
汇兑收益	2246	2014	232
其他营业收入	165	165	
二、营业支出	116981	116004	977
利息支出	20907	20650	257
金融机构往来支出	64025	63173	852
手续费支出	529	463	66
营业费用	27651	27651	
汇兑损失	40	40	
当年提取准备金	3828	4027	－199
其他营业支出			
三、营业税金及附加	7067	7067	
四、营业利润	45116	41094	4022
加：投资收益	113	113	
加：营业外收入	17	17	
减：营业外支出	81	81	
加：年度损益调整			
五、利润总额	45165	41143	4022

上海浦东发展银行山东省本外币损益明细表

汇率：8.2765　　　　单位：万元

项　　目	本外币	本　币	外　币
一、营业收入	84915	84592	323
利息收入	63906	63807	99
金融机构往来收入	19389	19306	83
手续费收入	1292	1151	141
证券销售差价收入			
证券发行差价收入			
租赁收益			
汇兑收益	260	260	
其他营业收入	68	68	
二、营业支出	53323	53282	41
利息支出	16816	16791	25
金融机构往来支出	22924	22924	
手续费支出	178	170	8
营业费用	7982	7982	
汇兑损失	8		8
当年提取准备金	5163	5163	
其他营业支出	252	252	
三、营业税金及附加	3605	3605	
四、营业利润	27986	27705	281
加：投资收益	82	82	
加：营业外收入	10	10	
减：营业外支出	3	3	
加：年度损益调整			
五、利润总额	28075	27794	281

兴业银行山东省本外币损益明细表

汇率：8.2765　　　　单位：万元

项　　目	本外币	本　币	外　币
一、营业收入	61814	60705	1109
利息收入	49028	48300	728
金融机构往来收入	10974	10602	372
手续费收入	1158	1150	8
证券销售差价收入			
证券发行差价收入			
租赁收益			
汇兑收益	257	257	
其他营业收入	396	396	
二、营业支出	42889	42194	695
利息支出	18226	18218	8
金融机构往来支出	14933	14155	778
手续费支出	17	17	
营业费用	8951	8951	
汇兑损失			
当年提取准备金	424	515	-91
其他营业支出	338	338	
三、营业税金及附加	2796	2796	
四、营业利润	16129	15715	414
加：投资收益	1	1	
加：营业外收入	3	3	
减：营业外支出	97	97	
加：年度损益调整			
五、利润总额	16036	15622	414

注：由于2004年“当年提取准备金”从“营业费用”和“其他营业支出”项目中调出，所以，2004年“营业费用”和“其他营业支出”项目与2003年报表数据不可比。

民生银行山东省本外币损益明细表

汇率：8.2765　　　　单位：万元

项　　目	本外币	本　币	外　币
一、营业收入	65562	59355	6207
利息收入	38072	36955	1117
金融机构往来收入	26540	21524	5016
手续费收入	732	666	66
证券销售差价收入			
证券发行差价收入			
租赁收益			
汇兑收益	214	206	8
其他营业收入	4	4	
二、营业支出	54694	49281	5413
利息支出	13817	13643	174
金融机构往来支出	30971	25600	5371
手续费支出	125	108	17
营业费用	7431	7431	
汇兑损失			
当年提取准备金	1462	1462	
其他营业支出	888	1037	-149
三、营业税金及附加	2158	2158	
四、营业利润	8711	7916	795
加：投资收益	47	47	
加：营业外收入	25	25	
减：营业外支出	32	32	
加：年度损益调整			
五、利润总额	8751	7956	795

注：由于2004年“当年提取准备金”从“营业费用”和“其他营业支出”项目中调出，所以，2004年“营业费用”和“其他营业支出”项目与2003年报表数据不可比。

恒丰银行股份有限公司山东省本外币损益明细表

汇率：8.2765　　　　单位：万元

项　　目	本外币	本　币	外　币
一、营业收入	116431	116141	290
利息收入	72848	72848	
金融机构往来收入	40953	40663	290
手续费收入			
证券销售差价收入			
证券发行差价收入			
租赁收益			
汇兑收益	1119	1119	
其他营业收入	1511	1511	
二、营业支出	107558	107484	74
利息支出	29989	29964	25
金融机构往来支出	32249	32249	
手续费支出			
营业费用	31949	31899	50
汇兑损失	1099	1099	
当年提取准备金			
其他营业支出	12273	12273	
三、营业税金及附加	4059	4059	
四、营业利润	4813	4598	215
加：投资收益	9272	9272	
加：营业外收入	937	937	
减：营业外支出	1839	1839	
加：年度损益调整			
五、利润总额	13183	12968	215

注：由于2004年“当年提取准备金”从“营业费用”和“其他营业支出”项目中调出，所以，2004年“营业费用”和“其他营业支出”项目与2003年报表数据不可比。

城市商业银行山东省本外币损益明细表

汇率：8.2765　　　　单位：万元

项　　目	本外币	本　币	外　币
一、营业收入	554771	549499	5272
利息收入	348134	346984	1150
金融机构往来收入	194543	190612	3931
手续费收入	9070	8880	190
证券销售差价收入			
证券发行差价收入			
租赁收益	18	18	
汇兑收益	680	680	
其他营业收入	2325	2325	
二、营业支出	523480	522959	521
利息支出	101305	101139	166
金融机构往来支出	238743	238321	422
手续费支出	986	878	108
营业费用	142461	142635	－174
汇兑损失	166	166	
当年提取准备金	24275	24275	
其他营业支出	15545	15545	
三、营业税金及附加	20180	50	
四、营业利润	11061	6360	4701
加：投资收益	59252	59252	
加：营业外收入	785	785	
减：营业外支出	26261	26261	
加：年度损益调整	31	31	
五、利润总额	44868	40167	4701

注：由于2004年“当年提取准备金”从“营业费用”和“其他营业支出”项目中调出，所以，2004年“营业费用”和“其他营业支出”项目与2003年报表数据不可比。

农村信用合作社山东省本外币损益明细表

汇率：8.2765　　　　单位：万元

项　　目	本外币	本　币	外　币
一、营业收入	1549737	1549737	
利息收入	1217673	1217673	
金融机构往来收入	317787	317787	
手续费收入	13322	13322	
证券销售差价收入			
证券发行差价收入			
租赁收益			
汇兑收益			
其他营业收入	955	955	
二、营业支出	1403677	1403677	
利息支出	396804	396804	
金融机构往来支出	292016	292016	
手续费支出	74226	74226	
营业费用	464572	464572	
汇兑损失			
当年提取准备金			
其他营业支出	176059	176059	
三、营业税金及附加	41331	41331	
四、营业利润	104729	104729	
加：投资收益	31135	31135	
加：营业外收入	10472	10472	
减：营业外支出	15976	15976	
加：年度损益调整	－1289	－1289	
五、利润总额	129071	129071	

注：由于2004年“当年提取准备金”从“营业费用”和“其他营业支出”项目中调出，所以，2004年“营业费用”和“其他营业支出”项目与2003年报表数据不可比。

城市信用合作社山东省本外币损益明细表

汇率：8.2765　　　　单位：万元

项　　目	本外币	本　币	外　币
一、营业收入	160112	160112	
利息收入	109032	109032	
金融机构往来收入	49561	49561	
手续费收入	985	985	
证券销售差价收入			
证券发行差价收入			
租赁收益			
汇兑收益			
其他营业收入	534	534	
二、营业支出	141539	141539	
利息支出	24267	24267	
金融机构往来支出	73428	73428	
手续费支出	487	487	
营业费用	32914	32914	
汇兑损失			
当年提取准备金	1323	1323	
其他营业支出	9120	9120	
三、营业税金及附加	5532	5532	
四、营业利润	13041	13041	
加：投资收益	7260	7260	
加：营业外收入	203	203	
减：营业外支出	7537	7537	
加：年度损益调整	－19	－19	
五、利润总额	12948	12948	

注：由于2004年“当年提取准备金”从“营业费用”和“其他营业支出”项目中调出，所以，2004年“营业费用”和“其他营业支出”项目与2003年报表数据不可比。

财务公司山东省本外币损益明细表

汇率：8.2765

单位：万元

项目	本外币	本币	外币
一、营业收入	15485	15421	64
利息收入	13580	13549	31
金融机构往来收入	1778	1745	33
手续费收入	103	103	
证券销售差价收入			
证券发行差价收入			
租赁收益			
汇兑收益			
当年提取准备金	25	25	
其他营业收入	6916	6904	12
二、营业支出	3012	3000	12
利息支出	1208	1208	
金融机构往来支出			
手续费支出	2673	2673	
营业费用	21	21	
汇兑损失	-36	-36	
其他营业支出	2	2	
三、营业税金及附加	797	797	
四、营业利润	7772	7721	52
加：投资收益	44	44	
加：营业外收入	189565	189565	
减：营业外支出	188565	188565	
加：年度损益调整			
五、利润总额	8852	8801	52

信托投资公司山东省本外币损益明细表

汇率：8.2765

单位：万元

项　目	本外币	本　币	外　币
一、营业收入	11900	12330	－430
利息收入	－987	－366	－621
金融机构往来收入	883	759	124
手续费收入	9796	9796	
证券销售差价收入	－29	－29	
证券发行差价收入			
租赁收益	50		50
汇兑收益			
当年提取准备金	2187	2170	17
其他营业收入	7185	7384	－199
二、营业支出	1	1	
利息支出	78	78	
金融机构往来支出	1	1	
手续费支出	6382	6382	
营业费用			
汇兑损失			
其他营业支出	723	922	－199
三、营业税金及附加	501	493	8
四、营业利润	4213	4453	－240
加：投资收益	11652	11652	
加：营业外收入	558	558	
减：营业外支出	218	218	
加：年度损益调整			
五、利润总额	16205	16445	－240

第十三部分

先进单位及个人

中国人民银行济南分行

一、总行级模范职工之家

1. 广饶县支行（东营）
2. 临淄区支行（淄博）
3. 荣成市支行（威海）
4. 寿光市支行（潍坊）
5. 宁津县支行（德州）

二、总行级巾帼建功标兵

中国人民银行济宁市中心支行行长　丁　宁（女）

三、总行级文明家庭

中国人民银行泰安市中心支行货币信贷科副科长张　良

四、总行级文明示范岗

中国人民银行东营市中心支行营业室

五、全国级巾帼文明岗

中国人民银行东营市中心支行营业室

中国银行业监督管理委员会山东监管局

考核优秀人员名单

山东银监局王进诚、郭宝珍在年度考核中被银监会考评为优秀。

中国农业发展银行山东省分行

一、先进单位

（一）先进单位

1. 中国农业发展银行章丘市支行
2. 中国农业发展银行胶南市支行
3. 中国农业发展银行高青县支行
4. 中国农业发展银行枣庄市台儿庄区支行
5. 中国农业发展银行广饶县支行
6. 中国农业发展银行莱州市支行
7. 中国农业发展银行昌邑市支行
8. 中国农业发展银行微山县支行
9. 中国农业发展银行肥城市支行
10. 中国农业发展银行荣成市支行
11. 中国农业发展银行莒县支行
12. 中国农业发展银行禹城市支行
13. 中国农业发展银行茌平县支行
14. 中国农业发展银行蒙阴县支行
15. 中国农业发展银行菏泽市分行营业部

（二）全国先进女职工集体

中国农业发展银行山东省分行女职工委员会

（三）全国金融系统职工体育达标先进单位

中国农业发展银行淄博市分行

二、先进个人

（一）先进工作者

1. 中国农业发展银行济南市长清区支行党支部书记、行长　宫　波
2. 中国农业发展银行商河县支行信贷部主任　马玉强

3. 中国农业发展银行青岛市分行计划信贷处副主任科员 姜绍华
4. 中国农业发展银行平度市支行党支部书记、行长 王凤超
5. 中国农业发展银行淄博市分行财务会计科科员 李明宝
6. 中国农业发展银行沂源县支行会计出纳部副主任 唐加梅
7. 中国农业发展银行枣庄市分行信贷管理部信贷员 刘　洋
8. 中国农业发展银行台儿庄区支行客户经理部主任 高　辉
9. 中国农业发展银行东营市分行计划信贷科科长 时祝华
10. 中国农业发展银行莱州市支行党支部书记、行长 于忠保
11. 中国农业发展银行海阳市支行党支部书记、行长 刘永胜
12. 中国农业发展银行烟台市分行计划信贷科信贷员 梁书琴
13. 中国农业发展银行临朐县支行党支部委员、副行长 陈瑞吉
14. 中国农业发展银行潍坊市分行人事教育科科员 郝荣秀
15. 中国农业发展银行潍坊市分行财务会计科副科长 郭玉芹
16. 中国农业发展银行微山县支行办公室主任 韩宜华
17. 中国农业发展银行济宁市分行计划信贷科科员 时念村
18. 中国农业发展银行济宁市分行营业部坐班主任 孙逢连
19. 中国农业发展银行泰安市分行财务会计科科长 张艳霞
20. 中国农业发展银行岱岳区支行信贷部副主任 张圣国
21. 中国农业发展银行荣成市支行党支部委员、副行长 张启芹
22. 中国农业发展银行五莲县支行党支部书记、行长 孙元金
23. 中国农业发展银行莱芜市分行人事监察科科长 牛金龙
24. 中国农业发展银行阳信县支行会计出纳部主任 张曙光
25. 中国农业发展银行沾化县支行信贷部信贷员 张学春
26. 中国农业发展银行夏津县支行办公室主任 赵德清
27. 中国农业发展银行陵县支行会计出纳部会计 李　敏
28. 中国农业发展银行德州市分行信息电脑科科员 刘　健
29. 中国农业发展银行聊城市分行党委书记、行长 马兆华
30. 中国农业发展银行东阿县支行党支部书记、行长 臧景闽
31. 中国农业发展银行临沭县支行党支部书记、行长 鲁守堂
32. 中国农业发展银行苍山县支行党支部委员、副行长 段遵义
33. 中国农业发展银行莒南县支行会计出纳部坐班主任 王淑杰
34. 中国农业发展银行菏泽市分行办公室秘书 郭士玉
35. 中国农业发展银行菏泽市分行营业部会计出纳部坐班主任 张惠美
36. 中国农业发展银行单县支行信贷部副主任 李军俭
37. 中国农业发展银行山东省分行信贷二处科员 亓向军

（二）全国金融系统热心支持体育工作者

中国农业发展银行淄博市分行党委书记、行长 柴洪德

中国农业银行山东省分行

一、先进单位（集体）

（一）先进集体

1. 中国农业银行山东省分行济南市市中区支行经二路分理处
2. 中国农业银行山东省分行济南市槐荫区支行党家办事处
3. 中国农业银行山东省分行济南市历城区支行东风分理处
4. 中国农业银行山东省分行济南市和平支行机构业务部
5. 中国农业银行山东省分行济南市银河支行
6. 中国农业银行山东省分行济南市泺源支行营业部
7. 中国农业银行山东省分行济南高新技术产业开发区支行营业部

8. 中国农业银行山东省分行济南东门支行
9. 中国农业银行山东省分行济南北园支行
10. 中国农业银行山东省分行章丘市支行绣惠办事处
11. 中国农业银行淄博市分行机构业务部
12. 中国农业银行淄博市分行南定办事处
13. 中国农业银行淄博市淄川区支行罗村分理处
14. 中国农业银行淄博市周村区支行营业部
15. 中国农业银行淄博市临淄区支行
16. 中国农业银行桓台县支行计划财务部
17. 中国农业银行高青县支行文化路分理处
18. 中国农业银行枣庄市分行公司业务部
19. 中国农业银行枣庄市分行光明分理处
20. 中国农业银行枣庄市分行郭里集营业所
21. 中国农业银行枣庄西岗支行
22. 中国农业银行东营市分行人事科
23. 中国农业银行东营市河口区支行营业部
24. 中国农业银行垦利县支行计划财务部
25. 中国农业银行广饶县支行
26. 中国农业银行烟台市分行计划财务科
27. 中国农业银行烟台市分行营业部
28. 中国农业银行烟台市分行北马路分理处
29. 中国农业银行烟台经济技术开发区支行
30. 中国农业银行烟台市莱山区支行清泉寨办事处
31. 中国农业银行莱州市支行登海分理处
32. 中国农业银行莱阳市支行
33. 中国农业银行莱阳市支行资产经营部
34. 中国农业银行莱阳市支行城厢办事处
35. 中国农业银行招远市支行公园区储蓄所
36. 中国农业银行潍坊市分行办公室
37. 中国农业银行潍坊市分行计划财务科
38. 中国农业银行潍坊市分行东园分理处
39. 中国农业银行青州市支行营业部
40. 中国农业银行安丘市支行凌河办事处
41. 中国农业银行寿光市支行
42. 中国农业银行昌邑市支行南逢营业所
43. 中国农业银行诸城市支行舜王办事处
44. 中国农业银行潍坊高新技术产业开发区支行
45. 中国农业银行济宁市分行审计科
46. 中国农业银行济宁市分行营业部
47. 中国农业银行济宁市分行明珠花园储蓄所
48. 中国农业银行济宁市任城区支行
49. 中国农业银行邹城市支行营业部
50. 中国农业银行微山县支行营业部
51. 中国农业银行嘉祥县支行计划财务部
52. 中国农业银行汶上县支行公司业务部
53. 中国农业银行济宁高新技术产业开发区支行
54. 中国农业银行泰安市分行人事科
55. 中国农业银行泰安市东岳支行
56. 中国农业银行宁阳县支行华丰办事处
57. 中国农业银行肥城市支行汶阳营业所
58. 中国农业银行东平县支行新城办事处
59. 中国农业银行威海市分行营业部
60. 中国农业银行威海田村支行
61. 中国农业银行文登市支行岗山办事处
62. 中国农业银行荣成市支行石岛办事处
63. 中国农业银行日照市分行机构业务部
64. 中国农业银行日照市分行石臼办事处
65. 中国农业银行日照市分行黄海一路分理处
66. 中国农业银行莱芜市分行寨里办事处
67. 中国农业银行滨州市分行北镇办事处
68. 中国农业银行滨州市分行署北门储蓄所
69. 中国农业银行无棣县支行埕口营业所
70. 中国农业银行博兴县支行城关办事处
71. 中国农业银行邹平县支行
72. 中国农业银行德州市分行计划财务科
73. 中国农业银行德州市分行天衢办事处
74. 中国农业银行陵县支行资产经营部
75. 中国农业银行夏津县支行个人业务部
76. 中国农业银行德州市州城支行国际结算部
77. 中国农业银行聊城市分行计划财务科
78. 中国农业银行聊城市分行香江分理处
79. 中国农业银行临清市支行营业部
80. 中国农业银行东阿县支行阿胶街分理处
81. 中国农业银行茌平县支行营业部
82. 中国农业银行临沂市分行人事科
83. 中国农业银行临沂市分行北园储蓄所
84. 中国农业银行临沂工贸开发区支行
85. 中国农业银行临沂市河东区支行
86. 中国农业银行郯城县支行公司业务部
87. 中国农业银行苍山县支行中兴中路储蓄所
88. 中国农业银行莒南县支行坪上办事处
89. 中国农业银行沂水县支行马站办事处
90. 中国农业银行平邑县支行营业部
91. 中国农业银行菏泽市分行人事科
92. 中国农业银行菏泽南华支行
93. 中国农业银行曹县支行
94. 中国农业银行单县支行个人业务部
95. 中国农业银行郓城县支行武安办事处
96. 中国农业银行山东省分行公司业务部

（二）省级“青年文明号”

1. 中国农业银行济南市历下区支行营业部
2. 中国农业银行济南市天桥区支行刘桥分理处

3. 中国农业银行济南市历城区支行仲宫办事处
4. 中国农业银行章丘市支行营业部
5. 中国农业银行商河县支行银河路分理处（原商河县支行储蓄所）
6. 中国农业银行济南市高新技术开发区支行
7. 中国农业银行济南市市中区支行舜耕路分理处
8. 中国农业银行平阴县支行中心储蓄所
9. 中国农业银行济南市大观园支行
10. 中国农业银行淄博市临淄区支行辛店办事处
11. 中国农业银行淄博市博山区支行白塔办事处
12. 中国农业银行淄博市周村区支行王村办事处
13. 中国农业银行淄博市淄川区支行双沟办事处
14. 中国农业银行高青县支行营业部
15. 中国农业银行淄博市临淄区支行营业部
16. 中国农业银行淄博市周村区支行周村办事处
17. 中国农业银行滕州市支行营业部
18. 中国农业银行枣庄市分行光明分理处
19. 中国农业银行东营市分行营业部
20. 中国农业银行东营孤岛支行
21. 中国农业银行东营市胶州路支行营业部
22. 中国农业银行利津县支行营业部
23. 中国农业银行烟台市分行出口加工区办事处火车站分理处
24. 中国农业银行烟台市芝罘区支行营业部
25. 中国农业银行烟台市牟平区支行营业部
26. 中国农业银行烟台市莱山区支行黄海路办事处
27. 中国农业银行莱阳市支行龙旺庄办事处
28. 中国农业银行招远市支行蚕庄办事处
29. 中国农业银行烟台经济技术开发区支行营业部
30. 中国农业银行莱州市支行莱州路分理处
31. 中国农业银行烟台市福山区支行西大街办事处
32. 中国农业银行莱州市支行营业部
33. 中国农业银行龙口市支行北马办事处
34. 中国农业银行招远市支行营业部
35. 中国农业银行潍坊市分行梨园分理处
36. 中国农业银行安丘市支行营业部
37. 中国农业银行寿光市支行侯镇办事处
38. 中国农业银行寿光市支行寿光办事处
39. 中国农业银行诸城市支行密州办事处
40. 中国农业银行潍坊市开发区支行营业部
41. 中国农业银行潍坊市分行东园分理处
42. 中国农业银行高密市支行营业部
43. 中国农业银行济宁高新技术产业开发区支行营业部
44. 中国农业银行兖州市支行王因办事处
45. 中国农业银行曲阜市支行营业部
46. 中国农业银行微山县支行付村营业所
47. 中国农业银行济宁市分行清华园办事处
48. 中国农业银行济宁市分行南门里办事处
49. 中国农业银行泗水县支行营业部
50. 中国农业银行汶上县支行棉纺厂分理处
51. 中国农业银行济宁市任城区支行营业部
52. 中国农业银行泰安市分行营业部
53. 中国农业银行泰安市分行岱庙储蓄所
54. 中国农业银行泰安市东岳支行
55. 中国农业银行宁阳县支行华丰办事处
56. 中国农业银行泰安市分行徐家楼营业所
57. 中国农业银行泰安市分行银座分理处
58. 中国农业银行东平县支行银山办事处
59. 中国农业银行泰安市分行城西分理处
60. 中国农业银行新泰市支行羊流办事处
61. 中国农业银行威海市分行凤林办事处
62. 中国农业银行威海市分行环翠楼办事处
63. 中国农业银行荣成市支行俚岛办事处
64. 中国农业银行日照市分行望海路储蓄所
65. 中国农业银行日照市分行营业部
66. 中国农业银行日照市东港区支行
67. 中国农业银行莱芜市钢城区支行营业部
68. 中国农业银行莱芜市分行利民分理处
69. 中国农业银行无棣县支行中心大街储蓄所
70. 中国农业银行滨州市分行营业部
71. 中国农业银行博兴县支行福旺分理处
72. 中国农业银行滨州市分行市西营业所
73. 中国农业银行德州市州城支行营业部
74. 中国农业银行德州市分行商业街分理处
75. 中国农业银行平原县支行希望分理处
76. 中国农业银行宁津县支行营业部
77. 中国农业银行平原县支行东方分理处
78. 中国农业银行乐陵市支行营业部
79. 中国农业银行宁津县支行希望分理处
80. 中国农业银行禹城市支行营业部
81. 中国农业银行聊城市分行花园路分理处
82. 中国农业银行阳谷县支行谷山路分理处
83. 中国农业银行东阿县支行营业部
84. 中国农业银行聊城市分行柳园办事处
85. 中国农业银行冠县支行清泉办事处
86. 中国农业银行高唐县支行新新分理处
87. 中国农业银行临沂市分行营业部
88. 中国农业银行罗庄区支行营业部
89. 中国农业银行河东区支行汤头办事处
90. 中国农业银行费县支行营业部
91. 中国农业银行郯城县支行李庄办事处
92. 中国农业银行沂南县支行营业部

93. 中国农业银行蒙阴县支行营业部
94. 中国农业银行苍山县支行卞庄办事处
95. 中国农业银行沂水县支行黄山营业所
96. 中国农业银行平邑县支行平邑办事处
97. 中国农业银行临沂市分行市中办事处（原兰山区支行市中办事处）
98. 中国农业银行菏泽西城支行（原菏泽市分行西城办事处营业部）
99. 中国农业银行菏泽市分行双河分理处
100. 中国农业银行菏泽南华支行（原菏泽市分行营业部）
101. 中国农业银行郓城县支行东门街分理处
102. 中国农业银行单县支行营业部（2003）
103. 中国农业银行东明县支行营业部
104. 中国农业银行山东省分行国际业务部
105. 中国农业银行济南华联支行
106. 中国农业银行淄博市分行南定办事处
107. 中国农业银行枣庄鲁化支行
108. 中国农业银行广饶县支行稻庄办事处
109. 中国农业银行济宁市分行明珠花园储蓄所
110. 中国农业银行寿光市支行大家洼办事处
111. 中国农业银行威海市分行营业部
112. 中国农业银行日照市分行海曲中路分理处
113. 中国农业银行莱芜市分行营业部
114. 中国农业银行临沭县支行营业部

（三）先进财会集体

1. 中国农业银行山东省分行营业部长清支行计划财务科
2. 中国农业银行淄博市临淄区支行计划财务科
3. 中国农业银行枣庄市滕州市支行计划财务科
4. 中国农业银行东营市广饶县支行计划财务科
5. 中国农业银行烟台市分行计划财务科
6. 中国农业银行潍坊市昌邑市支行计划财务科
7. 中国农业银行济宁市嘉祥县支行计划财务科
8. 中国农业银行泰安市宁阳县支行计划财务科
9. 中国农业银行威海市文登支行计划财务科
10. 中国农业银行日照市岚山支行计划财务科
11. 中国农业银行莱芜市分行计划财务科
12. 中国农业银行滨州市惠民县支行计划财务科
13. 中国农业银行德州市分行计划财务部
14. 中国农业银行聊城市阳谷县支行计划财务科
15. 中国农业银行临沂市分行计划财务科
16. 中国农业银行菏泽市分行计划财务科

（四）省级“女职工文明示范岗”

1. 中国农业银行淄博市临淄区支行胜利路分理处
2. 中国农业银行枣庄市分行光明分理处
3. 中国农业银行烟台市分行烟岗中路储蓄所
4. 中国农业银行济宁市任城区支行营业室
5. 中国农业银行泰安市分行财源办事处
6. 中国农业银行荣成市支行石岛办事处
7. 中国农业银行莱芜市钢城区支行营业部
8. 中国农业银行博兴县支行营业部
9. 中国农业银行平原县支行营业部
10. 中国农业银行临沂市兰山区支行
11. 中国农业银行济南市天桥区支行洛口南分理处
12. 中国农业银行桓台县支行城郊办事处
13. 中国农业银行淄博市博山区支行域城办事处
14. 中国农业银行枣庄市分行市郊办事处
15. 中国农业银行烟台市分行商城办事处
16. 中国农业银行潍坊市开发区支行新城办事处
17. 中国农业银行济宁高新技术产业开发区支行
18. 中国农业银行曲阜市支行校场中路分理处
19. 中国农业银行泰安市分行城西分理处
20. 中国农业银行威海市分行张村办事处
21. 中国农业银行日照市分行望海路储蓄所
22. 中国农业银行德州市德城区支行营业部
23. 中国农业银行阳谷县支行谷山路分理处
24. 中国农业银行平邑县支行营业部
25. 中国农业银行临沂市分行女子分理处
26. 中国农业银行单县支行陵园储蓄所

（五）2004年度中国农业银行“女职工文明示范岗”

中国农业银行山东省邹平县支行营业部

（六）2004年度中国农业银行“女职工文明示范岗”重新认定单位

中国农业银行山东省青州市支行营业部

（七）省级“巾帼建功”竞赛活动先进集体

中国农业银行山东省分行

（八）省级“巾帼文明岗”

1. 中国农业银行济南市和平支行营业部
2. 中国农业银行淄博市淄川区支行营业部
3. 中国农业银行寿光市支行仓圣分理处
4. 中国农业银行博兴县支行营业部
5. 中国农业银行滨州市分行北镇办事处

二、先进个人

（一）先进工作者

1. 中国农业银行山东省分行营业部计划财务处　孔繁霞
2. 中国农业银行济南市市中区支行公司业务部　杨　敏（女）
3. 中国农业银行济南工业北路支行　赵而峰
4. 中国农业银行济南市天桥区支行营业部　付　宁

5. 中国农业银行济南市槐荫区支行阳光壹佰分理处 王绪杰
6. 中国农业银行济南桑园支行 李建军
7. 中国农业银行济南市和平支行计划财务部 高爱锋（女）
8. 中国农业银行济南市银河支行计划财务部 侯献萍（女）
9. 中国农业银行济南市泺源支行公司部 冯颖哲（女）
10. 中国农业银行济南市大观园支行个人部 李萍（女）
11. 中国农业银行济南市明湖支行客户部 陈峰（女）
12. 中国农业银行济南高新技术产业开发区支行市场开发部 徐铁军
13. 中国农业银行章丘市支行绣惠办事处 袁守军
14. 中国农业银行济阳县支行窑头储蓄所 王晓宏
15. 中国农业银行淄博市分行财务会计科 沈云祥
16. 中国农业银行淄博市分行营业部 郭志强
17. 中国农业银行淄博市分行大观园分理处 郭训明
18. 中国农业银行淄博市博山区支行博城分理处 翟旻
19. 中国农业银行淄博市淄川区支行罗村分理处 李沛东
20. 中国农业银行淄博市周村区支行 许孝忠
21. 中国农业银行淄博市临淄区支行辛店办事处 刘绪军
22. 中国农业银行桓台县支行资产经营部 董兆喜
23. 中国农业银行桓台县支行城郊办事处 牟其国
24. 中国农业银行高青县支行营业部 马桂刚
25. 中国农业银行沂源县支行营业部 单建国
26. 中国农业银行枣庄市分行个人业务部 甄彦忠
27. 中国农业银行枣庄市分行审计科 殷昭朕
28. 中国农业银行枣庄市分行光明分理处 庄怀忠
29. 中国农业银行枣庄市峄城区支行城关办事处 杨振敏（女）
30. 中国农业银行滕州市支行计划财务部 王海峰
31. 中国农业银行东营市分行公司业务部 耿曙明
32. 中国农业银行东营市分行泰山路分理处 刘水
33. 中国农业银行东营市胶州路支行海河办事处 姚月荣（女）
34. 中国农业银行利津县支行计划财务部 赵连芬
35. 中国农业银行广饶县支行大王分理处 郭伟
36. 中国农业银行烟台市分行计划财务科 姜丽君（女）
37. 中国农业银行烟台市分行计划财务科 刘世勇
38. 中国农业银行烟台市分行营业部 朱永平
39. 中国农业银行烟台市分行北马路分理处 孙学民
40. 中国农业银行烟台市芝罘区支行 孙少华（女）
41. 中国农业银行烟台经济技术开发区支行 崔毅敏
42. 中国农业银行烟台经济技术开发区支行公司业务部 刘德胜
43. 中国农业银行烟台市莱山区支行综合办公室 纪新娜（女）
44. 中国农业银行烟台市莱山区支行清泉寨办事处 杨青松
45. 中国农业银行龙口市支行营业部 孙丽（女）
46. 中国农业银行莱州市支行登海分理处 李旭升
47. 中国农业银行莱阳市支行 林学杰
48. 中国农业银行莱阳市支行资产经营部 戴令山
49. 中国农业银行莱阳市支行城厢办事处 郭光（女）
50. 中国农业银行招远市支行公园区储蓄所 杨好森
51. 中国农业银行海阳市支行 辛向荣
52. 中国农业银行潍坊市分行办公室 贺祥君
53. 中国农业银行潍坊市分行计划财务科 王会堂
54. 中国农业银行潍坊市分行信贷管理科 陈伟
55. 中国农业银行潍坊市分行东园分理处 常晓鹰
56. 中国农业银行潍坊市寒亭区支行计划财务部 吴金光
57. 中国农业银行青州市支行北城分理处 刘怀信
58. 中国农业银行安丘市支行凌河办事处 王进军
59. 中国农业银行寿光市支行 郭洪利
60. 中国农业银行寿光市支行大家洼办事处 任江
61. 中国农业银行昌邑市支行南逄营业所 蒋述杰
62. 中国农业银行高密市支行营业部 倪萍（女）
63. 中国农业银行诸城市支行城东储蓄所 周亮升
64. 中国农业银行潍坊高新技术产业开发区支行 栾国方
65. 中国农业银行潍坊高新技术产业开发区支行新城办事处 李云峰
66. 中国农业银行济宁市分行计划财务部 翟贞奎
67. 中国农业银行济宁市分行营业部 叶伟
68. 中国农业银行济宁市分行仙营办事处 张春生
69. 中国农业银行济宁市分行观音阁办事处 贾古运
70. 中国农业银行济宁市分行济大分理处 徐贵阳
71. 中国农业银行济宁市分行 洸河花园储蓄所 蒋延民（女）
72. 中国农业银行济宁市任城区支行 曹体康
73. 中国农业银行济宁市市中区支行营业部 谢建忠
74. 中国农业银行嘉祥县支行计划财务部 张继阗
75. 中国农业银行汶上县支行南站办事处 孙文敏
76. 中国农业银行济宁高新技术产业开发区支行 汪胜利
77. 中国农业银行泰安市分行资产经营管理部 高云（女）
78. 中国农业银行泰安市分行机构业务部 王晓平（女）
79. 中国农业银行泰安市分行大河分理处 尹逊荣
80. 中国农业银行泰安市分行岱岳办事处 尹刚
51. 中国农业银行泰安市分行财源办事处 温倩（女）
82. 中国农业银行宁阳县支行华丰办事处 李宗旺
83. 中国农业银行肥城市支行汶阳营业所 杨杰

84. 中国农业银行东平县支行新城办事处 刘善忠
85. 中国农业银行威海市分行金融超市 孙 勤（女）
86. 中国农业银行威海市环翠区支行营业部 温美霞（女）
87. 中国农业银行乳山市支行崖子办事处 杨德勇
88. 中国农业银行文登市支行苘山办事处 连义安
89. 中国农业银行荣成市支行龙须岛办事处 沈夕强
90. 中国农业银行荣成市支行石岛办事处 刘丽霞（女）
91. 中国农业银行日照市分行公司业务部 范 勇
92. 中国农业银行日照市分行机构业务部 张庆伟
93. 中国农业银行日照市分行海曲中路分理处 朱家高
94. 中国农业银行莱芜市分行公司业务科 韩照东
95. 中国农业银行莱芜市分行营业部 吴洪启
96. 中国农业银行滨州市分行审计科 董汝林
97. 中国农业银行滨州市分行个人业务科 孙塾敏（女）
98. 中国农业银行无棣县支行 梁仁强
99. 中国农业银行博兴县支行计划财务部 付传玉
100. 中国农业银行惠民县支行百货商场储蓄所 闫丽萍（女）
101. 中国农业银行邹平县支行长山办事处 李增龙
102. 中国农业银行德州市分行办公室 张建平
103. 中国农业银行德州市分行东地分理处 马 英（女）
104. 中国农业银行德州市德城区支行公司部 曲付明
105. 中国农业银行平原县支行 郭家春
106. 中国农业银行宁津县支行办公室 王培录
107. 中国农业银行禹城市支行南天储蓄所 杨 军
108. 中国农业银行乐陵市支行 张宏健
109. 中国农业银行聊城市分行人事科 许广利
110. 中国农业银行聊城市分行计划财务科 麻建国
111. 中国农业银行聊城市分行湖西办事处 杜伟民
112. 中国农业银行聊城兴华支行 韩登森
113. 中国农业银行临清市支行资产经营部 王宏伟
114. 中国农业银行阳谷县支行计划财务部 吴光清
115. 中国农业银行茌平县支行茌平镇办事处 高 华（女）
116. 中国农业银行高唐县支行营业部 靳庆玺
117. 中国农业银行临沂市分行公司业务科 姜 健
118. 中国农业银行临沂市分行审计科 唐健民
119. 中国农业银行临沂市分行法律事务科 李春松
120. 中国农业银行临沂市分行营业部 刘洪波
121. 中国农业银行临沂市分行太子湖办事处 张爱霞（女）
122. 中国农业银行临沂市分行大观园储蓄所 周 峰
123. 中国农业银行临沂工贸开发区支行 臧成宝
124. 中国农业银行临沂市河东区支行风险资产经营部 陈 军
125. 中国农业银行临沂市罗庄区支行公司业务部 姜自林
126. 中国农业银行莒南县支行信贷管理部 魏本东
127. 中国农业银行蒙阴县支行 张怀杰
128. 中国农业银行平邑县支行个人业务部 薛 峰
129. 中国农业银行沂南县支行铜井办事处 朱忠山
130. 中国农业银行菏泽市分行总务科 张鲁建
131. 中国农业银行菏泽南华支行 刘爱淑（女）
132. 中国农业银行菏泽市牡丹区支行客户部 宋 娟（女）
133. 中国农业银行曹县支行营业部 齐慧芹（女）
134. 中国农业银行定陶县支行营业部 张福全
135. 中国农业银行单县支行营业部 许华芳（女）
136. 中国农业银行郓城县支行城区办事处 张振海
137. 中国农业银行东明县支行计划财务部 刘晓娅（女）
138. 中国农业银行山东省分行公司业务部 李新民
139. 中国农业银行山东省分行办公室 赵崇民

（二）省行2004年度"青年岗位能手"

1. 中国农业银行山东省分行营业部科技处 闫 峰
2. 中国农业银行山东省分行营业部市中支行 曲 超
3. 中国农业银行山东省分行营业部天桥区支行 雷印舜
4. 中国农业银行山东省分行营业部和平支行 赵清瑶（女）
5. 中国农业银行山东省分行营业部槐荫区支行 程义伟
6. 中国农业银行淄博市分行计算机管理科 刘德明
7. 中国农业银行淄博市分行湖田办事处 张 良
8. 中国农业银行桓台县支行唐山办事处 张 莹（女）
9. 中国农业银行枣庄东城支行 刘 静（女）
10. 中国农业银行枣庄市分行人事科 王 欣（女）
11. 中国农业银行东营市分行房地产信贷科 安 锋
12. 中国农业银行垦利县支行客户部 张春华（女）
13. 中国农业银行莱阳市支行营业部 宫宁艳（女）
14. 中国农业银行招远市支行栾家河营业所 李志强
15. 中国农业银行烟台市分行个人业务科 郝明杨
16. 中国农业银行潍坊市分行计算机管理科 陈新国
17. 中国农业银行潍坊市分行信贷管理科 姚文山
18. 中国农业银行青州市支行云门路分理处 马 琳（女）
19. 中国农业银行济宁市分行银行卡业务部 杨福生
20. 中国农业银行济宁市任城区支行公司业务部 鲍玉武
21. 中国农业银行泰安市分行计算机管理科 郝丽莎（女）
22. 中国农业银行肥城市支行电厂办事处 牛学峰
23. 中国农业银行泰安市分行泰山区营业部 张 晋（女）
24. 中国农业银行威海市分行计算机管理科 张建诗

25. 中国农业银行文登市支行营业部　张秀春（女）
26. 中国农业银行日照市分行营业部　张守兰（女）
27. 中国农业银行莱芜市分行开发区分理处　田书东
28. 中国农业银行博兴县支行　高艳玲（女）
29. 中国农业银行邹平县支行礼参营业所　孙　峻
30. 中国农业银行滨州市分行银行卡部　梁明明（女）
31. 中国农业银行惠民县支行李庄办事处　马本滨
32. 中国农业银行德州市德城区支行　丁爱燕（女）
33. 中国农业银行德州市分行公司业务部　杨晓立
34. 中国农业银行聊城市分行个人业务部　李学强
35. 中国农业银行聊城市分行计划财务科　肖月强
36. 中国农业银行聊城市分行公司业务部　王成廉
37. 中国农业银行临沂市分行计算机管理科　徐进启
38. 中国农业银行临沂市分行计算机管理科　任树恬
39. 中国农业银行沂水县支行营业部　黄建德
40. 中国农业银行兰山区支行营业部　尚　晓（女）
41. 中国农业银行郯城县支行营业部　杜玉娟（女）
42. 中国农业银行菏泽市分行计算机管理科　郑　立
43. 中国农业银行郓城县支行营业部　孟琰琰（女）
44. 中国农业银行山东省分行银行卡业务部　柳永光
45. 中国农业银行山东省分行科技部　任文亭
46. 中国农业银行山东省分行科技部　王　衡
47. 中国农业银行山东省分行资产负债管理部　汪　洋（女）

（三）“中国农业银行山东省分行十大杰出青年”

1. 中国农业银行济南市槐荫区支行党委书记、行长　房　旭
2. 中国农业银行淄博市分行机构业务部总经理　宗　新
3. 中国农业银行枣庄市分行资产风险部总经理　王玉栋
4. 中国农业银行高密市支行党委书记、行长　李衍成
5. 中国农业银行济宁市分行公司业务部副总经理　刘其众
6. 中国农业银行肥城市支行党委书记、行长　戴国文
7. 中国农业银行日照市分行营业部综合柜员　张守兰
8. 中国农业银行惠民县支行党委书记、行长　王　平
9. 中国农业银行高唐县支行党委书记、行长　罗秉环
10. 中国农业银行临沂市分行国际业务部副总经理　刘　刚

中国银行山东省分行

一、先进集体

（一）中国银行精神文明建设先进单位

中国银行东营分行西城支行
中国银行烟台分行南大街支行
中国银行济南分行天桥支行

（二）共青团先进集体

1. 全国级青年文明号

中国银行青岛市南区香港西路分理处
中国银行东营分行西城支行

2. 中国银行总行级青年文明号

中国银行山东省分行营业部综合营业一科
中国银行烟台分行招远支行
中国银行滨州分行结算业务部
中国银行聊城分行高唐支行
中国银行聊城分行柳园支行储蓄专柜
中国银行菏泽分行营业部
中国银行威海分行荣成支行营业部
中国银行烟台分行龙口支行西市场分理处
中国银行烟台分行南大街支行
中国银行泰安分行宁阳支行营业部
中国银行济宁分行邹城支行矿山分理处
中国银行青岛即墨支行营业部
中国银行莱芜分行钢城支行营业部
中国银行济南分行结算业务处
中国银行淄博分行营业部
中国银行临沂分行营业部
中国银行潍坊分行诸城支行
中国银行日照分行营业部
中国银行德州分行营业部
中国银行东营分行黄河口支行
中国银行山东省分行资金计划处外汇交易科

（三）山东省先进集体

1. 山东省“富民兴德”劳动奖状获奖单位

中国银行德州分行营业部

2. 山东省企业文化示范单位

中国银行菏泽分行

二、先进个人

（一）全国金融职业道德标兵

中国银行威海分行荣成支行行长　张可兆

（二）山东省富民兴鲁劳动奖章获得者

中国银行枣庄分行行长 魏昭福
中国银行泰安分行信息科技部 许崇唐
(三) 共青团先进个人
1. 中国银行第六届“十大杰出青年”
中国银行烟台分行招远支行行长 邵 军
2. 中国银行总行级青年岗位能手
中国银行德州分行 夏 磊
(四) 中国银行山东省分行文明优质服务标兵
中国银行潍坊分行:
郝琳琳 王 涛 黄 明 李 娜
王燕萍 柴 敏
中国银行日照分行:
牟丽霞 宋佰美 李 明
中国银行泰安分行:
牛 玲 王建华 阴法顺
中国银行聊城分行:
黄玉秀 张婷婷
中国银行威海分行:
王 伟 刘秀萍 邹俊霞 王 丹
夏克泉
中国银行东营分行:
徐 涛 马 忠 王莲莲
中国银行济宁分行:
张艳梅 李 琦 马爱华 王莹莹
中国银行枣庄分行:
刘 莉 刘 静 张 静 张 英
中国银行菏泽分行:
李保军 王 玉 张丽萍 王盼盼
中国银行滨州分行:
李新良 高云芳 周晓敏
中国银行德州分行:
王 玲 宋俊霞 董 冰
中国银行烟台分行:
王晓华 郭 梅 孙 红 慕程红
高玉琴 宫世清 费秀曦
中国银行临沂分行:
张新颖 殷宏菊 于 洁 阮 莉
中国银行济南分行:
郭莲花 蕉宪成 原黎萍 曲米娜
张美霞 朱琳琳 马业健
中国银行莱芜分行:
张 红 李晓莉 何玉静 卫海梅
中国银行淄博分行:
张淑娟 冯秋玲 宓晓霞 徐 娜
李 丽 彭莎莎
中国银行青岛市南支行:
徐巧文 李 昆 贺 福
中国银行青岛市南二支行:
孟 华
中国银行青岛香港路支行:
梁 东
中国银行青岛市北支行:
曹正涛 崔倩婷 王 珊
中国银行青岛四方支行:
娇 洁 李 静
中国银行青岛李沧支行:
陈少华 王绍英 赵 娟
中国银行青岛高科园支行:
孙利华
中国银行青岛城阳支行:
谭秀波 孙 艳
中国银行青岛即墨支行:
王 臻 刘 玲
中国银行青岛胶州支行:
纪若铭 秦玉琳
中国银行青岛平度支行:
吴海霞 王 琳
中国银行青岛莱西支行:
丁淑梅 宋建辉
中国银行青岛开发区支行:
何增华
中国银行山东省分行机关本部:
胡义刚 王云鹏 陈英姿 范乃强
(五) 中国银行山东省分行五星级柜员
中国银行济南分行:
李凤霞 郭 丽 湛希元 彭 辉
隋 青 段文静 马建业 陆 慧
中国银行烟台分行:
窦朝红 李 磊 宫世清 宋岩静
孙 红 郭 梅 李晓红 王希芬
中国银行淄博分行:
朱爱玉 潘志诚 蒲 坤 王 婷
郇 峰 孙红丽 杜 平 张旻旻
彭莎莎 孙士芳 张淑娟 李 鹏
李翠翠 王 岩 刘 艳 房 檬
于学娟 王 营 李彤健 于晓凤
石海瑛 王海燕 韩志敏 周 红
杨 霞 宋瑞白 张晓杰 陈玉娥
齐芙蓉 葛新霞 贾爱辉 李 颖
王晓丽 孙 颖 宓晓霞 闫 亮
王 霞 展 燕 张明义 冯秋玲
中国银行潍坊分行:

李　薇　陈甲胜　毛晓航　王　涛
仲新刚　王燕萍　唐秀梅　黄　明
孙海萍　王丽丽　李　娜
中国银行菏泽分行：
李晓丽　曹智慧
中国银行枣庄分行：
张　英　陈　阳　张　莹　米　娜
李　菲　刘　静
中国银行临沂分行：
朱冬凌　殷宏菊　王　燕
中国银行聊城分行：
邱咏梅　颜　荣　田　华　张婷婷
郭会荣　黄玉秀
中国银行泰安分行：
陈永军　王光辉
中国银行威海分行：
王　伟　王　蕾　于　斌　丛浩文
周　颖　段　红　王　娇　戚丽丽
刘秀萍　邹俊霞　王青岭　林　静
谷海燕　张晓华　于永宏　刘振山
张志成　谷　芹　王　欣　陈　晖
张　玉　王　姣　吴海蓉　苏　芳
王秀丽　盛秀明　车秀芳　战　娜
宋世颖　姜晓丽
中国银行济宁分行：
王莹莹
中国银行德州分行：
宋洪娟　刘海峰　董　冰
中国银行日照分行：魏金青
中国银行东营分行：
宋　伟　王　颖　孟金青　张　娟
刘　娜　陈海燕
中国银行莱芜分行：
张　林　卫海梅　张　红
中国银行山东省分行营业部：
刘　彤　于晓云　陈　亮
中国银行青岛四方支行：
赵紫芹

中信实业银行济南分行

一、先进集体

（一）先进支行
中信实业银行济南市历下支行
中信实业银行济南市泺文支行
中信实业银行济南市市中支行
（二）优秀部门
中信实业银行济南分行信用审查部
中信实业银行济南分行计划财务部
（三）业绩突出部门
中信实业银行济南分行资产保全部
中信实业银行济南分行市场二部

二、先进个人

1. 突出贡献奖
张新华　寇延伟　王军生　廖鲁军
李少远　韦　明　梁志明　于　生
2. 公司业务展业能手
陈景波　于　红　王卫红　季向霞
王　健　董国红　杨洪斌　王旭丽
胡　明　王正国　梁洪彬　张文清
迟　弘　王　怡　徐　杰　刘晓蔚
张卫军　沈婷婷　宋艳平　毕新宇
韩期勇　王建刚
3. 零售业务展业能手
王卫社　郭　青　谢　璇　赵振红
赵征征　刘晓蔚　颜　玲　董　涛
史安庆　曹　原　迟　弘　韩期勇
郭志宏　王　怡　季向霞　江　莺
杨　丽
4. 优秀营业部经理
袁　霞　黄秀成　高　磊
5. 优秀柜员
李　晔　朱胜利　翟红燕　刘　威
田　彨　邢　南　王默言　孟　帆
刘　蕾　燕　宁　许　强　郝桂霞
6. 为基层服务标兵
张洪尧　王建刚　孟　戈　于　生
谭　军　黄　虹

华夏银行济南分行

一、先进集体

（一）先进单位
1. 华夏银行聊城支行
2. 华夏银行济南市和平路支行
3. 华夏银行济南市市南支行
4. 华夏银行济南市市北支行
5. 华夏银行烟台南大街支行
6. 华夏银行烟台胜利路支行
7. 华夏银行聊城柳园支行
（二）同城支行综合经营考核得分前两名
1. 华夏银行济南市市南支行
2. 华夏银行济南市高新支行
（三）同城支行优秀进步单位
华夏银行济南市城东支行
（四）分行机关先进集体
1. 华夏银行济南分行信息技术部
2. 华夏银行济南分行国际业务处
3. 华夏银行济南分行信贷审查处
4. 华夏银行济南分行计划财务处
5. 华夏银行济南分行公司业务部综合管理部
（五）支行先进集体
1. 华夏银行烟台支行国际业务部
2. 华夏银行烟台支行综合办公室
3. 华夏银行烟台支行财务会计部
4. 华夏银行聊城支行办公室
5. 华夏银行聊城支行风险管理部
6. 华夏银行聊城支行个人业务部
7. 华夏银行济南市经十路支行营业部
8. 华夏银行济南市纬二路支行市场营销部
9. 华夏银行济南市城东支行营业部
10. 华夏银行济南市高新支行市场营销一部
11. 华夏银行济南分行营业部营销一部
12. 华夏银行济南市槐荫支行营销二部
13. 华夏银行济南市明湖支行营业部
14. 华夏银行济南市市中支行营业部

二、第五届技术比赛获奖单位

第一名：华夏银行聊城支行
第二名：华夏银行烟台支行
第三名：华夏银行济南市市南支行
第四名：华夏银行济南市城东支行
第五名：华夏银行济南市市北支行
第六名：华夏银行济南市纬二路支行

三、省级以上各项评比中获奖集体

1. 华夏银行济南分行
被山东省直机关工委授予“文明机关”称号
在总行第五届技术比赛中获团体第二名
被总行评为2003年度网络银行优秀分行
在总行开展的“爱岗敬业活动”中获优秀组织单位奖
被山东省档案局评为省一级单位
被山东省劳动和社会保障厅评为省直管企业养老保险工作先进单位
被人行济南分行评为“金融统计信得过单位”
被总行评为“安全保卫达标考核突出单位”
2. 华夏银行济南分行办公室
被总行评为2004年度信息宣传工作先进集体
3. 华夏银行济南分行护卫中队
被山东省公安厅评为“全省先进护卫队”
4. 华夏银行聊城支行
被山东省精神文明建设委员会评为“山东省级文明单位”
被山东省消费者协会等8部门联合授予“山东省第五届消费者满意单位”
被山东省委宣传部评为“山东省先进县级党委理论学习中心组”
5. 华夏聊城支行护卫队
被山东省公安厅评为“全省先进护卫队”

上海浦东发展银行济南分行

先进个人

孙 旭 刘 强 张云飞 杨宏峰
丛培杰 房文菅 于相忠 尤 扬
孙玉国 杨 宁 刘宝华 任继军
孙 杰 郭 皓 牛兆东 朱一兵
薛崇伟 柳家女 张玉军 于建平
丁 燕 刘海燕 郭 琳 杨 霞
董艳萍 隋小妹 郝晓红

招商银行济南分行

一、先进单位

1. 招商银行济南分行
被招行总行评为2004年度经营管理综合考核优秀行
获招行总行2004年度银关通营销竞赛突出贡献奖
被招行总行评为2004年度个人银行优质服务模范分行
被招行总行评为2004年度费用管理先进分行
获招行总行2004年度资产效益先进奖
被招行总行评为2004年度节支增效先进分行
获招行总行2004年度媒体宣传优秀行部最佳进取奖
被招行总行评为2004年度统计业务先进单位
获人行济南分行2004年度金融统计工作一等奖
被人行济南分行评为金融统计信得过单位
2. 招商银行济南分行营业部
获山东省2004年度青年文明号称号
3. 招商银行济南分行和平路支行
获山东省2004年度青年文明号称号

二、先进个人

1. 获招商银行第一届企业文化节演讲比赛三等奖 孙婷婷
2. 获2004年度山东省直工委青年岗位能手称号 姜 兵
3. 获2004年度山东省直工委青年岗位能手称号 钱晓利
4. 被评为山东省银行业协会优秀工作者 冯新华

中国人寿保险股份有限公司山东省分公司

一、先进单位

(一) 省级青年文明号
1. 中国人寿保险股份有限公司临沂市罗庄区支公司
2. 中国人寿保险股份有限公司淄博市周村区支公司
3. 中国人寿保险股份有限公司枣庄分公司客服中心
(二) 省级“巾帼建功先进单位”
1. 中国人寿保险股份有限公司山东省分公司
2. 中国人寿保险股份有限公司烟台分公司
(三) 省级“巾帼文明岗”
1. 中国人寿保险股份有限公司东营分公司客户服务中心
2. 中国人寿保险股份有限公司曲阜市支公司客户服务部
3. 中国人寿保险股份有限公司昌邑市支公司
4. 中国人寿保险股份有限公司宁津县支公司
(四) 中国金融工会全国金融先进女职工委员会
中国人寿保险股份有限公司山东省分公司系统女职工委员会

二、先进个人

(一) 全国“五一劳动奖章”
徐海峰
(二) 全国金融先进女职工

许金荣

（三）全国“保险明星”

陈凤乔　曹纪平　戚务芬

（四）山东省巾帼建功先进个人

周　莉

（五）山东省巾帼建功先进工作者

徐　萍　薛永梅

（六）中国金融工会全国金融先进女职工工作者

薛咏梅

中国平安人寿保险股份有限公司青岛分公司

一、先进单位

1. 中国平安人寿保险股份有限公司青岛分公司

获“2004年度支持青岛经济建设先进金融单位”称号

获“十大文化建设示范点”称号

2. 中国平安人寿保险股份有限公司青岛分公司香港中路营销服务部

获“2004年度青岛市保险业十佳单位”称号

二、先进个人

1. 中国平安人寿保险股份有限公司青岛分公司香港中路营销服务部高级业务主管郑莉被评为“十大技术能手”

2. 中国平安人寿保险股份有限公司青岛分公司本部收费部经理王彬被评为“十大服务标兵”

英大国际信托投资有限责任公司

一、先进单位

英大国际信托投资有限责任公司

被山东电力集团公司评为2004年度“先进单位”

二、先进个人

丁洪峰被人民银行济南分行授予“济南市金融统计先进个人”称号

山东省邮政储汇局

先进单位

山东省邮政储汇局

获“山东省直机关文明建设先进单位”称号

获人民银行济南分行2004年度“金融统计信得过单位”

获中国人寿保险公司和国家邮政局邮政储汇局“2004年度邮政代理保险业务竞赛先进单位达标奖和超额奖”

中国长城资产管理公司济南办事处

一、先进集体

（一）总公司系统“先进女职工委员会”
中国长城资产管理公司济南办事处女职工委员会
（二）办事处先进集体
1. 中国长城资产管理公司济南办事处处置办
2. 中国长城资产管理公司济南办事处资产经营一部
3. 中国长城资产管理公司济南办事处综合管理部

二、先进个人

（一）总公司系统先进工作者
刘学堂　杨　方　公惟喜　王　斌
申希国　夏　炜　冯益国　张永军
荆　珂　王朝山
（二）总公司系统“青年岗位能手”
申希国
（三）总公司系统“先进女职工”
郑世澜
（四）总公司系统“先进女职工工作者”
李　伟
（五）办事处先进工作者
刘学堂　杨　方　公惟喜　王　斌
申希国　夏　炜　冯益国　张永军
荆　珂　王朝山　崔福成　张　满
韩生佩　孙建义　李西方

第十四部分

辖内金融机构

中国农业发展银行山东省分行

中国农业发展银行山东省分行

行　长：谢计达
副行长：杨　杰　李　玉　柳翠茹
地　址：山东省济南市经十路 140 号
邮　编：250002
电　话：(0531) 82065138

办公室（党委办公室）

主　任：吴德轩

资金计划处

处　长：刘建敏

信贷一处

副处长：许　静

信贷二处

处　长：刘文平

财务管理处

处　长：王滕生

会计结算处

副处长：江胜世

信息电脑处

处　长：常卫东

人事教育处（党委组织部）

副处长（副部长）：司明辉

监察室

主　任：刘汉荣

保卫处

处　长：孙同勋

稽核处

处　长：胡　钢

机关党委（工会）

副书记（主任）：古志峰

各市（地）分行

行　名	行　长	副行长	地　址	邮　编	电　话
中国农业发展银行山东省分行营业部	石寿江	祝曙光　李　慧	济南市经十路 140 号	250002	(0531) 85189208
中国农业发展银行淄博市分行	柴洪德	杨林虎	淄博市张店区西二路 257 号	255044	(0533) 2301568
中国农业发展银行枣庄市分行	张玉华	王　烽　于成君	枣庄市文化西路 22 号	277100	(0632) 3333518
中国农业发展银行东营市分行	肖连奎	李德俭　陈鲁宁	东营市东营区南一路 1198 号	257091	(0546) 8318963
中国农业发展银行烟台市分行	丛建国	谢　军　曲天军	烟台市芝罘区南大街 14 号	264000	(0535) 6233838
中国农业发展银行潍坊市分行	刘书香	张志强	潍坊市东风东街 177 号	261031	(0536) 8899526

续表

行名	行长	副行长	地址	邮编	电话
中国农业发展银行济宁市分行	刘岱军	赵性存	济宁市古槐路北首红星花园2号楼	272000	(0537)2883080
中国农业发展银行泰安市分行	田　青	张为民　孔庆才	泰安市迎暄大街98号	271000	(0538)8254180
中国农业发展银行威海市分行	王国语	刘志远　滕建洲	威海市统一路18号	264200	(0631)5220437
中国农业发展银行日照市分行	陈彦亮	李绪光　孙海平	日照市黄海一路33号	276826	(0633)8339898
中国农业发展银行莱芜市分行	张　晶	贺敬林	莱芜市北坦路3号	271100	(0634)6115123
中国农业发展银行滨州市分行	张泮利	李晓东　李　钢	滨州市黄河三路647号	256617	(0543)3313874
中国农业发展银行聊城市分行	马兆华	周　强　王志敏	聊城市利民东路9号	252000	(0635)8218586
中国农业发展银行德州市分行		薛建强　刘志波　徐敬喜	德州市文化路18号	253000	(0534)2684605
中国农业发展银行临沂市分行	许　波	徐振云　薛迎余	临沂市金雀山路104号	276004	(0539)8323437
中国农业发展银行菏泽市分行	李德辉	李大成　龙志强	菏泽市中华东路102号	274000	(0530)5388080

各县（区）支行

	行名	行长	副行长
济南市	中国农业发展银行历城区支行	马广富	
	中国农业发展银行章丘市支行	宫　波	
	中国农业发展银行平阴县支行	戚传勇	
	中国农业发展银行济阳县支行	马　青	
	中国农业发展银行商河县支行	王长江	
	中国农业发展银行长清区支行	宫　波	
淄博市	中国农业发展银行桓台县支行	孙增元	
	中国农业发展银行博山区支行	王其玉	
	中国农业发展银行淄川区支行	李三卫	
	中国农业发展银行周村区支行	刘玉栋	
	中国农业发展银行临淄区支行	张德森	
	中国农业发展银行高青县支行	杨庆岭	
	中国农业发展银行沂源县支行	刘胜龙	

续表 1

	行名	行长	副行长
枣庄市	中国农业发展银行滕州市支行	李大庆	
	中国农业发展银行枣庄市薛城区支行	林洪友	
	中国农业发展银行枣庄市峄城区支行	时　青	
	中国农业发展银行枣庄市台儿庄区支行	王延祥	
	中国农业发展银行枣庄市山亭区支行	惠兰河	
东营市	中国农业发展银行垦利县支行	宋维珍	
	中国农业发展银行广饶县支行	陈　军	
	中国农业发展银行利津县支行	任庆国	
	中国农业发展银行东营市河口区支行	赵鹏程	
烟台市	中国农业发展银行烟台市福山区支行	于昌美	
	中国农业发展银行烟台市牟平区支行	葛培奎	
	中国农业发展银行蓬莱市支行	张品三	
	中国农业发展银行招远市支行	路子松	
	中国农业发展银行栖霞市支行	赵春先	
	中国农业发展银行海阳市支行	刘永胜	
	中国农业发展银行龙口市支行	王胜波	
	中国农业发展银行莱阳市支行	王世川	
	中国农业发展银行莱州市支行	于忠保	
	中国农业发展银行长岛县支行	王国胜	刘延朋
潍坊市	中国农业发展银行潍坊市坊子区支行	胡培亮	
	中国农业发展银行潍坊市寒亭区支行	冯　锐	
	中国农业发展银行青州市支行	王建生	
	中国农业发展银行诸城市支行	许永明	
	中国农业发展银行寿光市支行	葛金忠	
	中国农业发展银行安丘市支行	吴志军	
	中国农业发展银行高密市支行	韩玉忠	
	中国农业发展银行昌邑市支行	黄云廷	
	中国农业发展银行昌乐县支行	林　荣	
	中国农业发展银行临朐县支行	王明忠	

续表2

	行名	行长	副行长
济宁市	中国农业发展银行任城区支行	李立学	
	中国农业发展银行兖州市支行	赵德军	
	中国农业发展银行曲阜市支行	崔玉堂	
	中国农业发展银行泗水县支行	张传驰	
	中国农业发展银行邹城市支行	谭成华	
	中国农业发展银行微山县支行	张　志	
	中国农业发展银行鱼台县支行	颜景兰	
	中国农业发展银行金乡县支行	宋传蔼	
	中国农业发展银行嘉祥县支行	孙祥宝	
	中国农业发展银行汶上县支行	李春生	
	中国农业发展银行梁山县支行	陈卫民	
泰安市	中国农业发展银行泰安市岱岳区支行	常培增	
	中国农业发展银行新泰市支行	李德安	
	中国农业发展银行宁阳县支行	张　波	
	中国农业发展银行肥城市支行	张志军	
	中国农业发展银行东平县支行	巩克深	
威海市	中国农业发展银行乳山市支行	于延之	
	中国农业发展银行文登市支行	姜庶先	
	中国农业发展银行荣成市支行	曲厚礼	
日照市	中国农业发展银行莒县支行	侯海峰	
	中国农业发展银行五莲县支行	孙元金	
德州市	中国农业发展银行陵县支行	张志刚	
	中国农业发展银行平原县支行	张　军	
	中国农业发展银行夏津县支行	李保华	
	中国农业发展银行武城县支行	宋怀兴	
	中国农业发展银行齐河县支行	郭洪波	
	中国农业发展银行禹城市支行	张建国	
	中国农业发展银行乐陵市支行	华登岐	
	中国农业发展银行临邑县支行	杨富格	
	中国农业发展银行宁津县支行	常新宏	
	中国农业发展银行庆云县支行	李德军	

续表 3

	行　名	行　长	副行长
临沂市	中国农业发展银行郯城县支行	于祥恩	
	中国农业发展银行苍山县支行	谷元东	
	中国农业发展银行莒南县支行	庞肇国	
	中国农业发展银行沂水县支行	孙安源	
	中国农业发展银行蒙阴县支行	石增军	
	中国农业发展银行平邑县支行	宋　营	
	中国农业发展银行费县支行	邢　波	
	中国农业发展银行沂南县支行	刘化民	
	中国农业发展银行临沭县支行	鲁守堂	
滨州市	中国农业发展银行惠民县支行	张瑞冬	
	中国农业发展银行阳信县支行	韩新华	
	中国农业发展银行无棣县支行	王俊岭	
	中国农业发展银行沾化县支行	刘惠军	
	中国农业发展银行博兴县支行	李顺之	
	中国农业发展银行邹平县支行	陈曰刚	
聊城市	中国农业发展银行阳谷县支行	杨立群	
	中国农业发展银行莘县支行	张福申	
	中国农业发展银行茌平县支行	张　兰	
	中国农业发展银行东阿县支行	臧景闽	
	中国农业发展银行冠县支行	臧朝华	
	中国农业发展银行高唐县支行	马春青	
	中国农业发展银行临清市支行	张　健	
菏泽市	中国农业发展银行曹县支行	韩方胜	
	中国农业发展银行定陶县支行	刘源炎	
	中国农业发展银行成武县支行	张宏伟	
	中国农业发展银行单县支行	张洪军	
	中国农业发展银行巨野县支行	袁中锦	
	中国农业发展银行郓城县支行	杨其斌	
	中国农业发展银行鄄城县支行	郭留宪	
	中国农业发展银行东明县支行	李从阁	

中国工商银行山东省分行

办公室
主　任：郭明三
副主任：邢新华

管理信息部
总 经 理：盛明溪
副总经理：胥茂森

计划财务部
总 经 理：邱　春
副总经理：曹立军

公司业务部
总 经 理：姚伟新
副总经理：马向军　周　艳

机构业务部
总 经 理：汤军建
副总经理：陈　刚　靳　丽

资金营运部
总 经 理：李立民
副总经理：燕　鹏

信贷管理部
总 经 理：李晓霞
副总经理：崔卫东　邵理瑞

住房金融业务部
总 经 理：刘　巍
副总经理：郑梅生

资产风险管理部
总 经 理：傅　欣
副总经理：谢秋方　姜延军
郭传河（借调总行）

会计结算部
总 经 理：姜文瑞
副总经理：杨旭明　马少义

个人金融业务部
总 经 理：张　刚
副总经理：王晓东（总经理级）姜亦寿

银行卡业务部
总 经 理：常德生
副总经理：康金忠　范家骏

电子银行部
总 经 理：王立刚
副总经理：牛兴鹏

信贷评估部
总经理：巨舜田

国际业务部
总 经 理：刘　金
副总经理：王春海（外派新加坡分行）
王晓刚　孙嫣红

投资银行部
总 经 理：安建东
副总经理：张　宁

内控合规部
总 经 理：王爱华
副总经理：范作磊　高培峰

法律事务部
总经理：李志国

信息科技部
总 经 理：毛卫东
副总经理：刘梅生　单锦勇

保卫部
总 经 理：徐金波
副总经理：宋传军

监察室（纪委）

主　任：宋鲁田

人力资源部（党委组织部）

总 经 理：张东奎（兼）

副总经理：杨　燕（总经理级）　赵树厂

党务工作部（党委宣传部）

主　任：孙吉峰

工　会

副主任：范广亮　王盛堂

钟方平　史建春

各市（地）分支机构

行　名	行　长（总经理）	副行长（副总经理）	地　址	邮　编	电　话
中国工商银行山东省分行营业部	栾建胜	张　杰　玄克忠 朱岩峰　鲍　勇 赵葆华	济南市经四路310号	250001	(0531) 87925688
中国工商银行淄博市分行	李跃刚	韩庆德　王国友 王立亭　石志国 李新武	淄博市张店中心路158号	255040	(0533) 2183821
中国工商银行烟台市分行	王　波	田成乐（副书记） 左　宁　姜　宁 宫毓昌	烟台市芝罘区海港路1号	264000	(0535) 6268888
中国工商银行潍坊市分行	孙明堂	王世明　赵忠江	潍坊市奎文区潍州路751号（甲）	261031	(0536) 8230098
中国工商银行莱芜市分行	冷嘉宝	亓立刚　亓建国 刘振民	莱芜市鲁中东大街1号	271100	(0634) 6218373
中国工商银行东营市分行	崔中玉	刘志刚 （到省行交流） 王英利　杨仕华 张金清	东营市东营区南一路1165号	257091	(0546) 8307580
中国工商银行威海市分行	李永太 (主持工作)	陈雁心　张华祝	威海市文化西路188号	264209	(0631) 5680800
中国工商银行济宁市分行	王跃民	许在敏　王卫星 盖　伟　杨　峰	济宁市红星东路115号	272000	(0537) 2345309
中国工商银行泰安市分行	国建苏	孙长庚　周成芳 蒋洪深　王向东	泰安市财源大街135号	271000	(0538) 8220168
中国工商银行德州市分行	庄永生	巴　超　姜　凯 狄建明　卞　涛	德州市天衢中路工行大楼	253016	(0534) 2349200
中国工商银行菏泽市分行	谭超田	李宏云　黄滕坤 刘虎臣	菏泽市中华西路98号	274009	(0530) 5624606

续表

行名	行长（总经理）	副行长（副总经理）	地址	邮编	电话
中国工商银行枣庄市分行	赵玉良	张义军 张云银 胡吉平 王波 闵祥龙	枣庄光明中路68号	277102	（0632）3314383
中国工商银行日照市分行	刘光海	史观明 高月日 贾萍 阎小明	日照市黄海一路43号	276826	（0633）8329609
中国工商银行临沂市分行	张卫民	刘国强 杨振广 薛兆利 王战力	临沂市沂蒙路324号	276004	（0539）8105589
中国工商银行聊城市分行	徐光林	郭义 皮桂亭 贾广祥 亓立强	聊城市柳园北路2号	252000	（0635）8323276
中国工商银行滨州市分行	张嘉宏	范炜东 王莹 韩继勇 吴建华	滨州市渤海七路633号	256631	（0543）3222178
中国工商银行山东干部中等专业学校	马文江（校长）	黄瑞祥（副校长）	济南市北园路52号	250100	（0531）88962781

各县（区）分支机构

	行名	行长	副行长
济南市	中国工商银行济南市市中区支行	王希军	张众贤 寇传军 陈文
	中国工商银行济南市经二路支行	杨景泉	王学俭 邵常永 魏燕
	中国工商银行济南市历下区支行	张民	常浩 孙元豫 张建军
	中国工商银行济南市天桥区支行	孙太	董庆雨 常为莲 郭迎群
	中国工商银行济南市槐荫区支行	袁伟	李际建 王建平
	中国工商银行济南市南辛支行	凌伟	宓汉章 刘孝忠
	中国工商银行济南市历城区支行	崔军	赵健 王进
	中国工商银行济南高新技术产业开发区支行	杨革非	李津堂 杨水梅
	中国工商银行济南市长清区支行	朱燕	郝军 武敏
	中国工商银行章丘市支行	周栋	赵立平 刘瑞林
	中国工商银行平阴县支行	张立军	贾象波 张安春
	中国工商银行济南市舜井街支行	祝广成	毕勇军 马玉义
	中国工商银行济南市趵突泉支行	宋银平	赵方举 范捷 隋裕
	中国工商银行济南黄台支行	宋健	赵爱清 曹红旗
	中国工商银行济南东郊支行	苏玮	杜培彦 孙振莹
	中国工商银行济南大观园支行	王建	赵凤英
	中国工商银行济南经十一路支行	王愿红	赵永河
	中国工商银行济南泺源支行	吕爱琴（副）（主持工作）	杜宁春

续表 1

	行　名	行　长	副行长
淄博市	中国工商银行淄博市张店区支行	张　敏	巩云昌　于清波　张丽芳
	中国工商银行淄博市博山区支行	翟晶德	韩　鸣　杨长义　王恒利
	中国工商银行淄博市淄川区支行	张　干	张　峰
	中国工商银行淄博市临淄区支行	汪文涛	王俊祥　李　庆
	中国工商银行淄博市周村区支行	訾建和	王　辉　刘　青　王　谊
	中国工商银行淄博市高新技术产业开发区支行	燕淑凤	刘　方　魏凡宽　邹华民
	中国工商银行桓台县支行	段　军	崔守东
	中国工商银行沂源县支行	孙　庆	唐玉成
	中国工商银行淄博市南定支行	崔亚平	郑　东　刘清军
枣庄市	中国工商银行枣庄市市中区支行	金　滨	张　璇　张义辉　杨永智
	中国工商银行枣庄市台儿庄区支行	王　敬	董业沛
	中国工商银行枣庄市薛城区支行	赵明杰	高太东　陈维东　王洪娟　李海峰
	中国工商银行滕州市支行		张东海　蒋　志　李祥成　李　勇 尹　峰　杨列国
东营市	中国工商银行东营市东营区支行	张为忠	赵寿林　姜国强　杨伟才
	中国工商银行东营市东城支行	徐广清	牛明贤　旭东　冯翠娥
	中国工商银行东营市河口区支行	张振峰	李建军　周志军　邱永明 毕宜生
	中国工商银行广饶县支行	刘　光	赵新生　郭洪明
	中国工商银行垦利县支行	贾学军	燕振民　杜桂亭
	中国工商银行东营市西城支行	刘　力	王利民　王　凯　李国海
烟台市	中国工商银行烟台市南大街支行	刘可伟	王诗涛　周洁美　宋岩民
	中国工商银行烟台市西大街支行		杨　明　闫凌志　姜颂华
	中国工商银行烟台市芝罘区支行	姜克才	代　红　姜　斌
	中国工商银行烟台经济技术开发区支行	柳峻林	姜述军　刘志喜　臧红阳　兰成海
	中国工商银行烟台市福山区支行	于少民	张　杰　郭善恩
	中国工商银行蓬莱市支行	李　敏	刘进胜　张家智　孟祥君
	中国工商银行莱阳市支行	张福民	贾秀勇　王晓华
	中国工商银行莱州市支行	张祖屹	孙建国　张文军　王志强
	中国工商银行招远市支行	胡　波	卢金盛　杜福生　王　平
	中国工商银行龙口市支行	杜秀波	史春建　郑祖彦　姚克庆
	中国工商银行烟台市牟平区支行	赵　明	孔凡柱　张海波
	中国工商银行栖霞市支行	杨绍光	柳永正
	中国工商银行海阳市支行	王永强	程万里
	中国工商银行长岛县支行		刘进胜
	中国工商银行烟台市莱山区支行	滕　鲲	刘天玉　张玉军

续表 2

	行　名	行　长	副行长
潍坊市	中国工商银行潍坊市东关支行	张　涛	徐卫民　傅　晓　于瑞山
	中国工商银行潍坊市南关支行	李绪国	李伟民　娄　波
	中国工商银行潍坊市潍城区支行	田　力	张法亮　杨　平　程树平
	中国工商银行潍坊市坊子区支行	孙在洪	佘洪武　赵炳刚　冯　伟
	中国工商银行潍坊市寒亭区支行	徐建新	沈夕国
	中国工商银行潍坊开发区支行	孙在洪	佘洪武　赵炳刚　冯　伟
	中国工商银行青州市支行	王　勇	张纯德　庄宏伟　闵庆龙
	中国工商银行诸城市支行	沈沛玉	孙志坚　宋新岗　殷卫东
	中国工商银行高密市支行	杨宗海	郭明春　韩增勇
	中国工商银行寿光市支行	鞠立坤（副）（主持工作）	王英智　王清涛
	中国工商银行安丘市支行	刘启先	钱　梅　潘　斌
	中国工商银行昌邑市支行	韩志忠	王德民　高学军　庄维鹏
	中国工商银行昌乐县支行	张鲁生	陈正海
	中国工商银行临朐县支行	刘兆建	刘世春　李　波
	中国工商银行潍坊市奎文区支行	王成华	王伟平　赵　波
济宁市	中国工商银行济宁市城区支行	许　颖	孟广新　赵　彬
	中国工商银行济宁市任城支行	孟　勇	程建国　张丽华
	中国工商银行兖州市支行	王全忠	杨荣铎　刘　萍
	中国工商银行曲阜市支行	李沧海（副）（主持工作）	韦　平
	中国工商银行泗水县支行	葛行健	李　华　刘　建
	中国工商银行邹城市支行	王　军	王建娥　苏晓松　赵道峰
	中国工商银行微山县支行	李福庆	苑修广　王秀峰
	中国工商银行鱼台县支行	苑修广（副）（主持工作）	于海涛
	中国工商银行金乡县支行	赵　彬（副）（主持工作）	张海生　胡聚华
	中国工商银行济宁市开发区支行	任军英	翟远福　孔令孜
	中国工商银行汶上县支行	楚遵池	徐希栋　贾存生
	中国工商银行梁山县支行	杨一川	赵瑞峰　孟召贤
	中国工商银行济宁市太白支行	侯春民	刘洪杰　李培爱　徐建国　张福峰

续表 3

	行　名	行　长	副行长
泰安市	中国工商银行泰安市泰山区支行	侯亚光	董金国　李安华　曹景宇
	中国工商银行泰安市岱岳区支行	李　锋	张　彬　刘玉峰　赵玉翠　魏　勇
	中国工商银行新泰市支行	顾　滨	李加友　杨　帆　于传河　娄岱光
	中国工商银行肥城市支行	宫　杰	曲少平　李守军　祝云刚　郭延安
	中国工商银行宁阳县支行	陈福五	李建军　任海涛
	中国工商银行泰安市东平县支行	梁乙春	夏春秋　梁　民
	中国工商银行泰安市火车站支行	赵　勇	李　岩　李敬东
威海市	中国工商银行威海市环翠区支行	许颖超	孙桂兰　王建军　王吉杰
	中国工商银行荣成市支行	隋志勇	许永刚　王洪赞　孙本浩
	中国工商银行文登市支行	荣龙声	谭建军　侯旭东
	中国工商银行乳山市支行	苏　岩	孙树模　孙光明
	中国工商银行威海市中支行	宁同江	王晓青　姜　勇　卢世敏
	中国工商银行威海高技术产业开发区支行	张威军（副）（主持工作）	王力强
	中国工商银行威海经济技术开发区支行	刘晓明	王忠毅　郭军平
	中国工商银行荣成石岛支行	常乃海	李华明　房　泽
日照市	中国工商银行日照市东港区支行	于有胜	袁　国
	中国工商银行莒县支行	苑兆东	徐东亮
	中国工商银行日照市五莲县支行	魏　强	胡怀志
莱芜市	中国工商银行莱芜市莱城区支行	展　萍	谷振堂　宋昭胜
	中国工商银行莱芜市钢城区支行	亓登明	王国华　孟繁荣
滨州市	中国工商银行滨州市滨城区支行	高克忠	孙营炼　索　杰　张玉鹏　吴志敏
	中国工商银行惠民县支行	石　磊	秘立惠　邱　军　杨玉和
	中国工商银行无棣县支行	朱前锋	马风格　曹宗智　吴文波
	中国工商银行沾化县支行	吴建勇	耿希贵　刘洪忠
	中国工商银行博兴县支行	赵建祥	泥宗友　周　文　张　松
	中国工商银行邹平县支行	刘卫东	朱玉平　孙洪波　潘为群
	中国工商银行滨州市大观园支行	邱慧萍	李东方　柴树元　刘胜利

续表4

	行名	行长	副行长
德州市	中国工商银行德城支行		朱士庄 张晓东 伏志刚
	中国工商银行陵县支行	赵方瑞	杨召勇
	中国工商银行平原县支行	孙新国（副）（主持工作）	崔　原 刘惠铭
	中国工商银行夏津县支行	王　宁（副）（主持工作）	田金霞 滕振国
	中国工商银行武城县支行	周智勇（副）（主持工作）	谢玉萍 高继勇
	中国工商银行齐河县支行	方玉林	赵德胜 杨树盛
	中国工商银行禹城市支行	布玉路（副）（主持工作）	纪　琨 林廷勤
	中国工商银行乐陵市支行	赵西军	王树智 赵金强 范吉民
	中国工商银行临邑县支行	李连峰	韩起强 杜雪亭
	中国工商银行宁津县支行	史　海	苏东凯 高和军
聊城市	中国工商银行临清市支行临清市支行	房志波	白　菊 孙　鹏 程文玺
	中国工商银行冠县支行	刘　磊	刘为新 王志勇
	中国工商银行阳谷县支行	吴福磊	张东洲
	中国工商银行东阿县支行	翟瑞岗	陶淑兰
	中国工商银行茌平县支行	王玉生	王士贵 张道静
	中国工商银行高唐县支行	郭瑞刚	王建国 刘明久 池德东
	中国工商银行聊城市古楼支行	王晓力	陈殿光 张　磊
	中国工商银行聊城市市中支行	李建印	辛显力 梁万虎 边茂昀
	中国工商银行聊城市振兴路支行		桑　博 刘建民 孙杭军 张梅春
临沂市	中国工商银行临沂市兰山区支行	孙光辉	刘金柱 胡顺刚 高翠英 魏宗杰
	中国工商银行临沂市市中支行	郑长虹	王鲁晋 朱英芝
	中国工商银行临沂市城西支行	董树标	孔　青
	中国工商银行临沂市罗庄区支行	任志勇	李建民 张吉功
	中国工商银行临沂市河东区支行	李　威	刘建军
	中国工商银行郯城县支行	范学华	解自宁 刘树伟
	中国工商银行苍山县支行	张守波	王　瑛 赵士玺
	中国工商银行莒南县支行	王昌利	李德建 魏茂军 陈　超
	中国工商银行沂水县支行	宗保海	陈维福 李　林
	中国工商银行蒙阴县支行	丁杰武	张明厚
	中国工商银行平邑县支行	刘成泰	闫大春 韩建华
	中国工商银行费县支行	王清林	季从金
	中国工商银行沂南县支行	钟　方	梁　平
	中国工商银行临沭县支行	冯永昌	徐东文

续表 5

	行　名	行　长	副行长
菏泽市	中国工商银行曹县支行	祝传方	栗　明　徐树军
	中国工商银行成武县支行	白万仓	邵金岭
	中国工商银行单县支行	毛影秋	夏冬梅　王兴明　孙建军
	中国工商银行巨野县支行	田建军	赵　斌　李新军
	中国工商银行郓城县支行	王艳峰	赵　勇　谢　磊
	中国工商银行鄄城县支行	赵加柱	王章聚　周方纪　杨　军
	中国工商银行东明县支行	冯万杰	王跃峰　胡海生

中国工商银行青岛市分行

中国工商银行青岛市分行
行　　长：蔡治建
副 行 长：赵松彪　孔祥国　李　军
　　　　　常　征
纪委书记：马　丽（兼工会工作委员会主任）
电　　话：(0532) 85815513－0515
地　　址：青岛市市南区山东路25号
邮　　编：266071

办公室
副主任：张　玮

人力资源部
总经理：薛德贵（兼金融培训学校校长）

监察室
主　任：李卫平

保卫部
总经理：梁建国

工会工作委员会
副主任：赵翔宇

团委
副书记：王晓丹

稽核监督部
总经理：宫　波（兼稽核监督中心主任）

信贷管理部
副总经理：倪宇东

住房金融业务部
副总经理：侯海燕

计划财务部
总经理：时　辉

会计结算部
总经理：李　岩

个人金融业务部
副总经理：马汝文

公司业务部
总经理：乔　霞

管理信息部
副总经理：张　磊

资金营运部
总经理：陈振川

资产风险管理部

总经理：刘国建

国际业务部

总经理：赵宏伟

信息科技部

总经理：刘　坚（兼电脑开发中心主任）

电子银行部

总经理：张　懿（兼客户服务中心主任）

风险资产处置中心

主　任：魏　敏

监督中心

主　任：梁　萍

业务处理中心

主　任：朱振美

现金营运中心

主　任：赵瑞波

外汇清算中心

主　任：牟钟益

消费信贷中心

主　任：谢敏娟

诚信劳动服务中心

总经理：邹玉正

各县（区）支行

行　名	行　长	副行长
中国工商银行青岛市分行营业部		石　松　曲国瑞　姜　筠
中国工商银行青岛市市南支行	王思东	于瑞国　万珍红　王　毅
中国工商银行青岛市市南区第二支行	李维国	周庆堂　胡雪梅
中国工商银行青岛市市南区第三支行	秦国仁	王　伟　徐冬梅
中国工商银行青岛市市南区第四支行	李　欣	杨卫东　李　建
中国工商银行青岛市市北区第一支行	徐　新	高向群　崔风青
中国工商银行青岛市市北区第二支行	张　琦	张玉梅　王维东
中国工商银行青岛市四方区支行	姜蓬勃	包志明
中国工商银行青岛市李沧区第一支行	马云波	薛光辉
中国工商银行青岛市李沧区第二支行	刘　斌	张庆国　王　氏　李振华
中国工商银行青岛市城阳区支行	程　青	顾永高　孙　青
中国工商银行青岛高科技工业园支行	李广林	李棣华　郑　红
中国工商银行青岛经济技术开发区支行	张维国	毕德臣　孙　建
中国工商银行即墨市支行	毛　波	王　波　王利军
中国工商银行胶州市支行	王春光	李　波
中国工商银行胶南市支行	张淑芳	张曰聪
中国工商银行平度市支行		朱元伦　李英杰　李增强
中国工商银行莱西市支行	王金忠	姚　鸿　孙云波

中国农业银行山东省分行

中国农业银行山东省分行

行　长：姜尚君
副行长：袁明男　王志胜
陈　军　冯延成
其他行级领导：杨赛光　魏秀兰
地　址：济南市经七路168号
邮　编：250001
电　话：（0531）85858888

公司业务部

总 经 理：李新民
副总经理：刘剑波　于光辉

机构业务部

总 经 理：钱　进
副总经理：宋红光　马志军

个人业务部

总 经 理：王新华
副总经理：王绪祥

农业信贷部

总 经 理：于贻胜
副总经理：王凤久

房地产信贷部

总 经 理：肖士杰
副总经理：王炳学

国际业务部

总 经 理：杨国月
副总经理：荆沂萍　郭安民

银行卡业务部

总 经 理：俎清云
副总经理：李全成

资产风险部

总 经 理：刘兆苓
副总经理：冯洪敏　刘　健

资产负债管理部

总 经 理：孙守增
副总经理：刘洪顺

财务会计管理部

总 经 理：马　林
副总经理：张洪程

信贷管理部

总 经 理：周传悦
副总经理：李联盟　马景明

电子银行部

总 经 理：王彦林
副总经理：马年喜

办公室

主　任：郑家圣
副主任：水保泽

人力资源管理部

总 经 理：胡晓毅
副总经理：唐爱东　郝新民

法律事务部

总 经 理：刘东升
副总经理：史　涛

科技部

总 经 理：宋传杰
副总经理：刘文浩　王有强　邵静河

审计部

总 经 理：刘华照
副总经理：马　群

监察部

总 经 理：徐光龙

副总经理：刘连军　王　岩

保卫部

总 经 理：张永庆

副总经理：郑进波

总务部

总 经 理：王均乐

副总经理：李宏伟

工会办公室

主　任：朱学先

副主任：梁素萍

物业公司

总 经 理：王　刚

各市（地）分行

行　名	行　长（总经理）	副行长（副总经理）	地　址	邮　编	电　话
中国农业银行山东省分行营业部	益　虎	陈贵江　张宜霞　孙建军　孙延风	济南市经七路168号	250001	（0531）85858008
中国农业银行淄博市分行	尹德凯	宋作家　臧汝舜　韩怀德	淄博市张店区柳泉路168号	255031	（0533）2306688－8920
中国农业银行枣庄市分行	袁朝阳	王宜忠　陈晓明　张炳臣	枣庄市光明西路	277102	（0632）3320276
中国农业银行东营市分行	齐呈云	张志忠　陈　东　李宗海　李成国	东营市济南路315号	257000	（0546）8221781
中国农业银行烟台市分行	娄　群	王美田　曹　岗　曲延航　李锋刚　刘聪盛	烟台市芝罘区南大街附153号	264000	（0535）6688918
中国农业银行潍坊市分行	王增辉	王泽荣　贾建生　张俊国　张玉法　王洪太	潍坊市东风东街369号	261041	（0536）8193219
中国农业银行济宁市分行	翟世勇	王东升　郭永常　孙士乐　李兖平　王　华	济宁市红星中路28号	272019	（0537）2907406
中国农业银行泰安市分行	闵令民	周卫民　刘纯泉　安保国　孟宪军	泰安市迎暄大街96号	271000	（0538）8228899
中国农业银行威海市分行	王祖国	满学友　王大兴　于　强　杨志宇	威海市青岛北路76号	264300	（0631）5323030
中国农业银行日照市分行	王延东	陈占平　安　勇　丁剑波	日照市北京路255号	276826	（0633）8333050
中国农业银行莱芜市分行	杨晓生	李兴灿　徐希民　高延臣	莱芜市鲁中西大街18号	271100	（0634）6213832
中国农业银行滨州市分行	刘序林	李遵政　潘正光　刘　军	滨州市黄河三路548号	256600	（0543）3327488
中国农业银行德州市分行	李长波	赵传敬　崔传宝　张海山　王文平	德州市德城区商业街72号	253010	（0534）2625285
中国农业银行聊城市分行	王旭光	韩文英　司　峰　侯志华	聊城市兴华东路24号	252000	（0635）8365006
中国农业银行临沂市分行	赵壮志	厉启征　孙成军　王明军　宋秀峰　潘兆华	临沂市沂蒙路211号	276000	（0539）8313537
中国农业银行菏泽市分行	刘玉琳	杜良修　郭良运　曹明钊　郑新生	菏泽市中华东路51号	274010	（0530）5332232

各县（区）支行

	行　名	行　长	副行长
济南市	中国农业银行济南市市中区支行	刘　勇	魏　勉
	中国农业银行济南市历下区支行	高　强	张凤环　俞纯初　李亚明
	中国农业银行济南市天桥区支行	段义金	高晓玲　李茂坤
	中国农业银行济南市槐荫区支行	房　旭	唐云光　刘绍敏　韩光财
	中国农业银行济南市历城区支行	王刚胤	
	中国农业银行济南市和平支行	孙培国	孙田雨
	中国农业银行济南市银河支行	李登才	曹光丽
	中国农业银行济南市泺源支行	黄原光	董历冰
	中国农业银行济南市明湖支行	侯炳光	张　立　段　莹
	中国农业银行济南市大观园支行	任剑波	张桂英
	中国农业银行济南市泉城支行	杨　惕	杲承革　王洪梅
	中国农业银行济南高新技术产业开发区支行	周　兵	丁　红
	中国农业银行章丘市支行	万宪刚	马　峰　肖　峰　惠　莉
	中国农业银行济南长清支行	葛树河	孟　涛　郝昭东　朱成军
	中国农业银行平阴县支行	焦建军	马守和　贾传科　王光明
	中国农业银行济阳县支行	任道金	李付胜　姜光福
	中国农业银行商河县支行	高传玲	王宗民　李曰兵　李百秋
淄博市	中国农业银行淄博市临淄区支行	白　明	谭景海　魏会敏　李全德
	中国农业银行淄博市博山区支行	翟庆忠	张荣志　胡成才　张　勇
	中国农业银行淄博市周村区支行	许孝忠	任光敏　高建国　任　波
	中国农业银行淄博市淄川区支行	任　波	刘同武　王克顺　陈　亮 王建国　翟向阳
	中国农业银行桓台县支行	张连海	吴玉忠　丁修凯
	中国农业银行高青县支行	沈允山	王建民　高　红　陈会青
	中国农业银行沂源县支行	叶　林	毕克波　隗　涛
	中国农业银行张店区支行	王寅如	王德刚
	中国农业银行开发区支行	郭晨光	陈启峰
枣庄市	中国农业银行滕州市支行	张清民	马士哲
	中国农业银行枣庄市薛城区支行	陈修忠	李雪彬　王继锋
	中国农业银行枣庄市峄城区支行	肖　波	王立新　俞学朋　孙大放
	中国农业银行枣庄市台儿庄区支行	程　勇	孔祥玉　胡　锐
	中国农业银行枣庄市山亭区支行	尹瑞峰	付洪标　王　伟　潘绪新
	中国农业银行枣庄市市中区支行	李加强	满昌耀
	中国农业银行枣庄市东城支行	潘　青	陈庆芬
	中国农业银行枣庄市汇金支行	翟　强	陈德宽

续表 1

	行名	行长	副行长
东营市	中国农业银行东营市东营区支行	姜　伟	尚玲玲
	中国农业银行东营市河口区支行	聂绍辉	刘明鹤　王世军　刘玉民
	中国农业银行垦利县支行	李友华	杨文忠　许广安　李万刚
	中国农业银行利津县支行	张向坤	刘志勇　李　军　姜海丽
	中国农业银行广饶县支行	燕曙光	张新立　张文凯　宋维广
	中国农业银行东营市胶州路支行	董月民	李砺云　王鹏华
	中国农业银行东营西城支行	魏全庆	孙高秀
烟台市	中国农业银行烟台市福山区支行	孙维广	吴爱君　邹本浩　左旭光　林　杰
	中国农业银行蓬莱市支行	王光晓	汪富洲　白兆庆　刘在玉
	中国农业银行龙口市支行	姜　岩	李元忠　于洪波　杜传强　王　宏
	中国农业银行莱州市支行	任承刚	王同伟　王维德　赵光辉　潘　峰
	中国农业银行招远市支行	张卫国	杨宏光　杨希斌　王寿义
	中国农业银行莱阳市支行	林学杰	戴令山　宋修科　宫晓先　胡殿光
	中国农业银行栖霞市支行	车宗洪	李建年　宫培忠　赵振辉
	中国农业银行海阳市支行	开祥春	辛向荣　于松林　李　丽
	中国农业银行烟台市牟平区支行	魏　强	杨建明　曲晓春　李庆阳
	中国农业银行长岛县支行	王　莉	张仁领
	中国农业银行烟台经济技术开发区支行	崔毅敏	秦德军　周伟伟
	中国农业银行烟台市莱山区支行	张润鹤	王瑞庆　王可岳
	中国农业银行烟台市芝罘区支行	于志强	迟为民
	中国农业银行烟台市毓璜顶支行	李　杰	张启鹏
	中国农业银行烟台市出口加工区支行	聂永茂	刘培勋　唐庆丽
潍坊市	中国农业银行潍坊市潍城区支行	李少波	周瑞杰
	中国农业银行潍坊市奎文区支行	李　强	罗东升
	中国农业银行潍坊市坊子区支行	李洪波	李明欣　王　刚
	中国农业银行潍坊市寒亭区支行	周俊杰	刘志成　王焕杰
	中国农业银行青州市支行	王金华	王晓生　吴玉生　刘　剑　岳佐军
	中国农业银行安丘市支行	黄砚章	孙业亮　李丕然　刘爱琴
	中国农业银行寿光市支行	郭洪利	刘风森　桂卫东　吴振坤　孙世俊
	中国农业银行临朐县支行	吴尚忠	谢宝川　孙传民　郭立芳
	中国农业银行昌乐县支行	张少平	秦允贵　王忠伟
	中国农业银行昌邑市支行	冯　杰	刘新春　孙洪江　付建训
	中国农业银行高密市支行	李衍成	陈廷义　宋建民　袁荣春
	中国农业银行诸城市支行	孙培信	王成军　吉树君　谢文锋　王立民
	中国农业银行潍坊高新技术产业开发区支行	栾国方	郝爱华　孔　军

续表 2

	行 名	行 长	副行长
济宁市	中国农业银行济宁市市中区支行	朱 勇	李大春
	中国农业银行济宁高新技术产业开发区支行	汪胜利	孔志华 顾利君
	中国农业银行济宁市运河支行	贾 伟	冯延杰
	中国农业银行济宁市任城区支行	曹体康	高中军 田兆明 张 涛 姚 红
	中国农业银行兖州市支行	宋恩银	陈恩波 金辉 田少华
	中国农业银行曲阜市支行	王继东	刘 霞 李建民 张友平
	中国农业银行泗水县支行	吴 松	张玉平 开瑞彬
	中国农业银行邹城市支行	王 华	董 涛 仲 波 姜鸿雁
	中国农业银行微山县支行	冯 伟	柳昭平 李发春 陈 磊
	中国农业银行鱼台县支行	于西焕	李传海 王思峰
	中国农业银行金乡县支行	王元宏	王洪波 戴衍昌
	中国农业银行嘉祥县支行	张运忠	郭 焰 李爱国
	中国农业银行汶上县支行	朱晓轩	胡田林 周 斌
	中国农业银行梁山县支行	马绪良	武建平 高贤军
泰安市	中国农业银行泰安市城区支行	谭延海	杨洪芳
	中国农业银行泰安市东岳支行	王凤鸣	李兆波
	中国农业银行泰安市泰山区支行	戴国岩	
	中国农业银行泰安市岱宗支行	毕 伟	
	中国农业银行新泰市支行	李德科	封庆东 李立东 刘君亮 王 超 尚玉山
	中国农业银行宁阳县支行	冯 伟	刘 超 杨建增
	中国农业银行肥城市支行	戴国文	周长传 曹雪峰 杨明珠
	中国农业银行东平县支行	王瑞民	何 健 张淑英
威海市	中国农业银行荣成市支行	于日旭	于炳涛 范 娟 王连强 张明光 连承娟
	中国农业银行文登市支行	张培仲	杨永强 于吉茂 王鲁军 陈卫东 李万滋
	中国农业银行乳山市支行	张华祝	宫福杰 苑福谦 姜 明 宋学峰 孙 浩
	中国农业银行威海市环翠区支行	刘省运	包卫平
	中国农业银行威海市经济技术开发区支行	李明建	张维利
	中国农业银行威海市高技术产业开发区支行	夏 超	

续表 3

	行名	行长	副行长
日照市	中国农业银行莒县支行	管清栋	孟祥华　刘正文　崔亚林　王忠营
	中国农业银行五莲县支行	刘鲁武	王洪新　郑德志
	中国农业银行日照岚山支行	林玉文	杨洪峰　刘　锋
	中国农业银行日照市东港支行	厉　明	李旭东
莱芜市	中国农业银行莱芜市莱城区支行	刘兆水	
	中国农业银行莱芜市钢城区支行	孟　斌	吕风莲
	中国农业银行莱芜市市中办事处	何文茂	亓学升
滨州市	中国农业银行惠民县支行	王　平	杭玉刚　崔　华　曹威光
	中国农业银行阳信县支行	尹黎明	张国华　宋延民
	中国农业银行无棣县支行	梁仁强	郭建海　刘建新　张志强
	中国农业银行沾化县支行	郭志伟	马俊山　李毓明　柴瑞峰
	中国农业银行博兴县支行	高向民	袁闽江　裴伟强　刘曰闽
	中国农业银行邹平县支行	何宝林	孙学雷　杨国生　乔振琴　张立东
	中国农业银行滨州市滨城区支行	朱建军	孙　宏　王连章
	中国农业银行滨州市黄河三路办事处	李遵虎	付存东　李海涛
德州市	中国农业银行陵县支行	张荣杰	马传胜　王洪涛
	中国农业银行平原县支行	郭家春	李建平　徐　强　刘成功　胡全明
	中国农业银行夏津县支行	张　鹏	孙连耕　王　勇　姚盛庆
	中国农业银行武城县支行	于爱民	王华伟　张继强　李书军
	中国农业银行齐河县支行	彭晓民	吴国繁　王景祥　孔小勇　吕　峰
	中国农业银行禹城市支行	孟志强	初莉莉　王　镭　张风顺 任广鹏　姚树洪
	中国农业银行乐陵市支行	王志刚	苗玉林　孙林华
	中国农业银行临邑县支行	吕　杰	刘绪生　纪慧玲　卞建强　李吉山
	中国农业银行宁津县支行	闰兴业	宋国胜　张玉霞　赵永杰　赵庆胜
	中国农业银行庆云县支行	刘红军	刘汉春　胡月生
	中国农业银行德州市德城区支行	张　鹏	张海燕
	中国农业银行德州市州城支行	石智勇	随学海　李玉萍
聊城市	中国农业银行临清市支行	肖　栋	李　华　牛玉栋　刘文晓
	中国农业银行冠县支行	孔德太	王传宝　郭中民　陈　忠
	中国农业银行莘县支行	赵传河	袁朝杰　马新华　孙　勇
	中国农业银行阳谷县支行	刁维山	唐海涛　门建伟　岳宗波　钱振为

续表 4

	行 名	行 长	副行长
聊城市	中国农业银行东阿县支行	孟庆智	李 明 薛云峰
	中国农业银行茌平县支行	罗秉环	常 勇 刘光荣
	中国农业银行高唐县支行	白利军	董立嘉 李金昌
	中国农业银行聊城市东昌府区支行	林 森	刘成涛
	中国农业银行聊城市兴华支行	刘恒良	刘红梅
	中国农业银行聊城开发区支行	薛瑞风	任保江
临沂市	中国农业银行临沂市兰区山支行	曹尚清	鲁海峰 刘 峰 孙廷旭
	中国农业银行临沂市河东区支行	公维进	张瑞波 刘德胜 陈月国 臧巨席
	中国农业银行临沂市罗庄区支行	刘 波	黄中立 单继茂 尹永清
	中国农业银行郯城县支行	徐勤旭	许林槐 舒广军 刘成文
	中国农业银行苍山县支行	杜志新	王 琦 孙利民 相顶照
	中国农业银行莒南县支行	汲 波	董义祥 冯志祥 王存高 赵进山
	中国农业银行沂水县支行	高 峰	王亚平 王 梅 杨本营 张文坤
	中国农业银行蒙阴县支行	张怀杰	唐洪飞 宋曙光 吴清泉 唐 波
	中国农业银行平邑县支行	陈金祥	王玉新 陈 勇 沙功权
	中国农业银行沂南县支行	牟 胜	杨 帆 唐 明 赵雪峰 于珂群
	中国农业银行费县支行	尤向勇	孔凡强 王新群 唐守光
	中国农业银行临沭县支行	庄会雀	陈建国 张爱军 李品深 相顺永
	中国农业银行临西支行	徐少彬	杨任祥 徐瑞侠
	中国农业银行临沂市城区支行	杜金国	高 勇 曲宗杰 李国平
菏泽市	中国农业银行菏泽南华支行	王瑞璞	王晓红
	中国农业银行菏泽西城支行	李瑞振	侯庆勋
	中国农业银行菏泽市牡丹区支行	王晋忠	袁继东
	中国农业银行曹县支行	张 民	王本顺 崔东庆 魏天华 栗 华
	中国农业银行定陶县支行	王 敏	李平安 孔 涛 陈尔平
	中国农业银行成武县支行	张怀印	张振华 邵向明 许常荣
	中国农业银行单县支行	马保国	商传法 贺高进 柴 彪
	中国农业银行巨野县支行	李梅生	程 林 毕泗建
	中国农业银行郓城县支行	王现喜	吕宗椿 张耀华 张洪敏
	中国农业银行鄄城县支行	单啸林	李新洋 刘宏斌 赵民安
	中国农业银行东明县支行	杨瑞锋	于开勤 吴向前

中国银行山东省分行

中国银行山东省分行

行　　长：王建宏
副 行 长：周　鹏　田东平　郭德秋
　　　　　郭心刚　冷　杰
纪委书记：孟和平
行长助理：隋春玲
地　　址：青岛市香港中路37号
邮　　编：266071
电　　话：(0532) 85818851（总机）

行长办公室

主　　任：张绍国
副 主 任：刘　晓

人事教育处

处　长：王锡钢
副处长：任翠玲　郝连才

资金计划处

处　长：孙希旭
副处长：左文莉

风险管理处

处　长：牟云清
副处长：慕永仕　汪　雷　何丽君

授信执行处

处　长：栾劲松
副处长：窦德尹　李海英

财会处

处　长：王锡峰
副处长：李生惠

机构管理处

处　长：杨锡林
副处长：于永健

金融机构处

处　长：赵宏春

公司业务处

处　长：刘　钝
副处长：纪春波　李绪平

零售业务处

处　长：杨海琴
副处长：申　青　霍小雁　孙照联

银行卡处

处　长：李向前
副处长：王志江　高建芳

结算业务处

处　长：张利刚
副处长：代兴军　杨海泳　张乐君

营业部

主　任：吴修海
副主任：张文华　孟　斐　逄　静

调研室

主　任：张志刚
副主任：刘学海

清算处

处　长：李　军
副处长：薛广义

稽核处

处　长：孙淑香
副处长：裴晓莉

监察处

处　长：乔晓云
副处长：肖建华

信息科技处

处　长：张　麟

副处长：张　明　杨　斌　王奎兴

法律与合规处

处　长：葛春尧

副处长：董军峰

总务处

副处长：于少迅（主持工作）

工会工作委员会

常务副主任：吴亚珍

副主任：陈鸿祺　王满社

保卫处

处　长：刘金玉

副处长：于谦德　张福友

城区业务管理部

副主任：苗景波　袁　军

党务工作部

部　长：蒲耀林

副部长：刘爱梅

培训中心

主　任：任翠玲

副主任：卢宗杰　谢立坚

各市地级分支行机构

行　名	行　长	副行长	地　址	邮　编	电　话
中国银行济南分行	田东平	王述曦　辛善文　李元作	济南市泺源大街22号	250063	（0531）86995038
中国银行烟台分行	欧福庆	殷永庆　孙　静　窦鲁生　孙　政　翟玉林　宋春光	烟台市芝罘区解放路166号	264001	（0535）6238888
中国银行潍坊分行	徐家忠	安　宁　杨京连　刘耕新	潍坊市胜利东街387号	261041	（0536）234762
中国银行淄博分行	李　光	陈　涛　周曙光　邓德旭	淄博市张店区柳泉路49号	255049	（0533）3180203
中国银行济宁分行	庞新锋	张亚军　石　峰	济宁市洸河路99号	272025	（0537）2316623
中国银行枣庄分行		宋当杰（主持工作）　王云河	枣庄青檀北路302号		
中国银行泰安分行	秦锐明	李　华　薛　涛　韩朝福	泰安市东岳大街中段48号	271000	（0538）8226057
中国银行临沂分行	王传明	刘　琳　刘焕竹　吴维彬	临沂市沂蒙路228号	276001	（0539）8312682
中国银行菏泽分行	宋志枫	贾丁盘　扈连山　谢其善　李　晨	菏泽市中华东路98－100号	274000	（0530）5333888
中国银行聊城分行	李进生	路忠义　许兰梅	聊城市东昌西路135号	252000	（0635）8427716
中国银行滨州分行		刘晓昌（临时主持）　徐　林　夏　捷	滨州市渤海六路698号	256600	（0543）3371192
中国银行德州分行	黄宝银	徐守忍　潘洪峰　戴鲁华	德州市德城区天衢东路200号	253020	（0534）2343800

续表

行名	行长	副行长	地址	邮编	电话
中国银行东营分行	栾庆禹	葛勤生　万志强	东营市燕山路11号	257037	（0546）8221878
中国银行威海分行	陈　杰	李好学　倪保国　王建光	威海市青岛北路9号	264200	（0631）5317201
中国银行日照分行	邓兰钦	殷昭建　孙成刚	日照市黄海一路18号	276826	（0633）8331776
中国银行莱芜分行	张晓明	王洪军　周　源　王启贵	莱芜市鲁中东大街7号	271100	（0634）6212951

各县（区）支行

	行名	行长	副行长
济南市	中国银行济南市市中支行	仲维功	郑宇峰　刘　震
	中国银行济南市历下支行	陈宗山	李曙光　李树双
	中国银行济南市天桥支行	刘　东	李晓帆　姜　娟
	中国银行济南市槐荫支行	刘润溪	方　晓　于荣辉
	中国银行济南市历城支行	杨　峻	宋林法
	中国银行济南泉城支行	原　丽	张　兴　刘冬梅
	中国银行章丘支行	解传富	王利民　汪　涛
	中国银行济南市长清支行	周传民	曹东林　张其华
	中国银行平阴支行	毛传涛	索　明　任发平
	中国银行济阳支行	刘在鲁	王会明
青岛市	中国银行青岛市市南区支行	赵　勇	孙立身　王　旭
	中国银行青岛市市南区第二支行	苏晓燕	于高华　孙正举
	中国银行青岛市香港路支行	朱　兵	兰　宁　李　华
	中国银行股份有限公司青岛东海路支行	孟祥班	陈　健
	中国银行青岛市市北区支行	王明照	杜　萍　魏友太
	中国银行青岛市四方区支行	李汇川	李　昕　王淑明
	中国银行青岛市李沧区支行	王　骏	孙希文　荣风信
	中国银行青岛市城阳区支行	王仁连	成　梅　纪　忠　高思龙
	中国银行青岛高科技工业园支行	周相文	孙建芸　王德强
	中国银行青岛经济技术开发区支行	景在仑	宋积成　苏贤礼
	中国银行莱西市支行	毛　春	赵　芃　周　波　姜　杰
	中国银行胶南市支行	王　青	潘文武　李　栋
	中国银行胶州市支行	孙少军	高　智　陈　平
	中国银行即墨市支行	梁增昌	张培才　李方俊

续表 1

	行名	行长	副行长
淄博市	中国银行淄博市博山支行	郭洪志	孙东光　徐蓬勃
	中国银行淄博市周村支行	张迎春	李爱军　杨在新
	中国银行淄博市淄川支行	王　军	解　波　刘同庆　郑桂峰
	中国银行淄博市临淄支行	张晓文	周剑波　张凯成　马永钢
枣庄市	中国银行滕州支行	吕剑虹	林　沂
	中国银行枣庄市薛城支行	葛兴贵	魏秀强
	中国银行枣庄市市中支行	葛　涛	崔秀峰
东营市	中国银行垦利支行	李龙吉	梁永光
	中国银行广饶支行	牛东涛	李广明
烟台市	中国银行龙口支行	巩卫中	张海东　遇奇志
	中国银行莱阳支行	杨莲春	杨　忠
	中国银行莱州支行	石学斌	宋海涛
	中国银行招远支行	邵　军	姜兆华　考少侠（挂职）
	中国银行蓬莱支行	袁冬梅	陈少东　郭贤凤
	中国银行烟台市牟平支行	任伟杰	吴语田　贺永健
	中国银行栖霞支行	刘　健	于孟迁　刘瑞起
	中国银行海阳支行	董久陆	梁永杰
	中国银行烟台市福山支行	江培新	顾　鸣　逄丽敏
	中国银行烟台市南大街支行	王国章	成景波　张　新
	中国银行烟台市芝罘支行	王杰蓬	崔　诚
	中国银行烟台经济技术开发区支行	任志昱	王淑华
	中国银行烟台出口加工区支行	李　昕	宋　强　王志玉
	中国银行烟台市莱山支行	张云发	张　黎
	中国银行烟台市毓璜顶支行	王国栋	张晓英
	中国银行烟台市凤凰台支行	林秀武	朱元森
潍坊市	中国银行潍坊市城东支行	张　军	扈本兴　范福顺　张　燕
	中国银行潍坊市潍城支行	陈伯彪	李智明　秦维堂
	中国银行诸城支行	范成进	王方和　商洪波
	中国银行昌乐支行	王跃江	钱　昌　高秋玲
	中国银行临朐支行	刘长永	谭炳毅　王　锐
	中国银行高密支行	侯永禄	于　明　傅希宝
	中国银行青州支行	刘曙光	付廷泉　于见波
	中国银行安丘支行	张　涛	王国邦　曲　波
	中国银行寿光支行	范云令	胡金宝
	中国银行昌邑支行	马　杰	王明涛　李志钢

续表2

	行　名	行　长	副行长
济宁市	中国银行任城支行	王承河	范旭东　李　兖　韦桂兰
	中国银行兖州支行	汤兆礼	高廷瑞　何瑞冬
	中国银行曲阜支行	王建民	刘　萍　陈　强
	中国银行泗水支行	马安莲	王常忠
	中国银行邹城支行	李　波	许让波　孔令国
	中国银行微山支行	孙艳苓	徐桂生　马利民
	中国银行鱼台支行	夏晓晖	吴玉生
	中国银行汶上支行	马来文	王成轩　孔德勇
泰安市	中国银行泰安市泰山支行	陈晓博	张　凯　范　军
	中国银行肥城支行	张桂浩	王　霞
	中国银行新泰支行	朱广峰	沈淑卿
	中国银行宁阳支行	玄绪风	田亮芝　孙克祥
威海市	中国银行石岛支行	周承玉	王显峰
	中国银行文登支行	焉长海	邹积玲
	中国银行乳山支行	王军法	马千里　沙海涛
	中国银行荣成支行	孔令军	
	中国银行威海市环翠支行	郭樾华	孙成刚
	中国银行威海高技术产业开发区支行	戚国民	
	中国银行威海经济技术开发区支行	刘增海	姜　岩
日照市	中国银行日照市东港支行	徐立军	柳承升　时德刚
	中国银行日照市石臼支行	史　华	高述军　安　洁
	中国银行日照开发区支行	兰冰心	丁　镇　藤瑞华
	中国银行五莲支行		王宗民（主持工作） 李善民　惠文峰
	中国银行莒县支行	钟学德	商玉平　董世刚
	中国银行岚山支行	张宗团	孙长森　藤兆吉
莱芜市	中国银行莱芜市钢城支行	刘　钧	吴修波　王立斌
滨州市	中国银行邹平支行	王福昌	王雪林　王　勇
	中国银行博兴支行	杨永春	王文博
	中国银行无棣支行	张　波	李　峰
	中国银行阳信支行	田俊征	王金栋

续表3

	行　名	行　长	副行长
德州市	中国银行平原支行		赵立章（主持工作） 张　彬
	中国银行陵县支行	任俊昌	邢玉亭
	中国银行禹城支行	张振林	高志祥　王宝玉
	中国银行齐河支行	朱国强	胡金峰
	中国银行武城支行	潘　强	徐新峰　张传涛
	中国银行临邑支行	王问休	赵学军　王　东
聊城市	中国银行临清支行	郭兴盛	纪利兵
	中国银行阳谷支行	王晓峰	闫瑞成　秦正华
	中国银行茌平支行	刘桂华	司胜利　梁天余
	中国银行东阿支行	赵太福	唐衍民
	中国银行冠县支行	高　俊	冉令敏
	中国银行高唐支行	孟昭彬	刘建民　韩　勇
临沂市	中国银行临沂市兰山支行	邢　斌	常　谦　粟　华
	中国银行临沂市罗庄支行	王家斌	吕素美　杨金波
	中国银行沂水支行	严汝忠	宋兖成　杨在志
	中国银行沂南支行	邵珠宏	时春光　姜学伦
	中国银行郯城支行	陈锡滇	路永念　王恒者　刘向阳
	中国银行莒南支行	秦元文	刘德祥　周茂霞
	中国银行费县支行	吕尚国	藤一栋　栾洪雷
	中国银行苍山支行	张宏伟	王庆龙　葛　海
菏泽市	中国银行菏泽市市南支行	田文健	杜　平
	中国银行定陶支行	张庆雷	蒋　健
	中国银行曹县支行	高照东	马　勇　李洪雁
	中国银行郓城支行	赵　志	李　强
	中国银行东明支行	刘　仪	张玉芳　杨金刚
	中国银行鄄城支行	张克南	曹国民
	中国银行成武支行	吴庆国	孙自亮

中信实业银行济南分行

中信实业银行济南分行

行　　长：许卫东
副 行 长：侯训义　杜金华
行长助理：刘国栋　林　海
地　　址：济南市泺源大街150号
邮　　编：250011
电　　话：(0531) 86916444

办公室

总经理：韦　明
副总经理：梁志明
总经理助理：谭　军　郝文刚

人力资源部

总经理：王　涛
总经理助理：郑洪涛　张　岷

公司业务部

总经理：林　海（兼）

零售业务部

总经理：寇延伟

风险管理部

总经理：刘国栋（兼）

财务资金部

总 经 理：莫涌滨
副总经理：于　生
总经理助理：陈丽云　顾　菲

会计管理部

总 经 理：高　虹
副总经理：孙式香
总经理助理：王　朔　吴　澎

稽核部

总 经 理：丛建华
副总经理：赵晓琳

信息技术部

总 经 理：柳永生
副总经理：江　涛

物业公司

总 经 理：郝又朴
副总经理：陈淑琴
总经理助理：李玉辉

各县（区）支行

行　名	行　长	副行长	行长助理
中信实业银行济南市历下支行	刘同礼	杨福生　李向霞	高　磊
中信实业银行济南市泺文支行	王军生	王卫红	孔　剑
中信实业银行济南分行营业部	石　嘉	刘为民	白宏伟
中信实业银行济南市市中支行	张少华	闫　军	王　怡
中信实业银行济南市历山支行	许　健	张乐海	董国红
中信实业银行济南市北园路支行	尹　波	史安庆	梁洪彬
中信实业银行济南市经十路支行	李士羿	李志强	郭志宏
中信实业银行济南市槐荫支行	李家成	王　叶	毕新宇
中信实业银行济南市英雄山支行	牟培林	张　波	杨鸿斌
中信实业银行济南市解放路支行	朱茂会	王建刚	张　蕾

华夏银行济南分行

华夏银行济南分行

行　长：赵琴波
副行长：姜凤智　陈　军　王秀荣
纪委书记：刘光军
地　址：济南市纬二路138号
邮　编：250001
电　话：（0531）82024916

办公室

副主任：梁君生

机关党委

副书记：孙　民

人事教育处

副处长：张传磊

计划财务处

处　长：陈玉旺
副处长：伍　坚　刘安忠　张沛儒

信贷管理处

副处长：邱朝晖（主持工作）

信贷审查处

副处长：孟令国（主持工作）

会计处

处　长：刘增文
副处长：王书东　姜显璞

稽核处

处　长：王学林

法规处

处　长：于吉民

信息技术部

处　长：李延伟

监察室（保卫处）

主　任（处长）：张继成

公司业务部综合管理部

总经理：钟玉明

个人金融处

副处长：任　建（主持工作）

国际业务处

副处长：谢益焱

公司业务部研究开发部

总经理：崔　钢

公司业务部业务发展一部

副总经理：王荣芬（主持工作）

公司业务部业务发展二部

副总经理：尼云山（主持工作）

公司业务部业务发展三部

总经理：韩若凡

各市（地）支行

行　名	行　长	副行长	地　址	邮　编	电　话
华夏银行烟台支行	孙彤军	刘　杰　鲍军民	烟台市北马路1号海关大厦	264000	（0535）6666242
华夏银行聊城支行	秦俊梅	卢友胜　张洪贞　薛炳珠	聊城市东昌西路31号	252000	（0635）8205269

上海浦东发展银行济南分行

上海浦东发展银行济南分行
行　　长：耿光新
副 行 长：刘　华
行长助理：孔　建
地　　址：济南市解放路165-1号
邮　　编：250013
电　　话：（0531）86556868

办公室
主　任：靳佩然

资金财务部
总经理：张云飞

会计部
副总经理：丛威娜

信贷管理部
总经理：孔　建

公司金融部
总 经 理：孙启晨
副总经理：卜玲玲

个人金融部
总经理：李连全

信息科技部
副总经理：崔方平

客户服务中心
副总经理：王建夫

营业部
总经理：李　钢

各县（区）支行

行　名	行　长	副行长
上海浦东发展银行济南分行市中支行	丛志强	范守俊
上海浦东发展银行济南分行山大路支行	杜　军	刘宝华
上海浦东发展银行济南分行市南支行	倪明军	张　霞
上海浦东发展银行济南分行泉城支行	许长福	葛晓林
上海浦东发展银行济南舜耕支行	陈　新	刘　萍
上海浦东发展银行济南和平路支行	孙　旭	邓　玲

招商银行济南分行

招商银行济南分行
行　长：王庆彬
副行长：王纪全　熊朝忠
行长助理：齐君承　孟　丽
地　址：济南市朝山街21号
邮　编：250011
电　话：（0531）86126300

办公室
主　任：潘丽宏
副主任：卢　燕

会计部
总经理：李东华

风险控制部
总经理：张克忠

信贷管理部
总经理助理：张文辉

计划资金部
副总经理：伊晓棠

个人银行部
总经理：蔡其根

公司银行部
总经理：文　磊

国际业务部
副总经理：徐　新

监察保卫部
总经理：谢永生

信息技术部
总经理助理：孙伯起

各县（区）支行

行　名	行　长	副行长	地　址	邮　编	电　话
招商银行济南分行营业部	金　峰	付金亮	济南市朝山街21号	250011	(0531) 86126323
招商银行济南分行济大路支行	赵桂珍	李文迎	济南市济大路10号	250003	(0531) 82761286
招商银行济南分行山大路支行	胡文友	马　倩	济南市山大路166号	250013	(0531) 88584025
招商银行济南分行经七路支行	李　智	田　宏	济南市经七路319号	250001	(0531) 86050620
招商银行济南分行文东路支行	王大鹏	罗宇英	济南市文化东路44号	250014	(0531) 88924979－818
招商银行济南分行和平路支行	吕　戈	闻　涛	济南市和平路47号	250014	(0531) 86553176
招商银行济南分行东门支行	晋兰珍	葛晓东	济南市东关大街121号	250013	(0531) 86465843－8001
招商银行济南分行经十路支行	姜　兵	李继宁	济南市经十路132号	250002	(0531) 82068368
招商银行济南分行槐荫支行	张　洪	黄建坤	济南市经十路433号	250022	(0531) 87191367
招商银行济南分行洪楼支行	李树海	张文利	济南市花园路97号	250001	(0531) 88119680
招商银行济南分行经三路支行	曹亦男	朱惊雷	济南市经三路8号	250001	(0531) 83188699
招商银行烟台分行	孟　丽	李向党 杨俊发	烟台市南大街237号	264000	(0535) 6636006

恒丰银行

恒丰银行

董事长：姜喜运

监事长：矫　毅

董事、副行长：孙才厚　宋恒继　栾永泰

董事、纪委书记：潘力军

副监事长、工会主席：周美乐

董事会秘书：于海松

地　址：山东省烟台市芝罘区南大街248号

邮　编：264001

电　话：(0535) 2118015

传　真：(0535) 6207878

网　址：www.egbank.com.cn

各县（区）支行

行名	地址	行长	电话
恒丰银行济南分行	山东省济南市解放路97号	曲　佳	(0531) 83193779
恒丰银行青岛分行	山东省青岛市香港中路73号	王　旭	(0532) 85933615
恒丰银行烟台四马路支行	烟台市芝罘区解放路186号	殷宏伟	(0535) 6617648
恒丰银行烟台海港路支行	烟台市芝罘区海港路32号富凯商厦一层	庄保太	(0535) 6666752
恒丰银行烟台建设路支行	烟台市芝罘区白石路109号	高振胜	(0535) 6245503
恒丰银行烟台西南河支行	烟台市芝罘区北马路49号	巫剑星	(0535) 6662060
恒丰银行烟台只楚路支行	烟台市芝罘区只楚路147号	孙希刚	(0535) 6531229
恒丰银行烟台三站支行	烟台市芝罘区建设路17号甲-1号	牟建国	(0535) 6650511
恒丰银行烟台芝罘支行	烟台市芝罘区胜利路248号	贾淑萍	(0535) 6600019
恒丰银行烟台建昌街支行	烟台市芝罘区西南河路308号	曹贺年	(0535) 6211858
恒丰银行烟台向阳支行	烟台市芝罘区北马路54号	金显林	(0535) 6232144
恒丰银行烟台华茂街支行	烟台市芝罘区西南河路182号	于建春	(0535) 6615692
恒丰银行烟台南大街支行	烟台市南大街263号	韩玉梅	(0535) 6632019
恒丰银行烟台环山路支行	烟台市芝罘区环山路116号	姜颖超	(0535) 6621197
恒丰银行烟台市府街支行	烟台市芝罘区市府街34号	刘亚军	(0535) 6630718
恒丰银行烟台毓璜顶支行	烟台市芝罘区南大街70号	安　娜	(0535) 6655005
恒丰银行烟台三马路支行	烟台市芝罘区三马路19号	于国华	(0535) 6215841
恒丰银行烟台胜利路支行	烟台市芝罘区胜利路327-4号	秦　强	(0535) 6632168
恒丰银行烟台银河支行	烟台市芝罘区西南河路217号	修先亮	(0535) 6632009
恒丰银行烟台经济技术开发区支行	烟台市经济技术开发区长江路19-B-1号	栾永泰	(0535) 6373385

续表

行名	地址	行长	电话
恒丰银行莱山支行	烟台市莱山区滨海北路205号	王振屹	(0535) 6880842
恒丰银行烟台北马路支行	烟台市芝罘区北马路67－内4号	任显芬	(0535) 6652912
恒丰银行烟台兴隆支行	烟台市芝罘区南大街298号	唐东旗	(0535) 6235389
恒丰银行烟台上夼西路支行	烟台市芝罘区上夼西路70号	赵　涛	(0535) 6091285
恒丰银行烟台青年路支行	烟台市芝罘区青年路16号	于百志	(0535) 6665636
恒丰银行烟台迎春支行	烟台市莱山区瀛洲大街101号	王　瑜	(0535) 4221007
恒丰银行福山支行	烟台市福山区永安街29号	徐明永	(0535) 6324130
恒丰银行牟平支行	烟台市牟平区宁海大街152号	唐金文	(0535) 4253202
恒丰银行牟平通海路支行	烟台市牟平区通海路292号	田群英	(0535) 4216498
恒丰银行牟平工商大街支行	烟台市牟平区72－1号	黄窈俐	
恒丰银行牟平南华街支行	烟台市牟平区南华街新华11号楼	王　波	(0535) 4316703
恒丰银行牟平正阳路支行	烟台市牟平区正阳路19号	张士杰	(0535) 4315029
恒丰银行牟平政府街支行	烟台市牟平区政府大街135号	孔庆阳	(0535) 4216707
恒丰银行牟平东关支行	烟台市牟平区北关大街103号	于林燕	(0535) 4221011
恒丰银行蓬莱支行	蓬莱市钟楼东路55号	陆国胜	(0535) 5641764
恒丰银行招远支行	招远市罗峰路109号	张相林	(0535) 8215223
恒丰银行栖霞支行	栖霞市霞光路346号	赵世勇	(0535) 5223928
恒丰银行海阳支行	海阳市公园街18号	邢笃奎	(0535) 3223868
恒丰银行长岛支行	长岛乐园大街58号	唐洪文	(0535) 3211619
恒丰银行龙口支行	龙口市环城西路37号	刘　军	(0535) 3933538
恒丰银行莱阳支行	莱阳市昌山路32号	秦雪梅	(0535) 7260280
恒丰银行莱州支行	莱州市莱州北路538号	董玉印	(0535) 2213370

香港上海汇丰银行有限公司青岛分行

香港上海汇丰银行有限公司青岛分行

行　长：刘雪斌

副行长：顾海霞

地　址：青岛市香港中路76号颐中皇冠假日酒店8楼

电　话：(0532) 85782828

新加坡华侨银行青岛代表处

新加坡华侨银行青岛代表处
首席代表：刘德凤
地　　址：青岛市南海路9号汇泉王朝大酒店700室
邮政编码：266003
电　　话：（0532）82962398　82999700
传　　真：（0532）82961092
电　　邮：lucyocbcqd@163169.net

中国人寿保险股份有限公司山东省分公司

中国人寿保险股份有限公司山东省分公司
总 经 理：宋金平
副总经理：韩象奎　白　彬
工会主任：高香果
地　　址：济南市泺源大街88号
邮　　编：250011
电　　话：（0531）86915088

办公室
主　任：杨宗显
副主任：刘文献

人力资源部
经　理：胡　斌
副经理：孔志宏

工会工作部
经　理：黄新明
副经理：崔庆金　李海燕

监察部
经　理：唐延文
副经理：李晴生

财务部
经　理：于明华
副经理：陈　姗

业务管理部
经　理：侯清英
副经理：谭旭青

客户服务部
经　理：邢厚全

信息技术部
经　理：张　明
副经理：林健吾

个险销售部
经　理：徐明光
副经理：赵　哂

团险销售部
经　理：马祖密

中介代理部
经　理：闫陶济
副经理：田增森

审计办公室
主　任：赵海波
副主任：王海燕

各（市）地分公司

单位名称	总经理	副总经理	地 址	邮 编	电 话
中国人寿保险股份有限公司济南市分公司	徐海峰	李国栋 李长锁 杨守林	济南市泺源大街236号	250012	(0531) 86058768
中国人寿保险股份有限公司淄博分公司	王 杰	王晓明 关明明	淄博市张店区柳泉路101号	255000	(0533) 3156966
中国人寿保险股份有限公司枣庄分公司	杜 林	刘玉萍 刘书宏	枣庄市文化中路73号	277102	(0632) 3319533
中国人寿保险股份有限公司东营分公司	燕 强	许金荣 张 鹏	东营市淄博路99号	257000	(0546) 8231391
中国人寿保险股份有限公司烟台分公司	张泽仁	张安澜 周少武	烟台市南大街108号	264000	(0535) 6681589
中国人寿保险股份有限公司潍坊分公司	王军平	于志东 常保华 邓建军	潍坊市奎文区文化路496号	261031	(0536) 8220663
中国人寿保险股份有限公司济宁分公司	焉立迎	吴兆运 孟 勇	济宁市古槐路46号	272001	(0537) 2401512
中国人寿保险股份有限公司泰安分公司	王铁林	李海荣 王志东	泰安市迎暄大街1号	271000	(0538) 8330756
中国人寿保险股份有限公司威海分公司	毕建贵	李洪涛 王清涛	威海市海滨中路19A号	264200	(0631) 5328999
中国人寿保险股份有限公司日照分公司	宋彦余	李 鹏 孙 龙	日照市济南路329号	276826	(0633) 8793300
中国人寿保险股份有限公司滨州分公司	刘忠田	张 波 崔世明	滨州市黄河四路492号	256618	(0543) 387274
中国人寿保险股份有限公司德州分公司	陈 锐	李恩林 刘玉民	德州市湖滨北路89号	253020	(0534) 2324853
中国人寿保险股份有限公司聊城分公司	徐正毅	郝晓忠 吴法太 张志强	聊城市北关街8号	252000	(0635) 8426735
中国人寿保险股份有限公司临沂分公司	周曙光	张善信 刘 庆 沈洪斌	临沂市沂蒙路440号	276004	(0539) 8302156
中国人寿保险股份有限公司菏泽分公司	臧杰新	赵旭东 田亚平	菏泽市人民路11号	274000	(0530) 5960859
中国人寿保险股份有限公司莱芜分公司	王子岳	张期亮 岳文成	莱芜市花园北路100号	271100	13396343900

各（县）区支公司

单位名称	经 理	副经理
中国人寿保险股份有限公司济南市分公司团险销售一部	张 涛	
中国人寿保险股份有限公司济南市分公司团险销售二部	蒋 京	
中国人寿保险股份有限公司济南市分公司团险销售三部	臧 明	
中国人寿保险股份有限公司济南市分公司团险销售四部	高 勇	
中国人寿保险股份有限公司济南市分公司直属营销一部	孙华增	胡 明
中国人寿保险股份有限公司济南市分公司直属营销二部	于 璞	靳栋林
中国人寿保险股份有限公司济南市分公司营销一部	李林勇	毕昌平
中国人寿保险股份有限公司济南市分公司营销二部	鲁 闽	
中国人寿保险股份有限公司济南市分公司营销四部	高 军	
中国人寿保险股份有限公司济南市分公司营业部	刘 立	董海宁
中国人寿保险股份有限公司济南市分公司收展部	陈 萍	崔连亮
中国人寿保险股份有限公司济南市分公司中介业务一部	王 璐	伍玢澍
中国人寿保险股份有限公司济南市分公司中介业务二部	腾国斌	田 波
中国人寿保险股份有限公司济南市分公司中介业务三部	苏 勇	赵景群
中国人寿保险股份有限公司历城区支公司	彭庆刚	段大雷 孙永华
中国人寿保险股份有限公司长清区支公司	孙 飚	张 建 陈 忠
中国人寿保险股份有限公司章丘市支公司	张继旋	郭 强 韩云涛
中国人寿保险股份有限公司平阴县支公司	史新炜	王宝春
中国人寿保险股份有限公司济阳县支公司	冯连新	徐宝胜
中国人寿保险股份有限公司商河县支公司	李会水	邹连光 徐法政
中国人寿保险股份有限公司临淄区支公司	李洪才	齐士远 孙洪亮
中国人寿保险股份有限公司淄川区支公司	张洪伟	陆明江 刘德华
中国人寿保险股份有限公司博山区支公司	姜 斌	石 英 胡渊科
中国人寿保险股份有限公司周村区支公司	王 薇	杨义会 潘巨会
中国人寿保险股份有限公司桓台县支公司	张仕祯	任双艳 荆向刚 李向丽
中国人寿保险股份有限公司沂源县支公司	张军英	孔凡江
中国人寿保险股份有限公司高青县支公司	耿进义	成树军 李 凯
中国人寿保险股份有限公司淄博市开发区支公司	殷延伟	韩月鹏 黄晓勇
中国人寿保险股份有限公司淄博分公司城区个险销售一部	刘克波	刘庆兵
中国人寿保险股份有限公司淄博分公司城区个险销售二部	苏 红	王洪波
中国人寿保险股份有限公司淄博分公司城区销售三部	王希云	沈永杰

续表 1

单位名称	经　理	副经理
中国人寿保险股份有限公司淄博分公司城区团险销售部	姜　峰	于　珉
中国人寿保险股份有限公司潍坊分公司营业部	葛懋忠	吴海峰
中国人寿保险股份有限公司潍坊分公司直属营销一部	田春生	刘　健
中国人寿保险股份有限公司潍坊分公司直属营销二部	陈玛玲	赵　杨
中国人寿保险股份有限公司潍坊分公司直属营销三部	杨宇滨	杨星辰
中国人寿保险股份有限公司潍坊分公司直属营销四部	王双范	李丽芳
中国人寿保险股份有限公司潍坊分公司收展部	郭晓畅	许建兰
中国人寿保险股份有限公司潍坊市潍城区支公司	刘遵友	徐忠民　孙延鹏
中国人寿保险股份有限公司潍坊市奎文区支公司	吴理海	吉孟军
中国人寿保险股份有限公司潍坊市高新技术开发区支公司	苑超杰	王向峰
中国人寿保险股份有限公司潍坊市坊子区支公司	周金福	刘　伟
中国人寿保险股份有限公司潍坊市寒亭区支公司	王　芹	马健康
中国人寿保险股份有限公司寿光市支公司	董有海	侯永强　徐文亮 王凤云　郭秀真
中国人寿保险股份有限公司昌邑市支公司	李培礼	刘淑霞　刘述明　杨建兵
中国人寿保险股份有限公司青州市支公司	郭福义	赵清岗
中国人寿保险股份有限公司高密市支公司	朱文贵	陈元琦　魏效才　赵春晓
中国人寿保险股份有限公司安丘市支公司	徐清泉	梁玉国　刘光民　刘汉平
中国人寿保险股份有限公司昌乐县支公司	曲成新	李伟华　郭振华
中国人寿保险股份有限公司临朐县支公司	吕廷江	王爱民　赵小红　王　波
中国人寿保险股份有限公司诸城市支公司	孙海鸣	杨玉智　史陈军
中国人寿保险股份有限公司蓬莱市支公司	隋　涛	吕志强　杨建民
中国人寿保险股份有限公司莱阳市支公司	宫成杰	张　晔　苏俊泉
中国人寿保险股份有限公司海阳市支公司	徐元本	刘卫国　李　波　刘自勉
中国人寿保险股份有限公司栖霞市支公司	宋　栋	牟保同　张　明　于　明
中国人寿保险股份有限公司烟台市牟平区支公司	王兆兰	李玉福
中国人寿保险股份有限公司招远市支公司	刘　宁	温桂贤
中国人寿保险股份有限公司龙口市支公司	刘本波	马世宏　沈培江
中国人寿保险股份有限公司莱州市支公司	王　强	候宝春　徐金祥
中国人寿保险股份有限公司烟台市开发区支公司	吴春江	王胜强　李永芳
中国人寿保险股份有限公司烟台市芝罘区支公司	梁国武	曲宏鲲　王东方

续表 2

单位名称	经理	副经理
中国人寿保险股份有限公司烟台市莱山区支公司	王振国	隋学忠
中国人寿保险股份有限公司烟台市长岛县支公司	邹加亮	刘汝亮
中国人寿保险股份有限公司烟台分公司直属营销一部	马健	孙国庆
中国人寿保险股份有限公司烟台分公司直属营销二部	杨倩	于昊田
中国人寿保险股份有限公司烟台市福山区支公司	王树人	王正春 姜年武 邱华芬
中国人寿保险股份有限公司文登市支公司	李洪涛	隋秀红 刘义循 于洪兵 马常清
中国人寿保险股份有限公司荣成市支公司	冯前程	张志柏 许爱春
中国人寿保险股份有限公司乳山市支公司	刘新乐	刘芳军
中国人寿保险股份有限公司威海市环翠区支公司	张立	于文江
中国人寿保险股份有限公司威海分公司直属营业部	侯玉琴	
中国人寿保险股份有限公司威海分公司直属营销部	吴辉	
中国人寿保险股份有限公司泰安分公司城区个险销售一部	侯存峰	孙正坤
中国人寿保险股份有限公司泰安分公司城区个险销售二部	秦凯	董军建
中国人寿保险股份有限公司泰安分公司城区中介代理一部	吕黎光	
中国人寿保险股份有限公司泰安分公司城区中介代理二部	尹承德	
中国人寿保险股份有限公司泰安分公司城区团险销售一部	李力	张宏兵
中国人寿保险股份有限公司泰安分公司城区团险销售二部	孙桂玲	
中国人寿保险股份有限公司泰安分公司城区收展管理部	许大伟	
中国人寿保险股份有限公司泰安分公司城区团险销售三部	徐翔	
中国人寿保险股份有限公司泰安市岱岳区支公司	冯金国	邓光勇 董勉
中国人寿泰安分公司新泰市支公司	褚万新	李敢 刘勇 倪希章 王咏
中国人寿保险股份有限公司肥城市支公司	聂东升	赵杰 薛源 付立甲
中国人寿保险股份有限公司宁阳县支公司	韩大平	段崇申 桑玖
中国人寿保险股份有限公司东平县支公司	张振	吕卫华 姜月萍
中国人寿保险股份有限公司菏泽分公司第一营销部	徐颖	祝汉新 马丽
中国人寿保险股份有限公司菏泽分公司第二营销部	田运红	杨霁月
中国人寿保险股份有限公司菏泽分公司第三营销部	申军	马爱景
中国人寿保险股份有限公司菏泽分公司第四营销部	郭盼景	任志进 王付建
中国人寿保险股份有限公司菏泽分公司第五营销部	邵玉平	曹芳 蔡岚

续表 3

单位名称	经理	副经理
中国人寿保险股份有限公司菏泽分公司收展部	王尧华	吕　慧
中国人寿保险股份有限公司菏泽分公司营业部	李兴伟	赵　露
中国人寿保险股份有限公司定陶县支公司	谢海滨	董承亮
中国人寿保险股份有限公司单县支公司	秦洪波	韩长义
中国人寿保险股份有限公司成武县支公司	孟庆森	袁海涛
中国人寿保险股份有限公司菏泽市牡丹区支公司	吴章记	李荷婷　李宏伟
中国人寿保险股份有限公司鄄城县支公司	王淑萍	沈　雷　南孟勇
中国人寿保险股份有限公司郓城县支公司	谢　岩	张呈泉　赵　杨
中国人寿保险股份有限公司巨野县支公司	施　波	张知现　刘传湘
中国人寿保险股份有限公司曹县支公司	石魁元	王　涛
中国人寿保险股份有限公司东明县支公司	孙鸿军	赵忠民　崔英杰
中国人寿保险股份有限公司东营市东营区支公司	张　军	范英锋　马雪梅
中国人寿保险股份有限公司东营市河口区支公司	燕山华	吴洪建　王金秀　周春雷
中国人寿保险股份有限公司广饶县支公司	徐国陵	杨振兰　燕全贤
中国人寿保险股份有限公司垦利县支公司	邢现清	王敦洋　宁尚国
中国人寿保险股份有限公司利津县支公司	张保山	戴素云　刘　文
中国人寿保险股份有限公司东营分公司城区个险销售一部	宋荣利	张呈殿
中国人寿保险股份有限公司东营分公司城区个险销售二部	张培武	许孝彦
中国人寿保险股份有限公司东营分公司城区个险销售三部	毕延强	杜桂叠
中国人寿保险股份有限公司东营分公司城区收展部	颜景稳	
中国人寿保险股份有限公司东营分公司城区团险销售部	吴　妍	张鲁军
中国人寿保险股份有限公司东营分公司城区中介代理部	马晓亮	张乃斌
中国人寿保险股份有限公司滨州分公司直属营销一部	闫　杨	崔玉清
中国人寿保险股份有限公司滨州分公司直属营销二部	李如泉	杨玉香
中国人寿保险股份有限公司滨州分公司直属营销三部	刘文权	
中国人寿保险股份有限公司邹平县支公司	张　慧	卢士新　张　利
中国人寿保险股份有限公司博兴县支公司	王　龙	郭林海　韩崇登
中国人寿保险股份有限公司惠民县支公司	周廷忠	高　杰
中国人寿保险股份有限公司阳信县支公司	张利军	曲金秀　卞建忠
中国人寿保险股份有限公司沾化县支公司	王丽丽	于麦生　丁　丽
中国人寿保险股份有限公司无棣县支公司	周荣和	武官茹　林海霞

续表4

单位名称	经 理	副经理
中国人寿保险股份有限公司滕州市支公司	黄秀锋	高文杰
中国人寿保险股份有限公司枣庄市薛城区支公司	黄崇祥	周 莉
中国人寿保险股份有限公司枣庄市台儿庄区支公司	刘河陵	
中国人寿保险股份有限公司枣庄市峄城区支公司	尹新平	
中国人寿保险股份有限公司枣庄市山亭区支公司	杨联山	
中国人寿保险股份有限公司枣庄市市中区支公司	杨列湘	
中国人寿保险股份有限公司武城县支公司	刘文栋	陈 敏 夏培军
中国人寿保险股份有限公司陵县支公司	张瑞国	高爱荣 徐爱军 张春刚
中国人寿保险股份有限公司夏津县支公司	齐金生	迟贵才 范仲才 汪春静
中国人寿保险股份有限公司临邑县支公司	崔道林	杨洪青 郑建军 张 红
中国人寿保险股份有限公司庆云县支公司	赵鹏程	李德文
中国人寿保险股份有限公司德州市德城区支公司	姚本建	于冬春 高卫民 万青德
中国人寿保险股份有限公司齐河县支公司	张 美	翟建国 王 军
中国人寿保险股份有限公司平原县支公司	孙 浩	张德良 周淑芳 李 伟
中国人寿保险股份有限公司禹城市支公司	陈忠明	王立军 王吉文 张世祥
中国人寿保险股份有限公司宁津县支公司	马 军	孙建新 荣秀莲
中国人寿保险股份有限公司乐陵市支公司	杨学军	宋玉玲 王军林 任玉美
中国人寿保险股份有限公司德州分公司营销一部	郑世春	刘春华 慈心强
中国人寿保险股份有限公司德州分公司营销二部	崔金浦	张 晶 刘 强
中国人寿保险股份有限公司德州分公司营销三部	赵 莉	王同军 毕经杰
中国人寿保险股份有限公司临沂分公司第一营销部	刘嘉毅	
中国人寿保险股份有限公司临沂分公司第二营销部	徐广涛	
中国人寿保险股份有限公司临沂分公司第三营销部	周效东	
中国人寿保险股份有限公司临沂分公司第四营销部	胡 娜	
中国人寿保险股份有限公司临沂市兰山区支公司	王鲁宏	张昆仑 魏金龙
中国人寿保险股份有限公司临沂分公司城区中介部	宋炳龙	陆瑞英
中国人寿保险股份有限公司临沂分公司营业部	季永在	薛 明
中国人寿保险股份有限公司临沂分公司城区收展部	谭啸然	王传慧
中国人寿保险股份有限公司苍山县支公司	彭学俊	曲国郁 马富清
中国人寿保险股份有限公司费县支公司	赵彦东	李 勇
中国人寿保险股份有限公司临沂市河东区支公司	李瑞华	赵广义 徐建东

续表5

单位名称	经 理	副经理
中国人寿保险股份有限公司莒南县支公司	鲁成京	潘仕波 刘昌义
中国人寿保险股份有限公司临沭县支公司	刘兆殿	何宗皓 吴 萍 李玉亮
中国人寿保险股份有限公司临沂市罗庄区支公司	张文成	扈义刚 张 博
中国人寿保险股份有限公司蒙阴县支公司	张良华	桑本录 訾翠萍
中国人寿保险股份有限公司平邑县支公司	高 峰	王建国 贾庆林 陈 强
中国人寿保险股份有限公司郯城县支公司	柴树明	翟慎平 王晓贵
中国人寿保险股份有限公司沂南县支公司	曹献常	王秀泰 冯琪恩
中国人寿保险股份有限公司沂水县支公司	刘天宏	韩剑波 张维建
中国人寿保险股份有限公司聊城分公司直属营销部	刘保国	
中国人寿保险股份有限公司聊城市东昌府区支公司	常向东	杜仙华 顾叶飞
中国人寿保险股份有限公司临清市支公司	贾德浩	张洪柱
中国人寿保险股份有限公司高唐县支公司	尹延清	郭 伟 王保全
中国人寿保险股份有限公司茌平县支公司	刘保国	韩付军
中国人寿保险股份有限公司东阿县支公司	付兰芳	付 琪 宋建民
中国人寿保险股份有限公司阳谷县支公司	张才耀	孟宪胜 陆书忠
中国人寿保险股份有限公司莘县支公司	王光炬	王爱旗
中国人寿保险股份有限公司冠县支公司	王志国	李营生
中国人寿保险股份有限公司日照分公司城区销售一部	何召理	贺良培 秦 磊
中国人寿保险股份有限公司日照分公司城区销售二部	王 林	李志民 刘 伟
中国人寿保险股份有限公司日照分公司城区销售三部	王爱国	
中国人寿保险股份有限公司日照分公司城区销售四部	山世文	
中国人寿保险股份有限公司日照市东港区支公司	梁 军	宋 俐 徐 兵
中国人寿保险股份有限公司五莲县支公司	孙桂利	王佃金
中国人寿保险股份有限公司莒县支公司	张大海	熊明克 王同法 丁丽梅
中国人寿保险股份有限公司莱芜市钢城区支公司	亓爱军	刘志胜 何心进 高廷利 李英凤
中国人寿保险股份有限公司莱芜分公司莱城营销部	张延彪	亓 永
中国人寿保险股份有限公司莱芜分公司个险销售一部	高 磊	雷 军 魏殿茂
中国人寿保险股份有限公司莱芜分公司个险销售二部	张庆波	陶 军 张钰翔
中国人寿保险股份有限公司莱芜分公司个险销售三部	赵荣德	李圣祯
中国人寿保险股份有限公司莱芜分公司中介代理部	王会水	魏 涛

续表6

单位名称	经　理	副经理
中国人寿保险股份有限公司莱芜分公司收展部	赵洪军	吴　杰
中国人寿保险股份有限公司莱芜分公司团险销售一部	曹明建	任绪言
中国人寿保险股份有限公司莱芜分公司团险销售二部	高　阳	
中国人寿保险股份有限公司济宁分公司直属营销一部	杨雪峰	宗　雷　杨　丽
中国人寿保险股份有限公司济宁分公司直属营销二部	刘金平	
中国人寿保险股份有限公司济宁市中区支公司	宗　强	于景文　李艾芝　赵振允
中国人寿保险股份有限公司济宁市任城区支公司	秦景瑜	孔凡钊　李忠旗
中国人寿保险股份有限公司兖州市支公司	苏慧超	王新忠　付丽萍　张贵国
中国人寿保险股份有限公司曲阜市支公司	温少斌	孔祥柱　陈　霞　史曙光
中国人寿保险股份有限公司泗水县支公司	冯在彬	卜凡慧　刘江鹏
中国人寿保险股份有限公司邹城市支公司	张春生	郑　军　孟　霞　范宗献
中国人寿保险股份有限公司微山县支公司	张洪勇	刘　辉　李　丽
中国人寿保险股份有限公司金乡县支公司	王新军	谭传喜
中国人寿保险股份有限公司鱼台县支公司	胡庆海	刘永民　张家诚
中国人寿保险股份有限公司嘉祥县支公司	曹雪臣	王　慧　杨　杰
中国人寿保险股份有限公司汶上县支公司	毛　建	韩宝印　李　芳　倪鲁红
中国人寿保险股份有限公司梁山县支公司	程德忠	李传峰　朱兆忠

中国平安人寿保险股份有限公司青岛分公司

中国平安人寿保险股份有限公司青岛分公司

总 经 理：韩　光
总经理助理：夏　寒　魏继斌
　　　　　智　勇　孙沂斌
地　　址：青岛市市南区香港中路61号阳光大厦裙楼
邮　　编：266071
电　　话：(0532) 85760909

行政部

经　理：李殿敏

人力资源部

经　理：石五洲

财务部

经　理：吴大为

电脑部

经　理：董　祥

企划部

经　理：陈明星

稽核监察部

经　理：范希玲

营销部

经　理：童　燚

培训部
负责人：郝士丽

保费部
经　理：于德荣

契约部
经　理：李秀明

客户服务部
经　理：郭　宁

区域拓展部
经　理：张富军

理赔部
经　理：陈遂东

团险市场营销部
经　理：刘　杰

团险综合开拓部
经　理：王志奎

团险业务管理部
经　理：吴大军

银行保险销售部
经　理：李　奕

银行保险销售支援部
经　理：姜　楠

各（市）地分支机构

单位名称	负责人	地址	邮编	电话
中国平安人寿保险股份有限公司淄博中心支公司	武维根	张店区华光路97号科苑办事处北楼	255045	(0533)3187995
中国平安人寿保险股份有限公司潍坊中心支公司	梁奇军	奎文区东风东街239号甲	260141	(0536)8299802
中国平安人寿保险股份有限公司东营中心支公司	戚　斌	东营市西二路218号	257000	(0546)8219931
中国平安人寿保险股份有限公司日照中心支公司	黄体昌	日照市黄海一路24号	276826	(0633)8329052
中国平安人寿保险股份有限公司泰安中心支公司	孙志兴	泰安市东岳大街45号	271000	(0538)8295276
中国平安人寿保险股份有限公司烟台中心支公司	肖　丽	烟台市青年路48号付2号	264001	(0535)6681716
中国平安人寿保险股份有限公司威海中心支公司	尹戈民	威海市统一路402号	264200	(0631)5284007
中国平安人寿保险股份有限公司济宁中心支公司	刘天东	济宁市光河路24号	272100	(0537)2653777
中国平安人寿保险股份有限公司临沂中心支公司	唐　勇	临沂市沂蒙路145号平安大厦	276000	(0539)8203587
中国平安人寿保险股份有限公司滨州中心支公司	韩玉斌	滨州市渤海九路525号	256600	(0543)3271276
中国平安人寿保险股份有限公司枣庄中心支公司	王伟良	枣庄市建华西路银狐大厦三楼	277102	(0632)3305188

山东省国际信托投资有限公司

山东省国际信托投资有限公司
董 事 长：朱崇利
总 经 理：崔剑波
副总经理：相开进　王映黎　刘玉彬
地　　址：济南市解放路166号
邮　　编：250013
电　　话：（0531）86566895

综合管理部
经　理：于　鹏

计划财务部
经　理：金同水

稽核法律部
经　理：付吉广

自营业务部
经　理：葛　航

信托业务托管部
经　理：张永兴

资金信托部
副经理（主持工作）：周建蕖

财产信托部
经　理：王　凯

投资银行部
经　理：杨进军

基金财务部
经　理：李晓鹏

基金投资部
经　理：王洲明

基金贷款部
经　理：万　众

资产管理部
经　理：苏文强

英大国际信托投资有限责任公司

英大国际信托投资有限责任公司
总 经 理：盖永光
副总经理：牛海宁　郝京春
地　　址：济南市馆驿街318号
邮　　编：250001
电　　话：（0531）86035547

海尔集团财务有限责任公司

海尔集团财务有限责任公司
董事长：武克松
总经理：安桂珍
地　址：青岛市海尔路1号海尔工业园内
邮　编：266103
电　话：（0532）88939908（办公室）

山东省邮政储汇局

山东省邮政储汇局
局　　长：孙江涛
党委书记：常　江
副 局 长：冯素华　韩　勇
地　　址：济南市经二路162号
邮　　编：250001
电　　话：(0531) 86053793

中国长城资产管理公司济南办事处

中国长城资产管理公司济南办事处
总 经 理：李文山
副总经理：许希民　李庆义　郑世澜
地　　址：济南市经七路168号
邮　　编：250001
电　　话：(0531) 82079786

综合管理部
处　长：孙建义

资产处置委员会办公室
处　长：刘学堂

资金财务部
处　长：郭小霞
副处长：刘衍葵

评估管理部
处　长：孙国珍

监察审计部
处　长：刘绪军

法律事务部
副处长：纪晓腾

资产经营一部
处　长：韩生佩
副处长：李吉国　张凤霞　王鲁华

资产经营二部
处　长：华明伟

资产经营三部
处　长：杨峰芝

第十五部分
国内经济金融主要统计指标

一、国内金融主要统计指标

金融机构可比口径人民币信贷收支分地区表

（2004 年）

单位：亿元

项目 地区	各项存款		企业存款		储蓄存款		活期储蓄		定期储蓄	
	余额	比年初	余额	比年初	余额	比年初	余额	比年初	余额	比年初
全国	239923.74	33119.95	84121.08	11483.93	119555.10	15929.47	41416.32	6288.90	78138.78	9640.57
总行	5821.00	413.79	2676.30	334.77	354.35	347.65	354.35	347.65		
北京	21625.87	3327.44	12310.14	2080.13	6122.35	828.82	2156.19	275.69	3966.16	553.13
重庆	4007.79	568.91	1230.83	136.64	2189.73	292.50	719.74	88.08	1469.99	204.42
天津辖区	22375.74	3608.59	6141.60	1025.57	13270.09	1850.62	3940.40	747.95	9329.69	1102.67
天津	4737.73	706.52	1829.96	276.63	2116.43	290.90	641.28	109.78	1475.15	181.12
河北	9249.94	1288.31	2083.56	340.53	6207.48	749.57	1690.23	296.61	4517.25	452.96
山西	5811.69	1128.17	1538.00	271.07	3342.31	561.43	920.38	212.14	2421.93	349.29
内蒙	2576.38	485.59	690.08	137.34	1603.87	248.72	688.51	129.42	915.36	119.30
沈阳辖区	19189.74	2128.94	4943.84	566.85	12039.56	1099.53	3561.28	350.17	8478.28	749.36
辽宁	10193.52	1252.40	2807.04	380.63	6048.52	612.31	1659.09	194.98	4389.43	417.33
吉林	3683.49	376.25	804.95	36.70	2405.59	244.22	770.23	71.70	1635.36	172.52
黑龙江	5312.73	500.30	1331.85	149.52	3585.45	243.00	1131.96	83.49	2453.49	159.51
上海辖区	40912.59	5735.08	17832.18	2456.31	16802.45	2320.51	6047.63	831.72	10754.82	1488.79
上海	17691.63	2443.54	9439.47	1300.72	6116.13	1012.90	1886.15	245.16	4229.98	767.74
浙江	17236.61	2485.34	6558.02	893.08	7364.06	909.86	2737.37	401.57	4626.69	508.29
福建	5984.35	806.20	1834.69	262.51	3322.26	397.75	1424.11	184.99	1898.15	212.76
南京辖区	23256.35	3694.24	8239.12	1270.78	11835.46	1720.37	3297.72	522.67	8537.74	1197.70
江苏	18211.02	2844.57	6749.58	1026.07	8863.10	1224.92	2401.35	351.24	6461.75	873.68

续表 1

项目 地区	各项存款		企业存款		储蓄存款		活期储蓄		定期储蓄	
	余 额	比年初	余 额	比年初	余 额	比年初	余 额	比年初	余 额	比年初
安 徽	5045.33	849.67	1489.54	244.71	2972.36	495.45	896.37	171.43	2075.99	324.02
济南辖区	23146.10	3087.21	5861.29	627.55	13328.76	1638.93	3917.24	606.74	9411.52	1032.19
山 东	14514.28	2071.20	3873.05	475.63	7721.46	951.09	2256.35	339.97	5465.11	611.12
河 南	8631.82	1016.01	1988.24	151.92	5607.30	687.84	1660.89	266.77	3946.41	421.07
武汉辖区	16274.61	2396.27	4723.25	592.40	9696.65	1347.05	3464.76	543.27	6231.89	803.78
江 西	3758.30	518.54	991.67	118.26	2347.72	332.10	881.95	145.11	1465.77	186.99
湖 北	7015.83	1047.05	2354.17	268.61	3865.70	568.99	1314.42	194.01	2551.28	374.98
湖 南	5500.48	830.68	1377.41	205.53	3483.23	445.96	1268.39	204.15	2214.84	241.81
广州辖区	35496.37	4242.46	11250.90	1162.14	19049.38	2472.77	8913.42	1297.58	10135.96	1175.19
广 东	30712.41	3615.99	9930.58	955.52	16193.36	2131.60	7509.64	1081.90	8683.72	1049.70
广 西	3673.14	508.44	959.12	167.63	2240.10	272.09	1111.38	173.76	1128.72	98.33
海 南	1110.82	118.03	361.20	38.99	615.92	69.08	292.40	41.92	323.52	27.16
成都辖区	15550.48	2324.97	5115.93	841.25	8273.60	1166.15	2891.14	430.81	5382.46	735.34
四 川	8462.13	1227.53	2378.93	356.54	5019.44	683.12	1460.25	167.59	3559.19	515.53
贵 州	2322.24	423.97	840.74	177.76	1094.55	181.82	512.54	98.46	582.01	83.36
云 南	4404.37	632.60	1688.80	289.29	2052.12	285.60	854.97	153.46	1197.15	132.14
西 藏	361.74	40.87	207.46	17.66	107.49	15.61	63.38	11.30	44.11	4.31
西安辖区	12267.10	1592.12	3795.68	389.64	6592.70	844.60	2152.45	246.59	4440.25	598.01
陕 西	5380.29	786.92	1665.93	192.91	2948.35	428.35	877.87	107.43	2070.48	320.92
甘 肃	2484.13	354.06	824.39	120.72	1384.88	166.80	456.81	58.50	928.07	108.30
青 海	601.73	63.20	212.55	14.68	299.28	38.78	126.83	15.73	172.45	23.05
宁 夏	841.17	94.25	260.31	11.08	425.52	47.82	147.89	13.69	277.63	34.13
新 疆	2959.78	293.69	832.50	50.25	1534.67	162.85	543.05	51.24	991.62	111.61

注：12 月因财务公司部分委托业务由表内调整至表外核算，导致与其相关的部分存贷款数据余额与 11 月末余额不可比。按照“余额真实，增减额可比”的统计原则，比年初为调整后的可比口径数据。

续表 2 （2004 年）

项目 / 地区	当年结益		各项贷款		短期贷款		工业贷款		商业贷款	
	余额	比年初	余额	比年初	余额	比年初	余额	比年初	余额	比年初
全国	384.82	385.23	176694.90	22431.46	86340.57	6319.50	23895.56	1675.74	17071.96	-98.49
总行	-1164.11	-1164.11	5404.44	1587.02	1434.44	368.66	683.46	97.69	527.87	195.81
北京	263.76	263.76	12600.24	1621.76	4721.61	520.64	1217.29	1.45	787.93	58.53
重庆	31.11	31.11	3052.66	350.29	1362.75	50.51	333.80	-8.98	194.45	-23.80
天津辖区	91.39	91.39	16235.45	1986.15	8257.58	680.51	2194.71	113.94	1558.77	4.38
天津	39.06	39.06	3827.31	475.54	1758.32	213.13	410.46	1.33	261.13	15.65
河北	15.50	15.50	6152.23	631.97	3423.37	207.60	873.62	44.35	641.38	4.33
山西	30.14	30.14	4016.13	537.02	2036.26	182.68	577.57	54.88	360.63	-9.16
内蒙	6.69	6.69	2239.78	341.62	1039.63	77.10	333.06	13.38	295.63	-6.44
沈阳辖区	1.48	1.47	15217.79	1201.56	8662.18	149.39	2602.88	36.94	2775.81	-205.95
辽宁	23.07	23.08	7744.55	714.86	4284.30	166.16	1421.38	28.75	961.65	-60.79
吉林	-11.03	-11.03	3435.02	283.91	1986.65	24.54	526.93	4.66	811.76	-71.28
黑龙江	-10.56	-10.58	4038.22	202.80	2391.23	-41.31	654.57	3.53	1002.40	-73.88
上海辖区	509.43	509.43	31091.34	4250.98	15203.40	1255.17	4063.83	314.85	1640.02	-74.78
上海	241.77	241.77	12379.96	1400.28	4880.22	-92.75	1278.89	-259.05	492.92	-16.20
浙江	225.85	225.85	14350.75	2196.90	8114.96	1087.95	2079.64	453.53	843.39	-66.74
福建	41.81	41.81	4360.63	653.80	2208.22	259.97	705.30	120.37	303.71	8.16
南京辖区	183.84	183.83	17381.58	2871.45	9542.79	921.05	2660.99	447.38	1603.92	-4.40
江苏	156.77	156.77	13480.99	2287.61	7334.04	744.79	2117.50	413.26	957.39	-28.56
安徽	27.07	27.06	3900.59	583.84	2208.75	176.26	543.49	34.12	646.53	24.16
济南辖区	114.04	114.04	18875.16	2197.97	10801.17	957.88	3050.43	393.44	2290.28	13.26

续表3

(2004年)

项目 地区	当年结益		各项贷款		短期贷款		工业贷款		商业贷款	
	余额	比年初	余额	比年初	余额	比年初	余额	比年初	余额	比年初
山东	91.77	91.77	11782.84	1473.08	6600.64	700.09	1925.57	319.97	1166.06	8.53
河南	22.27	22.27	7092.32	724.89	4200.53	257.79	1124.86	73.47	1124.22	4.73
武汉辖区	26.73	26.72	12471.75	1435.88	6369.40	468.08	1691.93	65.96	1721.22	41.85
江西	8.54	8.54	2854.01	383.83	1472.97	49.05	422.67	-11.22	391.02	13.56
湖北	3.47	3.46	5359.70	518.51	2548.12	181.64	682.89	12.24	796.23	19.82
湖南	14.72	14.72	4258.04	533.54	2348.31	237.39	586.37	64.94	533.97	8.47
广州辖区	203.46	203.46	22968.75	2492.74	10159.03	204.76	2536.95	45.57	1815.28	-98.32
广东	191.16	191.16	19407.88	1858.85	8822.93	138.43	2152.41	34.96	1588.26	-103.81
广西	15.19	15.19	2759.67	532.67	1072.68	63.24	327.76	16.95	182.59	5.71
海南	-2.89	-2.89	801.20	101.22	263.42	3.09	56.78	-6.34	44.43	-0.22
成都辖区	85.93	85.94	12062.13	1526.30	5362.76	335.88	1458.62	78.25	1088.03	-72.99
四川	46.86	46.87	6475.92	661.14	3081.76	114.68	802.92	4.22	635.47	-26.74
贵州	20.39	20.39	2020.02	333.09	708.23	89.52	223.73	42.42	161.97	-19.79
云南	20.31	20.31	3398.30	501.51	1488.12	116.75	426.37	34.79	271.96	-17.27
西藏	-1.63	-1.63	167.89	30.56	84.65	14.93	5.60	-3.18	18.63	-9.19
西安辖区	37.74	38.16	9333.58	909.29	4463.51	407.08	1400.67	89.23	1068.40	67.93
陕西	22.52	22.93	3829.57	411.24	1783.08	157.01	552.75	40.85	316.00	6.31
甘肃	7.71	7.71	1907.36	207.68	998.53	107.12	360.11	46.09	203.10	5.06
青海	2.77	2.77	619.85	63.61	218.41	18.86	80.02	-2.09	32.79	-3.52
宁夏	3.35	3.35	762.14	92.11	308.39	28.65	98.41	5.18	45.09	-2.05
新疆	1.39	1.40	2214.66	134.65	1155.10	95.44	309.38	-0.80	471.42	62.13

续表 4　　(2004 年)

项目 / 地区	农业贷款		个人短期贷款		中长期贷款		基本建设贷款		技术改造贷款		个人中长期贷款	
	余额	比年初	余额	比年初	余额	比年初	余额	比年初	余额	比年初	余额	比年初
全国	9843.11	1588.94	1253.30	172.80	70249.64	13676.32	35050.64	6267.87	2312.67	229.78	18624.55	4153.60
总行	5.30	0.50	59.13	56.27	1545.43	-78.97	856.51	103.89	122.49	-73.65	2.06	0.44
北京	76.54	-0.14	18.55	-5.11	6414.66	965.95	2634.17	2.54	227.18	-5.08	1971.85	361.53
重庆	170.98	22.66	26.92	16.37	1270.48	266.84	642.20	121.15	32.58	12.79	319.72	73.85
天津辖区	1517.14	260.37	84.88	1.10	6135.84	1270.13	3568.78	681.18	203.68	55.65	1151.54	227.31
天津	175.25	42.97	11.33	3.40	1646.25	332.69	946.21	143.28	18.54	-2.00	335.72	84.73
河北	799.56	105.00	38.68	0.34	1949.57	360.01	1041.46	172.92	110.49	31.64	427.06	84.95
山西	401.03	84.63	24.29	-0.42	1489.31	311.33	891.34	203.97	44.43	17.54	246.82	39.67
内蒙	141.30	27.77	10.58	-2.22	1050.71	266.10	689.77	161.01	30.22	8.47	141.94	17.96
沈阳辖区	620.88	144.80	88.50	-1.83	5230.16	904.46	2517.17	251.87	249.58	63.43	1200.67	239.18
辽宁	281.32	53.14	48.41	2.03	2693.93	548.92	1186.80	137.73	133.82	49.64	708.30	182.16
吉林	176.63	55.88	27.11	2.41	1196.07	206.97	654.07	74.56	62.55	11.62	199.63	31.46
黑龙江	162.93	35.78	12.98	-6.27	1340.16	148.57	676.30	39.58	53.21	2.17	292.74	25.56
上海辖区	1005.35	152.20	462.81	96.45	13062.82	3028.93	5865.51	1315.75	320.86	-17.51	4958.95	1319.54
上海	33.83	-11.54	52.76	-4.09	6056.11	1518.85	2237.69	613.10	199.09	-38.92	2619.89	758.50
浙江	692.15	118.71	360.50	93.24	5208.40	1138.11	2806.44	563.85	107.71	19.00	1672.00	416.20
福建	279.37	45.03	49.55	7.30	1798.31	371.97	821.38	138.80	14.06	2.41	667.06	144.84
南京辖区	945.24	172.51	155.41	18.33	6053.78	1589.46	3253.40	902.76	208.81	25.67	1474.98	414.95
江苏	574.58	109.64	142.00	18.31	4747.00	1254.76	2525.54	725.58	144.88	18.68	1199.14	327.69
安徽	370.66	62.87	13.41	0.02	1306.78	334.70	727.86	177.18	63.93	6.99	275.84	87.26
济南辖区	2279.93	374.12	101.46	-7.84	5835.84	1177.31	3008.95	525.31	290.91	67.37	1284.83	286.15

续表5

（2004年）

项目 地区	农业贷款		个人短期贷款		中长期贷款		基本建设贷款		技术改造贷款		个人中长期贷款	
	余额	比年初	余额	比年初	余额	比年初	余额	比年初	余额	比年初	余额	比年初
山东	1340.13	234.99	72.91	3.20	3597.94	783.98	1683.43	270.16	194.66	52.70	985.09	239.70
河南	939.80	139.13	28.55	-11.04	2237.90	393.33	1325.52	255.15	96.25	14.67	299.74	46.45
武汉辖区	894.88	156.17	50.59	-6.41	5021.54	887.41	3016.48	482.08	182.46	41.23	819.64	254.78
江西	254.60	41.97	14.59	0.96	1203.30	298.56	756.73	206.80	47.57	10.04	192.29	59.06
湖北	219.83	25.60	11.47	-5.60	2234.90	310.44	1289.19	110.78	94.58	21.88	368.53	128.24
湖南	420.45	88.60	24.53	-1.77	1583.34	278.41	970.56	164.50	40.31	9.31	258.82	67.48
广州辖区	723.00	51.66	80.26	-1.88	10267.80	2124.48	4546.30	983.74	152.84	30.05	3629.19	652.44
广东	459.01	11.84	72.48	-2.23	8308.59	1597.88	3469.35	673.18	115.52	24.31	3188.24	523.99
广西	206.60	35.69	5.97	0.49	1488.17	425.76	783.04	233.68	26.16	5.91	358.07	107.46
海南	57.39	4.13	1.81	-0.14	471.04	100.84	293.91	76.88	11.16	-0.17	82.88	20.99
成都辖区	896.52	122.85	76.40	2.01	5446.23	1018.58	2953.88	546.22	146.12	4.85	1120.09	217.51
四川	509.54	47.59	58.75	4.23	2691.93	406.75	1448.81	180.08	79.92	10.03	561.58	77.77
贵州	140.94	37.30	3.61	0.87	1128.20	239.51	721.18	192.11	34.47	-0.42	177.11	38.89
云南	239.27	36.66	13.05	-3.49	1569.18	363.89	775.50	174.82	28.32	-3.47	361.36	92.58
西藏	6.77	1.30	0.99	0.40	56.92	8.43	8.39	-0.79	3.41	-1.29	20.04	8.27
西安辖区	707.36	131.28	48.38	5.34	3965.05	521.65	2187.29	351.35	175.17	24.98	691.01	105.90
陕西	303.88	69.33	21.64	9.70	1597.87	249.96	842.64	186.35	90.02	9.61	275.53	61.97
甘肃	159.55	15.26	10.40	-0.94	755.39	86.83	474.08	42.93	23.93	8.68	94.92	17.83
青海	23.63	2.40	0.51	-0.12	354.15	46.62	248.19	36.89	7.99	2.39	20.82	4.47
宁夏	71.10	19.09	9.94	1.78	374.48	49.84	203.27	32.52	17.36	1.31	66.09	13.70
新疆	149.20	25.20	5.89	-5.08	883.16	88.40	419.11	52.66	35.87	2.99	233.65	7.93

金融机构（含外资）可比口径人民币信贷收支分地区表

（2004 年）

单位：亿元

项目／地区	各项存款									
			企业存款	储蓄存款	活期储蓄		定期储蓄			
	余额	比年初	余额	比年初	余额	比年初	余额	比年初	余额	比年初
全　国	240525.07	33315.44	84670.57	11647.19	119555.39	15929.42	41416.53	6288.86	78138.86	9640.56
总　行	5821.00	413.79	2676.30	334.77	354.35	347.65	354.35	347.65	0.00	0.00
北　京	21650.71	3331.21	12334.98	2083.90	6122.35	828.82	2156.19	275.69	3966.16	553.13
重　庆	4007.79	568.91	1230.83	136.64	2189.73	292.50	719.74	88.08	1469.99	204.42
天津辖区	22396.41	3619.88	6161.85	1036.64	13270.33	1850.66	3940.61	748.00	9329.72	1102.66
天　津	4758.40	717.81	1850.21	287.70	2116.67	290.94	641.49	109.83	1475.18	181.11
河　北	9249.94	1288.31	2083.56	340.53	6207.48	749.57	1690.23	296.61	4517.25	452.96
山　西	5811.69	1128.17	1538.00	271.07	3342.31	561.43	920.38	212.14	2421.93	349.29
内　蒙	2576.38	485.59	690.08	137.34	1603.87	248.72	688.51	129.42	915.36	119.30
沈阳辖区	19199.80	2132.52	4953.61	570.31	12039.56	1099.39	3561.28	350.08	8478.28	749.31
辽　宁	10203.58	1255.98	2816.81	384.09	6048.52	612.17	1659.09	194.89	4389.43	417.28
吉　林	3683.49	376.25	804.95	36.70	2405.59	244.22	770.23	71.70	1635.36	172.52
黑龙江	5312.73	500.30	1331.85	149.52	3585.45	243.00	1131.96	83.49	2453.49	159.51
上海辖区	41347.72	5868.83	18224.24	2562.63	16802.45	2320.51	6047.63	831.72	10754.82	1488.79
上　海	18118.29	2568.82	9823.62	1399.13	6116.13	1012.90	1886.15	245.16	4229.98	767.74
浙　江	17236.61	2485.34	6558.02	893.08	7364.06	909.86	2737.37	401.57	4626.69	508.29
福　建	5992.82	814.67	1842.60	270.42	3322.26	397.75	1424.11	184.99	1898.15	212.76
南京辖区	23257.34	3695.23	8240.11	1271.77	11835.46	1720.37	3297.72	522.67	8537.74	1197.70
江　苏	18212.01	2845.56	6750.57	1027.06	8863.10	1224.92	2401.35	351.24	6461.75	873.68
安　徽	5045.33	849.67	1489.54	244.71	2972.36	495.45	896.37	171.43	2075.99	324.02
济南辖区	23147.89	3089.00	5862.88	629.14	13328.76	1638.93	3917.24	606.74	9411.52	1032.19

续表 1　　（2004 年）

项目／地区	各项存款		企业存款		储蓄存款		活期储蓄		定期储蓄	
	余额	比年初	余额	比年初	余额	比年初	余额	比年初	余额	比年初
山　东	14516.07	2072.99	3874.64	477.22	7721.46	951.09	2256.35	339.97	5465.11	611.12
河　南	8631.82	1016.01	1988.24	151.92	5607.30	687.84	1660.89	266.77	3946.41	421.07
武汉辖区	16274.90	2396.56	4723.51	592.66	9696.65	1347.05	3464.76	543.27	6231.89	803.78
江　西	3758.30	518.54	991.67	118.26	2347.72	332.10	881.95	145.11	1465.77	186.99
湖　北	7016.12	1047.34	2354.43	268.87	3865.70	568.99	1314.42	194.01	2551.28	374.98
湖　南	5500.48	830.68	1377.41	205.53	3483.23	445.96	1268.39	204.15	2214.84	241.81
广州辖区	35603.92	4282.47	11350.62	1197.93	19049.43	2472.82	8913.42	1297.58	10136.01	1175.24
广　东	30819.96	3656.00	10030.30	991.31	16193.41	2131.65	7509.64	1081.90	8683.77	1049.75
广　西	3673.14	508.44	959.12	167.63	2240.10	272.09	1111.38	173.76	1128.72	98.33
海　南	1110.82	118.03	361.20	38.99	615.92	69.08	292.40	41.92	323.52	27.16
成都辖区	15550.48	2324.97	5115.93	841.25	8273.60	1166.15	2891.14	430.81	5382.46	735.34
四　川	8462.13	1227.53	2378.93	356.54	5019.44	683.12	1460.25	167.59	3559.19	515.53
贵　州	2322.24	423.97	840.74	177.76	1094.55	181.82	512.54	98.46	582.01	83.36
云　南	4404.37	632.60	1688.80	289.29	2052.12	285.60	854.97	153.46	1197.15	132.14
西　藏	361.74	40.87	207.46	17.66	107.49	15.61	63.38	11.30	44.11	4.31
西安辖区	12267.10	1592.12	3795.68	389.64	6592.70	844.60	2152.45	246.59	4440.25	598.01
陕　西	5380.29	786.92	1665.93	192.91	2948.35	428.35	877.87	107.43	2070.48	320.92
甘　肃	2484.13	354.06	824.39	120.72	1384.88	166.80	456.81	58.50	928.07	108.30
青　海	601.73	63.20	212.55	14.68	299.28	38.78	126.83	15.73	172.45	23.05
宁　夏	841.17	94.25	260.31	11.08	425.52	47.82	147.89	13.69	277.63	34.13
新　疆	2959.78	293.69	832.50	50.25	1534.67	162.85	543.05	51.24	991.62	111.61

注：12 月因财务公司部分委托业务由表内调整至表外核算，导致与其相关的部分存贷款数据余额与 11 月末余额不可比。按照“余额真实，增减额可比”的统计原则，比年初为调整后的可比口径数据。

续表 2

(2004 年)

项目 / 地区	当年结益		各项贷款		短期贷款		工业贷款		商业贷款	
	余额	比年初	余额	比年初	余额	比年初	余额	比年初	余额	比年初
全国	391.20	391.61	177363.49	22648.06	86836.83	6496.66	23895.56	1675.74	17071.96	-98.49
总行	-1164.11	-1164.11	5404.44	1587.02	1434.44	368.66	683.46	97.69	527.87	195.81
北京	264.07	264.07	12625.24	1638.99	4739.52	534.94	1217.29	1.45	787.93	58.53
重庆	31.11	31.11	3052.66	350.29	1362.75	50.51	333.80	-8.98	194.45	-23.80
天津辖区	91.61	91.61	16252.66	1996.30	8270.79	687.92	2194.71	113.94	1558.77	4.38
天津	39.28	39.28	3844.52	485.69	1771.53	220.54	410.46	1.33	261.13	15.65
河北	15.50	15.50	6152.23	631.97	3423.37	207.60	873.62	44.35	641.38	4.33
山西	30.14	30.14	4016.13	537.02	2036.26	182.68	577.57	54.88	360.63	-9.16
内蒙	6.69	6.69	2239.78	341.62	1039.63	77.10	333.06	13.38	295.63	-6.44
沈阳辖区	1.59	1.58	15226.29	1204.58	8667.31	150.93	2602.88	36.94	2775.81	-205.95
辽宁	23.18	23.19	7753.05	717.88	4289.43	167.70	1421.38	28.75	961.65	-60.79
吉林	-11.03	-11.03	3435.02	283.91	1986.65	24.54	526.93	4.66	811.76	-71.28
黑龙江	-10.56	-10.58	4038.22	202.80	2391.23	-41.31	654.57	3.53	1002.40	-73.88
上海辖区	513.86	513.86	31566.93	4389.39	15556.15	1373.48	4063.83	314.85	1640.02	-74.78
上海	246.14	246.14	12849.14	1532.28	5228.13	20.72	1278.89	-259.05	492.92	-16.20
浙江	225.85	225.85	14350.75	2196.90	8114.96	1087.95	2079.64	453.53	843.39	-66.74
福建	41.87	41.87	4367.04	660.21	2213.06	264.81	705.30	120.37	303.71	8.16
南京辖区	183.84	183.83	17381.58	2871.45	9542.79	921.05	2660.99	447.38	1603.92	-4.40
江苏	156.77	156.77	13480.99	2287.61	7334.04	744.79	2117.50	413.26	957.39	-28.56
安徽	27.07	27.06	3900.59	583.84	2208.75	176.26	543.49	34.12	646.53	24.16
济南辖区	114.06	114.06	18875.99	2198.80	10801.97	958.68	3050.43	393.44	2290.28	13.26

续表3

（2004年）

项目 地区	当年结益		各项贷款		短期贷款		工业贷款		商业贷款	
	余额	比年初	余额	比年初	余额	比年初	余额	比年初	余额	比年初
山东	91.79	91.79	11783.67	1473.91	6601.44	700.89	1925.57	319.97	1166.06	8.53
河南	22.27	22.27	7092.32	724.89	4200.53	257.79	1124.86	73.47	1124.22	4.73
武汉辖区	26.74	26.73	12471.97	1436.10	6369.61	468.29	1691.93	65.96	1721.22	41.85
江西	8.54	8.54	2854.01	383.83	1472.97	49.05	422.67	-11.22	391.02	13.56
湖北	3.48	3.47	5359.92	518.73	2548.33	181.85	682.89	12.24	796.23	19.82
湖南	14.72	14.72	4258.04	533.54	2348.31	237.39	586.37	64.94	533.97	8.47
广州辖区	204.73	204.73	23109.97	2539.48	10265.27	239.34	2536.95	45.57	1815.28	-98.32
广东	192.43	192.43	19549.10	1905.59	8929.17	173.01	2152.41	34.96	1588.26	-103.81
广西	15.19	15.19	2759.67	532.67	1072.68	63.24	327.76	16.95	182.59	5.71
海南	-2.89	-2.89	801.20	101.22	263.42	3.09	56.78	-6.34	44.43	-0.22
成都辖区	85.93	85.94	12062.13	1526.30	5362.76	335.88	1458.62	78.25	1088.03	-72.99
四川	46.86	46.87	6475.92	661.14	3081.76	114.68	802.92	4.22	635.47	-26.74
贵州	20.39	20.39	2020.02	333.09	708.23	89.52	223.73	42.42	161.97	-19.79
云南	20.31	20.31	3398.30	501.51	1488.12	116.75	426.37	34.79	271.96	-17.27
西藏	-1.63	-1.63	167.89	30.56	84.65	14.93	5.60	-3.18	18.63	-9.19
西安辖区	37.74	38.16	9333.58	909.29	4463.51	407.08	1400.67	89.23	1068.40	67.93
陕西	22.52	22.93	3829.57	411.24	1783.08	157.01	552.75	40.85	316.00	6.31
甘肃	7.71	7.71	1907.36	207.68	998.53	107.12	360.11	46.09	203.10	5.06
青海	2.77	2.77	619.85	63.61	218.41	18.86	80.02	-2.09	32.79	-3.52
宁夏	3.35	3.35	762.14	92.11	308.39	28.65	98.41	5.18	45.09	-2.05
新疆	1.39	1.40	2214.66	134.65	1155.10	95.44	309.38	-0.80	471.42	62.13

续表 4

（2004 年）

项目 / 地区	农业贷款		个人短期贷款		中长期贷款		基本建设贷款		技术改造贷款		个人中长期贷款	
	余额	比年初	余额	比年初	余额	比年初	余额	比年初	余额	比年初	余额	比年初
全　国	9843.11	1588.94	1254.23	173.32	70345.88	13703.29	35050.64	6267.87	2312.67	229.78	18627.82	4154.16
总　行	5.30	0.50	59.13	56.27	1545.43	-78.97	856.51	103.89	122.49	-73.65	2.06	0.44
北　京	76.54	-0.14	18.55	-5.11	6414.66	965.95	2634.17	2.54	227.18	-5.08	1971.85	361.53
重　庆	170.98	22.66	26.92	16.37	1270.48	266.84	642.20	121.15	32.58	12.79	319.72	73.85
天津辖区	1517.14	260.37	84.88	1.10	6135.96	1270.25	3568.78	681.18	203.68	55.65	1151.57	227.34
天　津	175.25	42.97	11.33	3.40	1646.37	332.81	946.21	143.28	18.54	-2.00	335.75	84.76
河　北	799.56	105.00	38.68	0.34	1949.57	360.01	1041.46	172.92	110.49	31.64	427.06	84.95
山　西	401.03	84.63	24.29	-0.42	1489.31	311.33	891.34	203.97	44.43	17.54	246.82	39.67
内　蒙	141.30	27.77	10.58	-2.22	1050.71	266.10	689.77	161.01	30.22	8.47	141.94	17.96
沈阳辖区	620.88	144.80	88.53	-1.81	5232.82	905.87	2517.17	251.87	249.58	63.43	1200.74	239.25
辽　宁	281.32	53.14	48.44	2.05	2696.59	550.33	1186.80	137.73	133.82	49.64	708.37	182.23
吉　林	176.63	55.88	27.11	2.41	1196.07	206.97	654.07	74.56	62.55	11.62	199.63	31.46
黑龙江	162.93	35.78	12.98	-6.27	1340.16	148.57	676.30	39.58	53.21	2.17	292.74	25.56
上海辖区	1005.35	152.20	463.33	96.65	13129.53	3044.78	5865.51	1315.75	320.86	-17.51	4960.41	1319.95
上　海	33.83	-11.54	53.26	-3.91	6121.31	1533.19	2237.69	613.10	199.09	-38.92	2621.34	758.90
浙　江	692.15	118.71	360.50	93.24	5208.40	1138.11	2806.44	563.85	107.71	19.00	1672.00	416.20
福　建	279.37	45.03	49.57	7.32	1799.82	373.48	821.38	138.80	14.06	2.41	667.07	144.85
南京辖区	945.24	172.51	155.41	18.33	6053.78	1589.46	3253.40	902.76	208.81	25.67	1474.98	414.95
江　苏	574.58	109.64	142.00	18.31	4747.00	1254.76	2525.54	725.58	144.88	18.68	1199.14	327.69
安　徽	370.66	62.87	13.41	0.02	1306.78	334.70	727.86	177.18	63.93	6.99	275.84	87.26
济南辖区	2279.93	374.12	101.46	-7.84	5835.87	1177.34	3008.95	525.31	290.91	67.37	1284.86	286.18

续表5

（2004年）

项目／地区	农业贷款		个人短期贷款		中长期贷款		基本建设贷款		技术改造贷款		个人中长期贷款	
	余额	比年初	余额	比年初	余额	比年初	余额	比年初	余额	比年初	余额	比年初
山东	1340.13	234.99	72.91	3.20	3597.97	784.01	1683.43	270.16	194.66	52.70	985.12	239.73
河南	939.80	139.13	28.55	-11.04	2237.90	393.33	1325.52	255.15	96.25	14.67	299.74	46.45
武汉辖区	894.88	156.17	50.59	-6.41	5021.55	887.42	3016.48	482.08	182.46	41.23	819.65	254.79
江西	254.60	41.97	14.59	0.96	1203.30	298.56	756.73	206.80	47.57	10.04	192.29	59.06
湖北	219.83	25.60	11.47	-5.60	2234.91	310.45	1289.19	110.78	94.58	21.88	368.54	128.25
湖南	420.45	88.60	24.53	-1.77	1583.34	278.41	970.56	164.50	40.31	9.31	258.82	67.48
广州辖区	723.00	51.66	80.64	-1.57	10294.50	2134.02	4546.30	983.74	152.84	30.05	3630.84	652.43
广东	459.01	11.84	72.86	-1.92	8335.29	1607.42	3469.35	673.18	115.52	24.31	3189.89	523.98
广西	206.60	35.69	5.97	0.49	1488.17	425.76	783.04	233.68	26.16	5.91	358.07	107.46
海南	57.39	4.13	1.81	-0.14	471.04	100.84	293.91	76.88	11.16	-0.17	82.88	20.99
成都辖区	896.52	122.85	76.40	2.01	5446.23	1018.58	2953.88	546.22	146.12	4.85	1120.09	217.51
四川	509.54	47.59	58.75	4.23	2691.93	406.75	1448.81	180.08	79.92	10.03	561.58	77.77
贵州	140.94	37.30	3.61	0.87	1128.20	239.51	721.18	192.11	34.47	-0.42	177.11	38.89
云南	239.27	36.66	13.05	-3.49	1569.18	363.89	775.50	174.82	28.32	-3.47	361.36	92.58
西藏	6.77	1.30	0.99	0.40	56.92	8.43	8.39	-0.79	3.41	-1.29	20.04	8.27
西安辖区	707.36	131.28	48.38	5.34	3965.05	521.65	2187.29	351.35	175.17	24.98	691.01	105.90
陕西	303.88	69.33	21.64	9.70	1597.87	249.96	842.64	186.35	90.02	9.61	275.53	61.97
甘肃	159.55	15.26	10.40	-0.94	755.39	86.83	474.08	42.93	23.93	8.68	94.92	17.83
青海	23.63	2.40	0.51	-0.12	354.15	46.62	248.19	36.89	7.99	2.39	20.82	4.47
宁夏	71.10	19.09	9.94	1.78	374.48	49.84	203.27	32.52	17.36	1.31	66.09	13.70
新疆	149.20	25.20	5.89	-5.08	883.16	88.40	419.11	52.66	35.87	2.99	233.65	7.93

金融机构可比口径本外币分地区表

（2004 年）

单位：亿元

项目 / 地区	各项存款		企事业单位存款		储蓄存款		活期储蓄		定期储蓄	
	余额	比年初	余额	比年初	余额	比年初	余额	比年初	余额	比年初
全国	251691.22	33275.05	88289.98	11819.81	126100.87	15451.12	42774.36	6559.86	83326.51	8891.26
总行	7101.27	915.68	3466.20	428.37	767.57	747.84	365.42	347.59	402.15	400.25
北京	23679.29	3303.85	13183.78	2106.85	7137.83	704.76	2389.71	312.47	4748.12	392.29
天津	5052.18	736.56	1972.47	326.96	2260.33	269.63	667.13	114.06	1593.20	155.57
河北	9386.50	1269.19	2115.95	322.41	6290.30	734.89	1701.42	298.68	4588.88	436.21
山西	5885.78	1132.14	1554.09	272.97	3394.68	559.92	924.78	212.61	2469.90	347.31
内蒙古	2615.96	487.99	699.67	142.04	1632.46	245.46	693.22	130.04	939.24	115.42
辽宁	10686.16	1179.23	2901.55	362.79	6419.85	544.27	1734.18	209.41	4685.67	334.86
吉林	3804.14	357.05	815.15	41.63	2508.39	223.38	791.00	75.63	1717.39	147.75
黑龙江	5458.22	478.86	1347.26	153.90	3710.87	216.57	1162.89	85.50	2547.98	131.07
上海	19164.65	2463.40	9909.40	1368.50	6897.34	876.51	2043.86	255.79	4853.48	620.72
江苏	19012.75	2862.20	7142.26	1092.90	9197.52	1151.48	2451.25	358.42	6746.27	793.06
浙江	17855.03	2445.45	6759.13	916.26	7741.65	850.09	2787.94	411.27	4953.71	438.82
安徽	5125.58	845.28	1514.03	247.75	3022.90	489.82	901.00	172.57	2121.90	317.25
福建	6378.13	769.95	1914.17	269.88	3609.58	338.52	1488.57	194.73	2121.01	143.79
江西	3822.87	514.32	1005.05	125.20	2394.55	318.16	888.22	147.10	1506.33	171.06
山东	14904.92	2070.54	4018.75	508.02	7929.93	910.45	2291.90	345.54	5638.03	564.91

续表1

（2004年）

项目 地区	各项存款		企事业单位存款		储蓄存款		活期储蓄		定期储蓄	
	余额	比年初	余额	比年初	余额	比年初	余额	比年初	余额	比年初
河南	8779.44	1002.52	2018.12	150.52	5706.23	673.80	1672.71	272.69	4033.52	401.11
湖北	7185.55	1042.99	2408.44	277.92	3966.78	553.15	1330.37	199.21	2636.41	353.94
湖南	5601.20	825.88	1391.54	203.71	3556.68	435.11	1276.86	206.15	2279.82	228.96
广东	32935.06	3555.65	10518.93	963.54	17621.85	2037.66	7969.22	1207.84	9652.63	829.82
广西	3740.52	502.65	971.57	167.26	2292.28	265.34	1123.58	175.65	1168.70	89.69
海南	1159.13	107.85	373.98	29.73	645.49	63.56	299.37	43.00	346.12	20.56
四川	8621.37	1210.89	2426.05	356.70	5113.19	659.58	1472.32	169.89	3640.87	489.69
贵州	2341.96	425.05	846.75	179.43	1107.04	180.35	513.86	98.62	593.18	81.73
云南	4474.06	611.33	1704.50	274.75	2100.90	276.49	861.33	155.00	1239.57	121.49
西藏	363.31	40.95	208.04	17.85	108.48	15.63	63.67	11.34	44.81	4.29
陕西	5491.61	761.59	1697.30	185.31	3023.75	412.92	893.79	113.89	2129.96	299.03
甘肃	2529.68	355.80	836.96	121.66	1412.70	163.07	459.66	60.04	953.04	103.03
青海	607.53	63.28	213.85	14.85	303.75	38.61	127.36	15.81	176.39	22.80
宁夏	851.01	89.04	264.40	8.47	430.93	46.84	148.34	13.83	282.59	33.01
新疆	3003.02	288.39	838.87	46.21	1566.03	160.31	550.06	53.84	1015.97	106.47
重庆	4073.30	560.14	1251.74	135.58	2229.01	286.97	729.38	91.67	1499.63	195.30

续表 2　　(2004 年)

项目 地区	当年结益		各项贷款		短期贷款		中长期贷款		其他贷款	
	余额	比年初	余额	比年初	余额	比年初	余额	比年初	余额	比年初
全国	927.02	927.43	185732.56	23139.35	89193.66	6566.90	80046.83	13896.11	2710.65	236.42
总行	-755.75	-755.75	6521.41	1012.63	1582.13	438.01	2237.06	-575.94	352.28	-342.38
北京	290.06	290.06	13312.28	1820.40	4906.08	537.60	7387.43	1212.88	226.86	70.19
天津	41.67	41.67	4017.34	477.94	1840.63	240.66	1829.48	295.25	67.52	-2.32
河北	15.20	15.20	6233.85	616.58	3444.86	200.82	2246.23	299.27	32.34	4.28
山西	32.63	32.63	4107.59	560.94	2043.82	180.36	1603.17	335.78	68.38	6.56
内蒙古	7.16	7.16	2278.53	335.74	1047.71	69.88	1126.38	260.91	27.85	0.16
辽宁	35.41	35.42	8070.47	731.57	4391.96	182.32	3112.84	605.93	84.51	13.49
吉林	-8.71	-8.71	3564.09	302.04	2011.63	22.72	1341.74	202.26	65.67	23.67
黑龙江	-9.49	-9.51	4115.29	199.49	2422.83	-47.64	1440.34	148.26	18.85	-0.95
上海	271.98	271.98	13468.29	1518.55	5182.87	-70.55	7212.76	1665.60	144.32	10.55
江苏	161.27	161.27	14247.09	2376.34	7670.37	713.92	5216.10	1342.11	176.16	35.61
浙江	240.92	240.92	14982.53	2436.50	8360.43	1086.80	5618.42	1215.64	307.12	174.44
安徽	29.11	29.10	4006.21	574.07	2259.15	159.60	1459.59	349.56	27.29	5.22
福建	46.41	46.41	4642.90	693.28	2360.13	299.00	2001.51	376.78	37.51	4.30
江西	9.09	9.09	2912.89	408.58	1487.62	53.54	1309.46	317.94	7.26	-0.12
山东	110.87	110.87	12219.31	1528.78	6811.58	708.53	4067.77	766.95	120.23	12.58

续表3 （2004年）

项目 地区	当年结益		各项贷款		短期贷款		中长期贷款		其他贷款	
	余额	比年初	余额	比年初	余额	比年初	余额	比年初	余额	比年初
河南	24.55	24.55	7243.08	700.31	4238.42	229.89	2518.94	391.61	79.44	-6.46
湖北	5.23	5.22	5589.09	531.17	2618.65	199.79	2558.51	311.26	70.44	-6.53
湖南	14.43	14.43	4355.09	552.58	2380.28	242.97	1810.81	309.62	35.92	8.37
广东	183.74	183.74	21242.13	2305.20	9460.39	262.81	9636.84	1676.73	537.78	220.99
广西	19.81	19.81	2786.84	531.93	1088.19	66.14	1589.91	425.32	6.44	0.14
海南	-0.96	-0.96	919.98	124.31	270.74	1.11	601.62	119.63	14.47	-1.56
四川	47.84	47.85	6648.32	667.10	3117.56	102.67	3052.77	408.53	77.75	12.48
贵州	20.54	20.54	2033.93	335.66	716.55	95.32	1271.13	238.74	2.33	-0.78
云南	20.80	20.80	3449.18	499.61	1510.59	113.29	1824.24	378.82	8.26	-2.26
西藏	-1.63	-1.63	168.44	30.56	84.65	14.93	82.53	14.97	0.55	-0.05
陕西	24.50	24.91	3894.51	410.83	1811.67	160.46	1752.41	237.88	17.35	1.15
甘肃	8.04	8.04	1928.30	210.16	1005.77	109.60	837.55	90.06	16.92	4.82
青海	2.99	2.99	621.92	64.02	218.45	18.86	386.93	42.11	1.88	0.20
宁夏	3.14	3.14	770.60	93.02	310.96	29.40	428.00	64.28	3.23	-0.49
新疆	0.80	0.81	2267.26	137.46	1160.04	92.21	1008.01	80.68	37.74	-6.28
重庆	35.34	35.34	3113.77	352.61	1376.99	52.00	1476.36	287.03	35.93	-2.62

金融机构（含外资）可比口径本外币分地区表

（2004 年）

单位：亿元

地区＼项目	各项存款		企事业单位存款		储蓄存款		活期储蓄		定期储蓄	
	余额	比年初	余额	比年初	余额	比年初	余额	比年初	余额	比年初
全国	253188.06	33683.33	89438.13	12083.91	126196.22	15490.52	42800.27	6572.63	83395.95	8917.89
总行	7101.27	915.68	3466.20	428.37	767.57	747.84	365.42	347.59	402.15	400.25
北京	23820.93	3338.16	13282.67	2122.44	7154.31	712.77	2395.93	316.31	4758.38	396.46
天津	5147.83	787.58	2065.86	377.33	2261.19	269.23	667.59	113.78	1593.60	155.45
河北	9386.50	1269.19	2115.95	322.41	6290.30	734.89	1701.42	298.68	4588.88	436.21
山西	5885.78	1132.14	1554.09	272.97	3394.68	559.92	924.78	212.61	2469.90	347.31
内蒙古	2615.96	487.99	699.67	142.04	1632.46	245.46	693.22	130.04	939.24	115.42
辽宁	10734.02	1189.43	2939.41	370.04	6421.41	543.60	1734.48	209.12	4686.93	334.48
吉林	3804.14	357.05	815.15	41.63	2508.39	223.38	791.00	75.63	1717.39	147.75
黑龙江	5458.22	478.86	1347.26	153.90	3710.87	216.57	1162.89	85.50	2547.98	131.07
上海	19993.82	2702.73	10568.59	1523.62	6961.00	906.03	2056.07	262.15	4904.93	643.88
江苏	19035.98	2864.52	7165.30	1095.15	9197.52	1151.34	2451.25	358.28	6746.27	793.06
浙江	17857.55	2440.23	6759.80	915.10	7741.66	850.10	2787.94	411.27	4953.72	438.83
安徽	5125.58	845.28	1514.03	247.75	3022.90	489.82	901.00	172.57	2121.90	317.25
福建	6450.66	759.47	1957.77	252.60	3611.65	339.48	1489.12	195.03	2122.53	144.45
江西	3822.87	514.32	1005.05	125.20	2394.55	318.16	888.22	147.10	1506.33	171.06
山东	14916.62	2074.31	4025.62	509.91	7930.75	910.16	2292.40	345.44	5638.35	564.72

续表1

（2004年）

项目 地区	各项存款		企事业单位存款		储蓄存款		活期储蓄		定期储蓄	
	余额	比年初	余额	比年初	余额	比年初	余额	比年初	余额	比年初
河南	8779.44	1002.52	2018.12	150.52	5706.23	673.80	1672.71	272.69	4033.52	401.11
湖北	7186.31	1040.47	2408.94	275.28	3966.87	553.16	1330.40	199.22	2636.47	353.94
湖南	5601.20	825.88	1391.54	203.71	3556.68	435.11	1276.86	206.15	2279.82	228.96
广东	33201.43	3637.71	10699.77	1013.68	17631.07	2040.26	7974.72	1210.95	9656.35	829.31
广西	3740.52	502.65	971.57	167.26	2292.28	265.34	1123.58	175.65	1168.70	89.69
海南	1159.30	107.85	374.08	29.72	645.49	63.56	299.37	43.00	346.12	20.56
四川	8621.43	1210.89	2426.06	356.69	5113.21	659.60	1472.34	169.91	3640.87	489.69
贵州	2341.96	425.05	846.75	179.43	1107.04	180.35	513.86	98.62	593.18	81.73
云南	4474.21	611.33	1704.60	274.76	2100.93	276.47	861.35	154.99	1239.58	121.48
西藏	363.31	40.95	208.04	17.85	108.48	15.63	63.67	11.34	44.81	4.29
陕西	5496.62	764.82	1700.36	187.87	3024.28	412.71	893.89	113.83	2130.39	298.88
甘肃	2529.68	355.80	836.96	121.66	1412.70	163.07	459.66	60.04	953.04	103.03
青海	607.53	63.28	213.85	14.85	303.75	38.61	127.36	15.81	176.39	22.80
宁夏	851.01	89.04	264.40	8.47	430.93	46.84	148.34	13.83	282.59	33.01
新疆	3003.02	288.39	838.87	46.21	1566.03	160.31	550.06	53.84	1015.97	106.47
重庆	4073.30	560.14	1251.74	135.58	2229.01	286.97	729.38	91.67	1499.63	195.30

续表 2

（2004 年）

项目 地区	当年结益		各项贷款							
					短期贷款		中长期贷款		其他贷款	
	余额	比年初	余额	比年初	余额	比年初	余额	比年初	余额	比年初
全国	950.44	950.85	188565.57	24066.74	90808.27	7141.24	81010.14	14193.39	2816.95	256.16
总行	-755.75	-755.75	6521.41	1012.63	1582.13	438.01	2237.06	-575.94	352.28	-342.38
北京	292.57	292.57	13602.78	1932.31	5030.64	589.64	7506.40	1261.05	244.93	72.92
天津	42.63	42.63	4153.66	501.66	1929.73	262.88	1849.97	290.23	74.15	0.67
河北	15.20	15.20	6233.85	616.58	3444.86	200.82	2246.23	299.27	32.34	4.28
山西	32.63	32.63	4107.59	560.94	2043.82	180.36	1603.17	335.78	68.38	6.56
内蒙古	7.16	7.16	2278.52	335.74	1047.70	69.88	1126.38	260.91	27.85	0.16
辽宁	37.25	37.26	8152.99	750.48	4448.19	197.93	3135.57	609.32	86.10	13.63
吉林	-8.71	-8.71	3564.09	302.04	2011.63	22.72	1341.74	202.26	65.67	23.67
黑龙江	-9.49	-9.51	4115.29	199.49	2422.83	-47.64	1440.34	148.26	18.85	-0.95
上海	282.73	282.73	14971.77	2025.14	6061.60	248.59	7716.09	1821.97	182.45	23.75
江苏	161.45	161.45	14282.34	2394.13	7694.49	724.51	5225.99	1348.49	177.40	36.47
浙江	240.96	240.96	14995.09	2422.10	8369.18	1072.90	5622.10	1215.39	307.12	174.37
安徽	29.11	29.10	4006.19	574.07	2259.13	159.60	1459.59	349.56	27.29	5.22
福建	48.00	48.00	4745.17	717.90	2430.33	321.14	2029.13	378.78	41.88	4.74
江西	9.09	9.09	2912.90	408.58	1487.63	53.54	1309.46	317.94	7.26	-0.12
山东	111.58	111.58	12265.53	1553.70	6851.90	730.27	4070.27	767.89	121.90	13.18

续表3

(2004年)

项目 / 地区	当年结益		各项贷款		短期贷款		中长期贷款		其他贷款	
	余额	比年初	余额	比年初	余额	比年初	余额	比年初	余额	比年初
河南	24.55	24.55	7243.08	700.31	4238.42	229.89	2518.94	391.61	79.44	-6.46
湖北	5.24	5.23	5601.79	537.27	2626.99	202.15	2562.28	314.91	71.03	-6.40
湖南	14.43	14.43	4355.08	552.58	2380.27	242.97	1810.81	309.62	35.92	8.37
广东	188.15	188.15	21830.37	2498.68	9766.33	380.16	9872.78	1749.51	571.59	219.89
广西	19.81	19.81	2786.84	531.93	1088.19	66.14	1589.91	425.32	6.44	0.14
海南	-0.83	-0.83	920.54	124.48	271.14	1.27	601.78	119.63	14.47	-1.56
四川	47.98	47.99	6649.61	666.69	3118.26	102.84	3053.36	407.95	77.75	12.48
贵州	20.54	20.54	2033.94	335.66	716.56	95.32	1271.13	238.74	2.33	-0.78
云南	20.93	20.93	3460.22	507.88	1514.86	115.36	1831.01	385.03	8.26	-2.26
西藏	-1.63	-1.63	168.44	30.56	84.65	14.93	82.53	14.97	0.55	-0.05
陕西	24.51	24.92	3902.76	415.38	1813.16	161.53	1759.11	241.36	17.37	1.15
甘肃	8.04	8.04	1928.30	210.16	1005.77	109.60	837.55	90.06	16.92	4.82
青海	2.99	2.99	621.93	64.02	218.46	18.86	386.93	42.11	1.88	0.20
宁夏	3.14	3.14	770.60	93.02	310.96	29.40	428.00	64.28	3.23	-0.49
新疆	0.80	0.81	2267.27	137.46	1160.05	92.21	1008.01	80.68	37.74	-6.28
重庆	35.35	35.35	3115.50	353.85	1378.41	53.41	1476.50	287.03	36.10	-2.81

金融机构可比口径外汇信贷收支分地区表（处置）

（2004 年）

单位：亿美元

项目 地区	各项存款		单位活期存款		单位定期存款		储蓄存款		定期存款	
	余额	比年初	余额	比年初	余额	比年初	余额	比年初	余额	比年初
全国	1421.78	18.74	261.33	51.28	242.38	-10.68	790.88	-57.78	626.8	-90.52
总行	154.67	60.64	28.6	3.85	66.84	7.46	49.93	48.35	48.59	48.36
北京	248.09	-2.85	26.09	2.89	79.46	0.33	122.69	-14.99	94.48	-19.43
天津	38	3.63	6.34	-0.08	10.88	6.16	17.38	-2.58	14.26	-3.09
河北	16.51	-2.31	3.11	-2.2	0.81	0.02	10.01	-1.77	8.66	-2.02
山西	8.95	0.48	1.52	0.61	0.42	-0.38	6.33	-0.19	5.8	-0.24
内蒙古	4.78	0.29	0.87	0.33	0.29	0.24	3.46	-0.38	2.89	-0.46
辽宁	59.52	-8.84	8.12	0.97	3.31	-3.11	44.86	-8.23	35.79	-9.97
吉林	14.56	-2.32	1.13	0.52	0.09	0.07	12.42	-2.52	9.91	-2.99
黑龙江	17.57	-2.59	1.07	0.38	0.78	0.14	15.16	-3.18	11.42	-3.43
上海	177.99	2.4	41.69	11.88	15.1	-3.69	94.38	-16.49	75.33	-17.77
江苏	96.88	2.13	35.09	8.82	12.36	-0.73	40.41	-8.87	34.38	-9.74
浙江	74.72	-4.82	17.99	4.43	6.31	-1.62	45.62	-7.22	39.51	-8.39
安徽	9.7	-0.53	2.33	0.51	0.63	-0.14	6.11	-0.67	5.55	-0.81
福建	47.58	-4.38	7.2	1.2	2.41	-0.32	34.72	-7.15	26.93	-8.33
江西	7.79	-0.51	1.39	0.89	0.22	-0.06	5.66	-1.68	4.9	-1.92
山东	47.21	-0.08	14.32	4.86	3.29	-0.94	25.19	-4.91	20.89	-5.59

续表1

（2004年）

项目 / 地区	各项存款		单位活期存款		单位定期存款		储蓄存款		定期存款	
	余额	比年初	余额	比年初	余额	比年初	余额	比年初	余额	比年初
河南	17.84	-1.63	2.83	0.8	0.78	-0.97	11.96	-1.69	10.53	- 2.41
湖北	20.5	-0.49	4.38	1.37	2.17	-0.25	12.22	-1.91	10.29	-2.54
湖南	12.19	-0.58	1.4	-0.24	0.32	0.04	8.87	-1.31	7.85	-1.55
广东	268.55	-7.29	43.57	10.41	27.52	-9.44	172.6	-11.34	117.07	-26.56
广西	8.16	-0.7	0.88	0.17	0.64	-0.2	6.3	-0.82	4.83	-1.04
海南	5.83	-1.23	1.38	-0.98	0.16	-0.15	3.57	-0.67	2.73	-0.8
四川	19.25	-2.01	3.17	0.49	2.53	-0.46	11.33	-2.84	9.87	-3.12
贵州	2.39	0.13	0.69	0.2	0.04	0.02	1.51	-0.18	1.35	-0.2
云南	8.41	-2.57	1.19	-0.22	0.69	-1.54	5.9	-1.09	5.13	-1.28
西藏	0.18	0.01	0.04	0.01	0.03	0.01	0.11	-0.01	0.08	-0.01
陕西	13.46	-3.06	2.04	-0.01	1.76	-0.89	9.11	-1.86	7.19	-2.64
甘肃	5.51	0.21	0.59	0.05	0.93	0.08	3.36	-0.45	3.02	-0.63
青海	0.70	0.01	0.16	0.03			0.54	-0.02	0.48	-0.03
宁夏	1.18	-0.63	0.37	-0.24	0.12	-0.08	0.65	-0.12	0.60	-0.13
新疆	5.22	-0.64	0.65	-0.38	0.11	-0.12	3.79	-0.30	2.94	-0.62
重庆	7.9	-1.06	1.13	-0.04	1.4	-0.09	4.74	-0.67	3.58	-1.1

续表2

(2004年)

项目/地区	当年结益		各项贷款		短期贷款		中长期贷款		进出口贸易融资	
	余额	比年初	余额	比年初	余额	比年初	余额	比年初	余额	比年初
全国	65.51	65.51	1091.97	85.53	344.72	29.89	415.13	39.98	125.39	27.5
总行	49.34	49.34	134.96	-69.4	17.84	8.38	75.96	-31.33	7.61	2.18
北京	3.18	3.18	86.04	24	22.3	2.05	34.95	14.15	22.73	5.45
天津	0.32	0.32	22.97	0.29	9.95	3.33	4.8	-2.74	2.29	0.46
河北	-0.04	-0.04	9.85	-1.86	2.6	-0.82	3.56	-1.13	1.15	0.27
山西	0.3	0.3	11.05	2.89	0.91	-0.28	2.26	2.76	0.45	-0.08
内蒙古	0.06	0.06	4.69	-0.71	0.98	-0.87	0.28	0.14	0.67	0.26
辽宁	1.49	1.49	39.38	2.02	13.01	1.95	15.4	-0.42	6.2	1.38
吉林	0.28	0.28	15.59	2.19	3.02	-0.22	4.6	-0.43	5.03	3.06
黑龙江	0.13	0.13	9.29	-0.4	3.81	-0.77	2.8	0.98	0.81	0.39
上海	3.65	3.65	131.49	14.29	36.56	2.68	77.61	10.16	8	1.82
江苏	0.55	0.55	92.55	10.72	40.63	-3.73	29.17	9.63	13.14	3.1
浙江	1.82	1.82	76.34	28.95	29.66	-0.14	14.09	7.52	11.95	2.28
安徽	0.25	0.25	12.77	-1.18	6.09	-2.01	3.21	0.16	1.05	0.02
福建	0.55	0.55	34.11	4.77	18.35	4.72	10.68	1.43	3.73	0.24
江西	0.07	0.07	7.12	2.99	1.77	0.54	4.43	2.46	0.34	0.1
山东	2.31	2.31	52.75	6.73	25.49	1.02	10.94	5.78	9.23	1.16

续表3 （2004年）

项目 / 地区	当年结益		各项贷款		短期贷款		中长期贷款		进出口贸易融资	
	余额	比年初	余额	比年初	余额	比年初	余额	比年初	余额	比年初
河南	0.27	0.27	18.23	-2.97	4.58	-3.37	3.84	1.20	1.17	0.29
湖北	0.21	0.21	27.73	1.53	8.52	2.19	10.43	0.18	1.07	0.3
湖南	-0.03	-0.03	11.72	2.3	3.86	0.67	2.4	0.78	2.85	0.91
广东	-0.89	-0.89	221.64	53.93	77.02	15.03	75.22	13.89	20.37	3.77
广西	0.56	0.56	3.29	-0.09	1.88	0.35	0.54	-0.32	0.07	-0.13
海南	0.23	0.23	14.36	2.79	0.89	-0.24	11.4	3.21	0.49	0.02
四川	0.12	0.12	20.82	0.72	4.32	-1.45	7.78	0.62	3.17	1.17
贵州	0.02	0.02	1.68	0.31	1.01	0.70	0.39	-0.29	0.1	-0.03
云南	0.06	0.06	6.14	-0.23	2.72	-0.42	2.33	0.51	0.27	-0.22
西藏			0.07							
陕西	0.24	0.24	7.82	-0.05	3.45	0.42	2.12	-0.50	0.22	-0.28
甘肃	0.04	0.04	2.53	0.30	0.88	0.30	0.07	-0.13	0.21	0.31
青海	0.03	0.03	0.26	0.05	0.01		0.01	0.05		
宁夏	-0.03	-0.03	1.02	0.11	0.31	0.09	0.32	0.05	0.11	0.01
新疆	-0.07	-0.07	6.34	0.34	0.59	-0.39	2.20	1.28	0.44	-0.61
重庆	0.51	0.51	7.4	0.28	1.72	0.18	1.3	0.37	0.49	-0.09

金融机构（含外资）可比口径外汇信贷分地区表（处置）

（2004 年）

单位：亿美元

项目 地区	各项存款		单位活期存款		单位定期存款		储蓄存款		定期存款	
	余额	比年初	余额	比年初	余额	比年初	余额	比年初	余额	比年初
全国	1529.99	44.45	307.61	58.56	268.43	-5.77	802.37	-53.01	635.18	-87.30
总行	154.67	60.64	28.60	3.85	66.84	7.46	49.93	48.35	48.59	48.36
北京	262.20	0.84	29.66	3.64	84.85	1.03	124.67	-14.04	95.71	-18.94
天津	47.06	8.43	9.83	0.85	16.23	9.98	17.45	-2.64	14.30	-3.11
河北	16.51	-2.31	3.11	-2.20	0.81	0.02	10.01	-1.77	8.66	-2.02
山西	8.95	0.48	1.52	0.61	0.42	-0.38	6.33	-0.19	5.80	-0.24
内蒙古	4.78	0.29	0.87	0.33	0.29	0.24	3.46	-0.38	2.89	-0.46
辽宁	64.09	-8.04	10.96	1.24	3.86	-2.93	45.05	-8.29	35.94	-10.01
吉林	14.56	-2.32	1.13	0.52	0.09	0.07	12.42	-2.52	9.91	-2.99
黑龙江	17.57	-2.59	1.07	0.38	0.78	0.14	15.16	-3.18	11.42	-3.43
上海	226.61	16.18	67.49	18.68	22.53	-3.64	102.07	-12.93	81.54	-14.98
江苏	99.57	2.29	37.18	9.27	12.94	-1.02	40.41	-8.89	34.38	-9.74
浙江	75.03	-5.45	18.00	4.38	6.38	-1.71	45.62	-7.22	39.51	-8.39
安徽	9.70	-0.53	2.33	0.51	0.63	-0.14	6.11	-0.67	5.55	-0.81
福建	55.33	-6.67	9.01	-2.47	4.92	0.31	34.97	-7.03	27.11	-8.25
江西	7.79	-0.51	1.39	0.89	0.22	-0.06	5.66	-1.68	4.90	-1.92
山东	48.40	0.16	14.94	4.97	3.30	-1.02	25.29	-4.94	20.93	-5.61

续表 1　　(2004年)

项目 地区	各项存款		单位活期存款		单位定期存款		储蓄存款		定期存款	
	余额	比年初	余额	比年初	余额	比年初	余额	比年初	余额	比年初
河南	17.84	-1.63	2.83	0.80	0.78	-0.97	11.96	-1.69	10.53	-2.41
湖北	20.55	-0.83	4.41	1.38	2.17	-0.61	12.23	-1.91	10.30	-2.54
湖南	12.19	-0.58	1.40	-0.24	0.32	0.04	8.87	-1.31	7.85	-1.55
广东	287.74	-2.21	49.27	11.82	31.63	-9.11	173.70	-11.04	117.51	-26.63
广西	8.16	-0.70	0.88	0.17	0.64	-0.20	6.30	-0.82	4.83	-1.04
海南	5.85	-1.23	1.38	-0.98	0.17	-0.15	3.57	-0.67	2.73	-0.80
四川	19.25	-2.01	3.17	0.49	2.53	-0.46	11.33	-2.84	9.87	-3.12
贵州	2.39	0.13	0.69	0.20	0.04	0.02	1.51	-0.18	1.35	-0.20
云南	8.43	-2.57	1.21	-0.22	0.69	-1.54	5.90	-1.09	5.13	-1.28
西藏	0.18	0.01	0.04	0.01	0.03	0.01	0.11	-0.01	0.08	-0.01
陕西	14.06	-2.67	2.36	0.26	1.81	-0.85	9.17	-1.89	7.24	-2.66
甘肃	5.51	0.21	0.59	0.05	0.93	0.08	3.36	-0.45	3.02	-0.63
青海	0.70	0.01	0.16	0.03			0.54	-0.02	0.48	-0.03
宁夏	1.18	-0.63	0.37	-0.24	0.12	-0.08	0.65	-0.12	0.60	-0.13
新疆	5.22	-0.64	0.65	-0.38	0.11	-0.12	3.79	-0.30	2.94	-0.62
重庆	7.90	-1.06	1.13	-0.04	1.40	-0.09	4.74	-0.67	3.58	-1.10

续表 2 (2004 年)

项目 地区	当年结益		各项贷款		短期贷款		中长期贷款		进出口贸易融资	
	余 额	比年初	余 额	比年初	余 额	比年初	余 额	比年初	余 额	比年初
全 国	67.57	67.57	1353.49	171.41	479.85	77.88	519.90	72.64	138.23	29.89
总 行	49.34	49.34	134.96	-69.40	17.84	8.38	75.96	-31.33	7.61	2.18
北 京	3.45	3.45	118.11	35.44	35.18	6.61	49.33	19.97	24.91	5.78
天 津	0.41	0.41	37.36	1.93	19.12	5.12	7.26	-3.36	3.09	0.82
河 北	-0.04	-0.04	9.85	-1.86	2.60	-0.82	3.56	-1.13	1.15	0.27
山 西	0.30	0.30	11.05	2.89	0.91	-0.28	2.26	2.76	0.45	-0.08
内蒙古	0.06	0.06	4.69	-0.71	0.98	-0.87	0.28	0.14	0.67	0.26
辽 宁	1.70	1.70	48.32	3.94	19.17	3.65	17.84	-0.18	6.39	1.40
吉 林	0.28	0.28	15.59	2.19	3.02	-0.22	4.60	-0.43	5.03	3.06
黑龙江	0.13	0.13	9.29	-0.40	3.81	-0.77	2.80	0.98	0.81	0.39
上 海	4.42	4.42	256.45	59.55	100.69	27.53	130.54	27.32	12.61	3.42
江 苏	0.57	0.57	96.81	12.87	43.55	-2.45	30.36	10.40	13.29	3.20
浙 江	1.82	1.82	77.85	27.21	30.71	-1.82	14.53	7.49	11.95	2.27
安 徽	0.25	0.25	12.77	-1.18	6.09	-2.01	3.21	0.16	1.05	0.02
福 建	0.73	0.73	45.68	6.97	26.24	6.81	13.83	1.49	4.26	0.30
江 西	0.07	0.07	7.12	2.99	1.77	0.54	4.43	2.46	0.34	0.10
山 东	2.39	2.39	58.22	9.64	30.26	3.55	11.23	5.89	9.43	1.23

续表3　（2004年）

项目 / 地区	当年结益		各项贷款		短期贷款		中长期贷款		进出口贸易融资	
	余额	比年初	余额	比年初	余额	比年初	余额	比年初	余额	比年初
河南	0.27	0.27	18.23	-2.97	4.58	-3.37	3.84	1.20	1.17	0.29
湖北	0.21	0.21	29.23	2.24	9.50	2.45	10.88	0.62	1.14	0.31
湖南	-0.03	-0.03	11.72	2.30	3.86	0.67	2.40	0.78	2.85	0.91
广东	-0.51	-0.51	275.66	71.66	101.15	25.03	100.51	21.53	24.45	3.63
广西	0.56	0.56	3.29	-0.09	1.88	0.35	0.54	-0.32	0.07	-0.13
海南	0.25	0.25	14.42	2.81	0.93	-0.22	11.42	3.21	0.49	0.02
四川	0.14	0.14	20.98	0.67	4.41	-1.43	7.85	0.55	3.17	1.17
贵州	0.02	0.02	1.68	0.31	1.01	0.70	0.39	-0.29	0.10	-0.03
云南	0.08	0.08	7.48	0.77	3.24	-0.17	3.15	1.26	0.27	-0.22
西藏			0.07							
陕西	0.24	0.24	8.81	0.50	3.63	0.55	2.93	-0.08	0.22	-0.28
甘肃	0.04	0.04	2.53	0.30	0.88	0.30	0.07	-0.13	0.21	0.31
青海	0.03	0.03	0.26	0.05	0.01		0.01	0.05		
宁夏	-0.03	-0.03	1.02	0.11	0.31	0.09	0.32	0.05	0.11	0.01
新疆	-0.07	-0.07	6.34	0.34	0.59	-0.39	2.20	1.28	0.44	-0.61
重庆	0.51	0.51	7.61	0.43	1.89	0.35	1.32	0.37	0.51	-0.11

二、国内经济主要统计指标

地区生产总值

单位：亿元

地区	1999 年	2000 年	2001 年	2002 年	2003 年	2004 年
北京	2174.5	2478.8	2845.7	3130.0	3611.9	4283.3
天津	1450.1	1639.4	1840.1	2022.6	2386.9	2931.9
河北	4569.2	5089.0	5577.8	6076.6	7095.4	8768.8
山西	1506.8	1643.8	1780.0	2001.8	2445.6	3042.4
内蒙古	1268.2	1401.0	1545.8	1724.8	2092.9	2712.1
辽宁	4171.7	4669.1	5033.1	5458.2	6002.5	6872.7
吉林	1669.6	1821.2	2032.5	2243.0	2521.8	2958.2
黑龙江	2897.4	3253.0	3561.0	3901.5	4433.1	5303.0
上海	4035.0	4551.2	4950.8	5408.8	6250.8	7450.3
江苏	7697.8	8582.7	9511.9	10636.3	12451.8	15403.2
浙江	5364.9	6036.3	6748.2	7670.0	9200.0	11243.0
安徽	2908.6	3038.2	3290.1	3569.0	3973.2	4812.7
福建	3550.2	3920.1	4253.7	4682.0	5241.7	6053.1
江西	1963.0	2003.1	2175.7	2450.0	2830.0	3495.9
山东	7662.1	8542.4	9438.3	10552.1	12430.0	15490.7
河南	4576.1	5137.7	5640.1	6163.2	7025.9	8815.1
湖北	3858.0	4276.3	4662.3	4975.6	5395.9	6309.9
湖南	3326.8	3691.9	3983.0	4340.9	4633.7	5612.3
广东	8464.3	9662.2	10647.7	11674.4	13449.9	16039.5
广西	1953.3	2050.1	2231.2	2437.2	2733.2	3320.1
海南	471.2	518.5	546.0	602.7	677.5	769.4
重庆	1479.7	1589.3	1749.8	1971.1	2250.1	2665.4
四川	3711.6	4010.3	4421.8	4875.1	5456.3	6556.0
贵州	911.9	993.5	1084.9	1180.0	1344.3	1591.9
云南	1855.7	1955.1	2074.7	2231.9	2458.8	2959.5
西藏	105.6	117.5	138.7	161.4	184.6	211.5
陕西	1487.6	1660.9	1844.3	2036.0	2398.6	2883.5
甘肃	932.0	983.4	1072.5	1161.0	1301.1	1558.9
青海	238.4	263.6	301.0	341.0	390.2	465.7
宁夏	241.5	265.6	298.4	329.7	384.9	460.4
新疆	1168.6	1364.4	1485.5	1598.3	1849.8	2200.2

地区生产总值、增长速度和人均地区生产总值

（2004年）

地区	地区生产总值（亿元）	第一产业	第二产业	工业	建筑业	第三产业	#交通运输仓储邮电通信业	地区生产总值比上年增长（%）	人均地区生产总值（元/人）
北京	4283.3	102.9	1610.4	1290.2	320.2	2570.0	283.1	13.2	37058
天津	2931.9	102.3	1560.2	1436.7	123.4	1269.4	285.1	15.7	31550
河北	8768.8	1370.4	4635.2	4086.4	548.8	2763.2	724.3	12.5	12918
山西	3042.4	253.4	1810.1	1568.5	241.6	979.0	235.8	14.1	9150
内蒙古	2712.1	506.1	1332.5	1015.7	316.8	873.5	243.0	19.4	11305
辽宁	6872.7	769.9	3278.9	2833.0	445.9	2823.9	613.0	12.8	16297
吉林	2958.2	561.0	1379.3	1142.1	237.2	1017.9	180.2	12.2	10932
黑龙江	5303.0	587.8	3155.3	2814.4	340.9	1559.9	306.2	11.7	13897
上海	7450.3	96.7	3788.2	3492.9	295.3	3565.3	489.0	13.6	55307
江苏	15403.2	1315.4	8716.1	7714.4	1001.7	5371.7	945.4	14.9	20705
浙江	11243.0	816.0	6045.0	5381.4	663.6	4382.0	835.0	14.3	23942
安徽	4812.7	932.4	2169.8	1736.0	433.8	1710.4	312.2	12.5	7768
福建	6053.1	777.9	2950.3	2532.7	417.7	2324.9	601.4	12.1	17218
江西	3495.9	711.7	1595.7	1110.7	485.0	1188.5	300.3	13.2	8189
山东	15490.7	1778.3	8724.5	7799.3	925.2	4987.9	990.7	15.3	16925
河南	8815.1	1647.5	4515.4	3862.2	653.2	2652.3	678.7	13.7	9470
湖北	6309.9	1020.1	2994.7	2593.9	400.8	2295.2	395.8	11.3	10500
湖南	5612.3	1155.9	2214.4	1781.1	433.3	2242.0	425.4	12.0	9117
广东	16039.5	1245.4	8890.3	8011.2	876.1	5903.8	1351.6	14.2	19707
广西	3320.1	811.4	1288.3	1044.8	243.4	1220.5	286.4	11.8	7196
海南	769.4	283.8	180.4	119.7	60.7	305.1	66.8	10.4	9450
重庆	2665.4	431.3	1181.2	927.5	253.7	1052.8	153.8	12.2	9608
四川	6556.0	1394.3	2690.0	2165.2	524.8	2471.8	480.5	12.7	8113
贵州	1591.9	334.1	714.7	574.6	140.0	543.1	99.6	11.4	4215
云南	2959.5	604.3	1314.2	1053.4	260.8	1041.0	212.6	11.5	6733
西藏	211.5							12.2	7779
陕西	2883.5	395.0	1416.8	1064.8	352.0	1071.7	277.5	12.9	7757
甘肃	1558.9	281.4	758.2	576.2	182.0	519.4	84.3	10.9	5970
青海	465.7	57.8	227.1	158.6	68.4	180.9	36.4	12.3	8606
宁夏	460.4	65.1	239.4	186.3	53.1	155.8	29.9	11.0	7880
新疆	2200.2	444.7	1010.1	745.0	265.1	745.4	138.5	11.1	11199

注：本表人均地区生产总值，除北京、天津和上海按户籍人口计算外，其他地区按常住人口计算。

地区生产总值构成

（2004年，地区生产总值 = 100）

地区	地区生产总值	第一产业	第二产业			第三产业		
				工业	建筑业		#交通运输仓储邮电通信业	#批发和零售贸易餐饮业
北京	100.0	2.4	37.6	30.1	7.5	60.0	6.6	7.1
天津	100.0	3.5	53.2	49.0	4.2	43.3	9.7	8.3
河北	100.0	15.6	52.9	46.6	6.3	31.5	8.3	7.9
山西	100.0	8.3	59.5	51.6	7.9	32.2	7.7	6.6
内蒙古	100.0	18.7	49.1	37.4	11.7	32.2	9.0	7.5
辽宁	100.0	11.2	47.7	41.2	6.5	41.1	8.9	13.0
吉林	100.0	19.0	46.6	38.6	8.0	34.4	6.1	12.5
黑龙江	100.0	11.1	59.5	53.1	6.4	29.4	5.8	9.0
上海	100.0	1.3	50.8	46.9	3.9	47.9	6.6	9.5
江苏	100.0	8.5	56.6	50.1	6.5	34.9	6.1	9.1
浙江	100.0	7.3	53.8	47.9	5.9	39.0	7.4	11.9
安徽	100.0	19.4	45.1	36.1	9.0	35.5	6.5	9.5
福建	100.0	12.9	48.7	41.8	6.9	38.4	9.9	9.2
江西	100.0	20.4	45.6	31.7	13.9	34.0	8.6	7.8
山东	100.0	11.5	56.3	50.3	6.0	32.2	6.4	8.3
河南	100.0	18.7	51.2	43.8	7.4	30.1	7.7	7.6
湖北	100.0	16.2	47.5	41.1	6.4	36.4	6.3	9.9
湖南	100.0	20.6	39.5	31.8	7.7	39.9	7.6	9.4
广东	100.0	7.8	55.4	49.9	5.5	36.8	8.4	8.6
广西	100.0	24.4	38.8	31.5	7.3	36.8	8.6	11.3
海南	100.0	36.9	23.4	15.5	7.9	39.7	8.7	12.2
重庆	100.0	16.2	44.3	34.8	9.5	39.5	5.8	8.5
四川	100.0	21.3	41.0	33.0	8.0	37.7	7.3	9.1
贵州	100.0	21.0	44.9	36.1	8.8	34.1	6.3	7.2
云南	100.0	20.4	44.4	35.6	8.8	35.2	7.2	8.4
西藏								
陕西	100.0	13.7	49.1	36.9	12.2	37.2	9.6	5.8
甘肃	100.0	18.1	48.6	36.9	11.7	33.3	5.4	10.2
青海	100.0	12.4	48.8	34.1	14.7	38.8	7.9	6.9
宁夏	100.0	14.2	52.0	40.5	11.5	33.8	6.5	6.9
新疆	100.0	20.2	45.9	33.9	12.0	33.9	6.3	8.1

注：本表按当年价格计算。

各地区年底总人口

单位：万人

地　区	1999 年	2000 年	2001 年	2002 年	2003 年	2004 年
全国总计	125909	126583	127627	128453	129227	129988
北　京	1257	1382	1383	1423	1456	1493
天　津	959	1001	1004	1007	1011	1024
河　北	6614	6744	6699	6735	6769	6809
山　西	3204	3297	3272	3294	3314	3335
内蒙古	2362	2376	2377	2379	2380	2384
辽　宁	4171	4238	4194	4203	4210	4217
吉　林	2658	2728	2691	2699	2704	2709
黑龙江	3792	3689	3811	3813	3815	3817
上　海	1474	1674	1614	1625	1711	1742
江　苏	7213	7428	7355	7381	7406	7433
浙　江	4475	4677	4613	4647	4680	4720
安　徽	6237	5986	6328	6338	6410	6461
福　建	3316	3471	3440	3466	3488	3511
江　西	4231	4140	4186	4222	4254	4284
山　东	8883	7079	9041	9082	9125	9180
河　南	9387	9256	9555	9613	9667	9717
湖　北	5938	6028	5975	5988	6002	6016
湖　南	6532	6440	6595	6629	6663	6698
广　东	7270	8642	7783	7859	7954	8304
广　西	4713	4489	4788	4822	4857	4889
海　南	762	787	796	803	811	818
重　庆	3075	3090	3097	3107	3130	3122
四　川	8550	8329	8640	8673	8700	8725
贵　州	3710	3525	3799	3837	3870	3904
云　南	4192	4288	4287	4333	4376	4415
西　藏	256	262	263	267	270	274
陕　西	3618	3605	3659	3674	3690	3705
甘　肃	2543	2562	2575	2593	2603	2619
青　海	510	518	523	529	534	539
宁　夏	543	562	563	572	580	588
新　疆	1774	1925	1876	1905	1934	1963

注：全国总计包括中国人民解放军现役军人数，但不包括香港、澳门特别行政区和台湾省数据；分省数据中未包括中国人民解放军现役军人数。

各地区固定资产投资

单位：亿元

地　区	1999 年	2000 年	2001 年	2002 年	2003 年	2004 年
全国总计	29854.7	32917.7	36898.4	43201.6	55117.9	70072.7
北　京	1171.2	1280.5	1410.3	1681.6	1986.2	2528.3
天　津	576.5	610.9	612.5	703.7	923.6	1256.7
河　北	1770.5	1816.8	1085.4	1161.6	1619.3	3215.3
山　西	477.6	548.2	549.8	676.0	931.7	1442.8
内蒙古	348.2	423.6	418.3	618.2	1052.4	1788.0
辽　宁	1119.5	1267.7	1166.6	1315.9	1664.9	2979.6
吉　林	500.0	603.5	580.2	693.4	849.4	1171.6
黑龙江	751.7	832.6	845.5	906.6	1014.6	1430.8
上　海	1855.8	1869.4	1793.6	1970.2	2213.2	3050.2
江　苏	2441.9	2570.0	1837.0	2320.0	3664.8	6496.0
浙　江	1958.1	2350.0	1879.1	2296.6	3057.1	5756.2
安　徽	703.5	804.0	659.4	792.0	1093.9	1919.4
福　建	1084.7	1112.2	881.7	964.5	1182.0	1893.1
江　西	454.4	516.1	415.4	611.6	975.4	1723.7
山　东	2220.6	2531.1	1801.0	2288.7	3564.8	6971.8
河　南	1206.8	1377.7	977.3	1116.1	1554.0	3099.4
湖　北	1239.1	1339.2	1108.4	1259.5	1460.8	2265.1
湖　南	883.9	1012.2	762.1	906.8	1160.2	2072.8
广　东	2937.0	3145.1	2786	3022.9	3835.2	5765.6
广　西	578.8	583.3	458.4	542.2	717.5	1247.0
海　南	194.8	198.9	171.9	188.4	237.8	329.6
重　庆	525.3	572.6	568.5	735.9	970.2	1547.1
四　川	1224.4	1418.0	1169.4	1408.1	1788.6	2856.8
贵　州	311.9	397.0	413.4	527.6	653.6	861.2
云　南	664.0	684.0	513.6	612.8	775.6	1244.3
西　藏	53.6	64.1	85.0	109.4	134.8	167.8
陕　西	587.8	653.7	632.3	750.6	1007.7	1508.6
甘　肃	355.5	395.4	383.6	448.9	536.2	733.9
青　海	117.2	151.1	178	205.2	225.0	291.5
宁　夏	128.1	157.5	151.9	173.1	245.9	373.9
新　疆	526.7	610.4	608.6	700.3	833.2	1138.7

注：由于有不同地区项目，因此，各地区相加不等于总计（以下各地区表同）。

各地区财政收入情况

单位：亿元

地　区	1999 年	2000 年	2001 年	2002 年	2003 年	2004 年
地方总计	5594.9	6406.1	7803.3	8515.0	9850.0	11693.4
北　京	281.4	345.0	454.2	534.0	592.5	744.5
天　津	112.8	133.6	163.6	171.8	204.5	246.2
河　北	223.3	248.8	283.5	302.3	335.8	407.8
山　西	109.2	114.5	132.8	150.8	186.1	256.4
内蒙古	86.6	95.0	99.4	112.9	138.7	196.8
辽　宁	279.6	295.6	370.4	399.7	447.0	529.6
吉　林	101.3	103.8	121.1	131.5	154.0	166.3
黑龙江	170.1	185.3	213.6	231.9	248.9	289.4
上　海	420.0	485.4	609.5	709.0	886.2	1106.2
江　苏	343.4	448.3	572.1	643.7	798.1	980.5
浙　江	245.5	342.8	500.7	566.9	706.6	805.9
安　徽	174.3	178.7	192.2	200.2	220.7	274.6
福　建	208.9	234.1	274.3	272.9	304.7	333.5
江　西	105.1	111.6	132	140.5	168.2	205.8
山　东	404.5	463.7	573.2	610.2	713.8	828.3
河　南	223.4	246.5	267.7	296.7	338.1	428.8
湖　北	194.4	214.3	231.9	243.4	259.8	310.4
湖　南	166.5	177.0	205.4	231.1	268.6	320.6
广　东	766.2	910.6	1160.1	1201.6	1315.5	1418.5
广　西	133.6	147.1	178.7	186.7	203.7	237.8
海　南	36.1	39.2	43.8	46.2	51.3	57.0
重　庆	76.7	87.2	106.1	126.1	161.6	200.6
四　川	211.5	233.9	271.1	291.9	336.6	385.8
贵　州	74.3	85.2	99.7	108.3	124.6	149.3
云　南	172.7	180.7	191.3	206.8	229.0	263.4
西　藏	4.6	5.4	6.1	7.3	8.1	10.0
陕　西	106.4	115.0	135.8	150.3	177.3	215.0
甘　肃	58.4	61.3	69.9	76.2	87.7	104.2
青　海	14.2	16.6	19.8	21.1	24.0	27.0
宁　夏	18.8	20.8	27.6	26.5	30.0	37.5
新　疆	71.3	79.1	95.1	116.5	128.2	155.7

注：本表及以下分地区表中，2004 年数据为月度执行情况汇总数，以前各年数据为各地区财政决算数。

续表 1　　　　(2004 年)　　　　单位：万元

地　区	收　入	增值税	营业税	企　业 所得税	个　人 所得税	资源税	城市维护 建设税	房产税	印花税
地方总计	116933709	16566714	34709830	13733391	6948198	988015	6697446	3663167	1236184
北　京	7444874	688797	3331645	1216973	733357	2466	347203	319733	89476
天　津	2461800	351718	783942	321246	159822	3540	130921	80947	30489
河　北	4078273	833059	855106	381060	221514	81144	229806	95302	32126
山　西	2563634	699739	483454	224324	104033	87022	168322	54051	22838
内蒙古	1967589	306760	550223	86995	73640	25921	107499	69883	18570
辽　宁	5296405	768327	1416704	499919	281574	82991	317325	219674	60937
吉　林	1662807	321945	407799	123628	92653	14399	115747	70680	14600
黑龙江	2894200	734993	522784	121106	132963	122310	278142	101061	16817
上　海	11061932	1315512	4424582	2049897	886865		434552	270791	169841
江　苏	9804939	1481339	2824927	1385871	528318	23504	586375	291913	130332
浙　江	8059479	766154	2862683	1477859	562055	14006	517544	219382	92948
安　徽	2746284	389776	602792	258301	102995	34280	160472	61584	22469
福　建	3335230	302590	1017528	479272	245318	17485	159994	144535	43997
江　西	2057667	254350	553126	135057	92291	16468	102861	39378	12241
山　东	8283306	1160390	1764502	860624	319637	135148	549266	267768	62914
河　南	4287799	657752	928070	384296	193216	44902	246031	102821	27188
湖　北	3104464	496643	722562	282533	137089	23839	208537	88232	31639
湖　南	3206279	434071	786115	176657	142830	10566	196356	75816	23632
广　东	14185056	1688797	4847764	1944269	1115740	19573	552389	547713	198600
广　西	2377721	311157	613483	151845	122809	14054	113492	62593	10640
海　南	570358	69873	190337	33856	31467	6445	33901	28599	5174
重　庆	2006241	259481	585417	111487	89359	24742	111971	46539	17915
四　川	3857848	523617	1102487	310529	167902	31189	235158	110173	32812
贵　州	1492855	239062	379489	121020	70546	11999	104899	38307	6800
云　南	2633618	455618	565676	277797	100448	17920	283606	69715	19933
西　藏	100188	10725	43139	7514	3542	2297	3768		641
陕　西	2149586	394394	619259	144941	82201	43030	155791	67895	16239
甘　肃	1041600	216152	270531	63182	43112	15912	83106	37841	8222
青　海	269960	59845	85066	16940	8447	7448	18052	9153	2288
宁　夏	374677	62782	134373	21364	18664	1490	24260	13189	3558
新　疆	1557040	311296	434263	63029	74791	51925	120100	57902	10308

续表2 （2004年）

单位：万元

地区	城镇土地使用税	农业税	耕地占用税	契税	国有企业计划亏损补贴	行政性收费收入	罚没收入	专项收入	其他收入
地方总计	1062260	1978986	1200850	5401041	-1819751	9046327	5226014	4907372	1523813
北京	32732	40	18363	436836	-506057	216127	132182	277055	40559
天津	8711	3585	10698	123468	-25000	294509	65998	72140	35907
河北	39373	133580	23155	104314	-12545	342481	322612	226207	79394
山西	24781	26028	7930	25036	-18313	183247	157007	278083	23135
内蒙古	52895	49968	39170	37982	-3990	170085	73347	112404	27859
辽宁	83446	51615	21174	233455	-28718	570059	242436	224418	35853
吉林	22149	20091	19614	64954	-53227	181615	107155	79446	15480
黑龙江	38798	9665	15908	75013	-20653	175977	107189	215993	27738
上海	21284	36646		870043	-275106	294492	162529	258817	30544
江苏	44365	151717	138728	604384	-132037	646970	418164	381625	45317
浙江	23574	9121	213678	587082	-462042	253018	428669	344491	34151
安徽	33181	188656	62454	103944	-21107	390957	139479	117114	32392
福建	22900	7835	27668	168277	-2472	253209	180686	98182	47886
江西	19208	82209	7313	112631	-2025	244351	166109	73792	77377
山东	211717	251102	183219	340488	-43871	909921	437059	353922	78928
河南	51925	240728	28458	113783	-13681	511317	233684	241639	43595
湖北	45121	142595	36310	139727	-26059	354361	214453	83699	55968
湖南	25119	105097	64694	100445	-35596	421000	243371	151525	158916
广东	70368	35150	92377	631259	-22599	949476	497651	440758	209761
广西	24919	56856	33286	64203	-9772	250825	161469	90047	78583
海南	5359	4103	2796	17482		49111	25891	18440	7284
重庆	15877	49115	24488	83035	-21114	333932	88337	84495	22991
四川	43568	104290	33210	181796	-25899	422434	190946	159445	45746
贵州	15380	41071	14687	24278	-3825	129896	80148	70729	60020
云南	25917	43493	18569	44081	-17891	136204	125373	135221	129951
西藏			45		-9123	10505	7941	3106	14673
陕西	29278	63326	19183	42023	-14531	117248	94826	100424	21304
甘肃	12857	43898	3912	20131	-12192	79494	39755	72133	21606
青海	904	6032	929	3815	-41	12752	6385	15108	10324
宁夏	4145	5440	559	12209		24954	14589	19100	3989
新疆	12409	50580	1629	34567	-265	115800	60674	107814	6582

各地区财政支出情况

单位：亿元

地　区	1999 年	2000 年	2001 年	2002 年	2003 年	2004 年
地方总计	9035.4	10436.6	13134.6	15280.4	17229.8	20592.8
北　京	355.2	443.0	559.1	628.3	734.8	898.3
天　津	157.4	187.0	231.7	265.2	312.1	375.0
河　北	350.8	414.3	514.6	576.6	646.7	785.6
山　西	185.3	224.9	289.5	334.3	415.7	519.1
内蒙古	199.8	247.1	319.3	393.6	447.3	564.1
辽　宁	457.9	516.9	634.4	690.9	784.4	931.4
吉　林	234.6	260.7	326.4	362.6	409.2	507.8
黑龙江	339.0	381.9	478.3	531.9	564.9	697.6
上　海	533.5	608.6	708.1	862.4	1088.4	1382.5
江　苏	484.7	591.3	729.6	860.3	1047.7	1312.0
浙　江	344.0	431.3	597.3	749.9	896.8	1062.9
安　徽	288.6	322.5	403.8	456.9	507.4	601.5
福　建	279.3	324.1	374.3	397.4	452.2	516.7
江　西	207.8	223.2	283.7	341.4	382.1	454.1
山　东	550.0	613.0	753.8	860.6	1010.6	1189.4
河　南	384.3	444.0	508.6	629.2	716.6	880.0
湖　北	336.5	369.8	484.4	511.4	540.4	646.3
湖　南	313.1	347.8	431.7	533.0	573.7	719.5
广　东	965.9	1070.3	1321.3	1521.1	1695.6	1853.0
广　西	225.0	258.5	351.6	419.6	443.7	507.5
海　南	56.8	64.0	78.0	92.3	105.4	127.2
重　庆	150.2	187.6	237.5	305.9	341.6	395.7
四　川	363.5	451.9	594.1	701.6	732.3	895.3
贵　州	170.7	200.1	275.2	315.6	332.4	418.4
云　南	378.0	414.0	496.4	526.9	587.3	663.6
西　藏	53.3	60.0	104.6	137.8	145.9	133.8
陕　西	206.5	271.6	350.1	404.9	418.2	516.3
甘　肃	147.8	187.3	235.9	274.5	300.0	356.9
青　海	55.7	68.3	101.3	118.7	122.0	137.3
宁　夏	49.5	60.8	93.6	114.6	105.8	123.0
新　疆	166.3	191.0	263.3	361.2	368.5	421.0

续表 1　　(2004年)　　单位：万元

地区	支出合计	基本建设支出	挖潜改造支出	地质勘探费	科技三项费用	流动资金	农业支出	林业支出	水利和气象支出
地方总计	205928063	20937024	7415067	886958	2280527	12917	7103281	5939444	2477241
北　京	8982756	739446	428314	11134	78547		217329	69279	46727
天　津	3750212	693881	271803	11341	91979		80147	13247	15923
河　北	7855591	618577	149016	25474	68231		242201	266509	77190
山　西	5190569	430855	25936	19396	42492	770	189392	214225	56752
内蒙古	5641117	759463	202233	37145	33720		199691	494099	62584
辽　宁	9313979	865445	234889	44886	195315		342856	145269	109175
吉　林	5077758	414223	102994	36444	36523	397	161463	168461	40105
黑龙江	6075516	483451	319213	24047	85390		266089	271676	56929
上　海	13825254	3106700	1933126	1880	16331		163284	54616	77460
江　苏	13120404	1012157	650180	27203	199149		505486	38101	213166
浙　江	10929355	732868	537581	29632	252380		511209	58953	180844
安　徽	6015280	508578	209463	37288	29904	40	253414	168256	65258
福　建	5166787	410376	192017	12806	67384	398	184204	43736	72245
江　西	4540598	342389	91890	60829	26635		215747	163363	44328
山　东	11893716	600330	510142	27031	157800	2650	509248	77199	144626
河　南	8799580	672263	215560	25654	68235		266272	159966	114381
湖　北	6462888	374575	113387	22207	59873	4804	245887	223308	69462
湖　南	7195435	464763	146274	59132	64838		340831	326903	73556
广　东	18529500	2541273	226959	32865	406516	2715	416013	136780	395912
广　西	5074721	454371	125615	31095	29566	15	205701	183397	75790
海　南	1272006	149311	3390	3474	5229		44060	35685	23814
重　庆	3957233	529594	76144	7379	39668		115066	186579	28501
四　川	8952534	848048	228409	44275	65548	1128	328016	649456	95262
贵　州	4184181	382750	43823	35361	25887		172806	295119	55227
云　南	6636354	648847	162489	28517	39883		291589	331975	95412
西　藏	1338355	324028	4037	16022	4039		51159	23114	11671
陕　西	5163052	463151	98463	50934	33044		187379	494857	66103
甘　肃	3569366	328815	38649	45582	20109		112281	312117	45598
青　海	1373363	208426	14925	15711	5984		48029	96923	14272
宁　夏	1230177	205213	32627	12217	8147		61434	106492	15646
新　疆	4210446	622827	25516	47997	26181		174998	129784	33322

续表 2　　(2004 年)　　单位：万元

地区	工业交通等部门事业费	文体广播事业费	教育事业费	科学事业费	卫生经费	其他部门事业费	抚恤和社会福利救济费	行政事业单位离退休经费	社会保障补助支出	国防支出
地方总计	2447752	5208493	61462978	1236936	8322510	10096612	5557421	9324555	13288419	279985
北京	61856	202481	1213881	132556	540662	361204	266954	458358	26616	3024
天津	18401	86942	553991	22915	183387	94539	72820	12167	325213	2565
河北	131799	194480	1423523	29857	351422	553749	714497	417532	485292	10892
山西	81496	145092	802684	11856	223898	248063	155621	306761	570427	7091
内蒙古	52947	127828	662206	17485	174747	303348	116165	363521	418242	5024
辽宁	125262	182466	1210028	39867	254934	480590	345097	414981	1308715	18571
吉林	63982	131813	6074709	22908	170197	252269	198584	303738	793450	5449
黑龙江	91040	161333	918029	35636	235805	427570	207361	194808	967071	10603
上海	62300	199405	1553500	135111	450150	502067	190279	60722	502373	7199
江苏	171841	321101	2143705	64573	623921	559907	30823	431069	453760	22029
浙江	223693	321055	2000797	91501	527709	790477	237238	80475	255527	12593
安徽	47676	145637	1055638	22153	221171	202833	202407	369977	483863	7406
福建	89636	161246	1008963	43837	233252	283742	134465	321619	94099	15872
江西	74326	111902	737127	19979	275879	286068	160805	165841	372631	2572
山东	124050	366895	2048284	65970	452199	596766	309460	519429	439691	11929
河南	118862	303103	1532898	34715	337404	469196	258495	583450	628849	7364
湖北	72041	155505	1045080	21229	263743	340577	271333	249806	599442	11282
湖南	111825	178296	1043285	24080	197383	382264	252096	372878	749416	11882
广东	195375	442981	2879522	157747	729099	1016108	336839	945966	435836	26423
广西	40452	153117	905379	37322	220169	321839	122776	223165	199286	10752
海南	5699	28904	179249	4907	54270	73589	35194	56553	114568	2600
重庆	15887	88630	497847	10172	120564	97779	144578	288870	327589	5585
四川	87972	224155	1225217	41010	342542	279603	301892	543451	649986	17665
贵州	53042	146772	737679	26408	195471	151199	10743	31872	229059	4734
云南	81958	182227	1118233	43602	361946	286207	188120	582888	333081	15300
西藏	39825	35485	151132	2898	63727	11928	22661	20140	38909	2528
陕西	101895	137498	743497	19738	180908	293742	146949	234424	502175	4180
甘肃	33411	106267	536579	18053	134101	138216	93100	200887	396647	3839
青海	17576	30827	152629	4247	63398	45322	41265	146440	120968	1484
宁夏	14827	29998	161044	7163	43539	45902	27844	61181	57117	1441
新疆	36800	105052	613943	20441	194919	196949	94260	361586	208521	9607

续表3　　（2004年）　　单位：万元

地　区	行　政管理费	外交外事支出	武装警察部队支　出	公检法司支出	城　市维护费	政策性补　贴支　出	支援地区支出	海域开发使用费支出	专　项支　出	其　他支　出
地方总计	19952079	114814	309307	14661212	9682286	3784723	1725265	20829	4115672	16761059
北　京	533379	1859		677822	404388	45178		273	266870	1991204
天　津	219009	4669	2364	257858	408127	25190	39	2011	65402	211600
河　北	802101	8360	4482	554549	315047	214981	55916	2787	200899	423010
山　西	559227	1305	5688	326785	181838	89723	50567	205	147802	278935
内蒙古	569237	1345	14158	286448	254763	163692	66767	63	87151	155436
辽　宁	756115	17847	10302	640022	588260	251748	38174	2563	196810	476538
吉　林	367524	4029	12240	297489	123435	481022	32617	109	65182	141869
黑龙江	567527	2822	14629	412324	275600	429360	42804	180	222590	218501
上　海	562416	9289		773594	675417	10170			229155	2547015
江　苏	1477943	5760	21509	1056325	1202411	141875	13733	382	309376	1100495
浙　江	1176801	6781	22804	982693	621881	52944	34407	487	251479	621752
安　徽	645081	4024	4127	376652	177737	164909	53782	124	109329	436443
福　建	424795	2027	16580	390099	142780	67797	38494	2576	81087	589122
江　西	416770	1025	5535	322542	207709	114370	57809	77	63116	290404
山　东	1312928	5573	10229	807554	885953	196740	14552	2183	328259	1340828
河　南	974344	791		566884	276353	287098	79380	671	225246	565472
湖　北	699005	1001	8785	515226	221544	154598	51452	273	74401	569124
湖　南	709298	2335	10169	483201	286567	139254	67549	112	134432	531044
广　东	1931009	5901	64588	1903531	861050	128274	121045	3675	362140	1789502
广　西	519702	8281	7587	402346	228064	54836	87854	853	82106	332756
海　南	124176	1558	3848	83182	44324	14373	25995	668	15480	136618
重　庆	451604	671	10115	274003	274108	58897	43436		75797	179949
四　川	1139635	3689	15894	625369	254231	158220	114412	112	135807	492267
贵　州	511020	1851	2820	287496	105264	33481	118329	54	56117	355382
云　南	677565	4235	20287	438337	191362	47057	154096	48	80566	212370
西　藏	241636	421	2235	72309	4050	19624	31378		3302	139512
陕　西	523074	2059	4225	295266	184078	73344	77264	56	59957	169123
甘　肃	349975	2585	2230	160554	89606	50362	104923	157	64605	176843
青　海	133747	750	2065	65004	12967	11214	45927	50	18777	50844
宁　夏	87671	1320	2526	65600	43181	16438	35558	80	18607	65539
新　疆	687805	651	7286	260148	140191	87954	67006		83825	171562

各地区城镇居民人均可支配收入

单位：亿元

地　区	1999 年	2000 年	2001 年	2002 年	2003 年	2004 年
全国总计	5854.0	6280.0	6859.6	7702.8	8472.2	9421.6
北　京	9182.8	10349.7	11577.8	12463.9	13882.6	15637.8
天　津	7649.8	8140.5	8958.7	9337.6	10312.9	11467.2
河　北	5365.0	5661.2	5984.8	6679.7	7239.1	7951.3
山　西	4342.6	4724.1	5391.1	6234.4	7005.0	7902.9
内蒙古	4770.5	5129.1	5535.9	6051.0	7012.9	8123.0
辽　宁	4898.6	5357.8	5797.0	6524.5	7240.6	8007.6
吉　林	4480.0	4810.0	5340.5	6260.2	7005.2	7840.6
黑龙江	4595.1	4912.9	5425.9	6100.6	6678.9	7470.7
上　海	10931.6	11718.0	12883.5	13249.8	14867.5	16682.8
江　苏	6538.2	6800.2	7375.1	8177.6	9262.5	10481.9
浙　江	8428.0	9279.2	10464.7	11715.6	13179.5	14546.4
安　徽	5064.6	5293.6	5668.8	6032.4	6778.0	7511.4
福　建	6859.8	7432.3	8313.1	9189.4	9999.5	11175.4
江　西	4720.6	5103.6	5506.0	6335.6	6901.4	7559.6
山　东	5809.0	6490.0	7101.1	7614.4	8399.9	9437.8
河　南	4532.4	4766.3	5267.4	6245.4	6926.1	7704.9
湖　北	5212.8	5524.5	5856.0	6788.5	7322.0	8022.8
湖　南	5815.4	6218.7	6780.6	6958.6	7674.2	8617.5
广　东	9125.9	9761.6	10415.2	11137.2	12380.4	13627.7
广　西	5619.5	5834.4	6665.7	7315.3	7785.0	8690.0
海　南	5338.3	5358.3	5838.8	6822.7	7259.3	7735.8
重　庆	5896.0	6276.0	6721.1	7238.0	8093.7	9221.0
四　川	5477.9	5894.3	6360.5	6610.8	7041.9	7709.9
贵　州	4934.0	5122.2	5451.9	5944.1	6569.2	7322.1
云　南	6178.7	6324.6	6797.7	7240.6	7643.6	8870.9
西　藏	6908.7	7426.3	7869.2	8079.1	8765.5	9167.4
陕　西	4654.1	5124.2	5483.7	6330.8	6806.4	7492.5
甘　肃	4475.2	4916.3	5382.9	6151.4	6657.2	7376.7
青　海	4703.4	5170.0	5853.7	6170.5	6745.3	7319.7
宁　夏	4472.9	4912.4	5544.2	6067.4	6530.5	7217.9
新　疆	5319.8	5644.9	6395.0	6899.6	7173.5	7503.4

注：本表绝对数按当年价格计算，增长速度按可比价格计算。

各地区农村居民人均纯收入

单位：亿元

地　区	1999年	2000年	2001年	2002年	2003年	2004年
全国总计	2210.3	2253.4	2366.4	2475.6	2622.2	2936.4
北　京	4226.6	4604.6	5025.5	5398.5	5601.6	6170.3
天　津	3411.1	3622.4	3947.7	4278.7	4566.0	5019.5
河　北	2441.5	2478.9	2603.6	2685.2	2853.4	3171.1
山　西	1772.6	1905.6	1956.0	2149.8	2299.2	2589.6
内蒙古	2002.9	2038.2	1973.4	2086.0	2267.7	2606.4
辽　宁	2501.0	2355.6	2557.9	2751.3	2934.4	3307.1
吉　林	2260.6	2022.5	2182.2	2301.0	2530.4	2999.6
黑龙江	2165.9	2148.2	2280.3	2405.2	2508.9	3005.2
上　海	5409.1	5596.4	5870.9	6223.6	6653.8	7066.3
江　苏	3495.2	3595.1	3784.7	3979.8	4239.3	4753.9
浙　江	3948.4	4253.7	4582.3	4940.4	5389.0	5944.1
安　徽	1900.3	1934.6	2020.0	2117.6	2127.5	2499.3
福　建	3091.4	3230.5	3380.7	3538.8	3733.9	4089.4
江　西	2129.5	2135.3	2231.6	2306.5	2457.5	2786.8
山　东	2549.6	2659.2	2804.5	2954.0	3150.5	3507.4
河　南	1948.4	1985.8	2097.9	2215.7	2235.7	2553.2
湖　北	2217.1	2268.6	2352.2	2444.1	2566.8	2890.0
湖　南	2127.5	2197.2	2299.5	2397.9	2532.9	2837.8
广　东	3629.0	3654.5	3769.8	3911.9	4054.6	4365.9
广　西	2048.3	1864.5	1944.3	2012.6	2094.5	2305.2
海　南	2087.5	2182.3	2226.5	2423.2	2588.1	2817.6
重　庆	1736.6	1892.4	1971.2	2097.6	2214.6	2510.4
四　川	1843.5	1903.6	1987.0	2107.6	2229.9	2518.9
贵　州	1363.1	1374.2	1411.7	1489.9	1564.7	1721.6
云　南	1437.6	1478.6	1533.7	1608.6	1697.1	1864.2
西　藏	1309.5	1330.8	1404.0	1462.3	1691.0	1861.3
陕　西	1455.9	1443.9	1490.8	1596.3	1675.7	1866.5
甘　肃	1357.3	1428.7	1508.6	1590.3	1673.1	1852.2
青　海	1466.7	1490.5	1557.3	1668.9	1794.1	1957.7
宁　夏	1754.2	1724.3	1823.1	1917.4	2043.3	2320.1
新　疆	1473.2	1618.1	1710.4	1863.3	2106.2	2244.9

注：本表绝对数按当年价格计算，增长速度按可比价格计算。

各地区主要农产品产量

（2004 年）

单位：万吨

地 区	粮食	油料	棉花	蔬 菜	水果	肉类				奶类	水产品
							#猪肉	#牛肉	#羊肉		
全国总计	46946.9	3065.9	632.4	55064.7	15340.9	7244.8	4701.6	675.9	399.3	2368.4	4901.8
北 京	70.2	2.9	0.8	489.2	113.4	70.8	31.8	5.1	4.9	70.1	6.7
天 津	122.8	1.6	12.0	585.4	69.0	53.7	33.1	5.6	3.2	54.2	31.0
河 北	2480.1	154.3	66.5	6187.5	1346.3	534.0	313.4	82.9	31.1	276.9	92.4
山 西	1062.0	28.2	12.0	916.2	342.9	66.6	46.8	6.7	7.2	63.7	3.5
内蒙古	1505.3	103.7	0.7	875.5	129.3	201.3	80.8	28.7	60.4	502.1	7.7
辽 宁	1720.0	45.9	0.5	2034.6	430.1	318.4	175.3	37.3	6.1	62.3	402.5
吉 林	2510.0	38.1		699.9	215.0	243.5	98.5	49.0	4.0	26.0	12.0
黑龙江	3001.0	46.0		1068.0	315.6	165.3	93.9	31.4	9.0	378.1	43.0
上 海	106.3	7.4	0.2	440.0	111.4	12.5	5.8	0.0	0.7	25.2	34.4
江 苏	2829.1	238.4	50.3	3678.7	620.0	346.8	219.8	5.3	17.4	56.9	366.1
浙 江	834.9	48.8	2.3	1769.0	632.1	161.8	126.4	1.5	3.8	26.0	493.5
安 徽	2743.0	299.7	41.2	1656.5	719.6	333.7	207.6	35.6	16.4	10.2	171.3
福 建	736.5	27.8		1369.8	552.9	151.3	121.5	2.8	1.8	21.1	591.2
江 西	1663.0	74.5	8.5	1118.7	291.0	217.7	161.2	8.7	1.6	11.6	156.3
山 东	3516.7	369.7	109.8	8883.7	2478.5	696.5	346.4	79.6	35.0	188.7	718.2
河 南	4260.0	408.7	66.7	5037.5	1638.6	641.5	410.3	98.3	44.6	78.9	42.7
湖 北	2100.1	314.4	39.5	2996.2	542.7	309.3	240.7	15.9	5.8	11.7	302.1
湖 南	2640.0	139.6	20.3	2305.3	499.4	517.1	429.1	16.8	10.1	6.7	166.1
广 东	1390.0	77.5		2557.7	909.0	360.5	237.7	6.3	0.6	11.2	664.6
广 西	1398.5	58.3	0.1	1946.7	702.3	210.5	161.7	14.6	3.2	4.9	268.9
海 南	190.1	9.1		314.0	190.6	52.3	32.1	2.9	1.3	0.1	135.8
重 庆	1144.5	41.8		858.9	137.2	168.4	137.1	5.7	3.4	8.6	23.4
四 川	3146.7	226.3	3.3	2623.9	494.8	609.1	480.2	27.0	18.8	53.0	86.1
贵 州	1149.6	82.7	0.1	774.7	87.2	148.0	120.0	11.4	5.0	3.6	8.8
云 南	1509.5	33.4		885.1	145.1	277.8	228.3	19.8	8.9	28.3	22.0
西 藏	96.0	5.4		30.0	0.9	20.8	1.0	12.2	7.6	26.2	0.1
陕 西	1040.0	46.1	8.2	785.3	858.1	101.6	69.9	11.2	8.4	125.5	7.4
甘 肃	805.8	48.5	11.0	812.6	245.6	76.6	48.2	11.3	11.2	25.9	1.5
青 海	88.5	28.9		78.4	2.8	24.8	8.0	7.3	8.8	24.1	0.1
宁 夏	290.5	13.8		116.4	68.6	24.4	10.2	4.7	6.1	46.9	5.7
新 疆	796.5	44.5	178.3	919.1	450.8	128.1	24.6	30.4	52.7	139.7	7.2

注：水产品产量包括水产总公司捕捞产量29.3万吨。

各地区主要工业产品产量

（2004年）

地区	原煤（万吨）	原油（万吨）	发电量（亿千瓦小时）	粗钢（万吨）	生铁（万吨）	成品钢材（万吨）	水泥（万吨）
全国总计	195600.0	17500.0	21870.0	27279.8	25185.1	29723.1	97000.0
北京	908.4		150.6	826.1	793.0	851.0	1128.0
天津		1443.0	337.7	742.0	475.0	1493.5	537.0
河北	7156.2	535.6	1255.6	5641.4	5283.5	4697.8	7825.5
山西	37231.6		1049.3	1184.5	1807.7	1102.6	1923.2
内蒙古	17171.4		815.4	626.3	146.2	601.4	1182.4
辽宁	6232.5	1296.4	888.7	2595.5	2525.9	2598.1	2472.1
吉林	2396.5	478.9	374.1	406.8	330.2	430.9	1376.3
黑龙江	7162.6	4672.2	550.1	238.3	152.4	197.8	1128.1
上海		31.9	766.2	1823.7	1356.5	1818.4	665.0
江苏	2747.0	168.9	1488.4	2222.7	1663.6	3749.9	7993.2
浙江	56.3		1115.2	369.9	181.2	626.4	8191.6
安徽	7868.1		606.9	907.2	959.2	945.7	3235.5
福建	1076.1		659.6	319.2	306.0	568.4	2245.3
江西	1232.6		327.8	748.0	638.2	774.9	2976.1
山东	14646.2	2674.3	1640.3	1855.4	1873.7	2011.7	12363.8
河南	14445.5	523.4	1185.6	974.7	791.1	966.0	5393.6
湖北	395.6	78.2	1105.9	1353.5	1165.4	1334.3	3767.7
湖南	3036.2		605.2	804.1	795.1	802.1	3358.2
广东	219.4	1467.5	2022.5	717.5	409.4	1141.7	7785.3
广西	521.3	3.6	338.1	319.6	339.4	376.1	2679.5
海南		8.0	66.5	0.2	3.0	17.6	418.7
重庆	1764.2		218.9	269.0	247.3	275.0	1957.2
四川	4429.9	14.3	881.8	989.3	919.7	1012.0	3819.9
贵州	9756.6		713.0	208.1	200.8	203.1	1428.8
云南	1718.6		513.5	343.8	659.9	345.5	2151.0
西藏	1.6		11.7				96.0
陕西	8426.0	1528.0	481.0	220.7	170.3	201.3	1800.5
甘肃	3083.8	76.3	455.4	278.7	295.7	295.3	1353.0
青海	418.8	222.0	173.4	47.2		37.4	342.8
宁夏	2354.6		252.9	11.5	18.6	14.1	582.8
新疆	2219.6	2227.7	244.1	233.4	176.9	233.1	1190.3

续表 (2004 年)

地　区	布 (亿米)	家用电冰箱 (万台)	农用化肥 (万吨)	汽车 (万辆)	程控交换机 (万线)	移动电话机 (万部)	微型电子计 算机(万部)
全国总计	420.0	3033.4	4469.5	507.4	8464.8	23344.6	4512.4
北　京	0.4	63.5	2.7	53.9	3211.2	3824.8	503.6
天　津	3.5	28.3	15.1	22.3	2.5	4909.5	1.7
河　北	18.2	10.0	243.2	14.4	18.7		
山　西	3.0		215.5	0.1			0.4
内蒙古	0.4		60.8	0.6		206.6	0.7
辽　宁	3.1	1141.1	109.2	14.2	6.3	61.0	178.1
吉　林	1.0	14.4	15.9	64.6	1.2		
黑龙江	1.3	0.1	43.3	21.1	0.1		4.0
上　海	1.3	33.1	2.5	56.0	2054.3	2025.8	996.1
江　苏	42.7	347.8	227.2	24.4	133.9	200.9	1111.5
浙　江	54.6	143.2	57.9	10.1	99.3	2107.1	118.5
安　徽	6.2	377.0	204.3	21.8			10.7
福　建	10.		58.7	6.6		974.9	295.0
江　西	83.2	26.7	50.7	18.4	2.4		13.8
山　东	66.2	617.7	123.6	14.7	69.1	978.2	56.2
河　南	15.4	205.2	345.0	3.0	0.1		0.5
湖　北	18.7	22.4	332.2	33.6		453.2	0.1
湖　南	4.2	61.2	211.5	4.6	5.4		
广　东	21.5	850.9	19.6	27.7	1982.4	7572.6	1218.4
广　西	0.4		74.7	28.5			0.2
海　南			65.0	6.7			
重　庆	3.1		104.2	43.7			1.2
四　川	6.1	34.7	410.1	6.3			0.6
贵　州	0.5	72.2	213.8	0.1	1.3	30.0	
云　南	0.2		251.1	5.1			
西　藏							
陕　西	7.5	10.5	117.9	5.0	147.4		1.3
甘　肃	0.4	0.6	71.5	0.1			
青　海			147.6				
宁　夏			75.8				
新　疆	0.9		83.1	0.2			

各地区规模以上工业增加值和增长速度

地区	工业增加值（亿元）					2004年比上年增长（%）
	2000年	2001年	2002年	2003年	2004年	
全国总计	25394.8	28329.4	31482.0	41990.2	54805.1	16.7
北　京	722.7	751.2	823.3	1012.5	1259.5	19.9
天　津	630.1	728.1	822.8	1074.8	1395.6	26.5
河　北	1132.7	1244.1	1406.7	1801.8	2459.2	22.2
山　西	428.7	499.8	608.7	908.7	1242.8	21.2
内蒙古	279.5	307.6	368.1	516.7	776.8	38.5
辽　宁	1194.0	1255.7	1376.2	1715.9	2255.7	23.4
吉　林	496.2	589.1	644.4	814.8	994.3	18.6
黑龙江	1213.1	1207.9	1280.6	1363.1	1619.6	15.3
上　海	1687.2	1988.4	2196.2	2832.9	3427.0	19.0
江　苏	2604.4	2943.5	3536.3	4670.6	6447.5	23.4
浙　江	1560.1	1874.4	2356.5	3097.6	4173.4	21.1
安　徽	507.4	577.2	656.1	881.5	1082.2	25.1
福　建	797.1	875.4	1047.1	1448.5	1845.8	23.5
江　西	269.7	308.2	360.3	446.8	617.8	26.1
山　东	2549.4	2900.7	3502.5	4701.1	6498.3	26.5
河　南	1116.4	1249.8	1430.8	1740.1	2332.7	23.6
湖　北	1011.8	1072.8	1199.0	1364.8	1664.7	22.8
湖　南	528.1	605.5	709.2	888.6	1198.1	24.1
广　东	3423.9	3738.3	4224.6	5718.1	7086.4	22.4
广　西	323.9	342.7	367.0	446.5	595.6	22.8
海　南	63.3	65.3	68.5	96.3	102.7	18.4
重　庆	283.7	308.2	397.4	447.6	579.7	23.5
四　川	662.4	790.4	915.3	1165.7	1546.5	25.8
贵　州	217.0	236.6	270.4	346.5	438.4	20.1
云　南	531.5	582.1	632.1	746.0	881.2	16.6
西　藏	9.3	9.5	10.3	12.4	14.4	14.1
陕　西	411.2	459.7	530.6	674.4	870.7	22.9
甘　肃	244.7	296.5	340.6	388.1	505.1	15.7
青　海	65.3	71.8	80.1	95.2	132.4	24.8
宁　夏	73.7	82.9	92.2	109.4	147.0	25.8
新　疆	356.6	365.2	369.9	463.4	616.9	14.4

注：1. 本表绝对数按当年价格计算，增长速度按可比价格计算。

2. 规模以上非国有企业为年产品销售收入500万元以上的企业。

各地区规模以上工业主要经济指标

（2004年）

单位：亿元

地　区	产品销售收　入	#产品销售成本	#产品销售费用	#产品销售税金及附加	税金总额	利润总额
全国总计	187814.8	157071.6	5902.3	2467.1	8863.5	11341.6
北　京	5110.8	4288.5	217.7	43.8	205.4	310.9
天　津	5494.6	4624.5	172.0	47.9	187.2	412.5
河　北	8132.2	6889.8	195.7	76.0	381.4	513.2
山　西	3295.3	2531.7	180.8	37.5	260.0	218.4
内蒙古	2064.0	1697.1	86.4	27.4	125.6	123.9
辽宁	8320.4	7021.2	195.9	100.7	376.5	389.3
吉　林	3190.8	2645.9	82.7	68.0	194.4	178.7
黑龙江	3613.1	2428.5	90.4	77.3	332.0	760.2
上　海	13863.3	11607.3	432.1	161.1	538.2	1003.5
江　苏	24492.3	21507.2	662.1	176.5	828.2	1111.4
浙　江	16693.5	14354.8	452.8	166.8	668.0	942.8
安　徽	3605.0	2986.5	123.9	75.5	227.7	175.3
福　建	6212.7	5274.2	205.2	68.5	221.2	350.6
江　西	2117.1	1800.4	63.5	39.3	131.6	72.2
山　东	21055.1	17785.2	577.6	201.4	908.5	1383.6
河　南	7065.3	5940.0	212.4	100.8	366.4	376.5
湖　北	5097.0	4130.6	184.2	94.6	293.3	279.8
湖　南	3452.4	2768.5	122.0	136.5	294.1	156.5
广　东	26691.4	22714.9	972.5	195.7	802.6	1274.3
广　西	1834.9	1475.2	68.2	31.9	129.8	121.8
海　南	348.1	275.6	27.1	9.0	25.5	27.7
重　庆	2078.0	1706.0	91.7	38.1	123.9	113.4
四　川	4942.7	3676.9	192.9	83.2	275.1	200.1
贵　州	1188.1	844.4	53.2	52.0	126.4	60.4
云　南	1953.0	1332.5	63.8	226.2	368.4	189.1
西　藏	19.2	12.1	1.7	0.4	2.2	3.0
陕　西	2497.0	1852.5	80.0	53.1	186.4	245.3
甘　肃	1537.3	1243.6	36.7	37.8	115.7	64.2
青　海	360.0	269.2	8.6	4.3	25.1	40.1
宁　夏	507.4	430.0	16.3	5.6	28.6	15.8
新　疆	1382.9	956.8	32.4	30.2	114.0	227.2

续表 （2004年） 单位：亿元

地　区	亏损企业亏损总额	应收账款净　额	产成品	资产合计	负债合计	全部从业人员平均人数（万人）
全国总计	1239.8	25510.7	10292.5	195261.7	115529.4	6098.6
北　京	49.2	661.3	288.2	6082.4	3138.9	99.9
天　津	46.6	619.5	192.1	5113.8	2899.5	118.0
河　北	59.6	589.7	444.9	7836.2	4883.8	273.6
山　西	19.9	346.3	266.4	5318.5	3548.4	186.0
内蒙古	10.2	183.6	131.3	3030.9	1854.6	78.6
辽　宁	78.2	943.5	568.4	10167.8	5990.8	247.7
吉　林	37.7	393.4	169.2	3981.4	2403.3	100.4
黑龙江	31.9	379.1	207.6	4684.5	2705.0	132.6
上　海	105.7	2074.0	544.0	13684.8	6876.8	238.9
江　苏	94.7	3025.3	1164.4	20227.3	12580.4	623.1
浙　江	46.3	2159.9	1007.1	15222.1	8802.9	563.0
安　徽	24.0	375.2	209.9	4428.8	2687.6	154.0
福　建	33.6	778.0	305.2	5815.9	3069.7	245.8
江　西	16.2	180.4	112.7	2519.4	1642.7	99.7
山　东	67.0	1363.7	1019.9	17620.4	10307.4	647.8
河　南	38.1	633.4	334.9	7413.9	4782.9	326.9
湖　北	44.2	532.7	286.4	7766.6	4907.8	197.0
湖　南	23.4	358.0	208.0	4173.8	2653.2	158.7
广　东	160.4	3748.8	1539.1	21798.1	12666.9	814.2
广　西	16.4	197.9	143.0	2502.8	1623.3	85.6
海　南	4.5	44.2	31.9	477.2	260.0	9.6
重　庆	15.2	257.9	125.1	2716.6	1644.4	88.9
四　川	69.5	544.2	300.6	6747.6	4269.6	208.0
贵　州	15.6	176.9	900.0	2036.7	1345.7	66.8
云　南	24.2	180.3	115.7	3211.0	1764.2	63.5
西　藏	0.2	5.9	2.0	80.5	20.7	1.8
陕　西	36.9	381.7	136.1	4164.9	2642.2	115.4
甘　肃	17.6	163.6	115.9	2391.1	1456.9	77.1
青　海	4.1	52.4	22.0	958.2	680.6	13.8
宁　夏	9.6	59.8	42.2	796.7	512.9	23.9
新　疆	39.0	100.3	109.5	2291.9	1309.4	38.5

各地区规模以上工业主要经济效益指标

（2004年）

地　区	综合指数（%）	总资产贡献率（%）	资本保值增值率（%）	资产负债率（%）	流动资产周转次数（次）	成本费用利润率（%）	全员劳动生产率（元/人）	产品销售率（%）
全国总计	164.3	12.3	114.8	59.2	2.2	6.5	90592	98.1
北　京	179.8	9.9	116.7	51.6	1.8	6.4	129781	97.1
天　津	193.3	13.4	119.5	56.7	2.3	8.2	120916	99.1
河　北	169.9	13.5	110.8	62.3	2.5	6.8	90525	98.4
山　西	143.7	11.2	114.8	66.7	1.6	7.2	66992	97.9
内蒙古	164.3	10.8	117.3	61.2	2.1	6.5	96351	97.6
辽　宁	150.0	9.1	108.9	58.9	1.9	5.0	91234	98.1
吉　林	162.7	10.8	110.1	60.4	2.0	6.0	99038	99.2
黑龙江	283.8	25.0	106.5	57.7	2.0	27.6	122393	98.0
上　海	203.1	12.6	114.3	50.3	2.0	7.8	147707	99.1
江　苏	166.4	11.5	118.6	62.2	2.4	4.8	103197	97.9
浙　江	155.9	13.3	125.0	57.8	2.2	6.0	79129	97.7
安　徽	145.4	10.8	113.7	60.7	2.0	5.2	75790	98.9
福　建	155.2	11.8	119.3	52.8	2.3	6.1	76500	97.5
江　西	130.3	10.3	114.0	65.2	2.1	3.6	62399	98.8
山　东	185.8	15.5	121.8	58.5	2.8	7.1	100694	98.1
河　南	148.8	12.3	110.8	64.5	2.2	5.7	71786	98.5
湖　北	149.4	8.9	114.3	58.0	1.8	6.0	85897	97.9
湖　南	149.8	12.9	116.7	63.6	2.2	5.0	75203	99.8
广　东	155.9	11.1	109.5	58.1	2.4	5.1	87230	97.6
广　西	149.8	12.0	117.0	64.7	2.0	7.2	68518	96.8
海　南	184.5	13.2	118.1	54.5	1.7	8.5	115447	97.4
重　庆	141.1	10.8	120.2	60.5	1.8	5.8	66950	98.2
四　川	132.9	8.8	106.0	63.3	1.6	4.7	73164	98.5
贵　州	135.5	10.7	114.6	66.1	1.5	5.9	66299	96.2
云　南	227.3	19.4	114.4	54.9	1.5	12.1	148841	98.7
西　藏	188.3	13.1	100.5	25.7	0.8	18.2	81315	91.6
陕　西	165.5	12.4	111.8	63.4	1.5	11.3	75455	96.9
甘　肃	131.0	9.2	113.5	60.9	1.7	4.5	66054	97.8
青　海	170.5	8.9	103.4	71.0	1.2	12.8	95967	98.4
宁　夏	119.4	7.6	118.9	64.4	1.6	3.2	62470	97.1
新　疆	264.6	16.7	107.2	57.1	2.2	21.0	154335	97.6

注：全员劳动生产率按工业增加值计算。

各地区居民消费价格分类指数

（2004年，上年=100）

地区	居民消费价格指数	食品	烟酒及用品	衣着	家庭设备用品及服务	医疗保健和个人用品	交通和通信	娱乐教育文化	居住
全国	103.9	109.9	101.2	98.5	98.6	99.7	98.5	101.3	104.9
北京	101.0	104.8	101.2	98.9	96.9	99.2	95.7	101.5	101.4
天津	102.3	109.9	101.0	92.1	98.3	93.4	96.8	99.2	103.6
河北	104.3	110.7	100.7	96.8	97.4	102.2	98.6	102.4	105.9
山西	104.1	109.5	103.2	99.4	99.0	99.6	98.7	102.7	106.6
内蒙古	102.9	108.8	102.0	100.1	98.6	100.7	98.4	99.7	104.4
辽宁	103.5	108.7	100.2	97.9	97.5	102.8	98.5	101.5	103.2
吉林	104.1	110.2	102.2	100.9	99.1	99.3	95.6	99.7	107.5
黑龙江	103.8	108.8	110.6	100.4	99.4	101.1	98.9	100.2	106.6
上海	102.2	108.3	98.3	94.2	97.8	100.0	96.5	99.9	101.6
江苏	104.1	110.2	100.7	99.0	99.1	99.7	98.3	101.5	104.4
浙江	103.9	111.1	101.4	97.3	98.3	95.1	97.7	102.8	104.4
安徽	104.5	110.8	101.0	97.7	98.0	100.6	100.1	100.2	105.6
福建	104.0	109.9	101.1	97.6	98.6	97.7	97.6	103.5	104.2
江西	103.5	109.0	100.8	98.0	99.2	96.6	98.5	100.4	104.8
山东	103.6	109.1	101.2	97.9	98.8	100.0	99.6	101.8	105.6
河南	105.4	113.5	104.2	98.4	98.2	99.0	100.6	102.3	106.3
湖北	104.9	110.7	100.7	99.8	97.9	98.2	99.3	103.8	106.1
湖南	105.1	111.6	110.8	100.3	99.5	99.9	98.8	102.2	104.5
广东	103.0	107.5	101.6	99.1	98.6	99.9	98.8	99.4	103.8
广西	104.4	112.2	100.2	98.0	99.6	101.1	97.7	98.6	105.2
海南	104.4	111.0	100.5	98.8	100.3	99.7	99.6	97.9	101.9
重庆	103.7	111.0	100.4	91.2	98.5	99.4	99.2	103.2	100.9
四川	104.9	111.2	101.8	98.5	99.6	103.6	100.5	102.2	103.4
贵州	104.0	112.6	99.9	92.2	98.6	105.1	96.6	101.0	104.1
云南	106.0	114.8	101.4	97.8	99.7	99.8	98.5	102.2	107.7
西藏	102.7	105.3	100.0	100.4	99.9	100.3	100.3	99.4	106.2
陕西	103.1	107.3	101.3	102.5	98.5	97.0	99.1	100.5	106.2
甘肃	102.3	106.2	99.8	99.4	99.4	99.6	95.1	101.4	105.0
青海	103.2	106.5	102.4	102.4	99.4	102.0	98.6	102.6	102.4
宁夏	103.7	109.6	104.5	99.1	97.9	98.1	99.7	100.1	106.3
新疆	102.7	105.8	100.3	99.4	98.4	101.8	99.4	98.6	108.3

各地区货运量和货物周转量

（2004 年）

地 区	全社会货运量（万吨）	# 铁路	# 公路	# 水运	全社会货物周转量（亿吨公里）	# 铁路	# 公路	# 水运
全国总计	1706226	249017	1244990	187394	69442	19289	7841	41429
北 京	31321	2065	29256		538	455	82	
天 津	36237	6113	19650	10474	11223	360	72	10792
河 北	83672	15744	66227	1701	4029	2221	659	1149
山 西	121633	48929	72621	83	1418	1051	367	
内蒙古	57436	14739	42697		1312	1042	270	
辽 宁	89625	15014	70164	4447	2948	1160	327	1461
吉 林	33286	6552	26659	75	596	500	96	1
黑龙江	57011	15143	40712	1156	1097	875	204	19
上 海	62986	1284	31554	30148	10012	42	71	9899
江 苏	99132	5262	69058	24812	2348	438	387	1524
浙 江	118074	3663	78540	35871	2702	288	357	2060
安 徽	58893	9009	43468	6416	1456	869	350	237
福 建	38253	4722	25964	7567	1399	218	216	965
江 西	31924	5723	23223	2978	870	613	179	77
山 东	129024	14850	106887	7287	4753	1081	596	3076
河 南	72730	13668	58147	915	2107	1650	422	35
湖 北	43879	5036	31584	7259	1383	687	236	461
湖 南	70320	6043	60291	3986	1552	877	514	162
广 东	114790	8169	81792	24829	3848	342	605	2900
广 西	34486	5232	25822	3432	998	616	236	147
海 南	8577	468	6168	1941	236	3	52	182
重 庆	36430	1997	31515	2918	518	105	128	284
四 川	60155	8084	49143	2928	837	584	231	23
贵 州	19439	5504	13541	394	611	521	84	6
云 南	59081	4534	54326	221	651	284	365	2
西 藏	246		246		23		23	
陕 西	37961	7810	30038	113	964	768	195	
甘 肃	25686	4181	21460	45	878	748	130	
青 海	6211	1075	5136		137	92	45	
宁 夏	7853	2527	5326		243	178	65	
新 疆	28760	4985	23775		728	446	282	
不分地区	31110	887		5398	7029	178		5967

注：不分地区合计中，包括铁路行包运输、管道运输企业、民航运输企业及中远集团海外公司完成数。

各地区客运量和旅客周转量

（2004 年）

地区	全社会客运量（万人）	#铁路	#公路	#水运	全社会旅客周转量（亿人公里）	#铁路	#公路	#水运
全国总计	1767453	111764	1624526	19040	16309	5712	8748	66
北京	46900	5437	41463		232	74	158	
天津	3956	1499	2457		109	85	24	
河北	77770	5270	72500		945	479	466	
山西	39207	3411	35688	108	285	105	180	
内蒙古	28652	3142	25510		256	101	155	
辽宁	57637	9626	47370	641	575	372	195	8
吉林	27088	4687	22253	108	237	147	90	
黑龙江	51263	8860	42170	233	399	173	226	
上海	7638	4076	2465	1142	123	46	72	5
江苏	128394	6085	122218	91	1084	228	855	
浙江	150743	6255	142177	2311	795	216	572	7
安徽	68837	3406	65075	356	709	282	427	1
福建	53513	1754	50862	897	372	84	287	1
江西	39536	3778	35312	446	555	356	198	1
山东	89407	3876	84290	1241	748	267	476	6
河南	90795	5695	85016	84	938	542	395	1
湖北	67105	3456	63127	522	623	283	337	3
湖南	106310	5563	99975	772	949	497	450	2
广东	141747	8459	131435	1853	1383	308	1066	9
广西	48078	1639	45578	861	516	103	411	3
海南	25791	16	24981	794	85		83	2
重庆	63303	1166	60833	1304	276	38	226	12
四川	158608	4945	150176	3487	641	170	468	3
贵州	58707	1855	56077	775	278	126	151	2
云南	38653	1739	36502	412	278	50	227	1
西藏	256		256		15		15	
陕西	35350	3231	31763	356	450	256	194	1
甘肃	16479	1194	15050	235	282	185	96	
青海	4568	364	4193	11	42	19	23	
宁夏	6654	295	6359		59	21	38	
新疆	22340	985	21355		289	102	187	
不分地区	12123				1782			

注：不分地区合计中包括民航完成数。

各地区社会消费品零售总额

单位：亿元

地 区	1999 年	2000 年	2001 年	2002 年	2003 年	2004 年
全国总计	31134.7	34152.6	37595.2	40910.5	45842.0	53950.1
北 京	1313.3	1443.3	1593.5	1744.8	1916.7	2191.8
天 津	657.3	736.6	832.7	941.4	922.3	1052.7
河 北	1458.8	1613.9	1778.3	1968.3	2177.9	2522.9
山 西	587.1	629.1	679.9	755.4	729.3	884.8
内蒙古	437.4	484.0	537.3	606.0	726.8	892.0
辽 宁	1696.1	1847.6	2034.9	2258.4	2330.8	2642.8
吉 林	734.0	810.9	909.1	1008.1	1110.3	1252.6
黑龙江	1016.2	1094.0	1198.9	1320.0	1376.5	1555.4
上 海	1590.4	1722.3	1861.3	2035.2	2220.6	2454.6
江 苏	2394.1	2604.1	2869.0	3215.8	3566.5	4159.7
浙 江	2075.8	2298.8	2555.5	2877.5	3157.1	3645.4
安 徽	979.1	1054.3	1142.8	1228.7	1331.2	1503.1
福 建	1246.3	1372.8	1499.5	1663.3	1740.4	1995.8
江 西	650.5	704.9	763.3	832.7	923.2	1059.9
山 东	2310.1	2545.9	2834.9	3181.9	3936.5	4483.4
河 南	1616.0	1786.7	1979.8	2189.8	2426.4	2808.2
湖 北	1617.1	1789.4	1975.2	2198.4	2358.7	2667.5
湖 南	1229.2	1364.7	1511.1	1678.9	1816.3	2069.8
广 东	3656.0	4071.9	4515.3	5013.6	5606.0	6379.4
广 西	791.3	859.2	935.9	1025.5	857.7	973.4
海 南	157.7	172.5	187.5	204.4	191.6	220.2
重 庆	596.3	643.4	699.3	763.1	835.5	955.0
四 川	1382.6	1523.7	1680.4	1850.1	2091.1	2384.0
贵 州	313.8	343.7	378.0	416.2	458.8	517.6
云 南	539.0	583.2	655.4	711.3	782.5	884.9
西 藏	37.9	42.9	49.0	53.2	58.3	63.7
陕 西	557.1	607.6	665.1	728.2	853.2	966.5
甘 肃	331.6	362.7	395.4	433.5	474.6	535.8
青 海	75.2	82.1	90.4	101.0	102.7	115.6
宁 夏	82.7	90.2	98.9	108.8	120.8	137.8
新 疆	347.4	374.5	406.3	442.9	421.2	482.1

注：1. 社会消费品零售总额按当年价格计算。

2. 各地区相加不等于全国总计，原因是全国数据进行了修正。

各地区海关进出口贸易总额

（2004年）

单位：亿美元

地区	按境内目的地、货源地分		按经营单位所在地分	
	出口额	进口额	出口额	进口额
全国总计	5933.69	5614.23	5933.69	5614.23
北京	131.23	297.78	205.75	740.87
天津	204.88	227.61	208.61	211.80
河北	97.11	55.70	93.40	41.86
山西	71.97	18.74	40.35	13.47
内蒙古	18.89	24.88	13.56	23.67
辽宁	195.90	203.62	189.18	155.19
吉林	19.17	55.72	17.15	50.78
黑龙江	37.21	34.65	36.82	31.10
上海	697.32	870.71	735.07	865.12
江苏	880.42	915.08	874.97	833.60
浙江	611.73	335.14	581.59	270.70
安徽	35.59	34.31	39.37	32.75
福建	305.54	193.18	293.96	181.53
江西	26.08	22.11	19.95	15.34
山东	371.91	322.41	358.54	248.21
河南	44.01	29.55	41.76	24.45
湖北	32.52	43.14	33.82	33.89
湖南	31.35	29.38	30.97	23.37
广东	1923.93	1709.71	1915.58	1655.75
广西	23.15	25.19	23.86	18.92
海南	8.25	20.75	10.93	23.09
重庆	18.77	18.54	20.91	17.66
四川	34.92	32.06	39.84	28.88
贵州	12.68	11.02	8.67	6.47
云南	20.20	17.24	22.39	15.12
西藏	1.19	0.47	1.30	0.70
陕西	26.24	19.33	23.97	12.46
甘肃	10.36	9.38	9.96	7.77
青海	4.62	1.86	4.55	1.21
宁夏	7.35	3.96	6.46	2.62
新疆	29.22	31.02	30.47	25.89

各地区外商直接投资额

(2004年)

单位：亿美元

地区	2003年			2004年		
	项目数（个）	合同投资额	实际投资额	项目数（个）	合同投资额	实际投资额
全国总计	41081	11506969	5350467	43664	15347895	6062998
北京	1539	599959	219126	1806	626373	255974
天津	957	305338	153473	1092	553956	172091
河北	610	167253	96405	581	195707	69954
山西	89	39596	21361	88	40310	9022
内蒙古	138	39074	8854	189	251617	34297
辽宁	2231	647232	282410	2491	866164	540677
吉林	340	65840	19059	305	118023	19237
黑龙江	239	48785	32180	276	83328	33917
上海	4462	1075115	546849	4364	1166375	631087
江苏	7182	2978130	1056365	7170	3858743	894830
浙江	4460	1228386	498055	3818	1443772	573256
安徽	425	96762	36720	471	117842	42850
福建	2272	428105	259903	2276	532682	192384
江西	761	231825	161205	959	306804	204487
山东	5208	1243013	601617	5890	2027763	866423
河南	304	105550	53903	470	199125	42211
湖北	510	232966	156886	566	186556	174441
湖南	509	133884	101835	636	260743	141803
广东	7039	1348518	782294	8322	1936046	1001158
广西	334	64313	41856	353	110008	29579
海南	166	23267	42125	168	34930	11926
重庆	205	42357	26083	253	68263	25196
四川	326	89380	41231	386	115330	36503
贵州	66	19916	4521	59	7248	1271
云南	165	44583	8384	167	31817	14153
西藏	49	4776		13	4321	
陕西	242	76002	33190	273	104533	14132
甘肃	59	25221	2342	63	32564	3539
青海	47	19142	2522	46	18705	
宁夏	28	53759	1743	39	22460	6704
新疆	86	20282	1534	74	25787	3996

注：全国总计中包括部门统计数据，故各地区相加不等于全国总计。

外商投资企业进出口总额

（2004年）

单位：万美元

地区	2003年			2004年		
	进出口总额	出口额	进口额	进出口总额	出口额	进口额
全国总计	47225181	24033755	23191426	66317568	33860716	32456852
北京	1180654	512473	668181	1852699	736179	1116520
天津	2328980	1141831	1187149	3408834	1705174	1703660
河北	305669	184636	121032	426021	265709	160312
山西	41227	26390	14836	68521	51768	16753
内蒙古	20930	14906	6024	27168	15539	11629
辽宁	1656935	874599	782336	2066546	1089760	976786
吉林	270414	41056	229358	352083	50537	301546
黑龙江	63223	29288	33935	76347	38139	38208
上海	7195227	3079445	4115782	10723174	4948834	5774340
江苏	8598191	4111856	4486335	13553814	6515156	7038658
浙江	2193179	1305000	888179	32626412	1965121	1297521
安徽	153315	57917	95398	196206	96541	99665
福建	2367421	1346529	1020892	3116631	1841854	1274777
江西	67215	27706	39509	115607	52937	62670
山东	2435767	1376753	1059014	3222568	1839654	1382914
河南	106329	53652	52676	122085	70449	51636
湖北	201845	84242	117604	234500	98525	135975
湖南	76867	33406	53461	106867	50272	56595
广东	17467761	9537313	7930449	22653047	12171077	10481970
广西	103708	37732	65976	146909	49585	97324
海南	82681	27756	54925	143037	34999	108038
重庆	61754	13695	48058	126518	21868	104650
四川	95710	45192	50518	130315	55194	75121
贵州	27763	11056	16708	38766	18883	19883
云南	26776	14403	12374	31640	20989	10651
西藏	376	175	204	436	172	264
陕西	52999	15522	37478	65751	22667	43084
甘肃	14162	10750	3412	16665	12594	4071
青海	1411	1295	116	956	442	514
宁夏	11913	7799	4114	13456	9051	4405
新疆	14779	9382	5397	17758	11046	6712

各地区国际旅游接待情况

地区	2003年 旅游人数（万人次）	2003年 #外国人	2003年 旅游创汇总额（亿美元）	2004年 旅游人数（万人次）	2004年 #外国人	2004年 旅游创汇总额（亿美元）
北京	185.1	152.7	19.0	315.5	268.1	31.7
天津	48.9	45.6	3.3	61.6	55.9	4.1
河北	28.0	25.8	0.8	58.1	53.6	1.9
山西	11.6	7.9	0.4	29.6	18.2	0.8
内蒙古	41.4	41.0	1.4	80.0	79.1	2.5
辽宁	77.9	66.8	4.5	108.1	93.8	6.1
吉林	21.2	18.5	0.7	32.4	27.7	1.0
黑龙江	58.7	54.6	2.4	73.3	69.3	3.0
上海	244.7	199.0	20.5	385.5	319.7	30.4
江苏	223.2	143.5	11.3	306.6	214.2	17.6
浙江	180.8	106.9	8.7	276.7	177.6	13.0
安徽	28.1	16.4	0.8	50.1	32.0	1.4
福建	149.7	45.9	9.1	172.9	62.9	10.7
江西	16.6	4.5	0.5	28.8	9.4	0.8
山东	77.7	61.6	3.7	119.3	96.2	5.7
河南	18.9	11.3	0.6	45.0	24.1	1.6
湖北	40.5	32.3	1.4	61.2	50.2	1.9
湖南	15.4	10.5	0.5	55.3	41.2	3.1
广东	1197.0	245.8	42.7	1563.7	377.7	53.8
广西	65.0	32.9	1.6	117.6	69.4	2.9
海南	29.3	14.4	0.8	30.9	18.4	0.8
重庆	23.5	18.2	1.1	43.4	33.9	2.0
四川	45.2	24.4	1.5	96.6	54.6	2.9
贵州	7.7	2.4	0.3	23.1	7.6	0.8
云南	100.0	65.7	3.4	110.1	73.2	4.2
西藏	5.1	4.6	0.2	9.6	8.9	0.4
陕西	46.6	30.8	2.0	80.0	60.9	3.6
甘肃	10.2	6.8	0.2	23.7	15.1	0.4
青海	1.8	0.8	…	2.9	1.2	0.1
宁夏	0.3	0.2	…	0.7	0.5	…
新疆	17.1	15.0	0.5	31.7	27.1	0.9

《中国人民银行济南分行金融年鉴》告别读者

《中国人民银行济南分行金融年鉴》（以下简称《年鉴》）自2000年创办以来，在各参编单位的大力支持和热情参与下，已经走过了五个春秋。人民银行济南分行辖内山东、河南两省100多家《年鉴》参编单位的工作人员历经五个春秋寒暑的辛勤劳动，凝结成了2000年至2004年的五卷《年鉴》，在这沉甸甸的五卷《年鉴》中，共收录文章774篇，图片968幅，表格1228份，名录462篇，篇幅逾1000多万字，全面、系统、准确、完整地记录和反映了五年来人民银行济南分行辖内山东、河南两省各金融机构，贯彻实施国家货币政策，加强金融监管，防范和化解金融风险，保持金融稳定，推进金融改革，改进金融服务，促进辖区经济持续快速健康发展所走过的光辉路程，为宣传辖内金融事业的发展提供了一个重要窗口和阵地，为推动辖内金融改革与发展提供了翔实而权威的基础史料依据，自有其深厚的内涵和特殊的意义。

五年来，人民银行济南分行辖内山东、河南两省100多家《年鉴》

图为2000年至2004年各卷《年鉴》

参编单位的工作人员，发扬不怕困难，任劳任怨，不计名利，顽强拼搏的精神，默默无闻地工作，脚踏实地地开拓；用自己辛勤的劳动，为《年鉴》工作的顺利开展，做出了重要的贡献。我们在此表示衷心地感谢和亲切地慰问。

图为《年鉴》的获奖奖杯

近年来，金融形势发生了新的变化，为更好地适应新形势下金融改革与发展的要求，人民银行济南分行党委经研究决定自2005年起停办《中国人民银行济南分行金融年鉴》，并在此基础上创办《山东金融年鉴》。望山东省各《年鉴》参编单位继续发扬优良传统，总结经验，发扬成绩，开拓进取，再接再厉，更好地支持、参与和协助《年鉴》工作的开展。望山东省的各位读者继续关注我们的工作，支持我们。

借此机会，特意对河南省的朋友说几句告别的话：五年的光阴虽然短暂，但友谊却长驻心间。今后的日子里，虽然在一起的机会少了，但是我们将在心里默默地为朋友祝福，祝你们和山东的朋友一样万事如意，阖家幸福，心想事成！

祝友谊长存！

谢谢大家！

二00五年八月二十八日

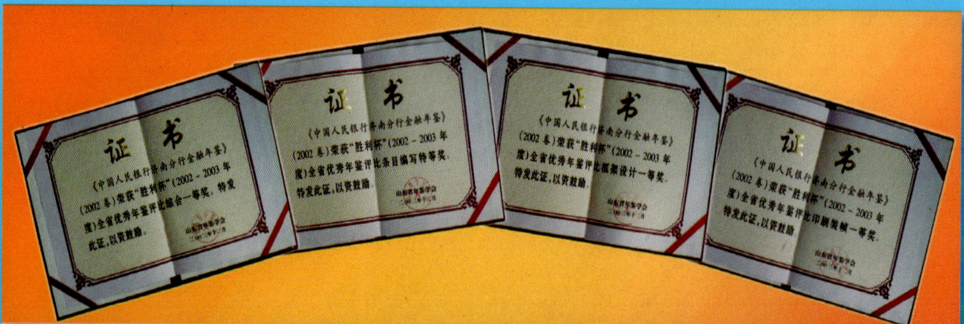

图为《年鉴》的获奖证书

交通银行济南分行

交通银行济南分行于1989年1月21日重新组建。组建之初称“交通银行济南支行”，在各级领导的关心下，全行干部员工共同努力，不断深化金融改革，强化内部管理，全面防范、控制和化解经营风险，各项业务稳健协调发展，资产规模不断壮大。1995年4月，济南交行升格为总行直属分行。1997年被山东省人民政府列为省级金融机构。2004年10月，济南分行又改为省分行（正厅级），原青岛交行辖属的潍坊、淄博、烟台、威海、济宁、泰安等六家分行移交给济南交行管理。目前，济南交行在市区设有1家营业部和19家支行，营业网点32个，24小时自助服务区27处，自助设备百余台。

交总行张建国行长在该行视察期间会见常务副省长林廷生（右二交总行张建国副行长；右一林廷生常务副省长）

自重新组建以来，济南交行在业务发展和经营管理中坚决贯彻三个一流的办行宗旨，以改革求发展，以质量求效益，逐步建立起规范化股份制商业银行的运行机制。2003年8月份以来，济南交行在新一届领导班子的带领下，以二次创业为主题，在干部员工中树立三种观念，即抢抓机遇的观念、加快发展的观念、规模效益的观念；在工作中提倡和弘扬三种精神，即艰苦奋斗、奋力拼搏的精神；自我加压、埋头苦干的精神；勇于负责、无私奉献的精神。积极营造干事创业的工作氛围，企业的凝聚力和向心力明显增强。

省领导在该行外汇宝交易大厅参观视察（左三副省长孙守璞；右二人民银行济南分行杨子强行长；左一山东银监局王进诚局长）

举办大型银企联谊恳谈会

2004年年初，分行党委经过对当地经济发展状况和济南分行业务基础的认真分析论证，制定出济南分行历史上第一个三年发展规划，提出“围绕一个目标，构建六个体系”的经营指导方针，“围绕一个目标”就是突出发展人民币存贷款传统业务这个中心目标，以上规模、扩充实力、统揽全局，以传统业务带动私金、中间和国外等相关业务的全面发展。“构建六个体系”就是要建立完善绩效考核体系、营销组织体系、管理控制体系、收入分配体系、全员培训体系和企业文化体系。按照三年规划的整体部署，济南交行在实际工作中努力构建和完善符合于规划要求并与之相配套的各项管理考核机制。在目标考核上，按照高于平均市场增幅和考量分析原则，调整分行部门单项考核分值，增加硬指标占比。在物利奖惩分配上，推出了等级支行制度、等级柜员管理考核办法，实行等级差别管理。在全行一体化营销的大格局下，充分发挥分支行行长亲自营销，带头抓好存款的示范作用，同时加强对基层营销人员力量的配备。在风险控制方面，实行稽核和检查辅导员分级包干责任制度，突出对前台重点业务部位、重点业务品种和重点经营机构的检查。严格贯彻国家宏观调控政策要求，按照有保有压，区别对待的原则，积极调整客户结构，加强信贷资金管理。在人员管理方面，先后制定实施了重要岗位轮岗制度，建立起了交通银行济南分行内控建设三位一体管理处罚办法，对经营者、管理者、执行者在工作经营中出现的责任差错分别不同情况实行责任追究制。为适应省分行职能转换要求，适时调整了分行主要业务部门的机构设置，按各业务条线管理要求，研究制定了对辖属行的各项管理办法和制度，全面构建完善了全辖紧密型管理和一体化营销的新体系。在人才培养方面，有计划地加强职位交流和岗位交流，制定实施了全员教育三年发展规划，先后举办各类培训36期，参加培训人员1627人次。极大提高了各类人员适应岗位需要的综合业务素质和技能。

交通银行济南分行改为省分行新闻发布会

在营造现代商业银行企业文化过程中，济南交行始终把弘扬三种精神和坚持以人为本，贯穿和体现在各项工作中。在全行积极树立“敬业、务实、严谨、和谐”的新行风，以十佳行员为榜样，典型示范，大张旗鼓地营造奋发有为，昂扬向上，干事创业的内部工作氛围。通过开通行长信箱，建立了与普通员工直接联系的工作平台。在全行先后开展了规范化管理，世界观、人生观、价值观和爱岗爱行、自信自强等三种教育，起到了凝聚力量、凝聚队伍的作用。特别是2004年开展了历时三个月分八个阶段进行的大规模规范化管理教育活动，通过合作创建、开门评行、现场观摩、知识竞赛等形式将活动不断引向深入，全行员工的服务意识和自律意识明显提高。济南交行以文化宣传提升社会形象。一方面调整机构网点布局，提升网点的科技含量，强化自助服务体系；另一方面用文化造势，在广播、电视、报纸、网络等各类媒体渠道上都建立了全方位宣传阵地，针对不同客户，不同群体广泛开展了柜台宣传、广场宣传和社区宣传，在济南首家推出社区金融大篷车流动服务，同时连续开展主题宣传活动，利用召开股东座谈会、新闻发布会等大力宣传造势，提升企业形象和品牌知名度。济南交行坚持以人为本，实施人性化管理，切实为员工排忧解难，为全行员工办实事、办好事，积极通过多种途径提高员工收入，解除员工后顾之忧。同时举办运动会、文艺汇演和歌咏比赛等丰富多彩的文体活动，使员工在各个领域展现才华，培养自信自强，树立团队精神，不断增强企业的凝聚力和向心力，激发企业的活力。

在泉城广场举办“送福进万家”宣传活动

两年来，济南交行始终把上规模、保质量、扩充实力作为事业发展的基础。围绕存贷款传统业务为中心，全力推进本外币存、贷款业务稳定增长，经营业绩得以突飞猛进，截止2004年6月份，全辖人民币各项存款余额达355.91亿元，本外币贷款余额233亿元。其中，省分行本部人民币存款余额达到128.89亿元，人民币各项贷款余额达到75.1亿元。2004年，全辖完成利润2.8亿元，其中省分行实现利润1.05亿元。全辖各项业务均比前期有了较快增长，特别是省分行本部实现了历史上最快的发展速度，从总体上保持了规模、质量、效益迅速协调发展。

在山东省电视台举办规范化管理知识竞赛活动

环境优雅、提供个性化服务的白金理财室

丰富多彩的企业文化活动